新編諸子集成

淮南鴻烈集解

上

劉文典 撰

馮逸 喬華 點校

中華書局

圖書在版編目(CIP)數據

淮南鴻烈集解/劉文典撰;馮逸,喬華點校. —北京:中華書局,2017.6(2024.5重印)
(新編諸子集成)
ISBN 978-7-101-12496-5

Ⅰ.淮… Ⅱ.①劉…②馮…③喬… Ⅲ.①雜家-中國-西漢時代②《淮南子》-注釋 Ⅳ.B234.42

中國版本圖書館 CIP 數據核字(2017)第 050316 號

責任編輯:張繼海
責任印製:陳麗娜

新編諸子集成
淮南鴻烈集解
(全二册)
劉文典 撰
馮逸 喬華 點校
*
中 華 書 局 出 版 發 行
(北京市豐臺區太平橋西里 38 號 100073)
http://www.zhbc.com.cn
E-mail:zhbc@zhbc.com.cn
三河市中晟雅豪印務有限公司印刷
*
920×1250 毫米 1/32 · 35¼印張 · 4 插頁 · 527 千字
2017 年 6 月第 1 版 2024 年 5 月第 4 次印刷
印數:5401-6000 册 定價:178.00 元

ISBN 978-7-101-12496-5

新編諸子集成精裝本出版説明

子書是我國古籍的重要組成部分。最早的一批子書産生在春秋末到戰國時期的百家争鳴中，其中不少是我國古代思想文化的珍貴結晶。秦漢以後，還有不少思想家和學者寫過類似的著作，其中也不乏優秀的作品。

二十世紀五十年代，中華書局修訂重印了由原世界書局出版的諸子集成。這套叢書匯集了清代學者校勘、注釋子書的成果，較爲適合學術研究的需要。但其中未能包括近幾十年特别是一九四九年後一些學者整理子書的新成果，所收的子書種類不够多，斷句、排印尚有不少錯誤，爲此我們從一九八二年開始編輯出版新編諸子集成，至今已出滿四十種。

爲滿足不同讀者的需求，這套書將分批出版精裝本，版面疏朗，裝訂考究，非常適合閲讀與收藏。敬請關注。

中華書局編輯部

二〇一六年三月

點校説明

淮南子二十一篇，本名鴻烈，由西漢時淮南王劉安（公元前一七九年——公元前一二二年）招致賓客集體編寫而成，於漢武帝建元元年（公元前一四〇年）獻上。劉向、劉歆父子校訂圖書，定名淮南内，置於諸子略内，後世遂稱淮南子或淮南鴻烈。

劉安是漢高祖劉邦的孫子，漢文帝前元十六年（公元前一六四年）被立爲淮南王，漢書本傳稱他「爲人好書，鼓琴，不喜弋獵狗馬馳騁」。他與「賓客方術之士數千人」編著鴻烈之時，正是「竇太后好黄帝、老子言」，文帝、景帝及許多大臣「不得不讀黄帝、老子，尊其術」（史記外戚世家）之日，自然無爲的道家思想就是當時的統治思想。在漢武帝初年做太史令的司馬談，深通黄、老之學，他對西漢前期道家思想即黄、老思想作了如下的論述：「道家使人精神專一，動合無形，贍足萬物。其爲術也，因陰陽之大順（序四時之大順），采儒、墨之善（儒家序君臣之禮，列夫婦長幼之别，墨家彊本節用），撮名、法之要（法家正君臣上下之分，名家正名實），與時遷移，應物變化，立俗施事，無所不宜，指約而易操，事少而功多。」（史記太史公自序）東漢末年，高誘注淮南子，在敍中對全書内容作了簡明的概括：「其旨近老子，淡泊無爲，蹈虚守静，出入經道。言其大也，則燾天載地；説其細也，則淪於無垠，及古今治亂存亡禍福，世間詭異瓌奇之事。其義也著，其文也富，物事之類，無所不載，然其大較歸之於道，號曰鴻烈。鴻，大也；烈，明也，以爲大明道之言也。」淮南子一書的作者在談到著書宗旨時指出：「夫作爲書論者，所以紀綱道德，經緯人事。」「道論至深，故多爲之辭以抒其情；萬物至衆，故博爲之説以通其意。」「故著書二十篇，則天地之理究矣，人間之事接矣，帝王之道備矣。」（淮南子要略）可以説，淮南子一書是對西漢前期道家思想的系統而詳盡的總結，是研究與「文、景之治」相適應的統治思想即黄、老思想的極其寶貴而豐富的資料。

隋書經籍志著録淮南子二十一卷，有高誘注和許慎注兩種。流傳至今的只有題名高誘注并有高誘敍的一種，據前人考證，其中原道、俶真、天文、墬形、時則、覽冥、精神、本經、主術、氾論、説山、説林、脩務等十三篇爲高注，繆稱、齊俗、道應、詮言、兵略、人間、泰族、要略等八篇爲許注。

淮南子有多種版本和注本，吴則虞考證爲一百六十二種，劉文典的淮南鴻烈集解是其中之一。

劉文典字叔雅，原名文驄，安徽合肥人，生於一八八九年十二月，病逝於一九五八年七月十五日。他一九〇六年進入蕪湖安徽公學學習，一九〇七年加入同盟會。一九〇九年赴日本東京求學，一九一二年回上海任民立報翻譯。一九一三年再次赴日，并參加中華革命黨，在孫中山處作秘書工作。一九一六年回國，經陳獨秀介紹，到北京大學任教，并擔任新青年雜志英文編輯。一九二七年應聘出任安徽大學校長。一九二八年安徽大學學生罷課，蔣介石親自召見他，責令交出共産黨員名單，嚴辦罷課學生。他當面頂撞，被關押起來。後經蔡元培力保，才得到釋放。一九二八年底回北京大學任教。一九二九年，經羅家倫介紹，到清華大學任國文系主任，同時在北京大學兼課。一九三八年，取道香港至昆明，在西南聯大任教。由於思想消沉，染上了吸鴉片烟的惡習，於一九四三年受鹽商之聘到磨黑中學（普洱中學）任校長，結果被西南聯大解聘。不久，由徐嘉瑞介紹到雲南大學文史系任教。全國解放前夕，胡適爲他辦好去美國的簽證，并買好了飛機票，出於對祖國的熱愛，他謝絶了。解放後，他的精神狀態一天比一天振作，被評爲一級教授，參加了九三學社，被選爲第二屆全國政協委員。

劉文典治學態度謹嚴，受到學術界好評。淮南鴻烈集解是他在北京大學任教期間完成的第一部專著。該書以莊逵吉校本爲底本，以錢塘淮南天文訓補注作附録，裒輯王念孫、孫詒讓、俞樾、洪頤煊、陶方琦、王引之、錢大昕、梁履繩、桂馥、孫志祖、顧炎武、劉績、郝懿行、胡鳴玉等二十餘家之説，并遍引藝文類聚、北堂書鈔、初學記、白帖、意林、太平御覽等唐、宋類書爲佐證，資料豐富，條理分明，採擇亦屬精當，其中還有不少見解爲前人所未發，爲閲讀和深入研究淮南子提供了方便。

淮南鴻烈集解於一九二三年由商務印書館出版，一九二四年再版。我們這次整理，除加全式標點外，還參校了有關書籍，凡有改動及存疑之處，均一一出校。劉文典另有三餘札記，其中淮南子校補一百六十九條，淮南子逸文二十九條，今一併作爲附録，以饗讀者。本書原來附録的錢塘淮南天文訓補注，仍予保存，置於全書之末。

點校者　一九八六年一月

目録

上册

下册

淮南鴻烈集解序

整理國故，約有三途：一曰索引式之整理，一曰總帳式之整理，一曰專史式之整理。

典籍浩繁，鉤稽匪易，雖有博聞彊記之士，記憶之力終有所窮。索引之法，以一定之順序，部勒紊亂之資料；或依韻目，或依字畫，其爲事近於機械，而其爲用可補上智才士之所難能。是故有史姓韻編之作，而中下之材智能用廿四史矣；有經籍籑詁之作，而初學之士能檢古訓詁矣。此索引式之整理也。

總帳式者，向來集注、集傳、集説之類似之。同一書也，有古文今文之争，有漢、宋之異，有毛、鄭之别，有鄭、王之分。歷時既久，異説滋多。墨守門户之見者，囿於一先生之言，不惜繁其文、枝其辭以求勝；而時過境遷，向日斤斤之争，要不過供後人片段之擷取而已。上下二千年，顛倒數萬卷，辨各家之同異得失，去其糟粕，拾其精華，於以結前哲千載之訟争，而省後人無窮之智力；若商家之歲終結帳然，綜觀往歲之盈折，正所以爲來日之經營導其先路也。

專史云者，積累既多，系統既明，乃有人焉，各就性之所近而力之所能勉者，擇文化史之一部分，或以類别，或以時分，著爲專史。專史者，通史之支流而實爲通史之淵源也。二千年來，此業尚無作者；鄭樵有志於通史，而專史不足供其採擇；黄宗羲、全祖望等有志於專史，而所成就皆甚微細。此則前修之所未逮，而有待於後來者矣。

吾友劉叔雅教授新著淮南鴻烈集解，乃吾所謂總帳式之國故整理也。淮南王書折衷周、秦諸子，「棄其畛挈，斟其淑静，非循一迹之路，守一隅之指」，其自身亦可謂結古代思想之總帳者也。其書作于漢代，時尚修辭；今觀許慎、高誘之注，知當漢世已有注釋之必要。歷年久遠，文義變遷，傳寫譌奪，此書遂更難讀。中世儒者排斥異己，忽略百家，坐令此絶代奇書，沉埋不顯。迄乎近世，經師旁求故訓，博覽者始稍稍整治秦、漢諸子；而淮南王書治之者尤衆。其用力最勤而成功較大者，莫如高郵王氏父子，德清俞氏間有創獲，已多臆説矣；王紹蘭、孫詒讓頗精審，然所校皆不多。此外，如莊逵吉、洪頤煊、陶方琦諸人，亦皆瑕瑜互見。計二百年來，補苴校注之功，已令此書稍稍可讀矣。然諸家所記，多散見雜記中，學者罕得徧讀；其有單行之本，亦皆僅舉斷句，不載全文，殊不便於初學。以故，今日坊間所行，猶是百五十年前之莊逵吉本，而王、俞諸君勤苦所得，乃不得供多數學人之享用；然則叔雅集解之作，豈非今日治國學者之先務哉？

叔雅治此書，最精嚴有法，吾知之稍審，請略言之。唐、宋類書徵引淮南王書最多，而向來校注諸家搜集多未備；陶方琦用力最勤矣，而遺漏尚多。叔雅初從事此書，遍取書鈔、治要、御覽及文選注諸書，凡引及淮南原文或許、高舊注者，一字一句，皆採輯無遺。輯成之後，則熟讀之，皆使成誦；然後取原書，一一注其所自出；然後比較其文字之同異；其無異文者，則舍之；其文異者，或訂其得失，或存而不論；其可推知爲許慎注者，則明言之；其疑不能明者，亦存之以俟考。計御覽一書，已踰千條，文選注中，亦五六百條。其功力之堅苦如此，宜其成就獨多也。

方叔雅輯書時，苟有引及，皆爲輯出，不以其爲前人所已及而遺之。及其爲集解，則凡其所自得有與前人合者，皆歸功於前人；其有足爲諸家佐證，或匡糾其過誤者，則先舉諸家而以己所得新佐證附焉。至其所自立説，則僅列其證據充足，無可復疑者。往往有新義，卒以佐證不備而終棄之；友朋或争之，叔雅終不顧也。如詮言訓：「此四者，耳目鼻口不知所取去。心爲之制，各得其所。」俞樾據上文「目好色，耳好聲，口好味」，因謂「鼻」字爲衍文；然文子符言篇上文言「目好色，耳好聲，鼻好香，口好味」，而下文亦有「鼻」字。叔雅稿本中論此一條云：「此疑上文『口好味』上脱『鼻好香』三字。文子符言篇及此處耳目鼻口竝舉，皆其證也。俞氏不據文子以證上文之脱失，反以『鼻』字爲後人據文子增入，謬矣。惟余亦未在他處尋得更的確之證據，故未敢駁之耳。」此可見叔雅之矜慎。叔雅於前人之説，樂爲之助證，而不欲輕斥其失，多此類也。然亦有前人謬誤顯然，而叔雅寧自匿其創見而爲之隱者，如本經訓「元元至碭而運照」，俞樾校云：「樾謹按：高注曰：『元，天也；元，氣也。』分兩字爲兩義，殊不可通。疑正文及注均誤。正文本曰：『元光至碭而運照。』注文本曰：『元，天也；光，氣也。』俶真篇曰：『弊其元光，而求知之於耳目。』此元、光二字見於本書者。高彼注曰：『元光，内明也。一曰，元，天也。』然則此曰『元天也』，正與彼注同。疑彼亦有『光氣也』三字，而今脱之也。」（諸子平議三十，頁八）叔雅稿本中論此條云：「宋、明本皆作『玄元至碭而運照』，莊本避清聖祖諱，改玄爲元耳。俞氏未見古本，但憑莊本立説，可笑也。『玄，天也』，本是古訓。原道、覽冥、説山諸篇，高注皆曰：『玄，天也。』釋名：『天謂之玄。』桓譚新論（後漢書張衡傳注引）：『玄者，天也。』」此條今亦未收入集解，豈以宋、明藏本在今日得之甚易，以之責備前人，爲乘其不備耶？此則忠厚太過，非吾人所望於學者求誠之意者矣。

然卽今印本集解論之，叔雅所自得，已卓然可觀。如俶真訓云：「百圍之木，斬而爲犧尊，鏤之以剞劂，雜之以青黄，華藻鎛鮮，龍蛇虎豹，曲成文章。然其斷在溝中，壹比犧尊，溝中之斷，則醜美有間矣。然而失木性，鈞也。」向來校者，僅及名物訓詁，未有校其文義之難通者。叔雅校云：「『然其斷在溝中』句疑有脱誤。莊子天地篇作『其斷在溝中』，亦非。惟御覽七百六十一引莊子作『其一斷在溝中』，不誤。今本『一』字誤置『比』字上，傳寫又改爲『壹』，義遂不可通矣。」（卷二，頁十一）此據御覽以校莊子，乃以之校淮南，甚精也。又如墬形訓云：「無角者膏而無前，有角者指而無後。」高注云：「膏，豕也，熊猿之屬。無前，肥從前起也。指，牛羊之屬。無後，肥從後起也。」莊逵吉校云：「指應作脂，見周禮注，所謂『戴角者脂，無角者膏』是也。又王肅家語注引本書，正作脂。」莊校已甚精審，然「無前」「無後」之説終不易解。叔雅校云：「莊校是也。御覽八百六十四脂膏條下、八百九十九牛條下引，指並作脂，是其碻證。又無前無後，義不可通。『無』疑當作『兑』，始譌『无』，傳寫又爲『無』耳。御覽八百九十九引，正作兑前兑後，又引注云『豕馬之屬前小，牛羊後小』，是其證矣。前小卽兑前，後小卽兑後也。」（卷四，頁九。兑卽今鋭字。）此條精碻無倫，真所謂後來居上者矣。

類書之不可盡恃，近人蓋嘗言之。叔雅校此書，其採類書，斷制有法。若上文所引御覽八百九十九，引原文而并及久佚之古注，其可依據，自不待言。其他一文再見或三見而先後互異者，或各書同引一文而彼此互異者，或僅一見而與今本微異者，其爲差異，雖甚微細，亦必竝存之，以供後人之考校。其用意甚厚，而其間亦實有可供義解之助者。如説林訓云：「以兔之走，使犬如馬，則逮日歸風。及其爲馬，則又不能走矣。」孫詒讓校此句，謂「歸當爲遺，聲之誤也」。其爲臆説，無可諱言。叔雅引御覽九百七引，作：「以兔之走，使大如馬，則逐日追風。及其爲馬，則不走矣。」此不必糾正孫説，而使人知此句之所以可疑，不在「歸」字之爲「遺」爲「追」，而在「犬」字之應否作「大」。蓋校書之要，首在古本之多；本子多則暗示易，而向之不爲人所留意者，今皆受搒榨而出矣。上文之「兑」，此文之「大」，皆其例也。

叔雅此書，讀者自能辨其用力之久而勤，與其方法之嚴而慎。然有一事，猶有遺憾，則錢繹之方言箋疏未被採及是也。淮南王書雖重修飾，然其中實多秦、漢方言，可供考古者之採訪。如開卷第一葉「甚淖而滒」，高注曰：「滒，亦淖也。夫饘粥多瀋者謂滒。滒讀歌謳之歌。」莊逵吉引説文「滒，多汁也」以證之，是也。今徽州方言謂多汁爲「淖」，粥多瀋則謂之「淖粥」；欲更狀之，則曰「淖滒滒」，滒今讀如呵。

又如主術訓云：「聾者可使嚾筋，而不可使有聞也。」王紹蘭與孫詒讓皆引攷工記弓人「筋欲敝之敝」句鄭司農注「嚼之當熟」。孫又引賈疏「筋之椎打嚼齧，欲得勞敝」，謂「嚼筋」爲漢時常語，卽謂椎打之，使柔熟，以纏弓弩也。（本書卷九，頁十二。）今徽州績谿人詈人多言而無識，曰「嚼弓筋」，亦曰「瞎嚼弓筋」。凡此之類，皆可今古互證。錢繹所輯，雖未及於今日之方言，然其引此書中語，與方言故訓竝列，往往多所發明，似亦未可廢也。質之叔雅，以爲如何？

中華民國十二年三月六日，胡適。

自序

淮南王書博極古今，總統仁義，牢籠天地，彈壓山川，誠眇義之淵叢，嘉言之林府，太史公所謂「因陰陽之大順，采儒、墨之善，撮名法之要」者也。惟西漢迄今，歷二千祀，鈔刊屢改，流失遂多。許、高以之溷潤，句讀由其相亂，後之覽者，每用病諸。雖清代諸師如盧文弨、洪頤煊、王念孫、俞樾、孫詒讓、陶方琦之倫各有記述，咸多匡正，而書傳繁博，條流踳散，卷分衺異，檢覈難周，用使脩學之士迴遑歧塗，沿波討原，未知攸適。予少好校書，長而彌篤，講誦多暇，有懷綜緝，聊以錐指，增演前脩。采拓清代先儒注語，搆會甄實，取其要指，豫是有益，竝皆鈔内。其有穿鑿形聲，競逐新異，亂真越理，以是爲非，隨文糾正，用祛疑惑。若乃務出游辭，苟爲汎説，徒滋蕪濫，秖增煩冗，今之所集，又以忽諸。管闚所及，時見微意，犓有發明，亦附其末。雖往滯前疑未盡通解，而正譌茜佚，必有馮依，一循塗軌，未詳則闕。名爲集解，合二十一卷，庶世之君子或裨觀覽焉！

中華民國十年六月十五日，合肥劉文典。

敍目

漢涿郡高誘撰

淮南子名安，厲王長子也。長，高皇帝之子也。其母趙氏女，○莊逵吉云：漢書淮南王傳不云趙氏女，而云其弟趙兼。爲趙王張敖美人。高皇帝七年討韓信於銅鞮，信亡走匈奴，上遂北至樓煩。還過趙，不禮趙王。趙王獻美女趙氏女，○莊逵吉云：應云「獻美人趙氏女」，此女字疑譌。得幸，有身。趙王不敢内之於宫，爲築舍于外。及貫高等謀反發覺，并逮治王，盡收王家，及美人，趙氏女亦與焉。吏以得幸有身聞上，上方怒趙王，未理也。趙美人弟兼因辟陽侯審食其言之吕后，吕后不肯白，辟陽侯亦不强争。及趙美人生男，恚而自殺。吏奉男詣上，上命吕后母之，封爲淮南王。暨孝文皇帝即位，長弟上書願相見，詔至長安。日從游宴，驕蹇如家人兄弟。怨辟陽侯不争其母於吕后，因椎殺之。上非之，肉袒北闕謝罪，奪四縣，還歸國。爲黄屋左纛，稱東帝，坐徙蜀巖道，○莊逵吉云：古巖、嚴字通。死於雍。上閔之，封其四子爲列侯。時民歌之曰：「一尺繒，好童童。一升粟，飽蓬蓬。兄弟二人，不能相容。」○莊逵吉云：本傳作：「一尺布，尚可縫。一斗粟，尚可舂。兄弟二人不相容。」上聞之曰：「以我貪其地邪？」乃召四侯而封之：其一人病薨，長子安襲封淮南王，次爲衡山王，次爲廬江王。太傅賈誼諫曰：「怨讎之人，不可貴也。」後淮南、衡山卒反，如賈誼言。初，安爲辨達，善屬文。皇帝爲從父，數上書，召見。孝文皇帝甚重之，詔使爲離騷賦，○莊逵吉云：本傳作「使爲離騷傳」。○孫詒讓云：此自作賦，與本傳不同。文心雕龍神思篇云「淮南崇朝而賦騷」，卽本高敍。自旦受詔，日早食已。上愛而秘之。天下方術之士多往歸焉。於是遂與蘇飛、李尚、左吴、田由、雷被、毛被、伍被、晉昌等八人，及諸儒大山、小山之徒，共講論道德，總統仁義，而著此書。其旨近老子，淡泊無爲，蹈虚守静，出入經道。言其大也，則燾天載地，説其細也，則淪於無垠，及古今治亂存亡禍福，世間詭異瓌奇之事。其義也著，其文也富，物事之類，無所不載，然其大較歸之於道，號曰鴻烈。鴻，大也；烈，明也，以爲大明道之言也。故夫學者不論淮南，則不知大道之深也。是以先賢通儒述作之士，莫不援采以驗經傳。以父諱長，故其所著，諸「長」字皆曰「脩」。光禄大夫劉向校定撰具，名之淮南。又有十九篇者，謂之淮南外篇。自誘之少，從故侍中、同縣盧君受其句讀，誦舉大義。會遭兵災，天下棋峙，亡失書傳，廢不尋修，二十餘載。建安十年，辟司空掾，除東郡濮陽令，覩時人少爲淮南者，懼遂淩遲，於是以朝餔事畢之間，乃深思先師之訓，參以經傳道家之言，比方其事，爲之注解，悉載本文，并舉音讀。典農中郎將弁揖借八卷刺之，〇莊逵吉云：弁，古卞字，人姓名。〇孫詒讓云：林寶元和姓纂九卞姓云：「濟陰冤句人，魏卞揖生統，爲晉瑯琊内史。生粹，中書令。（此下，據晉書卞壼傳，當有粹生壼云云，永樂大典本挩。）子昣、旰、眈、瞻。」然則此弁揖即卞揖，（漢隸書弁字多作卞，後遂變爲卞，莊校是也。）爲壼之曾祖。晉書壼傳所載世系，止詳統、粹官爵，而不及揖，此可以補其闕。會揖身喪，遂亡不得。至十七年，遷監河東，復更補足。淺學寡見，未能備悉，其所不達，注以「未聞」。唯博物君子覽而詳之，以勸後學者云爾。

莊序

歲甲辰，逵吉讀道藏於南山之説經臺，覽淮南内篇之注，病其爲後人所删改，質之錢别駕坫。别駕曰：「道書中亦非全本，然較之流俗所行者多十之五六。」爰搯其篋笥以示逵吉。逵吉因是校其同異，正其譌舛，樂得而刻之。并爲之敍曰：漢書淮南王傳稱安招致賓客方術之士數千人，作爲内書二十一篇，外書甚衆。又有中篇八卷，言神仙黄白之術，亦二十餘萬言。安入朝，獻所作，内篇新出，上愛祕之。而藝文志雜家者流有淮南内二十一篇，淮南外三十三篇，天文有淮南雜子星十九卷。傳不及雜子星，而志不載神仙黄白之作，然後代往往傳萬畢術云云，大槩多黄白變幻之事，卽所謂中篇遺蹟歟？西京雜記：「安著鴻烈二十一篇。鴻，大也；烈，明也。言大明禮教。」鴻烈之義，一見于本書要略，而高誘敍中亦言「講論道德，總統仁義，而著此書，號曰鴻烈」，是内篇一名鴻烈也。誘又曰：「光禄大夫劉向校定撰具，名之淮南。」藝文志本向、歆所述，是淮南内、淮南外之稱爲劉向之所定。然只題淮南，不必稱子。志論次儒家至小説，名曰諸子十家，後遂緣之而加子字矣。隋書經籍志：淮南子二十一卷，許慎注，又有高誘注亦二十一篇。唐書經籍志：淮南子注解二十一卷，高誘撰。又有淮南鴻烈音二卷，何誘撰。新唐書藝文志，鴻烈音亦題高誘撰，而高、許兩家注並列，同隋志。宋史藝文志則云許注二十一卷，高注十三卷。似當時兩本原別。然劉昫無許注，而元脩宋志乃以高書爲十三卷者，攷晁公武讀書志據崇文總目云「亡其三篇」，李淑邯鄲圖志云「亡二篇」，或因删併譌脱而爲此説歟？淮南本二十篇，要略一篇則敍目也，其例與揚子法言、王符潛夫等書正同，故高似孫直指爲淮南二十篇。説者又以似孫之言互證晁、李，斯更誣矣。高時無切音之學，鴻烈音應如劉昫云何誘，不得改稱高誘。歐陽不精攷古，以名字相涉而亂之，如徐堅初學記、李善文選注、李昉太平御覽引淮南，或並有翻語，卽其書也。高則已自言「爲之注解，并舉音讀」矣，寧得于本注之外别有撰作哉？公武謂許注題「記上」，陳振孫謂今本皆云許注，而詳敍文卽是高誘。逵吉以爲，此乃後人誤合兩家爲一，故溷而不分也。如墬形訓大汾，誘注云「在晉」，呂覽則云「未聞」。同爲一人語釋，未必聞于此而不聞于彼也。俶真訓「剞劂」，注云：「剞，巧工鉤刀。劂者，規度刺畫墨邊箋，所以刻鏤之具也。」本經訓則云：「剞，巧刺畫盡頭黑邊箋也。劂，鈯刀。」同爲一書語釋，未必前後惑亂如是也。此亦兩家不分之明驗矣。又文選注引許注「三光」云：「日、月、星。」「明月珠」云：「夜光之珠，有似明月。」歐陽詢執文類聚引許注「柳下惠」云：「展禽樹柳行惠。」釋玄應一切經音義引許注「奇屈之服」云：「屈短奇長。」太平御覽引許注「畫隨灰而月暈闕」云：「有軍事相圍守。」「土龍致雨」云：「以象雲龍。」皆卽高注。殷敬順列子釋文引許注「策錣」云：「馬策端有利鋒，所以刺不前。」太平御覽引許注「方諸見月」云：「諸，珠也。方，石也。以銅盤受之，下水數升。」皆與高異。文選注引許注「莫鑒于流潦，而鑒于澂水」云：「楚人謂水暴溢爲潦。」「鷄棲井榦」云：「皆屋構飾也。」太平御覽引許注「騏驎鬥而日月食，鯨魚死而彗星出」云：「騏驎，大角獸，故與日月符。鯨魚，海中魚之王也。」「一墣塞江」云：「墣，塊也。」皆高之所無。又文選注引「綄之候風」許注云：「綄候風者，楚人謂之五兩。」今高注則「綄」作「俔」，云「世謂之五兩」。「自西南至東南，有裸人國、黑齒民」，許注云：「其民不衣。」「其人黑齒。」今高注則裸國在東南，黑齒在東北，但有「其人黑齒」注語，而無「其民不衣」云云。更可見本之故多殊異，注之互有脱訛矣。故「釣射鷫鸘」，太平御覽引作「釣射瀟湘」，是足證其殊異。「牛蹄之涔，無尺之鯉；塊阜之山，無丈之材，皆其營宇狹小，而不能容巨大」，太平御覽引作「牛蹄之涔，無經尺之鯉；魁父之山，無營宇之材，皆其狹小，而不能容巨大」，是足證其脱訛。蓋唐、宋以前，古本尚存，皆得展轉引據。今亡之，又爲庸夫散亂，難言攷正耳。別駕校訂是書，既精且博，逵吉亦抒一得之愚，爲之疏通旁證。舉以示歙程文學敦、陽湖孫編修星衍，皆以爲宜付削刀。時侍家君咸寧官舍，謹刊而布之。略攷淮南作書之始末，及高、許注書之端緒，刺于敍目之後，蓋卽別駕所校道書中本也。若此書不亡于天下，而逵吉亦附名以傳，斯爲厚幸云爾。

乾隆戊申五十有三年三月，武進莊逵吉撰。

淮南鴻烈集解卷一

原道訓

原，本也。本道根真，包裹天地，以歷萬物，故曰「原道」，因以題篇。○姚範云：疑「訓」字高誘自名其注解，非淮南篇名所有，即誘序中所云「深思先師之訓」也。要略無訓字。

夫道者，覆天載地，道無形而大也。**廓四方，柝八極，**廓，張也。柝，開也。八極，八方之極也，言其遠。柝，讀重門擊柝之柝也。**高不可際，深不可測，**際，至也。度深曰測，一曰盡也。**包裹天地，稟授無形。**稟，給也。授，予也。無形，萬物之未形者。皆生於道，故曰稟授無形也。**原流泉浡，沖而徐盈；**原，泉之所自出也。浡，湧也。沖，虛也。始出虛，徐流不止，能漸盈滿，以喻於道亦然也。**混混滑滑，濁而徐清。**滑，讀曰骨也。**故植之而塞于天地，橫之而彌于四海，施之無窮而無所朝夕。**植，立也。塞，滿也。彌，猶絡也。施，用也。用之無窮竭也，無所朝夕盛衰。**舒之幎於六合，卷之不盈於一握。**舒，散也。幎，覆也。孟春與孟秋爲合，仲春與仲秋爲合，季春與季秋爲合，孟夏與孟冬爲合，仲夏與仲冬爲合，季夏與季冬爲合。

故曰六合。言滿天地間也，一曰，四方上下爲六合。不盈一握，言微妙也。**約而能張，幽而能明，**言道能小能大，能昧能明。**弱而能强，柔而能剛。**道之性也。**横四維而含陰陽，**横，讀桄車之桄。○桂馥云：一切經音義云：「桄，聲類作輄，車下横木也。」今車牀及梯轝横木皆曰桄是也。**紘宇宙而章三光。**紘，綱也，若小車蓋四維謂之紘，繩之類也。四方上下曰宇，古往今來曰宙，以喻天地。章，明也。三光，日、月、星。○莊逵吉云：「三光，日、月、星」，李善文選注作許慎注。說文解字：「維，車蓋維也。」鄭康成注雜記云：「冠有笄者爲紘，紘在纓處，兩端上屬，下不結。」紘非正義，故誘讀從之。**甚淖而滒，甚纖而微。**滒，亦淖也。夫饘粥多瀋者謂滒。滒，讀歌謳之歌。○莊逵吉云：說文解字：「滒，多汁也。讀若哥。」古哥、歌同字。**山以之高，淵以之深，獸以之走，鳥以之飛，日月以之明，星歷以之行，麟以之游，鳳以之翔。**以，用也。游，出也。大飛不動曰翔也。**泰古二皇，得道之柄，立於中央，**二皇，伏羲、神農也。指說陰陽，故不言三也。○文典謹按：御覽七十七引許注云：「庖犧、神農。」**神與化游，以撫四方。**撫，安也。四方謂之天下也。○俞樾云：撫，讀爲幠。說文巾部：「幠，覆也。」古書或以「撫」爲之。荀子宥坐篇：「勇力撫世，守之以怯。」楊倞注曰：「撫，掩也。」掩卽覆也。此云「以撫四方」，猶言以覆四方。上文云「舒之幎於六合」，高誘注曰：「幎，覆也。」幠、幎同義。作撫者，叚字耳。高注「撫，安也」，失之。**是故能天運地滯，輪轉而無廢，**運，行也。滯，止也。廢，休也。

○莊逵吉云：古滯、塵聲相轉，故周禮質人「珍異之有滯者」，注：「故書滯或作塵。」塵之言纏，故塵有止訓。滯之音義皆從之。**水流而不止，與萬物終始。風興雲蒸，事無不應；**應，當也。**雷聲雨降，竝應無窮。**窮，已也。**鬼出電入，龍興鸞集；**鬼出，言無蹤迹也。電入，言其疾也。○文典謹按：文選新刻漏銘注引作「鬼出神入」。**鈞旋轂轉，周而復帀。**鈞，陶人作瓦器法，下轉旋者。一曰，天也。**已彫已琢，還反於樸。無爲爲之而合于道，無爲言之而通乎德，**言二三之化，無爲爲之也，而自合于道也；無所爲言之，而適自通于德也。**恬愉無矜而得於和，**恬愉，無所好憎也。無矜，不自大也。**有萬不同而便於性，**萬事不同，能便於性者，性不欲也。**神託於秋豪之末，**言微眇也。**而大宇宙之總。**宇宙，論天地總合也。○俞樾云：「大」下疑脱「於」字。謂神雖託於秋毫之末，而視宇宙之總合更大也。今脱「於」字，文義未明。**其德優天地而和陰陽，**優，柔也。和，調也。○文典謹按：羣書治要、御覽七十七引「優」並作「覆」。**節四時而調五行。**五行，金、木、水、火、土也。**呴諭覆育，萬物羣生，**呴諭，温恤也。育，長也。○洪頤煊云：禮記樂記：「煦嫗〔一〕覆育萬物。」鄭注：「氣曰煦，體曰嫗。」正義：「天以氣煦之，地以形嫗之，是天煦覆而地嫗育，故言『煦嫗覆育萬物』也。」呴諭即煦嫗，古字通用。

〔一〕「嫗」，原本作「媮」，據禮記樂記改。

潤於草木，浸於金石，禽獸碩大，豪毛潤澤，羽翼奮也，奮，壯也。角觡生也，角，鹿角也。觡，麋角也。觡，讀曰格。獸胎不贕，鳥卵不毈，胎不成獸曰贕，卵不成鳥曰毈。言「不」者，明其成。○莊逵吉云：説文解字：「毈，卵不孚也。」又天文訓云：「戊子干甲子，胎夭卵毈。」○汪文臺云：雲笈七籤一引，贕作殰，毈作殈。父無喪子之憂，兄無哭弟之哀，言無夭死。童子不孤，婦人不孀，無父曰孤，寡婦曰孀也。○陶方琦云：詩桃夭正義引許注「楚人謂寡婦曰霜」，即此注也。如俶真訓許注「楚人謂水暴溢曰瀿」（文選江賦注引）、覽冥訓許注「楚人謂袍曰裋」（列子釋文引）之例。高承舊説，故似同。惟脩務訓（有「題篇」字，爲高注本）「以養孤孀」，高注「雒家謂寡婦曰孀婦」，（呂覽高注時稱「雒家」。）與許稱楚人亦異，知二十一篇内稱楚人者，多係許注矣。許注孀作霜，用叚借字。（御覽二十八及八十三引「以養孤霜」，正作霜，亦是許本。）虹蜺不出，賊星不行，賊星，妖星也。○文典謹按：御覽七十七引許注云：「五星逆行，謂之賊星也。」含德之所致也。含，懷也。夫太上之道，生萬物而不有，不以爲己有者也。成化像而弗宰。宰，主也。跂行喙息，蠉飛蝡動，待而後生，莫之知德；不因德之。待之後死，莫之能怨。不怨虐之。得以利者不能譽，用而敗者不能非。收聚畜積而不加富，收聚畜積，國有常賦也。不加富者，爲百姓，不以爲己有也。布施禀授而不益貧。布施禀授，匡困乏，予不足也。以公家之資，故不益貧也。旋縣而不可究，纖微而不可勤。縣，猶小也。勤，猶盡也。

○王念孫云：諸書無訓縣爲小者，縣當爲緜，字之誤也。（隸書縣字或作縣，緜字或作縣，二形相似，故緜誤爲縣。漢緜竹令王君神道緜字作縣，是其證也。荀子彊國篇「今〔一〕巨楚緜吾前」，史記孝文紀「歷日緜長」，今本緜字並誤作縣。）逸周書和寤篇曰：「緜緜不絶，蔓蔓若何。」説文：「緜，聯微也。」廣雅：「緜，小也。」故高注亦訓爲小。旋亦小也。方言：「⿰月旋，短也。」郭璞曰：「便旋，庳小貌。」⿰月旋與旋同。此言道至微眇，宜若易窮，而實則廣大不可究也。此言旋緜，下言纖微，其義一也。又主術篇：「鞅鞈鐵鎧，瞋目扼掔，（古腕字。）其於以御兵刃，縣矣。券契束帛，刑罰斧鉞，其於以解難，薄矣。」高注曰：「縣，遠也。比於德不及之遠。」案：縣亦當爲緜。緜，薄也。此言緜，下言薄，其義一也。漢書嚴助傳「越人緜力薄材」，孟康曰：「緜，薄也。」言德之所禦，折衝千里，若鞅鞈鐵鎧，瞋目扼掔，其於以禦兵刃，則薄矣。高訓縣爲遠，而曰「比於德不及之遠」，殆失之迂。

累之而不高，墮之而不下，益之而不衆，損之而不寡，斲之而不薄，殺之而不殘，鑿之而不深，填之而不淺。忽兮怳兮，不可爲象兮；怳兮忽兮，用不屈兮；忽怳，無形貌也，故曰「不可爲象」也。屈，竭也。怳，讀人空頭扣之怳。屈，讀秋雞無尾屈之屈也。**幽兮冥兮，應無形兮；遂兮洞兮，不虛動兮。**洞，達也。道動有所應，故曰「不虛動」也。○俞樾云：遂，讀爲邃。離騷經「閨中既邃遠兮」、招魂篇「高堂邃宇」，王逸注並曰：「邃，深也。」洞亦深也。

〔一〕「今」，原本作「令」，據荀子彊國改。

文選西京賦「赴洞穴」，薛綜注曰：「洞穴，深且通也。」是洞有通義，亦有深義。「遂兮洞兮」，皆言其深也，方與上句「幽兮冥兮」意義相稱。高注曰「洞，達也」，非是。**與剛柔卷舒兮，與陰陽俛仰兮。**卷舒，猶屈伸也。俛仰，猶升降也。

昔者馮夷、大丙之御也，「夷」或作「遲」，「丙」或作「白」，皆古之得道能御陰陽者也。○莊逵吉云：詩「周道倭遲」，韓詩作「郁夷」，故「夷」或爲「遲」。丙、白字形相近。○陶方琦云：文選七發注引許注云：「馮遲、太白，河伯也。」古夷、遲通。齊俗訓「馮夷得道，以潛大川」，許注：「馮夷，河伯也。」文選廣絶交論注引淮南「昔者馮遲、太丙之御也」，亦作「遲」。莊子秋水篇釋文：「河伯一名馮遲。」顔籀匡謬正俗云：「古遲、夷通。淮南説馮夷河伯乃爲遲。」師古所云淮南，即許本也。丙或作白者，廣雅釋蟲：「白魚，蛃魚也。」王氏疏證謂白與丙聲之轉，引淮南「丙或作白」爲證。枚乘七發「六駕蛟龍，附從太白」，以太白爲河伯，是許説之所本。御覽引尚書緯云「白經天，水決江」，鄭康成注：「白，太白。」○洪頤煊云：丙當是内字之譌。大内即大豆。呂氏春秋聽言篇：「造父始習於大豆。」内、豆聲相近。説文：「㔷，从匸，丙聲。」徐鉉曰：「丙非聲，義當从内會意。」亦其證。**乘雲車，入雲蜺，游微霧，**以雲蜺爲其馬也。游，行也。微霧，天之微氣也。○王念孫云：雲車與雲蜺相複，雲當爲雷。太平御覽天部十四引此，正作「乘雷車」。下文曰：「電以爲鞭策，雷以爲車輪。」覽冥篇曰：「乘雷車，服應龍。」（今本服下誤衍駕字，辯見覽冥。）皆其證也。雷與雲字相似，又涉下句雲字而誤。「入雲蜺」本作「六雲蜺」，高注「以雲蜺爲其馬也」本作「以雲蜺爲六馬也」。（其字古作亓，形與六相似，故六誤爲其。史記周本紀「三百六十夫」，索隱曰：「劉氏音破六爲古其字。」管子重令篇「明主能勝六攻」，淮南地形篇「通谷六」，易林蠱之臨「周流六虛」，今本六字皆誤作其。）此言以雷爲車，以雲蜺爲六馬，故曰「乘雷車，六雲蜺」。齊俗篇曰「六騏驥，駟駃騠」，藝文類聚舟車部引尸子曰「文軒六駃題」，韓子十過篇曰「駕象車而六交龍」，司馬相如上林賦曰「乘鏤象，六玉虯」，並與此「六雲蜺」同義。文選七發「六駕蛟龍，附從太白」，李善曰：「以蛟龍若馬而駕之，其數六也。淮南子曰：『昔馮遲、太白之御，乘雷車，（今本雷字亦誤作雲。）六雲蜺。』」此尤其明證矣。今本作「入雲蜺」，太平御覽引作「駕雲蜺」，皆後人不曉六字之義而妄改之耳。（若作「入雲蜺」，則與注中雲蜺爲六馬之義了不相涉。若作「駕雲蜺」，則注但當云以雲蜺爲馬，無煩言六馬也。）**鶩怳忽，歷遠彌高以極往，**鶩，馳也。怳忽，無之象也。往，行也。○王念孫云：怳忽當爲忽怳。（注内怳忽同。）文選七發注引作「忽荒」，荒與怳通。（老子曰：「是謂忽怳。」賈誼鵩鳥賦曰：「寥廓忽荒。」）怳與往、景、上爲韻。（景，古讀若鞅。下文「如響之與景」，與像爲韻。大荒西經「正立無景」，與響、往爲韻。荀子臣道篇「形下如景」，與響、象爲韻。）若作怳忽，則失其韻矣。**經霜雪而無迹，照日光而無景，**行霜雪中無有迹，爲日所照無景柱也。○文典謹按：俗本有注云：「景，古影字。」孫志祖云，顏氏家訓書證篇，景字至晉世葛洪字苑傍始加彡。而惠氏棟九經古義乃云，高誘淮南子注曰：「景，古影字。」誘，漢末人，當時已有作景傍彡者，非始于葛洪字苑。案：高誘淮南注並無此語，俗刻原道篇注有之，乃明人妄加。唯大戴禮曾子天圓篇注有「景，古以爲影字」語，盧辯固在葛洪後也。段懋堂則云，惠定宇説，漢張平子碑即有影字，不始于葛洪。然則古義之説，蓋誤據俗本淮南子，當改引張平子碑方合。**扶搖抮抱羊角而上，**扶，攀也。搖，動也。抮抱，引戾也。扶搖直如羊角，轉如曲縈，行而上也。抮，讀與左傳「憾而能眕」者同也。抱，讀詩「克岐克嶷」之嶷也。○洪頤煊云：抮抱亦作軫軳。文選七發李善注引淮南許注：「軫，轉也。」玉篇：「軳，戾也。」廣雅釋訓：「軫、⿰車色、轉，戾也。」⿰車色卽軳字之譌。○俞樾云：此當作「抮扶搖抱羊角而上」。讀者因淮南書多以「抮抱」連文，高氏此注又曰「抮抱，引戾也」，故移抮字於下，使抮抱連文，以合於高注。不知高注自總釋二字之義耳，非正文必相連也。扶搖也，羊角也，皆風也。莊子逍遥遊篇「摶扶搖而上者九萬里」，釋文引司馬云：「上行風謂之扶搖。」又曰「摶扶搖羊角而上者九萬里」，司馬云：「風曲上行若羊角。」是其義也。抮扶搖抱羊角而上，猶云摶扶搖羊角而上。今作扶搖抮抱羊角，則義不可通矣。**經紀山川，蹈騰昆侖，排閶闔，淪天門。**經，行也。紀，通也。蹈，躡也。騰，上也。昆侖，山名也，在西北，其高萬九千里，河之所出。排，猶斥也。淪，入也。閶闔，始升天之門也。天門，上帝所居紫微宮門也。馮夷、大丙之御，其耐如此。○文典謹按：耐，古能字。其耐如此，猶言其能如此也。**末世之御，雖有輕車良馬，勁策利鍛，不能與之爭先。**勁，强也。策，箠也。未之感也。言不能與馮夷、大丙爭在前也。鍛，讀炳燭之炳。○劉績本鍛作錣，注内「未之感也」作「錣，箠末之箴也」，「鍛，讀炳燭之焫」作「錣，讀焫燭之焫」，云「錣舊作鍛，非」。王念孫云：劉本是也。錣謂馬策末之箴，所以刺馬者也。説文：「笍，羊車騶箠也。箸箴其耑，長半分。」玉篇陟衞切，字或作錣。玉篇：「錣，竹劣、竹笍二切，針也。」道應篇：「白公勝到杖策，錣上貫頤。」彼注云：「策，馬捶。端有針，以刺馬，謂之錣。（錣音竹劣、竹芮二反。錣之言鋭也，其末鋭也。韓子喻老篇作「白公勝倒杖策而鋭貫頤」。）氾論篇「是猶無鏑銜策錣而御馯馬也」，注云：「錣，檛頭箴也。」（説文：「檛，箠也。」）義並與此注同。脩務篇云：「良馬不待冊錣而行。」（冊與策同。）韓子外儲説右篇云：「延陵卓子乘蒼龍與翟文之乘，前則有錯飾，後則有利錣，進則引之，退則策之。」列子説符篇：「白公勝倒杖策，錣上貫頤。」釋文曰：「許慎注淮南子云：『馬策，端有利鍼，所以刺不前也。』」義亦與高注同。錣爲策末之箴，故勁策與利錣連文。今本錣作鍛，則義不可通矣。高注「錣，箠末之箴也」，道藏本作「末之感也」，此是末誤作未，箴誤作感，又脱去「錣箠」二字耳。茅一桂本改「未之感也」爲「末世之御」，而莊伯鴻本從之，斯爲謬矣。焫音如劣反，聲與錣相近，故曰「錣，讀焫燭之焫」。（焫燭，燒燭也。郊特牲曰：「焫蕭合羶薌。」）秦策「秦且燒焫獲君之國」，史記張儀傳作燒掇，是其例也。今本作「鍛，讀炳燭之炳」，則不可通矣。○陶方琦云：説文⿱埶金字下云：「羊箠也。端有鐵。」（鐵當是鍼。）玉篇：「笍，或作錣。」説文無錣，即⿱埶金字也。御覽七百四十六引淮南（脩務訓）「良馬不待冊錣而行」，許注：「錣，策端有鍼也。」皆與此説同。廣韻十五鎋「錣」字下云「策端有鐵」，（鐵應作鍼。）即引許注。**是故大丈夫恬然無思，澹然無慮；**○陶方琦云：文選石壁精舍還湖中詩注引許

注：「澹，猶足也。」齊俗訓「智伯有三晉而欲不澹」，許注：「澹，足也。」叚澹爲贍，故曰「猶足」。又通儋。呂氏春秋適音篇：「音不充，則不詹。」高注：「詹，足也，讀如澹然無爲之澹。」**以天爲蓋，以地爲輿，四時爲馬，陰陽爲御；**騶，御。**乘雲陵霄，與造化者俱。**大丈夫，喻體道者也。造化，天地。一曰，道也。霄，讀消息之消。○王念孫云：顧氏寧人唐韻正曰：「御本作騶，騶古音則俱反，與俱、區、驟爲韻。（說文騶從馬，芻聲。曲禮「車驅而騶」，釋文：「騶，仕救反，又七須反。」荀子禮論篇「趨中韶護」，正論篇趨作騶。）注『騶，御也』，御字正釋騶字，而今本爲不通音者竟改本文騶字爲御。案：韻補引此，正作騶。」念孫案：顧說是也。今本作御者，後人依文子道原篇改之耳。太平御覽天部八、兵部九十引此，竝作騶。○陶方琦云：御覽八引許注「霄其霧」，按「霄其霧」三字譌文。古字其作亓，雲作云，相似，故雲字譌作其字。霧乃譌字，當是「霄，雲也」。人間訓「膺摩赤霄」，許注：「霄，飛雲也。」玉篇：「霄，雲气。」或是「霄，雲也。一作霧」。脩務訓「乘雲陵霧」，是其証。○文典謹按：文選繆熙伯挽歌詩注、女史箴注引，並作「恬然無爲，與造化逍遥」，郭景純遊仙詩注引，作「大丈夫乘雲陵霄，與造化逍遥」。**縱志舒節，以馳大區。**區，宅也。宅謂天也。**可以步而步，可以驟而驟。令雨師灑道，使風伯埽塵。**雨師，畢星也。詩云：「月麗于畢，俾滂沱矣。」風伯，箕星。月麗于箕，風揚沙。**電以爲鞭策，**電，激氣也，故以爲鞭策。○文典謹按：御覽十三引注，激作擊。**雷以爲車輪。**雷，轉氣也，故以爲車輪。**上游**

於霄雿之野，下出於無垠之門。霄雿，高峻貌也。無垠，無形狀之貌。霄，讀紺綃。雿，讀翟氏之翟。○王念孫云：霄雿者，虛無寂漠之意。俶真篇曰「虛無寂漠，蕭條霄雿」是也。上言霄雿，下言無垠鄂，義本相近。高以正文言「上遊」，遂以霄雿爲高峻貌，非其本指也。「無垠」下有「鄂」字，今本正文及注皆脱去。漢書揚雄傳「紛被麗其亡鄂」，顏師古曰：「鄂，垠也。」垠鄂與霄雿相對爲文。文選西京賦「前後無有垠鄂」，李善注：「淮南子曰『出於無垠鄂之門』，許慎曰：『垠鄂，端崖也。』」（七命注同。）是許本有鄂字。太平御覽地部二十：「淮南子曰『下出乎無垠鄂之門』，高誘曰：『無垠鄂，無形之貌也。』」是高本亦有鄂字。○陶方琦云：高注作無垠，與許引原文亦異。御覽引高注曰：「無垠鄂，無形之貌也。」今高本作無垠，亦係譌敓。説文土部：「垠，地垠也。」衆經音義七引説文作「地圻咢也」。楚辭王注：「垠，岸崖也。」天文訓「气有涯垠」，垠通沂，漢書晉灼注：「沂，厓也。」鍔卽説文刀部之㓵字，然應作鄂。李善引淮南正文作鄂，而引注作鍔，塙爲誤字。七命注引許注作堮，文選甘泉賦注：「鄂，垠堮也。」莊子天下篇：「無端崖之辭。」許説本此。劉覽偏照，復守以全。劉覽，回觀也。劉，讀留連之留，非劉氏之劉也。○莊逵吉云：詩「彼留之子」，鄭康成以爲卽劉字，故劉讀爲留。經營四隅，還反於樞。隅，猶方也。樞，本也。故以天爲蓋，則無不覆也；以地爲輿，則無不載也；四時爲馬，則無不使也；陰陽爲御，則無不備也。陰陽次敍，以成萬物，無所缺也，故曰無不備。是故疾而不摇，遠而不勞，四支不動，○王念孫云：動當爲勤，字之誤也。（齊語「天下諸侯知桓公之爲己動也」，管子小匡篇動作勤。史記十二諸侯年表楚堵敖囏，徐廣曰囏一作勤。今本勤誤作動。）脩務篇「四胑不勤」，卽其證。「四支不勤，聰明不損，而知八紘九野之形埒」，卽上文所謂「遠而不勞」也。不勤卽不勞意，與不損相近，若不動，則意與不損相遠矣。且搖、勞爲韻，勤、損爲韻，若作動，則失其韻矣。**聰明不損，**損，減也。**而知八紘九野之形埒者，何也？**八紘，天之八維也。九野，八方、中央也。**執道要之柄，而游於無窮之地。**○俞樾云：既言要，又言柄，於義未安，當作「執道之柄，而游於無窮之地」。文子道原篇作「執道之要，觀無窮之地也」。彼言要，此言柄，彼言觀，此言游，文異而義同。後人據文子以讀此文，遂有改柄爲要者，傳寫兩存其字，又誤入上文耳。又按：地下亦當有也字，蓋此是答問之辭，若無也字，則與上文「何也」不相應矣。當據文子補。**是故天下之事，不可爲也，**爲，治也。**因其自然而推之。**推，求也，舉也。**萬物之變，不可究也，秉其要歸之趣。**趣亦歸也。○王念孫云：「秉其要歸之趣」當作「秉其要趣而歸之」。秉，執也。要趣猶要道也。言執其要道而萬變皆歸也。此與「因其自然而推之」相對爲文，且歸與推爲韻，今作「秉其要歸之趣」，則句法參差而又失其韻矣。文子道原篇正作「秉其要而歸之」。**夫鏡水之與形接也，不設智故，而方圓曲直弗能逃也。**智故，巧飾也。鏡水不施巧飾之形，人之形好醜以實應之，故曰方圓曲直不能逃也。**是故響不肆應，而景不一設，**○莊逵吉云：古無影字，故用景。**叫呼仿佛，默然自得。**得叫呼仿佛之聲狀也。○王念孫云：廣韻去聲五十九鑑「黮」字注云：「叫呼仿佛，黮然自得。音黯去聲。」所引即淮南之文。而今本作「默然自得」，疑後人少見黮字而以意改之也。

人生而静，天之性也。感而後動，性之害也。○俞樾云：害乃容字之誤。禮記樂記作「性之欲也」，欲亦容字之誤。史記樂書作「性之頌也」，徐廣曰：「頌音容。」蓋古本樂記字本作容，故徐廣讀頌爲容也。静、性爲韻，動、容爲韻，作欲作害，則皆失其韻矣。且上言動，下言容，容亦動也。説文手部：「搈，動搈也。」容即搈之叚字。亦或作溶，韓子揚搉篇曰「動之溶之」是也。感而後動，即是性之動，故曰性之容也。作欲作害，則皆失其義矣。史記作頌者，頌與容古通用字。若是欲字害字，則史記無緣誤作頌，徐廣又何據而讀爲容乎？故知此與禮記並誤也。説詳羣經平議。物至而神應，知之動也。物，事也。知與物接，而好憎生焉。接，交也。情欲也。好憎成形，而知誘於外，不能反己，而天理滅矣。形，見也。誘，感也。不能反己本所受天清淨之性，故曰「天理滅也」，猶衰也。故達於道者，不以人易天，天，性也，不以人事易其天性也。一説曰：天，身也，不以人間利欲之事易其身也。外與物化，而内不失其情。言通道之人，雖外貌與物化，内不失其無欲之本情也。至無而供其求，時騁而要其宿。言天時自騁，道要其宿會也。小大修短，各有其具，具，猶備也。萬物之至，騰踴肴亂而不失其數。不失其數，各應其度。是以處上而民弗重，居前而衆弗害，言民戴卬而愛之也。天下歸之，姦邪畏之。以其無争於萬物也，故莫敢與之争。〇王念孫云：「莫敢」本作「莫能」，此後人依文子道原篇改之也。唯不與萬物争，故莫能與之争，所謂柔弱勝剛彊也。若云莫敢，則非其指矣。下文曰：「攻大䃺堅，莫能與之争。」老子曰：『夫唯不争，故天下莫能與之争。』」又曰：「以其不争，故天下莫能與之争。」皆其證也。魏徵羣書治要引此，正作「莫能與之争」。夫臨江而釣，曠日而不能盈羅，雖有鉤箴芒距，距，爪也，讀距守之距也。微綸芳餌，加之以詹何、娟嬛之數，猶不能與網罟争得也。詹何、娟嬛，古善釣人名。數，術也。〇文典謹按：「文選七發注引，箴作鍼，娟嬛作蜎蠉，又引高注云：「蜎蠉，白公時人。」與從弟君苗君胄書注引，「娟嬛之數」作「便嬛之妙」。射者扜烏號之弓，彎綦衛之箭，扜，張也。彎，引也。綦，美箭所出地名也。衛，利也。烏號，桑柘，其材堅勁，烏峙其上，及其將飛，枝必橈下，勁能復巢，烏隨之。烏不敢飛，號呼其上。伐其枝以爲弓，因曰烏號之弓也。一説：黄帝鑄鼎於荆山鼎湖，得道而仙，乘龍而上。其臣援弓射龍，欲下黄帝，不能也。烏，於也；號，呼也。於是抱弓而號，因名其弓爲烏號之弓也。〇莊逵吉云：司馬相如子虛賦注應劭説烏號，與誘前一義同。〇文典謹按：風俗通云：「烏號弓者，柘桑之林，枝條暢茂，烏登其上，下垂着地。烏適飛去，從後撥殺，取以爲弓，因名烏號耳。」又御覽三百四十七引古史考云：「烏號，柘樹枝長而烏集，將飛，枝彈烏，烏乃號呼。以柘爲弓，因名曰烏號。」皆與高注前一義同。〇王引之云：廣雅：「箘、簬、䉐，箭也。」禹貢曰：「惟箘簵楛。」簵與簬同。戴凱之竹譜曰：「䉐，細竹也，出蜀志。薄肌而勁，中三續射博箭。䉐音衛，見三倉。」（以上竹譜。）字通作衛。原道篇曰：「射者扜烏號之弓，（扜，讀若紆，今本扜誤作扞，辯見韓子扜弓下。）彎棊衛之箭。」兵略篇曰：「栝淇衛箘簵。」淇與棊同，淇衛、箘簵對文，皆箭竹之名也。方言曰：「箄或謂之箭裏，或謂之棊。」竹譜曰：「簕，竹，中博箭。」是簕與棊一物也。以簕爲博箭謂之棊，以簕爲射箭則亦謂之棊耳。棊者，箭莖之名。説文曰：「萁，豆莖也。」豆莖謂之萁，箭莖謂之棊，聲義並同矣。乃高注原道篇云：「棊，美箭所出地名也。衛，利也。」注兵略篇云：「淇衛，箘簵箭之所出也。」竹譜引淮南而釋之云：「淇園，衛地，毛詩所謂『瞻彼淇奥，緑竹猗猗』是也。」案淇乃衛之水名，先言淇而後言衛，則不詞矣。晉有澤曰董，蒲之所出也，然不得曰「董晉之蒲」。楚有藪曰雲，竹箭之所生也，然不得曰「雲楚之竹箭」。且淇水之地去堯都非甚遠，當禹作貢時，何反不貢箘簵，而貢者乃遠在荆州乎？○洪頤煊云：棊當作淇。兵略訓「淇衛箘簵」，高注：「淇衛，箘簵箭之所出也。」淇在衛地，故曰淇衛。**重之羿、逢蒙子之巧，**○文典謹按：御覽九百十四引，無羿字。**以要飛鳥，猶不能與羅者競多。**羿，古諸侯，有窮之君也。逢蒙，羿弟子。皆攻射而百發百中，故曰之巧。要，取也。競，逐也。**何則？以所持之小也。張天下以爲之籠，因江海以爲之罟，又何亡魚失鳥之有乎！**罟，魚网也。詩云：「施罟濊濊。」○王念孫云：正文注文内罟字，皆當爲罛。罛、罟聲相近，又涉上文「網罟」而誤也。凡魚及鳥獸之網皆謂之罟，而罛則爲魚網之專稱。爾雅：「鳥罟謂之羅，兎罟謂之罝，麋罟謂之罞，彘罟謂之羉，魚罟謂之罛。」衛風碩人篇「施罛濊濊」，毛傳曰：「罛，魚罟。」此皆高注所本。若專訓罟爲魚網，則失其義矣。（罛字必須訓釋，故引詩爲證。若罟字則不須訓釋。上文網罟二字無注，卽其證。）且此文「失鳥」二字承上「籠」字言之，「亡魚」二字則承上「罛」字言之。若變罛言罟，則又非其指矣。呂氏春秋上農篇「罛罟不敢入於淵」，高彼注云：「罛，魚罟也。詩云：『施罛濊濊。』」正與此注同，足正今本之誤。初學記武部漁類、太平御覽資産部罛類引此，並作「因江海以爲罛」。○文典謹按：舊作「因江海以爲罟」，與上句「張天下以爲之籠」不一律，今據御覽七百六十四、八百三十四補「之」字。

故矢不若繳，繳不若無形之像。言其大也。○王念孫云：初學記引此作「矢不若繳，繳不若網，網不若無形之像」，是也。上文言射者不能與羅者競多，故曰「繳不若網」。又言「張天下以爲籠，因江海以爲罛，又何亡魚失鳥之有」，故曰「網不若無形之像」。且網與像爲韻，今本脱去四字，則失其韻矣。**夫釋大道而任小數，無以異於使蟹捕鼠，蟾蠩捕蚤，不足以禁姦塞邪，亂乃逾滋。**以艾灼蟹匡上，内置穴中，乃熱走窮穴，適能禽一鼠也。蟾蠩，蟇也，跳行舒遲，捕蚤亦不能悉得，故曰不足以禁姦也。逾滋，益甚也。○文典謹按：御覽九百五十一引，「任小數」作「任小技」，又九百四十二引注，匡作筐。

昔者夏鯀作三仞之城，諸侯背之，海外有狡心。鯀，帝顓頊五世孫，禹之父也。八尺曰仞。鯀作城郭，以其役勞，故諸侯背之，四海之外皆有狡猾之心也。○王念孫云：三仞，藝文類聚居處部三、太平御覽居處部二十並引作九仞，是也。初學記居處部引五經異義曰：「天子之城高九仞，公侯七仞，伯五仞，子男三仞。」此謂鯀作高城而諸侯背之，則當言九仞，不當言三仞也。

○陶方琦云：注「八尺曰仞」，乃許注，今在高注中，乃許注羼入之故也。覽冥訓高注云：「百仞，七百尺也。」又説林訓高注云：「七尺曰仞。」其注吕覽功名、適威等篇，均云「七尺曰仞」。此云八尺，乃許義也。説文仞字下云：「伸臂一尋八尺。」知許君注淮南，説必同。後人多以許注羼入高注中，非有明白左證，安能别而出之。○文典謹按：御覽八十二引，背作倍。禹知天下之叛也，乃壞城平池，散財物，焚甲兵，施之以德，海外賓伏，四夷納職，四夷，海外也。職，貢也。○莊逵吉云：太平御覽作「中外賓服」。○文典謹按：御覽八十二引，焚作禁。合諸侯于塗山，執玉帛者萬國。塗山，在九江當塗縣。玉，圭。帛，玄纁也。故機械之心藏于胷中，則純白不粹，神德不全，機械，巧詐也。藏之于胷臆之内，故純白之道不粹，精神專一之德不全也。粹，讀禍祟之祟。在身者不知，何遠之所能懷！懷，來也。是故革堅則兵利，城成則衝生，言攻戰之備，于此生也。若以湯沃沸，亂乃逾甚。是故鞭噬狗，策蹏馬，○文典謹按：意林引，是故作猶，狗作犬，策作捶。而欲教之，雖伊尹、造父弗能化。伊尹，名摯，殷湯之賢相也。造父，周穆王之臣也，而善御。雖此二人，不能化之。欲寅之心亡於中，則飢虎可尾，何況狗馬之類乎！○王念孫云：「欲寅之心」，寅當爲宍，字之誤也。宍與肉同。（干禄字書云：「宍、肉，上俗下正。」廣韻亦云：「肉，俗作宍。」墨子迎敵祠篇「狗彘豚雞食其宍。」太玄玄數：「爲會爲宍。」）欲肉者，欲食肉也。諸本及莊本皆作「欲害之心」，害亦宍之誤。（害字草書作[illegible]，與宊相似。）文子道原篇亦誤作害。劉績注云：「古肉字。」則劉本作宊可知，而今本亦作害，蓋世人多見害，少見宊，故傳寫皆誤也。（吴越春秋句踐陰謀外傳「斷竹續竹，飛土逐宊」，今本宊誤作害。論衡感虚篇「廚門木象生肉足」，今本風俗通義肉作害，害亦宊之誤。）又齊俗篇「夫水積則生相食之魚，土積則生自穴之獸」，穴亦宊之誤。自肉，謂獸相食也。相食之魚，自肉之獸，其義一也。太平御覽禮儀部二引此，作「食肉之獸」，食字涉上句「相食」而誤，而肉字則不誤。文子上禮篇正作「自肉之狩」。（狩與獸同。）○俞樾云：伊尹不聞以善御名，何得與造父並稱。伊尹疑當作尹儒。呂氏春秋博志篇「尹儒學御，三年，夢受秋駕於其師」，即其人也。傳寫脱儒字，後人臆補伊字於尹字之上耳。道應篇作尹需。**故體道者逸而不窮，任數者勞而無功。夫峭法刻誅者，非霸王之業也；**○陶方琦云：文選西征賦注引「峭法刻誅」作「陗法刻刑」，又引許注云：「陗，峻也。」今高本刑作誅，亦與許本異。説文阜部：「陗，陖〔一〕也。」（峻即説文作陖。）與注淮南同。**箠策繁用者，非致遠之術也。**繁，數也。○王念孫云：術當爲御，字之誤也。繆稱篇曰：「急轡數策者，非千里之御也。」義與此同。羣書治要引此正作御，文子道原篇亦作御。**離朱之明，察箴末於百步之外，**離朱者，黄帝臣，明目人也。○文典謹按：文選琴賦注、羣書治要引，箴並作

〔一〕「陖」，原本作「峻」，據説文改。

鍼。不能見淵中之魚。師曠之聰，合八風之調，師曠，晉平公樂師子野也。八風，八卦之風聲也。而不能聽十里之外。故任一人之能，不足以治三畝之宅也。脩道理之數，因天地之自然，則六合不足均也。均，平也。○王念孫云：脩當爲循。隸書循、脩二字相似，故循誤爲脩。（説見管子「廟堂既脩」下。）循道理，因天地，循亦因也。若作脩，則非其指矣。太平御覽地部二、居處部八引此並作循。文子道原篇亦作循。又俶真篇「賈便其肆，農樂其業，大夫安其職，而處士脩其道」，脩亦當爲循，此四者皆謂各因其舊也。文選西都賦注引此正作循，太平御覽皇王部二引此亦作循。又主術篇「橋植直立而不動，俛仰取制焉；人主靜漠而不躁，百官得脩焉」，脩亦當爲循。言人主靜漠而不躁，則百官皆得所遵循，猶橋衡之俛仰取制於柱也。又齊俗篇「守正脩理，不苟得者，不免乎飢寒之患」，脩亦當爲循。文選東都賦、東京賦注引此並作「守道順理」，順亦循也。又詮言篇「法脩自然，己無所與」，脩亦當爲循。謂循其自然而已不與也。文子符言篇作「治隨自然」，隨亦循也。又「欲見譽於爲善，而立名於爲賢，（今本賢誤作質，辯見詮言。）則治不脩故而事不須時」，脩亦當爲循，須當爲順，皆字之誤也。文子作「治不順理而事不須時」，順亦循也。又「由其道則善無章，脩其理則巧無名」，脩亦當爲循，循其理卽由其道也。又「由此觀之，賢能之不足任也，而道術之可脩，明矣」，脩亦當爲循。文子道德篇作「道術可因」，因亦循也。又兵略篇「條脩葉貫，萬物百族，由本至末，莫不有序」，脩亦當爲循，循謂順其序也。俶真篇曰「萬物之疏躍枝舉，百事之莖葉條桻，皆本於一根，而條循千萬」是也。又泰族篇「今夫道者，藏精於內，棲神於心，静漠恬淡，訟繆胸中，邪氣無所留滯，四枝節族，毛蒸理泄，則機樞調利，百脈九竅，莫不順比，其所居神者得其位也，豈節拊而毛脩之哉」，脩亦當爲循，循與拊同意也。**是故禹之決瀆也，因水以爲師；神農之播穀也，因苗以爲教。**禹，鯀之子，名文命，受禪成功曰「禹」。因以水性自下，決使東流，以爲後世師法也。神農，少典之子炎帝也。農植嘉穀，神而化之，故號曰「神農」也。播，布也。布種百穀，因苗之生而長育之，以爲後世之常教也。

夫萍樹根於水，萍，大蘋也。○王念孫云：萍本作蘋。（埤雅引此已誤。）高注「萍，大蘋也」，本作「蘋，大萍也」。萍字或作蓱。爾雅：「苹，（音平。）蓱。（音瓶。）其大者蘋。（音頻。）」召南采蘋傳曰：「蘋，大蓱也。」説文蘋作薲，亦云「大蓱也」。此皆以小者爲萍，大者爲蘋，卽高注所本也。吕氏春秋本味篇「菜之美者，昆侖之蘋」，高注曰：「蘋，大萍。」（舊本大萍誤作大蘋，今改正。）足與此注互相證明矣。後人既改正文蘋字爲萍，又互改高注蘋、萍二字以就之，而不知其小大之相反也。**木樹根於土，鳥排虚而飛，獸蹠實而走，**蹠，足也。實，地也。蹠，讀捃摭之摭。○陶方琦云：文選舞賦注、高唐賦注引許注：「蹠，蹈也。」按二家注文異。舞賦引許注蹈作踏。説文足部：「蹈，踐也。」又：「蹋，踐也。」俗字作踏，蹈蹋連文而同訓，然此踏字乃蹈字之譌。**蛟龍水居，虎豹山處，天地之性也。**蛟，水蛟，其皮有珠，世人以爲刀劍之口是也。蛟，讀人情性交易之交，緩氣言乃得耳。**兩木相摩而然，金火相守而流，**流，釋也。**員者常轉，竅者主浮，**

自然之勢也。員，輪丸之屬也。窾，空也，舟船之屬也。故曰自然之勢也。窾，讀科條之科也。是故春風至則甘雨降，生育萬物，明堂月令曰「清風至則穀雨」是也。育，長也。風或作分合。羽者嫗伏，毛者孕育，嫗伏，以氣剖卵也。孕者，懷胎育生也。草木榮華，鳥獸卵胎，莫見其爲者，而功既成矣。既，已也。秋風下霜，倒生挫傷，草木首地而生，故曰倒生。挫傷者，彫落也。鷹鵰搏鷙，昆蟲蟄藏，蟄，讀什伍之什。草木注根，魚鼈湊淵，莫見其爲者，滅而無形。滅，没也。形，見也。木處榛巢，水居窟穴，聚木曰榛。○莊逵吉云：說文解字：「榛，菆也。」「菆，蓐也。」「蓐，陳草復生也。一曰蔟也。」皆轉相訓注。菆音側鳩切，古菆、聚同聲，聚木即菆木也。○王引之云：榛巢連文，則榛即是巢，猶窟穴連文，則窟即是穴。榛當讀爲橧，廣雅：「橧，巢也。」禮運曰：「冬則居營窟，夏則居橧巢。」字亦作曾，大戴禮曾子疾病篇：「鷹鶽以山爲卑而曾巢其上，魚鼈黿鼉以淵爲淺而蹶穴其中。」羣書治要引曾子「蹶穴」作「窟穴」，以窟穴對曾巢，正與此同。禮運之橧巢，亦與營窟對文也。凡秦聲、曾聲之字，古或相通。若溱、洧之「溱」，說文作「潧」是也。高以榛爲榛薄之榛，（主術篇「入榛薄」，高注：「聚木爲榛，湥草爲薄。」）則分榛與巢爲二物，比之下句爲不類矣。說林篇曰：「榛巢者處茂林，安也；窟穴者託埵防，便也。」以窟穴對榛巢，亦與此同。彼言榛巢者處茂林，則榛巢非茂林也。此言木處榛巢，則榛巢亦非木也。若以榛爲榛薄之榛，則又合榛與木爲一物矣。○文典謹按：文選遊天台山賦注、左思招隱詩注、答張士然詩注引高注，並作「叢木曰榛」。**禽獸有艽，**艽，蓐也。○王念孫云：劉績本艽作艽，案：劉本是也。廣韻：「艽，獸蓐也。」正與高注合。脩務篇曰：「虎豹有茂草，野彘有艽莦，槎櫛堀虛，連比以像宮室。」此云「禽獸有艽，人民有室」，其義一也。○文典謹按：北堂書鈔一百五十八引，艽作机。又引許注云：「机，獸蓐。」孫馮翼輯許慎淮南注，未收此條。**人民有室，陸處宜牛馬，舟行宜多水，匈奴出穢裘，**匈奴，獫狁，北胡也。**于、越生葛絺，**于，吴也。絺，細葛也。○道藏本于作干。王念孫云：作干者是也。春秋言於越者卽是越，而以於爲發聲。此言干、越者，謂吴、越也。若是于字，則高注不當訓爲吴矣。莊子刻意篇「夫有干、越之劍者」，釋文：「司馬云：干，吴也。吴、越出善劍也。」荀子勸學篇「干、越、夷、貉之子」，楊倞曰：「干、越猶言吴、越。」（近時嘉善謝氏刻本改干爲于，又改楊注吴、越爲於越，非是，辯見荀子。）漢書貨殖傳「辟猶戎、翟之與于、越，不相入矣」，于亦干之誤。干、越皆國名，故言「戎、翟之與干、越」，猶荀子之言「干、越、夷、貉」也。顔師古以爲春秋之於越，失之。司馬彪訓干爲吴，正與高注同。莊從劉本作于，則與高注相背矣。**各生所急以備燥溼，各因所處以禦寒暑，竝得其宜，物便其所。由此觀之，萬物固以自然，聖人又何事焉！**事，治也。

九疑之南，陸事寡而水事衆，九疑，山名也，在蒼梧，虞舜所葬也。○文典謹按：藝文類聚七、御覽四十一引，衆竝作多。疑許注本如此。**於是民人被髮文身，以像鱗蟲，**被，翦也。

文身，刻畫其體，内默其中，爲蛟龍之狀，以入水，蛟龍不害也。故曰「以像鱗蟲」也。○王引之云：諸書無訓被爲翦者，被髮當作劗髮，注當作「劗，翦也」。漢書嚴助傳：「越，方外之地，劗髮文身之民也。」晉灼曰：「淮南云『越人劗髮』，（見齊俗篇。又曰：「越王句踐，劗髮文身。」）張揖以爲古翦字也。」（字又作鬋。逸周書王會篇曰：「越、漚鬋髮文身。」墨子公孟篇曰：「越王句踐，翦髮文身，以治其國。」史記趙世家曰：「夫翦髮文身，甌、越之民也。」）此言「九疑之南」，正是越地，故亦曰「劗髮文身」也。主術篇「是猶以斧劗毛」，高彼注曰：「劗，翦也。劗，讀驚攢之攢。」故此注亦曰：「劗，翦也。」後人見王制有「被髮文身」之語，遂改劗爲被，并注中劗字而改之，不知劗與翦同義，故云「劗，翦也」，若是被字，不得訓爲翦矣。（趙世家之翦髮，趙策作祝髮，錢、曾、劉本同，俗本並亦改爲被髮。）且越人以劗髮爲俗，若被髮則非其俗矣。（漢書地理志「文身斷髮，以避蛟龍之害」，應劭曰：「常在水中，故短其髮，文其身，以像龍子，故不見傷害。」）卽此所云劗髮文身，以像鱗蟲也。高注訓劗爲翦，亦與漢書斷髮同義。）**短綣不絝，以便涉游，短袂攘卷，以便刺舟，因之也。**卷，卷臂也。因之，因水之宜也。**鴈門之北，狄不穀食，賤長貴壯，俗尚氣力，**○王念孫云：俗，本作各，言狄人各尚氣力也。各誤爲谷，（漢郃陽令曹全碑「各獲人爵之報」，各作谷，形與谷相似，各、谷草書亦相似。），後人因加人旁耳。不知「不穀食」與下文「人不弛弓，馬不解勒」，皆是狄人之俗，非獨尚氣力一事也。太平御覽兵部八十九引此，正作「各尚氣力」。**人不弛弓，馬不解勒，便之也。**不穀食，肉酪而已。北狄，鮮卑也。弛，舍也。便，習也。**故禹之裸**

國，解衣而入，衣帶而出，因之也。裸國在南方。聖人治禮不求變俗，故曰因之也。今夫徙樹者，失其陰陽之性，則莫不枯槁。失，猶易也。故橘樹之江北則化而爲枳，鴝鵒不過濟，見于周禮。故春秋傳曰「鴝鵒來巢」，言非中國之禽，所以爲魯昭公亡異也。○王念孫云：枳本作橙，此後人依考工記改之也。不知彼言橘踰淮而北爲枳，此言樹之江北則爲橙，義各不同。注言「見周禮」者，約舉之詞，非必句句皆同也。埤雅引此作「化而爲枳」，則所見本已誤。文選潘岳爲賈謐贈陸機詩「在南稱甘，度北則橙」，李善注引淮南曰：「江南橘樹之江北化而爲橙。」藝文類聚、太平御覽果部橘下並引考工記曰：「橘踰淮而北爲枳。」又引淮南曰：「夫橘樹之江北，化而爲橙。」（御覽橙下引淮南同。）然則考工作枳而淮南作橙，明矣。晉王子升甘橘贊曰：「異分南域，北則枳橙。」此兼用考工與淮南也。貉渡汶而死，形性不可易，勢居不可移也。是故達於道者，反於清淨；反，本也。天本授人清淨之性，故曰反也。究於物者，終於無爲。無爲者，不爲物爲也。以恬養性，以漠處神，則入于天門。

所謂天者，純粹樸素，質直皓白，未始有與雜糅者也。所謂人者，偶睢智故，曲巧僞詐，所以俛仰於世人而與俗交者也。故牛歧蹏而戴角，馬被髦而全足者，天也。絡馬之口，穿牛之鼻者，人也。循天者，與道游者也。循，隨也。游，行也。隨人者，與俗交者也。夫井魚不可與語大，拘於隘也；夏蟲不可與語寒，言蟬蜩不知寒雪也。篤

於時也；曲士不可與語至道，拘於俗，束於教也。○俞樾云：大字泛而無指，義不可通，疑本作：「夫井魚不可與語大海，拘於隘也；夏蟲不可與語寒雪，篤於時也；曲士不可與語至道，拘於俗，束於教也。」曰「大海」，曰「寒雪」，曰「至道」，皆二字爲文，與莊子秋水篇不同。彼云「井鼃不可以語於海者，拘於虛也；夏蟲不可以語於冰者，篤於時也；曲士不可以語於道者，束於教也」，曰「海」、曰「冰」、曰「道」，皆一字爲文。古人屬辭必相稱如此。高注於次句曰「言蟬蜩不知寒雪也」，則其所據本正有雪字。若正文但言寒，不言雪，則高注何以横加雪字乎？卽謂增字以足句，何不據莊子加冰字，而必加雪字乎？此句既有雪字，則上句亦有海字可知。不然，次句曰「語寒雪」，三句曰「語至道」，而首句獨曰「語大」，文不相稱。且寒以雪言，至以道言，大以何物言乎？文又不備矣。梁張綰文曰：「井魚之不識巨海，夏蟲之不見冬冰。」巨海卽大海也。**故聖人不以人滑天，不以欲亂情，**天，身也。不以人事滑亂其身也，不以欲亂其清淨之性者也。○莊逵吉云：天竺卽身毒，故天有身義。**不謀而當，不言而信，不慮而得，不爲而成，**詩云：「不識不知，順帝之則。」故曰不謀而當，不慮而得也。**精通于靈府，**○陶方琦云：莊子釋文引許注「人心以上，气所往來也」，高無注。莊子釋文引郭象注：「靈臺，心也。」心有靈气，能主持也。」**與造化者爲人。**爲，治也。○王引之云：高未解人字之義，故訓爲爲治。人者，偶也，言與造化者爲偶也。中庸：「仁者，人也。」鄭注曰：「人也，讀如相人偶之人，以人意相存偶之言。」檜風匪風箋曰：「人偶能割亨者，人偶能輔周道治民者。」聘禮注曰：「每門輒揖者，以相人偶爲敬也。」公食大夫禮注曰：「每曲揖及當碑揖相人偶。」是人與偶同義。故漢時有「相人偶」之語。上文云「與造化者俱」，本經篇云「與造化者相雌雄」，齊俗篇曰「上與神明爲友，下與造化爲人」，曰俱，曰爲友，曰爲人，曰相雌雄，皆是相偶之意。故本經篇「與造化者相雌雄」，文子下德篇作「與造化者爲人」，此尤其明證矣。莊子大宗師篇「彼方且與造物者爲人」，應帝王篇「予方將與造物者爲人」，天運篇「久矣夫某不與化爲人」，並與淮南同意，解者亦失之。

夫善游者溺，善騎者墮，各以其所好，反自爲禍。禍，害也。**是故好事者未嘗不中，**中，傷也。好爲情欲之事者，未嘗不自傷也。**爭利者未嘗不窮也。昔共工之力，觸不周之山，使地東南傾。**共工，以水行霸於伏犧、神農間者也，非堯時共工也。不周山，昆侖西北。傾，猶下也。天文言天傾西北，地傾東南。先言傾，高也。此言東南，後言傾，明其下也。○陶方琦云：文選辨命論注引許注：「昔共工，古諸侯之彊者也。不周之山，西北之山也。」按：二家注文異。史記三皇本紀言諸侯有共工氏，任智刑以彊，霸而不王，以水乘木，乃與祝融戰，不勝而怒，乃頭觸不周山，崩，天柱折，地維缺。（列子、潛夫論引皆有怒字。）高本無怒字，應補。離騷「路不周以左轉」，王注：「不周，山名，在昆侖西北。」郝氏懿行山海經箋疏云：「王逸、高誘注云不周山在昆侖西北，竝非也。依此經，乃在昆侖東南。攷西次三經『又西北三百七十里曰不周之山』，竝非指言昆侖西北。」許注西北之山，不專指昆侖，是也。列子湯問篇張注：「不周山，在西北之極。」與許説合。**與高辛爭爲帝，**高辛，帝嚳有天下之號也。嚳，黄帝之曾孫。**遂潛于淵，宗族殘滅，繼嗣絶祀。**謂共工也。**越王翳逃山穴，越人熏而出之，遂不得已。**已，止也。翳，越太子也。賢不欲爲王，逃於山穴之中，越人以火熏出而立之，故曰遂不得已。在春秋後，故不書于經也。○陶方琦云：此事見莊子、吕覽，竝作王子搜，越世家不壽生王翁，翁生王翳，是也。莊子、吕覽竝作丹穴，許作巫山之穴，與高本異也。巫山在南郡巫縣。俶真訓「巫山之上」，高注：「巫山在南郡。」○文典謹按：書鈔百五十八引，翳作醫，山上有巫字。又引許注云：「醫，越王之太子，當立，讓逃巫山之穴中。薰，以火烟薰之也。遂不得已，立爲王。」孫馮翼輯許注，未收此條。**由此觀之，得在時，不在爭；治在道，不在聖。**治，爲也。雖聖不得爲，故曰在道，孔子是也。**土處下，不爭高，故安而不危；水下流，不爭先，故疾而不遲。昔舜耕於歷山，朞年，而田者爭處墝埆，以封壤肥饒相讓；**歷山在沛陰城陽也。一曰：沛南歷城山也。墝埆，讀人相墝椽之墝。○王念孫云：封壤二字，義不相屬。封壤本作封畔，此後人以意改之也。封，畔皆謂田界也。（周官保章氏注、吕氏春秋孟春、樂成二篇注並云：「封，界也。」説文：「畔，田界也。」）史記五帝紀：「舜耕歷山，歷山之人皆讓畔。」（本出韓子難一。）大雅緜傳亦云「耕者讓畔」。封畔與肥饒相對爲文。下文「以曲隈深潭相予」，曲隈、深潭亦相對爲文。覽冥篇云「田者不侵畔，漁者不爭隈」，此云「田者以封畔肥饒相讓，漁者以曲隈深潭相予」，其義一也。太平御覽皇王部六、爾雅釋草疏引此竝作封畔。○文典謹按：御覽八十一引，昔下有者字。又宋本注城作

成。釣於河濱，朞年，而漁者争處湍瀨，以曲隈深潭相予。漁，讀告語。湍瀨，水淺流急少魚之處也。曲隈，崖岸委曲。深潭，回流饒魚之處。潭，讀葛覃之覃。○陶方琦云：文選南都賦注、七命注、長笛賦注引許注：「湍，水行疾也。」按：説文水部：「湍，疾瀨也。」湍訓爲疾，與注淮南同。御覽八十一引注云：「湍，疾。瀨，淺。」湍訓爲疾，當是許注約文。○文典謹按：御覽引潭作潤。**當此之時，口不設言，手不指麾，**口不設不信之言也。手不指麾，不妄有所規儗也。**執玄德於心，而化馳若神。**玄，天也。馳，行也。若神，若有神化之也。**使舜無其志，雖口辯而户説之，不能化一人。**志，王天下之志也。一曰：人心之志也。**是故不道之道，莽乎大哉！**道不可道，故曰不道之道。**夫能理三苗，朝羽民，**三苗，堯時所放渾敦、窮奇、叨餮之等。理，治也。羽民，南方羽國之民。使之朝者，德以懷遠也。**徙裸國，納肅慎，未發號施令而移風易俗者，其唯心行者乎！**徙，化也。裸國在南方，禹所入也。肅慎在北方，遠也。傳曰：「肅慎、燕、亳，吾北土也。」唯神化爲能然也。**法度刑罰，何足以致之也？**言不足以致之也。明不如仁心化之爲大。**是故聖人内修其本，而不外飾其末，保其精神，偃其智故，漠然無爲而無不爲也，**能無爲，故物無不爲之化。**澹然無治也而無不治也。所謂無爲者，不先物爲也；所謂無不爲者，因物之所爲。**順物之性也。**所謂無治者，不易自然也；所謂無不治者，因物之相然也。**然，猶宜也。**萬物有所生，而獨知守其根；**根，本也。百事有所出，而獨知守其門。門，禁要也。故窮無窮，極無極，照物而不眩，響應而不乏，此之謂天解。眩，惑也。天解，天之解故也，言能明天意也。○莊逵吉云：解故即詁字。説文解字云：「詁，訓故言也。」是故與詁通。

故得道者志弱而事强，弱，柔也。强，無不勝也。心虚而應當。當，合也。所謂志弱而事强者，柔毳安静，藏於不敢，○俞樾云：文子道原篇作「藏於不取」，當從之，即所謂「百姓足，君孰與不足」也。取與敢形似而誤。行於不能，恬然無慮，動不失時，與萬物回周旋轉，不爲先唱，感而應之。感，動。應，和。是故貴者必以賤爲號，貴者，謂公、王、侯、伯。稱孤寡不穀，故曰以賤爲號。而高者必以下爲基。基，始也。夫築京臺先從下起也。託小以包大，在中以制外，行柔而剛，用弱而强，轉化推移，得一之道，而以少正多。而，能也，能以寡統衆。○莊逵吉云：古能字爲耐，耐與而通，故訓而爲能。易「眇能視，跛能履」，虞仲翔本皆作而。所謂其事强者，遭變應卒，排患扞難，力無不勝，敵無不凌，應化揆時，莫能害之。是故欲剛者必以柔守之，欲强者必以弱保之。積於柔則剛，積於弱則强，觀其所積，以知禍福之鄉。鄉，方也。强勝不若己者，至於若己者而同；夫强者能勝不如己者。同，等也。至于如己者則等，不能勝也。言强之爲小也，道家所不貴也。柔勝出於己者，其力不可量。夫能弱柔勝己者，其力不能訾也。言柔之爲大也，道家所貴。故兵强則滅，木强則折，革固則裂，齒堅於舌而先之敝。兵猶火也，强則盛，盛則衰，故曰「則滅」。以火諭也。木强則折，不能徐詘也。革堅則裂，鼓是也。敝，盡。齒堅于舌，而先舌盡。○李賡芸云：滅、折、裂、舌、敝韻也。敝，讀如鷩。是故柔弱者，生之幹也；幹，質也。而堅强者，死之徒也。徒，衆也。

先唱者，窮之路也；後動者，達之原也。先者隤陷，故曰窮也。後者以謀，故曰達也。何以知其然也？凡人中壽七十歲，然而趨舍指湊，指，所之也。湊，所合也。指湊，猶言行止也。日以月悔也，積日至月，則悔前之非。以至於死，故蘧伯玉年五十而有四十九年非。伯玉，衞大夫蘧瑗也。今年所行是也，則還顧知去年之所行非也。歲歲悔之，以至于死，故有四十九年非，所謂月悔朔、日悔昨也。何者？先者難爲知，而後者易爲攻也。先者上高，則後者攀之；先者踰下，則後者蹷之；先者隤陷，則後者以謀；先者敗績，則後者違之。蹷，履也，音展，非展也。楚人讀躓爲隤，隤者車承，或言跋躓之躓也。○王念孫云：展與蹷聲不相近，蹷皆當爲蹍，字之誤也。蹍，女展反，履也，言後者履先者而上也。蹍字或作蹍，廣雅：「蹍，履也。」曹憲音女展反。莊子庚桑楚篇「蹍市人之足」，司馬彪云：「蹍，蹈也。」淮南説山篇「足蹍地而爲迹」，説林篇「足所蹍者淺矣」，脩務篇「猶釋船而欲蹍水也」，高注並云：「蹍，履也。」蹍音女展反而訓爲履，故此注云：「蹍，履也。音展，非展也。」且攀、蹍爲韻，謀、之爲韻。

（謀，古讀若媒，説見唐韻正。）若作屣，則失其韻矣。兵略篇：「白刃合，流矢接，涉血屬腸，輿死扶傷。」案：「屬腸」二字義不可通，屬亦當爲屣，謂涉血屣腸也。呂氏春秋期賢篇曰：「塵氣充天，流矢如雨，扶傷輿死，履腸涉血。」是其證也。屣字本作躧，其上半與屬相似，因誤爲屬矣。**由此觀之，先者，則後者之弓矢質的也。**質的，射者之準埶也。○莊逵吉云：準，古作埻。説文解字：「埻，射臬，讀若準。」**猶錞之與刃，刃犯難而錞無患者何也？以其託於後位也。**錞，矛戈之錞也，讀若頓。刃，矛戈之刃也。刃在前，故犯難；錞在後，故以無患。故曰「其託于後位」也。○莊逵吉云：曲禮曰：「進戈者前其鐏，進矛戟者前其鐓。」注：「鋭底曰鐏，平底曰鐓。」方言「鐏謂之釬」，郭璞注：「鐏或名爲鐓。」説文解字：「鐏，柲下銅也。」「鐔，柲下銅鐏也。」知鐏即鐔。蓋刃鋭而鐔頓，故讀若頓。然則錞應爲鐔。**此俗世庸民之所公見也，而賢知者弗能避也。**庸，衆也。公，詳也。衆民詳所見，賢知者不能避，爲鋒刃也，以諭利欲也。故曰有所屏蔽也。○王念孫云：如高注，則正文避字下當有「有所屏蔽」四字，而今本脱之也。此承上文而言，言先者有難而後者無患，此庸人之所共見也。而賢知者猶不能避，則爲争先之見所屏蔽故也。故注云「故曰有所屏蔽也」。凡注内「故曰」云云，皆指正文而言，以是明之。**所謂後者，非謂其底滯而不發，凝結而不流，**底，讀曰紙。發，動也。凝，如脂凝也。流，行。○王念孫云：竭之言遏也。爾雅曰：「遏，止也。」底、滯、凝、竭皆止也。（爾雅：「底，止也。」原道篇注：「滯，止也。」楚辭九歎注：「凝，止也。」）天文篇曰：「清妙之合專易，重濁之凝竭難。」要略曰：「凝竭底滯，捲握而不散。」皆其證也。道藏本、朱本、茅本皆作凝竭，劉績不知其義，而改竭爲結。莊本從之，謬矣。貴其周於數而合於時也。周，調也。數，術也。合于時，時行則行，時止則止也。夫執道理以耦變，先亦制後，後亦制先。道當隨事爲變，不必待于先，人事當在後，趨時當居先也。是何則？不失其所以制人，人不能制也。時之反側，間不容息，言時反側之間，不容氣息，促之甚也。先之則太過，後之則不逮。夫日回而月周，時不與人游，故聖人不貴尺之璧，而重寸之陰，時難得而易失也。禹之趨時也，履遺而弗取，冠挂而弗顧，◯文典謹按：御覽八十二、六百九十七引，並作「冠挂而不顧，履遺而不取」。八十二又引注云：「冠有所挂着，去不暇顧視。」非爭其先也，而爭其得時也。是故聖人守清道而抱雌節，清，和淨也。雌，柔弱也。因循應變，常後而不先。柔弱以靜，舒安以定，舒，詳也。攻大磏堅，莫能與之爭。攻大磏堅，喻難也，無與聖人之爭也。

天下之物，莫柔弱於水，然而大不可極，深不可測，測，盡也。脩極於無窮，遠淪於無涯，息耗減益，通於不訾，訾，量也。上天則爲雨露，下地則爲潤澤，萬物弗得不生，百事不得不成，大包羣生而無好憎，◯王引之云：「無好憎」本作「無私好」，此後人以意改之也。文子道原篇正作「無私好」。此承上文生萬物、成百事而言，言水之利物，非有所私好而然也。下句「澤及蚑蟯而不求報」，亦是此意。加一憎字，則非其指矣。且好與報爲韻，（上下文皆用韻。）若作「無好憎」，則失其韻矣。劉本作「無所私」，亦非。○文典謹按：御覽五十八引，包作苞，「無好憎」作「無所私」，與劉績本合。**澤及蚑蟯**，蚑，蚑行也。蟯，微小之蟲也。**而不求報**，施而不有也。**富贍天下而不既**，贍，足也。既，盡也。**德施百姓而不費**，德澤加于百姓，不以爲己財費也。**行而不可得窮極也**，流膏不止也。**微而不可得把握也，擊之無創，刺之不傷，斬之不斷，焚之不然**，水之性也。**淖溺流遁，錯繆相紛而不可靡散**，遁，逸也。錯繆相紛，彼此相糾也。**利貫金石，強濟天下**，水流缺石，是其利也。舟船所載無有重，是其強也。濟，通也。**動溶無形之域**，○文典謹按：溶爲搈叚。（俶真篇「動溶于至虛」同。）說文手部：「搈，動搈也。」溶、搈同音通用。**而翺翔忽區之上**，忽怳之區上也。言其飛爲雲雨，無所不上也。○莊逵吉云：本無雨字，依太平御覽加。○王引之云：忽區二字，文不成義。區當作芒。隸書芒字作⿱艹亾，與區相似而誤。（太平御覽地部二十三引原道篇已誤作區。）忽芒卽忽荒也。莊子至樂篇：「芒乎芴乎，而無從出乎。芴乎芒乎，而無有象乎。」釋文：「芒音荒，又呼晃反。芴音忽。」是芒與荒同。（爾雅「太歲在巳曰大荒落」，史記曆書荒作芒。三代世表帝芒，索隱：「芒，一作荒。」）上文「游微霧，鶩忽怳」，高注曰：「忽怳，無形之象。」文選七發注引作「鶩忽荒」。忽芒乃無形之貌，故曰「動溶無形之域，而翺翔忽芒之上」也。人閒篇曰：「翺翔乎忽荒之上，析惕乎虹蜺之閒。」

是其明證矣。（賈誼鵩賦「寥廓忽荒兮，與道翺翔」，亦謂翺翔於忽荒之上也。）遭回川谷之間，而滔騰大荒之野，遭回，猶委曲也。有餘不足，與天地取與，授萬物而無所前後，前後皆與之。◯俞樾云：授上當有稟字。上文曰「稟授無形」，又曰「布施稟授而不益貧」，下文曰「稟授於外而以自飾也」，並以稟授連文，是其證也。文子道原篇作「稟授萬物而無所先後」，當據補。是故無所私而無所公，公私一也。靡濫振蕩，與天地鴻洞，鴻，大也。洞，通也，讀同異之同。無所左而無所右，蟠委錯紾，紾，轉也。與萬物始終，◯王念孫云：始終當爲終始。（上文云：「水流而不止，與萬物終始。」）公、洞爲韻，（高注：洞，讀同異之同。鴻、洞疊韻字。）右、始爲韻，（右，古讀若以，説見唐韻正。）若作始終，則失其韻矣。是謂至德。言水之爲德最大，故曰至德也。夫水所以能成其至德於天下者，以其淖溺潤滑也。故老聃之言曰：「天下至柔，馳騁天下之至堅。出於無有，入於無間。水是也。吾是以知無爲之有益。」有益于生。夫無形者，物之大祖也；無音者，聲之大宗也。無形生有形，故爲物大祖也。無音生有音，故爲聲大宗。祖、宗皆本也。其子爲光，其孫爲水，皆生於無形乎！光無形，道所貴也，觀之，故子爲光也。水形而不可毁，差之，故孫爲水也。夫光可見而不可握，水可循而不可毁，故有像之類，莫尊於水。◯文典謹按：文選海賦注引，像作形。出生入死，自無蹠有，自有蹠無，而以衰賤矣。出生，出生道，謂去清淨也。入死，入死道，謂匿情欲也。蹠，適也。自無形適有形，離其本也。自有形適無形，不能復得，道家所棄，故曰而以衰賤也。

是故清静者，德之至也；而柔弱者，道之要也；要，約也。虚無恬愉者，萬物之用也。萬物由之得爲人用。肅然應感，殷然反本，○莊逵吉云：殷然，太平御覽作毅然。則淪於無形矣。所謂無形者，一之謂也。一者，道之本。所謂一者，無匹合於天下者也。卓然獨立，塊然獨處，○文典謹按：獨立、獨處，於辭爲複。文選與侍郎曹長思書注引，下獨字作幽。上通九天，下貫九野，九天，八方、中央也。九野亦如之。員不中規，方不中矩，大渾而爲一葉，○文典謹按：御覽五十八引，葉作弃。累而無根，無根，言微妙也。懷囊天地，爲道關門，門，道之門。○文典謹按：御覽五十八引，關作開。又引注，作「開道之門」。穆忞隱閔，純德獨存，穆忞、隱閔，皆無形之類也。純，不雜糅也。布施而不既，用之而不勤。既，盡也。勤，勞也。是故視之不見其形，聽之不聞其聲，循之不得其身，無形而有形生焉，無形，道也。有形，萬物也。無聲而五音鳴焉，音生于無聲也。無味而五味形焉，形或作和也。無色而五色成焉。是故有生於無，實出於虚，有形生于無形，人也。實，財也。天下爲之圈，則名實同居。圈，陬也。名，爵號之名也。實，幣之屬也。一曰：仁義之功賞也。音之數不過五，宫、商、角、徵、羽也。而五音之變不可勝聽也。變，更相生也。味之和不過五，甘、酸、鹹、辛、苦也。而五味之化不可勝嘗也。化亦變也。色之數不過五，青、赤、白、黑、黄也。而五色之變不可勝觀也。常事曰視，非常曰觀。春秋魯隱公觀漁于棠是也。○莊逵吉云：易觀盥而不觀薦，非常視也。故夫子曰禘自既灌不欲觀。説文解字：「觀，諦視也。」古字古義，自有一定，誘解得之矣。故音者，宫立而五音形矣；宫在中央，聲之主也。形，正也。味者，甘立而五味亭矣；亭，平也。甘，中央味也。○俞樾云：説文高部：「亭，民所安定也。」是亭有定義。故文選謝靈運初去郡詩注引蒼頡曰：「亭，定也。」亦通作停。釋名釋言語曰：「停，定也，定於所在也。」五味亭矣，猶曰五味定矣。文子道原篇字正作定，可證也。高注曰：「亭，成也。」於義轉迂。色者，白立而五色成矣；白者所在以染之，故五色可成也。道者，一立而萬物生矣。是故一之理，理，道也。施四海；一之解，際天地。解，達也。際，機也。解，讀解故之解也。其全也，純兮若樸；樸，若玉樸也，在石而未剖。其散也，混兮若濁。濁而徐清，沖而徐盈，澹兮其若深淵，沖，虚也。盈，滿也。澹，定不動之貌。汎兮其若浮雲，若無而有，若亡而存。萬物之總，皆閲一孔；總，衆聚也。百事之根，皆出一門。道之門也。其動無形，變化若神；其行無迹，常後而先。道之先也。是故至人之治也，至道之人。掩其聰明，滅其文章，依道廢智，與民同出于公。公，正。約其所守，寡其所求，去其誘慕，除其嗜欲，誘慕，謫貪榮勢也，故去之也。嗜欲，情欲也，故除之也。損其思慮。常活澹也。○王念孫云：損當爲捐，字之誤也。捐與去除同意。作損則非其指矣。文子道原篇正作「捐其思慮」。又精神篇「忘其五藏，損其形骸」，損亦當爲捐，捐與忘意相近，卽莊子所謂「外其形骸」也。作損則義不可通矣。又下文「殘亡其國家，損棄其社稷」，案：社稷可言棄，不可言損，當亦是捐字之誤。約其所守則察，不煩擾也。寡其所求則得。易供，故得。夫任耳目以聽視者，勞形而不明；以知慮爲治者，苦心而無功。是故聖人一度循軌，一，齊也。軌，法也。不變其宜，不易其常，放準循繩，曲因其當。

夫喜怒者，道之邪也；道貴平和，故喜怒爲邪也。憂悲者，德之失也；德尚恬和，故憂悲爲失。論語曰「其德坦蕩」是也。○俞樾云：上云「喜怒者，道之邪也」，下云「好憎者，心之過也」，喜之與怒，好之與憎，皆二字相反。此云「憂悲」，則非其義矣。憂悲當作憂樂。下文云「心不憂樂，德之至也」，卽承此文而言。精神篇曰：「夫悲樂者，德之邪也。」與此文異義同，悲卽憂也。當由別本從彼作悲樂，而傳寫誤合之，轉脱樂字耳。好憎者，心之過也；嗜欲者，性之累也。心當專一，中扃外閉，反有所好憎，故曰過。性當清靜以奉天素，而反嗜欲，故爲之累也。人大怒破陰，大喜墜陽；怒者，陰氣也。陰爲堅冰，積陰相薄，故破陰。喜者陽氣，陽氣升于上，積陽相薄，故曰墜陽也。薄氣發瘖，驚怖爲狂；憂悲多恚，病乃成積；好憎繁多，禍乃相隨。故心不憂樂，德之至也；通而不變，靜之至也；變，更也。○文典謹按：御覽七百二十引，通作性。嗜欲不載，虚之至也；不載于性。無所好憎，平之至也；○文典謹按：御覽七百二十引，好作愛。**不與物散，粹之至也。**散，亂。粹，純。○王引之云：諸書無訓散爲雜亂者。（説文：「散，雜肉也。」雜乃離之誤，辯見説文攷正。）散皆當爲殽。隸書殽或作敎，（見漢敎阬君神祠碑。）與散相似。散或作散，（見李翕析里橋郙閣頌。）與殽亦相似。故殽誤爲散。（太平御覽方術部一引原道篇已誤。）莊子齊物論篇「樊然殽亂」，釋文：「殽，郭作散。」太玄玄瑩「晝夜殽者，其禍福雜」，今本殽誤作散。皆其證也。説文：「殽，相雜錯也。」廣雅：「殽，雜也，亂也。」並與高注同義，則散爲殽之誤，明矣。殽訓爲雜，義與粹正相反，故曰「不與物殽，粹之至也」。文子道原篇作「不與物雜」，雜亦殽也。莊子刻意篇作「不與物交」，交與殽聲義亦相近。精神篇又曰「審乎無瑕，而不與物糅」，糅亦殽也。若云「不與物散」，則非其指矣。**能此五者，則通於神明。通於神明者，得其内者也。是故以中制外，百事不廢；**中，心也。外，情欲。**中能得之，則外能收之。**不，養也。○王念孫云：收當爲牧，高注「不，養也」，當爲「牧，養也」。此承上文「得其内」而言，能得之於中，則能養之於外，下文「筋力勁强，耳目聰明」，所謂「外能養之」也。若云「外能收之」，則非其指矣。且牧與得爲韻，（牧，古讀若墨，説見唐韻正。）若作收，則失其韻矣。俗書收字作收，形與牧相似，故牧誤爲收。文子道原篇正作牧。**中之得，則五藏寧，思慮平，**五藏寧者，各得其所。思慮平者，不妄喜怒。**筋力勁強，耳目聰明，疏達而不悖，**悖，謬也。**堅强而不鞼，**鞼，折。**無所大過而無所不逮，處小而不逼，處大而不窕，**

在小能小，在大能大。其魂不躁，其神不嬈，躁，狡。嬈，煩嬈也。言精神定矣。湫漻寂寞，爲天下梟。湫漻，清静也。寂寞，恬淡也。梟，雄也。大道坦坦，去身不遠，求之近者，往而復反。近，謂身也。迫則能應，感則能動；○王念孫云：此當作「感則能應，迫則能動」，感與應相因，迫與動相因。精神篇曰：「感而應，迫而動。」脩務篇曰：「感而不應，故而不動。」（故，今本誤作攻，辯見脩務。）莊子刻意篇曰：「感而後應，迫而後動。」皆其證。今本感、迫二字互誤。物穆無窮，穆，美。○莊逵吉云：物穆疑當作沕穆。○王念孫云：史記賈生傳「形氣轉續兮，變化而嬗。沕穆無窮兮，胡可勝言」，漢書作「沕穆無閒」，顔師古曰：「沕穆，深微貌。」沕音勿。」説苑指武篇亦云：「昒穆無窮，變無形像。」沕、昒、物古字通。高注專解穆字，蓋失之矣。變無形像。言能化也。優游委縱，如響之與景；響應聲，景應形。登高臨下，無失所秉；履危行險，無忘玄伏。玄伏，道也。能存之此，其德不虧，萬物紛糅，與之轉化，以聽天下，若背風而馳，疾而易也。是謂至德。至德則樂矣。

古之人有居巖穴而神不遺者，遺，失也。末世有勢爲萬乘而日憂悲者。由此觀之，聖亡乎治人，而在于得道；樂亡乎富貴，而在于德和。知大己而小天下，則幾於道矣。幾，近也。許由、務光是。所謂樂者，豈必處京臺、章華，京臺、章華，皆楚之大臺。○俞樾云：京臺即强臺也。戰國策魏策「楚王登强臺而望崩山」是也。强字籀文作彊，從彊得聲，與京聲相近。麠或作麖，鱷或作鯨，皆其例也。故强臺亦稱京臺矣。强臺見道應篇，而文選應璩與滿寵書注引作京臺，此京臺卽强臺之明證。**游雲夢、沙丘，**雲夢，楚澤，在南郡華容也。沙丘，紂臺名也，在鉅鹿也。○文典謹按：藝文類聚二十二引，作「遊雲夢，陟高丘」。**耳聽九韶、六瑩，**九韶，舜樂也。六瑩，顓頊樂也。○文典謹按：藝文類聚二十二引，瑩作莖。**口味煎熬芬芳，馳騁夷道，**夷，平也。**釣射鷫鸘之謂樂乎？**鷫鸘，鳥名也。長頸緑身，其形似雁。一曰：鳳皇之別名也。○莊逵吉云：太平御覽引作「釣射瀟湘」，當是異本。馬融注左傳：「鷫鸘，雁也。其羽如練，高首而脩頸。」說文解字云：「五方神鳥，西方曰鷫鸘，中央曰鳳皇，故一曰鳳皇別名也。○文典謹按：文選西京賦注引高注，作「鷫鸘，長脛緑色，其形似雁。」**吾所謂樂者，人得其得者也。夫得其得者，不以奢爲樂，不以廉爲悲，**廉，猶儉也。**與陰俱閉，與陽俱開。故子夏心戰而臞，得道而肥。**子夏，名商，孔子弟子也。入學見先王之道而說之，又出見富貴之樂而欲之，二者交爭，故戰而臞也。先王之道勝，無所復思，故肥也。○王念孫云：得道本作道勝，淺學人改之也。道勝與心戰相對爲文。高注曰「先王之道勝，無所復思，故肥也」，則正文本作道勝，明矣。精神篇曰：「子夏見曾子，一臞一肥，曾子問其故。曰：出見富貴之樂而欲之，入見先王之道又說之，兩者心戰，故臞。先王之道勝，故肥。」是其事也。（本出韓子喻老篇。）太平御覽人事部一百九引此，正作「道勝而肥」。**聖人不以身役物，不以欲滑和，**不以身爲物役，不以情欲亂中和之道也。○文典謹按：御覽四百六十八引，作「聖人不以身徇物，不欲人爲之而自樂也」。是故其爲懽不忻忻，忻忻爲過制也。其爲悲不惙惙，惙惙爲傷性也。萬方百變，消搖而無所定，吾獨慷慨，遺物而與道同出。○文典謹按：文選從斤竹澗越嶺溪行注引，慷慨上有懷字。是故有以自得之也，自得其天性也。喬木之下，空穴之中，○文典謹按：北堂書鈔百五十八引，空作土。足以適情。喬木，上竦少陰之木也。空穴，巖穴也。唯處此中，夫自得者足以適其情性。無以自得也，雖以天下爲家，萬民爲臣妾，不足以養生也。言無以自得之人，猶以此爲不足也。能至于無樂者，則無不樂；無不樂，則至極樂矣。至樂，至德之樂。極亦至也。○王念孫云：「至極樂」本作「至樂極」。至樂二字連讀，謂極樂也。極，至也，言人能無不樂，則極樂自至也。高注曰「至樂，至德之樂」，是正文本以至樂連文。今本作「至極樂」，則與注不合。文子九守篇正作「卽至樂極矣」。

夫建鍾鼓，列管弦，管，簫也。弦，琴瑟也。席旃茵，傅旄象，傅，著也。旄，旌也。象，以象牙爲飾也。耳聽朝歌北鄙靡靡之樂，朝歌，紂都。鄙，邑。紂使師涓作鄙邑靡靡之樂也，故師延爲晉平公歌之，師曠知之，曰亡國之音也。齊靡曼之色，齊，列也。靡曼，美色也。陳酒行觴，夜以繼日，樂不輟也。强弩弋高鳥，走犬逐狡兔，此其爲樂也，炎炎赫赫，怵然若有所誘慕。誘，進也。慕，有所思。怵然，猶惕然。○俞樾云：高注曰：「怵然，猶惕然。」此説非也。下文「解車休馬，罷酒徹樂」之後，方云「忽然若有所喪，悵然若有所亡」，則此時不得遽云惕然也。若已惕然，又何樂之有乎？怵，當讀爲訹。説文言部：「訹，誘也。」下言「有所誘慕」，故上言「訹然」，義正相應。作怵者，叚字耳。解車休馬，罷酒徹樂，而心忽然若有所喪，悵然若有所亡也。是何則？不以内樂外，而以外樂内，樂作而喜，曲終而悲，○文典謹按：文選贈王太常詩注引，樂作作奏樂。悲喜轉而相生，精神亂營，不得須臾平。營，惑。察其所以，不得其形，不得樂之形也。而日以傷生，失其得者也。是故内不得於中，稟授於外而以自飾也，不浸于肌膚，不浹于骨髓，浸，潤也。浹，通也。不留于心志，不滯于五藏。故從外入者，無主於中不止。從中出者，無應於外不行。故聽善言便計，雖愚者知説之；稱至德高行，雖不肖者知慕之。説之者衆而用之者鮮，慕之者多而行之者寡。所以然者，何也？不能反諸性也。夫内不開於中而强學問者，○文典謹按：内不開於中，意林引作内心不開。不入於耳而不著於心。○俞樾云：「不入於耳」句衍不字，言雖入耳而不著於心也。不字涉上下句而誤衍。此何以異於聾者之歌也？效人爲之而無以自樂也，聲出於口則越而散矣。散去耳不聞也。夫心者，五藏之主也，所以制使四支，流行血氣，馳騁于是非之境，而出入于百事之門户者也。○文典謹按：御覽三百七十六引，血氣作氣血。是故不得於心而有經天下之氣，經，理也。是猶無耳而欲調鐘鼓，無目而欲喜文章也，亦必不勝其任矣。

故天下神器，不可爲也，器，物用也。爲，治也。爲者敗之，執者失之。夫許由小天下而不以己易堯者，志遺於天下也。許由，陽城人也，箕山之隱士也。堯以其賢，聘之，欲禪天下焉，不肯就。故曰志遺于天下也。所以然者，何也？因天下而爲天下也。天下之要，不在於彼而在於我，彼，謂堯也。我，謂許由。不在於人而在於我身，身得則萬物備矣。○王念孫云：「不在於人而在於我身」，我字涉上句而衍。彼我、人身，相對爲文，身上不當有我字。劉本移我字於下文「身得」之上，而讀「我身得」爲一句，亦非。文子九守篇正作「不在於人而在於身，身得則萬物備矣」。徹於心術之論，則嗜欲好憎外矣。外，不在心。是故無所喜而無所怒，無所樂而無所苦，萬物玄同也，玄，天也。無非無是，化育玄燿，生而如死。玄，天也。燿，明也。生而如死，言無所欲。○王念孫云：此四句皆以四字爲句，則「萬物玄同」下不當有也字。文子九守篇無也字。夫天下者亦吾有也，吾亦天下之有也，天下之與我，豈有間哉！言相比也。夫有天下者，豈必攝權持勢，操殺生之柄而以行其號令邪？吾所謂有天下者，非謂此也，自得而已。自得其天性也。一曰：不失其身也。自得，則天下亦得我矣。吾與天下相得，則常相有，己又焉有不得容其間者乎！

所謂自得者，全其身者也。全其身，則與道爲一矣。故雖游於江潯海裔，潯，厓也。裔，邊也。潯，讀葛覃之覃也。○陶方琦云：文選江賦注、應詔樂遊苑詩注引許注云：「潯，水涯也。」涯即厓。（説文有厓無涯。爾雅釋水：「滸，水厓。」字或作涯也。）故宣貴妃誄注引許注亦作「潯，涯也」。説文水部：「潯，水旁深也。」（水旁即水涯。廣雅釋詁：「厓，方也。」方、旁古字通。）亦有水字。字林「潯，水涯也」，即本許君淮南注。**馳要褭，建翠蓋，**要褭，馬名，日行萬里。褭，橈弱之弱。翠蓋，以翠鳥羽飾蓋也。**目觀掉羽、武象之樂，**掉羽，羽舞。武象，周武王之樂。**耳聽滔朗奇麗激抮之音，**激，揚。抮，轉。皆曲名也。○陶方琦云：一切經音義十七、文選七發注、永明十一年策秀才文注引許注云：「軫，轉也。」説文糸部：「紾，轉也。」許注當是紾字。上文「蟠委錯紾」，高注以紾訓轉，正同許説。**揚鄭、衛之浩樂，結激楚之遺風，**鄭聲：鄭會晉平公，説新聲，使師延爲桑間、濮上之樂。濮在衛地，故曰鄭、衛之浩樂也。必爲鄭、衛之俗樂，夫結激清楚以娛樂也。遺風，猶餘聲也。○陶方琦云：文選七發注引許注：「鄭、衛，新聲所出國也。皓樂，善倡也。」皓、浩同字。（孟子「浩然」，劉注作皓然。）七發「揚鄭、衛之皓樂」，正同許本。説文人部：「倡，樂也。」楚辭：「陳竽瑟兮浩唱。」故許注曰善倡也。**射沼濱之高鳥，逐苑囿之走獸，此齊民之所以淫泆流湎，**齊於凡民，故曰齊民。沼，沱也。濱，水厓也。○陶方琦云：莊子釋文引許注云：「齊等之民也。」莊子「下以化齊民」，李注：「齊，等也。」漢書「編户齊民」，如淳曰：「齊，等也。無有貴賤，謂之齊民。」**聖人處之，不足以營其精神，亂其氣志，**營，惑也。

使心怵然失其情性。處窮僻之鄉，側谿谷之間，側，伏也。隱于榛薄之中，藂木曰榛，深草曰薄。環堵之室，茨之以生茅，蓬户瓮牖，揉桑爲樞，堵長一丈，高一丈。面環一堵，爲方一丈，故曰環堵，言其小也。編蓬爲户，以破瓮蔽牖，揉桑條以爲户樞。上漏下溼，潤浸北房，浸，漬也。北房，陰堂也。雪霜滾灖，浸潭苽蔣，滾灖，雪霜之貌也。浸潭之潤，以生苽蔣實。苽者，蔣實也，其米曰彫胡。滾，讀繀繩之繀。灖，讀抆滅之抆。苽，讀觚哉之觚也。蔣，讀水漿之漿也。○莊逵吉云：藏本「灖讀抆滅之抆」作「讀校滅之校」。盧詹事文弨云：「或當作抆滅之抆，因抆、灖聲相近也，故據莊子語改之。」孫編修星衍云：「當作校滅之滅，因滅、灖聲相近也。」當以盧君之言爲是，今依改之。逍遥于廣澤之中，而仿洋于山峽之旁，兩山之間爲峽。○王念孫云：水經江水注曰：「江水又東逕赤岬城西。淮南子曰：『彷徨於山岬之旁。』注曰：『岬，山脅也。』」文選吴都賦「傾藪薄，倒岬岫」，李善曰：「許慎淮南子注曰：『岬，山旁。』古狎切。」案水經注所引亦作岬，而訓爲山脅，疑是高注。山脅卽山旁，義與許同也。今本岬作峽，注云「兩山之間爲峽」，與酈、李所引迥異，疑皆後人所改。玉篇：「岬，古狎切，山旁也。」亦作砷。廣韻：「砷，古狎切，山側也。」「峽，矦夾切。巫峽，山名。」二字音義判然。後人誤以山脅之岬爲巫峽之峽，故改訓爲兩山之間，不知正文明言「山岬之旁」，則岬爲山脅，而非兩山之間矣。校書者以注訓兩山之間，故又改岬爲峽，而不知其本非原注也。集韻：「砷，古狎切，兩山之間爲砷。許慎説或作岬。」（宋人皆誤以高注爲許注，故云許慎説。）則所見已非原注，但岬字尚未改爲峽耳。○陶方琦云：

玉篇：「岬，山旁也。」亦作砷，廣韻：「砷，山側也。」皆本許注淮南説。高本作峽，説故異。許義爲長。**此齊民之所爲形植黎黑，憂悲而不得志也，聖人處之，不爲愁悴怨懟，**懟，病也。**而不失其所以自樂也。**○王引之云：黎黑，舊本譌作黎累，今據文選詣建平王上書注改。又懟與病義不相近，懟皆當爲慰。今作懟者，後人以意改之也。怨，讀爲苑。慰，讀爲蔚。苑、蔚皆病也。俶真篇「形傷於寒暑燥濕之虐者，形苑而神壯」，高注曰：「苑，枯病也。」本經篇「則身無患，百節莫苑」，高注曰：「苑，病也。」俶真篇「五藏無蔚氣」，高注曰：「蔚，病也。」是苑、蔚皆病也。荀子哀公篇「富有天下而無怨財」，楊倞注引禮運「事大積焉而不苑」，是苑與怨通。莊子盜跖篇「貪財而取慰，貪權而取竭，可謂疾矣」，疾亦病也。淮南繆稱篇曰：「侏儒瞽師，人之困慰者也。」是蔚與慰通。故高注云「慰，病也」。後人不通古訓，而改慰爲懟，其失甚矣。「不失其所以自樂」，不字涉上下文而衍。「不爲愁悴怨慰而失其所以自樂也」，作一句讀。○俞樾云：王氏據文選注訂黎累爲黎黑，是也。惟未説植字之義。植，當讀爲殖。管子地員篇：「五殖之狀，甚澤以疏，離坼以臞塉。」是殖有臞瘠之義。形殖，謂形體臞瘠也。蓋即從「脂膏殖敗」之義而引申之耳。**是何也？則內有以通于天機，**機，發也。**而不以貴賤貧富勞逸失其志德者也。故夫烏之啞啞，鵲之唶唶，豈嘗爲寒暑燥溼變其聲哉！**言體道者不爲貴賤貧富勞逸易其志，如烏鵲之不爲寒暑易其聲。

是故夫得道已定，而不待萬物之推移也，非以一時之變化而定吾所以自得也。

吾所謂得者，性命之情處其所安也。夫性命者，與形俱出其宗，宗，本。形備而性命成，性命成而好憎生矣。故士有一定之論，女有不易之行，士有同志，同志德也，至其交接，有一會而交定，故曰有一定之論也。貞女專一，亦無二心，雖有偏喪，不復更醮，故曰有不易之行也。○文典謹按：高注「士有同志同志德也」，下志字疑涉上文而衍。文選詣建平王上書注引，正作「士有同志同德」，又交定作分定，不復作不須。規矩不能方圓，鉤繩不能曲直。雖規矩鉤繩無以施於此。天地之永，登丘不可爲脩，居卑不可爲短。是故得道者，窮而不懾，達而不榮，雖窮賤不以爲懾懼也，雖顯達不以爲榮幸也。處高而不機，機，危也。持盈而不傾，傾，覆也。新而不朗，久而不渝，朗，明也。渝，變也。朗，讀汝南朗陵之朗。入火不焦，入水不濡。是故不待勢而尊，不待財而富，不待力而强，平虛下流，與化翺翔。翺翔，猶傾仰也。若然者，藏金於山，藏珠於淵，舜藏金于嶄巖之山，藏珠于五湖之淵，以塞貪淫之欲也。不利貨財，不貪勢名。勢位，爵號之名也。是故不以康爲樂，康，安也。不以慊爲悲，慊，約也。慊，讀辟向慊之慊。不以貴爲安，不以賤爲危，形神氣志，各居其宜，以隨天地之所爲。

　　夫形者，生之舍也；氣者，生之充也；神者，生之制也。一失位，則三者傷矣。○王念孫云：充本作元，此涉下文「氣不當其所充」而誤也。元者，本也。言氣爲生之本也。文選養生論注引此正作元，文子九守篇亦作元。王冰注素問刺禁論云：「氣者，生之原。」語即本於淮南，原與元同。「一失位則二者傷」，謂此三者之中一者失位則二者皆傷也。各本二作三，因下文「此三者」而誤。（文子亦誤作三。）唯道藏本、朱本作二。莊刻依諸本作三，非也。文選注引此，正作二。是故聖人使人各處其位，守其職，而不得相干也。故夫形者非其所安也而處之則廢，氣不當其所充而用之則泄，神非其所宜而行之則昧。昧，不明也。此三者，不可不慎守也。夫舉天下萬物，蚑蟯貞蟲，蚑行蟯動之蟲也。蟯讀饒。貞蟲，細腰之屬也。○洪頤煊云：貞蟲不專是蜂，貞蟲猶言昆蟲。地形訓「萬物貞蟲各有以生」，大戴禮易本命作「昆蟲」，昆蟲即衆蟲也。○文典謹按：本書說山訓「貞蟲之動以毒螫」，高注：「貞蟲，細腰蜂蜾蠃之屬。無牝牡之合曰貞。」蠉動蚑作，蚑，讀鳥蚑步之蚑也。皆知其所喜憎利害者，何也？以其性之在焉而不離也，忽去之，則骨肉無倫矣。去之，去道也，則骨肉靡滅，無倫匹也。今人之所以眭然能視，眭，讀曰桂。䁝然能聽，䁝，讀疾營之營。形體能抗，抗，讀扣耳之扣。而百節可屈伸，察能分白黑、視醜美，而知能別同異、明是非者，何也？氣爲之充，而神爲之使也。何以知其然也？凡人之志各有所在而神有所繫者，其行也，足蹪趎埳、頭抵植木而不自知也，蹪，躓也，楚人讀躓爲蹪。知，猶覺也。招之而不能見也，呼之而不能聞也。不能見招之者，不能聞呼之者。耳目非去之也，然而不能應者，何也？

神失其守也。精神失其所守。故在於小則忘於大，在於中則忘於外，在於上則忘於下，在於左則忘於右。若楚白公勝將欲慮亂，立于朝，倒杖策，上貫其頤，血流至地而不覺，此之類也。無所不充，則無所不在。精神無所不充。在，存也。是故貴虛者以豪末爲宅也。虛者，情無所念慮也。以豪末爲宅者，言精微也。今夫狂者之不能避水火之難而越溝瀆之險者，○俞樾云：不能當作能不，傳寫誤倒。豈無形神氣志哉？○文典謹按：御覽八百六十九引，形神氣志作形氣神志。然而用之異也。與人異也。失其所守之位，而離其外內之舍，是故舉錯不能當，動靜不能中，當，合也。中，適也。終身運枯形于連嶁列埒之門，運，行也。枯，猶病也。形，體也。連嶁，猶離嶁也，委曲之類。列埒，不平均也。連，讀陵聾幽州陵陵連之連。嶁，讀㟝嶁無松柏之嶁。○莊逵吉云：古無嶁字，連嶁卽連遱也。所謂離嶁，亦卽麗廔也。遱、廔蓋正字。○洪頤煊云：說文：「廔，屋麗廔也。」列子力命篇「居則連欐」，莊子徐無鬼篇「君亦必無陳鶴列於麗譙之間」，郭象注「麗譙，高樓也」，皆同聲通用字。廣雅釋室：「埒，隄也。」高注非。而蹪蹈于污壑穽陷之中，污壑，大壑。壑，讀赫赫明明之赫。○王紹蘭云：上文云「其行也，足蹪趎埳、頭抵植木而不自知也」，高誘注：「蹪，躓也，楚人謂躓爲蹪。」此文蹈當爲埳，蹪埳卽足蹪趎埳也。埳卽陷之今字。說文自部：「陷，高下也。」謂從高陷下也。」臼部：「臽，小阱也。」讀淮南者見下有穽陷字，輒改埳爲蹈，不知正文本當作「蹪陷于污壑穽臽之中」，非重複也。若如今本作蹪蹈，説文「蹈，踐也」，既蹪躓矣，何能復蹈踐乎？於文亦不詞。**雖生俱與人鈞，然而不免爲人戮笑者，何也？形神相失也。故以神爲主者，形從而利；以形爲制者，神從而害。**神清静故利，形有情欲故害也。**貪饕多欲之人，漠睧於勢利，誘慕於名位，**漠睧，猶鈍睧，不知足貌。誘，進也。慕，貪。漠，溺之漠。睧，讀纖絹緻宓睧無閒孔之睧也。○王念孫云：漠睧皆當爲滇眠，字之誤也。（隸書真字作真，莫字作莫，二形相似而誤。史記高祖功臣侯者表甘泉戴侯莫摇，漢表莫摇作真粘，朝鮮傳「嘗略屬真番」，徐廣曰：「真一作莫。」新序雜事篇「黄帝學乎大真」，路史疏仡紀曰：「大真，或作大莫，非。」皆其例也。眠之爲睧，則涉注文鈍睧而誤。）滇音顛，眠音莫賢反。滇眠或作顛冥。文子九守篇作「顛冥乎勢利」，是其證也。莊子則陽篇「顛冥乎富貴之地」，釋文：「冥，音眠。司馬云：顛冥，猶迷惑也。言其交結人主，情馳富貴。」即此所云「滇眠於勢利，誘慕於名位」也。高以滇眠爲不知足，司馬以顛冥爲迷惑，迷惑與不知足，義相因也。又案高云：「滇眠，猶鈍睧。」睧讀齊湣王之湣。（見集韻。）滇眠、鈍睧，皆疊韻也。鈍睧或爲鈍閔，或爲頓愍。方言：「頓愍，惛也。江、湘之閒謂之頓愍。」淮南脩務篇「精神曉泠，鈍閔條達」，高彼注云：「鈍閔，猶鈍惛也。」此注云：「鈍睧，不知足貌。」鈍惛與不知足，義亦相因也。**冀以過人之智植于高世，**冀，猶庶幾也。植，立也。庶幾立高名於世也。○王念孫云：植于高世當作植高于世，故高注曰「植，立也。庶幾立高名於世也」。今本高于二字誤倒，則文不成義。文子作「位高於世」，位亦立也。（周官小宗伯注：「鄭司農云：『古者位立同字。』」）○文典謹按：莊本無注，今據傳寫宋本補。則精神日以秏而彌遠，久淫而不還，淫，過。還，復。形閉中距，則神無由入矣。神，精神也。清靜之性無從還入也。是以天下時有盲妄自失之患。此膏燭之類也，火逾然而消逾亟。逾，益也。亟，疾也。夫精神氣志者，靜而日充者以壯，躁而日秏者以老。○俞樾云：下兩者字皆衍文。「日充以壯」、「日秏以老」，猶言日充而壯、日秏而老也。有者字，則文不成義。文子九守篇正無兩者字。是故聖人將養其神，和弱其氣，平夷其形，而與道沈浮俛仰，沈浮，猶盛衰。俛仰，猶升降。恬然則縱之，迫則用之。其縱之也若委衣，其用之也若發機。機，弩機關。言其疾也。如是，則萬物之化無不遇，遇，時也。○孫詒讓云：遇與耦通。齊俗訓云：「夫以一世之變，欲以耦化應時。」要略云：「所以應待萬方，覽耦百變也。」許注云：「耦，通也。」字亦作偶。說林訓云：「聖人之偶物也。」高注云：「偶，猶周也。」此云「無不遇」，亦即周通之義。高釋遇爲時，失之。文子守弱篇襲此文，遇作偶，正與說林訓「偶物」字同。而百事之變無不應。應，當之也。

淮南鴻烈集解卷二

俶真訓

俶，始也。真，實也。道之實，始於無有，化育于有，故曰「俶真」，因以題篇。

有始者，天地開闢之始也。有未始有有始者，言萬物萌兆，未始有始者，始成形也。有未始有夫未始有有始者。言天地合氣，寂寞蕭條，未始有也。夫未始有始，仿佛也。有有者，言萬物始有形兆也。有無者，言天地浩大，無可名也。有未始有有無者，有未始有夫未始有有無者。所謂有始者，繁憤未發，萌兆牙櫱，未有形埒垠堮，○王念孫云：覽冥篇「不見朕垠」，高注：「朕，兆朕也。垠，形狀也。」繆稱篇「道之有篇章形埒者」，高注：「形埒，兆朕也。」是垠堮與形埒同義。既言形埒，無庸更言垠堮，疑垠堮是形埒之注，而今本誤入正文也。且此三句以發、櫱、埒爲韻，若加垠堮二字，則失其韻矣。無無蝡蝡，將欲生興而未成物類。繁憤，衆積之貌。發，憤也。有未始有有始者，天氣始下，地氣始上，陰陽錯合，相與優游競暢于宇宙之間，被德含和，繽紛蘢蓯，欲與物接而未成兆朕。競，逐也。暢，達也。和，氣也。繽紛，雜糅也。蘢蓯，聚會也。兆朕，形怪也。○陶方琦云：文選魏都賦注引許注：

「眹，兆也。」詮言訓注：「眹，兆也。」正與此注同。莊子齊物論釋文引李注：「眹，兆也。」有未始有夫未始有有始者，天含和而未降，地懷氣而未揚，虛無寂寞，蕭條霄雿，無有仿佛，氣遂而大通冥冥者也。霄，讀紺綃之綃。雿，翟氏之翟也。有有者，言萬物摻落，根莖枝葉，青葱苓蘢，萑蔰炫煌，蠉飛蝡動，蚑行噲息，可切循把握而有數量。摻，讀參星之參。萑蔰炫煌，采色貌也。蚑，讀車蚑轍之蚑。噲，讀不悦懌外之噲。切，摩也。循，順也。萑，讀曰唯也。蔰，讀曰扈。○莊逵吉云：噲息，各本皆作喙息，唯藏本作噲。攷方言：「喙，息也。自關而西，秦、晉之間曰喙。」説文解字：「噲，咽也。一曰：噲，嚵也。」「嚵，一曰喙也。」嚵有喙訓，噲亦從之，是噲亦有息義矣。後人但知喙息，而改噲爲喙者，非是。○王念孫云：雚音灌，與唯字聲不相近。雚皆當爲蓶，字之誤也。蓶，讀若唯諾之唯，字從艸，唯聲。蓶扈者，草木之榮華也。後漢書馬融傳廣成頌説植物云：「鋪于布濩，蓶扈蘳熒。」李賢曰：「蓶，音以揆反，郭璞注爾雅云：『草木華初出爲芛。』（爾雅：「芛、葟、華，榮。」説文：「芛，艸之皇榮也。」）芛與蓶通。扈音户。」（以上後漢書注。）此言根莖枝葉青葱苓蘢，蓶扈炫煌義與彼同也。高注讀蓶爲唯，李賢音以揆反，正與高讀合。劉績不知雚爲蓶之誤，而改雚爲萑，斯爲謬矣。（諸本及莊本同。）又案：萑蔰之蔰，當依後漢書作扈，注當作「扈，讀曰户」。正文作蔰者，因蓶字而誤加艸耳。後人不達，又改注文爲「蔰，讀曰扈」，以從已誤之正文，則其謬益甚矣。説文、玉篇、廣韻、集韻、類篇皆無蔰字。有無者，視之不見其形，聽之不聞其聲，捫之不可得也，望之不可極也，儲與扈冶，儲與扈治，褒大意也。浩浩瀚瀚，不可隱儀揆度而通光耀者。浩浩瀚瀚，廣大貌也。光耀，無形。有未始有有無者，包裹天地，陶冶萬物，大通混冥，深閎廣大，不可爲外，析豪剖芒，不可爲内，無環堵之宇而生有無之根。混冥大冥之中，謂道也。有未始有夫未始有有無者，天地未剖，陰陽未判，剖判混分。四時未分，萬物未生，汪然平静，寂然清澄，莫見其形，汪，讀傳尸諸周氏之汪同。若光燿之間於無有，退而自失也，自失，没不見也。○陳觀樓云：間當作問。光燿問於無有，事見莊子知北遊篇。曰：「予能有無，而未能無無也。能有無，爲也，未能本性自無爲也，故曰未能無無也。及其爲無無，至妙何從及此哉！」

夫大塊載我以形，勞我以生，大塊，天地之間也。逸我以老，休我以死。莊子曰：生乃徭役，死乃休息也。故曰休我以死。善我生者，乃所以善我死也。善我生之樂，乃欲善我死之樂也。明死變化有知，欲勸人同死生也。夫藏舟於壑，藏山於澤，人謂之固矣。雖然，夜半有力者負而趨，趨，走。寐者不知，猶有所遁。夜半有力者負舟與山走，故寐者不知也。○文典謹按：「猶有所遁」上，疑脱「藏小大有宜」五字。莊子大宗師：「夫藏舟於壑，藏山於澤，謂之固矣。然而夜半有力者負之而走，昧者不知也。藏小大有宜，猶有所遯。若夫藏天下於天下，而不得所遯，是恒物之大情也。」郭注：「不知與化爲體，而思藏之使不化，則雖至深至固，各得其所宜，而無以禁其日變也。」今脱此五字，與「寐者不知」連讀，文義遂不可通矣。若藏天下

於天下，則無所遁其形矣。大丈夫以天下爲室，以藏萬物。**物豈可謂無大揚攉乎？**揚攉，無慮大數名也。攉，讀鎬京之鎬。○陶方琦云：文選蜀都賦注、江賦注、吴趨行注、莊子釋文引許注云：「揚搉，粗略也。」是許本攉作搉，與説文同。許注粗略即大略，是解大揚搉之義。漢書敍傳「揚搉古今」，猶言約略古今。**一範人之形而猶喜。**範，猶遇也，遭也。一説：範，法也。言物一法效人形而猶喜也。○俞樾云：範即犯之叚字。周易繫辭傳「範圍天地之化而不過」，釋文曰：「範圍，馬、王肅、張作犯違。」是範、犯古字通也。莊子大宗師篇正作「特犯人之形而猶喜之」，又曰「今一犯人之形，而曰人耳人耳」，皆其證也。高注曰：「範，猶遇也，遭也。」此説得之。郭象注莊子曰：「人形乃是萬化之一遇耳。」是亦以遇釋犯也。高注又曰：「一説：範，法也。言物一法效人形而猶喜也。」則望文生訓，失之泥矣。**若人者，千變萬化而未始有極也。**言死生變化而夢，故曰未始有極也。**弊而復新，其爲樂也，可勝計邪！**○文典謹按：御覽三百九十七引，復作後，無也字。**譬若夢爲鳥而飛於天，夢爲魚而没於淵，**○文典謹按：御覽三百九十七引，作「譬若夢，夢爲鳥而飛於天，夢爲魚而没於淵」。「譬若夢」句絶，語意較完，當據補夢字。**方其夢也，不知其夢也，覺而後知其夢也。今將有大覺，然後知今此之爲大夢也。**○文典謹按：御覽三百九十七引，有下有所字。**始吾未生之時，焉知生之樂也？今吾未死，又焉知死之不樂也？昔公牛哀轉病也，七日化爲虎。**轉病，易病也。江、淮之間，公牛氏有易病，化爲虎，若中國有狂疾者，發作有時也。其爲虎者，便還食人，食人者因作真虎，不食人者更復化爲人。公牛氏，韓人。淮南之人，因牛食芻，謂之芻豢，有驗于此。其兄掩户而入覘之，則虎搏而殺之。殺其兄。掩，讀曰奄。覘，視也。○文典謹按：文選思玄賦注引作：「牛哀病七日而化爲虎，其兄啓户而入，哀搏而殺之。」御覽八百八十八、白帖九十七所引略同，病下並無也字，疑衍文也。後漢書張衡傳注引作：「昔公牛哀病，七日化而爲虎。其兄覘之，虎搏而殺之，不知其兄也。」病下亦無也字。高注曰「江、淮之間，公牛氏」，又曰「公牛氏，韓人」，疑是高、許二家注，後人合而爲一耳。又文選思玄賦李善注云：「牛哀，魯人牛哀也。」未知其審。是故文章成獸，爪牙移易，移易人爪牙爲虎爪牙也。志與心變，神與形化。志心皆變，神形皆化。方其爲虎也，不知其嘗爲人也；方其爲人，不知其且爲虎也。二者代謝舛馳，各樂其成形。代，更也。謝，敍也。舛，互也。形，謂成虎形人。舛，讀舛賣之舛。狡猾鈍惛，是非無端，孰知其所萌！萌，生也。夫水嚮冬則凝而爲冰，冰迎春則泮而爲水，冰水移易于前後，若周員而趨，孰暇知其所苦樂乎！泮，釋也。趨，歸也。○文典謹按：意林、初學記地部下、御覽六十八引，泮並作釋。又移字，初學記作施，御覽作㢮。

是故形傷于寒暑燥溼之虐者，形苑而神壯；苑，枯病也。壯，傷也。苑，讀南陽苑。○莊逵吉云：南陽苑即宛縣字也，古苑與宛同。神傷乎喜怒思慮之患者，神盡而形有餘。

故罷馬之死也，剥之若槁；罷老氣力竭盡，故若槁也。○文典謹按：御覽九百五引，槁作槀。又引注云：「槀，治槀也。雖含氣而形不能摇。」疑是許本。**狡狗之死也，割之猶濡。**狡，少也。濡，濡溼，氣力未盡。○文典謹按：御覽九百五引，濡作蠕。又引注云：「蠕，動也。」疑是許本。**是故傷死者其鬼嬈，**嬈，煩嬈，善行病祟人。**時既者其神漠。**既，盡也。時既當老者，則神寂漠。漠，定也。**是皆不得形神俱没也。**道家養形養神，皆以壽終，形神俱没，不但漠而已也。老子曰：「以道竦天下，其鬼不神。」此謂俱没也。**夫聖人用心，杖性依神，相扶而得終始，是故其寐不夢，其覺不憂。**精神無所思慮，故不夢。志存仁義，患不得至，故不憂。**古之人有處混冥之中，神氣不蕩于外，萬物恬漠以愉静，攙搶衡杓之氣莫不彌靡，**攙搶，彗孛也。杓，北斗柄第七星。○王引之云：北斗之星不聞爲害，高説非也。衡當爲衝，字形相似而誤。衝、杓皆妖氣也。晉書天文志引河圖曰：「歲星之精，流爲天槍。天衝熒惑，散爲天欃。」吕氏春秋明理篇曰：「其雲狀有若人，蒼衣赤首，不動，其名曰天衝。（今本衝字亦誤作衡，據太平御覽咎徵部四引改）。」開元占經妖星占篇引劉向洪範傳曰：「天衝，其狀如人，蒼衣赤首，不動。」史記天官書曰：「五星蚤出者爲贏，晚出者爲縮，必有天應見於杓星。」漢書天文志曰「太歲在寅，歲星正月晨出，在斗、牽牛。失次，杓，早水，晚旱」是也。欃槍衝杓皆妖氣之名，故並言之。**而不能爲害。當此之時，萬民猖狂，不知東西，含哺而游，鼓腹而熙，**鼓，擊也。熙，戲也。○陶方琦云：一切經音義引，游作興。又引許注云：「哺，口中嚼食也。」按説文：「哺，哺咀也。」玄應引字林：「哺，咀食也。」又引「嚼，咀也」。漢書「輟飯吐哺」，注：「哺，口中所含食也。」爾雅釋文引説文作「哺，咀哺，口中嚼食也」。訓正同。**交被天和，食于地德，**交，俱也。和，氣也。地德，五穀。**不以曲故是非相尤，茫茫沈沈，是謂大治。**曲故，曲巧也。尤，過也。茫茫沈沈，盛貌。茫，讀王莽之莽。沈，讀水出沈沈正白之沈。○王念孫云：沈皆當爲沆。（玉篇何黨切，廣韻又音杭。）茫茫沆沆，疊韻也。説文沆字注云：「莽沆，大水。一曰大澤。」風俗通義山澤篇云：「沆者，莽也，（今本沆誤作沉，辯見漢書刑法志「沈斥」下。）言其平望莽莽無涯際也。」莽與茫古同聲，茫茫沆沆即莽莽沆沆，故高注以爲盛貌也。莽沆或作漭沆，張衡西京賦「滄池漭沆」是也。倒言之則曰「沆漭」，馬融廣成頌「瀇瀁沆漭」是也。又作沆茫，楊雄羽獵賦「鴻濛沆茫」是也。（顔師古曰：「茫，音莽。」）沆茫即沆莽，故曰「茫讀王莽之莽」。漢書禮樂志「西顥沆碭」，顔師古曰：「沆碭，白氣之貌。」故曰「沆讀水出沆沆白之沆」。若作沈沈，則與正文、注文皆不合矣。又兵略篇「天化育而無形象，地生長而無計量，渾渾沉沉，孰知其藏」，沉亦當爲沆。渾渾沆沆，廣大貌也。爾雅：「沄，沆也。」説文：「沄，轉流也。讀若混。一曰沆。」（舊本脱此三字，今據爾雅釋文補。）沄、混、渾古同聲，渾渾沆沆即沄沄沆沆，沄之轉爲沆，猶渾之轉爲沆也。且沆與象、量、藏爲韻，若作沉沉，則義既不合，而韻又不諧矣。（太平御覽兵部二引此已誤。）凡從亢之字，隸或作冗，故沆字或作沉，一誤而爲沉，再誤而爲沈，散見羣書，而學者莫之能辨也。（詳見漢書。）**於是在上位者，左**

右而使之，毋淫其性；鎮撫而有之，毋遷其德。是故仁義不布而萬物蕃殖，古者抱盛德，上質樸，不待仁義而萬物蕃殖也。**賞罰不施而天下賓服。**昭其德也。**其道可以大美興，而難以算計舉也。**言天地萬物但可以大美興而育之，難以算計具也。○俞樾云：美當作筴，隸書策字也。史記五帝紀「迎日推策」，晉灼曰：「策，數也。」是大筴卽大數也。興亦舉也。言止可以大數舉也。筴與美形似而誤。大戴記易本命篇「此乾坤之筴」，盧辯注曰：「三百六十，乾坤之筴。」而今正文筴字亦誤作美，是其證也。高注曰「言天地萬物但可以大美興而育之」，是其所據本已誤。**是故日計之不足，而歲計之有餘。**以限計之，故有餘也。辟若梅矣，百梅足以爲百人酸，一梅不足爲百人酸也。○文典謹按：高注「一梅不足爲百人酸也」，百字蓋一字之誤。百梅百人譬歲計之有餘，一梅一人譬日計之不足也。若作百人，則非其指矣。本書說林訓「百梅足以爲百人酸，一梅不足以爲一人和」，卽此注所本也。**夫魚相忘於江湖，人相忘於道術。**言各得其志，故相忘也。**古之真人，立於天地之本，中至優游，抱德煬和，而萬物雜累焉，**煬，炙也。抱其志德而炙於和氣，故萬物雜累，言成熟也。煬，讀供養之養。○孫詒讓云：雜累無成熟之義，雜疑當作炊。莊子在宥篇云：「從容無爲，而萬物炊累焉。」釋文云：「炊，本或作吹，同。司馬云：炊累，猶動升也。向、郭云：如埃塵之自動也。」淮南書似卽本彼文，高訓爲成熟，則與司馬、郭義異耳。**孰肯解構人間之事，以物煩其性命乎！**解構，猶合會也。煩，辱也。

○洪頤煊云：後漢書隗囂傳「勿用傍人解構之言」，竇融傳「亂惑真心，轉相解搆」，莊子胠篋篇「解垢同異之變」，詩野有蔓草「邂逅相遇」，綢繆「見此邂逅」，其音義並同。

夫道有經紀條貫，得一之道，連千枝萬葉。一者，道本。得其本，故能連理千枝萬葉，以少正多也。是故貴有以行令，賤有以忘卑，貧有以樂業，困有以處危。夫大寒至，霜雪降，然後知松柏之茂也。據難履危，利害陳于前，陳，列也。然後知聖人之不失道也。是故能戴大員者履大方，言能戴天履地之道。鏡太清者視大明，立太平者處大堂，太平，天下之平也。大堂，明堂，所以告朔行令也。能游冥冥者與日月同光。光，明也。諭德道者能與日月同明也。是故以道爲竿，以德爲綸，禮樂爲鉤，仁義爲餌，投之於江，浮之於海，萬物紛紛，孰非其有！○文典謹按：初學記武部、御覽八百三十四引，並作：「聖人以道德爲竿綸，以仁義爲鉤餌，投之天地間，萬物孰非其有哉！」意林引「萬物紛紛，孰非其有」作「萬物皆得」。夫挾依於跂躍之術，跂躍，猶齟齬，不正之道也。提挈人間之際，撢掞挺挏世之風俗，撢，引。掞，利也。挺挏，猶上下也，以求利便也。○莊逵吉云：挺，各本皆作挺。攷説文解字：「挺，拔也。」「挺，長也。」挺、挏雙聲，應從藏本作挺爲是。以摸蘇牽連物之微妙，摸蘇，猶摸索。微妙，猶細小也。猶得肆其志，充其欲，何況懷瓌瑋之道，忘肝膽，遺耳目，獨浮游無方之外，不與物相弊摋，弊摋，猶雜糅。弊，音跋涉之跋。摋，讀楚人言殺。**中徙倚無形之域而和以天地者乎！**○俞樾云：「和以天地」，義不可通，地疑倪字之誤。莊子齊物論曰：「和之以天倪。」**若然者，偃其聰明而抱其太素，**素，朴性也。**以利害爲塵垢，**塵垢，諭輕也。**以死生爲晝夜，是故目觀玉輅琬象之狀，耳聽白雪清角之聲，不能以亂其神。**玉輅，王者所乘，有琬琰象牙之飾。白雪，師曠所奏太一五弦之琴樂曲，神物爲下降者。清角，商聲也。○陶方琦云：輅，許本當作璐。玉、璐、琬、象，皆飾也。文選雪賦注引許注：「璐，美玉也。」無可附屬，當是此注，正見二本之異。説文：「璐，玉也。」楚詞王注：「璐，美玉也。」又文選南都賦注引許注：「清角弦急，其聲清也。」管子曰：「凡聽角，如雉登木以鳴，音疾以清。」韓非十過：「平公曰：『音莫悲於清徵乎？』師曠曰：『不如清角。』」蔡邕月令章句：「凡弦急則清，緩則濁。」説文：「䋫，弦急之聲也。」**登千仞之谿，臨蝯眩之岸，不足以滑其和。**蝯臨其岸而目眩也。滑，滑亂。和，適也。**譬若鍾山之玉，**鍾山，昆侖也。○陶方琦云：文選琴賦注、爲范尚書吏部封侯第一表注引許注：「鍾山，北陸無日之地，出美玉。」按西山經西次三經「又西北四百二十里曰鍾山」，又云：「黄帝乃取峚山之玉榮而投之鍾山之陰。」山北曰陰。郭注以爲玉穜，故許注云出美玉。海外北經〔一〕「鍾山之神名燭陰」，即淮南之燭龍。地形訓曰：「燭龍在雁

〔一〕「外」，原本作「山」，據山海經改。

門北，蔽于委羽之山，不見日。」是鍾山卽鴈門以北大山也，故許注云「北陸無日之地」。**炊以鑪炭，三日三夜而色澤不變。**○王念孫云：炊當爲灼，字之誤也。玉可言灼，不可言炊。藝文類聚寶部上、太平御覽珍寶部四引作炊，皆後人依誤本改之。其御覽地部三引此，正作灼。白帖七同。呂氏春秋士容篇注作「燔以鑪炭」，燔亦灼也。**則至德天地之精也。**○文典謹按：藝文類聚八十三引，作「得天地之精也」。**是故生不足以使之，利何足以動之；死不足以禁之，害何足以恐之。明於死生之分，達於利害之變，雖以天下之大，易骭之一毛，無所槩於志也。**骭，自膝以下，脛以上也。骭，讀閈收之閈也。**夫貴賤之於身也，猶條風之時麗也；**條風鳴條，言其迅也。麗，過也。○陶方琦云：文選陸機演連珠注引，作「猶條風之時灑」，又引許注：「灑，猶汛也。」說文：「灑，汛也。」與注同。玄應引通俗文：「以水撿塵曰灑。」文選張華答何邵詩注引淮南「猶條風之時灑」，卽許本。○文典謹按：御覽九百四十五引注云：「時麗，忽一過也。」**毀譽之於己，猶蚊䖟之一過也。**

夫秉皓白而不黑，行純粹而不糅，處玄冥而不闇，休于天鈞而不碭，碭，敗也。天鈞，北極之地，積寒之野，休之輒敗，唯體道能不敗也。○俞樾云：此說天鈞之義，殊爲無據。莊子齊物論曰：「是以聖人和之以是非，而休乎天鈞。」郭象注曰：「莫之偏任，故付之自均而止也。」釋文引崔譔曰：「鈞，陶鈞也。」淮南「休乎天鈞」之文卽本莊子，義亦當與彼同，謂休乎自然之陶鈞，故不敗也。他書無以積寒之地爲天鈞者，足徵高注之非矣。**孟門、終隆之山不能禁，**孟門，山名，太行之隘也。終隆則終南山，在扶風。皆險塞也。○莊逵吉云：古讀隆爲臨，故詩「與爾臨衝」，韓詩作「隆衝」。又後漢殤帝諱隆，改隆慮縣爲臨慮縣亦是。南、臨同聲，因之又以終南爲終隆也。**唯體道能不敗，**○洪頤煊云：下「湍瀨旋淵、吕梁之深不能留也，太行、石澗、飛狐、句望之險不能難也」，與上「孟門、終隆之山不能禁」，三句連文，不應有「唯體道不能敗」句，禁下疑脱也字。此六字涉上注而譌。○王念孫云：「唯體道能不敗」六字，與上下文義不相屬，乃上文「休於天鈞而不⿰石爲〔一〕」之注誤衍於此。（上注云：「⿰石爲，敗也。天鈞，北極之地，積寒之野，休之輒敗，唯體道能不敗也。」）**湍瀨旋淵、吕梁之深不能留也，**湍瀨，急流。旋淵，深淵也。吕梁，水名也，在彭城。皆水險。留，滯也。**太行石澗、飛狐、句望之險不能難也。**太行，在野王北，上黨關也。石澗，深谿。飛狐，在代郡。句望，在鴈門。皆隘險也。○莊逵吉云：句望，今漢書地理志作句注，以義攷之，注應即汪字也。古汪、望同聲，凡古字通者皆以聲同相通。若汪與注，乃字之誤耳。古汪字作浧，注字作浧，後人但識注，不識古字汪，因之傳訛矣。**是故身處江海之上，而神游魏闕之下。**魏闕，王者門外闕，所以縣教象之書於象魏也。巍巍高大，故曰魏闕。言真人

〔一〕「⿰石爲」，原作「僞」，據正文改。下同。

雖在遠方，心存王也。一曰：心下巨闕，神内守也。○陶方琦云：莊子釋文引許注：「天子兩觀也。」文選弔魏武帝文注引許注作「魏闕，王之闕也」。高注前一説，文選注所引許注相同，當是許説羼入高注。文選、莊子〔一〕所引，乃約文也。且高注内作兩説，多係許、高之異。莊子釋文引淮南作騩，是許本。司馬注莊子同作騩，云：「騩，讀曰魏。象魏，觀闕，人君門也。言心存榮貴。」正捪許義。山海經騩山或作隗山。説文：「隗，陮隗也。」陮隗卽崔巍。故西山經騩山，郭注「騩音巍」。高注以巍訓魏，是巍、魏、騩三字音義竝通。張衡西京賦「建象魏之兩觀」，注：「象魏，闕也。一曰，觀也。」爾雅孫炎注：「宮門雙闕，舊縣法象，使民觀之，故謂之觀。」水經穀水注引白虎通義：「闕者，所以飾門，別尊卑也。」許注曰「天子」、曰「王」，皆尊者之辭。非得一原，孰能至於此哉！一原，道之原也。是故與至人居，使家忘貧，使王公簡其富貴而樂卑賤，勇者衰其氣，貪者消其欲。坐而不教，立而不議，虛而往者實而歸，故不言而能飲人以和。論道如川，不言而能飲人以和適也。是故至道無爲，一龍一蛇，龍能化，蛇能解脱，故道以爲譬。盈縮卷舒，與時變化。外從其風，內守其性，耳目不燿，思慮不營。營，惑也。其所居神者，臺簡以游太清，臺，猶持也。簡，大也。○莊逵吉云：「臺簡」注云「臺，持也」，錢別

〔一〕「莊子」下，似脱「釋文」二字。

駕坫云：「臺當作握。說文解字握古文作𡍨，𡍨與臺形近致訛耳。」但藏本及各本皆作臺字，而本書用古文𡍨，不用篆文握，故仍存原文，不敢擅改。○俞樾云：高注曰「臺，猶持也」，以持訓臺，蓋以聲爲訓。釋名釋宮室曰：「臺，持也。築土堅高，能自勝持也。」是其證也。方言曰：「臺，支也。」支與持義同。錢氏坫謂臺當作𡍨，古文握字。然臺之訓持，自是古訓，不必疑其字誤也。莊子庚桑楚篇曰：「靈臺者有持，而不知其所持而不可持者也。」是亦以臺爲持。故釋文曰：「靈臺謂心，有靈智、能任持也。」然則臺簡卽持簡，猶靈臺卽靈持矣。**引楯萬物，羣美萌生。**引楯，拔擢也。楯，讀允恭之允。○莊逵吉云：引楯當作揗，從手旁。○文典謹按：楯、揗皆從盾得聲，得通用也。**是故事其神者神去之，**事，治也。**休其神者神居之。**不動擾。**道出一原，通九門，**九門，天之門。**散六衢，**散布于六合之衢也。**設於無垓坫之宇，**設，施也。垓坫，垠堮也。垓，讀人飲食太多以思下垓。坫，讀爲筦氏有反坫之坫。**寂漠以虛無。非有爲於物也，物以有爲於己也。**非有爲于物者，不爲之也。物以有爲于己者，物己爲也。**是故舉事而順于道者，非道之所爲也，道之所施也。**

夫天之所覆，地之所載，六合所包，陰陽所呴，雨露所濡，道德所扶，此皆生一父母而閲一和也。父母，天地。閲，總也。和，氣也，道所貫也。呴，讀以口相吁之吁。○文典謹按：「生一父母」不辭，生下當有於字。御覽九百七十三引，正作「皆生於一父母」，是其證也。**是**

故槐榆與橘柚合而爲兄弟，言道能化同異物也。有苗與三危通爲一家。有苗國在南方彭蠡，舜時不服者。三危，西極山名，在辰州。通爲一家，道所化也。○莊逵吉云：辰州疑當作益州。夫目視鴻鵠之飛，耳聽琴瑟之聲，而心在鴈門之間，一身之中，神之分離剖判，六合之内，一舉而千萬里。是故自其異者視之，肝膽胡、越；肝膽喻近，胡、越喻遠。○陶方琦云：文選蘇子卿古詩注、曹植求通親親表注引許注：「胡在北方，越在南方。」古詩注引作「越居南方」，居應作在。曹植表注引正作在。自其同者視之，萬物一圈也。圈，陬也。百家異説，各有所出，若夫墨、楊、申、商之於治道，墨，墨翟也，其術兼愛、非樂，摩頂放踵而利國者爲之。楊，楊朱，其術全性保真，雖拔骭一毛而利天下，弗爲也。申，申不害也，韓昭侯相，著三符之命而尚刻削。商者，魏公孫鞅也，爲秦孝公制相坐之法，嚴猛聞，故封之爲商君也，因謂之商鞅。猶蓋之無一橑，而輪之無一輻，有之可以備數，無之未有害於用也。○王念孫云：「蓋之無一橑」，「輪之無一輻」，本作「蓋之一橑」，「輪之一輻」。此但言一橑一輻，下乃言其有無之無關於利害。若先言無一橑、無一輻，則下文不必更言有無矣。此兩無字皆因下文無字而衍。己自以爲獨擅之，不通之于天地之情也。今夫冶工之鑄器，鑄，讀如唾祝之祝也。○李賡芸云：祝本之六切，轉音如鑄，如注。今河南息縣人讀祝如朱。説文「喌喌，呼鷄聲」，之六切。而風俗通曰「呼鷄朱朱」，皆轉音也。禮記樂記「封帝堯之後於祝」，注：「祝，或爲鑄。」呂氏春秋愼大覽：「命封黄帝之後於鑄。」周禮瘍醫注：「祝，讀如注病之注。」金踊躍于鑪中，必有波溢而播棄者，其中地而凝滯，亦有以象於物者矣。其形雖有所小用哉，然未可以保於周室之九鼎也，又況比於規形者乎？其與道相去亦遠矣！今夫萬物之疏躍枝舉，百事之莖葉條栓，皆本於一根，而條循千萬也。疏躍，布散也。栓，讀詩頌「苞有三蘖」同。○莊逵吉云：栓，古文欁字也。亦作櫱。俗寫櫱字爲蘖。又劉德引詩「苞有三枿」。說文解字：「欁，伐木餘也。」方言：「枿，餘也。陳、鄭之間曰枿。」是枿、欁亦同字。若此則有所受之矣，而非所授者。所受者無授也而無不受也。無不受也者，譬若周雲之蘢蓯，遼巢彭濞而爲雨，周雲，密雨雲也。蘢蓯，聚合也。遼巢彭濞，蘊積貌也。濞，榆莢之濞。○莊逵吉云：御覽引作「寮操彭薄」，薄與濞聲近也。○王念孫云：彭濞本作彭薄。道藏本作彭潷，潷卽薄之誤。後人不知而改爲濞，莊本從之，斯爲謬矣。彭，古讀若旁，下文云「渾渾蒼蒼，純樸未散，旁薄爲一」，司馬相如封禪文「旁魄四塞」，義並與此同，故高注以彭薄爲蘊積貌。若彭濞，則爲水聲，而非雲氣蘊積之貌，與正文、注文皆不合矣。舊本北堂書鈔天部二引此，正作彭薄。太平御覽天部八同。○俞樾云：高注曰：「周雲，密雨雲也。」然密雨之雲謂之周雲，甚爲未安，殆失之矣。周，當讀爲朝。詩汝墳篇「惄如調飢」，毛傳曰：「調，朝也。」周之爲朝，猶調之爲朝也。朝雲爲雨，卽詩所謂「朝隮于西，崇朝其雨」也。鄭箋云：「朝有升氣於西方，終其朝則雨，氣應自然。」升氣卽雲也。文選高唐賦：「王問玉曰：『此何氣也？』玉對曰：『所謂朝雲者也。』」即可説此周雲之義。

沈溺萬物而不與爲溼焉。不與萬物俱溼。

今夫善射者有儀表之度，如工匠有規矩之數，此皆所得以至於妙。有所得儀表規矩之巧也。○陳觀樓云：所得上脱有字。高注「有所得儀表規矩之巧也」，是其證。然而奚仲不能爲逄蒙，造父不能爲伯樂者，是曰諭於一曲，而不通于萬方之際也。今以涅染緇則黑於涅，以藍染青則青於藍。涅非緇也，青非藍也，兹雖遇其母而無能復化已。涅，礬石也。母，本也。○孫詒讓云：賈公彦周禮鍾氏、儀禮士冠禮疏引，染緇並作染紺，疑據許本。齊俗訓云：「夫素之性白，染之以涅則黑。」則此本爲長。然賈兩引以證紺色，則唐時自有作紺之本。是何則？以諭其轉而益薄也。何況夫未始有涅藍造化之者乎，其爲化也，雖鏤金石，書竹帛，何足以舉其數！鏤，讀婁數之婁。由此觀之，物莫不生於有也，有，猶往也。小大優游矣。言饒多也。夫秋豪之末，淪於無間而復歸於大矣；秋豪微妙，故能入于無間。間，孔。言道無形，以豪末比道，猶復爲大也。蘆苻之厚，通於無壍而復反於敦龐。厚，猶薄。蘆，葦也。苻，蘆之中白苻。言其薄柯則歸於葦，故曰反於敦龐矣。苻，讀麪麱之麱也。若夫無秋豪之微，蘆苻之厚，四達無境，通于無圻，道無形，秋豪、蘆苻已有形，故曰無秋豪之微，蘆苻之厚，而四達無境，通於無圻。圻，垠字也。○莊逵吉云：説文解字，垠或從斤作圻。而莫之要御夭遏者，其襲微重妙，挺挏萬物，揣丸變化，道之所能。天地之間何足以論之！言道所化者大。夫疾風教木，而不能拔毛髮；雲臺之高，墮者折脊碎腦，而蟁蝱適足以翺翔。教亦拔也。臺高際於雲，故曰雲臺。蟁蝱微細，故翺翔而無傷毁之患，道所貴也。○王念孫云：「適足以翺翔」當作「適足以翾」，高注「翺翔而無傷毁之患」當作「翾飛而無傷毁之患」。說文：「翾，（許緣反。）小飛也。」原道篇曰「跂行喙息，蠉飛蝡動」，蠉與翾同。下文曰「飛輕微細者，猶足以脱其命」，飛輕二字正承翾字言之。若翺翔則爲鳥高飛之貌，蟁蝱之飛，可謂之翾，不可謂之翺翔也。又下文「雖欲翺翔」，高注曰：「翺翔，鳥之高飛，翼上下曰翺，直刺不動曰翔。」而此注不釋翺翔之義，則正文本無翺翔二字明矣。隸書翺字或作翶，（見漢唐公房碑。）形與翾相近，故翾誤爲翺。後人不知翺爲翾之誤，因妄加翔字耳。藝文類聚蟲豸部引此，正作「蟁蝱適足以翾」。○文典謹按：文選於安城荅靈運詩注引，碎腦作碎脛。夫與蚑蟯同乘天機，蚑行蟯動，諭微細也。天機，神馬。夫受形於一圈，飛輕微細者，猶足以脱其命，又況未有類也？類，形象也。未有形象，道所尚也。○王念孫云：也與邪同。下夫字因上夫字而衍。「夫與跂蟯同乘天機，受形於一圈」，二句連讀，不當更有夫字。由此觀之，無形而生有形，亦明矣。是故聖人託其神於靈府，而歸於萬物之初，視於冥冥，聽於無聲，冥冥之中獨見曉焉，曉，明也。寂漠之中獨有照焉。其用之也以不用，其不用也而後能用之；其知也乃不知，其不知也而後能知之也。夫天不定，日月無所載；載，行也。地不定，草木無所植；植，立也。所立於身者不寧，是非無所形。形，見也。是故有真人然後有真知。知不詐，故曰真也。其所持者不明，庸詎知吾所謂知之非不知歟？

今夫積惠重厚，累愛襲恩，以聲華嘔苻嫗掩萬民百姓，使知之訢訢然，人樂其性者，仁也。○王念孫云：使下不當有知字，此因上文「所謂知之」而誤衍也。劉本無知字，是。○陶方琦云：漢書萬石君傳晉灼注引許注「訢訢，古欣字」，當此處注也。原道訓「其爲歡不忻忻」，从心旁，此从言旁，尚是許君舊本，故與漢書傳注引許説正合。説文訢下云：「憘也。从言，斤聲。」又欣下云：「笑喜，从欠，斤聲。」音義相類，蓋古今字。舉大功，立顯名，體君臣，正上下，明親疏，等貴賤，存危國，繼絶世，決挐治煩，○文典謹按：文選吴都賦注引許注：「挐，亂也。」當是此處注也。説文：「挐，牽引也。」宋玉九辯「枝煩挐而交横」，王注：「柯條糾錯而崱嶷。」牽引、糾錯亦皆有亂義。興毀宗，立無後者，義也。閉九竅，藏心志，棄聰明，反無識，芒然仿佯于塵埃之外，而消摇于無事之業，○俞樾云：廣雅釋詁：「業，始也。」無事之業，謂無事之始也。文子精神篇作「無事之際」，乃淺人不得其義而臆改。九守篇亦作「無事之業」。含陰吐陽，而萬物和同者，德也。是故道散而爲德，德溢而爲仁義，仁義立而道德廢矣。百圍之木，斬而爲犧尊，犧，讀曰希，猶疏鏤之尊。鏤之以剞劂，雜之以青黄，

華藻鎛鮮，龍蛇虎豹，曲成文章，剞，巧工鉤刀也。劂者，規度刺畫墨邊箋也。所以刻鏤之具也。青黄，采色之飾。剞，讀技之技。劂，讀詩蹶角之蹶也。華藻，華文也。鎛，今之金尊也。鮮，明好也。龍蛇虎豹者，刻尊彝爲蟠龍伏虎之狀，故曰曲成文章。○洪頤煊云：鎛當是鋪字之譌，即敷字。易説卦「震爲旉」，釋文：「干寶注：旉，花之通名鋪。爲花朵謂之藪。」華藻鋪鮮，皆謂其刻鏤之美。非金尊也。○俞樾云：高注曰：「華藻，華文也。鎛，今之金尊也。鮮，明好也。」此説於鎛字之義未得。鎛鮮連文，若是金尊，則與鮮字不屬矣。陳氏壽祺左海經辨説以説文金部之鎛鱗，謂鮮當爲鱗。然鎛鱗自是鐘上横木之飾，此言犧尊，非所施也。今按：鎛從尃聲，尃猶敷也，謂以金敷布其上也。古者以金飾物謂之鎛。史記禮書注「金薄璆龍」，索隱引劉氏曰：「薄，猶飾也。」薄即鎛之叚字也。鮮，讀爲獻。禮記月令篇「天子乃鮮羔開冰」，注曰：「鮮當爲獻。」是其證也。明堂位篇「周獻豆」，注曰：「獻，疏刻之。」然則鎛獻謂疏刻而以金飾之也。畫爲華藻之形，疏刻而金飾之，是爲華藻鎛獻。○陶方琦云：文選魏都賦注引許注：「剞劂，曲刀也。」説文：「剞𠜾，曲刀也。」與淮南注正同。淮南劂應作𠜾。韓集送文暢師北遊詩注引淮南「鏤之剞𠜾」，注：「剞𠜾，曲刀也。」此即許注，字作𠜾。王逸注哀時命：「剞劂，刻鏤刀也。」亦以剞劂爲一物。廣雅：「剞劂，刀也。」高氏此注與本經訓同。**然其斷在溝中，壹比犧尊、溝中之斷，則醜美有間矣，**間，遠也，方其好醜相去遠也。**然而失木性，鈞也。**鈞，等。○文典謹按：「然其斷在溝中」句，疑有脱誤。莊子天地篇作「其斷在溝中」，亦非。惟御覽七百六十一引莊子作「其一斷在溝中」，不誤。今本一字誤置比字上，傳寫又改爲壹，義遂不可通矣。是故神越者其言華，越，散也，言不守也，故華而不實。德蕩者其行僞。蕩，逸。僞，不誠也。至精亡於中，而言行觀於外，此不免以身役物矣。與物爲役。夫趨舍行僞者，爲精求于外也，精有湫盡，而行無窮極，則滑心濁神，而惑亂其本矣。其所守者不定，而外淫於世俗之風，風，化也。所斷差跌者，而內以濁其清明，是故躊躇以終，而不得須臾恬澹矣。是故聖人內修道術，而不外飾仁義，不知耳目之宣，而游于精神之和。○俞樾云：宣當作宜，字之誤也。莊子德充符篇「夫若然者，且不知耳目之所宜，而遊心乎德之和」，卽淮南所本。文子精誠篇作「知九竅四肢之宜，而遊乎精神之和」，字正作宜，但知上脱不字耳。若然者，下揆三泉，上尋九天，横廓六合，揲貫萬物，此聖人之游也。若夫真人，則動溶于至虚，而游于滅亡之野，騎蜚廉而從敦圄，蜚廉，獸名，長毛有翼。敦圄，似虎而小。一曰：仙人名也。○陶方琦云：史記索隱二十六引許注：「涫圂，仙人也。」高注中一曰乃許氏説。如氾論訓「段干木，晉國之大駔」，高注：「駔，驕怚。一曰：駔，市儈也。」而御覽引許注正作「駔，市儈也」之例。羽獵賦「靈圉燕于閒觀」，集解引郭璞注：「靈圉，涫圂，仙人名也。」卽用許氏淮南注。馳於外方，休乎宇內，○王念孫云：宇內當爲內宇。內宇猶宇內也，若谷中謂之中谷，林中謂之中林矣。內宇與外方相對爲文，宇與野、圄、雨、父、女爲韻。（野，古讀若墅，説見唐韻正。）若作宇內，則失其韻矣。燭十日而使風雨，臣雷公，役夸父，夸父，仙人，弃其杖而爲鄧林也。妾宓妃，妻織女，天地之間，何足以留其志！是故虚無者道之舍，平易者道之素。素，性也。

夫人之事其神而嬈其精，營慧然而有求於外，此皆失其神明而離其宅也。事，治也。嬈，煩也。營慧，求索名利者也。宅〔一〕，離精神之宅也。是故凍者假兼衣于春，而暍者望冷風于秋，夫有病於内者必有色於外矣。夫梣木色青翳，而蠃瘉蝸睆，梣木，苦歴，木名也。生於山，剥取其皮，以水浸之正青，用洗眼，瘉人目中膚翳，故曰色青翳。青色，象也。蠃蠡，薄蠃。蝸睆，目疾也。◯王引之云：「色青翳」當作「已青翳」。（注内「色青翳」同。）已與瘉相對爲文，已亦瘉也，言梣木可以瘉青翳也。瘉今作愈。吕氏春秋至忠篇「王之疾必可已也」，高注曰：「已，猶愈也。」故此注云「用洗眼，瘉人目中膚翳，故曰已青翳也。」今正文及注皆作「色青翳」者，涉注内「青色」而誤耳。「蠃瘉蝸睆」當作「蠃蠡瘉燭睆」。（注内「蝸睆」同。）據高云「蠃蠡，薄蠃」，則蠃下原有蠡字明矣。太平御覽鱗介部十三引此作「蠃蠡瘉燭睆」，又引注云：「蠃，附蠃。蠡，細長蠃也。燭睆，目中疾。」一切經音義二十引許慎注云：「燭睆，目内白翳病也。」名醫别録曰：「蝸籬，味甘，無毒，主燭館，明目。」蠃蠡、蝸籬並與蠃蠡同。（士冠禮蠃醢，今文蠃爲蝸，内則作蝸醢。）燭館與燭睆同。蠃、蠡聲相亂，故蠃下脱蠡字。燭、蝸草書相似，故燭誤爲蝸。宋證類本

〔一〕「宅」上疑脱「離」字。日本諸子大成改正淮南鴻烈解有「離」字。

草引此已誤。○陶方琦云：二家注文異，許本作「蠃蠬瘉燭睆」，與高本正文竝異。惟御覽引作「燭睆，目内病」，睆乃皖字之譌，又敚去白翳二字。衆經音義五及十七引許注，又敚去燭字。卷二十引有燭字。鮒螺當作蚹蠃。爾雅釋魚：「蚹蠃，螔蝓。」説文：「蠃，一曰虒蝓。」蚹蠃聲同蒲蠃，吴語「其民必移就蒲蠃于東海之濱」是也。又轉作僕纍，卽蟔螺，見中山經。（高注薄蠃卽本此，或蒲蠃之轉聲。）廣雅：「蠡蠃、蝸牛，螔蝓也。」説文：「蝸，蠃也。」本草云：「蛞蝓一名陵蠡。」（古今注作陵螺。）別録云：「一名附蝸。」附蝸卽蚹螺也。説文無蠬字。方言：「蚰蜒，或謂之蛝蠬。」廣雅：「蛝蠬，蚰蜒也。」蓋蚹蠃有殻，蠬無殻，蠬細長如螺形，並居旱，非水中之螺，天雨卽出，俗猶以其涎清涼，可愈熱毒，故名醫別録云：「蝸籬，味甘，無毒，主燭館，明目，生江夏。」蝸籬卽蠃蠬，燭館卽燭睆。○郝懿行云：「以今所見，海蠃有數種，總名海薄蠃。吴語云「其民必移就蒲蠃於東海之濱」，蒲蠃卽薄蠃也。蒲、薄二字古多通用。韋昭不知蒲蠃乃一物，反以蒲爲深蒲，蠃爲蚌蛤之屬，誤矣。西山經郭璞注云：「蠃母卽蟔螺也。」夏小正傳云：「蜃者，蒲盧也。」蒲盧卽蒲蠃，蟔螺卽薄蠃，俱一聲之轉。爾雅釋魚云：「蠃小者蜬。」郭注：「螺大者如斗，出日南漲海中，可以爲酒杯。」然則爾雅舉小，郭璞舉大，廣異語也。」此皆治目之藥也。人無故求此物者，必有蔽其明者。聖人之所以駭天下者，真人未嘗過焉；賢人之所以矯世俗者，聖人未嘗觀焉。矯，拂也。夫牛蹏之涔，無尺之鯉；涔，潦水也。涔，讀延祜曷問，急氣閉口言也。塊阜之山，無丈之材。小山也，在陳留。所以然者何也？皆其營宇狹小，而不能容巨大

也。〇莊逵吉云：御覽引作「牛蹏之涔，無徑尺之鯉；魁父之山，無營宇之材」，無下「營宇」二字。〇王念孫云：此御覽誤，非今本誤也。尺之鯉，丈之材，相對爲文。若作營宇之材，則文不成義，且與上句不對。營宇狹小，所以不能容巨大。若無營宇二字，則文義不明。鈔本御覽作「牛蹄之涔，無徑尺之鯉；魁父之山，無丈之材。營宇狹小而不能容巨大也」。尺上有徑字，乃後人不識古文辭而妄加之。（後人以尺之鯉文義未足，故加一徑字，此未識古人句法也。原道篇曰：「聖人不貴尺之璧，而重寸之陰。」吕氏春秋舉難篇曰：「尺之木必有節目，寸之玉必有瑕適。」屬句並與此同。加一徑字，則與下句不對矣。御覽鱗介部八引此，又作「無盈尺之鯉」，盈字亦後人所加。）其「無丈之材」及「營宇狹小」，則皆與今本同。刻本御覽作「無營宇之材」，而下文無營宇二字，此皆後人妄改，不足爲據。藝文類聚山部上引，作：「牛蹄之涔，無尺之鯉；魁府之山，無丈之材。皆其營宇狹小而不能容巨大也。」正與今本同，足證刻本御覽之誤。（劉晝新論觀量篇「蹄窪之內，不生蛟龍；培塿之上，不植松柏，營宇隘也。」意皆本於淮南。彼言營宇隘，猶此言營宇狹小耳，亦足證刻本御覽無營宇二字之誤。）尺上無徑字，並足證鈔本御覽之誤。**又況乎以無裏之者邪！**無裏，無形。**此其爲山淵之勢亦遠矣。**此無有議長大。**夫人之拘於世也，必形繫而神泄，故不免於虛。**形繫者，身形疾而精神越泄，不處其守，故曰不免于虛疾。**使我可係羈者，必其有命在於外也。**〇王念孫云：「有命在於外」當作「命有在於外」，言既爲人所係羈，則命在人而不在我也。今本命有二字誤倒，則文義不明。文子精誠篇正作「必其命有在外者矣」。莊子山木篇「物之所利，乃非己也，吾命有在外者也」，卽淮南所本。至德之世，甘瞑于溷澖之域，而徙倚于汗漫之宇，澖，讀閑放之閑，言無垠虛之貌。徙倚，猶汗漫。無生形，形生，元氣之本神也。故盧敖見若士者言曰「吾與汗漫期于九垓之上」是也。宇，居也。○文典謹按：御覽七十七引，「至德之世」下有注云：「謂太古三皇之時。」又甘作其，溷澖作混溷，汗漫作瀾漫。提挈天地而委萬物，以鴻濛爲景柱，而浮揚乎無畛崖之際。一手曰提。挈，舉。委，棄也。言不以身役物。鴻濛，東方之野，日所出，故以爲景柱。浮揚，猶遨翔也。無畛崖畔界，因以爲名也。○文典謹按：御覽七十七引，「浮揚」作「涬揚」。是故聖人呼吸陰陽之氣，而羣生莫不顒顒然，仰其德以和順。○文典謹按：御覽七十七引，顒顒作喁喁，和順下有止字。當此之時，莫之領理，決離隱密而自成，渾渾蒼蒼，純樸未散，旁薄爲一，而萬物大優，渾渾蒼蒼，混沌大貌，故曰純樸未散也。優，饒也。○文典謹按：御覽七十七引，隱密作隱慤，蒼蒼作若若。是故雖有羿之知而無所用之。是說上古之時也，但甘卧，治化自行，故曰雖有羿之知，其無所用之。是堯時羿，善射，能一日落九烏，繳大風，殺窫窳，斬九嬰，射河伯之知巧也。非有窮后羿也。○文典謹按：御覽七十七引，「是故雖有羿之知而無所用之」作「是故雖有明知，無所用之」。

及世之衰也，至伏羲氏，其道昧昧芒芒然，吟德懷和，伏羲氏以木德王天下，號曰太昊。昧昧，純厚也。芒芒，廣大貌也。吟咏其德，含懷其和氣，未大宣布也。○王念孫云：吟，非吟詠之吟，乃含字也。原道篇「含德之所致也」，高彼注曰：「含，懷也。」此云「含德懷和」，本經篇云「含德懷道」，含、懷一聲之轉，其義一也。含字從口，今聲。移口於旁，字體小異耳。若訓爲吟詠之吟，則與懷和不類矣。漢書禮樂志「靈安留，吟青黄」，服虔曰：「吟音含。」是含字古或作吟也。**被施頗烈**，被，讀光被四表之被也。被其德澤，頗烈施於民。**而知乃始昧昧晽晽，皆欲離其童蒙之心**，昧昧，欲明而未也。晽晽，欲所知之貌也。離，去也。○王念孫云：說文、玉篇、廣韻、集韻皆無晽字，晽晽當爲楙楙。（注同。）昧昧、楙楙，一聲之轉，皆欲知之貌也。文子上禮篇作昧昧懋懋，懋與楙古字通。（皋陶謨「懋遷有無化居」，漢書食貨志懋作楙。）今作晽晽者，楙誤爲林，又因昧字而誤加日旁耳。楊慎古音餘乃於侵韻收入晽字，吴志伊字彙補又云，晽音林，並引淮南子「昧昧晽晽」，皆爲俗本所惑也。**而覺視於天地之間，是故其德煩而不能一。**煩，多也。一，齊也。**乃至神農、黄帝，**○王念孫云：乃當爲及，字之誤也。文子上禮篇正作及。又氾論篇「故聖人之見存亡之迹，成敗之際也，非乃鳴條之野、甲子之日也」，乃亦當爲及。言夏、殷之將亡，聖人早已知之，非及鳴條之野、甲子之日而後知之也。道藏本、劉本並作乃。朱本改乃爲待，而莊本從之，義則是而文則非矣。**剖判大宗，**○文典謹按：北堂書鈔四功業十二引，大作太。**窾領天地，襲九窾，重九慹，**窾，通也。領，理也。襲，因也。窾，法也。慹，形也。言因九天九地之形法以通理也。○王念孫云：說文、玉篇、廣韻、集韻皆無慹字，慹當爲墊，字之誤也。玉篇：

「墊，古文垠字。」（字從土，犾聲。說文：「犾，讀若銀。」）九墊即九垠也。上文曰「蘆苻之厚，通於無墊」，無墊即無垠也。兵略篇「不見朕墊」，覽冥篇作朕垠，彼注云：「垠，形狀也。」故此注亦云：「墊，形也。」○文典謹按：御覽七十八引作「襲九空，重九望」，又引注云：「九空，九天也。九望，九地也。」**提挈陰陽，嫥捖剛柔，枝解葉貫，萬物百族，**嫥捖，和調也。族，類也。**使各有經紀條貫，**貫，位也。**於此萬民睢睢盱盱然，莫不竦身而載聽視，**睢睢盱盱，聽視之貌也。**是故治而不能和下。**和，協也。**棲遲至於昆吾、夏后之世，**昆吾，夏伯。桀世也。**嗜欲連於物，聰明誘於外，而性命失其得。**性命之本。**施及周室之衰，**○王引之云：「之衰」二字，後人所加也。尋繹上文，自伏羲氏以下，皆爲衰世，則方其盛時亦謂之衰，不待其衰而後爲衰也。下文「周室衰而王道廢」，始言周室之衰耳。若此句先言周室之衰，則下文不須更言衰矣。文子上禮篇作「施及周室」，無「之衰」二字。**澆淳散樸，**施，讀難易之易也。**雜道以僞，儉德以行，**雜，粗。○王念孫云：雜當爲離，字之誤也。儉，讀爲險。（險、儉古字通，說見經義述聞大戴禮「惠而不儉」下。）莊子繕性篇：「德又下衰，澆淳散樸，離道以善，險德以行。」（郭象注：「有善而道不全，行立而德不夷。」）此正淮南所本。文子作「離道以爲僞，險德以爲行」，又本於淮南。然則原文作離道明矣。高注訓雜爲粗，則所見本已誤作雜。又案：僞，古爲字。（說見史記淮南衡山傳「爲僞」下。）爲亦行也。齊俗篇「矜僞以惑世，伉行以違衆」，矜僞猶伉行耳。（上文曰：「夫趨舍行僞者，爲精求於外也。」荀子儒效篇曰：「其衣冠行僞，已同於世俗矣。」行僞卽行爲。）「離道以僞，險德以行」，言所爲非大道，所行非至德也。與詐僞之僞不同。下句「巧故萌生」，始言詐僞耳。文子改作「以爲僞」，「以爲行」，失之。**而巧故萌生。**巧言爲詐。**周室衰而王道廢，儒墨乃始列道而議，分徒而訟。**儒，孔子道也。墨，墨翟術也。徒，黨也。訟，争是非也。**於是博學以疑聖，華誣以脅衆，**博學楊、墨之道，以疑孔子之術。設虛華之言，以誣聖人，劫脅徒衆也。○王引之云：疑，讀曰擬。博學以擬聖，謂博學多聞以自比於聖人也。鄭注周官司服曰：「疑之言擬也。」史記平準書「人徒之費擬於南夷」，漢書食貨志擬作疑，文子作「狙學以擬聖」，是其證。莊子天地篇「博學以擬聖，於于以蓋衆」，卽淮南所本也。高説失之。**弦歌鼓舞，緣飾詩、書，以買名譽於天下。**爲以求之。**繁登降之禮，飾紱冕之服，聚衆不足以極其變，積財不足以贍其費，於是萬民乃始慲觟離跂，**慲，讀簫簫無逢際之慲。觟，傒徑之傒也。**各欲行其知僞，以求鑿枘於世而錯擇名利，**錯，施也。擇，取也。求，索也。言施其巧僞，索榮顯之名利也。故下言曼衍于淫荒之陂也。**是故百姓曼衍於淫荒之陂，而失其大宗之本。**陂，或作野。**夫世之所以喪性命，有衰漸以然，所由來者久矣。**○俞樾云：衰乃等衰之衰。上文自伏羲氏而歷數之，以至于周室之衰，每降而愈下，故曰「有衰漸以然」。

是故聖人之學也，欲以返性於初，而游心於虛也。人受天地之中以生。孟子曰：性無不善，而情欲害之。故聖人能返其性於初也。游心於虛，言無欲也。達人之學也，欲以通性於遼廓，而覺於寂漠也。若夫俗世之學也則不然，擢德攓性，內愁五藏，外勞耳目，擢，取也。攓，縮也。皆不循其理，故愁其思慮也。耳妄聽，目妄視，淫故勞也。○陶方琦云：文選爲顧彥先贈婦詩注、七啓注、華嚴音義上引許注：「擢，引也。」說文：「擢，引也。」與注淮南同。乃始招蟯振繾物之豪芒，搖消掉捎仁義禮樂，暴行越智於天下，以招號名聲於世。搖消掉捎仁義禮樂，未之能行也。越，揚也。暴，卒也。越揚其詐譎之智以取聲名也。此我所羞而不爲也。是故與其有天下也，不若有說也；說，樂也。不若有人說樂之也。與其有說也，不若尚羊物之終始也，而條達有無之際。○俞樾云：終始下衍也字。「不若尚羊物之終始，而條達有無之際」，兩句一氣相屬。今衍也字，則文義隔絕矣。是故舉世而譽之不加勸，舉世而非之不加沮，定于死生之境，而通于榮辱之理，雖有炎火洪水彌靡於天下，神無虧缺於胷臆之中矣。若然者，視天下之間，猶飛羽浮芥也，芥，中也。○莊逵吉云：中字疑當作艸。孰肯分分然以物爲事也！分，猶意念之貌。

水之性真清而土汩之，人性安靜而嗜欲亂之。○王念孫云：真字於義無取，疑後人所加。太平御覽方術部一引此，作「夫水之性清而土汩之，人之性安而欲亂之」，於義爲長。呂氏春秋本生篇云：「夫水之性清，土者抇之，故不得清。人之性壽，物者抇之，故不得壽。」抇與汩同。

夫人之所受於天者，耳目之於聲色也，口鼻之於芳臭也，〇王念孫云：下句本作「口鼻之於臭味」，謂口之於味、鼻之於臭也。後人誤讀臭爲腐臭之臭，而改臭味爲芳臭，則與口字義不相屬矣。太平御覽引此，正作「鼻口之於臭味」。**肌膚之於寒燠，其情一也，或通於神明，或不免於癡狂者，何也？其所爲制者異也。是故神者智之淵也，淵清則智明矣；智者心之府也，智公則心平矣。**〇王念孫云：以下二句例之，則淵清當爲神清，此涉上句淵字而誤也。太平御覽引此，正作神清，文子九守篇同。**人莫鑑於流沫，而鑑於止水者，以其靜也；**沫，雨潦上沫起覆甌也，言其濁擾不見人形也。〇王念孫云：流沫本作沫雨，故高注及説山篇俱作沫雨。又太平御覽服用部十九、方術部一並引淮南子「人莫鑑於沫雨，而鑑於止水」。今本作流沫者，後人以意改之耳。又案：沫雨者，流雨之譌也。水動則濁，靜則清，故曰「人莫鑑於流雨，而鑑於止水者，以其靜也」。動與靜相對，流與止相對。流隸或作汓，（見魯相史晨饗孔廟後碑。）形與沫相似，因譌爲沫。高以爲雨潦上覆甌，非也。據高云「沫雨或作流潦」，（文子九守篇亦作流潦，文選江賦注引作流瀿，又引許慎注云：「楚人謂水暴溢爲瀿。」）則沫爲汓字之譌明矣。莊子德充符篇「人莫鑑於流水，而鑑於止水」，崔譔本流作沫，亦是汓字之譌。〇俞樾云：説山篇「人莫鑑於沫雨，而鑑於澄水者，以其休止不蕩也」，注曰：「沫雨，雨潦上覆瓮也。沫雨或作流潦。」今按此當以流潦爲正，流潦卽行潦也。詩泂酌篇毛傳曰：「行潦，流潦也。」孟子公孫丑篇趙注曰：

「行潦，道旁流潦也。」是其義也。流潦與止水，正相對爲文。莊子德充符篇「人莫鑑於流水，而鑑於止水」，流潦猶流水也。文子九守篇亦作流潦，可知古本如此矣。高本作流沫者，疑流泉之誤。隸書泉字或作湶，楊君石門頌「平阿湶泥」是也。古本作流潦，別本作流泉，義初不異。湶與沫相似，因誤爲沫矣。高據誤本作注，而以「雨潦上沫起覆甌」説之，蓋謂是水中浮漚耳，其説迂曲。而説山篇之沫雨，則又涉高注而誤。因高注沫雨二字相連，淺人妄謂是舉正文而釋之，遂改正文流沫作沫雨，又於注文雨下加雨字，以從既改之正文，斯爲謬矣。王氏念孫謂當作流雨，流雨之文殊不成義，不可從也。文選江賦注引作流瀿，瀿卽説文泉部⿱緐泉字之異文。許君云「泉水也」，此正可爲別本作流泉之證。○陶方琦云：文選江賦注引作「莫鑒于流瀿，而鑒于澄水」，又引許注「楚人謂水暴溢曰瀿」，是許本作流瀿，與高本正文亦異。高本流沫當作流潦，下文「樹木者灌以瀿水」，注「瀿或作潦」，御覽七百二十引高注正作「灌以潦水」，是作瀿者許氏本，作潦者高氏本也。玉篇「瀿，水暴溢也，波也」，卽本許氏淮南注。○文典謹按：御覽十引，流沫亦作沫雨，静作浄，又引高注「沫雨，雨潦上沫起覆蓋也」。**莫窺形於生鐵，而窺於明鏡者，以覩其易也。**易，讀河閒易縣之易。○王念孫云：「以覩其易也」，以下本無覩字。「以其静也」、「以其易也」相對爲文，則不當有覩字。太平御覽服用部十九、方術部一引此，並無覩字。「夫唯易且静，形物之性也」，語意未明。御覽方術部引，作「夫唯易且静，故能形物之性情也」。（高注：「形，見也。」）較今本爲善。文子作「神清意平，乃能形物之情也」。○俞樾云：太平御覽服用部、方術部引此文，並無覩字，是覩爲衍文。「以其易也」與上句「以其静也」正相對。惟易字於義無取，疑明字之誤。明字从日、从月，而易字據説文引秘書説「日月爲易，象陰陽也」，則亦從日從月，故明誤爲易耳。○文典謹按：王、俞以覩字爲衍文，是也。北堂書鈔一百三十六引，作「莫窺形於生鐵，而窺形於明鏡者，以其易也」，亦無覩字。**夫唯易且静，形物之性也。**形，見。**由此觀之，用也必假之於弗用也，**○王念孫云：用也二字，文不成義。太平御覽方術部引此，作「用者必假之於弗用者」，是也。今本兩者字皆作也，涉上文而誤耳。文子作「故用之者必假於不用者」，莊子知北遊篇曰「是用之者假不用者也」，皆其證。**是故虚室生白，吉祥止也。**虚，心也。室，身也。白，道也。能虚其心以生于道，道性無欲，吉祥來止舍也。**夫鑑明者塵垢弗能薶，**薶，污也。薶，讀倭語之倭。**神清者嗜欲弗能亂。**神清者，精神内守也。情之嗜欲，不能干亂。**精神已越於外，而事復返之，**越，散也。事，治也。**是失之於本，而求之於末也。外内無符而欲與物接，弊其玄光而求知之于耳目，**玄光，内明也。一曰：玄，天也。**是釋其炤炤，而道其冥冥也，是之謂失道。心有所至而神喟然在之，反之於虚則消鑠滅息，此聖人之游也。**反之於虚，則情欲之性消鑠滅息，故曰聖人之游。游，行也。**故古之治天下也，必達乎性命之情。其舉錯未必同也，其合於道一也。**

夫夏日之不被裘者，非愛之也，燠有餘於身也。○文典謹按：藝文類聚六十九引，燠作煖。冬日之不用翣者，非簡之也，清有餘於適也。翣，扇也。翣，讀鵝鶩食唼喋之唼。簡，賤也。夫聖人量腹而食，度形而衣，節於己而已，貪污之心奚由生哉！故能有天下者，必無以天下爲也；能有名譽者，必無以趨行求者也。以，用也。○俞樾云：趨乃越字之誤，越之言逸也，躐也。越行，猶言過行也。謂不以過甚之行求名譽也。文子九守篇作「能有名譽者，必不以越行求之」，是其證。○文典謹按：趨行，猶奔走馳騖也。謂聖人無貪污之心，不奔走馳騖以求名譽也。俞氏以趨爲越，謂不以過甚之行求名譽，其説迂曲難通。名譽安可以過甚之行求之！文子九守篇雖作越行，疑字之誤，未可據彼改此也。聖人有所于達，達則嗜欲之心外矣。外，棄也。孔、墨之弟子，皆以仁義之術教導於世，然而不免於儡。身猶不能行也，又況所教乎？儡身，身不見用，儡儡然也。儡，讀雷同之雷。○莊逵吉云：説文解字：「儡，相敗也。讀若雷。」道德經「儡儡兮若無所歸」，本或作「乘乘」者是。○王念孫云：高説非也。儡字上屬爲句，「不免於儡」，謂躬行仁義而不免於疲也。（儡之言羸也。廣雅曰：「儽儽，疲也」説文曰：「儽，垂皃。」亦疲憊之意。玉藻「喪容纍纍」，鄭注曰：「纍纍，羸憊貌也」王襃洞簫賦曰：「桀、跖鬻博，儡以頓顇。」儽、儡、傫、纍並字異而義同。）身字下屬爲句。呂氏春秋有度篇曰：「孔、墨之弟子徒屬充滿天下，皆以仁義之術教導於天下，然而無所行。教者術猶不能行，又況乎所教。」句法正與此同。是何則？其道外也。夫以末求返於本，許由不能行也，又

況齊民乎！齊民，凡民。齊于民也。**誠達于性命之情，而仁義固附矣，趨舍何足以滑心！若夫神無所掩，心無所載，通洞條達，恬漠無事，無所凝滯，虛寂以待，勢利不能誘也，**誘，惑也，進也。**辯者不能說也，**說，釋也。**聲色不能淫也，美者不能濫也，**濫，覦也，或作監。不能使之過濫。**智者不能動也，勇者不能恐也，**○俞樾云：「聲色」句移在「辯者」句前，則勢、利、聲、色，以類相從，辯者、美者、智者、勇者，亦以類相從矣。文子九守篇正如此，可據以訂正。**此真人之道也。**○王念孫云：道本作遊，此後人以意改之也。文子九守篇正作遊。遊者，行也，言真人之所行如此也。上文曰：「心有所至而神喟然在之，反之於虛則銷鑠滅息，此聖人之游也。」高注曰：「游，行也。」精神篇「是故真人之所游」，高注亦曰：「游，行也。」莊子天運篇：「古之至人，假道於仁，託宿於義，以遊逍遥之虛，食於苟簡之田，立於不貸之圃。古者謂是采真之遊。」並與此真人之遊同意。**若然者，陶冶萬物，與造化者爲人，**爲，治也。**天地之間，宇宙之內，莫能夭遏。**間，上下之間也。內，四方之內也。**夫化生者不死，而化物者不化，**化生者，天也。化物者，德也。○俞樾云：化生當作生生，涉下句而誤。精神篇曰：「故生生者未嘗死也，其所生則死矣。化物者未嘗化也，其所化則化矣。」是其證也。**神經於驪山、太行而不能難，**驪山，今在京兆新豐縣南也。太行，今在河內野王縣北也。**入於四海九江而不能濡，**四海，四方之海也。九江，江分爲九也。**處小隘而不塞，橫扃天地之間而不窕。**扃，猶閉也。○俞樾云：高注曰：「扃，猶閉也。」則與横字之義不貫矣。儀禮士冠禮鄭注曰：「扃，所以扛鼎。」考工記匠人注曰：「大扃，牛鼎之扃，長三尺。小扃，腳鼎之扃，長二尺。」是扃者横木，以扛鼎者也。宣十二年左傳服注曰：「扃，横木，校輪閒。一曰：車前横木也。」是凡横木皆謂之扃，故以横扃並言。**不通此者，雖目數千羊之羣，耳分八風之調，**目視，耳聽也。八風，八卦之風。調，和也。**足蹀陽阿之舞，而手會緑水之趨，**陽阿，古之名倡也。緑水，舞曲也。一曰：緑水，古詩也。趨，投節也。○陶方琦云：文選注十六引淮南曰：「足躡陽阿之舞。」高注：「陽阿，古之名倡也。」文選南都賦注引許注：「蹀，蹈也。」是高本作躡，與許本作蹀微異。魏都賦注引聲類：「蹀，躡也。」説文：「躡，蹈也。」廣雅釋詁：「蹀、蹈，履也。」主術訓「足躡郊兔」，御覽三百八十六引作「足蹀狡兔」，是許本作蹀之證。○文典謹按：文選長笛賦注、七命注引高注，緑並作淥。**智終天地，**○文典謹按：終當爲絡，形近而譌也。莊子天道篇「故古之王天下者，知雖落天地，不自慮也」，即此文所本。（落與絡同。秋水篇「落馬首，穿牛鼻，是謂人」，本書原道篇作「絡馬之口，穿牛之鼻者，人也」。）御覽四百六十四引此文正作「智絡天地」，尤其明證矣。**明照日月，辯解連環，澤潤玉石，猶無益於治天下也。**澤，潤澤也。○王念孫云：「澤潤玉石」本作「辭潤玉石」，高注「澤，潤澤也」，本作「潤，澤也」。此解潤字之義，非解澤字之義。「辭潤玉石」，謂其辭潤澤如玉石也。「目數千羊」二句以耳目言之，「足蹀陽阿」二句以手足言之，「智終天地」二句以心言之，「辯解連環」二句以口言之。若云「澤潤玉石」，則文不成義矣。今案：正文澤字涉注文「潤，澤也」而誤，（太平御覽人事部一百五引此已誤。）後人不達，又於注内加一澤字以從已誤之正文耳。文子九守篇正作「辭潤玉石」。

靜漠恬澹，所以養性也；和愉虚無，所以養德也。外不滑内，則性得其宜；性不動和，則德安其位。養生以經世，抱德以終年，可謂能體道矣。若然者，血脈無鬱滯，五藏無蔚氣，蔚，病也。禍福弗能撓滑，非譽弗能塵垢，故能致其極。極，至。非有其世，孰能濟焉？有其人不遇其時，身猶不能脱，又況無道乎？道不得行。且人之情，耳目應感動，心志知憂樂，手足之攢疾蛘、辟寒暑，所以與物接也。蜂蠆螫指而神不能憺，螫，讀解釋之釋。憺，定也。蚉蝱噆膚而知不能平，噆，噬，猶穿。○王念孫云：「知不能平」四字義不相屬，知本作性。性，猶體也。平，靜也。（鬼谷子摩篇：「平者，靜也。」）謂體不能靜也。莊子天運篇「蚊虻噆膚，則通昔不寐」是也。後人不知性之訓爲體，故妄改之耳。太平御覽蟲豸部二引此，正作「性不能平」。○俞樾云：知，猶志也。禮記緇衣篇「爲上可望而知也，爲下可述而志也」，鄭注曰：「志，猶知也。」是知與志義通。知不能平者，平，定也，謂志不能定也。與上句「蜂蠆螫指而神不能澹」，高注曰「澹，定也」，義正一律。太平御覽蟲豸部引作「性不能平」，恐後人不達知字之義而臆改，未足爲據。王氏念孫謂性猶體也，此恐不然。神也、志也，皆就在内者而言，故下文曰：「夫憂患之來，攖人心也，直蜂蠆之螫毒而蚉蝱之慘怛也。」言攖人心，不言攖人體，則此不當以體言矣。**夫憂患之來，攖人心也，**攖，迫也。**非直蜂蠆之螫毒而蚉蝱之慘怛也，而欲靜漠虛無，柰之何哉！夫目察秋豪之末，耳不聞雷霆之音；**○文典謹按：「雷霆之音」，舊作「雷霆之聲」，與下「耳調玉石之聲」重複。傳寫宋本及御覽三百六十六引，並作「耳不聞雷霆之音」，今據改。**耳調玉石之聲，目不見太山之高。何則？小有所志而大有所忘也。今萬物之來，擢拔吾性，攓取吾情，有若泉源，雖欲勿稟，其可得邪！**稟，猶動用也。○俞樾云：國語晉語「將稟命焉」，楚語「是無所稟命也」，韋注並曰：「稟，受也。」此言萬物之來，擢拔吾性，攓取吾情，吾雖欲勿受之而不可得也。高注曰：「稟，猶動用也。」於辭意未合，且稟字亦無動用之義。○文典謹按：御覽七百二十引，「攓取吾情」作「摶取吾精」，「有若泉源」作「勢若泉原」，稟作廩。**今夫樹木者，灌以瀿水，**孫星衍云：文選注引許眘淮南子注，有「楚人謂水暴溢爲瀿」云云，當是此下原文。而各本有「瀿，波暴溢也」五字，藏本皆無之，附録以俟攷。○文典謹按：孫氏所云文選注，即江賦注也。許注之上引有淮南正文「莫鑒於流瀿，而鑒於澄水」，則非此處注可知。至各本「瀿，波暴溢也」五字，疑後人據玉篇所加，故藏本無之也。**疇以肥壤，**疇，雍。壤或作嚓。**一人養之，十人拔之，則必無餘栓，**栓，蘖。○王念孫云：一當爲十，十當爲一。此言養之者雖有十人，而一人拔之則木必死也。下文曰：「今盆水在庭，清之終日，未能見眉睫。濁之不過一撓，而不能察方員。」意此與同。魏策亦云：「十人樹楊，一人拔之，則無生楊矣。」今本十、一二字互誤，則非其指矣。太平御覽資産部三所引與今本同，亦後人依誤本改之。其方術部一引此，正作「十人養之，一人拔之」。○文典謹按：王説是也。御覽九百五十二引作「千人養之，一人拔之」，文雖小異，而作「一人拔之」則同，足爲王説之一證。**又況與一國同伐之哉？雖欲久生，豈可得乎！**○文典謹按：御覽七百二十引，「又況與一國同伐之哉」作「況以一國同伐之」。**今盆水在庭，清之終日，未能見眉睫；濁之不過一撓，而不能察方員。**察，見。**人神易濁而難清，猶盆水之類也，況一世而撓滑之，曷得須臾平乎！**

古者至德之世，賈便其肆，農樂其業，大夫安其職，職，事。**而處士脩其道。**道，先王之道也。○文典謹按：脩當爲循。隸書脩、循相似，故致誤也。文選西都賦注、御覽七十七引，並作「而處士循其道」。唯長笛賦注引作脩，與今本合，則後人據已誤本改之也。**當此之時，風雨不毁折，草木不夭，九鼎重味，珠玉潤澤，**九鼎，九州貢金所鑄也。一曰：象九德，故曰九鼎也。重，厚也。潤澤，有光也。○莊逵吉云：御覽作「草木不夭死，九鼎重」，無味字。下有注云：「王者之德休明，則鼎重；姦回，則鼎輕。」○王念孫云：風雨不毁折，草木不夭死，相對爲文，則有死字者是也。文子道德篇亦有死字。九鼎重味，味字於義無取，蓋卽下文珠字之誤而衍者也。御覽引此作「九鼎重」，又引注云：「王者之德休明，則鼎重。」（此蓋許注。）則無味字明矣。**洛**

出丹書，河出綠圖，故許由、方回、善卷、披衣得達其道。許由，陽城人也，堯所聘而不利也。方回、善卷、披衣皆堯時隱士，姓名不可得知。其人方直回旋，因曰方回。見其善卷。披衣而行，因曰披衣。得達，樂其所修先王之道也。**何則？世之主有欲利天下之心，是以人得自樂其間。**自樂其道于天地之間也。或作文德自樂其間先王之道也。**四子之才，非能盡善，蓋今之世也，然莫能與之同光者，遇唐、虞之時。**光，譽。**逮至夏桀、殷紂，燔生人，辜諫者，**○文典謹按：辜當爲罪，字之誤也。罪古作辠，傳寫遂誤爲辜耳。御覽六百四十七引，辜正作辠。**爲炮烙，鑄金柱，**鑄金柱，然火其下，以人置其上，墜陊火中，而對之笑也。○文典謹按：北堂書鈔二十引，作「銅金爲柱」。**剖賢人之心，析才士之脛，**賢人，比干也。析，解也。剥解有才士腳，觀其有奇異。脛，腳也。**醢鬼侯之女，葅梅伯之骸。**鬼侯、梅伯，紂時諸侯。梅伯説鬼侯之女美好，令紂妻之。女至，紂以爲不好，故醢鬼侯之女，葅梅伯之骸也。一曰：紂爲無道，梅伯數諫，故葅其骸也。**當此之時，嶢山崩，三川涸，**嶢山，蓋在南陽。三川，涇、渭、汧也。涸，竭也。傳曰：「山崩川竭。」亡國徵也。**飛鳥鎩翼，走獸擠腳。**紂田獵禽荒，無休止時，故飛鳥折翼，走獸毁腳，無不被害也。○陶方琦云：文選注引，作「飛鳥鎩羽，走獸廢足」，又引許注：「鎩羽，殘羽也。」鎩或通作殺。周禮「放弑其君則殘之」，注：「殘，殺也。」此鎩訓殘，義得相通。蜀都賦注引許注作「鎩，殘也」，敚二羽字。一切經音義引作「鎩羽而飛」，當從辨命論、五君詠注引。當此之時，豈獨無聖人哉？然而不能通其道者，不遇其世。言聖人不能通其道，行其化者，不遭世也。夫鳥飛千仞之上，獸走叢薄之中，禍猶及之，又況編户齊民乎？聚木曰叢，深草曰薄。猶及之，田獵不時也。由此觀之，體道者不專在于我，亦有繫于世矣。

夫歷陽之都，一夕反而爲湖，○莊逵吉云：反，太平御覽作化。勇力聖知與罷怯不肖者同命。歷陽，淮南國之縣名，今屬江都。昔有老嫗，常行仁義，有二諸生過之，謂曰：「此國當没爲湖。」謂嫗視東城門閫有血，便走上北山，勿顧也。自此，嫗便往視門閫。閽者問之，嫗對曰如是。其暮，門吏故殺雞血涂門閫。明旦，老嫗早往視門，見血，便上北山，國没爲湖。與門吏言其事，適一宿耳。一夕，旦而爲湖也。勇怯同命，無遺脱也。○文典謹按：意林引注略同，惟末有「母遂化作石也」六字。莊氏逵吉所引御覽當爲六十六，然八百八十八引，又仍作反，與今本合。一百六十九引，作「歷陽之都，一夕爲湖」，有注云：「漢明帝時，歷陽淪爲湖。」巫山之上，順風縱火，膏夏紫芝與蕭艾俱死。巫山，在南郡。膏夏，大木也，其理密白如膏，故曰膏夏。紫、芝，皆喻賢智也。蕭、艾，賤草，皆喻不肖。○文典謹按：藝文類聚九十八、御覽九百八十五引，順風竝作從風。故河魚不得明目，穉稼不得育時，其所生者然也。河水濁，故不得明目。穉稼爲霜所凋，故不得待其自熟時。故曰「其所生者然也」。故世治則愚者不能獨亂，世亂則智者不能獨治。身蹈于濁世之中，而責道之不行也，是猶兩絆騏驥，而求其致千里也。兩者，雙也。置猨檻中，則與豚同，非不巧捷也，無所肆其能也。肆，極。舜之耕陶也，不能利其里；所居之里。南面王，則德施乎四海，四海，天下。仁非能益也，處便而勢利也。古之聖人，其和愉寧静，性也；其志得道行，命也。命，天命也。是故性遭命而後能行，命得性而後能明。得其本清静之性，故能明。烏號之弓，谿子之弩，不能無弦而射。烏號，柘桑也。谿子，爲弩所出國名也。或曰：谿，蠻夷也，以柘桑爲弩，因曰谿子之弩也。一曰：谿子陽，鄭國善爲弩匠，因以名也。○陶方琦云：史記集解、索隱、文選閒居賦注、御覽三百四十八並引許注：「南方谿子蠻夷柘弩，皆善材也。」高注所云或曰，卽是許説。索隱引作「南方谿子蠻出柘弩及竹弩」，引文小異。御覽引古史攷：「烏號以柘枝爲之。柘桑其材堅勁，可爲弩。」越舲蜀艇，不能無水而浮。舲，小船也。蜀艇，一版之舟，若今豫章是也。雖越人所便習，若無其水，不能獨浮也。○陶方琦云：御覽三百四十八引許注：「舼，小船。艇，大船。皆一木。」(此因上「南方谿子」注連引，定爲許注。)廣雅：「舼、艇，船也。」玉篇：「舼，小船也。」卽本許義。意林引作「越舼蜀艇」，事類賦舟部、御覽七百七十一、後漢書馬融傳注所引並同，皆許本也。方言：「南楚江、湘之間小艒䑿謂之艇。」釋名：「二百斛以下曰艇。其形徑挺，一二人所乘行也。」小爾雅：「小船謂之艇。」玉篇：「艇，小船也。」無訓爲大船者。然高注「一版之舟」，與許注「一木」

義亦相類，是訓蜀爲一也。○文典謹按：北堂書鈔一百三十八引，作「越舲吴艇，不能無水而行」。御覽七百七十一引，浮亦作行。意林引，此句在「烏號之弓」句前。**今矰繳機而在上，罝罟張而在下，雖欲翺翔，其勢焉得？**矰，弋射身短矢也。機，發也。翺翔：鳥之高飛，翼上下曰翺，直刺不動曰翔也。**故詩云：「采采卷耳，不盈傾筐。嗟我懷人，寘彼周行。」以言慕遠世也。**詩周南卷耳篇也。言采采易得之菜，不滿易盈之器，以言君子爲國，執心不精，不能以成其道，采易得之菜，不能盈易滿之器也。「嗟我懷人，寘彼周行」，言我思古君子官賢人，置之列位也。誠古之賢人各得其行列，故曰慕遠也。

淮南鴻烈集解卷三

天文訓

文者，象也。天先垂文象，日月五星及彗孛皆謂以譴告一人，故曰「天文」，因以題篇。

天墜未形，馮馮翼翼，洞洞灟灟，故曰太昭。馮翼、洞灟，無形之貌。洞，讀挺挏之挏。灟，讀以鐵頭斫地之鐲也。**道始于虛霩，**○王引之云：書傳無言天地未形名曰太昭者，馮翼、洞灟亦非昭明之貌。太昭當作太始，字之誤也。易乾鑿度曰：「太始者，形之始也。」太平御覽天部一引張衡玄圖曰：「玄者，無形之類，自然之根，作於太始，莫之與先。」是太始無形，故天地未形謂之太始也。「道始於虛霩」，當作「太始生虛霩」，即承上文太始而言。王逸注楚辭天問曰：「太始之元，虛廓無形。（廓與霩同。）」正所謂「太始生虛霩」也。後人以老子言道先天地生，故改「太始生虛霩」爲「道始於虛霩」，而不知與「故曰太始」句文不相承也。御覽引此作「道始生虛霩」，太字已誤作道，而生字尚不誤。**虛霩生宇宙，宇宙生氣。氣有涯垠，**宇，四方上下也。宙，往古來今也。將成天地之貌也。涯垠，重安之貌也。○莊逵吉云：御覽作「宇宙生元氣」。涯，俗本作漢，誤。○王念孫云：此當爲「宇宙生元氣，元氣有涯垠」。下文清陽爲天，重濁爲地，所謂元氣有涯垠也。今本脱去兩元字，涯字又誤爲漢。太平御覽天部一元氣下引此，正作「宇宙生元氣，元氣有涯垠」。清陽者薄靡而爲天，薄靡者，若塵埃飛揚之貌。○文典謹按：御覽一引，靡作劘。重濁者凝滯而爲地。○文典謹按：北堂書鈔一百五十七、御覽三十六引，凝並作淹。清妙之合專易，重濁之凝竭難，故天先成而地後定。天地之襲精爲陰陽，襲，合也。精，氣也。陰陽之專精爲四時，四時之散精爲萬物。積陽之熱氣生火，火氣之精者爲日；○陶方琦云：開元占經二十三引淮南閒詁云：「日者，火也。」按閒詁乃許注本也，故高本無注。積陰之寒氣爲水，水氣之精者爲月。日月之淫爲精者爲星辰。○王引之云：「積陽之熱氣生火，積陰之寒氣爲水」，本作「積陽之熱氣久者生火，積陰之寒氣久者爲水」，言熱氣積久則生火，寒氣積久則爲水。今本無久者二字，後人刪之也。初學記天部上、太平御覽天部四並引此云：「積陰之寒氣久者爲水。」隋蕭吉五行大義辨體性篇引此云：「積陽之熱氣反者爲火，積陰之寒氣反者爲水。」藝文類聚天部上引此云：「積陰之寒氣大者爲水。」反與大皆久字之誤，則原有久者二字明矣。「日月之淫爲」本作「日月之淫氣」，此因上下文爲字而誤。廣韻星字注引此云：「日月之淫氣精命爲星辰。」「日月之淫氣」與「積陽之熱氣」、「積陰之寒氣」，文正相對。「精者爲星辰」與「精者爲日」、「精者爲月」文亦相對。下文「天地之偏氣怒者爲風」、「天地之合氣和者爲雨」，句法亦相同。天受日月星辰，地受水潦塵埃。昔者共工與顓頊争爲帝，怒而觸不周之山，「共工」，官名，伯于虙羲、神農之間。其後子孫任智刑以强，故與顓頊、黄帝之孫争位。不周山在西北也。天柱折，地維絶。天傾西北，故日月星辰移焉；傾，高也。原道言地東南傾，傾，下也。此先言傾西北，明其高也。地不滿東南，故水潦塵埃歸焉。天道曰圓，地道曰方。方者主幽，圓者主明。明者，吐氣者也，是故火曰外景；幽者，含氣者也，是故水曰内景。○洪頤煊云：大戴禮天圓篇：「明者，吐氣者也，是故外景。幽者，含氣者也，是故内景。故火日外景，而金水内景。」張衡靈憲：「日譬猶火，月譬猶水。火則外光，水則含景。」此本作「火日外景，水月内景」，兩曰字是俗人所改。吐氣者施，含氣者化，是故陽施陰化。天之偏氣，怒者爲風；地之含氣，和者爲雨。○王念孫云：劉本删去下句天字，而莊本從之。案：大戴禮曾子天圓篇：「陰陽之氣，偏則風，和則雨。」藝文類聚天部下引曾子曰：「天地之氣，和則雨。」是風雨皆天地之氣，豈得以風屬之天，雨屬之地乎！下句當依道藏本作天地，上句當補地字。又案：含氣當爲合氣。合、含字相似，又涉上文含氣而誤也。合氣與偏氣正相對，作含則非其指矣。陰陽相薄，感而爲雷，薄，迫也。感，動也。激而爲霆，亂而爲霧。陽氣勝則散而爲雨露，散，霧散也。陰氣勝則凝而爲霜雪。

毛羽者，飛行之類也，故屬於陽。介鱗者，蟄伏之類也，故屬於陰。日者，陽之主也，是故春夏則羣獸除，除，冬毛微墮也。○陶方琦云：初學記一引許注「除角」，按此條乃初學記連正文而引，惟除角二字爲許注也。孫氏問經輯本連正文並引爲許説，非也。然除角當作除毛。**日至而麋鹿解。**日冬至麋角解，日夏至鹿角解。○陶方琦云：御覽九百四十一引許注「解角」。説文麋下云：「麋冬至而解其角。」**月者，陰之宗也，是以月虚而魚腦減，月死而蠃蛖膲。**宗，本也。減，少也。膲，肉不滿。言應陰氣也。膲，讀若物醮炒之醮也。○王念孫云：虚當爲虧，字之誤也。（虧字脱去右半，因誤而爲虚。埤雅引此已誤。）月可言盈虧，不可言虚實。太平御覽鱗介部十三引此，正作月虧。藝文類聚天部上、御覽天部四引此，並作月毁，（蓋許慎本。）毁亦虧也。○陶方琦云：御覽九百四十一引，「月死而蠃蛖膲」作「月死而螺蚌瘷」，又引許注：「瘷，減蹴也。」按廣雅：「瘷，縮也。」縮卽減蹴義。通俗文：「縮小曰瘷。皺不申曰縮朒。」説文：「縮，一曰蹴也。」則減蹴卽減縮。○文典謹按：白帖一引，月虚亦作月毁。**火上蕁，**蕁，讀葛覃之覃。**水下流，故鳥飛而高，魚動而下。**○王念孫云：飛本作動，此後人妄改之也。同一動也，而有高下之殊，故曰「鳥動而高，魚動而下」。猶睽象傳言「火動而上，澤動而下」也。若鳥言飛，則魚當言游矣。太平御覽鱗介部七引此，正作「鳥動而高」。**物類相動，本標相應，**標，讀刀末之標。**故陽燧見日則燃而爲火，方諸見月則津而爲水，**陽燧，金也。取金杯無緣者，熟摩令熱，日中時，以當日下，以艾承之，則燃得火也。方諸，陰燧，大蛤也。熟磨令熱，月盛時，以向月下，則水生，以銅盤受之，下水數滴。先師説然也。○莊逵吉云：御覽引許脊注云：「諸，珠也。」

方，石也。以銅盤受之，下水數升。」又引高誘注同此。知高、許二家注本原別矣。○陶方琦云：華嚴音義引，燃作熯。音義及太平廣記一百六十一引許注：「陽燧，五石之銅精，圓而仰日，則得火。」按：説文作鐩，云「陽鐩也」。周禮攷工輈人「謂之鑒鐩之齊」，注：「鑒鐩，取水火于日月之器也。」唐釋輔行記引鄭注論語：「金鐩，火鏡也。」論衡率性篇：「陽燧取火于天，五月丙午日中之時，銷鍊五石，鑄以爲器，摩礪生光，仰以向日，則火來至。」參同契：「陽燧以取火，非日不生光。」衆經音義引：「鐩，五石之銅精也。圓以仰日，卽得火。」卽許氏淮南注。藝文類聚火部引舊注曰：「日高三四丈，持以向日，燥艾承之寸餘，有頃焦，吹之卽得火。」與今高注義同而文異，或是許注。又華嚴音義上、太平廣記一百六十一、御覽四、事類賦月部、續博物志、藝文類聚引許注：「方諸，五石之精，作圓器似杯坏而向月，則得水也。諸，珠也。方，石也。以銅盤受之，下水數升。」按高注云：「以銅槃受之，下水數滴。」與御覽所引許注説同，知所云「先師説然」，先師疑卽許氏也。蓋古人尊聞之意。（或云：高言先師卽盧植，以序中曾云從同縣盧君受其句讀。琦謂當是馬融。後漢馬融傳言融有淮南注，高誘之師爲盧植，植之師卽爲馬融。知高注本中必多承用馬注，所云先師，或卽是馬氏也。）説文鑑字下：「一曰鑑諸，可以取明水於月。」周禮司烜鄭注：「鑒，鏡屬，取水者也，世謂之方諸。」御覽五十八引淮南萬畢術「方諸取水」，注曰：「方諸，形若杯，無耳，以五石合冶，以十二月夜半作之，以承水卽來。」與許説合。**虎嘯而谷風至，龍舉而景雲屬**，虎，土物也。風，木風也。木生于土，故虎嘯而谷風至。龍，水物也。雲生水，故龍舉而景雲屬。屬，會也。

○陶方琦云：文選劉孝標廣絶交論注、御覽九百二十九、事類賦風部引許注：「虎，陰中陽獸，與風同類。」御覽九百二十九又引許注：「龍，陽中陰蟲，與雲同類。」按御覽引春秋元命苞：「猛虎嘯，谷風起，類相動也。龍之言萌也，陰中之陽也，故言龍舉而雲興。」論衡寒温篇：「虎嘯而谷風至，龍興而景雲屬。同氣共類，共相招致。」管輅别傳曰：「龍者陽精，以潛爲陰，幽靈上通，和氣感神，二物相扶，故能興雲。虎者陰精，而居于陽，依木長嘯，動于巽林，二氣相感，故能運風。」皆與許説合。○文典謹按：白帖二引，作「虎嘯而谷風生」。又按：初學記一引高注云：「虎，陽獸，與風同類。」必誤許爲高也。**麒麟鬭而日月食，**○陶方琦云：初學記一、事類賦日部引許注：「騏驎，大角之獸，故與日月相動。」御覽四引，日月相動作相符。又大角，事類賦引作一角。説文：「麒，仁獸也，麕身牛尾一角。」爾雅：「麐，麕身牛尾一角。」春秋感精符曰：「麟一角，明海内共一主也。」公羊疏引許君五經異義曰：「公羊説云：麟者木精，一角赤目，爲火候。」亦或引作大角者，作一角義是。春秋元命包：「麒麟鬭，日無光。」宋均曰：「麒麟，少陽之精。鬭於地，則日月亦將爭于上。」抱朴清鑒：「日月蝕則識騏驎之共鬭。」初學記二十九及張華博物志並引作「騏驎鬭則日月蝕」，皆同許注本。開元占經引許注本亦作蝕。**鯨魚死**○陶方琦云：一切經音義十九、御覽九百三十八引許注：「鯨，海中魚之王也。」按覽冥訓「鯨魚死而彗星出」，高注云：「鯨魚，大魚，長數里，死于海邊。」與許注文微異。説文作䲆，云「海大魚也」，字或从京作鯨。一切經音義引注云〔一〕，無海中二字。御覽引魏武四時食制曰：「東海有大魚如山，長五六里，謂之鯨鯢。」春秋演孔圖：「海精，鯨魚也。」薛綜西京賦注：「海中大魚名鯨。」當从御覽補海中二字。**而彗星出，**○陶方琦云：初學記一引許注：「彗，除舊布新也。」白帖引作「彗，所以除舊布新」。按左昭十七年傳：「彗，所以除舊更新也。」五行志引作布新。劉向洪範五行傳：「彗，除穢布新也。」覽冥訓高注：「彗星爲變異，人之害也。」與許注亦異。**蠶珥絲而商弦絶，**蠶老絲成，自中徹外，視之如金精珥，表裏見，故曰珥絲。一曰：弄絲於口。商音清，弦細而急，故先絶也。**賁星墜而勃海決。**賁星，客星也。又作孛星。墜，隕也。勃，大也。決，溢也。○陶方琦云：占經七十四引許注：「奔星，流星也。」按：占經引爲許慎説云云，益知二家之本不同也。高注云「又作孛星」，孛即奔字之誤，知高云「又作」，乃許本也。奔、賁古字通。**人主之情，上通于天，**○文典謹按：御覽九及八百七十六引，並作「人主之精通于天」。**故誅暴則多飄風，**暴，虐也。飄風，迅也。**枉法令則多蟲螟，**食心曰螟，穀之災也。○陶方琦云：占經一百二十引許注：「穀惡生孽，則蟲食心。」按：食心之訓，皆本疋義。○文典謹按：枉法令與上句誅暴，文不一律。意林引此文，枉法令作法苛，

〔一〕「云」字疑衍。

誅暴、法苛正相對成義，當從之。**殺不辜則國赤地，**赤地，旱也。**令不收則多淫雨。**干時之令不收納，則久雨爲災。○文典謹按：意林引，國作多，收作時。**四時者，天之吏也；日月者，天之使也；星辰者，天之期也；虹蜺彗星者，天之忌也。**期，會也。雄爲虹，雌爲蜺也。虹者，雜色也。忌，禁也。○文典謹按：御覽十四引，無彗星二字。

天有九野，九千九百九十九隅，去地五億萬里，九野，九天之野也。一野千一百一十一隅也。○王念孫云：開元占經天占篇引此作「億五萬里」。太平御覽地部一引詩含神霧亦云「天地相去億五萬里」。然則億、五二字，今本誤倒也。○文典謹按：御覽二引，作：「天有九野，九千九百九十里隅，去地五萬里。」**五星，八風，二十八宿，**五星，歲星、熒惑、鎮星、太白、辰星也。八風，八卦之風也。二十八宿，東方角、亢、氐、房、心、尾、箕，北方斗、牛、女、虛、危、室、壁，西方奎、婁、胃、昴、畢、觜、參，南方井、鬼、柳、星、張、翼、軫也。○王引之云：「二十八宿」四字，及注「二十八宿」云云，皆後人所加也。下文於九野、五星、八風、五官、六府皆一一釋之，而不及二十八宿，但於所說九野中，附以「其星角、亢、氐」云云。使有「二十八宿」四字，下文不應不爲解釋，且不應以二十八宿併入九野條内，使綱目不相當也，然則此處原文無二十八宿四字明矣。注於牽牛、須女、營室、東壁、觜巂、東井、輿鬼、七星，皆省一字稱之，文義苟簡，決非漢人所爲。七星但稱星，則無以別於他星；牽牛謂之牛，營室謂之室，觜巂謂之觜，皆文不成義。又案：下文「星分度：角十二，亢九，氐十五，房五，心五，尾十八，箕十一四分一，斗二十六，牽牛八，須女十二，虛十，危十七，營室十六，東壁九，奎十六，婁十二，胃十四，昴十一，畢十六，觜嶲二，參九，東井三十三，輿鬼四，柳十五，七星七，張、翼各十八，軫十七，凡二十八宿也」，「凡二十八宿」句亦後人所加。此説星之分度，非説星之全數也，無緣得有此句。**五官，六府，**五官，五行之官。六府，加以穀。**紫宮，太微，軒轅，咸池，四守，天阿。**皆星名，下自解。○洪頤煊云：下文：「太微者，太一之庭也。紫宮者，太一之居也。軒轅者，帝妃之舍也。咸池者，水魚之囿也。天阿者，羣神之闕也。四宮者，所以爲司賞罰。」高注：「四宮，紫宮、軒轅、咸池、天阿。」此天阿上不應有四守二字，當是衍文，涉下四宮而譌。○王引之云：高注曰：「皆星名，下自解。」又下文：「太微者，太一之庭也。（太一當作五帝，説見下。）紫宮者，太一之居也。軒轅者，帝妃之舍也。咸池者，水魚之囿也。天阿者，羣神之闕也。四守者，所以司賞罰。」注曰：「四守，紫宮、軒轅、咸池、天阿。」據前注，則四守亦星名；據後注，則四守乃總括四星之稱，非星名也。前後注意迥殊。今細繹原文，前注是也。紫宮、太微、軒轅、咸池、四守、天阿，列其名也。太一之庭、太一之居、帝妃之舍、水魚之囿、羣神之闕及所以司賞罰，則明其職也。故前注曰：「皆星名，下自解。」後注以四守爲紫宮、軒轅、咸池、天阿，其不可通有三：太微、紫宮並舉，何以數紫宮而不數太微？其不可通一也。四守若爲紫宮、軒轅、咸池、天阿之總稱，則上文四守二字當列於紫宮前，爲統下之詞；或列於天阿後，爲統上之詞，其義乃通。何以雜厠諸星之間，而云「紫宮、太微、軒轅、咸池、四守、天阿」邪？其不可通二也。軒轅帝妃之舍，咸池水魚之囿，皆與賞罰之事無涉。其不可通三也。初學記、太平御覽並引許慎注曰：「四守，紫宮、軒轅、咸池、天阿也。」然則此乃許注，後人移入高本，而前後遂相矛盾矣。天阿本作天河，後人以天河非星名，故改爲天阿也。案：開元占經甘氏中官占引甘氏曰：「天阿一星在昴西，以察山林之妖變也。」與門闕之義無涉。且天阿非黃道所經，不得言「羣神之闕」也。北堂書鈔、太平御覽引此，並作天河，又引高注曰：「天河，星名。闕，猶門也。」（各本脱「天河星名」四字。）又初學記、太平御覽引許注以天河爲四守之一，是許本亦作天河。天河蓋即北河、南河也。夾河之南北，故總謂之天河。天官書曰：「鉞北北河，南南河，兩河、天闕閒爲關梁。」開元占經石氏中官占引郗萌曰：「兩河，戍與戉，（即鉞字。）俱爲帝闕。」又占曰：「兩戍閒爲天門。日月五星常出其門中，故曰天河者，羣神之闕也。」高注訓闕爲門，正合郗萌之説。羣神，即日月五星之神也。韓子飾邪篇曰：「豐隆、五行、太一、王相、攝提、六神、五括、天河、殷槍、歲星。」所謂天河，蓋即指此。天官書曰：「中宮天極星，其一明者，太一常居也。環之匡衛十二星，藩臣。皆曰紫宮。」開元占經石氏中官占引春秋合誠圖曰：「紫微者，太一之常坐。」太一在紫宮之中，非太微中所有，不得言「太微，太一之庭」，諸書亦無言太一之庭者。此太一二字，蓋因下文「太一之居」而誤。（太平御覽引此已誤。）「太一之庭」當作「五帝之庭」。天官書曰：「太微，匡衛十二星，藩臣。其內五星，五帝坐。」太平御覽引天官星占曰：「紫宮，太一坐也。太微之宮，天子之庭，五帝之坐也。」即此所云「太微五帝之庭，紫宮太一之居」也。續漢書天文志注引張衡靈憲曰：「紫宮爲皇極之居，太微爲五帝之廷。」（廷、庭古字通。）又其一證矣。注內「太一，天神也」，亦當爲「五帝，天神也」。蓋正文既誤爲太一，後人又改注以從之耳。**何謂九野？中央曰鈞天，其星角、亢、氐。**韓、鄭之分野也。○洪頤煊云：二十八宿皆隨斗杓所指而言。角、亢、氐離斗杓最近，故古法以此三星爲中央天。**東方曰蒼天，其星房、心、尾。東北曰變天，其星箕、斗、牽牛。**尾、箕，一名析木，燕之分野。斗，吴之分野。牽牛，一名星紀，越之分野。陽氣始作，萬物萌芽，故曰變天。○俞樾云：周易說卦傳：「艮，東北之卦也，萬物之所成終而成始也。」正義曰：「東北在寅丑之間，丑爲前歲之末，寅爲後歲之初，則是萬物之所成終而所成始也。」東北變天之義亦取諸此，以其居終始之交，故以變名。高注以萬物萌芽說之，尚未盡變字之義。**北方曰玄天，其星須女、虛、危、營室。**虛、危，一名玄枵，齊之分野。**西北方曰幽天，其星東壁、奎、婁。**幽，陰也。西方季秋將卽於陰，故曰幽天。營室、東壁，一名承委，衞之分野。奎、婁一名降婁，魯之分野。**西方曰顥天，**顥，白也。西方金，色白，故曰顥天。或作「昊」字。○莊逵吉云：俗本此字皆作昊，惟藏本作顥。**其星胃、昴、畢。**昴、畢，一名大梁，趙之分野。**西南方曰朱天，其星觜巂、參、東井。**觜巂、參，一名實沈，晉之分野。朱，陽也。西南爲少陽，故曰朱天。**南方曰炎天，**○文典謹按：文選顔延年夏夜呈從兄散騎車長沙詩注引高注：「南方五月建午，火之中也。火性炎上，故曰炎天。**其星輿鬼、柳、七星。**柳、七星，周之分野。一名鶉火。**東南方曰陽天，其星張、翼、軫。**東南純乾用事，故曰陽天。翼、軫，一名鶉尾，楚之分野。

何謂五星？東方，木也，〇陶方琦云：占經二十三引許注：「木冒地而生也。」按：說文木字下云：「冒地而生，東方之行。」與注淮南說同。**其帝太皞，**太皞，伏犧氏有天下號也，死託祀於東方之帝也。〇陶方琦云：占經二十三引許注：「天神五帝，太皞主東方。」按：時則訓「盛德在木」，高注：「太皞之神治東方也。」亦與許說合。〇文典謹按：御覽十九引，皞作昊，注伏犧作庖犧。**其佐句芒，執規而治春。**〇陶方琦云：占經二十三引許注：「規者，圓也。」按說文圓字下云：「圓者規也。」與淮南注說同。**其神爲歲星，其獸蒼龍，其音角，其日甲乙。**木色蒼，龍順其色也。角，木也。甲、乙皆木也。**南方，火也，其帝炎帝，**炎帝，少典子也，以火德王天下，號曰神農，死託祀於南方之帝。**其佐朱明，**舊說云祝融。〇陶方琦云：占經三十引許本作祝融，按：高云舊說，卽許本也。占經引淮南天文閒詁作「其佐祝融」，確是許本。**執衡而治夏。**〇陶方琦云：占經三十引許注：「衡，平也。」按：衡義同準。說文：「準，平也。」〇文典謹按：御覽八百六十九引注「衡，平」，必是許本。**其神爲熒惑，**熒惑，五星之一也。**其獸朱鳥，**朱鳥，朱雀也。**其音徵，其日丙丁。**徵，火也。丙、丁皆火也。**中央，土也，其帝黄帝，**黄帝，少典之子也，以土德王天下，號曰軒轅氏，死託祀於中央之帝。**其佐后土，執繩而制四方。**〇陶方琦云：占經三十八引許注：「繩，直也。」按：下文子午、卯酉爲二繩，高注：「繩，直。」亦同許說。〇文典謹按：御覽二十三引，四方下有止字。**其神爲鎮星，其獸黄龍，**土色黄也。**其音宮，其**

日戊己。宫，土。戊、己，土也。○文典謹按：御覽二十三引注作：「宫，土也。戊、己，土日也。」

西方，金也，其帝少昊，少昊，黄帝之子青陽也，以金德王，號曰金天氏，死託祀於西方之帝。其佐蓐收，執矩而治秋。其神爲太白，其獸白虎，其音商，其日庚辛。商，金也。庚、辛皆金也。北方，水也，其帝顓頊，顓頊，黄帝之孫，以水德王天下，號曰高陽氏，死託祀於北方之帝。其佐玄冥，執權而治冬。其神爲辰星，其獸玄武，其音羽，其日壬癸。羽，水也。壬、癸皆水也。太陰在四仲，則歲星行三宿；仲，中也。四中，謂太陰在卯、酉、子、午四面之中也。○陶方琦云：占經二十三引許注：「太陰，謂太歲也。四仲，子、午、卯、酉也。又假令歲星在卯，星守須女、虚、危，故曰三宿。」按：下文「太陰在寅爲攝提格」，爾雅作「太歲在寅曰攝提格」，知太陰卽太歲。廣雅：「太陰，太歲也。」本許義。太陰在四鉤，則歲星行二宿。丑鉤辰，申鉤巳，寅鉤亥，未鉤戌，謂太陰在四角。○陶方琦云：占經二十三引許注：「四鉤，謂丑寅爲一鉤，辰巳爲一鉤，未申爲一鉤，戌亥爲一鉤。又假令歲陰在寅，歲星在斗、牛，故曰二宿也。」按：卽本下文「丑寅、辰巳、未申、戌亥爲四鉤」説也。二八十六，三四十二，故十二歲而行二十八宿。○錢大昕云：四仲，謂子、午、卯、酉也。四鉤，謂丑寅、辰巳、未申、戌亥也。太陰在卯，歲星舍須女、虚、危；太陰在午，歲星舍胃、昴、畢；太陰在酉，歲星舍柳、七星、張；太陰在子，歲星舍氐、房、心：是爲四仲行三宿。太陰在寅，歲星舍斗、牽牛；太陰在辰，歲星舍營室、東壁；太陰在巳，歲星舍奎、婁；太陰在未，歲星舍觜觿、參；太陰在申，歲星舍東井、輿鬼；太陰在戌，歲星舍翼、軫；太陰在亥，歲星舍角、亢；太陰在丑，歲星舍尾、箕：是爲四鉤行二宿。此在淮南書信而有徵者也。漢書天文志晉灼注云：「太歲在四仲，則歲星行三宿；太歲在四孟、四季，則歲星行二宿。」史記正義引晉灼說亦同。本據淮南之文，而改太陰爲太歲，則失淮南之旨。蓋古法太陰與太歲不同，太歲與歲星左右行不同，而常相應。如歲星在星紀，則太歲必在子；歲星在玄枵，則太歲必在丑，推之十二辰皆然也。今云歲星舍斗、牽牛，是星紀之次也，太歲當在子，而卻云在寅。歲星舍須女、虛、危，是玄枵之次也，太歲當在丑，而卻云在卯。是淮南所云太陰，非卽太歲矣。如果太歲在寅，則歲星當舍營室、東壁，不當在斗、牽牛；果太歲在卯，則歲星當舍奎、婁，不當在須女、虛、危也。淮南雖不言太歲，而卽歲星以見太歲，此古人舉一反三之例也。太史公天官書多承淮南之文，唯改太陰爲歲陰，其說歲星晨出之月，與淮南常差兩月，一舉夏正，一用天正，似異而實同。太史公亦以歲陰紀年，如太初元年閼逢攝提格，其明證矣。自太初改憲以後，劉子駿三統術但有推太歲所在法，別無言太陰者，蓋疇人子弟失其傳，已非一日。班氏天文志雖承史公之文，而改歲陰爲太歲，不復言太陰，是東漢人已不知太陰、太歲之有別矣。晉灼，晉人，宜其仞太陰爲太歲也。

日行十二分度之一，歲行三十度十六分度之七，十二歲而周。周，徧。**熒惑常以十月入太微，受制而出行列宿，司無道之國，爲亂爲賊，**○陶方琦云：占經七十四引許注：「衆星，庶民之象，與列宿俱亡中國。微，滅也。」按：許注卽洪範「庶民惟星」之意。**爲疾爲喪，爲饑**

爲兵，出入無常，辯變其色，時見時匿。此皆所以譴告人君。鎮星以甲寅元始建斗，〇陶方琦云：占經三十八引許注：「甲寅元始，曆起之年也。建斗，填星起于斗也。」按：高無注，今高本作鎮星。歲鎮行一宿，〇王念孫云：行字因上下文而衍。既云歲鎮一宿，則無庸更言行。開元占經填星占引此無行字，史記天官書亦無。當居而弗居，其國亡土；未當居而居之，其國益地，歲熟。日行二十八分度之一，歲行十三度百一十二分度之五，二十八歲而周。鎮星一徧。太白元始以正月建寅，與熒惑晨出東方，〇王引之云：此本作「太白元始以甲寅正月，與營室晨出東方」。甲寅正月者，甲寅年之正月也。下文「太陰元始建於甲寅」，開元占經填星占篇引舊注曰：「甲寅元始，曆起之年也。」大衍曆議引洪範傳曰：「曆記始於顓頊上元太始閼蒙攝提格之歲，畢陬之月，朔月己巳立春，七曜俱在營室五度。」閼蒙與閼逢同。太歲在甲曰閼逢，在寅曰攝提格。「閼逢攝提格之歲」者，甲寅之歲也。正月爲陬。「畢陬之月」者，正月也。七曜者，日、月及太白、歲星、辰星、熒惑、鎮星也。上元太始閼逢攝提格之歲，畢陬之月，太白在營室，故曰「太白元始以甲寅正月，與營室晨出東方」也。天官書說太白曰：「其紀上元以攝提格之歲，與營室晨出東方。」開元占經太白占篇引甘氏亦曰：「太白以攝提格之歲正月，與營室晨出於東方。」皆其明證。後人不審其義，遂改甲寅正月爲正月甲寅，又改營室爲熒惑。不知甲寅者，甲寅年也；若云正月甲寅，則是甲寅日矣。顓頊曆元所起之日爲己巳，非甲寅也。其謬一也。甲寅正月，先年而後月；若云正月甲寅，則不知在何年矣。其謬二也。（莊本改甲寅爲建寅，尤非。）太白與營室晨出東方，猶下文歲星與營室、東壁晨出東方，皆以所在之宿言之；若云與熒惑晨出東方，則不知在何宿矣。其謬三也。二百四十日而入，入百二十日而夕出西方，二百四十日而入，入三十五日而復出東方。出以辰戌，入以丑未。當出而不出，未當入而入，天下偃兵；當入而不入，當出而不出，天下興兵。○王念孫云：「當出而不出」，已見上文，此當作「未當出而出」。太白主兵，故當出而不出，未當入而入，則天下偃兵。（見上文。）當入而不入，未當出而出，則天下興兵也。史記天官書、漢書天文志及開元占經太白占引石氏星經並云「未當出而出，當入而不入，天下起兵」，是其證。辰星正四時，常以二月春分効奎、婁，○陶方琦云：占經五十三引許注：「効，見也。」按：此許注羼入高注中者，故同。説文効作效，象也。占經又引春秋緯云：「辰星春分立卯之月夕効于奎、婁。」宋均注：「見于奎、婁也。」亦以見訓効。以五月夏至効東井、輿鬼，以八月秋分効角、亢，以十一月冬至効斗、牽牛。効，見。出以辰戌，入以丑未，出二旬而入。晨候之東方，夕候之西方。一時不出，其時不和；四時不出，天下大飢。穀不熟爲飢也。○莊逵吉云：飢，依高義應作饑，本或作饑。飢，餓也。饑，穀不熟也。兩字訓異。

何謂八風？距日冬至四十五日條風至，艮卦之風，一名融。爲笙也。條風至四十五日明庶風至，震卦之風也。爲管也。明庶風至四十五日清明風至，巽卦之風也。爲柷也。**清明風至四十五日景風至**，離卦之風也。爲弦也。**景風至四十五日涼風至**，坤卦之風也。爲塤也。**涼風至四十五日閶闔風至**，兑卦之風也。爲鐘也。**閶闔風至四十五日不周風至**，乾卦之風也。爲磬也。**不周風至四十五日廣莫風至。**坎卦之風也。爲鼓也。**條風至則出輕繫，去稽留。**立春，故出輕繫。**明庶風至則正封疆，修田疇。**春分播穀，故正疆界，治田疇也。**清明風至則出幣帛，使諸侯。**立夏長養布恩惠，故幣帛聘問諸侯也。**景風至則爵有位，賞有功。**夏至陰氣在下，陽盛於上，象陽布施，故賞有功，封建侯也。○俞樾云：既云「有位」，又何「爵」焉？「爵有位」之文殊不可通。位疑德字之誤。有德有功相對爲文。草書德字作[illegible]，與位相似，故德誤爲位耳。白虎通義八風篇正作「爵有德，封有功」，可據以訂正。○文典謹按：文選任彦昇王文憲集序注引作「景風至，施爵禄，賞有功」，御覽二十三引，「爵有位」作「施爵位」，又引注「封建侯也」作「封建諸侯」，於文爲順。**涼風至則報地德，祀四郊。**立秋節，農乃登穀嘗祭，故報地德，祀四方神也。**閶闔風至則收縣垂，琴瑟不張。**秋分殺氣，國君憯愴，故去鐘磬縣垂之樂也。**不周風至則修宫室，繕邊城。**立冬節，土工其始，故治宫室，繕修邊城，備寇難也。**廣莫風至則閉關梁，決刑罰。**象冬閉藏，不通關梁也。罰刑疑者，于是順時而決之。○王念孫云：「祀四郊」本作「祀四鄉」。四鄉，四方也。越語「皇天后土四鄉地主正之」，韋注曰：「鄉，方也。」故高注云「祀四方神」，即月令所謂「命主祠祭禽于四方」也。易通卦驗曰：

「涼風至，報土功，祀四鄉。」白虎通義曰：「涼風至，報地德，祀四鄉。」皆其明證也。若作四郊，則失其義矣。且鄉與功、張爲韻。（功字合韻讀若光，月令「神農將持功」，與昌、殃爲韻；老子「不自伐，故有功」，與明、彰、長爲韻；「自伐者無功」，與行、明、彰、長、行爲韻；韓子主道篇「去賢而有功」，與明、强、常、常爲韻；楚辭惜誓「惜傷身之無功」，與狂、長爲韻。）若作郊，則失其韻矣。「決刑罰」本作「決罰刑」，故高注云「罰刑疑者，於是順時而決之」。下文曰「斷罰刑」，時則篇曰「休罰刑」，又曰「斷罰刑」，皆其證也。太平御覽時序部十二引此，亦作「斷罰刑」。刑與城爲韻，若作刑罰，則失其韻矣。

何謂五官？東方爲田，南方爲司馬，西方爲理，北方爲司空，中央爲都。田主農，司馬主兵，理主獄，司空主土，都爲四方最也。○俞樾云：都上疑脱官字。官都者，官之都總也，蓋以二字爲官名。管子問篇曰：「問五官有度制，官都其有常斷，今事之稽也何待？」此五官有官都之塙證。又揆度篇云：「自言能爲司馬，不能爲司馬者，殺其身以釁其鼓。自言能治田土，不能治田土者，殺其身以釁其社。自言能爲官，不能爲官者，劓以爲門父。故無敢姦能誣祿至於君者矣，故相任寅爲官都。」按：司馬及治田土，卽此東方、南方之官也。然則官都亦卽此五官之一矣。**何謂六府？子午、丑未、寅申、卯酉、辰戌、巳亥是也。太微者，太一之庭也。**太微，星名也。太一，天神也。○俞樾云：下文曰：「紫宮者，太一之居也。」然則太一自在紫宮，不在太微。此太一乃天子二字之誤。太平御覽引天官星占曰：「紫宮，太一坐也。太微之宮，天子之庭，五帝之坐也。」是其明證。○文典謹按：俞説近塙。文選江文通雜體詩三十首顏特進詩注引，太一作天一，足攷「天子」誤作「太一」之跡。**紫宫者，太一之居也。軒轅者，帝妃之舍也。**○文典謹按：文選月賦注引高注：「軒轅，星名。」齊敬皇后哀策文注引作：「軒轅，星也。」知舊有此注，而今本脱之也。**咸池者，水魚之囿也。**咸池，星名。水魚，天神。○文典謹按：魚本作衡，字之誤也。衡古作奐，與魚形近而譌。水衡主上林之官，故天上亦有水衡之神也。北堂書鈔百五十引此文，正作「咸池，水衡之囿」。**天阿者，羣神之闕也。**闕，猶門也。○俞樾云：高注曰：「闕，猶門也。」然開元占經甘氏中官占引甘氏曰：「天阿一星在昴西，以察山林之妖變也。」則非門闕之謂。北堂書鈔、太平御覽引此並作天河，然天河非星也。偏考書傳，無以天河爲星名者。今按天河當作兩河。史記天官書曰：「鉞北北河，南南河，兩河天闕。」是其證也。天字篆文作𠘧，與兩字相似，故兩誤爲天矣。○文典謹按：北堂書鈔百五十引，作「天河，羣臣之闕」，又引注云：「天河，星名也。」**四宫者，所以爲司賞罰。**四宫，紫宫、軒轅、咸池、天阿。○陶方琦云：初學記一、御覽六引許注：「四守，紫宫、軒轅、咸池、天河也。」按：王氏淮南雜志曰：「上文『紫宫、太微、軒轅、咸池、四守、天阿』，高注曰：『皆星名，下自解。』此作四守，乃統揩之詞，前後不應矛盾若此。蓋後人以許注羼入高注中，遂至於此。」王説是也。今高本四宫乃四守之誤，天阿當作天河。（韓非子「天河」，何犿：「隋志：天高西一星名天河。」）今北堂書鈔及御覽引高注曰：「天河，星名。」知阿乃河之譌文。

太微者主朱雀，主，猶典也。○陶方琦云：占經六十六引許注：「朱鳥，太微之鄉。」按：上文「其獸朱鳥」，高注：「朱鳥，朱雀也。」似本文當作朱鳥。紫宮執斗而左旋，日行一度，以周於天。日冬至峻狼之山，南極之山。○陶方琦云：占經六十七引許注：「駿狼之山，冬至所止也。」按：玉篇引作「日冬至入駿峎之山」，蓋許本也。日移一度，凡行百八十二度八分度之五，而夏至牛首之山。牛首，北極之山。○陶方琦云：占經六十七引許注：牛首之山，夏至所止也。」按中山經「又北三十里曰牛首之山」，郭注：「今長安西南有牛首山。」太平寰宇記：「神山縣黑山，一名牛首。」反覆三百六十五度四分度之一而成一歲，天一元始，○陶方琦云：占經五引許注：「天一元始，初有日月五星之時也。」錢塘曰：「天一當作太一，天一太一紀歲，人正俱建寅。知非天一者，顓頊曆上元歲甲寅正月，七曜俱在營室，如下所言也。若太陰甲寅，太歲實在丙子，歲星當在星紀，何得至營室。」正月建寅，日月俱入營室五度。○陶方琦云：占經五引許注：「日月如連璧，五星若貫珠，皆右行。」按尚書中候云：「日月若連璧，五星如編珠。」許注本此。天一以始建七十六歲，日月復以正月入營室五度無餘分，○陶方琦云：占經五引許注：「餘分，小分也。」按：或引占經引淮南許注作「餘分，小餘也」，當作小分是。名曰一紀。凡二十紀，一千五百二十歲大終，日月星辰復始甲寅元。○王引之云：大終下當有三終二字。下文曰：「一終而建甲戌，二終而建甲午，三終而復得甲寅之元。」蓋一終而建甲戌，積千五百二十歲；二終而建甲午，積三千四十歲；三終而復得甲寅之元，積四千五百六十歲。（劉績謂每終二十年，三終共六十年，大誤。）故曰「千五百二十歲大終，（句。）三終，日月星辰復始甲寅之元」也。千五百二十歲一終，但至甲戌不得復始甲寅之元，故知脱三終二字也。日月五星起於營室，乃顓頊曆元。（見太歲攷。）開元占經古今曆積篇曰：「黄帝曆元法四千五百六十，顓頊曆同。」則顓頊曆以四千五百六十歲爲一元。若非三終，不得有此數矣。漢書律曆志曰：「三終而與元終。」續漢志曰：「三終歲復，復青龍爲元。」是其例也。開元占經日占篇引此，已脱三終二字。

日行一度，而歲有奇四分度之一，○王引之云：日行一度本作日行危一度，後人删去危字耳。「日行危一度而歲有奇四分度之一」者，言每歲日行至危之一度而有四分一之奇零也。蓋四分度之一，微茫難辨，其所在本無定處，推步者視周天之度起於何宿，則附餘數於度所止之宿。如殷曆以冬至日躔起度，則度起牽牛而以四分度之一附於斗，開元占經北方七宿占篇引石氏曰「斗二十六度四分度之一」是也。斗、牽牛爲星紀，度起星紀，則以四分度之一附於析木，下文曰「星分度箕十一四分一」是也。（尾、箕，析木也。）顓頊曆以立春日躔起度，則度起營室，而以四分度之一附於危，即此所云「日行危一度而歲有奇四分度之一」是也。廣雅説七燿行道曰：「日月五星行黄道，始營室、東壁。」又曰：「行須女、虚、危，復至營室。」是度起營室而止於危，月令所謂「日窮于次」也。故以四分度之一附於危焉。危不止一度而獨附於一度者，星度多少，古今不同，唯第一度不異，故附於此耳。開元占經日占篇引此正作「日行危一度」，又引注曰：「危，北方宿也。」則有危字明矣。若如今本作「日行一度」，則所謂四分度之一者，不知附於何宿矣。甚矣，其不可通也。**故四歲而積千四百六十一日而復合，故舍八十歲而復故曰。**○黃楨云：曰當作日。一歲凡三百六十五日四分日之一，八十歲計有四百八十七甲子，而餘分皆盡，仍復故日干支也。

子午、卯酉爲二繩，繩，直也。**丑寅、辰巳、未申、戌亥爲四鉤。東北爲報德之維也，**報，復也。陰氣極於北方，陽氣發於東方，自陰復陽，故曰報德之維。四角爲維也。**西南爲背陽之維，**西南已過，陽將復陰，故曰背陽之維。**東南爲常羊之維，**常羊，不進不退之貌。東南純陽用事，不盛不衰，常如此，故曰常羊之維。○莊逵吉云：常羊即相羊，亦即倘佯，漢書吳王濞傳又作方洋，司馬相如上林賦又作襄羊，皆是也，亦古字通用。**西北爲蹏通之維。**西北純陰，陽〔一〕氣閉結，陽氣將萌，蹏始通之，故曰蹏通之維。○莊逵吉云：蹏，各本皆作蹏，疑藏本誤。**日冬至則斗北中繩，陰氣極，陽氣萌，故曰冬至爲德。**德，始生也。**日夏至則斗南中繩，陽氣極，陰氣萌，故曰夏至爲刑。**刑，始殺也。**陰氣極，則北至北極，下至黃泉，故不可以鑿地穿井。**○王念孫云：太平御覽地部三十二池下引此作「鑿池穿井」，於義爲長。**萬物閉藏，蟄蟲首穴，故曰德在室。陽氣極，則南至南極，上至朱天，故不可以夷丘上**

〔一〕「陽」疑爲「陰」之誤。

萬物蕃息，屋。○陶方琦云：占經五引許注：「夷，平也。」按説文：「夷，平也。」與注淮南同。五穀兆長，故曰德在野。日冬至則水從之，日夏至則火從之，故五月火正而水漏，火正，火王也，故水滲漏。一説：火星正中，地漏溼也。十一月水正而陰勝。水正，水王也，故陰勝也。一説：營室正中于南方。○俞樾云：此文有錯誤。冬至水王，夏至火王，豈得但曰「水從之」、「火從之」？一也。火正與水漏有二義，水正與陰勝則止一義耳，兩文不稱，二也。且連下文讀之，曰「陽氣爲火，陰氣爲水，水勝故夏至溼，火勝故冬至燥」，夫冬至水從之，夏至火從之，則夏至何以溼，冬至何以燥乎？前後不相應，三也。今按：「日冬至則水從之，日夏至則火從之」，水、火二字當互易。冬至一陽生，故日冬至而火從之也；夏至一陰生，故日夏至而水從之也。「五月火生而水漏」，正説夏至水從之之義。言五月火方用事，而水氣已滲漏也。「十一月水正而陰勝」，陰乃火字之誤，勝字當讀爲升，勝、升古通用。謂十一月水方用事，而火氣已上升也，正説冬至火從之之義。如此，則與下文一貫矣。陽氣爲火，陰氣爲水。水勝故夏至溼，火勝故冬至燥。燥故炭輕，溼故炭重。○文典謹按：白帖十六引作：「水勝故夏至濕，火勝則冬至燥。燥則輕，濕則重。故先冬至、夏至，懸鐵〔一〕炭於衡，各一端，令〔二〕適停，冬至陽氣至則炭仰而鐵低，夏至則炭低而鐵仰也。」故「先冬至、夏至」以下，疑是注語，而今本脱之也。日冬至，井水盛，盆

〔一〕〔二〕「鐵」，原本作「土」，「令」，原本作「今」，據白帖及漢書李尋傳孟康注改。

水溢，羊脱毛，麋角解，鵲始巢；八尺之修，日中而景丈三尺。日夏至而流黃澤，石精出，流黃，土之精也，陰氣作於下，故流澤而出也。石精，五色之精也。○文典謹按：御覽九百八十七引，出作氣。蟬始鳴，半夏生，半夏，藥草。蟲蝱不食駒犢，鷙鳥不搏黃口；五月微陰在下，駒犢、黃口肌血脆弱未成，故蟲蝱、鷙鳥應陰，不食不搏也。八尺之景，脩徑尺五寸。○文典謹按：藝文類聚三引作「八尺之表，景修尺五寸」。景脩則陰氣勝，景短則陽氣勝。陰氣勝則爲水，陽氣勝則爲旱。

陰陽刑德有七舍。何謂七舍？室、堂、庭、門、巷、術、野。十二月德居室三十日，○王念孫云：十二月當爲十一月，上文云「冬至德在室」是也。○黃楨云：十二月當作十一月。上文云：「陰氣極，陽氣萌，故曰冬至爲德。」又曰：「萬物閉藏，蟄蟲首穴，故曰德在室。」冬至爲十一月中氣，則此十一月無疑也。先日至十五日，後日至十五日，而徙所居各三十日。德在室則刑在野，德在堂則刑在術，德在庭則刑在巷，陰陽相德則刑德合門。八月、二月，陰陽氣均，日夜分平，故曰刑德合門。德南則生，刑南則殺，故曰二月會而萬物生，八月會而草木死。

兩維之間，九十一度十六分度之五而升，自東北至東南爲兩維，帀四維三百六十五度四分度之一，一度者，二千九百三十二里千四百六十一分里之三百四十八。日行一度，十五日爲一節，以生二十四時之變。○王念孫云：「九十一度十六分度之五」作一句讀。其高注「自東北至東南」云云，本在「十六分度之五」下，道藏本誤入「九十一度」下，度下又衍也字，遂致隔斷上下文義。劉績本删去也字，是也。乃又移高注於下文「而升」二字之下，而莊本從之，則其謬益甚矣。升當爲斗，字之誤也。（隸書斗字作什，形與升相似，傳寫往往譌溷。）「而斗日行一度」作一句讀，言斗柄左旋，日行一度，而以十五日爲一節也。上文云「紫宫執斗而左旋，日行一度，以周於天」，下文云「斗指子則冬至」，「加十五日指癸則小寒」，皆其明證也。**斗指子則冬至，音比黄鐘；**黄鐘，十一月也。鐘者，聚也，陽氣聚於黄泉之下也。**加十五日指癸則小寒，音比應鐘；**應鐘，十月也。陰應於陽，轉成其功，萬物應時聚藏，故曰應鐘。**加十五日指丑則大寒，音比無射；**無射，九月也。陰氣上升，陽氣下降，萬物隨陽而藏，無有射出見也，故曰無射。**加十五日指報德之維，則越陰在地，故曰距日冬至四十六日而立春，陽氣凍解，音比南吕；**南吕，八月也。南，任也，言陽氣内藏，陰侣於陽，任成其功，故曰南吕也。○王引之云：「陽氣凍解」，文不成義，當作「陽凍解」。陽凍，地上之凍也。陰凍，地中之凍也。立春之日，地上之凍先解，故曰「陽凍解」。管子臣乘馬篇曰「日至六十日而陽凍釋，七十日而陰凍釋」是也。今本陽下有氣字，因注内陽氣而衍。**加十五日指寅則雨水，音比夷則；**夷則，七月也。夷，傷。則，法也。陽衰陰發，萬物彫傷，應法成性，故曰夷則也。**加十五日指甲則雷驚蟄，音比林鐘；**林鐘，六月也。林，衆。鐘，聚也。陽極陰生，萬物衆聚而盛，故曰林鐘。加十五日指卯中繩，故曰春分，則雷行，音比蕤賓；蕤賓，五月也。陰氣萎蕤在下，似主人；陽在上，似賓客，故曰蕤賓也。加十五日指乙則清明風至，音比仲呂；仲呂，四月也。陽在外，陰在中，所以呂中於陽，助成功也，故曰仲呂也。加十五日指辰則穀雨，音比姑洗；姑洗，三月也。姑，故也。洗，新也。陽氣養生，去故就新，故曰姑洗也。加十五日指常羊之維則春分盡，故曰有四十六日而立夏，○黄楨云：凡言四十六日，舉成數言之，其實四十五日又三十二分日之二十一。大風濟，濟，止。音比夾鐘；夾鐘，二月也。夾，夾也，萬物去陰，夾陽地而生，故曰夾鐘也。○文典謹按：注「夾，夾也」，義不可通，疑當作「夾，莢也」。下文云：「夾鐘者，種始莢也。」是其證。又按：御覽二十三引注無地字。加十五日指巳則小滿，○文典謹按：御覽二十三引注：「滿，冒也。」音比太蔟；太蔟，正月也。蔟，蔟也。陰衰陽發，萬物蔟地而生，故曰太蔟。○文典謹按：御覽二十三引注，正月下有律字。加十五日指丙則芒種，音比大呂；大呂，十二月也。呂，侣也。萬物萌動於下，未能達見，故曰大呂。所以配黄鐘，助陽宣功也。加十五日指午則陽氣極，故曰有四十六日而夏至，音比黄鐘；加十五日指丁○文典謹按：御覽二十三引注云：「斗杓指丁。」則小暑，音比大呂；加十五日指未則大暑，音比太蔟；加十五日指背陽之維則夏分盡，○文典謹按：御覽二十三引，「背陽之維」上有庚字，夏分作夏節。故曰有四十六日而立秋，涼風至，音比夾鐘；加十五日指申則處暑，音比姑洗；加十五日指庚則白露降，音比仲呂；加十五日指酉中繩，故曰秋分，雷戒，蟄蟲北鄉，○王念孫云：戒當爲臧，字之誤也。臧，古藏字。秋分雷藏，與上文春分雷行相應。時則篇云：「八月雷不藏。」是其證也。且臧與鄉爲韻，若作戒，則失其韻矣。藏字古皆作臧，故說文無藏字。今書傳中作藏者多，作臧者少，大抵皆後人所改也。此臧字若不誤爲戒，則後人亦必改爲藏矣。音比蕤賓；加十五日指辛則寒露，音比林鐘；加十五日指戌則霜降，音比夷則；加十五日指蹏通之維則秋分盡，故曰有四十六日而立冬，草木畢死，音比南呂；加十五日指亥則小雪，音比無射；加十五日指壬則大雪，音比應鐘；○王引之云：冬至音比黃鐘，當爲音比應鐘，下當云小寒音比無射，大寒音比南呂，立春音比夷則，雨水音比林鐘，驚蟄音比蕤賓，春分音比仲呂，清明音比姑洗，穀雨音比夾鍾，立夏音比太蔟，小滿音比大呂，芒種音比黃鍾。其「日冬至，音比林鍾」，亦當爲音比應鍾。蓋音以數少者爲清，數多者爲濁。冬至以後，逆推十二律，由清而濁。夏至以後，順推十二律，由濁而清。冬至應鍾，其數四十二，爲最清。小寒無射，其數四十五，則濁於應鍾矣。大寒南呂，其數四十八，則又濁於無射矣。立春夷則，其數五十一，則又濁於南呂矣。雨水林鍾，其數五十四，則又濁於夷則矣。驚蟄蕤賓，其數五十七，則又濁於林鍾矣。春分仲呂，其數六十，則又濁於蕤賓矣。清明姑洗，其數六十四，則又濁於仲呂矣。穀雨夾鍾，其數六十八，則又濁於姑洗矣。立夏太蔟，其數七十二，則又濁於夾鍾矣。小滿人呂，其數七十六，則又濁於太蔟矣。芒種黄鍾，其數八十一，則最濁矣。故曰「日冬至音比應鍾，浸以濁」也。夏至以後，與此相反，故曰「日夏至音比黄鍾，浸以清」也。夏至音比黄鍾，爲音之最濁者，則冬至之音當爲最清者。最清者非應鍾而何？後人但知月令仲冬律中黄鍾之文，遂改冬至音比應鍾爲音比黄鍾，而移應鍾於小寒，且并無射以下遞移其次。（高注亦遞移。）而不知月令所言者十二月之律，此所言者二十四時之律，本不相同也。至改日冬至音比應鍾爲音比林鍾，則謬益甚矣。（宋書律志引此已誤。）又案：驚蟄本在雨水前，穀雨本在清明前。今本驚蟄在雨水後，穀雨在清明後者，後人以今之節氣改之也。漢書律歷志曰：「諏訾中驚蟄，今曰雨水；降婁初雨水，今曰驚蟄；大梁初穀雨，今曰清明；中清明，今曰穀雨。」是漢初驚蟄在雨水前，穀雨在清明前也。桓五年左傳正義引釋例曰：「漢太初以後更改氣名，以雨水爲正月中，驚蟄爲二月節。」月令正義引劉歆三統曆：「雨水正月中，驚蟄二月節。」又引易通卦驗：「清明三月節，穀雨三月中。」藝文類聚歲時部上引孝經緯曰：「斗指寅爲雨水，指甲爲驚蟄，指乙爲清明，指辰爲穀雨。」三書皆出太初以後，故氣名更改。（三統曆與緯書皆出西漢末。）不應淮南王書先已如是，其爲後人所改明矣。（逸周書周月篇：「春三月中氣驚蟄、春分、清明」，今本作「雨水、春分、穀雨」，時訓篇「驚蟄、雨水、穀雨、清明」，今本雨水在驚蟄前，清明在穀雨前，皆後人所改。辯見盧氏紹弓校定本。）日知録謂淮南子已先雨水後驚蟄，失之。

加十五日指子。故曰：陽生於子，陰生於午。陽生於子，

故十一月日冬至，鵲始加巢，人氣鍾首。陰生於午，故五月爲小刑，薺麥亭歷枯，冬生草木必死。

斗杓爲小歲，斗第一星至第四爲魁，第五至第七爲杓。正月建寅，月從左行十二辰。○陶方琦云：文選謝莊月賦注引許注「歷十二辰而行」，占經六十七引作「越歷十二辰而行」。按：說文歲字下「越歷二十八宿」，越字應增。咸池爲太歲，○錢曉徵答問云：問淮南以咸池爲太歲，與它書所言太歲異，何故？曰：淮南書云「斗杓爲小歲，咸池爲大歲」，「大時者咸池也，小時者月建也」，皆以大小相對，初未嘗指咸池爲太歲。其作太歲者，乃後人轉寫之譌。吴斗南兩漢刊誤謂淮南不名天一爲太歲，又自以咸池名之，則南宋本已誤矣。○王念孫云：錢說是也。二月建卯，月從右行四仲，終而復始。太歲迎者辱，背者强，左者衰，右者昌，小歲東南則生，西北則殺，不可迎也，而可背也，不可左也，而可右也，其此之謂也。大時者，咸池也；小時者，月建也。天維建元，常以寅始起，右徙一歲而移，十二歲而大周天，終而復始。○王引之云：起字上當有脱文，蓋言甲寅之年歲星在娵訾之次，（營室、東壁也，詳見下條。）是歲星所起也。起與二始字、二子字韻也。（二子字見下文。）必言歲星所起者，太歲與歲星相應而行，故言太歲建元必以歲星也。漢書律曆志曰：「木金相乘爲十二，是爲歲星小周。小周乘巛策爲一千七百二十八，是爲歲星歲數。」鄭注周官保章氏曰：「歲星爲陽，右行於天。太歲爲陰，左行於地。十二歲而小周。」馮相氏疏曰：「太歲在地，與天上歲星相應而行。歲星爲陽，右行於天，一歲移一辰。又分前辰爲一百四十四分而侵一分，則一百四十四年跳一辰。十二辰帀，則總有千七百二十八年，十二跳辰帀。以此而計之，十二歲一小周，謂一年移一辰故也。千七百二十八年一大周，十二跳帀故也。歲左行於地，一與歲星跳辰年數同。」（以上賈疏。）然則「右徙」「周天」皆謂歲星，若建寅之太歲，左行於地，不得謂之「右徙」「周天」矣。起字之上有脱文無疑。周天上本無大字，後人加之也。歲星十二歲而小周天，不得謂之大周。淮南王時未有歲星超辰之説，亦無大周、小周之分，上文曰：「歲星歲行三十度十六分度之七，（句。）十二歲而周。」無大字。

淮南元年冬，太一在丙子，淮南王作書之元年也。一曰：淮南王長，孝文皇帝異母弟也。僭號自稱東帝，以徙嚴道，道死于雝。其四子皆爲列侯。時人歌之曰：「一尺繒，好童童。一斗粟，飽蓬蓬。兄弟二人，不能相容。」文帝聞之曰：「以我爲利其土耶？」皆召四侯而王之。是則淮南王安即位之元年，以紀時也。◯王引之云：太一乃北極之神，與紀歲無涉。太一當作天一。此因天字脱去上畫，後人又加點於下耳。廣雅曰：「天一，太歲也。」漢元封七年，太歲在丙子，上推至文帝十六年，（下距元封七年凡六十年。）爲淮南王安始封之年，太歲亦當在丙子，故曰「天一在丙子」也。古者天一、太歲、太陰，名異而實同，詳見太歲攷。◯洪頤煊云：漢書淮南王傳：「文帝十六年，乃徙阜陵侯安爲淮南王。」是年歲在丁丑，而云「太一在丙子」者，據冬至在年前立算，從冬至甲午，距立春四十三日而得丙子，以節氣盈縮，故下文云「日冬至子午，夏至卯酉」，「壬午冬至，甲子受制」，亦四十三日而得立春也。冬至甲午，立春丙子。○王引之云：「潛研堂文集曰：「淮南天文訓『冬至甲午，立春丙子』，必有譌。蓋冬至與立春相去四十五日有奇，古今不易。自甲午訖丙子僅四十三日，此理之所必無者。以術推之，是年冬至蓋己酉日，立春則甲午日耳。」案：錢說非也。下文：「日冬至子午，夏至卯酉，冬至加三日則夏至之日也。歲遷六日，終而復始。」高注曰：「遷六日，今年以子冬至，後年以午冬至也。」則冬至之日，非子卽午明矣。下文「壬午冬至，甲子受制」，謂立春也。與此「冬至甲午，立春丙子」，其法正同，不得以甲午爲己酉之譌也。「立春丙子」與上文始、起、始、子爲韻，若作「立春甲午」，則失其韻矣。冬至甲午，至立春丙子四十三日，與後人歷法不同者，古法多疏故也。下文壬午冬至，至甲子受制亦四十三日，以是明之。○黄楨云：甲午字有誤。依顓頊壬申蔀推之，當得庚寅日酉初冬至，丙子日辰末立春。篇首以顓頊原起，案漢書言漢興襲用秦正朔，以北平侯張蒼言用顓頊曆，史記又言張蒼爲淮南厲王相，則此用顓頊曆可知也。

二陰一陽成氣二，二陽一陰成氣三，陰麤犕，故得氣少。陽精微，故得氣多。一說：上得二，下得三，合爲五，故曰「合氣而爲音」，音數五也。○王引之云：二陰當作一陰。一陰一陽，所以成氣二也。高注曰：「陰麤犕，故得氣少。陽精微，故得氣多。」正以一陰與一陽爲二，一陰與二陽爲三，陰數少而陽數多也。續漢書天文志引律術曰「陽性動，陰性靜，動者數三，靜者數二」是也。二陰而分言之，則各爲一陰矣。○俞樾云：陽之數以三而奇，陰之數以二而偶，所謂「參天兩地」也。周書武順篇曰：「男生而成三，女生而成兩。」是其義也。二陰一陽，則二二如四，一三如三，其數七。除五生數，則得成數二。所謂「二陰一陽成氣二」也。二陽一陰，則二三如六，一二如二，其數八。除五生數，則得成數三。所謂「二陽一陰成氣三」也。高注未得其解。此陰陽之數，卽易少陽、少陰之數，説詳羣經平議。合氣而爲音，合陰而爲陽，合陽而爲律，故曰五音六律。音自倍而爲日，律自倍而爲辰，故日十而辰十二。

月日行十三度七十六分度之二十六，六或作八。○黄楨云：作八是也。七十六分度之二十八，卽十九分度之七也。作六字誤。二十九日九百四十分日之四百九十九而爲月，而以十二月爲歲。歲有餘十日九百四十分日之八百二十七，故十九歲而七閏。

日冬至子午，夏至卯酉，冬至加三日，則夏至之日也。冬至後三日，則明年夏至之日。歲遷六日，終而復始。遷六日，今年以子冬至，後年以午冬至也。壬午冬至，甲子受制，木用事，火煙青。木色青也，東方。七十二日丙子受制，火用事，火煙赤。火色赤也，南方。七十二日戊子受制，土用事，火煙黄。土，中央，其色黄。七十二日庚子受制，金用事，火煙白。西方金，其色白。七十二日壬子受制，水用事，火煙黑。北方水，其色黑。七十二日而歲終，庚子受制。歲遷六日，以數推之，七十歲而復至甲子。○王引之云：上文言「壬午冬至，甲子受制」，由甲子受制，以歲遷六日推之，一日乙丑，二日丙寅，三日丁卯，四日戊辰，五日己巳，六日庚午，則當作「庚午受制」。今本作庚子，涉上文庚子而誤也。由甲子受制每歲以遷六日推之，至十歲而六十甲子終而復始，則當作「十歲而復至甲子」。今本十上有七字，涉上文「七十二日」而衍也。甲子受制則行柔惠，挺羣禁，開闔扇，通障塞，毋伐木。甲，木也，木王東方，故施柔惠。蟄伏之類出由户，故開闔扇，通障塞。春木王，故毋伐木也。丙子受制則舉賢良，賞有功，立封侯，出貨財。火用事，象陽明，識功勞，故封建侯，出貨財。戊子受制則養老鰥寡，行稃鬻，施恩澤。土用事，象土長養，故施恩澤也。○王念孫云：「養老鰥寡」當作「養長老，存鰥寡」。今本脱長、存二字，則句法與上下文不協。時則篇曰：「季夏存視長老，行稃鬻。」「仲秋養長老，行稃鬻飲食。」春秋繁露治水五行篇曰：「土用事則養長老，存幼孤，矜寡獨，施恩澤。」開元占經填星占篇引巫咸曰：「填星受制則養老，（蓋脱長字。）存鰥寡，行饘粥，施恩澤。」皆其證。庚子受制則繕牆垣，修城郭，審羣禁，飾兵甲，儆百官，誅不法。金用事，象金斷割，故誅不如法度也。壬子受制則閉門閭，大搜客，禁搜客，出新客。斷刑罰，殺當罪，息關梁，禁外徙。水用事，象冬閉固，故禁外徙也。甲子氣燥濁，丙子氣燥陽，戊子氣溼濁，庚子氣燥寒，壬子氣清寒。丙子干甲子，蟄蟲早出，木氣温，故早出。故雷早行。戊子干甲子，胎夭卵毈，鳥蟲多傷。庚子干甲子，有兵。壬子干甲子，春有霜。戊子干丙子，霆。庚子干丙子，夷。夷，傷也。夷或爲雹。壬子干丙子，雹。甲子干丙子，地動。庚子干戊子，五穀有殃。壬子干戊子，夏寒雨霜。甲子干戊子，介蟲不爲。不成爲介蟲也。○莊逵吉云：爲，讀如譌。書「平秩南譌」，譌，化也，亦古字通用。高義未晰。丙子干戊子，大旱，苽封熯。苽，蔣草也，生水上，相連特大如薄者也，名曰封。旱燥，故熯也。壬子干庚子，大剛，魚不爲。不成爲魚。○王引之云：大剛二字，義不可通。大字蓋因上文「大旱」而衍。剛當爲則，字之誤也。「則魚不爲」四字連讀。（高注：「不成爲魚。」）春秋繁露治亂五行篇曰：「水干金則魚不爲。」是其證。甲子干庚子，草木再死再生。丙子干庚子，草木復榮。今八月、九月時，李柰復榮生實是也。戊子干庚子，歲或存或亡。甲子干壬子，冬乃不藏。地氣發也。丙子干壬子，星隊。隊，隕。戊子干壬子，蟄蟲冬出其鄉。庚子干壬子，冬雷其鄉。

季春三月，豐隆乃出，以將其雨。豐隆，雷也。至秋三月，季秋之月。地氣不藏，乃收其殺，百蟲蟄伏，静居閉户，殺氣。青女乃出，以降霜雪。青女，天神青霄玉女，主霜雪也。○文典謹按：北堂書鈔百五十四、初學記二引，並無雪字。行十二時之氣，以至于仲春二月之夕，乃收其藏而閉其寒，收斂其所藏而閉之。○王念孫云：太平御覽時序部四引此本作「乃布收其藏而閉其寒」，引高注本作「收斂其所藏而出布之，閉其陰寒，令不得發泄」。後人既不解布收二字之義而削去布字，又删改高注以滅其迹，甚矣，其妄也。又案：布收其藏者，布，讀爲敷，周頌賚篇箋云：「敷，猶徧也。」言徧收其藏而閉其寒也。上文云「至秋三月，地氣下藏，百蟲蟄伏」，故此言仲春之夕乃布收其藏而閉其寒。布字在收其藏之上，本謂徧收其藏，非謂收其所藏而出布之也。高氏誤解布字，後人求其説而不得，遂以布爲衍文而削之矣。○俞樾云：高注曰：「收斂其所藏而閉之。」然二月非收斂之時，義不可通。太平御覽時序部引作乃「布收其藏而閉其寒」，引高注作「收斂其所藏而出布之」，是今本脱布字。然布收連文，義亦未安。收疑攽字之誤。尚書洛誥篇「乃惟孺子頒」，説文攴部作「乃惟孺子攽」，是布攽即布頒，猶言頒布也。上文云「至秋三月，地氣下〔一〕藏」，故至二月乃布頒之也。高氏據誤本作注，後人以布收異義，不得連文，遂以布爲衍字而削之矣。**女夷鼓歌，以司天和，以長百穀禽鳥草木。**女夷，主春夏長養之神也。○王念孫云：禽鳥當爲禽獸。藝文類聚歲時部上引作「以養百穀禽獸草木」，太平御覽時序部四百、穀部一並引作「以長百穀禽獸草木」，是其證。**孟夏之月，以熟穀禾，雄鳩長鳴，爲帝候歲。**雄鳩，布穀也。○文典謹按：御覽九百二十一引，禾作米，注「雄鳩」下有蓋字。**是故天不發其陰，則萬物不生；地不發其陽，則萬物不成。天圓地方，道在中央。日爲德，月爲刑。月歸而萬物死，日至而萬物生。遠山則山氣藏，遠水則水蟲蟄，遠木則木葉槁。日五日不見，失其位也，聖人不與也。**與，猶説也。

〔一〕「下」，正文作「不」，疑正文誤。

日出于暘谷，○文典謹按：文選潘安仁西征賦「旦似湯谷，夕類虞淵」注、張景陽雜詩十首「朝霞迎白日，丹氣臨湯谷」注引，「暘谷」並作「湯谷」。又史記五帝本紀索隱引，亦作湯谷，云：「史記舊本作湯谷，今並依尚書字。」**浴于咸池，拂于扶桑，是謂晨明。**拂，猶過，一曰至。**登于扶桑，**○文典謹按：藝文類聚一、初學記天部上、御覽三引，並作「登于扶桑之上」。初學記、御覽並引注云：「扶桑，東方之野。」**爰始將行，是謂朏明。**朏明，將明也。朏，讀若朏諸皋之朏也。○文典謹按：初學記、御覽引，朏下並有舊注云：「音斐。」**至于曲阿，**○文典謹按：初學記、御覽並有注云：「曲阿，山名。」**是謂旦明。**平旦。○文典謹按：藝文類聚、初學記、御覽引，旦並作朝。北堂書鈔百四十九引注云：「旦明，平旦也。曲阿所由明也。」**至于曾泉，是謂蚤食。**○文典謹按：藝文類聚、初學記、御覽引，並作「臨于曾泉」。初學記、御覽並有注云：「曾，重也。早食時在東方多水之地，故曰曾泉。」書鈔引注云：「曾，源也。」**至于桑野，**○文典謹按：藝文類聚、初學記、御覽引，並作「次于桑野」。**是謂晏食。至于衡陽，**○文典謹按：藝文類聚、初學記、御覽引，並作「臻于衡陽」。**是謂隅中。**○文典謹按：藝文類聚、初學記、御覽引，隅並作禺。**至于昆吾，是謂正中。**昆吾丘在南方。○文典謹按：藝文類聚、初學記、御覽引，並作「對于昆吾」。**至于鳥次，是謂小還。**鳥次，西南之山名也，鳥所宿止。○文典謹按：藝文類聚、初學記、御覽引，並作「靡於鳥次」。**至于悲谷，是謂餔時。**悲谷，西南方之大壑。言其深峻，臨其上令人悲思，故曰悲谷。○文典謹按：藝文類聚、初學記、御覽引，餔並作晡。**至于女紀，是謂大還。**女紀，西北陰地。○王念孫云：小還、大還，當爲小遷、大遷，字之誤也。遷之爲言西也。日至昆吾，謂之正中。至鳥次，則小西矣，故謂之小遷。至女紀，則大西矣，故謂之大遷。漢書律曆志曰：「少陰者西方，西，遷也，陰氣遷落物。」白虎通義曰：「西方者，遷方也。萬物遷落也。」是遷與西同義。若作小還、大還，則義不可通矣。舊本北堂書鈔天部一及藝文類聚、初學記天部上、太平御覽天部三引此，並作小遷、大遷。○文典謹按：藝文類聚、初學記、御覽引，並作「廻于女紀」。**至于淵虞，是謂高春。**淵虞，地名。高春，時加戌民碓春時也。○王念孫云：淵虞當作淵隅。隅、虞聲相亂，又涉下文虞淵而誤也。桓五年公羊傳疏、舊本北堂書鈔及藝文類聚、初學記、太平御覽引此並作淵隅。楚辭天問補注引此亦作淵隅，則南宋本尚不誤。○文典謹按：至于，藝文類聚、初學記、御覽引並作經于。初學記引注云：「言尚未冥，上蒙先春曰高春。」**至于連石，是謂下春。**連石，西北山。言將欲冥，下象息春，故曰下春。連，讀腐爛之爛。○文典謹按：藝文類聚、初學記、御覽引，並作「頓于連石」。**至于悲泉，爰止其女，爰息其馬，是謂縣車。**○文典謹按：初學記、御覽引此四句作「爰止羲和，爰息六螭，是謂懸車」。初學記引注云：「日乘車，駕以六龍，羲和御之。日至此而薄于虞泉，羲和至此而廻六螭。」御覽引注多「即六龍也」四字。書鈔馬作武。**至于虞淵，**○文典謹按：藝文類聚、初學記、御覽引，並作「薄於虞泉」。**是謂黃昏。**○文典謹按：文選琴賦注引高注：「視物黃也。」至于蒙谷，是謂定昏。蒙谷，北方之山名也。盧敖所見若士之所也。○莊逵吉云：御覽作「淪于蒙谷」，蒙谷卽尚書昧谷，蒙、昧聲相通。○王念孫云：至本作淪，此涉上文諸至字而誤也。淪，入也，没也。「淪於蒙谷」與上「出於扶桑」相對。舊本北堂書鈔及藝文類聚、初學記、太平御覽引此，並作淪。楚辭補注同。○文典謹按：北堂書鈔引注作：「蒙谷，北極山之名也。」日入于虞淵之汜，曙于蒙谷之浦，曙，明。浦，涯。○文典謹按：初學記引作：「日入崦嵫，經於細柳，入虞泉之池，曙於蒙谷之浦。日西垂景在樹端，謂之桑榆。」又引注：「嵫音兹，亦曰落棠山。細柳，西方之野。蒙谷，濛汜之水。桑榆，言其光在桑榆樹上。」御覽引，嵫作滋，「經於細柳」作「經細柳」，餘同。白帖一引作「入於虞泉」。行九州七舍，有五億萬七千三百九里，自陽谷至虞淵，凡十六所，爲九州七舍也。禹以爲朝、晝、昏、夜。○王念孫云：禹字義不可通，禹當爲離。俗書離字作離，脱去右畔而爲禹耳。離者，分也。言分爲朝晝昏夜也。精神篇「別爲陰陽，離爲八極」，文義與此同。夏日至則陰乘陽，是以萬物就而死；冬日至則陽乘陰，是以萬物仰而生。晝者陽之分，夜者陰之分，是以陽氣勝則日修而夜短，陰氣勝則日短而夜修。

帝張四維，○莊逵吉云：御覽有注云：「帝，天帝也。」運之以斗，運，旋也。月徙一辰，復反其所。正月指寅，十二月指丑，○莊逵吉云：御覽作「十一月指子」。一歲而匝，終而

復始。○王引之云：「十二月指丑」本作「十一月指子」，後人改之也。指寅、指子，皆曆元所起，故以二者言之。晉書律曆志引董巴議曰：「顓頊曆以今之孟春正月爲元，其時正月朔旦立春，五星會于天廟營室也。湯作殷曆，更以十一月朔旦冬至爲元首。下至周、魯及漢，皆從其節。」是顓頊曆起寅月，殷曆起子月也，故下文「指寅，寅，則萬物螾螾然也」，先言指寅，顓頊曆之遺法也。上文「斗指子則冬至」，先言指子，殷曆之遺法也。指寅、指子，皆言其始。一歲而帀，乃言其終。蓋起於寅者至丑而帀，起於子者至亥而帀也。後人不知古曆有二法，而改爲「十二月指丑」，非也。指丑則一歲已帀，不須更言「一歲而帀」矣。且子與始爲韻，若作丑，則失其韻矣。太平御覽時序部一引此，正作「十一月指子」。**指寅，則萬物螾螾也，**動生貌。○莊逵吉云：本皆作萬物螾，藏本同，惟太平御覽作螾螾也。依義，御覽是，今從之。○王念孫云：此當作「指寅，（句。）寅，（句。）則萬物螾螾然也。（句。）」「寅，則萬物螾螾然」者，猶云：寅者，言萬物螾螾然。故高注曰「動生貌」。史記律書亦曰：「寅者，言萬物始生螾然也。」今本寅下脱一寅字，螾下又脱「螾然也」三字，則文不成義，且句法與下文不協矣。太平御覽時序部一引此，正作「寅，則萬物螾螾然也」。**律受太蔟。太蔟者，蔟而未出也。**○莊逵吉云：御覽作「湊而未出也」，下有注云：「太蔟，正月律。」**指卯，卯則茂茂然，律受夾鐘。夾鐘者，種始莢也。**○莊逵吉云：御覽下有注云：「夾鐘，二月律。」**指辰，辰則振之也，律受姑洗。姑洗者，陳去而新來也。**○莊逵吉云：御覽下有注云：「姑洗，三月律。」**指巳，巳則生已定也，律受仲呂。仲呂者，中充大**

也。○莊逵吉云：御覽下有注云：「仲呂，四月律也。」指午，午者，忤也，律受蕤賓。蕤賓者，安而服也。○莊逵吉云：御覽下有注云：「蕤賓，五月律。」指未，未，味也，○王念孫云：未下脱者字，昧本作味。後人以漢書律曆志云「昧薆於未」，故改味爲昧。不知淮南自訓未爲味，與漢書不同也。五行大義論支幹名篇及太平御覽引淮南並云：「未者，味也。」白虎通義及廣雅並云：「未，味也。」説文：「未，味也。六月滋味也。」（六月下有脱文。）史記律書：「未者，味也，言萬物皆成，有滋味也。」義並與淮南同。律受林鐘。林鐘者，引而止也。○莊逵吉云：御覽下有注云：「林鐘，六月律。」指申，申者，呻之也，○王念孫云：之字當在上文「引而止」下，今本誤在呻字下，則文不成義。五行大義論律呂篇、論支幹名篇及太平御覽引此，並云：「林鐘者，引而止之也。申者，呻也。」是其證。律受夷則。夷則者，易其則也，德以去矣。○莊逵吉云：御覽下有注云：「夷則，七月律。德以去，生氣盡也。」指酉，酉者，飽也，律受南吕。南吕者，任包大也。○莊逵吉云：御覽下有注云：「南吕，八月律。」指戌，戌者，滅也，律受無射。無射〔一〕，入無厭也。○莊逵吉云：御覽作「入之無厭也」，下有注云：「無射，九月律。」指亥，亥者，閡也，律受應鐘。應鐘者，應其鐘也。○莊逵吉云：御覽下有注云：「應鐘，十

〔一〕「無射」下似當有「者」字。

月律。」指子，子者，茲也，律受黃鐘。黃鐘者，鐘已黃也。○莊逵吉云：御覽下有注云：「黃鐘，十一月律。」指丑，丑者，紐也，律受大吕。大吕者，旅旅而去也。○莊逵吉云：御覽下有注云：「大吕，十二月律。」其加卯酉，則陰陽分，日夜平矣。○王引之云：此三句不與上文相承，尋繹文義，當在前「日短而夜脩」之下，云「其加卯酉」者，（王弼注老子曰：「加，當也。」）承「夏日至」、「冬日至」言之，彼言冬夏至，此言春秋分也。言「陰陽分，日夜平」者，承陽勝陰勝、日夜脩短言之，言至春秋分則陰陽無偏勝，日夜無脩短也。寫者錯亂在此，今更定其文如下：「夏日至則陰乘陽，是以萬物就而死；冬日至則陽乘陰，是以萬物仰而生。晝者陽之分，夜者陰之分，是以陽氣勝則日脩而夜短，陰氣勝則日短而夜脩。其加卯酉，則陰陽分，日夜平矣。」故曰規生矩殺，衡長權藏，繩居中央，爲四時根。

道曰規，始於一，○王念孫云：曰規二字，與上下文義不相屬，此因上文「故曰規生矩殺」而誤衍也。宋書律志作「道始於一」，無曰規二字。一而不生，故分而爲陰陽，陰陽合和而萬物生，故曰「一生二，二生三，三生萬物」。天地三月而爲一時，故祭祀三飯以爲禮，喪紀三踊以爲節，兵重三罕以爲制。○王念孫云：重、罕二字義不可通。重當爲革。祭祀、喪紀、兵革，皆相對爲文。革字古文作𠦶，隸省作𦥑，與重相似而誤。罕當爲軍。言兵革之事以三軍爲制也。軍字草書作𪭢，與罕相似而誤。以三參物，三三如九，故黃鐘之律九寸而宮音調。調，和也。因而九之，九九八十一，故黃鐘之數立焉。黃者，土德之色；鐘者，氣之所種也。日冬至德氣爲土，土色黃，故曰黃鐘。律之數六，分爲雌雄，故曰十二鐘，以副十二月。十二各以三成，故置一而十一，三之，爲積分十七萬七千一百四十七，黃鐘大數立焉。凡十二律，黃鐘爲宮，太蔟爲商，姑洗爲角，林鐘爲徵，南呂爲羽。物以三成，音以五立，三與五如八，○文典謹按：北堂書鈔百十二引，如作而。故卵生者八竅。律之初生也，寫鳳之音，故音以八生。黃鐘爲宮，宮者，音之君也，故黃鐘位子，其數八十一，主十一月，下生林鐘。林鐘之數五十四，主六月，上生太蔟。太蔟之數七十二，主正月，下生南呂。南呂之數四十八，主八月，上生姑洗。姑洗之數六十四，主三月，下生應鐘。應鐘之數四十二，主十月，上生蕤賓。蕤賓之數五十七，主五月，上生大呂。大呂之數七十六，主十二月，下生夷則。夷則之數五十一，主七月，上生夾鐘。夾鐘之數六十八，主二月，下生無射。無射之數四十五，主九月，上生仲呂。仲呂之數六十，主四月，極不生。徵生宮，宮生商，○劉績云：當作「宮生徵，徵生商」。○王念孫云：劉說是也。上文曰黃鍾爲宮，太蔟爲商，林鍾爲徵，又曰黃鍾下生林鍾，林鍾上生太蔟，所謂「宮生徵，徵生商」也。宋書律志、晉書律曆志並作「宮生徵，徵生商」，地形篇亦曰「變宮生徵，變徵生商」。（高注：「變猶化也。」）商生羽，羽生角，角生姑洗，○王引之云：音律相生，皆非同位者。上文曰「姑洗爲角」，則角與姑洗爲一，不得云「角生姑洗」也。生當爲主。「角主姑洗」猶言姑洗爲角耳。主與生相似，又因上下文生字而誤。宋書律志亦誤作生。也。**姑洗生應鐘，比于正音，故爲和。**應鐘，十月也。與正音比，故爲和。和，從聲也。一曰和羽。姑洗生應鍾變宫在南吕羽之後，故曰比於正音爲和。**應鐘生蕤賓，不比正音，故爲繆。**○劉績云：以序論之，黄鍾爲宫，以次而商、角、徵、羽。姑洗生應鍾變宫在南吕羽之後，故曰比於正音爲和。應鍾生蕤賓變徵閒入正音角羽之閒，故曰不比正音爲繆。○王引之云：劉説非也。七音之序，周回相次，變宫在羽之後、宫之前，變徵在角之後、徵之前。（唐武后樂書要録説七聲次第曰：假令十一月黄鍾爲宫，隔一月以正月太蔟爲商，又隔一月以三月姑洗爲角，又隔一月以五月蕤賓爲變徵，卽以其次之月六月林鍾爲徵，又隔一月以八月南吕爲羽，又隔一月以十月應鍾爲變宫，周迴還與十一月相比也。）其道相同，豈有順逆之分乎。比，讀如易比卦之比。比，入也，合也。閔元年左傳曰「屯固比入」，又曰「合而能固」是也。（説林篇「黄鍾比宫，太蔟比商」，與此比字同義。）「比於正音，故爲和」，本作「不比於正音，故爲和」，注内「與正音比」本作「不與正音比」。「不比於正音」者，不入於正音也。言應鍾是宫之變音，故不入於正音；不入於正音則命名當有以别之，故謂之曰和。和者，言其調和正音也。蕤賓是徵之變音，故亦不入於正音，不入於正音則命名當有以别之，故謂之曰繆。（音目。）繆之言穆，穆亦和也。（大雅烝民箋曰：「穆，和也。」穆、繆古字通。）言其調和正音也。（周語：「以七同其數，而以律和其聲，於是乎有七律。」昭二十年左傳正義釋其義曰：「變宫、變徵，舊樂無之，聲或不會，而以律調和其聲，使與五音諧會。」是應鍾、蕤賓二律，皆所以調和其聲也。）漢書楊雄傳甘泉賦説風聲曰：「陰陽清濁，穆羽相和兮，若夔、牙之調琴。」穆與繆同，穆在變音之末，言穆而和可知矣。羽在正音之末，言羽而宫商角徵可知矣。變聲與正聲相調和，故曰穆羽相和。（張晏曰「穆然相和」，殆未達穆字之義。）以律管言之，則變宫爲和，變徵爲穆；以琴弦言之，則當以少宫爲和，少商爲穆。琴亦有和穆二音，故曰「穆羽相和，若夔、牙之調琴」也。然則變音之繆，本與穆同。而穆之命名，正取相和之義，明矣。後人誤讀繆爲紕繆之繆，以爲和與繆相反，（宋書引舊注曰：「繆，音相干也。」）亦誤解繆字。）遂於應鍾不比於正音句删去不字，以别於蕤賓，并注中不字而亦删之。古訓之不通，其勢必至於妄改矣。宋書律志正作「姑洗生應鍾，不比於正音，故爲和」，載注文正作「不與正音比」。晉書律曆志引淮南王安曰：「應鍾不比正音，故爲和。」足證今本之謬。日冬至，音比林鐘，浸以濁。日夏至，音比黄鐘，浸以清。以十二律應二十四時之變，甲子，仲吕之徵也；丙子，夾鐘之羽也；戊子，黄鐘之宫也；庚子，無射之商也；壬子，夷則之角也。

古之爲度量輕重，生乎天道。黄鐘之律脩九寸，物以三生，三九二十七，故幅廣二尺七寸。古者幅比皆然也。○王引之云：「物以三生」下，本有「三三九」一句，後人以上文已言「三三如九」，故删去此句。不知上文「三三如九，九九八十一」，與此文「三三九，三九二十七」，皆上下相承爲義。物以三生，故必先以三自乘而得九，然後以三乘九而得二十七。且上文與此相離甚遠，不得因彼而省此也。宋書正作「三三九，三九二十七」。「幅廣二尺七寸」下，本有「古之制也」四字，故高注曰：「古者幅皆然也。」（各本皆上衍比字，今删。）脱去此句，則注文爲贅設矣。宋書正作「故幅廣二尺七寸，古之制也」。**音以八相生，故人脩八尺，尋自倍，故八尺而爲尋。有形則有聲，音之數五，以五乘八，五八四十，故四丈而爲匹。匹者，中人之度也。一匹而爲制。**○王引之云：此文多不可通。人修八尺，尋自倍，則丈六尺矣，而云「人修八尺，尋自倍，故八尺而爲尋」，其不可通一也。音以八相生，音卽聲也，何須更云「有形則有聲」？其不可通二也。匹長四丈，人之長安得有此，而云「匹者，中人之度」？其不可通三也。蓋寫者譌舛失次，兼有脱文。宋書已與今本同，則後人以誤本淮南改之也。今更定其文而釋之如下：「有形則有聲，音以八相生，故人臂修四尺，尋自倍，故八尺而爲尋。尋者，中人之度也。音之數五，以五乘八，五八四十，故四丈而爲匹。一匹而爲制。」云「有形則有聲」者，有形謂上文「黄鍾之律修九寸」也，有聲謂「音以八相生」也。云「人臂修四尺」者，一切經音義卷十七引淮南云「人臂四尺，尋自倍，故八尺曰尋」是也。云「尋者，中人之度也」者，考工記曰「人長八尺」是也。**秋分蔈定，蔈定而禾熟。**蔈，禾穗、粟孚甲之芒也。定者，成也，故禾熟。蔈，讀如詩「有貓有虎」之貓，古文作秒也。○莊逵吉云：説文解字：「秒，禾芒也。」蓋正字應作秒，此借白花蔈之蔈當之，亦通用。○王念孫云：隋書律曆志引此，作「秋分而禾蔈定，蔈定而禾熟」，是也。宋書律志同。今本脱「而禾」

二字，則文義不明。○陶方琦云：說文稱字下注引「秋分而秒定」，是許本淮南作秒也。說文：「秒，禾芒也。」宋書及隋律曆志引淮南舊注云：「𥝝，禾穗芒也。」字作𥝝，義正與許氏說文合，其爲許注無疑。高注云「古文作秒」，蓋古本也，疑卽指許氏之本。主術訓「寸生於𥝝」，高注：「𥝝，禾穗𥝝孚榆頭芒也。」與此注說正同。**律之數十二，故十二蔈而當一粟，十二粟而當一寸。律以當辰，音以當日，日之數十，**十，從甲至癸日。**故十寸而爲尺，十尺而爲丈。**○王引之云：十二蔈當一粟，十二粟當一寸，則百四十四蔈而當一寸也。主術篇「寸生於𥝝」，（蔈、𥝝並與秒同，今本𥝝誤作⿰禾樂，辯見主術。）高注曰：「十二𥝝爲一分，（今本脱二字。）十分爲一寸，十寸爲一尺，十尺爲一丈。」說文亦曰：「律數十二秒而當一分，十分而寸。」則是百二十蔈而當一寸，與此不同也。許、高二家之說，俱本於此篇，使原文作「十二蔈而當一粟、十二粟而當一寸」，則二家之說何以並言「十二蔈爲分，十分爲寸」乎？且主術篇明言「寸生於𥝝」，不得又以粟參之也。然則今本爲後人所改明矣。宋書律志與今本同，則其誤已久。今依主術篇及許、高二家之說而更定之如下：「律之數十二，故十二蔈而當一分。律以當辰，音以當日，日之數十，故十分而爲寸，十寸而爲尺，十尺而爲丈。」**其以爲量，十二粟而當一分，**分，言其輕重分銖也。**十二分而當一銖，**○王念孫云：量當爲重。重、量字相近，又因上文「度量」而誤也。自十二粟以下，皆言其重之數，非言其量之數。說文禾部注及宋書律志並作「其以爲重」。**十二銖而當半兩。衡有左右，因倍之，故二十四銖爲一兩。天有四時，以成一歲，因而四之，四四十六，故十六兩而**

爲一觔。三月而爲一時，三十日爲一月，故三十觔爲一鈞。四時而爲一歲，故四鈞爲一石。其以爲音也，一律而生五音，十二律而爲六十音，因而六之，六六三十六，故三百六十音以當一歲之日。故律曆之數，天地之道也。下生者倍，以三除之；上生者四，以三除之。鐘律上下相生，誘不敏也。太陰元始建于甲寅，一終而建甲戌，二終而建甲午，三終而復得甲寅之元。歲徙一辰，立春之後，得其辰而遷其所順，前三後五，百事可舉。前後，太陰之前後也。太陰所建，蟄蟲首穴而處，鵲巢鄉而爲户。○文典謹按：穴，莊本作定。御覽九百四十四引作「太陰所在，蟄蟲首穴處，鵲巢以鄉爲户」，傳寫宋本亦作「蟄蟲首穴而處」，今據改。太陰在寅，朱鳥在卯，勾陳在子，玄武在戌，白虎在酉，蒼龍在辰。○王引之云：下文「天神之貴者，莫貴於青龍，或曰天一，或曰太陰」，是太陰卽蒼龍也。既云「太陰在寅」，不當復云「蒼龍在辰」矣。下文「凡徙諸神，朱鳥在太陰前一，鉤陳在後三，玄武在前五，白虎在後六」，而不言蒼龍所在，正以太陰卽蒼龍也。「蒼龍在辰」四字，蓋淺人所加。寅爲建，卯爲除，辰爲滿，巳爲平，主生；午爲定，未爲執，主陷；申爲破，主衡；酉爲危，主杓；戌爲成，主少德；亥爲收，主大德；子爲開，主太歲；丑爲閉，主太陰。

太陰在寅，歲名曰攝提格，○王引之云：太陰二字，乃下屬爲句，與下文「太陰在卯」之屬相同，主下當別有所主之事，而今脱去。王應麟小學紺珠始誤讀「主太陰」爲句，劉本遂重「太陰」

二字，而各本及莊本從之，非也。上文云「太陰在寅」，何得又言「主太陰」乎？且下文曰「天神之貴者，莫貴於青龍，或曰天一，或曰太陰」，而無太歲之名，天一元始、太陰元始之屬，皆太歲也，而謂之天一、太陰，不謂之太歲。「咸池爲太歲」，則又大歲之譌。（說見上。）然則天文篇無稱太歲者也。此太歲亦當作大歲，寫者誤加點耳。斗杓爲小歲，咸池爲大歲。（見上文。）上文「酉爲危，主杓」，杓，小歲也；此文「子爲開，主大歲」，大歲，咸池也。太歲月從右行四仲，與歲從左行之太陰迥殊。若作大歲，則與太陰無異。上言太陰在寅，下言子主太歲，是太陰主太陰矣，義不可通。開元占經歲星占篇引此篇舊注曰：「太陰，謂太歲也。」（蓋許慎注。廣雅：「太陰，太歲也。」本此。）使篇內太歲、太陰分爲二，注者必不爲此注矣。可見太歲乃大歲之譌，而太歲、太陰之未嘗分也。偏考書傳，亦無分太歲、太陰爲二者。或據淮南譌脱之文，以爲太歲、太陰不同之證，非也。○陶方琦云：占經二十三引許注：「太陰在天爲雄歲星，在地爲太陰。」按：雄字衍。周禮保章氏鄭注：「歲星爲陽，右行于天；太歲爲陰，左行于地。」太陰卽太歲，故曰「在天爲歲星，在地爲太陰」，説正同也。

其雄爲歲星，舍斗、牽牛，以十一月與之晨出東方，東井、輿鬼爲對。○陶方琦云：占經二十三引許注：「東井、輿鬼在未，斗、牽牛在丑，故爲對。」按：十一月應作正月，淮南建寅，非太初法也。

太陰在卯，歲名曰單閼，單，讀明揚之明。歲星舍須女、虛、危，以十二月與之晨出東方，柳、七星、張爲對。

太陰在辰，歲名曰執除，歲星舍營室、東壁，以正月與之晨出東方，翼、軫爲對。

太陰在巳，歲名曰大荒落，歲星舍奎、婁，以二月與之晨出東方，角、亢爲對。太陰在午，歲名曰敦牂，歲星舍胃、昴、畢，以三月與之晨出東方，氐、房、心爲對。太陰在未，歲名曰協洽，歲星舍觜嶲、參，以四月與之晨出東方，尾、箕爲對。太陰在申，歲名曰涒灘，歲星舍東井、輿鬼，以五月與之晨出東方，斗、牽牛爲對。太陰在酉，歲名曰作作，讀昨。鄂，歲星舍柳、七星、張，以六月與之晨出東方，須女、虚、危爲對。太陰在戌，歲名曰閹茂，歲星舍翼、軫，以七月與之晨出東方，營室、東壁爲對。太陰在亥，歲名曰大淵獻，歲星舍角、亢，以八月與之晨出東方、奎、婁爲對。太陰在子，歲名曰困敦，困，讀羣。歲星舍氐、房、心，以九月與之晨出東方，胃、昴、畢爲對。太陰在丑，歲名曰赤奮若，歲星舍尾、箕，以十月與之晨出東方，○王引之云：十一月當爲正月，十二月當爲二月，正月當爲三月，二月當爲四月，三月當爲五月，四月當爲六月，五月當爲七月，六月當爲八月，七月當爲九月，八月當爲十月，九月當爲十一月，十月當爲十二月。史記天官書曰：「歲陰左行在寅，歲星右轉居丑，以正月與斗、牽牛晨出東方。歲陰在卯，星居子，以二月與婺女、虚、危晨出。歲陰在辰，星居亥，以三月與營室、東壁晨出。歲陰在巳，星居戌，以四月與奎、婁晨出。歲陰在午，星居酉，以五月與胃、昴、畢晨出。歲陰在未，星居申，以六月與觜觿、參晨出。歲陰在申，星居未，以七月與東井、輿鬼晨出。歲陰在酉，星居午，以八月與柳、七星、張晨出。歲陰在戌，星居巳，以九月與翼、軫晨出。歲星在亥，星居辰，以十月與角、亢晨出。歲陰在子，星居卯，以十一月與氐、房、心晨出。歲陰在丑，星居寅，以十二月與尾、箕晨出。」漢書天文志曰：「太歲在寅，歲星正月晨出東方。在卯，二月出。在辰，三月出。在巳，四月出。在午，五月出。在未，六月出。在申，七月出。在酉，八月出。在戌，九月出。在亥，十月出。在子，十一月出。在丑，十二月出。」開元占經歲星占篇引甘氏曰：「攝提在寅，（此攝提謂太陰。）歲星在丑，以正月與建星、牽牛、婺女晨出於東方。」皆其證也。後人以太初曆「太歲在子，歲星十一月出，在建星、牽牛」，（見天文志。）故改正月爲十一月，以合太初之法，而自此以下，皆遞改其所出之月。不知太陰在寅，則歲星亦以寅月出，樂動聲儀所謂歲星常應太歲月建以見也。（見前「太一在丙子」下。）若以十一月出，則是子而非寅，與太陰所在不相應矣。太初曆之太歲始建於子，故以歲星與日同次之十一月定之，所謂子年應子月也。淮南之太歲始建於寅，故以歲星晨出之正月定之，所謂寅年應寅月也。豈得以建子之法，雜入於建寅之法乎？況太陰在寅以下，俱本於石氏。（天文志：「太歲在寅，歲星正月晨出東方，石氏在斗、牽牛。」天官書索隱亦云：「歲星正月晨見東方已下，皆出石氏星經文。」）又豈有用其說而改其月者乎？開元占經引淮南已與今本同，則其誤改在唐以前矣。錢氏曉徵謂史記歲星正月晨出以天正言之，其實與淮南無別。（見潛研堂文集。）今案：天官書曰：「歲陰左行在寅，歲星右轉居丑，以正月與斗、牽牛晨出，色蒼蒼有光。歲陰在子，星居卯，以十一月與氐、房、心晨出，玄色甚明。」正月德在木，故星色蒼。（天官書凡言正月者七，皆謂建寅之月。）十一月德在水，故星色玄。若以正月爲天正，則是夏正之十一月矣，何以不云色玄，而云色蒼乎？且寅年正月日在娵訾，歲星在星紀，中隔玄枵一次，故歲星晨見有光。若十一月，則與日同次，其光不能見矣，安得云「蒼蒼有光」乎？此由不知淮南之十一月爲後人所改，故曲爲之説，而終不可通也。觜巂、參爲對。

太陰在甲子，刑德合東方宮，常徙所不勝，合四歲而離，離十六歲而復合。所以離者，刑不得入中宮，而徙於木。太陰所居，日德，辰爲刑。德，綱日自倍因，柔日徙所不勝。刑，水辰之木，木辰之水，金、火立其處。凡徙諸神，朱鳥在太陰前一，鉤陳在後三，玄武在前五，白虎在後六，虛星乘鉤陳而天地襲矣。襲，和也。凡日，甲剛乙柔，丙剛丁柔，以至于癸。○王引之云：「日德」，日下脱爲字。日爲德，辰爲刑，相對爲文也。綱當爲剛。剛日柔日，「甲剛乙柔」是也。癸上當有壬字。此以剛柔對言，不當但言癸也。

木生于亥，壯于卯，死于未，三辰皆木也。火生于寅，壯于午，死于戌，三辰皆火也。土生于午，壯于戌，死于寅，三辰皆土也。金生于巳，壯于酉，死于丑，三辰皆金也。水生于申，壯于子，死于辰，三辰皆水也。故五勝生一，壯五，終九；五九四十五，故神四十五日而一徙；以三應五，故八徙而歲終。凡用太陰，左前刑，右背德，○王引之云：此當爲「右背刑，左前德」，寫者顛倒耳。五行大義論配支幹篇曰：「從甲至癸爲陽，從寅至丑爲陰，陽則爲前爲左爲德，陰則爲後爲右爲刑。右背刑，左前德者，所以順陰陽也。」史記天官書曰：「太白出東爲德，舉事左之迎之吉。出西爲刑，舉事右之背之吉。」是其例矣。○曾國藩云：背即後也。孫子曰：「右背山陵，前左水澤。」亦以背與前爲對。**擊鉤陳之衝辰，以戰必勝，以攻必剋。欲知天道，以日爲主，六月當心，左周而行，分而爲十二月，與日相當，天地重襲，後必無殃。星，正月建營室，二月建奎、婁，三月建胃，**「星」宜言「日」。明堂月令孟春之月，日在營室；仲春之月在奎、婁；季春之月在胃。此言「星正月建營室」，字之誤也。**四月建畢，五月建東井，六月建張，七月建翼，八月建亢，九月建房，十月建尾，十一月建牽牛，十二月建虛。**○王引之云：「二月建奎、婁」，備舉是月日所在之星也。由此推之，則正月當云「建營室、東壁」，三月當云「建胃、昴」，四月當云「建畢、觜巂、參」，五月當云「建東井、輿鬼」，六月當云「建柳、七星、張」，七月當云「建翼、軫」，八月當云「建角、亢、氐」，九月當云「建房、心」，十月當云「建尾、箕」，十一月當云「建斗、牽牛」，十二月當云「建須女、虛、危」。蓋月令日在某星，但舉一月之首言之，而此則舉其全也。後人妄加删節，每月但存一星之名，獨「二月建奎、婁」，尚仍其舊，學者可以考見原文矣。不然，豈有月令季夏日在柳，而此言建張；仲秋日在角，而此言建亢；仲冬日在斗，而此言建牽牛；季冬日在婺女，（即須女。）而此言建虛者乎？

星分度：角十二，亢九，氐十五，房五，心五，尾十八，箕十一四分一，斗二十六，牽牛八，須女十二，虛十，危十七，營室十六，東壁九，奎十六，婁十二，胃十四，昴十

一，畢十六，觜巂二，參九，東井三十三，〇莊逵吉云：三十三，藏本作三十，葉近山本作三十四。四字非，今以漢書攷正。輿鬼四，柳十五，星七，張、翼各十八，軫十七，凡二十八宿也。星部地名：角、亢鄭，氐、房、心宋，尾、箕燕，斗、牽牛越，須女吴，〇王引之云：諸書無言斗但主越，須女但主吴者。「斗，牽牛越，須女吴」當作「斗、牽牛、須女吴、越」。開元占經分野略例曰：「淮南子曰：『斗，吴、越也。』（斗下脱「牽牛、須女」四字。）高誘注吕氏春秋曰：『斗，吴也。牽牛，越也。』」（以上開元占經。）然則吕氏春秋注分言吴、越，而淮南則合言之也。蓋分野之説，鄭、魏、趙並列，（戰國時多謂韓爲鄭。）則在三家分晉之後，其時吴地已爲越有，故但可合言吴、越，若分言某星主越，某星主吴，則當時豈有吴國乎？後人以吴、越二國不應同分野，故移越字於斗、牽牛下，而不知其不可分也。晉書天文志引費直説周易、蔡邕月令章句曰：「起斗至須女，吴、越之分野。」又引陳卓、范蠡、鬼谷先生、張良、諸葛亮、譙周、京房、張衡，並曰「斗、牽牛、須女吴、越」，足證今本之謬。虚、危齊，營室、東壁衛，奎、婁魯，胃、昴、畢魏，觜巂、參趙，東井、輿鬼秦，柳、七星、張周，翼、軫楚。

歲星之所居，五穀豐昌；其對爲衝，歲乃有殃。當居而不居，越而之他處，主死國亡。太陰治春則欲行柔惠温涼，木德仁，故柔涼也。〇俞樾云：温涼異義，不得連文。涼當作良，聲之誤也。〇文典謹按：俞説是也。北堂書鈔百五十三引，涼正作良，是其證。太陰治

夏則欲布施宣明，火德陽，故布施宣明也。**太陰治秋則欲修備繕兵，**金德斷割，故修兵也。

○文典謹按：北堂書鈔百五十三引，備作甲。御覽二十四引注，金德作陰德。二十七引，治作理。

太陰治冬則欲猛毅剛彊。純陰閉固，水澤冰凍，故剛彊也。○莊逵吉云：御覽剛作堅，注同。

○文典謹按：御覽二十七引，治作理。又引注，純陰作純陽。**三歲而改節，六歲而易常，故三歲而一饑，六歲而一衰，**○莊逵吉云：御覽下有注云：「衰，疾也。」**十二歲一康。**康，盛也。

○莊逵吉云：御覽康作荒，下有注云：「蔬不熟爲荒也。」疑是許眘注，故義異。○王念孫云：注「盛」當爲「虛」，此淺學人改之也。康之爲言荒也。康、荒皆虛也。（小雅賓之初筵篇「酌彼康爵」，鄭箋：「康，虛也。」爾雅：「漮，虛也。」方言：「㝩，空也。」並字異而義同。郭璞爾雅音義曰：「漮，本或作荒。」大雅桑柔篇「具贅卒荒」，毛傳：「荒，虛也。」泰九二「包荒」，鄭讀爲康，云：「康，虛也。」康、荒古字通。）襄二十四年穀梁傳：「一穀不升謂之嗛，二穀不升謂之饑，三穀不升謂之饉，四穀不升謂之康。」范甯曰：「康，虛也。」（廣雅：「四穀不升曰歉。」說文：「歉，飢虛也。」逸周書謚法篇：「凶年無穀曰穅。」穅，虛也。並字異而義同。）康與荒古字通，故韓詩外傳作「四穀不升謂之荒」。史記貨殖傳曰「十二歲一大饑」，鹽鐵論水旱篇曰「六歲一饑，十二歲一荒」，義與此同也。自三歲一饑以下，皆年穀不登之名，但有小大之差耳。太平御覽時序部二引此作「十二歲而一荒」，是康卽荒也。若訓康爲盛，則與正文顯相違戾矣。且四穀不升謂之康，乃春秋古訓，十二年一荒，亦漢時舊語。是之不知，而訓康爲盛，明是淺學人所改，漢人無此謬也。

甲齊，乙東夷，丙楚，丁南夷，戊魏，己韓，庚秦，辛西夷，壬衞，癸越。○王念孫云：開元占經日辰占邦篇引此，越作趙。案：齊近東夷，楚近南夷，魏近韓，秦近西夷，衞近趙，則作趙者是也。若作越，則與南夷相複矣。子周，丑翟，寅楚，卯鄭，辰晉，巳衞，午秦，未宋，申齊，酉魯，戌趙，亥燕。

甲乙寅卯，木也。丙丁巳午，火也。戊己四季，土也。庚辛申酉，金也。壬癸亥子，水也。水生木，木生火，火生土，土生金，金生水。子生母曰義，母生子曰保，子母相得曰專，母勝子曰制，子勝母曰困。以勝擊殺，勝而無報。○王引之云：上文「子生母曰義，母生子曰保，子母相得曰專，母勝子曰制，子勝母曰困」，其名有五。下文「以專從事」「以義行理」「以保畜養」「以困舉事」，分承「專」「義」「保」「困」四字，不應於「制」字獨不相承。然則此句當作「以制擊殺」明矣。今本制作勝者，因上下文勝字而誤。制爲母勝子之名，若作勝，何以別於子勝母乎？以專從事，而有功。以義行理，名立而不墮。以保畜養，萬物蕃昌。以困舉事，破滅死亡。

北斗之神有雌雄，十一月始建於子，月從一辰，○王念孫云：從當爲徙，字之誤也。上文云：「帝張四維，運之以斗，月徙一辰，復反其所。」是其證。雄左行，雌右行，五月合午謀刑，○陶方琦云：占經六十七引許注：「刑爲煞，故薺麥死也。」按：卽上文「五月爲小刑，薺麥亭歷枯」之義。**十一月合子謀德。**○陶方琦云：占經六十七引許注：「德爲生，問射于振末。」按：注文多譌。射于當作射干。易通卦驗：「冬至蘭、射干生。」後漢陳寵傳：「冬至陽气萌動，故十一月有蘭、射干、芸荔之應。」「問射于」卽「蘭、射干」。**太陰所居辰爲厭日，**○王引之云：「太陰所居辰」當作「雌所居辰」。雌，北斗之神右行者也，月徙一辰。太陰則左行而歲徙一辰，兩者各不相涉。太陰二字，因下文「太陰所居」而誤也。「爲厭日」本無日字，此因下句「厭日」而衍也。厭者，鄭注周官占夢曰：「天地之會，建厭所處之日辰。」疏曰「建謂斗柄所建，謂之陽建，故左還於天。厭謂日前一次，謂之陰建，故右還於天」是也。今人猶謂陰建爲月厭，是雌所居辰名爲厭，不名爲厭日也。**厭日不可以舉百事。堪輿徐行，雄以音知雌，**○陶方琦云：文選揚雄甘泉賦注、漢書藝文志注、後漢書王景傳注引許注：「堪，天道也。輿，地道也。」按：高無注，揚雄傳張晏注曰：「堪輿，天地總名也。」蓺文五行志家有堪輿金匱十四卷。

子母相求，所合之處爲合。十日十二辰，周六十日，凡八合。合於歲前則死亡，合於歲後則無殃。甲戌，燕也；乙酉，齊也；丙午，越也；丁巳，楚也；庚申，秦也；辛卯，戎也；壬子，代也；○莊逵吉云：代，諸本皆作趙，惟藏本作代。**癸亥，胡也；戊戌、己亥，韓也；己酉、己卯，魏也；戊午、戊子，**○王念孫云：錢氏答問曰：「庚申當作庚辰，八合猶八會也。今依堪輿天老説推衍之，（天老説見周官占夢疏所引鄭志內。）正月陽建寅破於申，陰建戌破於辰，二月陽建卯破於酉，陰建酉破於卯，乙近卯，故二月乙酉爲八會之一。三月陽建辰破於戌，陰建申破於寅，甲近寅，故三月甲戌爲八會之二。四月陽建巳破於亥，陰建未破於丑，癸近丑，故四月癸亥爲八會之三。五月陰陽建俱在午而破於子，壬近子，故五月壬子爲八會之四。六月陽建未破於丑，陰建巳破於亥，七月陽建申破於寅，陰建辰破於戌，八月陽建酉破於卯，陰建卯破於酉，辛近酉，故八月辛卯爲八會之五。九月陽建戌破於辰，陰建寅破於申，庚近申，故九月庚辰爲八會之六。十月陽建亥破於巳，陰建丑破於未，丁近未，故十月丁巳爲八會之七。十一月陰陽建俱在子而破於午，丙近午，故十一月丙午爲八會之八。十二月陽建丑破於未，陰建亥破於巳，此建厭所在及八會之名也。淮南所列甲戌至癸亥，蓋大會之日。其下又有戊戌、己亥、己酉、己卯、戊午、戊子，當是小會之日，而尚缺其二。以例推之，當是戊辰、己巳也。」案：錢說是也。戊辰當在戊戌上，己巳當在己亥上。堪輿家所謂小會，三月戊辰、四月己巳、九月戊戌、十月己亥也。又戊辰、戊戌及戊午、戊子下，皆當有所主之國，而今脱之。地在天下之中者，韓、魏而外，更有趙、宋、衞、中山及周，未知以何國當之也。

八合天下也。太陰、小歲、星、日、辰五神皆合，其日有雲氣風雨，國君當之。天神之貴者，莫貴於青龍，或曰天一，或曰太陰。太陰所居，不可背而可鄉。北斗所擊，不可與敵。

天地以設，分而爲陰陽。陽生於陰，陰生於陽。陰陽相錯，四維乃通。或死或生，萬物乃成。蚑行喙息，莫貴於人。孔竅肢體，皆通於天。天有九重，人亦有九竅。天有四時，以制十二月，人亦有四肢，以使十二節。天有十二月，以制三百六十日，人亦有十二肢，以使三百六十節。故舉事而不順天者，逆其生者也。

以日冬至數來歲正月朔日，五十日者，民食足；不滿五十日，日減一斗；有餘日，日益一升。○王念孫云：太平御覽時序部十三、十四引此，數下有至字，（數，色主反。）五十日上有滿字，一斗作一升，皆是也。有其歲司也：○王引之云：此本作「其爲歲司也」，今本衍有字，（因上文「有餘日」而衍。）脱爲字。太平御覽時序部十三引此，正作「其爲歲伺也」。又引注曰：「伺，候也。」（司，古伺字。）「爲歲司」者，爲歲候豐凶也。尋繹文義，「其爲歲司也」，乃起下之詞。下文「攝提格之歲，歲早水晚旱」云云，正謂候歲也，當直接此句下。作圖者誤列圖於此句之後，（點校者按：爲排版方便，今將圖移至下頁。）隔絶上下文義，遂使此句成不了之語。且自上文「以日冬至」至下文「民食一升」，皆言占歲之事，中間不應有圖。圖蓋後人所爲，故置之非其所耳。劉績不能是正，又移上文「帝張四維」一段於此句之下，大誤。○文典謹按：北堂書鈔百五十三引，作「爲祈歲也」。攝提格之歲，格，起。言萬物承陽而起也。歲早水晚旱，稻疾，蠶不登，登，成也。菽麥昌，民食四升。寅。在甲曰閼蓬。言萬物鋒芒欲出，擁遏未通，故曰閼蓬也。單閼之歲，單，盡。閼，止也。陽氣推萬物而起，陰氣盡止也。歲和，稻菽麥蠶昌，民食五升。卯。在乙曰旃蒙。在乙，言萬物遏蒙甲而出，故曰旃蒙也。執徐之歲，執，蟄。徐，舒也。伏蟄之物皆散舒而出也。歲早旱晚水，小饑，蠶閉，麥熟，民食三升。辰。在丙曰柔兆。在丙，言萬物皆生枝布葉，故曰柔兆也。大荒落之歲，荒，大也。方萬物熾盛而大出，霍然落落大布散。歲有小兵，蠶小登，麥昌，菽疾，民食二升。巳。在丁曰強圉。在丁，言萬物剛盛，故曰強圉也。敦牂之歲，敦牂，敦，盛；牂，壯也。言萬物皆盛壯也。歲大旱，蠶登，稻疾，菽麥昌，禾不爲，民食二升。午。在戊曰著雝。在戊，言位在中央，萬物繁養四方，故曰著雝也。協洽之歲，協，和。洽，合也。言陰欲化萬物和合。歲有小兵，蠶登，稻昌，菽麥不爲，民食三升。未。在己曰屠維。在己，言萬物各成其性，故曰屠維。屠，別。維，離也。涒灘之歲，涒，大。灘，修也。言萬物皆修其精氣也。○桂馥云：兩修字寫誤，並當爲循。高注呂氏春秋序意篇「歲在涒灘」云：「涒，大也。灘，循也。萬物皆大循其情性也。」李巡說爾雅云：「萬物皆循精氣，故曰涒灘。」歲和，小雨行，蠶登，菽麥昌，民食三升。申。在庚曰上章。在庚，言陰氣上升，萬物畢生，故曰上章也。作鄂之歲，作鄂，零落也。萬物皆陊落。歲有大兵，民疾，蠶不登，菽麥不爲，禾蟲，民食五升。酉。在辛曰重光。在辛，言萬物就成熟。其煌煌，故曰重光也。掩茂之歲，掩，蔽。茂，冒也。言萬物皆蔽冒。歲小饑，有兵，蠶不登，麥不爲，菽昌，民食七升。戌。在壬曰玄黓。在壬，言歲終包任萬物，故曰玄黓也。大淵獻之歲，淵，藏。獻，迎也。言萬物終于亥，大小深藏窟伏以迎陽。歲有大兵，大饑，蠶開，

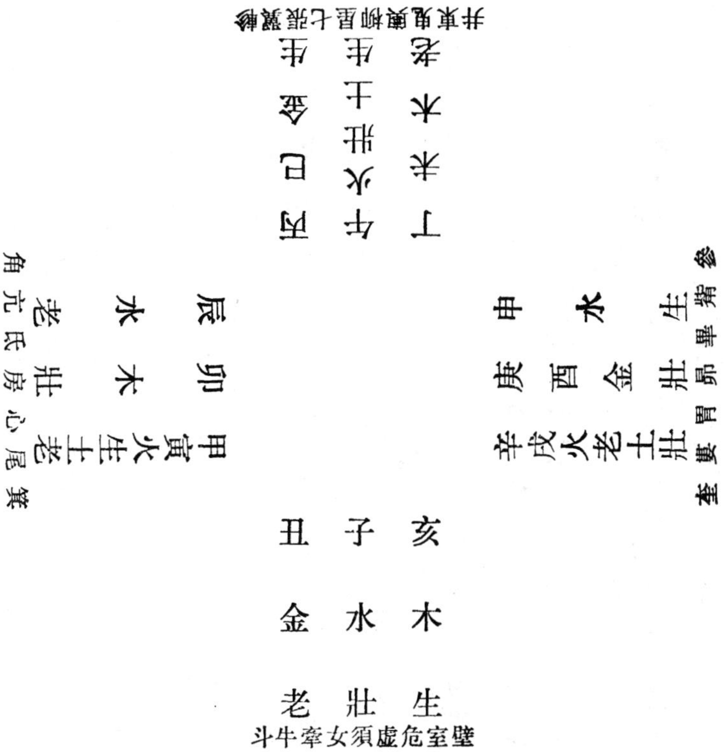
丁　未　木　老
丙　午　火　壯　土　生
巳　金　生
井　東　鬼　輿　柳　星　七　張　翼　軫
參　觜　畢　昴　胃　婁　奎
庚　申　水　生
酉　金　壯
辛　戌　火　老　土　壯
甲　寅　火　生　土　老
卯　木　壯
辰　水　老
角　亢　氐　房　心　尾　箕
亥　木　生
子　水　壯
丑　金　老
斗牛牽女須虛危室壁

菽麥不爲，禾蟲，民食三升。困敦之歲，困，混。敦，沌也。言陽氣皆混沌，萬物牙蘖也。歲大霧起，大水出，蠶稻菽麥昌，民食三斗。○王念孫云：蠶下脱登字，稻下脱疾字，「蠶登」爲句，「稻疾」爲句，「菽麥昌」爲句。「民食三斗」，斗當爲升。開元占經引此，正作「蠶登，稻疾，菽麥昌，民食三升」。子。在癸曰昭陽。在癸，言陽氣始萌，萬物合生，故曰昭陽。赤奮若之歲，奮，起也。若，順也。言陽奮物而起之，無不順其性也。赤，陽色。歲有小兵，早水，蠶不出，稻疾，菽不爲，麥昌，民食一升。

正朝夕，先樹一表東方，操一表卻去前表十步，以參望日始出北廉。日直入，又樹一表於東方，因西方之表以參望日，方入北廉則定東方。兩表之中，與西方之表，則東西之正也。日冬至，日出東南維，入西南維。至春、秋分，日出東中，入西中。夏至，出東北維，入西北維，至則正南。欲知東西、南北廣袤之數者，立四表以爲方一里歫，先春分若秋分十餘日，從歫北表參望日始出及旦，以候相應，相應則此與日直也。輒以南表參望之，以入前表數爲法，除舉廣，除立表袤，以知從此東西之數也。假使視日出，入前表中一寸，是寸得一里也。一里積萬八千寸，得從此東萬八千里。視日方入，入前表半寸，則半寸得一里。半寸而除一里積寸，得三萬六千里，除則從此西里數也。并之東西里數也，則極徑也。未春分而直，已秋分而不直，此處南也。未秋分而直，已春分而不直，此處北也。分、至而直，此處南北中也。從中處欲知中南也，未秋分而不直，此處南北中也。從中處欲知南北極遠近，從西南表參望日，日夏至始出與北表參，則是東與東北表等也，正東萬八千里，則從中北亦萬八千里也。倍之，南北之里數也。其不從中之數也，以出入前表之數益損之，表入一寸，寸減日近一里，表出一寸，寸益遠一里。欲知天之高，樹表高一丈，正南北相去千里，同日度其陰，北表一〔一〕尺，南表尺九寸，是南千里陰短寸，南二萬里則無景，是直日下也。陰二尺而得高一丈者，南一而高五也，則置從此南至日下里數，因而五之，爲十萬里，則天高也。若使景與表等，則高與遠等也。

〔一〕「一」疑當爲「二」。日本諸子大成改正淮南鴻烈解作「二」。

淮南鴻烈集解卷四

墬形訓

紀東西南北山川藪澤，地之所載，萬物形兆所化育也，故曰「地形」，因以題篇。

墬形之所載，六合之間，四極之内，四極，四方之極。無復有外，故謂之内也。○王念孫云：此篇皆言地之所載，地下不當有形字，此因篇名而誤衍耳。高釋篇名云：「紀東西南北山川藪澤，地之所載，萬物形兆所化育也。」則正文本作「地之所載」明矣。海外南經云：「地之所載，六合之間，四海之内」云云，此卽淮南所本。○陶方琦云：爾雅釋文釋地序目引許注：「地，丽也。」按：楊泉物理論：「地，著也。」説文：「丽，附著也。」易离「百穀艸木丽乎土」，王肅作「丽乎地」。地、丽諧聲之訓。**照之以日月，經之以星辰，紀之以四時，要之以太歲。**要，正也。以太歲所在正天時也。**天地之間，九州八極，**八極，八方之極也。○王念孫云「八極」當爲「八柱」。柱與極草書相近，故柱誤爲極。初學記地部上、太平御覽地部一及白帖一引此，並作「天有九部八紀，地有九州八柱」，又太平御覽州郡部三引作「天地之間，九州八柱」，楚辭天問曰：「八柱何當？東南何虧？」初學記引河圖括地象曰：「地下有八柱，柱廣十萬里。」皆其證也。又案：文選張協雜詩注云：「淮南子曰：『八紘之外有八極。』高誘曰：『八極，八方之極也。』」是高注云云，本在下文「八紘之外，乃有八極」下，後人不知此處八極爲八柱之譌，又移彼注於此，以曲爲附會，甚矣其謬也。土有九山，山有九塞，澤有九藪，風有八等，水有六品。何謂九州？東南神州曰農土，東南辰爲農祥，后稷之所經緯也，故曰農土。正南次州曰沃土，沃，盛也。五月建午，稼穡盛張，故曰沃土也。西南戎州曰滔土，滔，大也。七月建申，五穀成大，故曰滔土也。正西弇州曰并土，并，猶成也。八月建酉，百穀成熟，故曰并土也。正中冀州曰中土，冀，大也。四方之主，故曰中土也。西北台州曰肥土，正北泲州曰成土，未聞。東北薄州曰隱土，薄，猶平也。氣所隱藏，故曰隱土也。正東陽州曰申土。申，復也。陰氣盡於北，陽氣復起東北，故曰申土。何謂九山？會稽、泰山、王屋、首山、太華、岐山、太行、羊腸、孟門。會稽山在會稽郡。泰山今在泰山郡，是爲東嶽。王屋山在今河東垣縣東北，沇水所出也。首山在蒲坂縣南河曲之中，伯夷所隱。太華，今弘農華陰山也，是爲西嶽。岐山，今扶風美陽縣北，周家所邑也。太行在今上黨太行關，直河内野王縣是也。羊腸，山名也。説苑曰：「桀之居，左河、泲，右太華，伊闕在其南，羊腸在其北。」今太原晉陽西北九十里，通河西、上郡，關曰羊腸坂，是孟門、太行之限也。何謂九塞？曰太汾、澠阸、荆阮、方城、殽阪、井陘、令疵、句注、居庸。太汾在晉。澠阸，今弘農澠池是也。荆阮、方城皆在楚。殽阪，弘農郡澠池殽欽吟是也。井陘在常山，通太原關是也。令疵在遼西。句注在鴈門，陰館句注是也。居庸在上谷沮陽之東，通渾都關是也。○孫詒讓云：注「欽」當作「嶔」。鹽鐵論險固篇云：「敗秦師崤嶔崟。」公羊傳作嶔巖，穀梁作巖唫，釋文云：「唫，本作崟。」吟、唫字同，欽吟即嶔崟也。○文典謹按：初學記州郡部引，作「大汾、冥阨、荆苑、方城、豪阪、井陘、令疵、句注、居庸也」。**何謂九藪？**藪，澤也。**曰越之具區，**具區在吴、越之間也。**楚之雲夢，**雲夢在南郡華容也。**秦之陽紆，**陽紆蓋在馮翊池陽，一名具圃。○莊逵吉云：具圃，左傳作具囿，疑字誤。**晉之大陸，**大陸，魏獻子所游，焚焉而死者是也。**鄭之圃田，**圃田在今河南中牟。傳曰「鄭有原圃，猶秦之具圃也，吾子取其麋鹿，以閒敝邑」是也。**宋之孟諸，**孟諸在今梁園，睢陽東北澤是也。**齊之海隅，**海隅猶崖，葢近海濱是也。**趙之鉅鹿，**今鉅鹿黄阿澤是也。○莊逵吉云：黄阿澤即廣阿，古字黄、廣通用。**燕之昭余。**昭余，今太原郡是，古者屬燕也。**何謂八風？東北曰炎風，**艮氣所生，一曰融風也。**東方曰條風，**震氣所生也，一曰明庶風。**東南曰景風，**巽氣所生也，一曰清明風。**南方曰巨風，**離氣所生也，一曰愷風。○俞樾云：「巨」乃「豈」之壞字，豈讀爲愷。高注云「一曰愷風」，愷正字，豈借字，巨誤字耳。説詳吕氏春秋。**西南曰涼風，**坤氣所生也。**西方曰飂風，**兑氣所生也。○文典謹按：北堂書鈔一百五十一引，「飂」作「飈」，又有注云「一曰閶闔風」。**西北曰麗風，**乾氣所生也，一曰閶闔風。○文典謹按：書鈔引注「閶闔」作「不周」。**北方曰寒風。**坎氣所生也，一曰廣莫風。

何謂六水？曰河水、赤水、遼水、黑水、江水、淮水。河水出昆侖東北陬。赤水出其東南陬。遼水出碣石山，自塞北東流，直遼東之西南入海。黑水在雝州。江水出岷山，在蜀西徼外。淮水出桐柏山南平陽也。**闔四海之内，東西二萬八千里，南北二萬六千里，**子午爲經，卯酉爲緯，言經短緯長也。**水道八千里，通谷其名川六百，**○陳觀樓云：呂氏春秋有始篇作「通谷六，名川六百」，此「其」字當爲「六」之譌。**陸徑三千里。**陸徑，邪徑也。陸，地也。

禹乃使太章步自東極，至于西極，二億三萬三千五百里七十五步；使豎亥步自北極，至于南極，二億三萬三千五百里七十五步。太章、豎亥，善行人，皆禹臣也。海内東西長，南北短，極内等也。**凡鴻水淵藪，自三百仞以上，二億三萬三千五百五十里，有九淵。**○王念孫云：三百仞之百，五十里之里，九淵之淵，皆衍文。此言鴻水淵藪自三仞以上者共有二億三萬三千五百五十九也。廣雅曰：「湋、潭，淵也，自三仞以上，二億三萬三千五百五十有九。」卽用淮南之文。**禹乃以息土填洪水以爲名山，**息土不秏減，掘之益多，故以填洪水。名山，大山也。**掘昆侖虛以下地，**掘猶平也。地或作池。**中有增城九重，其高萬一千里百一十四步二尺六寸。**中，昆侖虛中也。增，重也。有五城十二樓，見括地象。此乃誕，實未聞也。○俞樾云：萬一千里言城之高，則百一十四步二尺六寸當言城之厚，然其數奇零，疑有脱誤。○文典謹按：文選遊天台山賦注、前緩聲歌注引，「增」並作「層」。藝文類聚八十三引同，惟六十五引作「曾」，曾亦卽層也。增、層古通用。**上有木禾，其修五尋，**上，昆侖虛上也。五尋長三十五尺。○文典謹按：文選思玄賦注引作「其穗長五尋」，海内西經：「海内崑崙之墟在西北，帝之下都。崑崙之墟方八百里，高萬仞，上有木禾，長五尋，大五圍。」郭璞曰：「木禾，穀類也。生黑水之阿，可食。」**珠樹、玉樹、琁樹、不死樹在其西，**在木禾之西也。**沙棠、琅玕在其東，**皆玉名也。在木禾之東也。一説：沙棠，木名也。呂氏春秋曰：「果之美者，沙棠之實也。」**絳樹在其南，**絳，赤色。**碧樹、瑶樹在其北。**碧，青玉也。木禾之北。**旁有四百四十門，門間四里，里間九純，純丈五尺，**純，量名也。○俞樾云：「門間四里」，言每門相距之數也。「里間九純」，義不可通，疑本作「門九純」，言門之廣也。門誤爲間，後人遂妄加里字耳。**旁有九井玉横，維其西北之隅，**横，猶光也。横或作彭。彭，受不死藥器也。○文典謹按：御覽七百五十六引作「旁有九井玉横受不死藥」，又引注云「横或作彭，器名也」，今高注亦云「彭，受不死藥器也」。疑「玉横」下舊有「受不死藥」四字，而今本脱之。**北門開以内不周之風。傾宮、旋室、**傾宮，宮滿一頃。旋室，以旋玉飾室也。一説：室旋機關，可轉旋，故曰旋室。**縣圃、涼風、樊桐在昆侖閶闔之中，**閶闔，昆侖虚門名也。縣圃、涼風、樊桐，皆昆侖之山名也。樊，讀如麥飯之飯。**是其疏圃。疏圃之池，浸之黄水，黄水三周復其原，**原，本也。**是謂丹水，飲之不死。**○王念孫云：丹水本作白水，此後人妄改之也。水經河水注引此作丹水，亦後人依俗本改之。楚辭離騷：「朝吾將濟於白水兮」，王注曰：「淮南言白水出崑崙之原，飲之不死。」文選思玄賦「斟白水以爲漿」，李善卽引王注。太平御覽地部二十四亦云淮南子曰：「白水出崑崙之原，飲之不死。」則舊本皆作白水明矣。又案：楚辭惜誓「涉丹水而馳騁兮」，王注曰：「丹水，猶赤水也，淮南言赤水出崑崙也。」此是引下文赤水出東南陬之語，若此文本作丹水，則王注當引以爲證，何置此不引，而別指赤水以當之乎？**河水出昆侖東北陬，貫渤海，入禹所導積石山。**渤海，大海也。河水自昆侖由地中行，禹導而通之，至積石山。書曰：「道河積石。」入，猶出也。**赤水出其東南陬，西南注南海丹澤之東。赤水之東，弱水出自窮石，**窮石，山名也，在張掖。北塞水也。**至于合黎，餘波入于流沙，絶流沙南至南海。**絶，猶過也。流沙，流行也。○王引之云：崑崙四隅爲四水所出，説本海内西經。上文言東北陬、東南陬，下文又言西北陬，無獨缺西南陬之理。此處原文當作「弱水出其西南陬，絶流沙南至南海」。其「弱水出窮石，入於流沙」及注「窮石，山名」云云，則當在下文「江出岷山」諸條間。王逸注離騷引淮南子「弱水出於窮石，入於流沙」，郭璞注海内西經引淮南子「弱水出窮石」，正與「江出岷山」諸條文義相同也。蓋弱水本出窮石，而海内西經言出崑崙西南陬，故兩存其説。（此文言河出崑崙東北陬，下文又言河出積石，亦是兩存其説。）後人病其不合，則從而合併之，於是取下文之「弱水出窮石，入於流沙」及注文，皆移置於此處，而删去「弱水出其西南陬」七字，又妄加「赤水之東」四字，（「弱水出」下又加一「自」字。）「至於合黎餘波」六字，而淮南原文遂錯亂不可復識矣。今案：上文赤水次於河水，而不言在河水之某方，下文洋水次於弱水，而不言在弱水之某方，則「弱水」二字前，安得有「赤水之東」四字乎？括地志曰：「蘭門山，一名合黎，一名窮石山。」引淮南子「弱水源出窮石山」。（見史記夏本紀正義。）使淮南原文「弱水出窮石」下有「至於合黎」之文，則合黎非窮石矣，志何得言合黎一名窮石山乎？其爲後人取禹貢之文附入，較然甚明。況既言「絶流沙」，則弱水入其中可知，何必又言「入於流沙」？區區餘波，又安能絶流沙而過乎？後人但知取下文「入於流沙」句增入「餘波」二字，而不知其與本文相抵牾也。高注「絶流沙」曰：「絶，猶過也。流沙，流行也。」（流行下當有之沙二字。）如有「餘波入於流沙」句在前，則注當先釋流沙，後釋絶字，不當先釋絶字，後釋流沙也。然則「絶流沙」前本無「餘波入於流沙」句，而「弱水出窮石，入於流沙」，當在「江出岷山」諸條間，明矣。**洋水出其西北陬，入于南海羽民之南。**洋水經隴西氐道，東至武都爲漢陽，或作養水也。○莊逵吉云：洋或作養，養應作瀁，亦作漾，卽漢水也。「東至武都爲漢陽」，陽字疑衍。**凡四水者，帝之神泉，以和百藥，以潤萬物。昆侖之丘，或上倍之，**假令高萬里，倍之二萬里。**是謂涼風之山，登之而不死。或上倍之，是謂懸圃，**○王念孫云：上文「縣圃、涼風、樊桐」，高注云「皆崑崙之山名」，上文又云「崑崙之丘，或上倍之，是謂涼風之山」，則此「縣圃」下亦當有「之山」二字。水經河水注引此作「是謂玄圃之山」，是其證。（洪興祖楚辭補注引此亦有「之山」二字。）**登之乃靈，能使風雨。或上倍之，乃維上天，登之乃神，是謂太帝之居。**太帝，天帝。○孫詒讓云：「倍」之爲言，乘也，登也。「或」者，又也。「或上倍之」，謂又登其上也。莊子逍遥遊篇云：「故九萬里，則風斯在下矣，而後乃今培風。」此倍與莊子之培義正同。莊子釋文云：「培，重也。本或作陪。」倍、培、陪字並通。高訓倍爲加倍，陸訓培爲重，皆未得其義。涼風，穆天子傳郭注引作閶風。閶、涼一聲之轉。**扶木在陽州，日之所曊。**扶木，扶桑也，在湯谷之南。曊，猶照也。陽州，東方也。曊，讀無枝檟之檟也。**建木在都廣，**建木，其狀如牛，引之有皮，若瓔黃蛇，葉若羅。都廣，南方山名也。○文典謹按：御覽四都廣下引注云「南方山名」，與今本合。九百六十一引注云「廣都，方都南山也」，疑是許注。**衆帝所自上下，日中無景，呼而無響，蓋天地之中也。**衆帝之從都廣山上天還下，故曰上下。日中時，日直人上，無景晷，故曰蓋天地之中。**若木在建木西，**○莊逵吉云：御覽引作「弱水在東，建木在西」。**末有十日，其華照下地。**末，端也。若木端有十日，狀如蓮華。華，猶光也，光照其下也。○莊逵吉云：蓮華，御覽作連珠。○文典謹按：北堂書鈔百四十九，及初學記天部上引注，「蓮華」亦並作「連珠」。

九州之大，純方千里。純，緣也。亦曰量名也。**九州之外，乃有八殯，亦方千里：**殯，猶遠也。殯，讀胤嗣之胤。○文典謹按：初學記地理部上引，殯作埏，下同。**自東北方曰大澤，曰無通；**大澤、無通，皆藪名也。○俞樾云：此當作「自東北方曰無通，曰大澤」，方與下文「東方曰大渚，曰少海」，「東南方曰具區，曰元澤」，「南方曰大夢，曰浩澤」，「西南方曰渚資，曰丹澤」，「西方曰九區，曰泉澤」，「西北方曰大夏，曰海澤」，「北方曰大冥，曰寒澤」，文義一律。蓋無通也，大渚也，具區也，大夢也，渚資也，九區也，大夏也，大冥也，所謂八殥也；大澤也，少海也，元澤也，浩澤也，丹澤也，泉澤也，海澤也，寒澤也，所謂八澤也。故下文總之曰「凡八殥八澤之雲，是雨九州」。今無通、大澤傳寫誤倒，則先澤而後殥，與下不一律矣。高注「大澤、無通，皆藪名也」，本作「無通，藪名也」，蓋無通是藪，大澤是澤，澤名已顯，故不必注；藪名未顯，故必注之。因無通、大澤傳寫誤倒，遂增大澤於無通之上，而以爲皆澤名矣。其注少海曰：「東方多水，故曰少海，亦澤名也。」上注無「澤名」之文，而此云「亦」者，亦大澤也。大澤是澤名，少海亦是澤名，特因東方多水，故從大稱而曰「海」耳，實亦澤也，故言「亦」也。卽此可見大澤與少海同在八澤之數。然則大澤不應在無通之上，其證一矣。下文浩澤注曰：「浩亦大也。」上注無「大」文，而此云「亦」者，亦大澤也。大澤以大得名，浩澤亦以大得名，故言「亦」也。卽此可見大澤與浩澤同在八澤之數。然則大澤不應在無通之上，其證二矣。○文典謹按：文選吳都賦注引淮南子曰：「九州外有八澤，方千里；八澤之外有八紘，亦方千里。」兩見八澤二字，今本唯下文「凡八殥八澤之雲，是雨九州」句，疑古有而今敓失之也。選注所引，亦足與俞說互相參證。**東方曰大渚，曰少海；**水中可居者曰渚。東方多水，故曰少海，亦澤名也。○文典謹按：初學記地理部上引，少作沙。**東南方曰具區，曰元澤；**元，讀常山人謂伯爲穴之穴也。○莊逵吉云：古讀元爲兀，故說文解字元從一，從兀爲聲，又髡一作髨，其從兀、從元皆爲聲，是此讀元爲穴之證。古聲兀、穴相同也。○王念孫云：莊說非也。元澤當爲亢澤，字之誤也。亢與沆同。（水經巨馬河注曰：督亢時水東逕督亢澤。」風俗通曰：「沆，漭也，言平望漭漭無崖際也。」是沆、亢古字通。）爾雅：「沄，沆也。」郭璞曰：「水流漭沆。」説文曰：「沆，莽沆，大水，一曰大澤。」風俗通義引傳曰：「沆者，莽也，言其平望莽莽無涯際也。」（舊本沆譌作沉，今據水經注改。）此言亢澤，亦取大澤之義。初學記地部上、太平御覽地部一引此竝作沆澤，是其證也。高注「常山人謂伯爲亢」，亢亦亢字之誤。伯，古阡陌字也。（管子四時篇曰：「脩封疆，正千伯。」史記酷吏傳「置伯格長」，徐廣曰：「街陌屯落皆設督長也。」又漢書食貨志、地理志阡陌字並作仟伯。）亢與畂同。（廣雅曰：「畂陌，道也。」釋名曰：「鹿兔之道曰亢，行不由正，亢陌山谷草野而過也。」是畂、亢古字通。）説文曰：「趙、魏謂伯爲畂。」漢之常山郡，戰國時趙地也。此云「常山人謂伯爲亢」，正與説文相合。沆、畂古同聲而並通作亢，故曰「亢，讀常山人謂伯爲亢之亢」。**南方曰大夢，曰浩澤；**夢，雲夢也。浩亦大也。**西南方曰渚資，曰丹澤；**蓋近丹水，因其名，故曰丹澤也。**西方曰九區，曰泉澤；西北方曰大夏，曰海澤；北方曰大冥，曰寒澤。**北方多寒水，故曰寒澤也。**凡八殥八澤之雲，是雨九州。八殥之外，而有八紘，**紘，維也。維落天地而爲之表，故曰紘也。○陶方琦云：文選歐陽堅石臨終詩注、答賓戲注引許注：「紘，維也。」此許、高並用舊訓，故同。或卽羼入之許説。説文：「紘，冠卷維也。」説正合。原道訓「紘宇宙而章三光」，高注：「紘，綱也，若小車蓋四維謂之紘繩之類也。」**亦方千里：自東北方曰和丘，曰荒土；**鳳所自歌，鸞所自舞，名曰和丘，曰荒土也。○莊逵吉云：「鳳所自歌，鸞所自舞」八字，出山海經。東方曰棘林，曰桑野；東南方曰大窮，曰衆女；○莊逵吉云：御覽下有注云：「民少男多女。」南方曰都廣，曰反户；都廣，國名也。山在此國，因復曰都廣山。言其在鄉日之南，皆爲北鄉户，故反其户也。西南方曰焦僥，曰炎土；焦僥，短人之國也，長不滿三尺。○莊逵吉云：御覽注作「焦僥人長三尺，衣冠帶劍」。西方曰金丘，曰沃野；西方，金位也，因爲金丘。沃，猶白也。西方白，故曰沃野。西北方曰一目，曰沙所；國人一目，在面中央。沙所，蓋流沙所出也。一曰：澤名也。北方曰積冰，曰委羽。北方寒，冰所積，因以爲名。委羽，山名，在北極之陰，不見日也。凡八紘之氣，是出寒暑，以合八正，必以風雨。八正，八風之正也，以風雨八紘之內。

八紘之外，乃有八極：自東北方曰方土之山，曰蒼門；東北木將用事，青之始也，故曰蒼門。東方曰東極之山，曰開明之門；明者，陽也，日之所出也，故曰開明之門。東南方曰波母之山，曰陽門；東南月建在巳，純陽用事，故曰陽門。據天下諸城，東南角門皆陽門，是其類也。南方曰南極之山，曰暑門；南方盛陽，積温所在，故曰暑門。西南方曰編駒之山，曰白門；西南月建在申，金氣之始也。金氣白，故曰白門。西方曰西極之山，曰閶闔之門；西方八月建酉，萬物成濟，將可及收斂。閶，大也。闔，閉也。大聚萬物而閉之，故曰閶闔之門也。西北方曰不周之山，曰幽都之門；幽，闇也。都，聚也。玄冥將始用事，順陰而聚，故曰幽都之門。北方曰北極之山，曰寒門。積寒所在，故曰寒門。凡八極之雲，是雨天下；八門之風，是節寒暑；八紘、八殥、八澤之雲，以雨九州而和中土。中土，冀州。東方之美者，有醫毋閭之珣玗琪焉。醫毋閭，山名，在遼東屬國。珣玗琪，玉名也。東南方之美者，有會稽之竹箭焉。會稽山在今會稽山陰縣之南，禹所葬。竹箭，今會稽郡出好竹箭是也。南方之美者，有梁山之犀象焉。梁山在會稽。長沙湘南，有犀角、象牙，皆物之珍也。西南方之美者，有華山之金石焉。金，美金也。石，含玉之石也。華山，今弘農華陰南山是也。西方之美者，有霍山之珠玉焉。出夜光之珠，五色之玉也。今河東永安縣也。西北方之美者，有昆侖之球琳、琅玕焉。球琳、琅玕，皆美玉也。北方之美者，有幽都之筋角焉。古之幽都在雁門以北，其畜宜牛羊馬，出好筋角，可以爲弓弩。東北方之美者，有斥山之文皮焉。斥，讀斥丘之斥。文皮，虎豹之皮也。傳曰「無終子使孟樂因魏莊子納虎豹之皮也，以請和諸戎」是也。中央之美者，有岱嶽，以生五穀桑麻，魚鹽出焉。岱嶽，泰山也。王者禪代所祠，因曰岱嶽也。五穀、桑麻、魚鹽，所養人者。出，猶生也。

凡地形：東西爲緯，南北爲經；山爲積德，川爲積刑；山仁，萬物生焉，故爲積德。川水智，智制斷，故爲積刑也。論語曰「仁者樂山，知者樂水」是也。高者爲生，下者爲死；高者陽，主生；下者陰，主死。丘陵爲牡，谿谷爲牝；丘陵高敞，陽也，故爲牡。谿谷污下，陰也，故爲牝。**水圓折者有珠，方折者有玉；**圓折者，陽也。珠，陰中之陽。方折者，陰也。玉，陽中之陰也。皆以其類也。**清水有黄金，龍淵有玉英。**清水澂，故黄金出焉。龍淵，龍所出游淵也。玉英轉化，有精光也。**土地各以其類生，**○王念孫云：此本作「土地各以類生人」，今本衍其字，脱人字。（陳祥道禮書引此已誤。）史記天官書正義、藝文類聚水部上、白帖六、太平御覽天部十五、地部二十三、疾病部一、疾病部三引此，並無其字，有人字。**是故山氣多男，澤氣多女，障氣多喑，風氣多聾，**○王念孫云：障氣本作水氣，後人以水與澤相複，故妄改爲障耳。（禮書引此已誤。）不知凡水皆謂之水，而水鍾乃謂之澤，（見周官大司徒注。）且澤氣與山氣相對，水氣與風氣相對，義各有取。改水爲障，則義不可通矣。太平御覽天部十五、疾病部一、疾病部三，（此篇内兩引。）引此並作水氣。酉陽雜俎廣知篇同。**林氣多癃，木氣多傴，**自此上至「山氣多男」，皆生子多有此病也。**岸下氣多腫，**○王念孫云：腫本作尰，此亦後人妄改之也。（禮書引此已誤。）腫音諸勇反，尰音市勇反。凡腫疾皆謂之腫，而腫足則謂之尰。尰字從尢，尢，讀若汪，跛曲脛也，（見下條。）故尰字從之。岸下氣下溼，故有腫足之疾。小雅巧言篇「居河之麋，既微且尰」，鄭箋曰：「居下溼之地，故生微尰之疾。」爾雅曰「既微且尰，骭瘍爲微，腫足爲尰」是也。若作腫，則非其指矣。太平御覽天部十五引此正作尰，又引高注云：「岸下下溼，腫足曰尰。」（今脱此注。）又疾病部一、疾病部三引此並同。**石氣多力，**象石堅也。**險阻氣多癭，**上下險阻，氣衝喉而結，多癭咽也。**暑氣多夭，**夭折不終也。**寒氣多壽，谷氣多痺，丘氣多狂，**○王念孫云：狂當爲尪。説文：「尢，跛曲脛也。從大，象偏曲之形。古文作尪。」一切經音義十八引蒼頡篇曰：「痺，手足不仁也。」痺與尪皆肢體之疾，故連類而及之，若狂則非其類矣。篆書尪、狂二字相似，隸書亦相似，故尪誤爲狂。天官書正義、太平御覽引此作狂，亦傳寫之誤。酉陽雜俎正作尪。吕氏春秋盡數篇「輕水所多秃與癭人，重水所多尰與躄人，苦水所多尪與傴人」，癭、尰、尪、傴四字皆與此篇同。**衍氣多仁，**下而污者爲衍也。○莊逵吉云：御覽衍作廣，注云：「下而平者爲廣也。」**陵氣多貪，輕土多利，重土多遲，**利，疾也。**清水音小，濁水音大，**音，聲也。**湍水人輕，遲水人重，**湍，急流悍水也。**中土多聖人。皆象其氣，皆應其類。故南方有不死之草，北方有不釋之冰，**南方溫，故草有不死者。北方寒，故冰有不泮釋者。○文典謹按：御覽六十八引，南方作淮海。意林引注云：「寒溫異也。」疑皆據許本也。**東方有君子之國，**東方木德仁，故有君子之國。其人衣冠帶劍食獸，使二文虎也。○莊逵吉云：説文解字曰：「東夷從大，大人也。夷俗仁，仁者壽，有君子不死之國。」卽與此解同。**西方有形殘之尸。寢居直夢，人死爲鬼，**西方金，金斷割攻戰之事，有形殘之尸也。寢，寐也。居，處也。金氣方剛，故其寢寐處夢，悟如其夢，故曰直夢。不終其命，死而爲鬼，能爲祅怪病人也。一説曰：形殘之尸于是以兩乳爲目，腹臍爲口，操干戚以舞，天神斷其手，後天帝斷其首也。以無夢，故曰寢居直夢。○莊逵吉云：一説即山海經之形天也。古聲天、殘相近。**磁石上飛，雲母來水，土龍致雨，燕鴈代飛，**湯遭旱，作土龍以象龍。雲從龍，故致雨也。燕，玄鳥也，春分而來，鴈春分而北詣漠中也；燕秋分而去，鴈秋分而南詣彭蠡也，故曰代飛。代，更也。○莊逵吉云：御覽引許眘注：「湯遭旱，作土龍以象雲龍。」即此注而小異。○陶方琦云：初學記一、白帖二、御覽十一、歲華紀麗二注引許注「湯遭旱，作土龍以象雲從龍也。」按：此亦疑許説羼入高注本，故同。桓子新論：「問求雨所以爲土龍者，何也？曰：龍見者，輒有風雨興起以送迎之，故緣其象類而爲之。」論衡亂龍篇：「董仲舒申春秋之雩，謂土龍以招雨，其意以雲龍相致。易曰：『雲從龍。』以類求之，故設土龍。」許注謂湯時事，必係古説。又御覽九百四十二引「燕雁代飛」許注云：「燕春南而雁秋北。」文選江淹雜體詩注引敓一秋字，義固未足，然御覽加一雁字，義又未安。當是「燕春南而秋北，雁春北而秋南。」管子：「桓公曰：鴻雁春北而秋南，不失其時。」文亦相類。**蛤蠏珠龜，與月盛衰。**與，猶隨也。**是故堅土人剛，弱土人肥；**○俞樾云：下文「壚土人大，沙土人細；息土人美，秏土人醜」，大與細對，美與醜對。剛與肥則不對矣。肥當作脃。廣雅釋詁：「脃，弱也。」脃即脆之俗體。堅土人剛，弱土人脃，正相對成義。家語執轡篇作「堅土之人剛，弱土之人柔」，柔亦脃也。**壚土人大，沙土人細；**壚，讀纑繩之纑。細，小也。**息土人美，秏土人醜。食水者善游能寒，**魚鼈鷖鶩之屬是也。○陶方琦云：意林引許注：「魚是也。」當是高承許注。○文典謹按：

能，讀曰耐。漢書趙充國傳「漢馬不能冬」，師古曰「能，讀曰耐」，是其比也。家語執轡篇正作耐。**食士者無心而慧**，蚯蚓之屬是也。○俞樾云：蚯蚓之屬，何慧之有？大戴記易本命篇作「無心而不息」，盧辯注曰：「蚯蚓之屬不氣息也。」此文慧字疑亦不息二字之誤。○文典謹按：家語執轡篇與大戴禮同。御覽九百四十四引作「食士者無心不惠」。（惠、慧古通。）俞説近塙。○陶方琦云：意林引許注：「蚯蚓是也。」此高承用許注。**食木者多力而奰**，熊羆之屬是也。奰，煩腸黄理也。奰，讀「内奰于中國」之奰，近鼻也。○陶方琦云：意林引許注：「熊羆是也。」此亦高承用許注。○文典謹按：御覽九百五十二引奰作惡，引注羆作犀。**食草者善走而愚**，麋鹿之屬是也。○陶方琦云：意林引許注：「麋鹿是也。」亦是高承用許注。**食葉者有絲而蛾**，蠶是也。○王念孫云：食葉本作食桑。後人以蟲之食葉者多化爲蛾，故改食桑爲食葉。不知正文本作食桑，故高注專訓爲蠶。若作食葉，則與高注不合矣。爾雅「䖸羅」，郭璞曰蠶蛾。説文䖸蠶化飛蟲，或作䖸。是古人言蛾者，多專指蠶蛾言之，故曰「食桑者有絲而蛾」，故高注專訓爲蠶也。大戴禮易本命篇、家語執轡篇並作食桑，太平御覽資産部五蠶下引淮南亦作食桑，意林及藝文類聚蟲豸部並同。○文典謹按：上文「食木者」、「食草者」，下文「食肉者」、「食穀者」，木也，草也，肉也，穀也，皆共名也，此似不應獨舉專名曰「食桑者」。蟲之食葉者多化爲蛾，此生民之所共見，且據藝文類聚高注實作「蠶屬是也」，此「蠶是也」乃許注也。既曰「蠶屬」，則非專訓爲蠶可知，王説泥矣。**食肉者勇敢而悍**，虎豹鷹鸇之屬是也。○陶方琦云：意林引許注作「虎豹是也」。**食氣者神明**

而壽，仙人松、喬之屬是也。○陶方琦云：意林引許注：「龜蛇之類，王喬、赤松是也。」食穀者知慧而夭，○陶方琦云：意林引許注：「人是也。」高無注，乃敚文也。不食者不死而神。凡人民禽獸萬物貞蟲，各有以生，貞蟲，諸細要之屬也。或奇或偶，或飛或走，莫知其情。唯知通道者，能原本之。

天一地二人三，一，陽；二，陰也。人生於天地，故曰三也。三三而九。九九八十一，一主日，日數十，十，從甲至癸也。日主人，人故十月而生。八九七十二，二主偶，偶以承奇，奇主辰，辰主月，月主馬，馬故十二月而生。七九六十三，三主斗，斗主犬，犬故三月而生。六九五十四，四主時，時主彘，彘故四月而生。五九四十五，五主音，音主猿，猿故五月而生。四九三十六，六主律，律主麋鹿，○莊逵吉云：大戴禮記作禽鹿。麋鹿故六月而生。三九二十七，七主星，星主虎，虎故七月而生。二九十八，八主風，風主蟲，蟲故八月而化。

鳥魚皆生於陰，陰屬於陽，○王念孫云：下陰字蒙上而衍。此謂鳥魚皆屬於陽，非謂陰屬於陽也。大戴禮、家語並作「鳥魚皆生於陰而屬於陽」，盧辯曰：「生於陰者，謂卵生也。屬於陽者，謂飛游於虚也。」則無下陰字明矣。文選辯命論注、太平御覽羽族部一引淮南皆無下陰字。故鳥魚皆卵生。魚游於水，鳥飛於雲，故立冬燕雀入海，化爲蛤。○莊逵吉云：大戴禮記蛤作蚧。萬物之生而各異類：蠶食而不飲，蟬飲而不食，蜉蝣不飲不食，○莊逵吉云：盧辯注大戴禮記引本書云：「蠶食而不飲，三十二日而化。蟬飲而不食，三十日而死。蜉蝣不飲不食，三日而終。」介鱗者夏食而冬蟄。介，甲，龜鼈之屬也。鱗，魚龍之屬。齕吞者八竅而卵生，鳥魚之屬。嚼咽者九竅而胎生。四足者無羽翼，戴角者無上齒；無角者膏而無前，膏，豕也，熊猿之屬。無前，肥從前起也。有角者指而無後。指，牛羊麋之屬。無後，肥從後起也。○莊逵吉云：指應作脂，見周禮注，所謂「戴角者脂，無角者膏」是也。又王肅家語注引本書，正作脂。○文典謹按：莊校是也。御覽八百六十四、八百九十九引，指並作脂。說文肉部：「戴角者脂，無角者膏。」一切經音義引三倉：「有角曰脂，無角曰膏。」皆其證。又「無前」、「無後」，義不可通，無疑當作兑，始譌爲无，傳寫又爲無耳。御覽八百九十九引，正作「兑前」、「兑後」，又引注云：「豕馬之屬前小，牛羊後小。」是其證矣。前小卽兑前，後小卽兑後也。晝生者類父，夜生者似母。至陰生牝，至陽生牡。夫熊羆蟄藏，飛鳥時移。是故白水宜玉，黑水宜砥，砥則阜石也。青水宜碧，赤水宜丹，黄水宜金，清水宜龜；汾水濛濁而宜麻，濟水通和而宜麥，河水中濁而宜菽，○王念孫云：中濁二字，義不相屬。濁本作調，中調猶中和也。上文曰「濟水通和而宜麥」，義與此相近，今作中濁者，涉上文「汾水濛濁」而誤。（禮書引此已誤。）後漢書馮衍傳注引此作「河水調宜菽」，太平御覽百穀部五引此作「河水中調而宜菽」。雒水輕利而宜禾，渭水多力而宜黍，漢水重安而宜竹，○王念孫云：太平御覽地部二十三、二十七引此，竹下皆有箭字，今本脱之。（禮書引此已無箭字。）古人言物産者多並稱竹箭，故曰「漢水重安而宜竹箭」。周官職方氏曰：「其利金錫竹箭。」楚語曰：「楚有藪曰雲連、徒洲，金木竹箭之所生。」皆是也。江水肥仁而宜稻。平土之人，慧而宜五穀。

東方川谷之所注，日月之所出，其人兑形小頭，隆鼻大口，鳶肩企行，竅通於目，筋氣屬焉，蒼色主肝，長大早知而不壽；其地宜麥，多虎豹。南方陽氣之所積，暑濕居之，其人修形兑上，大口決䏢，○王念孫云：䏢當爲眦，字之誤也。說文：「眥，目匡也。」鄭注鄉射禮曰：「決，猶開也。」開眦謂大目也。大口、決眦意相近。（曹植鼙舞歌曰：「張目決眥。」）太平御覽人事部四引此正作眦。竅通於耳，血脉屬焉，赤色主心，早壯而夭；其地宜稻，多兕象。西方高土，川谷出焉，日月入焉，其人面末僂，修頸卬行，竅通於鼻，末，猶脊也。○俞樾云：高注曰：「末，猶脊也。」然則末僂者，謂其脊句僂也。末上不當有面字，疑是衍文。又按莊子外物篇「末僂而後耳」，釋文引李云：「末，上，謂頭前也。」蓋訓末爲上，又以上爲頭，故以末僂爲頭前。此說末字之義較合。說文木部「木上爲末」，故人亦以上爲末矣。皮革屬焉，白色主肺，勇敢不仁；其地宜黍，多旄犀。旄，讀近綢繆之繆，急氣言乃得之。○莊逵吉云：何休注公羊傳、劉熙釋名並有急氣籠口讀字之說，蓋當時有其法，即開魏音反語、周沈切韻之漸矣。北方幽晦不明，天之所閉也，寒水之所積也，○王念孫云：寒水當爲寒冰，字之誤也。上文「北方曰積冰」，高注曰「北方寒，冰所積，因名爲積冰」是也。太平御覽引此，正作寒冰。蟄蟲之所伏也，其人翕形翕，讀脅榦之脅。短頸，大肩下尻，竅通於陰，骨幹屬焉，黑色主腎，其人惷愚，惷，讀人謂惷然無知之惷也，籠口言乃得。禽獸而壽；○王念孫云：自「翕形短頸」以下六句，皆承上「其人」二字言之，則「惷愚」上不當更有「其人」二字。上文東方、南方、西方皆無此二字，此卽因上文「其人翕形」而誤衍也。（太平御覽引此已誤。）又按：禽獸二字，妄人所加也。「惷愚而壽」與上文「早知而不壽」，文正相對，加入禽獸二字，則文不成義矣。太平御覽引無此二字。其地宜菽，菽，豆也。多犬馬。傳曰：「冀之北土，馬之所生。」言燕、代出馬也。中央四達，風氣之所通，雨露之所會也，其人大面短頤，美須惡肥，竅通於口，膚肉屬焉，黃色主胃，慧聖而好治；其地宜禾，多牛羊及六畜。

木勝土，土勝水，水勝火，火勝金，金勝木，故禾春生秋死，禾者木，春木王而生，秋金王而死。菽夏生冬死，豆，火也，夏火王而生，冬水王而死。麥秋生夏死，麥，金也，金王而生，火王而死也。薺冬生中夏死。薺，水也，水王而生，土王而死也。○王念孫云：此本作「薺冬生而夏死」，後人以薺死於中夏，因改爲中夏。不知上文「禾春生秋死」，「菽夏生冬死」，「麥秋生夏死」，皆但言其時而不言其月，薺亦然也。藝文類聚草部下、太平御覽百穀部一、菜部五引此，並作「薺冬生而夏死」。木壯水老火生金囚土死，火壯木老土生水囚金死，土壯火老金生木囚水死，金壯土老水生火囚木死，水壯金老木生土囚火死。音有五聲，宮其主也。五聲，宮、商、角、徵、羽也。在中央，故爲主。色有五章，黃其主也。味有五變，甘其主也。位有五材，土其主也。是故鍊土生木，鍊木生火，鍊火生雲，雲，金氣所生也。鍊雲生水，鍊水反土。○文典謹按：御覽八百六十九引，作「鍊水生土」。鍊甘生酸，鍊酸生辛，鍊辛生苦，鍊苦生鹹，鍊鹹反甘。鍊，猶治也。變宮生徵，變徵生商，變商生羽，變羽生角，變角生宮。變，猶化也。是故以水和土，以土和火，以火化金，以金治木，木復反土。五行相治，所以成器用。土，本也，故曰五行相生，以成器用。

凡海外三十六國：○王引之云：論衡無形、談天二篇並作三十五國，今厤數下文，自脩股民至無繼民，實止三十五國，六字誤也。自西北至西南方，有修股民、天民、肅慎民、修，長也。股，脚也。天民、肅慎，皆有國名也。傳曰：「肅慎、燕、亳吾北土。」是云西方，黨獨西方之國自復有之耶？一曰：肅，敬也。慎，畏也。白民、沃民、女子民、丈夫民、白民，白身民，被髮，髮亦白。女子民，其貌無有須，皆如女子也。丈夫民，其狀皆如丈夫，衣黃衣冠帶劍。皆西方之國也。奇股民、一臂民、三身民。奇，隻也。股，脚也。言其人一臂一手一鼻孔也。三身民，蓋一頭有三身。皆西方之國也。自西南至東南方，結胷民、羽民、讙頭國民、裸國民、三苗民、交股民、不死民、穿胷民、反舌民、三苗，國名也，在豫章之彭蠡。交股民，脚相交切。不死民，不食也。穿胷，胷前穿孔達背。反舌民，語不可知而自相曉。一説：舌本在前，反向喉，故曰反舌也。南方之國名也。**豕喙民、鑿齒民、三頭民、修臂民。**豕喙民，其喙如豕。鑿齒民，吐一齒出口下，長三尺也。三頭民，身有三頭也。修臂民，一國民皆長臂，臂長於身。皆南方之國也。**自東南至東北方，有大人國、君子國、**東南壚土，故人大也。君子國，已説在上章也。○**黑齒民、玄股民、**其人黑齒，食稻啖虵，在湯谷上。玄股民，其股黑，兩鳥夾之，見山海經也。○陶方琦云：文選海賦注引許注：「其民不衣也，其民黑齒也。」按：「其人黑齒」，此許與高同本海外東經之説，或許注羼入高注中者。海外東經黑齒國，郭注引東夷傳曰：「倭國東四十餘里有裸國，裸國東南有黑齒國，船行一年可至。」王逸楚辭招魂注：「黑齒，齒牙盡黑。」齊俗訓（無「題篇」字，乃許注本。）「雖之夷狄徒倮之國」，許注：「徒倮，不衣也。」與此注同。**毛民、勞民。**其人體半生毛，若矢鏃也。勞民，正理躁擾不定也。皆東方國也。**自東北至西北方，有跂踵民、句嬰民、**跂踵，民踵不至地，以五指行也。句嬰，讀爲九嬰。北方之國也。○莊逵吉云：古句、九同聲，故齊桓公九合卽糾合，此讀句爲九之證。**深目民、無腸民、柔利民、**皆北方之國也。**一目民、無繼民。**一目民，目在面中央。無繼民，其人蓋無嗣也。北方之國也。○莊逵吉云：無繼卽無脊，脊與繼通用字。

雒棠、武人在西北陬，皆日所入之山名也。硥魚在其南。硥魚，如鯉魚也，有神聖者乘行九野，在無繼民之南。硥，讀如蚌也。有神二人連臂爲帝候夜，在其西南方。連臂大呼夜行。三珠樹在其東北方，有玉樹在赤水之上。昆侖、華丘在其東南方，在無繼民之東南也。爰有遺玉、◯莊逵吉云：遺玉，說文解字作瑿玉。青馬、視肉、其人不知言也。楊桃、甘樝、甘華，百果所生。皆異物也。在木曰果，在地曰蓏。◯劉績云：華丘疑䰈丘之誤。䰈音嗟。山海經：「䰈丘，爰有遺玉、青鳥、視肉、楊柳、甘柤、甘華，百果所生。」◯王念孫云：此海外東經文也。䰈與華，形聲皆不相近，若本是䰈字，無緣誤爲華。今案：華字當是苹字之誤。苹與平古字通。（堯典「平秩東作」，馬融本平作苹。周官車僕「苹車之萃」，故書苹作平。說文「蒻，蒲子，可以爲平席」，王肅注顧命作苹席。）海外北經曰：「平丘在三桑東，爰有遺玉、青鳥、視肉、楊柳、甘柤、甘華，百果所生。」此淮南所本也。隸書華字或作苹，（見漢北海相景君碑陰。）又作蕐，（見桐柏淮源廟碑。）並與苹相似，故苹誤爲華矣。（說文「蒻，蒲子，可以爲平席」，文選秋興賦注引作「華席」，亦是平通作苹，因誤爲華也。史記禮書「大路越席」，正義：「越席謂蒲爲華席。」亦是苹席之誤。）◯陶方琦云：此許注羼入高注中者。時則訓「果實蚤成」，高注：「有覈曰果，無覈曰蓏。」其注呂覽本味篇說亦同。說文蓏字下云：「在木曰果，在地曰蓏。」說正同。幸有左證，方能別而出之。和丘在其東北陬，四方而高曰丘。鸞所自歌，鳳所自舞，故曰和丘。在無繼民東北陬也。

三桑、無枝在其西，夸父、耽耳在其北方。耽耳，耳垂在肩上。耽，讀褶衣之褶。或作攝，以兩手攝耳，居海中。○王念孫云：褶、攝二字，聲與耽不相近，耽字無緣讀如褶，亦無緣通作攝也。耽皆當爲耴。今作耽者，後人以意改之耳。說文：「耴，耳垂也。從耳下垂，象形。春秋傳曰秦公子耴。耴者，其耳下垂，故以爲名。」玉篇豬涉切。是耳下垂謂之耴。故高注云「耴耳，耳垂在肩上」。廣韻「耴耳，國名」，正謂此也。（春秋鄭公子輒字子耳，義與耴亦相近。）字或作聶，海外北經云：「聶耳之國在無腸國東，爲人兩手聶其耳，縣居海水中。」卽高注所云「以兩手聶耳，居海中」者也。耴與聶聲相近，故海外北經作聶。耴與褶、攝聲亦相近，故高讀耴如褶，而字或作攝。後人多見耽，少見耴，又以說文云「耽，耳大垂也」，故改耴爲耽，而不知其與高注大相抵牾也。**夸父棄其策，是爲鄧林。**夸父，神獸也，飲河、渭不足，將飲西海，未至，道渴死。見山海經。策，杖也，其杖生木而成林。鄧，猶木也。一曰：仙人也。○陶方琦云：文選潘岳西征賦注引許注：「策，杖也。」按：此亦許注羼入高注中者。莊子齊物論司馬注：「策，杖也。」**昆吾丘在南方。**昆吾，楚之祖祝融之孫，陸終之子，爲夏伯也。詩云「昆吾夏桀」也。**軒轅丘在西方。**軒轅，黃帝有天下之號也。**巫咸在其北方，**巫咸，知天道，明吉凶。**立登保之山。暘谷、榑桑在東方。**暘谷，日之所出也。榑桑，在登保之山東北方也。**有娀在不周之北，長女簡翟，少女建疵。**有娀，國名也。不周，山名也。娀，讀如嵩高之嵩。簡翟、建疵姊妹二人在瑤臺，帝嚳之妃也。天使玄鳥降卵，簡翟吞之以生契，是爲玄王，殷之祖也。詩云「天命玄鳥，降而生商」也。**西王母在流沙之瀕。**地理志曰：西王母石室，在金城臨羌西北塞外。**樂民、拏閭在昆侖弱水之洲。**水中可居曰洲。**三危在樂民西。**三危，西極之山名也。**宵明、燭光在河洲，所照方千里。**洲，水中所居者。燭光所照者方千里。**龍門在河淵。湍池在昆侖。**龍門在河中馮翊夏陽界。**玄燿、不周、**玄燿，水名。一曰山名。**申池在海隅。**海隅，藪也。**孟諸在沛。**孟諸，宋澤也，在睢陽東北。**少室、太室在冀州。**少室、太室在陽城，嵩高山之别名。冀，堯都冀州，冀爲天下之號也。**燭龍在雁門北，蔽于委羽之山，不見日，其神人面龍身而無足。**蔽，至也。委羽，北方山名也。一曰：龍銜燭以照太陰，蓋長千里，視爲晝，瞑爲夜，吹爲冬，呼爲夏。○陶方琦云：初學記三、御覽九百二十九引許注：「不見日，故龍以目照之，蓋長千里。開爲晝，（御覽引開仍作視字。）瞑爲夜，吹爲冬，呼爲夏。」按：許注亦本海外北經説也。海外北經作：「鍾山之神名燭陰，視爲晝，瞑爲夜，吹爲冬，呼爲夏。」御覽引括地志亦同。又大荒北經章尾山「是燭九陰，是謂燭龍。」郭注引「詩含神霧：『天不足西北，無有陰陽消息，故有龍銜精以照天門。』淮南子曰『蔽于委羽之山，不見天日』也。」○文典謹按：文選謝靈運擬魏太子鄴中集詩注引，蔽作第，注同。**后稷壠在建木西，**建木在都廣。都廣，南方澤名。説其山，説其澤。壠，冢也。**其人死復蘇，其半魚，在其間。**南方人死復生，或化爲魚，在都廣建木間。**流黄、沃民在其北方三百里，狗**

國在其東。雷澤有神，龍身人頭，鼓其腹而熙。雷澤，大澤也。鼓，擊也。熙，戲也。地理志曰：禹貢雷澤在濟陰城陽西北，城陽有堯冢。

江出岷山，東流絶漢入海，左還北流，至于開母之北，右還東流，至于東極。岷山在蜀西徼外。絶，猶過也。開母，山名，在東海中。**河出積石。**河原出昆侖，伏流地中方三千里，禹導而通之，故出積石。積石山在金城郡河關縣西南。**睢出荆山。**荆山在左馮翊懷德縣之南，下有荆漂原，睢州浸也。○莊逵吉云：「睢出荆山」，「睢」字誤，當爲「洛」。古字作雒，故誤爲睢也。荆漂原當卽疆梁原，古字荆、疆相通，漂、梁則字之誤也。孫編修謂：梁古文作桼，形與漂近，後人多見漂，少見桼，因之而亂耳。○王念孫云：水經沮水注曰：「沮水出東汶陽郡沮陽縣西北景山，卽荆山首也。（中山經：「荆山之首曰景山，睢水出焉，東南流注于江。）故淮南子曰：沮出荆山。高誘云：荆山在左馮翊懷德縣。蓋以洛水有漆、沮之名故也。斯繆證耳。」案：此所謂沮水，乃江、漢、睢、漳之睢，非漆、沮之沮，所謂荆山，乃禹貢南條荆山，非北條荆山，故酈氏以高注爲繆證。莊伯鴻欲改睢爲洛，以合高注，不知洛水過荆山入渭，（地理志：左馮翊懷德，禹貢北條荆山在南，下有彊梁原，洛水東南入渭。）則不得言洛出荆山，且下文明言洛出獵山，何不察之甚也！**淮出桐柏山。睢出羽山。**桐柏山在南陽。**清漳出楬戾。濁漳出發包。**楬戾山在上黨治。發包山一名鹿苦山，亦在上黨長子。二漳合流，經魏郡入清河也。○莊逵吉云：錢別駕云：鹿苦，地理志作鹿谷，苦字誤，應作谷。清漳，說文解字以爲出沾山大要谷，地理志以爲出大黽谷，要、黽亦形近亂也。山海經云：「謁戾之山，沁水出焉。」水經同。蓋沁、漳下流互受，故以沁水所出之山爲清漳所出耳。發包，水經作發鳩，古字鳩或爲勼，勼與包形近，亦聲同，因字因聲，故亦通用。楬、謁亦同。**濟出王屋。時、泗、沂出臺、台、術。**王屋山在河東垣縣東北。時、泗、沂皆水名，臺、台、術皆山名，處則未聞也。**洛出獵山。**獵山在北地西北夷中，洛東南流入渭，詩「瞻彼洛矣，維水泱泱」是也。**汶出弗其，西流合於濟。**弗其山在北海朱虛縣東。○莊逵吉云：弗其，地理志作不其，弗、不通用。○王引之云：水經汶水注曰：「按誘說是乃東汶，非經所謂入濟者也，蓋其誤證爾。」今案：漢書地理志琅邪郡朱虛「有東泰山，汶水所出，東至安丘入維」，此高注所本也。其水入維不入濟，故酈氏以爲誤證。地理志又曰：「泰山郡萊蕪有原山，禹貢汶水出西南，（句。）入泲，（古濟字。）」此則淮南之汶矣。汶出原山，而此云出弗其者，弗其蓋原山之別名。淮南與地理志似異而實同也。禹貢錐指因高注誤證，而並以淮南爲誤，則過矣。弗其卽是原山，在萊蕪縣，與不其縣之不其山名相似而地則不同，莊氏伯鴻以爲卽不其山，謬矣。○俞樾云：說文水部汶水「出琅琊朱虛東泰山，東入濰」，又曰：「桑欽說，汶水出泰山萊蕪，西南入泲。」是汶水有二，一入濰，一入泲，泲卽濟也。高注曰：「弗其山在北海朱虛縣東。」是誤以入濰之汶說入濟之汶，王氏讀書雜志已辯正矣。惟弗其之名，未能塙指。漢書地理志曰：「泰山郡萊蕪有原山，禹貢汶水出西南入泲。」今原山在山東泰安府萊蕪縣東北七十里，亦名馬耳山。弗其二字，疑卽馬耳之誤。弗與馬，其與耳，字形皆相似。○文典謹按：西流合於濟，各本皆作流合於濟，敓西字，今據水經注所引補。**漢出嶓冢。涇出薄落之山。**嶓冢山，漢陽縣西界，漢水所出，南入廣漢，東南至雒州入江。薄落之山，一名笄頭山，安定臨涇縣西，禹貢涇水所出，東南至陽陵入渭。**渭出鳥鼠同穴。伊出上魏。**鳥鼠同穴山在隴西首陽西南，渭水所出，東會于澧，又入河，雒州川也。上魏，山名，處則未聞。○莊逵吉云：渭水，諸書皆作雍州浸，唯此書與周書作川。**雒出熊耳。**熊耳山在京師上雒西北也。**浚出華竅。維出覆舟。汾出燕京。**燕京，山名也，在太原汾陽，汾水所出，西南至汾陽，冀州浸。○莊逵吉云：山海經、水經皆云汾出管涔山，古字燕管、京涔聲近通用。**衽出濆熊。淄出目飴。**目飴，山名。**丹水出高褚。**高褚一名冢嶺山，在京兆上雒，丹水所出，東至均入沔也。○劉績云：冢領山在陝西西安府商縣南，丹水出於此，東流至河南内鄉縣，與淅水合流入漢江，非此所謂丹水也。高褚恐高都之譌，漢上黨高都縣莞谷，丹水所出，東南入絶水。（見地理志。）今山西澤州高平卽高都，有丹水源出仙公山，南流合白水入沁河，此丹水是。○王念孫云：劉説是也。北山經曰：「沁水之東有林焉，名曰丹林，丹水出焉。」（舊本作「丹林之水」，衍「林之」二字，今依水經注删。）南流注于沁。（舊本作「注于河」，涉上文「沁注于河」而誤，今依水經注改。）水經沁水注曰：「丹水出上黨高都縣故城東北阜下，東會絶水，又東南流，白水注之，又東南流注於沁。」竹書紀年「晉出公五年，丹水三日絶不流」，皆謂此丹水也。漢高都故城在今澤州府鳳臺縣東北，此作高褚，豈都字古通作諸，因誤爲褚與？**股出嶕山。**○王引之云：偏考地理書，無股水之名。股疑當爲般。隸書舟字多作月，故般誤爲股。（漢巴郡太守張納功德敍「般桓弗就」，司隸校尉魯峻碑陰「平原般」，並作股，與股相似。爾雅釋水「鉤般」，釋文：「般，李本作股。」）漢書地理志濟南郡般陽，應劭曰：「在般水之陽。」水經濟水注曰：「般水出般陽縣東南龍山，俗亦謂之爲左阜。」龍山蓋嶕山也，古今異名耳。**鎬出鮮于。涼出茅盧、石梁。**鮮于、茅盧、石梁，皆山名也。○莊逵吉云：郭璞山海經注引此，作「薄出鮮于」。○劉績云：鎬、薄必有一誤。○王引之云：北山經薄水注引此文，則薄非誤字可知。鎬與薄形聲皆不相似，薄字亦無緣誤爲鎬。蓋鎬字下有出某山之文，而今脱之，「薄出鮮于」又脱薄字，故混爲一條耳。**汝出猛山。淇出大號。**猛山一名高陵山，在汝南定陵縣，汝水所出，東南至新蔡入淮。大號山在河内共縣北。或曰在臨慮西。○莊逵吉云：河内共縣，諸本及藏本皆作邛，攷河内無邛縣，當作共，故改之。**晉出龍山結給，合出封羊。**結給合一名也龍山，在晉陽之西北，晉水所出，東入汾。封羊，山名。○王引之云：「晉出龍山結給」當作「晉出結紬」。龍山二字，因注而衍。紬字右畔作合，則因下句「合出封羊」而誤。注當作「結紬山一名龍山」。今本作結給，亦隨正文而誤，又脱山字，衍合字、也字耳。水經晉水注曰：「晉書地道記及十三州志並言晉水出龍山，一云出結紬山，在晉陽縣西北。」太平御覽地部十引郡國志曰：「懸甕山一名龍山，亦名結紬山，晉水出焉。」是結紬山乃晉水所出，故曰「晉出結紬」，結紬疊韻字，（結古讀若吉。）若作結給，則失其韻矣。且龍山即是結紬，不得並言「龍山結紬」也。注言「結紬山一名龍山」者，猶上注言「發包山一名鹿谷山」，

「薄落之山一名笄頭山」,「猛山一名高陵山」。其云一名某山,乃高以當時山名釋之,不得闌入正文。遼出砥石。釜出景。砥石,山名,在塞外,遼水所出,南入海。景山在邯鄲西南,釜水所出,南澤入漳,其原浪沸湧,正勢如釜中湯,故曰釜,今謂之釜口。岐出石橋。呼沱出魯平。魯平,山名。呼沱,并州之浸也,今中山漢昌呼沱河是。〇莊逵吉云:孫編修云:「魯平疑當作魯乎,此山亦名武夫,古聲武魯、夫乎相近。又攷山海經名之爲泰戲,戲聲亦與乎夫近,皆通用字。」泥塗淵出樠山。樠,讀人姓樠氏之樠。維濕北流出於燕。流於北燕,北塞外也。〇莊逵吉云:錢別駕云:「維濕」,濕字當作㶟。㶟水出右北平浚靡縣,東南至無終入庚,庚水至雍奴入海。出地理志。即經流燕京之水也。若濕出平原、高唐,與此不涉,非是。

諸稽、攝提,條風之所生也;諸稽、攝提,天神之名也。艮爲條風。通視,明庶風之所生也;通視,天神也。明庶風,震卦之所生也。赤奮若,清明風之所生也;赤奮若,天神也。巽爲清明風也。共工,景風之所生也;共工,天神也,人面蛇身。離爲景風。諸比,涼風之所生也;諸比,天神也。坤爲涼風。皋稽,閶闔風之所生也;皋稽,天神也。兑爲閶闔風。隅强,不周風之所生也;隅强,天神也。乾爲不周風。窮奇,廣莫風之所生也。窮奇,天神也,在北方道,足乘兩龍,其形如虎。坎爲廣莫風。

窔生海人,窔,人之先人。〇俞樾云:下文又曰「凡窔者生於庶人」,兩窔字皆胈字之誤。

史記司馬相如傳「躬腠胝無胈」，韋昭曰：「胈，戚中小毛也。」漢書相如傳注引孟康曰：「胈，毳膚皮也。」然則「凡胈者生於庶人」與下「凡羽者生於庶鳥」、「凡毛者生於庶獸」、「凡鱗者生於庶魚」、「凡介者生於庶黿」一律。人以胈言，猶鳥獸魚黿以羽毛鱗介言也。其字本从肉，傳寫誤从穴，後人以从穴之字多上形下聲，因變爲窔矣。管子侈靡篇有⿰月鳥字，卽窵字之誤。墨子備城門篇有⿰月賣字，卽竇字之誤。說見本書。彼蓋先誤穴爲肉，後人以从肉之字多左形右聲，因變爲⿰月鳥、爲⿰月賣，與此正可互證也。道藏本作「凡容者生於庶人」，則與「窔生海人」不相應，卽與下文羽毛鱗介不一律矣。又按：「窔生海人」，窔下脫一字，說詳下條。**海人生若菌，**菌，讀羣下之羣。**若菌生聖人，聖人生庶人，凡窔**○莊逵吉云：此字藏本作容，恐非，是故從各本仍作窔。**者生於庶人。**

羽嘉生飛龍，飛龍、羽嘉，飛蟲之先。飛龍有翼。○文典謹按：御覽九百十四引注「飛龍有翼」作「蜚龍，龍之有羽者」。**飛龍生鳳皇，鳳皇生鸞鳥，鸞鳥生庶鳥，凡羽者生於庶鳥。毛犢生應龍，應龍生建馬，建馬生麒麟，麒麟生庶獸，凡毛者生於庶獸。介鱗生蛟龍，**介鱗，鱗蟲之先。蛟龍，有鱗甲之龍也。○俞樾云：蛟龍乃鱗蟲，非介蟲也，不當兼言介。上文「羽嘉生飛龍」，「毛犢生應龍」，下文「介潭生先龍」，曰羽嘉，曰毛犢，曰介潭，是羽、毛、介各有一字以配之，使成二名，則此文鱗下亦當有一字，傳寫脫去，又涉下文「介潭」而誤衍介字耳。以此推之，上文「窔生海人」，窔下亦必脫一字矣。**蛟龍生鯤鯁，鯤鯁生建邪，建邪生庶魚，凡鱗者**

生於庶魚。介潭生先龍，介，國也，龜之先。潭，讀譚國之譚。先龍生玄黿，玄黿生靈龜，靈龜生庶龜，凡介者生於庶龜。煖濕生容，煖，一讀暵，當風乾燥之貌也。煖濕生於毛風，毛風生於濕玄，濕玄生羽風，羽風生煖介，煖介生鱗薄，鱗薄生煖介。五類雜種興乎外，肖形而蕃。肖，像也，言相代象而蕃多也。日馮生陽閼，日馮，木之先也。陽閼生喬如，喬如生幹木，幹木生庶木，凡根拔木者生於庶木。○王念孫云：根拔二字，涉下文「根茇草」而誤衍也。下文言「根茇草」者，對後「浮生不根茇者」而言。若木則皆有根茇，不必别言之曰「根拔木」也。「凡木者生於庶木」，與上文「凡羽者生於庶鳥」、「凡毛者生於庶獸」、「凡鱗者生於庶魚」、「凡介者生於庶龜」，文同一例，不當有根拔二字也。又下文「根拔生程若，程若生玄玉，玄玉生醴泉，醴泉生皇辜，皇辜生庶草，凡根茇草者生於庶草」，高注「根拔生程若」曰：「根拔，根生草之先也。」（今本草之二字誤倒，據下注「浮生草之先」改。）案：根拔皆當作招搖，今作根拔者，亦因下文「根茇草」而誤。根茇草生於庶草，由庶草而上溯之，至於程若，是程若爲根茇草之先，不得言「根拔生程若」也。酉陽雜俎廣動植篇作「招搖生程若」，以下六句皆本淮南，則根拔爲招搖之誤，明矣。根拔生程若，根拔，根生之草先也。程若生玄玉，玄玉生醴泉，醴泉生皇辜，皇辜生庶草，凡根茇草者生於庶草。海閭生屈龍，海閭，浮草之先也。屈龍，游龍，鴻也。詩云「隰有游龍」，言屈，字之誤。屈龍生容華，容華，芙蓉草花。容華生蔈，蔈，流也，無根水中草。**蔈生萍藻，萍藻生浮草，凡浮生不根茇者生於萍藻。**○王念孫云：三萍字皆後人所加。（埤雅引此已誤。）蔈一作薸，萍一作蓱，呂氏春秋季春篇注曰：「萍，水薸也。」（今本薸誤作藻。）爾雅釋草注曰：「水中浮蓱，江東謂之薸。」則蔈卽是萍，不得言「蔈生萍藻」。且萍、藻爲二物，又不得言「萍藻生浮草」也。酉陽雜俎正作「蔈生藻，藻生浮草」。

正土之氣也御乎埃天，○莊逵吉云：御覽御作仰，下同。下有注云：「正土，中土也。其氣上曰埃。央，中天也。」○王念孫云：也字衍。下文「偏土之氣」四段，氣下皆無也字。太平御覽地部三十五引此亦無。**埃天五百歲生缺，**○莊逵吉云：御覽作砄，注云：「砄，石名也。中央數五，故五百歲而一化。」似與「黃金」下注語相亂。**缺五百歲生黃埃，黃埃五百歲生黃澒，**○王念孫云：此本作「埃天五百歲生缺缺，五百歲生黃澒」，其「生黃埃，黃埃五百歲」八字皆因上下文而誤衍也。（上文有「埃天」，下文有「黃泉之埃」。）下文「青天八百歲生青曾，青曾八百歲生青澒」，與此文同一例，（後二段並同。）則不當有「生黃埃」以下八字明矣。初學記寶器部、太平御覽珍寶部九引此，並云「玦五百歲生黃澒」。（又引注云：「玦，石也。」）御覽地部三十五引此云「埃天五百歲生砄，（又引注云：「砄，石名也。」玉篇：「砄音決，石也。」）砄五百歲生黃澒」，是其證。**黃澒五百歲生黃金，**黃金，石名也。中央數五，故五百歲而一化。澒，水銀也。**黃金千歲生黃龍，黃龍入藏生黃泉，**○莊逵吉云：御覽下有注云：「黃泉，黃龍之汋也。」**黃泉之埃上爲黃雲，陰**

陽相薄爲雷，激揚爲電，上者就下，流水就通，而合于黄海。黄海，中央之海。偏土之氣御乎清天，○莊逵吉云：御覽下有注云：「偏土，方土也。」清天八百歲生青曾，○莊逵吉云：御覽下有注云：「青曾，青石也。東方數八，故八百歲而一化。」亦與下注語相亂。○王念孫云：清天當爲青天，謂東方天也。下清泉同。太平御覽地部引此正作青天、青泉。青曾八百歲生青澒，青澒八百歲生青金，青金八百歲生青龍，東方木，色青，其數八，故八百歲而一化。○王念孫云：八百歲當爲千歲。上文「黄金千歲生黄龍」，卽其證也。（後二段並同。）高注云：「東方木色青，其數八，故八百歲而一化。」此注本在上文「青澒八百歲生青金」之下，後誤入此句下，讀者因改千爲八百耳。太平御覽引此正作「青金千歲生青龍」。青龍入藏生青泉，青泉之埃上爲青雲，陰陽相薄爲雷，激揚爲電，上者就下，流水就通，而合于青海。東方之海。壯土之氣御于赤天，○莊逵吉云：御覽引此，下有注云：「壯土，南方之土。」○王念孫云：壯土當爲牡土。此對下文「北方土爲牝土」而言。壯字俗書作壮，與牡相似而誤。赤天七百歲生赤丹，○莊逵吉云：御覽注云：「赤丹，砂也。南方數七，故七百歲而一化。」赤丹七百歲生赤澒，赤澒七百歲生赤金，南方火，其色赤，其數七，故七百歲而一化。○莊逵吉云：御覽此下注云：「丹砂不化爲沙，而可以爲金，故氣赤澒也。」當有誤字，而無攷。赤金千歲生赤龍，赤龍入藏生赤泉，赤泉之埃上爲赤雲，陰陽相薄爲雷，激揚爲電，上者就下，流水就通，而合于赤海。南方之海。弱土之氣御于白天，〇莊逵吉云：御覽下有注云：「弱土，西方土也。」白天九百歲生白礜，白礜九百歲生白澒，白澒九百歲生白金，白礜，礜石也。白澒，水銀也。西方金，色白，其數九，故九百歲而一化。白金千歲生白龍，白龍入藏生白泉，白泉之埃上爲白雲，陰陽相薄爲雷，激揚爲電，上者就下，流水就通，而合于白海。西方之海。牝土之氣御于玄天，〇莊逵吉云：御覽下有注云：「牝土，北方土也。」玄天六百歲生玄砥，玄砥，黑石也。玄砥六百歲生玄澒，玄澒六百歲生玄金，北方水，其色黑，其數六，故六百歲而一化。玄金千歲生玄龍，玄龍入藏生玄泉，玄泉之埃上爲玄雲，陰陽相薄爲雷，激揚爲電，上者就下，流水就通，而合于玄海。北方之海。上者就下，天氣復從天流下也。其通流之水皆入于海也。

淮南鴻烈集解卷五

時則訓

則，法也，四時、寒暑、十二月之常法也，故曰「時則」，因以題篇。

孟春之月，招搖指寅，招搖，斗建。昏參中，旦尾中。參，西方白虎之宿也，是月昏時中於南方。尾，東方蒼龍之宿也，是月將旦時中於南方。其位東方，其日甲乙，盛德在木，太皞之神治東方也。甲乙，木日也。盛德在木，木王東方也。○莊逵吉云：「太皞之神治東方也」八字，藏本無之，明葉近山本有。據下孟夏、孟秋、孟冬注語，則有者是也，因從之。其蟲鱗，其音角，東方少陽，物去太陰。甲散，散爲鱗，鱗蟲龍爲之長。角，木也，位在東方也。○陶方琦云：文選宋玉對楚王問注引許注：「鱗，龍之屬也。」按：周禮大司徒「其動物宜鱗物」，鄭注：「鱗物，魚龍之屬。」律中太蔟，其數八，律，管音也。陰衰陽發，萬物太蔟地而生，故曰太蔟。其數八，五行數五，木第三，故曰八也。○文典謹按：注「萬物太蔟地而生」，太字疑衍。本書天文訓「音比太蔟」，注言「陰衰陽發，萬物蔟地而生，故曰太蔟」也。呂氏春秋孟春紀，高氏彼注：「太陰氣衰，少陽氣發，萬物動生，蔟地而出，故曰『律中太蔟』。」曰「蔟地而生」，曰「蔟地而出」，並無太字，是其證矣。其味酸，其臭羶，木味酸，酸之言鑽也，萬物鑽地而生。羶，木香羶。其祀户，祭先脾。蟄伏之類始動，生出由户，故祀户也。脾屬土，陳設俎豆，脾在前也。春木勝土，言常食所勝也。一曰：脾屬木，自用其藏也。○莊逵吉云：錢別駕云：説文解字肉部曰：「腎，水藏也。」「肺，金藏也。」「脾，土藏也。」「肝，木藏也。」皆無異義。唯心部曰：「人心，土藏，在身之中。博士説以爲火藏。」攷五經異義曰：「今尚書歐陽説：肝，木也。心，火也。脾，土也。肺，金也。腎，水也。古尚書説：脾，木也。肺，火也。心，土也。肝，金也。腎，水也。」案：月令春祭脾，夏祭肺，季夏祭心，秋祭肝，冬祭腎，與古尚書説同。鄭康成駁之曰：「月令祭四時之位與五藏上下之次，冬位在後腎在下，夏位在前而肺在上，春位小前故祭先脾，秋位小却故祭先肝。腎也、脾也，俱在鬲下，肺也、心也、肝也，俱在鬲上，祭者必三，故有先後焉，不與五行之氣同也。今醫病之法，以肝爲木，心爲火，脾爲土，肺爲金，則有瘳也。若反其説，不死爲劇。」鄭説與素問合，與古尚書異。説文解字既以心爲土藏，而與肉部不侔者，疑後人以博士説改之。博士者，漢之醫官也。誘注此訓一説，即許君之義也。知未必是許注矣。**東風解凍，蟄蟲始振蘇，**東方木，火母也。氣温，故東風解冰凍。振，動。蘇，生也。**魚上負冰，獺祭魚，**是月之時，魚應陽而動，上負冰也。獺，獱也。是月之時，獺祭鯉魚於水邊，四面陳之，謂之祭魚也。**候鴈北。**是月時候之應鴈從彭蠡來，北過周、洛，至漢中孕卵鷇也。**天子衣青衣，乘蒼龍，**周禮馬八尺已上曰龍也。**服蒼玉，建青旗，**服，佩也。熊虎曰旗。**食麥與羊，**麥，金穀也。羊，土畜也。是月金土以老，食所勝，先食麥，以麥爲主也。**服八風水，爨萁燧火，**取銅槃中露水服之，八方風所吹也。取萁木燧之火炊之。萁，讀該備之該也。○莊逵吉云：易「箕子之明夷」，劉向曰：「今易箕子作荄茲。」是箕有荄音。因之其亦有該音耳。**東宮御女青色，衣青采，鼓琴瑟，**春王東方，故處東宮也。琴瑟，木也，春木王，故鼓之也。**其兵矛，**矛有鋒鋭，似萬物鑽地生。**其畜羊，**羊土，木之母，故畜之也。**朝于青陽左个，以出春令。**是月之朔，天子朝日于青陽左个。東向堂，故曰青陽。北頭室，故曰左个。个猶隔也。春令，寬和之令也。○莊逵吉云：各本此下雜用呂氏春秋注語，唯藏本如是，知藏本爲準。**布德施惠，行慶賞，省徭賦。**布陽德、施柔惠也。慶，善。賞，賜予也。省減徭役之勞，輕其賦歛也。**立春之日，天子親率三公九卿大夫以迎歲于東郊，**率，使也。迎歲，逆春也。東郊，郭外八里之郊也。○陶方琦云：魏書五十五劉芳傳、北史四十二引許注：「東郊，八里郊也。」按：劉芳傳引賈逵曰：「東郊，木帝太昊八里。」盧植：「東郊，八里郊也。」賈爲許之師，盧爲高之師。並用先師舊訓，故自同。**修除祠位，幣禱鬼神，犧牲用牡。**祠位，壇場屏攝之位也。幣，圭璧也。禱鬼神，求福祥也。人神曰鬼，天神曰神。犧牲用牡，尚蠲潔也。**禁伐木，**春木王，當長養，故禁之也。**毋覆巢、殺胎夭，毋麛，毋卵，**胎，獸胎，懷妊未育者也。麋子曰夭，鹿子曰麛，卵未鷇者，皆禁民不得取，蕃庶物也。**毋聚衆置城郭，掩骼薶骴。**毋聚合大衆，建置城郭，以妨害農功也。骼，骨有肉。掩覆薶藏之，慎生氣也。**孟春行夏令，則風雨不時，**○俞樾云：月令作「雨水不時」，是也。仲春之月始雨水，則孟春之月而雨水，卽爲雨水不時矣。漢太初以後，更改氣名，以雨水爲正月中，則正月雨水不復爲異，於是改「雨水不時」爲「風雨不時」，非淮南之舊矣。呂氏春秋孟春紀亦作「風雨不時」，並太初以後人所追改。**草木旱落，國乃有恐。**孟春木德用事，法當寬仁，而用火氣動于上，故草木旱落，國惶恐也。○俞樾云：月令作「草木蚤落」，呂氏春秋作「草木早槁」，此旱字卽早字之誤。**行秋令，則其民大疫，飄風暴雨總至，黎莠蓬蒿竝興。**孟春寬仁，而秋正金鐵之令，氣不和，故民疫疾，風雨猥至，故黎莠蓬蒿疏薉之草並興盛也。**行冬令，則水潦爲敗，雨霜大雹，首稼不入。**冬，陰也，水泉涌起，而春行之，故爲敗。氣不和，故雨霜大雹，植稼不熟也。**正月官司空，其樹楊。**司空主土，春土受嘉穡，故官司空也。爾雅曰：「楊，蒲柳也。」楊木春光，故其樹楊也。

仲春之月，招搖指卯，昏弧中，旦建星中。弧星在輿鬼南，是月昏時中于南方。建星在斗上，是月平旦時中于南方也。**其位東方，其日甲乙，其蟲鱗，其音角，律中夾鍾，**是月萬物去陰夾陽，聚地而生，故曰夾鍾也。**其數八，其味酸，其臭羶，其祀户，祭先脾。始雨水，桃李始華，**自冬氷雪至此春分穀雨，故曰始雨水，桃李于是皆秀華也。**蒼庚鳴，鷹化爲鳩。**蒼庚，爾雅曰：「商庚、黎黄，楚雀也。」齊人謂之摶黍，秦人謂之黄流離，幽、冀謂之黄鳥。一說：斵木也，至此月而鳴。鷹化爲鳩，喙正直不鷙搏也。鳩謂布穀也。○王引之云：次句内本無始字，今本有者，後人據月令旁記始字，因誤入正文也。高注曰「自冬氷雪至此春分穀雨」，案：

「春分穀雨」四字乃後人所改。逸周書時訓篇「雨水之日桃始華」，則非春分穀雨時也。呂氏春秋注作「自冬冰雪至此土發而耕，故曰始雨水」，是首句有始字也。又曰「桃李於是皆秀華」，是次句無始字也。月令「桃始華，倉庚鳴」，皆三字爲句，若無始字，則句法參差矣。此文「桃李華，倉庚鳴」，亦三字爲句。若加一始字，則句法又參差矣。故桃李華不言始，而桃華則言始；倉庚鳴不言始，而蟬鳴則言始；蟬鳴言始，而寒蟬鳴則不言始；皆變文協句也。呂氏春秋仲春篇正作「桃李華」。**天子衣青衣，乘蒼龍，服蒼玉，建青旗，食麥與羊，服八風水，爨萁燧火，東宫御女青色，衣青采，鼓琴瑟，其兵矛，其畜羊，朝于青陽太廟。**太廟，東向堂，中央室。**命有司，省囹圄，去桎梏，毋笞掠，止獄訟，**囹圄，法室也。省之，赦輕微也。在足曰桎，在手曰梏。毋笞掠，言不用也。止，猶禁也。**養幼小，存孤獨，以通句萌。**順春陽，長養幼小，使繁茂也。無父曰孤，無子曰獨。皆存之，所以慎陽氣也。故草木不句萌者，以通達也。**擇元日，令民社。**元者，善之長也。日，從甲至癸也。社所以爲民祈穀，嫌日不吉，故言擇元也。**是月也，日夜分，雷始發聲，蟄蟲咸動蘇。**分，等也。冬陰閉固，雷伏不發，是月陽升，雷始發聲也。咸，皆。動蘇，生也。**先雷三日，振鐸以令於兆民曰：「雷且發聲，**鐸，木鈴也，金口木舌爲鐸，所以振告萬民也。兆，大數。且，猶將也。**有不戒其容止者，生子不備，必有凶災。」**以雷電合房室者，生子必有瘖聾通精癡狂之疾，故曰不備必有凶災也。**令官市，同度量，鈞衡石，角斗稱，**

度，丈尺也。量，釜鍾也。鈞，等也。衡石，稱也。百二十斤爲石。角，平也。斗稱，量器也。○王念孫云：稱皆當爲桶。桶、稱字相近，又涉注内「衡石，稱也」而誤。說文：「桶，木方受六升。」廣雅曰：「方斛謂之桶。」斗、桶爲一類，故高注以桶爲量器。若作稱，則非量器矣。月令作「角斗甬」，鄭注曰：「甬，今斛也。」呂氏春秋作「角斗桶」，高彼注與此注同。史記商君傳「平斗桶」，義亦同也。下文仲秋之月「角斗桶」，桶字亦誤作稱。○沈濤云：呂氏春秋仲春紀作「角斗桶」，高氏彼注：「斗桶，量器也。」稱非量器，當爲桶字之誤。禮記作「角斗甬」，史記商君傳作「平斗桶」，甬正字，桶別字，稱誤字。仲秋紀作甬，疑後人據禮記改。**端權槩。**端，正也。稱錘曰權。槩，平斗斛者。**毋竭川澤，毋漉陂池，毋焚山林，毋作大事，以妨農功。**大事，戎旅征伐之事，妨害農民之功也。**祭不用犧牲，用圭璧，更皮幣。**是月尚生育，故不用犧牲也。更，代也，以圭璧皮幣代犧牲也。皮謂鹿皮也。幣謂玄纁束帛也。禮記曰「幣帛圭皮告于祖禰」者也。**仲春行秋令，則其國大水，寒氣總至，寇戎來征。**仲春，陽中也。陽氣長養，而行秋節殺戮之令，故寒氣猥至，寇兵來征伐其國也。**行冬令，則陽氣不勝，麥乃不熟，民多相殘。**仲春行冬陰之令，陰氣勝陽，故陽不勝，則麥不升熟，民相殘賊也。**行夏令，則其國大旱，煖氣早來，蟲螟爲害。**仲春行夏太陽之令，故大旱；陽氣熱，故煖極；陽生陰，故蟲螟作害也。食心曰螟。二**月官倉，其樹杏。**二月興農播穀，故官倉也。杏有竅在中，竅在中，象陰布散在上，故其樹杏。

○莊逵吉云：御覽注云：「杏有核在中，象陰在内，陽在外也，故其樹杏。」此稍異。○孫詒讓云：杏不可言有竅，竅當作覈，覈、核古今字。後三月「其樹李」，注云「李亦有核」，説與杏同，正冢此注而言。御覽是也。

季春之月，招摇指辰，昏七星中，旦牽牛中。七星，南方朱鳥之宿，是月昏時中于南方。牽牛，北方玄武之宿，是月平旦時中于南方也。**其位東方，其日甲乙，其蟲鱗，其音角，律中姑洗，**姑，故也。洗，新也。是月陽氣養生，去故就新，故曰姑洗。○文典謹按：注「陽氣養生」，初學記歲時部引，作「陽氣發生」。**其數八，其味酸，其臭羶，其祀户，祭先脾。桐始華，田鼠化爲鴽，**桐，梧桐也，是月生華。田鼠，鼢鼸鼠也。鴽，鶉也，青、徐謂之鴾，幽、冀謂之鶉。**虹始見，萍始生。**虹，螮蝀也。詩云：「螮蝀在東，莫之敢指。」萍，水藻也，是月始生也。**天子衣青衣，乘蒼龍，服蒼玉，建青旗，食麥與羊，服八風水，爨萁燧火，東宫御女青色，衣青采，鼓琴瑟，其兵矛，其畜羊，朝于青陽右个。**東向堂，南頭室，故曰右个。**舟牧覆舟，五覆五反，乃言具于天子。**舟牧，主舟之官也。是月天子將乘舟而漁，故反覆而視之，恐有穿漏也。五覆五反，慎之至也。**天子烏始乘舟，薦鮪於寢廟，乃爲麥祈實。**烏，猶安也。自冬至此而安乘舟，故曰始乘也。薦，進也。鮪，魚似鯉而大。進此魚於寢廟，祈於宗祖，求麥實。前曰廟，後曰寢。詩云「寢廟奕奕」，言相連。○莊逵吉云：「烏始乘舟」，各本烏皆作焉，注

「烏，猶安也」，各本皆作「焉，猶於也」。**是月也，生氣方盛，陽氣發泄，**發泄，猶布散也。**句者畢出，萌者盡達，不可以内。天子命有司，發囷倉，助貧窮，振乏絶，**無財曰貧，鰥寡孤獨曰窮。振，救也。**開府庫，出幣帛，使諸侯，**府庫，幣帛之藏也。使人聘問諸侯。**聘名士，禮賢者。**有名德之士，大賢之人，聘問禮之，將與爲治也。**命司空，時雨將降，下水上騰，循行國邑，周視原野，**司空，主水土之官也。是月下水上騰，恐有浸漬，傷害五穀，故循行徧視之也。廣平曰原，郊外曰野也。**修利隄防，導通溝瀆，達路除道，從國始，至境止。田獵畢弋，罝罘羅罔，餧毒之藥，毋出九門。**畢，掩罔也。弋，繳射也。詩曰：「弋鳧與鴈。」罝，兔罟也。詩曰：「肅肅兔罝。」畢，羅鳥罟也。詩曰：「鴛鴦于飛，畢之羅之。」罘，麋鹿罟。罔，其總名也。天子城門十二，東方三門，王氣所在，餧獸之毒藥所不得出，尚生育也。兼餘九門得出，故特戒之，如其毋出。**乃禁野虞，毋伐桑柘。**桑、柘皆可養蠶，故禁民伐之也。**鳴鳩奮其羽，戴鵀降于桑，**鳴鳩，奮迅其羽，直刺上飛入雲中者是也。戴鵀，戴勝鳥也。詩曰「鳴鳩在桑，其子在梅」是也。**具撲曲筥筐，**撲，持也，三轉謂之撲。撲，讀南陽人言山陵同。曲，薄也，青、徐謂之曲。員底曰筥，方底曰筐，皆受桑器。○莊逵吉云：「三轉謂之撲」，錢别駕云：當作「三輔謂之撲」。孫編修云：撲即曲簿。説文解字曰：「專，六寸簿也。」三轉或當作三專，三專者，一尺有八寸。兩説無可定從，姑附之俟攷。○王念孫云：吕氏春秋季春篇作「挾曲」，高注曰：「挾，讀曰朕，三輔謂之挾，關東謂之得。」月令作「曲植」，鄭注曰：「植，槌也。」案：撲與挾皆栚字之誤。（栚字本作栚，形與撲相近。挾字隸書作挟，形與栚亦相近。）栚，讀若朕，架蠶薄之木也。持，陟革反。呂氏春秋注「關東謂之得」，乃㮘字之誤，㮘與持同。（見玉篇廣韻。）説文：「栚，槌之横者也。」方言作㯖，云：「槌，宋、魏、陳、楚、江、淮之間謂之植，自關而西謂之槌。其横，關西曰㯖，齊部謂之持。」郭璞曰：「槌，縣蠶薄柱也。」朕字古音本在蒸部，讀若澄清之澄。（説文謄、滕、賸、幐、騰、縢、勝、縢、螣、塍、勝十一字竝從朕聲。淮南要略「形埒之朕」與應爲韻，又兵略篇「凡物有朕，唯道無朕」，文子自然篇朕作勝。）説文勝字从夊，朕聲；或作淩，從夊，夌聲。是朕、夌古同聲。故呂氏春秋注云「栚，讀曰朕」，此注云「栚，讀南陽人言山陵同」。◯陶方琦云：史記索隱十六、漢書周勃傳注引許注：「曲，葦薄也。」按：説文曲作𠙹，「象器曲受物之形。或曰：曲，蠶薄也。」又苖字下云：「苖，蠶薄也。从艸，曲聲。」蓋以萑葦爲之，故字从艸。莊子大宗師「或編曲」，釋文引李注：「曲，蠶薄也。」方言：「薄，宋、衛、陳、楚、江、淮之間謂之苖，或謂之麴。自關而西謂之薄。南楚謂之蓬薄。」蓬薄即葦薄。詩「八月萑葦」，毛傳：「豫畜萑葦，可以爲曲也。」**后妃齋戒，東鄉親桑，省婦使，勸蠶事。**◯文典謹按：御覽八百二十五引，親作就，省作者，勸作觀。**命五庫，令百工審金鐵皮革、筋角箭榦、脂膠丹漆，無有不良。**◯桂馥云：榦，借字，正作稈。長笛賦作箭稾是也。周禮夏官有稾人，掌弓弩之事。考工記「矢人爲矢，以其笴厚，爲之羽深」，鄭注：「笴，讀爲稾，謂矢榦。」**擇下旬吉日，大合樂，致歡欣。**樂所以移風易俗也，故擇吉日大合之，以致歡和也。**乃合㹎牛騰馬，游牝于牧。**㹎牛，特牛也。騰馬，騰駒跳踬，善將羣者也。游從牝於所牧之地風合之。㹎，讀葛藟之藟也。**令國儺，九門磔攘，以畢春氣。**儺，散。宮室中區隅幽闇之處，擊鼓大呼，以逐不祥之氣，如今驅疫逐除是也。九門，三方九門也。磔犬，陽氣盡之，故曰畢春之氣也。**行是月令，甘雨至三旬。季春行冬令，則寒氣時發，草木皆肅，國有大恐。**季春行冬寒殺之氣也，故寒氣時起。草木上竦曰肅也。**行夏令，則民多疾疫，時雨不降，山陵不登。**季春行夏亢陽之令，氣不和，故民疾疫；雨澤不降，故草木不登成也。**行秋令，則天多沈陰，淫雨早降，兵革竝起。**秋，金氣用事，水之母也。季春行之，故多沈陰爲雨也。金爲兵革，故竝起也。**三月官鄉，其樹李。**三月科民户口，故官鄉也。李亦有核，説與杏同。李後杏熟，故三月李也。○孫詒讓云：注科當作料，形近而誤。料民，見國語周語。

孟夏之月，招搖指巳，昏翼中，旦婺女中。翼，南方朱鳥之宿，是月昏時中于南方。婺女，一曰須女，北方玄武之宿，是月平旦中于南方。**其位南方，其日丙丁，盛德在火，**炎帝之神治南方也。丙丁，火日也。盛德在火，火王南方也。**其蟲羽，其音徵，**盛陽用事，鱗散。羽，羽蟲，鳳爲長。徵，火也。**律中仲呂，其數七，**是月陽散在外，陰實在中，所以旅陽成功，故曰仲呂。其數七，五行數五，火第二，故曰七也。**其味苦，其臭焦，**火味苦也。焦，火香焦。**其祀竈，祭先肺。**祝融吴回爲高辛氏火正，死爲火神，託祀於竈。是月火王，故祀竈。肺，金也，祭祀之肉先用所勝也。一曰：肺火，自用其藏也。**螻蟈鳴，丘螾出**，螻，螻蛄。蟈，蝦蟇也。四月陰氣始動於下，故類應鳴也。丘螾，蠢蝡也。**王瓜生，苦菜秀。**王瓜，括樓也。爾雅曰「不榮而實曰秀」，苦菜宜言榮也。**天子衣赤衣，乘赤騮，服赤玉，建赤旗**，順火色也。**食菽與雞**，菽，豆連皮也。雞、豆皆屬火之所養也。**服八風水，爨柘燧火，南宮御女赤色，衣赤采，吹竽笙**，火王南方，故處南宮也。竽笙空中，像陽，故吹之。○文典謹按：北堂書鈔五十四引，南宮上有處字。**其兵戟**，戟有枝榦，象陽布散也。戟或作弩也。**其畜雞，朝于明堂左个，以出夏令。**南向堂，當盛陽，故曰明堂。東頭室，故曰左个。居是室，行是月之令也。雞，羽蟲，陽也，故畜之。**立夏之日，天子親率三公九卿大夫以迎歲於南郊。**迎歲，迎夏也。南郊，七里之郊也。○陶方琦云：魏書五十五劉芳傳、北史四十二引許注：「南郊，七里郊也。」按：劉芳傳引賈逵云：「南郊火帝七里。」（疑敚祝融二字。）盧植云：「南郊，七里郊。」並用先師舊訓，故同。**還，乃賞賜，封諸侯，修禮樂，饗左右。**還，從南郊還也。賞賜有功，割土封爵。傳曰「賞以春夏，刑以秋冬」也。修治禮樂，所以安上治民，移風易俗。左右，近臣也。**命太尉，贊傑俊，選賢良，舉孝悌**，太尉，卿官也。命，使也。贊，白也。才過千人爲傑。選擇賢良孝弟，舉而用之，蓋非太尉之職，故特命之也。**行爵出禄，佐天長養。繼修增高，無有隳壞，毋興土功，毋伐大樹。令野虞，行田原，勸農事，驅獸畜，勿令害穀。天子以彘嘗麥，先薦寢廟。**是月麥始升，故以豕嘗麥。豕，水畜，宜麥。先薦寢廟，孝之至也。**聚畜百藥，靡草死，**是月陽氣極，藥草成，故聚積之也。靡草，則葶藶之屬。**麥秋至，決小罪，斷薄刑。**四月陽氣盛于上，及五月陰氣作于下，故曰麥秋至。決小罪，斷薄刑，順殺氣也。**孟夏行秋令，則苦雨數來，五穀不滋，四鄙入保。**孟夏盛陽，當助長養，而行金氣殺戮之令，故苦雨殺穀，不得滋長也。四方之民來入城郭自保守也。**行冬令，則草木早枯，後乃大水，敗壞城郭。**行冬寒閉固之令，故草木早枯，大水敗壞其城郭。奸時違行之應也。**行春令，則螽蝗爲敗，暴風來格，秀草不實。**孟夏當繼修增高，助陽長養，而行春時啟蟄之令，故致螽蝗之敗。春，木氣，多風，故言暴風來至，使當秀之草不長茂也。**四月官田，其樹桃。**四月勉農事，故官田也。桃，説與杏同。後李熟，故曰四月桃也。

仲夏之月，招搖指午，昏亢中，旦危中。亢，東方蒼龍之宿，是月昏時中于南方。危，北方玄武之宿，是月平旦時中于南方也。**其位南方，其日丙丁，其蟲羽，其音徵，律中蕤賓，其數七，**是月陰氣萎蕤在下，象主人也，陽氣在上，象賓客也，故曰蕤賓。**其味苦，其臭焦，其祀竈，祭先肺。小暑至，螳蜋生，**螳蜋，世謂之天馬，一名齕肬，沇、豫謂之巨斧也。○文典謹按：注齕肬，呂氏春秋仲夏紀注作齕疣，初學記歲時部引高注同，月令正義鄭答王瓚問作食肬。又沇、豫，呂氏春秋注作兖州，巨斧作拒斧。初學記引高注，沇亦作兖。**鵙始鳴，反舌無聲。**

鵙，伯勞鳥也。五月陰氣生於下，伯勞夏至應陰而鳴，殺蛇于木。傳曰：「伯趙氏司至者。」反舌，百舌鳥也，能辨變其舌，反易其聲，以效百鳥之鳴，故謂百舌。無聲者，五月陽氣極於上，微陰起於下，百舌無陰，故無聲也。○文典謹按：鵙，吕氏春秋仲夏紀作鶪。又注「能辨變其舌，反易其聲」，辨變卽偏變。辨、偏古通用。**天子衣赤衣，乘赤騮，服赤玉，載赤旗，食菽與雞，服八風水，爨柘燧火，南宮御女赤色，衣赤采，吹竽笙，其兵戟，其畜雞，朝于明堂太廟。**太廟，南向堂，中央室也。**命樂師，修鞀鞞琴瑟管簫，調竽篪，飾鐘磬，**管，一孔，似笛。簫，今之歌簫是也。篪，讀池澤之池。**執干戚戈羽。**干，盾也。戚，斧也。戈，戟屬也。羽，舞者所持翿也。**命有司，爲民祈祀山川百源，大雩帝，用盛樂。**國之山川百源能興雲雨者，皆祈祀之也。雩，旱祭也。帝，上帝也。爲民祈雨，故用盛樂。盛樂，六代之樂也。**天子以雉嘗黍，**雉，新雞也。不言嘗雞而言嘗黍者，以穀爲主也。○王念孫云：古無謂新雞爲雉者，雉皆當爲難，字之誤也。廣雅釋言云：「難，雡也。」（曹憲音而絹、而緣二反。郭注爾雅釋言云：「今呼少雞爲鷚。」（鷚與雡同。）少雞卽新雞，故高注云「難，新雞也」。月令作「以雛嘗黍」，其義一也。左思蜀都賦「巖穴無豜豵，翳薈無麢鷚」，麢，鹿子也，義與難亦相近。茅一桂不知雉爲難之誤而改雉爲雛，（莊本同。）義則是，而文則非矣。**羞以含桃，先薦寢廟。**羞，進也。含桃，鶯所含食，故言含桃。是月而熟，故進之。**禁民無刈藍以染，**爲藍青未成故。**毋燒灰，**是月草木未成，不夭物也。**毋**

暴布，火盛日猛，暴布則脆傷也。**門閭無閉，關市無索，**門，城門也。閭，里門也。民順陽氣，散布在外，當出入，故不閉也。關，要塞也。市，人聚也。無索，不征稅也。**挺重囚，益其食，**挺，緩也。**存鰥寡，振死事，**老無妻曰鰥，老無夫曰寡也，皆存之。有先人爲死難，振起其子孫也。**游牝別其羣，執騰駒，班馬政。**是月牝馬懷胎已定，故別其羣。不欲騰駒蹏傷其胎育，故執之。班，告也。馬政，掌馬官也。騰駒，騰馬也。馬五尺以下曰駒也。〇王念孫云：馬政本作馬正，（注同。）故高以爲掌馬官。呂氏春秋仲夏篇「班馬正」，高彼注亦云「馬正，掌馬之官」，是其證。月令作馬政，鄭注云：「馬政，謂養馬之政教。」引周官廋人職曰：「掌十有二閑之政教。」鄭說是也。高不知正爲政之借字，故訓爲掌馬之官。若字本作政，則亦當訓爲政教矣。後人依月令改正爲政，而不知其戾於高注也。**日長至，陰陽争，死生分，君子齋戒，愼身無躁，節聲色，薄滋味，百官靜，事無徑，以定晏陰之所成。**事無徑，當先請詳而後行也。晏陰，微陰也。**鹿角解，蟬始鳴，**夏至鹿角解墮也。蟬鼓翼始鳴也。**半夏生，木堇榮。**半夏，藥草也。木堇，朝榮莫落，樹高五六尺，其葉與安石榴相似也。是月生榮華，可用作烝也。雜家謂之朝生，一名蕣，詩云「顏如蕣華」也。**禁民無發火，**發，起也。**可以居高明，遠眺望，登丘陵，處臺榭。**積土四方而高曰臺也。臺有屋曰榭也。順陽宣明也。一曰：望雲物，占氛祥也。**仲夏行冬令，則雹霰傷穀，道路不通，暴兵來至。**冬水凍，故雹霰傷害五穀也。冬氣閉藏，又多雨水，故道陷壞不通利，暴害之兵横來至也。**行春令，則五穀不孰，百螣時起，其國乃饑。**行春木王好生育之令，故五穀晚熟。百螣，動股蝗屬也，時起害穀，故國饑也。**行秋令，則草木零落，果實蚤成，民殃於疫。**有核曰果，無核曰蓏。仲夏行秋成熟之令，故草木零落，果實蚤成。非其時氣，故民有疾疫也。○陶方琦云：「齊民要術收種篇引許注：「在樹曰果，在地曰蓏。」按：説文蓏字下云：「在木曰果，在地曰蓏。」與注淮南説同。地形訓「百果所生」下注云：「在木曰果，在地曰蓏。」當是許注羼入高注中。**五月官相，其樹榆。**是月陽氣長養，故官相。相，佐也。榆，説未聞也。○文典謹按：御覽二十三引注，陽氣作養氣。

季夏之月，招摇指未，昏心中，旦奎中。心，東方蒼龍之宿，是月昏時中于南方。奎，西方白虎之宿，是月平旦時中于南方也。**其位中央，其日戊己，盛德在土，**黄帝之神治中央也。戊己，土日也。盛德在土，土王中央。**其蟲蠃，其音宫，**羽落而爲蠃，蠃蟲麟爲之長。宫，土也，位中央，五音之主也。**律中百鐘，其數五，**百鐘，林鐘也。是月陽盛陰起，生養萬物，故曰百鐘。其數五，五行數土第五也。**其味甘，其臭香，**土味甘也，土臭香也。**其祀中霤，祭先心。**土用事，故祀中霤。中霤，室中之祭，祀后土也。心，火也，用所勝也。一曰：心，土也，自用其藏也。**涼風始至，蟋蟀居奥，**蟋蟀，蜻蛚，趣織也。詩曰「七月在野」，此曰居奥，不與經合。奥或作壁也。**鷹乃學習，腐草化爲蚈。**秋節將至，鷹自習擊也。蚈，馬蚿也，幽、冀謂之秦渠。蚈，讀奚徑之徑也。○陶方琦云：御覽九百四十八引許注：「草得陰而死，極陰中反陽，故化爲蚈。蚈，馬蠸也。」按：兵略訓「若蚈之足」，許注：「蚈，馬蠸也。」正與此同。説文：「蠲，馬蠲也。」引明堂月令「腐艸爲蠲」。（郭璞注爾雅「馬䗃」云：「馬蠲，蚼也。」）廣雅釋蟲：「蛆蟝、馬蠽，馬蚿也。」又曰：「馬䗃，蠽蛆也。」蚈、蠸、蚿、蠲、䗃皆一聲之轉。高注呂覽及説林訓皆作「蚈，馬蚿」。**天子衣黄衣，乘黄騮，服黄玉，建黄旗，**黄，順土色也。黄謂登飴之登也。**食稷與牛，**稷、牛皆屬土也。**服八風水，爨柘燧火，中宮御女黄色，衣黄采，其兵劍，**季夏中央也。劍有兩刃，諭無所生也。一曰：諭無所主，皆主之也。○莊逵吉云：御覽引作「無所不主」。**其畜牛，朝于中宮。**是月天子朝于中宮。中宮，大室。**乃命漁人，伐蛟取鼉，登龜取黿。**漁人，掌漁官。漁，讀相語之語也。蛟、鼉、黿皆魚屬也。鼉可作鼓，詩云：「鼉鼓洋洋。」黿可作羹，傳曰「楚人獻黿于鄭靈公，靈公不與公子宋黿羹，公子怒，染指于鼎，嘗之而出」是也。皆不害人，易得，故言取。蛟有鱗甲，能害人，難得，故言伐。龜神，可決吉凶，入宗廟，尊之，故言登。○莊逵吉云：「鼉鼓洋洋」，詩異本也。古登有升義，三字疏解爲精。**令滂人，入材葦。**滂人，掌池澤官也。入材葦，供國用也。○俞樾云：池澤之官，不聞謂之滂人，高注非也。滂人當作榜人。月令「命漁師伐蛟」，鄭注曰：「今月令漁師爲榜人。」文選司馬相如子虚賦「榜人歌」，張揖曰：「榜，船也。月令曰『命榜人』，榜人，船長也。」張所據月令，卽鄭君所謂今月令；船長之義，亦必月令舊説也。淮南書用榜人字，正本月令。高氏以爲掌池澤官，蓋據月令作「命澤人納材葦」，故云然耳，非榜人之本義也。後人因高注池澤之文，疑榜字從木無義，改榜爲滂，而古義湮矣。**命四監大夫，令百縣之秩芻以養犧牲，**周制，天子地方千里，分爲百縣，縣有四郡。故春秋傳言「上大夫受縣，下大夫受郡」。秦初置三十六郡以監縣耳。此云百縣者，謂周制畿内之縣也。四監，監四郡大夫也。秩，常也，常所當出芻，聚之以養犧牲也。**以供皇天上帝、名山大川、四方之神、宗廟社稷，爲民祈福行惠。令弔死問疾，存視長老，行稃鬻，厚席蓐，**○莊逵吉云：說文解字葬字「從死在茻中，一其中，所以薦之」。此云「厚席蓐」者，蓋言葬義，故下云「以送萬物歸也」。**以送萬物歸也。命婦官染采，黼黻文章，青黃白黑，莫不質良，**婦人能別五色，故染采。白與黑爲黼，青與赤爲黻，黑與赤爲文，赤與白爲章。質，美也。良，善也。**以給宗廟之服，必宣以明。**宣，徧也。明，鮮明也。**是月也，樹木方盛，勿敢斬伐；不可以合諸侯，起土功，動衆興兵，必有天殃。**殃，罰。**土潤溽暑，大雨時行，利以殺草糞田疇，以肥土疆。**是月大暑，土潤溽，暑溼重也。又有時雨，可以殺草爲糞，美土疆。疆，土分畔者也。**季夏行春令，則穀實解落，多風欬，民乃遷徙。**春木王，木性墮落，陽發多風，而行其令，故穀實解落，民疾病風，欬嗽上氣，象春陽布散，民遷徙者也。**行秋令，則丘隰水潦，稼穡不孰，乃多女災。**丘，高也。隰，卑也。言高下皆有水潦，故殺稼令不熟也。陰氣過差，故多女災。女災，生子不育也。○莊逵吉云：女災，鄭康成以爲敗任，是卽生子不育之義也。**行冬令，則風寒不時，鷹隼蚤摯，四鄙入保。**冬陰肅殺，而行其令，故寒風不節，鷹隼蚤摯擊，四界之民皆入城郭自保守也。**六月官少内，其樹梓。**六月植稼成熟，故官少内也。梓，説未聞也。

孟秋之月，招搖指申，昏斗中，旦畢中。斗，北方玄武之宿，是月昏時中于南方。畢，西方白虎之宿，是月平旦時中于南方也。**其位西方，其日庚辛，盛德在金，**少昊之神治西方也。庚辛，金日也。盛德在金，金王西方也。**其蟲毛，其音商，**金氣寒，倮者衣毛。毛蟲虎爲之長。商，金也，位在西方。**律中夷則，其數九，**夷，傷也。則，法也。是月陽衰陰盛，萬物凋傷，應法成性，故曰夷則也。其數九，五行數五，金第四，故曰九也。**其味辛，其臭腥，**金味辛也，金臭腥也。**其祀門，祭先肝。**孟秋始内，入由門，故祀門也。肝，木也，祭先之，用所勝也。一曰：肝沈金，自用其藏也。**涼風至，白露降，寒蟬鳴，鷹乃祭鳥，用始行戮。**是月鷹搏鷙，殺鳥於大澤之中，四面陳之，世謂之祭鳥。用是時，乃始行殺戮刑罰，順秋氣也。**天子衣白衣，乘白駱，服白玉，建白旗，**白，順金色也。白馬黑毛曰駱。○莊逵吉云：黑毛之毛讀曰旄，謂尾及鬛也。爾雅曰：「白馬黑鬛，駱。」**食麻與犬，服八風水，爨柘燧火，西宫御女白色，衣白采，撞白鐘，**金王西，故處西宫也。○王念孫云：白鐘之白，因上文而衍。春鼓琴瑟，夏吹竽笙，秋撞鐘，冬擊磬石，鐘上不宜有白字。而北堂書鈔歲時部二、藝文類聚歲時部上、太平御覽時序部九引此，皆有白字，則其誤久矣。○王紹蘭云：白鐘之白非衍文。春言鼓琴瑟，夏言吹竽笙，冬言擊磬石，皆三字爲句。若此文無白字，但言撞鐘，則句法參差，非其例矣。且石卽磬也，磬下加石以足句，猶鐘上加白以足句耳。管子五行篇：「昔者黄帝以其緩急作五聲，以政五鐘。令其五鐘，一曰青鐘大音，二曰赤鐘大心，三曰黄鐘灑光，四曰景鐘昧其明，五曰黑鐘隱其常。」景鐘與青鐘、赤鐘、黄鐘、黑鐘並列，則白鐘卽景鐘也。説文：「顥，白貌。从頁，从景。」是景爲白之證。○文典謹按：王紹蘭説是也。本篇「撞白鐘」句凡三見，豈得盡爲衍文。**其兵戈，**○王念孫云：戈當爲戉，字之誤也。説文：「戉，大斧也。从戈，𠄌聲。（𠄌音厥。）司馬法曰：『夏執玄戉，殷執白戚，周左杖黄戉，右把白髦。』」徐鍇曰：「今作鉞。」（説文：「鉞，車鑾聲也。从金，戉聲。詩曰：『鑾聲鉞鉞。』」今詩作噦。）藝文類聚、太平御覽引此，並作其兵鉞，是其證也。四時之兵，春用矛，夏用戟，季夏用劍，秋用戉，冬用鎩，五者皆不同類。戈與戟同類，夏用戟，則秋不用戈矣。莊二十五年穀梁傳：「天子救日陳五兵。」徐邈曰：「矛在東，戟在南，鉞在西，楯在北，弓矢在中央。」彼言「鉞在西」，正與此秋用戉同義。又案：説文引司馬法作戉，今經傳皆作鉞，未必非後人所改。此戉字若不誤爲戈，則後人亦必改爲鉞矣。（史記周本紀「斬以玄鉞」，太平御覽皇親部一引作玄戈，戈亦戉之誤。）

其畜狗，朝于總章左个，以出秋令。總章，西向堂也。西方總成萬物而章明之，故曰總章。左个，南頭室也。居是室，行是月之令。狗，金畜也。**求不孝不悌、戮暴傲悍而罰之，以助損氣。**損氣，陰氣。**立秋之日，天子親率三公九卿大夫以迎秋于西郊。**西郊，九里之外郊也。○王念孫云：迎秋本作迎歲，後人依月令改之耳。上文孟春、孟夏及下文孟冬並作迎歲，高注曰：「迎歲，迎春也。」又曰：「迎歲，迎夏也。」則此亦當云：「迎歲，迎秋也。」後人既改迎歲爲迎秋，又刪去高注，斯爲妄矣。○陶方琦云：魏書五十五劉芳傳、北史四十二引許注：「西郊，九里郊也。」按：劉芳傳引賈逵曰：「西郊，金帝少昊，九里。」盧植云：「西郊，九里。」許、高並用先師舊訓，故同。還，乃賞軍率武人於朝。軍率，軍將也。武勇者，功名也。命將率，選卒厲兵，簡練桀俊，專任有功，以征不義，詰誅暴慢，順彼四方。順，循也。四方，天下也。命有司，修法制，繕囹圄，禁姦塞邪，審決獄，平詞訟。決，斷也。平，治也。天地始肅，不可以贏。肅，殺也，殺氣始行也。贏，盛也，故曰不可也。是月農始升穀，天子嘗新，先薦寢廟。升，成。薦，進也。命百官，始收斂，孟秋始内也。完隄防，謹障塞，以備水潦，修城郭，繕宮室，是月「月麗于畢，俾滂沱矣」，故備水潦也。毋以封侯，立大官，行重幣，出大使。行是月令，涼風至三旬。封侯，列土封邑也。大官，九命之爵也。重幣，金帛之幣也。大使，命卿使之。金氣收斂，皆所不宜行也，故言毋也。孟秋行冬令，則陰氣大勝，介蟲敗穀，戎兵乃來。孟秋，陰也，復行冬水王之令，故陰氣勝也，其介蟲敗穀也。陰氣并，故戎兵來也。行春令，則其國乃旱，陽氣復還，五穀無實。春陽亢燥，而行其令，故旱也。陽氣還者，此月涼風，而反行溫風之令，故敗穀，令無實也。行夏令，則冬多火災，寒暑不節，民多瘧疾。夏火王，而行其令，故多火災。寒暑相干，故不節，多瘧疾。瘧疾，寒暑所生也。七月官庫，其樹楝。庫，兵府也。秋節整兵，故官庫也。其樹楝，楝實，鳳皇所食也，今雒城旁有樹。楝實秋熟，故其樹楝也。楝，讀練染之練也。

仲秋之月，招摇指酉，昏牽牛中，旦觜巂中。牽牛，北方玄武之宿，是月昏時中于南方。觜巂，西方白虎之宿，是月平旦時中于南方也。其位西方，其日庚辛，其蟲毛，其音商，律中南吕，其數九，南，任也，言陽氣吕旅而志助陰，陰任成萬物也。庚辛，金日也。其味辛，其臭腥，其祀門，祭先肝。涼風至，候鴈來，玄鳥歸，羣鳥翔。候時之鴈從北漠中來，過周、雒，南至彭蠡也。玄鳥歸，秋分後歸蟄所也。羣鳥翔，寒氣至，羣鳥肥盛，試其羽翼而高翔。翔者，六翮不動也。或作養，養育其羽毛也。〇莊逵吉云：諸家釋翔，皆曰回飛，唯高氏以爲大飛不動，亦曰六翮不動，又曰翼一上一下曰翔，義更精。〇沈濤云：吕氏春秋紀作「羣鳥養羞」，高氏彼注曰：「寒氣將至，羣鳥養進其毛羽御寒也。」雖訓羞爲進，與禮記鄭注訓爲所食者不同，而其爲養羞則同，疑淮南注本作「或作養羞，養進其羽毛也」，淺人不知羞有進義，遂删去羞字，改進爲育耳。又淮南注許、高二家每相亂，恐作翔者爲許慎本。天子衣白衣，乘白駱，服白玉，建白旗，食麻與犬，服八風水，爨柘燧火，西宮御女白色，衣白采，撞白鐘，其兵戈，其畜犬，朝于總章太廟。總章，西向堂也。太廟，中央室也。命有司，申嚴百刑，斬殺必當，無或枉撓。

枉，曲也。撓，弱也。言平直也。決獄不當，反受其殃。反，還。是月也，養長老，授几杖，行稃鬻飲食。乃命宰祝，行犧牲，案芻豢，草養曰芻，穀養曰豢。案其簿書閱租之。豢，讀宦學之宦。視肥臞全粹，全，無虧缺也。粹，毛色純也。粹，讀禍祟之祟。察物色，課比類，量小大，視少長，莫不中度。天子乃儺，以御秋氣。儺，猶除也。御，止也。止秋氣，不使爲害。儺，讀躁難之難。氣或作兵。以犬嘗麻，先薦寢廟。是月可以築城郭，建都邑，國有先君之宗廟曰都，無曰邑。都曰城，邑曰築。穿竇窖，修囷倉。穿竇，所以通水，不欲地溼也。穿窖，所以盛穀也。窖，讀窖藏人物之窖。乃命有司，趣民收斂畜采，多積聚，勸種宿麥，若或失時，行罪無疑。是月也，雷乃始收，蟄蟲培户，殺氣浸盛，陽氣日衰，水始涸，涸，凝竭。涸或作盛。盛，言陰勝也。日夜分。一度量，平權衡，正鈞石，角斗稱，理關市，來商旅，理，通也。入貨財，以便民事。四方來集，遠方皆至，財物不匱，上無乏用，百事乃遂。遂，成也。仲秋行春令，則秋雨不降，草木生榮，國有大恐。春陽氣，而行其令，故雨不降。又温煦之仁，故草木生榮華也。氣相干，必有災咎，故國大惶恐。行夏令，則其國乃旱，蟄蟲不藏，五穀皆復生。行炎陽之令，故旱涸。氣熱，故蟄蟲不藏，使五穀復生。行冬令，則風災數起，收雷先行，草木蚤死。行冬寒氣激之令，故有風災。又冬閉藏，故收雷先行，草木蚤死也。八月官尉，其樹柘。尉，戎官。是月治兵，故官尉。傳曰：「羊舌大夫爲中軍尉。」柘，說未聞也。

季秋之月，招搖指戌，昏虚中，旦柳中。虚，北方玄武之宿，是月昏時中于南方。柳，南方朱雀之宿，是月平旦中于南方也。其位西方，其日庚辛，其蟲毛，其音商，律中無射，陰氣上升，陽氣下降，萬物隨陽而藏，無射出見也。其數九，其味辛，其臭腥，其祀門，祭先肝。候鴈來，賓雀入大水爲蛤，是月時候之雁從北漠中來，南之彭蠡。蓋以爲八月來者，其父母也，是月來者，蓋其子也。羽翼穉弱，故在後爾。賓雀者，老雀也，棲宿人堂宇之間，如賓客者也，故謂之賓。大水，海水也。傳曰「雀入海爲蛤」也。〇陶方琦云：御覽九百四十一引許注：「雀，依屋之雀，本飛鳥也，隨陽下藏，故爲蛤。」高作賓雀，與注呂覽同。今月令鄭注：「來賓，言其客止未去。」屬上鴻雁解，與許合也。說文：「雀，依人小鳥也。」故注淮南亦曰「依屋之雀，本飛鳥」。菊有黄華，豺乃祭獸戮禽。豺，似狗而長尾，其色黄。是月時，豺殺獸，四面陳之，世謂之祭獸。戮，猶殺也。天子衣白衣，乘白駱，服白玉，建白旗，食麻與犬，服八風水，爨柘燧火，西宫御女白色，衣白采，撞白鐘，其兵戈，其畜犬，朝于總章右个。西向堂，北頭室，故謂右个也。命有司，申嚴號令，百官貴賤，無不務入，以會天地之藏，無有宣出。乃命冢宰，農事備收，舉五穀之要，冢，大也。宰，治也。卿官也。要，簿書也。藏帝籍之收於神倉。天子籍田千畝，故曰「帝籍之收」，籍田所收之穀也。神倉，倉也。是月也，霜始降，百工休。霜降天寒，朱漆難成，故百工休止，不復作器也。乃命有司曰：寒氣總至，民力不堪，其皆入室。詩曰「入此室處」是也。上丁入學習吹，大饗帝，嘗犧牲，合諸侯，制百縣，是月上旬丁日，入學宮，吹笙竽，習禮樂，饗上帝，用犧牲。合諸侯之制，度車服之差，各以其命數也。百縣，圻内之縣，言百，舉全數爾。五家爲鄰，五鄰爲里，四里爲酇，五酇爲鄙，五鄙爲縣，然則縣二千五百家也。○莊逵吉云：注「學宮」本或作「學官」。爲來歲受朔日，與諸侯所稅於民，輕重之法，貢歲之數，以遠近土地所宜爲度。來歲，明年。受朔日，如今計吏朝賀，豫明年之曆日也。度者，職貢多少有常也。乃教於田獵，以習五戎。戎，兵也。刀、劍、矛、戟、矢曰五戎。命太僕及七騶，咸駕戴荏，○劉績云：戴荏，記作載旌旐，疑荏乃旌字之誤。○王念孫云：劉說是也。隸書旌字或作栍，與荏相似而誤。載、戴古字通。○文典謹按：御覽八百九十六引，戴荏作載旗。授車以級，皆正設于屏外。級，等也。授當車者以高下各隨其等級。正，立。設，陳也。天子外屏。屏，樹垣也。爾雅曰「門内之垣謂之樹垣」者也。司徒搢朴，北嚮以贊之。搢，插也。朴，以教導也，插置帶間，贊相威儀也。司徒主衆，教導之也。天子乃厲服廣飾，執弓操矢以獵。是月天子尚武，乃服猛厲之服，廣其所佩之飾，以取禽。命主祠，祭禽四方。命，教也。主祠，典祀之官也。祭禽四方，祀始設禽獸者于四方，報其功，不知其神所在，故博求之於四方也。是月草木黄落，乃伐薪爲炭，蟄蟲咸俛，乃趨獄刑，毋留有罪，俛，伏也。

青州謂伏爲俛。無留，言當斷也。收禄秩之不當，供養之不宜者。不當，謂無德受禄也。不宜，謂不孝也。一曰：所養者無勳於國，其先人又無賢德，所不宜養，故收也。通路除道，從境始，至國而后已。○王念孫云：后字後人所加。季春言「從國始，至境止」，季秋言「從境始，至國而已」，已亦止也，無庸加后字。是月，天子乃以犬嘗麻，先薦寢廟。孝之至也。季秋行夏令，則其國大水，冬藏殃敗，民多鼽窒。季秋陰氣，而行夏月霖雨之令，故大水。火氣熱，故冬藏殃敗也。火金相干，故民鼽窒，鼻不通利也。鼽，讀怨仇之仇也。行冬令，則國多盜賊，邊竟不寧，土地分裂。冬水純陰，奸謀所生，故多盜賊，使邊竟之民不安寧也。則土地見侵削，爲鄰國所分裂也。行春令，則煖風來至，民氣解隋，師旅竝興。春氣陽温，故煖風至，民氣解隋也。木干金，故師旅並興也。二千五百人爲師，五百人爲旅也。九月官候，其樹槐。候，望也。是月繕修守備，故曰官候也。槐，懷也，可以懷來遠人也。

孟冬之月，招摇指亥，昏危中，旦七星中。危，北方玄武之宿，是月昏時中于南方。七星，南方朱雀之宿，是月平旦時中于南方。其位北方，其日壬癸，盛德在水，顓頊之神治北方也。壬癸，水日也。盛德在水，水王北方也。其蟲介，其音羽，介，甲也。象冬閉固，皮漫胡也。甲蟲龜爲之長。羽，屬水也。律中應鐘，其數六，陰應于陽，轉成其功，萬物聚成，故曰應鐘。其數六，五行數五，水第一，故曰六也。其味鹹，其臭腐，水味鹹也，水臭腐也。其祀井，祭先

　　腎。井水給人，故祀也。井或作行。行，門内地。冬守在内，故祀也。腎，水，自用其藏也。水始冰，地始凍，雉入大水爲蜃，虹藏不見。蜃，蛤也。大水，淮也。傳曰：「雉入于淮爲蜃。」虹，陰中之陽也。是月陰盛，故不見也。天子衣黑衣，乘玄驪，服玄玉，建玄旗，順水德也。熊與虎曰旗也。食黍與彘，服八風水，爨松燧火，○文典謹按：御覽二十七引注云：「改火也。」北宫御女黑色，衣黑采，擊磬石，水王北方，故處北宫。其兵鎩，其畜彘，鎩者却内，象陰閉。彘，水畜。朝于玄堂左个，以出冬令。北向堂，西頭室，故曰左个。居是室，行此月令也。命有司，修羣禁，順陰閉，諸所當禁，皆使有司禁也。禁外徙，閉門閭，大搜客，傳曰：「禁舊客，爲露情也。有新客，搜出之，爲觀釁也。」門，城門也。閭，里門也。嚴閉之，守備也。斷罰刑，殺當罪，諸罰刑當決也。當罰正罪，故殺之也。阿上亂法者誅。阿意曲從，取容於上，以亂法度也。誅，治也。立冬之日，天子親率三公九卿大夫以迎歲于北郊。○陶方琦云：魏書五十五劉芳傳、北史四十二引許注：「北郊，六里郊也。」又引高注：「北郊，六里之郊也。」按：劉芳傳引賈逵曰：「北郊水帝顓頊，六里。」盧植云：「北郊，六里郊也。」許、高並用先師舊訓，故同。還，乃賞死事，存孤寡。有忠節蹈義死王事者，賞其子孫也。幼無父曰孤，無夫曰寡，皆存慰矜恤之。是月，命太祝禱祀神位，占龜策，審卦兆，以察吉凶。於是天子始裘，命百官謹蓋藏，命司徒行積聚，修城郭，警門閭，修楗閉，慎管籥，固封璽，封璽，印封也。○文典謹按：禮記月令楗作鍵，璽作疆，鄭注云：「今月令疆或作璽。」呂覽孟冬紀、御覽六百八十二載應劭漢官儀引月令、蔡邕獨斷皆作「固封璽」，北堂書鈔百五十六引此文璽作疆，與古月令合。**修邊境，**○文典謹按：書鈔引，脩作備。**完要塞，絶蹊徑，飭喪紀，審棺槨衣衾之薄厚，**飭，治也。紀，數也。二十五月之數也。棺槨衣衾薄厚各有差等，故審之。**營丘壠之小大高庳，使貴賤卑尊各有等級。**營，度也。丘壠，冢也，小大高下各有度量也。**是月也，工師效功，陳祭器，案度程，堅致爲上。**案，視也。度，法也。堅致，功牢也。爲，故也。上，盛也。○莊逵吉云：堅致，禮記作功致，故注云「功牢也」。致即密緻之緻，古無緻字。**工事苦慢，作爲淫巧，必行其罪。**苦，惡也。慢，不牢也。淫巧，非常之巧也。故行其罪。苦，讀盬會之盬。**是月也，大飲蒸，天子祈來年於天宗，**蒸，冬祭也。于是時，大飲酒而祭，求明年之福祥也。凡屬天上之神，日月星辰皆爲天宗也。**大禱祭于公社，畢，饗先祖。**禱，求也。公社，后土之祭也。生爲上公，死爲貴神，故曰公也。畢，饗先祖，先公後私之義也。**勞農夫，以休息之。命將率講武，肄射御，角力勁。**肄，習也。勁，强貌。**乃命水虞漁師，收水泉池澤之賦，**虞，掌水官也。師，長也。賦，税也。**毋或侵牟。**牟，多。**孟冬行春令，則凍閉不密，地氣發泄，民多流亡。**春陽氣散越，故凍閉不密，地氣發泄也。民多流亡，象陽氣布散。**行夏令，則多暴風，方冬不寒，蟄蟲復出。**冬當閉藏，反行夏盛陽之令，故多暴疾。陽氣温，故盛冬不寒，令蟄伏之蟲復出也。行秋令，則雪霜不時，小兵時起，土地侵削。秋氣干冬，大寒，不當雪而雪，不當霜而霜，故曰不時也。小兵數起，鄰國來伐，侵削其土地。十月官司馬，其樹檀。冬閒講武，故官司馬也。檀，陰木也。

仲冬之月，招摇指子，昏壁中，旦軫中。東壁，北方玄武之宿，是月昏時中于南方。軫，南方朱鳥之宿，是月平旦時中于南方也。其位北方，其日壬癸，其蟲介，其音羽，律中黄鐘，其數六，黄鐘者，陽氣聚于下，陰氣盛于上，萬物黄，萌于地中，故曰黄鐘也。其味鹹，其臭腐，其祀井，祭先腎。冰益壯，地始坼，鶡鴠不鳴，虎始交。鶡鴠，山鳥。是月陰盛，故不鳴也。虎，陽中之陰也，陰氣盛，以類發也。交，讀將校之校也。天子衣黑衣，乘鐵驪，服玄玉，建玄旗，食黍與彘，服八風水，爨松燧火，北宫御女黑色，衣黑采，擊磬石，其兵鎩，其畜彘，朝于玄堂太廟。北向堂，中央室，故曰太廟也。命有司曰：土事無作，無發室居，及起大衆，是謂發天地之藏，諸蟄則死，民必疾疫，有隨以喪。○莊逵吉云：有，諸本皆作又。急捕盜賊，誅淫泆詐僞之人，命曰暘月。陰氣在上，民人空閒，故命曰暘月。命奄尹，申宫令，奄，官〔一〕也。尹，正也。申宫令，重戒敕也。審門閭，謹房室，必重閉，助陰

〔一〕「官」，疑當爲「宦」，形近而誤。日本諸子大成改正淮南鴻烈解作「宦」。

氣也。省婦事。乃命大酋，秫稻必齊，麴蘖必時，酋，主酤酒官也，醖釀米麴，使化熟，故謂之酋。酋，讀酋豪之酋，齊，讀齊和之齊也。作麴蘖當得其時，不時則不成也。湛熺必潔，水泉必香，湛，漬也。熺炊必令圭潔也。水泉香則酒善也。湛，讀審釜之審。熺，炊熾火之熾也。○桂馥云：熺，借字，當爲饎。特牲饋食禮「主婦視饎，爨於西堂下」，鄭注：「炊黍稷曰饎。」陶器必良，火齊必得，無有差忒。陶器，瓦器也。炊亨必得其適，故曰無有差忒也。天子乃命有司，祀四海大川名澤。能興雲雨，故祀之也。是月也，農有不收藏積聚、牛馬畜獸有放失者，取之不詰。詰，呵問也。山林藪澤，有能取疏食、田獵禽獸者，野虞教導之。其有相侵奪，罪之不赦。大加刑也。是月也，日短至，陰陽争，君子齋戒，處必掩，身欲静，去聲色，禁嗜欲，聲，絲竹金石之聲也。色，美色也。有貪欲濫求者禁之。寧身體，安形性。閉情欲也。是月也，荔挺出，芸始生，丘螾結，麋角解。荔，馬荔草也。芸，芸蒿，菜名。丘螾，蟲也。結，屈結也。麋角解墮，皆應微陽氣也。○陶方琦云：說文艸部芸字下、爾雅釋草疏、御覽九百八十二引許注：「芸，艸，可以死復生。」按：說文：「芸，艸也。似苜蓿。」與鄭君月令注「芸，香艸」說亦合。高注呂覽皆訓作菜，芸生於冬至一陽初生之月，故云死復生。水泉動則伐樹木，取竹箭，罷官之無事、器之無用者，罷，省。涂闕庭門閭，築囹圄，所以助天地之閉。仲冬行夏令，則其國乃旱，氛霧冥冥，雷乃發聲。夏氣炎陽，故其國旱也。清濁相干，故氛霧冥冥也。十一月雷發聲，非其時，故言乃也。行秋令，則其時雨水，瓜瓠不成，國有大兵。秋金氣，水之母也，故雨水。水、金用事，故有大兵也。行春令，則蟲螟爲敗，水泉咸竭，民多疾癘。春陽氣，蟄伏生，故蟲螟敗穀，水泉竭也。陽干陰，氣不和，故多疾癘也。十一月官都尉，其樹棗。冬成軍師，故官都尉。棗，取其赤心也。

季冬之月，招摇指丑，昏婁中，旦氐中。婁，西方白虎之宿，是月昏時中于南方。氐，東方蒼龍之宿，是月平旦時中于南方也。其位北方，其日壬癸，其蟲介，其音羽，律中大吕，吕，旅也。萬物萌動于黄泉，未能達見，所以旅旅去陰卽陽，助其成功，故曰大吕。其數六，其味鹹，其臭腐，其祀井，祭先腎。鴈北鄉，鵲加巢，雁在彭蠡之水，皆北嚮，將至北漠中也。鵲感陽而動，上加巢也。○王念孫云：加，讀爲架，謂搆架之也。召南鵲巢箋曰：「鵲之作巢，冬至架之，至春乃成。」釋文：「架之，俗本或作加功。」（案：之作功者，非。架作加，則古字通用。劉昌宗讀加爲架，是也。匡謬正俗謂「加功力作巢」，非是。）本經篇「大夏曾加」，高注謂「以材木相乘架」，是加、架古字通。此言「鵲加巢」，卽鄭箋所謂「冬至架之」者，非謂增加其巢也。天文篇曰：「日冬至，鵲始加巢。」月令曰：「季冬之日，鵲始巢。」義並與此同。召南正義引推度災云「鵲以復至之月始作室家」是也。雉雊，雞呼卵。詩云「雉之朝雊，尚求其雌」是也。雞呼鳴求卵也。天子衣黑衣，乘鐵驪，服玄玉，建玄旗，食麥與彘，服八風水，爨松燧火，北宮御女黑色，衣黑采，擊磬石，其兵鎩，其畜彘，朝于玄堂右个。右个，東頭室也。命有司，大儺旁磔，出土牛。大儺，今之逐陰驅疫，爲陽導也。旁磔，四面皆磔犬羊，以禳四方之疾疫也。出土牛，今鄉縣出勸農耕之土牛於外是也。命漁師始漁，是月將捕魚，故命其長也。漁，讀論語之語。天子親往射漁，先薦寢廟。令民出五種，令農計耦耕事，修耒耜，具田器。耦，合。命樂師大合吹而罷。乃命四監，收秩薪，以供寢廟及百祀之薪燎。是月也，日窮于次，月窮于紀，星周于天，歲將更始，十二次窮于牽牛中也。紀道窮於故宿也。星周于天者，謂二十八舍更見南方，至是月周帀也。令静農民，無有所使。天子乃與公卿大夫飾國典，論時令，以待嗣歲之宜。乃命太史，次諸侯之列，賦之犧牲，賦，布。以供皇天上帝社稷之芻享。乃命同姓之國，供寢廟之芻豢；卿士大夫至于庶民，供山林名川之祀。季冬行秋令，則白露早降，介蟲爲祅，四鄙入保。秋節白露，故白露早降。介甲之蟲爲祅災。金氣爲兵，故四竟之民入城郭自保守也。行春令，則胎夭傷，國多痼疾，命之曰逆。季冬大寒，而行春温之令，氣不和，故胎養夭傷，國多篤疾。逆風氣之由也，故命之曰逆也。行夏令，則水潦敗國，時雪不降，冰凍消釋。夏氣炎陽，又多霖雨，故水潦敗國也。時雪當降而不降，冰凍不當消釋而消釋，皆干時之徵也。十二月官獄，其樹櫟。十二月歲盡刑斷，故官獄也。櫟可以爲車轂，木不出火，惟櫟爲然，亦應除氣也。

五位：東方之極，自碣石山過朝鮮，貫大人之國，碣石在遼西界海水西畔。朝鮮，樂浪之縣也。貫，通也。大人國在其東。○莊逵吉云：御覽引無山字，注云：「碣石在東北海中。朝鮮，東夷。東方有大人之國也。**東至日出之次，榑木之地，青土樹木之野，**榑木，榑桑。○莊逵吉云：御覽此下有注云：「皆日所出之地也。」○王引之云：青土當爲青丘，字之誤也。（御覽引此已誤。）本經篇「繳大風於青丘之野」，（今本野誤作澤，辯見本經。）高注曰：「青丘，東方之丘名。」即此所云「東至青丘之野」也。呂氏春秋求人篇亦云：禹東至榑木之地，日出之野，青丘之鄉。」海外東經云：「青丘國在朝陽北。」逸周書王會篇「青丘狐九尾」，孔晁曰：「青丘，海東地名。」服虔注漢書司馬相如傳云：「青丘國在海東三百里。」**太皞、句芒之所司者，萬二千里。**太皞，伏羲氏，東方木德之帝也。句芒，木神。司，主也。**其令曰：挺羣禁，開閉闔，通窮窒，達障塞，行優游，棄怨惡，解役罪，免憂患，休罰刑，開關梁，宣出財，和外怨，撫四方，行柔惠，止剛强。**剛强侵陵人，不循軌度者，禁止之也。**南方之極，自北户孫之外，**北户孫，國名也，日在其北，皆爲北向户，故曰北户孫。○莊逵吉云：御覽作北户烏孫，注云：「北户，日在其北，向以爲户。」○文典謹按：文選思玄賦注引高注作「北户，孤竹國名也」。**貫顓頊之國，南至委火炎風之野，赤帝、祝融之所司者，萬二千里。**赤帝，炎帝少典之子，號爲神農，南方火德之帝也。祝融，顓頊之孫，老童之子吴回也。一名黎，爲高辛氏火正，號爲祝融，死爲火神也。

○莊逵吉云：御覽此下有注云：「赤帝，著明審諟也。祝，屬。融，工也。萬物盛長，屬而工也。」程文學云：「此亦古注，宜存，然未定卽是高、許二家耳。」其令曰：爵有德，賞有功，惠賢良，救飢渴，舉力農，振貧窮，惠孤寡，憂罷疾，出大祿，行大賞，起毀宗，立無後，封建侯，立賢輔。應陽施也。中央之極，自昆侖東絶兩恆山，自，從也。絶，猶過也。恆山，常山。言兩，未聞也。○莊逵吉云：御覽無兩字，注云：「恆山，北岳。」日月之所道，江、漢之所出，日月照其所經過之道。江出岷山，漢出番冢也。衆民之野，五穀之所宜，龍門、河、濟相貫，以息壤堙洪水之州，○莊逵吉云：御覽此下有注云：「禹以息土湮洪水，以爲中國九州。州，水中可居也。」東至於碣石，黄帝、后土之所司者，萬二千里。黄帝，少典之子，以土德王天下，號爲軒轅氏，死爲中央土德之帝。后土者，句龍氏之子，名曰后土，能平九土，死祀爲土神也。○莊逵吉云：御覽此注有云：「黄，中色，地道載物，故稱名也。」其令曰：平而不阿，明而不苛，包裹覆露，露，潤。無不囊懷，溥氾無私，正静以和，行稃鬻，養老衰，弔死問疾，以送萬物之歸。土，四方之主也，故曰萬物之歸。西方之極，自昆侖絶流沙、沈羽，西至三危之國，流沙，蓋在昆侖之西南爾。○莊逵吉云：御覽此注有云：「沈羽，弱水，弱沈羽毛也。」石城金室，飲氣之民，不死之野，少皞、蓐收之所司者，萬二千里。少皞，黄帝之子青陽也，名摯，以金德王天下，號爲金天氏，死爲西方金德之帝也。蓐收，金天氏之裔子曰修禮，死祀爲金神也。○莊逵吉云：御覽此注有云：「少皥，白帝之號。少皥，用物浩成也。」其令曰：審用法，誅必辜，備盜賊，禁姦邪，飾羣牧，謹著聚，修城郭，補決竇，塞蹊徑，止流水，雝谿谷，守門閭，陳兵甲，選百官，誅不法。應金斷也。北方之極，自九澤窮夏晦之極，北至令正之谷，九澤，北方之澤。夏，大也。晦，暝也。○莊逵吉云：御覽令正作令止，注云：「令止，丁令北海胡地。」有凍寒積冰、雪雹霜霰、漂潤羣水之野，顓頊、玄冥之所司者，萬二千里。顓頊，黄帝之孫也，以水德王天下，號高陽氏，死爲北方水德之帝也。其神玄冥者，金天氏有適子曰昧，爲玄冥師，死而祀爲主水之神也。○莊逵吉云：御覽此下有注云：「顓頊，黑帝號。頊，大。言陰用事，振翕而寒也。陰閉不視，故神爲玄冥也。」其令曰：申羣禁，固閉藏，修障塞，繕關梁，禁外徙，斷罰刑，殺當罪，閉關閭，大搜客，○王念孫云：古書無以關閭二字連文者，關當爲門，此涉上二「關梁」而誤也。上文及天文篇並云：「閉門閭，大搜客。」春秋繁露五行順逆篇云：「閉門閭，大搜索。」太平御覽時序部十二引此作「守門閭」。止交游，禁夜樂，蚤閉晏開，以塞姦人，已德，執之必固。○王念孫云：塞本作索，此後人以意改之也。「蚤閉晏開，以索姦人」，卽上文所謂「閉門閭，大搜客」也。下句「姦人已得」，正謂索而得之，若改索爲塞，則與下句義不相屬矣。姦人下當更有姦人二字。德，讀爲得。「蚤閉晏開，以索姦人，姦人已得，執之必固」，皆以四字爲句。若第三句無姦人二字，則文不成義矣。太平御覽時序部十

二、地部二引此，塞作索，德作得，是也。但無姦人二字，則所見本已誤。天節已幾，○莊逵吉云：御覽此下注云：「幾，終也。」刑殺無赦，雖有盛尊之親，斷以法度。毋行水，毋發藏，毋釋罪。應陰殺也。○莊逵吉云：御覽作「毋釋刑罪」。

六合：孟春與孟秋爲合，仲春與仲秋爲合，季春與季秋爲合，孟夏與孟冬爲合，仲夏與仲冬爲合，季夏與季冬爲合。孟春始贏，孟秋始縮；贏，長也。縮，短也。仲春始出，仲秋始内；出，二月播種。内，八月收斂。○文典謹按：御覽十七引注，播種作播植，十九引，與今本合。季春大出，季秋大内；孟夏始緩，孟冬始急；緩，四月陽安。急，十月寒肅。○文典謹按：御覽十七引注，作「緩，四月陽炎也。急，十月寒肅也」。二十四引同。仲夏至修，仲冬至短；夏至北極，冬至南極，短、修皆在至前也。季夏德畢，季冬刑畢。德畢，陽施結。刑畢，刑獄盡。○莊逵吉云：御覽引注，作「德畢，陽始窮也。刑畢，陰殺盡也」。故正月失政，七月涼風不至；二月失政，八月雷不藏；三月失政，九月不下霜；四月失政，十月不凍；五月失政，十一月蟄蟲冬出其鄉；六月失政，十二月草木不脱；不脱，葉槁著樹，不零落也。七月失政，正月大寒不解；東風不解凍也。八月失政，二月雷不發；不發聲也。九月失政，三月春風不濟；濟，止。十月失政，四月草木不實；實，長。十一月失政，五月下雹霜；十二月失政，六月五穀疾狂。疾狂，不華而實也。春行夏令

泄，象盛陽發泄也。○俞樾云：下云「冬行春令泄」，不當重複。且上文云「仲春始出」、「季春大出」，則春日發泄，不足爲咎也。管子幼官篇作「春行夏政閹」，當從之。蓋發泄太過，故奄然而息也。方言及廣雅並曰：「奄，息也。」閹與奄通，因脱閹字，而寫者以泄字補之，殊非其義。高注曰：「象盛陽發泄也。」是其所據本已誤。夫下文「冬行春令泄」，高注曰：「象春氣布散發泄也。」然則布散發泄，自是春氣所固然，豈行夏令所致乎？卽此可知其非矣。**行秋令水**，水生于申，故水也。**行冬令肅。**象氣肅急。**夏行春令風**，象春木氣多風。**行秋令蕪**，象秋氣蕪穢生。**行冬令格。**格，歧也。象冬斷刑，恩澤歧格不流下。○王引之云：高説非也。格，讀爲落，謂夏行冬令，則草木零落也。格字從木，各聲，古讀如各。（説見唐韻正。）格與落聲相近，字相通。史記酷吏傳「置伯格長」，徐廣曰：「古村落字亦作格。」村落之落通作格，猶零落之落通作格也。月令云：「仲夏行秋令，則草木零落。」管子幼官篇「夏行冬政落」，（四時篇同。）尹知章曰：「寒氣肅殺，故凋落也。」春秋繁露五行五事篇云：「秋行冬政則落。」又云：「夏行冬政則落。」皆其明證矣。**秋行夏令華**，象夏氣樹華茂。**行春令榮**，象春氣生榮華。**行冬令耗。**耗，零落也。**冬行春令泄**，象春氣布散發泄也。**行夏令旱**，旱象陽炎。**行秋令霧。**秋氣陰亂，故霧。

制度陰陽，大制有六度：天爲繩，地爲準，春爲規，夏爲衡，秋爲矩，冬爲權。繩者，所以繩萬物也。繩，正。**準者，所以準萬物也。規者，所以員萬物也。衡者，所以**

平萬物也。矩者，所以方萬物也。權者，所以權萬物也。繩之爲度也，直而不爭，○俞樾云：争，讀爲綪。儀禮士喪禮鄭注曰：「綪，屈也。江、沔之間謂縈收繩索爲綪。」故此曰「繩之爲度也，直而不綪」。脩而不窮，久而不弊，遠而不忘，與天合德，與神合明，所欲則得，所惡則亡，自古及今，不可移匡，○俞樾云：移之言迆也。説文辵部：「迆，衺行也。」移亦有衺義。禮記玉藻篇「手足毋移」，正義曰：「移，謂靡迆摇動也。」是其證也。匡與輊通。説文車部：「輊，車戾也。」考工記「輪雖敝不匡」，匡卽輊字。不移匡，言不衺曲也。厥德孔密，廣大以容，○莊逵吉云：廣大以容，明本作廣下以容衆，非。是故上帝以爲物宗。宗，本。準之爲度也，平而不險，均而不阿，廣大以容，寬裕以和，柔而不剛，鋭而不挫，鋭，利也。挫，折也。流而不滯，流，行也。滯，止也。易而不穢，發通而有紀，紀，道也。周密而不泄，準平而不失，萬物皆平，民無險謀，怨惡不生，是故上帝以爲物平。平，正，讀評議之評。規之爲度也，轉而不復，員而不垸，復，過也。垸，轉也。優而不縱，廣大以寬，感動有理，發通有紀，優優簡簡，百怨不起，優簡，寬舒之貌。規度不失，生氣乃理。氣類理達。衡之爲度也，緩而不後，平而不怨，施而不德，弔而不責，○莊逵吉云：御覽引作「匝而不責」。當平民禄，以繼不足，敎敎陽陽，唯德是行，養長化育，萬物蕃昌，以成五穀，以實封疆，其政不失，天地乃明。明，理。矩之爲度也，肅而不悖，剛而不憒，取而無怨，内而無害，威厲而不懾，令行而不廢，殺伐既得，仇敵乃克，矩正不失，百誅乃服。權之爲度也，急而不贏，殺而不割，充滿以實，周密而不泄，敗物而弗取，罪殺而不赦，誠信以必，堅慤以固，糞除苛慝，不可以曲，故冬正將行，必弱以强，必柔以剛，權正而不失，萬物乃藏。明堂之制，静而法準，動而法繩，春治以規，秋治以矩，冬治以權，夏治以衡，是故燥溼寒暑以節至，甘雨膏露以時降。

淮南鴻烈集解卷六

覽冥訓

覽觀幽冥變化之端，至精感天，通達無極，故曰「覽冥」，因以題篇。

昔者，師曠奏白雪之音，而神物爲之下降，風雨暴至，平公癃病，晉國赤地。白雪，太乙五十弦琴瑟樂名也。神物，卽神化之物，謂玄鶴之屬來至，無頭鬼類操戈以舞也。平公，晉悼公之子彪也。癃病，篤疾。赤地，旱也。唯聖君能御此異，使無災耳。平公德薄，不能堪，故篤病而大旱也。**庶女叫天，雷電下擊，景公臺隕，支體傷折，海水大出。**庶賤之女，齊之寡婦，無子，不嫁，事姑謹敬。姑無男有女，女利母財，令母嫁婦。婦益不肯，女殺母以誣寡婦。婦不能自明，冤結叫天，天爲作雷電下擊景公之臺。隕，壞也。毁景公之支體，海水爲之大溢出也。○陶方琦云：文選詣建平王上書注引許注云：「庶女，齊之少寡，無子，養姑。姑無男有女，女利母財而殺母，以誣告寡婦。婦不能自解，故冤告天。」此高承用許注。○文典謹按：上文「昔者，師曠奏白雪之音，而神物爲之下降」，則此「庶女叫天」下亦當有而字，文乃一律。北堂書鈔百五十二、初學記一、藝文類聚二引，「叫天」下皆有而字，此必古有而今本敓之也。又按：叫天，御覽六十引作告天；雷電，白帖二、御覽六十引竝作雷霆。御覽引「景公臺隕」下有注云：「景公，齊景公也。雷擊景公臺，隕壞之也。」「枝體傷折」下有注云：「景公爲雷霆所傷折。」「庶女告天」下所引注，與文選詣建平王上書注所引許注略同。則此二注，亦必許君注也。**夫瞽師、庶女，位賤尚葈，權輕飛羽，**尚，主也。葈者，葈耳，菜名也。幽、冀謂之檀菜，雒下謂之胡葈。主是官者，至微賤也。瞽師、庶女復賤於主葈之官，故曰「權輕飛羽」也。○王引之云：主枲耳之官，書傳未聞。尚枲，蓋卽周官「典枲下士二人」者，典亦主也。（見周官典婦功注。）言典枲本賤官，瞽師、庶女則又賤於典枲。枲謂麻枲，非謂枲耳也。○洪頤煊云：周禮天官「典枲掌布緦縷紵之麻草之物」，是庶女爲之。賈疏：「枲，麻也。」葈卽枲字。**然而專精厲意，委務積神，上通九天，激厲至精。**九天，八方、中央也。以精誠感之。**由此觀之，上天之誅也，雖在壙虛幽閒，遼遠隱匿，重襲石室，界障險阻，其無所逃之，亦明矣。**上天，上帝也。上帝神明。言人有罪惡，雖自隱蔽竄藏，猶見誅害也。故曰「無所逃」也。**武王伐紂，渡于孟津，陽侯之波，逆流而擊，疾風晦冥，人馬不相見。**陽侯，陵陽國侯也。其國近水，溺水而死。其神能爲大波，有所傷害，因謂之陽侯之波。○俞樾云：陽陵自是漢侯國，史記高祖功臣侯表有陽陵侯傅寬是也。高注以說古之陽侯，殆失之矣。春秋閔二年「齊人遷陽」，杜注曰「國名」。正義曰：「世本無陽國，不知何姓。杜世族譜土地名，闕不知所在。」古之陽侯當卽此陽國之侯。水經「沂水南逕陽都縣故城東，縣故陽國城」，是其所在矣。○文典謹按：北堂書鈔二、御覽八十四、博物志異聞篇引，孟津皆作盟津。**於是武王左操黃鉞，右秉白旄，瞋目而撝之，曰：「余任，天下誰敢害吾意者！」於是風濟而波罷。**〇王念孫云：「右秉白旄」，秉本作執，此後人依牧誓改之也。論衡感虛篇引此正作執。（論衡稱「傳書言武王伐紂，渡孟津」云云，共十二句，皆與此同，是所引即淮南之文也。）太平御覽地部二十六、三十六、皇王部九引此，亦作執。泰族篇亦云：「武王左操黃鉞，右執白旄。」執與秉同義，無煩據彼以改此也。任當爲在，字之誤也。（道應篇「本在於身」，在字亦誤作任。）「余在」爲句，「天下誰敢害吾意者」爲句。孟子引書曰：「四方有罪無罪，惟我在，天下曷敢有越厥志！」句法與此相似。論衡感虛篇、藝文類聚儀飾部、太平御覽地部二十六、三十六、皇王部九、儀式部一引此，竝作「余在」。害，讀爲曷。（古字以害爲曷，通見詩、書。）曷，止也。言誰敢止吾意也。爾雅：「曷、遏，止也。」商頌長發篇「則莫我敢曷」，荀子議兵篇引作「則莫我敢遏」。

魯陽公與韓搆難，戰酣日暮，援戈而撝之，日爲之反三舍。魯陽，楚之縣公，楚平王之孫，司馬子期之子，國語所稱魯陽文子也。楚僭號稱王，其守縣大夫皆稱公，故曰魯陽公。今南陽魯陽是也。酣，對戰合樂時也。撝日令反，却行三舍。舍，次宿也。〇陶方琦云：文選郭璞遊仙詩注引許注：「二十八宿，一宿爲一舍也。」按：論衡感虛篇：「星之在天也，爲日月舍，猶地有郵亭，爲長吏廨也。」二十八宿有分度，一舍十度，或增或減。言日反三舍，乃三十度也。廣雅釋詁：「宿，舍也。」〇文典謹按：文選吳都賦注、郭璞遊仙詩注、弔魏武帝文注引，搆竝作遘，疑是許本。又吳都賦注引，魯陽公下有「楚將也」三字，疑亦許注之羼入正文者也。**夫全性保真，不虧其**

身，遭急迫難，精通于天。若乃未始出其宗者，何爲而不成！精通于天者，謂聖人質成上通，爲天所助。宗者，道之本也。謂性不外逸，生與道同也。**夫死生同域，不可脅陵，勇武一人，爲三軍雄。**武，士也。江、淮間謂士爲武。○莊逵吉云：意林引作「勇士一人」，是竟改武爲士，非異本也。**彼直求名耳，而能自要者尚猶若此，又況夫宮天地，懷萬物，**以天地爲宮室。懷，猶囊也。**而友造化，**造化，陰陽也。與之相朋友。**含至和，直偶于人形，**外直偶與人同形，而內有大道也。○俞樾云：「偶與寓通，言特寄寓於人之形耳。高注曰「外直偶與人同形」，則增出「同」字矣。」**觀九鑽一，知之所不知，**九，謂九天。一，龜也。觀九天之變，鑽龜占兆，所不知事亦云然也。○俞樾云：高說迂曲。九、一皆以數言也。數始於一而極於九，至十則復爲一矣。素問三部九候論曰：「天地之至數，始於一，終於九焉。」是其義也。故古人之言，凡至少者，以一言之，如孟子「一杯水」、「一鉤金」是也；至多者，以九言之，如公羊傳「叛者九國」是也。觀九鑽一，言所觀覽者多，而所鑽礐者少也。精神篇曰：「能知一，則無一之不知也。不能知一，則無一之能知也。」是其義。**而心未嘗死者乎！**心未嘗死者，謂心生與道同者也，不與觀九鑽一等也。**昔雍門子以哭見於孟嘗君，**雍門子，名周，善彈琴，又善哭。雍門，齊西門也。居近之，因以爲氏。哭，猶歌也。見，猶感也。孟嘗君，齊相田文。**已而陳辭通意，撫心發聲，孟嘗君爲之增欷歍唈，流涕狼戾不可止。**增，重也。歍唈，失聲也。狼戾，猶交橫也。歍，讀鴛鴦之鷙也。唈，讀左傳嬖人婤始之始。**精神形於内，而外諭哀於人心，此不傳之道。**言能以精神哀悲感傷人心，不可學而得之，故曰不傳之道也。**使俗人不得其君形者而效其容，必爲人笑。**君形者，言至精爲形也。○曾國藩云：君形，主宰乎形骸者也。**故蒲且子之連鳥於百仞之上，**蒲且子，楚人善弋射者。七尺曰仞。**而詹何之鶩魚於大淵之中，此皆得清淨之道，太浩之和也。**詹何，楚人知道術者也。言其善釣，令魚馳鶩來趨鉤餌，故曰鶩魚。得其精微，故曰太浩之和也。

夫物類之相應，玄妙深微，知不能論，○俞樾云：論者，知也。説山篇「以小明人，以近論遠」，高注曰：「論，知也。」此論字不訓爲知，蓋以正文已有知字故耳。不知正文知字當讀爲智，「知不能論」，謂智者不能知也。説文心部：「惀，欲知之貌。」論與惀通。下文曰：「心意之論，不足以定是非。」論亦知也。○文典謹按：俞説非也。下文「得失之度，深微窈冥，難以知論，不可以辯説也」，正與此文一例。論與説爲對文，非作知解明矣。**辯不能解。故東風至而酒湛溢，**東風，木風也。酒湛，清酒也。米物下湛，故曰湛。木味酸，酸風入酒，故酒酢而湛者沸溢，物類相感也。○王念孫云：如高説以酒湛爲清酒，則當言「湛酒溢」，不當言「酒湛溢」，故又申之曰「酒酢而湛者沸溢」，殆失之迂矣。今案：湛、溢二字當連讀，湛與淫同。（爾雅「久雨謂之淫」，論衡明雩篇「久雨爲湛」，湛卽淫也。湛字或作沈，微子「我用沈酗于酒」，沈酗卽淫酗。史記宋世家「紂沈湎于酒」，太史公自序「帝辛湛湎」，楊雄光禄勳箴「桀、紂淫湎」，淫湎卽湛湎。樂書「流沔沈佚」，沈佚卽淫泆。淫與湛、沈義同而字亦相通。考工記㡆氏「淫之以蜃」，杜子春云：「淫當爲湛。」齊語「擇其淫亂者而先征之」，管子小匡篇淫作沈。莊子天下篇「禹沐甚雨」，崔譔本甚作湛，音淫。淮南修務篇作「禹沐淫雨」。）淫溢猶衍溢也。酒性温，故東風至而酒爲之加長。春秋繁露同類相動篇曰：「水得夜益長數分，東風而酒湛溢，故陽益陽而陰益陰。」義與此同也。○陶方琦云：太平廣記百九十一、事類賦風部引許注：「東方，震方也。酒汎，清酒也。木味酸，相感故也。」御覽九引略同，惟「酒汎，清酒也」作「清酌酒也」。太平廣記引許注後，又引高注云：「酒汎，爲米麪麴之汎者，風至而沸動。」此乃高注，故與許注文異，益知今高注本中羼入許注不少。汎字今高本作湛，蓋汎字乃沉字之誤文，沈、湛古通。○文典謹按：文選七啓注引此文及高注，湛亦作汎。**蠶咡絲而商弦絶，或感之也。**老蠶上下絲於口，故曰咡絲。新絲出，故絲脆。商於五音最細而急，故絶也。咡或作珥。蠶老時，絲在身中正黄，達見于外如珥也。商，西方金音也。蠶，午火也。火壯金困，應商而已，或有新故相感者也。**畫隨灰而月運闕，鯨魚死而彗星出，或動之也。**運，讀連圍之圍也。運者，軍也。將有軍事相圍守，則月運出也。以蘆草灰隨牖下月光中令圜畫，缺其一面，則月運亦缺於上也。鯨魚，大魚，蓋長數里，死于海邊。魚之身賤也，彗星爲變異，人之害也，類相動也。○莊逵吉云御覽引許沓注云：「有軍事相圍守，則月暈。以蘆灰環，闕其一面，則月暈亦闕于上。」○陶方琦云：「運者，軍也」以下，或卽許注羼入高注中者。許作暈，説文：「暈，日月气也。」漢書天文志如淳曰：「暈，讀曰運。」則高本作運亦合也。呂覽明理篇「有暈珥」，高注：「气圍繞日周帀，有似軍營相圍守，故曰暈也。」運作圍解，與此注同。博物志引：「凡月暈隨灰畫之，隨所畫而闕，淮南子云。未詳其法。」○文典謹按：暈，說文新坿古作煇，作運。則高本作運是也。北堂書鈔百五十引作暈。**故聖人在位，懷道而不言，澤及萬民。**聖人行自然無爲之道，故澤及萬民也。**君臣乖心，則背譎見於天。神氣相應，徵矣。**日旁五色氣，在兩邊外出爲背，外向爲譎，内向爲珥，在上外出爲冠。**故山雲草莽，水雲魚鱗，**山中氣出雲似草莽，水氣出雲似魚鱗。**旱雲煙火，涔雲波水，各象其形類，所以感之。**旱雲，亢陽氣，似煙火。涔，大潦水也。雲出於涔，似波水也。○王引之云：煙當爲熛，字之誤也。（高注同。）說文：「熛，火飛也。讀若標。」一切經音義十四引三倉曰：「熛，迸火也。」「旱雲熛火，涔雲波水」，猶言旱雲如火，涔雲如水耳。熛火與波水對文。若作煙火，則與下句不類矣。又齊俗篇「譬若水之下流，煙之上尋也」，煙亦當爲熛。「熛之上尋」，猶言火之上尋，故與「水之下流」對文。天文篇曰：「火上尋，水下流。」是其證也。若以煙、水相對，則非其旨矣。藝文類聚火部煙下引此作「煙之上尋」，則此字之誤已久。**夫陽燧取火於日，方諸取露於月，**夫，讀大夫之夫，已說在上。一說：水火從太極來，在人手中，非人所能說知。○王念孫云：「夫陽燧」本作「夫燧」，今本有陽字者，後人所加也。彼蓋誤以夫爲語詞，又以天文篇「陽燧見日則然而爲火，方諸見月則津而爲水」，故加入陽字。不知夫燧卽陽燧也。夫燧與方諸相對爲文。周官司烜氏「掌以夫遂取明火於日，（遂與燧同。）」鄭注曰：「夫遂，陽遂也。」下文云「夫燧之取火，慈石之引鐵」，並以夫燧二字連文，故高注云「夫，讀大夫之夫」，則夫非語詞明矣。天地之間，巧曆不能舉其數，巧，工也。天地之間，物類相感者衆多，雖工爲曆術者，不能悉舉其數也。手徵忽怳，不能覽其光。言手雖覽得微物，不能得其光。一說：天道廣大，手雖能徵其忽怳無形者，不能覽得日月之光也。然以掌握之中，引類於太極之上，太極，天地始形之時也。上，猶初也。而水火可立致者，陰陽同氣相動也。動，猶化也。○俞樾云：高氏注「太極之上」曰：「太極，天地始形之時也。上，猶初也。」此說殊失其義。周易繫辭傳「易有太極」，釋文曰：「太極，天也。」然則「太極之上」，言天之上也。上文曰「夫陽燧取火於日，方諸取露於月」，此云取類於太極之上，而水火可立致，卽以取火於日、取露於月而言。日月麗乎天，故曰「太極之上」也。注以爲天地始形之初，則與上義不相屬矣。此傅說之所以騎辰尾也。言殷王武丁夢得賢人，使工寫其象，旁求之，得傅說于傅巖，遂以爲相，爲高宗成八十一符，致中興也。死託精於辰尾星，一名天策。故至陰飂飂，至陽赫赫，兩者交接成和，而萬物生焉。衆雄而無雌，又何化之所能造乎！所謂不言之辯，不道之道也。

故召遠者使無爲焉，遠者，四夷也。欲致化四夷者，當以無爲。無爲，則夷荒自至也。親近者使無事焉，近者，諸夏也。欲親近者，當以無事。無事，則近人自親附之。○王念孫云：高說非也。「親近者使無事焉」，使當作言。無爲、無事，猶今人言無用也。此言使不足以召遠，言不足以親近，惟誠足以動之耳。今本言作使者，涉上句使字而誤。高云「欲親近者，當以無事」，以字正釋使字，則所見本已誤作使。管子形勢篇曰：「召遠者使無爲焉，親近者言無事焉，唯夜行者獨有之也。」（形勢解曰：「民利之則來，害之則去，故欲民者，先起其利，雖不召而民自至。設其所惡，雖召之而民不來也。故曰『召遠者使無爲焉』。道之純厚，遇之有實，雖不言曰『吾親民』，而民親矣。道之不厚，遇之無實，雖言曰『吾親民』，民不親也。故曰『親近者言無事焉』。所謂夜行者，心行也。能心行，行德天下，莫能與之爭矣。故曰『唯夜行者獨有之』也。」）此卽淮南所本。文子精誠篇曰：「夫召遠者使無爲焉，親近者言無事焉，唯夜行者能有之。」又本於淮南也。（或謂文子所用乃管子之文，非淮南之文。今知不然者，淮南唯此五句與管子同，其上下文皆管子所無也。文子上下文皆與淮南同，則皆本於淮南明矣。又管子作「唯夜行者獨有之」，淮南作「惟夜行者爲能有之」，文子與淮南同。是此五句亦本於淮南，非本於管子也。**惟夜行者爲能有之。**夜行，喻陰行也。陰行神化，故能有天下也。一說：言入道者如夜行幽冥之中，爲能有召遠親近之道也。**故却走馬以糞，而車軌不接於遠方之外，**「卻走馬以糞」，老子詞也。止馬不以走，但以糞糞田也，行至德之效也。一說：國君無道，則戎馬生于郊；無事，止走馬以糞田也，故兵車之軌不接遠方之外。兩輪之間爲軌。**是謂坐馳陸沈，晝冥宵明，**言坐行神化，疾于馳傳，沈浮冥明，與道合也。**以冬鑠膠，以夏造冰。**

夫道者，無私就也，無私去也，能者有餘，拙者不足，言以非時鑠膠造冰，難成之也。

天道無私就去，能行道，功有餘也。○文典謹按：「夫道者，無私就也，無私去也」，夫本作天，形近而譌也。高注作天道，御覽二十七引此文及文子精誠篇竝作天道，皆其證也。又御覽引注作「能行道者有餘，不能者不足」。**順之者利，逆之者凶。譬如隋侯之珠，和氏之璧，得之者富，失之者貧。**隋侯，漢東之國，姬姓諸侯也。隋侯見大蛇傷斷，以藥傅之，後蛇于江中銜大珠以報之，因曰隋侯之珠，蓋明月珠也。楚人卞和得美玉璞于荊山之下，以獻武王，王以示玉人，玉人以爲石，刖其左足。文王卽位，復獻之，以爲石，刖其右足。抱璞不釋而泣血。及成王卽位，又獻之。成王曰：「先君輕刖而重剖石。」遂剖視之，果得美玉，以爲璧，蓋純白夜光。文王在春秋前，成王不以告，故不書也。○莊逵吉云：「文王」至「不書」十四字，葉近山、茅一桂二本皆有，藏本無，今增入。○文典謹按：文選西都賦注、南都賦注、劉越石荅盧諶詩注、夏侯常侍誄注引，並作「得之而富，失之而貧」。又按：西都賦注、南都賦注引高注，漢東皆作漢中，「以藥傅」下有「而塗」二字，（夏侯常侍誄注同。）江中作夜中。惟夏侯常侍誄注作大江中，與今注合，疑後人所改也。

得失之度，深微窈冥，難以知論，不可以辯說也。何以知其然？今夫地黃主屬骨，而甘草主生肉之藥也，以其屬骨，責其生肉，以其生肉，論其屬骨，是猶王孫綽之欲倍偏枯之藥而欲以生殊死之人，亦可謂失論矣。王孫綽，蓋周人也。一曰，衞人王孫賈之後也。言一劑藥愈偏枯之病，欲倍其劑，以生已死之人。○王念孫云：下欲字因上欲字而衍。「欲倍偏枯之藥而以生殊死之人」作一句讀，不當更有欲字。高注曰：「欲倍其劑，以生已死之人。」則無下欲字明矣。○文典謹按：御覽九百八十四引注云：「王孫綽，魯人也。」疑許君注也。若夫以火能焦木也，因使銷金，則道行矣；若以慈石之能連鐵也，而求其引瓦，則難矣，○文典謹按：連鐵，御覽七百六十七引作運鐵。物固不可以輕重論也。夫燧之取火於日，○王念孫云：於日二字，因上文「取火於日」而衍。夫燧之取火，慈石之引鐵，蟹之敗漆，葵之鄉日，各相對爲文，則此處不當有於日二字。慈石之引鐵，蟹之敗漆，以蟹置漆中，則敗壞不燥，不任用也。葵之鄉日，雖有明智，弗能然也。然，猶明也。○文典謹按：御覽九百四十二引，「雖有明智」作「雖在明知」。故耳目之察，不足以分物理；心意之論，不足以定是非。故以智爲治者，難以持國，唯通于太和而持自然之應者，爲能有之。能有持國之術。故嶢山崩，而薄落之水涸；嶢山在雍州也，薄落水在馮翊臨晉山，窮相通也。一曰：薄落，涇水也。○文典謹按：初學記地部中引，嶢作碣。區冶生，而淳鈎之劍成；區，讀歌謳之謳。區，越人，善冶劍工也。淳鈎，古大鋭劍也。紂爲無道，左强在側；左强，紂之諛臣也。教紂無道，勸以貪淫也。太公竝世，故武王之功立。立，成。由是觀之，利害之路，禍福之門，不可求而得也。言其門户不可豫求而得知也。忽然來至，無形兆也。

夫道之與德，若韋之與革，遠之則邇，近之則遠，革之質象道，韋之質象德。欲去遠之，道反在人側；欲以事求之，去人已遠也。無事者近人，有事者遠人。不得其道，若觀儵魚。

鰷魚，小魚也，在水中可觀見，見而不可得。道亦如之。○王念孫云：「近之則遠」，遠當作疏，此涉上句遠字而誤也。德、革爲韻，疏、魚爲韻，若作遠，則失其韻矣。泰族篇「遠之則邇，延之則疏」，亦與除、虛、餘爲韻。泰族篇之延字當作近，今據泰族之疏字以正此篇遠字之誤，并據此篇之近字以正泰族延字之誤。文子精誠篇正作「近之卽疏」。**故聖若鏡，不將不迎，**將，送也。**應而不藏，**應，猶隨也。謂鏡隨人形好醜，不自藏匿者也。○王念孫云：聖下脱人字。意林及太平御覽人事部四十二、服用部十九引此，竝有人字。莊子應帝王篇「至人之用心若鏡」，文子精誠篇「是故聖人若鏡」，亦皆有人字。**故萬化而無傷。其得之乃失之，其失之非乃得之也。**自謂得，乃失道者也。自謂失道，未必不得道也。○王念孫云：非字義不可通，衍文也。高注云：「自謂失道，未必不得道也。」則無非字明矣。劉本作「其失之也，乃得之也」，此依文子精誠篇改。○俞樾云：非上脱未始二字，非下衍乃字，本作「其失之，未始非得之也」，故高注曰：「自謂得道，乃失道者也。自謂失道，未必不得道也。」各依正文爲説耳。文子精誠篇曰：「其得之也，乃失之也。其失之也，乃得之也。」雖用淮南文，然意同而字句固小異矣。不得據彼改此，而轉與高注不合也。**今夫調弦者，叩宮宮應，彈角角動，此同聲相和者也。**叩大宮則少宮應，彈大角則少角動，故曰同音相和。**夫有改調一弦，其於五音無所比，鼓之而二十五弦皆應，此未始異於聲，而音之君已形也。**一弦，宮音也，音之君也，故二十五弦皆和也。一説：改調一弦，不比五音，謂一聲宮音也，故曰未始異于聲也。五主于一聲，故曰音之君已形。君，主。形，見也。**故通於太和者，惛若純醉而甘卧，以游其中，而不知其所由至也。**太和，謂等死生之和，齊窮達之端。其中道之中也，不自知所至此也。**純温以淪，鈍悶以終，若未始出其宗，**純，一也。温，和也。淪，没也，喻潛伏也。鈍悶，無情也。欲終始于道。宗，本也。若未有其形。**是謂大通。**

今夫赤螭、青虬之游冀州也，赤螭、青虬，皆龍屬也。**天清地定，毒獸不作，飛鳥不駭，入〔一〕榛薄，食薦梅，**薦梅，草實也，狀如桑椹，其色赤，生江濱也。**噆味含甘，步不出頃畝之區，而蛇鱓輕之，以爲不能與之争於江海之中。**噆味，長美也。蛇鱓自以爲能勝赤螭、青虬。**若乃至於玄雲之素朝，**玄，黑。素，白也。黑雲升合於明朝也。○王念孫云：「玄雲之素朝」，衍之字。高注曰：「玄，黑。素，白也。」是玄雲、素朝相對爲文，雲下不當有之字。且兩句皆以四字爲句，加一之字，則句法參差矣。文選南都賦、魏都賦注引此，皆無之字。**陰陽交争，降扶風，雜凍雨，扶摇而登之，**降，下也。扶風，疾風也。凍雨，暴雨也。扶摇，發動也。登，上也。上風雨而去。**威動天地，聲震海内，**四海之内悉畏之也。**蛇鱓著泥百仞之中，**百仞，七

〔一〕「入」，原本作「人」，形近而誤，今改。

百尺也。度深曰仞，傳曰「仞溝洫」也。**熊羆匍匐丘山磛巖，虎豹襲穴而不敢咆，**襲，入。咆，嘷。**猨狖顛蹶而失木枝，**狖，讀中山人相遺物之遺。狖，猨屬，長尾而卬鼻。**又況直蛇䱇之類乎！**○王念孫云：下言「又況直蛇䱇之類」，則上文「著泥百仞之中」者，非謂蛇䱇也。且蛇䱇在淺水之中，亦不得言百仞。蛇當作蚖。蚖與黿同。（史記太史公自序「黿䱇與處」，索隱：「本作蚖䱇，即黿鼉字也。」書大傳「河蚖江䱇」，亦與黿鼉同。）䱇與鼉同。（說文：「䱇，魚也，皮可以爲鼓。」夏小正傳：「剥䱇，以爲鼓也。」呂氏春秋古樂篇：「䱇乃偃寢，以其尾鼓其腹。」）言蚖䱇（徒何反。）且伏於深淵而不敢出，況蛇䱇（音善。）之類乎？今本蚖作蛇者，涉上下文蛇䱇而誤。○王引之云：磛巖乃高峻貌。龍乘風雨而熊羆畏避，則當伏於幽隱之地，山巔高峻，非所以藏身也。磛巖當作之巖。王逸注七諫曰：「巖，穴也。」（莊子山木篇：「豐狐文豹，伏於巖穴。」）言熊羆匍匐於丘山之穴而不敢出也。下文「虎豹襲穴而不敢咆」，正與此同義。且蚖䱇著泥百仞之中，熊羆匍匐丘山之巖，二句相對爲文，若作磛巖，則義不明，而句亦不協矣。磛字蓋出後人所改。**鳳皇之翔至德也，**雄曰鳳，雌曰皇。爲至德之君而來翔也。**雷霆不作，風雨不興，川谷不澹，**澹，溢。**草木不搖，而燕雀佼之，以爲不能與之争於宇宙之間。**燕雀自以爲能佼健於鳳皇也。佼或作詨。宇，屋簷也。宙，棟梁也。易曰：「上棟下宇。」○莊逵吉云：說文解字：「宇，屋邊也。」上義與此同。○王念孫云：高說非也。佼，讀爲姣。廣雅曰：「姣，侮也。」言燕雀輕侮鳳皇也。

文云：「赤螭、青虬之游冀州也，蛇鱓輕之，以爲不能與之争於江海之中。」是其證也。作佼者，借字耳。**還至其曾逝萬仞之上，翱翔四海之外，**曾，猶高也。逝，猶飛也，一曰，回也。翼一上一下曰翱，不摇曰翔。外，猶表也。○莊逵吉云：古曾與層通，此曾卽層字。○孫詒讓云：還字無義，當爲遝之誤。遝與逮同。墨子兼愛下篇云「遝至乎夏王桀」，今本遝亦誤還，是其證。**過昆侖之疏圃，飲砥柱之湍瀨，**疏圃在昆侖之上。過，猶歷也。砥柱，河之隘也，在河東大陽之東。湍，涆水，至疾。瀨，清。皆激涆急流。○文典謹按：御覽九百十五引，湍瀨作涔瀨。**邅回蒙汜之渚，**邅回，猶倘佯也。蒙汜，日所出之地。池決復入爲渚。渚，小洲也。**尚佯冀州之際，徑躡都廣，入日抑節，**躡，至也。都廣，東南之山名，衆帝所自上下也。言鳳皇過都廣之野，送日入于抑節之地，言其翔之廣也。躡或作絶。徑，過。絶，歷也。**羽翼弱水，暮宿風穴，**濯羽翼于弱水之上。風穴，北方寒風從地出也。○王念孫云：「羽翼弱水」四字文不成義，羽翼當爲濯羽，故高注云「濯羽翼於弱水之上」。今本作羽翼，卽涉注内羽翼而誤也。舊本北堂書鈔地部二穴下引此，正作「濯羽弱水，暮宿風穴」。（陳禹謨本删去。）文選辯命論注、白帖九十四並同。説文「鳳濯羽弱水，莫宿風穴」，卽用淮南之文。○陶方琦云：文選辨命論注引許注：「風穴，風所从出。」按：博物志雜篇云：「風山之首方高三百里，風穴如電突，深三十里。」文選風賦注引十洲記曰：「玄洲在北海上，有風聲響如雷，上對天之西北門也。」説文鳳字下云「濯羽弱水，莫宿風穴」，卽淮南文。**當此之時，鴻鵠鶬鸛莫不憚驚伏竄，注喙江裔，**注喙，喙注地不敢動也。裔，邊也。○文典謹按：鶬鸛，藝文類聚九十、御覽九百十五引，並作蒼鶴。江裔，御覽作江介。**又況直燕雀之類乎！此明於小動之迹，而不知大節之所由者也。**

昔者，王良、造父之御也，王良，晉大夫郵無恤子良也，所謂御良也。一名孫無政。爲趙簡子御，死而託精于天駟星，天文有王良星是也。造父，嬴姓，伯翳之後，飛廉之子，爲周穆王御。**上車攝轡，馬爲整齊而斂諧，**整齊，不差也。斂諧，馬容體足調諧也。○文典謹按：初學記武部、御覽三百五十八引，竝作「上車攝轡，馬爲齊整」。**投足調均，勞逸若一，**一，同也。**心怡氣和，體便輕畢，**畢，疾也。**安勞樂進，馳騖若滅，**滅，没也。言疾也。**左右若鞭，周旋若環，**左右，謂騑驂也。步趨之力，若被鞭矣。一說：言掉鞭教諭其易也。周旋若環，如人志也。○俞樾云：鞭當讀爲緶。說文糸部：「緶，交枲也。」段氏玉裁曰：「謂以枲二股交辮之也。交絲爲辮，交枲爲緶。」此云「左右若緶」，言如枲之交辮也。「左右若緶」，「周旋若環」，兩句一律。高以本字讀之，故所列二說皆非。**世皆以爲巧，然未見其貴者也。**○文典謹按：御覽八百九十六引，作「世皆以爲工，然而未甚貴也」。**若夫鉗且、大丙之御也，**此二人，太乙之御也。一說：古得道之人，以神氣御陰陽也。○文典謹按：御下舊敓也字，與上文「昔者，王良、造父之御也」不一律，今據文選東京賦注、御覽三百五十九、七百四十六、八百九十六引補。**除轡銜，去鞭棄策，**

○文典謹按：「除轡銜」三字爲句，「去鞭棄策」四字爲句，文不一律。御覽三百五十九引，作「除轡舍銜，去鞭弃策」，多一舍字，是也。八百九十六引，作「除轡銜，去鞿鞅」，疑後人妄改，以就已誤之上句也。**車莫動而自舉，馬莫使而自走也。**但以車馬爲主爾，神氣扶之也。**日行月動，星燿而玄運，**燿，照〔一〕。玄，天也。運，行也。**電奔而鬼騰，進退屈伸，不見朕垠，**朕，兆朕也。垠，形狀也。**故不招指，不咄叱，過歸鴈於碣石，**言其御疾，到自息止，乃使北歸于碣石之山，而中之鴈得之過去也。過，讀責過之過。**軼鶤雞於姑餘，**自後過前曰軼。姑餘，山名，在吳。鶤鷄，鳳皇之别名。言其御疾，自碣石過歸雁，便復東南，軼過鶤鷄於姑餘山也。○文典謹按：鶤，文選魏都賦注引作鵾，御覽八百九十六引作昆。**騁若飛，騖若絶，縱矢躡風，追猋歸忽，**縱，履也。足疾及箭矢。躡，蹈也。一説：矢在後，不能及，故言縱。其行疾，能及矢〔二〕，言躡。追猋及之。猋，光中有影者。忽然便歸。皆極言疾也。○王念孫云：高謂猋爲光中有影者，於古無據。又言忽然便歸，亦失之。猋、忽，皆謂疾風也。爾雅「扶摇謂之猋」，郭璞曰：「暴風從下上也。」説文：「飇，扶摇風也。」「颮，疾風也。」飇颮通作猋忽。張衡思玄賦曰「乘猋忽兮馳虚無」是也。追猋歸忽，即承上躡風而申言之，歸忽猶言歸風，説林篇曰「以兔之走，使大如馬，則逮日歸

〔一〕「照」，原本作「有」，據莊逵吉校本淮南子高注改。
〔二〕「矢」，疑當爲「風」，其下似脱「故」字。

風」是也。縱矢躡風，追猋歸忽，二句相對爲文。若以歸忽爲忽然便歸，則與上文不類矣。**朝發榑桑，日入落棠。**榑桑，日所出也。落棠，山名，日所入也。○王念孫云：日入當爲入日。今本作日入，蓋涉高注「日所入」三字而誤。不知高注自謂落棠山爲日所入，非正釋入日二字也。入日者，及日於將入也。「朝發榑桑」，謂與日俱出；「入日落棠」，謂與日俱入。上言追猋，此言入日，皆狀其行之疾也。若云「日入落棠」，則非其指矣。上文云鳳皇「徑躡都廣，入日抑節」，正與此「入日落棠」同意。海外北經：「夸父與日逐走，入日。」郭璞曰：「言及日於將入也。」意亦與此同。**此假弗用而能以成其用者也，**弗用，無爲。**非慮思之察，手爪之巧也；嗜欲形於胷中，而精神踰於六馬，此以弗御御之者也。**言藏嗜欲之形于胷臆之中。踰，和也。以弗御御之，以道術御也。○陳觀樓云：踰當爲喻，字之誤也。喻，曉也。言馬曉人意也。太平御覽獸部八引此，正作喻。

昔者，黄帝治天下，而力牧、太山稽輔之，力牧、太山稽，黄帝師，孟子曰「王者師」臣也。**以治日月之行律，**律，度也。**治陰陽之氣，節四時之度，**○陳觀樓云：律下本無治字，「律陰陽之氣」與上下相對爲文，讀者誤以律字上屬爲句，則陰陽之氣四字文不成義，故又加治字耳。高注「律，度也」三字本在「律陰陽之氣」下，傳寫誤在律字之下，陰陽之上，隔斷上下文義，遂致讀者之惑。○王念孫云：文子精誠篇作「調日月之行，治陰陽之氣」，此用淮南而改其文也。後人不知律字之下屬爲句，故依文子加治字耳。○文典謹按：北堂書鈔四引，作「理日月之行，治陰陽之氣」。正律曆之數，別男女，異雌雄，明上下，等貴賤，使强不掩弱，衆不暴寡，○文典謹按：北堂書鈔四、藝文類聚十一引，竝作「使强不得掩弱，衆不得暴寡」。人民保命而不夭，安其性命，不夭折也。歲時孰而不凶，不凶，無災害也。百官正而無私，皆在公也。上下調而無尤，君臣調和，無尤過也。法令明而不闇，輔佐公而不阿，卿士公正，不立私曲從也。○文典謹按：藝文類聚十一引，輔佐作輔弼。田者不侵畔，漁者不爭隈，隈，曲深處，魚所聚也。道不拾遺，市不豫賈，城郭不關，關，閉也。邑無盜賊，鄙旅之人相讓以財，言所有餘。狗彘吐菽粟於路而無忿争之心，於是日月精明，星辰不失其行，風雨時節，五穀登孰，虎狼不妄噬，鷙鳥不妄搏，鳳皇翔於庭，翔，猶止也。麒麟游於郊，游，行也。郊，邑外也。青龍進駕，飛黄伏皁，飛黄，乘黄也，出西方，狀如狐，背上有角，壽千歲。皁，櫪也。○陶方琦云：占經百十五引許注：「飛黄出西方，狀如狐，背乘之，壽三千歲，伏皁櫪而食焉。」按：占經引皆許注，雖高注多同，或卽羼入之義也。御覽引符瑞圖：「騰黄，神馬也，一名乘黄，亦曰飛黄，或曰紫黄。狀如狐，背上有兩角。」海外西經：「白民國有乘黄，其狀如狐，背上有角。」漢書禮樂志作訾黄，卽符瑞圖之紫黄，故應劭注「訾黄卽乘黄」。○文典謹按：高注「壽千歲」，千上脱三字。文選赭白馬賦注引，正作「乘之，壽三千歲」也。藝文類聚十一引作「乘之，壽一千歲」，文雖小異，然足攷其脱誤之跡。**諸北、儋耳之國莫不獻其貢職。**皆北極夷國也。**然猶未及虙戲氏之道也。**

往古之時，四極廢，九州裂，廢，頓也。裂，分也。**天不兼覆，地不周載，火爁炎而不滅，水浩洋而不息，**息，消。○王念孫云：炎當爲焱，字之誤也。説文：「焱，火華也。」玉篇弋贍切。廣韻：「爁，力驗切。爁焱，火延也。」太平御覽皇王部三引此作「爁焱」，與廣韻合。洋當爲溔，亦字之誤也。玉篇：「溔，弋沼切。」司馬相如上林賦「灝溔潢漾」，郭璞曰：「皆水無涯際貌也。」左思魏都賦「河、汾浩涆而皓溔」，李善注引廣雅曰：「皓溔，大也。」灝、皓並與浩通。御覽地部二十四引此作浩溔，皇王部三引此作皓溔。爁焱、浩溔，皆疊韻，浩洋則非疊韻。蓋後人多見炎洋，少見焱溔，故焱誤爲炎，溔誤爲洋矣。○文典謹按：浩洋，初學記地部中引作浩瀚，藝文類聚八作浩漾，白帖三作浩蕩，是唐代已自數本各異。**猛獸食顓民，**顓，善。○文典謹按：藝文類聚十一引此文及下文「狡蟲死，顓民生」，顓並作精，又引注云：「精，善也。」**鷙鳥攫老弱。**攫，撮。**於是女媧鍊五色石以補蒼天，**女媧，陰帝，佐虙戲治者也。三皇時，天不足西北，故補之。師説如是。**斷鼇足以立四極，**鼇，大龜。天廢頓，以鼇足柱之。楚詞曰「鼇載山下，其何以安之」是也。○文典謹按：初學記天部上引注，頓作傾。**殺黑龍以濟冀州，**黑龍，水精也。力牧、太稽殺之以止雨。濟，朝也。冀，九州中，謂今四海之內。**積蘆灰以止淫水。**蘆，葦也，生于水，故積聚其灰以止淫水。平地出水爲淫水。蒼天補，四極正，淫水涸，冀州平，狡蟲死，蟲，狩也。顓民生。背方州，抱圓天，方州，地也。和春陽夏，殺秋約冬，枕方寢繩，方，榘四寸也。寢繩，直身而卧也。陰陽之所壅沈不通者，竅理之；逆氣戾物、傷民厚積者，絶止之。逆氣，亂氣也。傷害民物之積財，故絶止之。〇王念孫云：「陰陽之所壅沈不通者」，當依文子精誠篇作「陰陽所擁，（擁、壅古字通。）沈滯不通者」。今本所上衍之字，沈下脱滯字，則句法參差，且與下文不對。（若以壅沈二字連讀，則文不成義。）當此之時，卧倨倨，興眄眄，倨倨，卧無思慮也。倨，讀虚田之虚。眄眄然視，無智巧貌也。〇王念孫云：眄眄當爲盱盱。盱字本作盱，形與眄相近，故誤爲眄。（脩務篇「以身解於陽盱之河」，今本盱誤作眄。晉書陸機傳豪士賦序「偃仰瞪盱」，文選盱作眄。）莊子應帝王篇「其卧徐徐，其覺于于」，司馬彪曰：「于于，無所知貌。」正與高注「無智巧」之意相合。盜跖篇曰：「卧居居，起于于。」于與盱聲近而義同也。説文：「盱，張目也。」俶真篇曰：「萬民睢睢盱盱然，莫不竦身而載聽視。」魯靈光殿賦「鴻荒朴略，厥狀睢盱」，張載曰：「睢盱，質朴之形。」劇秦美新曰：「天地未袪，睢睢盱盱。」故高云「盱盱然視，無智巧貌也」。若眄爲邪視，則與無智巧之意不合矣。且莊子以徐、于爲韻，居、于爲韻，此以倨、盱爲韻。若作眄，則失其韻矣。〇洪頤煊云：眄眄當是盱盱之譌。盱説文作盱，與眄字形相近。倨、盱合韻。莊子寓言篇：「老子曰：『而睢睢，而盱盱，而誰與居。』」廣雅釋訓：「睢睢、盱盱，氣也。」一自以爲馬，一自以爲牛，其行蹎蹎，其視瞑瞑，蹎，讀填寘之填。侗然皆得其和，莫知所由生，浮游

不知所求，魍魎不知所往。○文典謹按：北堂書鈔十五引，作「浮游不知所來，罔兩不知所往」，來、往對文，於義爲長。**當此之時，禽獸蝮蛇無不匿其爪牙，藏其螫毒，**○王念孫云：蝮蛇本作蟲蛇，此後人妄改之也。禽獸、蟲蛇，相對爲文，所包者甚廣。改蟲蛇爲蝮蛇，則舉一漏百，且與禽獸二字不類矣。文子精誠篇正作「禽獸蟲蛇」。韓子五蠹篇亦云「人民不勝禽獸蟲蛇」。**無有攫噬之心。考其功烈，上際九天，下契黃壚，**上與九天交接，下契至黃壚。黃泉下壚土也。壚，讀繩纑之纑。○文典謹按：注「黃泉下壚土也」，文選曹子建責躬詩注引，作「泉下有壚山」。**名聲被後世，光暉重萬物。**使萬物有煇光也。○王念孫云：重字義不可通。爾雅釋魚疏引此作「光煇熏萬物」，是也。熏猶熏炙也。謂光煇熏炙萬物。（韓詩外傳曰：「名聲足以薰炙之。」薰與熏同。）故高注曰「使萬物有煇光」也。**乘雷車，**○陶方琦云：御覽九百三十引，作乘雲車。又引許注云：「雲雷之車。」**服駕應龍，驂青虬，**駕應德之龍。在中爲服，在旁爲驂。有角爲龍，無角爲虬。一說：應龍，有翼之龍也。○王念孫云：「服應龍」、「驂青虯」，相對爲文，故高注曰「在中爲服，在旁爲驂」。服下不當有駕字。此後人據高注旁記駕字，因誤入正文也。不知高注「駕應德之龍」是解「服應龍」三字，非正文内有駕字也。一切經音義一、太平御覽鱗介部二及爾雅疏引此，俱無駕字。○陶方琦云：御覽九百三十引許注：「服，轅中也。應龍，有翼之龍。青虯，青龍。」按：高注所云一說，多爲許注，與御覽引正合。說文：「服，一曰車右騎。」衞策「拊驂無笞服」，韋注：「轅中曰服。」蓋與許注淮南同。廣雅：「有翼曰應龍。」大荒東經「應龍處南極」，郭注：「應龍，龍有翼者也。」説文：「虯，龍子有角者。」高作無角，説亦異。**援絶瑞，席蘿圖，**殊絶之瑞應，援而致之也。羅列圖籍，以爲席蓐。一説：蘿圖，車上席也。○王念孫云：援絶瑞本作援絶應，此亦涉注文而誤也。案正文作「絶應」，故注釋之曰「殊絶之瑞應」，若正文本作「絶瑞」，則無庸加應字以釋之矣。爾雅疏引此作絶瑞，則所見本已誤。御覽引此正作絶應。○陶方琦云：御覽九百三十引許注：「蘿圖，車上席也。」按：高注一説，卽許義也，與上同。蘿圖爲車上席，未詳，或疑席是飾字之誤。**黄雲絡，前白螭，後奔蛇，**絡，讀道路之路，謂車之垂絡也。黄雲之氣絡其車，白螭導在于前。奔蛇，騰蛇也，從在于後。皆瑞應也。○陶方琦云：御覽九百三十引，黄雲絡作雲黄路，又引許注云：「雲黄所乘路車。」按：爾雅疏引作雲黄璐，璐卽路字。乘字疑作垂，謂所垂路車上也。續博物志引作震黄路。又按：御覽「前白螭」下引許注云：「白螭先道。」後奔蛇，御覽引作後賁蛇。賁與奔同。許注本作賁。爾雅釋蟲疏引許注：「奔蛇，馳蛇也。」許以馳字釋奔，與高注文略異。○俞樾云：黄雲絡當作絡黄雲，方與上下文句法一律。高注曰：「黄雲之氣絡其車。」正説「絡黄雲」之義，猶下注曰「白螭導在于前」，是説正文「前白螭」之義，「奔蛇，騰蛇也，從在于後」，是説正文「後奔蛇」之義，非正文作「白螭前，奔蛇後」也。後人因注文絡字在黄雲之下，輒改正文作「黄雲絡」以合之，謬矣。**浮游消摇，道鬼神，登九天，**九天，八方、中央。**朝帝於靈門，**在朝于上帝靈門也。**宓穆休于太祖之下。**宓，寧也。穆，和也。休，息也。太祖，道之太宗也。然而不彰其功，不揚其聲，彰、揚皆明也。隱真人之道，以從天地之固然。隱，藏也。真人，真德之人。固然，自然也。何則？道德上通，而智故消滅也。智故，巧詐。

逮至夏桀之時，〇文典謹按：北堂書鈔百五十八引，夏桀作桀、紂。主闇晦而不明，道瀾漫而不修，仁義道不復修飾之，故曰瀾漫。棄捐五帝之恩刑，推蹶三王之法籍，〇文典謹按：北堂書鈔四十一引，無捐字，推蹶作壞。是以至德滅而不揚，帝道揜而不興，興，舉也。舉事戾蒼天，發號逆四時，戾，反也。〇文典謹按：北堂書鈔二十一引，蒼作倉。春秋縮其和，天地除其德，縮，藏也，言和氣不復行也。言其所施日惡，不自知也，故曰除其德也。仁君處位而不安，大夫隱道而不言，不爲民所安。隱仁義之道，不正諫直言也。論語曰「國無道，危行言遜」也。羣臣準上意而懷當，準，望。懷，思。當，合也。取合主意，不復以道正諫也。〇俞樾云：懷當二字，甚爲不辭，高注亦曲説耳。懷當乃壞常之誤，言羣臣皆準上意而敗壞其典常也。文子上禮篇作「羣臣推上意而壞常」，是其明證。疏骨肉而自容，邪人參耦比周而陰謀，陰謀，私謀也。居君臣父子之間，而競載驕主而像其意，像，猶隨也。亂人以成其事，是故君臣乖而不親，骨肉疏而不附，植社槁而墂裂，言不禋於神也。〇王念孫云：説文、玉篇、廣韻、集韻皆無墂字，墂當爲⿰土虖，隸書之誤也。（隸書虖字或作雽，雽字或作雩，二形相近，故虖誤爲雩。漢書王子侯表虖葭康侯澤，史記作雩殷；又匈奴傳郎中係虖淺，史記作係雩淺。

說文：「㯭，木也。」今作樗。玉篇：「嫭，胡故切，好皃。或作嫮。」皆其例也。）說文：「罅，裂也。」又曰：「㙤，坼也。」㙤、罅古字通。賈子耳痺篇作「置社槁而分裂」。**容臺振而掩覆**，容臺，行禮容之臺。言不能行禮，故天文振動而敗也。**犬羣嘷而入淵**，言將滅壞，犬失其主，故嘷而入淵也。一說：言犬禍也。**豕銜蓐而席澳**，豕銜其蓐席入之澳，言豕禍也。一說：銜蓐自藏。**美人挐首墨面而不容**，挐首，亂頭也。草與髮并編爲挐首。不修容飾也。**曼聲吞炭内閉而不歌**，曼聲，善歌也。見世亂衰將滅，故吞炭自敗音聲，閉氣不復動也。**喪不盡其哀，獵不聽其樂**，言時亂禮壞，不盡在哀。樂崩，故不復聽田獵之樂。○俞樾云：高注曰「樂崩，故不復聽田獵之樂」，是此樂字是喜樂字，而非音樂字，乃言不聽，於義未安。聽疑德字之誤。家語本命篇「效匹夫之聽」，王注曰：「聽宜爲德。」是其例也。德與得通，「不德其樂」，即不得其樂，言雖田獵而不得其樂也，正與上句「喪不盡其哀」文義一律。後人不知德爲得之叚字，遂臆改爲聽耳。**西老折勝，黄神嘯吟**，西王母折其頭上所戴勝，爲時無法度。黄帝之神傷道之衰，故嘯吟而長嘆也。○孫詒讓云：老當作姥。廣韻十姥云：「姥，老母。」古書多以姥爲母，故西王母亦稱西姥。○陶方琦云：占經七十四引許注：「鬼神失其臨。」按：臨者，或卽鑒臨之意。○文典謹按：北堂書鈔四十二引，折勝作折膝。**飛鳥鎩翼，走獸廢脚**，鎩翼，縱翼也。廢脚，跛蹇也。言桀無道，田獵煩數，鳥獸悉被創夷也。○文典謹按：北堂書鈔百五十八引，廢脚作廢足。文選於安城答靈運詩注、江文通雜體詩注引許君注：「鎩，殘羽也。」**山無峻幹，澤無注水，**峻幹，美材也。注水，渟水。言山澤不以時故也。**狐狸首穴，馬牛放失，田無立禾，路無莎薠，**莎，草名也。莎薠，讀猿猴蹯噪之蹯。狀如葴，葴如葭也。○王引之云：莎薠本作薠莎，故高注先釋薠，後釋莎。道藏本誤作莎薠，（洪興祖楚辭九歌補注引此已誤。）注内薠上又衍一莎字，劉績不能是正，反移莎字之注於前，以就已誤之正文，斯爲謬矣。（莊本同。）莎與禾、蠃、施爲韻。（各本蠃作理，乃後人所改，辯見下。施字古讀若婆娑之娑，説見唐韻正。）若作莎薠，則失其韻矣。**金積折廉，璧襲無理，**金氣積聚，折其鋒廉也。璧，文。襲，重。言用之煩數，皆鈍，無復文理也。璧，讀辟也。○孫詒讓云：王充論衡量知篇云：「銅未鑄鑠曰積石。」是積爲礦樸之名。金積即金樸也。高釋爲「金氣積聚」，望文生訓，與「折廉」之文不相貫矣。○王引之云：高解「璧襲無理」曰：「璧，文。襲，重。言用之煩數，皆鈍，無復文理也。」文子上禮篇無理作無贏。案：贏當作蠃。淮南原文當亦是蠃字，非理字。本經篇「冠無觚蠃之理」，高彼注云：「蠃，讀指端蠃文之蠃。」（今本蠃亦皆誤爲贏，莊本改爲蠃，是也。晏子春秋諫篇觚蠃作觚贏，蠃字古亦讀若贏，故與贏通也。本經篇又曰：「蠃鏤雕琢，詭文回波。」蠃鏤亦謂轉刻如蠃文也，故彼注云：「蠃鏤，文章鏤。」今本蠃字亦誤爲贏。）「指端蠃文」，今人猶有此語，謂其文之旋轉如蠃也。璧形圓，故謂其文曰蠃。久而漫滅，故曰無蠃。此注「璧文」上當有蠃字，「蠃，璧文」，是釋蠃字之義：「襲，重」，是釋襲字之義。「言用之煩數，皆鈍，無復文理也」，是統釋「璧襲無蠃」四字之義。文子作無贏，而此注言無文理，故知其字之本作蠃也。

後人不解嬴字之義，又見注内有無文理之語，遂改嬴爲理，而不知注内「璧文」二字正釋嬴字也。且嬴與禾、莎、施爲韻，改嬴爲理，則失其韻矣。**磬龜無腹，**磬，空也。象磬，數鑽以卜，故空盡無腹也。言桀爲無道，不修仁德，但數占龜，莫得吉兆也。詩曰「握粟出卜，自何能穀」，又曰「我龜既厭，不我告猶」是也。**蓍策日施。**易曰「再三瀆，瀆則不告」也。

晚世之時，七國異族，諸侯制法，各殊習俗，晚世，春秋之後，戰國之末。七國，齊、楚、燕、趙、韓、魏、秦也。齊姓田，楚姓羋，燕姓姚，趙姓趙，韓姓韓，魏姓魏，秦姓嬴，故異族也。**縱横間之，舉兵而相角，**蘇秦約縱，張儀連横。南與北合爲縱，西與東合爲横。故曰「縱成則楚王，横成則秦帝」也。**攻城濫殺，覆高危安，掘墳墓，揚人骸，大衝車，高重京，**衝車，大鐵著其轅端，馬被甲，車被兵，所以衝于敵城也。古者伐不敬，取其鯨鯢，收其骸尸，聚土而瘞之，以爲京觀，故曰「高重壘」，京觀也。○王念孫云：「高重京」，京當爲壘。注云「故曰『高重壘』」，即其證也。注「京觀也」上，當更有一壘字，「壘，京觀也」四字即承上注言之。今本正文壘作京，涉注文京觀而誤；注内又脱一壘字。文子上禮篇作「高重壘」，是其明證矣。高以上文言濫殺，故謂重壘爲京觀。今案：衝車所以攻，重壘所以守，此二句别爲一義。「高重壘」即所謂「深溝高壘」，非京觀之謂也。**除戰道，便死路，犯嚴敵，殘不義，百往一反，名聲苟盛也。**言百人行戰皆死，一人得還反也。一說：百人行伐，一反得勝爾。○文典謹按：注「一說：百人行伐，一反得勝爾」，人當作往，涉上「百人」而誤也。蓋前説以人數言之，後説以往反之次數言之也。若作百人，則非其指矣。**是故質壯輕足者爲甲卒**甲，鎧也。在車曰士，步曰卒。**千里之外，家老羸弱悽愴於內，厮徒馬圉，輴車奉饟，**厮，役。徒，衆也。牛曰牧，馬曰圉。輴，推也。饟，資糧也。輴，讀楫拊之拊也。**道路遼遠，霜雪亟集，短褐不完，**短褐，處器物之人也。褐，毛布，如今之馬衣也。不完，言民窮也。○陶方琦云：後漢書王望傳注引，短作裋。後漢書注、列子釋文又引許注：「楚人謂袍曰裋。」按：説文：「裋，豎使布長襦也。从衣，豆聲。」徐廣曰：「裋，一作短，小襦也。」廣雅：「袍，長襦也。」説文以襦爲短衣，玆曰長襦，乃稍長于襦，因別言之。袍與裋皆長于襦，故漢書貢禹傳注：「裋者，謂僮豎所著布長襦也。」與説文裋訓長襦同。○文典謹按：裋本字，短叚字也。史記孟嘗君列傳「而士不得短褐」，索隱：「短音豎，豎褐，謂褐衣而豎裁之，以其省而便事也。」文選王命論「思有短褐之褻」，漢書短作裋，蓋短、裋皆從豆得聲，故得通用也。**人羸車獘，泥塗至膝，相攜於道，奮首於路，**攜，引也。奮首，民疲于役，頓仆于路，僅能搖頭耳。言疲困也，故曰奮首。○俞樾云：高説極爲迂曲。原文本作「奮於首路」，首猶嚮也。漢書司馬遷傳「北首爭死敵」，師古曰：「首，嚮也。」是其義也。「相攜於道，奮於首路」，言不得已，自奮勉而嚮路也。兵略篇曰：「百姓之隨逮肆刑，挽輅首路死者，一旦不知千萬之數。」正以首路連文，可證此篇之誤。**身枕格而死。**格，搒牀也。言收民役賦不畢者，搒之於格上，不得下，故曰「枕格而死」也。

○王念孫云：高説枕格之義非也。格，音胡格反，與輅同，謂輓車之横木也。晏子春秋外篇曰：「擁轅執輅。」漢書婁敬傳「敬脱輓輅」，應劭曰：「輅謂以木當胸以輓輦也。」（見文選西京賦注。）孟康音胡格反。「身枕格而死」，謂困極而仆，身枕輓車之木而死也。兵略篇曰：「百姓之挽輅首路死者，一旦不知千萬之數。」高彼注曰：「輅，輓輦横木也。」挽輅首路而死，卽此所謂「奮首於路，身枕格而死」也。人閒篇又曰：「羸弱服格於道，病者不得養，死者不得葬。」兵略篇作輅，此及人閒篇作格，字異而義同也。奮首於路，身枕格而死，皆承上「人羸車弊」而言。若以「身枕格」句爲死於搒掠，則與上文全不相屬矣。 **所謂兼國有地者，伏尸數十萬，破車以千百數，傷弓弩矛戟矢石之創者扶舉於路，故世至於枕人頭，食人肉，葅人肝，飲人血，甘之于芻豢。**甘，猶嗜也。○文典謹按：御覽三百三十九引，芻豢下有牛羊二字。又引注云：「芻，牛肉。豢，豕肉。」**故自三代以後者，天下未嘗得安其情性，而樂其習俗，保其脩命，天而不夭於人虐也。** 虐，害。 **所以然者何也？ 諸侯力征，天下合而爲一家。** ○王念孫云：「天而不夭於人虐也」，天字與上下文義不相屬，此因上文「天下」而誤衍也。太平御覽兵部七十引此，無天字。「天下合而爲一家」，合上脱不字，太平御覽引此有不字。文子上禮篇同。

逮至當今之時，天子在上位，天子，漢孝武皇帝。 **持以道德，輔以仁義，近者獻其智，遠者懷其德，拱揖指麾而四海賓服，春秋冬夏皆獻其貢職，天下混而爲一，**混，同。

子孫相代，此五帝之所以迎天德也。夫聖人者，不能生時，時至而弗失也。輔佐有能，黜讒佞之端，息巧辯之説，除刻削之法，去煩苛之事，屏流言之迹，塞朋黨之門，消知能，消除知巧之能。脩太常，隳肢體，絀聰明，去其小聰明並大利欲者也。大通混冥，解意釋神，漠然若無魂魄，使萬物各復歸其根，則是所脩伏犧氏之迹，而反五帝之道也。反，復。

夫鉗且、大丙不施轡銜而以善御聞於天下，伏戲、女媧不設法度而以至德遺於後世，何則？至虛無純一，而不嚶喋苛事也。嚶喋，猶深算也。言不采取煩苛之事。周書曰：「掩雉不得，更順其風。」言掩雉雖不得，當更從其上風，順其道理也。言可行與不，猶當以道德爲本，喻申、韓之法失之也。今若夫申、韓、商鞅之爲治也，申，申不害也。韓，韓非也。商鞅，公孫鞅。三子之術，皆爲刻削之法也。挬拔其根，蕪棄其本，而不窮究其所由生。何以至此也？鑿五刑，爲刻削，乃背道德之本，而争於錐刀之末，錐刀之末，謂小利。言盡争之也。斬艾百姓，殫盡太半，斬艾百姓，以草木喻也，不養之也。殫，病也。太半，通半也。○莊逵吉云：凡數三分有二爲太半，有一爲少半，韋昭説也。而忻忻然常自以爲治，忻忻，猶自喜得意之貌也。是猶抱薪而救火，鑿竇而出水。○王念孫云：出當爲止，字之誤也。欲止水而鑿竇，則水從竇入而愈不可止。若鑿竇而出水，則固其宜耳。文子精誠篇「鑿渠而止水，抱薪而救火」，卽用淮南之文。又説林篇「若被蓑而救火，毁瀆而止水」，毁當爲鑿。（太平御覽火部一引此已誤。）俗書鑿字或作鑿，因誤而爲毁。（顔氏家訓書證篇説俗字云：「鼓外設皮，鑿頭生毁。」）瀆與竇同。意林引此，正作「被蓑救火，鑿瀆止水」。今據説林之止水，以正出字之誤，并據此篇之鑿竇，以正説林毁字之誤。**夫井植生梓而不容甕，溝植生條而不容舟，不過三月必死。**植謂材也，椽杙于溝邊，因生爲條木也。以喻申、韓、商鞅之所爲法，比于梓條也。○王念孫云：梓當爲榟。榟，古櫱字也。説文：「欁，伐木餘也。商書曰：『若顛木之有甹欁。』或作櫱，古文作榟。」（榟字從木，羍聲。説文：「羍，小羊也。從羊，大聲。或省作𦍒。」）爾雅：「枿，餘也。」李巡曰：「枿，槁木之餘也。」釋文：「枿，本或作榟。」盤庚「若顛木之有由櫱」，釋文：「櫱，本又作枿。馬云：顛木而肄生曰枿。」魯語「山不槎櫱」，韋注曰：「以株生曰櫱。」櫱、枿、欁並與榟同。是榟爲伐木更生之名，故本經篇高注曰：「榟，滋生也。」又説文：「甹，木生條也。商書曰：『若顛木之有甹枿。』」是條與榟義相近，故此篇云「井植生榟」，「溝植生條」。俶真篇「百事之莖葉條榟」，高注云：「榟，讀詩頌『苞有三櫱』同。」是其明證矣。又俶真篇「十人養之，一人拔之，（今本十誤作一，一誤作十，辯見俶真。）則必無餘榟」，高注亦讀榟爲櫱。榟字篆文作榟，隸變作样，形與梓相似，因誤爲梓矣。**所以然者何也？皆狂生而無其本者也。河九折注於海而流不絶者，昆侖之輸也。**折，曲。○王念孫云：藝文類聚水部上、初學記地部中、太平御覽地部二十六及文選海賦注引此，並云「河水九折，注海而流不絶者，有崑崙之輸也」，較今本爲長。○文典謹按：白帖六引，河下亦有水字。**潦水不泄，瀇瀁極望，旬月不雨則涸而枯澤，受瀷而無源者。**瀷，雨瀆疾流者，故曰無源。瀷，讀燕人强春言「敕」同也。○莊逵吉云：强春疑當作强秦。○俞樾云：者當作也，澤字絶句。如、而古通用，「涸而枯澤」者，涸如枯澤也。此言潦水雖瀇瀁極望，然旬月不雨，則涸如枯澤矣。所以然者，以其受瀷而無源也。與上文「河九折注於海而流不絶者，昆侖之輸也」，正相對成義。句末也字誤作者，則文義轉似不了矣。○陶方琦云：文選江賦郭璞注引作「潦水旬月不雨，則涸而枯澤，受瀷而無源者也」，又引許注：「瀷，湊漏之流也。」按：管子宙合「泉踰瀷而不盡」，注：「瀷，湊漏之流也。」江賦「磴之以瀿瀷」，皆同許義。**譬若羿請不死之藥於西王母，姮娥竊以奔月，**姮娥，羿妻。羿請不死之藥於西王母，未及服之，姮娥盜食之，得仙，奔入月中，爲月精也。奔月或作坌肉。藥坌肉，以爲死畜之肉復可生也。○莊逵吉云：姮娥，諸本皆作恆，唯意林作姮，文選注引此作常。淮南王當諱恆，不應作恆，疑意林是也。○洪頤煊云：歸藏云：「昔常娥以不死之藥服之，遂奔，爲月精。」恒改爲常，是漢人避諱字。張衡靈憲作姮娥。説文無姮字，後人所造。○陶方琦云：文選郭璞遊仙詩注、初學記引許注：「常娥，羿妻也。逃月中，蓋上虚夫人是也。」初學記引正文，尚有「託身於月，是謂蟾蜍，而爲月精」十二字，許、高異本也。許作常，常與恆義同。淮南王當諱恆字，許本是也。初學記、文選補亡詩注、御覽皆引淮南注，有「月一名夜光，月御曰望舒，亦曰纖阿」，疑即此處許氏注文。**悵然有喪，無以續之。**言羿悵然失志，若有所喪亡，不能復得不死藥以續之也。**何則？不知不死之藥所由**

生也。羿不知不死之藥所由生也。申、韓、商鞅之等不得治之根本，如乞藥矣。一說：羿謂命在藥，不知命自在天也，故或欲得知不死藥之所由出生也。是故乞火不若取燧，寄汲不若鑿井。

淮南鴻烈集解卷七

精神訓

精者，人之氣；神者，人之守也。本其原，說其意，故曰「精神」，因以題篇。

古未有天地之時，惟像無形，惟，思也。念天地未成形之時無有形。生有形，故天地成焉。○俞樾云：惟乃惘字之誤。隸書罔字或作罓，故惘與惟相似而誤也。惘像，即罔象也。文選思玄賦：「儵汩飄淚〔一〕，沛以罔象兮。」亦作象罔。莊子天地篇「乃使象罔，象罔得之」是也。罔象乃疊韻字，與下文「澒濛鴻洞」一律，皆無形之象，故曰「罔象無形」。今作「惟像無形」，義不可通。乃高注訓惟爲思，則其誤久矣。**窈窈冥冥，芒芠漠閔，澒濛鴻洞，莫知其門。**皆未成形之氣也。芒，讀王莽之莽。芠，讀枚滅之枚。閔，讀閔子騫之閔。澒，讀項羽之項。鴻，讀子贛之贛。洞，讀同游之同也。皆無形之象，故曰「莫知其門」也。○文典謹按：御覽一引，作「幽幽冥冥，茫茫昧昧，幕幕閔閔」，三百六十引，與今本合。蓋許、高本各異也。**有二神混生，經天營地，**二神，陰陽之神也。混生，俱生也。**孔乎莫知其所終極，滔乎莫知其所止息，**孔，深貌。滔，大

〔一〕「淚」，原本作「戾」，據文選改。

貌。於是乃別爲陰陽，離爲八極，剛柔相成，萬物乃形，離，散也。八極，八方之極。剛柔，陰陽也。煩氣爲蟲，煩，亂也。精氣爲人。是故精神，天之有也；而骨骸者，地之有也。精神入其門，而骨骸反其根，精神無形，故能入天門。骨骸有形，故反其根歸土也。我尚何存？言人死各有所歸，我何猶常存。是故聖人法天順情，不拘於俗，不誘於人，誘，猶惑也。以天爲父，以地爲母，陰陽爲綱，四時爲紀。天靜以清，地定以寧，萬物失之者死，法之者生。夫靜漠者，神明之宅也；虛無者，道之所居也。是故或求之於外者，失之於內；有守之於內者，失之於外。譬猶本與末也，從本引之，千枝萬葉莫不隨也。

夫精神者，所受於天也；而形體者，所禀於地也。故曰：「一生二，二生三，三生萬物。一謂道也，二曰神明也，三曰和氣也。或説：一者，元氣也。生二者，乾坤也。二生三，三生萬物。天地設位，陰陽通流，萬物乃生。萬物背陰而抱陽，沖氣以爲和。」萬物以背爲陰，以腹爲陽，身中空虛，和氣所行。爲陰，故腎雙；爲陽，故心特。陰陽與和，共生物形；君臣以和，致太平也。故曰一月而膏，始育如膏也。○文典謹按：御覽三百六十三引，膏作氣。二月而胅，○文典謹按：御覽胅作血。三月而胎，四月而肌，○王念孫云：文子九守篇作「一月而膏，二月而脈，三月而肧，四月而胎」，廣雅釋親作「一月而膏，二月而脂，三月而胎，四月而胞」，與此或同或異。又爾雅釋詁釋文及文選江賦注引此，並作「三月而胚」，亦與今本異。○文典謹按：御覽肌作胞。五月而筋，六月而骨，七月而成，八月而動，九月而躁，十月而生。形體以成，五藏乃形，是故肺主目，肺象朱雀，朱雀，火也，火外景，故主目。腎主鼻，腎象龜，龜，水也，水所以通溝，鼻所以通氣，故主鼻。膽主口，膽，勇者決所以處，故主口。肝主耳。肝，金也，金内景，故主耳。○王念孫云：文子作「肝主目，腎主耳，脾主舌，肺主鼻，膽主口」，説肝腎肺之所主與此互異，而多「脾主舌」一句。案：此言五藏之主五官，不當獨缺脾與舌，下文「膽爲雲，肺爲氣，脾爲風，腎爲雨，肝爲雷」，即承此文言之，則此當有「脾主舌」一句，但未知次於何句之下耳。白虎通義亦曰「脾繫於舌」。外爲表而内爲裏，開閉張歙，各有經紀。歙，讀脅也。故頭之圓也象天，足之方也象地。天有四時、五行、九解、四時，春夏秋冬。五行，金木水火土也。九解，謂九十爲一解。一説：九解，六一之所解合也。一説：八方、中央，故曰九解。○俞樾云：高注九解有三説，當以「八方、中央」之義爲塙。天文篇「天有九野，中央曰鈞天，東方曰蒼天，東北曰變天，北方曰玄天，西北方曰幽天，西方曰顥天，西南方曰朱天，南方曰炎天，東南方曰陽天」，即此九解矣。解者，分也，謂分周天三百六十五度四分度之一而爲九也。○文典謹按：高注之一説，多即許注。御覽三百六十引注云：「九解者，八方、中央也。」與高注第三説正同，即許君注也。三百六十六日，人亦有四支、五藏、九竅、三百六十六節。○王念孫云：「三百六十六日」、「三百六十六節」，本作「三百六十日」、「三百六十節」。後人以堯典言「朞三百有六旬有六日」，故於上句加六字，因併下句而加之也。不知三百六十日，但舉大數言之。繫辭傳曰「乾坤之策凡三百有六十，當期之日」是也。若人之骨節，則諸書皆言三百六十。呂氏春秋本生篇曰：「則三百六十節皆通利矣。」達鬱篇曰：「三百六十節，九竅五藏六府。」太平御覽人事部一引公孫尼子曰：「人有三百六十節，當天之數也。」皆其證矣。春秋繁露人副天數篇曰：「天以終歲之數成人之身，故小節三百六十分，（今本分作六，亦是後人所改。上文云：「人有三百六十節，偶天之數也。」卽其證。今依上文改。）副日數也；大節十二分，副月數也。」淮南天文篇亦曰：「天有十二月，以制三百六十日，人亦有十二肢，以使三百六十節。」此皆以十二統三百六十，猶十二律之統三百六十音也，（見天文篇。）不得言三百六十六，明矣。太平御覽引此已誤。文子九守篇正作「三百六十日」、「三百六十節」。**天有風雨寒暑，人亦有取與喜怒。故膽爲雲，**膽，金也，金石，雲之所出，故爲雲。**肺爲氣，**肺，火也，故爲氣。**肝爲風，**肝，木也，木爲風生，故爲風。○王念孫云：「肝爲風」本作「脾爲風」，注「肝，木也」本作「脾，木也」，「脾爲雷」本作「肝爲雷」，皆後人改之也。上注曰：「肝，金也。」是高不以肝爲木也。時則篇「春祭先脾」，注引一說曰：「脾屬木，自用其藏也。」是脾爲木也。（說詳經義述聞月令。）脾屬木而木爲風生，故曰「脾爲風」。脾爲風，則肝爲雷矣。五行大義論人配五行篇及御覽人事部一引此，並作「脾爲風，肝爲雷」。文子九守篇同。**腎爲雨，**腎，水也，因水故雨。雨或作電。腎，水也，水爲光，故爲電。**脾爲雷，以與天地**

相參也，而心爲之主。心，土也，故爲四行之主。是故耳目者日月也，血氣者風雨也。日中有踆烏，踆，猶蹲也，謂三足烏。踆，讀踆巍之踆。○文典謹按：藝文類聚一引注云：「踆，趾也，謂三足烏也。」北堂書鈔百四十九引，趾作止，餘同。（趾、止古通用。）疑亦許君注也。而月中有蟾蜍。蟾蜍，蝦蟆。日月失其行，薄蝕無光；薄者，迫也。薄，讀享薄之薄。○莊逵吉云：享薄，御覽作厚薄。古字厚與享形近而誤。○文典謹按：傳寫宋本享正作厚。風雨非其時，毀折生災；五星失其行，州國受殃。五星，熒惑、太白、歲星、辰星、鎮星也。今熒犯角、亢，則州國受其殃也。餘準此。夫天地之道，至紘以大，尚猶節其章光，愛其神明，人之耳目曷能久熏勞而不息乎？息，止。○俞樾云：熏當爲勳。勳勞二字連文，古人常語。主乎勳而言之，則勞亦勳也。禮記明堂位篇「成王以周公爲有勳勞於天下」，言有勳於天下也。主乎勞而言之，則勳亦勞也。此文曰「曷能久熏勞而不息乎」，言不能久勞而不息也。文子九守篇作「何能久燻而不息」，蓋由後人不達古語而改之。○孫詒讓云：熏勞無義，熏當作勤。勤挩其半爲堇，又譌作熏，遂不可通。文子九守篇襲此文作「何能久燻而不息」，亦非。御覽三百六十三引文子作「人之耳目何能久勤而不愛」，文亦有譌，而勤字可正文子及淮南此文之誤。精神何能久馳騁而不既乎？既，盡。是故血氣者，人之華也；而五藏者，人之精也。夫血氣能專於五藏專，一。而不外越，則胷腹充而嗜欲省矣。胷腹充而嗜欲省，則耳目清、聽視達矣。耳目清、聽視達，謂之明。五藏能屬於心而無乖，則桙志勝而行不僻矣。教志勝，言己之教志也。僻，邪也。勝或作遯。教志勝而行之不僻，則精神盛而氣不散矣。精神盛而氣不散則理，理則均，均則通，通則神，神則以視無不見，以聽無不聞也，以爲無不成也。是故憂患不能入也，而邪氣不能襲。襲，猶因也，亦入。故事有求之於四海之外而不能遇，遇，得。或守之於形骸之内心無欲也。而不見也。○俞樾云：守當作得。言求之於四海之外而不能遇者，或得之於形骸之内也。求與得文義相應。下文曰「故所求多者所得少」，正承此而言。今作守之，失其義矣。一切經音義一引衛宏古文官書曰：「㝵、得二字同體。」㝵與守相似，故誤爲守耳。故所求多者所得少，所見大者所知小。

夫孔竅者，精神之户牖也；而氣志者，五藏之使候也。○王念孫云：氣可言五藏之使候，志不可言五藏之使候。氣志當爲血氣，此涉下文氣志而誤也。上文曰：「血氣能專於五藏而不外越，則胷腹充而嗜欲省矣。」下文曰：「五藏摇動而不定，則血氣滔蕩而不休矣。」故曰：「血氣者，五藏之使候。」文子九守篇正作血氣。耳目淫於聲色之樂，則五藏摇動而不定矣。○莊逵吉云：不定，本亦作不寧。下同。五藏摇動而不定，則血氣滔蕩而不休矣。血氣滔蕩而不休，則精神馳騁於外而不守矣。多情欲，故神不内守。精神馳騁於外而不守，則禍福之至，雖如丘山，無由識之矣。丘山諭大。識，知也。使耳目精明玄達而無誘慕，氣志虛静恬愉而省嗜慾，五藏定寧充盈而不泄，精神内守形骸而不外越，則望於往世之前，而視於來事之後，猶未足爲也，猶，尚也。爲，治也。豈直禍福之間哉！故曰：「其出彌遠者，其知彌少。」言難以道故也。以言夫精神之不可使外淫也。是故五色亂目，使目不明；不明，視而昏也。五聲譁耳，使耳不聰；不聰，聽無聞也。五味亂口，使口爽傷；爽，病。病傷滋味也。○王念孫云：「使口爽傷」本作「使口厲爽」，注本作「厲爽，病傷滋味也」。大雅思齊箋曰：「厲，病也。」逸周書謚法篇曰：「爽，傷也。」（廣雅同。）故云：「厲爽，病傷滋味也。」後人以韻書爽在上聲，與明、聰、揚三字音不相協，故改厲爽爲爽傷。不知爽字古讀若霜，正與明、聰、揚爲韻。（衛風氓篇「女也不爽」，與湯、裳、行爲韻。小雅蓼蕭篇「其德不爽」，與瀼、光、忘爲韻。楚辭招魂「厲而不爽」，與方、粱、行、芳、羹、漿、鶬、餭、鴹、涼、妨爲韻。案：爽字古皆讀若霜，毛詩、楚辭而外，不煩覼縷。）故老子「五味令人口爽」，亦與盲、聾、狂、妨爲韻。而莊子天地篇「五色亂目，使目不明；五聲亂耳，使耳不聰；五味濁口，使口厲爽；趣舍滑心，使性飛揚」，即淮南所本也。且爽即是傷，若云「使口爽傷」，則是使口傷傷矣。（文子九守篇作「使口生創」，亦是後人所改。）乃既改正文之厲爽爲爽傷，又改注文之厲爽爲爽病，甚矣其謬也。（諸書無訓爽爲病者。又高注「不明，視而昏也」，「不聰，聽無聞也」，「厲爽，病傷滋味也」，「飛揚，不從軌度也」，皆先列正文而後釋其義，今改厲爽爲爽病，則與上下注文不類矣。）趣舍滑心，使行飛揚。滑，亂也。飛揚，不從軌度也。此四者，天下之所養性也，性，生也。然皆人累也。故曰：嗜欲者使人之氣越，而好憎者使人之心勞，弗疾去，則志氣日秏。越，失。勞，病。秏，猶亂也。夫人之所以不能終其壽命而中道夭於刑戮者，何也？以其生生之厚。夫惟能無以生爲者，則所以脩得生也。言生生之厚者，何必極嗜欲，淫濫無猒，以傷耳目情性，故不終其壽命，中道夭殞，以刑辟之戮也。無以生爲者，輕利害之鄉，除情性之欲，則長得生矣。○俞樾云：脩得生本作得脩生。得脩生者，得長生也。淮南以父諱長，故變長言脩耳。文子九守篇正作得長生，是其證。今作脩得生，則文不成義矣。高注曰：「無以生爲者，輕利害之鄉，除情性之欲，則長得生矣。」長得生亦當作得長生，後人依既倒之正文而改之耳。

夫天地運而相通，萬物總而爲一。總，合。一，同也。萬物合同，統於一道。能知一，則無一之不知也；不能知一，則無一之能知也。上一，道也。下一，物也。譬吾處於天下也，亦爲一物矣。不識天下之以我備其物與？與，邪，詞也。且惟無我而物無不備者乎？然則我亦物也，物亦物也。物之與物也，又何以相物也？物亦物也，何相名爲物也？雖然，其生我也，將以何益？言生我，自然之道，亦當以何益乎。其殺我也，將以何損？損，減。夫造化者既以我爲坯矣，將無所違之矣。言既以我爲人，無所離之。喻不求亦不避也。吾安知夫刺灸而欲生者之非惑也？又安知夫絞經而求死者之非福也？或者生乃徭役也，而死乃休息也？天下茫茫，孰知之哉！〇王念孫云：孰知下有脱文。劉本作「孰知之哉」，此以意補，不可從。其生我也不彊求已，已，止也。言不惡生也。其殺我也不彊求止。言不畏死。欲生而不事，事，治。憎死而不辭，唯義所在，故不辭也。賤之而弗憎，貴之而弗喜，人有惡賤己者，己不憎也。人有尊己者，己不喜也。隨其天資而安之不極。資，時也。一曰：性也。極，急也。喻道人不急求生也。吾生也有七尺之形，吾死也有一棺之土。〇文典謹按：北堂書鈔九十二引，棺作槨。意林引，作「生有七尺之形，死爲一棺之土」。吾生之比於有形之類，猶吾死之淪於無形之中也。然則吾生也物不以益衆，吾死也土不以加厚，吾又安知所喜憎利害其間者乎！不知喜生之利，不知憎死之害，守其正性也。夫造化者之攫援物也，攫，撮也。援，引也。譬猶陶人之埏埴也：〇陶方琦云：文選長笛賦注引，作「陶人之克埏埴」，又引許注「挻，杼也」，杼當是揉之壞文。説文作煣，云「屈申木也」。揉之本字卽柔，説文：「柔，木曲直也。」字林：「挻，柔也。」聲類：「挻，柔也。」蕭該漢書音義引許注作「挻，抑也」，抑亦揉之譌文。埴之訓土，説文：「埴，黏土也。」老子河上注：「埴，土也。」釋文引杜弼曰：「埴，黏土也。司馬曰：埴，土可以爲器。」字林：「埴，土也。黏土爲埴。」兵略訓「陶人之化埴」，許注：「陶人復變爲埴土，不能化埴土也。」亦以土訓埴。文選注引許注作「埴，土爲也」，恐卽「黏土爲埴」之敚文。其取之地而已爲盆盎也，與其未離於

地也無以異；其已成器而破碎漫瀾而復歸其故也，陶人，作瓦器之官也。頓泥坏取之于地曰爲器，無以異于土也。明人不當惡死，死，復歸其未生之故耳。譬猶瓦器之破，而復反於土也。**與其爲盆盎亦無以異矣。夫臨江之鄉，居人汲水以浸其園，江水弗憎也；**○文典謹按：藝文類聚六十五引，浸作漑，憎作減。**苦洿之家，決洿而注之江，洿水弗樂也。是故其在江也，無以異其浸園也；其在洿也，亦無以異其在江也。**道尚空虚，貴無形。江水大，去不可消，就易，故不憎也。窊水小，去易小消，就不消，故不樂也。洿水，猶瀸水也。苦，猶疾也。一説：言各自安其處也。及其轉易，亦無憎樂也。○陶方琦云：御覽三百七十一引許注：「洿，瀸也。」按：此高承許説，或卽羼入之許注。説文：「洿，濁水不流也。一曰：窊下也。」廣雅：「洿，深也。」與洼同字，或作窪。説文：「洼，深池也。」又：「窪，一曰窊也。」與洿之訓窊同。瀸水之訓，瀸乃窪之誤字。瀸或作瀳，與窪相似。方言：「洿，洼也。」大戴禮少閒篇「洿池土察」，注：「洿，窪也。」老子釋文顧注：「窪，洿也。」並作窪。御覽所引亦據誤本。**是故聖人因時以安其位，當世而樂其業。**業，事也。

夫悲樂者，德之邪也；而喜怒者，道之過也；好憎者，心之暴也。○王念孫云：暴，當依文子九守篇作累，字之誤也。上文曰「好憎者使人之心勞」，故曰「好憎者心之累也」。作暴，則非其指矣。原道篇曰：「喜怒者，道之邪也；憂悲者，德之失也；好憎者，心之過也；嗜欲者，性之累也。」語意略與此同。故曰：「其生也天行，似天氣也。其死也物化，如物之變化也。靜則與陰俱閉，動則與陽俱開。」○王念孫云：「與陰俱閉」、「與陽俱開」，本作「與陰合德」、「與陽同波」，後人以原道篇云「與陰俱閉，與陽俱開」，故據彼以改此也。不知波與化爲韻，（自「其生也天行」至「不敢越也」，皆隔句用韻。）若如後人所改，則失其韻矣。文子九守篇「靜卽與陰合德，動卽與陽同波」，卽用淮南之文。莊子天道篇「其生也天行，其死也物化，靜而與陰同德，動而與陽同波」，（刻意篇同。）又淮南所本也。精神澹然無極，不與物散，而天下自服。極，盡也。散，雜亂貌。自服，服於德也。故心者，形之主也；而神者，心之寶也。形勞而不休則蹶，蹶，顛。精用而不已則竭，是故聖人貴而尊之，不敢越也。夫有夏后氏之璜者，匣匱而藏之，寶之至也。半璧曰璜，珍玉也。夫精神之可寶也，非直夏后氏之璜也。直，猶但也。是故聖人以無應有，必究其理；以虛受實，必窮其節；恬愉虛靜，以終其命。是故無所甚疏，而無所甚親，抱德煬和，以順于天。煬，炙也。向火中炙和氣，以順天道也。煬，讀供養之養。與道爲際，與德爲鄰；際，合也。鄰，比也。不爲福始，不爲禍先。魂魄處其宅，而精神守其根，死生無變於己，故曰至神。變，動。

所謂真人者，性合于道也。真人者，伏羲、黄帝、老聃是也。故有而若無，實而若虛，處其一不知其二，治其内不識其外，治其内，守精神也。不識其外，不好憎也。明白太素，無爲復樸，體本抱神，以游于天地之樊，樊，崖也。樊，讀麥飯之飯也。芒然仿佯于塵垢之外，芒，讀王莽之莽。而消摇于無事之業。浩浩蕩蕩乎，機械知巧弗載於心。是故死生亦大矣，而不爲變；不爲變者，同死生也。雖天地覆育，亦不與之抮抱矣。抮抱，猶持著也。言不以天地養育萬物，故强與持著，守其純熟也。審乎無瑕，而不與物糅；瑕，猶釁也。其見利欲之來也，能審順之，故不與物相雜糅。見事之亂，而能守其宗。見事亂者止之，亂不能眩惑，故能守其宗。宗，本也。若然者，正肝膽，遺耳目，言精神内守也。○王念孫云：正當爲亡，字之誤也。亡與忘同。「忘肝膽，遺耳目」，遺亦忘也。若云「正肝膽」，則義與下句不類矣。莊子大宗師篇「忘其肝膽，遺其耳目」，即淮南所本。俶真篇又云「忘肝膽，遺耳目」。心志專于内，通達耦于一。一者，道也。居不知所爲，行不知所之，言志意無所繫。渾然而往，逯然而來。渾，轉行貌。逯，謂無所爲。忽然往來也。逯，讀詩緑衣之緑。渾，讀大珠渾渾之渾也。○莊逵吉云：説文解字：「逯，行謹逯逯也。」與此義近。别本或誤作逮，非是。形若槁木，心若死灰，槁木無氣，死灰無熱，喻無爲也。忘其五藏，損其形骸。不學而知，不視而見，不爲而成，不治而辯。感而應，迫而動，迫切不得不動，然後乃動也。不得已而往，如光之燿，如景之放，○王念孫云：劉績依文子九守篇改放爲效，案：劉改是也。「如景之效」，謂如景之效形也。效與燿爲韻，若作放，則失其韻矣。○王紹蘭云：放當爲敫字之壞也。説文放部：「敫，光景流也。从白，从放。讀若龠。」敫从白，故爲光景；从放，故爲流。然則淮南本作「如景之敫」，謂如景之流。許解敫爲光景流，正取此文爲義也。文子九守篇亦本作敫，傳寫者多見效，寡見敫，又以效與燿韵，因誤敫爲效。不知敫讀若龠，正與燿爲韵。邶風簡兮篇「左手執籥，右手秉翟」，卽其明證矣。是知劉本放爲效，放固失之，而效亦未爲得也。**以道爲紃，有待而然。**紃者，法也。以道待萬物，故曰有待，而默默如是。**抱其太清之本而無所容與，**無所容與於情欲也。**而物無能營，**營，惑也。一曰亂。**廓惝而虚，清靖而無思慮，**不勞精神。**大澤焚而不能熱，河、漢涸而不能寒也，大雷毁山而不能驚也，大風晦日而不能傷也。**言體道之人，閉情守虚，雖此四者之大，不能惑也。**是故視珍寶珠玉猶石礫也，視至尊窮寵猶行客也，視毛嬙、西施猶頫醜也。**至尊，謂帝王也，故曰窮寵也。行客，猶行路過客。毛嬙，西施，皆古之美人。頫，頫頭也。方相氏黄金四目，衣赭，稀世之頫貌，非生人也。但其像耳目頫醜，言極醜也。○莊逵吉云：「頫頭」見周禮。説文解字有頫，云「醜也」，又有娸，杜林亦以爲醜。○王引之云：石礫本作礫石。説文：「礫，小石也。」逸周書文傳篇云：「礫石不可穀。」楚辭惜誓「相與貴夫礫石」，王注云：「相與貴重小石也。」韓詩外傳云：「太山不讓礫石，江海不辭小流。」皆其證也。石與客、魄爲韻，若作石礫，則失其韻矣。（古韻石在鐸部，礫在藥部，兩部絶不相通。此非精於三代、秦、漢之音者，不能辯也。）頫醜本作倛魄。此魄誤爲醜，（醜與魄草書相似。）

後人又改倛爲顛耳。後人以荀子非相篇「面如蒙倛」，楊倞曰：「倛，方相也」，周官方相氏注云「如今魌頭」，（魌與顛、倛同。）遂誤以倛爲倛頭之倛，又以説文倛頭字作顛，故改倛爲顛。不知倛醜本作倛魄，乃請雨之土人，非逐疫之顛頭也。倛魄一作欺魄，又作欺䫌。列子仲尼篇「若欺魄焉而不可與接」，張湛曰：「欺魄，土人也。」釋文曰：「魄，片各反。字書作欺䫌。」文選應璩與岑文瑜書注曰：「淮南子曰：『視西施、毛嬙猶倛魄也。』高誘曰：『倛魄，請雨土人也。』」皆其明證矣。視毛嬙、西施如倛魄者，謂視如土偶，非謂視如顛頭也。且魄與石、客爲韻，若作顛醜，則失其韻矣。集韻倛字注云：「淮南祈雨土偶人曰倛。」但言倛而不言倛魄，似所見本魄字已誤作醜，然倛字尚未改作顛。且高氏請雨土人之注，亦未嘗改也。今則正文既改，而高注亦非其舊矣。**以死生爲一化，以萬物爲一方，**方，類也。◯俞樾云：文子九守篇作「以千生爲一化」，當從之。言牛之數雖有千，而以爲一也。以千生爲一化，以萬物爲一方，兩文相儷，而意亦相準。若作死生，則不類矣。且以死生爲一化，義亦未安。當據文子訂正。**同精於太清之本，而游於忽區之旁。**忽區，忽怳無形之區旁也。**有精而不使，有神而不行，**不濁其精，不勞其神，此之謂也。**契大渾之樸，而立至清之中。**樸，猶質也。渾，不散之貌。渾，讀揮章之揮。**是故其寢不夢，其智不萌，其魄不抑，其魂不騰。**其寢不夢，神內守也。其智不萌，無思念也。魄，陰神；魂，陽神。陰不沈抑，陽不飛騰，各守其宅也。**反覆終始，不知其端緒，甘瞑太宵之宅，而覺視于昭**

昭之宇，○文典謹按：甘瞑下當有于字，始與下句「覺視于昭昭之宇」一律。文選辛丑歲七月赴假還江陵夜行塗口詩注引，作「甘瞑于大霄之宅」，文雖小異，然足補今本敚失。**休息于無委曲之隅，而游敖于無形埒之野。**太宵，長夜之中也。言其直瞑于大道之處，冥視昭昭矣。無委曲之隅，無形埒之野，冥冥無形象之貌也。**居而無容，處而無所，**言其人居無形容可得見也。處無常所。**其動無形，其靜無體，**無形無體，道之容也。**存而若亡，生而若死，出入無間，役使鬼神，**言耐化也。人不與鬼同形，而耐使之者，道也。天神曰神，人神曰鬼也。**淪於不測，入於無間，以不同形相嬗也，**嬗，傳也。萬物之形不同，道以相傳生也。**終始若環，莫得其倫。**倫，理也，道也，人莫能得焉。**此精神之所以能登假於道也，**假，至也。上至于道也。或作蝦蟇雲氣。**是故真人之所游。**○俞樾云：「是故真人之所游」本作「是真人之游也」，乃結上之辭。文子九守篇亦有此文，大略相同，結之曰「此真人之游也」，乃其明證也。下文曰：「若吹呴呼吸，吐故納新，熊經鳥伸，鳧浴蝯躩，鴟視虎顧，是養形之人也，不以滑心。」高注曰：「是非真人之道也。」若如今本作「是故真人之所游」，則下文云云，皆爲真人之道矣。其謬殊甚，不可不正。**若吹呴呼吸，吐故内新，熊經鳥伸，鳧浴蝯躩，鴟視虎顧，是養形之人也，不以滑心。**游，行也。經，動摇也。伸，頻伸也。若此養形之人，導引其神，屈伸跳踉，是非真人之道也。滑，亂也。言此養形者耳，不足以亂真人之心也。**使神滔蕩而不失其充，日夜無傷而與物爲**

春，充，實也。體道人同。日夜，喻賊害也。無傷，無所賊害也。與物爲春，言養物也。**則是合而生時于心也。**若是者，合于道，生四時化其心也。言不干時害物也。○劉績云：文了作「則是合而生時於心者也」，莊子作「是接而生時於心者也」，則干乃于字之誤。○王念孫云：高注「生四時化其心也」，當作「生四時之化于其心也」。此是釋「生時于心」之義。生時于心而與物爲春，則是順時以養物，故注又云「言不干時害物也」。今本正文于字作干，卽涉注文干時而誤。○文典謹按：劉、王説是也。宋本干正作于。

且人有戒形而無損於心，戒，備也。人形體備具。戒或作革。革，改也。言人形骸有改更而作化也。心喻神，神不損傷也。**有綴宅而無秏精。**綴宅，身也。精神居其宅則生，離其宅則死。言人雖死，精神終不秏減，故曰無秏精也。○王念孫云：「無損於心」，於，衍字也。戒形與損心，綴宅與秏精，皆相對爲文，則損下不當有於字。莊子大宗師篇「且彼有駭形而無損心，有旦宅而無情死」，卽淮南所本。**夫癩者趨不變，狂者形不虧，神將有所遠徙，孰暇知其所爲！**言病癩者形生神在，故趨不變也。或作介，介，被甲者。禮，介者不拜而能趨于步，故曰不變也。狂體具存，故曰不虧，但精神散越耳，故曰神有所遠徙也。○莊逵吉云：錢别駕云：癩或作介者，介卽兀字，莊子有兀者王駘，或作介，是也。雖于高注之外闢一解，與本文義更覺切近。**故形有摩而神未嘗化者，以不化應化，千變萬抮而未始有極。**摩，滅，猶死也。神變歸於無形，故曰未嘗化。化，猶死也。不化者精神，化者形骸。死者形爲灰土，爲日化也。化者，復歸於無形也；不化者，與天地俱生也。夫木之死也，青青去之也。夫使木生者豈木也？使木生者天地，故曰「豈木也」。猶充形者之非形也。充形者氣也，故曰非形也。故生生者未嘗死也，其所生則死矣；生生者道。喻道之人若天氣，未嘗死也。下所生者，萬物矣。化物者未嘗化也，其所化則化矣。化物者道也。道不化，故未嘗化也。所化者萬物也。萬物有變，故曰則化。輕天下，則神無累矣；輕薄天下寵勢之權者，許由是也，故其精神無留累于物也。細萬物，則心不惑矣；以萬物爲小事而弗欲，故心不惑物也。齊死生，則志不懾矣；齊，等也。不畏義死，不樂不義生，其志意無所懾懼，故曰等也。同變化，則明不眩矣。眩，惑。衆人以爲虛言，吾將舉類而實之。實，明。

人之所以樂爲人主者，以其窮耳目之欲，而適躬體之便也。○文典謹按：藝文類聚十一引，人主作天子。今高臺層榭，人之所麗也，四方而高曰臺，加木曰榭。麗，美也。而堯樸桷不斲，素題不枅。樸，采也。桷，椽也。不斲削，加密石之。素題者，不加采飾。不枅者，不施欂櫨。枅，讀雞枅，或作刮也。○王念孫云：如高注，則樸爲樣之誤也。隸書樸或作樸，樣或作樣，二形相近，故樣誤爲樸。樣卽今橡栗字也。說文曰：「樣，栩實。」又曰：「栩，柔也。其實草。（今借用早字，俗作皁。）一曰樣。」又曰：「草斗，櫟實。一曰樣斗。」高注呂氏春秋恃君篇曰：「橡，早斗也，其狀似栗。」應劭注漢書司馬相如傳曰：「櫟，采木也。」韓子五蠹篇曰：「堯之王天下也，茅茨不翦，采椽不斲。」史記太史公自序索隱引韋昭漢書注曰：「采椽，櫟榱也。」合觀諸説，櫟一名栩，一名柔，一名采。其實謂之早，亦謂之樣。是樣爲采實，而非采也。然司馬彪注莊子齊物論篇云：「芧，橡子也。」（芧與柔同。）則采亦謂之樣矣。故韓子言「采椽不斲」，此言「樣桷不斲」，而高注亦訓樣爲采也。又案：説文樣字，今書傳皆作橡，蓋後人所改也。此樣字若不誤爲樸，則後人亦必改爲橡矣。○文典謹按：文選魯靈光殿賦注引，素題作桁題。**珍怪奇異，**○莊逵吉云：奇異，本皆作奇味，唯藏本作異。○王念孫云：作味者是也。上文「高臺層榭」，指宮室言之，與樣桷素題相對。下文「文繡狐白」，指衣服言之，與布衣鹿裘相對。此文「珍怪奇味」，指飲食言之，與糲粢藜藿相對。若云「珍怪奇異」，則不專指飲食，失其指矣。藝文類聚帝王部一、太平御覽皇王部五、百穀部六、文選劉琨荅盧諶詩注引此，並作奇味。○文典謹按：王説是也。北堂書鈔百四十二引，作「怪味，人之所美」，文雖小異，而作味則同也。**人之所美也，而堯糲粢之飯，藜藿之羹。**糲，粗也。粢，稷也。糲，讀賴恃之賴。粢，讀齊衰之齊。○王紹蘭云：粢當爲秶。説文米部無粢字，禾部：「齋，稷也。从禾，齊聲。」「秶，齋或从次。」是秶卽齋之或字，於穀爲稷，故高注「粢，稷也」。古者以稷食爲疏食，故粢與粗糲之糲對文。説文：「糲，粟重一秳爲十六斗大半斗，舂爲米一斛，曰糲。从米，萬聲。」作糲者，今字也。經典齍盛之齍通作粢，其字从米，非糲粢之義。此文粢字，據注訓稷，知高誘所據舊本原作从禾之秶，後人多見粢，寡見秶，遂併注文皆改从米耳。注中褎亦衰之譌也。文繡狐白，人之所好也，而堯布衣揜形，鹿裘御寒。養性之具不加厚，而增之以任重之憂，任，讀任俠之任。故舉天下而傳之於舜，傳，禪。若解重負然。○文典謹按：藝文類聚十一引，「若解重負然」作「若釋負然」。非直辭讓，誠無以爲也。此輕天下之具也。禹南省方，濟于江，巡狩爲省，省視四方也。濟，渡也。黄龍負舟，舟中之人五色無主，禹乃熙笑而稱曰：「我受命于天，竭力而勞萬民。勞，憂也。生寄也，死歸也，何足以滑和！」視龍猶蝘蜓，人壽蓋不過百年，故曰寄。死滅没化不見，故曰歸。滑，亂也。和，適也。蝘蜓，蜥蜴也，或曰守宫。東方朔射覆，對武帝曰「謂爲龍，無有角。謂爲蛇，而有足。騤騤脈脈，喜緣壁，非守宫」，卽蜥蜴是也。顏色不變，龍乃弭耳掉尾而逃。逃，去。禹之視物亦細矣。鄭之神巫相壺子林，見其徵，神在男曰覡，在女曰巫。巫能占骨法吉凶之氣，故見其兆徵。徵，應也。告列子。列子行泣報壺子。列子，鄭之隱士壺子弟子也。報，白也。壺子持以天壤，言精神天之有也，形骸地之有也，死自歸其本，故曰持天壤矣。名實不入，機發於踵。名，爵號之名。實，幣帛貨財之實。不入者，心不恤也。機，喻疾也。謂命危殆，不旋踵而至，猶不恐懼。○陶方琦云：列子釋文引許注「機發不旋踵」。按：所引非全文。説文：「主發謂之機。从木，幾聲。」壺子之視死生亦齊矣。齊，等。子求行年五十有四而病傴僂，脊管高于頂，腸下迫頤，兩脾在上，燭營指天，子求，楚人也。僂，脊管下竅也。高于頂，出頭上也。𦝫，肝胷也。迫，薄至于頤也。兩脾下在上，軀正員也。𦝫，讀精神歇越無之歇也。燭，陰華也。營，其竅也。上指天也。燭營，讀曰括撮也。○俞樾云：子求當作子來，字之誤也。子來事見莊子大宗師篇，其文曰：「子祀、子輿、子犂、子來四人相與友。」又曰：「俄而子輿有病，子祀往問之。曰：『偉哉！夫造物者將以予爲此拘拘也！』曲僂發背，上有五管，頤隱於齊，肩高於頂，句贅指天。」又曰：「俄而子來有病，喘喘然將死。」淮南所見莊子，其「子輿有病」、「子來有病」兩文，蓋與今本互易，故以傴僂之病屬之子來也。莊子釋文引崔譔云：「淮南作子永。」抱朴子博喻篇亦云：「子永歎天倫之偉。」顧氏千里以作永爲是。誠知其當爲子來，則求與永並屬形似之誤，求固非，而永亦未是也。説互詳莊子。○孫詒讓云：注「𦝫，肝胷也」，古無此訓。𦝫肝當作𩩲骬。廣雅釋親云：「𩩲骬，胾也。」靈樞經骨度篇云：「結喉以下至缺盆長四寸，缺盆以下至𩩲骬長九寸。」是𩩲骬正當胷間，故高云「𩩲骬，胷也」。但據靈樞，則缺盆、𩩲骬並雙字爲名，不當單舉𩩲言之。且頤在𩩲骬上，而云「下迫」，於義亦乖。竊疑正文本作「𩩲肝迫頤」，注「𩩲肝」卽述正文也。肝或捝肉形作于，又譌爲下，遂不可通耳。**匍匐自闚於井曰：「偉哉造化者！其以我爲此拘拘邪？」**偉哉，猶美哉也。造化，謂天也。拘拘，好貌。**此其視變化亦同矣。**

故覩堯之道，乃知天下之輕也；以其禪舜。**觀禹之志，乃知天下之細也；**以其視龍猶蝘蜓也。○王念孫云：「天下之細」，天下當爲萬物，此涉上「天下之輕」而誤也。上文云：「輕天下，則神無累矣；細萬物，則心不惑矣。」又云：「堯舉天下而傳之於舜，若解重負然。」此輕天下之具也。禹視龍猶蝘蜓，龍乃弭耳掉尾而逃。禹之視物亦細矣。」此文「知天下之輕」承上堯輕天下而言，「知萬物之細」則承上禹細萬物而言。今本萬物作天下，則與上文不合。原壺子之論，乃知死生之齊也；論「持以天壤」也。見子求之行，乃知變化之同也。行，匍匐窺于井，此之謂也。夫至人倚不拔之柱，行不關之塗，倚于不可拔搖之柱，行于不可關閉之塗，言無不通。稟不竭之府，學不死之師，無往而不遂，往而遂也。無至而不通。至而通也。生不足以挂志，死不足以幽神，屈伸俛仰，抱命而婉轉。抱天命而婉轉，不離違也。禍福利害，千變萬紾，紾，轉。孰足以患心！若此人者，抱素守精，蟬蛻蛇解，游於太清，輕舉獨住，忽然入冥。○王念孫云：住當爲往，謂輕舉而獨行也。若作住，則與「忽然入冥」句義不相屬矣。隸書從彳從亻、從㞢從主之字多相亂，故往誤爲住。鳳凰不能與之儷，而況斥鷃乎！儷，偕也。斥澤之鷃雀，飛不出頃畮，喻弱也。○陶方琦云：文選七啓注引，斥作尺。又引許注：「鷃雀飛不過一尺，言其劣弱也。」按說文：「鴳，雀也。从鳥，安聲。」許注飛不過一尺，正釋尺之義，與高本作斥異。文選宋玉對楚王問「尺澤之鯢」，注：「尺澤，言小也。」夏侯湛抵疑「尺鷃不能陵桑榆」，亦作尺。然尺、斥古字通。莊子釋文「斥鷃笑〔一〕之」司馬注：「小澤也。本亦作尺。」一切

〔一〕「笑」，原本作「关」，據莊子改。

經音義二十二「尺鷃」下云：「鷃長惟尺，即以名焉。一作斥，小澤也。」**勢位爵禄何足以槩志也！**不足以槩至人之志。

晏子與崔杼盟，臨死地而不易其義。晏子名嬰，字平仲，齊大夫也。崔杼殺齊莊公，盟諸侯曰：「不唯崔慶是從者，如此盟。」晏子曰：「嬰所不唯忠於君而利社稷者是從，亦如之。」故曰臨死地而不易其義者也。**殖、華將戰而死，莒君厚賂而止之，不改其行。**殖，杞梁；華，華周，皆齊士，爲君伐莒。莒人圍之，壯其勇力，厚賂而止之。不可，遂戰而死。故曰不改其行也。**故晏子可迫以仁，而不可刦以兵；**晏子不從崔杼之盟，將見殺。晏子曰：「句戟何不句，直矛何不摧，不撓不義。」故曰不可刦以兵也。**殖、華可止以義，而不可縣以利。**縣，視也。言不爲利動也。**君子義死，而不可以富貴留也；義爲，而不可以死亡恐也。彼則直爲義耳，而尚猶不拘於物，又況無爲者矣！堯不以有天下爲貴，故授舜；公子札不以有國爲尊，故讓位；**札，吴壽夢之少子，延州來季子也。讓位不受兄國，春秋賢之。諸侯之子稱公子也。**子罕不以玉爲富，故不受寶；**子罕，宋戴公六世之孫，西卿士之子，司城樂喜也。宋人或得玉，以獻子罕，子罕不受。獻玉者曰：「以示玉人，玉人以爲寶，故敢獻之。」子罕曰：「我以不貪爲寶，子以玉爲寶。若與我，是皆喪寶也。不如人有其寶。」稽首告曰：「小人懷寶，不可以越鄉。納此以請死。」子罕置諸其里，使玉人爲之攻之，富而後使復其所。故曰不受寶也。**務光不**

以生害義，故自投於淵。務光，湯時隱士也。湯伐桀，讓天下於務光。人謂務光曰：「湯殺其君，將歸不義之名於子。」務光因抱石自投於深淵而死。由此觀之，至貴不待爵，以至德見貴，許由、務光是也，故曰不待爵也。至富不待財。以至德見富，若楚狂接輿是也，王聞其賢，使使者齎金百溢聘之，欲以爲相，而不受，故曰至富不待財也。天下至大矣，而以與佗人；堯是也。身至親矣，而棄之淵。務光是也。外此，其餘無足利矣。外，猶除也。利，猶貪利。或作私。私，獨受也。此之謂無累之人。無累之人，不以天下爲貴矣。

上觀至人之論，深原道德之意，以下考世俗之行，乃足羞也。攷，觀。故通許由之意，金縢、豹韜廢矣；金縢、豹韜，周公、太公陰謀圖王之書。許由輕天下不受，焉用此書爲，故曰廢矣。延陵季子不受吴國，而訟閒田者慙矣；訟閒田者，虞、芮及暴桓公、蘇信公是也。子罕不利寶玉，而争券契者媿矣；務光不污於世，而貪利偷生者悶矣。故不觀大義者，不知生之不足貪也；不聞大言者，不知天下之不足利也。大義，死君親之難也。大言，體道無欲之言。今夫窮鄙之社也，叩盆拊瓴，相和而歌，自以爲樂矣。窮鄙之社，窮巷之小社也。盆瓴瓦器，叩之有音聲，故曰自以爲樂也。○文典謹按：窮鄙，北堂書鈔八十七、一百十一、藝文類聚三十九、御覽五百三十二、五百八十四引，並作窮鄉。唯四百八十六、七百五十八引，作窮鄙，與今本合。疑古本作窮鄉，後人據已誤之本改御覽而未能遍耳。嘗試爲之擊建鼓，撞巨鐘，乃性仍仍然，知其盆瓴之足羞也。仍仍，不得志之貌。仍仍或作聆聆，猶聞也。○莊逵吉云：「乃性仍仍然」，性本皆作始。○王念孫云：性字義不可通，性當爲始。古人多以乃始二字連文。（俶真篇曰：「乃始昧昧楙楙，皆欲離其童蒙之心，而覺視於天地之間。」又曰：「儒墨乃始列道而議，分徒而訟。」管子版法篇曰：「外之有徒，禍乃始牙。」莊子馬蹄篇曰：「民乃始踶跂好知，争歸於利。」在宥篇曰：「之八者，乃始臠卷傖囊而亂天下也，而天下乃始尊之惜之。」荀子儒效篇曰：「狂惑戇陋之人，乃始率其羣徒，辯其談説，明其辟稱。」韓子外儲説右篇曰：「王自聽之，亂乃始生。」吕氏春秋禁塞篇曰：「雖欲幸而勝，禍乃始長。」乃始猶然後也。藝文類聚禮部中、太平御覽人事部一百二十七、禮儀部十一、樂部二十二、器物部三引此，並作乃始。又本經篇：「愚夫惷婦皆有流連之心，悽愴之志，乃使始爲之撞大鍾，擊鳴鼓，吹竽笙，彈琴瑟，失樂之本矣。」案：乃始二字之間不當有使字，此因始使聲相亂而誤衍也。主術篇曰：「故民至於焦脣沸肝，有今無儲，而乃始撞大鍾，擊鳴鼓，吹竽笙，彈琴瑟，失樂之所由生矣。」是其證。**藏詩、書，修文學，而不知至論之旨，則拊盆叩瓴之徒也。夫以天下爲者，學之建鼓矣。**建鼓，樂之大者。○王念孫云：「夫以天下爲者」，以上當有無字。「無以天下爲者」，承上文許由而言；建鼓「學之」，對「拊盆叩瓴」而言。言無以天下爲者，其於世俗之學者，猶建鼓之於盆瓴也。今本「以天下」上脱無字，則義不可通。文子九守篇正作「無以天下爲者」。

尊勢厚利，人之所貪也。尊勢，窮位。厚利，重禄。**使之左據天下圖而右手刎其**

喉，愚夫不爲。由此觀之，生尊於天下也。天下至大，非手所據，故不言手也。使得據天下之圖籍，行其權勢，而刎喉殺身，雖愚者不肯爲也，故曰生貴于天下矣。○王念孫云：尊本作貴，此涉上文「尊埶厚利」而誤也。此言生貴而天下賤，非言生尊而天下卑。高注「故曰生貴於天下」，即其證。呂氏春秋知分篇注引此，亦作貴。泰族篇亦云「身貴於天下」。聖人食足以接氣，衣足以蓋形，適情不求餘，接，續也。蓋，覆也。餘，饒也。無天下不虧其性，有天下不羨其和。虧，損。羨，過。和，適也。有天下，無天下，一實也。實，等。今贛人敖倉，予人河水，贛，賜也。敖，地名。倉者，以之常滿倉也，在今滎陽縣北。飢而餐之，渴而飲之，其入腹者不過簞食瓢漿，則身飽而敖倉不爲之減也，減，少。腹滿而河水不爲之竭也。竭，盡。有之不加飽，無之不爲之飢，與守其篅笆、有其井，一實也。篅笆，受穀器。井，家人之井水也。篅讀顓孫之顓也。○莊逵吉云：說文解字：「笆，篅也。」「篅，以判竹圜以盛穀也。」急就篇所云「笆篅箯筥籅箅篝」是也。與注義合。人大怒破陰，大喜墜陽，已說在原道訓。大憂内崩，大怖生狂。除穢去累，莫若未始出其宗，乃爲大通。清目而不以視，清，明。靜耳而不以聽，鉗口而不以言，委心而不以慮，棄聰明而反太素，休精神而棄知故，覺而若眛，以生而若死，眛，暗也，厭也。楚人謂厭爲眛，喻無知也。○王引之云：眛與厭義不相近，眛皆當爲眯，（音米。）字之誤也。注中「暗也」二字乃後人所加。說文：「䆘，寐而厭也。」字通作眯。西山經「鴒䳭，服之使人不眯」，郭璞曰：「不厭夢也。」引周書王會篇云：「服者不眯。」莊子天運篇「彼不得夢，必且數眯焉」，司馬彪曰：「眯，厭也。」是眯與厭同義，故高注亦云：「眯，厭也，楚人謂厭爲眯。」後人不知眛爲眯之譌，而誤讀爲暗昧之昧，遂於注内加「暗也」二字，何其謬也！且眯與死、體爲韻，若作眛，則失其韻矣。**終則反本未生之時，而與化爲一體。**言人之未生時。欲同死生也，故曰與化爲一體也。**死之與生，一體也。**

今夫繇者，揭钁臿，負籠土，繇，役也。今河東謂治道爲繇道。揭，舉也。钁，斫也。臿，鏵也。青州謂之鏵，有刃也。三輔謂之鍋也。籠，受土籠也。○莊逵吉云：鏵，説文解字作苿。鍋卽䥯字。解字又曰：「䥯，相屬。讀若媯。」蓋因讀䥯爲媯，因之誤爲鍋也。○文典謹按：御覽三百八十七引，钁作錢。説文：「錢，銚也。古田器。」詩周頌「痔乃錢鎛」，傳：「錢，銚也。」**鹽汗交流，喘息薄喉。**白汗鹹如鹽，故曰鹽汗。薄，迫也，氣衝喉也。**當此之時，得茠越下，則脱然而喜矣。**茠，蔭也。三輔人謂休華樹下爲茠也。楚人樹上大本小，如車蓋狀爲越，言多蔭也。脱，舒也。言繇人之得小休息，則氣得舒，故喜也。越，讀經無重越之越也。○文典謹按：北堂書鈔百五十八引許君注云：「楚謂兩樹交會其陰曰越。」玉篇：「楚謂兩木交陰之下曰樾。」卽用此注也。越、樾古同字。（孫輯許注未收此條。）**巖穴之間，非直越下之休也。病疵瘕者，捧心抑腹，膝上叩頭，**抑，按也。叩或作跔，跔，讀車軥之軥。○孫詒讓云：疵與病義複，疑是疝之誤。急就篇云：「疝瘕顛疾狂失響。」蹠蹢而諦，通夕不寐。○文典謹按：文選長笛賦「通旦忘寐，不能自禦」注引，夕作旦。當此之時，噲然得臥，則親戚兄弟歡然而喜。夫脩夜之寧，非直一噲之樂也。謂得安臥極夜者。樂于一噲之樂，然不得比長夜之樂也。故知宇宙之大，則不可劫以死生；劫，迫。知養生之和，則不可縣以天下；養生之和，謂正道也。已脩正道不惑，故不可示以天下之窮勢而移也。知未生之樂，則不可畏以死；樂其未生之時，雖懼之以死，不能使之畏死。言不畏死。知許由之貴於舜，則不貪物。言不貪利欲之物也。牆之立，不若其偃也，又況不爲牆乎！冰之凝，不若其釋也，又況不爲冰乎！不如未爲牆、冰之時，偃、凝能變也。自無蹠有，自有蹠無，自無蹠有，從無形至有形也。自有蹠無，從有形至無形也。至無形，謂死生變化也。終始無端，莫知其所萌。非通於外內，孰能無好憎？好憎，情欲。無外之外，至大也；無內之內，至貴也；言天無有垠外，而能爲之外，喻極大也。無內，言其小，小無內，而能爲之內。道尚微妙，故曰至貴也。能知大貴，何往而不遂！大貴，謂無內之內也。言道至微，能出入于無間，故曰何往而不遂。遂，通也。

衰世湊學，不知原心反本，湊，趨也。趨其末，不脩稽古之典，苟徼名號耳，故曰不知原心反本也。直雕琢其性，矯拂其情，以與世交，直，猶但也。雕琢其天性，拂戾其本情，以合流俗，與世人交接也。故目雖欲之，禁之以度，心雖樂之，節之以禮，趨翔周旋，詘節卑拜，肉凝而不食，酒澄而不飲，外束其形，内總其德，○王念孫云：總字義不可通，總當爲愁，愁與揫同。（鄉飲酒義「秋之爲言愁也」，鄭注：「愁讀爲揫。揫，斂也。」）説文：「揫，束也。」外束其形，内揫其德，其義一也。俶真篇「内愁五藏，外勞耳目」，義亦與此同。俗書總字或作捴，又作揔，與愁相似，愁誤爲捴，後人因改爲總耳。文子上禮篇正作「外束其形，内愁其德」。鉗陰陽之和，而迫性命之情，故終身爲悲人。悲，哀也。謂衰世之學。達至道者則不然，理情性，治心術，養以和，持以適，樂道而忘賤，安德而忘貧，性有不欲，無欲而不得，言其守虚，執持不欲之情性，則無有所欲而不得也。心有不樂，無樂而不爲，言其志正，不樂邪淫之樂，則無有正樂而不爲樂。言皆爲之樂也。無益情者不以累德，而便性者不以滑和，滑，亂。○莊逵吉云：諸本作「無益於情者不以累德，不便於性者不以滑和」。○王念孫云：「便於性」二句義不可通，且與上文不對。劉績依文子九守篇改爲「無益於情者不以累德，不便於性者不以滑和」，當是也。故縱體肆意，而度制可以爲天下儀。縱，放也。肆，緩也。儀，法也。今夫儒者，不本其所以欲而禁其所欲，本所以欲，謂正性恬漠也。所欲，謂情欲驕奢權勢也。不原其所以樂而閉其所樂，是猶決江河之源而障之以手也。障，蔽也。言不能掩也。夫牧民者，猶畜禽獸也，不塞其囿垣，使有野心，系絆其足，以禁其動，而欲脩生壽終，豈可得乎！夫顏回、季路、子夏、冉伯牛，孔子之通學也。然顏淵夭死，季路葅於衛，顔淵十八而卒，孔子曰：「回不幸短命死矣！」故曰夭也。季路仕于衛，衛君父子争國，季路死，孔子曰：「若由不得其死然。」言不得以壽命終也，故曰然。衛人醢之以爲醬，故曰葅。子夏失明，冉伯牛爲厲。子夏學于西河，喪其子而失明，曾子哭之。伯牛有疾，孔子自牖執其手，曰：「斯人也，而有斯疾也！」此皆迫性拂情而不得其和也。○文典謹按：文選王康琚反招隱詩注引，作「顔回夭死，季由葅於衛，皆迫性命之情而不得天和者也。」故子夏見曾子，一臞一肥，曾子問其故，曰：「出見富貴之樂而欲之，入見先王之道又説之，兩者心戰，故臞。先王之道勝，故肥。」道勝，不惑縣于富貴，精神内守無思慮，故肥也。推此志，非能貪富貴之位，不便侈靡之樂，此志，子夏之志。直宜迫性閉欲，以義自防也。直，猶但也。○王念孫云：貪上當有不字，直下不當有宜字，宜即直之誤而衍者也。高注宜字亦當爲直。直之言特也。言子夏非能不貪富貴，不樂侈靡，特以義自强耳。特、但一聲之轉，故云「直猶但也」。雖情心鬱殪，形性屈竭，猶不得已自强也，故莫能終其天年。義以自防，故情心鬱殪不通，形性屈竭也。以不得止而自勉强，故無能終其天年之命也。

若夫至人，量腹而食，度形而衣，容身而游，適情而行，餘天下而不貪，委萬物而不利，委，棄也。不以萬物爲利矣。處大廓之宇，游無極之野，廓，虚也。極，盡也。登太皇，馮太一，玩天地於掌握之中，太皇，天也。馮，依也。太一，天之形神也。玩，弄也。夫豈爲貧富肥臞哉！故儒者非能使人弗欲，而能止之；言不能使人無情欲也。己雖欲之，能以義自已也。非能使人勿樂，而能禁之。言不能使人無樂富貴，能以禮自禁止之。論語曰「不義而富且貴，于我如浮雲」也。夫使天下畏刑而不敢盜，豈若能使無有盜心哉！越人得髯蛇，以爲上肴，中國得而棄之無用。髯蛇，大蛇也，其長數丈，俗以爲上肴。○文典謹按：御覽九百三十三引，髯作蚺，注同。故知其無所用，貪者能辭之；不知其無所用，廉者不能讓也。夫人主之所以殘亡其國家，損棄其社稷，身死於人手，爲天下笑，未嘗非爲非欲也。夫仇由貪大鐘之賂而亡其國，仇由，近晉之狄國。晉智襄子欲伐之，先賂以大鐘。仇由之君貪，開道來受鐘，爲和親。智伯因是以兵滅取其國也。仇，讀仇餘之仇也。○陶方琦云：史記集解七十一引許注：「仇猶，夷狄之國。」按：說文厹字下云：「臨淮有厹猶縣。」字亦作猶，與此注作猶正合。國策作厹由，高誘注曰：「厹由，狄國。」亦同作由。吕覽權勳作内繇，注云：「或作仇酋。」酋卽猶字，故高注云或作也。虞君利垂棘之璧而擒其身，晉大夫荀息謀于獻公，以屈産之馬、垂棘之璧假道於虞以伐虢。虞公貪璧馬，假晉道。既滅虢，還館于虞，遂襲虞，滅之。君死位曰滅，故曰擒其身也。獻公豔驪姬之美而亂四世，晉獻公伐驪戎，得驪姬及其娣。好色曰美。好體曰豔。豔其色而嬖之，生奚齊，其娣生卓子，遂爲殺太子申生而立奚齊。殺適立庶，故曰亂。四世者，奚齊、卓子、惠公夷吾、懷公圉也。桓公甘易牙之和而不以時葬，齊桓好味，易牙蒸其首子而進之，遂見信用，專任國政，亂嫡庶。桓公卒，五公子争立，六十日而殯，蟲流出户，五月不葬，故曰不以時葬也。**胡王淫女樂之娱而亡上地。**胡，西戎之君也。秦穆公欲伐之，先遺女樂以淫其志。其臣由余諫，不從，去戎來適秦。秦伐戎，得其上地。上地，美地也。**使此五君者，適情辭餘，以己爲度，不隨物而動，豈有此大患哉？**五君，仇由、虞公、晉獻、齊桓、胡王也。適，猶節也。動，猶惑也。**故射者非矢不中也，學射者不治矢也；**不治矢，言不爲而得用之。**御者非轡不行，學御者不爲轡也。知冬日之箑、夏日之裘無用於己，則萬物之變爲塵埃矣。**然則爲者不得用之。箑，扇也。楚人謂扇爲箑。**故以湯止沸，沸乃不止；誠知其本，則去火而已矣。**已，止也。

淮南鴻烈集解卷八

本經訓

本，始也。經，常也。本經造化出于道，治亂之由，得失有常，故曰「本經」，因以題篇。

太清之始也，和順以寂漠，清，静也。太清，無爲之始者。謂三皇之時和順，不逆天暴物也。寂漠，不擾民。○王念孫云：「太清之始」，始當爲治，字之誤也。自「和順以寂漠」以下二十三句，皆言太清之治如此也。高注當云：「太清，（句。）無爲之治也。」（句。）今本作「太清，無爲之始者」，文不成義，後人所改也。文選東都賦注、後漢書班固傳注引此，並作「太清之化」，又引高注曰：「太清，無爲之化也。」治字作化，避高宗諱也。則其字之本作治，明矣。太平御覽天部十五引，作「太清之始」，亦後人依誤本改之。其竹部一引，正作「太清之治」。文子下德篇作「清静之治者，和順以寂寞，質真而素樸」，是其明證矣。○文典謹按：王説是。宋本始正作治。**質真而素樸，閑静而不躁，推移而無故，**質，性也。真，不變也。素樸，精不散也。閑静，言無欲也。不躁擾。故，常也。**在内而合乎道，出外而調于義，**在内者，志在心。平欲，故能合于道。出于外者，身所履行也。行不越規矩，故能調義。義或作德也。**發動而成於文，行快而便於物，**

發，作也。動，行也。文，文章也。便，利也。物，事也。○俞樾云：快當爲決。周易文言傳鄭注謂古書傳作立心，與水相近。決、快相亂，正由此矣。說文水部：「決，行流也。」是決有行義。上句曰「發動而成於文」，發亦動也。此云「行決而便於物」，決亦行也。**其言略而循理，其行侻而順情，**略，約要也。侻，簡易也。侻，讀射侻取不覺之侻。○莊逵吉云：「侻取不覺」義當是敚字。敚，今之奪字也。**其心愉而不僞，其事素而不飾，**愉，和也。僞，虛詐也。素，樸也。飾，巧也。**是以不擇時日，不占卦兆，**擇，選也。卦，八卦也。兆，契龜之兆也。世所以占吉凶也。**不謀所始，不議所終，安則止，激則行，通體於天地，同精於陰陽，一和于四時，**一，同也。**明照於日月，與造化者相雌雄。**造化，天地也。雌雄，猶和適也。**是以天覆以德，地載以樂，**樂，生也。**四時不失其敍，風雨不降其虐，日月淑清而揚光，**光，明也。**五星循軌而不失其行。**五星，熒惑、太白、鎮、辰、歲星也。軌，道也。循，順也。**當此之時，玄元至碭而運照，**玄，天也。元，氣也。碭，大也。言盛德之君，恩仁廣大，徧照四海也。○王紹蘭云：說文石部：「碭，文石也。」無大誼。口部：「唐，大言也。啺，古文唐，从口昜。」是淮南假碭爲啺也。○俞樾云：高注曰：「玄，天也。元，氣也。」分兩字爲兩義，殊不可通。疑正文及注均誤。正文本曰「玄光至碭而運照」，注文本曰「玄，天也。光，氣也。」俶真篇曰：「弊其玄光而求知之於耳目。」此玄光二字見於本書者。高彼注曰：「玄光，内明也。一曰：玄，天也。」然則此曰「玄，天也」，正與彼注同。疑彼亦有「光，氣也」三字，而今脱之也。鳳麟至，蓍龜兆，鳳麟聖德之世至于門庭。蓍，四十九策。兆，信也。善言臧否也。甘露下，竹實滿，流黄出，而朱草生，滿，成也。流黄，玉也。朱草生于庭。皆瑞應也。機械詐僞莫藏於心。莫，無也。逮至衰世，鐫山石，鐫，猶鑿也，求金玉也。鍥金玉，擿蚌蜃，鍥刻金玉以爲器也。擿，猶開也，開以求珠也。○桂馥云：擿當爲摘。説文摘有拓義。增韻：「拓，㡿開也。」揚雄甘泉賦：「拓迹開統。」拓亦借字，當爲袥。字書：「袥，張衣令大也。」太玄：「天地開闢，宇宙袥袒。」消銅鐵，而萬物不滋。不滋長也。言盡物類也。刳胎殺夭，麒麟不游，胎，獸胎也。夭，麋子也。爲類見害，故不來游。覆巢毁卵，鳳凰不翔，鳥未㲉曰卵也。鑽燧取火，構木爲臺，焚林而田，竭澤而漁，田，獵也。竭澤，漏池也。人械不足，畜藏有餘，械，器用也。畜藏餘，府庫實也。而萬物不繁兆，萌牙卵胎而不成者，處之太半矣。積壤而丘處，糞田而種穀，掘地而井飲，疏川而爲利，疏，通。築城而爲固，拘獸以爲畜，則陰陽繆戾，四時失敍，雷霆毁折，雹霰降虐，○王念孫云：電霰不同類，且電亦不得言降虐，電當爲雹，草書之誤也。雷霆爲一類，雹霰爲一類。呂氏春秋仲夏篇云「雹霰傷穀」，故言降虐也。文子上禮篇作「雹霜爲害」，是其證。○文典謹按：王説是，今正。氛霧霜雪不霽，霽，止也。而萬物燋夭。霜雪之害不止，則萬物燋夭不繁茂也。菑榛穢，聚埒畝，茂草曰菑，木聚曰榛，積之於疆畝。○俞樾云：高此注殊失其義。菑者，殺草之名。爾雅釋地「田一歲曰菑」，孫炎曰：「菑，始災殺其草木也。」榛、穢連文，其義相同，漢書楊雄傳注曰「榛榛，梗穢貌」是也。「菑榛穢，聚埒畝」，皆三字爲句，言榛穢之區，皆災殺之，而集成埒畝也。下云「芟野莢，長苗秀」，是此四句皆言治田之事，菑榛穢故芟野莢，聚埒畝故長苗秀也。下文曰「草木之句萌、銜華、戴實而死者不可勝數」，正見殺草之多。若從高注，則與下文不貫矣。**芟野莢，長苗秀**，芟，殺也。莢，草也。苗，稼也。不榮而實曰秀也。○王引之云：野草多矣，不應獨言莢。莢當爲莽。隸書莽字作美，與莢極相似，故誤爲莢。說文作茻，「衆艸也」，故野草謂之野莽。下文「野莽白素」，楚辭九歎「遵壄莽以呼風」是也。（壄與野同。）注「莢，草也」亦當作「莽，草也」。泰族篇注「莽，草也」，正與此同。**草木之句萌、銜華、戴實而死者，不可勝數。乃至夏屋宮駕，縣聯房植**，夏屋，大屋也。縣聯，聯受雀頭著桷者。一曰，辟帶也。房，室也。植，户植也。○莊逵吉云：縣聯，縣卽櫋字。辟帶之義，見楚詞九歌。○王念孫云：縣皆當爲緜，字之誤也。（隸書緜、縣二字相似，說見原道「旋縣」一條下。）説文：「櫋，屋櫋聯也。」又曰：「梠，秦名屋櫋聯也。齊謂之檐，楚謂之梠。」方言：「屋梠謂之欞。」郭璞曰：「卽屋檐也。亦呼爲連緜。」（連緜猶緜聯，語之轉耳。）釋名：「梠，旅也。連旅旅也。或謂之櫋。櫋，緜也。緜連榱頭，使齊平也。上入曰爵頭，形似爵頭也。」皆足與高注相證。櫋與緜，聯與連，並字異而義同。太平御覽人事部一百三十四引此，正作緜聯。○孫詒讓云：駕當爲架之誤。後文云「大構駕，興宮室」，注云：「駕，材木相乘駕也。」文選鮑照蕪城賦李注引彼文駕作架，此宮駕字誤與彼同。**橑檐**

榱題，橑，椽橑也。檐，屋垂也。榱，桷也。題，頭也。**雕琢刻鏤，喬枝菱阿，夫容芰荷**，阿，曲屋。夫容，藕華也。芰，菱角交菂也。荷，夫渠也。○俞樾云：高注曰「阿，曲屋」，不説菱字之義，疑高氏所據本菱字作淩，言橑檐榱題之上雕刻榭木，故其喬枝上淩於曲阿也。淩字之義易明，故不煩訓釋。後人因下句言芰荷，遂改淩作菱以配之，則義不可通矣。**五采争勝，流漫陸離**，流漫，采色相參和也。陸離，美好貌。**脩掞曲挍，夭矯曾橈，芒繁紛挐**，皆屋飾也。芒，讀麥芒之芒。挐，讀上谷茹縣之茹。○陶方琦云：文選吴都賦注引許注：「挐，亂也。」按：説文：「挐，牽引也。」牽引卽有亂義。**以相交持，公輸、王爾無所錯其剞劂削鋸**，公輸，巧者。一曰，魯班之號也。王爾，古之巧匠也。剞，巧刺畫盡頭黑邊箋也。劂，鋸尺。削，兩刃句刀也。剞，讀技尺之技。劂，讀詩「蹶角」之蹶。削，讀綃頭之綃也。○莊逵吉云：原道訓注云：「剞，巧工鉤刀也。劂者，規度刺畫墨邊箋也，所以刻鏤之具也。」與此注異。錢别駕云：剞、劂二字，古無定解。説文解字以剞劂爲曲刀。應劭曰：「剞，曲刀。劂，曲鑿。」又與許君不同。淮南書高、許二家注本相溷，故多前後互異歟？**然猶未能澹人主之欲也。是以松柏箘露夏槁**，松柏根茂，箘露竹筦，皆冬生難殺之木，當是時夏槁死也。刺君作事不時，陰陽失序。箘，讀似綸。露，讀南陽人言道路之路。○莊逵吉云：箘露之露當作簬。○王念孫云：「藝文類聚治政部上引此，夏槁上有宛而二字。案「松柏箘露，宛而夏槁；江河三川，絶而不流」，四句相對爲文，則有宛而二字者是也。宛與苑同。俶真篇「形傷於寒暑燥溼之虐者，形苑而神壯」，高注曰：「苑，枯病也。」苑，讀南陽宛之宛。」莊子天地篇釋文云：「苑，本亦作宛。」是苑、宛古字通。素問四氣調神大論「惡氣不發，風雨不節，白露不下，則菀槁不榮」，菀亦與苑同。唐風山有樞篇「宛其死矣」，毛傳曰：「宛，死貌〔一〕。」義與此宛字亦相近。**江、河、三川絶而不流，**三川，涇、渭、汧也，出于岐山。絶，竭也，故曰不流。國語曰「河竭而商亡」也。**夷羊在牧，**夷羊，土神。殷之將亡，見於商郊牧野之地。○陶方琦云：占經一百十九引許注：「夷羊，大羊也，時在商牧野。」按：說文：「夷，平也。从大，从弓。」夷之訓大，从形而得義。**飛蛩滿野，**蛩，蟬，蠛蠓之屬也。一曰：蝗也。沇州謂之螣。螣，讀近殆，緩氣言之。蛩，讀詩小珙之珙。○陶方琦云：御覽九百四十五引，蛩作蟲。御覽及占經一百二十又引許注：「飛蟲，蠛蠓。」按：高注「蛩蟬」下「蠛蠓之屬」四字乃許注羼入。爾雅釋蟲「蠓，蠛蠓」，孫炎注：「蠛蠓細小于蚉。」說文：「蠓，蠛蠓也。」史記周紀「飛鴻滿野」，索隱又引高注：「蜚鴻，蠛蠓也。言飛蟲盈田蔽野，故爲災。」此卽許注，誤爲高本也。唐宗聖觀碑作「飛蛬滿野」，亦因蛩而誤。**天旱地坼，**坼，燥裂也。**鳳皇不下，句爪、居牙、戴角、出距之獸於是鷙矣。**句爪，鷹鸇之屬也。居牙，熊虎之屬也。距，讀拒守之拒。○文典謹按：居牙，文選吳都賦注、七命注引，並作鋸牙。鷙並作摯。**民之專室蓬廬，無所歸宿，**專特小室也。蓬廬，籧篨覆也。言小，有賓客歸之，無所庇宿也。**凍餓飢寒死者，相枕席也。**言其衆也。**及至分山川谿谷使**

〔一〕「貌」，原本作「號」，據詩毛傳改。

有壤界，計人多少衆寡使有分數，築城掘池，設機械險阻以爲備，飾職事，制服等，等，差也。異貴賤，差賢不肖，經誹譽，行賞罰，經，書也。誹惡譽善，賞可賞，罰可罰也。○王念孫云：「差賢不」下本無肖字。不與否同。貴賤、賢不、誹譽、賞罰皆相對爲文。後人不知不爲否之借字，故又加肖字耳。則兵革興而分争生，民之滅抑夭隱，虐殺不辜而刑誅無罪，於是生矣。抑，没也。言民有滅没夭折之痛。

天地之合和，陰陽之陶化萬物，皆乘人氣者也。天地合和其氣，故生陰陽，陶化萬物。○莊逵吉云：「乘人氣」本作「乘一氣」，唯藏本作人。是故上下離心，氣乃上蒸，離者，不和也。君臣不和，五穀不爲。不爲，不成也。距日冬至四十六日，天含和而未降，地懷氣而未揚，自立冬到冬至皆未動也。陰陽儲與，呼吸浸潭，包裹風俗，儲與，猶尚羊，無所主之貌。一曰：褒大貌。浸潭，廣衍也。故曰包裹風俗。斟酌萬殊，旁薄衆宜，旁，並。薄，近也。衆物宜適也。以相嘔咐醞釀，而成育羣生。醞釀，猶和調也。是故春肅秋榮，冬雷夏霜，皆賊氣之所生。由此觀之，天地宇宙，一人之身也；六合之内，一人之制也。○王念孫云：制字義不可通，制當爲刑，字之誤也。刑與形同。「一人之形」即承「一人之身」言之。文子下德篇正作「一人之形」。又主術篇「是故任一人之力者，則烏獲不足恃；乘衆人之制者，則天下不足有也」，制亦當爲刑，刑與形同。文子自然篇作「乘衆人之勢」，勢亦形也。劉績依文子改制爲勢，義則是而文則非矣。是故明於性者，天地不能脅也；脅，恐也。審於符者，怪物不能惑也。審，明也。符，驗也。怪物非常，人所疑惑也。故聖人者，由近知遠，而萬殊爲一。殊，異也。一，同也。

古之人，同氣于天地，與一世而優游。優游，猶委從也。○俞樾云：古之人三字，衍文也。四句一氣相屬，皆蒙「故聖人者」爲文。若有古之人三字，則文義不貫矣。此文本云：「故聖人者，由近而知遠，以萬殊爲一同，氣蒸於天地，與一世而優游。」今本而字脱去，校者誤補於遠字之下，遂誤删以字。一同與萬殊本相對爲文，今衍古之人三字，遂以同字下屬，而誤删蒸字，皆非其舊。文子下德篇作「聖人由近以知遠，以萬里爲一同，炁蒸乎天地」，宜據以訂正。彼云「由近以知遠」，即「由近而知遠」也；「以萬里爲一同」，即「以萬殊爲一同」也。彼云「炁蒸乎天地」，故知此脱蒸字矣。上文云「氣乃上蒸」，即此蒸字之義也。當此之時，無慶賀之利，刑罰之威，○陳觀樓云：賀當爲賞，字之誤也。慶賞與刑罰相對，不當言慶賀。禮義廉耻不設，毁譽仁鄙不立，而萬民莫相侵欺暴虐，猶在于混冥之中。混，大也。大冥之中，謂道也。逮至衰世，人衆財寡，事力勞而養不足，於是忿争生，是以貴仁。仁鄙不齊，比周朋黨，設詐諝，懷機械巧故之心，而性失矣，諝，謀也。性失，失其純樸之性也。是以貴義。陰陽之情，莫不有血氣之感，男女羣居雜處而無別，是以貴禮。禮以別也。性命之情，淫而相脅，脅，迫。以不得已，則不和，是以貴樂。樂以和之。是故仁義禮樂者，可以救敗，而非通治之至也。

夫仁者所以救爭也，義者所以救失也，禮者所以救淫也，樂者所以救憂也。神明定於天下而心反其初，心反其初而民性善，初者，始也，未有情也。未有情欲，故性善也。民性善而天地陰陽從而包之，則財足而人澹矣，貪鄙忿爭不得生焉。由此觀之，則仁義不用矣。道德定於天下而民純樸，則目不營於色，營，惑。耳不淫於聲，坐俳而歌謠，被髮而浮游，雖有毛嬙、西施之色，不知説也，言尚德也。掉羽、武象，不知樂也，掉羽，羽舞也。武象，周武王樂也。淫泆無別，不得生焉。由此觀之，禮樂不用也。是故德衰然後仁生，行沮然後義立，沮，敗也。和失然後聲調，禮淫然後容飾。是故知神明然後知道德之不足爲也，知道德然後知仁義之不足行也，道德本，仁義末。知仁義然後知禮樂之不足脩也。仁義大也，禮樂小也。今背其本而求其末，釋其要而索之於詳，未可與言至也。至，至德之道也。

天地之大，可以矩表識也；矩，度也。表，影表。識，知也。星月之行，可以曆推得也；曆，術也。推，求也。○文典謹按：意林引，作「天地雖大，可以矩表知之；星月之形，可以律歷知之」。雷震之聲，可以鼓鐘寫也；寫，猶放斅也。○王念孫云：雷震當爲雷霆，字之誤也。天地、星月、雷霆、風雨相對爲文。太平御覽天部十三引此，正作雷霆。文子下德篇同。風雨之變，可以音律知也。律知陰陽。是故大可覩者，可得而量也；明可見者，可得而蔽也；蔽，或作察。聲可聞者，可得而調也；色可察者，可得而別也。夫至大，天地弗能含也；至微，神明弗能領也。領，理也。及至建律曆，別五色，異清濁，清商，濁宮。味甘苦，則樸散而爲器矣。立仁義，脩禮樂，則德遷而爲僞矣。脩，設也。遷，移也。及僞之生也，飾智以驚愚，設詐以巧上，巧欺上也。天下有能持之者，有能治之者也。有能持之者，桀、紂之民。有能治之者，湯、武之君也。○王念孫云：「有能治之者也」當作「未有能治之者也」。言詐僞並起，天下有能以法持之者，未有能以道治之者也。其能治之者，必待至人，下文「至人之治也」云云是也。文子下德篇作「天下有能持之，而未有能治之者也」，是其證。高所見本蓋脱未字。昔者蒼頡作書而天雨粟，鬼夜哭；蒼頡始視鳥迹之文，造書契，則詐僞萌生。詐僞萌生，則去本趨末，棄耕作之業而務錐刀之利。天知其將餓，故爲雨粟。鬼恐爲書文所劾，故夜哭也。鬼或作兔，兔恐見取豪作筆，害及其軀，故夜哭。○陶方琦云：意林引許注：「倉頡，黄帝史臣也。造文字則詐僞生，故鬼哭也。」按：説文敍云「黄帝之史倉頡」，與注淮南説同。伯益作井，而龍登玄雲，神棲昆侖；伯益佐舜，初作井，鑿地而求水。龍知將決川谷，漉陂池，恐見害，故登雲而去，棲其神于昆侖之山也。○文典謹按：高注「登雲而去，棲其神于昆侖之山」，據此，則神者龍之神也，殊失其義矣。龍登玄雲，神棲昆侖，相對爲文，謂龍登於玄雲，神棲於昆侖也。論衡感虚篇曰：「傳書又言伯益作井，龍登玄雲，神棲崑崙。言作井有害，故龍神爲變也。夫言龍登玄雲，實也。言神棲崑崙，又言爲作井之故，龍登神去，虚也。」又曰：「所謂神者，何神也？百神皆是。百神何故惡人爲井？」是神者百神，非龍之神也明矣。高注失之。**能愈多而德愈薄矣。**愈，益也。○王念孫云：太平御覽鱗介部一引此，「能愈多」作「智愈多」。案：當作「智能愈多」。智能二字總承上文言之，今本脱智字，御覽脱能字。文子下德篇作「智能彌多而德滋衰」，是其證。**故周鼎著倕，使銜其指，以明大巧之不可爲也。**倕，堯之巧工也。周鑄鼎，著倕像於鼎，使銜其指。假令倕在見之，伎巧不能復踰，但當銜齧其指，故曰以明巧之不可爲也。一説：周人鑄鼎畫象，鏤倕身于鼎，使自銜其指，以戒後世，明不當大巧爲也。**故至人之治也，心與神處，形與性調，静而體德，動而理通，隨自然之性而緣不得已之化，洞然無爲而天下自和，憺然無欲而民自樸，無機祥而民不夭，不忿争而養足，兼包海内，澤及後世，不知爲之者誰何。**道無姓名，自當然也，故曰不知誰何也。**是故生無號，死無謚，實不聚而名不立，**實，財也。道不名，故名不立。**施者不德，受者不讓，**施者不以爲恩德，振不足而已。受者不讓之，則受之，不飾辭讓也。**德交歸焉而莫之充忍也。**忍，不忍也。○王念孫云：高蓋誤讀「忍也」二字爲句，訓忍爲不忍，於正文無當也。今案：「充忍」二字當連讀，忍讀爲牣。大雅靈臺篇「於牣魚躍」，毛傳曰：「牣，滿也。」德交歸焉而莫之充滿，所謂「大盈若虛」也。鄭風將仲子、大雅抑及周官山虞釋文忍字並音刃，忍有刃音，故又與牣通。史記殷本紀「充仞宮室」，後漢書章八王傳「充牣其第」，牣、仞、忍並同聲而通用。**故德之所總，道弗能害也；**總，一也。○俞樾云：總字無義，乃利字之誤。利古文作秎，總俗作惣，其上半相似，因而致誤。周書大匡篇「及其利害」，今本利亦誤作總，是其證也。德之所利，道弗能害，利與害義相應。○文典謹按：下文「德之所總要」，注「總，凡也」，與此文及注誼皆相類。且高氏所據本已作總，安得有俗書之惣與古文之秎以形似致誤乎？俞説鑿矣。**智之所不知，辯弗能解也。**有智謀者尚不能知，但口辯者何能解也？**不言之辯，不道之道，若或通焉，謂之天府。**或，有也。有能通不言之辯，不道之道者，入天之府藏。**取焉而不損，酌焉而不竭，**損，減。酌，猶予。竭，盡也。**莫知其所由出，是謂瑶光。瑶光者，資糧萬物者也。**瑶光，謂北斗杓第七星也，居中而運，歷指十二辰，擿起陰陽，以殺生萬物也。一説：瑶光，和氣之見者也。

振困窮，補不足，則名生；名，仁名也。**興利除害，伐亂禁暴，則功成。**功，武功也。**世無災害，雖神無所施其德；上下和輯，雖賢無所立其功。昔容成氏之時，道路鴈行列處，**容成，黄帝時造曆術者。鴈行，長幼有差也。**託嬰兒於巢上，置餘糧於晦首，虎豹可尾，虺蛇可蹍，而不知其所由然。**虎豹擾人，無害人之心，故可牽尾。虺蛇不螫毒，故可蹍履也。時人謂自當然耳，故曰不知其所由然。○莊逵吉云：擾人之擾，當作犪，古柔字也。**逮至堯之時，十日竝出，焦禾稼，殺草木，而民無所食。猰貐、鑿齒、九嬰、大風、封豨、脩蛇皆爲民害。**猰，讀車軋履人之軋。貐，讀疾除瘉之瘉。猰貐，獸名也，狀若龍首。或曰：似貍，善走而食人，在西方也。鑿齒，獸名，齒長三尺，其狀如鑿，下徹頷下，而持戈盾。九嬰，水火之怪，爲人害。大風，風伯也，能壞人屋舍。封豨，大豕。楚人謂豕爲豨也。脩蛇，大蛇，吞象三年而出其骨之類。○王念孫云：漢書楊雄傳應劭注、文選辯命論注、太平御覽皇王部五、兵部三十六引此，鑿齒皆在封豨下，各本誤在猰貐下。又案：道藏本、劉本、朱本猰貐以下六者之注文，本分見於下文六句之下。（文選王融曲水詩序注、辯命論注、太平御覽皇王部五、兵部三十六、羽族部十四所引皆如是。）故「鑿齒，獸名」云云本在下文「誅鑿齒於疇華之澤」之下。自茅本始移六者之注於此文下，而次鑿齒之注於猰貐之下，九嬰之上，則是以已誤之正文改不誤之注文也。莊本從之，謬矣。○俞樾云：高注曰「大風，風伯也，能壞人屋舍」，此下當有「一曰鷙鳥」四字，而今脫之。文選劉孝標辨命論注引高誘曰：「大風，鷙鳥。」是其證也。下文「繳大風於青丘之澤」，注曰：「羿于青丘之澤繳遮，使不爲害也。一曰：以繳繫矢射殺之。」繳遮之說，以風言也；繳射之說，以鳥言也。**堯乃使羿誅鑿齒於疇華之野，**羿善射，堯使羿射殺之。疇華，南方澤名。○洪亮吉云：當卽國語依疇、歷華二地。**殺九嬰於凶水之上，**北狄之地有凶水。**繳大風於青丘之澤，**羿于青丘之澤繳遮，使不爲害也。一曰：以繳繫矢射殺之。青丘，東方之澤名也。○王念孫云：譸華之野，野本作澤，故高注云南方澤名。青丘之澤，澤本作野，時則篇云「東至青丘樹木之野」是也。高注本作「青丘，東方丘名也」。今本正文澤野二字互誤，高注「東方丘名」，丘字又誤作澤。文選王融三月三日曲水詩序注引此作「青丘之澤」，亦後人依誤本改之。辯命論注引此正作「譸華之澤」、「青丘之野」。又北堂書鈔地部一、太平御覽地部十八、皇王部五、兵部三十六、資産部十二引此，並作「譸華之澤」、「青丘之野」。又皇王部五、資産部十二引高注並作「青丘，東方丘」。論衡感類篇亦云「堯繳大風於青丘之野」。○俞樾云：王氏念孫謂「譸華之野」野本作澤，「青丘之澤」澤本作野，引北堂書鈔、太平御覽爲證。然劉孝標辨命論曰「鑿齒奮於華野」，華野者，譸華之野也。若本作「譸華之澤」，何不曰「華澤」而曰「華野」乎？然則古本自作「譸華之野」、「青丘之澤」，類書所引，殆不足據。**上射十日而下殺猰貐，**十日並出，羿射去九。○文典謹按：北堂書鈔百四十九引，作「命羿射十日，中九，烏皆死，墮羽翼」。藝文類聚一所引略同。**斷脩蛇於洞庭，禽封豨於桑林。**洞庭，南方澤名。桑林，湯所禱旱桑山之林。**萬民皆喜，置堯以爲天子。於是天下廣陝險易遠近始有道里。舜之時，共工振滔洪水，以薄空桑，**共工，水官名也，柏有之後。振，動也。滔，蕩也。欲壅防百川，滔高堙庳，以害天下者。薄，迫也。空桑，地名，在魯也。**龍門未開，呂梁未發，江、淮通流，四海溟涬，民皆上丘陵，赴樹木。**龍門，河之隘也，在左馮翊夏陽北，禹所鑿也。呂梁，在彭城呂縣，石生水中，禹決而通之，民所由得度也，故曰呂梁也。未發之時，水道不通，江、淮合流，四海溟涬，無岸畔也。○莊逵吉云：呂梁有兩説。一説在西河，司馬彪曰「吕梁在離石縣西」是也。水經注云：「河水左合一水出善無縣故城西南八十里，其水西流，歷于吕梁之山而爲吕梁洪。昔吕梁未闢，河出孟門之上，蓋大禹所闢以通河也。今離石縣西，歷山尋河，並無過峘，至是乃爲巨險，卽吕梁矣。在離石北以東百有餘里。」道元雖駁正郡國志，然亦主西河之説矣。一説在彭城，卽注是也。云「石在水中」者，説文解字：「砅，履石渡水也。」考詩「在彼淇梁」「在彼淇厲」，以例推之，厲亦卽砅字。梁、砅俱置石水中以渡行旅之義。段國沙州記云：「吐谷渾於河上作橋，謂之河砅。」亦其事矣。毛、鄭注詩，恐未得其解。**舜乃使禹疏三江五湖，闢伊闕，導廛、澗，**伊闕，山名也。禹所開以通伊水，故曰闢。伊闕在洛陽西南九十里。廛、澗，兩水名。廛，讀裹纏之纏。○文典謹按：御覽八十一引，闢作決。**平通溝陸，流注東海。**○文典謹〔一〕按：御覽八十一引，作「通溝洫，注之東海」。**鴻水漏，九州乾，萬民皆寧其性。是以稱堯、舜以爲聖。晚世之時，帝有桀、紂，爲琁室、瑶臺、象廊、玉牀，**琁、瑶，石之似玉，以飾室臺也。用象牙飾廊殿，以玉爲牀。言淫役也。琁或作旋，瑶或作摇。言室施機關，可轉旋也；臺可摇動，極土木之巧也。○陶方琦云：文選班固西都賦注引許注：「廊，屋也。」後漢申屠剛傳注：「廊，殿下屋也。」漢書司馬相如傳「高廊四注」，注：「堂下四周屋也。」史記龜策傳「教爲象郎」，集解引許君注「象牙郎」，當亦是此處注文。○王念孫云：「爲

〔一〕「謹」，原本作「證」，形近而誤，今改。

琁室」上脱桀字。大戴禮少閒篇注、北堂書鈔帝王部二十、太平御覽皇王部七引此，爲上皆有桀字。**紂爲肉圃、酒池，**紂積肉以爲園圃，積酒以爲淵池。今河内朝歌，紂所都也。城西有糟丘酒池處是也。**燎焚天下之財，**○俞樾云：「天下之財」不當言「燎焚」，燎焚當作撩聚。古人書聚字或作⿱取灬，漢書古今人表⿱取灬子，師古注曰：「⿱取灬，聚字也。」俗書焚字作⿱林灬，兩形相似而誤。聚誤爲焚，自然改撩爲燎矣。廣雅釋詁：「撩，取也。」聚與取古字通。周易萃彖傳「聚以正也」，釋文曰：「聚，荀作取。」漢書五行志「内取茲爲禽」，師古曰：「取，讀如禮記聚麀之聚。」並其證也。撩聚卽撩取，謂撩取天下之財也。**罷苦萬民之力，刳諫者，剔孕婦，**王子比干，紂之諸父也，數諫紂之無道，紂剖其心而觀之，故曰刳諫者。孕婦，妊身將就草之婦也。紂解剔觀其胞裹，故曰剔孕婦也。**攘天下，虐百姓。於是湯乃以革車三百乘伐桀於南巢，放之夏臺，**革車，兵車也。南巢，今廬江巢縣是也。夏臺，大臺，故作宮也。**武王甲卒三千破紂牧野，殺之於宣室，**武王，周文王之子發也。在車曰士，步曰卒。牧野，南郊地名，在朝歌城外。宣室，殷宮名。一曰：宣室，獄也。**天下寧定，百姓和集，是以稱湯、武之賢。由此觀之，有賢聖之名者，必遭亂世之患也。今至人生亂世之中，含德懷道，拘無窮之智，鉗口寢説，遂不言而死者，衆矣，**至人，至德之人。○王念孫云：拘字義不可通，劉本作抱，是也。含、懷、抱三字同意。**然天下莫知貴其不言也。**無有貴鉗口不言而死也。**故道可道，非常道；**至道無名，不可道，故曰可道者非常道也。**名可名，非常名。**真人之名不可得名也。**著於竹帛，鏤於金石，可傳於人者，其粗也。五帝三王，殊事而同指，異路而同歸。**五帝，黃帝、顓頊、帝嚳、帝堯、帝舜。三王，夏禹、商湯、周文王。同歸，同歸修仁義也。**晚世學者，不知道之所一體，德之所總要，**總，凡也。要，約也。○陶方琦云：文選殷仲文桓公九井詩注、盧諶贈劉琨詩注、潘岳河陽詩注引許注：「猥，凡也。」當附此處。許本必作「德之所總猥」。廣雅：「猥，衆也。」漢書溝洫志「水猥盛」，注：「猥，多也。」董仲舒傳「勿猥勿并」，注：「猥，積也。」是猥又通委，委亦衆多義。凡，說文云：「冣括也。」三倉：「凡，數之總名也。」最括亦總其緐多之謂。凡義亦與緐近。小爾雅：「凡，多也。」廣雅：「緐，衆也。」人物志效難篇「相與分亂于總猥之中」，是總與猥正連訓。**取成之迹，相與危坐而說之，鼓歌而舞之，故博學多聞，而不免於惑。**○陳觀樓云：「取成之迹」，當依文子精誠篇作「取成事之迹」。**詩云：「不敢暴虎，不敢馮河。」人知其一，莫知其他。」此之謂也。**無兵搏虎曰暴虎。無舟檝而渡曰馮河。言小人而爲政，不可不敬，不敬則危，猶暴虎馮河之必死。人皆知暴虎馮河立至害也，故曰「知其一」；而不知當畏脅小人危亡也，故曰「莫知其佗」。此不免于惑，此之謂也。

帝者體太一，體，法也。太一，天之刑神也。**王者法陰陽，霸者則四時，君者用六律。秉太一者，牢籠天地，彈壓山川，**牢，讀屋霤，楚人謂牢爲霤。彈山川，令出雲雨，復能壓止之也。**含吐陰陽，伸曳四時，**伸曳，猶伸引，和調之也。○文典謹按：藝文類聚十一引，伸曳作申洩。**紀綱八極，經緯六合，**○王念孫云：「秉太一者」，秉字後人所加。下文「體太一者」云云，是釋上文「體太一」之義；此文「太一者」云云，是專釋太一二字之義，「太一者」之上不當有秉字也。且下文「陰陽者」、「四時者」、「六律者」皆與此文同一例，加一秉字，則與下文不合矣。藝文類聚帝王部一引此作「體太一者」，亦與下文相複。文選魏都賦、文賦注引此，皆作「太一者」，無秉字，亦無體字。**覆露照導，普氾無私，**普，太也。氾，衆也。無私愛憎，言皆公也。○文典謹按：文選王元長三月三日曲水詩序注引，照導作昭道。又按：藝文類聚十一引，普氾下有而字。**蠉飛蠕動，莫不仰德而生。**○文典謹按：藝文類聚十一引，蠉飛作翾飛。集韻：「蠉，蟲行皃。」爾雅釋蟲「蜎蠉」，注：「井中小赤蟲也。」皆與飛字義不相屬。說文：「翾，小飛也。」當以作翾者爲是。卽原道篇「蠉飛蝡動」字，亦當作翾。**陰陽者，承天地之和，形萬殊之體，**○文典謹按：藝文類聚十一引，萬殊作萬類。**含氣化物，以成埒類，**埒，形也。**贏縮卷舒，淪於不測，**贏，長也。縮，短也。卷，屈也。舒，散也。淪，入也。測，深也。入于不可測盡之深。**終始虛滿，轉於無原。**轉化歸於無窮之原本也。○王念孫云：正文言無原，不言無窮之原，高說非也。原，度也，量也。言陰陽之化轉於無量也。廣雅：「量、源，度也。」源與原通。宋玉神女賦「志未可乎得原」，韓子主道篇「掩其跡，匿其端，下不能原」，皆謂不可量度也。漢書王莽傳「功亡原者賞不限」，言有無量之功則有不限之賞也。（顔師古注：「無原，謂不可測其本原。」失之。）是古謂無量爲無原。淪於不測，轉於無原，其義一也。**四時者，春生夏長，秋收冬藏，取予有節，出入有時，**○王念孫云：有時本作有量，此涉上文四時而誤也。取予有節，出入有量，量與節義相近。若作時，則非其指矣。且量與長、藏爲韻，若作時，則失其韻矣。文子正作「出入有量」。**開闔張歙，不失其敍，**歙，讀曰脅。敍，次也。○文典謹按：御覽十九引注，作「歙，讀曰翕」。又藝文類聚十一引，歙作歛，疑非。**喜怒剛柔，不離其理。**理，道也。**六律者，生之與殺也，賞之與罰也，予之與奪也，**予，布施也。奪，取收也。**非此無道也，**則四時用六律之君，非用此上事，其餘無他道也。**故謹於權衡準繩，審乎輕重，足以治其境内矣。**權衡，平也。準，法也。繩，直也。**是故體太一者，明於天地之情，通於道德之倫，聰明燿於日月，精神通於萬物，動靜調於陰陽，喜怒和於四時，德澤施於方外，**施，延。延于遠方之外。**名聲傳于後世。**後世傳聞之也。**法陰陽者，德與天地參，明與日月竝，**竝，併也。**精與鬼神總，**總，合也。**戴圓履方，抱表懷繩，**圓，天也。方，地也。表，正也。繩，直也。**內能治身，外能得人，**能得人之歡心。**發號施令，天下莫不從風。**風，化也。○王念孫云：「外能得人」本作「外得人心」，高注「能得人之歡心」，正釋「得人心」三字。今本作「外能得人」，卽涉注內「能得人」而誤。此文以繩、心、風爲韻。（蒸、侵二部古或相通。秦風小戎篇以膺、弓、縢、興、音爲韻，大雅大明篇以林、興、心爲韻，生民篇以登、升、歆、今爲韻，魯頌閟宮篇以乘、縢、弓、綅、增、膺、懲、承爲韻，管子小匡篇「子大夫受政，寡人勝任；子大夫不受政，寡人恐崩」，心術篇「專於意，一於心，耳目端，知遠之證」，淮南本經篇「上下離心，氣乃上蒸」，説山篇「欲學歌謳者必先徵羽樂風，欲美和者始於陽阿、采菱」，皆其證也。古音風字在侵部，弓字在蒸部，説見唐韻正。）若作「外能得人」，則失其韻矣。文子正作「内能治身，外得人心」。則四時者，柔而不脆，剛而不鞼，鞼，折也。寬而不肆，肆，緩。雖寬不緩，過齊非也。肅而不悖，肅，急也。雖急不促悖。優柔委從，以養羣類，類，物類也。其德含愚而容不肖，無所私愛。私，邪也。用六律者，伐亂禁暴，進賢而退不肖，扶撥以爲正，撥，任也。扶，治也。壞險以爲平，矯枉以爲直，矯，正也。枉，曲也。明於禁舍開閉之道，乘時因勢以服役人心也。役，使也。帝者體陰陽則侵，爲諸夏所侵陵。王者法四時則削，爲諸夏所侵削。傳曰「諸侯侵犯王略」也。霸者節六律則辱，爲鄰國所侮辱。君者失準繩則廢。爲臣所廢，更立賢君。故小而行大，則滔窕而不親；滔窕，不滿密也。不爲下所親附也。大而行小，則陿隘而不容。行小則政陿隘，而不容包臣下。貴賤不失其體，而天下治矣。不失其體，大行大，小行小也。

天愛其精，地愛其平，精，光明也。平，正也。○俞樾云：詩黍苗篇「原隰既平」，毛傳曰：「土治曰平。」此平字之義也。高注曰「平，正也」，未得其旨。人愛其情。情，性也。天之精，日月星辰雷電風雨也；地之平，水火金木土也；人之情，思慮聰明喜怒也。故閉四關，止五遁，則與道淪。四關，耳、目、心、口。遁，逸也。淪，入也。是故神明藏於無形，精神反於至真，真，身也。〇王念孫云：精神與神明意相複，神字卽涉上句而誤，精神當爲精氣。淮南一書多以神與氣對文也。文子下德篇正作「精氣反於至真」。則目明而不以視，耳聰而不以聽，心條達而不以思慮，委而弗爲，和而弗矜，矜，自大也。冥性命之情，而智故不得襍焉。襍，糅也。精泄於目則其視明，泄，猶通也。在於耳則其聽聰，留於口則其言當，當，合也。集於心則其慮通。故閉四關則身無患，百節莫苑，苑，病也。苑，讀南陽之宛也。〇王念孫云：「身無患」當依文子下德篇作「終身無患」。終身無患，百節莫苑，相對爲文。下二句亦相對爲文。脱去終字，則句法參差不協矣。莫死莫生，莫虚莫盈，是謂真人。言守其常。

凡亂之所由生者，皆在流遁。流遁之所生者五：流，放也。遁，逸也。大構駕，興宫室，構，連也。駕，材木相乘駕也。〇陶方琦云：文選蕪城賦注引，駕作架。蕪城賦注及謝朓銅雀臺詩注並引許注云：「皆屋搆飭也。」飾、飭古通，故文選引許注下云「飭一作飾」。〇文典謹按：初學記居處部引，駕亦作架。延樓棧道，雞棲井幹，延樓，高樓也。棧道，飛閣複道相通。雞棲井幹，復屋煢井也，刻花置其中也。標株欂櫨，標株，柱類。欂，枅也。櫨，柱上拊，卽梁上短柱也。**以相支持，木巧之飾，盤紆刻儼，**盤，盤龍也。紆，曲屈。刻儼，浮首虎頭之屬。皆屋飾也。儼，讀儼然之儼也。**嬴鏤雕琢，詭文回波，**嬴鏤，文章鏤。雕，畫也。玉曰琢。皆巧飾也。詭文，奇異之文也。回波，若水波也。**淌游瀷淢，菱杼紾抱，**淌游瀷淢，皆文畫，擬象水勢之貌。菱，芰。杼，采實。紾，戾也。抱，轉也。皆壯采相銜持貌也。淌，讀平敞之敞。瀷，讀燕人强春言敕之敕。淢，讀郁乎文哉之郁。杼，讀楚言杼。紾，讀紾結之紾。抱，讀岐嶷之嶷。○王引之云：菱、杼皆水草也。杼讀爲芧，字亦作苧。漢書司馬相如傳上林賦「蔣芧青薠」，張揖曰：「芧，三棱也。」文選芧作苧。張衡南都賦曰：「其草則藨苧薠莞，蔣蒲蒹葭，藻茆菱芡，芙蓉含華。」是芧爲水草也。作苧者或字，作杼者借字耳。（莊子山木篇「食杼栗」，徐無鬼篇作「芧栗」，是芧與杼通。）畫爲菱杼在水波之中，故曰「淌游瀷淢，菱杼紾抱」也。高以杼爲采實，采實卽橡栗，與菱爲不類矣。**芒繁亂澤，巧僞紛挐，以相摧錯，此遁於木也。**皆采色形象文章貌。挐，讀人性紛挐不解之挐。**鑿汙池之深，肆畛崖之遠，**肆，極也。崖，垠也。**來谿谷之流，飾曲岸之際，積牒旋石，以純脩碕，**飾，治也。牒，累。純，緣也。以玉石致之水邊，爲脩碕。或作旋石，旋石切以牒累流水邊，爲脩碕。脩碕，曲中水所棠處也。○陶方琦云：文選吴都賦注、江賦注引許注：「碕，長邊也。」按：碕卽埼。漢書司馬相如傳：「激堆埼。」又通隑。相如傳「臨曲江之隑州」，注引張揖曰：「隑，長也。」與許注「長邊」義同。蓋碕从奇，奇羨、奇嬴皆有長義。説文垂下云

「遠邊也」，崖下云「高邊也」，碕爲長邊，訓義相類。〇文典謹按：「積牒旋石」，文選吴都賦注引作「積疊琁玉」。**抑減怒瀨，以揚激波**，抑，止也。減，怒水也。瀨，急流也，而抑止，故激揚之波起也。〇俞樾云：高注曰「減，怒水也」，減既爲怒水，何以又云怒瀨乎？高説非也。減者，逆也。言抑而逆之，以揚其波也。莊子天下篇「其風窢然」，郭注曰：「逆風所動之聲。」水逆謂之減，猶風逆謂之窢。**曲拂邅迴，以像湡、浯**，拂，戾也。邅迴，轉流也。湡，番隅；浯，蒼梧。之二國多水，江湖環之，故多象渠池以自邅迴，故法而象之也。湡，讀愚戇之愚也。〇莊逵吉云：錢別駕云：浯，靈門水名。湡，邢國水名。亦通。〇文典謹按：文選王元長三月三日曲水詩序注引，湡浯作偶語。又引高注，作「拂，戾。邅迴，水流也」。**益樹蓮菱，以食鼈魚**，樹，種也。蓮，藕實也；菱，芰也，皆可以養魚鼈。蓮，讀蓮羊魚之蓮也。**鴻鵠鸕鷀，稻粱饒餘，龍舟鷁首，浮吹以娱，此遁於水也。**鸕鷀，雁類。一曰：鳳之別類。龍舟，大舟也，刻爲龍文以爲飾也。鷁，大鳥也，畫其像著船頭，故曰鷁首。於舟中吹籟與竽以爲樂，故曰浮吹以娱。〇文典謹按：北堂書鈔百三十七、藝文類聚七十一、文選西都賦注、江文通雜體詩注、顔延年三月三日曲水詩序注引，娱並作虞。**高築城郭，設樹險阻，崇臺榭之隆**，設，施也。樹，立也。一説：種樹木以爲險阻，令難攻易守也。積土高丈曰臺，加木曰榭也。**侈苑囿之大，以窮要妙之望**，侈，廣也。有牆曰苑，無牆曰囿，所以畜禽獸也。盡極要〔一〕之觀望也。魏闕之高，上際青雲，大厦曾加，擬於昆侖，門闕高崇嵬嵬然，故曰魏闕。大厦，大屋也。曾，重。架，材木相乘架也。其高與昆侖山相擬象。脩爲牆垣，甬道相連，甬道，飛閣複道也。甬，讀踊躍之踊。道，讀道布之道也。殘高增下，積土爲山，殘，墮也。增，益也。接徑歷遠，直道夷險，接，疾也。徑，行也。道之阨者正直之。夷，平也。終日馳騖，而無蹪蹈之患，此遁於土也。○王念孫云：「接徑歷遠」當在「直道夷險」之下。此以垣、連、山、遠、患爲韻，若移「直道夷險」於下，則失其韻矣。高注「接，疾也；徑，行也」，亦當在「夷，平也」之下。蓋正文爲寫者誤倒，後人又改注以從之耳。文選謝惠連秋懷詩注引此已作「接徑歷遠，直道夷險」，則其誤久矣。又案：蹪蹈當爲蹪陷，字之誤也。（俗書陷字作陥，又因蹪字而誤從足。）蹪與隤同。高注原道、説山、説林、脩務並云：「蹪，躓也。楚人謂躓爲蹪。」玉篇：「陷，隤也。」原道篇曰「先者隤陷，則後者以謀」，又曰「蹪陷（今本陷字亦誤作蹈。）於污壑穽陷之中」，皆其證也。大鐘鼎，美重器，鐘，音之君也。重器，大器，蓋鐘鼎也。華蟲疏鏤，以相繆紾，書曰：「山龍華蟲藻火粉米。」繆紾，相纏結也。寢兕伏虎，蟠龍連組，兕，獸名。寢伏各有形也。蟠龍詰屈相連，文錯如織組文也。焜昱錯眩，照耀煇煌，錯，雜也。

〔一〕據正文，「要」下似脱「妙」字。

眩，惑也。照燿煇煌，焜光澤色貌也。偃蹇蓼糾，曲成文章，雕琢之飾，鍛錫文鐃，乍晦乍明，雕，畫也。緣錯錫鐃文，如脂膩不可刷，如連珠不可掇，故曰乍晦乍明也。○莊逵吉云：鐃，說文解字作「鐃，鐵文〔一〕也」。抑微滅瑕，霜文沈居，若簟籧篨，言劍理之美，没滅其瑕，文鐃如霜，皆没身中，故曰沈居。簟，竹席。籧篨，葦席。取其邪文次敍，劍鐃若此也。○孫詒讓云：「抑微」無注，以義審之，疑微當讀爲釁，聲近字通。周禮鬯人鄭司農注云：「釁讀爲徽。」此借微爲釁，與禮注讀釁爲徽正同。國語晉語韋注云：「釁，隙也。」抑微亦謂抑杜其釁隙，與滅瑕文相對也。纏錦經冗，似數而疏，劍文相句，連纏如綺，經冗如錦，似數如疏，文鐃美眩人目。此遁於金也。煎熬焚炙，○文典謹按：北堂書鈔百四十二引，焚作燔。調齊和之適，以窮荊、吳甘酸之變，荊，楚。言二國善酸鹹之和，而窮盡之。焚林而獵，燒燎大木，鼓橐吹埵，以銷銅鐵，鼓，擊也。橐，冶鑪排橐也。埵，銅橐口鐵筒，埵入火中吹火也，故曰吹埵。銷，鑠。靡流堅鍛，無猒足目，○莊逵吉云：盧詹事云：「無猒足目」，別本作足日。山無峻幹，林無柘榟，峻幹，長枝也。柘，桑。梓，滋生也。○孫詒讓云：王云：「梓當爲榟。榟，古蘖字也。」案：王說是也。惟柘榟與峻幹文不相對，柘疑當爲碩之叚字，（柘、碩聲類同。）碩榟謂萌蘖之大者。燎木以爲

〔一〕「文」字原本脫，據說文解字補。

炭，燔草而爲灰，野莽白素，不得其時，莽，草也。白，素也。上掩天光，下殄地財，此遁於火也。殄，盡也。殄，讀曰典也。此五者一，足以亡天下矣。五者之中有一，則足以滅亡也。是故古者明堂之制，下之潤溼弗能及，上之霧露弗能入，四方之風弗能襲，明堂，王者布政之堂。上圓下方，堂四出，各有左右房，謂之个，凡十二所。王者月居其房，告朔朝歷，頒宣其令，謂之明堂。其中可以序昭穆，謂之太廟。其上可以望氛祥，書雲物，謂之靈臺。其外圓，似辟雍。諸侯之制半天子，謂之泮宮，詩云「矯矯虎臣，在泮獻馘」是也。土事不文，質也。木工不斲，樸而已。斲或作琢，不雕畫也。金器不鏤，不錯鏤設文飾也。鏤，讀婁之婁。○莊逵吉云：婁之者，字從毌中女，卽婁處子義也。此讀從之。衣無隅差之削，隅，角也。差，邪也。古者質，皆全幅爲衣裳，無有邪角。邪角，削殺也。冠無觚贏之理，觚贏之理，謂若馬目籠相連干也。言「無」者，冠文取平直而已也。贏，讀指端贏文之贏也。堂大足以周旋理文，堂，明堂。所以升降揖讓脩禮容，故曰周旋。理文，理政事文書也。靜潔足以享上帝，禮鬼神，以示民知儉節。孝經曰「宗祀文王于明堂，以配上帝」也。○文典謹按：藝文類聚三十八、初學記禮部上引，並作「示人知節也」。夫聲色五味，遠國珍怪，瓌異奇物，足以變心易志，搖蕩精神，感動血氣者，不可勝計也。夫天地之生財也，本不過五。不過五行之數。聖人節五行，則治不荒。五行，金、木、水、火、土也。水屬陰行，火爲陽行，木爲燠行，金爲寒行，土爲風行。五氣常行，故曰五行。

凡人之性，心和欲得則樂，心和，不喜不怒。欲得，無違耳。○文典謹按：羣書治要引，心和作心平。樂斯動，動斯蹈，蹈斯蕩，蕩斯歌，歌斯舞，歌舞節則禽獸跳矣。○王念孫云：「歌舞節」當作「歌舞無節」。○俞樾云：此本作「舞則禽獸跳矣」，與下文「動則手足不靜」、「發怒則有所釋憾矣」文義一律，歌字、節字皆衍文也。下文曰：「故鐘鼓管簫，干鏚羽旄，所以飾喜也。」是此時所謂舞者，尚未有干鏚羽旄之飾，不過手之舞之，足之蹈之而已，其去禽獸跳踉無幾也。今衍歌字、節字，義不可通。王氏謂當作「歌舞無節」，不知節與不節，尚非所論於此也。人之性，心有憂喪則悲，悲則哀，有憂，艱難也。喪，亡也。亡失所離，愛則悲，悲則傷。哀斯憤，憤斯怒，怒斯動，動則手足不靜。靜，寧也。擗踊哭泣，哀以送之也。人之性，有侵犯則怒，怒則血充，人性有侵犯則怒盛，氣血充盈，以成其勢。○文典謹按：羣書治要引，侵犯上有所字。血充則氣激，氣激則發怒，發怒則有所釋憾矣。釋，解也。憾，恨也。故鐘鼓管簫，干鏚羽旄，所以飾喜也。衰經苴杖，苴，麻之有實者。衰，讀曰崔杼之崔也。○陶方琦云：羣書治要引許注：「苴，艸。」按：説文：「苴，履中艸。」説正同。哭踊有節，所以飾哀也。爲哀所容，故曰飾也。兵革羽旄，金鼓斧鉞，所以飾怒也。必有其質，乃爲之文。古者聖人在上，○文典謹按：羣書治要引，聖人作聖王。宋本同。政教平，仁愛洽，上下同心，君臣輯睦，衣食有餘，家給人足，○文典謹按：羣書治要引，作「家足人給」。父慈慈，柔。子孝，兄良弟順，生者不怨，死者不恨，有道之世，人得其志，故生者不怨也。皆終其天命，故死者不恨。天下和洽，人得其願。夫人相樂，無所發貺，故聖人爲之作樂以和節之。夫人，衆人也。但中心相樂，無以發其恩賜也，故聖人爲之作樂以節之，猶通制也。○文典謹按：羣書治要引，樂上有禮字。末世之政，田漁重税，關市急征，澤梁畢禁，網罟無所布，耒耜無所設，民力竭於徭役，財用殫於會賦，會，計。計人口數，責其税斂也。○陶方琦云：羣書治要引許注：「會，計。」按：説文：「計，會也。」説正同。居者無食，行者無糧，老者不養，死者不葬，贅妻鬻子，以給上求，猶弗能澹，贅，從嫁也。或作賃妻。○文典謹按：羣書治要引，作「猶不能贍其用」。澹、贍古通用。愚夫惷婦皆有流連之心，悽愴之志，流連，猶瀾漫，失其職業也。悽愴，傷悼之貌。惷，讀近貯益之肚戇，籠口言之也。○文典謹按：羣書治要引，志作意。乃使始爲之撞大鐘，擊鳴鼓，吹竽笙，彈琴瑟，失樂之本矣。○文典謹按：「乃使始爲之」不辭。羣書治要引無使字，是也。主術篇「而乃始撞大鐘」云云，亦無使字。古者上求薄而民用給，給，足。君施其德，臣盡其忠，父行其慈，子竭其孝，竭，盡也。善事父母曰孝也。各致其愛而無憾恨其間。無憾恨，各得其願也。夫三年之喪，非强而致之，非强行致孝子之情也，情自發于中。○王念孫云：「非强而致之」，强下當有引字。高注當作「非强引致孝子之情」，今本正文脱引字，注内引字又誤作行。羣書治要引此，正作「非强引而致之」。○文典謹按：羣書治要引，絶作弛，於義爲長。聽樂不樂，食旨不甘，思慕之心未能絶也。三年之思，思慕之心未能自絶於哀戚也。晚世風流俗敗，嗜慾多，禮義廢，君臣相欺，父子相疑，怨尤充胷，思心盡亡，盡喪其忠孝思慕之心也。被衰戴絰，戲笑其中，雖致之三年，失喪之本也。本在哀戚。○文典謹按：羣書治要引，也作矣，當從之。古者天子一畿，諸侯一同，方千里爲畿，方百里爲同。○陶方琦云：羣書治要引許注：「畿，千里地。同，百里也。」按：説文：「畿，天子千里地。」與注淮南訓合。各守其分，不得相侵。分，猶界也。有不行王道者，暴虐萬民，争地侵壤，亂政犯禁，召之不至，令之不行，言不行上令者。行，讀行馬之行。禁之不止，誨之不變，誨，教也。變，更也。乃舉兵而伐之，戮其君，易其黨，封其墓，類其社，有賢者受惡君之誅，則封殖其墓。若武王伐紂，封比干之墓是也。祭社曰類。以事類祭之也。詩云「是類是禡」也。卜其子孫以代之。卜，擇立其子孫之賢也。天子不滅國，諸侯不滅姓，古之政也。○陶方琦云：羣書治要引許注：「天子不滅同姓，諸侯不滅國，自古之正也。」按：此許注羼入高注中者。古之政，蓋古禮也。論語「興滅國」，天子事也；公羊「衛侯燬，何以名？絶；曷爲絶之？爲滅同姓也」，諸侯事也。許注當乙轉。晚世務廣地侵壤，并兼無已，舉不義之兵，伐無罪之國，殺不辜之民，絶先聖之後，辜，罪也。民皆帝王之後，故曰絶先聖之後。**大國出攻，小國城守，驅人之牛馬，傒人之子女，**傒，繫囚之繫，讀曰雞。**毁人之宗廟，遷人之重寶，血流千里，暴骸滿野，**○王念孫云：血流當爲流血。流血與暴骸相對爲文。羣書治要引此，正作流血。兵略篇亦云「流血千里，暴骸盈場」。**以澹貪主之欲，非兵之所爲生也。**言兵爲禁暴整亂設，不爲作亂生也。○文典謹按：羣書治要引，生作主。**故兵者，所以討暴，非所以爲暴也。**言兵討人之暴亂，非所以自爲暴亂也。**樂者，所以致和，非所以爲淫也。**樂蕩人之邪志，存人之正性，致其中和而已，非所爲自淫過也。**喪者，所以盡哀，非所以爲僞也。**喪踊哭泣，所以盡孝子之哀情也，非所以爲詐僞、佯哀戚而已也。**故事親有道矣，而愛爲務；**道，孝道。務在愛敬其親。**朝廷有容矣，而敬爲上；**朝廷之容濟濟也。父子主愛，君臣主敬，故以敬爲上也。**處喪有禮矣，而哀爲主；**處，居也。喪禮，三年之禮也。論語曰「喪與其易也，寧戚」，故曰以哀爲主也。**用兵有術矣，而義爲本。**術，數也，陰陽天生〔一〕虚實之數也。傳曰：「天生五材，民並用之，廢一不可，誰能去兵。兵之所由來久矣，聖人以興，亂人以亡。廢興存亡，昏明之術也。」故曰以義爲本。**本立而道行，本傷而道廢。**本立，義立也。本傷，義喪也。故曰道廢。○文典謹按：羣書治要引，廢下有矣字。

〔一〕「生」字疑爲「地」之譌。

淮南鴻烈集解卷九

主術訓

主，君也。術，道也。君之宰國統御臣下，五帝三王以來，無不用道而興，故曰「主術」也，因以題篇。

人主之術，處無爲之事，而行不言之教，教，令也。謂不言而事辦也。**清靜而不動，一度而不搖，**○文典謹按：羣書治要引，度作動。**因循而任下，責成而不勞。**成辦而不自勞。**是故心知規而師傅諭導，**規，謀也。師者，所從取法則者也。傅，相也。諭導以正道也。○文典謹按：治要引，導作道。「諭道」與下文「稱辭」對文，於義爲長，當從之。今本作導者，涉下文「先導」而誤耳。**口能言而行人稱辭，足能行而相者先導，**相，儀也。**耳能聽而執正進諫。**諫，或作謀也。○孫詒讓云：正與政，聲同古通。後文「執正營事」同。○文典謹按：孫說是也。治要引，正作「耳能聽而執政者進諫」。**是故慮無失策，謀無過事，**過，猶誤也。○王念孫云：謀本作舉，此後人以意改之也。舉猶動也。「慮無失策」，以謀事言之；「舉無過事」，以行事言之。若改舉爲謀，則與「無過事」三字義不相屬，且與上句相複矣。羣書治要引此，正作「舉無過事」。賈子保傅篇「是以慮無失計，而舉無過事」，即淮南所本。（大戴禮保傅篇同。）文子自然篇

「謀無失策，舉無過事」，又本於淮南也。言爲文章，○文典謹按：治要引，爲作成。行爲儀表於天下，爲天下人所法則也。○俞樾云：「於天下」三字，衍文也。涉高注曰「爲天下人所法則也」，故誤衍此三字。進退應時，動静循理，不爲醜美好憎，不爲賞罰喜怒，名各自名，類各自類，事猶自然，○文典謹按：治要引，猶作由。猶、由古通用。莫出於己。故古之王者，冕而前旒所以蔽明也，冕，王者冠也。前旒，前後垂珠飾邃綖也。下自目，故曰蔽明也。天子玉縣十二，公侯挂珠九，卿點珠六，伯子各應隨其命數也。○陶方琦云：羣書治要引許注：「冕，冠也。前旒，冕前珠飾也。」按：説文「冕」下云：「冕，大夫以上冠也，邃延垂瑬紞纊。」又「瑬」下云：「垂玉也，冕飾。」黈纊塞耳所以掩聰，不欲其妄聞也。黈，讀而買黈蓋之黈也。○陶方琦云：羣書治要引許注：「黈纊，所以塞耳。」按：説文「冕」下作紞纊。「紞」下云：「冕冠塞耳者也。」説正同。天子外屏所以自障。屏，樹垣也。門内之垣謂之樹。論語曰：「國君樹塞門。」諸侯在内，天子在外，故曰所以自障也。故所理者遠則所在者邇，○文典謹按：治要引，邇作近。所治者大則所守者少。○王念孫云：少當爲小，字之誤也。羣書治要引此，正作小。夫目妄視則淫，耳妄聽則惑，○文典謹按：治要引，聽作聞。口妄言則亂。夫三關者，不可不慎守也。若欲規之，乃是離之；言嗜欲有所規合，乃是離散也。若欲飾之，乃是賊之。飾，好也。賊，敗也。天氣爲魂，地氣爲魄，反之玄房，各處其宅。守而勿失，上通太一。太一之精，通於天道。○王念孫云：「通於天道」本作「通合於天」，今本脱合字，衍道字。（道字涉下句「天道玄默」而衍。）文子自然篇正作「通合於天」。天與精爲韻。（天字合韻讀若汀。小雅節南山篇「不弔昊天」與定、生、寧、酲、成、政、姓爲韻。大雅雲漢篇「瞻卬昊天」與星、嬴、成、正、寧爲韻。瞻卬篇「瞻卬昊天」與寧、定爲韻。乾彖傳「乃統天」、「時乘六龍以御天」與形、成、命、貞、寧爲韻。坤彖傳「乃順承天」與生爲韻。乾文言「時乘六龍，以御天也」與精、情、平爲韻。楚辭九章「瞭杳杳而薄天」，九辯「瞭冥冥而薄天」，並與名爲韻。凡周、秦用韻之文，天字多有入耕部者。詩、易、楚辭而外，不可枚舉。）若作「通於天道」，則失其韻矣。此文上下十八句皆用韻。天道玄默，無容無則，大不可極，深不可測，測，盡。尚與人化，知不能得。天道至大，非人智慮所能得也。

昔者神農之治天下也，神不馳於胷中，言釋神安静，不躁動也。智不出於四域，信身在中。懷其仁誠之心，懷，思。甘雨時降，○文典謹按：御覽七十八引，「甘雨時降」作「甘雨以時」。五穀蕃植，蕃，茂。植，長。春生夏長，秋收冬藏。月省時考，歲終獻功，以時嘗穀，穀，新穀也。薦之明堂，嘗之也。○文典謹按：北堂書鈔二十八引，獻功作報功。祀于明堂。明堂之制，有蓋而無四方，風雨不能襲，寒暑不能傷。○文典謹按：御覽七十八引，寒暑作燥濕。遷延而入之，養民以公。遷延，猶倘佯也。已説在本經也。其民樸重端愨，端，直也。愨，誠也。**不忿争而財足，不勞形而功成。因天地之資，而與之和同，是故威厲而不殺，**○王念孫云：殺本作試，此後人以意改之也。荀子議兵、宥坐二篇及史記禮書並云「威厲而不試，刑錯而不用」，不試猶不用也。若云「不殺」，則非其指矣。太平御覽皇王部三引此，正作「不試」。文子精誠篇同。**刑錯而不用，法省而不煩，**省，約也。煩，多也。**故其化如神。其地南至交阯，北至幽都，**幽冥之都。**東至暘谷，**暘谷，日所出也。**西至三危，**三危，西極之山。**莫不聽從。當此之時，法寬刑緩，囹圄空虚，而天下一俗，**一同其俗。**莫懷姦心。末世之政則不然，上好取而無量，下貪狼而無讓，民貧苦而忿争，事力勞而無功，智詐萌興，盗賊滋彰，上下相怨，號令不行。執政有司，不務反道矯拂其本，而事修其末，**事，治。**削薄其德，曾累其刑，而欲以爲治，無以異於執彈而來鳥，捭梲而狎犬也，亂乃逾甚。**逾，益。○莊逵吉云：梲，説文解字云：「木杖也。」攷禰衡執梲以罵曹操，亦是杖。此捭梲義當從之。○陳觀樓云：説山篇作「執彈而招鳥，揮梲而呼狗」，則捭字當爲揮字之譌。説文：「揮，奮也。」○陶方琦云：意林、御覽九百五、事類賦引許注：「揮，挾。梲，杖也。」按：説文：「梲，木杖也。」説正同。説文：「挾，俾持也。」○文典謹按：御覽九百五引，捭作袖。

夫水濁則魚噞，魚短氣，出口於水，喘息之諭也。○文典謹按：文選吳都賦注、長笛賦注引，噞下皆有喁字。**政苛則民亂。**言無聊也。○莊逵吉云：説文解字：「喁，魚口上見。」論語素王受命讖曰：「莫不喁喁，延頸歸德。」蓋亦衆口上向之義。「水濁則魚喁，政苛則民亂」十字出韓詩外傳。淮南之文，博采通人，信而有證。此乃改喁爲噞，噞、喁古音相近，古字無即異文與？

故夫養虎豹犀象者，爲之圈檻，供其嗜欲，適其飢飽，違其怒恚，然而不能終其天年者，形有所劫也。是以上多故則下多詐，故，詐。○洪頤煊云：原道訓「不設智故，而方圓曲直弗能逃也」，高注：「智故，巧飾也。」俶真訓「不以曲故是非相見」，高注：「曲故，曲巧也。」本經訓「懷機械巧故之心而性失矣」，俶真訓「巧故萌生」，吕氏春秋下賢篇「空空乎其不爲巧故也」，故當訓爲巧，不爲詐也。上多事則下多態，上煩擾則下不定，不定，不知所從也。上多求則下交爭。不直之於本，而事之於末，譬猶揚堁而弭塵，抱薪以救火也。堁，塵壓也，楚人謂之堁。堁，動塵之貌。弭，止也。○陶方琦云：文選宋玉風賦注引許注：「堁，塵壓也。」按：此許注羼入高注本者。説文：「壓，塵也。」廣雅釋詁：「堁，塵也。」故聖人事省而易治，求寡而易澹，澹，給。不施而仁，不言而信，不求而得，不爲而成，塊然保真，抱德推誠，誠，實。天下從之，如響之應聲，景之像形，其所修者本也。詹何曰：「未聞身治而國亂。」故曰其所修者本也。刑罰不足以移風，殺戮不足以禁姦，唯神化爲貴。至精爲神。夫疾呼不過聞百步，志之所在，踰于千里。踰，猶過也。冬日之陽，夏日之陰，萬物歸之，而莫使之然。冬日仁物歸陽，夏日猛物歸陰，莫使之，自然如是也。故至精之像，弗招而自來，不麾而自往，窈窈冥冥，不知爲之者誰，而功自成。智者弗能誦，辯者弗能形。

昔孫叔敖恬臥，而郢人無所害其鋒；郢，楚國都也。孫叔敖，楚大夫也。蓋乘馬三年，不知其牝牡，言其賢也。但恬臥養德，折衝千里之外，敵國不敢犯害，故郢人不舉兵出伐，無所害其鋒于四方也。○王念孫云：「害其鋒」三字義不相屬，害當爲用，字之誤也。（隸書害字作𡧯，其上半與用相似。）高注亦當作「故郢人不舉兵出伐，無所用其鋒於四方」。莊子徐無鬼篇作「孫叔敖甘寢秉羽，而郢人投兵」。投兵亦謂無所用之也。又繆稱篇「夜行瞑目而前其手，事有所至，而明有不害」。案：不害二字義不可通，害亦當爲用。夜行者瞑目而前其手，是不用目而用手，故曰「明有不用」也。説林篇曰：「夜行者掩目而前其手，涉水者解其馬載之舟，事有所宜而有所不施。」施亦用也。（見原道、脩務二篇注。）○俞樾云：害字無義。王氏念孫謂是用字之誤，然用與害字形不似，無緣致誤也。害蓋容字之誤，容亦用也。釋名釋姿容曰：「容，用也，合事宜之用也。」是其義也。無所容其鋒，卽無所用其鋒。老子曰：「兵無所容其刃。」此淮南所本也。

市南宜遼弄丸，而兩家之難無所關其辭。宜遼，姓也，名熊，勇士，居楚市南。楚平王太子建爲費無忌所逐，奔鄭，鄭人殺之。其子勝在吳，令尹子西召之，以爲白公。請伐鄭以報讎，子西許之，而未出師。晉人伐鄭，子西救之。勝怒曰：「鄭人在此，讎不遠矣。」欲殺子西。其臣石乞曰：「市南熊宜遼，得之可以當五百人。」乃往視之，告其故，不從。舉之以劍而不動，而弄丸不輟，心志不懼，曰：「不能從子爲亂，亦不泄子之事。」白公遂殺子西。故兩家雖有難，不怨宜遼。故曰無所關其辭也。○莊逵吉云：應云「宜遼，名也，姓熊」。軼軨鐵鎧，○孫詒讓云：軼爲馬頸軥，於甲義無取。此疑當爲韇。草書央、貴二形近，因而致誤。國語齊語云：「輕罪贖以韇盾一戟。」韋注云：「韇盾，綴革有文如繢也。」説文革部云：「韇，革繡也。」荀子議兵篇云：「楚人鮫革犀兕以爲甲，鞈如金石。」楊注云：「鞈，堅貌。」考工記有合甲，此韇鞈亦言合綴革札爲甲也。瞋目扼掔，○莊逵吉云：掔卽腕字。本或作擥者非。其於以御兵刃，縣矣！縣，遠也。比于德，不及之遠。券契束帛，刑罰斧鉞，其於以解難，薄矣！薄于德也。待目而照見，待言而使令，其於爲治，難矣！蘧伯玉爲相，子貢往觀之，曰：「何以治國？」曰：「以弗治治之。」蘧伯玉，衞大夫蘧瑗也。子貢，衞人也，姓端木，名賜，孔子弟子也。簡子欲伐衞，使史黯往覿焉。簡子，晉卿趙鞅也。史黯，史墨也。覿，觀之也。○王念孫云：覿訓爲見，不訓爲觀。覿皆當爲覘。廣雅曰：「覘、覘，視也。」玉篇：「覘，七亦切，覘也。」義皆本於高注。後人多見覿，少見覘，故覘誤爲覿矣。還報曰：「蘧伯玉爲相，未可以加兵。」以其賢也。固塞險阻，何足以致之！致，猶勝也。故皋陶瘖而爲大理，天下無虐刑，有貴于言者也。雖瘖，平獄理訟能得人之情，故貴於多言者也。師曠瞽而爲太宰，晉無亂政，有貴于見者也。雖盲，而大治晉國，使無有亂政，故貴於有所見。故不言之令，不視之見，不言之令，皋陶瘖也。不視之見，師曠瞽也。此伏犧、神農之所以爲師也。故民之化也，○王念孫云：「民之化也」本作「民之化上也」。下句其字，正指上而言，脱上字，則義不相屬。文子精誠篇正作「民之化上」。不從其所言，而從所行。故齊莊公好勇，不使鬬争，而國家多難，其漸至于崔杼之亂。莊公，齊靈公之子光。崔杼，齊大夫也。亂，殺莊公也。頃襄好色，不使風議，而民多昏亂，其積至昭奇之難。楚頃襄王。昭奇，楚大夫也。故至精之所動，若春氣之生，秋氣之殺也，雖馳傳騖置，不若此其亟。亟，疾。故君人者，其猶射者乎！於此豪末，於彼尋常矣。故慎所以感之也。夫榮啟期一彈，而孔子三日樂，感于和。鄒忌一徽，而威王終夕悲，感于憂。徽，騖彈也。威王，齊宣王之父也，在春秋後。徽，讀紛麻縩車之縩也。○陶方琦云：文選陸機文賦注、劉孝標廣絶交論注、陸機弔魏武文注引許注：「鼓琴循絃謂之徽。悲雅俱有，所以成樂。直雅而無悲，則不成。」按：二注文異。漢書揚雄傳「高張急徽」，注：「徽，琴徽也。」然循絃之説，義與揮同。琴賦云「伯牙揮手」是也。悲雅下當有誤文，疑是「悲絃俱有，所以成樂。直絃而無悲，則不成樂」。雍門周善彈琴，以哭見孟嘗君，即此意也。齊俗訓：「徒絃則不能悲。故絃，悲之具也，而非所以爲悲。」許注即本此。動諸琴瑟，形諸音聲，而能使人爲之哀樂。哀，威王也。樂，孔子也。縣法設賞，而不能移風易俗者，其誠心弗施也。甯戚商歌車下，桓公喟然而寤，甯戚飯牛車下，叩角商歌。齊桓公悟之，用以爲相。○陶方琦云：王子淵四子講德論注、陶淵明夜行塗口詩注引許注：「甯越，衛人。聞齊桓公興霸，無因自達，將車自往。商，秋聲也。」按：二注文異，許本作甯越，甯越乃周威王師，非是。越當是戚。説文：「戚，戉也。」當是古本或作戉，遂加走爲越也。今道應訓亦作甯越，均誤。道應訓：「甯越欲干齊桓公，困窮無以自達，於是爲商旅，將任車以商于齊。」許即用此文。文選嘯賦注亦引淮南子注：「甯戚，衛人。商，金聲清，故以爲曲。」當並是許注。至精入人深矣！故曰：樂聽其音則知其俗，見其俗則知其化。○王念孫云：樂字與下文義不相屬，當有脱文。文子精誠篇作「聽其音則知其風，觀其樂卽知其俗，見其俗卽知其化」。孔子學鼓琴於師襄，師襄，魯樂太師也。而諭文王之志，見微以知明矣。諭，教。教之鼓文王操也。延陵季子聽魯樂而知殷、夏之風，論近以識遠也。作之上古，施及千歲而文不滅，況於竝世化民乎！湯之時，七年旱，○文典謹按：初學記天部下引，七年作九年。以身禱於桑林之際，而四海之雲湊，千里之雨至。湊，會也。或作蒸。蒸，升也。抱質效誠，感動天地，神諭方外，令行禁止，豈足爲哉！

古聖王至精形於内，而好憎忘於外，形，見。好憎，情欲以充。出言以副情，發號以明旨，陳之以禮樂，風之以歌謡，業貫萬世而不壅，貫，通。壅，塞也。○王念孫云：業當爲葉，聲之誤也。葉，聚也，積也。貫，累也。言積累萬世而不壅塞也。方言曰：「葉，聚也。（廣雅同。）楚通語也。」楚辭離騷「貫薜荔之落蘂」，王注曰：「貫，累也。」（廣雅同。）荀子王霸篇「貫日而治詳」，楊倞曰：「貫日，積日也。」是葉貫皆積累之意也。俶真篇曰：「枝解葉貫，萬物百族。」義與此葉貫同。原道篇曰：「大渾而爲一，葉累而無根。」葉累猶葉貫也。俶真篇曰：「横廓六合，揲貫萬物。」揲貫猶葉貫也。（彼言横廓六合，猶此言横扃四方，彼言揲貫萬物，猶此言葉貫萬世。故廣雅云：「揲，積也。」）高注訓貫爲通，失之矣。横扃四方而不窮，禽獸昆蟲與之陶化，化，從。昆蟲，或作鬼神。又況於執法施令乎！故太上神化，其次使不得爲非，其次賞賢而罰暴。暴，虐亂也。衡之於左右，無私輕重，故可以爲平。衡，銓衡也。繩之於内外，無私曲直，故可以爲正。人主之於用法，無私好憎，故可以爲命。夫權輕重不差蟁首，蟁首，猶微細也。扶撥枉橈不失鍼鋒，直施矯邪不私辟險，姦不能枉，讒不能亂，德無所立，立，見。怨無所藏，是任術而釋人心者也，故爲治者不與焉。治在道，不在智，故曰不與。○王念孫云：不與上當有智字。老子曰：「以智治國，國之賊。不以智治國，國之福。」故曰「爲治者智不與焉」。脱去智字，則文不成義。高注曰：「治在道，不在智，故曰不與焉。」則有智字明矣。文子下德篇正作「知不與焉」。夫舟浮於水，車轉於陸，此勢之自然也。木擊折轊，○文典謹按：意林引，轊作軸。水戾破舟，不怨木石而罪巧拙者，罪御者、刺舟者之巧拙也。○俞樾云：「水戾破舟」當作「石戾破舟」，故云「不怨木石」。今作水戾，則下句石字無著矣。巧字疑功字之誤。功與工通，周官肆師職「凡師不功」，故書功爲工是也。不罪木石而罪工拙，工卽工人之工，言不罪木石而罪作舟車者之拙也。高注曰：「罪御者、刺舟者之巧拙也。」是其所據本已誤。○文典謹按：意林引，巧拙者下有何也二字。知故不載焉。言木石無巧詐，故不怨也。○文典謹按：意林引作「智有不周」。是故道有智則惑，言道智則惑也。德有心則險，心有目則眩。眩於物也。兵莫憯於志而莫邪爲下，○陶方琦云：史記集解引許注：「莫邪，大戟也。」按：說文鏌字下云：「鏌鋣也。」集解引文當是許注淮南本，故作莫邪。漢書揚雄傳「杖鏌邪」，注亦云「鏌邪，大戟也」。脩務訓「而不期于墨陽、莫邪」，高注「美劍名」，正與許異。寇莫大於陰陽而枹鼓爲小。小，細。憯，猶利也。以智意精誠伐人爲利。老子曰：「重積德則無不克。」故以莫邪爲下也。寇亦兵也。推陰陽虛實之道爲大，故以枹鼓爲小也。今夫權衡規矩，一定而不易，不爲秦、楚變節，不爲胡、越改容，常一而不邪，方行而不流，一日刑之，萬世傳之，而以無爲爲之。言無所爲爲之，爲自爲之。故國有亡主，而世無廢道；亡主，桀、紂是也。湯、武以其民王，故曰無廢道也。人有困窮，而理無不通。理，道。由此觀之，無爲者，道之宗。宗，本。故得道之宗，應物無窮；任人之才，難以至治。才，智也。

湯、武，聖主也，而不能與越人乘幹舟而浮於江湖；幹舟，小船也，危險，越人習水，自能乘之，故湯、武不能也。一曰：大舟也。○王念孫云：古無謂小船爲幹者，幹當爲軨，字之誤也。軨與舲同字，或作䑲。廣雅曰：「䑲，舟也。」玉篇：「舲，與䑲同，小船有屋也。」楚辭九章：「乘舲船余上沅兮。」王注曰：「舲船，船有牕牖者。」俶真篇：「越舲蜀艇，不能無水而浮。」高注曰：「舲，小船也，越人所便習。」正與此注相同。藝文類聚舟車部、太平御覽舟部引此，並作舲舟。御覽又引高注：「舲舟，小船也。」皆其證矣。○文典謹按：王說是也。羣書治要引此文，幹作舼，文雖小異，然幹之爲誤字，益明矣。**伊尹，賢相也，而不能與胡人騎騵馬而服騊駼；**黄馬白腹曰騵。詩云：「駟騵彭彭。」騊駼，野馬也，胡人所習。伊尹雖賢，不能與服也。○陶方琦云：羣書治要引許注：「原，國名，在益州西南，出千里馬。騊駼，北野馬。」按：二注正異。許作國名，卽隱十一傳「温、原、絺、樊」之原，與高作騵解異也。說文亦無騵字，騊下云：「騊駼，北野之良馬。」與此作北野馬正同。**孔、墨博通，而不能與山居者入榛薄險阻也。**孔，孔子也。墨，墨翟也。聚木爲榛，深草爲薄，山居者所習，故孔、墨者不能也。阻或作塗。○王念孫云：險阻上脱出字。「入榛薄，出險阻」與「騎騵馬，服騊駼」相對爲文。羣書治要引此有出字。**由此觀之，則人知之於物也，淺矣，而欲以偏照海内，存萬方，**○文典謹按：「照海内」、「存萬方」相對爲文，加一偏字，則句法參差不齊，偏字疑衍文也。羣書治要引此文無偏字。下文「如此而欲照海内，存萬方，是猶塞耳而聽清濁，掩目而視青黄也」，亦無偏字，皆其證也。**不因道之數，而專己之能，則其窮不達矣。**○王念孫云：「道之數」本作「道理之數」，此後人以意刪之也。下文曰：「不循道理之數。」又曰：「拂道理之數，詭自然之性。」原道篇曰：「循道理之數，因天地之自然。」皆其證也。羣書治要引此正作道理之數。文子下德篇「同則其窮不達矣」，達當爲遠，字之誤也。「其窮不遠」謂其窮可立而待也。文子下德篇正作遠。氾論篇「人章道息，則危不遠矣」，語意略與此同。**故智不足以治天下也。桀之力，制觡伸鉤，索鐵歙金，椎移大犧，水殺黿鼉，陸捕熊羆，**觡，角也。索，絞也。歙，讀協。○陶方琦云：史記正義八、御覽八十二、又九百三十二引許注：「戲，大旗也。」按：高無注，今高本作大犧，亦小異。戲通麾。説文作摩，曰「旌旗，所以指麾也」。周禮「建大麾」，鄭注：「大麾不在九旗中。」孫氏晏子音義以謂大戲當是人名，此古説之互異。然淮南本義不作人名解。○文典謹按：御覽八十二引，制觡作剔觡。四百三十七引，歙金作揉金，捕作搏。九百三十二引，歙金作操金。**然湯革車三百乘，困之鳴條，擒之焦門。**焦或作巢。○莊逵吉云：焦與巢古字通。**由此觀之，勇力不足以持天下矣。**○王念孫云：力字因勇字而衍。「勇不足以持天下」，與上文「智不足以治天下」相對爲文，不當有力字。羣書治要及太平御覽人事部七十六引此，皆無力字。下文「勇不足以爲强」，亦無力字。**智不足以爲治，勇不足以爲强，則人材不足任，明也。**○文典謹按：羣書治要引，作「則人才不足以任，明矣」。**而君人者不下廟堂之上，而知四海之外者，因物以識物，因人以知人也。故積力之所舉，則無不勝也；衆智之所爲，則無不成也。埳井之無黿鼉，隘**

也；園中之無脩木，小也。夫舉重鼎者，力少而不能勝也，及至其移徙之，不待其多力者。故千人之羣無絶梁，萬人之聚無廢功。

夫華騮、緑耳，一日而至千里，然其使之搏兔，不如豺狼，伎能殊也。殊，異。○王引之云：太平御覽獸部八引此，豺狼作狼契。按：狼、契皆犬名也。廣雅曰「狼狐狂獖」，犬屬也。玉篇：「猰，公八切，雜犬也。」（廣韻同。）猰與契通。犬能搏兔而馬不能，故曰搏兔不如狼契也。後人不知狼契爲犬名，而改爲豺狼。豺狼可使搏兔，所未聞也。**鴟夜撮蚤蚊，察分秋豪，晝日顛越，不能見丘山，形性詭也。**鴟，鵂鶹也，謂之老菟，夜鳴人屋上也。夜則目明，合聚人爪以著其巢中，故曰察分秋豪。晝則無所見，故曰形性詭也。○王引之云：莊子秋水篇：「鴟夜撮蚤，察豪末。晝出，瞋目而不見丘山。」司馬本蚤作蚉，云「鴟夜取蚉食」。崔本作爪，云「鵂鶹夜聚人爪於巢中也」。爪、蚤通用，故崔本作爪。蚤、蚉字形相似，故司馬本作蚉。然則蚤蚉二字不得而並存矣。淮南作蚤，故高氏但言合聚人爪，而不言食蚉。後人乃取司馬本之蚉字增於此處蚤字之下，其失甚矣。秋水篇釋文曰：「淮南子：『鴟夜聚蚤，察分豪末。』許慎云：『鴟夜聚食蚤蝨不失也。』」李善注文選演連珠曰：「淮南子曰：『鴟夜撮蚤，察分豪末。晝出，瞋目而不見丘山。』高誘曰：『鵂鶹謂之老菟。』」據二書所引，則許、高本俱無蚉字，明矣。顛越二字，與「不見丘山」意不相屬，且高注但言晝無所見，而不言顛越。文選注引此，正作「瞋目而不見丘山」，與莊子同。疑瞋目二字譌作顛目，而後人遂改爲顛越也。撮蚤之説，許、高異義。揆之事理，則許注爲雅馴耳。○陶方琦云：莊子釋文引許注：「鴟夜聚食蚤蝨不失也。」按：二注文義並異。許本訓爲蚤蝨之蚤，高本作指爪解，是顯異也。説文：「蚤，跳蟲齧人也。」莊子司馬注曰：「鴟，鵂鶹，夜取蚤食。」崔譔本作爪。太平廣記四百八十二引感應經云：「鵂鶹食人遺爪。」非也。蓋鵂鶹夜能拾蚤蝨，爪、蚤音近，故誤云也。纂文云：「鵂鶹一名忌欺，白日不見人，夜能拾蚤蝨也。蚤、爪音相近，俗人云鵂鶹食人棄爪，相其吉凶，妄説也。」據纂文所云，則許本作蚤蝨解爲長。**夫螣蛇游霧而動，應龍乘雲而舉，**○王念孫云：上句本作「螣蛇游霧而騰」，後人以騰與螣同音，因妄改爲動耳。不知螣是蛇名，而騰爲升義，本不相複。騰與舉亦同義，故下句云「應龍乘雲而舉」。改騰爲動，則文不成義矣。太平御覽鱗介部一引此，正作騰。説苑説叢篇同。（説苑作「騰蛇游霧而騰，龍乘雲而舉」。今本騰上有升字，此後人誤以騰字屬下句讀，因妄加升字也。）大戴禮勸學篇亦云「螣蛇無足而騰」。**猨得木而捷，魚得水而騖。**騖，疾也。**故古之爲車也，漆者不畫，鑿者不斲，工無二伎，士不兼官，各守其職，不得相姦，**姦，亂也。**人得其宜，物得其安，是以器械不苦，而職事不嫚。**苦，讀盬。嫚，捕器。嫚，讀慢緩之慢。**夫責少者易償，**○文典謹按：意林引，責作債。**職寡者易守，**寡，少也。**任輕者易權。**權，謀也。○俞樾云：文子下德篇作「任輕易勸也」，勸字之義，視權字爲長，言任輕則易舉，故人皆相勸而爲之也。高注曰：「權，謀也。」其所據本已誤。**上操約省之分，下效易爲之功，是以君臣彌久而不相猒。**猒，欺也。

君人之道，其猶零星之尸也，尸，祭主也。尸食飽，以知神之食亦飽。詩曰：「公尸燕飲，在宗載考。」儼然玄默，而吉祥受福。尸不言語，故曰玄默。○文典謹按：北堂書鈔九十引，零作靈，吉祥作翿而。是故得道者不爲醜飾，不爲僞善，不飾爲美，亦不枉爲善也。○王念孫云：此本作「不僞醜飾，不僞善極」，僞卽爲字也。（古爲字多作僞，説見史記淮南衡山傳「爲僞」下。）不僞醜飾，不僞善極，相對爲文，故高注云「不飾爲美，亦不極爲善也」。（道藏本、劉本、朱本、茅本皆如是。莊改不極爲不枉，謬甚。）後人誤讀僞爲詐僞之僞，而改上句僞字作爲，又改下句作「不爲僞善」，則既與上句不對，而又與高注不合矣。且極與飾爲韻，若作「不爲僞善」，則失其韻矣。一人被之而不褎，褎，大也。萬人蒙之而不褊。蒙，冒。褊，小也。是故重爲惠，若重爲暴，則治道通矣。通，猶順也。○王念孫云：「重爲惠若重爲暴」，本無若字，後人以詮言篇云「重爲善若重爲非」，故加若字也。不知彼文是言爲善者必生事，故曰「重爲善若重爲非」，此言惠暴俱不可爲，則二者平列，不得云「重爲惠若重爲暴」也。下文「爲惠者生姦」，「爲暴者生亂」，卽承此文言之，則惠暴平列，明矣。文子自然篇作「是故重爲惠，重爲暴，卽道達矣」，無若字。爲惠者，尚布施也。無功而厚賞，無勞而高爵，則守職者懈於官，而游居者亟於進矣。爲暴者，妄誅也。無罪者而死亡，行直而被刑，則修身者不勸善，而爲邪者輕犯上矣。言不可不愼也。故爲惠者生姦，而爲暴者生亂。姦亂之俗，亡國之風。風，化。是故明主之治，國有誅者而主無怒焉，因法而行，故不怒也。朝有賞者而君無與焉。因功而行，故不與也。誅者不怨君，罪之所當也；賞者不德上，功之所致也。民知誅賞之來，皆在於身也，故務功脩業，不受贛於君。贛，賜也。是故朝廷蕪而無迹，田野辟而無草，故太上下知有之。言太上之世，下知之人皆能有此術。

橋直植立而不動，俛仰取制焉；橋，桔臯上衡也。植，柱權衡者。行之俛仰，取制於柱也。以諭君也。人主靜漠而不躁，躁，動也。百官得脩焉。譬而軍之持麾者，〔陶方琦云：宋蘇頌淮南校題序，許本如作而。按：蘇氏曰：「許于卷内多用叚借，如以而爲如之類。」此譬如作譬而，當是許本。高本當作譬如。御覽三百四十一引高本此注，正作譬如。古而、如通也。妄指則亂矣。慧不足以大寧，智不足以安危，與其譽堯而毀桀也，不如掩聰明而反脩其道也。不足以大寧者，小惠也。不足以安危者，小智也。如此人者，欲譽堯而毀桀，以成善善惡惡之名，人猶有强知之人爾，不如掩聰明而本脩大道成名之速也。人君之道亦如此也。清靜無爲，則天與之時；廉儉守節，則地生之財；人君德行如此，故天與之時，地生之財。天與之時，湯、武是也。地生之財，神農、后稷也。處愚稱德，則聖人爲之謀。若伊尹爲湯謀，傅説爲高宗謀是。孟子曰：「伊尹，聖之任。」國語曰「武丁以象旁求聖人，得傅説于傅巖」也。是故下者萬物歸之，虛者天下遺之。遺，與也。夫人主之聽治也，清明而不闇，虛心而弱志，是故羣臣輻湊竝進，無愚智賢不肖莫不盡其能。於是乃始陳其禮，建以爲基。建，立也。基，業也。是乘衆勢以爲車，御衆智以爲馬，雖幽野險塗，則無由惑矣。幽，深也。險，猶遠也。人主深居隱處以避燥溼，閨門重襲以避姦賊，○王念孫云：下避字當作備。俗讀備避聲相亂，又涉上避字而誤也。（呂氏春秋節喪篇「姦邪盜賊寇亂之患，慈親孝子備之者，得葬之情矣」，俗本備作避，亦因上文而誤。）重門所以防賊，故言備。作避，則義不可通矣。文選西京賦注引此，正作備。內不知閭里之情，外不知山澤之形，帷幕之外，目不能見十里之前，耳不能聞百步之外，天下之物無不通者，通，知。○文典謹按：治要作「然天下之物無所不通者」。其灌輸之者大，而斟酌之者衆也。是故不出户而知天下，不窺牖而知天道。乘衆人之智，則天下之不足有也。專用其心，則獨身不能保也。保，猶守也。○文典謹按：治要保作守。是故人主覆之以德，不行其智，而因萬人之所利。夫舉踵天下而得所利，故百姓載之上，弗重也；錯之前，弗害也；舉之而弗高也，推之而弗猒。尊重，舉之不自覺高也。推，求也，奉也。主道員者，運轉而無端，端，厓也。化育如神，虛無因循，常後而不先也。○文典謹按：治要先下有者字。臣道員者運轉而無方者，○王念孫云：「臣道員者運轉而無方者」，本作「臣道方者」。其「員者運轉而無」六字，則因上文而誤衍也。羣書治要引，無此六字。文子上義篇亦無。主道員，臣道方，方員不同道，故下文云

「君臣異道則治，同道則亂」也。呂氏春秋圜道篇亦云：「主執圜，臣執方。方圜不易，其國乃昌。」論是而處當，爲事先倡，守職分明，以立成功也。是故君臣異道則治，不易奪，言相和。同道則亂。君所謂可，臣亦曰可，君所謂否，臣亦曰否，是同也。莫相匡弼，故曰亂也。各得其宜，處其當，則上下有以相使也。君得君道，臣得臣道，故曰得其宜也。○文典謹按：治要處下有得字。夫人主之聽治也，虛心而弱志，清明而不闇，是故羣臣輻湊竝進，無愚智賢不肖莫不盡其能者，則君得所以制臣，臣得所以事君，治國之道明矣。文王智而好問，故聖。好問，欲與人同其功。武王勇而好問，故勝。勝殷也。夫乘衆人之智，則無不任也；用衆人之力，則無不勝也。○俞樾云：「無不任也」當作「無不聖也」。上文曰：「文王智而好問，故聖。武王勇而好問，故勝。」此卽承上文而言。說文耳部：「聖，通也。」無不聖卽無不通也。後人不達聖字之義，疑「無不聖也」於文難通，故臆改爲任字。不知任卽勝也。勇當言勝，智當言聖。若亦言任，則與勝義複，而無以爲智勇之別矣。千鈞之重，烏獲不能舉也；千鈞，三萬斤也。烏獲，秦武王之力士也。武王試其力，使舉大鼎，腕脱而不任，故曰不能舉也。衆人相一，則百人有餘力矣。是故任一人之力者，則烏獲不足恃；不能勝，故不恃也。乘衆人之制者，則天下不足有也。人衆力强，以天下爲小，故曰不足有也。

禹決江疏河，以爲天下興利，而不能使水西流。稷辟土墾草，以爲百姓力農，然不能使禾冬生。豈其人事不至哉？其勢不可也。夫推而不可爲之勢，而不脩道理之數，推，行。○王念孫云：「推而不可爲之勢」，而字涉下文而衍。雖神聖人不能以成其功，而況當世之主乎！夫載重而馬羸，雖造父不能以致遠。造父，周穆王之善御臣也。車輕馬良，雖中工可使追速。○文典謹按：車輕下當有而字，始與上文「載重而馬羸」一律。羣書治要及御覽七百四十六引，並作「車輕而馬良」。又按：致遠，御覽作追急。追速作致遠。是故聖人舉事也，○文典謹按：羣書治要引，聖人下有之字。豈能拂道理之數，詭自然之性，拂，戾也。詭，違也。以曲爲直，以屈爲伸哉？未嘗不因其資而用之也。是以積力之所舉，無不勝也；而衆智之所爲，無不成也。聾者可令嗺筋，○王紹蘭云：攷工記弓人曰：「筋欲敝之敝。」鄭司農云：「嚼之當孰。」是治筋有嚼之一法。説文：「噍，齧也。」重文作嚼，云「噍或从爵」。爵、雀古通用。魏、晉以後，俗趨簡易，書嚼爲⿰口雀。玉篇：「嚼，噬嚼也。⿰口雀，同上。」是其證。當時淮南子蓋有作⿰口雀者，傳寫之徒不知⿰口雀爲嚼之俗體，別作嗺字。玉篇：「嗺，撮口也。」淮南因作嗺筋。但撮筋於口不得爲嚼，寫易林者以嗺非正字，直改从手作摧。轉輾承譌，皆不足據也。由是覈之，⿰口雀俗字，嗺因⿰口雀而變，摧又因嗺而變，據先鄭注，漢時淮南、易林舊本當是噍筋。（此條不載讀書雜記，乃王紹蘭與王引之書中語也。）○孫詒讓云：玉篇口部云：「嗺，撮口也。」筋不可以言嗺，嗺當爲嚼之譌。考工記弓人云「筋欲敝之敝」，注：「鄭司農云：嚼之當孰。」

賈疏云：「筋之椎打嚼齧，欲得勞溉。」是嚼筋爲漢時常語，即謂椎打之使柔熟，以纏弓弩也。嚼俗作嗺，與嗺形近，因而致誤。易林展轉傳寫，又誤作擢，益不可通矣。而不可使有聞也；瘖者可使守圉，而不可使言也。○王念孫云：「不可使言」本作「不可使通語」。今本語誤作言，又脱通字。筋、聞爲韻，圉、語爲韻。如今本，則失其韻矣。太平御覽疾病部三引此，正作「不可使通語」。形有所不周，而能有所不容也。是故有一形者處一位，有一能者服一事。力勝其任，則舉之者不重也；能稱其事，則爲之者不難也。○文典謹按：意林能稱作智能。毋小大修短，各得其宜，則天下一齊，無以相過也。聖人兼而用之，故無棄才。

人主貴正而尚忠，忠正在上位，執正營事，營，典。○王引之云：諸書無訓營爲典者。營當爲管，字之誤也。（隸書管字或作菅，俗書營字作营，二形相似而誤。）管事與執政義相近。史記李斯傳曰「管事二十餘年」是也。管、典皆主也，故訓管爲典。秦策「淖齒管齊之權」，高彼注曰：「管，典也。」（見史記范雎傳索隱。）正與此注同。則讒佞姦邪無由進矣。譬猶方員之不相蓋，而曲直之不相入。入，中。夫鳥獸之不可同羣者，其類異也；○王念孫云：「不可同羣」，可字後人所加。「鳥獸不同羣」，「虎鹿不同游」，相對爲文，則上句内不當有可字。後人熟於「鳥獸不可與同羣」之文，因加可字耳。虎鹿之不同遊者，力不敵也。是故聖人得志而在上位，讒佞姦邪而欲犯主者，譬猶雀之見鸇而鼠之遇狸也，亦必無餘命矣。是故人主之一舉也，〇王念孫云：此謂舉賢不可不慎，舉上不當有一字。蓋因下文「一舉不當」而衍。不可不慎也。所任者得其人，則國家治，上下和，羣臣親，百姓附。附，從。所任非其人，則國家危，上下乖，羣臣怨，百姓亂。故一舉而不當，終身傷。傷，病也，亦敗也。得失之道，權要在主。是故繩正於上，木直於下，非有事焉，事，治也。非治之使直。所緣以修者然也。故人主誠正，則直士任事，而姦人伏匿矣。人主不正，則邪人得志，忠者隱蔽矣。夫人之所以莫抓玉石而抓瓜瓠者，何也？玉石堅，抓不耐入，故不抓。〇王念孫云：抓皆當爲振，字之誤也。廣雅：「振，裂也。」曹憲音必麥反。（字從手，辰聲。辰，匹卦反。）振之言劈也。瓜瓠可劈，而玉石不可劈，故曰「玉石堅，振不能入」也。方言：「鋠、摫，裁也。梁、益之間裁木爲器曰鋠，裂帛爲衣曰摫。」郭璞音劈歷之劈，義亦與振同。若作抓，則非其義矣。（玉篇：「抓，古華切，引也，擊也。」字從瓜。）〇文典謹按：「夫人之所以莫抓〔一〕玉石」，莊本作「夫人主之所以莫抓玉石」。主字涉上下文「人主」而衍，今據宋本刪。無得於玉石，弗犯也。使人主執正持平，如從繩準高下，則羣臣以邪來者，猶以卵投石，以火投水。故靈王好細要，而民有殺食自飢也；靈王，蓋楚靈王。殺食，省食。越王好勇，而民皆處危

〔一〕「抓」，原本作「抓」，形近而誤，據正文改。下同。

争死。越王，句踐。由此觀之，權勢之柄，其以移風易俗矣。○王念孫云：「其以移風易俗矣」，文義未足。下文曰：「攝權勢之柄，其於化民易矣。」則此亦當曰「權勢之柄，其以移風易俗易矣」。蓋上易爲變易之易，下易爲難易之易。漢書禮樂志：「其感人深，其移風易俗易。」（今樂記脱下易字，辯見經義述聞。）顔師古曰：「易，音弋豉反。」是其證也。今本無下易字者，後人誤以爲複而删之耳。堯爲匹夫，不能仁化一里；桀在上位，令行禁止。由此觀之，賢不足以爲治，而勢可以易俗，明矣。書曰：「一人有慶，萬民賴之。」此之謂也。

天下多眩於名聲，而寡察其實，寡，少也。察，明也。實，真僞之實。是故處人以譽尊，處人，隱居也。以名譽見尊也。而游者以辯顯。游行之人，以辯辭自顯達。察其所尊顯，無他故焉，人主不明分數利害之地，而賢衆口之辯也。治國則不然，然，如是也。言事者必究於法，而爲行者必治於官。上操其名以責其實，臣守其業，業，事。以效其功，效，致。言不得過其實，行不得踰其法，羣臣輻湊，莫敢專君。專，制。事不在法律中，而可以便國佐治，必參五行之。陰考以觀其歸，並用周聽以察其化，不偏一曲，不黨一事，是以中立而徧，運照海内，中，正。羣臣公正，莫敢爲邪，公，方。正，直。百官述職，務致其公迹也。主精明於上，官勸力於下，姦邪滅迹，庶功日進，庶，衆。是以勇者盡於軍。盡力於軍功也。○俞樾云：此下當有「智者」云云，而今闕之。下文云：「爲智者務於巧詐，爲勇者務於鬬爭。」亦以智勇並舉，是其證也。亂國則不然，有衆咸譽者無功而賞，守職者無罪而誅。主上闇而不明，羣臣黨而不忠，説談者游於辯，脩行者競於往。往，自益也。○孫詒讓云：往當爲任，形之誤也。後詮言訓云「君好智則倍時而任己」，宋本任亦誤往，可與此互證。主上出令，則非之以與；法令所禁，則犯之以邪。與，黨與也。以黨與非謗上令。邪，姦也。爲智者務於巧詐，爲勇者務於鬬爭，大臣專權，下吏持勢，朋黨周比，以弄其上，國雖若存，古之人曰亡矣。且夫不治官職，而被甲兵，不隨南畝，○俞樾云：脩務篇「隨山栞木」，注曰：「隨，循也。」不隨南畝者，不循南畝也。王氏念孫以隨爲脩字之誤，非。而有賢聖之聲者，非所以都於國也。騏驥騄駬，天下之疾馬也，驅之不前，引之不止，雖愚者不加體焉。加，猶止也。○王念孫云：「而被甲兵」，而當爲不，與上下兩不字文同一例。作而者，字之誤耳。「不隨南畝」，隨當爲脩，謂不治南畝也。隸書隨字或作隨，（見漢司隸校尉楊渙石門頌。）其右畔與脩相似，故脩誤爲隨。（史記趙世家「脩下而馮」，脩或作隋。李斯傳「隨俗雅化」，隨俗一作脩使。皆以右畔相似而誤。）「非所以都於國也」，都字義不可通，當是教字之誤。（教、都草書相似。）韓子外儲説右篇曰：「不服兵革而顯，不親耕耨而名，非所以教於國也。今有馬於此，如驥之狀者，天下之至良也。然而驅之不前，却之不止，則臧獲雖賤，不託其足。」即淮南所本也。今治亂之機，轍迹可見也，而世主莫之能察，此治道之所以塞。塞，猶閉也。

權勢者，人主之車輿；爵禄者，人臣之轡銜也。是故人主處權勢之要，而持爵禄之柄，審緩急之度，而適取予之節，是以天下盡力而不倦。夫臣主之相與也，非有父子之厚，骨肉之親也，而竭力殊死，不辭其軀者，何也？勢有使之然也。昔者豫讓，中行文子之臣。文子，晉大夫中行穆子之子荀寅也。智伯伐中行氏，并吞其地，豫讓背其主而臣智伯。智伯與趙襄子戰于晉陽之下，身死爲戮，國分爲三。韓、魏、趙三分而有之。豫讓欲報趙襄子，欲爲智伯報讎，殺趙襄子。漆身爲厲，吞炭變音，擿齒易貌。夫以一人之心而事兩主，或背而去，或欲身徇之，豈其趨捨厚薄之勢異哉？人之恩澤使之然也。紂兼天下，朝諸侯，人迹所及，舟檝所通，莫不賓服。然而武王甲卒三千人，擒之於牧野。豈周民死節，而殷民背叛哉？其主之德義厚而號令行也。夫疾風而波興，木茂而鳥集，〇王念孫云：「疾風」當爲「風疾」。「風疾」、「木茂」，相對爲文。意林引此，正作「風疾」。相生之氣也。〇文典謹按：意林氣作勢。是故臣不得其所欲於君者，君亦不能得其所求於臣也。君臣之施者，相報之勢也。是故臣盡力死節以與君，君計功垂爵以與臣。是故君不能賞無功之臣，臣亦不能死無德之君。君德不下流於民，而欲用之，如鞭蹏馬矣。是猶不待雨而求熟稼，必不可之數也。數，術也。

君人之道，處静以修身，儉約以率下。静則下不擾矣，儉則民不怨矣。下擾則政亂，民怨則德薄。政亂則賢者不爲謀，德薄則勇者不爲死。是故人主好鷙鳥猛獸，珍怪奇物，金玉爲珍，詭異爲怪，非常爲奇。狡躁康荒，康，安。荒，亂也。不愛民力，馳騁田獵，出入不時，如此則百官務亂，事勤財匱，勤，勞。匱，乏也。萬民愁苦，生業不脩矣。人主好高臺深池，雕琢刻鏤，黼黻文章，絺綌綺繡，寶玩珠玉，白與黑爲黼，青與赤爲黻。絺綌，葛也。精曰絺，麤曰綌，五采具曰繡也。則賦斂無度，而萬民力竭矣。堯之有天下也，非貪萬民之富而安人主之位也，以爲百姓力征，强凌弱，衆暴寡，○莊逵吉云：御覽引，作「百姓九屈，强弱相乘，衆寡相暴」。於是堯乃身服節儉之行，而明相愛之仁，以和輯之。是故茅茨不翦，采椽不斷，大路不畫，大路，上路，四馬車也。天子駕六馬。不畫，不文飾也。○莊逵吉云：御覽引，翦作剗，是古字。○王念孫云：斷當爲斲，字之誤也。精神篇作「樣桷不斲」。（高注：「樣，采也。桷，椽也。」）晉語曰：「天子之室，斲其椽而礱之，加密石焉。諸侯礱之，大夫斲之，士首之，以采爲椽而又不斲，儉之至也。」太平御覽皇王部五引此，正作斲。韓子五蠹篇、史記李斯傳並同。越席不緣，越，結蒲爲席也。大羹不和，不致五味。○俞樾云：高注曰「不致五味」，疑本作「大羹不致」，故高注云然。桓二年左傳曰「大羹不致」，杜注亦曰「不致五味」，卽本諸此。粢食不毇，毇，細也。○莊逵吉云：御覽引，作「粢飯不鑿」。巡狩行教，勤勞天下，周流五嶽。豈其奉養不足樂哉？舉天下而以爲社稷，非有利焉。○俞樾云：此本作「以爲社稷，非有利焉」，言皆以爲社稷，而非自以爲利也。涉下文「舉天下而傳之舜」句衍此四字，當删。年衰志憫，衰，老也。憫，憂也。舉天下而傳之舜，猶却行而脱蹝也。言甚易也。○莊逵吉云：文選作許脅注，甚作其。其即甚字之譌。○陶方琦云：文選孔稚圭北山移文注引許注：「言其易也。」按：此許注羼入高注本者。○文典謹按：北堂書鈔百三十六引，作：「堯舉天下而傳之舜，猶却行而釋屣，舜猶却之。」衰世則不然，一日而有天下之富，處人主之勢，則竭百姓之力，以奉耳目之欲，志專在于宫室臺榭，陂池苑囿，猛獸熊羆，玩好珍怪。是故貧民糟糠不接於口，而虎狼熊羆猒芻豢；百姓短褐不完，而宫室衣錦繡。人主急兹無用之功，百姓黎民黎，齊。顦顇於天下，是故使天下不安其性。不得安其正性，許僞生也。○王念孫云：此注後人所改。性之言生也。（性與生義同而字亦相通，説見經義述聞周語。）「不安其生」，即承上「黎民顦顇」言之。昭八年左傳曰：「今宫室崇侈，民力彫盡，怨讟並作，莫保其性。」義與此同。高注當云：「性，生也」。後人熟於「性即理也」之訓，故妄改高注耳。下文「近者安其性」，高注曰：「性，生也。」故知此注爲後人所改。

人主之居也，如日月之明也，天下之所同側目而視，側耳而聽，延頸舉踵而望也。是故非澹薄無以明德，○文典謹按：御覽七十七引，側耳作傾耳，澹薄作淡漠。非寧静

無以致遠，非寬大無以兼覆，非慈厚無以懷衆，非平正無以制斷。是故賢主之用人也，猶巧工之制木也，制，裁也。○文典謹按：治要引，工作匠。**大者以爲舟航柱梁，**舟，船也。方兩小舡並與共濟爲航也。**小者以爲楫楔，**○王念孫云：楫楔本作椄槢，此後人以意改之也。椄、楫並在葉韻，槢在緝韻，楔在薛韻。椄槢，疊韻字也；楫楔則非疊韻矣。椄槢謂梁之小者，對上文大者爲柱梁而言。莊子在宥篇「吾未知聖知之不爲桁楊椄槢也」，釋文：「崔云：椄槢，桎梏梁也。淮南曰：大者爲柱梁，小者爲椄槢也。」案：小梁謂之椄槢，故桎梏之梁亦謂之椄槢。集韻：「椄槢，梁也。淮南子：大者爲柱梁，小者爲椄槢。」蓋高注以椄槢爲梁，而今本脱之也。據集韻引此作椄槢，則北宋本尚未誤。**修者以爲櫩榱，**櫩，屋垂。榱，隱也。**短者以爲朱儒枅櫨。**朱儒，梁上戴蹲跪人也。枅，讀如雞也。**無小大脩短，各得其所宜；規矩方圓，各有所施。**○王念孫云：羣書治要引此，「各有所施」下有「殊形異材，莫不可得而用也」二句，今本脱去。下文「天下之物莫凶於奚毒，然而良醫橐而藏之，有所用也」，卽承「莫不可得而用」言之，則原有此二句，明矣。凡治要所引之書，於原文皆無所增加，故知是今本遺脱也。**天下之物，莫凶於雞毒，**雞毒，烏頭也。○王念孫云：鷄毒當爲奚毒。（注同。）此涉上文注内「枅，讀如鷄」而誤也。廣雅、本草並作奚毒，羣書治要、意林及太平御覽藥部七引淮南亦作奚毒，（急就篇補注引作奚毒，則南宋本尚不誤。）無作鷄毒者。○陶方琦云：羣書治要、御覽九百九十、意林引許注：「奚毒，附子。」按：御覽引許注作附子，與高注亦異。廣雅：「藮奚，附子也。」（玉篇：「奚毒，附子也。」）一歲爲萴子，二歲爲烏喙，三歲爲附子，四歲爲烏頭，五歲爲天雄。」說文：「萴，烏喙也。」然而良醫橐而藏之，有所用也。是故林莽之材，猶無可棄者，而況人乎！○文典謹按：治要引，作：「是故竹木草莽之材，猶有不棄者，而又況人乎！」今夫朝廷之所不舉，鄉曲之所不譽，○文典謹按：治要曲作邑。非其人不肖也，其所以官之者非其職也。鹿之上山，獐不能跂也，○文典謹按：治要引，作「麋之上山也，大獐不能跋也」。及其下，牧豎能追之，才有所修短也。是故有大略者不可責以捷巧，略，行道也。有小智者不可任以大功。人有其才，物有其形，有任一而太重，或任百而尚輕。是故審豪釐之計者，必遺天下之大數；遺，失。○文典謹按：「豪釐之計」、「天下之數」，相對爲文，加一大字，則文不一律。大字疑涉下文「不失小物之選者，惑於大數之舉」而衍。羣書治要引，作「必遺天地之數」。不失小物之選者，惑於大數之舉。譬猶狸之不可使搏牛，虎之不可使搏鼠也。○文典謹按：搏牛、搏鼠，於辭爲複。治要引作捕鼠，當從之。今人之才，或欲平九州，并方外，存危國，繼絕世，○王引之云：并本作從，從猶服也。（襄十年左傳注：「從，猶服也。」）言使方外之國服從也。原道篇曰：「從裸國，納肅慎。」人間篇曰：「王若欲從諸侯，不若大城城父，而令太子建守焉，以來北方。」司馬相如難蜀父老曰：「朝冉從駹，定筰存邛。」皆是也。後人不達從字之義，遂改從爲并，不知「平九州，從方外，存危國，繼絶世」，皆謂撫柔中外，非謂吞并之也。羣書治要引此，正作「從方外」。志在直道正邪，決煩理挐，而乃責之以閨閤之禮，奧窔之間；○文典謹按：治要引，奧窔作人事。或佞巧小具，謟進愉説，隨鄉曲之俗，○文典謹按：治要引，隨作脩。卑下衆人之耳目，而乃任之以天下之權，治亂之機；機，理。是猶以斧劗毛，以刀抵木也，劗，翦也。劗，讀驚攢之攢。○王念孫云：木當言伐，不當言抵。蓋伐誤爲氐，後人因加手旁耳。説山篇云：「刀便剃毛。至伐大木，非斧不剋。」是其證。羣書治要引此，正作「以刀伐木」。皆失其宜矣。宜，適。

人主者，以天下之目視，以天下之耳聽，以天下之智慮，以天下之力争，○王念孫云：争本作動，動謂舉事也。慮則用羣策，動則用羣力，故曰「以天下之智慮，以天下之力動」。今本動作争者，後人依文子上仁篇改之耳。藝文類聚帝王部一、太平御覽皇王部二引此，並作動。是故號令能下究，而臣情得上聞，聞，猶達也。百官脩同，羣臣輻湊，羣臣歸君，若輻之湊轂，故曰輻湊。○王念孫云：劉本作脩同，云「同一作通」。莊本從劉本作同。案：作通者是也。藝文類聚引此作「脩道」，道即通之誤。太平御覽引此，正作「脩通」。文子上仁篇同。韓子難篇「百官脩通，羣臣輻湊」，即淮南所本。管子任法篇亦云：「羣臣脩通輻湊，以事其主。」喜不以賞賜，怒不以罪誅。懼失當也。是故威立而不廢，○莊逵吉云：本皆作「威厲立而不廢」。聰明先而不獘，獘，闇。○王念孫云：先與不獘，義不相屬。先當爲光，字之誤也。光，明也。太平御覽皇王部二引此，正作光。法令察而不苛，察，明也。苛，煩也。耳目達而不闇，善否之情，日陳於前而無所逆。是故賢者盡其智，而不肖者竭其力，德澤兼覆而不偏，羣臣勸務而不怠，怠，解也。近者安其性，遠者懷其德。性，生也。懷，歸也。所以然者，何也？得用人之道，而不任己之才者也。故假輿馬者，足不勞而致千里；假或作駕。乘舟檝者，不能游而絶江海。絶，猶過也。○文典謹按：不能游，意林引作不假游。夫人主之情，莫不欲總海内之智，盡衆人之力，然而羣臣志達效忠者，希不困其身。困，猶危也。○王念孫云：「志達」當爲「達志」，寫者誤倒耳。達志、效忠，相對爲文。氾論篇「不能達善效忠」，卽其證。使言之而是，雖在褐夫芻蕘，猶不可棄也。言雖賤，當也，故曰「不可棄」也。使言之而非也，雖在卿相人君，揄策于廟堂之上，未必可用。人君，謂國君也。揄，出。策，謀也。言之而非，雖貴，罰也。是非之所在，不可以貴賤尊卑論也。是明主之聽於羣臣，其計乃可用，不羞其位；不羞其位卑而不用。其言可行，而不責其辯。不責其辯口美辭也。○王念孫云：劉本作「其言可行，而不責其辯」。案：此當作「其言而可行，不責其辯」。「其計乃可用」、「其言而可行」相對爲文。乃、而皆如也。道藏本作「其主言可行」，主字因上下文而衍，又脱而字，劉本而字在可行下，皆非也。文子上仁篇作「其言可行，不責其辯」。○文典謹按：治要引作「其計可用也，不羞其位。其言可行也，不責其辯」。闇主則不然，所愛習親近者，雖邪枉不正，不能見也；疏遠卑賤者，竭力盡忠，不能知也。◯文典謹按：「竭力盡忠」上當有雖字，乃與上文「雖邪枉不正」一律。治要引，正作「雖竭力盡忠，不能知也」。有言者窮之以辭，有諫者誅之以罪，如此而欲照海内，存萬方，是猶塞耳而聽清濁，商音清，宫音濁。掩目而視青黄也，其離聰明則亦遠矣。離，去。

法者，天下之度量，而人主之準繩也。縣法者，法不法也；◯王念孫云：「縣法者，法不法也」，上二法字皆當爲罰，與「設賞者，賞當賞也」相對爲文。下文「中程者賞」，謂賞當賞也；「缺繩者誅」，謂罰不法也。今本二罰字作法，後人依文子上義篇改之耳。設賞者，賞當賞也。◯俞樾云：「設賞者，賞當賞也」七字，疑衍文。下文「法定之後，中程者賞，缺繩者誅」，即承「縣法者，法不法也」而言。文子上義篇正作「縣法者，法不法也。法定之後，中繩者賞，缺繩者誅」，可據以訂正。王氏念孫謂上句當作「縣罰者，罰不法也」，與下句對。若然，何不竟改爲「罰當罰」，與下句不尤對乎？法定之後，中程者賞，缺繩者誅，尊貴者不輕其罰，而卑賤者不重其刑，言平也。犯法者雖賢必誅，中度者雖不肖必無罪，是故公道通而私道塞矣。公，正也。私，邪也。塞，閉也。古之置有司也，有司，蓋有理官士也。所以禁民，使不得自恣也。恣，放恣也。其立君也，所以剬有司，使無專行也。專，擅。法籍禮義者，所以禁君，使無擅斷也。人莫得自恣，則道勝，道勝而理達矣，故反於無爲。無爲者，非謂其凝滯而不動也，以其言莫從己出也。○王念孫云：「以其言」當作「以言其」，與「非謂其」相對爲文。今本言其二字誤倒，則文不成義。文子上義篇正作「言其」。夫寸生於⿰禾累，⿰禾累生於日，日生於形，形生於景，此度之本也。⿰禾累，禾穗⿰禾累孚榆頭芒也〔一〕。十⿰禾累爲一分，十分爲一寸，十寸爲一尺，十尺爲一丈。政謂之本也。○莊逵吉云：⿰禾累，古累黍字。○王引之云：說文、玉篇、廣韻、集韻皆無⿰禾累字。⿰禾累當爲⿰禾票，字之誤也。⿰禾票與秒同。說文：「秒，禾芒也。」字或作蔈，通作漂，又通作翲。天文篇曰：「秋分而禾蔈定，蔈定而禾孰。律之數十二，故十二蔈而當一分。（今本誤作「十二蔈而當一粟，十二粟而當一寸」，辯見天文。）律以當辰，音以當日。日之數十，故十分而爲寸，十寸而爲尺，十尺而爲丈。」彼注云：「蔈，禾穗蔈孚榆之芒也。古文作秒。」宋書律志曰：「秋分而禾⿰禾票定，⿰禾票定而禾孰。」注云：「⿰禾票，禾穗芒也。」（玉篇：「⿰禾票，亡紹切。」集韻：「秒，禾芒也。或作⿰禾票。」）皆其明證矣。又齊策曰：「象牀之直千金，傷此若髮漂，賣妻子不足償之。」史記太史公自序「閒不容翲忽」，正義曰：「翲字當作秒。秒，禾芒表也。」然則⿰禾票、蔈、漂、翲四字，並與秒同，而⿰禾累爲⿰禾票之誤，明矣。字彙補乃於禾部增入⿰禾累字，音粟，引淮南子「寸生於⿰禾累，⿰禾累生於日」，甚矣其謬也。莊以⿰禾累爲古累黍字，尤不可解。○俞樾云：王氏引之以⿰禾累爲⿰禾票字之誤，⿰禾票與秒同，其

〔一〕天文訓注爲：「蔈，禾穗、粟孚甲之芒也。」

説是也。惟「標生於日」，義不可通。疑本作「寸生於標，標生於形，形生於景，景生於日」，與下文「樂生於音，音生於律，律生於風」文義一律，言度之本生於日，聲之宗生於風也。傳寫錯亂其文耳。樂生於音，音生於律，律生於風，此聲之宗也。宗亦本也。法生於義，義生於衆適，衆適合於人心，此治之要也。要，約也。故通於本者不亂於末，覩於要者不惑於詳。惑，眩。法者，非天墮，非地生，發於人間而反以自正，反，還。是故有諸己不非諸人，有諸己，己有聰明也。不非諸人，恕人行也。無諸己不求諸人，言己雖無獨見之明，不求加罪于人也。所立於下者不廢於上，人主所立法禁于民，亦自修之。不廢于上，言以法也。所禁於民者不行於身。不正之事，不獨行之于身。言其正己以正人也。所謂亡國，非無君也，無法也；變法者，非無法也，有法者而不用，與無法等。等，同。○王念孫云：「有法者而不用」，者字當在上文「所謂亡國」下，與「變法者」相對爲文，今誤入此句内，則文不成義。是故人主之立法，先自爲檢式儀表，表，正。○王念孫云：「先自爲檢式儀表」，當作「先以身爲檢式儀表」。言以身爲度，則令無不行也。下文引孔子曰：「其身正，不令而行。」是其明證矣。（上下文身字凡四見。）今本身誤爲自，自上又脱以字。文子上義篇作「先以自爲檢式」，自亦身之誤，唯以字未脱。故令行於天下。孔子曰：「其身正，不令而行。其身不正，雖令不從。」故禁勝於身，則令行於民矣。禁勝於身，不敢自犯禁也。故耐令行于民也。

聖主之治也，其猶造父之御，齊輯之于轡銜之際，而急緩之于脣吻之和，正度于胷臆之中，而執節于掌握之間，節，策也。內得於心中，外合於馬志，○王念孫云：心中當爲中心，中心與馬志相對爲文。太平御覽治道部五、獸部八引此，並作中心。列子湯問篇、文子上義篇皆同。是故能進退履繩，繩，直正也。而旋曲中規，曲，屈。規，圓。取道致遠，而氣力有餘，誠得其術也。是故權勢者，人主之車輿也；大臣者，人主之駟馬也。體離車輿之安，而手失駟馬之心，而能不危者，古今未有也。是故輿馬不調，王良不足以取道；君臣不和，唐、虞不能以爲治。執術而御之，則管、晏之智盡矣；明分以示之，則蹠、蹻之姦止矣。盜蹠，孔子時人。蹻，莊蹻，楚威王之將軍，能大爲盜也。夫據除而窺井底，○王引之云：階除不得有井，除當爲榦，字之誤也。莊子秋水篇「吾跳梁乎井榦之上」，司馬彪曰：「井榦，井欄也。」漢書枚乘傳「單極之絖斷榦」，晉灼曰：「榦，井上四交之榦。」說文作韓，云「井垣也」。此言據井之欄以窺井底耳。○文典謹按：王說是也。宋本正作榦。雖達視猶不能見其睛；睛，目瞳子也。借明於鑑以照之，則寸分可得而察也。鑑，鏡也。分，毛也，一曰疵。是故明主之耳目不勞，精神不竭，物至而觀其象，事來而應其化，近者不亂，遠者治也。○王念孫云：「物至而觀其象」，象當爲變，草書之誤也。變與化同義，「觀其變」亦謂觀其變而應之也。作象，則非其指矣。文子上義篇正作「物至而觀其變」。氾論篇亦曰：「物動而知其反，事萌而察其變，近者不亂，遠者治也。」文子作「近者不亂，即遠者治矣」，亦於義爲長。是故不用適然之數，而行必然之道，故萬舉而無遺策矣。今夫御者，馬體調于車，御心和于馬，則歷險致遠，進退周游，莫不如志。○文典謹按：御覽七百四十六引，作「進退周旋，無不如意」。雖有騏驥騄駬之良，臧獲御之，則馬反自恣，而人弗能制矣。臧獲，古之不能御者，魯人也。○文典謹按：御覽引，臧獲作烏獲，恣下引注云：「恣，卻行也。」「而人弗能制矣」作「而人不御也」。故治者不貴其自是，而貴其不得爲非也。故曰：「勿使可欲，毋曰弗求。勿使可奪，毋曰不争。」如此，則人材釋而公道行矣。美者正於度，而不足者建於用，故海内可一也。○王念孫云：美當爲羨，正當爲止，建當爲逮，皆字之誤也。（文選陸雲爲顧彦先贈婦詩「佳麗良可羨」，今本羨誤作美，玉臺新詠載此詩正作羨。）羨謂才有餘也。「羨者止於度，而不足者逮於用」，謂人主有一定之法，則才之有餘者，止於法度之中，而不得過；其不足者，亦可逮於用，而不患其不及也。羨與不足正相反。文子上義篇作「有餘者止於度，不足者逮於用」，是其明證矣。夫釋職事而聽非譽，棄公勞而用朋黨，公，正。則奇材佻長而干次，奇材，非常之材。佻長，卒非純賢也，故曰干次也。守官者雍遏而不進。如此，則民俗亂於國，而功臣争於朝。奇材佻長之人干超其次，功勞之臣反不顯列，故争於朝。故法律度量者，人主之所以執下，執，制。釋之而不用，不用法律度量也。是猶無轡銜而馳也，羣臣百姓反弄其上。是故有術則制人，無術則制於人。爲人所禽制也。吞舟之魚，蕩而失水，則制於螻蟻，離其居也。魚能吞舟，言其大也。其居，水也。猨狖失木，而擒於狐狸，非其處也。其處，茂木。君人者釋所守而與臣下爭，則有司以無爲持位，無所爲以持其位也。守職者以從君取容，隨君之欲，以取容媚。是以人臣藏智而弗用，不用智謀贊佐其上也。反以事轉任其上矣。賢臣見其不肯爲謀，故轉任其上，令自制之。詩云：仲山甫「既明且哲，以保其身」。○王念孫云：「與臣下爭」，當作「與臣下爭事」。唯君與臣爭事，是以臣藏智弗用，而以事轉任其上也。脱去事字，則文義不明。文子上仁篇正作「與臣爭事」。

夫富貴者之於勞也，達事者之於察也，驕恣者之於恭也，勢不及君。君人者不任能，而好自爲之，不任用臣智能也。則智日困而自負其責也。數窮於下則不能伸理，行墮於國則不能專制，智不足以爲治，威不足以行誅，則無以與天下交也。○王念孫云：「與天下交」當作「與下交」，下謂羣臣也。（下字上下文凡四見。）上文曰：「法律度量者，人主之所以執下。」舍是，則智不足以爲治，威不足以行誅矣，故曰無以與下交。（大學曰：「與國人交。」）下上不當有天字。文子上仁篇有天字，亦後人依誤本淮南加之。羣書治要引文子無天字。喜怒形於心者欲見於外，○王念孫云：者當爲耆，字之誤也。耆欲與喜怒，相對爲文。文子上仁篇作嗜欲，是其證。則守職者離正而阿上，有司枉法而從風，賞不當功，誅不應罪，上下離心，而君臣相怨也。是以執政阿主，阿，曲從也。而有過則無以責之。有罪而不誅，則百官煩亂，智弗能解也；毀譽萌生，而明不能照也。不正本而反自然，則人主逾勞，人臣逾逸。是猶代庖宰剝牲，而爲大匠斲也。與馬競走，筋絶而弗能及；上車執轡，則馬死于衡下。〇陳觀樓云：死字義不可通。文子上仁篇作「馬服於衡下」，是也。死本作䑒，服或作服，下半相似而誤。故伯樂相之，王良御之，明主乘之，無御相之勞而致千里者，乘於人資以爲羽翼也。資，才也。是故君人者，無爲而有守也，有爲而無好也。無所私好。〇王念孫云：有爲與無爲正相反，且下二句云「有爲則讒生，有好則諛起」，則不當言有爲，明矣。有爲本作有立。有立而無好，謂有所建立而無私好也。（高注：「無所私好。」）今本作有爲者，涉下句有爲而誤。文子上仁篇正作「有立而無好」。有爲則讒生，有好則諛起。讒諛之人乘志而起。昔者齊桓公好味而易牙烹其首子而餌之，桓公，襄公諸兒之子小白。虞君好寶而晉獻以璧馬釣之，釣，取。胡王好音而秦穆公以女樂誘之，誘，惑。是皆以利見制於人也。制，猶禽也。故善建者不拔。言建之無形也。〇王念孫云：此六字乃正文，非注文也。「故善建者不拔」者，引老子語也。「言建之無形也」者，釋其義也。精神篇曰：「故曰『其出彌遠者，其知彌少』，以言夫精神之不可使外淫也。」亦是引老子而釋之。後人誤以此六字爲注文，故改入注耳。文子正作「故善建者不拔，言建之無形也」。

夫火熱而水滅之，金剛而火銷之，木强而斧伐之，水流而土遏之，唯造化者，物莫能勝也。故中欲不出謂之扃，外邪不入謂之塞。○莊逵吉云：呂覽作「外欲不入謂之閉」。據下「中扃外閉」云云，則此句疑當如呂覽。○王念孫云：扃與閉皆以門爲喻，閉字是也。文子上仁篇亦作閉。中扃外閉，何事之不節！外閉中扃，何事之不成！弗用而後能用之，弗爲而後能爲之。精神勞則越，越，散。耳目淫則竭，竭，滅。故有道之主，滅想去意，清虛以待，不伐之言，不奪之事，循名責實，使有司，○王念孫云：「不伐之言」，伐當爲代。「不代之言，不奪之事」，謂臣所當言者，君不代之言，臣所當行者，君不奪之事也。呂氏春秋知度篇代字亦誤作伐。案：上文云「是猶代庖宰剥牲，而爲大匠斲也」，呂氏春秋云「是君代有司爲有司也」，則皆當作代明矣。「使自司」，（道藏本如是。）當從呂氏春秋作「官使自司」，謂使百官自司其事而君不與也。故下文云「如此，則百官之事各有所守」。此文上下皆以四字爲句，脱去官字，則不成句矣。劉本作「使有司」，文子上仁篇作「使自有司」，皆於義未安。莊從劉本作「使有司」，非也。任而弗詔，責而弗教，以不知爲道，道常未知。以柰何爲寶。道貴無形，無形不可奈何，道之所以爲貴也。如此，則百官之事各有所守矣。有所守，言不離扃也。攝權勢之柄，其於化民易矣。衞君役子路，權重也；衞君，出公輒也。景、桓公臣管、晏，位尊也。管仲輔相桓公，晏嬰相景公，二君位尊故也。○王念孫云：公字後人所加。衞君役子路，景、桓臣管、晏，相對爲文。景、桓下加公字，則文不成義矣。又人間篇：「故蔡女蕩舟，齊師侵楚。（今本侵楚上衍大字，辯見人間。）兩人搆怨，廷殺宰予。簡公遇殺，身死無後。陳氏代之，齊乃無呂。兩家鬬鷄，季氏金距。郈公作難，魯昭公出走。」案：魯昭公之公，亦後人所加。自「蔡女蕩舟」以下，皆四字爲句，魯昭下加公字，則累於詞矣。又泰族篇：「闔閭伐楚，五戰入郢。燒高府之粟，破九龍之鍾。鞭荆平王之墓，舍昭王之宫。」案：荆平王之王，亦後人所加。「燒高府之粟」以下，皆五字爲句。荆平下加王字，則累於詞矣。（呂氏春秋胥時篇「鞭荆平之墳」，亦無王字。）○俞樾云：此本作「桓、景臣管、晏」，言桓臣管，景臣晏也。因傳寫誤作桓公，後人遂加景字於桓字之上。先景後桓，與管、晏不相當，而「景、桓公臣管、晏」，與上文「衛君役子路」句法又參差不一律，足知其非矣。**怯服勇而愚制智，其所託勢者勝也。故枝不得大於榦，末不得强於本，則輕重大小有以相制也。若五指之屬於臂，搏援攫捷，莫不如志，言以小屬於大也。**○王念孫云：「則輕重小大有以相制也」，本作「言輕重小大有以相制也」。此釋上之詞，與下「言以小屬於大也」文同一例。後人不達，而改言爲則，上言「不得」，下言「則」，則文義不相承接矣。文子上義篇正作「言輕重大小有以相制也」。**是故得勢之利者，所持甚小，其存甚大；**○王念孫云：「其存甚大」，本作「所任甚大」。「所持甚小，所任甚大」，卽下文所謂「十圍之木，持千鈞之屋」也。今本「所任」作「其存」者，其字因與上下三甚字相似而誤，任誤爲在，後人因改爲存耳。文子作「所在甚大」，在亦任之誤。羣書治要引文子，正作「所任甚大」。**所守甚約，**約，要也，少也。所制甚廣。是故十圍之木，持千鈞之屋；〇文典謹按：意林持上有能字。五寸之鍵，制開闔之門。〇王念孫云：「制開闔」三字文義未足，説苑説叢篇作「而制開闔」，文子作「能制開闔」，能亦而也。（而字古通作能，説見經義述聞「能不我知」下。）二書皆本於淮南，則淮南原文本作「五寸之鍵，而制開闔」明矣。道藏本脱而字，劉績不能攷正，乃於制開闔下加之門二字，而諸本及莊本皆從之，謬矣。（上言「持千鈞之屋」，若無之屋二字，則文不成義。此言制開闔，則其義已明，無庸加之門二字。）〇文典謹按：意林制上有能字。豈其材之巨小足哉？所居要也。〇文典謹按：意林作「非材有巨細，所居要耳」。孔丘、墨翟修先聖之術，通六藝之論，口道其言，身行其志，慕義從風風，化。而爲之服役者不過數十人。役，事。使居天子之位，則天下徧爲儒墨矣。徧，猶盡也。〇文典謹按：意林作「使孔、墨爲天下，天下盡儒墨，得其要也」。楚莊王傷文無畏之死於宋也，奮袂而起，衣冠相連於道，遂成軍宋城之下，權柄重也。莊王，楚穆王商臣之子旅也。使申舟聘于齊，不假道於宋。無畏曰：「宋必襲殺我。」王曰：「殺汝，伐宋。」見犀而行，不假道於宋。華元曰：「過我而不假道，鄙我也。鄙我，亾也；以兵殺其使者，亦亾也。」遂殺之。莊王聞之怒，故投袂而起，成軍亾宋城。故曰權柄重也。楚文王好服獬冠，楚國效之；文王，楚武王熊達之子熊庛也。獬廌之冠，如今御史冠。〇陶方琦云：御覽六百八十四引，作「楚莊王好觟冠，楚國效之也」。御覽、藝文類聚服飾部一、事類賦冠部並引許注：「觟冠，今力士冠。」按：說文角部：「觟，牝牂羊生角者也。」玉篇：「觟，角兒。」（廣韻三十五馬觟下云「楚冠名」。韻會引淮南觟冠。）或云：觟卽解字。王充論衡：「觟䚦者，一角之羊也。」觟䚦卽解廌，觸邪神羊也。後漢輿服志：「獬廌，神羊，能別曲直。楚王嘗獲之，以爲冠。」注引異物志云：「東北荒中有獸名獬廌，一角，性忠，見人鬭則觸不直者，聞人論則咋不正者。楚執法者所服也。今冠兩角，非豸也。」許云「力士冠」，疑卽武弁大冠。○文典謹按：初學記服食部引，文王亦作莊王。**趙武靈王貝帶鵕鸃而朝，趙國化之。**趙武靈王出春秋後，以大貝飾帶，胡服。鵕鸃，讀曰私鈚頭，二字三音也。曰郭洛帶、粒銚鏑也。○莊逵吉云：藏本如是。本或作「曰郭洛帶係銚鎬也」，文義皆難通，疑有誤字。○陶方琦云：文選吴都賦注引許注：「鵕鸃，鷩雉也。」史記索隱二十六、二十七引許注作鷩鳥，鳥乃雉字之誤。爾雅「鷩雉」注：「似山雞而小，冠背毛黃，腹下赤，項緑色鮮明。」說文鳥部鵕字下：「鵕鸃，鷩也。」鸃下：「鵕鸃也。秦、漢之初，侍中冠鵕鸃冠。」玉篇：「鵕鸃，鷩雉也。」卽用許注淮南說。○孫詒讓云：此注文難通。戰國趙策「武靈王賜周紹胡服，衣冠具帶，黃金師比」，史記匈奴傳作黃金胥紕，索隱：「張晏云：鮮卑郭落帶，瑞獸名也，東胡好服之。延篤云：胡革帶鉤也。班固與竇憲牋云：賜犀比黃金頭帶也。」漢書匈奴傳作犀毗，師古云：「犀毗，胡帶之鉤也。亦曰鮮卑，亦謂師比，總一物也，語有輕重耳。」此注私鈚頭，卽史記之師比，漢書之胥紕、犀毗。郭洛帶，卽張晏所謂郭落帶也。「郭洛帶、粒銚鏑也」義未詳，疑當作「郭洛帶、私鈚鉤也」。**使在匹夫布衣，雖冠獬冠，帶貝帶，鵕鸃而朝，則不**

免爲人笑也。

夫民之好善樂正，不待禁誅而自中法度者，萬無一也。下必行之令，從之者利，逆之者凶，日陰未移，而海内莫不被繩矣。繩，正也。**故握劍鋒，以離北宮子、司馬蒯蕢不使應敵；**北宮子，齊人，孟子所謂北宮黝也。司馬蒯蕢，其先程伯休父，宣王命以爲司馬，因爲司馬氏，蒯蕢其後也。周衰，適他國。蒯蕢在趙，以善擊劍聞。應，猶擊也。**操其觚，招其末，則庸人能以制勝。**觚，劍拊。招，舉也。○王念孫云：「握劍鋒以」之下脱去一字。離字與上下文皆不相屬，當是雖字之誤。隸書離字或作離，（説見天文篇「禹以爲朝晝昏夜」下。）形與雖相近，故雖誤爲離。「不使應敵」，使上當有可字。言手握劍鋒，則雖北宮黝、司馬蒯蕢亦不可使應敵。若操其本而舉其末，則庸人亦能以制勝也。「可使」與「能以」，文相正對。○王紹蘭云：離爲雖誤，使上有可字，是也。以字當在雖字下，謂握劍鋒，雖以北宮子、司馬蒯蕢亦不可使應敵。此文以雖誤倒耳。「故握劍鋒」爲句，雖以二字下屬，文義自明，則劍鋒下無脱字。○俞樾云：王氏念孫謂離是雖字之誤，使上應有可字，皆是也。疑「握劍鋒以」之下有脱文，則尚未盡得。此當以鋒字絶句，「操其觚，招其末」之下更無他文，則「握劍鋒」下亦不必更有何字矣。以字本在雖字之下，其文曰：「故握劍鋒，雖以北宮子、司馬蒯蕢不可使應敵。」因雖字誤作離，遂移以字於上，使成句耳。**今使烏獲、藉蕃從後牽牛尾，尾絶而不從者，逆也；**烏獲、藉蕃，皆多力人。**若指**

之桑條以貫其鼻，則五尺童子牽而周四海者，順也。夫七尺之橈而制船之左右者，以水爲資；橈，刺船棹也。資，用也。橈，讀煩嬈之嬈也。天子發號，令行禁止，以衆爲勢也。○文典謹按：北堂書鈔一百三十八引，作：「七尺之檝而制大舟者，因水爲資也。君發一言之號而令行於民者，因衆爲勢也。」又御覽七百七十一引，制作動，勢作資。夫防民之所害，開民之所利，威行也，若發堿決唐。堿，水堿也。唐，隄也。皆所以畜水。○莊逵吉云：唐，古塘字。故循流而下易以至，背風而馳易以遠。因其勢也。桓公立政，去食肉之獸，食粟之鳥，係罝之網，三舉而百姓說。桓，齊桓公。紂殺王子比干而骨肉怨，斮朝涉者之脛而萬民叛，再舉而天下失矣。故義者，非能徧利天下之民也，利一人而天下從風；暴者，非盡害海内之衆也，害一人而天下離叛。故桓公三舉而九合諸侯，紂再舉而不得爲匹夫。故舉錯不可不審。三舉，去食肉之獸、食粟之鳥、係罝之網。再舉，殺比干、斮朝涉之脛也。

人主租斂於民也，必先計歲收，量民積聚，知饑饉有餘不足之數，然後取車輿衣食供養其欲。○王念孫云：羣書治要引此，饑饉作饒饉。案：作饒饉者原文，作饑饉者後人所改也。饒與饉，有餘與不足，皆相對爲文。若作饑饉，則與有餘不足之文不類矣。此言人主必知民積聚之多寡，然後可以取於民。若上言饑饉，則下不得言「取車輿衣食供養其欲」矣。後人熟於饑饉之文，遂以意改之，而不知其與下文相牴牾也。高臺層榭，接屋連閣，非不麗也，然民有掘穴狹廬所以託身者，明主弗樂也。不樂其大麗也。○王念孫云：掘穴本作堀室。堀，古窟字。昭二十七年左傳「吳公子光伏甲於堀室而享王」，史記吳世家作窟室，是也。因堀誤爲掘，後人遂妄改爲掘穴耳。窟室與狹廬，事相類，若云掘穴狹廬，則文不成義矣。羣書治要引此，正作窟室。又引注云：「窟室，土室。」太平御覽木部七引此，亦作窟室。又案：「民無掘穴狹廬所以託身者」，（道藏本如是。）劉本作「民有掘穴狹廬無所託身者」，此依下文改也。案：下文云「民有糟糠菽粟不接於口者」，又云「民有處邊城，犯危難，澤死暴骸者」。此云「民無堀室狹廬所以託身者」，文與下二條異，不當據彼以改此。且既有狹廬，則不得言無所託身。羣書治要、太平御覽引此，並作「民無窟室狹廬」，則劉改非也。莊依劉本作「民有掘穴狹廬」，又依道藏本作「所以託身者」，兩無所據矣。○陶方琦云：羣書治要引許注：「窟穴，土室。」按：說文：「穴，土室也。」與此注正同。肥醲甘脆，非不美也，○文典謹按：治要引，美作香。然民有糟糠菽粟不接於口者，則明主弗甘也。不甘其肥醲也。匡牀蒻席，非不寧也，匡，安也。蒻，細也。○文典謹按：治要引，蒻作衽。然民有處邊城，犯危難，澤死暴骸者，明主弗安也。不安其匡床蒻席也。故古之君人者，其慘怛於民也，○文典謹按：治要引，作「甚憯怛於民也」。國有飢者，食不重味；民有寒者，而冬不被裘。與同飢寒。歲登民豐，○文典謹按：治要引，作

「歲豐穀登」。乃始縣鐘鼓，陳干戚，登，成也，年穀豐熟也。君臣上下同心而樂之，國無哀人。言皆樂也。故古之爲金石管絃者，所以宣樂也；金，鐘。石，磬。管，簫也。絃，琴瑟也。兵革斧鉞者，所以飾怒也；觴酌俎豆，酬酢之禮，所以效善也；效，致。○王念孫云：效善當爲效喜，字之誤也。此以喜怒哀樂相對，作善則義不可通。羣書治要引此，正作喜。衰絰菅屨，辟踊哭泣，所以諭哀也。諭，明。此皆有充於內，而成像於外。充，實。○文典謹按：治要外下有者也二字。及至亂主，取民則不裁其力，裁，度。求於下則不量其積，男女不得事耕織之業以供上之求，事，治。業，事。力勤財匱，君臣相疾也。故民至於焦脣沸肝，有今無儲，有今日之食，而無明日之儲也。而乃始撞大鐘，擊鳴鼓，吹竽笙，彈琴瑟，是猶貫甲冑而入宗廟，被羅紈而從軍旅，○文典謹按：治要羅紈作綺羅。失樂之所由生矣。夫民之爲生也，一人蹠耒，而耕不過十畝，蹠，蹈。中田之獲，卒歲之收，○俞樾云：既言之獲，又言之收，重複無謂。疑本作「中田卒歲之收」，無之獲二字。故文子上仁篇作「中田之收」，蓋省卒歲二字耳。若使本作「中田之獲，卒歲之收」，而文子省其一句，則何不曰「中田之獲」，而必變獲言收乎？不過畝四石，妻子老弱仰而食之。時有涔旱災害之患，洿，久而〔一〕水潦也。無以給上之徵賦車馬兵革之費。○王念孫云：「有以」之有，各本多作無，惟道藏本及茅本作有，有字是也。有，讀爲又。言終歲之收，僅足供一家之食，既時有水旱之災，而又以此給上之徵賦也。後人不知有爲又之借字，而改有爲無，斯爲謬矣。莊刻仍從諸本作無，故特辯之。由此觀之，則人之生，憫矣！憫，憂無樂。夫天地之大，計三年耕而餘一年之食，率九年而有三年之畜，十八年而有六年之積，積，委也。二十七年而有九年之儲，雖洿旱災害之殃，民莫困窮流亾也。故國無九年之畜，謂之不足；無六年之積，謂之憫急；憫，憂。急，病也。無三年之畜，謂之窮乏。故有仁君明干，其取下有節，自養有度，則得承受於天地，而不離饑寒之患矣。若貪主暴君，撓於其下，侵漁其民，以適無窮之欲，則百姓無以被天和而履地德矣。天和，氣也。地德，所生植也。

食者，民之本也。民者，國之本也。國者，君之本也。是故人君者，○王念孫云：君字當在人字上。羣書治要引此，正作「君人者」。上因天時，下盡地財，中用人力，是以羣生遂長，五穀蕃植。教民養育六畜，○陶方琦云：說文畜字下引許注「玄田爲畜」。按：說文引淮南子曰「玄田爲畜」，卽引其注文，與芸字、蜹字下同例。說文：「畜，田畜也。」卽周官牧人

〔一〕「而」，疑當爲「雨」，形近而誤。

「掌牧六牧而阜蕃其物」之義。王氏筠曰：「玄田當作玄田，从叀之古文𢆶。」叀部疐下云：「从叀，引而止之也。」漢書景帝詔「農桑毄畜」，注：「食養之畜。毄，古繫字。」繫之者，恐其逸也。是其證。**以時種樹，務修田疇，滋植桑麻，肥墝高下，各因其宜。丘陵阪險不生五穀者，以樹竹木，春伐枯槁，夏取果蓏，**有核曰果，無核曰蓏。**秋畜疏食，**菜蔬曰疏，穀食曰食。**冬伐薪蒸，**大者曰薪，小者曰蒸。**以爲民資。**資，用。**是故生無乏用，死無轉尸。**轉，棄也。**故先王之法，畋不掩羣，**掩，猶盡也。**不取麛夭，**鹿子曰麛，麋子曰夭。**不涸澤而漁，**涸澤，漉池也。**不焚林而獵。**爲盡物也。**豺未祭獸，罝罦不得布於野；**十月之時，豺殺獸，四面陳之，世謂之祭獸也。未祭獸，罝罦不得施也。**獺未祭魚，網罟不得入於水；**獺，獱也。明堂月令：「孟春之月，獺祭魚。」取鯉四面陳之水邊也，世謂之祭魚。未祭，不得捕也。**鷹隼未摯，羅網不得張於谿谷；**立秋鷹摯矣。未立秋，不得施下。鷹或作雁。**草木未落，斤斧不得入山林；**九月草木節解。未解，不得伐山林也。**昆蟲未蟄，不得以火燒田。**十月蟄蟲備藏。未蟄，不得用燒田也。○王念孫云：正文燒字，因注內「燒田」而衍。「不得以火田」，謂田獵不得用火。爾雅曰「火田爲狩」是也。高注「不得用燒田」，燒讀去聲。管子輕重甲篇「齊之北澤燒」，尹知章注曰：「獵而行火曰燒。式照反。」是也。燒字正釋火字。若云以火燒田，則不詞矣。王制及賈子容經篇並云「昆蟲未蟄，不以火田」，（說苑脩文篇同。）此卽淮南所本。文子上仁篇亦作「不得以火田」。孕育不得殺，鷇卵不得探，魚不長尺不得取，彘不期年不得食。皆爲盡物。是故草木之發若蒸氣，發，生。禽獸之歸若流泉，飛鳥之歸若煙雲，有所以致之也。故先王之政，四海之雲至而脩封疆，立春之後，四海出雲。○文典謹按：御覽九百二十二引注，立春作春分。蝦蟇鳴、燕降而達路除道，三月之時。○文典謹按：御覽九百二十二引注，作「春分之後」。陰降百泉則橋梁，十月之時。昏張中則務種穀，三月昏，張星中于南方。張，南方朱鳥之宿也。○文典謹按：御覽八百二十三引，張作弧。又引注，作「二月昏時，弧星中於南方，朱雀之宿也」。大火中則種黍菽，大火，東方蒼龍之宿，在四月建巳中南方。菽，豆也。虚中則種宿麥，虚，北方玄武之宿，八月建酉中于南方也。昴中則收斂畜積，伐薪木。昴星，西方白虎宿也。季秋之月，收斂畜積也。上告于天，下布之民，先王之所以應時修備，富國利民，實曠來遠者，其道備矣。實，滿也。曠，空也。○文典謹按：治要引，「富國利民」作「富利國民」。非能目見而足行之也，欲利之也。欲利之也不忘於心，則官自備矣。心之於九竅四支也，不能一事焉，然而動靜聽視皆以爲主者，不忘於欲利之也。故堯爲善而衆善至矣，桀爲非而衆非來矣。善積則功成，非積則禍極。極，至。

凡人之論，心欲小而志欲大，智欲員而行欲方，能欲多而事欲鮮。所以心欲小者，慮患未生，備禍未發，戒過慎微，不敢縱其欲也。詩云：「惟此文王，小心翼翼，昭事上帝，聿懷多福。」此之謂也。志欲大者，兼包萬國，一齊殊俗，并覆百姓，若合一族，是非輻湊而爲之轂。轂，以諭王。○莊逵吉云：「不穀」之訓，古皆云穀善。錢別駕云：道德經「侯王自稱孤寡不穀」，河上本作轂，注云，「不轂，不爲輻所湊也」，又別一解，與此「轂以諭王」之注正同，知古兩義並有，後人但識穀善，而不知有輻轂之訓矣。智欲員者，環復轉運，終始無端，若順連環，故曰無端。旁流四達，淵泉而不竭，萬物竝興，莫不響應也。應，和。行欲方者，直立而不撓，撓，弱曲也。素白而不污，窮不易操，通不肆志。肆，放。能欲多者，文武備具，動靜中儀，舉動廢置，曲得其宜，無所擊戾，擊，掌也。戾，破也。○洪頤煊云：荀子脩身篇：「行而俯項，非擊戾也。」尚書益稷「戞擊鳴球」，文選長楊賦作拮隔。韋昭曰：「古文隔爲擊。」擊戾卽隔背，高注非。無不畢宜也。事欲鮮者，執柄持術，得要以應衆，執約以治廣，處静持中，○俞樾云：文子微明篇作「處静以持躁」，當從之。静、躁對文，與上文「得要以應衆，執約以治廣」文義一律。運於璇樞，以一合萬，若合符者也。符，約也。故心小者禁於微也，志大者無不懷也，多所容也。智員者無不知也，行方者有不爲也，非正道不爲也。能多者無不治也，治，猶作也。事鮮者約所持也。約，要也。

古者天子聽朝，公卿正諫，博士誦詩，瞽箴師誦，庶人傳語，史書其過，宰徹其膳。猶以爲未足也，故堯置敢諫之鼓，欲諫者，擊其鼓。○文典謹按：治要敢作欲。舜立誹謗之木，書其善否於表木也。湯有司直之人，司直，官名，不曲也。武王立戒慎之鞀，欲戒君令慎疑者，摇鞀鼓。○文典謹按：治要立作有，鞀作銘。過若豪釐，而既已備之也。備，具也。夫聖人之於善也，無小而不舉；舉，用。其於過也，無微而不改。改，更。堯、舜、禹、湯、文、武，皆坦然天下而南面焉。背屏而朝諸侯。○王念孫云：次句當作「皆坦然南面而王天下焉」。今本顛倒，不成文理。劉本删去王字，尤非。當此之時，鼙鼓而食，鼙鼓，王者之食樂也。詩云：「鼓鐘伐鼙。」○王念孫云：「鼙鼓而食」當爲「伐鼙而食」。今作鼙鼓者，涉注文而誤也。周官大司樂曰：「王大食三侑皆令奏鍾鼓。」奏鍾鼓而食，故曰「伐鼙而食」。高注引詩「鼓鍾伐鼙」，正釋伐鼙二字之義。若云「鼙鼓而食」，則文不成義矣。且「伐鼙而食，奏雍而徹」，相對爲文。荀子正論篇曰「曼而饋，伐皋而食，（今本伐誤作代，辯見荀子。皋與鼙同，考工記「韗人爲皋鼓」是也。）雍而徹乎五祀」，即淮南所本也。玉海音樂部樂器類引此，正作「伐鼙而食」。奏雍而徹，雍，已食之樂也。已飯而祭竈，行不用巫祝，言其率德蹈政，無求於神。鬼神弗敢祟，山川弗敢禍，可謂至貴矣，至德之可貴也。然而戰戰慄慄，日慎一日。由此觀之，則聖人之心小矣。詩云：「惟此文王，小心翼翼，昭事上帝，聿懷多福。」其斯之謂歟！武王伐紂，○王念孫云：伐紂本作克殷，此後人妄改之也。（下文「解箕子之囚」，高注「武王伐紂，赦其囚執」，伐紂二字，亦後人所加。）下文所述六事，皆在克殷以後。若改克殷爲伐紂，則自孟津觀兵以後，皆是伐紂之事，與下文不合矣。羣書治要引此，正作武王克殷。又齊俗篇「昔武王執戈秉鉞以伐紂勝殷，搢笏杖殳以臨朝」，伐紂二字，亦後人所加。「執戈秉鉞以勝殷，搢笏杖殳以臨朝」，相對爲文。加入伐紂二字，則文不成義，且與下句不對矣。太平御覽兵部八十四引此，無伐紂二字，蓋後人熟於武王伐紂之語，遂任意增改，而不顧文義，甚矣其妄也！**發鉅橋之粟，散鹿臺之錢，**鉅橋，紂倉名也。一說：鉅鹿漕運之橋。鹿臺，紂錢藏府所積也。武王發散以振疲民。○陶方琦云：史記集解三、漢書張良傳注、後漢地理志引許注：「鉅鹿之大橋，有漕粟也。」按：二注文義異，所云一說，即是許義，與集解、漢書注引合。水經注十引許慎曰：「鉅鹿水之大橋也。」亦即此注。呂氏春秋慎大高注：「巨橋，紂倉名。」與此注前一說正同。**封比干之墓，**比干，紂諸父也。諫紂之非，紂殺之。故武王封崇其墓，以旌仁也。**表商容之閭，**商容，殷之賢人，老子師，故表顯其里。穆稱篇又云「老子業于商容，見舌而知守柔矣」是也。○陶方琦云：世説新語一引許注：「商容，殷之賢人，老子師。」按：此許注羼入高注中，故同。蘇氏淮南子叙云：「高氏注每篇下皆曰訓，今本皆用高氏，故皆稱訓。」玆所曰穆稱篇，穆、繆古通。稱篇，乃許氏之本也。繆稱篇許注亦云：「商容，賢人也。」**朝成湯之廟，**成湯，殷受命之王。言聖人以類相宗。**解箕子之囚，**箕子，紂之庶兄。論語云「箕子爲之奴」。武王伐紂，赦其囚執，問以洪範，封之于朝鮮也。**使各處其宅，田其田，無故無新，惟賢是親，**○文典謹按：治要引，是作之。**用非其有，使非其人，晏然若故有之。**○文典謹按：治要引，若下有其字。**由此觀之，則聖人之志大也。**

○文典謹按：「則聖人之志大也」，與上文「則聖人之心小矣」，下文「則聖人之智員矣」、「則聖人之行方矣」不一律，也當作矣。治要引，正作「卽聖人之志大矣」。文王周觀得失，偏覽是非，堯、舜所以昌，桀、紂所以亡者，皆著於明堂，著，猶圖也。於是略智博聞，以應無方。由此觀之，則聖人之智員矣。成、康繼文、武之業，守明堂之制，觀存亡之迹，見成敗之變，非道不言，非聖人之意不敢言。非義不行，非仁義不敢履行也。言不苟出，行不苟爲，擇善而後從事焉。由此觀之，則聖人之行方矣。孔子之通，智過於萇弘，勇服於孟賁，足躡郊菟，力招城關，能亦多矣。萇弘，周大夫，敬王臣也，號知大道。孟賁，勇十也。孔子皆能。招，舉也。以一手招城門關端，能舉之。故曰能亦〔一〕多也。○陶方琦云：羣書治要引許注：「萇弘，周景王之史，行通天下鬼方之術也。」按：春秋文曜鈎云：「高辛受命，重黎説天，成周改號，萇弘分官。」又羣書治要、後漢書鄭太傳注引許注：「孟賁，衛人。」按：漢書淮南王傳「奮諸、賁之勇」，應劭曰：「吴專諸，衛孟賁也。」與許説同。然而勇力不聞，人不聞其爲勇力也。伎巧不知，人不知其有伎巧也。專行教道，○文典謹按：治要引，教作孝。以成素王，事亦鮮矣。春秋二百四十二年，亾國五十二，弑君三十六，采善鉏醜，以成王道，論亦博矣。

〔一〕「能亦」，原本作「亦能」，據正文乙。

然而圍於匡，顏色不變，絃歌不輟，匡，宋邑也。今陳留襄邑西匡亭是也。孔子曰：「天生德于予，匡人其如予何！」故顏色不變，絃歌不止也。臨死亾之地，犯患難之危，據義行理而志不懾，分亦明矣。犯，猶遭也。懾，猶懼也。然爲魯司寇，聽獄必爲斷，爲魯定公司寇。作爲春秋，不道鬼神，不敢專己。夫聖人之智，固已多矣，其所守者有約，故舉而必榮。愚人之智，固已少矣，其所事者多，○王念孫云：「其所事者多」，多上亦當有有字。「其所守者有約」，「其所事者有多」，兩有字皆讀爲又，又與「固已」文義相承。羣書治要引此，正作「其所事者又多」。（荀子王霸篇引孔子曰：「知者之知固已多矣，有以守少，能無察乎？愚者之知固已少矣，有以守多，能無狂乎？」此卽淮南所本。）故動而必窮矣。吴起、張儀，智不若孔、墨，而爭萬乘之君，此其所以車裂支解也。夫以正教化者，易而必成；以邪巧世者，難而必敗。凡將設行立趣於天下，捨其易成者，○王念孫云：「捨其易成者」，當作「捨其易而必成者」。今本脫而必二字，則與上文不合。文子微明篇正作「捨其易而必成」。而從事難而必敗者，愚惑之所致也。凡此六反者，不可不察也。六反，謂孔、墨、萇宏、孟賁、吴起、張儀也。其行相反，故曰六反。○俞樾云：高注曰：「六反，謂孔、墨、萇宏、孟賁、吴起、張儀也。其行相反，故曰六反。」此注大謬。上文雖有此六人，然非舉以相較。萇宏、孟賁，不過謂孔子之智勇過此二人耳，初非言其相反也。六反者，卽上文所謂「心欲小而志欲大，智欲員而行欲方，能欲多而事欲鮮」也。小與大反，員與方反，多與鮮反，是謂六反。

偏知萬物而不知人道，不可謂智。偏愛羣生而不愛人類，不可謂仁。仁者，愛其類也；智者，不可惑也。仁者，雖在斷割之中，其所不忍之色可見也。不忍智〔一〕斷割之色見于顔色也。智者，雖煩難之事，其不闇之效可見也。內恕反情，心之所欲，其不加諸人，由近知遠，由己知人，此仁智之所合而行也。小有教而大有存也，小有誅而大有寧也，小教之以正，故大有存也；小責之以義，故大有寧也。非正則不存，非義則不寧。唯惻隱推而行之，此智者之所獨斷也。故仁智錯，有時合，○王念孫云：「故仁智錯，有時合」，當作「故仁智有時錯，有時合」。合者爲正，錯者爲權，其義一也。府吏守法，君子制義。法而無義，亦府吏也，不足以爲政。○孫詒讓云：吏並當爲史，形之誤也。周禮諸官皆有府史胥徒，鄭注云「府治藏，史掌書」者。凡府史，皆其官長所自辟除。耕之爲事也勞，織之爲事也擾。擾勞之事，而民不舍者，知其可以衣食也。人之情不能無衣食，衣食之道必始於耕織，萬民之所公見也。物之若耕織者，始初甚勞，終必利也衆，愚人之所見者寡；事可權者多，愚之所權者少，此愚者之所多患也。○王念孫云：「事可權者

〔一〕「智」字疑衍。

多」二句，當作「事之可權者多，（對上文「物之若耕織者，始初甚勞，終必利也衆」），愚人之所權者少（對上文「愚人之所見者寡」）。」各本脱之字、人字，則文義不明。「此愚者之所多患」，劉本作「此愚者之以多患也」。案：當作「此愚者之所以多患也」。（對下文「此智者所以寡患也」。）道藏本脱以字、也字，劉本脱所字。○俞樾云：此有脱誤。當云：「物之可備者衆，愚人之所備者寡；事之可權者多，愚人之所權者少，此愚者之所以多患也。」下文曰：「物之可備者，智者盡備之；可權者，盡權之，此智者所以寡患也。」與此文反覆相明，是其證也。衆上脱「物之可備者」五字。王氏念孫遂欲以衆字屬上句讀，然上文云「物之若耕織者，始初甚勞，終必利也」，其文義已足，必綴衆字於句末，轉爲不詞矣。

物之可備者，智者盡備之；可權者，盡權之，此智者所以寡患也。故智者先忤忤，逆。而後合，愚者始於樂而終於哀。今日何爲而榮乎，旦日何爲而義乎，此易言也。今日何爲而義，旦日何爲而榮，此難知也。問瞽師曰：「白素何如？」曰：「縞然。」曰：「黑何若？」曰：「黮然。」援白黑而示之，則不處焉。人之視白黑以目，言白黑以口，瞽師有以言白黑，無以知白黑，故言白黑與人同，其别白黑與人異。入孝於親，出忠於君，無愚智賢不肖皆知其爲義也，使陳忠孝行而知所出者鮮矣。凡人思慮，莫不先以爲可而後行之，其是或非，此愚智之所以異。

凡人之性，莫貴於仁，莫急於智。仁以爲質，智以行之。兩者爲本，而加之以勇力辯慧，捷疾劬録，巧敏遲利，○王念孫云：遲利二字，義不相屬。遲當爲犀，字之誤也。犀亦利也。漢書馮奉世傳「器不犀利」，如淳曰：「今俗刀兵利爲犀。」自勇力以下，皆兩字同義。聰明審察，盡衆益也。身材未修，伎藝曲備，而無仁智以爲表幹，而加之以衆美，則益其損。故不仁而有勇力果敢，則狂而操利劍；狂，猶亂也。不智而辯慧懷給，則棄驥而不式。不智之人，辯慧懷給，不知所裁之，猶棄驥而或，不知所詣也。懷，佞也。○王念孫云：懷與佞，義不相近。懷皆當爲儇，字之誤也。儇與儇同字，或作譞。方言曰：「儇，慧也。」説文同。又曰：「譞，譞慧也。」廣雅曰：「辯、儇，慧也。」即此所云「辯慧儇給」也。楚辭九章「忘儇媚以背衆兮」，王注曰：「儇，佞也。」正與高注同。「棄驥而不式」，本作「乘驥而或」。因乘誤爲棄，（隸書乘或作乗，棄或作弃，二形相似。）或誤爲式，（草書或式相似。）後人遂於式上加不字耳。或與惑同。故高注云「不智之人，辯慧儇給，不知所裁之，猶乘驥而或，不知所詣也」。呂氏春秋當務篇曰：「辯而不當論，信而不當理，勇而不當義，法而不當務，或而乘驥也，狂而操吳干將也。」春秋繁露必仁且知篇曰：「不仁而有勇力材能，則狂而操利兵也。不知而辯慧獧給，則迷而乘良馬也。」是皆其明證矣。獧亦與儇同。雖有材能，其施之不當，其處之不宜，適足以輔僞飾非。伎藝之衆，不如其寡也。故有野心者不可借便勢，野，外。有愚質者不可與利器。老子曰：「國之利器，不可以假人。」魚得水而游焉則樂，塘決水涸，則爲螻蟻所食。有掌修其隄防，補其缺漏，則魚得而利之。掌，主。國有以存，人有以生。國有以存，若魚得水也。國厚，故人道生也。國之所以存者，仁義是也；人之所以生者，行善是也。國無義，雖大必亾；桀、紂是也。人無善志，雖勇必傷。論語曰：「勇而無禮則亂。」亂則傷也。治國上使不得與焉；使不得與亾傷之危，是上術也。○俞樾云：高注曰：「使不得與亾傷之危，是上術也。」此蓋屬上文讀之。然文義迂迴，不可從也。此當屬下文讀之。下文曰：「孝於父母，弟於兄嫂，信於朋友，不得上令而可得爲也。釋己之所得爲，而責于其所不得制，悖矣！」是「不得」、「可得」兩文反覆相明。疑治國下脱非字，本云「治國非上使，不得與焉」。蓋上文言「國無義，雖大必亡；人無善志，雖勇必傷」。此言國之有義無義，乃治國之事。治國之事，非上使我爲之，我不得與焉。若人之有善無善，則在我而已，故曰「不得上令而可得爲也」。上令，卽上使也。「不得上令而可得爲」，正與「非上使不得與」相對。高所據本已脱非字，故失其解矣。孝於父母，弟於兄嫂，信於朋友，不得上令而可得爲也。釋己之所得爲，而責于其所不得制，悖矣！

士處卑隱，欲上達，必先反諸己。上達有道：名譽不起，而不能上達矣。取譽有道：不信於友，不能得譽。信於友有道：事親不説，不信於友。不能説親，朋友不信之也。説親有道：修身不誠，不能事親矣。誠身有道：心不專一，不能專誠。○王念孫云：以上文例之，則「不能專誠」當作「不能誠身」。據高注云「不脩其本，而欲得悦親誠身之名，皆難也」，則正文本作「不能誠身」明矣。今作「不能專誠」者，涉上文「心不專一」而誤。中庸作「誠身有道，不明乎善，不誠乎身矣」，次句雖異義，而首句、三句則同。**道在易而求之難**，易，謂反己，先脩其本也。不脩其本，而欲得說親誠身之名，皆難也，故曰道在易而求之難。**驗在近而求之遠，故弗得也。**驗，効也。近謂本，遠謂末也。故不能得之也。

淮南鴻烈集解卷十

繆稱訓

繆異之論，稱物假類，同之神明，以知所貴，故曰「繆稱」。○莊逵吉云：此下三篇標目下皆無「因以題篇」四字，注又簡畧，蓋亦不全者也。但各本皆同，缺無據證，並仍其舊，不敢妄有增加也。○文典謹按：此篇序目，無「因以題篇」字，又宋本此篇與要畧竝題作淮南鴻烈閒詁，其爲許慎注本無疑。

道至高無上，至深無下，平乎準，直乎繩，圓乎規，方乎矩，包裹宇宙而無表裏，洞同覆載而無所礙。礙，挂也。是故體道者，不哀不樂，不喜不怒，其坐無慮，其寢無寱，物來而名，事來而應。主者，國之心。心治則百節皆安，○陶方琦云：羣書治要引許注：「治，猶理也。節，猶事也。以體喻也。」按：今注無，當補。説文：「理，治玉也。」解亦同。心擾則百節皆亂。故其心治者，支體相遺也；○陶方琦云：羣書治要引許注：「遺，忘。」按：今注無，當補。説文：「遺，忘也。」與注淮南同。其國治者，君臣相忘也。○陶方琦云：羣書治要引許注：「各得其所，無所思念。」按：今注無，當補。説文：「忘，不識也。」卽無思念。

黄帝曰：「芒芒昧昧，從天之道，與元同氣。」○王念孫云：道本作威。今作道者，後人不解威字之義，而妄改之也。案：威者，德也，言從天之德也。廣雅曰：「威，德也。」周頌有客篇：「既有淫威，降福孔夷。」正義曰：「言有德，故易福。」風俗通義十反篇曰：「書曰：『天威棐諶。』言天德輔誠也。」是古謂德爲威也。後泰族篇及呂氏春秋應同篇並云：「黄帝曰：『芒芒昧昧，因天之威，與元同氣。』」文子上仁篇「因天之威，與元同氣」，用泰族篇文也。（上下文皆出泰族篇。）符言篇「從天之威，與元同氣」，用此篇文也。（下文「故至德言同略，事同指」云云，皆出此篇。）然則泰族作「因天之威」，此作「從天之威」，雖因與從不同，而威字則同矣。故至德者，言同略，事同指，上下一心，無岐道旁見者，遏障之於邪，開道之於善，而民鄉方矣。故易曰：「同人于野，利涉大川。」言能同人道至于野，則可以濟大川。大川，大難也。

道者，物之所導也；德者，性之所扶也；仁者，積恩之見證也；義者，比於人心而合於衆適者也。故道滅而德用，德衰而仁義生。故上世體道而不德，中世守德而弗壞也，末世繩繩乎唯恐失仁義。◯俞樾云：文子微明篇作「中世守德而不懷」，此文壞字亦懷字之誤。懷卽懷來之懷，言中世守德，未知仁義之爲美，猶無意乎懷來之也。字誤作壞，失其旨矣。君子非仁義無以生，失仁義，則失其所以生；小人非嗜欲無以活，失嗜欲，則失其所以活，故君子懼失仁義，小人懼失利。◯王念孫云：三仁字皆原文所無，此後人依上文加之也。不知此八句，與上異義。上文是言仁義不如道德，此文是言君子重義，小人重利，故以義與利欲對言，而仁不與焉。太平御覽人事部六十二「義」下引此，無三仁字。文子微明篇同。○文典謹按：王說是也。羣書治要引此文，亦無三仁字。觀其所懼，知各殊矣。易曰：「卽鹿無虞，惟入于林中，君子幾不如舍，往吝。」卽，就也。鹿以諭民。虞，欺也。幾，終也。就民欺之，卽入林中，幾終不如舍之，使之不終如其吝也。

其施厚者其報美，其怨大者其禍深。薄施而厚望，畜怨而無患者，古今未之有也。是故聖人察其所以往，則知其所以來者。聖人之道，猶中衢而致尊邪？道六通謂之衢。尊，酒器也。○莊逵吉云：六通應作四通，字之誤也。○王念孫云：致尊當爲設尊，字之誤也。藝文類聚雜器物部、太平御覽居處部二十三、器物部六引此，並作設尊。○陶方琦云：意林引許注：「衢，六通。尊，酒器。」按：意林所引同，文少約耳。益知八篇皆許注本，故引亦同。六通當作四達。說文：「四達謂之衢。」又尊字下云：「尊，酒器也。」與淮南注並同。過者斟酌，多少不同，各得其所宜。是故得一人，所以得百人也。一人來得其心，百人來亦得其心。人以其所願於上以交其下，誰弗戴？以其所欲於下以事其上，誰弗喜？詩云：「媚茲一人，應侯慎德。」慎德大矣，一人小矣，能善小，斯能善大矣。

君子見過忘罰，故能諫；見賢忘賤，故能讓；見不足忘貧，故能施。情繫於中，行形於外。凡行戴情，雖過無怨；不戴其情，雖忠來惡。戴，心所感也。情，誠也。○洪頤煊云：下文：「上意而民載，誠中者也。」高注：「上有意而未言，則民皆載而行之。」古字載、戴通用，「凡行戴情」，謂行載其情。高注非。○俞樾云：高注曰：「戴，心所感也。」此未得戴字之義。戴當讀爲載。釋名釋姿容曰：「戴，載也。載之於頭也。」是戴、載聲近義通。下文曰：「其載情一也，施人則異矣。」可證此文戴之當爲載矣。下文又曰：「義載乎宜之謂君子。」亦與此載字同。后稷廣利天下，猶不自矜。禹無廢功，無廢財，自視猶觖如也。觖，不滿也。滿如陷，陷，少也。實如虛，盡之者也。

凡人各賢其所說，而說其所快。○陶方琦云：羣書治要引許注：「賢其所悦者，更悦其所行之快性也。」按：今注無，當補。説文有説字，無悦字。世莫不舉賢，○陶方琦云：羣書治要引許注：「人無不舉與己同者，以爲賢也。」按：今注無，當補。或以治，或以亂。非自遁，遁，欺。○文典謹按：羣書治要引，遁下有也字。又引許注作「遁，失」。求同乎己者也。己未必得賢，而求與己同者，而欲得賢，亦不幾矣！○王念孫云：「己未必得賢」，得字因下文「得賢」而衍。羣書治要引此，無得字。○陶方琦云：羣書治要引許注：「幾，近也。」按：今注無，當補。爾雅釋詁：「幾，近也。」使堯度舜，則可；使桀度堯，是猶以升量石也。今謂狐狸，則必不知狐，又不知狸。俱不知此二獸。非未嘗見狐者，必未嘗見狸也，狐、狸非異，同類也，而謂狐狸，則不知狐、狸。是故謂不肖者賢，則必不知賢；謂賢者不肖，則必不知不肖者矣。聖人在上，則民樂其治；在下，則民慕其意。小人在上位，如寢關、曝纊，寢〔一〕，謂臥關上之不安。纊，繭也。曝繭，蛹動摇不休，死乃止也。不得須臾寧。故易曰：「乘馬班如，泣血漣如。」諭乘馬班如，難也，故有泣血之憂。言小人處非其位，不可長也。物莫無所不用。○王念孫云：此當作「物莫所不用」，莫即無也。無字蓋涉下文「無所不用」而衍。天雄烏喙，藥之凶毒也，良醫以活人。侏儒瞽師，人之困慰者也，慰，可蹶也。一曰：慰，極。○莊逵吉云：「困慰」本或作「困懟」，注並同。疑作懟者是。人主以備樂。是故聖人制其剟材，無所不用矣。剟，疏殺也。

勇士一呼，三軍皆辟，其出之也誠。故倡而不和，意而不戴，意，恚聲。戴，嗟也。○王念孫云：高說非也。戴，讀爲載。鄭注堯典曰：「載，行也。」言上有其意而不行於下者，誠不足以動之也。下文云「上意而民載，誠中者也」，高注曰：「上有意而未言，則民皆載而行之。」是其證矣。文子精誠篇正作「意而不載」。○洪頤煊云：「意而不戴」，謂上有意，民不載而行之，是必中心之不合也。高注非。中心必有不合者也。故舜不降席而王天下者，求諸己也。○王念孫云：王當爲匡，字之誤也。匡，正也。正己而天下自正，故曰「舜不降席而匡天下者，求諸

〔一〕據正文，「寢」下似脱「關」字。

己也」。己不正，則不能正人，故下文曰：「身曲而景直者，未之聞也。」下文又曰：「故舜不降席而天下治。」彼言天下治，此言匡天下，其義一也。今本作「王天下」，則非其指矣。文子精誠篇作「不下席而匡天下」，韓詩外傳及新序雜事篇並作「不降席而匡天下」。故上多故，則民多詐矣。

身曲而景直者，未之聞也。說之所不至者，容貌至焉。說之粗，不如容貌精微入人深也。容貌之所不至者，感忽至焉。○王念孫云：感忽者，精誠之動人者也。故下文曰：「感乎心，明乎智，發而成形，精之至也。可以形勢接，而不可以昭誋。」（廣雅：「誋，告也。」）荀子議兵篇曰：「善用兵者，感忽悠闇，莫知其所從出。」義與此相近。感乎心，明乎智，發而成形，精之至也。可以形勢接，而不可以照誋。戎、翟之馬，皆可以馳驅，或近或遠，唯造父能盡其力；三苗之民，皆可使忠信，或賢或不肖，唯唐、虞能齊其美，必有不傳者。心教之微眇，不可傳也。中行繆伯手搏虎，中行繆伯，晉臣也，力能搏生虎。而不能生也，力能殺虎，而德不能服之。蓋力優而克不能及也。克，猶能也。○王念孫云：「克不能及」當爲「克不及」。克，能也。言搏虎之力雖優，而服虎之能則不及也。優與不及，義正相對，則及上不當有能字。高注「克，猶能也」，是指上句能字而言。正文能字，即因上句能字而衍。○俞樾云：高注曰：「克，猶能也。」則是「克不能及」爲「能不能及」矣，於義難通。王氏念孫以能爲衍字，然「力優而克不及」，義亦未安。今按：此文蓋有錯誤，此注亦後人竄入，非高氏原文也。克當作悳，及當作㞋，皆以形似而誤。惪者，悳之古文，與德字通。㞋者，服之本字也。古書服字每作㞋，而傳寫多誤爲及。尚書呂刑篇「何度非及」，大戴記王言篇「及其明德也」，及並㞋字之誤，説詳羣經平議。此文本云：「蓋力優而惪不能㞋也。」高注於上文注曰「力能殺虎，而德不能服之」，本當注於此句之下，「德不能服」四字即本正文。因惪誤作克，㞋誤作及，遂移注於上文，又竄入「克猶能也」四字爲此句之注，而文義俱晦矣。用百人之所能，則得百人之力；舉千人之所愛，則得千人之心，辟若伐樹而引其本，千枝萬葉則莫得弗從也。慈父之愛子，非爲報也，不可内解於心；聖人之養民，非求用也，性不能已，若火之自熱，冰之自寒，夫有何修焉！及恃其力，賴其功者，若失火舟中。言舟中之人同心救火，不相爲賜也。○文典謹按：御覽八百六十九引注，「不相爲賜也」作「其用爲易」。故君子見始，斯知終矣。媒妁譽人，而莫之德也；取庸而强飯之，莫之愛也。雖親父慈母，不加於此，有以爲，則恩不接矣。故送往者，非所以迎來也；施死者，非專爲生也。誠出於己，則所動者遠矣。錦繡登廟，貴文也；登，猶入也。圭璋在前，尚質也。以玉祭之者，質也。文不勝質，之謂君子。故終年爲車，無三寸之鎋，不可以驅馳；匠人斲户，無一尺之楗，不可以閉藏。○文典謹按：一尺，意林引作五寸，當以意林爲是。本書主術訓「五寸之鍵，制開闔之門」，楗即鍵也。故君子行斯乎其所結。結，要終也。○王念孫云：斯當爲期，字之誤也。言君子行事必期其所終也。（高注：「結，要終也。」）又下文「釋近斯遠，塞矣」，斯亦當爲期。「釋近期遠，塞矣」，謂道在邇而求諸遠，則必塞也。文子精誠篇作「舍近期遠」，是其證。

心之精者，可以神化，而不可以導人；導，教也。目之精者，可以消澤，而不可以昭䛐。昭，道。䛐，誡也。不可以教導戒人。○洪頤煊云：上文「可以形勢接，而不可以照䛐」，齊俗訓「日月之所照䛐」，鹽鐵論相刺篇「天設三光以照記」，昭、照古字通用，䛐卽記字。高注失之。在混冥之中，不可諭於人。混冥，人心中也。故舜不降席而天下治，桀不下陛而天下亂，蓋情甚乎叫呼也。言雖叫呼大語，不如心行真直也。無諸己，求諸人，古今未之聞也。同言而民信，信在言前也。同令而民化，誠在令外也。聖人在上，民遷而化，情以先之也。動於上，不應於下者，情與令殊也。故易曰：「亢龍有悔。」仁君動極在上，故有悔也。三月嬰兒，未知利害也，而慈母之愛諭焉者，情也。故言之用者，昭昭乎小哉！不言之用者，曠曠乎大哉！身君子之言，信也；身君子之言，體行君子之言也。中君子之意，忠也。忠信形於內，感動應於外。故禹執干戚，舞於兩階之間，而三苗服。三苗畔禹，禹風以禮樂而服之也。鷹翔川，魚鼈沈，禹以德服三苗，猶鷹翔川上，魚鼈恐，皆潛。飛鳥揚，鳥見鷹而揚去。必遠害也。鷹懷欲害之心，故鳥魚知其情實，故遠之。○王念孫云：「遠害」本作「遠實」，此後人以意改之也。據高注云「鷹懷欲宍（宍與肉同，欲肉者，欲食肉也。各本宍字皆誤作害，辯見原道篇「欲寅之心」下。）之心，鳥魚知其情實，故遠之」，則本作「遠實」明矣。太平御覽鱗介部四引此，正作「遠實」。此承上文「忠信行於内，感動應於外」而言，言禹有忠信之實，故舞干戚而三苗服；鷹有欲肉之實，故魚鳥皆遠之。若無其實而能動物者，則未之有也。後人改遠實爲遠害，失其指矣。子之死父也，臣之死君也，世有行之者矣，非出死以要名也，恩心之藏於中，而不能違其難也。故人之甘甘，非正爲蹠也，人之甘甘，猶樂樂而爲之。臣之死君，子之死父，非以求蹠蹠也。而蹠焉往。言蹠乃往至也。君子之慘怛，非正爲僞〔一〕形也，諭乎人心。非從外入，自中出者也。義正乎君，仁親乎父，故君之於臣也，能死生之，不能使爲苟簡易；君不能使臣爲苟合易行之義。○王念孫云：簡字後人所加。高注云「君不能使臣爲苟合易行之義」，則無簡字明矣。下文曰：「父之於子也，能發起之，不能使無憂尋。」與此相對爲文。加一簡字，則文不成義，且與下文不對矣。父之於子也，能發起之，不能使無憂尋。憂尋，憂長也，仁念也。仁念，父母不樂子之如此，然不能止。故義勝君，仁勝父，則君尊而臣忠，父慈而子孝。聖人在上，化育如神。太上曰：「我其性與！」太上，皇德之君也。我性自然也。其次曰：「微彼，其如此乎！」其次，五帝

〔一〕「僞」字疑涉上文「爲」而衍。

時也。其民如此，故我治之如彼。故詩曰「執轡如組」，易曰「含章可貞」。動於近，成文於遠。夫察所夜行，周公慙乎景，故君子慎其獨也。○王念孫云：慙上當有不字，方與下意相屬。文子精誠篇作「聖人不慙於景」。釋近斯遠，塞矣。聞善易，以正身難。夫子見禾之三變也，夫子，孔子也。三變，始於粟，粟生於苗，苗成於穗也。滔滔然曰：「狐鄉丘而死，我其首禾乎！」禾穗垂而向根，君子不忘本也。○文典謹按：文選思玄賦注引，「滔滔然曰」作「乃歎曰」。故君子見善則痛其身焉。痛己身善惡自在也。身苟正，懷遠易矣。懷，來。故詩曰：「弗躬弗親，庶民弗信。」小人之從事也，曰苟得；君子曰苟義。所求者同，所期者異乎！擊舟水中，魚沈而鳥揚，同聞而殊事，其情一也。僖負羈以壺餐表其閭，釐負羈，曹臣。晉重耳出過曹，負羈遺以壺餐。重耳反晉，伐曹，令兵不入其閭。趙宣孟以束脯免其軀，趙宣孟，晉卿，以束脯活靈輒，後免其難也。禮不隆，隆，多也。而德有餘，仁心之感恩接而憯怛生，故其入人深。俱之叫呼也，在家老則爲恩厚，其在責人則生爭鬬。故曰：「兵莫憯於意志，莫邪爲下；寇莫大於陰陽，枹鼓爲小。」聖人爲善，非以求名而名從之，名不與利期而利歸之。故人之憂喜，非爲蹠，蹠焉往生也。言非爲冀幸往生利意也。故至人不容。至道人不飾容也。○王念孫云：劉本改「至至」爲「至人」。又下文「故至至之人不可遏奪也」，高注曰：「言至道之人，其心先定，不可臨以利，奪其志也。」劉本又改「至至」爲「至道」。案：劉不解至至二字之意，又見高注兩言「至道之人」，故或改爲至人，或改爲至道。不知至至卽至道也，至至之人卽至道之人也。下文云「故聖人栗栗乎其內，而至乎至極矣」，「至乎至極」卽所謂至至也。本經篇「未可與言至也」，高注亦曰「至，至德之道也」，是道之至極卽謂之至，至乎道之至極卽謂之至至，故此兩注皆以至至爲至道也。劉不曉注意，而以注文改正文，謬矣。下文又云：「至至之人，（唯此至至二字，劉本未改。）不慕乎行，不慙乎善。」至至二字，前後三見，何不察之甚也！　故若眯而撫，眯，芥入目也。撫，捫之。從中發，非爲觀容也。　若跌而據，跌，仆也。

聖人之爲治，漠然不見賢焉，終而後知其可大也。若日之行，騏驥不能與之爭遠。今夫夜有求，與瞽師併；東方開，斯照矣。言人見照用，瞽者猶闇而無爲，人而以治事用思也。　動而有益，則損隨之，益所以爲損也。故易曰：「剝之不可遂盡也，故受之以復。」言物剝落而復生也。　積薄爲厚，積卑爲高，故君子日孳孳以成煇，小人日怏怏以至辱。其消息也，離朱弗能見也。文王聞善如不及，宿不善如不祥，非爲日不足也，其憂尋推之也，憂尋，憂深也。　故詩曰：「周雖舊邦，其命維新。」新國者也。　懷情抱質，天弗能殺，地弗能薶也，聲揚天地之間，配日月之光，甘樂之者也。苟鄉善，雖過無怨；苟不鄉善，雖忠來患。故怨人不如自怨，求諸人不如求諸己得也。聲自召

也，貌自示也，名自命也，文自官也，無非己者。操鋭以刺，操刃以擊，何怨乎人？故筦子文錦也，雖醜登廟；筦仲相齊，明法度，審國刑，不能及聖，猶文錦雖惡，宜以升廟也。○文典謹按：御覽四百四十七引注：「相桓公，以霸功成事，衣文錦之服，大書在明堂，故曰雖醜登廟也。」**子産練染也，美而不尊。**子産相鄭，先恩而後法，猶練染爲衣，温厚而非宗廟服也。○文典謹按：御覽引，練作絹。又引注云：「子産相鄭，以乘車濟朝涉者。孟子曰：『惠而不知爲政。』絹染者，以子産喻母人。月令曰：『命婦官染絹。』温暖其民，如人之母也。」二注與今注迥異。繆稱訓乃許注本，則御覽所引殆高注也。又八百十五引，「練染」作「練帛」，注云：「雖不及聖，猶文錦也。子産先思後去，如綵帛雖温，不堪爲宗廟服。」與今注略同。知御覽前後兩引，爲許、高二本矣。家語：「子思子曰：『管仲績錦也，雖惡而登朝。子産練絲也，雖美而不尊。』」即本此文也。**虚而能滿，淡而有味，被褐懷玉者。故兩心不可以得一人，一心可以得百人。男子樹蘭，美而不芳，**蘭，芳草，艾之美芳也。男子樹之，蓋不芳。○文典謹按：御覽九百八十三引注，「艾之美芳也」作「女之美芳色」。傳寫宋本艾亦作女。**繼子得食，肥而不澤，**繼子有假母也。**情不相與往來也。**○文典謹按：御覽引，情作精。

生所假也，死所歸也，故弘演直仁而立死，弘演，衛懿公臣。狄人攻衛，食懿公。其肝在，弘演剖腹以盛之也。**王子閭張掖而受刃，**楚白公欲立王子閭爲王，不可，刺之以兵，子閭不受。不以所託害所歸也。故世治則以義衛身，世亂則以身衛義。死之日，行之終也，故君子慎一用之。無勇者，非先懾也，難至而失其守也；貪婪者，非先欲也，見利而忘其害也。虞公見垂棘之璧，而不知虢禍之及己也。故至道之人，不可遏奪也。言至道之人，其心先定，不可臨以利，奪其志也。

人之欲榮也，以爲己也，於彼何益！聖人之行義也，其憂尋出乎中也，於己何以利！故帝王者多矣，而三王獨稱；貧賤者多矣，而伯夷獨舉。以貴爲聖乎，則聖者衆矣；以賤爲仁乎，則賤者多矣，何聖仁之寡也！獨專之意樂哉，忽乎日滔滔以自新，忘老之及己也。始乎叔季，歸乎伯孟，必此積也。言自少而至長。不身遁，斯亦不遁人，遁，隱也。己不自隱身之行，亦不隱之於人故也。○王念孫云：「不身遁」，身當爲自，字之誤也。上文「非自遁也」，高注云：「遁，欺也。」（廣雅同。遁字亦作遯。脩務篇「審於形者不可遯以狀」，高注曰：「遯，欺也。」）此言自遁，亦謂自欺也。不自欺，斯不欺人，故下二句云：「若行獨梁，不爲無人不兢其容。」謂不自欺也。古者謂欺爲遁。管子法禁篇曰：「遁上而遁民者，聖王之禁也。」謂上欺君而下欺民也。賈子過秦篇曰：「姦僞並起，而上下相遁。」史記酷吏傳序曰：「姦僞萌起，其極也，上下相遁。」皆謂上下相欺也。故若行獨梁，不爲無人不兢其容。獨梁，一木之水橋也。行其上，常兢兢，恐陷也。故使人信己者易，而蒙衣自信者難。及身不信，故難。情先動，動無不得；無不得，則無蒼；發蒼而後快。言人君以情動導民也，動盡得人心也，無蒼結。發，動也。雖蒼結，快民心。○莊逵吉云：蒼，本或作窘。故唐、虞之舉錯也，非以偕情也，快己而天下治；桀、紂非正賊之也，快己而百事廢，喜憎議而治亂分矣。下有喜議而國治，有憎議而國亂也。○俞樾云：高注曰：「下有喜議而國治，有憎議而國亂也。」此未得議字之旨。議，當讀爲儀。周易繫辭傳「議之而後言」，釋文曰：「議，陸、姚、桓玄、荀柔之本作儀。」國語鄭語「伯翳能議百物」，漢書地理志議作儀。是議、儀古通用。廣雅釋詁：「儀，見也。」「喜憎儀」謂喜憎見也。俶真篇「是非無所形」，高注曰：「形，見也。」儀與形同，故廣雅形與儀並訓見。齊俗篇曰「是非形則百姓眩矣」，此云「喜憎儀而治亂分矣」，句法一律。乃諸書多以形爲見，少以儀爲見，而此又叚議爲之，其義益晦，宜表出之，以存古訓也。

聖人之行，無所合，無所離。譬若鼓，無所與調，無所不比。絲筦金石，小大脩短有敍，異聲而和。君臣上下，官職有差，殊事而調。夫織者日以進，織帛者進。耕者日以却，却，謂耕者却行。事相反，成功一也。申喜聞乞之歌而悲，出而視之，其母也。申喜亡其母，母乞食於道。艾陵之戰也，夫差曰：「夷聲陽，句吴其庶乎！」艾陵之戰，吴王夫差與齊戰於艾陵也。夷謂吴。陽，吉也。句吴，夷語，不正言吴，加以「句」也。庶，幾也。○莊逵吉云：「陽，吉也」本或誤作「告也」。攷易陽爲吉，陰爲凶，故訓陽爲吉，作告非是。同是聲，而取信焉異，有諸情也。故心哀而歌不樂，心樂而哭不哀。夫子曰：「絃則是也，其聲非也。」閔子騫三年之喪畢，援琴而彈，其絃是也，其聲切切而哀。◯王引之云：上文申喜遇母，及艾陵之戰，皆直敍其事。此未敍其事，而忽云：「夫子曰：『弦則是也，其聲非也。』」則不知所指爲何事矣。疑「閔子騫三年之喪畢，援琴而彈」十二字，本是正文，在「夫子曰」上，而寫者誤入注也。文者，所以接物也；情，繫於中而欲發外者也。以文滅情則失情，以情滅文則失文。文情理通，則鳳麟極矣，言至德之懷遠也。

輪子陽謂其子曰：「良工漸乎矩鑿之中。」漸，習也。矩鑿之中，固無物而不周，聖王以治民，造父以治馬，醫駱以治病，醫駱，越醫。同材而各自取焉。自，從也。矩鑿之中，各取法度，或以治民，或以治馬，或以治病，同材而各往從取治法之也。上意而民載，誠中者也。上有意而未言，則民皆載而行之。志或發中，之於大。未言而信，弗召而至，或先之也。忣於不己知者，不自知也。忣，急也。◯莊逵吉云：急字從及下心，此作心旁及，字本同耳。矜怛生於不足，怛，驕也。不足，知不足也。◯王念孫云：慘怛之怛，無訓爲驕者。怛皆當爲怚，字之誤也。說文：「怚，驕也。」字從且，不從旦。玉篇秦呂、子御二切。廣雅曰：「憍、（通作驕。）怚、傲、侮、慢，傷（通作易。）也。」高注氾論篇曰：「駔，驕怚也。」並與此注同義。怚訓爲驕，故言「矜怚」也。又呂氏春秋審應篇「使人戰者嚴駔也」，高注曰：「嚴，尊也。駔，驕也。」說文又云：

「嫿，驕也。」文選嵇康幽憤詩「恃愛肆姐，不訓不師」，怚、嫿、姐、駔，並字異而義同。華誕生於矜。誠中之人，樂而不忣，如鴞好聲，忠信之人，自樂爲之，非忣忣也，如鴞自好爲聲耳。熊之好經，經，動，導引。夫有誰爲矜！各任自性，非徒矜也。○文典謹按：御覽九百八引，忣作彶，無不字。鴞作鶚，矜作務。春女思，秋士悲，春女感陽則思，秋士見陰而悲。○文典謹按：北堂書鈔百五十四引，作「春女悲」，又引注云：「周禮，仲春之月，令媒氏會男女。一升成於夫家，骨肉相離，故悲之也。」繆稱篇乃許注本，書鈔所引，殆高注也。又藝文類聚三引，亦作「春女悲，秋士哀」。而知物化矣。號而哭，嘰而哀，而知聲動矣。容貌顏色，理詘[亻曳]倨佝，○劉績云：後有「倨句詘伸」，（見兵略篇。）疑此作「詘伸倨句」，衍理字。○王念孫云：劉說是也。倨句，猶曲直也。樂記曰：「倨中矩，句中鉤。」伸誤爲[亻曳]，句誤爲佝，（因倨字而誤加人旁。）理字因下文「循理」而衍。各本佝字又誤爲徇，而莊本從之，謬矣。知情僞矣。故聖人栗栗乎其內，而至乎至極矣。功名遂成，天也；循理受順，人也。太公望、周公旦，天非爲武王造之也；崇侯、惡來，天非爲紂生之也；崇侯，紂時諸侯也。惡來，紂之臣，秦之先也。有其世，有其人也。教本乎君子，小人被其澤；利本乎小人，君子享其功。昔東户季子之世，東户季子，古之人君。道路不拾遺，耒耜餘糧宿諸晦首，使君子小人各得其宜也。故一人有慶，兆民賴之。

凡高者貴其左，天道左旋。故下之於上曰左之，臣辭也。臣道左君。下者貴其右，故上之於下曰右之，君讓也。君謙讓，佑助臣。故上左遷則失其所尊也，左，臣詞也。君以再還，故失其尊也。臣右還則失其所貴矣。右，君詞也。而臣以再還，故失其貴也。小快害道，斯須害儀。斯須，近也。子產騰辭，騰，傳也。子產作刑書，有人傳詞詰之。獄繁而無邪，繁，多也。獄雖益多，而下無邪也。失諸情者，則塞於辭矣。失事之情，則爲世人辭所窮塞也。成國之道，工無僞事，農無遺力，士無隱行，官無失法。譬若設網者，引其綱而萬目開矣。○文典謹按：藝文類聚五十二引，成作盛，隱作諂，萬目開矣作萬目張。意林引，作「治國者若設網，引其綱，萬目張」。舜、禹不再受命，受命于人，不受于天。堯、舜傳大焉，先形乎小也。形，見也。先見微小，以知大。刑於寡妻，至于兄弟，禪於家國，而天下從風。禪，傳也。言堯、舜、禹相傳，天下服之也。○王念孫云：「刑於寡妻」本作「施於寡妻」，此後人依大雅改之也。不知「施於寡妻」、「禪於家國」皆用詩意而小變其文，與直引詩詞者不同，無煩據彼以改此也。文選漢高祖功臣頌注引此，正作「施於寡妻」。施，讀若「施于孫子」之施。故戎兵以大知小，若湯、武以義伐不義，從大伐小。人以小知大。人，謂天下從風者也。堯、舜之民以小知堯大也。○俞樾云：「戎兵」以器言，猶曰「器以大知小，人以小知大」耳。兵器有大小，如考工記所載弓與劍皆有上制、中制、下制是也。知上制如干，則等而下之，皆可知矣，故曰「戎兵以大知小」。高氏以湯、武說上句，堯、舜說下句，殊非其旨。君子之道，近而不可以至，卑而不可以登，無載焉而不勝，萬物載之，皆勝其任。大而章，遠而隆。○王念孫云：「人而章」大當爲久，字之誤也。此言君子之道，始於卑近，而終於高遠，是以久而彌章，遠而彌隆。上文云：「聖人之爲治，漠然不見賢焉，終而後知其可大也。」意正與此同。若云「大而章」，則義與下句不類矣。文選荅賓戲「時暗而久章者，君子之真也。」李善注引此文云：「君子之道，久而章，遠而隆。」是其明證矣。知此之道，不可求於人，斯得諸己也。釋己而求諸人，去之遠矣。君子者樂有餘而名不足，小人樂不足而名有餘。觀於有餘不足之相去，昭然遠矣。含而弗吐，在情而不萌者，未之聞也。言懷其情而必萌見也。

君子思義而不慮利，小人貪利而不顧義。子曰：「鈞之哭也，子，孔子。鈞，等也。曰：『子予柰何兮乘我何！』其哀則同，其所以哀則異。」故哀樂之襲人情也深矣。鑿地漂池，人或有鑿穿，或有填池。言用心異也。非止以勞苦民也，各從其蹠而亂生焉。蹠，願也。○王念孫云：如高注，則漂池當作湮池。湮訓爲塞，故注言「填池」也。「非止以勞苦也」，止疑當作正。上文曰：「故人之甘甘，非正僞蹠也，（僞與爲同。）而蹠焉往。君子之憯怛，非正僞形也，而諭乎人心。」語意與此相似。其載情一也，施人則異矣。施于人有善惡。故唐、虞日孳孳以致於王，桀、紂日怏怏以致於死，不知後世之譏己也。凡人情，說其所苦卽樂，失其所樂則哀，故知生之樂，必知死之哀。有義者不可欺以利，有勇者不可劫以懼，如飢渴者不可欺以虛器也。人多欲虧義，欲則貪，貪損義。多憂害智，貪憂閉塞，故害智也。多懼害勇。○文典謹按：意林引，害作妨。嫚生乎小人，嫚，倨也。蠻夷皆能之；嫚，蠻夷之行也。善生乎君子，誘然與日月争光，誘，美稱也。天下弗能遏奪。故治國樂其所以存，亡國亦樂其所以亡也。金錫不消釋則不流刑，刑，法。上憂尋不誠則不法民。憂尋不在民，則是絕民之繫也；繫，所以拘維民。君反本，而民繫固也。至德小節備，大節舉。齊桓舉而不密，齊桓有大節，小節疏也。晉文密而不舉。晉文有小節，大節廢也。晉文得之乎閨內，失之乎境外；閨內修而境外亂也。齊桓失之乎閨內，而得之本朝。閨內亂而朝廷治也。水下流而廣大，君下臣而聰明。君不與臣争功，而治道通矣。管夷吾、百里奚經而成之，百里奚，虞人，秦相也。齊桓、秦穆受而聽之。聽用二臣之謀。照惑者以東爲西，惑也，照，曉。見日而寤矣。衛武侯謂其臣曰：「小子無謂我老武侯蓋年九十五矣。而羸我，羸，劣也。有過必謁之。」是武侯如弗羸之必得羸，故老而弗舍，通乎存亡之論者也。

人無能作也，有能爲也；有能爲也，而無能成也。人之爲，天成之。終身爲善，非天不行；終身爲不善，非天不亡。故善否，我也；禍福，非我也。非我也，天所爲也。故君子順其在己者而已矣。性者，所受於天也；命者，所遭於時也。有其材，不遇其世，天也。太公何力，比干何罪，循性而行指，或害或利。○王念孫云：循性而行指，謂率其性而行其志也。呂氏春秋行論篇「布衣行此指於國」，高注曰：「指，猶志也。」劉本改指爲止，而諸本從之，謬矣。求之有道，得之在命，故君子能爲善，而不能必其得福；不忍爲非，而未能必免其禍。○王念孫云：「必其得福」，當依文子符言篇作「必得其福」，與「必免其禍」相對爲文。君，根本也；臣，枝葉也。根本不美，枝葉茂者，未之聞也。○文典謹按：御覽六百二十引，美作善，「未之聞也」作「不聞也」。有道之世，以人與國；若堯以天下與舜也。無道之世，以國與人。○莊逵吉云：御覽此下有注云：「以賢人而與之國，堯、舜是也。以國與人，桀、紂與湯、武是也。」堯王天下而憂不解，授舜而憂釋。○文典謹按：御覽八十引，釋上有乃字。憂而守之，而樂與賢終，不私其利矣。凡萬物有所施之，無小不可；爲無所用之，不知其所用也。碧瑜糞土也。瑜，玉也。不知用之，則爲糞土也。○文典謹按：文選子虛賦注引高誘淮南子注曰：「碧，青石也。」疑卽此處注也。人之情，於害之中爭取小焉，於利之中爭取大焉。故同味而嗜厚膊者，厚膊，厚切肉也。○王念孫云：說文：「膊，薄脯，膊之屋上也。」非切肉之義。膊皆當爲膞，字之誤也。說文：「膞，切肉也。」玉篇旨兗切。廣雅：「膞，臠也。」（說文：「臠，切肉臠也。」）字從專，不從尃。膞之言剸也。鄭注文王世子曰：「剸，割也。」故高注以膞爲切肉。鍾山札記以膞爲脟字之誤，非也。必其甘之者也；同師而超羣者，必其樂之者也。弗甘弗樂，而能爲表者，未之聞也。表，立見也。君子時則進，得之以義，何幸之有！不時則退，讓之以義，何不幸之有！故伯夷餓死首陽之下，伯夷，孤竹君之子，讓國與弟，不食周粟，故餓也。猶不自悔，棄其所賤，得其所貴也。求仁而得仁也。福之萌也緜緜，禍之生也分分。福禍之始萌微，故民嫚之，○王念孫云：「分分」當爲「介介」，字之誤也。介介，微也。豫六二「介于石」，繫辭傳「憂悔吝者存乎介」，虞注並云：「介，纖也。」齊策曰「無纖介之禍」，是介爲微小之稱。「禍之生也介介」與「憂悔吝者存乎介」，意正相近。緜緜介介，皆微也，故曰「福禍之始萌微」。文子微明篇作「禍之生也紛紛」，則後人妄改之耳。唯聖人見其始而知其終，故傳曰：「魯酒薄而邯鄲圍，魯與趙俱朝楚，獻酒於楚，魯酒薄而趙酒厚。楚之主酒吏求酒於趙，不與，楚吏怒，以趙所獻酒，獻於楚王〔一〕，易魯薄酒，楚王以爲趙酒薄而圍邯鄲。一曰：趙、魯獻之于周也。事見莊子。○陶方琦云：莊子釋文、御覽八百四十五引許注：「楚會諸侯，魯、趙俱獻酒于楚王，魯酒薄而趙酒厚。楚之主酒吏求酒于趙，趙不與，吏怒，乃以趙厚酒易魯薄酒，奏之。楚王以趙酒薄，故圍邯鄲也。」按：今注較莊子釋

〔一〕「獻於楚王」四字，疑爲「所獻酒」旁注誤入注文。

文、御覽引微詳，引書家多約文也。羊羹不斟而宋國危。「宋將華元與鄭戰，殺羊食士，不及其御。及戰，御馳馬入鄭軍，華元以獲也。○錢大昕云：宣二年，宋華元殺羊食士，其御羊斟不與。據後文羊斟兩見，是羊斟爲人姓名。案：淮南繆稱訓云：「魯酒薄而邯鄲圍，羊羹不斟而宋國危。」則斟爲斟酌之義，當以羊爲其御之名，「斟不與」三字爲句。細玩下文，其御字叔牂，正與羊名相應，則淮南説亦可通。傳文後兩「斟」字或後人所加。○俞樾云：方言曰：「斟，益也。凡相益而又少，謂之不斟。」然則「羊羹不斟」謂羹少也。上句「魯酒薄而邯鄲圍」，酒薄、羹少，其事正相類。宣二年左傳「其御羊斟不與」，羊斟自是人名。此云「羊羹不斟」，自謂羹少，必并爲一談，則皆失之矣。

明主之賞罰，非以爲己也，以爲國也。適於己而無功於國者，不施賞焉；逆於己便於國者，不加罰焉。故楚莊謂共雍曰：共雍，楚臣。「有德者受吾爵祿，有功者受吾田宅。是二者，女無一焉，吾無以與女。」可謂不踰於理乎！踰，越。其謝之也，猶未之莫與。謝，謂遣共雍也。莫，勉之也。周政至，至于道也。殷政善，善施教，未至于道也。夏政行。行尚麤也。行政善，善未必至也。至至之人，不慕乎行，不慚乎善，○王念孫云：「行政善，善未必至也」，當作「行政未必善，善政未必至也」。今本上句脱「未必」二字，下句脱政字，則文義不明。高注「夏政行」曰：「行尚粗也。」是行政未必善也。又注「殷政善」曰：「善施教，未至於道也。」是善政未必至也。又注「周政至」曰：「至於道也。」故曰「至至之人不慕乎行，不慙乎善」。（「至至」即至道，説見上文「至至」下。）含德履道，而上下相樂也，不知其所由然。有國者多矣，而齊桓、晉文獨名；泰山之上有七十〔一〕壇焉，封乎泰山，蓋七十二君也。而三王獨道。君不求諸臣，臣不假之君，脩近彌遠，而後世稱其大。不越鄰而成章，而莫能至焉。故孝己之禮可爲也，而莫能奪之名也，必不得其所懷也。孝己，殷高宗之子也，蓋放逐而不失禮。人不能與孝己争名者，不得孝己之所懷也。義載乎宜之謂君子，宜遺乎義之謂小人。通智得而不勞，通智，達道之人。其次勞而不病，其下病而不勞。古人味而弗貪也，古人知其味而不貪其食。今人貪而弗味。孔子魯人之學也〔二〕，飲之而已，莫之能味也。歌之修其音也，此言樂所以移風易俗，歌長其音。音之不足於其美者也。此音不足以致美化也。金石絲竹，助而奏之，猶未足以至於極也。極，治化之至也。人能尊道行義，喜怒取予，如此，即其化民逾于樂也。欲如草之從風。草上之風，必偃。召公以桑蠶耕種之時弛獄出拘，召公，周太保也。使百姓皆得反業修職；文王辭千里之地，而請去炮烙之刑。紂拘文王，文王獻寶於紂。紂賞以千里之地，文王不受，願去炮烙之

〔一〕據高注，「七十」下似脱「二」字。
〔二〕此句有脱誤，疑「魯」字當爲「曰」。

刑。故聖人之舉事也，進退不失時，若夏就絺綌，上車授綏之謂也。老子學商容，見舌而知守柔矣；商容，神人也。商容吐舌示老子，老子知舌柔齒剛。列子學壺子，觀景柱而知持後矣。先有形而後有影，形可亡而影不可傷。故聖人不爲物先，而常制之，其類若積薪樵，後者在上。

人以義愛，以黨羣，以羣強。是故德之所施者博，則威之所行者遠；義之所加者淺，則武之所制者小矣。鐸以聲自毁，鐸，大鈴，出於吴。○梁處素云：矣當爲吴，字之誤也。「吴鐸」二字連讀，故高注云「鐸，大鈴，出於吴。」鹽鐵論利議篇「吴鐸以其舌自破」，是其證。太平御覽人事部一百引此，正作「吴鐸以聲自毁」。膏燭以明自鑠，虎豹之文來射，猨狖之捷來措，措，刺也。○文典謹按：意林引，之並作以，措作刺。故子路以勇死，死衛侯輒之難。萇弘以智困。欲以術輔周，周人殺之。能以智知，而未能以智不知也。故行險者不得履繩，出林者不得直道，夜行瞑目而前其手，事有所至，而明有所害。○俞樾云：至當作宜，害當作容，皆字之誤也。容，用也，説見主術篇。容與庸通。莊子胠篋篇容成氏，六韜大明篇作庸成氏。庸爲用，故容亦爲用也。夜行者不用目而用手，是事之宜也，故曰「事有所宜而明有不容」。説林篇曰：「夜行者掩目而前其手，涉水者解其馬載之舟，事有所宜而有所不施。」可證此文至字之誤。不施，亦即不用也。人能貫冥冥入于昭昭，可與言至矣。鵲巢知風之所

起，歲多風，則鵲作巢卑。**獺穴知水之高下，**水之所及，則獺避而爲穴。**暉目知晏，**暉目，鴆鳥也。晏，無雲也。天將晏静，暉目先鳴。莊逵吉云：「暉目」疑當作「暉日」。説文解字：「鴆，運日也。」廣雅：「雄曰運日，雌曰陰諧。」「晏，無雲也」，當是暒字。封禪書作曣，並同。○陶方琦云：史記索隱四引許注：「晏，無雲也。」文選羽獵賦注引許注：「晏，無雲之處也。」按：説文：「晏，天清也。」又日部「暒」下曰：「星無雲也。」知晏、暒義並通。漢書天文志：「日晡時天星晏。」（星卽晴字。）又郊祀志作曣，如淳曰：「三輔俗謂日出清濟爲晏。」○文典謹按：莊校是也。宋本「暉目」正作「暉日」，注同。**陰諧知雨。**陰諧，暉目雌也。天將陰雨則鳴。○朱芹云：羅願爾雅翼：「鴆，毒鳥也。雄名運日，雌名陰諧。天晏静無雲，則運日先鳴。天將陰雨，則陰諧鳴之。故淮南子云『運日知晏，陰諧知雨』也。或曰：取蛇虺時，呼『同力』數十聲，石起蛇出，故江東人呼爲同力鳥。」又廣南異物志曰：「檀雞，鴆鳥之别名。」案：暈日二字合音爲鴆，諧陰二字合音亦爲鴆，則運日、陰諧，皆鴆字之切音也，故以名之。**爲是謂人智不如鳥獸，則不然。故通於一伎，察於一辭，可與曲説，未可與廣應也。甯戚擊牛角而歌，桓公舉以大政；**○王念孫云：「舉以大政」本作「舉以爲大田」，此後人以意改之也。文選江淹雜體詩注引此作「舉以爲大田」，又引高注曰：「大田，官也。」（當作「大田，田官也」。）今則既改正文，又删去高注矣。高注詮言篇曰：「甯戚疾商歌以干桓公，桓公舉以爲大田。」晏子春秋問篇曰：「桓公聞甯戚歌，舉以爲大田。」此皆其明證也。又齊俗篇「后稷爲大田師，奚仲爲工」，師字當在工字下。（後人不知大田爲官名，故又移師字於大田之下。太平御覽皇王部五引此已誤。）大田，田官之長也。工師，工官之長也。文子自然篇作「后稷爲田疇，奚仲爲工師」，是其證。**雍門子以哭見孟嘗君，涕流沾纓。**○俞樾云：「孟嘗君」下當更有「孟嘗君」三字，而今脱之。覽冥篇曰：「昔雍門子以哭見於孟嘗君，已而陳辭通意，撫心發聲，孟嘗君爲之增欷歍唈，流涕狼戾不可止。」彼文再言孟嘗君，故知此亦當同。不然，則涕流沾纓仍屬雍門子，而不屬孟嘗君，不見其感人之至矣。○文典謹按：俞説是也。論衡感虚篇：「雍門子哭對孟嘗君，孟嘗君爲之於邑。」論衡所引儒者傳書之言，多同淮南，知此文亦必重「孟嘗君」三字矣。又按：文選陸士衡於承明作與士龍詩注引此文，作「雍門子以琴見孟嘗君，涕流霑纓」，漢書景十三王傳「雍門子壹微吟，孟嘗君爲之於邑」，蘇林云：「六國時人，名周，善鼓琴。母死，無以葬，見孟嘗君而微吟也。」如淳云：「雍門子以善鼓琴見孟嘗君，先説萬歲之後，高臺既已顛，曲池又已平，墳墓生荆棘，牧豎游其上，孟嘗君亦如是乎？孟嘗君喟然歎息也。」説苑善説篇所説略同。文選注所引，琴字似非誤字。繆稱訓乃許注本，疑高本自作琴也。**歌哭，衆人之所能爲也；一發聲，入人耳，感人心，情之至者也。故唐、虞之法可效也，其諭人心不可及也。簡公以懦殺，**簡公，齊君也。以柔懦，田成子殺之。**子陽以猛劫，**子陽，鄭相也。尚刑而劫死。**皆不得其道者也。故歌而不比於律者，其清濁一也；**由清濁失和，故不與律合。**繩之外與繩之内，皆失直者也。紂爲象箸而箕子嘰，**嘰，唏也。知象箸必有玉杯，爲杯必極滋味。魯以偶人葬而孔子歎，偶人，桐人也。嘆其象人而用之也。見所始則知所終。故水出於山，入於海；稼生乎野，而藏乎倉；聖人見其所生，則知其所歸矣。

水濁者魚噞，令苛者民亂，城峭者必崩，岸崝者必陀，崝，峭也。陀，落也。○陶方琦云：文選長笛賦注、謝靈運七里瀨詩注引許注：「陗，峻也。阤，落也。」按：今注峭應作陗。説文𨸏部：「陗，陵也。从𨸏，肖聲。」「陵」下亦云：「陗高也。」崝因峭字而譌，當是峻字。太玄陵「崢岸陗陁」，注：「陗，峻也。」陀卽阤字，説文作陊，落也。又「阤」下云：「小崩也。」小崩亦落義。故商鞅立法而支解，商鞅爲秦孝公立治法，百姓怨之，以罪支解。吳起刻削而車裂。吳起相楚，設貴臣相坐之法，卒車裂也。治國譬若張瑟，大絃組，組，急也。○王念孫云：組皆當爲絚，字之誤也。絚，讀若亙，字本作揯，又作緪。説文：「揯，引急也。」又曰：「緪，急也。」楚辭九歌「緪瑟兮交鼓」，王注曰：「緪，急張弦也。」絚卽緪之省文，馬融長笛賦云「絚瑟促柱」是也。意林及太平御覽治道部五引此，並作「大弦絚」，是其證。泰族篇云：「故張瑟者，小弦絚而大弦緩。」義與此同也。○文典謹按：意林引，瑟上有琴字。則小絃絶矣。故急轡數策者，非千里之御也。有聲之聲，不過百里；無聲之聲，施於四海。是故禄過其功者損，名過其實者蔽。情行合而名副之，禍福不虚至矣。身有醜夢，不勝正行；國有妖祥，不勝善政。是故前有軒冕之賞，不可以無功取也；後有斧鉞之禁，不可以無罪蒙也。素脩正者，弗離道也。君子不謂小善不足爲也而舍之，小善積而爲大善；不謂小不善爲無傷也而爲之，小不善積而爲大不善。是故積羽沈舟，羣輕折軸，故君子禁於微。壹快不足以成善，積快而爲德；壹恨不足以成非，積恨而成怨。故三代之善，千歲之積譽也；桀、紂之謗，千歲之積毀也。○王念孫云：「積恨而成怨」，怨本作惡，「桀、紂之謗」，謗亦本作惡，皆後人妄改之也。「壹快不足以成善，積快而爲德」者，德亦善也。言一爲善而快於心，不足以成善；多爲善，則積快而爲德矣。「壹恨不足以成非，積恨而成惡」者，恨，悔也，非亦惡也。言一爲不善而悔於心，不足以成非；多爲不善，則積悔而成惡矣。快與恨對，善與非對，德與惡對，皆謂己之善惡，非謂人之恩怨也。後人誤以德爲恩德，恨爲怨恨，故改惡爲怨耳。「三代之善，千歲之積譽也；桀、紂之惡，千歲之積毀也」，善與惡對，譽與毀對。改惡爲謗，則既與善字不對，又與毀字相複矣。文選運命論注引此，正作「桀、紂之惡」。

天有四時，人有四用。何謂四用？視而形之莫明於目，聽而精之莫聰於耳，重而閉之莫固於口，含而藏之莫深於心。目見其形，耳聽其聲，口言其誠，而心致之精，則萬物之化咸有極矣。地以德廣，人君以德廣益其土地也。君以德尊，上也；地以義廣，君以義尊，次也；地以强廣，君以强尊，下也。故粹者王，駮者霸，無一焉者亡。昔二皇鳳皇至於庭，○王念孫云：此本作「昔二皇鳳至於庭」。道藏本皇字倒在鳳字下，因誤而爲凰，劉本補皇字而未删凰字，皆非也。文選長笛賦注、藝文類聚祥瑞部下、太平御覽羽族部二及爾雅翼、玉海祥瑞部引此，並作「二皇鳳至於庭」，無凰字。三代至乎門，周室至乎澤。德彌麤，所至彌遠；德彌精，所至彌近。君子誠仁，施亦仁，不施亦仁。道無爲而民蒙純，此所謂不施而仁。小人誠不仁，施亦不仁，不施亦不仁。善之由我，與其由人若，仁德之盛者也。故情勝欲者昌，欲勝情者亡。欲知天道，察其數；謂律曆之數也。欲知地道，物其樹；五土之宜，各有所種生之木。欲知人道，從其欲。君子欲于道，小人欲于利。勿驚勿駭，萬物將自理；勿撓勿攖，攖，纓。萬物將自清。言治天下各順其情。察一曲者，不可與言化；一曲，一事也。審一時者，不可與言大。猶蟬不知寒也。日不知夜，月不知晝，日月爲明而弗能兼也，唯天地能函之。能包天地，曰唯無形者也。

驕溢之君無忠臣，口慧之人無必信。交拱之木無把之枝，拱，抱也。把，握也。尋常之溝無吞舟之魚。根淺則末短，本傷則枝枯。福生於無爲，患生於多欲。害生於弗備，穢生於弗耨。聖人爲善若恐不及，備禍若恐不免。蒙塵而欲毋眯，涉水而欲無濡，不可得也。是故知己者不怨人，知命者不怨天。福由己發，禍由己生。

聖人不求譽，不辟誹，正身直行，衆邪自息。今釋正而追曲，倍是而從衆，是與俗儷走，而內行無繩，繩，所以彈曲者也。故聖人反己而弗由也。道之有篇章形埒者，形埒，兆朕也。非至者也；嘗之而無味，視之而無形，不可傳於人。大戟去水，亭歷愈張，用之不節，乃反爲病。物多類之而非，唯聖人知其微。善御者不忘其馬，善射者不忘其弩，善爲人上者不忘其下。誠能愛而利之，天下可從也。弗愛弗利，親子叛父。天下有至貴而非勢位也，有至富而非金玉也，有至壽而非千歲也，原心反性則貴矣，適情知足則富矣，明死生之分則壽矣。言無常是，行無常宜者，小人也。察於一事，通於一伎者，中人也。兼覆蓋而并有之，度伎能而裁使之者，聖人也。裁，制也。度其伎能而裁制使之。○王念孫云：正文本作「兼覆而并有之，伎能而裁使之」，注本作「度其能而裁制使之」。伎之言支也；支，度也。注言「度其能而裁制使之」，度字正釋伎字。今本注文作「度其伎能」者，涉正文而衍伎字也。正文作「度伎能」者，又涉注文而衍度字也。因正文衍度字，後人又於上句加蓋字，以對下句。「兼覆蓋而并有之」，斯爲不詞矣。太平御覽人事部一引此，正作「兼覆而并有之，技能而裁使之」。（技與伎同。）文子符言篇同。又齊俗篇「若以聖人爲之中，則兼覆而并之」。案：彼文并下當有有字，「兼覆而并有之」，文與此同也。又兵略篇「必擇其人，技能其才，使官勝其任，人能其事」。案：「技能其才」，能字涉下文「能其事」而衍，「技其才」亦謂度其才也。「擇其人，技其才」，「官勝其任，人能其事」，皆相對爲文，則技下不當有能字。且能卽是才，若云「技能其才」，則是技能其能矣。

淮南鴻烈集解卷十一

齊俗訓

齊，一也。四宇之風，世之衆理，皆混其俗，令爲一道也，故曰「齊俗」。○文典謹按：此篇敍目無「因以題篇」字，乃許慎注本。

率性而行謂之道，得其天性謂之德。性失然後貴仁，道失然後貴義。是故仁義立而道德遷矣，禮樂飾則純樸散矣，是非形則百姓眩矣，珠玉尊則天下争矣。凡此四者，衰世之造也，末世之用也。夫禮者，所以別尊卑，異貴賤；義者，所以合君臣、父子、兄弟、夫妻、朋友之際也。今世之爲禮者，恭敬而忮；忮，害也。爲義者，布施而德；君臣以相非，骨肉以生怨，則失禮義之本也，故搆而多責。搆謂以權相交。權盡而交疏，搆搆然也。夫水積則生相食之魚，土積則生自穴〔一〕之獸，禮義飾則生僞匿之本。○王念孫云：御覽禮儀部二引此，「僞匿之本」作「僞慝之儒」，又引注曰：「僞，詐。慝，姦。」

〔一〕「宂」疑當爲「宍」，古肉字。

案：慝、匿古字通本當爲士。「僞匿之士」與「相食之魚」、「自肉之獸」相對爲文。若云「僞匿之本」，則與上文不類矣。御覽作「僞慝之儒」，儒亦士也。隸書士字或作圡，與本相似，又涉上文「禮義之本」而誤。○文典謹按：御覽五百二十三引，作「夫水積則生相食之蟲，（注云：「言大魚食小魚。」）土積則生食肉之獸，禮飾則生僞慝之儒。」三句皆以八字爲句，句法一律。今本多一義字，句法遂參差不齊，義字疑衍文也。又按：説文：「魚，水蟲也。」是「相食之蟲」義亦可通。**夫吹灰而欲無眯，涉水而欲無濡，不可得也。古者，民童蒙不知東西，貌不羨乎情，而言不溢乎行。其衣致煖而無文，其兵戈銖而無刃，**楚人謂刃頓爲銖。○莊逵吉云：頓即鈍字，故「頑頓」即「頑鈍」是。○洪頤煊云：説文：「殊，死也。从歺，朱聲。」漢令：「蠻夷長有罪當殊之。」漢書高帝紀：「其赦天下殊死以下。」銖即殊叚借字。○王念孫云：此本作「其衣煖而無文，其兵銖而無刃」，後人於煖上加致字，於義無取。戈爲五兵之一，言兵而戈在其中，不當更加戈字。且「其衣致煖」與「其兵戈銖」不對，明是後人所改。文子道原篇正作「其衣煖而無采，其兵鈍而無刃。」○俞樾云：王氏念孫謂致與戈皆衍文，其説是也。高解銖字曰：「楚人謂刃頓爲銖。」是銖與「無刃」一意也。煖與「無文」則非一意矣。疑煖當爲緩。緩者，縵之叚字也。説文糸部：「縵，繒無文。」國語晉語曰：「乘縵不舉。」韋注曰：「縵，車無文也。」是凡無文者皆謂之縵，故曰「其衣縵而無文」，正與「其兵銖而無刃」同義。縵與緩古音相同，得以通用。廣雅釋詁：慢、謾並訓緩，故緩亦通作縵也。後人不知緩爲縵之叚字，因其言衣，輒改作煖，似是而實非矣。○文典謹按：洪云銖卽殊叚借字；殊，死也。如洪説，則是其兵戈死而無刃，此説豈復可通耶！高注明言楚人謂刃頓爲銖，廣雅「銖，鈍也」，卽本此注。**其歌樂而無轉，其哭哀而無聲。鑿井而飲，耕田而食。無所施其美，亦不求得。親戚不相毁譽，朋友不相怨德。及至禮義之生，貨財之貴，而詐僞萌興，非譽相紛，怨德竝行，於是乃有曾參、孝己之美，而生盜跖、莊蹻之邪。故有大路龍旂，羽蓋垂緌，**大路，天子車也。交龍爲旂。**結駟連騎，則必有穿窬拊楗、抽箕踰備之姦；**抽，握也。備，後垣也。○王引之云：「抽箕」當爲「抇墓」，高注「抽，握也」，當作「抇，掘也」。抇字本作搰，説文曰：「搰，掘也。」或作抇，廣雅曰：「抇，掘也。」荀子正論篇曰「抇人之墓」是也。呂氏春秋節喪篇「葬淺則狐狸抇之」，高注曰：「抇，讀曰掘。」是抇與掘聲相近，字亦相通也。今本「抇墓」作「抽箕」者，抽與抇字相似，故抇誤作抽，墓與基字亦相似，墓以形誤爲基，基又以聲誤爲箕耳。「穿窬拊楗、抇墓踰備之姦」，皆謂盜賊也。楗，謂户牡也。拊楗，謂搏取户楗也。呂氏春秋異用篇云「跖與企足得飴以開閉取楗」是也。備與培同。下文「鑿培而遁之」，高注曰：「培，屋後牆也。」故此注云「備，後垣也」。又兵略篇「毋扣墳墓」，扣亦抇字之誤。本或作抉者，後人以意改之耳。**有詭文繁繡，弱緆羅紈，**弱緆，細布也。羅，縠。紈，素也。○文典謹按：藝文類聚八十五引，緆作錫。儀禮大射儀「冪用錫若絺」，鄭注：「錫，細布也。」説文：「緆，細布也。」錫、緆通用。**必有菅屩跐踦，短褐不完者。**菅，茅也。跐，偶也。踦，適也。楚人謂袍爲短。褐，大布。○陶方琦云：後漢書王望傳注引許注：「楚人謂袍曰裋。」此條已見上覽冥訓，重列之者，見許注、今注之同。**故高下之相傾也，短脩之相形也，亦明矣。**

夫蝦蟇爲鶉，鶉，鴽也。**水蠆爲蟔蓩，**青蛉也。○王念孫云：「水蠆爲蟔蓩」本作「水蠆爲蟌」。玉篇：「蟌，千公切，蜻蛉也。」廣韻引淮南子「蝦蟇爲鶉，水蠆爲蟌」。太平御覽蟲豸部六所引與廣韻同，又引注云：「老蝦蟇化爲鶉，水中蠆蟲化爲蟌。蟌者，蜻蜓也。」（此蓋許注。）說林篇「水蠆爲蟌」，高注曰：「水蠆化爲蟌。蟌，青蜓也。」皆其明證矣。今本作「水蠆爲蟔蓩」者，蟔爲蟌之誤，（蟌字從虫、悤聲，隸書悤或作𢙳，又作𢘽，其上半與每相近。蟌或作𧍢，因誤爲蟔耳。廣雅釋草：「蒚，藸蔥也。」今本蔥作蒠。又「藜蘆，蔥葥也」，今本蔥作蒠，皆其證也。）蓩爲菍之誤。菍，俗書蔥字也，與蟌同音。校書者記菍字於蟔字之旁，而寫者因誤合之耳。又案：高注「青蛉也」下，各本皆有「音矛音務」四字，蓋蟌菍二字既誤爲蟔蓩，後人遂妄加音釋耳。字彙補乃於虫部收入蟔字，音矛；又於艸部「蓩」字下注云「音務」，引淮南子「水蠆爲蟔蓩」。甚矣其惑也！**皆生非其類，唯聖人知其化。**其化視陰入陽，從陽入陰。**夫胡人見黂，**黂，麻子也。**不知其可以爲布也；越人見毳，不知其可以爲旃也。故不通於物者，難與言化。**○文典謹按：「難與言化」，北堂書鈔百三十四引，作「不可與言俗」。**昔太公望、周公旦受封而相見，太公問周公曰：「何以治魯？」周公曰：「尊尊親親。」太公曰：「魯從此弱矣！」**尊尊親親，仁者弱也。周公問太公曰：「何以治齊？」太公曰：「舉賢而上功。」周公曰：「後世必有劫殺之君！」舉賢上功，則民競，故劫殺。其後，齊日以大，至於霸，二十四世而田氏代之；齊臣田氏奪其君位代之。魯日以削，至三十二世而亡。魯祿去公室，至楚考烈王滅之。○文典謹案：二疑四誤。魯自伯禽至頃公讎，適三十四世。呂覽長見篇、韓詩外傳二竝作四。故易曰：「履霜，堅冰至。」聖人之見終始微言！○孫詒讓云：言當作矣。故糟丘生乎象樠，紂爲長夜之飲，積糟成丘者，起于象樠。炮烙生乎熱斗。庖人進羹于紂，熱，以爲惡，以熱斗殺之。趙國斗可以殺人，故起炮烙。○陶方琦云：北堂書鈔引，作「炮烙始于熱斗」，注云：「熱斗，熨斗也。紂見熨斗爛人手，遂作炮格之刑矣。」御覽七百十二引許注：「熱斗，熨斗也。熱人手，遂作炮烙之刑也。」按：今注無此條，敓文也，應補在「庖人進羹」上。呂氏春秋順民篇高注：「紂常熨爛人手，因作銅烙，布火其下，令人走其上，以爲娛樂。」與此注文亦異。帝王世紀曰：（御覽八十三引。）「紂欲重刑，乃先爲大熨斗，以火爇之，使人舉，輒爛手不能勝。紂怒，乃更爲銅柱，以膏涂之，加于爇炭之上，使有罪者緣焉，足滑跌墮火中，紂與妲己笑爲樂，名曰炮格之刑。」與許注義相同。說文「尉」下：「所以尉申繒也。」即熨斗之說。○文典謹按：「生乎象樠」，「生乎熱斗」，兩生字於辭爲複。北堂書鈔四十一、一百三十五兩引此文，下生字竝作始。又按：御覽服用部十四、事物記原卷八引帝王世紀，與許注義亦正同，足證陶說。子路撜溺而受牛謝，撜，舉也。抍出溺人，主謝以牛也。○陶方琦云：羣書治要引許注：「拯，舉也。」二注正同，益知八篇真許注也。説文：「抍，上舉也。」説與注淮南正合。汜論訓「捽其髮而拯」，高注「拯，升也」，注亦異。孔子曰：「魯國必好救人於患。」○文典謹按：「救人於患」下，當有矣字，與下文「孔子曰：『魯國不復贖人矣』」一律。羣書治要引此文，患下有矣字。子贛贖人而不受金於府，魯國之法，贖人於他國者，受金於府。○陶方琦云：羣書治要引許注，與今注正同。孔子曰：「魯國不復贖人矣。」子路受而勸德，子贛讓而止善。孔子之明，以小知大，以近知遠，通於論者也。由此觀之，廉有所在，而不可公行也。○文典謹按：羣書治要引，在上有不字，於義爲長。故行齊於俗，可隨也；事周於能，易爲也。矜僞以惑世，伉行以違衆，聖人不以爲民俗。

廣廈闊屋，連闥通房，人之所安也，鳥入之而憂。○文典謹按：意林引，闊作弘。高山險阻，深林叢薄，虎豹之所樂也，人入之而畏。川谷通原，積水重泉，黿鼉之所便也，人入之而死。○文典謹按：御覽八百九十二、九百三十二引，泉竝作淵。咸池、承雲，皆黃帝樂。九韶、舜樂。六英，帝顓頊樂。人之所樂也，鳥獸聞之而驚。深谿峭岸，峻木尋枝，猨狖之所樂也，人上之而慄。形殊性詭，所以爲樂者乃所以爲哀，所以爲安者乃所以爲危也。乃至天地之所覆載，日月之所照誋，使各便其性，安其居，處其宜，爲其能。故愚者有所脩，智者有所不足；柱不可以摘齒，◯莊逵吉云：御覽引，摘作刺。筐不可以持屋；筐，小簪也。◯王念孫云：太平御覽居處部十五引，作「蓬不可以持屋」。案：筐與蓬皆筳字之誤也。筳，讀若庭，又讀若挺。庭、挺皆直也。（爾雅：「庭，直也。」考工記弓人注曰：「挺，直也。」）小簪形直，故謂之筳。柱與筳大小不同，而其形皆直，故類舉之。若筐與蓬，則非其類矣。玉篇：「筳，徒丁切，小簪也。」義卽本於高注。此言大材不可小用，小材不可大用，故柱可以持屋而不可以摘齒，小簪可以摘齒而不可以持屋也。筳字隸書或作莛，形與蓬相似，筐與筳草書亦相似，故筳誤爲筐，又誤爲蓬矣。馬不可以服重，牛不可以追速；鉛不可以爲刀，銅不可以爲弩；鐵不可以爲舟，木不可以爲釜。各用之於其所適，施之於其所宜，卽萬物一齊，而無由相過。夫明鏡便於照形，其於以函食，不如簞；◯王念孫云：「函食不如簞」，本作「承食不如竹箅」。（箅，博計反。）今本承誤爲函，箅誤爲簞，（箅誤爲箄，又誤而爲簞。）又脱去竹字耳。說文：「箅，蔽也。所以蔽甑底。」承，讀爲「烝之浮浮」之烝，謂用以烝食也。（漢書地理志長沙國承陽，師古曰：「承音烝。」續漢書郡國志作烝陽，是烝與承通。太平御覽器物部引此作「蒸食。」）今人猶謂甑中蔽爲箅子。世說云「客詣陳太丘宿，大丘使元方、季方炊，二人委而竊聽，炊忘箸箅，飯落釜中」是也。說山篇云：「弊箅甑瓾在旃茵之上，雖貪者不搏。」是箅爲物之賤者。然明鏡雖貴，若用以蔽甑底，則氣不上升而食不熟。竹箅雖賤，而可以烝食。故下文云「物無貴賤，因其所貴而貴之，物無不貴；因其所賤而賤之，物無不賤也」。鏡形圓，箅形亦圓，故連類而及之。若簞笥之屬，則儗之不於其倫矣。且箅與蜧爲韻，（蜧音戾。）若作簞，則失其韻矣。太平御覽服用部「鏡」下引淮南子「明鏡便於照形，承食不如竹簞」，雖承字不誤，而簞字已與今本同。然器物部「箅」下又引淮南子「明鏡可鑑形，蒸食不如竹箅」，是則服用部作簞者，後人據誤本淮南改之耳。北堂書鈔服飾部「鏡」下引作「承食不如竹簞」，簞亦箅之誤。又案：說山篇「獘箅甑瓾」，今本箅作簞，非也。說文：「箅，蔽也。所以蔽甑底。從竹，畀聲。」玉篇「博計切」，急就篇云「笔篅箯筥籅箅篝」是也。說文又云：「箄，簁箄也。從竹，卑聲。」玉篇必匙、必是二切，急就篇云「簁箄箕帚筐篋簍」是也。此言「弊箅甑瓾」，則是甑箅之箅，非簁箄之箄，字不當從卑。**犧牛粹毛，宜於廟牲，其於以致雨，不若黑蜧。**黑蜧，神蛇也。潛於神淵，蓋能興雲雨。○陶方琦云：文選江賦注引許注：「黑蜧，神蛇也。潛于神泉，能致雲雨。」張景陽雜詩注引作高誘，誤也。其「能致雲雨」四字，據以補入。說文虫部：「蜦，蛇屬也。潛於神淵之中，能興致雲雨。蜦或从戾作蜧。」許氏說文卽采用淮南注。初學記引淮南注：「黑蜧，神蛇。潛淵而居，將雨則躍。」（御覽十引亦同。）此卽許說，而引文稍異。御覽九百三十三引此注：「黑蜧，黑色蛇屬也。蜧潛于水，神象，能致雨也。」文又小異，或卽許、高之別。然江賦注引許注，文正同今注，與說文符合，確爲許說無疑。「神淵」作「神泉」，乃唐人避諱而改。（歲華紀麗亦引爲許注。）○文典謹按：「粹毛」，文選張景陽雜詩注、御覽九百三十三引，並作「騂毛」，知今本作粹者，誤字也。又按：白帖一引淮南子曰：「黑蜧，神虬。潛泉中而居，天將雨則躍。」亦注文也。**由此觀之，物無貴賤。因其所**

貴而貴之，物無不貴也；因其所賤而賤之，物無不賤也。夫玉璞不厭厚，角觿不厭薄，角觿，刀劍羽閒之覆角也。○孫詒讓云：刀劍無羽飾，此羽疑當爲削之譌。釋名釋兵云：「刀，其室曰削。」漆不厭黑，粉不厭白。此四者相反也，所急則均，其用一也。○文典謹按：北堂書鈔百三十五引，用下有則字。今之裘與蓑，孰急？見雨則裘不用，升堂則蓑不御，此代爲常者也。○陳觀樓云：常當爲帝，字之誤也。「代爲帝」，謂裘與蓑迭爲主也。說林篇曰：「旱歲之土龍，疾疫之芻靈，是時爲帝者也。」莊子徐無鬼篇曰：「堇也，桔梗也，雞廱也，豕零也，是時爲帝者也。」義並與此同。譬若舟、車、楯、肆、窮廬，故有所宜也。水宜舟，陸地宜車，沙地宜肆，泥地宜楯，草野宜窮廬。○莊逵吉云：錢別駕云：大禹四載，本皆異。說文解字「水行乘舟，陸行乘車，山行乘欙，澤行乘𨊻」；史記「山行乘檋，水行乘船，陸行乘車，澤行乘橇」；漢書溝洫志「山行乘梮，水行乘舟，陸行乘車，澤行乘毳」，徐廣史記注又作「山行乘橋，水行乘船，陸行乘車，澤行乘蕝」；呂不韋書「山用樏，水用舟，陸用車，塗用楯」，又有「沙用鳩」；本書脩務訓又云「山行乘虆，水行乘舟，沙行乘鳩，澤行乘楯」，與此而七。其字各殊，攷之，欙爲正字，虆、樏皆欙字之別也。肆字音與欙相近，通用。檋、梮亦同聲，橋又檋字之轉聲。檋乃駕馬大車，橋卽俗轎字也。鳩、車聲相轉，然古別有一種車名鳩，蓋小車。𨊻、輴、楯三字同類。橇、毳、蕝三字同類。周禮曰「孤乘夏𨊻」，又下棺車亦曰𨊻。古字無輴，楯，乃以闌楯借用耳。僞孔傳尚書本不足據，其見于諸書者，因以別駕所肆攷而附詳之如是。○盧文弨云：今本淮南䤸譌作肆，唯葉林宗本作䤸，从镸，从朩。案：文子自然篇「水用舟，沙用䤸，泥用楯，山用樏」，釋音云：「䤸，乃鳥切，推版具。」今檢玉篇無䤸字，有䤸字，从镸，从土，从小，音正同，云「㔌䤸長不勁」，蓋與「㜷嫋」同義。廣韻則从镸，从赤。三字不同。案：朩字亦有茉音，當以从朩爲正。又脩務訓「沙之用䤸」，葉本亦譌作肆，而別本有作鳩者。案：呂氏春秋慎勢篇作「沙用鳩」，字書九與糾通，則音亦可通轉，卽以鳩從文子、淮南讀，其亦可也。○王念孫云：肆當作䤸，（玉篇乃鳥切。）字相似而誤。文子自然篇正作「沙用䤸」。朱本、茅本、莊本依呂氏春秋（慎勢篇。）改作「沙之用鳩」，非也。鳩與肆形聲皆不相近，若是鳩字，不得誤爲肆矣。或又因説文無䤸字，而以肆爲樏。樏與肆形聲亦不相近，且脩務篇明言「沙用肆，山用蔂」，（與樏同。）肆、樏不同物，何得以肆爲樏乎！**故老子曰「不上賢」者，言不致魚於木，沉鳥於淵。**物各因其宜，故不須用賢。

故堯之治天下也，舜爲司徒，契爲司馬，禹爲司空，后稷爲大田師〔一〕，奚仲爲工。其導萬民也，水處者漁，山處者木，○俞樾云：木乃采之壞字，謂采樵也。「山處者采」，與上句「水處者漁」，下句「谷處者牧」，「陸處者農」一律。漁也，采也，牧也，農也，皆言其事也。若作「山處者木」，則上句當云「水處者魚」矣。文子自然篇作「林處者採」，可據以訂正。説林篇「漁者

〔一〕「師」字當在下句「工」字下，見繆稱訓「桓公舉以大政」注。

走淵，木者走山」，木亦當爲采。谷處者牧，陸處者農。地宜其事，事宜其械，械宜其用，用宜其人。澤皐織網，陵阪耕田，得以所有易所無，以所工易所拙，是故離叛者寡，而聽從者衆。譬若播棊丸於地，○文典謹按：意林引，播作翻。員者走澤，方者處高，各從其所安，夫有何上下焉！若風之遇簫，簫，籟也。○陳觀樓云：各本過字皆誤作遇，唯道藏本不誤。文子自然篇正作「若風之過簫」。忽然感之，各以清濁應矣。夫猨狖得茂木，不舍而穴；狟狢得埵防，弗去而緣；狟，狟豚也。埵，水埒也。防，隄也。物莫避其所利而就其所害。是故鄰國相望，雞狗之音相聞，而足迹不接諸侯之境，車軌不結千里之外者，皆各得其所安。故亂國若盛，治國若虛，亡國若不足，存國若有餘。虛者非無人也，皆守其職也；盛者非多人也，皆徼於末也；有餘者非多財也，欲節事寡也；不足者非無貨也，民躁而費多也。故先王之法籍，非所作也，其所因也。其禁誅，非所爲也，其所守也。凡以物治物者不以物，○王念孫云：「凡以物治物者」，「以物」二字因下文而衍。呂氏春秋貴當篇、文子下德篇皆無此二字。以睦；治睦者不以睦，以人；治人者不以人，以君；治君者不以君，以欲；治欲者不以欲，以性；治性者不於性，以德；治德者不以德，以道。原人之性，蕪濊而不得清明者，物或堁之也。堁，坋塵也。

羌、氐、僰、翟，嬰兒生皆同聲，羌，東戎。氐，南夷。僰，西夷。翟，北胡也。及其長也，雖重象狄騠，象狄騠，譯也。象傳狄騠之語也。不能通其言，教俗殊也。今三月嬰兒，生而徙國，則不能知其故俗。由此觀之，衣服禮俗者，非人之性也，所受於外也。夫竹之性浮，殘以爲牒，束而投之水，則沉，失其體也。金之性沉，託之於舟上則浮，勢有所支也。夫素之質白，染之以涅則黑；縑之性黄，染之以丹則赤。人之性無邪，久湛於俗則易。易而忘本，合於若性。若性合於他性，自若〔一〕本性也。故日月欲明，浮雲蓋之；河水欲清，沙石濊之；○文典謹按：御覽七十四引，「沙石濊之」作「沙壤穢之」。羣書治要引，濊亦作穢。人性欲平，嗜欲害之。惟聖人能遺物而反己。夫乘舟而惑者，不知東西，見斗極則寤矣。○文典謹按：文選應休璉與從弟君苗君胄書注引，作「見斗極則曉然而寤矣」。夫性，亦人之斗極也。有以自見也，則不失物之情；無以自見，則動而惑營。譬若隴西之游，愈躁愈沉。孔子謂顏回曰：「吾服汝也忘，孔子謙，自謂無知而服回，此忘行也。而汝服於我也亦忘。雖然，汝雖忘乎，吾猶有不忘者存。」孔子知其本也。

〔一〕「若」，疑當爲「忘」。

夫縱欲而失性，動未嘗正也，以治身則危，以治國則亂，○文典謹按：羣書治要引，危作失，亂作敗。以入軍則破。是故不聞道者，無以反性。故古之聖王，能得諸己，故令行禁止，名傳後世，德施四海。是故凡將舉事，必先平意清神。神清意平，物乃可正。若璽之抑埴，璽，印也。埴，泥也。正與之正，印正而封亦正。傾與之傾。故堯之舉舜也，決之於目；桓公之取甯戚也，斷之於耳而已矣。爲是釋術數而任耳目，其亂必甚矣。夫耳目之可以斷也，反情性也；聽失於誹譽，而目淫於采色，而欲得事正，則難矣。夫載哀者聞歌聲而泣，○文典謹按：意林引，載作戴，下同。載樂者見哭者而笑。○文典謹按：羣書治要引，見作聞。哀可樂者，笑可哀者，○王念孫云：「哀可樂者」，者字因下句而衍。○文典謹按：羣書治要引，此下有「何者」二字。載使然也，是故貴虛。虛者，心無所載於哀樂也。○陶方琦云：羣書治要引許注：「虛者，無所載于哀樂。」故水擊則波興，氣亂則智昏。智昏不可以爲政，波水不可以爲平。○王念孫云：「水擊」當爲「水激」，聲之誤也。羣書治要引此，正作激。氾論篇亦云：「水激興波，智昏不可以爲政。」「智昏」當爲「昏智」，「昏智」與「波水」相對，謂既昏之智不可以爲正，已波之水不可以爲平也。今本作「智昏」者，蒙上句而誤。文子下德篇正作「昏智不可以爲正」。故聖王執一而勿失，萬物之情既矣，既，盡也。○王念孫云：既本作測，高注本作「測，盡也」。今本正文、注文皆作既，後人以意改耳。羣書治要引此，正作測。原道篇：「水，大不可極，深不可測。」主術篇：「天道，大不可極，深不可測。」呂氏春秋下賢篇：「昏乎其深而不測也。」高注並云：「測，盡也。」後人但知既之訓爲盡，而不知測之訓爲盡，遂以其所知改其所不知，謬矣。且測與服爲韻，（服字古讀蒲北反，說見唐韻正。）若作既，則失其韻矣。**四夷九州服矣。夫一者至貴，無適於天下。聖人託於無適，故民命繫矣。**

爲仁者必以哀樂論之，爲義者必以取予明之。目所見不過十里，而欲徧照海内之民，哀樂弗能給也。無天下之委財，而欲徧澹萬民，利不能足也。且喜怒哀樂，有感而自然者也。故哭之發於口，涕之出於目，○莊逵吉云：御覽引，目作鼻，疑是。○王紹蘭云：陳風澤陂篇「涕泗滂沱」，毛傳：「自目曰涕，自鼻曰泗。」泗即洟之借字。說文：「洟，鼻液也。」易萃上六：「齎咨涕洟」，釋文引鄭「自目曰涕，自鼻曰洟」，（虞翻同。）然則目涕之義古矣。王褒僮約云「目淚下落，鼻涕長一尺」，非經訓也。莊氏疑御覽引目作鼻爲是，失之。○俞樾云：莊說非也。周易萃上六「齎咨涕洟」，釋文引鄭注曰：「自目曰涕，自鼻曰洟。」然則涕出乎目，非出乎鼻，不得據御覽之誤字以改淮南之不誤者也。○文典謹按：王、俞說是也。藝文類聚八十引，與今本合，明御覽作鼻必爲誤字。**此皆憤於中而形於外者也。譬若水之下流，烟之上尋也，**○文典謹按：尋，讀爲覃，（古侵、覃通爲一韻。）即古燂字。說文火部：「燂，火熱也。」字亦作焴。又與㷋通。儀禮有司徹「乃㷋尸俎」，鄭注：「㷋，温也。古文㷋皆作尋，記或作焴。」（左哀十二年傳「若可尋也」，此注引作焴。）天文篇「火上蕁」，高注：「蕁，讀葛覃之覃。」亦叚爲燂。夫有孰推之者！故強哭者雖病不哀，強親者雖笑不和。情發於中而聲應於外，故釐負羈之壺餐，愈於晉獻公之垂棘；獻公以垂棘滅虞、虢。趙宣孟之束脯，賢於智伯之大鐘。智伯以大鐘滅仇由。故禮豐不足以效愛，而誠心可以懷遠。故公西華之養親也，若與朋友處；曾參之養親也，若事嚴主烈君，其于養，一也。公西華，孔子弟子也。與朋友處，睦而少敬。烈，酷也。曾參事親，其敬多。故胡人彈骨，越人契臂，中國歃血也，所由各異，其於信，一也。胡人之盟約，置酒人頭骨中，飲以相詛。刻臂出血，殺牲歃血，相與爲信。○莊逵吉云：御覽引，契作齧。列子釋文仍作契，引許慎注云：「契，刻臂出血也。」歃，御覽引作唼。唼，歃之別字也。○陶方琦云：今注文略媘節，「刻臂」上應有契字。釋名釋書契：「契，刻也。」爾雅：「契，絶也。」郭注：「今江東以刻斷物爲契斷。」三苗髽首，羌人括領，中國冠笄，越人劗鬋，其於服，一也。三苗之國在彭蠡、洞庭之野。髽，以枲束髮也。括，結。笄，簪。鬋，斷也。帝顓頊之法，婦人不辟男子於路者，拂之於四達之衢，拂，放也。○莊逵吉云：御覽引，拂作祓，有注云：「除其不祥。」今之國都，男女切蹄，蹄，足也。肩摩於道，其於俗，一也。故四夷之禮不同，皆尊其主而愛其親，敬其兄；獫狁之俗相反，獫狁，北胡也。其俗物與中國相反也。皆慈其子而嚴其上。夫鳥飛成行，獸處成羣，有孰教之！故魯國服儒者之禮，行孔子之術，地削名卑，不能親近來遠。越王句踐劗髮文身，無皮弁搢笏之服，皮弁，以爲爵冠也。搢，佩紟。笏，佩玉也，長三尺，抒上終葵首。拘罷拒折之容，拘罷，圜也。拒折，方也。然而勝夫差於五湖，南面而霸天下，泗上十二諸侯皆率九夷以朝。○胡鳴玉云：史天官書「太微宮垣有匡衡十二星」，註正義云：「十二諸侯之府也。」乃知天有十二次，日月之所躔也；地有十二州，王侯之所國也。舉十二州以該天下之諸侯，非謂十二國也。胡、貉、匈奴之國，縱體拖髮，拖，縱也。箕倨反言，而國不亡者，未必無禮也。楚莊王裾衣博袍，裾，裒也。衣，裾也。令行乎天下，遂霸諸侯。晉文君大布之衣，大布，粗布也。牂羊之裘，韋以帶劍，威立於海内。豈必鄒、魯之禮之謂禮乎！鄒，孟軻邑。魯，孔子邑。是故入其國者從其俗，入其家者避其諱，不犯禁而入，不忤逆而進，雖之夷狄徒倮之國，徒倮，不衣也。俞樾云：廣雅釋詁：「徒，袒也。」徒倮猶袒倮，徒與袒一聲之轉。吕氏春秋異用篇「非徒網鳥也」，高注曰：「徒，猶但也。」袒與但同。結軌乎遠方之外，而無所困矣。

禮者，實之文也；仁者，恩之效也。故禮因人情而爲之節文，而仁發怲以見容。怲，色也。禮不過實，仁不溢恩也，治世之道也。夫三年之喪，是强人所不及也，而以僞輔情也。三月之服，是絶哀而迫切之性也。三月之服，夏后氏之禮。夫儒墨不原人情之終始，而務以行相反之制，五縗之服。五縗，謂三年、朞年、九月、五月、三月服也。悲哀抱於情，葬薶稱於養，不强人之所不能爲，不絶人之所能已，○陳觀樓云：「能已」上亦當有不字。文子上仁篇正作「不絶人所不能已」。度量不失於適，誹譽無所由生。古者，非不知繁升降槃還之禮也，蹀采齊、肆夏之容也，采齊、肆夏，皆樂名也。以爲曠日煩民而無所用，故制禮足以佐實喻意而已矣。古者，非不能陳鐘鼓，盛筦簫，揚干戚，奮羽旄，以爲費財亂政，制樂〔一〕足以合歡宣意而已，喜不羡於音。非不能竭國麋民，虚府殫財，含珠鱗施，綸組節束，鱗施，玉紐也。綸，絮也。束，縛也。追送死也，以爲窮民絶業。而無益於槁骨腐肉也，故葬薶足以收歛蓋藏而已。昔舜葬蒼梧，市不變其肆；舜南巡狩，死蒼梧，葬泠道九疑山，不煩市井之〔二〕所廢。禹葬會稽之山，農不易其畝；禹會羣臣於會稽，葬山陰之陽，不煩農人之田畝。明乎生死之分，通乎侈儉之適者也。亂國則不然，言與行相悖，情與貌相反，禮飾以煩，樂優以淫，○王念孫云：文子上仁篇優

〔一〕「制樂」上疑脱「故」字。

〔二〕「市井之」，原本作「於市有」，據莊逵吉校本改。

作攖，於義爲長。攖亦煩也。俗書攖字作擾，與優相似而誤。崇死以害生，久喪以招行，是以風俗濁於世，而誹譽萌於朝，是故聖人廢而不用也。

義者，循理而行宜也；禮者，體情制文者也。義者宜也，禮者體也。○王引之云：上二句即是訓義爲宜，訓禮爲體，不須更云「義者宜也，禮者體也」矣。疑後人取中庸、禮器之文記於旁，而寫者因誤入正文也。○文典謹按：御覽五百二十三引，「體情」下有而字。昔有扈氏爲義而亡，有扈，夏啓之庶兄也。以堯、舜舉賢，禹獨與子，故伐啓，啓亡之。知義而不知宜也；魯治禮而削，知禮而不知體也。有虞氏之祀，○王念孫云：「有虞氏之祀」，祀當爲禮。此涉下文「祀中霤」而誤也。「有虞氏之禮」，總下三事而言，不專指祭祀。下文「夏后氏之禮」，（今本脫「之禮」二字，據下文補。）「殷人之禮」，「周人之禮」，皆其證。其社用土，封土爲社。祀中霤，葬成畝，田畝而葬。其樂咸池、承雲、九韶，舜兼用黄帝樂。九韶，舜所作也。其服尚黄。舜，土德也。夏后氏〔一〕其社用松，所樹之木，皆所生地之所宜也。祀户，春祭先户，夏木德也。葬牆置翣，翣，棺衣飾也。其樂夏籥、九成、六佾、六列、六英，九成，變也。六列，六六爲行列也。六英，禹兼用顓頊之樂也。其服尚青。木德，故尚青也。殷人之禮，其社

〔一〕「夏后氏」下似脫「之禮」二字。

用石，以石爲社主也。祀門，秋祭先門，殷金德也。葬樹松，其樂大濩、晨露，大濩、晨露，湯所作樂。其服尚白。金德，故尚白也。周人之禮，其社用栗，祀竈，夏祭先竈，周火德也。鄒子曰：「五德之次，從所不勝。」故虞土，夏木，殷金，周火。葬樹柏，其樂大武、三象、棘下，三象、棘下，武象〔一〕樂也。其服尚赤。火德，故尚赤也。禮樂相詭，服制相反，然而皆不失親疎之恩，上下之倫。今握一君之法籍，以非傳代之俗，譬由膠柱而調瑟也。故明主制禮義而爲衣，分節行而爲帶。衣足以覆形，從典墳，虛循撓，便身體，適行步，不務於奇麗之容，隅眥之削。○洪頤煊云：眥當作些。本經訓「衣無隅差之削」，高注：「隅，角也。差，邪也。」些、差聲相近。晏子春秋諫下篇「衣不務於隅眦之削」，眦即眥之譌字。帶足以結紐收衽，束牢連固，不亟於爲文句疏短之鞻。○孫詒讓云：短疑當爲矩。文句者，圜文也。（說文句部云：「句，曲也。」）疏矩者，方文也。鞻字疑誤。說文革部云：「鞻，革生〔二〕鞮也。」此上文並說帶，不宜忽及鞮屨，此必有譌捝也。故制禮義，行至德，而不拘於儒墨。

所謂明者，非謂其見彼也，自見而已。所謂聰者，非謂聞彼也，自聞而已。所謂

〔一〕「武象」，疑當作「武王」，涉上文「象」而誤。
〔二〕「革生」，段注改爲「生革」，是。

達者，非謂知彼也，自知而已。是故身者，道之所託，身得則道得矣。道之得也，以視則明，以聽則聰，以言則公，以行則從。故聖人裁制物也，猶工匠之斲削鑿枘也，宰庖之切割分別也，曲得其宜而不折傷。拙工則不然，大則塞而不入，小則窕而不周，動於心，枝於手，而愈醜。夫聖人之斲削物也，剖之判之，離之散之；已淫已失，復揆以一；既出其根，復歸其門；已雕已琢，還反於樸。合而爲道德，離而爲儀表。其轉入玄冥，其散應無形。禮義節行，又何以窮至治之本哉！世之明事者，多離道德之本，曰禮義足以治天下，此未可與言術也。所謂禮義者，五帝三王之法籍風俗，一世之迹也。譬若芻狗土龍之始成，芻狗，束芻爲狗，以謝過求福。土龍，以請雨。○陶方琦云：意林引許注：「芻狗事以謝過，土龍事以請雨。」文以青黃，○文典謹按：意林引，作「則衣以文繡」。絹以綺繡，○俞樾云：絹當爲羂。漢書司馬相如傳「羂要裹」，師古注曰：「羂，謂羅繫之也。」文選上林賦李善注引聲類曰：「絹，係取也。」「羂以綺繡」，謂以綺繡繫之。作絹者，省不從网耳。太平御覽皇王部引，作「飾以綺繡」，殆由不得其義而臆改也。纏以朱絲，尸祝袀袨，袀，純服。袨，墨齋衣也。大夫端冕端冕，冠也。以送迎之。及其已用之後，則壤土草⿱艹⿰㸚刂而已，○莊逵吉云：御覽⿱艹⿰㸚刂作芥。芥正字，⿱艹⿰㸚刂奇字。○王念孫云：各本⿱艹⿰㸚刂下有「音出」二字，案：「音出」二字後人所加。高注皆言「讀某字」，無言「音某」者。考説文、玉篇、廣韻、集韻，皆無⿱艹⿰㸚刂字。或音出，或以爲芥之奇字，皆不知何據。余謂葪者，薊之壞字也。「草薊」卽草芥。史記賈生傳「細故慸薊兮」，索隱曰：「薊音介。」漢書作蔕芥。是芥、薊古字通，故此作薊，御覽作草芥也。○文典謹按：意林引，作「及其用畢，則棄之土壤」。**夫有孰貴之！**言弃之不貴也。○莊逵吉云：御覽作「誰貴之哉」。

故當舜之時，有苗不服，於是舜修政偃兵，執干戚而舞之。禹之時，天下大雨，禹令民聚土積薪，擇丘陵而處之。○王念孫云：「天下大雨」，雨本作水，此後人妄改之也。唯天下大水，是以令民聚土積薪而處丘陵。若作大雨，則非其指矣。後人改水爲雨者，以與舞、處二字爲韻耳。不知此文但以舞、處爲韻，餘皆不入韻也。要略正作「禹之時，天下大水」。**武王伐紂，載尸而行，**武王伐紂，伯夷曰：「父死未葬，爰及干戈，可謂孝乎？」**海内未定，故不爲三年之喪始。**言始廢于武王也。**禹遭洪水之患，陂塘之事，故朝死而暮葬。**○王念孫云：遭，文選海賦注、應休璉與從弟君苗君胄書注、太平御覽禮儀部三十四引，並作有。道藏本「不爲三年之喪始」下注云：「三年之喪於武王。」案：「故不爲三年之喪始」，當作「故爲三年之喪」。高注當作「三年之喪始於武王」。藏本始字誤入正文，正文「爲三年之喪」上又衍不字，則正文、注文皆不可讀矣。且上文以舞、處爲韻，此以行、喪、葬爲韻，若喪下有始字，則失其韻矣。此言武王爲三年之喪，而禹則朝死暮葬，與武王不同，非謂武王不爲三年之喪也。下文云「脩干戚而笑钁插，知三年而非一日」，（今本非上脱而字，據上句補。）「干戚」二字承上文舜舞干戚而言，「钁插」二字承禹令民聚土而言，「一日」二字承禹朝死暮葬而言，「三年」二字則承武王爲三年之喪而言。若云「不爲三年之喪」，則與下文相反矣。要略云：「武王誓師牧野，以踐天子之位。天下未定，海内未輯，武王欲昭文王之令德，使夷狄各以其賄來貢，遼遠未能至，故治三年之喪，殯文王於兩楹之間，以俟遠方。」彼言武王治三年之喪，正與此同。若云「不爲三年之喪」，則又與要略相反矣。道應篇述武王之事，亦云「爲三年之喪，令類不蕃」。以上三篇，皆謂武王始爲三年之喪，故高注云「三年之喪始於武王」也。藏本作「三年之喪於武王」者，始字誤入正文耳。劉績不知是正，又改注文爲「三年之喪於武王廢」，朱本又改爲「言始廢於武王也」，皆由正文誤作「不爲三年之喪」，故又改注文以從之耳。○文典謹按：御覽五百五十五引，「陂塘之事」下有注云：「陂，蓄水。塘，池也。」此皆聖人之所以應時耦變，見形而施宜者也。○文典謹按：御覽五百五十五引，作「此皆聖人之所以應時設教，見而施宜者也」。今之修干戚而笑钁插，钁，斫屬。知三年非一日，是從牛非馬，以徵笑羽也。以此應化，無以異於彈一絃而會棘下。棘下，樂名。一絃會之，不可成也。夫以一世之變，欲以耦化應時，譬猶冬被葛而夏被裘。夫一儀不可以百發，儀，弩招顏也。射百發，遠近不可皆以一儀也。一衣不可以出歲。儀必應乎高下，衣必適乎寒暑。是故世異則事變，時移則俗易。故聖人論世而立法，隨時而舉事。尚古之王，封於泰山，禪於梁父，七十餘聖，法度不同，非務相反也，時世異也。是故不法其已成之法，而法其所以爲法。所以爲法者，與化推移者也。夫能與化推移爲人者，至貴在焉爾。○王念孫云：「夫能與化推移者」，乃復舉上文之詞，「推移」下不當有「爲人」二字，蓋涉下文「與造化爲人」而衍。故狐梁之歌可隨也，其所以歌者不可爲也；○孫志祖云：「狐梁」無注，或疑即「有狐綏綏，在彼淇梁」之詩。案：蜀志郤正傳「瓠梁託絃以流聲」，注引淮南子「瓠巴鼓瑟而鱏魚聽之」，（今本説山訓作「淫魚出聽」。）又引此文作「瓠梁之歌」，蓋瓠與狐通也。與衛詩無涉。梁曜北云：梁字何解？豈巴又名梁耶？○文典謹按：孫説是也。北堂書鈔一百六歌篇二引，狐正作瓠，又引注云：「瓠梁，善歌之人也。」藝文類聚四十三引注，「善歌」上多一古字，餘同。皆足證孫説。聖人之法可觀也，其所以作法不可原也；辯士言可聽也，其所以言不可形也。淳均之劍不可愛也，而歐冶之巧可貴也。今夫王喬、赤誦子，吹嘔呼吸，吐故内新，遺形去智，抱素反真，以游玄眇，上通雲天。今欲學其道，不得其養氣處神，而放其一吐一吸，時詘時伸，其不能乘雲升假亦明矣。王喬，蜀武陽人也，爲柏人令，得道而仙。赤誦子，上谷人也，病癘入山，導引輕舉。假，上也。○莊逵吉云：俗本赤誦作赤松，蓋誤改之。古字誦與松同聲通用。五帝三王，輕天下，細萬物，齊死生，同變化，抱大聖之心，以鏡萬物之情，上與神明爲友，下與造化爲人。今欲學其道，不得其清明玄聖，而守其法籍憲令，不能爲治亦明矣。故曰：「得十利劍，不若得歐冶之巧；得百走馬，不若得伯樂之數。」

樸至大者無形狀，道至眇者無度量，故天之圓也不得規，地之方也不得矩。○俞樾云：兩得字皆當爲中。周官師氏「掌國中失之事」，故書中爲得，是其例也。文子自然篇正作「天圓不中規，地方不中矩」。往古來今謂之宙，四方上下謂之宇，道在其間，而莫知其所。故其見不遠者，不可與語大；其智不閎者，不可與論至。昔者馮夷得道，以潛大川；馮夷，河伯也，華陰潼鄉隄首里人，服八石，得水仙。鉗且得道，以處昆侖。鉗且得仙道，升居昆侖山。○莊逵吉云：莊子大宗師篇「堪坏襲昆侖」，陸德明釋文云：「堪坏，神人，人面獸形。淮南作欽負。」是唐本鉗且作欽負也。字形近，故誤耳。程文學據山海經云「是與欽䲹殺祖江于昆侖之陽」，後漢書注引作欽駓，古駓、䲹本一字。錢别駕云：古丕與負通，故尚書「丕子之責」，史記作「負子」，丕與負通，因之從丕之字亦與負通也。堪、欽亦同聲。○王念孫云：程、錢、莊説皆是。扁鵲以治病，扁鵲，盧人，姓秦名越人，趙簡子時人。造父以御馬，羿以之射，倕以之斲，倕，堯時巧工也。所爲者各異，而所道者一也。○文典謹按：意林引，作「得道一也」。夫稟道以通物者，無以相非也。譬若同陂而溉田，其受水均也。今屠牛而烹其肉，或以爲酸，或以爲甘，煎熬燎炙，齊味萬方，○王念孫云：兩爲字皆後人所加。北堂書鈔酒食部四、太平御覽資産部八、飲食部十一引此，皆無兩爲字。「齊味」當爲「齊咊」，字之誤也。齊，讀若劑。咊，卽今和字也，讀若「甘受和」之和。舊本北堂書鈔及太平御覽引此，並作「齊和萬方」，和與齊義相近。鄭注周官鹽人云：「齊事，和五味之事。」又注少儀云：「齊謂食羹醬飲有齊和者也。」高注呂氏春秋本味篇云：「齊和，分也。」本經篇云：「煎熬焚炙，調齊和之適。」鹽鐵論通有篇云：「庖宰烹殺胎卵，煎炙齊和，窮極五味。」新序雜事篇云：「管仲善斷割之，隰朋善煎熬之，賓胥無善齊和之。」漢書藝文志云：「調百藥齊和之所宜。」皆其證也。又案：和字説文本作咊，今經傳皆作和，從隸變也。此咊字若不誤爲味，則後人亦必改爲和矣。○文典謹按：燎，北堂書鈔一百四十五引作䐪，御覽八百六十三引作犢。齊味，意林引作劑味。**其本一牛之體。伐梗柟豫樟而剖梨之，**剖，判。梨，分也。**或爲棺椁，或爲柱梁，披斷撥檖，**披，解也。撥，析理也。檖，順也。○王念孫云：如高注，則檖字本作遂，故訓爲順也。今作檖者，因上文棺槨柱梁等字而誤耳。茅本并注文亦改爲檖，而莊本從之，謬矣。**所用萬方，然一木之樸也。故百家之言，指奏相反，其合道一體也。譬若絲竹金石之會樂同也，**○王念孫云：體字因下文「不失於體」而衍。「合道一」與「會樂同」，文正相對，則一下不當有體字。下文又云「其知馬一也」，「其得民心鈞也」，皆與此文同一例。**其曲家異而不失於體。伯樂、韓風、秦牙、管青，**四子皆古善相馬者。**所相各異，其知馬一也。故三皇五帝，法籍殊方，其得民心均也。**

故湯入夏而用其法，武王入殷而行其禮，桀、紂之所以亡，而湯、武之所以爲治。故剞劂銷鋸陳，非良工不能以制木；鑪橐埵坊設，鑪、橐、埵，皆治具。坊，土刑也。非巧治不能以治金。○文典謹按：御覽九百五十二引，工作匠。屠牛吐一朝解九牛，而刀以剃毛；屠牛吐，齊之大屠。剃，截髮也。○莊逵吉云：御覽吐作坦，疑垣字之訛。○王念孫云：刀下當有可字。「刀可以剃毛」，賈子所謂「芒刃不頓」也。脱去可字，則文義不明。白帖十二、太平御覽兵部七十七、資産部八引此，皆有可字。庖丁用刀十九年，而刀如新剖硎。庖丁，齊屠伯也。新剖，始製也。硎，磨刀石。○王念孫云：劉本於剖下增硎字。案：劉增是也。據高注云：「硎，磨刀石。」則有硎字明矣。下刀字當作刃。刃、刀字相似，又涉上刀字而誤也。「刃如新剖硎」，言刀刃不頓也。莊子養生主篇「今臣之刀十九年矣，而刀刃若新發於硎」，呂氏春秋精通篇「宋之庖丁好解牛，用刀十九年而刃若新磨研」，皆其證也。太平御覽資産部八引此，作「刃如新砥硎」，雖砥與剖不同，而字亦作刃。○文典謹按：御覽八百二十八引注作：「庖丁，宋人。砥，磨也。」齊俗訓乃許注本，御覽所引，疑是高注。何則？游乎衆虚之閒。衆虚之閒，剖中理也。○文典謹按：御覽八百二十八引，閒作門。若夫規矩鉤繩者，此巧之具也，而非所以巧也。○王念孫云：「巧也」上當有爲字。下文云：「故弦，悲之具也，而非所以爲悲也。」與此相對爲文。太平御覽工藝部九引此，正作「非所以爲巧」。文子自然篇同。故瑟無絃，雖師文不能以成曲；師文，樂師。徒絃，則不能悲。故絃，悲之具也，而非所以爲悲也。若夫工匠之爲連鐖、運開、陰閉、眩錯，連鐖，鐖發也。運開，相通也。陰閉，獨閉也。眩，因而相錯也。入於冥冥之眇，神調之極，游乎心手衆虚之閒，○王念孫云：「衆虚」二字，因上文「游乎衆虚之閒」而誤衍也。上文説庖丁解牛，批郤導窾，游刃有餘，故曰「游乎衆虚之閒」。此是説工匠爲連鐖之事，不當言「衆虚」。且「心手之閒」，謂心與手之閒也，則不當有「衆虚」二字明矣。文子作「遊於心手之閒」，無「衆虚」二字。而莫與物爲際者，父不能以教子。瞽師之放意相物，寫神愈舞，而形乎絃者，兄不能以喻弟。今夫爲平者準也，爲直者繩也。若夫不在於繩準之中，可以平直者，此不共之術也。故叩宮而宮應，彈角而角動，此同音之相應也。其於五音無所比，而二十五絃皆應，此不傳之道也。故蕭條者，形之君；蕭條，深静也。而寂寞者，音之主也。微音生於寂寞。

天下是非無所定，世各是其所是而非其所非，所謂是與非各異，○文典謹按：羣書治要引，作「所謂是與所謂非各異」，文義較今本爲完。皆自是而非人。由此觀之，事有合於己者，而未始有是也；有忤於心者，而未始有非也。故求是者，非求道理也，求合於己者也；去非者，非批邪施也，施，微曲也。去忤於心者也。忤於我，未必不合於人也；合於我，未必不非於俗也。至是之是無非，至非之非無是，此真是非也。若夫是於此而非於彼，非於此而是於彼者，此之謂一是一非也。此一是非，隅曲也；夫一是非，宇宙也。今吾欲擇是而居之，擇非而去之，不知世之所謂是非者，不知孰是孰非。○陳觀樓云：「不知孰是孰非」，「不知」二字因上句而衍。○王念孫云：羣書治要引此，無「不知」二字。老子曰：「治大國若烹小鮮。」爲寬裕者曰勿數撓，裕，饒也。爲刻削者曰致其鹹酸而已矣。晉平公出言而不當，師曠舉琴而撞之，跌衽宮壁。跌衽，至平公衣衽，中宮壁。○俞樾云：「跌衽宮壁」，於文未明。高注曰：「跌衽，至平公衣衽，中宮壁。」疑本作「跌衽中壁」。跌，猶越也。言越過平公之衽而中於壁也。今作「宮壁」，即涉注而誤。左右欲塗之，欲塗師曠所敗壁也。平公曰：「舍之！以此爲寡人失。」孔子聞之曰：「平公非不痛其體也，欲來諫者也。」韓子聞之曰：韓子，韓公子非。「羣臣失禮而弗誅，是縱過也。有以也夫，平公之不霸也！」故賓有見人於宓子者，宓子，子賤也。○文典謹按：羣書治要作「客有見人於季子者」，注與今注正同。意林引作「客有見子賤」注：「宓子。」御覽四百五引，賓亦作客，宓作乎。賓出，宓子曰：「子之賓獨有三過：望我而笑，是攓也。攓，慢也。○文典謹按：羣書治要引，「子之賓」作「子之所見客」，攓作僈，注同。意林及御覽四百五引，攓竝作慢。蓋許、高本之異也。談語而不稱師，是返也。○文典謹按：羣書治要引，返作反。意林引，此句在「交淺而言深」句下，師作名，返亦作反。御覽四百五引，語作論，返作叛。交淺而言深，是亂也。」賓曰：「望君而笑，是公也。談語而不稱師，是通也。交淺而言深，是忠也。」故賓之容一體也，或以爲君子，或以爲小人，所自視之異也。〇文典謹按：羣書治要引，視作見。御覽四百五引，作「從視之異」。故趣舍合，卽言忠而益親；身疏，卽謀當而見疑。〇王念孫云：趣謂志趣也。（七句反。）「趣合」與「身疏」相對爲文，則趣下不當有舍字，蓋卽合字之誤而衍者也。文子道德篇正作「趣合」。〇文典謹按：羣書治要引，兩卽字竝作則。親母爲其子治扢禿，而血流至耳，見者以爲其愛之至也；使在於繼母，則過者以爲嫉也。事之情一也，所從觀者異也。從城上視牛如羊，視羊如豕，所居高也。〇文典謹按：羊與豕大小不甚相遠，視牛如羊，視羊不得如豕大也。此疑本作「從城上視牛，如羊如豕。」御覽八百九十九引此文，卽無「視羊」二字。窺面於盤水則員，於杯則隋。〇文典謹按：羣書治要引，作「於杯水卽橢」。御覽七百五十八引，作「於杯水則修」。面形不變其故，有所員、有所隋者，所自窺之異也。今吾雖欲正身而待物，庸遽知世之所自窺我者乎！若轉化而與世競走，譬猶逃雨也，無之而不濡。常欲在於虛，則有不能爲虛矣；爲者失之，執者敗之。若夫不爲虛而自虛者，性自然也。此所慕而不能致也。〇王念孫云：「此所慕而不能致也」，義不可通。「不能致」當作「無不致」。上文「欲在於虛，則不能爲虛」，高注以爲「爲者失之，執者敗之」，是也。聖人無爲故無敗，無執故無失，故曰「若夫不爲虛而自虛者，此所慕而無不致也」。「所慕無不致」，猶言所欲無不得。精神篇曰：「達至道者，性有不欲，無欲而不得。」義與此同也。今本作「不能致」者，涉上文「不能爲虛」而誤。文子道德篇正作「此所欲而無不致也」。○俞樾云：此言欲爲虛則不能爲虛，若夫不爲虛而自虛，則又慕之而不能致也。蓋性之自然，非可勉强，故慕之而不能致。文子道德篇作「此所欲而無不致也」，於義不可通。王氏念孫反據以訂正淮南，殊爲失之。**故通於道者，如車軸，不運於己，而與轂致千里，轉無窮之原也。不通於道者，若迷惑，告以東西南北，所居聆聆，**聆聆，意曉解也。**一曲而辟，**辟，小邪僻也。**然忽不得，復迷惑也。**○王念孫云：「然忽不得」，當作「忽然不得」。**故終身隸於人，辟若俔之見風也，**俔，候風者也。世所謂五兩。○莊逵吉云：文選注引，俔作綄，見作候，許慎注云：「綄，候風也。楚人謂之五兩。」攷古完與見因字形相近，本多譌別，故論語「莞爾」之莞，陸德明又作「莧爾」。此字義當作綄爲是。○王念孫云：莊以俔爲綄之譌，是也。道藏本、朱本注竝作「俔，候風雨也」，雨乃羽字之譌。劉本改爲「候風雨者」，茅本又改爲「候風者也」，而莊本從之，誤矣。廣韻：「綄，船上候風羽。」北堂書鈔舟部二十引注云：「綄者，候風之羽也。」太平御覽舟部四引許注云：「綄，候風羽也。」（今本羽譌作扇。）則高注雨字明是羽字之譌。文選江賦注引許注作「候風也」者，傳寫脱羽字耳。○陶方琦云：俔乃綄字之譌，雨乃羽字之譌。玉篇：「綄，候風五兩也。」廣韻二十六桓：「綄，船上候風羽。楚人謂之五兩。」又二十四緩「綄」下云：「候風羽，出淮南子。」是許注舊本作綄，明矣。御覽引作「候風扇也」，扇乃「之羽」二字壞文。○文典謹按：記纂淵海卷二引北堂書鈔云：「候風之羽，楚人曰五兩。」與今本書鈔所引許注小異，而與廣韻正同，必宋人所見真本如此也。**無須臾之間定矣。故聖人體道反性，不化以待化，則幾於免矣。**無爲以待有爲，近於免世難也。

治世之體易守也，其事易爲也，其禮易行也，其責易償也。○王念孫云：「治世之體」，羣書治要引此，體作職，是也。俗書職字作軄，體字作軆。軄誤爲軆，又改爲體耳。職易守，事易爲，禮易行，責易償，四者義並相近。若作體，則與守字義不相屬，且與下三句不類矣。文子下德篇亦作「職易守」，下文云萇弘、師曠「不可與衆同職」，又其一證矣。**是以人不兼官，官不兼事，士農工商，鄉別州異。是故農與農言力，士與士言行，工與工言巧，商與商言數。是以士無遺行，農無廢功，工無苦事，商無折貨，各安其性，不得相干。故伊尹之興土功也，修脛者使之跖钁，**長脛以蹋插者，使入深。○王念孫云：太平御覽地部二、器物部九引此，钁並作鏵。案：鏵字是也。鏵卽臿也。跖，蹋也。（文選舞賦注引淮南許注如此。）故高注言「蹋插」。說文：「苿，（玉篇胡瓜切。）兩刃臿也。宋、魏曰苿。或作釫。」玉篇云：「今爲鏵。」方言云：「臿，宋、魏之閒謂之鏵。」高注精神篇云：「臿，鏵也。青州謂之鏵。」釋名云：「鍤，或曰鏵。鏵，刳也，刳地爲坎也。」苿、釫、鏵，字異而義同。（臿、鍤、插亦同。）今人謂臿爲鏵鍬是也。使長脛者蹋臿，則入地深而得土多，故高注曰：「長脛以蹋插者，使入深也。」後人不識鏵字，遂妄改爲钁。（埤雅引此作钁，則所見本已然。）案：説文：「钁，大鉏也。」鉏以手揮，非以足蹋，不得言跖钁。且高注明言蹋插，不言蹋钁。○陶方琦云：羣書治要引許注，脚作脛。按：説文：「脛，脚也。」今注作「長脚」，是。御覽七百六十四引注，亦作「長脚」，又「入深」作「入土深」。强脊者使之負土，脊强者任負重。○陶方琦云：羣書治要引許注正同。眇者使之準，目不正，因令睎。傴者使之塗，傴人塗地，因其俛也。○陶方琦云：羣書治要引許注正同。按：新論亦作「僂作者使之塗地」。各有所宜，而人性齊矣。○文典謹按：羣書治要引，「所宜」作「所以」。

胡人便於馬，越人便於舟，異形殊類，易事而悖，失處而賤，得勢而貴。聖人總而用之，其數一也。夫先知遠見，達視千里，人才之隆也，而治世不以責於民。言民〔一〕不以己求備于下也。博聞强志，口辯辭給，人智之美也，而明主不以求於下。敖世輕物，不汙於俗，士之伉行也，而治世不以爲民化。神機陰閉，剞劂無迹，人巧之妙也，而治世不以爲民業。故萇弘、師曠，先知禍福，言無遺策，而不可與衆同職也；公孫龍折辯抗辭，別同異，離堅白，公孫龍，趙人，好分析詭異之言。以白、馬不得合爲一物，離而爲二也。不可與衆同道也；北人無擇非舜而自投清泠之淵，北人無擇，古隱士也。非舜，非

〔一〕「民」，疑爲「君」之譌。或爲衍文。

其德之衰也。不可以爲世儀；魯般、墨子以木爲鳶而飛之，三日不集，而不可使爲工也。○文典謹按：御覽羽族部「鵝」條下引，鳶作鵝，必本亦如此也。故高不可及者，不可以爲人量；行不可逮者，不可以爲國俗。夫挈輕重不失銖兩，聖人弗用，而縣之乎銓衡；○文典謹按：羣書治要引，銓作權。視高下不差尺寸，明主弗任，而求之乎浣準。浣準，水望之平。○孫詒讓云：泰族訓云：「人欲知高下而不能，教之用管準則說。」管、浣音近，叚借字。（凡从官聲、完聲字，古多通用。管或作筦，是其比例。）管所以視遠，準卽水平，非一物也。李筌太白陰經水攻具篇載「爲水平槽，鑿三池，浮木立齒，注水，眇目視之，三齒齊平以爲準」，是其遺法。但彼不用管，與古異耳。○陶方琦云：羣書治要引許注，與今注正同。案：説文：「水，準也。」「準，平也。」説正同。何則？人才不可專用，而度量可世傳也。故國治可與愚守也，而軍制可與權用也。夫待騕褭飛兔而駕之，則世莫乘車；騕褭，良馬。飛兔，其子。褭、兔走，蓋皆一日萬里也。○陶方琦云：羣書治要引許注：「要褭、飛兔，皆一日千里者也。」按：治要所引，乃約文。呂覽高注：「要褭、飛兔，皆馬名。馳若兔之飛，因以爲名。」與許君說亦有異。原道訓「馳〔一〕要褭」注，亦當是許注羼入高注者。○文典謹按：御覽八百九十六引，兔作

〔一〕「馳」，原本作「駟」，形近而誤，據原道訓改。

菟，車下有矣字，與下文「終身不家矣」一律。又引注云：「腰褭、飛菟，皆行萬里。其行若飛，因曰飛菟也。」**待西施、毛嬙而爲配，則終身不家矣。**西施、毛嬙，古好女也。○王念孫云：羣書治要引此，作「西施、絡慕」，又引注作「西施、絡慕，古好女也」。太平御覽獸部八引作落慕。案：廣韻及元和姓纂，絡、落皆姓也，慕蓋其名。治要、御覽所引者，原文也。今本作毛嬙者，後人不知絡慕所出，又見古書多言毛嬙、西施，故改耳。不知他書自作毛嬙，此自作絡慕，不必同也。○陶方琦云：御覽八百九十六引，作「西施、落纂」，落纂卽絡慕。元和姓譜，絡、落皆姓也。今本乃後人習于西施、毛嬙之說而改之。**然非待古之英俊，而人自足者，因所有而竝用之。**○王念孫云：羣書治要引此，竝作遂，於義爲長。遂，卽也。言因所有而卽用之，故不待古之英俊而人自足也。今本作竝者，後人依文子下德篇改之耳。○文典謹按：意林引，作「待古英俊而用之」，則無人矣」。**夫騏驥千里，一日而通；駑馬十舍，旬亦至之。**旬，十日也。**由是觀之，人材不足專恃，而道術可公行也。亂世之法，高爲量而罪不及，重爲任而罰不勝，危爲禁而誅不敢。**○王念孫云：「危爲禁」，本作「危爲難」。「危爲難而誅不敢」者，危猶高也，（見緇衣鄭注。）高爲艱難之事，而責之以必能，及畏難而不敢爲，則從而誅之，正與上二句同意。後人不察，而改難爲禁。禁之，正欲其不敢，何反誅之乎？文子下德篇正作「危爲難而誅不敢」。莊子則陽篇：「匿爲物而愚不識，大爲難而罪不敢，重爲任而罰不勝，遠其塗而誅不至。」呂氏春秋適威篇：「煩爲教而過不識，數爲令而非不從，巨爲危而罪不敢，重爲任而罰不勝。」文義並與此同。**民**

困於三責，則飾智而詐上，犯邪而干免。干，求也。故雖峭法嚴刑，不能禁其姦。○文典謹按：「峭法嚴刑」，意林引作「峻刑嚴法」。何者？力不足也。故諺曰：「鳥窮則噣，獸窮則觕，人窮則詐。」此之謂也。

道德之論，譬猶日月也，江南河北不能易其指，馳騖千里不能易其處。○王念孫云：下易字本作改，此因上易字而誤也。意林及文選月賦注、鮑照翫月城西門解中詩注引此，下易字並作改。趨舍禮俗，猶室宅之居也，東家謂之西家，西家謂之東家，雖皐陶爲之理，不能定其處。故趨舍同，誹譽在俗；意行鈞，窮達在時。湯、武之累行積善，可及也；其遭桀、紂之世，天授也。今有湯、武之意，而無桀、紂之時，而欲成霸王之業，亦不幾矣。昔武王執戈秉鉞以伐紂勝殷，搢笏杖殳殳，木杖也。以臨朝。武王既没，殷民叛之，周公踐東宮，履乘石，人君升車有乘石也。攝天子之位，負扆而朝諸侯，户牖之間謂之扆。放蔡叔，誅管叔，周公兄也。克殷殘商，殘商，誅紂子禄父。祀文王于明堂，七年而致政成王。夫武王先武而後文，非意變也，以應時也；周公放兄誅弟，非不仁也，以匡亂也。故事周於世則功成，務合於時則名立。昔齊桓公合諸侯以乘車，退誅於國以斧鉞；晉文公合諸侯以革車，退行於國以禮義。桓公前柔而後剛，文公前剛而後柔，然而令行乎天下，權制諸侯鈞者，審於勢之變也。顏闔，魯君欲相之，顔闔，魯隱士也。而不肯，使人以幣先焉，鑿培而遁之，培，屋後墻也。爲天下顯武。楚人謂士爲武。使遇商鞅、申不害，刑及三族，又況身乎！世多稱古之人而高其行，竝世有與同者而弗知貴也，非才下也，時弗宜也。故六騏驥、四駃騠，駃騠，北翟之良馬也。以濟江河，不若窾木便者，窾，空也。處世然也。○王念孫云：「處世」本作「處勢」。古者謂所居之地曰處勢。窾木，謂舟也。言乘良馬濟江河，不若乘舟之便者，處勢使然也。莊子山木篇曰：「王獨不見夫騰猨乎，得柘棘枳枸之間，危行側視，振動悼慄，處勢不便，未足以逞其能也。」新序雜事篇曰：「玄蝯在枳棘之中，恐懼而悼慄，危視而蹟行，處勢不便故也。」史記蔡澤傳曰：「翠鵠犀象，其處勢非不遠死也。」漢書陳湯傳曰：「故陵因天性，據真土，處埶高敞。」又史記楚世家曰：「處既形便，勢有地利。（有與又同。）」淮南俶真篇曰：「處便而勢利。」處勢或曰勢居。逸周書周祝篇曰：「勢居小者，不能爲大。」賈子過秦篇曰：「秦地被山帶河以爲固，自繆公以來至於秦王，二十餘君，常爲諸侯雄，其勢居然也。」淮南原道篇曰：「故橘樹之江北則化而爲橙，鴝鵒不過濟，貈渡汶而死，形性不可易，勢居不可移也。」或言處，或言勢，或言處勢，或言勢居，其義一也。後人不識古義，而改「處勢」爲「處世」，其失甚矣。○文典謹按：王說是也。宋本「處世」正作「處勢」。是故立功之人，簡於行而謹於時。今世俗之人，以功成爲賢，以勝患爲智，以遭難爲愚，以死節爲戇，吾以爲各致其所極而已。王子比干非不知箕子被髮佯狂以免其身也，然而樂直行盡忠以死節，故不爲也。○王念孫云：「箕子」二字，因下文「從箕子視比干」而衍。下文曰：「伯夷、叔齊非不能受祿任官以致其功也。」「許由、善卷非不能撫天下、寧海内以德民也。」「豫讓、要離非不知樂家室、安妻子以偷生也。」皆與此文同一例。若有「箕子」二字，則文不成義，且與下文不對矣。伯夷、叔齊非不能受祿任官以致其功也，然而樂離世伉行以絶衆，故不務也。許由、善卷非不能撫天下、寧海内以德民也，然而羞以物滑和，故弗受也。豫讓、要離豫讓，智伯臣。要離，吴王闔閭臣。非不知樂家室、安妻子以偷生也，然而樂推誠行，必以死主，故不留也。今從箕子視比干，則愚矣；從比干視箕子，則卑矣；從管、晏視伯夷，則戇矣；從伯夷視管、晏，則貪矣。趨舍相非，嗜欲相反，而各樂其務，將誰使正之？曾子曰：「擊舟水中，鳥聞之而高翔，魚聞之而淵藏。」○文典謹按：御覽九百十四引，「淵藏」作「沉淵」。故所趨各異，而皆得所便。故惠子從車百乘以過孟諸，惠子，名施，仕爲梁相。從車百乘，志尚未足。孟諸，宋澤。莊子見之，弃其餘魚。莊子，名周，蒙人。隱而不仕，見惠施之不足，故弃餘魚。鵜胡飲水數斗而不足，鵜胡，汙澤鳥。鱓鮪入口若露而死，鱓鮪，魚名。○孫詒讓云：鱓鮪生於水，無入口若露而死之理。竊疑此「鱓鮪」當作「蟬䖢」。蟬、鱓古字通用。周書王會篇「歐人蟬蛇」，彼以蟬爲鱓，與此以鱓爲蟬，可互證。説文虫部云：「蜩，蟬也。」或从舟作䖢，與鮪形近，因而致誤。死當爲飽，亦形之誤。（艸書二字相似。）墬形訓云：「蟬飲而不食。」荀子大略篇亦云：「飲而不食者，蟬也。」是蟬蚋雖飲而不多，故云「入口若露而飽」也。然許注已以魚名爲釋，或後人所增竄與？ 智伯有三晉而欲不澹，三晉，智伯兼范中行地。澹，足也。林類、榮啓期衣若縣衰而意不慊。林類、榮啓期，皆隱士。慊，恨也。○文典謹按：御覽六百八十九引，衰作蓑。 由此觀之，則趣行各異，何以相非也！ 夫重生者不以利害己，立節者見難不苟免，貪祿者見利不顧身，而好名者非義不苟得。此相爲論，譬猶冰炭鉤繩也，何時而合！ ○文典謹按：白帖十六引注云：「冰寒炭熱，無時得合。」若以聖人爲之中，則兼覆而并之，未有可是非者也。夫飛鳥主巢，狐狸主穴，巢者巢成而得棲焉，穴者穴成而得宿焉。趨舍行義，亦人之所棲宿也，○文典謹按：御覽九百十四引，人上有主字。 各樂其所安，致其所蹠，謂之成人。蹠，至也。故以道論者，總而齊之。

治國之道，上無苛令，○文典謹按：羣書治要引，苛作苟。官無煩治，士無僞行，工無淫巧，其事經而不擾，○文典謹按：羣書治要引，經作任。其器完而不飾。亂世則不然。爲行者相揭以高，揭，舉。○文典謹按：羣書治要引，揭作揚。注同。爲禮者相矜以僞，車輿極於雕琢，器用逐於刻鏤，○文典謹按：羣書治要引，逐作遽。求貨者争難得以爲寶，詆文者處煩撓以爲慧，○文典謹按：羣書治要引，作「調文者遽於煩繞以爲慧」。争爲佹辯，久稽而不訣，○文典謹按：羣書治要及宋本竝作「久積而不決」。無益于治。工爲奇器，歷歲而後成，不周於用。故神農之法曰：「丈夫丁壯而不耕，天下有受其飢者。婦人當年而不織，天下有受其寒者。」故身自耕，妻親織，以爲天下先。其導民也，不貴難得之貨，不器無用之物。是故其耕不强者，無以養生；其織不强者，無以揜形；○文典謹按：「其耕不强」、「其織不强」，兩强字於辭爲複。羣書治要引，作「其織不力」。宋本同。有餘不足，各歸其身。衣食饒溢，○文典謹按：羣書治要引，溢作裕。姦邪不生，安樂無事而天下均平，故孔丘、曾參無所施其善，孟賁、成荆無所行其威。成荆，古勇士也。○陶方琦云：史記集解七十九及羣書治要引許注：「成荆，古勇士。」按：史記范雎蔡澤列傳：「成荆、孟賁、王慶忌、夏育之勇也而死。」吕覽論威：「成荆致死于韓王。」古荆、慶字通，成荆或作成慶。漢書景十三王傳「其殿門有成慶畫」，師古注：「成慶，古勇士，見淮南子。」是淮南舊本或作成慶。衰世之俗，以其知巧詐僞，飾衆無用，貴遠方之貨，珍難得之財，不積於養生之具。澆天下之淳，澆，薄也。淳，厚也。○陶方琦云：文選陸機招隱詩注、王元長永明策秀才文注、劉孝標廣絶交論注引許注：「澆，薄也。」按：文選注引，澆與⿰氵梟同，非許原注。莊子繕性「⿰氵梟醇散樸」，釋文：「本作澆。」澆同磽。孟子「則地有肥磽」，趙注：「磽，薄也。」析天下之樸，牿服馬牛以爲牢。滑亂萬民，以清爲濁，性命飛揚，皆亂以營。貞信漫瀾，人失其情性。於是乃有翡翠犀象、黼黻文章以亂其目，芻豢黍粱、荆吴芬馨以嚂其口，荆、吴，國也。芬，珍味也。嚂，貪求也。鐘鼓管簫、絲竹金石以淫其耳，趨舍行義、禮節謗議以營其心。於是百姓糜沸豪亂，暮行逐利，煩挐澆淺，淺，薄也。既薄尚澆也。法與義相非，行與利相反。雖十管仲，弗能治也。且富人則車輿衣纂錦，纂，繪也。馬飾傅旄象，帷幕茵席，綺繡絛組，青黄相錯，不可爲象；貧人則夏被褐帶索，○文典謹按：「則夏」與下文「冬則羊裘解札」不一律。初學記人部中、御覽四百八十五引，並作「夏則」。二十三引作「則夏」，疑後人據已誤之本改之也。含菽飲水以充腸，以支暑熱，○莊逵吉云：御覽兩引，一引支作止，一引仍作支。冬則羊裘解札，解札，裘敗解也。○莊逵吉云：御覽兩引，一引「解札」作「蔽體」，一引仍作解札，有注云：「解札，爲裘如鎧甲之札，言其破壞也。」當是異本，故兩引兩異耳。短褐不掩形，而煬竈口；煬，炙也。○莊逵吉云：御覽引注，作「煬，炙也。向竈口自温煬。讀高尚之尚也」。解讀甚精，當是今本脱之。故其爲編户齊民無以異，然貧富之相去也，猶人君與僕虜不足以論之。○王念孫云：論當爲諭，字之誤也。諭或作喻。太平御覽人事部一百二十六引此，作「不足以喻之」，又引注云：「喻，猶方也。」是其證。○文典謹按：羣書治要引，論作倫。

夫乘奇技、僞邪施者，自足乎一世之間；守正修理、不苟得者，不免乎飢寒之患；○文典謹按：「守正修理」，文選東都賦注、東京賦注、鷦鷯賦注引，並作「守道順理」。羣書治要引，「苟得」上有爲字。而欲民之去末反本，由是發其原而壅其流也。○王念孫云：「由是」當爲「是由」，由與猶同。羣書治要引此，正作「是猶」。○文典謹按：王說是也。文選東都賦注、東京賦注引，亦並作「是猶」。夫雕琢刻鏤，傷農事者也；○文典謹按：羣書治要引，琢作文。錦繡纂組，害女工者也。農事廢，女工傷，則飢之本而寒之原也。○文典謹按：羣書治要引，作「農事廢業，饑之本也；女功不繼，寒之原也」。夫飢寒竝至，能不犯法干誅者，古今之未聞也。○文典謹按：「古今之未聞也」不詞。羣書治要引及宋本，竝作「古今未之聞也」。故仕鄙在時不在行，利害在命不在智。○陳觀樓云：「仕鄙」當爲「仁鄙」，字之誤也。仁與鄙相反，利與害相反。論衡命禄篇引此，正作「仁鄙」。本經篇曰：「毀譽仁鄙不立。」漢書董仲舒傳曰：「性命之情，或夭或壽，或仁或鄙。」夫敗軍之卒，勇武遁逃，將不能止也；勝軍之陳，怯者死行，懼不能走也。故江河決，沉一鄉，父子兄弟相遺而走，爭升陵阪，上高丘，輕足先升，不能相顧也；○王念孫云：沈當爲流，字之誤也。（荀子勸學篇「瓠巴鼓瑟而流魚出聽」，大戴禮作「沈魚」。）「江河決流」爲句，「一鄉」二字下屬爲句，非以「沈一鄉」爲句。江河之決，所沈非止一鄉也。羣書治要引此，正作「江河決流」。又「輕足先升」，升字與上文相複。羣書治要引，作「輕足者先」，無升字，於義爲長。世樂志平，見鄰國之人溺，尚猶哀之，又況親戚乎！故身安則恩及鄰國，志爲之滅；身危則忘其親戚，而人不能解也。游者不能拯溺，手足有所急也；灼者不能救火，身體有所痛也。夫民有餘卽讓，不足則爭。讓則禮義生，爭則暴亂起。扣門求水，莫弗與者，所饒足也；○王念孫云：此用孟子語，則水下當有火字。羣書治要、意林引此，皆作「求水火」。林中不賣薪，湖上不鬻魚，所有餘也。○文典謹按：意林引，賣作貨。御覽九百三十五引，「所有餘也」作「有所餘也」。故物豐則欲省，○文典謹按：羣書治要引，豐作隆。求澹則爭止。秦王之時，或人菹子，利不足也；生子，殺菹之。○俞樾云：「或人」卽國人也。說文戈部：「或，邦也。」口部：「國，邦也。」或、國古通用。劉氏持政，獨夫收孤，財有餘也。劉氏，謂漢也。故世治則小人守政，而利不能誘也；○文典謹按：羣書治要引，政作正。政、正古通用。世亂則君子爲姦，而法弗能禁也。○文典謹按：羣書治要引，法作刑。

淮南鴻烈集解卷十二

道應訓

道之所行，物動而應，考之禍福，以知驗符也，故曰「道應」。○曾國藩云：此篇雜徵事實，而證之以老子道德之言。意以已驗之事皆與昔之言道者相應也，故題曰道應。每節之末，皆引老子語證之，凡引五十二處。○文典謹按：此篇敍目無「因以題篇」字，乃許慎注本。

太清問於無窮曰：「子知道乎？」無窮曰：「吾弗知也。」太清，元氣之清者也。無窮，無形也。又問於無爲無爲，有形而不爲也。曰：「子知道乎？」無爲曰：「吾知道。」無爲有形，故知道也。「子之知道，亦有數乎？」無爲曰：「吾知道有數。」曰：「其數奈何？」無爲曰：「吾知道之可以弱，可以强；可以柔，可以剛；可以陰，可以陽；可以窈，可以明；○俞樾云：窈，讀爲幽，故與明相對。禮記玉藻篇「再命赤韍幽衡」，鄭注曰：「幽，讀爲黝。」窈之通作幽，猶幽之通作黝也。可以包裹天地，可以應待無方。此吾所以知道之數也。」太清又問於無始無始，未始有之氣也。曰：「鄉者，吾問道於無窮，無窮曰：『吾弗知之。』又問於無爲，無爲曰：『吾知道。』曰：『子之知道亦有數乎？』無爲曰：『吾知道有數。』曰：『其數奈何？』無爲曰：『吾知道之可以弱，可以强；可以柔，可以剛；可以陰，可以陽；可以窈，可以明；可以包裹天地，可以應待無方。吾所以知道之數也。』若是，則無爲知與無窮之弗知，孰是孰非？」無始曰：「弗知之深，而知之淺。弗知内，而知之外。弗知精，而知之粗。」○王念孫云：「弗知之深」，之字當在上文無爲下。「無爲之知」與「無窮之弗知」相對爲文。今本無爲下脱之字，則文不成義；「弗知」下衍之字，則與下二句不對。莊子知北遊篇作：「『若是，則無窮之弗知與無爲之知，孰是而孰非乎？』無始曰：『弗知深矣，知之淺矣。弗知内矣，知之外矣。』」是其證。太清仰而歎曰：「然則不知乃知邪？知乃不知邪？孰知知之爲弗知，弗知之爲知邪？」無始曰：「道不可聞，聞而非也。道不可見，見而非也。道不可言，言而非也。孰知形之不形者乎！」○王念孫云：「形之不形」當依莊子作「形形之不形」。郭象曰：「形自形耳，形形者竟無物也。」少一形字，則義不可通。列子天瑞篇亦云：「形之所形者實矣，而形形者未嘗有。」故老子曰：「天下皆知善之爲善，斯不善也。」故「知者不言，言者不知」也。

白公問於孔子曰：「人可以微言？」白公，楚平王之孫、太子建之子勝也。建見殺，白公怨而欲復讎，故問微言也。孔子不應。知白公有陰謀，故不應也。白公曰：「若以石投水中，何如？」○俞樾云：中字衍文。列子説符篇、吕氏春秋精諭篇並作「若以石投水」。曰：「吴、越之善没者能取之矣。」曰：「若以水投水，何如？」孔子曰：「菑、澠之水合，易牙嘗而知之。」菑、澠，齊二水名。○文典謹按：文選琴賦注引，易牙作狄牙。白公曰：「然則人固不可與微言乎？」孔子曰：「何謂不可！誰知言之謂者乎！○王念孫云：誰當爲唯，字之誤也。言唯知言之謂者，乃可與微言也。吕氏春秋精諭篇作「唯知言之謂者爲可耳」，列子説符篇作「唯知言之謂者乎」，（文子微明篇同。）是其證。夫知言之謂者，不以言言也。不以言，心知之。争魚者濡，逐獸者趨，非樂之也。故至言去言，至爲無爲。夫淺知之所争者，末矣！」白公不得也，故死於浴室。楚殺白公於浴室之地也。故老子曰：「言有宗，事有君。夫唯無知，是以不吾知也。」白公之謂也。

惠子爲惠王爲國法，惠王，梁惠王。惠子，惠施也。○陶方琦云：羣書治要引許注：「惠王，魏惠王也。惠子，惠施也。」已成而示諸先生，○文典謹按：御覽六百二十四引，示下有之字。又有注云：「示爲國法。」先生皆善之。○王念孫云：「先生」二字，於義無取。吕氏春秋淫辭篇「先生」皆作「民人」。集韻、類篇，民字古作兇，人字唐武后作𤯔。疑兇誤爲先，𤯔誤爲生也。○俞樾云：先生乃長老有德者之稱，惠子爲國法而示諸先生，乃就正有道之意。吕氏春秋淫辭篇「先生」皆作「民人」，舊校云「一作良人」，此當以「良人」爲是。序意篇「良人請問十二紀」，高注曰：「良人，君子也。」然則「諸良人」卽諸先生也。若是「民人」，則惠子豈能一一示之？且使民人皆以爲善，則其可行也必矣，下文翟煎何以云「善而不可行」乎？王氏念孫反以「民人」爲是，而欲改淮南以從之，誤矣。○文典謹按：俞説是也。「先生」乃周季恒言。莊子天下篇：「其在於詩、書、禮、樂者，鄒、魯之士，搢紳先生，多能明之。」韓非子五蠹篇：「夫離法者罪，而諸先生以文學取。」所謂「先生」者，皆指長老有德者而言，辭本明顯，無可致疑。王氏乃欲改之，其失也鑿矣。**奏之惠王，惠王甚説之，以示翟煎，曰：「善！」**○王念孫云：「曰善」上當更有「翟煎」二字，「以示翟煎，翟煎曰善」與上文「示諸先生，先生皆善之」，「奏之惠王，惠王甚説之」，文同一例。今本翟煎二字不重，寫者脱之也。太平御覽引此已誤。羣書治要引此，作「以示翟煎，翟煎曰善」，呂氏春秋作「以示翟翦，翟翦曰善也」，皆其證。○文典謹按：御覽六百二十四引，翟煎作翟璜。**惠王曰：「善，可行乎？」翟煎曰：「不可。」惠王曰：「善而不可行，何也？」翟煎對曰：「今夫舉大木者，前呼邪許，後亦應之，**○桂馥云：魏子才曰：「關西方言，致力於一事爲所。」李獻吉曰：「西土人謂著力幹此事則呼爲所。」馥謂所、許聲相近，詩「伐木許許」，説文引作「所所」，云伐木聲也。**此舉重勸力之歌也。豈無鄭、衛激楚之音哉？然而不用者，不若此其宜也。治國有禮，不在文辯。」**○王念孫云：「有禮」當爲「在禮」，字之誤也。在與不在，相對爲文。羣書治要引此，正作「在禮」。**故老子曰：「法令滋彰，盜賊多有。」此之謂也。**

田駢以道術説齊王，田駢，齊臣。王應之曰：「寡人所有，齊國也。○文典謹按：御覽六百二十四引，作「寡人之治齊國也」。道術難以除患，願聞國之政。」田駢對曰：「臣之言無政，而可以爲政。譬之若林木無材，而可以爲材。願王察其所謂，而自取齊國之政焉已。雖無除其患害，天地之間，六合之内，可陶冶而變化也。齊國之政，何足問哉！此老聃之所謂『無狀之狀，無物之象』者也。若王之所問者，齊也；田駢所稱者，材也。材不及林，林不及雨，雨然後材乃得生也。雨不及陰陽，陰陽不及和，和不及道。」

白公勝得荆國，不能以府庫分人。七日，白公篡得楚國，貪其財而不分人也。得積七日也。石乙入曰：石乙，白公之黨。○王念孫云：石乙當爲石乞，字之誤也。（乞卽气之省文，非從乙聲，不得通作乙。）人閒篇及哀十六年左傳、史記楚世家、伍子胥傳、墨子非儒篇、呂氏春秋分職篇皆作石乞。「不義得之，又不能布施，患必至矣。不能予人，不若焚之，毋令人害我。」白公弗聽也。九日，葉公入，葉公，楚大夫子高，自方城之外入，殺白公。乃發大府之貨以予衆，出高庫之兵以賦民，因而攻之，十有九日而擒白公。葉公殺白公也。夫國非其有也，而欲有之，可謂至貪也。不能爲人，又無以自爲，可謂至愚矣。譬白公之嗇也，何以異於梟之愛其子也？梟子長，食其母。○陶方琦云：御覽九百二十七引許

注：「梟子大，食其母。」按：大應作長。詩「流離之子」，陸璣疏曰：「自關以西謂梟爲流離。其子適長大，還食其母。」呂氏春秋分職篇高注亦云：「梟愛養其子，長而食其母也。」意林引桓子新論：「梟生子，長食其母，乃能飛。」並作長字。故老子曰：「持而盈之，不知其已。揣而鋭之，不可長保也。」

趙簡子以襄子爲後，董閼于曰：「無卹賤，今以爲後，何也？」董閼于，趙氏臣。無卹，襄子之名，簡子之庶子也。簡子曰：「是爲人也，能爲社稷忍羞。」襄子能柔，能忍恥也。異日，知伯與襄子飲而批襄子之首，大夫請殺之，襄子曰：「先君之立我也，曰能爲社稷忍羞，豈曰能刺人哉！」處十月，知伯圍襄子於晉陽，襄子疏隊而擊之，疏，分也。隊，軍二百人爲一隊。分斯隊卒擊之。大敗知伯，破其首以爲飲器。飲，溺器，椑榼也。○莊逵吉云：左傳：「行人執榼承飲，造于子重。」褚少孫補大宛傳曰「飲器」，韋昭説：「飲器，椑榼也。」皆爲酒器，非溺器也。疑此酒字譌溺。故老子曰：「知其雄，守其雌，其爲天下谿。」

齧缺問道於被衣，齧缺、被衣，皆堯時老人也。被衣曰：「正女形，壹女視，天和將至。攝女知，正女度，神將來舍。德將來附若美，而道將爲女居。惷乎若新生之犢，而無求其故。」○王念孫云：「德將來附若美」，本作「德將爲若美」，此後人因上句「神將來舍」而妄改之也。若亦女也。「德將爲若美，道將爲女居」，相對爲文。若改爲「德將來附」，則「若美」二字文不成義矣。此文以度、舍、居、故爲韻，後人不知舍字之入韻，（舍，古讀若庶，故與度、居、故爲韻。後人讀舍爲始夜反，故不入韻。）故改此句爲「德將來附」，以與度爲韻，不知古音度在御部，附在候部，（説見六書音均表。）附與度非韻也。莊子知北遊篇作「德將爲女美，而道將爲女居」，文子道原篇作「德將爲女容，道將爲女居」，皆其證。○曾國藩云：「惷乎」，莊子知北遊篇作「瞳焉」。瞳焉者，目灼灼不瞬之貌。此作「惷乎」，亦近之。**言未卒，齧缺繼以讎夷。**讎夷，熟視不言貌。**被衣行歌而去曰：「形若槁骸，心如死灰。直實不知，以故自持。**○王念孫云：「直實知」三字，文不成義，當從莊子、文子作「真其實知」。今本真誤爲直，又脱其字。主術篇注曰：「故，巧也。」「真其實知，不以故自持」，莊子所謂「去智與故，循天之理」也。漢魏叢書本改爲「直實不知，以故自持」，而莊本從之，斯爲謬矣。**墨墨恢恢，無心可與謀。彼何人哉！」故老子曰：「明白四達，能無以知乎！」**

趙襄子攻翟而勝之，取尤人、終人。尤人、終人，翟之二邑。○王念孫云：「攻翟」上當有使字。襄子使新稚狗攻翟而未親往，故下文言「使者來謁」也。羣書治要引此，有使字。晉語曰：「趙襄子使新稚穆子伐狄。」列子説符篇同。是其證。「左〔一〕人、終人」句，與上句義不相屬。莊據列子於句首加取字，理或然也。**使者來謁之，襄子方將食而有憂色。左右曰：「一**

〔一〕「左」，正文作「尤」，王念孫謂當作「左」，見讀書雜志。

朝而兩城下，此人之所喜也。今君有憂色，何也？」襄子曰：「江、河之大也，不過三日。三日而減。◯陶方琦云：羣書治要引許注：「三日而減也。」飄風暴雨，日中不須臾。言其不終日也。◯俞樾云：「飄風暴雨」下脱「不終朝」三字。老子曰：「飄風不終朝，驟雨不終日。」是其義也。「日中不須臾」乃「日中則昃」之義。今脱「不終朝」三字，則若飄風暴雨亦不須臾者，失其義矣。列子說符篇正作「飄風暴雨不終朝，日中不須臾」，可據以訂正。呂氏春秋慎大篇亦脱「不終朝」三字。◯陶方琦云：羣書治要引許注：「言其不能終日。」按：呂覽慎大「日中不須臾」，高注：「易曰：『日中則昃。』故曰不須臾。」其說與許亦異。今趙氏之德行無所積，今一朝兩城下，亡其及我乎！」◯王念孫云：「今一朝兩城下」，本作「一朝而兩城下」，此後人嫌其與上文相複而改之也。不知此是復舉上文之詞，當與前同，不當與前異。若云「今一朝兩城下」，則與上句「今」字相複矣。羣書治要引此，正作「一朝而兩城下」，列子、呂氏春秋並同。孔子聞之曰：「趙氏其昌乎！」夫憂，所以爲昌也；而喜，所以爲亡也。勝非其難也，◯王念孫云：劉本於此下增入「持之其難者也」一句，云「舊本無此句，非」。案：列子、呂氏春秋皆有此句，羣書治要引淮南亦有此句，則劉增是也。莊本作「持之者其難也」，則與上句不對，非是。持之者其難也。賢主以此持勝，故其福及後世。齊、楚、吳、越皆嘗勝矣，然而卒取亡焉，不通乎持勝也。唯有道之主能持勝。孔子勁杓國門之關，杓，引也。古者縣門下，從上杓引之者難也。○王念孫云：列子釋文引此作許注，今高注有之者，蓋後人以許注竄入也。又案：杓當爲扚，字從手，不從木。玉篇：「杓，甫遥、都歷二切，斗柄也。又市若切。」「扚，丁激切，引也。」廣韻：「杓，甫遥切，北斗柄。」「扚，都歷切，引也。」許注訓扚爲引，則其字當從手。玉篇、廣韻訓扚爲引，卽本於許注。其證一也。史記天官書「用昏建者杓」，索隱：「說文：『杓，斗柄。』音匹遥反。」又下文「扚雲如繩者」，索隱：「扚，說文音丁了反。許慎注淮南云：『扚，引也。』」是扚音丁了反，而訓爲引，與杓字不同。其證二也。晉書天文志「扚雲如繩」，何超音義：「扚，音鳥。」鳥與丁了同音。其證三也。而今本淮南及列子釋文、史記、漢書扚字皆誤作杓，（晉書又誤作⿰忄勺。）與玉篇、廣韻不合。世人多見杓，少見扚，遂莫有能正其失者矣。○洪頤煊云：杓當作扚。說文：「扚，疾擊也。从手，勺聲。」兵略訓「爲人扚者死」，高注：「扚，所擊也。」史記天官書「扚雲如繩者，居前亘天」，索隱：「說文音丁了反。許慎注淮南云：『扚，引也。』」今諸本皆譌作杓。○陶方琦云：列子釋文引許注：「杓，引也。古者縣門下，从上杓引之者難也。」史記索隱但引「杓，引也」三字。杓字从手，不从木。說文：「扚，疾擊也。」「摽，擊也。一曰，挈闔牡也。」扚卽同摽。玉篇：「扚，丁激反，引也。」廣韻：「扚，都歷反，引也。」訓皆本淮南許注，故索隱引說文「扚音丁了反」，而卽引淮南注「扚，引」之訓，知此字定當从手。主術訓「孔子之通，力招城關」，高注：「以一手招城門關端，能舉之。」吕氏春秋慎大覽「孔子之勁，舉國門之關，而不肯以力聞」，高注：「勁，强也。以一手捉城門關，顯而舉之，不肯以力聞也。」捉亦招字之誤。是高作招，與許作扚正異。道應訓爲許注本，故作扚。列子說符「孔子之勁，能拓國門之關」，張注：「拓，舉也。」拓亦招字〔一〕。文選吴都賦〔二〕引列子，正作招，云「與翹同」。顏氏家訓誡兵篇：「孔子力翹門關，不以力聞。」而不肯以力聞。墨子爲守攻，公輸般服，而不肯以兵知。善持勝者，以强爲弱。故老子曰：「道沖，而用之又弗盈也。」

惠孟見宋康王，蹀足謦欬，疾言曰：「寡人所說者，勇有功也，不說爲仁義者也。○王念孫云：「蹀足」上當更有康王二字，今本脱去，則文義不明。列子黄帝篇作「惠盎見宋康王，康王蹀足謦欬疾言」，是其證。「有功」當爲「有力」，字之誤也。「勇有力」對下句「仁義」而言。若作「有功」，則非其指矣。下文皆言「有力」，不言「有功」，列子及吕氏春秋順說篇並作「勇有力」，是其證。客將何以教寡人？」惠孟對曰：「臣有道於此，人雖勇，刺之不入；雖巧有力，擊之不中。○王念孫云：「人雖勇」上當有使字。下文曰：「臣有道於此，使人雖勇弗敢刺，雖有力不敢擊。」又曰：「使人本無其意。」又曰：「使天下丈夫女子莫不驩然皆欲愛利之。」皆其證也。今本脱使字，則與上句義不相屬。列子、吕氏春秋皆有使字。又案：「有力」上本無巧字，此後人以文子道德篇加之也。案文子云：「雖巧，擊之不中。」此云「雖有力，擊之不中」，文各不同，加巧

〔一〕「字」下似脱「之誤」二字。
〔二〕「賦」下似脱「注」字。

字於「有力」之上，則文不成義矣。下文云「雖有力不敢擊」，亦無巧字也。列子、吕氏春秋皆無巧字。大王獨無意邪？」宋王曰：「善！此寡人之所欲聞也。」惠孟曰：「夫刺之而不入，擊之而不中，此猶辱也。臣有道於此，使人雖有勇弗敢刺，雖有力不敢擊。夫不敢刺，不敢擊，非無其意也。臣有道於此，使人本無其意也。夫無其意，未有愛利之心也。臣有道於此，使天下丈夫女子莫不歡然皆欲愛利之心。○王念孫云：「愛利之」下不當有心字，此因上文「未有愛利之心」而誤衍也。文子、列子、吕氏春秋皆無心字。下文云「天下丈夫女子莫不延頸舉踵而願安利之」，亦無心字。此其賢於勇有力也，四累之上也。大王獨無意邪？」此上凡四事，皆累于世，而男女莫不歡然爲上也。○曾國藩云：累者，層累也。刺不入，擊不中，一層也；弗敢刺，弗敢擊，二層也；無其意，三層也；歡然愛利，四層也。故曰「四累之上」。高注失之。宋王曰：「此寡人所欲得也。」惠孟對曰：「孔、墨是已。孔丘、墨翟，無地而爲君，無官而爲長，無地爲君，以道富也。無官爲長，以德尊也。天下丈夫女子莫不延頸舉踵而願安利之者。今大王，萬乘之主也。誠有其志，則四境之内皆得其利矣。此賢於孔、墨也遠矣！」宋王無以應。惠孟出，宋王謂左右曰：「辯矣，客之以説勝寡人也！」故老子曰：「勇於不敢則活。」○王念孫云：「老子曰」下脱「勇於敢則殺」一句。兩句相對爲文，單引一句，則文不成義。文子道德篇亦有此句。由此觀之，大勇反爲不勇耳。

昔堯之佐九人，禹、皋陶、稷、契、伯夷、倕、益、夔、龍也。舜之佐七人，皆與堯同，臣其七人也。武王之佐五人。謂周公、召公、太公、畢公、毛公也。堯、舜、武王於九、七、五者，不能一事焉，然而垂拱受成功者，善乘人之資也。故人與驥逐走則不勝驥，託於車上則驥不能勝人。北方有獸，其名曰蹷，鼠前而兔後，鼠前足短，兔後足長，故謂之蹷。趨則頓，走則顛，常爲蛩蛩駏驉取甘草以與之。蛩蛩駏驉，前足長，後足短，故能乘虛而走，不能上也。蹷有患害，蛩蛩駏驉必負而走。○莊逵吉云：爾雅曰：「西方有比肩獸焉，與邛邛岠虛比，爲邛邛岠虛齧甘草。即有難，邛邛岠虛負而走。其名謂之蟨。」攷此獸，唯爾雅作西方，呂不韋書及説苑皆云北方。説文解字與爾雅同。郭璞注之曰：「今雁門廣武縣夏屋山中有獸，形如兔而大，相負共行，土俗名之爲蟨鼠。」錢別駕云，周書王會篇稱「獨鹿邛邛岠虛」，獨鹿即涿鹿。史記五帝本紀注徐廣曰：「一作濁鹿。」古字獨、濁、涿相通，故借用之。廣武、涿鹿，地居西北，相近，故一稱北方，一稱西方也。解字蹷作蟨，從虫；駏驉作巨虛，邛作蛩，字爲正。然則作邛者省，作岠者借，作蹷及駏驉者別也。此以其能，託其所不能。故老子曰：「夫代大匠斲者，希不傷其手。」

薄疑説衛嗣君以王術，嗣君，衛國君也。嗣君應之曰：「予所有者，千乘也，願以受教。」薄疑對曰：「烏獲舉千鈞，又況一斤乎！」杜赫以安天下説周昭文君，昭文君，周衰，分爲西東，各自立其君也。文君謂杜赫曰：○王念孫云：「文君謂杜赫曰」上脱昭字，當依上句及吕氏春秋務大篇補。「願學所以安周。」赫對曰：「臣之所言不可，則不能安周。臣之所言可，則周自安矣。此所謂弗安而安者也。」故老子曰：「大制無割。故致數輿無輿也。」

魯國之法，魯人爲人妾於諸侯，○王念孫云：吕氏春秋察微篇、説苑政理篇、家語致思篇妾上俱有臣字，於義爲長。有能贖之者，取金於府。子贛贖魯人於諸侯，來而辭不受金。孔子曰：「賜失之矣！夫聖人之舉事也，可以移風易俗，而受教順可施後世，○王念孫云：「教順」上本無受字，此因上文「不受金」而誤衍也。「教順」卽教訓也。（訓、順古多通用，不煩引證。）「教訓」上有受字，則與下四字義不相屬矣。説苑、家語並作「教導可施於百姓」，是其證。非獨以適身之行也。今國之富者寡而貧者衆。贖而受金，則爲不廉；不受金，則不復贖人。自今以來，魯人不復贖人於諸侯矣。」孔子亦可謂知禮矣。故老子曰：「見小曰明。」○王念孫云：「知禮」本作「知化」，謂知事理之變化也。見子贛之不受金，而知魯人之不復贖人，達於事變，故曰知化，（齊俗篇曰：「唯聖人知其化。」吕氏春秋驕恣篇曰：「智短則不知化。」知化篇曰：「凡智之貴也，貴知化也。」）非謂其知禮也。俗書禮字或作礼，形與化相近，化誤爲礼，後人因改爲禮耳。齊俗篇述此事而論之曰：「孔子之明，以小知大，以近知遠。」即此所謂「知化」也。故下文引老子「見小曰明」之語。呂氏春秋論此事曰：「孔子見之以細，觀化遠也。」説苑曰：「孔子可謂通於化矣。」此皆其明證。

魏武侯問於李克曰：李克，武侯之相。「吳之所以亡者，何也？」李克對曰：「數戰而數勝。」武侯曰：「數戰數勝，國之福。其獨以亡，何故也？」對曰：「數戰則民罷，數勝則主憍。以憍主使罷民，而國不亡者，天下鮮矣。憍則恣，恣則極物；罷則怨，怨則極慮。上下俱極，吳之亡猶晚矣！夫差之所以自剄於干遂也。」越伐吳，夫差所以自殺也。

故老子曰：「功成名遂，身退，天之道也。」

甯越欲干齊桓公，困窮無以自達，於是爲商旅，將任車，任，載也。詩曰：「我任我輦。」以商於齊，暮宿於郭門之外。桓公郊迎客，夜開門，辟任車，爝火甚盛，爝，炬火也。從者甚衆。甯越飯牛車下，望見桓公而悲，擊牛角而疾商歌。○莊逵吉云：疾，太平御覽一引作習，一引作疾。桓公聞之，撫其僕之手曰：「異哉，歌者非常人也！」○俞樾云：呂氏春秋舉難篇「歌者」上有之字，當從之。之，猶是也。「之歌者」即「是歌者」也。無之字，則文不備。新序雜事篇作「此歌者」，此亦猶是也。命後車載之。桓公及至，○王念孫云：及當爲反，字之誤也。「反至」，謂桓公反而至於朝也。呂氏春秋舉難篇、新序雜事篇並作「反至」。從者以請，桓公贛之衣冠而見，説以爲天下。桓公大説，將任之，羣臣爭之曰：「客，衞人也。衞之去齊不遠，君不若使人問之。問之而故賢者也，用之未晚。」桓公曰：「不然。問之，患其有小惡也。以人之小惡而忘人之大美，此人主之所以失天下之士也。」凡聽必有驗，一聽而弗復問，合其所以也。合己聽知之意，所以用之。且人固難合也，權而用其長者而已矣。○王念孫云：合當爲全。言用人不可求全也。全、合字相近，又因上文「合其所以」而誤。呂氏春秋、新序並作全。當是舉也，桓公得之矣。故老子曰：「天大，地大，道大，王亦大。域中有四大，而王處其一焉。」以言其能包裹之也。

大王亶父居邠，翟人攻之。事之以皮帛珠玉而弗受，曰：「翟人之所求者地，無以財物爲也。」大王亶父曰：「與人之兄居而殺其弟，與人之父處而殺其子，吾弗爲。皆勉處矣！爲吾臣，與翟人奚以異？○文典謹按：「爲吾臣，與翟人奚以異」，莊子讓王篇作「爲吾臣，與爲狄人臣奚以異」，語意較完。且吾聞之也，不以其所養害其養。」杖策而去，民相連而從之，遂成國於岐山之下。岐山，今之美陽北山也。其下有周地，因是以爲天下號也。大王亶父可謂能保生矣。雖富貴，不以養傷身；雖貧賤，不以利累形。今受其先人之爵祿，則必重失之。所自來者久矣，而輕失之，豈不惑哉！○王念孫云：「所自來者」上當有「生之」二字。此承上文「保生」而言，言人皆重爵祿而輕其生也。脱去「生之」

二字，則文不成義。莊子讓王篇、呂氏春秋審爲篇、文子上仁篇皆有「生之」二字。故老子曰：「貴以身爲天下焉，可以託天下；愛以身爲天下焉，可以寄天下矣。」中山公子牟中山，鮮虞之國。謂詹子曰：「身處江海之上，心在魏闕之下。爲之柰何？」江海之上，言志在于己身。心之魏闕也，言内守。詹子曰：「重生。重生則輕利。」重生，己之性也。

中山公子牟曰：「雖知之，猶不能自勝。」詹子曰：「不能自勝，則從之。從之，神無怨乎！言不勝己之情欲，則當縱心意，則己神無怨也。不能自勝而強弗從者，此之謂重傷。重傷之人，無壽類矣！」故老子曰：「知和曰常，知常曰明，益生曰祥，心使氣曰強。」是故「用其光，復歸其明」也。

楚莊王問詹何曰：「治國柰何？」對曰：「何明於治身，而不明於治國？」楚王曰：「寡人得立宗廟社稷，○俞樾云：立字無義，疑主字之誤。○文典謹按：列子説符篇及藝文類聚五十二引本書，竝作「寡人得奉宗廟社稷」，可據以訂正。俞説非。願學所以守之。」詹何對曰：「臣未嘗聞身治而國亂者也，未嘗聞身亂而國治者也。故本任於身，不敢對以末。」○王念孫云：任當爲在，字之誤也。呂氏春秋執一篇作「爲國之本在於爲身」，列子説符篇作「故本在身」，皆其證。楚王曰：「善。」故老子曰：「脩之身，其德乃真也。」

桓公讀書於堂，桓公，齊君。輪人斲輪於堂下，釋其椎鑿而問桓公曰：「君之所讀者，何書也？」桓公曰：「聖人之書。」輪扁曰：「其人在焉？」輪扁，人名。問作書之人何在也。○王念孫云：「輪人」當依莊子天道篇作「輪扁」。輪扁之名當見於前，不當見於後也。高注「輪扁，人名」四字，本在此句之下，因扁誤爲人，後人遂移置於下文「輪扁曰」云云之下耳。○陳觀樓云：「其人在焉」，當作「其人焉在」，故高注云「問作書之人何在」。○俞樾云：焉，猶乎也。儀禮喪服傳曰：「野人曰：父母何算焉？」禮記檀弓篇曰：「子何觀焉？」論語子路篇曰：「又何加焉？」皆是也。「其人在焉」，猶曰「其人在乎」，故桓公告之曰「已死矣」。莊子天道篇作「聖人在乎」，與此文異而義同。桓公曰：「已死矣。」輪扁曰：「是直聖人之糟粕耳！」糟，酒滓也。粕，已漉之精也。○陶方琦云：莊子釋文引許注作：「粕，已漉粗糟也。」今注「之精」二字即「粗糟」之譌。一切經音義引作「已盝糟曰粕也」，盝卽漉字，糟上敓一粗字，又倒易其文耳。說文：「糟粕，酒滓也。」釋名：「酒滓曰糟，浮米曰粕。」桓公悖然作色而怒曰：「寡人讀書，工人焉得而譏之哉！有說則可，無說則死。」輪扁曰：「然，有說。臣試以臣之斲輪語之：大疾，則苦而不入；苦，急意也。大徐，則甘而不固。甘，緩意也。不甘不苦，應於手，厭於心，而可以至妙者，臣不能以教臣之子，而臣之子亦不能得之於臣。是以行年七十，老而爲輪。今聖人之所言者，亦以懷其實，窮而死，獨其糟粕在耳！」故老子曰：「道可道，非常道。名可名，非常名。」

昔者，司城子罕相宋，謂宋君曰：「夫國家之安危，百姓之治亂，在君行賞罰。○俞樾云：君字衍文，涉下文「君自行之」而衍。此但言行賞罰，下乃分別言之曰：「夫爵賞賜予，民之所好也，君自行之。殺戮刑罰，民之所怨也，臣請當之。」若此文有君字，則下文不可通矣。○文典謹案：說苑君道篇、韓詩外傳竝有君字，俞說未諦。夫爵賞賜予，民之所好也，君自行之。殺戮刑罰，民之所怨也，臣請當之。」宋君曰：「善！寡人當其美，子受其怨，寡人自知不爲諸侯笑矣。」國人皆知殺戮之專，制在子罕也，大臣親之，百姓畏之。居不至期年，子罕遂却宋君而專其政。○王念孫云：却當爲劫，字之誤也。韓詩外傳作去，去亦劫之誤。韓子外儲說右篇作「劫宋君而奪其政」，是其證。二柄篇又云：「宋君失刑而子罕用之，故宋君見劫。」史記李斯傳亦云：「司城子罕劫其君。」又說林篇「知己者不可誘以物，明於死生者不可却以危」，却亦當爲劫。繆稱篇曰：「有義者不可欺以利，有勇者不可劫以懼。」是其證。故老子曰：「魚不可脫于淵，國之利器不可以示人。」

王壽負書而行，見徐馮於周。王壽，古好書之人。徐馮，周之隱者也。○俞樾云：韓非子喻老篇周下有塗字，是也。行而見之，則必在道塗之間，故曰「見徐馮於周塗」，周塗猶周道也。徐馮曰：「事者，應變而動。變生於時，故知時者無常行。書者，言之所出也。言出於知者，知者藏書。」於是王壽乃焚書而舞之。自喜焚其書，故舞之也。○王念孫云：「知者藏書」，本作「知者不藏書」，與「知時者無常行」相對爲文。今本脱不字，則與上下文不相屬矣。太平御覽學部十三引此，有不字。韓子喻老篇同。「焚書而舞之」，御覽引，焚下有其字。韓子同。據高注云：「自喜焚其書，故舞之也。」則正文本有其字。**故老子曰：「多言數窮，不如守中。」**

令尹子佩請飲莊王，子佩，楚莊王之相。請飲，請置酒也。**莊王許諾。**○王念孫云：太平御覽人事部一百九引，「莊王許諾」下有「子佩具於京臺，莊王不往，明日」共十二字，今本脱去，當補入。文選應璩與滿寵書注引此，子佩作子瑕，亦云：「子瑕具於京臺，莊王不往。」京、強二字古同聲而通用，故今本京臺作強臺。**子佩疏揖，北面立於殿下，**疏，徒跣也。揖，舉手也。○王念孫云：太平御覽人事部一百九引，正文疏作跣，與高注「徒跣」合，當據改。**曰：「昔者君王許之，今不果往。**果，誠也。○陶方琦云：文選謝宣遠于安城答靈運詩注、繁欽與魏文帝箋注、魏文帝與鍾大理書注引許注：「果，誠也。」按：誠一本作成。論語「行必果」，皇疏引繆協注：「果，成也。」**意者，臣有罪乎？」莊王曰：「吾聞子具於強臺。強臺者，南望料山，以臨方皇，**料山，山名。方皇，水名，一曰山名。○莊逵吉云：料山，太平御覽引作獵山。**左江而右淮，其樂忘死。若吾薄德之人，不可以當此樂也。恐留而不能反。」**○文典謹按：文選應休璉與滿公琰書注引此文，作：「令尹子瑕請飲，莊王許諾。子瑕具於京臺，莊王不往，曰：『吾聞京臺者，南望獵山，北臨方皇，左江右淮，其樂忘歸。若吾薄德之人，不可以當此樂也。恐流而不能自反。』」又引高注：「京臺，高臺也。方皇，大澤也。」故老子曰：「不見可欲，使心不亂。」

晉公子重耳出亡，過曹，無禮焉。曹共公聞重耳駢脅，使袒而捕魚，設薄以觀之。釐負羈之妻謂釐負羈曰：「君無禮於晉公子。吾觀其從者，皆賢人也。從者，狐偃、趙衰之屬也。若以相夫子反晉國，必伐曹。子何不先加德焉！」釐負羈遺之壺餕而加璧焉。重耳受其餕而反其璧。及其反國，起師伐曹，剋之，令三軍無入釐負羈之里。故老子曰：「曲則全，枉則直。」

越王句踐與吴戰而不勝，國破身亡，困於會稽。忿心張膽，氣如涌泉，選練甲卒，赴火若滅，然而請身爲臣，妻爲妾，親執戈爲吴兵先馬走，果擒之於干遂。先馬走，先馬前而走也。○王念孫云：「爲吴兵先馬走」當作「爲吴王先馬」。今本吴王作吴兵，涉下文「襄子起兵」而誤，其走字則涉注文而衍也。據注云「先馬，（句。）走先馬前」，則正文無走字明矣。爲吴王先馬，即上文所謂身爲臣也。若作吴兵，則非其指矣。越語曰：「其身親爲夫差前馬。」韓子喻老篇曰：「身執戈爲吴王洗馬。」（先、洗古字通。）皆其證。故老子曰：「柔之勝剛也，弱之勝强也，天下莫不知，而莫之能行。」越王親之，故霸中國。

趙簡子死，未葬，中牟入齊。中牟自入臣於齊也。已葬五日，襄子起兵攻圍之，未合而城自壞者十丈，○王念孫云：此當作「襄子起兵攻之，（句。）圍未合，而城自壞者十丈」。今本「之圍」二字誤倒，則文不成義。太平御覽兵部四十九引此不誤。韓詩外傳作「襄子興師而攻之，圍未帀而城自壞者十丈」，新序雜事篇作「襄子率師伐之，圍未合而城自壞者十堵」。襄子擊金而退之。軍法，鼓以進衆，鉦以退之。軍吏諫曰：「君誅中牟之罪，而城自壞，是天助我，何故去之？」襄子曰：「吾聞之叔向曰：『君子不乘人於利，不迫人於險。』」○文典謹按：意林引，於並作之。使之治城，城治而後攻之。中牟聞其義，乃請降。故老子曰：「夫唯不争，故天下莫能與之争。」

秦穆公謂伯樂曰：「子之年長矣。子姓有可使求馬者乎？」子姓，謂伯樂子。對曰：「良馬者，可以形容筋骨相也。相天下之馬者，若滅若失，若亡若滅，其相不可見也。若失，乍入乍出也。若亡，髣髴不及也。其一。○王引之云：此當以「若亡其一」爲句。莊子徐無鬼篇「天下馬有成材，若卹若失，若喪其一」，陸德明曰：「言喪其耦也。」齊物論篇「嗒焉似喪其耦」，司馬彪曰：「耦，身也。身與神爲耦。」此言「若亡其一」，亦謂精神不動，若亡其身也。高讀至「若亡」爲句，則「其一」二字上下無所屬矣。且一與失、徹爲韻，如高讀，則失其韻矣。若此馬者，絶塵弭轍。絶塵，不及也。弭轍，引迹疾也。臣之子，皆下材也，可告以良馬，而不可告以天下之馬。臣有所與供儋纏采薪者九方堙，纏，索也。九方堙，人姓名。○王念孫云：供當爲共，此因儋字而誤加人旁也。蜀志郤正傳注引此，正作共。列子説符篇同。纏字之義，諸書或訓爲繞，（説文。）或訓爲束，（廣雅。）無訓爲索者。纏當爲纆，字之誤也。説文作纆，云「索也」，字或作纆。坎上六「係用徽纆」，馬融曰：「徽纆，索也。」劉表曰：「三股曰徽，兩股曰纆。」故高注云：「纆，索也。」若作「儋纏」，則義不可通矣。列子及郤正傳注、白帖九十六，纆字亦誤作纏。蓋世人多見纏，少見纆，故傳寫多誤耳。（管子乘馬篇「鎌纆得入焉」，今本纆字亦誤作纏，唯宋本不誤。韓子説疑篇「或在囹圄縲紲纆索之中」，今本亦誤作纏。）唯道藏本列子釋文作纆，音墨，足正今本之誤。又説林篇：「龜紐之璽，賢者以爲佩；土壤布在田，能者以爲富。予溺者金玉，（今本溺上有拯字，乃涉注文而衍。此謂與溺者金玉，不如與之繩索，使得援之以出水，非謂與拯溺者也。高注自謂金玉非拯溺之具，亦非謂與拯溺者金玉也。太平御覽珍寶部九引此有拯字，亦後人依誤本加之。其人事部三十七引此，無拯字。文子上德篇亦無，今據删。）不若尋常之纏索。」案：「尋常之纏索」本作「尋常之纆」，其索字則後人所加也。（高注同。）此文以佩、富、纆爲韻，若作纏索，則失其韻矣。（文子作「不如與之尺索」，亦改淮南而失其韻。）太平御覽人事部三十七、珍寶部九引此，並作「尋常之纆」，雖纆誤爲纏，而纏下俱無索字。此其於馬，非臣之下也。請見之。」穆公見之，使之求馬。三月而反報曰：「已得馬矣。在於沙丘。」穆公曰：「何馬也？」對曰：「牡而黃。」使人往取之，牝而驪。穆公不説，召伯樂而問之曰：

「敗矣！子之所使求者，○王念孫云：求下脱馬字。郤正傳注及白帖引此，並有馬字。列子同。毛物、牝牡弗能知，又何馬之能知！」伯樂喟然大息曰：「一至此乎！是乃其所以千萬臣而無數者也。若堙之所觀者，天機也。得其精而忘其粗，在內而忘其外，○王念孫云：在下本有其字，後人以意删之也。爾雅曰：「在，察也。」察其內即得其精也，忘其外即忘其粗也。後人不知在之訓爲察，故删去其字耳。郤正傳注引此，正作「在其內而忘其外」。列子同。白帖引，作「見其內而忘其外」，雖改在爲見，而其字尚存。見其所見而不見其所不見，視其所視而遺其所不視。若彼之所相者，乃有貴乎馬者。」馬至，而果千里之馬。故老子曰：「大直若屈，大巧若拙。」

吳起爲楚令尹，適魏，問屈宜若曰：屈宜若，楚大夫亡在魏者也。○王念孫云：此許注也。宜若當爲宜咎，字之誤也。史記六國表、韓世家並作宜臼，集解引淮南許注云：「屈宜臼，楚大夫亡在魏者也。」正與此注同。說苑指武篇亦作屈宜臼，權謀篇作屈宜咎，是臼、咎古字通。屈宜臼之爲宜咎，亦猶平王宜臼之爲宜咎矣。○陶方琦云：史記集解四十五引許注：「屈宜臼，楚大夫在魏者也。」按：宜若當是宜咎之譌。史記韓世家作宜臼，引許注亦正作宜臼，古本多作宜臼也。說苑指武篇亦作屈宜臼，權謀篇作屈宜咎，咎、臼音近古通。舅犯亦作咎犯。若乃咎之誤文。「王不知起之不肖，而以爲令尹。先生試觀起之爲人也。」○王念孫云：「爲人」本作

「爲之」，此後人以意改之也。「爲之」，謂爲楚國之政也。下文「將衰楚國之爵而平其制禄」云云，正承此句言之。若作「爲人」，則與上下文全不相涉矣。説苑指武篇正作「爲之」。屈子曰：「將柰何？」吴起曰：「將衰楚國之爵而平其制禄，損其有餘而綏其不足，砥礪甲兵，時争利於天下。」○王念孫云：時上當有以字，謂因時而動，與天下争利也。脱去以字，則文義不明。説苑有以字。屈子曰：「宜若聞之，昔善治國家者，不變其故，不易其常。今子將衰楚國之爵而平其制禄，損其有餘而綏其不足，是變其故，易其常也。行之者不利！宜若聞之曰：『怒者，逆德也；兵者，凶器也；争者，人之所本也。』○俞樾云：本字無義，乃去字之誤。下文「始人之所本，逆之至也」，説苑指武篇作「殆人所棄，逆之至也」。彼作棄，此作去，文異而義同。惟始字亦不可通，説苑作殆，尤爲無義。始乃治字之誤。吴起欲砥礪甲兵，故屈子以爲治人所去，言取人之所去者而治之也。文子下德篇作「治人之亂，逆之至也」，治字不誤，可據以訂正。今子陰謀逆德，好用凶器，始人之所本，逆之至也。本者，謂兵争也。且子用魯兵，不宜得志於齊，而得志焉。起爲魯將，伐齊，敗之。子用魏兵，不宜得志於秦，而得志焉。起爲魏西河守，秦兵不敢東下也。宜若聞之，非禍人，不能成禍。吾固惑吾王之數逆天道，戾人理，至今無禍，差須夫子也。」差須，猶意須也。○俞樾云：此本作「嗟！（句。）須夫子也」。嗟乃歎辭。説苑指武篇作「嘻！且待夫子也」，是其證也。嗟字闕壞，高注遂以差須連讀而釋之曰：「猶意須也。」失之甚矣！　吴起惕然曰：「尚可更乎？」屈子曰：「成形之徒，不可更也。成形之徒，形禍已成于衆。　子不若敦愛而篤行之。」老子〔一〕曰：「挫其鋭，解其紛，和其光，同其塵。」

晉伐楚，三舍不止。大夫請擊之。莊王曰：「先君之時，晉不伐楚。及孤之身而晉伐楚，是孤之過也。若何其辱羣大夫？」曰：「先臣之時，晉不伐楚。今臣之身而晉伐楚，此臣之罪也。請三擊之。」〇文典謹按：傳寫宋本三作王。王俛而泣涕沾襟，起而拜羣大夫。晉人聞之曰：「君臣争以過爲在己，且輕下其臣，不可伐也。」夜還師而歸。老子〔二〕曰：「能受國之垢，是謂社稷主。」

宋景公之時，熒惑在心，公懼，召子韋而問焉，子韋，司星者也。曰：「熒惑在心，何也？」子韋曰：「熒惑，天罰也；心，宋分野，宋之分野，上屬房、心之星。禍且當君。雖然，可移於宰相。」公曰：「宰相，所使治國家也，而移死焉，不祥。」子韋曰：「可移於民。」公曰：「民死，寡人誰爲君乎？寧獨死耳！」子韋曰：「可移於歲。」公曰：

〔一〕依上下文例，「老子」上似當有「故」字。
〔二〕依上下文例，「老子」上似當有「故」字。

「歲，民之命。歲饑，民必死矣。爲人君而欲殺其民以自活也，其誰以我爲君者乎？是寡人之命固已盡矣，子韋無復言矣！」○王念孫云：韋字因上下文而衍。呂氏春秋制樂篇、新序雜事篇、論衡變虛篇皆作「子無復言矣」，無韋字。子韋還走，北面再拜曰：「敢賀君！天之處高而聽卑。君有君人之言三，天必有三賞君。○王念孫云：次句有字，因下文「故有三賞」而衍。呂氏春秋、新序、論衡皆作「天必三賞君」，無有字。今夕星必徙三舍，君延年二十一歲。」公曰：「子奚以知之？」對曰：「君有君人之言三，故有三賞。星必三徙舍，舍行七里，三七二十一，故君移年二十一歲。○王念孫云：「七里」當爲「七星」，字之誤也。古謂二十八宿爲二十八星。七星，七宿也。呂氏春秋、新序、論衡皆作「舍行七星」。又新序、論衡「舍行七星」下皆有「星當一年」四字，於義爲長。舍行七星，三舍則行二十一星，星當一年，故延年二十一歲也。呂氏春秋亦云「星一徙當七年」。臣請伏於陛下以伺之。星不徙，臣請死之。」公曰：「可。」是夕也，星果三徙舍。故老子曰：「能受國之不祥，是謂天下王。」

昔者，公孫龍在趙之時，謂弟子曰：「人而無能者，龍不能與遊。」有客衣褐帶索而見曰：「臣能呼。」公孫龍顧謂弟子曰：「門下故有能呼者乎？」對曰：「無有。」公孫龍曰：「與之弟子之籍。」後數日，往説燕王，至於河上，而航在一汜，汜，水厓也。○

文典謹按：一，北堂書鈔百三十八、御覽七百七十引，並作北。藝文類聚七十一作水。使善呼者呼之，一呼而航來。故曰聖人之處世，不逆有伎能之士。○王念孫云：故下曰字，因下文「故老子曰」而衍。此因述公孫龍納善呼者一事，而言聖人不棄伎能之士，非引古語爲證，不當有曰字。下文「故老子曰」云云，方引老子之言以證之耳。下文曰：「故伎無細而能無薄，在人君用之耳。」（今本故下有曰字，誤與此同。）又曰：「故人主之嗜欲見於外，則爲人臣之所制。」又曰：「故周鼎著倕，而使齕其指，先王以見大巧之不可爲也。」又曰：「故大人之行，不掩以繩，至所極而已矣。」其下皆引書爲證，與此文同一例，而故下皆無曰字。故老子曰：「人無棄人，物無棄物，是謂襲明。」

子發攻蔡，踰之。子發，楚宣王之將。踰，越，勝之也。宣王郊迎，列田百頃而封之執圭。楚爵功臣，賜以圭，謂之執圭，比附庸之君。子發辭不受，曰：「治國立政，諸侯入賓，此君之德也。發號施令，師未合而敵遁，此將軍之威也。兵陳戰而勝敵者，此庶民之力也。夫乘民之功勞而取其爵祿者，非仁義之道也。」故辭而弗受。故老子曰：「功成而不居。夫惟不居，是以不去。」

晉文公伐原，原，周邑。襄王以原賜文公，原叛，伐之。與大夫期三日。三日而原不降，文公令去之。軍吏曰：「原不過一二日將降矣。」君曰：「吾不知原三日而不可得下也，以與大夫期。盡而不罷，失信得原，吾弗爲也。」原人聞之曰：「有君若此，可弗降也？」遂降。温人聞，亦請降。時周人亦以温予文公，温相連皆叛。故老子曰：「窈兮冥兮，其中有精。其精甚真，其中有信。」故「美言可以市尊，美行可以加人」。

公儀休相魯，公儀休，故魯博士也。而嗜魚。一國獻魚，公儀子弗受。其弟子諫曰：「夫子嗜魚，弗受，何也？」答曰：「夫唯嗜魚，故弗受。夫受魚而免於相，雖嗜魚，不能自給魚。毋受魚而不免於相，則能長自給魚。」此明於爲人爲己者也。故老子曰：「後其身而身先，外其身而身存。非以其無私邪，故能成其私。」一曰：「知足不辱。」

狐丘丈人謂孫叔敖曰：丈人，老而杖于人者。「人有三怨，子知之乎？」孫叔敖曰：「何謂也？」對曰：「爵高者士妬之，官大者主惡之，禄厚者怨處之。」孫叔敖曰：「吾爵益高，吾志益下；吾官益大，吾心益小；吾禄益厚，吾施益博。是以免三怨，可乎？」○王念孫云：「是以」當依列子説符篇作「以是」。故老子曰：「貴必以賤爲本，高必以下爲基。」

大司馬捶鉤者年八十矣，而不失鉤芒。捶，鍛擊也。鉤，釣鉤也。大司馬曰：「子巧邪？有道邪？」曰：「臣有守也。臣年二十好捶鉤，於物無視也，非鉤無察也。」

是以用之者，必假於弗用也，而以長得其用。而況持無不用者乎，物孰不濟焉！故老子曰：「從事於道者，同於道。」

文王砥德修政，三年而天下二垂歸之。砥，礪也。文王三分天下有其二也。紂聞而患之，曰：「余夙興夜寐，與之競行，則苦心勞形。縱而置之，恐伐余一人。」崇侯虎曰：「周伯昌行仁義而善謀，○俞樾云：行字，衍文也。下云「太子發勇敢而不疑，中子旦恭儉而知時」，若此句有行字，則與下兩句不一律矣。蓋涉上文「與之競行」而衍。太子發勇敢而不疑，中子旦恭儉而知時。若與之從，則不堪其殃。縱而赦之，身必危亡。冠雖弊，必加於頭。及未成，請圖之！」屈商乃拘文王於羑里。屈商，紂臣也。羑里，地名，在河内湯陰。於是散宜生乃以千金求天下之珍怪，得騶虞、雞斯之乘，騶虞，白虎黑文而仁，食自死之獸，日行千里。雞斯，神馬也。玄玉百工，三玉爲一工也。大貝百朋，五貝爲一朋也。○俞樾云：「三玉爲一工」，他無所見。疑本作「玄玉百珏」，注本作「二玉爲一珏也」。説文珏部「二玉相合爲一珏」是也。莊十八年左傳「賜玉五瑴」，僖三十年傳「納玉於王與晉侯，皆十瑴」，襄十八年傳「獻子以朱絲係玉二瑴」，國語魯語「行玉二十瑴」，穆天子傳「於是載玉萬瑴」，杜預、韋昭、郭璞注並以雙玉説之。瑴卽珏之或體。是古人用玉，率以珏計，未聞其以工計也。蓋珏字闕壞而爲𢀖，後人因改爲工，又改高注「二玉」爲「三玉」，以別異於珏耳。至朋之訓五貝，本詩菁菁者莪篇鄭箋。然正義曰：「五貝者，漢書食貨志以爲大貝、壯貝、幺貝、小貝、不成貝爲五也。言爲朋者，爲小貝以上四種，各二貝爲一朋，而不成者不成朋。鄭因經廣解之，言有五種之貝，貝中以相與爲朋，非總五貝爲一朋也。」然則高氏泥鄭箋五貝之説，以注此文，殊非塙詁。古者實以二貝爲一朋。周易損六五「十朋之龜」，李鼎祚集解引崔憬曰：「雙貝曰朋。」得之矣。詩七月篇「朋酒斯饗」，毛傳曰：「兩樽曰朋。」貝以兩爲朋，猶樽以兩爲朋也。此云「玄玉百玨，大貝百朋」，玨也，朋也，皆以兩計。「玄玉百玨」者，玉二百也；「大貝百朋」者，貝二百也。其數正相當矣。玄豹、黄羆、青豻、豻，胡地野犬。白虎文皮千合，以獻於紂，因費仲而通。費仲，紂佞臣也。紂見而説之，乃免其身，殺牛而賜之。文王歸，○文典謹按：御覽八十四引，作「文王歸自商」。乃爲玉門，築靈臺，相女童，擊鐘鼓，玉門，以玉飾門，爲柱樞也。相女童，相視之。一曰：相匠也。以待紂之失也。紂聞之，曰：「周伯昌改道易行，吾無憂矣！」乃爲炮烙，剖比干，剔孕婦，殺諫者。文王乃遂其謀。故老子曰：「知其榮，守其辱，爲天下谷。」

成王問政於尹佚曰：尹佚，史佚也。「吾何德之行，而民親其上？」對曰：「使之時，而敬順之。」王曰：「其度安在？」曰：「如臨深淵，如履薄冰。」○王念孫云：「使之時，而敬順之」，（順與慎同。）時上當有以字。説苑政理篇、文子上仁篇並作「使之以時」，是其證。「其度安至」，劉本改至爲在，而莊本從之。案：「其度安至」者，謂敬慎之度何所至，猶言當如何敬慎也。下文「如臨深淵，如履薄冰」，正言敬慎之度所至也。若云「其度安在」，則謬以千里矣。太平御覽皇王部九引此，正作「其度安至」。說苑同。王曰：「懼哉，王人乎！」尹佚曰：「天地之間，四海之內，善之則吾畜也，不善則吾讎也。昔夏、商之臣反讎桀、紂而臣湯、武，宿沙之民皆自攻其君而歸神農，伏羲、神農之間，有共工、宿沙，霸天下者也。此世之所明知也。如何其無懼也？」故老子曰：「人之所畏，不可不畏也。」

跖之徒問跖曰：「盜亦有道乎？」跖曰：「奚適其無道也！夫意而中藏者，聖也；入先者，勇也；出後者，義也；分均者，仁也；知可否者，智也。○王念孫云：「奚適其無道也」，本作「奚適其有道也」，適與啻同。（孟子告子篇「則口腹豈適爲尺寸之膚哉」，秦策「疑臣者不適三人」，適並與啻同。史記甘茂傳作「疑臣者非特三人」。）言豈特有道而已哉，乃聖勇義仁智五者皆備也。後人不知適之讀爲啻，而誤以爲適齊、適楚之適，故改有爲無耳。莊子胠篋篇本作「何適其有道邪」，適亦與啻同，今本作「何適而無有道邪」，「而無」二字亦後人所改，唯有字尚存。呂氏春秋當務篇正作「奚啻其有道也」。五者不備，而能成大盜者，天下無之。」由此觀之，盜賊之心必託聖人之道而後可行。故老子曰：「絶聖棄智，民利百倍。」

楚將子發好求技道之士，○莊逵吉云：御覽此下有注云：「士有術者無不養。」楚有善爲偷者往見曰：「聞君求技道之士。臣，偷也，○王念孫云：「臣，偷也」，本作「臣，楚市偷也」。下文「市偷進請曰」，卽承此句言之。今本脱「楚市」二字。太平御覽人事部一百十六、一百四十引此，並作「臣，楚市偷也」。願以技齎一卒。」齎，備。卒，足也。○莊逵吉云：御覽作「技該一卒」，注：「該，備也。卒，一人。」子發聞之，衣不給帶，冠不暇正，出見而禮之。左右諫曰：「偷者，天下之盜也。何爲之禮！」○王念孫云：「之禮」當爲「禮之」。上文「出見而禮之」，卽其證。蜀志郤正傳注引此，正作「何爲禮之」。君曰：「此非左右之所得與。」後無幾何，齊興兵伐楚。子發將師以當之，兵三却。楚賢良大夫皆盡其計而悉其誠，齊師愈强。於是市偷進請曰：「臣有薄技，願爲君行之。」子發曰：「諾。」不問其辭而遣之。偷則夜解齊將軍之幬帳而獻之。○王念孫云：郤正傳注及北堂書鈔衣冠部一、太平御覽人事部一百十六、一百四十、服章部五、服用部九引此，夜下俱有出字，於義爲長。子發因使人歸之，曰：「卒有出薪者，得將軍之帷，使歸之於執事。」明又復往取其枕，○文典謹按：北堂書鈔百二十七引，枕作帎。子發又使人歸之。明日又復往取其簪，子發又使歸之。○王念孫云：「明又」、「明日又」兩又字，皆當爲夕。夕、又字相近，又因下句又字而誤。（若以「又復」二字連讀，則明字文不成義。）後人不知又爲夕之誤，故又加日字耳。偷以夜往，故言夕，上文曰「偷則夜出」是也。舊本北堂書鈔衣冠部一引此，作「明夕取枕」、「明夕取簪」。（陳禹謨依俗本於「取簪」上加又字，而夕字尚未改。）太平御覽四引，皆作「明夕復往取其枕」、「明夕復往取其簪」。齊師聞之，○莊逵吉云：御覽作「於是齊師聞之」。大駭，將軍與軍吏謀曰：「今日不去，楚君恐取吾頭。」乃還師而去。○王念孫云：「楚君」當爲「楚軍」，聲之誤也。郤正傳注、太平御覽引此，並作「楚軍」。「則還師而去」，（道藏本如是。）則與卽同。郤正傳注、太平御覽引此，並作「卽還師」。（卽、則古多通用，不煩引證。）劉績不曉則字之義，改則爲乃，而諸本從之，（莊本同。）斯爲謬矣。故曰無細而能薄，在人君用之耳。○王念孫云：「故曰無細而能薄」，本作「故伎無細而能無薄」，言人君能用人，則細伎薄能皆得效其用也。今本衍曰字，（曰字因下文「故老子曰」而衍，說見前「故曰」下。）又脫伎字及下無字，遂致文不成義。太平御覽兩引此文，並作「故伎無細，能無薄」。故老子曰：「不善人，善人之資也。」

顏回謂仲尼曰：「回益矣。」仲尼曰：「何謂也？」曰：「回忘禮樂矣。」回忘禮樂，絕聖弃智，入于無爲也。仲尼曰：「可矣，猶未也。」異日復見，曰：「回益矣。」仲尼曰：「何謂也？」曰：「回忘仁義矣。」仲尼曰：「可矣，猶未也。」異日復見曰：「回坐忘矣。」言坐自忘其身，以至道也。仲尼遽然曰：「何謂坐忘？」顏回曰：「隳支體，黜聰明，離形去知，洞於化通，是謂坐忘。」仲尼曰：「洞則無善也，化則無常矣。而夫子薦賢，薦，先也。回入賢。丘請從之後。」故老子曰：「載營魄抱一，能無離乎！專氣至柔，能如嬰兒乎！」

秦穆公興師，將以襲鄭。蹇叔曰：「不可。臣聞襲國者，以車不過百里，以人不過三十里。爲其謀未及發泄也，甲兵未及銳弊也，糧食未及乏絕也，人民未及罷病也。皆以其氣之高與其力之盛至，是以犯敵能威。○俞樾云：威乃烕字之誤。烕，讀爲滅，言能滅之也。呂氏春秋悔過篇正作滅。又按：呂氏春秋此句下有「去之能速」四字，高注曰：「故進能滅敵，去之能速也。」此文無此四字，則於文爲不備，疑寫者脫去之。今行數千里，又數絕諸侯之地，以襲國，臣不知其可也。君重圖之！」穆公不聽。蹇叔送師，衰絰而哭之。師遂行，過周而東，鄭賈人弦高矯鄭伯之命，以十二牛勞秦師而賓之。三帥乃懼而謀曰：「吾行數千里以襲人，未至而人已知之，其備必先成，不可襲也。」還師而去。當此之時，晉文公適薨，未葬，先軫言於襄公曰：先軫，晉大夫也。襄公，晉文公子。「昔吾先君與穆公交，天下莫不聞，諸侯莫不知。今吾君薨未葬，而不弔吾喪，而不假道，是死吾君而弱吾孤也。請擊之！」襄公許諾。先軫舉兵而與秦師遇於殽，大破之，擒其三帥以歸。穆公聞之，素服廟臨，以說於衆。說，解也。故老子曰：「知而不知，尚矣。不知而知，病也。」

齊王后死，王欲置后而未定，使羣臣議。薛公欲中王之意，薛公，田嬰也。○陶方琦云：羣書治要引許注，與今注正同。因獻十珥而美其一。旦日，因問美珥之所在，因勸立以爲王后。齊王大説，遂尊重薛公。〇王念孫云：「遂尊重薛公」，本作「遂重薛公」，重卽尊也。（秦策「請重公於齊」，高注：「重，尊也。」又西周策、齊策注、吕氏春秋勸學、節喪二篇注、禮記祭統注並同。）古書無以「尊重」二字連用者，（戰國策、史記、漢書及諸子書，皆但言重，無言尊重者。）唯俗語有之。羣書治要引此無尊字，蓋後人所加也。故人主之意欲見於外，則爲人臣之所制。〇王念孫云：古書無以「意欲」二字連用者，此涉上文「欲中王之意」而誤也。「意欲」本作「嗜欲」。主術篇曰：「君人者喜怒形於心，耆欲見於外，（耆與嗜同。）則守職者離正而阿上。」是其證。羣書治要引此，正作「嗜欲」。故老子曰：「塞其兑，閉其門，終身不勤。」

盧敖游乎北海，盧敖，燕人，秦始皇召以爲博士，使求神仙，亡而不反也。經乎太陰，入乎玄闕，太陰，北方也。玄闕，北方之山也。至於蒙穀之上。蒙穀，山名。見一士焉，深目而玄鬢，淚注而鳶肩，淚，水。〇王念孫云：「淚注」當爲「渠頸」，高注「淚，水」，當爲「渠，大」，皆字之誤也。（俗書渠字或作淭，淚字或作淭，二形相似，故渠誤爲淚。廣韻：「淭，强魚切。」引方言云：「『杷，宋、魏之間謂之淭挐。』淭卽渠字。」玉篇云：「淭，俗淚字。」皆其證也。頸誤爲注者，注字右邊主爲頸字左邊巠之殘文，又因淚字而誤加水旁耳。若高注内大字今作水，則後人以淚字從水而妄改之。）「渠頸」，大頸也。渠之言巨也。史記蔡澤傳「先生曷鼻巨肩」，徐廣曰：「巨，一作渠。」彼言渠肩，猶此言渠頸矣。杜子春注周官鍾師，引吕叔玉云：「肆夏、樊遏、渠，皆周頌也。

渠，大也。言以后稷配天，王道之大也。」荀子彊國篇「是渠衝入穴而求利也」，楊倞曰：「渠，大也。渠衝，攻城之大車也。」漢書吴王濞傳「膠西王、膠東王爲渠率」，顔師古亦云：「渠，大也。」是渠與大同義，故高注訓渠爲大也。太平御覽地部二引，作「淚注而鳶肩」，則所見本已誤。蜀志郤正傳注引作「戾頸而鳶肩」，戾亦傳寫之誤，論衡道虚篇作「鴈頸而鳶肩」，鴈字則後人以意改之，唯頸字皆不誤。藝文類聚靈異部上引作「渠頸而鳶肩」，又引注云：「渠，大也。」斯爲確據矣！**豐上而殺下，軒軒然方迎風而舞。顧見盧敖，慢然下其臂，遯逃乎碑。**慢然，止舞也。匿於碑陰。○王念孫云：碑下脱去下字。碑或作崥。太玄增上九「崔嵬不崩，賴彼岟崥」。（玉篇「岟」於兩切，「崥」方爾切。）范望曰：「岟崥，山足也。」下者，後也。（見大雅下武箋、周語注。）謂遯逃乎山足之後。故高注曰「匿於碑陰也」。太平御覽引此，已脱下字。藝文類聚引作「崥下」，蜀志注引作「碑下」，論衡同。**盧敖就而視之，方倦龜殼而食蛤梨。**楚人謂倨爲倦。龜殼，龜甲也。蛤梨，海蚌也。**盧敖與之語曰：「唯敖爲背羣離黨，窮觀於六合之外者，非敖而已乎？敖幼而好游，至長不渝。**○莊逵吉云：御覽此下有注云：「渝，解也。」○王念孫云：此本作「至長不渝解」，今本無解字者，後人不曉「渝解」二字之義而削之也。不知渝與解同義。太玄格次三「裳格鞶鉤渝」，范望曰：「渝，解也。」字亦作愉。呂氏春秋勿躬篇「百官慎職而莫敢愉綎」，高注曰：「愉，解也。綎，緩也。」又方言：「揄、撱，脱也。」「解、輸，脱也。」郭璞曰：「捝，猶脱耳。」文選七發「揄弃恬怠，輸寫淟濁」，李善注引方言：「揄，脱也。」脱亦解也。渝、愉、揄、輸，並聲近而義同。太平御覽引作「至長不渝解」，蜀志注引作「長不喻解」，論衡作「至長不偷解」，字雖不同，而皆有解字。周行四極，唯北陰之未闚。今卒睹夫子於是，子殆可與敖爲友乎？」若士者，齤然而笑曰：「嘻！子中州之民，寧肯而遠至此。此猶光乎日月而載列星，言太陰之地，尚見日月也。陰陽之所行，四時之所生。其比夫不名之地，猶突奧也。言我所游不可字名之地，以盧敖所行比之，則如突奧。奧，室中也。若我南游乎罔㝗之野，北息乎沉墨之鄉，西窮窅冥之黨，○莊逵吉云：黨，所也。方言云。○盧文弨云：黨，當訓所。案：釋名：「上黨，黨，所也，在山上，其所最高，故曰上黨。」又公羊文十三年傳云：「往黨，衛侯會公于沓，至得與晉侯盟。反黨，鄭伯會公于斐。」何休注：「黨，所也。所猶時，齊人語。」史記齊世家：「萊人歌曰：師乎師乎！何黨之乎！」集解：「服虔曰：黨，所也。言公子徒衆何所適也。」案：此亦齊人語。然上黨在晉，而亦以所爲黨，則不獨齊人爲然矣。東開鴻濛之光。此其下無地而上無天，聽焉無聞，視焉無眴。○王念孫云：「東開鴻濛之光」，開當爲關。關字俗書作閞，（唐顏玄孫干禄字書曰：「閞、關，上俗下正。」）（開字俗書作開，二形相似，故關誤爲開。（莊子秋水篇「今吾無所開吾喙」，釋文：「開，本亦作關。」楚策「大關天下之匈」，今本關誤作開。漢書西南夷傳「皆棄此國而關蜀故徼」，史記關誤作開。説文：「管，十二月之音，物關地而牙，故謂之管。」今本亦誤作開。）關與貫同。（雜記「輪人以其杖關轂而輠輪」，關轂卽貫轂。漢書王嘉傳「大臣括髮關械」，關械卽貫械。今人言關通卽貫通。鄉射禮「不貫不釋」，古文貫作關。大戴禮子張問入官篇「察一而關於多」，家語入官篇關作貫。史記儒林傳「履雖新，必關於足」，漢書關作貫。）「東貫鴻濛之光」，謂東貫日光也。（見上注。）司馬相如大人賦「貫列缺之倒景」，義與此貫字同。太平御覽、楚辭補注引此，作「東開鴻濛之光」，則所見本已誤。論衡作「東貫澒濛之光」，蜀志注引此作「東貫鴻濛之光」，貫、關古字通，則開爲關之誤明矣。「視焉無眴」，本作「視焉則眴」，眴與眩同。司馬相如大人賦云：「視眩泯而亡見。」楊雄甘泉賦云：「目冥眴而亡見。」其義一也。楚辭遠遊云：「下峥嶸而無地兮，上寥廓而無天。視儵忽而無見兮，聽惝怳而無聞。」此云「下無地而上無天，聽焉無聞，視焉則眴」，義本遠遊也。蜀志注引此，正作「視焉則眴」。論衡作「視焉則營」，營與眴古字通也。（眴字從目，旬聲。大雅江漢篇「來旬來宣」，鄭箋曰：「旬，當作營。」史記天官書「旬始」，徐廣曰：「旬，一作營。」旬之通作營，猶眴之通作營矣。）道藏本作「視焉無眴」者，涉上句無字而誤。太平御覽所引已與道藏同，後人不知「無眴」爲「則眴」之誤，遂改眴爲矚，而莊本從之。案：廣韻：「矚，視也。」是矚與視同義，「視焉無視」，斯爲不詞矣。且眴與天爲韻，若作矚，則失其韻矣。

此其外，猶有汰沃之汜。汰沃，四海與天之際水流聲也。汜，涯也。**其餘一舉而千萬里，**千萬里，汰汜之外也。**吾猶未能之在。**吾尚未至此地。**今子游始於此，乃語窮觀，豈不亦遠哉！然子處矣！吾與汗漫期于九垓之外，**汗漫不可知之也。九垓，九天之外。**吾不可以久駐。」**○王念孫云：「九垓之外」，本作「九垓之上」，高注本作「九垓，九天也」。

俶真篇「徙倚於汗漫之宇」，高注引此文云：「吾與汗漫期於九垓之上。」漢書禮樂志郊祀歌「專精厲意逝九閡」，如淳曰：「閡亦陔也。淮南子曰：『吾與汗漫期乎九陔之上。』陔，重也。謂九天之上也。」司馬相如傳封禪文「上暢九垓」，如淳注所引亦與前同。又論衡及蜀志注、太平御覽、文選郭璞遊仙詩注、張協七命注並引作「九垓之上」。（李白廬山謡「先期汗漫九垓上，願接盧敖遊太清」，即用此篇之語，則李所見本亦作「九垓之上」。）御覽又引高注云：「九垓，九天也。」此皆其明證矣。後人既改「九垓之上」爲「九垓之外」，復於注内加「之外」二字，以曲爲附會，甚矣其妄也。又案：「吾不可以久駐」，駐字亦後人所加。論衡作「吾不久」，蜀志注、文選注、太平御覽並引作「吾不可以久」，則久下原無駐字明矣。**若士舉臂而竦身，遂入雲中。盧敖仰而視之，弗見，乃止駕，**止其所駕之車。**柸治，**楚人謂恨不得爲柸治也。**悖若有喪也。**○王念孫云：「止柸治」之止，當爲心。隸書心字作𣥂，止字或作𣥂，二形相似，又涉上句止字而誤也。「乃止駕」爲句，「心柸治」爲句，「悖若有喪也」爲句。柸治，疊韻字，言其心柸治然也。（高注：「楚人謂恨不得爲柸治也。」）論衡作「乃止喜，（喜當爲嘉，嘉、駕古字通。）心不怠，悵若有喪」，不怠即柸治之借字，則止爲心字之誤明矣。莊本删去止字，非是。○俞樾云：王氏念孫謂「止柸治」之止乃心字之誤，是也。柸治之義，高注曰：「楚人謂恨不得爲柸治也。」其實「柸治」即不怡也。不怡二字，本於虞書，古人習用之。國語晉語曰：「主色不怡。」太史公報任少卿書曰：「聽朝不怡。」此言「心不怡」，非必楚語，因聲誤而爲柸治，其義始晦矣。論衡道虛篇作「乃止喜，（句。）心不怠」，即「乃止駕，心不怡」也。喜者，嘉字之誤，駕之叚字也。怠者，怡之叚字也。**曰：「吾比夫子，猶黄鵠與壤蟲也。**壤蟲，蟲之幼也。**終日行，不離咫尺，**八寸爲咫，十寸爲尺。**而自以爲遠，豈不悲哉！」故莊子曰：「小年不及大年，小知不及大知，朝菌不知晦朔，**朝菌，朝生暮死之蟲也。生水上，狀似蠶蛾。一名孳母，海南謂之蟲邪。○王念孫云：「朝菌」本作「朝秀」，（高注同。）今作「朝菌」者，後人據莊子逍遥遊篇改之也。文選辯命論「朝秀晨終」，李善注引淮南子「朝秀不知晦朔」，太平御覽蟲豸部「茲母」下引淮南子「朝秀不知晦朔」，又引高注云：「朝秀，朝生暮死之蟲也。生水上，似蠶蛾。一名茲母。」廣雅釋蟲：「朝蜏，（曹憲音秀。）孳母也。」義本淮南注。是淮南自作「朝秀」，與莊子異文，不得據彼以改此也。○陶方琦云：文選注、御覽引正文及許注，俱作「朝秀」。今本作「朝菌」，乃因莊子而改。莊子逍遥遊「朝菌不知晦朔」，釋文引司馬注：「菌，大芝也。」兩書古注互異，不必强同。今許注既解爲蟲，當作「朝秀」，秀卽蜏字。廣雅：「朝蜏，孳母也。」卽本許注。玉篇：「蜏，思又、弋久二切，朝生莫死蟲也。生水上，狀如蠶蛾。一名孳母。」卽引淮南許氏注文。**蟪蛄不知春秋。」**蟪蛄，貂蟟也。**此言明之有所不見也。**

季子治亶父三年，季子，子賤也。○王念孫云：羣書治要引此，季子作宓（音伏。）子。呂氏春秋具備篇同。案：諸書無謂宓子賤爲季子者，季當爲孚，字之誤也。孚與宓聲相近。宓子之爲孚子，猶宓犧之爲庖犧也。齊俗篇「賓有見人於宓子者」，太平御覽人事部四十六引作孚子，羣書治要作季子，故知宓通作孚，孚誤作季也。○陶方琦云：羣書治要引許注：「宓子，子賤也。」與今注正同。而巫馬期絻衣短褐，巫馬期，孔子弟子也。○陶方琦云：羣書治要引許注：「巫馬期，孔子弟子也。」與今注正同。史記、呂覽並作巫馬旗。易容貌，往觀化焉。易服而往，微以視之。○陶方琦云：羣書治要引許注：「微視之。」是約文。見得魚釋之，○王念孫云：太平御覽鱗介部七引，作「見夜魚者釋之」，羣書治要引作「見夜漁者得魚則釋之」。案：羣書治要所引是也。呂氏春秋作「見夜漁者得則舍之」，家語屈節篇作「見夜魰者得魚輒舍之」，是其證。泰族篇亦云：「見夜漁者得小卽釋之。」巫馬期問焉曰：「凡子所爲魚者，欲得也。今得而釋之，何也？」漁者對曰：「季子不欲人取小魚也。古者，魚不盈尺，不上俎也。○文典謹按：羣書治要引，人下有之字，與呂覽具備篇合。所得者小魚，是以釋之。」巫馬期歸以報孔子曰：「季子之德至矣！使人闇行，若有嚴刑在其側者。季子何以至於此？」孔子曰：「丘嘗問之以治，言曰：『誠於此者刑於彼。』○王念孫云：各本及莊本誠字皆誤作誡，唯道藏本不誤。羣書治要引此，正作誠。呂氏春秋、家語並同。季子必行此術也。」故老子曰：「去彼取此。」

罔兩問於景罔兩，水之精物也。景，日月水光晷也。曰：「昭昭者，神明也？」罔兩恍惚之物，見景光明，以爲神也。景曰：「非也。」罔兩曰：「子何以知之？」景曰：「扶桑受謝，日照宇宙，扶桑，日所出之木也。受謝，扶桑受日，旦澤出之也。昭昭之光，輝燭四海。

闔户塞牖，則無由入矣。若神明，四通竝流，無所不及，上際於天，下蟠於地，化育萬物而不可爲象，俛仰之間而撫四海之外。昭昭何足以明之！」故老子曰：「天下之至柔，馳騁天下之至堅。」

光耀問於無有光耀可見，而無有至虚者。曰：「子果有乎？其果無有乎？」有形生于無形，何以能生物，故問果有乎，其無有也？無有弗應也。光耀不得問，而就視其狀貌，○王念孫云：「就視」當依莊子知北遊篇作「孰視」，字之誤也。孰與熟同。冥然忽然，視之不見其形，聽之不聞其聲，搏之不可得，望之不可極也。光耀曰：「貴矣哉，孰能至于此乎！予能有無矣，未能無無也。言我能使形不可得，未能殊無形也。及其爲無無，又何從至於此哉！」故老子曰：「無有入于無間，吾是以知無爲之有益也。」

白公勝慮亂，白公將爲父復讎，起兵亂，因思慮之也。○文典謹按：爾雅釋詁、廣雅釋詁四：「慮，謀也。」吕氏春秋安死篇高注：「慮，謀也。」國策秦策注：「慮，計也。」「白公勝慮亂」，猶言白公勝謀亂也。慮當訓謀，訓計，不當訓思。罷朝而立，倒杖策，錣上貫頤，策，馬捶。端有針以刺馬，謂之錣。倒杖策，故錣貫頤也。血流至地而弗知也。鄭人聞之，曰：「頤之忘，將何不忘哉！」白公之父死，鄭人預之，故懼之。此言精神之越於外，智慮之蕩於内，則不能漏理其形也。漏，補空也。是故神之所用者遠，則所遺者近也。近，謂身也。故老子曰：「不出户以知天下，不窺牖以見天道。其出彌遠，其知彌少。」此之謂也。

秦皇帝得天下，恐不能守，發邊戍，築長城，修關梁，設障塞，具傳車，置邊吏。然劉氏奪之，若轉閉錘。閉錘，格也，上之錘，所以編薄席，反覆之易。昔武王伐紂，破之牧野，乃封比干之墓，表商容之閭，柴箕子之門，紂死，箕子亡之朝鮮，舊居空，故柴護之也。○莊逵吉云：柴護之者，設軍士護之也。柴卽俗寨字。○曾國藩云：後漢書楊震傳「柴門謝客」，三國志「以萬兵柴道」，與此柴字義同，卽塞也。朝成湯之廟，發鉅橋之粟，散鹿臺之錢，破鼓折枹，弛弓絶絃，去舍露宿以示平易，解劍帶笏以示無仇。於此天下歌謠而樂之，諸侯執幣相朝，三十四世不奪。故老子曰：「善閉者無關鍵而不可開也，善結者無繩約而不可解也。」

尹需學御，三年而無得焉，私自苦痛，常寢想之。寢堅思之。○文典謹按：御覽七百四十六引注，堅作卧。中夜，夢受秋駕於師。秋駕，善御之術。明日，往朝。師望之，謂之曰：○王念孫云：「望之謂之」當作「望而謂之」。今本而作之，因下「謂之」而誤。太平御覽工藝部三引此，正作「望而謂之」。呂氏春秋博志篇同。「吾非愛道於子也，恐子不可予也。今日教子以秋駕。」尹需反走，北面再拜曰：「臣有天幸，今夕固夢受之。」故老子曰：「致虛極，守靜篤，萬物竝作，吾以觀其復也。」

昔孫叔敖三得令尹，無喜志；三去令尹，無憂色；延陵季子，吴人願一以爲王而不肯；許由，讓天下而弗受；晏子與崔杼盟，臨死地不變其儀，此皆有所遠通也。精神通於死生，則物孰能惑之！荆有佽非，得寶劍於干隊。干國在今臨淮，出寶劍。蓋爲莫邪、洞鄂之形也。還反度江，至於中流，陽侯之波，兩蛟挾繞其船。蛟，龍屬也。魚滿二千五百斤，蛟來爲之主也。佽非謂枻船者曰：枻，櫂也。「嘗有如此而得活者乎？」○俞樾云：嘗下脱見字。下文「對曰：未嘗見也」，「嘗見」字與此相應。吕氏春秋知分篇作「子嘗見有兩蛟繞船能兩活者乎」，正有見字。「能兩活」當作「而能活」，説見吕氏春秋。對曰：「未嘗見也。」於是佽非瞑目教然，攘臂拔劍，○王念孫云：「瞑目」二字與「攘臂拔劍」事不相類，「瞑目」當爲「瞋目」。隸書真或作眞，冥或作寘，二形相似而誤。又案：「教然」二字當在「瞋目」之上，而以「教然瞋目攘臂拔劍」作一句讀。曰：「武士可以仁義之禮説也，不可劫而奪也。此江中之腐肉朽骨，棄劍而已，○俞樾云：已乃人已之己，己上當有全字。吕氏春秋正作「棄劍而全己」。余有奚愛焉！」赴江刺蛟，遂斷其頭，船中人盡活，風波畢除，荆爵爲執圭。孔子聞之曰：「夫善載！腐肉朽骨棄劍者，佽非之謂乎！」○俞樾云：載當作哉，聲之誤也。哉下脱「不以」二字。吕氏春秋正作「夫善哉！不以腐肉朽骨而棄劍者，其次非之謂乎」。故老子曰：「夫唯無以生爲者，是賢於貴生焉。」

齊人淳于髡以從説魏王，魏王辯之。約車十乘，將使荆，辭而行。人以爲從未足也，復以衡説，其辭若然。從説，説諸侯之計當相從也。衡説，從之非是，當横，更計也。○孫詒讓云：此人當作又。「又以爲從未足也」句斷。呂氏春秋離謂篇作「有以横説魏王」，有與又同。魏王乃止其行而疏其身。失從心志，而又不能成衡之事，○王念孫云：「失從心志」當作「失從之志」。今本之作心者，因志字而誤。有與又同。此言魏王既不能合從，又不能連衡也。呂氏春秋離謂篇作「失從之意，又失横之事」，是其證。漢魏叢書本改有爲又，而莊本從之，則昧於假借之義矣。是其所以固也。夫言有宗，事有本。失其宗本，技能雖多，不若其寡也。故周鼎著倕，而使齕其指，先王以見大巧之不可也。○王念孫云：「不可」下脱爲字。呂氏春秋作「先王有以見大巧之不可爲也」，是其證。本經篇亦云：「故周鼎著倕，使銜其指，以明大巧之不可爲也。」故慎子曰：「匠人知爲門，能以門，所以不知門也，故必杜然後能門。」慎子名到，齊人。不知門，不知門之要也。門之要在門外。○孫詒讓云：今本慎子殘缺，無此文，義亦難通。文子精誠篇襲此云：「故匠人智爲，不以能以時閉，不知閉也，故必杜而後開。」彼文亦有譌挩。參合校繹，此似當云：「不能以閉，所以不知門也，故必杜然後能開。」言門以開閉爲用，若匠人爲門，但能開而不能閉，則終未知爲門之要也。文子開、閉二字尚未譌，可據以校正。

墨者有田鳩者，田鳩學墨子之術也。**欲見秦惠王，約車申轅，**申，束也。○陶方琦云：文選七發注、謝玄暉京路夜發注引許注：「裝，束也。」按：文選引許君淮南注作「裝，束也」，當卽此處注，或舊本作裝。又文選謝惠連西陵遇風詩注引作「裝，飾也」。思玄賦「簡元辰而俶裝」，注亦曰：「裝，束也。」詩出車箋：「裝載物而往。」義同。**留於秦周年不得見。**○文典謹按：意林引，周作三。以下文「吾留秦三年」覈之，則作三是也。**客有言之楚王者，往見楚王。楚王甚悅之，**○文典謹按：意林引，作「一至楚，楚王說之」。**予以節，使於秦。至，因見予之將軍之節，惠王見而說之。**○陳觀樓云：呂氏春秋首時篇云：「楚王說之，與將軍之節以如秦。至，因見惠王。」則此亦當云：「至，因見惠王，而說之。」其「予之將軍之節」六字，乃是上文「予以節」句注語，今誤入此句中，文義遂不可曉。○王念孫云：陳說是也。莊本又加見字於「而說之」之上，非是。**出舍，喟然而歎，告從者曰：「吾留秦三年不得見，不識道之可以從楚也。」物故有近之而遠，遠之而近者。故大人之行，不掩以繩，**掩，猶揮也。○俞樾云：掩字無義。高注曰：「掩，猶揮也。」義亦未詳。掩乃扶字之誤。管子宙合篇曰：「千里之路，不可扶以繩。」是其證也。下文「此所謂筦子『梟飛而維繩』者」，王氏念孫引陳觀樓說，謂當作「此筦子所謂鳥飛而準繩者」。按：鳥飛準繩本管子宙合篇，其曰「千里之路不可扶以繩，萬家之都不可平以準」，卽說鳥飛準繩之義也。然則此云「大人之行，不扶以繩」，亦本管子，掩字之誤無疑矣。宙合篇又曰：「夫繩，扶撥以爲正。」卽此扶字之義。因扶字闕壞，止存「扶」形，淺人遂以意補成掩字耳。○文典謹按：意林引，作「故大丈夫之行不可掩」，是其敓誤已在唐代矣。**至所極而已矣。此所謂筦子「梟飛而維繩」者。**言爲士者上下無常，進退無恒，不可繩也。以喻飛梟從下繩維之，而欲翺翔，則不可也。○陳觀樓云：「此所謂筦子」當作「此筦子所謂」，「梟飛而維繩」當作「鳥飛而準繩」。案：管子宙合篇曰「鳥飛準繩，此言大人之義也」云云，大意謂鳥飛雖不必如繩之直，然意南而南，意北而北，總期於還山集谷而後止，則亦與準於繩者無異，所謂「苟大意得，不以小缺爲傷」也。故此云：「大人之行，不掩以繩，至所極而已矣。此筦子所謂鳥飛而準繩者。」今本鳥誤作梟，準誤作維，（準字俗省作准，又因下繩字而誤從糸。）則義不可通。注内梟字亦鳥字之誤。而云「從下繩維之」，則高所見本已誤作維矣。

澧水之深千仞，而不受塵垢，投金鐵鍼焉，則形見於外。○王念孫云：「金鐵」下不當有鍼字，鍼卽鐵之誤也。（鐵或省作鐡，形與鍼相近。）今作「金鐵鍼」者，一本作鐵，一本作鍼，而後人誤合之耳。文選沈約貽京邑游好詩注、太平御覽珍寶部十一引此，皆無鍼字。文子上禮篇作「金鐵在中，形見於外」。（羣書治要所引如是。今本文子「金鐵」作「金石」，乃後人所改。）**非不深且清也，魚鼈龍蛇莫之肯歸也。是故石上不生五穀，禿山不游麋鹿，無所陰蔽隱也。**○王念孫云：隱字，蓋蔽字之注而誤入正文者。（廣雅：「蔽，隱也。」）文子無隱字，是其證。**昔趙**

文子問於叔向曰：「晉六將軍，六將軍，韓、趙、魏、范、中行、智伯也。其孰先亡乎？」對曰：「中行、知氏。」文子曰：「何乎？」對曰：「其爲政也，以苛爲察，以切爲明，以刻下爲忠，以計多爲功。譬之猶廓革者也，廓之，大則大矣，裂之道也。」故老子曰：「其政悶悶，其民純純。其政察察，其民缺缺。」

景公謂太卜曰：「子之道何能？」對曰：「能動地。」動，震也。晏子往見公，公曰：「寡人問太卜曰：『子之道何能？』對曰：『能動地。』地可動乎？」晏子默然不對。出，見太卜曰：「昔吾見句星在房心之間，地其動乎？」句星，客星也。房，駟。句星守房、心，則地動也。○王念孫云：劉本注文「房星」作「駟房」。（朱本、漢魏叢書本並同。）案：正文本作「句星在駟心之間」，注本作：「駟，（句。）房星。（句。）句星守房、心，則地動也。」道藏本注文「房星」上脱駟字，劉本房下脱星字。若正文之「駟心」作「房心」，則涉注文「守房、心」而誤也。莊伯鴻不知正文房爲駟之誤，又改注文之「駟，房」爲「房，駟」以就之，斯爲謬矣。駟爲房之别名，故須訓釋。若房、心爲二十八宿之正名，則不須訓釋。（爾雅：「天駟，房也。」以房釋天駟，不以天駟釋房。）高注釋駟而不釋心，卽其證也。晏子春秋外篇作「昔吾見鉤星在四、心之間」，卽淮南所本。（鉤與句同，四與駟同。）太卜曰：「然。」晏子出，太卜走往見公曰：「臣非能動地，地固將動也。」田子陽聞之田子陽，齊臣也。曰：「晏子默然不對者，不欲太卜之死。往見太卜者，恐公之欺也。晏子可謂忠於上而惠於下矣。」故老子曰：「方而不割，廉而不劌。」

魏文侯觴諸大夫於曲陽。飲酒酣，文侯喟然歎曰：「吾獨無豫讓以爲臣乎！」豫讓事知伯而死其難，故文侯思以爲臣。蹇重舉白而進之，蹇重，文侯臣。舉白，進酒也。曰：「請浮君！」浮，罰也。以酒罰君。君曰：「何也？」對曰：「臣聞之，有命之父母不知孝子，有道之君不知忠臣。夫豫讓之君，亦何如哉？」豫讓相其君，而君見殺，亦何如？不足貴也。文侯受觴而飲釂不獻，釂，盡也。曰：「無管仲、鮑叔以爲臣，故有豫讓之功。」故老子曰：「國家昏亂，有忠臣。」

孔子觀桓公之廟，桓公，魯君。有器焉，謂之宥卮。宥，在坐右。孔子曰：「善哉！予得見此器。」顧曰：「弟子取水！」水至，灌之，其中則正，中，水半卮也。其盈則覆。孔子造然革容曰：「善哉，持盈者乎！」子貢在側曰：「請問持盈。」曰：「益而損之。」○王念孫云：揖與挹同。（集韻：「挹，或作揖。」荀子議兵篇「拱挹指麾」，富國篇作「拱揖」。）文選爲幽州牧與彭寵書注引蒼頡篇云：「挹，損也。」挹與損義相近，故曰「挹而損之」。作揖者，借字耳。劉績不達，而改揖爲益，莊本從之，斯爲謬矣。後漢書杜篤傳注引此，正作「挹而損之」。荀子宥坐篇、說苑敬慎篇並同。韓詩外傳作「抑而損之」，抑與挹聲亦相近，故諸書或言抑損，或言挹損也。曰：「何謂益而損之？」曰：「夫物盛而衰，樂極則悲，日中而移，月盈而虧。是故聰明睿智，守之以愚；多聞博辯，守之以陋；武力毅勇，守之以畏；富貴廣大，守之以儉；〇王念孫云：劉本改儉爲陋，陋爲儉，而莊本從之。案：說文：「儉，約也。」廣雅：「儉，少也。」正與「多聞博辯」相對，不當改爲陋。說文：「陋，陝也。（俗作狹。）」楚辭七諫注曰：「陋，小也。」亦與「富貴廣大」相對，不當改爲儉。杜篤傳注引此，正作「多聞博辯，守之以儉；富貴廣大，守之以陋」，與道藏本同。文子九守篇作「多聞博辯，守以儉；富貴廣大，守以狹」，狹亦陋也。德施天下，守之以讓。此五者，先王所以守天下而弗失也。反此五者，未嘗不危也。」故老子曰：「服此道者不欲盈。夫唯不盈，故能弊而不新成。」

武王問太公曰：「寡人伐紂天下，是臣殺其主而下伐其上也。吾恐後世之用兵不休，鬬争不已，爲之柰何？」太公曰：「甚善，王之問也！夫未得獸者，唯恐其創之小也；獵禽恐不能殺，故恐其創小也。已得之，唯恐傷肉之多也。〇文典謹按：意林引，作「未得獸者唯恐創少，已得獸者唯恐創多。」王若欲久持之，則塞民於兑，兑，耳目鼻口也。老子曰「塞其兑」是也。道全爲無用之事，煩擾之教。〇俞樾云：全乃令字之誤。令，猶使也。道與導同。謂導使爲無用之事，煩擾之教也。彼皆樂其業，供其情，〇王念孫云：供當爲佚。佚與逸同，安也。逸、樂義相近。若云「供其情」，則與上句不類矣。隸書佚或作供，與供相似而誤。**昭昭而道冥冥，於是乃去其瞀而載之木，**瞀，被髮也。木，鶩鳥冠也。知天文者冠鶩。○王引之云：載與戴同。木當爲朮，字之誤也。朮卽鷸字也。高注當作：「朮，鷸鳥冠也。知天文者冠鷸。」今本鷸作鶩者，鷸、鶩字相近，又涉上文瞀字而誤也。（爾雅翼引此已誤。）說文：「鷸，知天將雨鳥也。」禮記曰：「知天文者冠鷸。」莊子天地篇「皮弁鷸冠，搢笏紳脩」，釋文：「鷸，尹必反。徐音述。」玉篇及爾雅釋文、漢書五行志注，鷸字並聿、述二音。匡謬正俗曰：「案：鷸，水鳥，天將雨卽鳴。古人以其知天時，乃爲冠象此鳥之形，使掌天文者冠之。鷸字音聿，亦有術音，故禮之衣服圖，及蔡邕獨斷，謂爲『術氏冠』，亦因鷸音轉爲術耳。」（以上匡謬正俗。）莊子釋文曰：「鷸，又作鷸。」續漢書輿服志引記曰：「知天者冠述。」説苑脩文篇作「冠鉥」。蓋鷸字本有述音，故其字或作鷸，或作述，或作鉥，又通作朮耳。朮與笏爲韻。若作木，則失其韻矣。鷸卽翠鳥，故古人以其羽飾冠。冠鷸帶笏，皆所以爲飾，故莊子亦言「鷸冠搢笏」。若鶩，無文采，則不可以爲飾矣。且鷸知天雨，故使知天文者冠之。若鶩，則義無所取矣。諸書皆言知天文者冠鷸，無言冠鶩者。○王紹蘭云：王氏引之改木爲朮，鶩爲鷸，是也。正文瞀亦譌字。古無訓瞀爲「被髮」者，若云借瞀爲鬏，説文髟部：「鬏，髮至眉也。」引詩曰：「紞彼兩鬏。」與淮南此文無涉。且「去其被髮」，亦文不成義。若云借瞀爲旄，既與被髮之解相違，又與戴鷸之文不配。蓋瞀卽鍪之譌借字。説文冃部：「冑，兜鍪也。」謂去其鍪而戴之鷸，與下文解劍帶笏相對成文，示天下不復用兵也。氾論訓「古者有鍪而綣領以王天下者矣」，高彼注云：「一說：鍪，放髮也。」鍪訓放髮，與瞀訓被髮，未之前聞，於此文去字尤不可通，高注非是。○俞樾云：高注曰：「瞀，被髮也。木，鷸鳥冠也。知天文者冠鷸。」王氏引之以木爲朮字之誤，朮即鷸字也，引匡謬正俗「鷸字音聿，亦有術音」，蔡氏獨斷謂爲「術氏冠」爲證，其説洵塙不可易矣。惟未説瞀字之義。瞀當爲鍪。鍪者，兜鍪也。説文兜部：「兜，兜鍪，首鎧也。」從省言之，則止曰鍪。汜論篇「古者有鍪而綣領」，高注曰「鍪，頭著兜鍪帽」是也。「去其鍪而載之朮」，謂去其首鎧而戴之鷸鳥之冠，正與「解其劍而帶之笏」文義一律。作瞀者，叚字耳。高注以「被髮」説之，夫被髮豈可言去？足知其非矣。解其劍而帶之笏。爲三年之喪，令類不蕃。高辭卑讓，使民不爭。酒肉以通之，竽瑟以娛之，鬼神以畏之。繁文滋禮以弇其質，厚葬久喪以亶其家，含珠鱗、施綸組以貧其財，深鑿高壟以盡其力。家貧族少，慮患者寡。以此移風，可以持天下弗失。」故老子曰：「化而欲作，吾將鎮之以無名之樸也。」

淮南鴻烈集解卷十三

氾論訓

博說世間古今得失，以道爲化，大歸於一，故曰「氾論」，因以題篇。

古者有鍪而綣領以王天下者矣，古者，蓋三皇以前也。鍪，頭著兜鍪帽，言未知制冠也。綣領，皮衣屈而紩之，如今胡家韋襲反褶以爲領也。一說：鍪，放髮也；綣，繞頸而已；皆無飾。○文典謹按：初學記帝王部引，鍪下有頭字。又引注，紩作紻，胡家作朝，褶作攝。**其德生而不辱，**刑措不用也。**予而不奪，**予，予民財也。不奪，無所徵求於民也。○王念孫云：不辱本作不殺，故高注云刑措不用。今作辱者，後人妄改之也。殺與生相對，奪與予相對，若改殺爲辱，則非其指矣。且殺與奪爲韻，若作辱，則失其韻矣。太平御覽皇王部二引此已誤作辱。張載魏都賦注及舊本北堂書鈔衣冠部三引此並作殺，文子上禮篇同。晏子春秋諫篇「古者嘗有紩衣攣領而王天下者矣，其義好生而惡殺」，荀子哀公篇「古之王者有務而拘領者矣，其政好生而惡殺」，此皆淮南所本。**天下不非其服，同懷其德。**非，猶譏呵也。懷，歸也。**當此之時，陰陽和平，風雨時節，萬物蕃息，**政不虐，生無夭折也。**烏鵲之巢可俯而探也，禽獸可羈而從也，**從，猶牽也。**豈必褒衣博帶，句襟委章甫哉！**褒衣，謂方與之衣，如今吏人之左衣也。博帶，大帶，詩云：「垂帶若厲。」句襟，今之曲領褒衣也。委，委貌冠。章甫，亦冠之名也。○文典謹按：御覽七十七引，委下有貌字。**古者民澤處復穴，**處，居也。復穴，重窟也。一説：穴毁隄防崖岸之中，以爲窟室。○莊逵吉云：復穴之復，應作𥨐。○文典謹按：御覽百七十四引注，作「鑿崖岸之腹以爲密室」，與高注後説畧同。高注之一説，多卽許注，則御覽所引，殆許注也。**冬日則不勝霜雪霧露，夏日則不勝暑熱蟁蝱。**蝱，讀詩云「言采其莔」之莔也。**聖人乃作爲之，**作，起也。**築土構木，以爲宮室，**構，架也，謂材木相乘架也。○王念孫云：高説非也。「作爲之」三字連讀。下文曰「而作爲之揉輪建輿，駕馬服牛」，又曰「而作爲之鑄金鍛鐵，以爲兵刃」，皆其證也。又案：「以爲宮室」本作「以爲室屋」，淺學人多聞宮室，寡聞室屋，故以意改之也。案：月令曰「毋發室屋」，管子八觀篇曰「宮營大而室屋寡」，荀子禮論篇曰「壙壠，其須象室屋也」，吕氏春秋懷寵篇曰「不焚室屋」，史記周本紀曰「營築城郭室屋」，（俗本亦有改爲宮室者。）天官書曰「城郭室屋門户之潤澤」，則室屋固古人常語。且此二句以木、屋爲韻，下三句以宇、雨、暑爲韻，若作宮室，則失其韻矣。太平御覽居處部二引此，正作室屋。**上棟下宇，以蔽風雨，**棟，屋檼也。宇，屋之垂。**以避寒暑，而百姓安之。**安，樂也。**伯余之初作衣也，**伯余，黄帝臣也。世本曰：「伯余制衣裳。」一曰：伯余，黄帝。**緂麻索縷，手經指挂，其成猶網羅。**緂，鋭。索，功也。緂，讀恬然不動之恬。○王念孫云：高訓緂爲鋭，則與麻字義不相屬。今案：緂者續也，緝而續之也。方言：「緭，續也。（廣雅同。）秦、晉續折木謂之緭。」郭璞音剡。人閒篇曰：「婦人不得剡麻考縷。」緭、剡並與絞通。索，如「宵爾索綯」之索，謂切撚之也。高云「索，功也」，功卽切字之誤。顏師古注急就篇曰「索謂切撚之令緊」者也。廣雅曰：「紉，索也。」紉與切通。**後世爲之機杼勝複以便其用，而民得以揜形御寒。**揜，蔽。御，止。**古者剡耜而耕，摩蜃而耨，**剡，利也。耜，臿屬。蜃，大蛤，摩令利，用之。耨，耨除苗穢也。**木鉤而樵，抱甀而汲，**鉤，鎌也。鉤，讀濟陰句陽之句。樵，薪蒸。甀，武。今兗州曰小武爲甀，幽州曰瓦。○文典謹按：御覽七百五十八引，甀作缾。**民勞而利薄。後世爲之耒耜耰鉏，斧柯而樵，桔皐而汲，**耰，讀曰優，椓塊椎也，三輔謂之儓，所以覆種也。**民逸而利多焉。古者大川名谷，衝絶道路，不通往來也，乃爲窬木方版，以爲舟航，**窬，空也。方，並也。舟相連爲航也。**故地勢有無，得相委輸。**運所有，輸所無。**乃爲靻蹻而超千里，肩荷負儋之勤也，**靻蹻，靻靸也。勤，勞也。○王念孫云：靻皆當爲靼，字從旦不從且。說文：「靼，柔革也。」（玉篇多達、之列二切。）「屩，屐也。」「靸，小兒履也。」釋名云：「靸，韋履深頭者之名也。」今正文言靻蹻，（與屩同。）注文言靻靸，皆是韋履之名，則字當從旦。廣韻：「靻，則古切。」靻，勒名，字從且，兩字聲義判然。茅一桂不知靻爲靼之誤，輒加「音祖」二字，其失甚矣。下文「蘇秦靻蹻羸蓋」，靻亦靼字之誤。又案：爲靻蹻之爲，音于僞反。「爲靻蹻而超千里，肩負儋之勤也」，乃起下之詞，非承上之詞，爲上不當有乃字。此因上文

「乃爲斫木方版」而誤衍也。下文云「爲鷙禽猛獸之害傷人而無以禁御也，而作爲之鑄金鍛鐵，以爲兵刃」，爲上無乃字，是其證。「肩負儋之勤」，道藏本、劉本及諸本並同，漢魏叢書本於負儋上加荷字，而莊本從之，斯爲謬矣。**而作爲之揉輪建輿，駕馬服牛，民以致遠而不勞。**代負儋，故不勞也。**爲鷙禽猛獸之害傷人而無以禁御也，而作爲之鑄金鍛鐵，以爲兵刃，猛獸不能爲害。**以兵刃備之，故不得爲人害也。**故民迫其難則求其便，困其患則造其備，人各以其所知，去其所害，就其所利。**○王念孫云：「人各以其所知」，當作「人各以其知」，知與智同，言各用其智，以去害而就利也。今本知上有所字者，涉下兩所字而衍。文子上禮篇正作「各以其智，去其所害，就其所利」。**常故不可循，器械不可因也，**循，隨也。當時之可改則改之，故曰不可也。**則先王之法度有移易者矣。**

古之制，婚禮不稱主人，當婚者之身，不稱其名也，稱諸父兄師友。○文典謹按：意林引，「不稱主人」下有「必稱父母兄弟」六字。○陶方琦云：此許注並入正文者。**舜不告而娶，非禮也。**堯知舜賢，以二女妻舜。不告父，父頑，常欲殺舜，舜知告則不得娶也。不孝莫大于無後，故孟子曰：「舜不告，猶告爾。」○文典謹按：意林引，不告下有瞽叟二字。**立子以長，文王舍伯邑考而用武王，非制也。**伯邑考，武王之兄。廢長立聖，以庶代嫡，聖人之權爾。**禮三十而娶，文王十五而生武王，非法也。**三十而娶者，陰陽未分時，俱生於子，男從子數，左行三十年立於巳，女從子數，右行二十年亦立於巳，合夫婦。故聖人因是制禮，使男三十而娶，女二十而嫁。其男子自巳數，左行十得寅，故人十月而生於寅，故男子數從寅起。女自巳數，右行得申，亦十月而生於申，故女子數從申起。歲星十二歲而周天，天道十二而備，故國君十二歲而冠，冠而娶。十五生子，重國嗣也，不從故制也。○莊逵吉云：甲寅、庚申也。甲者陽正，寅亦陽正也。庚者陰正，申亦陰正也。義並詳王逸楚詞注、説文解字中。又難經曰：「男立于寅，寅爲木陽；女立于申，申爲金陰。」亦是。○文典謹按：北堂書鈔八十四引注，「周天」下有「爲一紀」三字，「冠而」下有后字。**夏后氏殯於阼階之上，**禮，飯于牖下，小斂于户内，大斂于阼階。在牀曰尸，在棺曰柩。殯于賓位，祖于庭，葬于墓也。于阼階，猶在主位，未忍以賓道遠之。**殷人殯於兩楹之間，**楹，柱也。記曰：殷殯之于堂上兩柱之間，賓主共。**周人殯於西階之上，**蓋以賓道遠之。**此禮之不同者也。有虞氏用瓦棺，**有虞氏，舜世也。瓦棺，陶瓦。**夏后氏塈周，**夏后氏，禹世。無棺椁，以瓦廣二尺，長四尺，側身累之，以蔽土，曰塈周。**殷人用槨，**用柏爲椁，厚之宜，以棺爲制也。**周人牆置翣，此葬之不同者也。**周人兼用棺椁，故牆設翣，狀如今要扇，畫文，插置棺車箱以爲飾。多少之差，各從其爵命之數也。**夏后氏祭於闇，**於室中，中夜祭之也。**殷人祭於陽，**於堂上，日平旦祭也。**周人祭於日出以朝，**于日出時祭於庭中。朝者，庭也。○俞樾云：高注首句曰「於室中，中夜祭之也」，二句曰「於堂上，日平旦祭也」，三句曰「於日出時祭於庭中。朝者，庭也」，所説皆未得其義。此文本禮記祭義篇，其文曰：「郊之祭，大報天而主日，配以月。夏后氏祭其闇，殷人祭其陽，周人祭日，以朝及闇。」鄭注曰：「闇，昏時也。陽，讀爲『曰雨曰暘』之暘，謂日中時也。朝，日出時也。夏后氏大事以昏，殷人大事以日中，周人大事以日出，亦謂此郊祭也。以朝及闇，謂終日有事。」正義曰：「此郊之祭一經，止明郊祭之禮。郊之祭者，謂夏正郊天。」然則此文所説本屬郊祭，郊祭必爲壇，初非廟祭，有何室中、堂上、庭中之分乎？祭於闇者，於中夜時祭也。祭於陽者，於日中時祭也。祭於日出，卽是祭以朝，朝者，日出也。因周人尚文，郊祭終日有事，日出而祭，及闇而畢，故曰「以朝及闇」。淮南引此文，不連「及闇」二字者，意在明三代之祭不同，若言闇，則疑與夏同。且周人初非有取於闇，直以禮繁，不得不及闇耳。檀弓篇止言大事以日出，其無取於闇，明矣，故淮南省此二字也。高氏誤以朝爲庭中，遂并上文亦以室中、堂上言之，與祭義不合，不可從也。此祭之不同者也。堯大章，堯樂也。舜九韶，舜樂也。書曰「簫韶九成」是也。禹大夏，禹樂也。湯大濩，湯樂也。周武象，武王樂也。此樂之不同者也。故五帝異道而德覆天下，三王殊事而名施後世，此皆因時變而制禮樂者。譬猶師曠之施瑟柱也，所推移上下者無寸尺之度，而靡不中音。故通於禮樂之情者能作音，有本主於中，而以知榘矱之所周者也。榘，方也。矱，度法也。○王念孫云：音當爲言，此承上句而釋其義也。今作音者，涉上文「中音」而誤。魯昭公有慈母而愛之，

死爲之練冠，故有慈母之服。慈母者，父所命養己者也。此大夫之妾，士之妻，爲之女母，禮爲緦麻三月。昭公獨練，言其記禮之所由興也。○孫詒讓云：此本禮記曾子問。注「女母」當作「如母」，儀禮喪服云「慈母如母」是也。但以禮經攷之，注文必有舛譌。蓋注云「慈母者，父所命養己者也」，此喪服之慈母也。其服，父卒則爲之齊衰三年。注又云「此大夫之妾，士之妻」，此據内則云「國君世子生，卜士之妻、大夫之妾，使食子」，則喪服之乳母。（内則又云「大夫之子有食母」，鄭注云：「喪服所謂乳母也。」案：諸侯所使食子者，亦卽食母也。）下又云「禮爲之緦麻三月」，卽據喪服乳母之服也。揆之禮，服慈母、乳母，輕重縣殊，不可并爲一談。高氏既根據經記，不宜踳駮至此。竊謂此注當云：「慈母者，父所命養己者也，爲之如母。（此先舉禮經慈母之正名正服也。）此大夫之妾，士之妻，禮爲之緦麻三月。（此明魯昭公之慈母，實卽禮經之乳母，非父命養己者，其服不得如母也。）」今本傳寫錯互，移「爲之如母」四字著「此大夫之妾，士之妻」下，遂錯互不可通矣。但曾子問「孔子曰：『古者男子外有傅，内有慈母，君命所使教子也，何服之有？』」則非乳母甚明。故鄭釋之云「大夫士之子爲庶母慈己者服小功」，蓋謂卽喪服小功章所云「君子子爲庶母慈己者」。高義與記文顯迕。又喪服慈母及庶母、慈己三者之服，並據大夫以下言之，諸侯則咸不服，而高猶援乳母緦麻三月之服以爲釋，壹若昭公於乳母宜服緦者，亦與禮經不相應，皆不足據耳。**陽侯殺蓼侯而竊其夫人，故大饗廢夫人之禮。**陽侯，陽陵國侯也。蓼侯，皐陶之後，偃姓之國侯也，今在廬江。古者大饗飲酒，君執爵，夫人執豆。陽侯見蓼侯夫人美豔，因殺蓼侯而娶夫人，由是廢夫人之禮。記所由廢也。先王之制，不宜則廢之；末世之事，善則著之，是故禮樂未始有常也。故聖人制禮樂，而不制於禮樂。聖人能作禮樂，不爲禮樂所制。治國有常，而利民爲本。本，要。政教有經，而令行爲上。經，常也。上，最也。苟利於民，不必法古。苟周於事，不必循舊。舊，常也。傳曰：「舊不必良。」舊或作咎也。○文典謹按：意林引，舊作常。夫夏、商之衰也，不變法而亡。亡，謂桀、紂。三代之起也，不相襲而王。三代，禹、湯、武也。襲，因也。故聖人法與時變，禮與俗化，化，易。衣服器械各便其用，法度制令各因其宜。故變古未可非，而循俗未足多也。循，隨也。俗，常也。○文典謹按：意林引，未足作不足。百川異源而皆歸於海，以海爲宗。百家殊業而皆務於治。業，事也。以治爲要也。○文典謹按：意林引，殊作異。王道缺而詩作，詩所以刺〔一〕王道。周室廢、禮義壞而春秋作。春秋所以貶絶不由禮義也。詩、春秋，學之美者也，皆衰世之造也，儒者循之以教導於世，豈若三代之盛哉！以詩、春秋爲古之道而貴之，又有未作詩、春秋之時。夫道其缺也，不若道其全也。誦先王之詩、書，不若聞得其言；聞得其言，不若得其所以言。聞聖人之言，不如得其末言時之本意。○王念孫云：「誦

〔一〕「刺」下疑脱「不由」二字。

先王之詩、書」，詩字因上文「詩、春秋」而衍。「先王之書」泛指六蓺而言，非詩、書之書也。「不若聞得其言」，「聞得其言」，兩得字皆因下句得字而衍。高注云「聞聖人之言，不如得其未言時之本意」，則聞下無得字明矣。文子上義篇正作「誦先王之書，不若聞其言；聞其言，不若得其所以言。」**得其所以言者，言弗能言也。**聖人所言微妙，凡人雖得之，口不耐以言。**故道可道者，非常道也。**常道，言深隱幽冥，不可道也。猶聖人之言，微妙不可言。

周公事文王也，行無專制，專，獨。制，斷也。**事無由己，**請而後行。**身若不勝衣，言若不出口，有奉持於文王，洞洞屬屬，而將不能，恐失之，**洞洞屬屬，婉順貌也。而將不能勝之，恐失之，慎之至也。洞，讀挺挏之挏。屬，讀犂钃之钃也。○俞樾云：「而將不能，恐失之」，義不可通。高注曰：「而將不能勝之，恐失之，慎之至也。」疑本文作「而將不能勝之」。而與如古通用，謂如將不能勝之也。「恐失之」三字，高氏自解「如不能勝」之義，此三字誤入正文，而轉脱去勝之二字，於是文不成義矣。○文典謹按：御覽六百二十一引，作「有所奉持於前，洞洞屬屬，如不能，如將失之」，俞説近塙。**可謂能子矣。武王崩，成王幼少，周公繼文王之業，履天子之籍，聽天下之政，**籍，圖籍也。政，治也。籍或作阼。○王念孫云：籍，猶位也，言周公履天子之位也。若圖籍，則不可以言履矣。下文云「成王既壯，周公屬籍致政」，亦謂屬位於成王也。荀子儒效篇曰：「周公履天子之籍，（今本天子誤作天下，據宋本改。楊倞注以籍爲圖籍，誤與高注同。）聽天下之斷。」又曰：「周公歸周，反籍於成王。」此皆淮南所本。彊國篇曰：「夫桀、紂，聖王之後子孫也，有天下者之世也，埶籍之所存，天下之宗室也。」埶籍卽埶位，是籍與位同義也。韓詩外傳作「履天子之位，聽天下之政」，尤其明證矣。又下文「履天子之圖籍，造劉氏之貌冠」，本作「履天子之籍，造劉氏之冠」。史記高祖紀曰：「高祖爲亭長，以竹皮爲冠。及貴，常冠。」所謂劉氏冠，乃是也，故曰「造劉氏之冠」。（漢書高祖紀詔曰：「爵非公乘以上，毋得冠劉氏冠。」蔡邕獨斷：「高祖冠，以竹皮爲之，謂之劉氏冠。」）今本作「履天子之圖籍，造劉氏之貌冠」者，貌字涉高注「委貌冠」而衍，後人又誤以籍爲圖籍，遂於籍上加圖字，以與貌冠相對，而不知貌爲衍文，且圖籍不可以言履也。○文典謹按：御覽六百二十一引，籍作國。**平夷狄之亂，**夷狄猾夏，平除之也。**誅管、蔡之罪，**管叔，周公兄也。蔡叔，周公弟也。二叔監殷，而導紂子祿父爲流言，欲以亂周。周公誅之，爲國故也。傳曰「大義滅親」也。**負扆而朝諸侯，**負，背也。扆，户、牖之間。言南面也。**誅賞制斷，無所顧問，**决之于心。**威動天地，聲懾四海，**懾，服也。服四海之內。**可謂能武矣。成王既壯，周公屬籍致政，北面委質而臣事之，**以圖籍付屬成王。致，猶歸也。北面委玉帛之質，執臣之禮也。**請而後爲，復而後行，**每事必請。復，白。**無擅姿之志，無伐矜之色，**不自伐其功勞也，不自矜大其善也。**可謂能臣矣。故一人之身而三變者，所以應時矣。何況乎君數易世，國數易君，人以其位達其好憎，**人人以其寵位，行其所好，憎其所憎也。以其威勢供嗜欲，○王念孫云：「供嗜欲」當作「供其嗜欲」，與「達其好憎」相對。而欲以一行之禮，一定之法，應時偶變，其不能中權，亦明矣。一行之禮，非隨時禮也；一定之法，非隨時法也；故曰不能中權。權則因時制宜，不失中道也。故聖人所由曰道，所爲曰事。道猶金石，一調不更；事猶琴瑟，每絃改調。金石，鐘磬也，故曰調而不更。琴瑟，絃有數急，柱有前却，故調事亦如之也。故法制禮義者，治人之具也，而非所以爲治也。言法制禮義，可以爲治之基耳，非所以爲治。治在其人之德。猶弓矢，射之具也，非耐必中也，中在其人之功。○王念孫云：人字後人所加。高注云「言法制禮義，可以爲治之基耳，非所以爲治」，則無人字明矣。文子上義篇無人字。泰族篇曰「故法者，治之具也，而非所以爲治也」，亦無人字。故仁以爲經，義以爲紀，此萬世不更者也。若乃人考其才，而時省其用，雖日變可也。言人能考度其才，時省其行，擇其善者而崇用之，不必循常，故曰「雖日變可也」。唯仁義不可改耳，故萬世不更。天下豈有常法哉！隨其時于其宜。當於世事，得於人理，順於天地，祥於鬼神，則可以正治矣。當，合也。祥，順也。

古者人醇工龐，商樸女重，醇，厚，不虛華也。工龐，器堅緻也。商樸，不爲詐也。女重，貞正無邪也。○洪頤煊云：大戴禮王言篇：「民敦工璞，商愨女憧。」重卽童字，童、憧古通用，謂憧愿無知之貌。○俞樾云：重，本作童。大戴記王言篇「民敦工璞，商愨女憧」，卽淮南所本也。

童與憧通。今作重者，形聲相似而誤。**是以政教易化，風俗易移也。今世德益衰，民俗益薄，欲以樸重之法，治既弊之民，是猶無鏑銜橜策錣而御馯馬也。**鏑銜，口中央鐵，大如雞子中黄，所制馬口也。錣，揣頭箴也。馯馬，突馬也。○莊逵吉云：殷敬順列子釋文引許慎注云：「錣，馬策。端有利鋒，所以刺不前也。」與此義解同。○王念孫云：銜下本無橜字。高注曰：「鏑銜，口中央鐵。」言鏑銜而不言橜，則無橜字明矣。鏑銜下有橜字，則文不成義。此後人熟於「銜橜」之語，而妄加之耳。**昔者，神農無制令而民從，**無制令，結繩以治也。**唐、虞有制令而無刑罰，**有制令，煥乎其有文章也。其政常仁義，民無犯法干誅，故曰無刑也。**夏后氏不負言，**言而信也。**殷人誓，**以言語要誓，亦不違。**周人盟。**有事而會，不協而盟。盟者，殺牲歃血以爲信也。**逮至當今之世，**謂淮南王作此書時。**忍訽而輕辱，貪得而寡羞，欲以神農之道治之，則其亂必矣。**訽，讀夏后之后也。○莊逵吉云：説文解字詬或作訽。此用或字，故讀如后。**伯成子高辭爲諸侯而耕，天下高之。**伯成子高，蓋堯時人也。**今時之人，辭官而隱處，爲鄉邑之下，豈可同哉！古之兵，弓劍而已矣，槽矛無擊，脩戟無刺。**槽柔，木矛也。無擊，無鐵刃也。刺，鋒也。槽，讀「領如蠐螬」之螬也。○王念孫云：莊依漢魏叢書本改柔爲矛。案：矛，各本皆作柔。太平御覽兵部二引此亦作柔。説苑説叢篇「言人之惡，痛於柔戟」，字亦如此。蓋矛、柔聲相近，故古書有借柔爲矛者，不宜輒改也。**晚世之兵，隆衝以攻，渠**

幨以守，隆，高也。衝，所以臨敵城，衝突壞之。渠，壍也。一曰：甲名，國語曰「奉文渠之甲」是也。幨，幰，所以禦矢也。連弩以射，銷車以鬭。連車弩，通一絃，以牛挽之。以刃著左右，爲機關發之，曰銷車。銷，讀組綃之綃也。○文典謹按：御覽二百七十一引注，「連車弩」作「連弓弩」，「機關」作「機開」。古之伐國，不殺黄口，不獲二毛。黄口，幼也。二毛，有白髮者。○文典謹按：御覽二百七十一引注，幼下有少字。於古爲義，於今爲笑。古之所以爲榮者，伯成子高。今之所以爲辱也。爲鄉邑之下。古之所以爲治者，今之所以爲亂也。夫神農、伏羲不施賞罰而民不爲非，然而立政者不能廢法而治民。不能及神農、伏羲。○文典謹按：御覽二百七十一引，立作莅。舜執干戚而服有苗，舜時有苗叛，舜執干戚而舞于兩階之間，有苗服從之。以德化懷來也。然而征伐者不能釋甲兵而制彊暴。不耐及舜。由此觀之，法度者，所以論民俗而節緩急也；器械者，因時變而制宜適也。夫聖人作法而萬物制焉，制，猶從也。○文典謹按：「而萬物制焉」，疑本作「而萬民制焉」。羣書治要引，正作「萬民制焉」。下文云：「制法之民，不可與遠舉。」即承此而言。賢者立禮而不肖者拘焉。拘，猶檢也。制法之民，不可與遠舉；拘禮之人，不可使應變。○文典謹按：羣書治要引，使作以。耳不知清濁之分者，不可令調音；心不知治亂之源者，不可令制法。必有獨聞之耳，○王念孫云：劉本耳作聰，是也。文子上義篇正作「獨聞之聰」。○文典謹按：王説是也。羣書治要引，耳作聽，文雖小異，耳之爲壞字益明矣。獨見之明，然後能擅道而行矣。○文典謹按：羣書治要矣作也。

夫殷變夏，周變殷，春秋變周，變，改也。三代之禮不同，何古之從！大人作而弟子循。循，遵也。知法治所由生，則應時而變；不知法治之源，雖循古，終亂。今世之法籍與時變，禮義與俗易，爲學者循先襲業，據籍守舊教，以爲非此不治，是猶持方枘而周員鑿也，欲得宜適致固焉，則難矣。今儒墨者稱三代、文武而弗行，是言其所不行也；不耐行，但言之而已。○陶方琦云：羣書治要引許注：「儒墨之所言，今皆不行也。」按：二注正異。氾論訓乃高注本，故治要只引一則，便均異。非今時之世而弗改，是行其所非也。稱其所是，行其所非，是以盡日極慮而無益於治，勞形竭智而無補於主也。○文典謹按：羣書治要引，智作精。今夫圖工好畫鬼魅，而憎圖狗馬者，何也？鬼魅不世出，而狗馬可日見也。○文典謹按：羣書治要引，「不世出」作「無信驗」，「可日見」作「切於前」。夫存危治亂，非智不能；道而先稱古，雖愚有餘。○王念孫云：道字當在而字下。「道先稱古」與「存危治亂」相對。羣書治要引此，正作「道先稱古」。故不用之法，聖王弗行；不驗之言，聖王弗聽。聽，受。○文典謹按：「聖王弗聽」與上「聖王弗行」相複，羣書治要引作「明主弗聽」，當從之。

天地之氣，莫大於和。和，故能生萬物。和者，陰陽調，日夜分，而生物。春分而生，秋分而成，○俞樾云：下言「春分而生」，上言「日夜分而生物」，文義重複。且春分秋分皆日夜分也，日夜分而生物，於秋分而成，義亦不合。文子上仁篇作：「和者陰陽調，日夜分。故萬物春分而生，秋分而成。」然則此亦當同。上「而生」二字乃「故萬」之誤。生之與成，必得和之精。精，氣。故聖人之道，寬而栗，嚴而温，柔而直，猛而仁。言剛柔寬猛相濟也。太剛則折，太柔則卷，聖人正在剛柔之間，乃得道之本。本，原也。積陰則沉，積陽則飛，陰陽相接，乃能成和。夫繩之爲度也，可卷而伸也，引而伸之，可直而睎，睎，望也。○王念孫云：「可卷而伸」，劉本作「可卷而懷」，是也。此言繩之爲物，可曲可直，故先言卷而懷，後言引而伸。且懷與睎爲韻，若作伸，則失其韻矣。文子上仁篇正作「可卷而懷」。故聖人以身體之。體，行。夫脩而不横，短而不窮，直而不剛，久而不忘者，其唯繩乎！故恩推則懦，懦則不威；推，猶移也。嚴推則猛，猛則不和；愛推則縱，縱則不令；縱，放也。刑推則虐，虐則無親。虐，害也。喜害人，人無親之。昔者，齊簡公釋其國家之柄，而專任大臣簡公，悼公陽生之子任也。一往不解曰簡。大臣，陳成子。將相，攝威擅勢，私門成黨，而公道不行，黨，羣。○王引之云：「大臣將相」四字當連讀，將相卽大臣也。釋其國家之柄，專任大臣將相，皆以六字爲句。攝威擅勢，私門成黨，公道不行，皆以四字爲句。若以將相屬下讀，則句法參差不齊矣。且柄、相、黨、行四字爲韻，（柄，古讀若方。行，古讀若杭。並見唐韻止。），讀「大臣」絶句，則失其韻矣。故使陳成田常、鴟夷子皮得成其難。難，殺簡公之難。〇錢大昕云：淮南以鴟夷子皮爲田常之黨，他書所未見。按：田常弒君之年，越未滅吴，范蠡何由入齊？此淮南之誤也。〇王引之云：陳成田常本作陳成常，陳其氏也，成其謚也，常其字也，恆其名也。人間篇正作陳成常，吕氏春秋慎勢篇同。吴越春秋夫差内傳作陳成恆，韓子外儲説右篇作田成恆。田與陳古字通，言陳則不言田矣。後人又加田字，謬甚。又説山篇「陳成子恆之劫子淵捷也」，子字亦後人所加。〇王紹蘭云：田衍文，常卽恆，是其名也。漢人諱恆，故經典或稱常，或稱恆耳。左氏作恆，公羊作常，哀六年傳：「諸大夫皆在朝，陳乞曰：『常之母有魚菽之祭。』」何休解詁曰：「常，陳乞子，重難言其妻，故云爾。」常之母，猶曰恆之母，若常是字，陳乞與諸大夫言，不當字其子於朝。曲禮疏引五經異義：「公羊説，臣子先死，君父猶名之，孔子云『鯉也死』，是已死而稱名；左氏説，既没稱字而不名；穀梁同左氏説。」然則從公羊之説，父於子死猶名，則生名可知。從左氏、穀梁之説，没稱字，則生名亦可知也。成子生存，而僖子呼之曰常，明常是名，非字矣。使吕氏絶祀而陳氏有國者，太公姓吕。簡公，其後也。絶祀，陳氏代之也。此柔懦所生也。

鄭子陽剛毅而好罰，子陽，鄭君也。一曰：鄭相。其於罰也，執而無赦。舍人有折弓者，畏罪而恐誅，則因猘狗之驚以殺子陽，舍人，家臣也。國人逐猘狗以亂擾，舍人因之以殺子陽，畏其嚴也。此剛猛之所致也。今不知道者，見柔懦者侵，則矜爲剛毅；見剛毅者亡，則矜爲柔懦。〇王念孫云：矜皆當爲務。（務、矜二字，隸書往往譌溷。管子小稱篇「務爲不久」，韓子難篇作「矜僞不長」，呂氏春秋勿躬篇「務服性命之情」，務誤作矜。）言不知道者，中無定見，故見柔懦者侵，則務爲剛毅，見剛毅者亡，則務爲柔懦也。主術篇曰：「爲智者務爲巧詐，（道藏本、劉本、茅本並同。朱本改爲作於，非。莊本同。）爲勇者務於鬬爭。」是其證也。又案：此文本作「見柔懦者侵，則務爲剛毅；見剛毅者亡，則務於柔懦」，於下本無爲字。於亦爲也，爲亦於也。務爲剛毅，務於剛毅也；務於柔懦，務爲柔懦也。僖二十年穀梁傳曰：「謂之新宮，則近爲禰宮。」言近於禰宮也。秦策曰：「魏爲逢澤之遇，朝爲天子。」言朝於天子也。是爲與於同義。郊特牲曰：「郊之祭也，掃地而祭，於其質也。」言爲其質，不爲其文也。又曰：「祭天，掃地而祭焉，於其質而已矣。」大戴禮曾子本孝篇曰：「故孝子之於親也，生則有義以輔之，死則哀以莅焉，祭祀則莅之以敬，如此而成於孝子也。」言如此而後成爲孝子也。晉語曰：「祁奚辭於軍尉。」言辭爲軍尉也。文六年穀梁傳曰：「閏月者，附月之餘日也，積分而成於月者也。」言積分而成爲月也。是於與爲亦同義。爲、於同義，故二字可以互用。晉語曰：「稱爲前世，（韋注曰：「言見稱譽於前世。」）義於諸侯。」韓詩外傳曰：「民不親不愛，而求於己用，爲己死，不可得也。」皆以爲、於互用。此云「見柔懦者侵，則務爲剛毅；見剛毅者亡，則務於柔懦」，亦以爲、於互用。主術篇曰：「爲智者務爲巧詐，爲勇者務於鬬爭。」即其明證也。又史記孟嘗君傳「君不如令獘邑深合於秦」，西周策於作爲。張儀傳「韓、梁稱爲東藩之臣」，趙策爲作於。蓋爲、於聲近而義同，故字亦相通也。然則

「務於柔懦」即務爲柔懦。道藏本於下復有爲字者，後人不知爲、於之同義，故又加爲字耳。（劉本、朱本同。）茅本不刪爲字，而刪於字，斯爲謬矣。（莊本同。）此本無主於中，而見聞舛馳於外者也，〇陳觀樓云：「本無主於中」，當作「無本主於中」。上文云「有本主於中，而以知榘彠之所周」，正與此「無本主於中」相對。下文亦云：「中有本主以定清濁。」故終身而無所定趨。舛，乖也。定，安。趨，歸也。譬猶不知音者之歌也，濁之則鬱而無轉，鬱，湮也。轉，讀傳譯之傳也。清之則燋而不謳。燋，悴也。謳，和也。〇陳觀樓云：謳當作調，故注訓爲和。今作謳者，因下句謳字而誤。及至韓娥、秦青、薛談之謳，三人皆善謳者。侯同、曼聲之歌，二人善歌。一曰：曼，長。憤於志，積於內，盈而發音，則莫不比於律而和於人心。何則？中有本主以定清濁，不受於外而自爲儀表也。

今夫盲者行於道，人謂之左則左，謂之右則右，遇君子則易道，〇文典謹按：意林引，作「遇君子則得其平易」。遇小人則陷溝壑。〇文典謹按：御覽七百四十引，作「蹈於溝壑」。何則？目無以接物也。接，見也。故魏兩用樓翟、吳起而亡西河，魏文侯仕樓翟、吳起，不用他賢。秦伐，喪其西河之地。〇陶方琦云：史記集解八十七、文選七發注引許注：「樓季，魏文侯之弟也。」按：史記李斯列傳：「是故城高五丈而樓季不輕犯也。」（鹽鐵論「是猶跛夫之欲及樓季也」，舊注亦引許慎注。）高作樓翟。顧千里曰：樓、翟乃二人。（樓爲樓廩，翟爲翟强。）

韓非難一云：「魏兩用樓、翟而亡西河。」卽此所本。吴起二字乃衍文。或許本作樓季、吴起，亦爲二人。湣王專用淖齒而死于東廟，湣，讀汶水之汶。湣王，田常之後，代呂氏爲齊侯，春秋之後僭號稱王。淖齒，楚將，奔齊爲臣。湣王無道，淖齒殺之，擢其筋，懸廟門之梁，三日而死。見戰國策。無術以御之也。文王兩用呂望、召公奭而王，呂望，太公呂尚也，善用兵謀。奭，召康公，用理民物，有甘棠之歌也。楚莊王專任孫叔敖而霸，孫叔敖，楚大夫蒍賈伯盈子。或曰：童子也，任其賢，故致于伯也。有術以御之也。夫弦歌鼓舞以爲樂，盤旋揖讓以修禮，厚葬久喪以送死，孔子之所立也，而墨子非之。非猶譏也。兼愛尚賢，右鬼非命，墨子之所立也，而楊子非之。兼三老五更，是以兼愛。選士大夫射，是以上賢。宗祀嚴父，是以右鬼。右，猶尊也。順四時而行，是以非命。皆楊子所不貴，故非也。全性保真，不以物累形，楊子之所立也，而孟子非之。全性保真，謂不拔骭毛，以利天下弗爲，不以物累己身形也。孟子受業于子思之門，成唐、虞、三代之德，敍詩、書、孔子之意，塞楊、墨淫詞，故非之也。趨捨人異，各有曉心。故是非有處，得其處則無非，失其處則無是。丹穴、太蒙、反踵、空同、大夏、北户、奇肱、脩股之民，是非各異，習俗相反，丹穴，南方當日下之地。太蒙，西方日所入處也。反踵，國名，其人南行，武迹北向。空同，戴勝極下之地。大夏，在西方。北户，在南方。奇肱、脩股之民，在西南方。凡此八者，皆九州之外，八寅之域者也。君臣上下，夫婦

父子，有以相使也。此之是，非彼之是也；此之非，非彼之非也；此，近諭諸華也。彼，遠諭八寅也。於諸夏之所是，八寅之所非而廢也；于諸華所非，八寅所是而行也。**譬若斤斧椎鑿之各有所施也。**施，宜也。

禹之時，以五音聽治，禹，顓頊後五世鯀之子也，名文命。受禪成功曰「禹」。五音，宮、商、角、徵、羽也。○文典謹按：「聽治」，初學記樂部下、白帖六十二、御覽五百七十六引，竝作「聽政」。**懸鐘鼓磬鐸，置鞀，以待四方之士，爲號曰：**○文典謹按：「爲號曰」，白帖作「爲銘於簨簴曰」，與鬻子合，疑是許本。**「教寡人以道者擊鼓，**道和陰陽，鼓一聲以調五音，故擊之。**諭寡人以義者擊鐘，**鐘，金也。義者斷割，故擊之。**告寡人以事者振鐸，**鐸，鈴，金口木舌，合爲音聲。事者非一品，故振之。**語寡人以憂者擊磬，**磬，石也，聲急。憂亦急務，故擊之。○文典謹按：語，初學記樂部下引作告。**有獄訟者搖鞀。」**獄亦訟。訟一辯於事，故取小鞀搖也。○文典謹按：初學記樂部下引，作「有獄訟告寡人者搖鞀」。**當此之時，一饋而十起，一沐而三捉髮，**饋者，食也。**以勞天下之民，**勞，猶憂也。勞，讀勞勑之勞。**此而不能達善效忠者，則才不足也。**當此之時，不耐達其善，效致其忠，是爲無有其材也。**秦之時，高爲臺榭，大爲苑囿，遠爲馳道，鑄金人，**秦皇帝二十六年，初兼天下，有長人見於臨洮，其高五丈，足迹六尺。放寫其形，鑄金人以象之，翁仲、君何是也。○文典謹按：「遠爲馳道」，御覽八十六引作

「造馳道數千里」。又三百二十七引注，秦皇帝作秦始皇。**發適戍，入芻稾，**戍，守長城也。入芻稾之税，以供國用也。○文典謹按：適戍，御覽八十六引作邊戍，三百二十七引作謫戍。**頭會箕賦，輸於少府。**頭會，隨民口數，人責其税。箕賦，似箕然，斂民財多，取意也。少府，官名，如今司農。**丁壯丈夫，西至臨洮、狄道，**臨洮，隴西之縣，洮水出北。狄道，漢陽之縣。**東至會稽、浮石，**會稽，山名。浮石，隨水高下，言不没。皆在遼西界。一説：會稽山在太山下，「封于太山，禪於會稽」是也。會稽或作滄海。○孫詒讓云：高謂會稽、浮石在遼西界，今無攷。竊謂會稽卽揚州鎮山。周禮職方氏及吕氏春秋有始覽並云「東南曰揚州」，則會稽於方位自得爲東。莊子外物篇云「蹲乎會稽，投竿東海」，明今浙東之海亦爲東海，不必别求之遼西及太山下也。楚辭九思傷時云「超五嶺兮嵯峨，觀浮石兮崔嵬」，王注云：「東海有浮石之山。」然則浮石在五嶺之東。準之地望，其不在遼西明矣。**南至豫章、桂林，**豫章，豫章郡。桂林，鬱林郡。○文典謹按：豫章，御覽八十六引作象郡，三百二十七引與今本同，或卽許、高之異也。**北至飛狐、陽原，**飛狐，蓋在代郡南飛狐山也。陽原，蓋在太原。或曰：代郡廣昌東五阮關是也。**道路死人以溝量。**言滿溝也。**當此之時，忠諫者謂之不祥，**○文典謹按：御覽八十六引，「忠諫者」上有有字。**而道仁義者謂之狂。逮至高皇帝，存亡繼絶，**漢高祖劉季也。○文典謹按：高氏，漢人，不當言劉季。「劉季」二字，後人所加也。御覽三百二十七引注，無此二字。**舉天下之大義，身自**

奮袂執鋭，以爲百姓請命于皇天。執利兵伐無道，以求百姓之命，祈之于皇天也。當此之時，天下雄儁豪英暴露于野澤，才過千人爲儁，百人爲豪，萬人爲英。前蒙矢石，而後墮谿壑，出百死而給一生，以争天下之權，墮，入也。給，至也。給，讀仍代之代也。奮武厲誠，以決一旦之命。當此之時，豐衣博帶而道儒墨者，以爲不肖。言尚武也。逮至暴亂已勝，勝暴亂也。○文典謹按：御覽三百二十七引，已作以。已、以古通用。海内大定，繼文之業，立武之功，繼文王受命之業，武王誅無道之功。履天子之圖籍，造劉氏之貌冠，高祖于新豐所作竹皮冠也。一曰委貌冠。○莊逵吉云：錢别駕云：「竹皮冠，應劭以爲卽鵲尾冠，以始生竹皮爲之，卽劉氏冠也。」總鄒、魯之儒墨，通先聖之遺教，戴天子之旗，乘大路，建九斿，撞大鐘，擊鳴鼓，奏咸池，揚干戚。周禮，天子五路。大路，上路也。王者功成作樂，故撞鐘擊鼓。咸池，黄帝樂。干，楯；戚，斧也。春夏舞者所執。○文典謹按：御覽三百二十七引，戴作載，大路作泰輅。當此之時，有立武者見疑。疑，怪也。一世之間，而文武代爲雌雄，有時而用也。今世之爲武者則非文也，爲文者則非武也，文武更相非，而不知時世之用也。此見隅曲之一指，而不知八極之廣大也。隅曲，室中之區隅，言狹小。八極，八方之極，言廣大也。故東面而望，不見西牆；南面而視，不覩北方；唯無所鄉者，則無所不通。無所向，則可以見四方，故曰「無所不通」。○文典謹按：意林引，通下有也字。

國之所以存者，道德也；道德施行，民悦其化，故國存也。○俞樾云：德當爲得，字之誤也。文子上仁篇正作得。「國之所以存者，道得也」，與下句「家之所以亡者，理塞也」，正同一律。高注曰：「理，道也。」然則道、理一也，得則存，塞則亡矣。高注此句曰：「道德施行，民悦其化，故國存也。」蓋以「道德」本屬恒言，故加「德」字以足句，非正文本作「道德」也。下文曰：「存在得道而不在於大也，亡在失道而不在於小也。」正與此文相應。疑此「塞」字亦卽「失」字之誤，故高氏無注矣。家之所以亡者，理塞也。理，道也。堯無百户之郭，舜無置錐之地，○莊逵吉云：御覽引，置作植，蓋古字通用。以有天下。禹無十人之衆，湯無七里之分，以王諸侯。文王處岐周之間也，地方不過百里，而立爲天子者，有王道也。堯、舜、禹、湯、文王皆王有天下，孟子曰「以德行仁者王，王不待大」是也。夏桀、殷紂之盛也，人跡所至，舟車所通，莫不爲郡縣，然而身死人手，而爲天下笑者，有亡形也。孟子曰「惡死亡，樂不仁」，不仁必死亡，故曰「有亡形」也。故聖人見化以觀其徵。徵，成也。德有盛衰，風先萌焉。風，氣也。萌，見也。有盛德者，謂文王也。伯夷、太公先見之。有衰德者，謂桀、紂也。太史令終古及向藝先去之也。故得王道者，雖小必大；湯、武是也。有亡形者，雖成必敗。桀、紂是也。夫夏之將亡，太史令終古先奔於商，三年而桀乃亡。湯滅之也。殷之將敗也，太史令向藝先歸文王，朞年而紂乃亡。武王滅之。終古、向藝，二賢人名。故聖人之見存亡之

迹，成敗之際也，非待鳴條之野，甲子之日也。湯伐桀，禽於鳴條。武王誅紂，以甲子尅之。**今謂彊者勝則度地計衆，富者利則量粟稱金，若此，則千乘之君無不霸王者，而萬乘之國無不破亡者矣。**○王念孫云：「無不霸王」、「無不破亡」，兩不字皆後人所加。此言千乘小而萬乘大，若彊者必勝，富者必利，則是千乘之君必無霸王者，萬乘之國必無破亡者矣。而不知國之興亡，在得道與失道，不在大與小也。故下文曰：「存在得道而不在於大，亡在失道而不在於小。」後人不曉文義，而妄加兩不字，其失甚矣。○文典謹按：王謂「無不破亡」之不爲後人所加，是也。然上「無不霸王」之不，則實非衍文。蓋上句言千乘之君之必興，下句則言萬乘之國之不敗。下不字乃涉上不字而衍耳。羣書治要引此文，有上不字，無下不字，是其證。**存亡之迹，若此其易知也，愚夫惷婦皆能論之。**惷亦愚，無知之貌也。**趙襄子以晉陽之城霸，智伯以三晉之地擒；**襄子，無恤也。智伯，智瑶。三晉，智氏兼有范、中行氏。智伯帥韓、魏之君圍趙襄子于晉陽，趙襄子使張孟談與韓、魏通謀，韓、魏反而擊之，大破智伯之軍，獲其首，以爲歆器，故曰「以三晉之地擒」也。**湣王以大齊亡，**爲淖齒所殺也。**田單以卽墨有功。**燕伐齊而滅之，得七十城，唯卽墨未下。田單以市吏率卽墨市民以擊燕師，破之，故曰有功也。**故國之亡也，雖大不足恃；**大猶亡，智伯是。**道之行也，雖小不可輕。**湯以七十里，文王以百里，皆有天下，故雖小不可輕。**由此觀之，存在得道而不在於大也，**得道之君，雖小，爲善而耐王天下，故曰「不在於大」也。亡在失道而不在於小也。無道之君，以爲惡無傷而弗革，積必亡，故曰「不在於小」也。詩云：「乃眷西顧，此惟與宅。」言去殷而遷于周也。紂治朝歌，在東；文王國于岐周，在西。天乃眷然顧西土，此唯居周，言我宅也，故曰「去殷而遷于周」也。

故亂國之君，務廣其地而不務仁義，務高其位而不務道德，是釋其所以存，而造其所以亡也。○文典謹按：羣書治要引，造作就。故桀囚於焦門，而不能自非其所行，不自非行之惡。而悔不殺湯於夏臺；悔，恨也。臺或作宮。紂居於宣室，而不反其過，反，悔。○文典謹按：羣書治要引，居作拘。而悔不誅文王於羑里。羑里，今河內湯陰是也。羑，古牖字。○文典謹按：羣書治要引，羑作牖。二君處彊大勢位，修仁義之道，湯、武救罪之不給，何謀之敢當！二君，桀、紂也。當其君也，彊大之勢，不能自知所行之非也。假令能修仁義之道，則湯、武不敢生誅之謀也。○王念孫云：「處彊大勢位」，本作「處彊大之勢」，與「脩仁義之道」相對爲文。今本脱之字，衍位字，（位字因上文「務高其位」而衍。）則與下句不對。高注云：「當其居彊大之勢，不能自知所行之非。」則勢下無位字明矣。羣書治要引此，正作「處强大之勢」。又案：「何謀之敢當」，當字義不可通。羣書治要引作「何謀之敢慮」，是也。慮字隸書或作慮，因誤而爲當。○俞樾云：當字無義。羣書治要作慮，然謀卽慮也，「何謀之敢慮」義亦難通。當疑蓄字之誤。言救罪且不給，不暇更蓄他謀也。若上亂三光之明，下失萬民之心，三光，日、月、星辰也。失萬民心，施民所惡也。〇莊逵吉云：文選注引，作「三光，日、月、星也」，無辰字，以爲許慎注。雖微湯、武，孰弗能奪也？言遭人能奪之，不必湯、武也。今不審其在己者，而反備之于人，言不慎行己之德，而乃反備天下之人來誅也。〇文典謹按：羣書治要引，「之于」作「諸乎」。天下非一湯、武也，殺一人，則必有繼之者也。〇文典謹按：羣書治要引，作「殺一人，卽必或繼之者矣」。且湯、武之所以處小弱而能以王者，以其有道也；〇文典謹按：羣書治要引，「以王」作「著」。桀、紂之所以處彊大而見奪者，以其無道也。〇文典謹按：羣書治要引，「見奪」上有「終」字。今不行人之所以王者，而反益己之所以奪，是趨亡之道也。武王克殷，欲築宮於五行之山。五行山，今太行山也，在河内野王縣北上黨關也。〇文典謹按：御覽八十四引注，關作閒。周公曰：「不可！夫五行之山，固塞險阻之地也。使我德能覆之，則天下納其貢職者迴也。迴，迂難也。迴，或作固。固，必也。使我有暴亂之行，則天下之伐我難矣。」周公言我有暴亂之行，則天下當來伐我，無爲于五行之山，使天下來伐我者難也。言其依德，不恃險也。此所以三十六世而不奪也。周公可謂能持滿矣。滿而不溢也。

昔者，周書有言曰：周史之書。「上言者，下用也；下言者，上用也。可否相濟。上言者，常也；爲君常也。下言者，權也。」此存亡之術也。權，謀也。謀度事宜，不失其道也。唯聖人爲能知權。言而必信，期而必當，天下之高行也。直躬其父攘羊而子證之，直躬，楚葉縣人也。葉公子高謂孔子曰：「吾黨有直躬者，其父攘羊，而子證之。」孔子曰：「吾黨之直者異于是，父爲子隱，子爲父隱，直在其中矣。」凡六畜自來而取之，曰攘也。尾生與婦人期而死之。尾生，魯人，與婦人期于梁下，水至溺死也。○文典謹按：文選琴賦注引高注，「水至溺死也」作「不至而水溺死」。直而證父，信而溺死，雖有直信，孰能貴之！○王念孫云：「信而溺死」，本作「信而死女」，言信而爲女死，則信不足貴也。今本死女作溺死者，涉上注「水至溺死」而誤。直而證父，信而死女，相對爲文。且女與父爲韻。若作溺死，則文既不對，而韻又不諧矣。文子道德篇正作「信而死女」。夫三軍矯命，過之大者也。秦穆公興兵襲鄭，過周而東。以兵伐國，不擊鼓，密聲，曰襲。周者，王城也。公羊傳曰：「王城者何？西周也。」鄭賈人弦高將西販牛，道遇秦師於周、鄭之間，乃矯鄭伯之命，犒以十二牛，賓秦師而却之，以存鄭國。非君命也，而稱君命，曰矯。酒肉曰享，牛羊曰犒，共其枯槁也。秦師日行千里而襲之，遠主有備而師無繼，不如還，遂還師而去也，故曰「却之」。故事有所至，信反爲過，誕反爲功。信爲過者，尾生是。誕爲功者，弦高是。何謂失禮而有大功？昔楚恭王戰於陰陵，恭王與晉厲戰於陰陵，呂錡射恭王，中目，因而擒之。過而能改，故曰「恭」也。○莊逵吉云：古聲陰、鄢同，故以鄢陵爲陰陵，非九江之陰陵也。潘尫、養由基、黃衰微、公孫丙相

與篡之。四子，楚大夫，篡晉取恭王。衰，讀繩之維。微，讀抆滅之抆也。俞樾云：高解「相與篡之」句曰：「四子，楚大夫，篡晉取恭王。」夫上文並無恭王見禽於晉之事，卽云「相與篡之」，於文不備。據「戰於陰陵」下有高注曰：「恭王與晉厲戰於陰陵，吕錡射恭王，中目，因而禽之。」疑此二十字是正文，本在「昔楚」二字之下，因此二十字誤作注文，後人遂於「昔楚」下補「恭王戰於陰陵」六字耳。**恭王懼而失體，**威儀不如常，坐不能起也。**黄衰微舉足蹵其體，恭王乃覺。怒其失禮，奪體而起，四大夫載而行。**失禮，謂舉足蹵君也。**昔蒼吾繞娶妻而美，以讓兄，此所謂忠愛而不可行者也。**蒼吾繞，孔子時人。以妻美好，推與其兄。兄則愛矣，而違親迎曲顧之誼，故曰不可行也。**是故聖人論事之局曲直，與之屈伸偃仰，無常儀表，**○王念孫云：此言屈伸偃仰，皆因乎事之曲直。曲直上不當有局字，蓋衍文也。文子道德篇無局字。**時屈時伸。卑弱柔如蒲葦，非攝奪也；剛强猛毅，志厲青雲，非本矜也；**○王念孫云：本當爲夸，夸矜與攝奪相對爲文。夸字或書作夲，形與本相似，因誤爲本。文選甘泉賦注引此，正作夸。又案：蒲、葦皆柔弱之物，故曰「時屈時伸，弱柔如蒲葦」，弱柔上不當有卑字，此涉下文「屈膝卑拜」而誤衍也。荀子不苟篇云：「言己之光美，擬於舜、禹，參於天地，非夸誕也。與時屈伸，柔從若蒲葦，非懾怯也。剛彊猛毅，靡所不信，非驕暴也。」語意略與此同，「柔從若蒲葦」之上亦無卑字。**以乘時應變也。夫君臣之接，屈膝卑拜，以相尊禮也；至其迫於患也，則舉足**

蹵其體，天下莫能非也。是故忠之所在，禮不足以難之也。孝子之事親，和顏卑體，奉帶運履；運，正迴也。至其溺也，則捽其髮而拯，拯，升也。出溺曰拯。○文典謹按：捽，意林、御覽三百九十六引，並作攬。非敢驕侮，以救其死也。故溺則捽父，祝則名君，孟子曰：「嫂溺而不拯，是豺狼也。」而況父兄乎！故溺則拯之，祝則名君。周人以諱事神，敬之至也。勢不得不然也。此權之所設也。故孔子曰：「可以共學矣，而未可以適道也。適，之也。道，仁義之善道。可與適道，未可以立也。立德、立功、立言。可以立，未可與權。」權者，聖人之所獨見也。故忤而後合者，謂之知權；忤，逆不合也。權，因事制宜，權量輕重，無常形勢，能令醜反善，合于宜適，故聖人獨見之也。合而後舛者，謂之不知權。不知權者，善反醜矣。故禮者，實之華而僞之文也，方於卒迫窮遽之中也，則無所用矣。無所用于禮也。是故聖人以文交於世，而以實從事於宜，不結於一迹之塗，凝滯而不化，是故敗事少而成事多，號令行于天下而莫之能非矣。結，猶聚也。

猩猩知往而不知來，猩猩，北方獸名，人面獸身，黃色。禮記曰：「猩猩能言，不離走獸。見人往走，則知人姓字。」此知往也。又嗜酒，人以酒搏之，飲而不耐息，不知當醉，以禽其身，故曰「不知來」也。乾鵲知來而不知往，乾鵲，鵲也，人將有來事憂喜之徵，則鳴，此知來也。知歲多風，多巢于木枝，人皆探其卵，故曰「不知往」也。乾，讀乾燥之乾。鵲，讀告退之告。此脩短之分也。昔者萇弘，周室之執數者也，萇弘，周宣王之大夫。數，曆術也。天地之氣，日月之行，風雨之變，律曆之數，無所不通，然而不能自知，車裂而死。晉范、中行氏之難，以叛其君也。周劉氏與晉范氏世爲婚姻，萇弘事劉文公，故周人助范氏。至敬王二十八年，晉人讓周，周爲殺萇弘以釋之，故曰「不能自知，車裂而死」也。○王念孫云：太平御覽刑法部十一引此同。案：左傳、國語皆言周殺萇弘，而不言車裂，他書亦無車裂之事。案莊子胠篋篇「萇弘胣」釋文：「崔云：『胣，裂也。』淮南子曰：『萇弘鈹裂而死。』」據此，則古本本作「鈹裂」。今作「車裂」者，涉下文蘇秦「車裂」而誤也。注内「車裂」同。蘇秦，匹夫徒步之人也，靻蹻嬴蓋，經營萬乘之主，服諾諸侯，然不自免於車裂之患。蘇秦，洛陽人也。嬴，簏囊也。蓋，步蓋也。蘇秦相趙，趙封之爲武安君。初帶嬴囊，襜步蓋，歷説萬乘之君，合山東〔一〕之從，利病之勢，無所不下，使諸侯服從，無有不服諾者，故曰「服諾諸侯，不自免于車裂之患」。説在詮言之篇。徐偃王被服慈惠，身行仁義，陸地之朝者三十二國，然而身死國亡，子孫無類。偃王于衰亂之世，脩行仁義，不設武備，楚王滅之，故身死國亡也。七諫篇曰「荆文誤而徐亡」是也。大夫種輔翼越王句踐，而爲之報怨雪恥，擒夫差之身，開地數千里，然而身伏屬鏤而死。種佐

〔一〕「山東」，原本作「東山」，誤倒，據史記本傳乙。

句踐，報怨于吳王夫差，獲千里之地，而越王終已疑之，賜屬鏤以死。屬鏤，利劍也。一曰：長劍擲施鹿盧，鋒曳地，屬録而行之也。此皆達於治亂之機，機，要也。而未知全性之具者。故萇弘知天道而不知人事，蘇秦知權謀而不知禍福，徐偃王知仁義而不知時，大夫種知忠而不知謀。不知爲身謀也。聖人則不然，論世而爲之事，權事而爲之謀，是以舒之天下而不窕，内之尋常而不塞。不窕，在大能大也。八尺曰尋，倍尋曰常。在小能小，不塞急也。使天下荒亂，禮義絶，綱紀廢，彊弱相乘，力征相攘，臣主無差，貴賤無序，甲胄生蟣蝨，乘，加也。攘，平除。生蟣蝨，不離體也。燕雀處帷幄，而兵不休息，幄，幕也。處，猶巢也。而乃始服屬臾之貌，謹也。恭儉之禮，則必滅抑而不能興矣。天下安寧，政教和平，百姓肅睦，上下相親，而乃始立氣矜，矜，自大也。奪勇力，則必不免於有司之法矣。是故聖人者，能陰能陽，能弱能彊，隨時而動静，因資而立功，物動而知其反，事萌而察其變，化則爲之象，運則爲之應，是以終身行而無所困。故事有可行而不可言者，有可言而不可行者，有易爲而難成者，有難成而易敗者。○文典謹按：羣書治要引，作「或易爲而難成者，或難成而易敗者」。所謂可行而不可言者，趨舍也；可言而不可行者，僞詐也；易爲而難成者，事也；難成而易敗者，名也。○文典謹按：羣書治要引，名作治。此四策者，聖人之所獨見而留意也。○文典謹按：羣書治要引，見作視，意作志。

謳寸而伸尺，聖人爲之；寸小，尺大。小枉而大直，君子行之。枉，曲也。直，直其道也。周公有殺弟之累，誅管、蔡也。齊桓有爭國之名，自莒先入，殺子糾也。然而周公以義補缺，謂翼成王以致太平，七年歸政，北面爲臣，故曰「以義補缺」也。桓公以功滅醜，立九合一匡之功，以滅爭國之惡也。而皆爲賢。今以人之小過揜其大美，則天下無聖王賢相矣。故目中有疵，不害於視，不可灼也；疵，贅。灼，燃也。喉中有病，無害於息，不可鑿也。鑿，穿也。河上之丘冢，不可勝數，猶之爲易也。言河上本非丘壟之處，有易之地猶多，以大言之也，以諭萬事多覆于少。水激興波，高下相臨，差以尋常，猶之爲平。雖有激波，猶以爲平，平者多也。猶橘柚冬生，人曰冬死，死者衆也；薺麥夏死，人曰夏生，生者多也。昔者曹子爲魯將兵，三戰不勝，亡地千里。使曹子計不顧後，足不旋踵，刎頸於陳中，則終身爲破軍擒將矣。然而曹子不羞其敗，恥死而無功。柯之盟，揄三尺之刃，造桓公之胷，三戰所亡，一朝而反之，勇聞于天下，功立於魯國。復汶陽之田也。管仲輔公子糾而不能遂，遂，成也。不可謂智；遁逃奔走，不死其難，不死子糾之難也。不可謂勇；束縛桎梏，不諱其恥，不可謂貞。當此三行者，布衣弗友，人君弗臣。布衣之士不可以爲益友也，人君不可以爲義臣也。然而管仲免於累紲之中，立齊國之政，九合諸侯，一匡天下。使管仲出死捐軀，不顧後圖，豈有此霸功哉！今人君論其臣也，不計其大功，總其略行，而求其小善，則失賢之數也。略，大也。小善，忠也。數，術也。故人有厚德，無問其小節；而有大譽，無疵其小故。○王念孫云：問當爲間。方言曰：「間，非也。」（襄十五年左傳「且不敢間」，論語先進篇「人不間於其父母昆弟之言」，孟子離婁篇「政不足間也」，趙岐、陳羣、孔穎達諸儒皆訓間爲非。）疵，讀爲訾。（莊子山木篇「無譽無訾」，呂氏春秋必己篇作疵。荀子不苟篇：「正義直指，舉人之過，非毀疵也。」）無間與無訾同義，故廣雅曰：「間、訾，諀也。」（諀與毀同。）今本間誤爲問，則非其指矣。文子上義篇正作「無間其小節」。夫牛蹏之涔不能生鱣鮪，涔，雨水也，滿牛蹏迹中，言其小也，故不能生鱣鮪也。鱣，大魚，長丈餘，細鱗，黄首，白身，短頭，口在腹下。鮪，大魚，亦長丈餘，仲春二月從西河上，得過龍門，便爲龍。先師説云也。而蜂房不容鵠卵，房，巢也。○文典謹按：御覽九百十六引，鵠作鴻。小形不足以包大體也。

夫人之情，莫不有所短。誠其大略是也，雖有小過，不足以爲累。誠其實，略其行。若其大略非也，雖有閭里之行，未足大舉。舉，用。夫顔喙聚，梁父之大盗也，梁父，齊邑，今屬太山。○王念孫云：喙當爲啄，字之誤也。顔啄聚，左傳哀二十七年、呂氏春秋尊師篇、韓子十過篇並作顔涿聚，韓詩外傳作顔斲聚，説苑正諫篇作顔燭趨，漢書古今人表作顔燭雛，晏子春秋外篇作顔燭鄒，並字異而義同。喙與涿、斲、燭，聲並相近，喙則遠矣。啄、喙二字，書傳往往相亂。**而爲齊忠臣。段干木，晉國之大駔也，而爲文侯師。**駔，驕怚。一曰：駔，市儈也。言魏國之大儈也。○陶方琦云：御覽八百二十八、白帖八十三引許注：「駔，市儈。」按：二家文義並異，所謂「一曰」，即是許説，如俶真訓「敦圄」注例也。後漢郭太傳注引説文：「駔，會也。謂合兩家之買賣，如今之度市也。」索隱二十八引淮南注曰：「干木，度市之魁也。」亦疑是許注。類篇引説文：「駔，一曰市會。」市會即市儈，與淮南訓正同。**孟卯妻其嫂，有五子焉，然而相魏，寧其危，解其患。**孟卯，齊人也。及爲魏臣，能安其危，解其患也。戰國策曰芒卯也。○莊逵吉云：古孟、芒同聲，故通用。**景陽淫酒，被髮而御於婦人，威服諸侯。**景陽，楚將。**此四人者，皆有所短，然而功名不滅者，其略得也。**略，猶道也。**季襄、陳仲子立節抗行，不入洿君之朝，不食亂世之食，遂餓而死。**季襄，魯人，孔子弟子。陳仲子，齊人，孟子弟子，居於陵。○王念孫云：孔子弟子無季襄，襄皆當爲哀，字之誤也。史記仲尼弟子傳，公晳哀，字季次。（索隱引家語作公晳克，克亦哀之誤。）此言季哀，即季次也，故高注云然。弟子傳載孔子之言曰：「天下無行，多爲家臣，仕於都，唯季次未嘗仕。」游俠傳曰：「季次、原憲，懷獨行君子之德，義不苟合當世，終身空室蓬户，褐衣疏食不厭。」此云「立節抗行，不入洿君之朝，不食亂世之食」，説與史記略同。**不能存亡接絶者何？小節伸而大略屈。**伸，用。屈，廢也。

故小謹者無成功，訾行者不容於衆，好揜人之善，揚人之短，訾毀人行，自獨卑藏，衆人所疾而不容之也。一曰：訾，毀也。行有毀缺者，不爲衆人所容。體大者節疏，蹠距者舉遠。疏，長。蹠，足。距，大也。自古及今，五帝三王，未有能全其行者也。故易曰：「小過，亨，利貞。」言人莫不有過，而不欲其大也。夫堯、舜、湯、武，世主之隆也；隆，盛。齊桓、晉文，五霸之豪英也。然堯有不慈之名，謂天下不以予子丹朱也。舜有卑父之謗，謂瞽瞍降在庶人也。湯、武有放弑之事，殷湯放桀南巢，周武弑紂宣室。五伯有暴亂之謀。齊桓、晉文、宋襄、楚莊、秦穆，德未能純，皆有争奪之驗，故曰「有暴亂之謀」也。是故君子不責備於一人。

方正而不以割，廉直而不以切，博通而不以訾，文武而不以責。文武備具，而不責備於人也。求於一人則任以人力，任其力所能任也。○王念孫云：「求於一人」，劉本無一字，是也。道藏本有一字者，因上文「責備於一人」而誤。「求於人」與「自脩」相對爲文，人上不當有一字。下文「責人以人力」，「自脩以道德」，即其證。文子上義篇作「於人以力，自脩以道」。自脩則以道德。責人以人力，易償也；自脩以道德，難爲也。難爲則行高矣，易償則求澹矣。夫夏后氏之璜不能無考，半璧曰璜，夏后氏之珍玉也。考，瑕釁也。○洪頤煊云：考當作𦒱。説文：「𦒱，老人面如點也。从老省，占聲。」與玷字通用，譌脱作考。明月之珠不能無纇，夜光之珠，有似月光，故曰明月。纇，磐，若絲之結纇也。○陶方琦云：文選班固兩都賦注、李蕭遠運命論注引許注：「夜光之珠，有似明月，故曰明月也。」按：此許注羼入高注本者，故同。文選兩都賦李善注曰：「高誘以隨侯爲明月，許慎以明月爲夜光。」是許、高注本異，此注定爲許義無疑。○文典謹按：文選辯命論注引高注：「考，不平也。纇，瑕也。」與此注文逈異。陶謂此爲許注，是也。然而天下寶之者，何也？其小惡不足妨大美也。今志人之所短，而忘人之所修，而求得其賢乎天下，則難矣。○王念孫云：「得其賢乎天下」，衍其字。藝文類聚寶部上引此，無其字。夫百里奚之飯牛，伊尹之負鼎，伊尹負鼎俎，調五味，以干湯，卒爲賢相。太公之鼓刀，太公，河内汲人。有屠、釣之困，卒爲文王佐，翼武王伐紂也。甯戚之商歌，甯戚，衛人也，商旅于齊，宿郭門外，疾世商歌，以干桓公。桓公夜出迎客，聞之，舉以爲大田。事在道應訓也。其美有存焉者矣。衆人見其位之卑賤，事之洿辱，而不知其大略，以爲不肖。及其爲天子三公，而立爲諸侯賢相，乃始信於異衆也。信，知也。夫發于鼎俎之間，伊尹。出于屠酤之肆，肆，列也。謂太公吕尚也。解于累紲之中，累紲，所以束縛人。謂管仲。興于牛頷之下，興，起也。謂百里奚也。頷，讀合索之合。洗之以湯沐，祓之以爟火，立之于本朝之上，倚之于三公之位，爟火，取火於日之官也。周禮司爟掌行火之政令。火，所以祓除不祥也。立，置也。本朝，國朝也。内不慙於國家，外不愧於諸侯，符勢有以內合。內合于君。故未有功而知其賢者，堯之知舜；○文典謹按：羣書治要引，舜下有也字。功成事立而知其賢者，市人之知舜也。爲是釋度數而求之於朝肆草莽之中，其失人也必多矣。爲上自任耳目聰明以得賢人之故，不復用度量之術取人，而亟求賢于朝肆之列，草莽之中，失賢人必多矣，何可求賢也！何則？能效其求，而不知其所以取人也。

夫物之相類者，世主之所亂惑也；嫌疑肖象者，衆人之所眩耀。肖象，似也。嫌疑，謂白骨之肖象牙也，碧盧似玉，蛇牀似麋蕪也。故狠者類知而非知，狠者自用，像有知，非真知。○陶方琦云：羣書治要引許注：「狠，慢也。」按：二注正異。説文作「狠，盭也」，義亦同。愚者類仁而非仁，愚者不能斷割，有似於仁，非真仁也。○文典謹按：羣書治要引，兩仁字皆作君子。戇者類勇而非勇。戇者不知畏危難，有似於勇，非真勇。使人之相去也，若玉之與石，美之與惡，則論人易矣。夫亂人者，芎藭之與藁本也，蛇牀之與麋蕪也，此皆相似者。言其相類，但其芳臭不同。猶小人類君子，但其仁與不仁異也。○王念孫云：「美之與惡」，本作「葵之與莧」。葵與莧不相似，故易辨，此言物之不相似者。下言物之相似者，皆各舉二物以明之。若云「美之與惡」，則不知爲何物矣。蓋俗書美字作美，葵字作葵，葵之上半與美相似，因誤而爲美。後人不解其故，遂改爲「美之與惡」耳。羣書治要及爾雅疏、埤雅、續博物志引此，並作「葵之與莧」，是其證。又案：上既言亂人，則下不必更言相似。且正文既言相似，則注不必更言「言其相類」矣。爾雅疏引許注云：「此四者藥草，臭味之相似。」然則「此皆相似」四字，蓋後人約記許注於正文之旁，而寫者因誤合之也。（茅本又於「相似」下加者字，而莊本從之，謬矣。）史記司馬相如傳索隱、爾雅疏、本草圖經、埤雅、續博物志所引，皆無此四字。○陶方琦云：爾雅釋艸正義引許注：「此四者藥艸，臭味之相似，惟治病則不同力。」按：二家注文異，足徵許、高之别。北宋時尚有許注殘本，故引文尚異。故劍工惑劍之似莫邪者，唯歐冶能名其種；歐冶，良工也。玉工眩玉之似碧盧者，唯猗頓不失其情；碧盧，或云碔砆。猗頓，魯之富人，能知玉理，不失其情也。○俞樾云：上云「劍工惑劍之似莫邪者」，莫邪是良劍之名，則碧盧亦必是美玉之名。地形篇「碧樹瑶樹在其北」，高注曰：「碧，青玉也。」是其義也。下文云「闇主亂於姦臣小人之疑君子者」，然則莫邪、碧盧是喻君子，非喻小人。高注曰：「碧盧，或云碔砆。」失之。闇主亂于姦臣小人之疑君子者，唯聖人能見微以知明。故蛇舉首尺，而修短可知也；象見其牙，而大小可論也。薛燭庸子，見若狐甲於劍而利鈍識矣；薛，齊邑也。燭庸氏子，通利劍。○俞樾云：「狐甲」之義不可曉，狐疑爪字之誤。荀子大略篇「爭利如蚤甲而喪其掌」，楊注曰：「蚤與爪同。」此爪甲連文之證。「若爪甲」者，言其小也。言燭庸子之於劍，止見若爪甲者，而已識其利鈍矣。下文曰：「臾兒、易牙，淄、澠之水合者，嘗一哈水而甘苦知矣。」「一哈」言其少也，與此文正一律。臾兒、易牙，淄、澠之水合者，嘗一哈水而甘苦知矣。臾兒、易牙，皆齊之知味者。哈，口也。○陶方琦云：莊子音義引許注：「俞兒，黃帝時人。狄牙，卽易牙，齊桓公時識味人也。」按：二注文異。莊子音義又引淮南一本作臾兒，注云：「臾兒，亦齊人。」卽今高注。知與許注本異也。俞跗，揚雄解嘲作臾柎，俞、臾古通。簡狄，詩緯作簡易，狄、易亦古通。大戴禮「桓公任狄牙」，揚子法言「狄牙能喊」，皆作狄牙。文選琴賦「狄牙喪味」，注引淮南「淄、澠之水合，狄牙嘗而知之」，是卽許本作狄牙之證。今道應篇作易牙，亦當改正。故聖人之論賢也，見其一行而賢不肖分矣。孔子辭廩丘，終不盜刀鉤；廩丘，齊邑，今屬濟陰。齊景公養孔子，以言未見從，道未得行，不欲虛禄，辭而不受，故不復利人刀鉤也。許由讓天子，終不利封侯。許由，隱者，陽城人。堯欲以天下與之，洗耳而不就，故曰不利于封侯也。故未嘗灼而不敢握火者，見其有所燒也；未嘗傷而不敢握刃者，見其有所害也。○文典謹按：御覽八百六十九引，灼下有也字，握刃作擢刃。由此觀之，見者可以論未發也，而觀小節可以知大體矣。故論人之道，貴則觀其所舉，富則觀其所施，窮則觀其所不受，賤則觀其所不爲，貧則觀其所不取。視其更難，以知其勇；動以喜樂，以觀其守；委以財貨，以論其仁；振以恐懼，以知其節，則人情備矣。

古之善賞者，費少而勸衆；趙襄子行之是。善罰者，刑省而姦禁；齊威王行之是也。善予者，用約而爲德；秦繆公行之是。善取者，入多而無怨。齊桓公行之也。趙襄子圍於晉陽，罷圍而賞有功者五人，高赫爲賞首。左右曰：「晉陽之難，赫無大功，今爲賞首，何也？」智伯求地于趙襄子，不與，智伯率韓、魏以圍之，三月不克。趙氏之臣張孟談，潛與韓、魏通謀，反智伯而殺之，張孟談之力也。故曰高赫無大功也。襄子曰：「晉陽之圍，寡人社稷危，國家殆，羣臣無不有驕侮之心，唯赫不失君臣之禮。」故賞一人，而天下爲忠之臣者莫不終忠於其君。此賞少而勸善者衆也。○王念孫云：「天下爲忠之臣者」，當作「天下之爲臣者」。呂氏春秋義賞篇引孔子曰：「賞一人，而天下之爲人臣者莫敢失禮。」卽淮南所本也。今本「之爲」二字誤倒，又衍一忠字。「此賞少而勸善者衆也」，當作「此賞少而勸衆者也」。上文云「古之善賞者，費少而勸衆」，正與此句相應。下文曰「此刑省而姦禁者也」，「此用約而爲德者也」，「此入多而無怨者也」，句法並與此同。今本「衆者」二字誤倒，又衍一善字。（善字涉下文「勸善」而衍。）齊威王設大鼎於庭中，而數無鹽令曰：「子之譽，日聞吾耳。察子之事，田野蕪，倉廩虛，囹圄實。子以姦事我者也。」乃烹之。齊以此三十二歲道路不拾遺。此刑省姦禁者也。秦穆公出遊而車敗，右服失馬，服，中失〔二〕馬。○王念孫云：「右服失馬」，馬字因注文而衍。服爲中央馬，則不須更言馬矣。呂氏春秋愛士篇正作

〔二〕「失」疑爲「央」，形近而誤。

「右服失」。（失與佚同。）野人得之。穆公追而及之岐山之陽，野人方屠而食之。穆公曰：「夫食駿馬之肉，而不還飲酒者，傷人。吾恐其傷汝等。」偏飲而去之。處一年，與晉惠公爲韓之戰，處一年者，謂飲食肉人酒之明年也。晉惠公夷吾倍秦納己之賂，秦興兵伐晉，戰於晉地韓原也。晉師圍穆公之車，梁由靡扣穆公之驂，獲之。梁由靡，晉大夫。扣，猶牽也。將獲穆公。○王念孫云：高注云「將獲穆公」，則正文獲上有將字也。將獲未獲，故人得而救之。若已爲晉所獲，則不能救矣。食馬肉者三百餘人，皆出死爲穆公戰於車下，遂克晉，虜惠公以歸。此用約而爲德者也。齊桓公將欲征伐，甲兵不足，令有重罪者出犀甲一戟，犀甲，取其堅也。戟，車戟也，長丈六尺。犀或作三，直出三甲也。有輕罪者贖以金分，輕，小也。以金分，出金隨罪輕重，有分兩也。○文典謹按：御覽三百三十九引注，「出金」下有匱字。訟而不勝者出一束箭。不勝，猶不直也。箭十二爲束也。百姓皆說，乃矯箭爲矢，治箭之笄好者也。○文典謹按：御覽引注，治作矢，笄作竿。鑄金而爲刃，刃，五刃也，刀、劍、矛、戟、矢也。以伐不義而征無道，遂霸天下。此入多而無怨者也。故聖人因民之所喜而勸善，因民之所惡而禁姦，○文典謹按：御覽六百三十六引，「所喜」作「所善」，「而禁」作「以禁」。故賞一人而天下譽之，罰一人而天下畏之。故至賞不費，賞當賞，不虛費。至刑不濫。刑當刑，不傷善。濫，讀收斂之斂。孔子誅少正卯而魯國之邪塞，少正，官；卯，其名也。魯之諂人。孔子相魯七日，誅之於東觀之下，刑不濫也。子產誅鄧析而鄭國之姦禁，鄧析，詭辯姦人之雄也。子產誅之，故姦禁也。傳曰：「鄭駟歂殺鄧析而用其竹刑。」鄧析制刑，書之于竹，鄭國用之，不以人廢言也。以近諭遠，以小知大也。故聖人守約而治廣者，此之謂也。

天下莫易於爲善，而莫難於爲不善也。爲善，靜身無欲，信仁而已，順其天性，故易。爲不善，貪欲無猒，毀人自成，戾其天性，故難也。所謂爲善者，靜而無爲也；所謂爲不善者，躁而多欲也。適情辭餘，無所誘惑，循性保真，無變於己，○文典謹按：羣書治要引，惑作慕，循作脩。隸書循、脩相似，書傳多互譌也。故曰爲善易。○文典謹按：羣書治要引，作「故曰爲善者易也」。越城郭，踰險塞，姦符節，盜管金，篡弒矯誣，○文典謹按：羣書治要引，弒作殺。非人之性也，故曰爲不善難。姦，私，亦盜也。符節成信也，而盜取之。管，壯籥也。金，印封，亦所以爲信也。固，閉藏也。篡弒，下謀上也。矯，擅作君命。誣，以惡覆人也。皆非人本所受天之善性也。○王念孫云：如高注，則金字當爲璽字之誤。然金與璽字不相似，璽字無緣誤爲金。蓋俗書璽字或作奎，因誤爲金矣。五音集韻云：「璽，俗作奎。」今人所以犯囹圄之罪，而陷於刑戮之患者，由嗜慾無厭，不循度量之故也。○文典謹按：羣書治要引，循作脩。何以知其然？天下縣官法曰：「發墓者誅，竊盜者刑。」此執政之所司也。夫法令者罔其姦邪，勒率隨其蹤跡，勒，主問吏。率，大任也。○王念孫云：「法令」下衍者字。法令罔其姦邪，勒率隨其蹤跡，相對爲文。○洪頤煊云：漢書主問吏無名爲勒者，勒當是鞫字之譌。張湯傳「訊鞫論報」，師古曰：「鞫，問也。」鞫字譌脱作勒。無愚夫惷婦，皆知爲姦之無脱也，犯禁之不得免也。然而不材子不勝其欲，蒙死亡之罪，而被刑戮之羞。蒙，冒。然而立秋之後，○王念孫云：下「然而」二字，因上「然而」而衍。「立秋之後」五句，卽承上「死亡之罪」、「刑戮之羞」言之，不當更有「然而」二字。司寇之徒繼踵於門，而死市之人血流於路。何則？惑於財利之得，而蔽於死亡之患也。夫今陳卒設兵，兩軍相當，將施令曰：「斬首拜爵，而屈撓者要斬。」○王念孫云：「夫今」當爲「今夫」，「斬首」下脱者字。斬首者拜爵，屈撓者要斬，相對爲文。羣書治要引此，有者字。然而隊階之卒皆不能前遂斬首之功，遂，成也。○王念孫云：「隊階」二字，義不可通，當從羣書治要所引作「隊伯」，字之誤也。（左畔作阝，因隊字而誤；右畔作皆，則因下文皆字而誤。）逸周書武順篇曰：「五五二十五曰元卒，四卒成衞曰伯。」是百人爲伯也。通典兵一引司馬穰苴曰：「五人爲伍，十伍爲隊。」是隊爲伯之半。故曰「隊伯之卒」。而後被要斬之罪，是去恐死而就必死也。故利害之反，禍福之接，不可不審也。

事或欲之，適足以失之；○文典謹按：羣書治要引，事上有故字。或避之，適足以就之。楚人有乘船而遇大風者，波至而自投於水。○王念孫云：「波至而」下當有恐字。下文「惑於恐死而反忘生也」即承此句言之。羣書治要、意林、藝文類聚舟車部、白帖六十三、太平御覽地部三十六、舟部二引此，皆作「波至而恐」。○文典謹按：羣書治要引，無楚字，「人有」作「有人」。非不貪生而畏死也，惑於恐死而反忘生也。故人之嗜慾，亦猶此也。○文典謹按：意林、白帖六十三引，「亦猶此也」並作「亦復如此」。齊人有盗金者，當市繁之時，至掇而走。勒問其故曰：「而盗金於市中，何也？」繁，衆也。勒，主問吏。故，猶意也。而，汝也。對曰：「吾不見人，徒見金耳！」志所欲，則忘其爲矣。是故聖人審動靜之變，而適受與之度，理好憎之情，和喜怒之節。夫動靜得，則患弗過也；○王念孫云：過，當從劉本、朱本作遇，字之誤也。受與適，則罪弗累也；好憎理，則憂弗近也；喜怒節，則怨弗犯也。故達道之人，不苟得，不讓福；○俞樾云：讓，當爲攘。詮言篇「不能使福必來，信己之不攘也」，高注曰：「攘，却也。」此云不攘福，義與彼同。其有弗棄，非其有弗索；常滿而不溢，恒虚而易足。虚，無欲也。○文典謹按：羣書治要引，「常滿」作「恒盈」，「恒虚」作「常虚」。今夫霤水足以溢壺榼，而江、河不能實漏巵，○文典謹按：霤，羣書治要引作溜。實，意林引作滿。故人心猶是也。○文典謹按：羣書治要引，是作此。自當以道術度量，食充虚，衣禦寒，則足以養七尺之形矣。若無道術度量而以自儉約，則萬乘之勢不足以爲尊，天下之富不足以爲樂矣。諭若桀與紂，無道術度量，不得爲匹夫，何尊樂之有乎！孫叔敖三去令尹而無憂色，爵禄不能累也；不以爵禄累其身也。荆佽非兩蛟夾繞其船而志不動，怪物不能驚也。勇而不惑。聖人心平志易，精神内守，物莫足以惑之。

夫醉者，俛入城門，以爲七尺之閨也；超江、淮，以爲尋常之溝也，酒濁其神也。〇文典謹按：意林引「超江、淮」句在「俛入城門」句前。怯者，夜見立表，以爲鬼也；見寢石，以爲虎也，懼揜其氣也。揜，奪也。又況無天地之怪物乎！夫雌雄相接，陰陽相薄，羽者爲雛鷇，毛者爲駒犢，柔者爲皮肉，堅者爲齒角，人弗怪也；水生蠬蜄，山生金玉，人弗怪也；老槐生火，久血爲燐，人弗怪也。血精在地，暴露百日則爲燐，遥望炯炯，若燃火也。〇陶方琦云：詩東山正義引許注：「兵死之血爲鬼火。」按：二注文異。說文粦下云：「兵死及牛馬之血爲粦。粦，鬼火也。」與注淮南説同。論衡論死篇：「人之兵死也，人言其血爲燐。」張華博物志雜説篇云：「鬬戰死亡之地，其人馬血積年化爲燐。」竝與許義合。〇文典謹按：御覽八百六十九引注，「遥望炯炯，若燃火也」，作「遠望若野火也」。山出梟陽，梟陽，山精也。人形，長大，面黑色，身有毛，足反踵，見人而笑。〇莊逵吉云：梟陽見爾雅，程敦云：「說文解字作梟羊，陽與羊古字通也。嚴忌哀時命又作梟楊，山海經謂之贛巨人。」〇文典謹按：文選上林賦注引高注，作「梟羊，山精也，似遽類」。水生罔象，水之精也。國語曰：「龍，罔象也。」陶方琦云：説文虫部蝄字下引許注：「蝄蜽，狀如三歲小兒，赤黑色，赤目，長耳，美髮。」按：説文所引淮南王説，當是後人記許君注淮南説于旁，與上芸艸一條例同。魯語曰：「木石之怪曰夔蝄蜽，水之精曰龍罔象。」高作罔象，故引國語；許作蝄蜽，正與高異。其實罔象、罔兩，古訓亦不甚分。法苑珠林引夏鼎志：「罔象，如三歲兒，赤目，黑色，大耳，長臂，赤爪，索縛則可得食。」訓與許説蝄蜽同，知許説必有本也。一切經音義二引淮南説：「狀如三歲小兒，赤黑色，赤目，赤爪，長耳，美髮。」知今説文敓「赤爪」二字，應補。説文：「蝄蜽，山川之精物。」又道應篇「罔兩問於景曰」，許注：「罔兩，水之精物也。」（玉篇作：「魍魎，水神，如三歲小兒，赤黑色。」左氏音義亦云：「罔兩，水神。」）此實許本水生蝄蜽之證。**木生畢方，**木之精也。狀如鳥，青色，赤脚，一足，不食五穀。**井生墳羊，**土之精也。魯季子穿井，獲土缶，其中有羊是也。○文典謹按：文選思玄賦注引，墳作羵。**人怪之，聞見鮮而識物淺也。**○文典謹按：御覽八百八十八引，作「聞見鮮而所識淺也」。**天下之怪物，聖人之所獨見；利害之反覆，知者之所獨明達也。同異嫌疑者，世俗之所眩惑也。夫見不可布於海内，聞不可明於百姓，是故因鬼神禨祥而爲之立禁，**禨祥，吉凶也。禁，戒也。**總形推類而爲之變象。何以知其然也？世俗言曰：「饗大高者而彘爲上牲，**大高，祖也。一曰：上帝。**葬死人者裘不可以藏，相戲以刃者太祖軵其肘，**軵，擠也。讀近茸，急察言之。**枕户橉而卧者鬼神蹠其首。」此皆不著於法令，而**

聖人之所不口傳也。夫饗大高而彘爲上牲者，非彘能賢於野獸麋鹿也，而神明獨饗之，何也？以爲彘者，家人所常畜而易得之物也，故因其便以尊之。裘不可以藏者，非能具綈綿曼帛温煖於身也，世以爲裘者，難得貴賈之物也，曼帛，細帛也。裘，狐之屬也，故曰貴賈之物。而不可傳於後世，無益於死者，而足以養生，故因其資以讋之。資，用也。讋，忌也。○王念孫云：裘無益於死者，而足以養生，故曰「可傳於後世」。劉本作「不可傳於後世」，不字因上文「不可以藏」而衍。諸本與劉本同，唯道藏本無不字。相戲以刃太祖軵其肘者，夫以刃相戲，必爲過失，過失相傷，其患必大，無涉血之仇爭忿鬬，而以小事自内於刑戮，愚者所不知忌也，故因太祖以累其心。累，恐也。枕户橉而卧，鬼神履其首者，使鬼神能玄化，則不待户牖之行，○王念孫云：之當作而。太平御覽居處部十二引此，正作「不待户牖而行」。○文典謹按：御覽一百八十四引，無能字。若循虚而出入，則亦無能履也，虚，孔竅也。○莊逵吉云：御覽引作「無履也」，無能字。夫户牖者，風氣之所從往來，而風氣者，陰陽相捔者也，○文典謹按：御覽一百八十四引，作「而風氣者，陰陽之户牖者也」。離者必病，離，遭也。故託鬼神以伸誡之也。凡此之屬，皆不可勝著於書策竹帛而藏於官府者也，故以禨祥明之。爲愚者之不知其害，乃借鬼神之威以聲其教，所由來者遠矣。而愚者以爲禨祥，而狠者以爲非，唯有道者能通其志。今世之祭井竈、門户、箕箒、臼杵者，非以其神爲能饗之也，恃賴其德，煩苦之無已也。是故以時見其德，所以不忘其功也。觸石而出，膚寸而合，不崇朝而雨天下者，唯太山；崇，終也。日旦至食時爲終朝。赤地三年而不絶流，澤及百里而潤草木者，唯江、河也，是以天子秩而祭之。故馬免人於難者，其死也葬之；牛，其死也，葬以大車爲薦。○王念孫云：藝文類聚獸部上、太平御覽禮儀部三十四、獸部八引此，並作「故馬免人於難者，其死也葬之，以帷爲衾；牛有德於人者，其死也葬之，以大車之箱爲薦」。今本「葬之」下脱去「以帷爲衾」四字，「牛」下脱去「有德於人者」五字，「葬」下脱去「之」字，「大車」下脱去「之箱」二字，當補入。○文典謹按：意林引此文，作「馬免人於難者，死葬之以蓋，蒙之以衾；牛有德於人者，死葬之以大車」。牛馬有功，猶不可忘，又况人乎！此聖人所以重仁襲恩。襲，亦重累。故炎帝於火，死而爲竈；炎帝，神農，以火德王天下。死，託祀于竈神。禹勞天下，死而爲社；勞力天下，謂治水之功也。託祀于后土之神。后稷作稼穡，死而爲稷；稷，周棄也。王念孫云：「炎帝於火」，本作「炎帝作火」。於字或書作扵，形與作相似而誤。太平御覽火部二引作於，亦後人依誤本改之。其居處部十四引此，正作作。史記孝武紀索隱、藝文類聚火部、廣韻竈字注引此，並作作。「禹勞天下」，勞下本有力字，故高注曰：「勞力天下，謂治水之功也。」今本無力字者，後人誤以爲衍文而删之耳。古者謂勤爲力。（大雅烝民箋：力，猶勤也。）勞力天下，猶言勤勞天下，泰族篇曰「夙興夜寐而勞力之」是也。倒言之則曰力勞，主術篇曰「民貧苦而忿争，事力勞而無功」是也。藝文類聚禮部中引此無力字，亦後人依誤本删之。太平御覽禮儀部十一引正文注文，並作勞力。論衡祭意篇「或曰炎帝作火，死而爲竈；禹勞力天下，死而爲社」，所引卽淮南之文。「后稷作稼穡」，后稷本作周棄，此亦後人以意改之也。昭二十八年左傳曰：「周棄亦爲稷，自商以來祀之。」魯語曰：「夏之興也，周棄繼之，故祀以爲稷。」此皆淮南所本。藝文類聚禮部中、太平御覽禮儀部十一引此，並作周棄。高注當云「周棄，后稷也」，今本云「稷，周棄也」，此亦後人所改。**羿除天下之害，死而爲宗布，此鬼神之所以立。**羿，古之諸侯。河伯溺殺人，羿射其左目；風伯壞人屋室，羿射中其膝。又誅九嬰、窫窳之屬，有功於天下，故死託祀於宗布。祭田爲宗布，謂出也。一曰：今人室中所祀之宗布是也。或曰：司命傍布也。此堯時羿，非有窮后羿。○孫詒讓云：此注譌挩不可通。以意求之，「祭田爲宗布，謂出也」，當作「祭星爲布，宗布謂此也」。爾雅釋天云：「祭星曰布。」卽高所本。（今本星譌田，此譌出，又挩一布字。）但高釋宗布三義，並肊說，難信。竊疑卽周禮黨正之祭禜，族師之祭酺。鄭注云：「禜謂雩禜，水旱之神。酺者，爲人物烖害之神也。」（禜、宗，酺、布，聲近字通。禮記祭法雩禜，禜亦作宗。）禜、酺並禳除烖害之祭，羿能除害，故託食於彼，義亦正相應也。

北楚有任俠者，其子孫數諫而止之，不聽也。縣有賊，大搜其廬，事果發覺，夜驚而走，追，道及之，其所施德者皆爲之戰，得免而遂反，語其子曰：「汝數止吾爲

佽。今有難，果賴而免身。而諫我，不可用也。」知所以免於難，而不知所以無難，論事如此，豈不惑哉！宋人有嫁子者，告其子曰：「嫁未必成也。有如出，不可不私藏。私藏而富，其於以復嫁易。」其子聽父之計，竊而藏之。若公知其盜也，逐而去之。其父不自非也，而反得其計。知爲出藏財，而不知藏財所以出也，爲論如此，豈不勃哉！今夫僦載者，救一車之任，極一牛之力，爲軸之折也，有如轅軸其上以爲造，不知軸轅之趣軸折也。楚王之佩玦而逐菟，爲走而破其玦也，因珮兩玦以爲之豫，兩玦相觸，破乃逾疾。○文典謹按：御覽九百七引，作「楚王佩玦逐兔，馬速玦破，乃取兩玦重而著之，其破疾愈。」亂國之治，有似於此。

夫鴟目大而眎不若鼠，蚈足衆而走不若蛇，物固有大不若小，衆不若少者。○文典謹按：御覽九百四十八引，作「蚈足走不及蛇，物固有小不及大也。」及至夫彊之弱，弱之彊，危之安，存之亡也，非聖人，孰能觀之！大小尊卑，未足以論也，唯道之在者爲貴。何以明之？天子處於郊亭，則九卿趨，大夫走，坐者伏，倚者齊。當此之時，明堂太廟，懸冠解劍，緩帶而寢。非郊亭大而廟堂狹小也，至尊居之也。天道之貴也，非特天子之爲尊也，所在而衆仰之。夫蟄蟲鵲巢，皆嚮天一者，至和在焉爾。帝者誠能包禀道，合至和，則禽獸草木莫不被其澤矣，而况兆民乎！

新編諸子集成

淮南鴻烈集解

下

劉文典 撰
馮逸 喬華 點校

中華書局

淮南鴻烈集解卷十四

詮言訓

詮，就也。就萬物之指以言其徵，事之所謂，道之所依也，故曰「詮言」。○文典謹按：此篇敘目無「因以題篇」字，乃許慎注本。

洞同天地，渾沌爲樸，未造而成物，謂之太一。太一，元神總萬物者。同出於一，所爲各異，有鳥有魚有獸，謂之分物。方以類別，物以羣分，性命不同，皆形於有。隔而不通，分而爲萬物，莫能及宗，謂及己之性宗，同于洞同。○王念孫云：及皆當爲反，字之誤也。宗者，本也。言莫能反其本也。下文云「能反其所生」，即反宗之謂，故高注曰「反己之性宗」也。說山篇曰：「吾將反吾宗矣。」又曰：「牆之壞，愈其立也；冰之泮，愈其凝也；以其反宗。」高注並云：「宗，本也。」是其證。「分而爲萬物」，文選演連珠注引，作「分爲萬殊」。案：上文既云「物以羣分」，此無庸復言分爲萬物，疑作「萬殊」者是也。今本殊作物，蓋涉下文「萬物」而誤。故動而謂之生，死而謂之窮。皆爲物矣，非不物而物物者也，物物者亡乎萬物之中。不物之物，恍惚虛無。物物者，造萬物者也。此不在萬物之中也。○王念孫云：莊本改亡爲存，正與此義相反。稽古太初，人生於無，○莊逵吉云：御覽此下有注云：「當太初天地之始，人生於無形。無形生有形也。」形於有，有形而制於物。○莊逵吉云：御覽此下有注云：「爲物所制。」能反其所生，若未有形，謂之真人。真人者，未始分於太一者也。聖人不爲名尸，尸，主也。不爲謀府，不爲事任，不爲智主。藏無形，行無迹，遊無朕。朕，兆也。不爲福先，不爲禍始。保於虛無，動於不得已。欲福者或爲禍，欲利者或離害。故無爲而寧者，失其所以寧則危；無事而治者，失其所以治則亂。星列於天而明，故人指之；義列於德而見，故人視之。人之所指，動則有章；人之所視，行則有迹。動有章則詞，行有迹則議，○王引之云：詞當爲訶。凡隸書可字之在旁者，或作司。（漢魯相史晨饗孔廟後碑「雅歌吹笙」，歌作歌。冀州從事郭君碑「凋柯霜榮」，柯作柯。）故訶字或作詞，形與詞相似，因誤爲詞。訶，謂相譏訶也。動有章則人訶之，行有迹則人議之也。說林篇曰：「有爲則議，多事固苛。」高注曰：「蘇秦爲多事之人，故見議見苛也。」苛與訶同。議字古讀若俄，（小雅北山篇「或出入風議」，與爲爲韻，爲讀若譌。淮南俶真篇「立而不議」，與和爲韻。史記太史公自序「王人是議」，與禾爲韻。）故此及說林篇皆以訶、議爲韻。若作詞，則失其韻矣。故聖人揜明於不形，藏迹於無爲。王子慶忌死於劍，王子慶忌者，吳王僚之弟子。闔閭弑僚，慶忌勇健，亡在鄭。闔閭畏之，使要離刺慶忌。羿死於桃棓，棓，大杖，以桃木爲之，以擊殺羿。由是以來，鬼畏桃也。○陶方琦云：御覽三百五十七引許注：「棓，大杖，以桃木爲之，擊殺羿，是以鬼畏桃也。」按：說文：「棓，棁也。」謂大杖也。依玄應引補入。通俗文：「大杖曰棓。」開元占經中官占引石氏曰：「天棓五星，天之武備。棓者，大杖，所以打賊也。」說山訓「羿死桃部不給射」，高注：「桃部，地名。」與許說正異。（顧氏日知録謂：「淮南于詮言訓作大杖解，于說山訓作地名解，一人注書而前後若此。」琦按：此正許注八篇、高注十三篇之分，顧氏蓋未之知也。）子路菹於衛，蘇秦死於口。蘇秦好說，爲齊所殺。人莫不貴其所有，而賤其所短，○王念孫云：貴與賤相反，長與短相反，若有與短則非相反之名。有當爲脩，字之誤之。脩，長也。言人皆貴其所長，而賤其所短也。淮南王避父諱，故不言長而言脩。然而皆溺其所貴，而極其所賤，所貴者有形，所賤者無朕也。故虎豹之彊來射，蝯狖之捷來措。人能貴其所賤，賤其所貴，可與言至論矣。

自信者不可以誹譽遷也，知足者不可以勢利誘也，故通性之情者，不務性之所無以爲；人性之無以爲者，不務也。通命之情者，不憂命之所無柰何；通於道者，物莫不足滑其調。○王念孫云：「物莫不足滑其調」，當作「物莫足滑其和」。滑，亂也。（見原道、俶真、精神三篇注及周語、晉語注。）言通於道者，物莫能亂其天和也。今本莫下衍不字，（因上文兩不字而衍。）和字又誤作調。原道篇曰「不以欲滑和」，俶真篇曰「不足以滑其和」，精神篇曰「何足以滑和」，莊子德充符篇曰「不足以滑和」，諸書皆言滑和，無言滑調者。且和與爲、何爲韻。（爲古讀若謁，説見唐韻正。）若作調，則失其韻矣。又兵略篇：「敵若反静，爲之出奇。彼不吾應，獨盡其調。若動而應，有見所爲。彼持後節，與之推移。彼有所積，必有所虧。精若轉左，陷其右陂。敵潰而走，後必可移。」案：「獨盡其調」，調亦當爲和。（注同。）和與奇、爲、移、虧、陂爲韻。（奇、爲、移、虧、陂，古音皆在歌部，説見唐韻正。）若作調，則失其韻矣。又泰族篇「五行異氣而皆適調，六藝異科而皆同道」，本作「五行異氣而皆和，六藝異科而皆通」，因和誤爲調，通誤爲道，後人遂於道上加同字，又於調上加適字，以成對句，而不知其謬也。太平御覽學部二引，作「五行異氣而皆和，六藝異科而皆道」，道字雖誤，而和字不誤，且上句無適字，下句無同字。舊本北堂書鈔藝文部一引此，正作「五行異氣而皆和，六藝異科而皆通」。泰族又云：「聖人兼用而財制之，失本則亂，得本則治。其美在調，其失在權。水火金木土穀異物而皆任，規矩權衡準繩異刑而皆施，丹青膠漆不同而皆用。各有所適，物各有宜。」案：「其美在調」，調亦當爲和。之、治爲韻，和、權、施、宜爲韻。（和、施、宜，古音在歌部，權在元部。歌、元二部古或相通，説見泰族「陰陽化一」條下。）若作調，則失其韻矣。文子上禮篇正作「其美在和，其失在權」。泰族又云：「今目悦五色，口嚼滋味，耳淫五聲，七竅交争，以害其性，日引邪欲而澆其身夫調，身弗能治，奈天下何！」案：「日引邪欲而澆其身夫調」，本作「日引邪欲而澆其天和」，卽原道所云「以欲滑和」也。文子下德篇作「日引邪欲，竭其天和，身且不能治，奈天下何」，是其明證矣。今本「澆其」下衍身字，（因下文而衍。）天誤爲夫，和誤爲調，遂致文不成義。且聲、争、性爲韻，和、何爲韻。若作調，則失其韻矣。和、調二字形聲皆不相近，無因致誤，而以上五段和字皆誤作調，殊不可解。詹何曰：「未嘗聞身治而國亂者也。未嘗聞身亂而國治者也。」矩不正，不可以爲方；規不正，不可以爲員。身者，事之規矩也。未聞枉己而能正人者也。原天命，治心術，理好憎，適情性，則治道通矣。原天命則不惑禍福，治心術則不妄喜怒，理好憎則不貪無用，適情性則欲不過節。不惑禍福則動静循理，不妄喜怒則賞罰不阿，不貪無用則不以欲用害性，欲不過節則養性知足。凡此四者，弗求於外，弗假於人，反己而得矣。此因上用字而衍。○俞樾云：下用字衍文。文子符言篇作「不貪無用即不以欲害性」，是其證。○王念孫云：劉本無下用字，是也。天下不可以智爲也，不可以慧識也，不可以事治也，不可以仁附也，不可以强勝也。五者，皆人才也，德不盛，不能成一焉。德立則五無殆，五見則德無位矣。五事皆見，而德無所立位。故得道則愚者有餘，失道則智者不足。渡水而無游數，雖强必沉；有游數，雖羸必遂，又況託於舟航之上乎！

爲治之本，務在於安民。安民之本，在於足用。足用之本，在於勿奪時。勿奪時之本，在於省事。省事之本，在於節欲。節欲之本，在於反性。反性之本，在於去載。去浮華，載於亡者也。去載則虚，虚則平。平者，道之素也；虚者，道之舍也。能有天下者必不失其國，能有其國者必不喪其家，能治其家者必不遺其身，能脩其身者必不忘其心，能原其心者必不虧其性，能全其性者必不惑於道。故廣成子曰：「慎守而內，周閉而外。廣成子，黃帝時人也。多知爲敗，毋視毋聽。抱神以靜，形將自正。不得之己而能知彼者，未之有也。」故易曰：「括囊，无咎无譽。」能成霸王者，必得勝者也；能勝敵者，必强者也；能强者，必用人力者也；能用人力者，必得人心也；能得人心者，必自得者也；能自得者，必柔弱也。强勝不若己者，至於與同則格；言人力能與己力同也，己以强加之，則戰格也。柔勝出於己者，其力不可度。故能以衆不勝成大勝者，唯聖人能之。

善游者，不學刺舟而便用之；勁筋者，不學騎馬而便居之。輕天下者，身不累於物，故能處之。泰王亶父處邠，狄人攻之，事之以皮幣珠玉而不聽，乃謝耆老而徙岐周，百姓攜幼扶老而從之，遂成國焉。推此意，四世而有天下，不亦宜乎！四世：太王、王季、文王、武王。無以天下爲者，必能治天下者。霜雪雨露，生殺萬物，天無爲焉，猶之貴天也。厭文搔法，厭，持也。搔，勞也。治官理民者，有司也，君無事焉，猶尊君也。辟地墾草者，后稷也；決河濬江者，禹也；聽獄制中者，皋陶也；有聖名者，堯也。故得道以御者，身雖無能，必使能者爲己用。不得其道，伎藝雖多，未有益也。方船濟乎江，有虛船從一方來，觸而覆之，雖有忮心，必無怨色。有一人在其中，一謂張之，一謂歙之，持舟檝者謂近岸爲歙，遠岸爲張也。○文典謹按：莊子山木篇作：「有一人在其上，則呼張歙之。」司馬注：「張，開也。歙，斂也。」再三呼而不應，必以醜聲隨其後。向不怒而今怒，向虛而今實也。人能虛己以遊於世，孰能訾之！釋道而任智者必危，棄數而用才者必困。有以欲多而亡者，未有以無欲而危者也；有以欲治而亂者，未有以守常而失者也。故智不足免患，○文典謹按：「智不足免患」與下「愚不足以至於失」不一律，足下當有以字。羣書治要引，正作「故智不足以免患」。愚不足以至於失寧。守其分，循其理，失之不憂，得之不喜，故成者非所爲也，得者非所求也。入者有受而無取，出者有授而無予，因春而生，因秋而殺，所生者弗德，所殺者非怨，則幾於道也。○文典謹按：羣書治要引，幾作近。

聖人不爲可非之行，不憎人之非己也；修足譽之德，不求人之譽己也。不能使禍不至，信己之不迎也；不能使福必來，信己之不攘也。攘，却也。禍之至也，非其求所生，故窮而不憂；福之至也，非其求所成，故通而弗矜。矜，自伐其功也。知禍福之制不在於己也，故閒居而樂，無爲而治。聖人守其所以有，不求其所未得。求其所無，則所有者亡矣；修其所有，則所欲者至。○王念孫云：「求其所無」，本作「求其所未得」。「脩其所有」，本作「脩其所已有」。此皆承上文而申言之，不當有異文。今本作「求其所無」，「脩其所有」，皆後人以意改之也。羣書治要引此，正作「求其所未得」，「脩其所已有」。文子符言篇同。下文亦云：「不知道者，釋其所已有，而求其所未得。」○文典謹按：羣書治要引，至下有矣字，與上句「則所有者亡矣」一律。**故用兵者，先爲不可勝，以待敵之可勝也；治國者，先爲不可奪，以待敵之可奪也。舜修之歷山而海内從化，文王修之岐周而天下移風。使舜趨天下之利，而忘修己之道，身猶弗能保，何尺地之有！**○文典謹按：羣書治要引，有下有乎字。**故治未固於不亂，**治不亂之道尚未牢固也。**而事爲治者，必危；行未固於無非，而急求名者，必剉也。**○俞樾云：襄二十七年公羊傳：「我卽死，女能固納公乎？」秦策：「王固不能行也。」何休、高誘注並曰：「固，必也。」「治未固於不亂」，「行未固於無非」，言爲治未必不亂，爲行未必無非也。下文曰：「爲義之不能相固，威之不能相必也。」是可知固、必同義。高此注以「尚未牢固」説之，其義轉迂。**福莫大無禍，利莫美不喪。動之爲物，不損則益，**動，有爲也。○陶方琦云：羣書治要引許注正同。**不成則毁，不利則病，皆險也，**險，言危難不可行。○陶方琦云：羣書治要引許注：「險，言危難。」敓「不可行」三字。説文：「險，阻難也。」説正同。**道之者危。故秦勝乎戎而敗乎殽，**秦穆公勝西戎，爲晉所敗於殽。**楚勝乎諸夏而敗乎柏莒。**楚昭王服諸夏，而吴敗之柏莒。○莊逵吉云：柏莒卽柏舉，古字通用也。**故道不可以勸而就利者，而可以寧避害者。**○王念孫云：勸下而字，因下句而衍。

文子符言篇無而字。故常無禍，不常有福；常無罪，不常有功。○俞樾云：常與尚通。史記衞綰傳「劍尚盛」，漢書尚作常，漢書賈誼傳「尚憚以危爲安」，賈子宗首篇尚作常，並其證。

聖人無思慮，無設儲，來者弗迎，去者弗將。將，送也。人雖東西南北，獨立中央。故處衆枉之中，不失其直；天下皆流，獨不離其壇域。故不爲善，不避醜，遵天之道；不爲始，不專己，循天之理。不豫謀，不棄時，與天爲期；不求得，不辭福，從天之則。○王念孫云：善當爲好。「不爲好，不避醜，遵天之道」，猶洪範言「無有作好，遵王之道」也。今作「不爲善」者，後人據文子符言篇改之耳。好、醜、道爲韻，始、己、理爲韻，謀、時、期爲韻，得、福、則爲韻。若作善，則失其韻矣。不求所無，不失所得，內無旁禍，外無旁福。○王念孫云：旁字義不可通。文子符言篇作「奇禍」、「奇福」，是也。俗書奇字作竒，旁字作旁，二形相似而誤。禍福不生，安有人賊！爲善則觀，衆人之所觀也。爲不善則議；觀則生貴，議則生患。○王引之云：貴當爲責，字之誤也。此言爲善則觀之者多，觀之者多則責之者必備。下文曰「責多功鮮，無以塞之」，正謂此也。文子符言篇作「爲善卽勸，勸卽生責」。故道術不可以進而求名，而可以退而修身；不可以得利，而可以離害。故聖人不以行求名，不以智見譽。法修自然，己無所與。慮不勝數，行不勝德，事不勝道。爲者有不成，求者有不得。人有窮，而道無不通，與道爭則凶。故詩曰：「弗識弗知，順帝之則。」有智而無爲，與無智者同道；有能而無事，與無能者同德。其智也，告之者至，然後覺其動也；使之者至，然後覺其爲也。○俞樾云：「使之者至」上當有「其能也」三字。上文云「有智而無爲，與無智者同道；有能而無事，與無能者同德」，下文云「有智若無智，有能若無能」，皆以智能對舉，故知此亦當然。有智若無智，有能若無能，道理爲正也。故功蓋天下，不施其美；澤及後世，不有其名；道理通而人僞滅也。名與道不兩明，人受名則道不用，道勝人則名息矣。○王念孫云：受當爲愛，字之誤也。愛名則不愛道，故道不用也。文子符言篇正作愛。又下文：「喜德者必多怨，喜予者必善奪。唯滅迹於無爲，而隨天地自然者，唯能勝理而爲受名。名興則道行，道行則人無位矣。」案：此當作：「唯滅迹於無爲，而隨天地自然者，爲能勝理而無愛名。名興則道不行，道行則人無位矣。」（人如「人心」「道心」之人，上文高注云：「無位，無所立也。」）即上文所謂「人愛名則道不用，道勝人則名息」也。今本「爲能」誤作「唯能」，「無愛名」誤作「爲受名」，「道不行」又脱不字，則上下文皆不可通矣。韓詩外傳云：「唯滅跡於人，能（與而同。）隨天地自然，爲能勝理而無愛名。名興則道不用，道行則人無位矣。」是其證。「勝理」二字，説見後「勝心」一條下。道與人競長。章人者，息道者也。章，明也。息，止也。人章道息，則危不遠矣。故世有盛名，則衰之日至矣。欲尸名者必爲善，欲爲善者必生事，事生則釋公而就私，貨數而任己。○王引之云：貨當爲背，字之誤也。「背數而任己」，謂背自然之數而任一己之私，與上句「釋公而就私」同意。文子符言篇作「倍道而任己」，倍與背同。下文又云：「君好智則倍時而任己，棄數而用慮。」欲見譽於爲善，而立名於爲質，則治不修故，而事不須時。○王念孫云：質當爲賢。賢、質草書相似，故賢誤爲質。（逸周書官人篇「有隱於仁賢者」，大戴禮賢誤作質。）「爲賢」與「爲善」義正相承。文子作「見譽而爲善，立名而爲賢」，是其證。又下文「無須臾忘爲質者，必困於性；百步之中不忘其容者，必累其形」，案此當作「無須臾忘其爲賢者，必困於性；百步之中不忘其爲容者，必累其形」。今本上二句内脱其字，下二句内脱爲字，（「爲容」與「爲賢」相對。百步之中而必爲儀容，則形不勝勞，故曰必累其形。脱去爲字，則文義不明。）賢字又誤爲質。此即承上「欲立名於爲賢，則治不循故，事不順時」言之，故高注曰：「常思爲賢，不循自然，則性困也。」（今本高注賢字亦誤爲質。）文子作「夫須臾無忘其爲賢者，必困其性；百步之中無忘其爲容者，必累其形」，是其證。治不修故，則多責；事不須時，則無功。責多功鮮，無以塞之，則妄發而邀當，妄爲而要中。功之成也，不足以更責；更，償也。事之敗也，不足以弊身。○王念孫云：「不足以弊身」，不字涉上文而衍。此言功成則不足以償其責，事敗則適足以斃其身也。文子符言篇作「事敗足以滅身」，是其證。故重爲善若重爲非，而幾於道矣。

天下非無信士也，臨貨分財必探籌而定分，探籌，捉籌也。以爲有心者之於平，不若無心者也。天下非無廉士也，然而守重寶者必關户而全封，○俞樾云：全字無義，乃璽字之誤。國語魯語「追而予之璽書」，韋注曰：「璽書，璽封書也。」此「璽封」二字之證。時則篇曰「固封璽」，封璽與璽封同。五音集韻曰：「璽，俗作玺。」與全字形相似，故誤爲全矣。氾論篇「盜管金」，高注曰：「金，印封，所以爲信。」金亦璽字之誤。彼璽誤爲金，此璽誤爲全，其誤正同。以爲有欲者之於廉，不若無欲者也。人舉其疵則怨人，舉説己之疵，則怨之。鑑見其醜則善鑑。鑑，鏡也。鏡見人之好醜，以爲美鏡也。人能接物而不與己焉，則免於累矣。而不與己，若鏡人形而不有好憎也。公孫龍粲於辭而貿名，公孫龍以「白馬非馬」、「冰不寒」、「炭不熱」爲論，故曰貿也。鄧析巧辯而亂法，鄧析教鄭人以訟，訟不俱同，子産誅之也。蘇秦善説而亡國。蘇秦死于齊也。○王念孫云：「亡國」當作「亡身」，故高注曰「蘇秦死於齊也」。今本身作國者，涉下文「治國」而誤。又案：高注本在「蘇秦善説而亡身」之下，今本在亡字之下，國字之上，則是以亡字絶句，而以國字下屬爲句，大謬。（此句與上二句相對爲文，若讀「蘇秦善説而亡」爲句，則與上二句不對。下文「由其道則善無章，循其理則巧無名」，亦相對爲文。若讀「國由其道」爲句，則文不成義。）由其道則善無章，脩其理則巧無名。故以巧鬭力者，始於陽，常卒於陰；言智巧之所施，始之於陽善，終於陰惡也。以慧治國者，始於治，常卒於亂。使水流下，孰弗能治；激而上之，非巧不能。故文勝則質揜，邪巧則正塞之也。德可以自修，而不可以使人暴；道可以自治，而不可以使人亂。雖有聖賢之寶，不遇暴亂之世，可以全身，而未可以霸王也。○俞樾云：「寶字無義，疑當作資。荀子性惡篇「離其資」，楊注曰：「資，材也。」謂雖有聖賢之材也。資與寶形似而誤。湯、武之王也，遇桀、紂之暴也。桀、紂非以湯、武之賢暴也，湯、武遭桀、紂之暴而王也。故雖賢王，必待遇。遇者，能遭於時而得之也，非智能所求而成也。君子修行而使善無名，布施而使仁無章，故士行善而不知善之所由來，民澹利而不知利之所由出，故無爲而自治。善有章則士爭名，利有本則民爭功，二爭者生，雖有賢者，弗能治。故聖人揜迹於爲善，而息名於爲仁也。

外交而爲援，事大而爲安，不若内治而待時。凡事人者，非以寶幣，必以卑辭。事以玉帛，則貨殫而欲不饜；卑體婉辭，則諭説而交不結；約束誓盟，則約定而反無日；反，背叛也。雖割國之錙錘以事人，六兩曰錙，倍錙曰錘。而無自恃之道，不足以爲全。若誠外釋交之策，而慎修其境内之事，○陳觀樓云：「外釋交之策」，當爲「釋外交之策」。上文「外交而爲援」，是其證。盡其地力以多其積，厲其民死以牢其城，上下一心，君臣同志，與之守社稷，斅死而民弗離，則爲名者不伐無罪，而爲利者不攻難勝，此必全之道也。

民有道所同道，有法所同守，民凡所道行者同道，而法度有所共守也。爲義之不能相固，威之不能相必也，故立君以一民。君執一則治，無常則亂。君道者，非所以爲也，所以無爲也。何謂無爲？智者不以位爲事，勇者不以位爲暴，仁者不以位爲患，可謂無爲矣。○王念孫云：劉本患作惠。案：劉本是也。「不以位爲惠」，謂不假位以行其惠也。爲惠與爲暴相對。主術篇曰：「重爲惠，重爲暴，則治道通矣。」義與此同。夫無爲，則得於一也。一也者，萬物之本也，無敵之道也。凡人之性，少則猖狂，壯則暴强，老則好利。一身之身既數變矣，○俞樾云：上身字當作人。氾論篇曰：「故一人之身而三變者，所以應時矣。」文義與此同。又況君數易法，國數易君！人以其位通其好憎，下之徑衢不可勝理，故君失一則亂，甚於無君之時。故詩曰：「不愆不忘，率由舊章。」此之謂也。君好智，則倍時而任己，棄數而用慮。天下之物博而智淺，以淺澹博，未有能者也。獨任其智，失必多矣。故好智，窮術也；好勇，則輕敵而簡備，自偩而辭助。自偩，自恃也。辭助，不受傍人之助也。一人之力以禦强敵，○王念孫云：圍當爲圉，字之誤也。圉與禦同。劉績改圉爲禦，而莊本從之，義則是而文則非矣。不杖衆多而專用身才，必不堪也。故好勇，危術也。好與，則無定分。上之分不定，則下之望無止。若多賦斂，實府庫，則與民爲讐。少取多與，數未之有也。故好與，來怨之道也。仁智勇力，人之美才也，而莫足以治天下。由此觀之，賢能之不足任也，而道術之可修，明矣。○孫詒讓云：脩當爲循，言道術可循守也。

聖人勝心，心者，欲之所生也。聖人止欲，故勝其心，而以百姓爲心也。**衆人勝欲**。心欲之，而耐勝止也。○王念孫云：勝，任也。言聖人任心，衆人任欲也。耳目之官不思而蔽於物，心之官則思。聖人先立乎其大者，則其小者不能奪，故曰「聖人任心」也。若衆人，則縱耳目之欲而不以心制之，故曰「衆人任欲」也。下文曰：「食之不寧於體，聽之不合於道，視之不便於性。三關交爭，（高注：「三關，謂食、視、聽。」今本正文「三關」作「三官」，注作「三官，三關，食、視、聽。」皆後人以意改之也。主術篇曰：「目妄視則淫，耳妄聽則惑，口妄言則亂。夫三關者，不可不慎守也。」今據以訂正。）以義爲制者，心也。」又曰：「耳目鼻口不知所取去，心爲之制，各得其所。」皆其證矣。說苑說叢篇曰：「聖人以心導耳目，小人以耳目導心。」卽此所謂「聖人勝心，衆人勝欲」也。說文：「勝，任也。」任與勝聲相近，任心任欲之爲勝心勝欲，猶戴任之爲戴勝。（月令「戴勝降于桑」，呂氏春秋季春篇作戴任。）高解「聖人勝心」曰：「心者，欲之所生也。聖人止欲，故勝其心。」則誤以勝爲勝敗之勝矣。如高說，則是心與耳目口無以異，下文何以言「三關交爭，以義爲制者心」乎？又解「衆人勝欲」曰：「心欲之，而能勝止也。」心欲之而能勝止，則是賢人矣，安得謂之「衆人」乎？且下文言「欲不可勝」，則勝之訓爲任明矣。文子符言篇作「聖人不勝其心，衆人不勝其欲」，此亦未解勝字之義而以意改之也。又，下文「唯滅迹於無爲，而隨天地自然者，爲能勝理而無愛名」，（此句今本多誤字，辯見前「受名」下。）勝亦任也，言任理而不愛名也。隨天地自然，卽所謂任理也。呂氏春秋適音篇「勝理以治身，則生全矣」，亦謂任理爲勝理也。高注曰：「理，事理，情欲也。勝理去之。」以事理爲情欲，義不可通。皆由誤以勝爲勝敗之勝，故多牴牾矣。君子行正氣，小人行邪氣。○文典謹按：御覽七百二十引，「小人」作不。內便於性，外合於義，循理而動，不繫於物者，正氣也。重於滋味，○文典謹按：御覽引，重作推。淫於聲色，發於喜怒，不顧後患者，邪氣也。邪與正相傷，欲與性相害，不可兩立。一置一廢，故聖人損欲而從事於性。○王念孫云：此本作「故聖人損欲而從性」。上文曰：「欲與性相害，不可兩立。」故此言損欲而從性也。後人改「從性」爲「從事於性」，則似八股中語矣。文子符言篇正作「損欲而從性」。太平御覽方術部一引此，作「損欲而存性」，雖存與從不同，而皆無「事於」二字。目好色，耳好聲，口好味，接而說之，不知利害嗜慾也，食之不寧於體，聽之不合於道，視之不便於性。三官交爭，三官，三關，謂食、視、聽也。以義爲制者，心也。割痤疽非不痛也，飲毒藥非不苦也，然而爲之者，便於身也。渴而飲水非不快也，飢而大飧非不澹也，然而弗爲者，害於性也。此四者，耳目鼻口不知所取去，心爲之制，各得其所。○俞樾云：鼻字，衍文也。上文云：「目好色，耳好聲，口好味，接而說之。不知利害嗜慾也，食之不寧於體，聽之不合於道，視之不便於性。三關交爭，以義爲制者，心也。」然則此承上文而言，亦當止言耳、目、口，不當兼言鼻。今衍鼻字者，蓋後人據文子符言篇增入。不知彼文上言「目好色，耳好聲，鼻好香，口好味」，故下言耳、目、鼻、口，此文上言「目好色，耳好聲，口好味」，故下止言耳、目、口，兩文不同，未可據彼以增此也。由是觀之，欲之不可勝，明矣。凡治身養性，節寢處，適飲食，和喜怒，便動靜，使在己者得，而邪氣因而不生，豈若憂瘕疵之與痤疽之發，而豫備之哉！○王念孫云：「邪氣因而不生」，本作「邪氣自不生」，言治身養性皆得其道，則邪氣自然不生，非常恐其生而豫備之也。今本作「邪氣因而不生」者，自誤爲因，（隸書因或作囙，與自字相似而誤。）後人又加而字耳。太平御覽引此，正作「邪氣自不生」。

夫函牛之鼎沸而蠅蚋弗敢入，函牛，受一牛之鼎也。昆山之玉瑱昆山，昆侖也。瑱，式也。而塵垢弗能污也。聖人無去之心而心無醜，無取之美而美不失。故祭祀思親不求福，饗賓修敬不思德，唯弗求者能有之。言不求而所求至也。

處尊位者，以有公道而無私說，故稱尊焉，不稱賢也；有大地者，以有常術而無鈐謀，故稱平焉，不稱智也。內無暴事以離怨於百姓，外無賢行以見忌於諸侯，上下之禮，襲而不離，而爲論者莫然不見所觀焉，此所謂藏無形者。非藏無形，孰能形！形，形而言之，筮見也。三代之所道者，因也。故禹決江河，因水也；后稷播種樹穀，因地也；湯、武平暴亂，因時也。故天下可得而不可取也，不可强取。霸王可受而不可求也。在智則人與之訟，在力則人與之爭。○王念孫云：在皆當爲任，字之誤也。言當因時而動，不可任智任力也。上文曰：「失道而任智者必危。」又曰：「獨任其智，失必多矣。」故好智，窮術也。」「好勇，危術也。」皆其證。未有使人無智者，言己不能使敵國遇而無智也。有使人不能用其智於己者也；使人之智不能于己。未有使人無力者，有使人不能施其力於己者也。言己不能使人無智力，但能使人不以智力加於己。此兩者常在久見。故君賢不見，諸侯不備；不肖不見，則百姓不怨。百姓不怨則民用可得，諸侯弗備則天下之時可承。若湯、武承桀、紂而起。事所與衆同也，功所與時成也，聖人無焉。故老子曰：「虎無所措其爪，兕無所措其角。」蓋謂此也。鼓不滅於聲，故能有聲；鏡不没於形，故能有形。○王念孫云：滅當爲臧，没當爲設，皆字之誤也。（臧字俗書作臧，形與滅相似。設與没，草書亦相似。）臧，古藏字。鼓本無聲，擊之而後有聲；鏡本無形，物來而後有形；故曰「鼓不藏於聲」，「鏡不設於形」。作滅作没，則義不可通矣。文選演連珠注引此，作「鏡不設形，故能有形」，文子上德篇作「鼓不藏聲，故能有聲；鏡不設形，故能有形」，是其證。金石有聲，弗叩弗鳴；管簫有音，弗吹無聲。○王念孫云：劉本依文子改「弗聲」爲「無聲」，而諸本皆從之。案：劉改非也。白虎通義曰：「聲者，鳴也。」言管簫有音，弗吹弗鳴也。」兵略篇曰：「彈琴瑟，聲鍾竽。」亦謂鳴鍾竽也。劉誤以聲爲聲音之聲，故依文子改之耳。「金石有聲」，「管簫有音」，音亦聲也。（此謂聲音之聲。）「弗叩弗鳴」，「弗吹弗聲」，聲亦鳴也。（與聲音之聲異義。）若云「弗吹無聲」，則與上文不類矣。**聖人内藏，不爲物先倡，**○俞樾云：先字衍文。先卽倡也，言倡不必言先。文子上德篇正作「不爲物唱」，無先字。**事來而制，物至而應。飾其外者傷其内，扶其情者害其神，見其文者蔽其質。無須臾忘爲質**〔一〕**者，必困於性；**常思爲質，不修自然，則性困也。**百步之中不忘其容者，必累其形。故羽翼美者傷骨骸，**鵠鷹一舉千里，則形如塵芳，以其翮美也。**枝葉美者害根莖，能兩美者，天下無之也。**○孫詒讓云：莖，文子符言篇作荄，與骸、之協韻，是也。荄、莖形近而誤。

天有明，不憂民之晦也，百姓穿户鑿牖，自取照焉。地有財，不憂民之貧也，百姓伐木芟草，自取富焉。至德道者若丘山，嵬然不動，行者以爲期也。行道之人，指以爲期。**直己而足物，**己，己山也。言山特自生萬物以足百姓，不爲百姓故生之也。**不爲人贛，用之者亦不受其德，故寧而能久。天地無予也，故無奪也；日月無德也，故無怨也。喜德者必多怨，喜予者必善奪。唯滅迹於無爲，而隨天地自然者，唯能勝理**理，事理，

〔一〕「質」當爲「賢」。注同。見上文「而立名於爲質」注。

情欲也。勝理去之。而爲受名。名興則道行，道行則人無位矣〔一〕。故譽生則毁隨之，善見則怨從之。○王念孫云：劉本依文子符言篇改怨爲惡。案：劉改是也。譽與毁對，善與惡對。道藏本作怨者，涉上文兩怨字而誤。利則爲害始，福則爲禍先。唯不求利者爲無害，唯不求福者爲無禍。侯而求霸者必失其侯，霸而求王者必喪其霸。故國以全爲常，霸王其寄也；身以生爲常，富貴其寄也。能不以天下傷其國，而不以國害其身者，焉可以託天下也。言不貪天下之利，故可以天下托也。○王念孫云：焉猶則也。老子「故貴以身爲天下，則可寄天下」，道應篇引作「焉可以託天下」，是其證。（荀子禮論篇「三者偏亡，焉無安人」，史記禮書作「則無安人」，是焉與則同義。詳見老子「信不足焉，有不信焉」下。）道藏本、劉本、朱本並作焉。茅一桂不解焉字之義而改焉作爲，莊本從之，謬矣。不知道者，釋其所已有，而求其所未得也。苦心愁慮以行曲，故福至則喜，禍至則怖，神勞於謀，智遽於事，○俞樾云：遽，讀爲劇。説文力部：「勞，劇也。」然則劇亦勞也。「劇於事」，謂勞於事也。遽、劇古通用。公羊宣六年傳釋文曰：「劇，本作遽。」禍福萌生，終身不悔，己之所生，乃反愁人。禍福皆生於己，非旁人也。○文典謹按：御覽七百三十九引，作「不悔己之所生，乃反怨人」。

〔一〕此文有脱誤，詳見上文「人受名則道不用」注。

不喜則憂，中未嘗平，持無所監，謂之狂生。持無所監，所監者非玄德，故爲狂生。○王念孫云：李善注文選任昉哭范僕射詩曰：「淮南子曰：『臺無所監，謂之狂生。』高誘曰：『臺，持也。所鑒者非玄德，故爲狂生。臺，古握字也。』」如李注所引，則今本正文及高注皆經後人删改明矣。又案：臺與握不同字，臺當爲𡐛，字之誤也。說文：「𡐛，古文握。」故高注云「𡐛，持也」，又云「𡐛，古握字也」。後人不知臺爲𡐛之誤，而改臺爲持，又改高注「臺，持也」爲「持無所監」，并删去「臺，古握字也」五字，以滅其跡。甚矣其妄也！人主好仁，則無功者賞，有罪者釋；好刑，則有功者廢，無罪者誅。及無好者，誅而無怨，施而不德，放準循繩，身無與事，若天若地，何不覆載。故合而舍之者君也，制而誅之者法也，民已受誅，怨無所滅，謂之道。○王念孫云：「怨無所滅」，文子道德篇作「無所怨憾」，是也。道固當誅，故受誅者無所怨憾。今本怨字誤在「無所」上，憾字又誤作滅，則文不成義。道勝，則人無事矣。

聖人無屈奇之服，屈，短。奇，長也。服之不衷，身之災也。○王念孫云：「屈奇」猶瑰異耳。周官閽人「奇服怪民不入宫」，鄭注曰：「奇服，衣非常。」「屈奇之服」，卽奇服也。司馬相如上林賦「摧崣崛崎」，義與屈奇相近。屈奇雙聲字，似不當分爲兩義也。○陶方琦云：一切經音義十二、又十五引許注：「屈，短也。奇，長也。」按：二注文正同。漢書廣川惠王越傳「謀屈奇」，注：「屈奇，異也。」說苑君道篇：「則未有布衣屈奇之士。」許注以屈爲短，卽說文「屈，無尾也」之訓；

以奇爲長，卽漢書「操其奇贏」之訓。**無瑰異之行，服不視，**其所服，衆不觀視也。**行不觀，言不議，通而不華，窮而不懾，榮而不顯，隱而不窮，異而不見怪，容而與衆同，無以名之，此之謂大通。升降揖讓，趨翔周遊，不得已而爲也，非性所有於身，情無符檢，**情無符檢，非所樂也。**行所不得已之事，**揖讓者，不得已而爲。**而不解構耳，豈加故爲哉！**豈故者，遭時宜而制禮，非故爲也。**故不得已而歌者，不事爲悲；不得已而舞者，不矜爲麗。歌舞而不事爲悲麗者，皆無有根心者。**中無根心，强爲悲麗。**善博者不欲牟，**博其棊，不傷爲謀也。**不恐不勝，平心定意，捉得其齊，**齊，得其適也。○王念孫云：捉當爲投。「投得其齊」，謂投箸也。秦策曰：「君獨不觀博者乎！或欲大投，或欲分功。」「行由其理」，謂行棊也。楚辭招魂注曰「投六箸，行六棊，故爲六博」是也。隸書投字或作投，捉字或作拉，二形相似，故投誤爲捉。太平御覽工藝部十一引此，正作投。**行由其理，雖不必勝，得籌必多。何則？勝在於數，不在於欲。**欲勝也。**駎者不貪最先，**駎，競驅也。○劉績云：駎，除救切。○莊逵吉云：駎卽騁字省文。孫編修、程文學皆說如是。○孫志祖云：玉篇馬部有駎字，除救切，廣韻在四十九宥内，注皆訓爲競馳，與高誘注正合，非騁之省文也。○王念孫云：劉注及孫頤谷說是也。玉篇、廣韻競馳之訓，既本於高注，則讀駎爲胄，亦必本於高注。今本高注有義無音，寫者脱之耳。駎之言逐也。（逐、駎古同聲。大畜九三「良馬逐」，釋文：「逐，如字。鄭本作逐逐，云兩馬走也。一音胄。」海外北經「夸父與日逐走」，郭注：「逐音胄。」）晉灼注漢書五行志曰：「競走曰逐。」故高注言「競驅」。若是騁字，則但可訓爲驅，不可訓爲競驅矣。與人競驅，故云「不貪最先，不恐獨後」。若但曰騁，則無先後之可言矣。孫、程必以爲騁之省文者，徒以説文無馳字故耳，不知是書之字，固有説文所不收者。且馳謂之騁，競驅謂之馳，一從甹聲，一從由聲，（馳從由聲，與胄、宙同。）不得以甲代乙也。**不恐獨後，緩急調乎手，御心調乎馬，雖不能必先載，馬力必盡矣。何則？先在於數，而不在於欲也。是故滅欲則數勝，棄智則道立矣。**

賈多端則貧，工多技則窮，心不一也。○文典謹按：御覽八百二十九引注云：「賈多端，非一。」**故木之大者害其條，水之大者害其深。有智而無術，雖鑽之不通；**雖有智慧，鑽之彌牢，無術，不能達也。○王念孫云：通本作達，此後人以意改之也。術、達爲韻，道、守爲韻。改達爲通，則失其韻矣。據高注云「無術，不能達」，則正文作達甚明。**有百技而無一道，雖得之弗能守。故詩曰：「淑人君子，其儀一也。其儀一也，心如結也。」君子其結於一乎！**○文典謹按：荀子勸學篇引此詩：「淑人君子，其儀一兮。其儀一兮，心如結兮。」楊注引毛傳：「尸鳩之養七子，旦從上而下，暮從下而上，平均如一。善人君子，其執義亦當如尸鳩之一。執義一，則用心堅固，故曰心如結也。」（「平均如一」下，今以爲箋文，非。）

舜彈五絃之琴，而歌南風之詩，以治天下。古琴五弦，至周有七律，增爲七弦也。南風，愷樂之風。周公殽臑不收於前，臑，前肩之美也。○莊逵吉云：史記龜策傳曰：「取前足臑骨。」徐廣曰：「臑，臂。」說文解字云：「臑，臂，羊矢也。」吳人沈彤云：「解字誤豕爲矢，令人難解，蓋謂羊豕之臂耳。」○王引之云：大雅既醉箋：「殽，牲體也。」牲體多矣，不應獨言臑。臑當爲腝。（奴低反。凡隸書從耎從需之字多相亂，故腝誤爲臑。）說文：「腝，有骨醢也。」或作臡。爾雅：「肉謂之醢，有骨者謂之臡。」周官醢人「朝事之豆，其實有麋臡、鹿臡、麋臡」是也。殽，俎實也。腝，豆實也。殽腝猶言俎豆耳。殽腝、鍾鼓各爲一物，文正相對。鐘鼓不解於縣，以輔成王而海內平。匹夫百晦一守，百晦之田，一夫一婦守也。不違啓處，無所移之也。違，暇。啓，開也。以一人兼聽天下，日有餘而治不足，使人爲之也。處尊位者如尸，守官者如祝宰。尸雖能剥狗燒彘，弗爲也，弗能無虧；尸不能治狗事，不虧也。俎豆之列次，黍稷之先後，雖知弗教也，弗能害也。○王念孫云：「弗能無害」，謂雖弗能亦無害於事也。故下文云「弗能祝者，不可以爲祝，無害於爲尸」。莊本害上脱無字，蓋爲劉本所誤。不能祝者，不可以爲祝，無害於爲尸；無害者可以爲尸也。不能御者，不可以爲僕，無害於爲佐。佐，君位也。○俞樾云：高注曰「佐，君位也」，則正文及注，佐字均當作左。禮記曲禮篇正義曰：「車行則有三人，君在左，僕人中央，勇士在右。」是左爲君位也。今加人旁作佐，則失其旨矣。故位愈尊而身愈佚，身愈大而事愈少。譬如張琴，小絃雖急，大絃必緩。無爲者，道之體也；執後者，道之容也。無爲制有爲，術也；執後之制先，數也。放於術則强，審於數則寧。今與人卞氏之璧，未受者，先也；求而致之，雖怨不逆者，後也。三人同舍，二人相争，争者各自以爲直，不能相聽，一人雖愚，必從旁而決之，非以智，不争也。○莊逵吉云：吴處士江聲云：應作「非以智也，以不争也」。參之下文，當是。攷明中立四子本，本作「非以智也，以不争也」，知傳刻原有異同。但藏本如是，故不遵改。○文典謹按：吴説是也。御覽四百九十六引，作：「三人同行，二人相與争，智者各自以爲直，不能相聽。一人雖愚，必從而決之。非以智也，以不争也。」文雖小異，然足正今本敚誤。兩人相鬭，一羸在側，羸，劣人也。助一人則勝，救一人則免，鬭者雖强，必制一羸，非以勇也，以不鬭也。由此觀之，後之制先，静之勝躁，數也。倍道棄數，以求苟遇，變常易故，以知要遮，過則自非，中則以爲候，闇行繆改，終身不寤，此之謂狂。有禍則詘，有福則羸，有過則悔，有功則矜，遂不知反，此謂狂人。○文典謹按：「此謂狂人」，本作「此之謂狂」，與上文「此之謂狂」一律。御覽七百三十九引此文，正作「此之謂狂」，是其證。員之中規，方之中矩，行成獸，有謂古禮執羔麋鹿，取其跪乳，羣而不黨。○洪頤煊云：「行成獸」，言有迹可法。○俞樾云：「成獸」之文，殊不成義。高注曲爲之説，非也。獸疑獻字之誤。隸書獸或作獣，見桐柏廟碑，形與獻似，故獻或誤爲獸。周官庖人職「賓客之禽獻」，注曰：「獻，古文爲獸。」杜子春云當爲獻。」是其例也。論語八佾篇「文獻不足故也」，文、獻對文，自有所本。「行成獻，止成文」者，獻，賢也，言行則成賢善，止則成文采也。字誤作猷，則不可通矣。止成文，文謂威儀文采。可以將少，而不可以將衆。蓼菜成行，蓼菜小，皆有行列也。瓶甌有堤，堤，瓶甌下安也。量粟而舂，數米而炊，可以治家，而不可以治國。滌杯而食，洗爵而飲，浣而後饋，饋，進食也。可以養家老，而不可以饗三軍。非易不可以治大，非簡不可以合衆。大樂必易，大禮必簡。易故能天，簡故能地。大樂無怨，大禮不責，四海之內，莫不繫統，故能帝也。

心有憂者，筐牀衽席弗能安也，衽，柔弱也。菰飯犓牛弗能甘也，菰，凋胡也。琴瑟鳴竽弗能樂也。患解憂除，然後食甘寢寧，居安游樂。由是觀之，生有以樂也，死有以哀也。今務益性之所不能樂，而以害性之所以樂，故雖富有天下，貴爲天子，而不免爲哀之人。凡人之性，樂恬而憎憫，憫，憂有所在也。樂佚而憎勞。心常無欲，可謂恬矣；形常無事，可謂佚矣。遊心於恬，舍形於佚，以俟天命，自樂於內，無急於外，雖天下之大，不足以易其一槩，日月廋而無溉於志，廋，隱也。溉，灌也。己自隱藏，不以他欲灌其志也。故雖賤如貴，雖貧如富。大道無形，大仁無親，大辯無聲，大廉不嗛，大勇不矜，五者無棄，而幾鄉方矣。方，道也。庶幾向于道也。

軍多令則亂，酒多約則辯。亂則降北，辯則相賊。故始於都者常大於鄙，始於樂者常大於悲，其作始簡者，其終本必調。〇王念孫云：兩大字，一本字，皆義不可通。此文當作「故始於都者常卒於鄙，始於樂者，常卒於悲，其作始簡者，其終卒必調。」莊子人閒世篇：「且以巧鬭力者，始乎陽，常卒乎陰。以禮飲酒者，始乎治，常卒乎亂。凡事亦然。始乎諒，常卒乎鄙。其作始也簡，其將畢也必巨。」即淮南所本也。（上文曰：「故以巧鬭力者，始於陽，常卒於陰；以慧治國者，始於治，常卒於亂。」亦本莊子。）今本上兩卒字作大，下一卒字作本者，隸書卒或作卒，本或作夲，二形相似，故卒誤爲本，（墨子備高臨篇「足以勞卒，不足以害城」，漢書游俠傳「其陰賊著於心，卒發於睚眦」，今本卒字竝誤作本。）上兩本字又脱其下半而爲大耳。〇俞樾云：王說是矣。惟調之言和也、合也，與簡字之義殊不相應。調當作𡖟。玉篇多部：「𡖟，丁幺切，多也，大也。」「其作始簡者，其終卒必𡖟」，言始於少而終於多也。莊子人間世篇曰：「其作始也簡，其將畢也必巨。」巨者，大也。大與多義相近，故玉篇𡖟訓多，亦訓大，且其字亦或從大作奝也。今有美酒嘉肴以相饗，卑體婉辭以接之，欲以合歡，争盈爵之間反生鬭，爵所以飲，争滿不滿之間。〇王念孫云：文選鮑照結客少年場行注引此，「以相饗」，饗上有賓字，「反生鬭」，反上有乃字，句法較爲完繕。鬭而相傷，三族結怨，反其所憎，此酒之敗也。詩之失僻，詩者，衰世之風也，故邪而以之正。小人失其正，則入于邪。樂之失刺，鄉飲酒之樂歌鹿鳴，鹿鳴之作，君有酒肴，不召其臣，臣怨而刺上者非也。禮之失責。禮無往不復，有施于人則責之。徵音非無羽聲也，羽音非無徵聲也，五音莫不有聲，而以徵羽定名者，以勝者也。徵音之中有羽聲，而以徵音名之者，羽音徵〔一〕以著言者也。故仁義智勇，聖人之所備有也，然而皆立一名者，立一名，謂仁義智勇兼以聖人之言。言其大者也。陽氣起於東北，盡於西南；陰氣起於西南，盡於東北。陰陽之始，皆調適相似，日長其類，以侵相遠，言陽氣自大寒日月長温，以至大熱，與大寒相遠也。或熱焦沙，或寒凝水，故聖人謹慎其所積。水出於山而入於海，稼生於野而藏於廩，見所始則知終矣。席之先雚蕈，席之先所從生，出于雚與蕈葦也。樽之上玄酒，樽，酒器，所尊者玄水。俎之先生魚，祭俎上肴以生魚也。豆之先泰羹，木豆謂之豆，所盛泰羹，不調五味也。○王念孫云：此本作「席之上先雚簟，樽之上先玄酒，俎之上先生魚，豆之上先泰羹」。「席之上」三字連讀，「先雚簟」三字連讀，下三句並同。後人不曉文義而以意删之，或删上字，或删先字，斯爲謬矣。藝文類聚服飾部上、太平御覽服用部十並引此「席之上先雚簟，樽之上先玄酒」，初學記器物部引此「豆之上先太羹」，是其證。○文典謹按：初學記服食部引注云：「大羹，肉湆。」此皆不快於耳目，不適於口腹，而先王貴之，貴

〔一〕「徵」，疑當爲「微」，形近而誤。

之，所祭宗廟也。先本而後末。聖人之接物，千變萬軫，必有不化而應化者。夫寒之與煖相反，大寒地坼水凝，火弗爲衰其暑；大熱鑠石流金，火弗爲益其烈。寒暑之變，無損益於己，質有之也。言人質不可變于火。○王引之云：「火弗爲衰其暑」，暑當爲熱。「大熱爍石流金」，熱當爲暑，二字互誤。火可言熱，不可言暑。且熱與烈爲韻，若作暑，則失其韻矣。下文「寒暑」二字，正承「大寒」、「大暑」言之，若云「大寒」、「大熱」，則又與下文不合矣。太平御覽火部二引此，熱暑二字互誤，已與今本同。文選演連珠注引此，正作「火弗爲衰其熱」。「質有之也」，之當爲定。言火有一定之質，故不爲寒暑損益也。定字俗書作⿱宀之，因誤而爲之。御覽引此已誤。○文典謹按：文選陸士衡演連珠注引，「衰其暑」作「衰其勢暴也」，無大字。聖人常後而不先，常應而不唱；不進而求，不退而讓；隨時三年，時去我先；去時三年，時在我後；無去無就，中立其所。天道無親，唯德是與。有道者，不失時與人；失時，失其時。非失其時以與人。無道者，失於時而取人。直己而待命，時之至不可迎而反也；要遮而求合，時之去不可追而援也。故不曰我無以爲而天下遠，不曰我不欲而天下不至。古之存己者，樂德而忘賤，故名不動志；不以名移志也。樂道而忘貧，故利不動心。名利充天下，不足以概志，故廉而能樂，靜而能澹。故其身治者，可與言道矣。

自身以上至於荒芒爾遠矣，身以上，從已生以前至于荒芒。荒芒，上古時也，故遠矣。自死而天下無窮爾滔矣，從己身死之後，至天地無窮。滔，曼長也。○王念孫云：兩爾字義不可通，劉本爾作亦，是也。尒字俗書作尔，與亦相似。亦誤爲尔，後人因改爲爾矣。以數雜之壽，雜，帀也。從子至亥爲一帀。○莊逵吉云：太平御覽引作「以數帀之壽」，有注云：「帀，猶至也。或作卒。卒，盡也。言垂盡之年，不足以憂天下之亂，猶泣不能使水多也。」與此本既不同，注義又異。憂天下之亂，猶憂河水之少，泣而益之也。○文典謹按：藝文類聚九十七引，作「龜三千歲，蜉蝣不過三日，人以數離之壽，憂天下之亂，猶憂河水之少而泣以益之也」。龜三千歲，龜吐故納新，故壽三千歲。浮游不過三日，浮游，渠略也。生三日死也。以浮游而爲龜憂養生之具，人必笑之矣。故不憂天下之亂，而樂其身之治者，可與言道矣。君子爲善不能使福必來，不爲非而不能使禍無至。福之至也，非其所求，故不伐其功；禍之來也，非其所生，故不悔其行。内修極極，中。而横禍至者，皆天也，非人也。故中心常恬漠，累積其德；○王引之云：「累積其德」，當依文子符言篇作「不累其德」。累，讀如負累之累。言中心恬漠，外物不能累其德也。（下二句云：「狗吠而不驚，自信其情。」「自信其情」與「不累其德」，文正相對。呂氏春秋有度篇曰：「惡欲喜怒哀樂六者，累德者也。」）寫者脱去不字，校書者又誤讀累爲積累之累，因加積字耳。狗吠而不驚，自信其情。故知道者不惑，知命者不憂。萬乘之主卒，葬其骸於廣野之中，祀其鬼神於明堂之上，廟之中，謂之明堂也。神貴於形也。以人神在堂，而形骸在野。故神制則形從，神制，謂情也。情欲使不作也，而形體從心以合。形勝則神窮。形勝，謂人體躁動，勝其精神，神窮而去也。○俞樾云：「文子符言篇作『故神制形則從，形勝神則窮』，當從之。此申明上文『神貴於形』之義，言可使神制形，不可使形勝神也。觀高注，則其所據本已誤。聰明雖用，必反諸神，聰明雖用，于內以守。明神安而身全。謂之太沖。沖，調也。

淮南鴻烈集解卷十五

兵略訓

兵，防也。防亂之萌，皆在略謀，解諭至論用師之意也，故曰「兵略」。○文典謹按：此篇叙目無「因以題篇」字，乃許慎注本。

古之用兵者，非利土壤之廣而貪金玉之略，略，獲得也。○文典謹按：御覽二百七十一引，略作賂。將以存亡繼絶，平天下之亂，而除萬民之害也。凡有血氣之蟲，含牙帶角，前爪後距，有角者觸，有齒者噬，有毒者螫，○文典謹按：御覽九百四十四引，螫作蠚。有蹏者趹，喜而相戲，怒而相害，天之性也。人有衣食之情，而物弗能足也，故羣居雜處，分不均，求不澹，則争。争，則强脅弱而勇侵怯。人無筋骨之强，爪牙之利，故割革而爲甲，○文典謹按：北堂書鈔一百十三引，而作以。鑠鐵而爲刃。貪昧饕餮之人，殘賊天下，萬人搔動，○文典謹按：御覽二百七十一引，人作民。莫寧其所。有聖人勃然而起，乃討强暴，平亂世，夷險除穢，以濁爲清，以危爲寧，○文典謹按：御覽引，寧下有也字。故不得不中絶。中絶，謂若殷王中相絶滅。○俞樾云：此當作「故人得不中絶」，言聖人勃然而起，夷險除穢，故人類不至於中絶也。今作「不得不中絶」，於義難通。文子上義篇亦然，則其誤久矣。兵之所由來者遠矣！黄帝嘗與炎帝戰矣，炎帝，神農之末世也。與黄帝戰於阪泉，黄帝滅之。顓頊嘗與共工爭矣。共工與顓頊爭爲帝，觸不周山。○莊逵吉云：御覽引注，下有「天柱折也」四字。故黄帝戰於涿鹿之野，黄帝與蚩尤戰于涿鹿。涿鹿，在上谷。堯戰於丹水之浦，堯以楚伯受命，滅不義于丹水。丹水在南陽。○文典謹按：御覽二百七十一引注，水作浦。舜伐有苗，有苗，三苗也。啓攻有扈。禹之子啓伐有扈于甘。甘在右扶風郡。○文典謹按：御覽二百七十一引注，「甘在右扶風郡」作「在右扶風鄠縣也」。自五帝而弗能偃也，又況衰世乎！

夫兵者，所以禁暴討亂也。炎帝爲火災，故黄帝擒之；共工爲水害，故顓頊誅之。教之以道，導之以德而不聽，則臨之以威武。臨之威武而不從，則制之以兵革。故聖人之用兵也，若櫛髮耨苗，所去者少，而所利者多。殺無罪之民，而養無義之君，害莫大焉；殫天下之財，而澹一人之欲，禍莫深焉。使夏桀、殷紂有害於民而立被其患，不至於爲炮烙；晉厲、宋康行一不義而身死國亡，不至於侵奪爲暴。此四君者，皆有小過而莫之討也，故至於攘天下，攘，亂。害百姓，肆一人之邪，而長海内之禍，此大倫之所不取也。○王念孫云：大當爲天，字之誤也。論與倫同。（王制「凡制五刑，必即天論」，鄭注：「論或爲倫。」釋文：「論音倫，理也。」倫、論古多通用，莊本改論爲倫，未達假借之義。）倫，道也。（見小雅正月篇毛傳、論語微子篇包咸注。）言爲天道之所不取也。文子上義篇正作「天倫」。**所爲立君者，以禁暴討亂也。今乘萬民之力，而反爲殘賊，是爲虎傅翼，曷爲弗除！夫畜池魚者必去猵獺，**猵獺之類，食魚者也。**養禽獸者必去豺狼，**○俞樾云：主術篇：「夫華騮、緑耳，一日而至千里，然其使之搏兔，不如豺狼。」太平御覽獸部引作「狼契」。王氏引之曰：「狼、契，皆犬名也。廣雅曰：『狼狐狂獖，犬屬也。』玉篇：『猰，公八切，猘犬也。』猰與契通。犬能搏兔而馬不能，故曰『不如狼契』。」今以其説推之，此文「豺狼」亦當作「狼契」，蓋猵獺能食魚，狼契能搏獸，故猵獺不可與池魚並畜，而狼契不可與禽獸同養。若豺狼，本非人之所養，又何待言去乎？○文典謹按：主術篇「豺狼」之當爲「狼契」，有御覽可證，故王氏云然，未可以彼例此。豺狼非人所養，猵獺又豈人之所養哉？俞説未安。**又況治人乎！**

故霸王之兵，以論慮之，以策圖之，以義扶之，非以亡存也，將以存亡也。故聞敵國之君有加虐於民者，則舉兵而臨其境，責之以不義，刺之以過行。兵至其郊，乃令軍師曰：「毋伐樹木！毋抉墳墓！毋爇五穀！爇，燒也。**毋焚積聚！毋捕民虜！**○文典謹按：御覽引「毋捕民虜」作「無捕虜民」。**毋收六畜！」**○莊逵吉云：御覽此下有注云：「無聚所征國民爲採取，無收其六畜以自饒利。」**乃發號施令曰：「其國之君，**○王念孫云：其當爲某，字之誤也。太平御覽兵部二引此，正作「某國」。司馬法仁本篇亦云：「某國爲不道，征之。」傲天侮鬼，決獄不辜，殺戮無罪，此天之所以誅也，民之所以仇也。○俞樾云：兩以字皆衍文。吕氏春秋懷寵篇作：「若此者，天之所誅也，人之所讎也。」無兩以字。文子上義篇同。○文典謹按：俞説是也。御覽引，無兩以字，是其證。兵之來也，以廢不義而復有德也。有逆天之道，帥民之賊者，○俞樾云：帥字義不可通，吕氏春秋作衛，是也。當由衛誤作衞，因改爲帥耳。○文典謹按：御覽引，「帥民之賊」作「率民爲賊」。身死族滅！以家聽者，禄以家。以里聽者，賞以里。以鄉聽者，封以鄉。以縣聽者，侯以縣。」尅國不及其民，廢其君而易其政，尊其秀士而顯其賢良，振其孤寡，恤其貧窮，出其囹圄，賞其有功。百姓開門而待之，淅米而儲之，淅，漬也。唯恐其不來也。此湯、武之所以致王，而齊桓之所以成霸也。故君爲無道，民之思兵也，若旱而望雨，渴而求飲，夫有誰與交兵接刃乎！故義兵之至也，至於不戰而止。○莊逵吉云：御覽作「至於不戰而心服」。晚世之兵，君雖無道，莫不設渠塹，傅堞而守，傅，守也。堞，城上女牆。攻者非以禁暴除害也，欲以侵地廣壤也。是故至於伏尸流血，相支以日，○俞樾云：「相支以日」，甚爲無義。文子上義篇作「相交於前」，當從之。交與支形似而誤。交誤爲支，因改「於前」爲「以日」，使成文義耳。而霸王之功不世出者，自爲之故也。夫爲地戰者不能成其王，爲身戰者不能立其功。舉事以爲人者衆助之，舉事以自爲者衆去之。衆之所助，雖弱必强；衆之所去，雖大必亡。

兵失道而弱，得道而强；將失道而拙，得道而工；國得道而存，失道而亡。所謂道者，體圓而法方，〇莊逵吉云：御覽作「取圓而法方」。背陰而抱陽，左柔而右剛，履幽而戴明，〇莊逵吉云：御覽引，明作暘。變化無常，得一之原，以應無方，是謂神明。夫圓者，天也；方者，地也。天圓而無端，故不可得而觀；地方而無垠，故莫能窺其門。〇王念孫云：「不可得而觀」，本作「不得觀其形」，後人以形與端韻不相協，故改爲「不可得而觀」也。不知元、耕二部，古或相通。（説文瞏從袁聲，而唐風杕杜篇「獨行瞏瞏」與菁、姓爲韻。齊風還篇「子之還兮」與閒、肩、儇爲韻，而漢書地理志引作「子之營兮」。淮南精神篇曰：「以道爲紃，有待而然，抱其太清之本，而無所容與，而物無能營。」齊俗篇曰：「其歌樂而無轉，其哭哀而無聲。」道應篇曰：「爲三年之喪，令類不蕃；高辭卑讓，使民不爭。」又莊子大宗師篇曰：「夫道有情有信，無爲無形，可傳而不可受，可得而不可見。」逸周書時訓篇曰：「螻蟈不鳴，水潦淫漫。蚯蚓不出，嬖奪后命。王瓜不生，困於百姓。」漢書貢禹傳曰：「何以孝弟，爲財多而光榮。何以禮義，爲史書而仕宦。何以謹慎，爲勇猛而臨官。」外戚傳悼李夫人賦曰：「超兮西征，屑兮不見。」太玄進次二曰：「進以中刑，大人獨見。」聚測曰：「鬼神無靈，形不見也。燕聚嘻嘻，樂淫衍也。宗其高年，鬼待敬也。」易林姤之臨曰：「禹召諸侯，會稽南山，執玉萬國，天下康寧。」升之震曰：「當變立權，擿解患難，渙然冰釋，大國以寧。」皆以元、耕二部通用。）形字正與端爲韻也。人能觀天而不能知其形，故曰「不得觀其形」，非謂不可得而觀也。文子自然篇正作「故不得觀其形」。大化育而無形象，地生長而無計量，渾渾沉沉，孰知其藏！凡物有朕，唯道無朕。言萬物可朕也，而道不可朕也。○俞樾云：高注曰「言萬物可朕也，而道不可朕也」，則正文及注文朕字皆勝字之誤，故以可不可言。若是朕字，則但當言有無，不當言可不可也。文子自然篇作「夫物有勝，唯道無勝」，當據以訂正。所以無朕者，以其無常形勢也。輪轉而無窮，象日月之運行，若春秋有代謝，若日月有晝夜，終而復始，明而復晦，莫能得其紀。制刑而無刑，故功可成；物物而不物，○莊逵吉云：御覽引，作「象物而不物」。故勝而不屈。刑，兵之極也，至於無刑，可謂極之矣。○莊逵吉云：御覽引，無之字。○王念孫云：刑並與形同。「可謂極之矣」，當作「可謂極之極矣」。形者，兵之極；至於無形，故曰極之極。太平御覽引此，正作「可謂極之極矣」。（鈔本如是。刻本作「可謂極矣」，乃後人妄删。）是故大兵無創，與鬼神通，五兵不厲，天下莫之敢當。建鼓不出庫，諸侯莫不慴㥄沮膽其處。故廟戰者帝，神化者王。所謂廟戰者，法天道也；神化者，法四時也。脩政於境內而遠方慕其德，制勝於未戰而諸侯服其威，內政治也。古得道者，靜而法天地，動而順日月，喜怒而合四時，叫呼而比雷霆，音氣不戾八風，詘伸不獲五度。獲，誤也。五度，五行也。下至介鱗，上及毛羽，條脩葉貫，萬物百族，由本至末，莫不有序。是故入小而不偪，偪，迫也。處大而不窕，浸乎金石，潤乎草木，宇中六合，振豪之末，或曰：宇中，四宇也。六合，六合内。莫不順比。道之浸洽，滒淖纖微，無所不在，是以勝權多也。

夫射，儀度不得，則格的不中；格，射之椹質也。的，射準也。驥，一節不用，而千里不至。夫戰而不勝者，非鼓之日也，鼓之日，謂陳兵擊鼓鬬之日也。素行無刑久矣。故得道之兵，車不發軔，軔，車下支。騎不被鞍，鼓不振塵，旗不解卷，卷，束也。甲不離矢，刃不嘗血，朝不易位，賈不去肆，農不離野，招義而責之，大國必朝，小城必下。因民之欲，乘民之力而爲之，去殘除賊也，故同利相死，同情相成，同欲相助。○王念孫云：「同欲相助」，當作「同欲相趨，（趨，七句反，向也。）同惡相助」。今本上句脫「相趨」二字，下句脫「同惡」二字。「同欲」、「同惡」，相對爲文。且利、死爲韻，情、成爲韻，欲、趨爲韻，惡、助爲韻。欲與助，則非韻矣。（古韻欲、趨屬侯部，惡、助屬御部，故欲與助非韻。）史記吴王濞傳「同惡相助，同好相留，同情相成，同欲相趨，同利相死」，是其證。（文子自然篇作「同行者相助」，此以意改耳。吕氏春秋察微篇亦云「同惡固相助」。）順道而動，天下爲嚮；因民而慮，天下爲鬬。獵者逐禽，車馳人趍，各盡其力，無刑罰之威，而相爲斥闉要遮者，斥，候也。闉，塞也。同所利也。同舟而濟於江，卒遇風波，百族之子，捷捽招杼船，捷，疾取也。若左右手，不以相德，其憂同也。故明王之用兵也，爲天下除害，而與萬民共享其利，民之爲用，猶子之爲父，弟之爲兄，威之所加，若崩山決塘，敵孰敢當！故善用兵者，用其自爲用也；不能用兵者，用其爲己用也。用其自爲用，則天下莫不可用也；用其爲己用，所得者鮮矣。

兵有三詆：詆，要事也。○文典謹按：書鈔百十三引，詆作體。治國家，理境内，行仁義，布德惠，立正法，○文典謹按：書鈔引，正作政。塞邪隧，○文典謹按：書鈔引，隧作墜。羣臣親附，百姓和輯，上下一心，君臣同力，諸侯服其威而四方懷其德，脩政廟堂之上而折衝千里之外，拱揖指撝而天下響應，此用兵之上也。地廣民衆，主賢將忠，國富兵强，約束信，號令明，兩軍相當，鼓錞相望，錞，錞于，大鐘也。未至兵交接刃而敵人奔亡，○王念孫云：「兵交」當爲「交兵」。文子上義篇正作「交兵接刃」，下文亦云「不待交兵接刃」。此用兵之次也。知土地之宜，習險隘之利，明奇正之變，察行陳解贖之數，○俞樾云：「解贖」當爲「解續」。解之言解散也，續之言連續也，解續猶言分合。下文曰「出入解續」，是其證。維枹綰而鼓之，綰，貫。枹係於臂，以擊鼓也。○王念孫云：「維枹綰而鼓之」，殊爲不詞。一切經音義二十引此，作「綰枹而鼓之」，無維字，是也。枹字本在綰字下，故高注先釋綰，後釋枹。因枹字誤在綰字上，後人又以高注言「枹係於臂」，因加維字耳。不知綰字已兼維係之義，無庸更言維也。○陶方琦云：一切經音義十八引許注：「綰，貫也。」按說文：「綰，惡也。」桂氏說文義證云：「惡即貫之譌文。」玉篇亦云：「綰，貫也。」白刃合，流矢接，涉血屬腸，輿死扶傷，流血千里，暴骸盈場，乃以決勝，此用兵之下也。今夫天下皆知事治其末，而莫知務脩其本，釋其根而樹其枝也。

夫兵之所以佐勝者衆，而所以必勝者寡。甲堅兵利，車固馬良，畜積給足，士卒殷軫，殷，衆也。軫，乘輪多盛貌。此軍之大資也，而勝亡焉。○曾國藩云：「勝亡焉」，猶云勝不係乎此也，全不係乎此也。明於星辰日月之運，刑德奇賌之數，奇賌，陰陽奇祕之要。○莊逵吉云：說文解字云：「該，軍中約也。」又漢書有「五音奇胲」，史記倉公傳作「奇咳」。古字賌、胲、咳皆應作該。五音奇胲，兵家書也，故許慎以爲軍中約。背鄉左右之便，此戰之助也，而全亡焉。良將之所以必勝者，恒有不原之智，不道之道，難以衆同也。夫論除謹，論除，論賢除吏。謹，慎也。動靜時，吏卒辨，兵甲治，正行伍，連什伯，明鼓旗，此尉之官也。軍尉，所以尉鎮衆也。前後知險易，見敵知難易，發斥不忘遺，發，有所見。斥，斥度，候視也。此候之官也。軍候，候望者也。○陶方琦云：史記索隱二十四引許注：「斥，度，候視也。候，望也。」按：索隱引敓「軍候」二字。漢書李廣傳「遠斥候，未嘗遇害」是也。說文人部：「候，伺望也。」與注淮南同。隧路亟，隧，道也。亟，言治軍隧道疾也。行輜治，行輜，道路輜重也。賦丈均，賦治軍壘，尺丈均平也。處軍輯，井竈通，此司空之官也。軍司空，補空脩繕者。收藏於後，遷舍不離，無淫輿，無遺輜，此輿之官也。輿，衆也。候領輿衆在軍之後者。凡此五官之於將也，猶身之有股肱手足也，○王引之云：下言「五官」，而上祇有四官，寫者脱其一也。「兵甲治」下當有「此司馬之官也」一句。自「論除謹」至「兵甲治」，皆司馬之事，非尉之事，且句法亦與下不同，自「正行伍」以下乃是尉之事耳。司馬也，尉也，候也，司空也，輿也，所謂「五官」也。左傳成二年晉軍有司馬、司空、輿帥、候正、亞旅，襄十九年晉軍有軍尉、司馬、司空、輿尉、候奄，官名與此略同，而其數皆五，足以相證矣。（漢書百官公卿表：「衛尉，秦官，諸屯衛候司馬皆屬焉。」續漢書百官志：「大將軍營五部，部校尉一人，軍司馬一人。部下有曲，曲有軍候一人。」通典兵類引一說曰：「凡立軍，二百人立候，四百人立司馬，八百人立尉。」必擇其人，技能其才，使官勝其任，人能其事。告之以政，申之以令，使之若虎豹之有爪牙，飛鳥之有六翮，莫不爲用。然皆佐勝之具也，非所以必勝也。兵之勝敗，本在於政。政勝其民，下附其上，則兵强矣。民勝其政，下畔其上，則兵弱矣。故德義足以懷天下之民，事業足以當天下之急，選舉足以得賢士之心，謀慮足以知强弱之勢，此必勝之本也。

地廣人衆，不足以爲强；堅甲利兵，不足以爲勝；高城深池，不足以爲固；嚴令繁刑，不足以爲威。爲存政者，雖小必存；爲亡政者，雖大必亡。昔者楚人地，南卷沅、湘，卷，屈取也。沅、湘，二水名。○文典謹按：「昔者楚人地」，初學記地部中引，作「昔荆楚之地」。北繞潁、泗，潁、泗，二水名也。西包巴、蜀，東裹郯、淮，巴、蜀、郯、淮，地名。○王念孫云：郯、淮本作郯、邳，（注同。）此後人妄改之也。淮乃水名，非地名，與高注不合。太平御覽州郡部十三引此，正作郯、邳。沅、湘、潁、泗皆水名，巴、蜀、郯、邳皆地名。漢郯縣故城在今邳州東北，下邳故城在今邳州東，二縣相連，故並言之。史記楚世家亦云鄒、費、郯、邳。潁、汝以爲洫，洫，溝也。江、漢以爲池，垣之以鄧林，鄧林，沔水上險。緜之以方城，緜，落也。方城，楚北塞也，在南陽葉也。山高尋雲，谿肆無景，肆，極也。極溪之深，不見景也。○王念孫云：御覽引，作「山高尋雲霓，谿深肆無景」，是也。「谿深」二字連讀，今本脱深字，則與上句不對。「肆無景」三字連讀，故高注云：「肆，極也。極谿之深，不見景也。」若以「谿肆」連讀，則文不成義矣。晉書羊祜傳「高山尋雲霓，深谷肆無景」，即用淮南語。地利形便，卒民勇敢，蛟革犀兕，以爲甲冑，修鎩短鏦，鏦，小矛也。○陶方琦云：華嚴經音義上引許注：「鏦，小矛也。」按：説文：「鏦，矛也。」訓同。方言：「矛，吴、揚、江、淮、南楚、五湖之間或謂之鏦。」字通穳。倉頡篇：「穳，短矛也。」短矛卽小矛。**齊爲前行，積弩陪後，**積弩，連弩也。**錯車衛旁，疾如錐矢，**錐〔一〕，金簇箭羽之矢也。**合如雷電，解如風雨，**○王引之云：錐當爲鍭，注内「箭羽」當爲「翦羽」，皆字之誤也。爾雅：「金鏃翦羽謂之鍭。」（説文同。方言曰：「箭，江、淮之間謂之鍭。」大雅行葦篇曰：「四鍭既鈞。」周官司弓矢曰：「殺矢、鍭矢，用諸近射田獵。」考工記矢人曰：「鍭矢參分，一在前，二在後。」隱元年穀梁傳曰：「聘弓鍭矢不出竟場。」鍭字亦作猴。士喪禮記曰：「猴矢一乘，骨鏃短衛。」）是其明證矣。下文云「疾如鏃矢」，鏃亦鍭之誤。（矦字隸書作侯，隹字隸書作隹，二形相似。族字隸書或作疾，形與矦亦相似。故鍭矢之字非誤爲錐，卽誤爲鏃。齊策「疾如錐矢，戰如雷電，解如風雨」，文與此同，則錐矢亦是鍭矢之誤。高注以錐矢爲小矢，非也。史記蘇秦傳又誤作「鋒矢」，索隱引呂氏春秋貴卒篇「所爲貴錐矢者，爲其應聲而至」，今本呂氏春秋誤作「鏃矢」。莊子天下篇「鏃矢之疾」，鏃亦鍭之誤。郭象音族，非也。鶡冠子世兵篇「發如鏃矢」，鏃本或作鍭，亦當以作鍭者爲是。）**然而兵殆於垂沙，**垂沙，地名。○陶方琦云：史記集解引許注：「垂涉，地名。」按：垂沙不誤，荀子議兵篇及韓詩外傳四並作垂沙。楚策三「垂沙之事，死者以千數」，史記作垂涉，涉或作沙，與沙相似。**衆破於栢舉。楚國之强，大地計衆，中分天下，**○王念孫云：大當爲支，字之誤也。氾論篇云「度地計衆」，度與支皆計也。大戴禮保傳篇「燕支地計衆，不

〔一〕「錐」爲「鍭」之誤（見下文注），則「錐」下疑脱「矢」字。

與齊均」，盧辯曰：「支，猶計也。」賈子胎教篇作「度地計衆」。然懷王北畏孟嘗君，脅于齊也。背社稷之守而委身强秦，懷王入秦，秦留之藍田也。兵挫地削，身死不還。二世皇帝二世，秦始皇少子胡亥也。勢爲天子，富有天下，人迹所至，舟檝所通，莫不爲郡縣。然縱耳目之欲，窮侈靡之變，不顧百姓之飢寒窮匱也，興萬乘之駕而作阿房之宫，阿房，地名，秦所築也。發閭左之戍，秦皆發閭左民，未及發而秦亡也。收太半之賦，貲民之三而税二。百姓之隨逮肆刑，挽輅首路死者，隨逮，應召也。肆刑，極刑。輅，輓輂横木也。一旦不知千萬之數，天下敖然若焦熱，傾然若苦烈，上下不相寧，吏民不相憀。憀，賴。戍卒陳勝興於大澤，攘臂袒右，陳勝，字涉，汝陰人也。大澤，沛蘄縣。袒右，脱右臂衣也。稱爲大楚，而天下響應。當此之時，非有牢甲利兵、勁弩强衝也，伐棘棗而爲矜，棘棗，酸棗也。矜，矛柄。〇王念孫云：「棘棗」本作「樕棗」，（注同。）此亦後人妄改之也。魏風園有桃傳云：「棘，棗也。」説文：「棘，小棗叢生者。」皆不訓爲酸棗。改樕爲棘，則與高注不合矣。史記司馬相如傳「枇杷樕柹」，索隱：「徐廣曰：『樕，棗也。而善反。』説文曰：『樕，酸小棗也。』淮南子云：『伐樕棗以爲矜。』」索隱引作「樕棗」，而「酸小棗」之訓又與高注合，則正文、注文皆作「樕棗」，明矣。下句注云「撚矜以内鑽鑿」，撚卽樕字之誤。周錐鑿而爲刃，周，内也。撚矜以内鑽鑿也。剡摲筡，奮儋钁，摲，剡鋭也。钁，斫也。以當脩戟强弩，攻城略地，莫不降下。天下爲之麇沸螘動，雲徹席卷，方數千里。勢位至賤，而器械甚不利，然一人唱而天下應之者，積怨在於民也。武王伐紂，東面而迎歲，太歲在寅。至汜而水，汜，地名。水，有大雨水也。至共頭而墜，共頭，山名，在河曲共山。墜，隕也。彗星出而授殷人其柄。時有彗星，柄在東方，可以掃西人也。當戰之時，十日亂於上，風雨擊於中，然而前無蹈難之賞，而後無遁北之刑，白刃不畢拔而天下得矣。是故善守者無與御，而善戰者無與鬬，明於禁舍開塞之道，乘時勢，因民欲而取天下。

故善爲政者積其德，善用兵者畜其怒。德積而民可用，怒畜而威可立也。故文之所以加者淺，則勢之所勝者小；德之所施者博，而威之所制者廣。○王念孫云：上二句當作「故文之所加者淺，則勢之所服者小」。今本加上衍以字，服字又誤作勝。（服、勝左畔相似，又因上下文多勝字而誤。）下言「威之所制者廣」，「威之所制」猶言「勢之所服」耳。服與制義相近，若作勝，則非其指矣。漢書刑法志作「文之所加者深，則武之所服者大」，文子下德篇作「文之所加者深，則權之所服者大」，皆其證。威之所制者廣，則我强而敵弱矣。故善用兵者，先弱敵而後戰者也，故費不半而功自倍也。湯之地方七十里而王者，修德也；智伯有千里之地而亡者，窮武也。故千乘之國行文德者王，萬乘之國好用兵者亡。故全兵先勝而後戰，德先勝之，而後乃戰，湯、武是也。敗兵先戰而後求勝。德均則衆者勝寡，力敵則智者勝愚，勢侔則有數者禽無數。侔，等也。○王念孫云：劉本改「者侔」爲「勢侔」。案：劉改非也。者當爲智，字之誤也。（者、智下半相似，又因上下文者字而誤。）「力敵」二字承「衆者勝寡」而言，言衆寡相等，則智者勝愚也。「智侔」二字又承「智者勝愚」而言，言智相等，則有數者禽無數也。劉改爲「勢侔」，則義與上句不相承，且與「力敵」相複矣。數，謂兵法也。詮言篇曰：「慮不勝數，事不勝道。」故曰「智侔則有數者禽無數」也。文子上禮篇正作「智同則有數者禽無數」。凡用兵者，必先自廟戰：主孰賢？將孰能？民孰附？國孰治？蓄積孰多？士卒孰精？甲兵孰利？器備孰便？故運籌於廟堂之上，而決勝乎千里之外矣。

夫有形埒者，天下訟公也。見之；有篇籍者，世人傳學之。此皆以形相勝者也，善形者弗法也。所貴道者，貴其無形也。無形，則不可制迫也，不可度量也，不可巧詐也，不可規慮也。智見者人爲之謀，形見者人爲之功，衆見者人爲之伏，器見者人爲之備。動作周還，倨句詘伸，可巧詐者，皆非善者也。善者之動也，神出而鬼行，星燿而玄逐；進退詘伸，不見朕埊；○王念孫云：逐當爲運。玄運，天運也。（後漢書張衡傳注引桓譚新論曰：「玄者，天也。」釋名曰：「天謂之玄。」）言如星之燿，如天之運也。覽冥篇曰：「日行而月動，星燿而玄運，電奔而鬼騰，進退屈伸，不見朕垠。」是其明證也。運字古讀若云，

（吕氏春秋諭大篇引夏書「天子之德廣運」，與文爲韻。管子形勢篇「受辭者，名之運也」，與尊爲韻。越語「廣運百里」，韋注曰：「東西爲廣，南北爲運。」西山經「廣員百里」，廣員卽廣運。墨子非命上篇「譬猶運鈞之上而立朝夕者也」，中篇運作員。莊子天運篇釋文曰：「天運，司馬作天員。」管子戒篇「四時云下而萬物化」，云卽運字。說文：「鴆，一名運日。」劉逵吳都賦注作雲日。）與塹爲韻。若作逐，則失其韻矣。**鸞舉麟振，鳳飛龍騰；發如秋風，疾如駭龍。**龍魚也，飛之疾者也。○文典謹按：海外西經：「龍魚狀如貍，一曰鰕，一曰鼈魚。」**當以生擊死，以盛乘衰，以疾掩遲，以飽制飢。**○王念孫云：此本作「發如猋風，疾如駭電，以生擊死，以盛乘衰，以疾掩遲，以飽制飢」。今本「猋風」作「秋風」，字之誤也。（俗書猋字作焱，形與秋相近。）舊本北堂書鈔武功部六引此作「炎風」，炎亦猋之誤。（陳禹謨依俗本改爲秋風。）「發如猋風」，言其疾也。漢書韓長孺傳「匈奴，輕疾悍亟之兵也，至如猋風，去如收電」，顏師古曰：「猋，疾風也。」故月令「猋風暴雨總至」，吕氏春秋孟春篇作疾風。若作秋風，則非其指矣。「疾如駭電」，今本作「駭龍」，龍字涉上文「龍騰」而衍，龍下當字卽電字之誤。後人誤以當字下屬爲句，（「以生擊死」四句之上加一當字，則義不可通。）故於「駭龍」之下妄加注釋耳。（今本注云：「龍魚也，飛之疾者也。」案：海外西經之龍魚，不得謂之駭龍，且與上句「猋風」不類，明是後人妄加此注，以附會駭龍二字之義，非高氏原文也。）楚辭九歎「淩驚靁以軼駭電兮」，駭電與猋風，事正相類，故以比用兵之神速。管子兵法篇云：「追亡逐遁若飄風，（飄與猋同。月令猋風，淮南時則篇作飄風。爾雅「迴風爲飄」，月令注作「回風爲猋」。漢書蒯通傳「飄至風起」，顏注：「飄，讀曰猋。」）擊刺若雷電。」呂氏春秋決勝篇云：「若雷電飄風暴雨。」漢書云：「至如猋風，去如收電。」義並與此同。舊本北堂書鈔引此，正作「疾如駭電」，無「龍」、「當」二字。（陳禹謨依俗本改爲駭龍，又加當字。）若以水滅火，若以湯沃雪，何往而不遂？何之而不用達？○劉績云：衍用字。在中虛神，在外漠志，運於無形，出於不意。與飄飄往，與忽忽來，莫知其所之。與條出，與間入，莫知其所集。卒如雷霆，疾如風雨，若從地出，若從天下，獨出獨入，莫能應圉。疾如鏃矢，何可勝偶？一晦一明，孰知其端緒？未見其發，固已至矣。故善用兵者，見敵之虛，乘而勿假也，追而勿舍也，迫而勿去也。擊其猶猶，陵其與與，疾雷不及塞耳，用疾雷之聲，不暇復塞耳也。疾霆不暇掩目。善用兵，若聲之與響，若鏜之與鞈，鞈，鼓鞞聲。眯不給撫，呼不給吸。當此之時，仰不見天，俯不見地，手不麾戈，兵不盡拔，擊之若雷，薄之若風，炎之若火，淩之若波。敵之靜不知其所守，動不知其所爲。故鼓鳴旗麾，當者莫不廢滯崩阤，天下孰敢厲威抗節而當其前者！故淩人者勝，待人者敗，爲人杓者死。杓，所擊也。

兵靜則固，專一則威，分決則勇，心疑則北，力分則弱。故能分人之兵，疑人之心，則錙銖有餘；不能分人之兵，疑人之心，則數倍不足。故紂之卒，百萬之心；武王之卒，三千人皆專而一。故千人同心則得千人力，萬人異心則無一人之用。將卒吏民，動静如身，乃可以應敵合戰。故計定而發，分決而動，將無疑謀，卒無二心，動無墮容，口無虚言，事無嘗試，應敵必敏，發動必亟。故將以民爲體，而民以將爲心。心誠則支體親刃，心疑則支體撓北。○王念孫云：「親刃」二字，義不可通。劉本作「親力」，義亦不可通。刃當爲䵑，寫者脱其半耳。説文：「䵒，黏也。」引隱元年左傳「不義不䵒」，或作䵑。今左傳作暱。親䵑即親暱也。「支體親暱」謂從心也，「支體撓北」謂不從心也。親暱之暱，古音在職部，故與北爲韻。小雅菀柳篇「無自暱焉」，與息、極爲韻，是其證。心不專一，則體不節動；將不誠心，則卒不勇敢。○王念孫云：「誠必」與「專一」相對爲文，「勇敢」與「誠必」相因爲義。管子九守篇曰：「用賞者貴誠，用刑者貴必。」荀子致士篇曰：「人主之患，不在乎不言用賢，而在乎不誠必用賢。」吕氏春秋論威篇曰：「又況乎萬乘之國而有所誠必乎，則何敵之有矣！」賈子道術篇曰：「伏義誠必謂之節。」枚乘七發曰：「誠必不悔，決絶以諾。」是古書多以誠必連文。劉本「誠必」作「誠心」，因上文「心誠」而誤。諸本與劉本同，唯道藏本作「誠必」。莊不從藏本而從諸本，謬矣。故良將之卒，若虎之牙，若兕之角，若鳥之羽，若蚈之足，蚈，馬蠸也。可以行，可以舉，可以噬，可以觸，强而不相敗，衆而不相害，一心以使之也。故民誠從其令，雖少無畏；民不從令，雖衆爲寡。故下不親上，其心不用；卒不畏將，其形不戰。守有必固，而攻有必勝，不待交兵接刃，而存亡之機固以形矣。

兵有三勢，有二權。○莊逵吉云：御覽引，權作鈴。下「知權」、「事權」同。程文學云：「鈴當作鈐爲是。」有氣勢，有地勢，有因勢。將充勇而輕敵，卒果敢而樂戰，三軍之衆，百萬之師，志厲青雲，氣如飄風，聲如雷霆，誠積踰而威加敵人，此謂氣勢。硤路津關，○莊逵吉云：御覽引，硤作狹。大山名塞，龍蛇蟠，蟠，宛屈也。却笠居，○莊逵吉云：御覽此下有注云：「却，偃覆也。笠，簦也。」羊腸道，○莊逵吉云：御覽此下有注云：「羊腸，一屈一伸。」此二注，別本亦或有之。發笱門，發笱，竹笱，所以捕魚，其門可入而不得出。○王念孫云：「却笠居」，後漢書杜篤傳注引，作「簦笠居」，是也。「簦笠」與「龍蛇」相對爲文，謂山形偃覆如簦笠，故高注有「偃覆」之語。今本作「却笠居」，注云：「却，偃覆也。笠，登也。」（太平御覽引同。）案：「却笠」二字文不成義，訓却爲偃覆亦義不可通，疑傳寫錯誤也。（注内登字即簦字之誤，疑當作「偃覆如簦笠」。）「發笱」二字於義無取，「發笱」當作「魚笱」，「羊腸」、「魚笱」相對爲文。高注「發笱，竹笱，所以捕魚，其門可入而不得出」，「發笱」二字亦因正文而衍。太平御覽兵部二及後漢書注引此，並作「魚笱門」，御覽引注文亦無「發笱」二字。一人守隘，而千人弗敢過也，此謂地勢。因其勞倦怠亂，飢渴凍暍，推其摿摿，擠其揭揭，擠，排也。摿摿，欲卧也。揭揭，欲拔也。○王念孫云：說文、玉篇、廣韻、集韻皆無摿字，摿當爲揺，字之誤也。（注同。）揺，古摇字也。

（考工記矢人「夾而搖之」，釋文：「搖，本又作𢹯。」漢書天文志：「元光中，天星盡𢹯。」）注內「欲卧」當爲「欲仆」，亦字之誤也。搖搖者，動而欲仆也。因其欲仆而推之，故曰「推其搖搖」。武王户銘曰：「若風將至，必先搖搖。」意與此相近也。太平御覽兵部二引此，正作「推其搖搖」。隸書𢹯字或作摿，（漢書司馬相如傳「消摿乎襄羊」）因誤而爲揄。管子白心篇「夫不能自搖者，夫或摿之」，揄亦摿字之誤。蓋世人少見「𢹯」「摿」二字，故傳寫多差。而楊慎古音餘乃於侵韻收入揄字，引淮南子「推其揄揄，擠其揭揭」，不知其字而以意爲之，斯爲謬矣。此謂因勢。善用間諜，言軍之反間也。審錯規慮，設蔚施伏，草木蕃盛曰蔚。隱匿其形，○莊逵吉云：御覽作「隱遁其形」。出於不意，○莊逵吉云：御覽意作慮。敵人之兵無所適備，此謂知權。○王念孫云：「設蔚施伏」，當作「設施蔚伏」。高注：「草木盛曰蔚。」伏兵於其中故曰蔚伏，可言「設蔚伏」，不可言「設蔚」也。且「審錯規慮」、「設施蔚伏」相對爲文，若作「設蔚施伏」，則與上句不對。（太平御覽引此已誤。）下文云「設規慮，施蔚伏」，是其明證矣。「敵人之兵無所適備」，太平御覽引此，「敵人」上有使字，於義爲長。陳卒正，前行選，進退俱，什伍摶，前後不相撚，撚，蹂蹈也。○莊逵吉云：御覽撚作蹍，注云：「蹍，蹀踏也。」左右不相干，受刃者少，傷敵者衆，此謂事權。權勢必形，吏卒專精，選良用才，官得其人，計定謀決，明於死生，舉錯得失，莫不振驚。○王念孫云：失當爲時，聲之誤也。太平御覽引此，正作「舉錯得時」。故攻不待衝隆雲梯而城拔，雲梯，可依雲而立，所以瞰敵之城中。戰不至交兵接刃而敵破，明於必勝之攻也。○王念孫云：攻當爲數，此涉上下文攻字而誤也。數，術也。太平御覽引此，正作「必勝之數」。故兵不必勝，不苟接刃；攻不必取，不爲苟發。故勝定而後戰，鈐縣而後動。故衆聚而不虛散，兵出而不徒歸。唯無一動，動則淩天振地，抗泰山，蕩四海，鬼神移徙，鳥獸驚駭。如此，則野無校兵，敵家之兵不來相交復也。國無守城矣。

靜以合躁，治以持亂，○王念孫云：持當爲待，字之誤也。（隸書待、持二字相似，公食大夫禮「左人待載」，古文待爲持。大戴禮禮三本篇「待年而食」，荀子禮論篇作「持手而食」。）待，猶禦也，言以治禦亂也。（待與禦同義，説見經義述聞左傳「待諸乎」下。）作持，則非其指矣。孫子軍争篇「以治待亂，以靜待譁」，即淮南所本。文選五等論「以治待亂」，李善注引此文云「靜以合躁，治以待亂」，尤其明證矣。無形而制有形，無爲而應變，雖未能得勝於敵，敵不可得勝之道也。敵先我動，則是見其形也；彼躁我靜，則是罷其力也。形見則勝可制也，力罷則威可立也。視其所爲，因與之化；觀其邪正，以制其命；餌之以所欲，以罷其足。彼若有間，急填其隙，極其變而束之，盡其節而仆之。敵若反靜，爲之出奇，彼不吾應，獨盡其調〔一〕。言我之盡調以待敵也。若動而應，有見所爲，彼持後節，彼謂敵。持後節，敵在後，使先己。與之推移。彼有所積，必有所虧，精若轉左，陷其右陂。右陂，西也。敵潰而走，後必可移。敵迫而不動，名之曰奄遲，擊之如雷霆，斬之若草木，燿之若火電，欲疾以遬，人不及步鋗，車不及轉轂，〇王引之云：鋗字義不可通，鋗當作趨。隸書趨字作趍，（見漢武都太守李翕西狹頌。）與鋗相似而誤。淮南書中趨字多有作趍者，（諸本多改作趨，唯藏本未改。）故知鋗爲趍之誤。「人不及步趨」者，用兵神速，敵人不及走避也。趨字入聲則音促，正與上下文之木、遬、轂、木、角、格爲韻。兵如植木，弩如羊角，人雖衆多，勢莫敢格。諸有象者，莫不可勝也；諸有形者，莫不可應也。是以聖人藏形於無，而遊心於虛。風雨可障蔽，而寒暑不可開閉，〇王念孫云：開當爲關。寒暑無所不入，故不可關閉。作開，則義不可通矣。俗書關字作閞，閞字作開，二形相似而誤。（詳見道應篇「東開鴻濛之光」下。）以其無形故也。夫能滑淖精微，貫金石，窮至遠，放乎九天之上，放，寄。蟠乎黄盧之下，唯無形者也。善用兵者，當擊其亂，不攻其治，是不襲堂堂之寇，不擊填填之旗。填填，旗立牢端貌。容未可見，以數相持。彼有死形，因而制之。敵人執

〔一〕「調」，王念孫説當爲「和」，詳見詮言訓「物莫不足滑其調」注。

數，動則就陰。以虛應實，必爲之禽。虎豹不動，不入陷阱；麋鹿不動，不離罝罘；飛鳥不動，不絓網羅；魚鼈不動，不擐脣喙。物未有不以動而制者也，是故聖人貴靜。靜則能應躁，後則能應先，數則能勝疏，博則能禽缺。○俞樾云：博與缺義不相應，與上文「靜則能應躁，後則能應先，數則能勝疏」不一律矣。博當作摶，字之誤也。說文手部：「摶，圜也。」故與缺相對爲文。太玄中次六曰：「月闕其摶。」月之有闕有摶，即此文摶缺對文之證。故良將之用卒也，同其心，一其力，勇者不得獨進，怯者不得獨退，止如丘山，發如風雨，所淩必破，靡不毀沮，動如一體，莫之應圉，是故傷敵者衆，而手戰者寡矣。夫五指之更彈，不若捲手之一挃；挃，擣也。萬人之更進，更，代也。不如百人之俱至也。今夫虎豹便捷，熊羆多力，然而人食其肉而席其革者，不能通其知而壹其力也。夫水勢勝火，章華之臺燒，章華，楚之高臺。以升勺沃而救之，雖涸井而竭池，無柰之何也；舉壺榼盆盎而以灌之，其滅可立而待也。今人之與人，非有水火之勝也，而欲以少耦衆，不能成其功，亦明矣。兵家或言曰：「少可以耦衆。」此言所將，非言所戰也。或將衆而用寡者，勢不齊也；勢不齊，士不同力也。將寡而用衆者，用力諧也。若乃人盡其才，悉用其力，以少勝衆者，自古及今，未嘗聞也。

神莫貴於天，勢莫便於地，動莫急於時，用莫利於人。○文典謹按：御覽二百七十一引，人下有和字。凡此四者，兵之幹植也，然必待道而後行，可一用也。夫地利勝天時，巧舉勝地利，勢勝人，故任天者可迷也，任地者可束也，任時者可迫也，任人者可惑也。夫仁勇信廉，人之美才也，然勇者可誘也，仁者可奪也，信者易欺也，廉者易謀也。將衆者，有一見焉，則爲人禽矣。由此觀之，則兵以道理制勝，而不以人才之賢，亦自明矣。是故爲麋鹿者則可以罝罘設也，麋鹿有兵而不能以鬬，無術之軍也。爲魚鼈者則可以網罟取也，魚鼈之兵，散而不集。爲鴻鵠者則可以矰繳加也，鴻鵠之兵，高而無被。唯無形者無可柰也。是故聖人藏於無原，故其情不可得而觀；運於無形，故其陳不可得而經。無法無儀，來而爲之宜；無名無狀，變而爲之象。深哉睭睭，遠哉悠悠，且冬且夏，且春且秋，上窮至高之末，下測至深之底，變化消息，無所凝滯，建心乎窈冥之野，而藏志乎九旋之淵，九旋，九回之淵，至深者也。〇陶方琦云：文選江賦注、莊子釋文引許注：「九旋之淵至深。」按：文選注引有敚文，莊子釋文引淮南許注作「至深也」，敚文又甚。說文：「淵，回水也。」又「淀」下云：「回泉也。」雖有明目，孰能窺其情！

兵之所隱議者天道也，所圖畫者地形也，所明言者人事也，所以決勝者鈐勢也。故上將之用兵也，上得天道，下得地利，中得人心，乃行之以機，發之以勢，是以無破軍敗兵。及至中將，上不知天道，下不知地利，專用人與勢，雖未必能萬全，勝鈐必

多矣。下將之用兵也，博聞而自亂，多知而自疑，居則恐懼，發則猶豫，是以動爲人禽矣。今使兩人接刃，巧拙不異，而勇士必勝者，何也？其行之誠也。夫以巨斧擊桐薪，不待利時良日而後破之。加巨斧於桐薪之上，而無人力之奉，雖順招搖，挾刑德，招搖，斗杓也。刑，十二辰也。德，十日也。**而弗能破者，以其無勢也。故水激則悍，矢激則遠。夫栝淇衛箘簬，**栝，箭栝也。淇衛箘簬，箭之所出也。○莊逵吉云：御覽引，簬作簵。御覽凡兩引此注，一引與此同，又一處引注云：「箘簵，箭竹也，出于淇地。衛，箭羽也。」程文學云：釋名：「箭羽，齊人曰衛，所以導衛矢也。」疑是許慎注。○文典謹按：藝文類聚六十引注，與莊氏所舉又一處引注正同。今注內「箘簬」二字，疑涉正文而衍。**載以銀錫，**載，飾也。飾箭以銀錫。○文典謹按：北堂書鈔百二十五、藝文類聚六十、太平御覽三百四十七引，載並作飾。**雖有薄縞之幨，**縞，細繒也。**腐荷之矰，**荷，蓮華也。矰，猶矢也。○洪頤煊云：詩澤陂「有蒲與荷」，鄭箋：「芙蕖之莖曰荷。」證類本草引陸璣疏亦作「其莖曰荷」。蓮華不可以爲矢，高注非。**然猶不能獨射也。**○王念孫：「腐荷之矰」，矰本作櫓；「不能獨射」，射本作穿；高注本作「櫓，大楯也」。（說文及儒行注、襄十年左傳注並同。楯本作盾。）此言栝淇衛箘簬，而載之以銀錫，則雖薄縞之幨，腐荷之盾，亦不能穿。下文曰：「若假之筋角之力，（各本脱若字，今據舊本北堂書鈔及藝文類聚、太平御覽引補。）弓弩之勢，則貫兕甲而徑於革盾矣。」正與此相反也。氾論篇曰：「隆衝以攻，渠幨以守。」高彼注曰：「幨，幰也，所以禦矢也。」韋昭注吴語曰：「渠，楯也。」幨與盾皆所以禦五兵，故彼言「渠幨以守」，此言「薄縞之幨，腐荷之櫓，猶不能穿」。（齊策云：「攻城之費，百姓理襜蔽，舉衝櫓。」襜與幨同。）若矰，則非其類矣。且腐荷之櫓不能穿，謂矢不能穿櫓也。今本作「腐荷之矰」，矰即是矢，則其義不可通矣。後人不知矰爲櫓之誤，乃改「不能獨穿」爲「不能獨射」，以牽合矰字，又改高注之「櫓，大楯也」爲「矰，猶矢也」，以牽合正文，甚矣其謬也。舊本北堂書鈔武功部十三引此，正作「腐荷之櫓」，（陳禹謨依俗本改櫓爲矰，下「不能獨穿」同。）太平御覽兵部八十八「楯」下引此同，又引高注云：「櫓，大楯也。」又今本「不能獨射」，舊本北堂書鈔及藝文類聚軍器部、太平御覽兵部七十八、八十八、珍寶部十一，並引作「不能獨穿」，今據以訂正。**假之筋角之力，弓弩之勢，則貫兕甲而徑於革盾矣。**○文典謹按：北堂書鈔百二十五引，「假之」作「若不假以」。**夫風之疾，至於飛屋折木；虚舉之下大遲，自上高丘，**虚舉，不駕也。風疾飛之，下大遲，復上高丘也。○孫詒讓云：注以「不駕」釋「虚舉」，則舉疑當作轝，即輿之俗。「大遲」宋本作「大達」，疑當作「大逵」，注同。此似言疾風能飛屋折木，而虚轝不能自下大逵而上高丘，必藉人力推之，以喻兵勢之得失。注釋「虚轝」亦云「風疾飛之」，則與「人之有所推」之文不合，殆非也。**人之有所推也。是故善用兵者，勢如決積水於千仞之隄，若轉員石於萬丈之谿，天下見吾兵之必用也，則孰敢與我戰者！故百人之必死也，賢於萬人之必北也，況以三軍之衆，赴水火而不還踵乎！雖誂合刃於天下，誰敢在於上者！**誂，卒也。雖卒然合，與天下争，人誰敢在其上者！○洪頤煊云：説文：「誂，相呼誘也。从言，兆聲。」廣雅釋詁：「誂，誘也。」

所謂天數者，左青龍，右白虎，前朱雀，後玄武。角、亢爲青龍，參、井爲白虎，星、張爲朱雀，斗、牛爲玄武。用兵軍者，右參、井，左角、亢，背斗、牛，向星、張。此順北斗之銓衡也。所謂地利者，後生而前死，左牡而右牝。高者爲生，下者爲死。丘陵爲牡，谿谷爲牝。所謂人事者，慶賞信而刑罰必，動静時，舉錯疾。此世傳之所以爲儀表者，固也，然而非所以生。儀表者，因時而變化者也。是故處於堂上之陰而知日月之次序，見瓶中之冰而知天下之寒暑。○俞樾云：於字，衍文也。「處堂上之陰」者，謂察堂上之陰也。兵略篇曰：「相地形，處次舍。」是處與相同義。主術篇曰：「援白黑而示之，則不處焉。」不處猶不察也。蓋物居其所謂之處，使物各得其所亦謂之處。國語魯語曰「夫仁者講功，而知者處物」是也。故處卽有辨别之義。後人不達，而妄加於字，「處於堂上之陰」，於義殊不可通。且「處堂上之陰」本與「見瓶中之冰」相對，今增於字，則句法亦參差不齊矣。夫物之所以相形者微，唯聖人達其至。故鼓不與於五音而爲五音主，水不與於五味而爲五味調，將軍不與於五官之事而爲五官督。故能調五音者，不與五音者也；能調五味者，不與五味者也；能治五官之事者，不可揆度者也。是故將軍之心，滔滔如春，曠曠如夏，湫漻如秋，典凝如冬，典，常。凝，正也。常正於冬也。○俞樾云：高注曰：「典，常。凝，正也。」此未得典字之義。典，讀爲「頎典」之典。考工記輈人「是故輈欲頎典」，鄭注曰：「頎典，堅刃貌。」然則典凝猶堅凝也，與上句「湫漻如秋」一律。若訓典爲常，則失其義矣。○文典謹按：北堂書鈔百十五引，廣廣作闊闊，湫作淋，典凝作慘惻。又有注云：「滔滔寬伏，如春日之倡也。」**因形而與之化，隨時而與之移。夫景不爲曲物直，響不爲清音濁。觀彼之所以來，各以其勝應之。是故扶義而動，推理而行，掩節而斷割，**掩，覆也。覆其節制斷割也。○文典謹按：御覽二百七十三引注，割下有之字。**因資而成功，使彼知吾所出而不知吾所入，知吾所舉而不知吾所集。始如狐狸，彼故輕來；合如兕虎，敵故奔走。夫飛鳥之摯也俛其首，**○文典謹按：書鈔百十六、御覽二百七十一引，摯並作鷙。**猛獸之攫也匿其爪，虎豹不外其爪而噬不見齒。**○王念孫云：「虎豹不外其爪」，與上句「匿其爪」相複，爪當作牙，此卽涉上句爪字而誤。「噬不見齒」，若仍指虎豹言之，則又與「不外其牙」相複，當作「噬犬不見其齒」，與上句相對爲文，今本脱去犬字、其字。舊本北堂書鈔武功部四引此，正作「虎豹不外其牙，噬犬不見其齒」。（陳禹謨依俗本改爲「虎豹不外其爪而噬不見齒」。）太平御覽兵部二同。**故用兵之道，示之以柔而迎之以剛，**○莊逵吉云：御覽此下有注云：「迎，逆敵家。」○文典謹按：意林引，迎作乘。**示之以弱而乘之以强，爲之以歙而應之以張，**○莊逵吉云：御覽此下有注云：「歙，弱。張，强也。」

歙，讀如脅。」將欲西而示之以東，先忤而後合，前冥而後明，○文典謹按：北堂書鈔百十七引，明作朗。若鬼之無迹，若水之無創。故所鄉非所之也，所見非所謀也，舉措動静，莫能識也，若雷之擊，不可爲備。○文典謹按：意林引，作：「若欲西者，示之以東，使知吾所出，而不知吾所入。若鬼無跡，若水無創，若電之激，不可備也。」所用不復，故勝可百全。與玄明通，莫知其門，是謂至神。

兵之所以强者，民也；○王念孫云：文子上義篇作「兵之所以强者，必死也」，於義爲長。下句「民之所以必死者，義也」，卽承此句言之。上文曰：「百人之必死，賢於萬人之必北。」是兵之所以强者必死也。今本作「兵之所以强者，民也」，民字疑涉下句而誤。○文典謹按：王説非也。「兵之所以强者，民也」，卽上文「因民之欲，乘民之力，政勝其民，下附其上，則兵强矣」之義。此文「兵之所以强者，民也；民之所以必死者，義也；義之所以能行者，威也」，三句相連接，而以兩民字兩義字爲之樞紐。若改民字爲「必死」，則句法既參差不齊，文義亦不相連貫矣。文子上義篇「國之所以强者，必死也，所以死者，必義也」，文義本不可通，王氏顧欲據以改不誤之淮南書，其失也泥矣。「兵之所以强者，民也」，兵家之精義，王氏未及知之耳。民之所以必死者，義也；義之所以能行者，威也。是故合之以文，齊之以武，是謂必取；威儀竝行，是謂至强。○文典謹按：儀，文子上義篇作義，當從之。夫人之所樂者生也，而所憎者死也，然而高城深池，矢石若雨，平原廣澤，白刃交接，而卒争先合者，彼非輕死而樂傷也，爲其賞信而罰明也。是故上視下如子，則下視上如父；○莊逵吉云：御覽引此，視作事。下「視上如兄」、「視上如父」兩句同。上視下如弟，則下視上如兄。上視下如子，則必王四海；下視上如父，則必正天下。上親下如弟，○王念孫云：「上親下如弟」，親亦當爲視，字之誤也。上文正作「上視下如弟」。○文典謹按：王説是也。御覽二百八十一引，正作「上視下如弟」，是其證。則不難爲之死；下視上如兄，則不難爲之亡。是故父子兄弟之寇，不可與鬬者，積恩先施也。故四馬不調，造父不能以致遠；弓矢不調，羿不能以必中；君臣乖心，則孫子不能以應敵。孫子，名武，吴王闔閭之將也。是故内脩其政以積其德，外塞其醜以服其威，察其勞佚以知其飽飢，故戰日有期，視死若歸。故將必與卒同甘苦俟飢寒，○俞樾云：俟字義不可通，乃併字之誤。併與并通。廣雅釋詁：「并，同也。」「併飢寒」與「同甘苦」一律。○文典謹按：俞説未碻。此本作「故將必與卒同甘苦勞佚飢寒」，乃承上文「察其勞佚以知其飽飢」而言。御覽二百八十一引，作「故將必與卒同甘苦佚飢寒」，敚一勞字。此文佚更譌爲俟，而義遂不可通矣。故其死可得而盡也。故古之善將者，必以其身先之，暑不張蓋，寒不被裘，所以程寒暑也；險隘不乘，上陵必下，所以齊勞佚也；軍食孰然後敢食，軍井通然後敢飲，所以同飢渴也；合戰必立矢射之所及，○文典謹按：意林引，「所及」下有「之處」二字。以共安危也。○王念孫云：「矢射」當爲「矢石」，聲之誤也。（太平御覽兵部十三引此已誤。）意林引此，正作「矢石」。劉晝新論兵術篇同。上文云「所以程寒暑」、「所以齊勞佚」、「所以同飢渴」，則此「以共安危」上亦當有所字。○文典謹按：王說是也。意林引，有所字，是其證。故良將之用兵也，常以積德擊積怨，以積愛擊積憎，何故而不勝！主之所求於民者二：求民爲之勞也，欲民爲之死也。民之所望於主者三：飢者能食之，勞者能息之，有功者能德之。民以償其二積，而上失其三望，○王念孫云：「二積」當爲「二責」，此因上文諸積字而誤。二責，謂爲主勞，爲主死，故曰「主之所求於民者二」，求猶責也。太平御覽兵部十二引此，正作責。○文典謹按：御覽二百八十一引，以作已。以、已古通用。國雖大，人雖衆，兵猶且弱也。若苦者必得其樂，勞者必得其利，斬首之功必全，死事之後必賞，死事，以軍事死。賞其後子孫也。四者既信於民矣，主雖射雲中之鳥，而釣深淵之魚，彈琴瑟，聲鐘竽，敦六博，敦者，致也。○王念孫云：古無訓敦爲致者。六博言致，亦於義無取。今案：「敦六博，投高壺」，敦亦投也。敦，音都回反。邶風北門篇「王事敦我」，鄭箋曰：「敦，猶投擲也。」是敦與投同義。投謂投箸也。楚辭招魂注曰：「投六箸，行六棊，故爲六博。」是也。投高壺，○文典謹按：御覽引，壺作牆。兵猶且強，令猶且行也。是故上足仰，則下可用也；德足慕，則威可立也。

將者必有三隧、四義、五行、十守。所謂三隧者，上知天道，下習地形，中察人情。凡此三事者，人所從蹊隧。所謂四義者，便國不負兵，負，程也。○王念孫云：負與程義不相近，負當爲員，草書之誤也。（太平御覽兵部四引此已誤。）説山篇云：「春至旦，不中員程。」漢書尹翁歸傳云：「責以員程。」是員與程同義。員爲程式之程，又爲程量之程。儒行曰：「鷙蟲攫搏不程勇者，引重鼎不程其力。」鄭注曰：「程，猶量也。搏猛引重，不量勇力堪之與否也。」此言「便國不員兵」，亦謂不程量其兵之衆寡，故高注訓員爲程也。爲主不顧身，見難不畏死，決疑不辟罪。所謂五行者，柔而不可卷也，剛而不可折也，仁而不可犯也，信而不可欺也，勇而不可凌也。○文典謹按：御覽二百七十三引，凌作枝。所謂十守者，神清而不可濁也，謀遠而不可慕也，操固而不可遷也，知明而不可蔽也，不貪於貨，不淫於物，不嚂於辯，○莊逵吉云：御覽引，嚂作濫。不推於方，○文典謹按：御覽引，方作名。不可喜也，不可怒也。是謂至於，窈窈冥冥，孰知其情！○王念孫云：於當爲旍。古書旌字或作旍，形與於相近，因誤爲於。（續漢書天文志「會稽海賊曾旍等千餘人」，今本旍誤作於。）旌、冥、情三字爲韻，旌與精同。主術篇曰：「故至精之像，窈窈冥冥，不知爲之者誰，而功自成。」老子曰：「窈兮冥兮，其中有精。」莊子在宥篇曰：「至道之精，窈窈冥冥。」皆其證也。列子説符篇「東方有人焉，曰爰旌目」，後漢書張衡傳注引作爰精目。漢濟陰太守孟郁脩堯廟碑「師工旌密」，即精密。是精與旌古字通。○文典謹按：「是謂至於」，御覽引作「是謂至矣」，於義爲長。發必中詮，言必合數，動必順時，解必中揍；揍，理也。通動靜之機，明開塞之節，○文典謹按：文選永明九年策秀才文注引，通字、明字下竝有乎字。審舉措之利害，若合符節；疾如彍弩，勢如發矢，一龍一蛇，動無常體，莫見其所中，莫知其所窮，攻則不可守，守則不可攻。

蓋聞善用兵者，必先脩諸己，而後求諸人；先爲不可勝，而後求勝。脩己於人，求勝於敵，己未能治也，而攻人之亂，是猶以火救火，以水應水也，何所能制！今使陶人化而爲埴，則不能成盆盎；陶人化爲埴，陶人復變爲埴土，不能化埴土也。工女化而爲絲，則不能織文錦。同，莫足以相治也，故以異爲奇。兩爵相與鬭，未有死者也；鸇鷹至，則爲之解，以其異類也。故靜爲躁奇，有出於人。治爲亂奇，飽爲飢奇，佚爲勞奇。奇正之相應，若水火金木之代爲雌雄也。善用兵者，持五殺以應，五殺，五行。故能全其勝。拙者處五死以貪，故動而爲人擒。

兵貴謀之不測也，形之隱匿也，出於不意，不可以設備也。謀見則窮，形見則制。故善用兵者，上隱之天，下隱之地，中隱之人。隱之天者，無不制也。何謂隱之天？大寒甚暑，疾風暴雨，大霧冥晦，因此而爲變者也。何謂隱之地？山陵丘阜，林叢險阻，可以伏匿而不見形者也。何謂隱之人？蔽之於前，望之於後，出奇行陳之間，發如雷霆，疾如風雨，搴巨旗，搴，卷取也。止鳴鼓，而出入無形，莫知其端緒者也。故前後正齊，四方如繩，出入解續，不相越淩，○孫詒讓云：續，宋本作贖。上文亦云「察行陳解贖之數」。然不知「解贖」何義，注亦並無説。攷釋名釋衣服云：「齊人謂如衫而小袖曰侯頭。侯頭，猶解瀆，臂直通之言也。」疑解續、解贖、解瀆義同，解贖亦往來通達之語，猶解瀆爲直通之言也。翼輕邊利，邊利，翼軍之邊而利。或前或後，離合散聚，不失行伍，此善脩行陳者也。明於奇正賌、陰陽、刑德、五行、望氣、候星、龜策、機祥，○陳觀樓云：正字後人所加。「奇賌」以下皆二字連讀。上文云「明於刑德奇賌之數」，高注：「奇賌，陰陽奇秘之要。」是其證。説文作奇侅，史記倉公傳作奇咳，漢書藝文志作奇胲，竝字異而義同。此善爲大道者也。設規慮，施蔚伏，見用水火，出珍怪，鼓譟軍，所以營其耳也；曳梢肆柴，揚塵起堨，梢，小柴也。堨，埃。○陶方琦云：文選班固西都賦注引許注：「堨，埃也。」按：今注敚也字，依宋本補。説文：「堨，壁間隙。」「埃，塵也。」西都賦：「軼堨埃之混濁。」所以營其目者，此善爲詐佯者也。錞鉞牢重，固植而難恐，勢利不能誘，死亡不能動，此善爲充榦者也。充，盈。榦，强也○陶方琦云：文選陸機辨亡論注引許注：「榦，强也。」按：説文：「彊，弓有力也。」釋名釋兵：「矢，其體曰榦，言挺榦也。」義正相近。剽疾輕悍，勇敢輕敵，疾若滅沒，此善用輕出奇者也。相地形，處次舍，治壁壘，審煙斥，○孫詒讓云：煙、闉同聲叚借字。上文云：「無刑罰之威而相爲斥闉要遮者，同所利也。」是其證。居高陵，舍出處，此善爲地形者也。因其飢渴凍暍，勞倦怠亂，恐懼窘步，乘之以選卒，擊之以宵夜，此善因時應變者也。易則用車，易，平地也。險則用騎，涉水多弓，水中不可引弩，故以弓便。隘則用弩，隘可以手弩以爲距。晝則多旌，夜則多火，晦冥多鼓，此善爲設施者也。凡此八者，不可一無也，然而非兵之貴者也。夫將者，必獨見獨知。○文典謹按：北堂書鈔百十五引，作「獨知獨見」。獨見者，見人所不見也；獨知者，知人所不知也。見人所不見，謂之明；知人所不知，謂之神。神明者，先勝者也。先勝者，守不可攻，戰不可勝，攻不可守，虛實是也。上下有隙，將吏不相得，所持不直，卒心積不服，言積怨不服之也。所謂虛也。主明將良，上下同心，氣意俱起，所謂實也。若以水投火，所當者陷，所薄者移，牢柔不相通而勝相奇者，虛實之謂也。故善戰者不在少，善守者不在小，勝在得威，敗在失氣。夫實則鬭，虛則走，盛則强，衰則北。吳王夫差地方二千里，帶甲七十萬，南與越戰，棲之會稽，北與齊戰，破之艾陵，西遇晉公，擒之黃池，晉公，謂平侯也。擒之，服晉也。此用民氣之實也。其後驕溢縱欲，拒諫喜諛，憢悍遂過，憢，勇急也。不可正喻，大臣怨懟，百姓不附，越王選卒三千人，擒之干隧，因制其虛也。夫氣之有虛實也，若明之必晦也，故勝兵者非常實也，敗兵者非常虛也。善者，能實其民氣，以待人之虛也；不能者，虛其民氣，以待人之實也。故虛實之氣，兵之貴者也。

凡國有難，君自宮召將，詔之曰：「社稷之命在將軍，卽今國有難，願請子將而應之。」○王念孫云：卽當爲身，「在將軍身」爲句，「今國有難」爲句。隸書身字或作身，與卽字左半相似，因誤而爲卽。「願請子將而應之」，請字涉下文「還請」而衍。藝文類聚武部、太平御覽兵部五、七十一、儀式部一引此，並作「社稷之命在將軍身，今國有難，願子將而應之」，是其證。將軍受命，乃令祝史太卜齋宿三日，之太廟，鑽靈龜，卜吉日，以受鼓旗。君入廟門，西面而立；將入廟門，趨至堂下，北面而立。主親操鉞，持頭，授將軍其柄，曰：「從此上至天者，將軍制之。」復操斧，持頭，授將軍其柄，曰：「從此下至淵者，將軍制之。」將已受斧鉞，答曰：「國不可從外治也，軍不可從中御也。二心不可以事君，疑志不可以應敵。臣既以受制於前矣，鼓旗斧鉞之威，臣無還請，願君亦以垂一言之命於臣也。○王念孫云：「亦以垂一言之命」，以當爲無。今作以者，涉上文「既以」而誤。軍不可從中御，故曰「臣無還請，君亦無垂一言之命於臣」。兩無字相因爲義。今本下無字作以，則義不可通。太平御覽兵部五引此，正作無。君若不許，臣不敢將。君若許之，臣辭而行。」乃爪鬋，鬋爪，送終之禮，去手足爪。設明衣也，明衣，喪衣也。在於闇冥，故言明。鑿凶門而出。凶門，北出門也。將軍之出，以喪禮處之，以其必死也。○陶方琦云：御覽三百三十五引許注：「明衣，送終衣也。翦手足指爪者，示必死也。」按：此御覽所引乃敚文，「明衣」下敚去十字。「送終衣」即今注「送終禮」，禮與衣字相似。今注「以其必死也」，其字乃亓字。其古作亓，與亓相似。乘將軍車，載旌旗斧鉞，累若不勝。其臨敵決戰，不顧必死，○文典謹按：北堂書鈔百十五、藝文類聚五十九引，決竝作攻，於義爲長。無有二心。是故無天於上，無地於下，無敵於前，無主於後，進不求名，退不避罪，○文典謹按：北堂書鈔百十五引，避作辭。唯民是保，利合於主，國之實也，上將之道也。○王念孫云：實當爲寶，字之誤也。孫子地形篇「故進不求名，退不避罪，唯民是保，而利合於主，國之寶也」，此卽淮南所本。今作「國之實」，則義不可通矣。且寶與保、道爲韻。若作實，則失其韻矣。（上下文皆用韻。）如此，則智者爲之慮，勇者爲之鬭，氣厲青雲，疾如馳騖，是故兵未交接而敵人恐懼。若戰勝敵奔，畢受功賞，吏遷官，益爵祿，割地而爲調，決於封外，卒論斷于軍中。言有罪而誅。顧反於國，放旗以入斧鉞，報畢於君曰：「軍無後治。」乃縞素辟舍，請罪於君。君曰：「赦之！」退，齋服。大勝三年反舍，大勝敵者，還三年，乃反故舍也。中勝二年，下勝期年。兵之所加者，必無道國也，故能戰勝而不報，取地而不反，民不疾疫，將不夭死，五穀豐昌，風雨時節，戰勝於外，福生於內，是故名必成而後無餘害矣！

淮南鴻烈集解卷十六

説山訓

山爲道本，仁者所處。説道之旨，委積若山，故曰「説山」，因以題篇。

魄問於魂曰：「道何以爲體？」魄，人陰神也。魂，人陽神也。陰道祖于陽，故魄問魂，道以何等形體也。○莊逵吉云：御覽引，作「魂問於魄」，下魂、魄並互異。曰：「以無有爲體。」道無形，以無有爲體也。魄曰：「無有有形乎？」魂曰：「無有。」「何得而聞也？」言無有形狀，何以可得而知也。魂曰：「吾直有所遇之耳！言遇，遭遇知之也。○王念孫云：「何得而聞也」上，本有「魄曰無有」四字。魄問魂曰：「無有，何得而聞也？」故魂答曰：「吾直有所遇之耳！」今本脱此四字，則義不可通。（此因兩「魄曰無有」相亂而脱其一。）藝文類聚靈異部下、太平御覽妖異部一所引，並有此四字。視之無形，聽之無聲，謂之幽冥。幽冥者，所以喻道，而非道也。」似道而非道也。魄曰：「吾聞得之矣！得，猶知也。○王念孫云：聞字涉上文而衍。乃内視而自反也。」魂曰：「凡得道者，形不可得而見，名不可得而揚。揚，猶稱也。揚或作象。今汝已有形名矣，何道之所能乎！」魄曰：「言者，獨何

爲者？」魄詰魂曰：子尚無形，何故有言？ **「吾將反吾宗矣。」**宗，本也。魂將反于無形。○俞樾云：「吾將反吾宗矣」上當有「魂曰」二字，此乃魂之言也。「吾將反吾宗」者，魂欲反其宗也，故下文曰：「魄反顧，魂忽然不見。」惟反其宗，所以不見也。高解「反吾宗」曰：「魂將反于無形。」則其所據本正有「魂曰」二字。不然，何知其是魂而非魄乎？ **魄反顧，魂忽然不見，**不見魂也。**反而自存，亦以淪於無形矣。**魄返而自存，亦以入於無形之中矣。形或作有。

人不小學，不大迷；小學不博，不能通道，故大迷也。**不小慧，不大愚。**小慧不能通物，故大愚也。○王念孫云：學當爲覺，字之誤也。「小覺」與「大迷」相對，「小慧」與「大愚」相對。今作「小學」，則非其指矣。文子上德篇正作「不小覺，不大迷」。又案：高注本作「小覺不能通道，故大迷也」。今本作「小學不博，不能通道」者，覺誤爲學，後人因加「不博」二字也。下注云「小慧不能通物，故大愚也」，與此相對爲文，則此注原無「不博」二字明矣。**人莫鑑於沫雨，而鑑於澄水者，以其休止不蕩也。**沫雨，雨潦上覆瓮也。澄，止水也。蕩，動也。沫雨或作流潦。**詹公之釣，千歲之鯉不能避；**詹公，詹何也，古得道善釣者，有精術，故能得千歲之鯉也。○王念孫云：「千歲之鯉不能避」，本作「得千歲之鯉」，高注「故得千歲之鯉也」，是其證。今本作「千歲之鯉不能避」者，句首脱去得字，則文不成義，後人不解其故，遂於句末加「不能避」三字耳。（初學記鱗介部、太平御覽資産部十四、鱗介部八引此，並作「詹公之釣，千歲之鯉」，則所見本已脱得字，但尚無「不能避」三字。埤雅云：「詹何之釣，千歲之鯉不能避。」則所見本已有此三字矣。）下文「引輴者爲之止」下，又衍也字。（因下文「精之至也」而衍。）此文以鯉、止、喜三字爲韻。如今本，則失其韻矣。**曾子攀柩車，引輴者爲之止也；**曾子至孝，送親喪悲哀，攀援柩車，而挽者感之，爲之止。輴，棺下輪也。輴，讀若牛行輴輴之輴也。**老母行歌而動申喜，精之至也。**申喜，楚人也，少亡其母。聞乞人行歌聲，感而出視之，則其母也。故曰「精之至」。**瓠巴鼓瑟，而淫魚出聽；**瓠巴，楚人也，善鼓瑟。淫魚喜音，出頭於水而聽之。淫魚長頭身相半，長丈餘，鼻正白，身正黑，口在頷下，似鬲獄魚，而身無鱗，出江中。○陶方琦云：說文魚部「鱏」字下引傳曰：「伯牙鼓琴，鱏魚出聽。」定是淮南。攷蜀志郤正傳注及文選魏都賦注並引淮南作鱏魚，卽許本也。論衡亦作鱏魚，左思魏都賦亦作「感鱏魚」，皆用淮南許本。高本作淫魚，與韓詩外傳同。（文選洞簫賦注引淮南作淫魚，高本也。）其外荀子作流魚，大戴禮作沈魚，皆由聲近得通。**伯牙鼓琴，駟馬仰秣；**仰秣，仰頭吹吐，謂馬笑也。**介子歌龍蛇，而文君垂泣。**介子，介推也。從晉文公重耳出奔翟，遭難絶糧，介子推割肌啗之。公子復國，賞從亡者，子推獨不及，故歌曰：「有龍矯矯，而失其所。有蛇從之，而啖其口。龍既升雲，蛇獨泥處。」龍以喻文公，蛇以自喻也。于是文公覺悟，求介子推，不得而號泣之。**故玉在山而草木潤，**玉，陽中之陰也，故能潤澤草木。**淵生珠而岸不枯。**珠，陰中之陽也，有光明，故岸不枯。○陶方琦云：史記集解一百二十八引許

注：「滋潤鍾于明珠，致令岸枯也。」按：二注文異。史記龜筴傳「玉處于山而木潤，淵生珠而岸不枯」，徐廣曰「一本無不字」，引許君説淮南云云。是淮南許本作「淵生珠而岸枯」也。徐爲漢後人，當親見淮南最初本，所引許注，塙而可徵。○文典謹按：「淵生珠」與上句「玉在山」不相對。文子上德篇作「珠生淵」。（惟荀子勸學篇及大戴禮竝作「淵生珠」，與今本淮南合。）**螾無筋骨之強，爪牙之利，**螾，一名蜷端也。**上食晞堁，下飲黄泉，用心一也。**晞，乾也。堁，土塵也，楚人謂之堁。一，精專也。

清之爲明，杯水見眸子；○文典謹按：御覽三十九引「杯水」下有而字。**濁之爲闇，河水不見太山。視日者眩，聽雷者聾，**○王念孫云：人視日則眩，聽雷則未必聾也。玉篇：「⿰耳農，女江切。淮南子曰：『聽雷者⿰耳農。』注云：『耳中⿰耳農⿰耳農然。』」埤蒼云：「耳中聲也。」（廣韻與埤蒼同。）據此，則古本作「聽雷者⿰耳農」。今本⿰耳農作聾，而無「耳中⿰耳農⿰耳農」之注，則後人以意删改之耳。

人無爲則治，有爲則傷。道貴無爲，故治也。有爲則傷，道不貴有爲也。傷，猶病也。**無爲而治者，載無也。**言無爲而能致治者，常載行其無爲。**爲者，不能有也；**爲者，有爲也。有謂好憎情欲，不能恬澹靜漠，故曰「不能無爲」也。○王念孫云：「不能有也」，本作「不能無爲也」。下文「不能無爲者」即承此句而申言之。高注云：「好憎情欲，不能恬淡靜漠，故曰不能無爲也。」是其明證矣。今本作「不能有」者，涉下文「不能有爲」而誤。文子精誠篇正作「爲者，不能無爲也」。**不能無爲者，不能有爲也。**不能行清静無爲者，不能大有所致，致其治，立其功也，故曰「不能有爲」也。**人無言而神，**無言者，道不言也。道能化，故神。**有言者則傷。**道貴不言，故言有傷。**無言而神者載無，**道貴無言，能致于神。載，行也，常行其無言也。**有言則傷其神。之神者，**道賤有言，而多反有言，故曰傷其神。**鼻之所以息，耳之所以聽，終以其無用者爲用矣。**無用者，謂鼻耳中空處也。◯王念孫云：「無言而神」，「有言則傷」，相對爲文，「有言」下不當有者字，此因上下文者字而誤衍也。下文「有言則傷其神」，「有言」下亦無者字。「無言而神者載無」，無下當有也字。上文云：「人無爲則治，有爲則傷。無爲而治者，載無也。」皆與此文同一例。陳氏觀樓曰：「『有言則傷其神』絶句。（高注『故曰傷其神』，是以神字絶句。）『之神者』三字，乃起下之詞，不連上句讀。之，此也。言此神者，鼻之所以息，耳之所以聽也。高注『道賤有言』云云，本在『有言則傷其神』之下，後人誤以『則傷其神之神者』作一句讀，而移高注於『之神者』之下，則上下文皆不可讀矣。」念孫案：文子作「有言則傷其神之神者」，（今本有字誤在傷字下，又脱其字。）已誤讀淮南之文。後人移高注於「之神者」之下，卽爲文子所惑也。**物莫不因其所有而用其所無，**以其所無用爲用也。**以爲不信，視籟與竽。**籟，三孔籥也。以其管孔空處以成音也，故曰「視籟與竽」也。

念慮者不得卧，詩曰：「耿耿不寐，如有殷憂。」又曰：「展轉伏枕，寤寐永嘆。」**止念慮，則**

有爲其所止矣。止，猶去也。强自抑去念慮，非真無念慮，則與物所止矣。**兩者俱忘，則至德純矣。**兩者，念慮與不念慮也。忘二者，則神内守，故至德純一也。

聖人終身言治，所用者非其言也，用所以言也。非其言，非其所常言也。用所以言者，用當所治之言。**歌者有詩，然使人善之者，非其詩也。**善之者，善其音之清和也。不善其詩，故曰「非其詩」也。**鸚鵡能言，而不可使長。**鸚鵡，鳥名，出于蜀郡，赤喙者是，其色縹緑，能效人言。長，主也。○王念孫云：「不可使長」，長下當有言字。高注曰「不知所以長言」，下注又曰「不能自爲長主之言」，則有言字明矣。脱去言字，則文不成義。藝文類聚鳥部中、太平御覽羽族部十一引此，皆有言字。○俞樾云：藝文類聚鳥部、太平御覽羽族部引此，並作「不可使長言」，當從之。高注曰「長，主也」，又曰「不知所以長言」，下注又曰「不能自爲長主之言」，則未得長字之義。長，主也。則長猶典也。「不可使長言」，猶曰不可使典言，謂不可使典主教令也。**是何則？得其所言，而不得其所以言。**得其言者，知效人言也。不知所以長言，教令之言也，故曰「不得其所以言」。**故循迹者，非能生迹者也。**循，隨也。隨人故迹，不能創基造制，自爲新迹，如鸚鵡知效人言，不能自爲長主之言也。

神蛇能斷而復續，而不能使人勿斷也。○文典謹按：御覽九百三十三引，續作屬。**神龜能見夢元王，而不能自出漁者之籠。**宋元王夜夢見得神龜而未獲也，漁者豫且捕魚得龜，以獻元王，元王剥以卜，故曰「能見夢元王，而不能自出漁者之籠」也。

四方皆道之門户牖嚮也，在所從闚之。故釣可以教騎，騎可以教御，御可以教刺舟。此四術者，皆謹敬加順其道，故可以相教。

越人學遠射，參天而發，適在五步之内，不易儀也。越人習水便舟，而不知射，射遠反直仰向天而發，矢勢盡而還，故近在五步之内。參，猶望也。儀，射法。言不曉射，故不知易去參天之法也。○文典謹按：藝文類聚七十四引，適作鏑。御覽七百四十五引注，「言不曉射」作「言不曉參天之射」。**世已變矣，而守其故，譬猶越人之射也。**言其守故，不知變也。○文典謹按：藝文類聚七十四引，作「今學者欲學古而不知變，是越人射也」。

月望，日奪其光，陰不可以乘陽也。月十五日與日相望，東西中繩，則月食，故奪月光也。差則虧，至晦則盡，故曰「陰不可以乘陽」也。**日出星不見，不能與之争光也。**星，陰也，不能奪日之光也。**故末不可以強於本，指不可以大於臂。下輕上重，其覆必易。一淵不兩鮫。**鮫，魚之長，其皮有珠，今世以爲刀劍之口是也。一説：魚二千斤爲鮫。○王念孫云：「一淵不兩蛟」，即承上文言之，以明物不兩大之意，而語勢未了，其下必有脱文。太平御覽鱗介部二引此，「一淵不兩蛟」下有「一棲不兩雄。（韓子揚榷篇曰：「毋弛而弓，一棲兩雄。」）一則定，兩則争」凡十一字。又引高注云：「以日月不得並明，一國不可兩君也。」（上文「一淵不兩蛟」下引

「鮫，魚之長，其皮有珠」云云，與今本高注同，則此所引亦是高注。）今本皆脫，當據補。文子上德篇亦云：「一淵不兩蛟，一雌不二雄。一卽定，兩卽爭。」

水定則清正，動則失平。故惟不動，則所以無不動也。江、河所以能長百谷者，能下之也。夫惟能下之，是以能上之。上，大也。

天下莫相憎於膠漆，膠漆相持不解，故曰相憎。一說：膠入漆中則敗，漆入膠亦敗，以多少推之，故曰相憎。○陶方琦云：意林引許注：「膠泰相抱，不得還其本也。」按：二注異。高注上一說與許同，當卽許注也。而莫相愛於冰炭。冰得炭則解歸水，復其性，炭得冰則保其炭，故曰相愛。○陶方琦云：意林引許注：「仌得炭則解，故得還其本也。」按：今高注亦卽是許義。膠漆相賊，冰炭相息也。牆之壞，愈其立也，壞反本，還爲土，故曰愈其立也。冰之泮，愈其凝也，以其反宗。泮，釋，反水也。宗，本也。

泰山之容，巍巍然高，去之千里，不見埵堁，遠之故也。埵堁，猶席翳也。埵，讀似望，作江、淮間人言能得之也。秋毫之末，淪於不測。是故小不可以爲內者，大不可以爲外矣。小不可爲內，復小于秋毫之末，謂無有也。無有無形者至大，不可爲外也。蘭生幽谷，不爲莫服而不芳。性香。○文典謹按：御覽九百八十三引，谷作宮。宋本同。舟在江海，不爲莫乘而不浮。性浮。○文典謹按：意林引，海作河。君子行義，不爲莫知而止休。

性仁義也。○文典謹按：「止休」，北堂書鈔百三十七引作「止也」。書鈔又引文子「君子行義，不爲莫己知而止也」，今本文子上德篇作「君子行道，不爲莫知而止」，亦無休字。休疑衍文也。夫玉潤澤而有光，其聲舒揚，舒，緩也。揚，和也。渙乎其有似也。似君子也。渙，讀人謂貴家爲腝主之腝也。無内無外，不匿瑕穢，無内無外，表裏通也。匿，藏也。近之而濡，望之而隧。夫照鏡見眸子，微察秋毫，明照晦冥。故和氏之璧，隨侯之珠，出於山淵之精，君子服之，順祥以安寧，服，佩也。君子佩而象之，無有情欲，能順善以安其身。侯王寶之，爲天下正。寶，重也。侯王重其天性，若凡民之重珠玉，故以爲天下正，無所阿私也。陳成子恒之劫子淵捷也，陳成子將弑齊簡公，使勇士十六人脅其大夫子淵捷，欲與分國，捷不從，故曰劫之也。子罕之辭其所不欲不欲玉之寶也。而得其所欲，所欲，不貪爲寶。孔子之見黏蟬者，白公勝之倒杖策也，倒杖策，傷其頤，血流及屨而不覺，言精有所在也。衛姬之請罪於桓公，衛姬，衛女，齊桓公夫人也。桓公有伐衛之志，衛姬望見桓公色而知之，故請公殺，贖衛之罪也。子見子夏曰「何肥也」，道勝，無情欲，故肥也。魏文侯見之反被裘而負芻也，知其皮盡，則毛無所傅也。○王念孫云：「子見子夏」，當作「曾子見子夏」，事見韓子喻老篇。「魏文侯見之反被裘而負芻也」，當作「魏文侯之見反被裘而負芻也」。自「陳成子恒之劫子淵捷也」以下，皆與此文同一例。魏文侯事見新序雜事篇。兒説之爲宋王解閉結也，結不可解者而能解之，解之以不解。**此皆微眇可以觀論者。**微眇，爲見始知終也。

人有嫁其子而教之曰：○文典謹按：世説新語賢媛篇劉孝標注及意林引，子竝作女。**「爾行矣，慎無爲善！」**○文典謹按：世説新語注引，作「爾爲善，善人疾之」。**曰：「不爲善，將爲不善邪？」**○文典謹按：世説新語注引，作「對曰：『然則當爲不善乎？』」意林引，作「女問其故」。**應之曰：「善且由弗爲，況不善乎！」**○文典謹按：世説新語注引，作「曰：『善尚不可爲，而況不善乎！』」又文選馬汧督誄注引，由作猶。**此全其天器者。**器，猶性也。孟子曰人性善，故曰全其天性。○文典謹按：文選注引，者下有也字。

拘囹圄者以日爲脩，當死市者以日爲短。○王念孫云：「死市」，本作「市死」。初學記政理部、太平御覽刑法部八引此，並作「市死」。釋名亦云「市死曰棄市」。○文典謹按：意林引，作「拘囹圄者患日長，當死市者患日短」。**日之脩短有度也，有所在而短，有所在而脩也，則中不平也。**中，心也。**故以不平爲平者，其平不平也。**

嫁女於病消者，夫死則後難復處也。以女爲妨夫，後人不敢娶，故難復嫁處也。一説：女以天下人皆消，不肯復嫁之也。○文典謹按：「夫死則」下舊有「言女妨」三字，而今本脱之，故注以女爲妨夫，遂無所指。意林引，正作「嫁女於消渴者，夫死則言女妨」。御覽七百四十三引，作「嫁女於疾消渴者，夫死後則難可復處」，是消下尚有渴字，而今本並脱之也。**故沮舍之下**

不可以坐，沮舍〔一〕，壞也。○文典謹按：廣韻麻韻「廬」字下引，作「廬屋之下不可坐也」。倚牆之傍不可以立。爲踣壓也。

執獄牢者無病，執，主也。厲鬼畏之，故不病。罪當死者肥澤，計決，心之無外思。一説：治當死者，罪已定，無憂，故肥澤也。刑者多壽，心無累也。刑者，宫人也。心無情欲之累，精神不耗，故多壽也。

良醫者，常治無病之病，故無病。治正性，神内守，故無病也。聖人者，常治無患之患，故無患也。夫至巧不用劍，巧在心手，故不用劍也。○王引之云：「至巧不用劍」，本作「至巧不用鉤繩」。（高注同。原道篇曰：「規矩不能方員，鉤繩不能曲直。」莊子駢拇篇曰：「待鉤繩規矩而正者，是削其性也。」又見下。）齊俗篇曰：「規矩鉤繩者，此巧之具也，而非所以爲巧也。」卽此所云「至巧不用鉤繩」也。太平御覽工藝部九引齊俗篇注云：「巧存於心也。」（今齊俗篇脱此注。）卽此注所云「巧在心手，故不用鉤繩也」。然則今本正文及注内兩劍字，皆鉤字之誤，而鉤下又脱繩字，明矣。又案：御覽引此，亦作「至巧不用劍」，而引高注則云：「巧在心手，故不用劍繩。」然則御覽所引，本作「鉤繩」，而今本作劍者，又後人據誤本淮南改之也。善閉者不用關楗。

〔一〕「舍」字疑衍。

善閉其心，故不〔一〕關楗也。淳于髡之告失火者，此其類。淳于髡，齊人也。告其鄰突將失火，使曲突徙薪。鄰人不從，後竟失火。言者不爲功，救火者焦頭爛額爲上客。刺不備豫。喻凡人不知豫閉其情欲，而思得人救其禍。

以清入濁必困辱，以濁入清必覆傾。君子之於善也，猶采薪者見一芥掇之，見青蔥則拔之。言無所舍也。君子行善，亦如之。天二氣則成虹，地二氣則泄藏，陰陽相干，二氣也。人二氣則成病。邪氣干正氣，故成病。陰陽不能且冬且夏；陰不能陽，陽不能陰，冬自爲冬，夏自爲夏也。月不知晝，日不知夜。言不能相兼也。

善射者發不失的，善於射矣，而不善所射。所射者死，故曰不善。善釣者無所失，善於釣矣，而不善所釣。所釣者魚也，于魚不善也。故有所善，則不善矣。

鐘之與磬也，近之則鐘音充，充，大也。○莊逵吉云：御覽引，充作亮。遠之則磬音章，磬，石也，音清明，遠聞而章著也。物固有近不若遠，遠不若近者。

今曰〔二〕稻生於水，而不能生於湍瀨之流；湍，急水也。○文典謹按：御覽九百八十

〔一〕「不」下疑脱「用」字。

〔二〕「曰」疑爲「田」字之誤。

五引，流作間。八百三十九引，又作流。疑許、高本之異也。紫芝生於山，而不能生於盤石之上；根無所植也。○文典謹按：御覽九百九十六「紫草」條下引此文，芝作草。九百八十五引，無紫字。慈石能引鐵，及其於銅，則不行也。行猶使也。不能使隨也。

水廣者魚大，山高者木脩。廣其地而薄其德，譬猶陶人爲器也，揲挻其土而不益厚，破乃愈疾。愈，益也。疾，速也。揲，讀揲脈之揲。

聖人不先風吹，不先雷毀，不得已而動，故無累。月盛衰於上，則蠃蛖應於下，同氣相動，動，感。不可以爲遠。月盛則蠃蛖內減，故曰蠃蛖應于下。月，陰精也，蠃蛖亦陰也，故曰同氣也。精能相感，故曰不可爲遠。

執彈而招鳥，揮棁而呼狗，欲致之，顧反走。故魚不可以無餌釣也，獸不可以虛氣召也。召，猶致也。○俞樾云：氣當作器。莊子人間世篇「氣息茀然」，釋文曰：「向本作誋器，云：器，氣也。」是器、氣聲近義通。大戴記文王官人篇「其氣寬以柔」，逸周書官人篇氣作器，此古書以器爲氣之證。獸不可以虛器召」，猶上句云「魚不可以無餌釣」也。文子上德篇正作「獸不可以空器召」。

剥牛皮，鞟以爲鼓，正三軍之衆，然爲牛計者，不若服於軛也。狐白之裘，天子被之而坐廟堂，然爲狐計者，不若走於澤。言物貴于生也。

亡羊而得牛，則莫不利失也；斷指而免頭，則莫不利爲也。故人之情，於利之中則争取大焉，於害之中則争取小焉。

將軍不敢騎白馬，爲見識者。一説：白，凶服，故不敢騎也。傳曰：「晉襄公與〔一〕姜戎，子墨衰，敗秦師于殽。」言其變凶服也，故不敢騎白馬也。亡者不敢夜揭炬，爲人見之。保者不敢畜噬狗。保，城郭居也。保饒人也，不敢畜噬人狗也。○洪頤煊云：保，酒家傭也。鶡冠子世兵篇：「伊尹酒保。」韓非子外儲説右上篇：「宋人有酤酒者，升思甚平，遇客甚謹，爲酒甚美，著然不售，酒酸。問其所知長者楊倩，倩曰：『汝狗猛邪？』曰：『狗猛，則酒何故而不售？』曰：『人畏焉。或令孺子懷錢挈壺甕而往酤，而狗迓而齕之，此酒所以酸而不售也。』」是説其事，高注非。○俞樾云：高注曰：「保，城郭居也。」然以居城郭者謂之保者，義殊未安。此保字乃阿保之保。禮記内則篇「其次爲保母」是也。保者不敢畜噬狗，恐其驚孺子也。上句云「亡者不敢夜揭炬」，亡者、保者皆以事言，非以地言。

雞知將旦，鶴知夜半，而不免於鼎俎。鶴夜半而鳴也。以無智謀，不能免于鼎俎。以諭將軍當兼五材，不可以無權譎。

〔一〕「與」字，左傳作「興」。

山有猛獸，林木爲之不斬；園有螫蟲，藜藿爲之不采。言人畏也。○莊逵吉云：御覽一引作「螫毒」，一引作「螫蟲」，兩異。

爲儒而踞里閭，儒尚禮義，踞里閭非也。爲墨而朝吹竽，墨道尚儉，不好樂，縣名朝歌，墨子不入，吹竽非也。欲滅迹而走雪中，拯溺者而欲無濡，是非所行而行所非。

今夫闇飲者，非嘗不遺飲也，使之自以平，則雖愚無失矣。是故不同于和而可以成事者，天下無之矣。和，猶適也。

求美則不得美，不求美則美矣；心自求美名，則不得美名也，而自損，則有美名矣。故老子曰「致數輿無輿」也。求醜則不得醜，求不醜則有醜矣；不求美又不求醜，則無美無醜矣，是謂玄同。玄，天也。天無所求也。人能無所求，故以之同也。

申徒狄負石自沉於淵，而溺者不可以爲抗；申徒狄，殷末人也。不忍見紂亂，故自沉於淵。抗，高也。弦高誕而存鄭，誕者不可以爲常。弦高矯鄭伯之命，以十二牛犒秦師而却之，故曰誕而存鄭。誕非正也，故曰不可以爲常也。○王念孫云：誕下不當有者字，此涉上文「溺者」而誤。高注曰：「誕非正也，故曰不可以爲常。」則無者字明矣。泰族篇「弦高誕而存鄭，誕不可以爲常」，亦無者字。事有一應，而不可循行。

人有多言者，猶百舌之聲。百舌，鳥名，能易其舌，效百鳥之聲，故曰百舌。以喻人雖事多言，無益於事。**人有少言者，猶不脂之户也。**言其不鳴，故不脂之，諭無聲也。一説：不脂之户難開閉，亦諭人少言語也。**六畜生多耳目者不詳，讖書著之。**詳，善也。多耳目，人以爲妖災也。諭人有多言而少誠實，比之于不詳也。

百人抗浮，不若一人挈而趨，抗，舉也。浮，瓠也。百人共舉，不如一人持之走便也。**物固有衆而不若少者。引車者二六而後之，**轅三人，兩轅六人，故謂二六。一説：十二人。**事固有相待而成者。兩人俱溺，不能相拯，一人處陸則可矣。故同不可相治，必待異而後成。**同，謂君所謂可，臣亦曰可，君所謂否，臣亦曰否，猶以水濟水，誰能食之，是謂同，故不可以相治。異，謂濟君之可，替君之否，引之當道，是謂異也，故可以成事也。

千年之松，下有茯苓，上有兔絲；茯苓，千歲松脂也。兔絲生其上而無根，一名女蘿也。○王念孫云：「千年之松」四字，後人所加也。此言聖人從外知内，以見知隱，故上有兔絲，則知下有伏苓；（以下二句例之，則此當云「上有兔絲，下有伏苓」，今云「下有伏苓，上有兔絲」者，變文協韻耳。）上有叢蓍，則知下有伏龜。兔絲在伏苓之上，故曰「上有兔絲」，非謂在松之上也。伏苓在兔絲之下，故曰「下有伏苓」，亦非謂在松之下也。若云「千年之松，下有伏苓，上有兔絲」，則是以上下爲松之上下矣，然則「上有叢蓍，下有伏龜」又作何解乎？高注云「伏苓，千歲松脂也，兔絲生其上而無根」，此謂松脂入地千年爲伏苓，（博物志引神仙傳曰：「松脂入地千年，化爲伏苓。」）非謂千年之松下有伏苓也。且注云「兔絲生其上」，其字指伏苓而言，不指松言，則正文内本無「千年之松」四字明矣。吕氏春秋精通篇注、太平御覽藥部六、嘉祐本草補注、埤雅引此，皆無「千年之松」四字。史記續龜策傳引傳曰：「下有伏靈，上有兔絲。」亦無千年松之語。**上有叢蓍，下有伏龜，聖人從外知内，以見知隱也。**

喜武非俠也，俠，輕也。**喜文非儒也，好方非醫也，好馬非騶也，知音非瞽也，知味非庖也，此有一槩而未得主名也。**此六術者，皆善之而未純，無所適名，故曰一槩而未得主名。

被甲者，非爲十步之内也，百步之外則爭深淺，深則達五藏，淺則至膚而止矣。死生相去，不可爲道里。言相遠也。

楚王亡其猨，而林木爲之殘；楚王，莊王旅也。猨捷躁，依木而處，故殘林以求之。**宋君亡其珠，池中魚爲之殫，**殫，盡也。○文典謹按：「楚王亡其猨，而林木爲之殘；宋君亡其珠，池中魚爲之殫」，句法不一律。御覽九百十引，作「楚王亡其猨於林，木爲之殘；宋王亡其珠於池，魚爲之殫」，當從之。藝文類聚八十四引，作「楚王亡其猨，而林木爲之殘；宋王亡其珠於池中，而魚爲之殫」。白帖九十七「爲之殘」作「爲之殊害」，又引注云：「言殘林木以求之。」**故澤失火而林憂。**憂見及也。○莊逵吉云：御覽引，作「林木憂」。

上求材，臣殘木；上求魚，臣乾谷。上求楫，而下致船；上言若絲，下言若綸。綸，大繳也。上有一善，下有二譽；上有三衰，下有九殺。衰、殺，皆喻踰也。傳曰：「上之所好，下尤甚焉。」故有九殺也。○文典謹按：羣書治要引注，踰作偸。

大夫種知所以强越，而不知所以存身；自爲越所殺也。萇弘知周之所存，而不知身所以亡，亡，爲周所殺也。○王念孫云：下二句存上脱以字，身下脱之字。知遠而不知近。遠，謂强越存周也。近，謂其身也。

畏馬之辟也不敢騎，辟，旁也。懼車之覆也不敢乘，是以虚禍距公利也。虚，空也。不孝弟者或詈父母，生子者所不能任其必孝也，然猶養而長之。任，保也。

范氏之敗，有竊其鐘，負而走者，范氏，范吉射，范會之玄孫，范鞅獻子之子昭子也。敗者，趙簡子伐之，故人竊其鐘也。一曰：知伯滅范氏也。鎗然有聲，懼人聞之，遽掩其耳。憎人聞之，可也；自掩其耳，悖矣。悖，惑也。

升之不能大於石也，升在石之中；夜之不能修其歲也，夜在歲之中；仁義之不能大於道德也，仁義在道德之包。仁義小，道德大也。在道德包裹，猶升在斛之中，夜在歲之内也。○王念孫云：「脩其歲」亦當作「脩於歲」。○王紹蘭云：其，猶於也。管子大匡篇：「君子聞之，曰：『召忽之死也，賢其生也；管仲之生也，賢其死也。』」謂召忽死賢於生，管仲生賢於死，是其例矣。此文前後自作「於」，中句自作「其」，正見古人行文之法，不拘一律也。〇文典謹按：王念孫説是也。宋本其正作於。

先針而後縷，可以成帷；先縷而後針，不可以成衣。針成幕，蔂成城。事之成敗，必由小生，言有漸也。幕，帷也。上曰幕，旁曰帷。縷非針無以通，故宜先也。蔂，土籠也。始一匱，以上於城，故曰事之成敗，必由小生。

染者先青而後黑則可，先黑而後青則不可。工人下漆而上丹則可，下丹而上漆則不可。萬事由此，〇文典謹按：御覽七百五十二、九百六十一引，「萬事由此」下竝有也字。所先後上下，不可不審。審，知也。

水濁而魚噞，魚短氣黃噞，出口于水上。形勞則神亂。形亂，神不治也。故國有賢君，折衝萬里。衝，兵車也，所以衝突敵城也。言賢君德不可伐，故能折遠敵之衝車于千里之外，使敵不敢至也。魏文侯禮下段干木，而秦兵不敢至，此之謂也。〇王念孫云：「故國有賢君」二句，與上意絕不相屬，蓋錯簡也。案：上文云「山有猛獸，林木爲之不斬；園有螫蟲，藜藿爲之不采」，此云「故國有賢君，折衝萬里」，故字正承彼文而言。「賢君」當作「賢臣」，謂國有賢臣，則敵國不敢加兵，亦猶山之有猛獸，園之有螫蟲也。鹽鐵論崇禮篇：「故春秋傳曰：『山有虎豹，葵藿爲之不採；國有賢士，邊境爲之不割。』」漢書蓋寬饒傳：「臣聞山有猛獸，藜藿爲之不采，國有忠臣，姦邪爲之不起。」義竝與此同。且采與里爲韻。今本下二句誤在此處，則既失其義，而又失其韻矣。且「賢臣」作「賢君」，亦與上文取譬之義不合。高注有「賢君德不可伐」之語，恐是後人依已誤之正文改之也。觀注内引魏文侯禮下段干木而秦不敢伐之事，則本作「賢臣」明矣。晏子春秋雜篇曰：「夫不出於尊俎之間，而知衝千里之外，其晏子之謂也。」（知與折同。後人不曉知字之義，而删去衝字，又於「晏子之謂也」下增「可謂折衝矣」五字，大謬。辯見晏子。）呂氏春秋召類篇曰：「夫脩之於廟堂之上，而折衝乎千里之外者，其司城子罕之謂乎！」是凡曰折衝千里者，多指賢臣言之。且「國有賢臣」與「山有猛獸」云云同意，故鹽鐵論以虎豹喻賢士，而漢書亦以猛獸喻忠臣也。文子上德篇「山有猛獸，林木爲之不斬；園有螫蟲，葵藿爲之不采；國有賢臣，折衝千里」，皆用淮南之文，則此二句本在上文「山有猛獸」云云之下，而「賢君」本作「賢臣」，明矣。又案：「萬里」亦當依文子作「千里」。敵國之遠，可言千里，不可言萬里也。據高注云「折衝車於千里之外」，則正文本作「千里」明矣。

因媒而嫁，而不因媒而成；媒人以禮成爲室家也。**因人而交，不因人而親。**以德親也。○文典謹按：御覽五百四十一引，「因媒」上有女字。**行合趨同，千里相從；**雖遠必至。**行不合，趨不同，對門不通。**詩所謂「室邇人遠」，故曰對門不通也。**海水雖大，不受胔芥。日月不應非其氣，**陽燧取火，方諸取水，氣相應也。非此不得，故曰不應非其氣也。**君子不容非其類也。**○文典謹按：意林引，「君子」句在「日月」句前。

人不愛倕之手，而愛己之指；倕，讀詩「惴惴其栗」之惴也。倕，堯之巧工也。雖倕巧人，不能以倕巧故愛其手也。謂倕手無益於己，故自愛其指也。**不愛江、漢之珠，而愛己之鉤。**江、漢雖有美珠，不爲己用，故不愛也。鉤，釣鉤也，可以得魚，故愛之。○王念孫云：正文鉤字本作釣，注本作「釣，鉤也」。釣爲釣魚之釣，又爲鉤之別名，故必須訓釋。若鉤字，則不須訓釋矣。古多謂鉤爲釣，故廣雅亦云：「釣，鉤也。」下文云「操釣上山，揭斧入淵」，說林篇云「一目之羅不可以得鳥，無餌之釣不可以得魚」，（以上兩釣字，高氏皆無注者，注已見於此也。）然則此注本作「釣，鉤也」，明矣。）鬼谷子摩篇云「如操釣而臨深淵」，東方朔七諫云「以直鍼而爲釣兮，又何魚之能得」，皆其明證矣。道藏本作「愛己之鉤」，注作「鉤，釣也」，此因正文釣誤爲鉤，後人遂顛倒注文以就之耳。劉績不得其解，又改高注爲「鉤，釣鉤也」，以曲爲附會，而舊本之蹤跡遂不可尋矣。（諸本及莊本同。）淺學人但知釣爲釣魚之釣，而不知其又爲鉤之別名，故書傳中釣字多改爲鉤，詳見莊子「鉤餌」下。○文典謹按：高注非是。「倕之手」與「己之指」義正相應，「江、漢之珠」與「己之鉤」義亦相應。若作釣鉤，則非其指矣。呂氏春秋重己篇：「倕至巧也，人不愛倕之指而愛己之指，有之利故也。人不愛崑山之玉，江、漢之珠，而愛己之一蒼璧小璣，有之利故也。」即此文所本。蒼璧、小璣，己之鉤，皆喻不好，有之爲己用，故愛之也。鉤以玉爲之，故得與「江、漢之珠」相對爲譬。釣鉤賤物，豈其類哉！

以束薪爲鬼，以火煙爲氣。以束薪爲鬼，揭而走；夜行見束薪，以爲鬼，故去而走。

以火煙爲氣，殺豚烹狗。以火煙爲吉凶之氣，殺牲以禳之，惑也。**先事如此，不如其後。**此先事之人也，如此，不如徐徐出其後者也。

巧者善度，知者善豫。豫，備也。**羿死桃部，不給射；慶忌死劍鋒，不給搏。**桃部，地名。羿，夏之諸侯，有窮君也。爲弟子逢蒙所殺，不及攝己〔一〕而射也。搏，捷也。慶忌，吴王僚之子也，要離爲闔閭刺之，故死劍，不及設其捷疾之力。○莊逵吉云：「桃部」卽「桃棓」。詮言訓注云：「桃棓，大杖，以桃木爲之。」注義異。○顧炎武云：詮言訓「羿死於桃棓」，注云：「棓，大杖，以桃木爲之，以擊殺羿，自是以來，鬼畏桃也。」按：部卽棓字，一人注書而前後不同若此。

滅非者户告之曰：「我實不與我諛亂。」謗乃愈起。止言以言，止事以事，譬猶揚堁而弭塵，抱薪而救火。止言當以默，止事當以卜。今以言止言，以事止事，猶揚堁止塵塵愈起，抱薪救火火愈熾也。**流言雪汙，譬猶以涅拭素也。**流，放也。雪，除也。涅，黑也。素，白也。○文典謹按：文選長笛賦注引高誘淮南子注：「雪，拭也。」

矢之於十步貫兕甲，於三百步不能入魯縞；騏驥一日千里，其出致釋駕而僵。釋，税。僵，仆也。猶矢于三百步不能穿魯縞，言力竭勢盡也。○陶方琦云：史記集解一百八引

〔一〕「己」下疑脱「弓」字。

許注：「魯之縞至薄。」按：高無注。小爾雅廣服：「繒之精者曰縞。」史記韓長孺傳注引漢書音義曰：「縞，曲阜之地，俗善作之，尤爲輕細，故以喻之。」新論慎隟篇：「魯縞質薄，疊之折軸。」與淮南許注義亦同。

大家攻小家則爲暴，大國并小國則爲賢。憂世不能上德，苟任勞力，而以辟土斥境、并兼人國爲賢也。**小馬非大馬之類也，小知非大知之類也。**小馬不可以進道致千里，故不得與大馬同類。小知不可以治世長民，故不得與大知同類。○俞樾云：上非字，衍文也。本作：「小馬，大馬之類也；小知，非大知之類也。」言馬則小大同類，知則大小迥殊，正以馬之類明知之不類也。孟子告子篇「然則犬之性猶牛之性，牛之性猶人之性與？」亦以物之同見人之不同，與此語意相近。吕氏春秋別類篇曰：「小方，大方之類也。小馬，大馬之類也。小智，非大智之類也。」卽淮南所本。後人不達其旨，誤謂兩句一律，於上句亦增非字，失之矣。然觀高注曰：「小馬不可以進道致千里，故不得與大馬同類；小知不可以治世長民，故不得與大知同類。」則其所據本已衍非字。

被羊裘而賃，固其事也；貂裘而負籠，甚可怪也。籠，土籠也。○文典謹按：意林引，作「被羊裘而賃顧，其事過也；衣貂裘而負籠，甚可怪也」。周廣業云：「賃顧者，役人而予之值也。羊裘本賤者之服，不當顧人，故曰其事過也。」原文則謂被羊裘而爲人賃，宜也；華服而執賤役，可異矣。又按：「貂裘」，御覽六百九十四、七百六十四引，竝作「狐裘」。

以潔白爲汙辱，譬猶沐浴而抒溷，薰燧而負彘。燒薰自香也。楚人謂之薰燧。

治疽不擇善惡醜肉而并割之，農夫不察苗莠而并耘之，豈不虛哉！

壞塘以取龜，發屋而求狸，掘室而求鼠，割脣而治齲，桀、跖之徒，君子不與。舉事所施如是者，則桀、跖之徒也，君子不與也。○文典謹按：御覽七十四引，「不與」作「不爲」。

殺戎馬而求狐狸，援兩鼈而失靈龜，斷右臂而爭一毛，折鏌邪而爭錐刀，○文典謹按：御覽九百三十二引，「一毛」作「一手」，「錐刀」作「雞刀」。用智如此，豈足高乎！高，猶貴也。

寧百刺以針，無一刺以刀；寧一引重，無久持輕；寧一月饑，無一旬餓。饑，食不足。餓，困乏也。萬人之蹟，愈於一人之隧。楚人謂躓爲蹟。愈，勝也。隧，陷也。

有譽人之力儉者，舂至旦，不中員呈，猶謫之。察之，乃其母也。謫，責怒也。稱譽人力儉，呈作不中科員而責怒也。君子視之，乃自呈作其母以爲力。挾以此譽人，孰如毀之！故諺曰：「問誰毀之？小人譽之。」此之謂也。故小人之譽人，反爲損。損，毀也。

東家母死，其子哭之不哀。西家子見之，歸謂其母曰：「社何愛速死，吾必悲哭社。」江、淮謂母爲社。社，讀「雖家謂公爲阿社」之社也。○文典謹按：御覽四百九十九引，「東家」上有「楚人有」三字，「哭之不哀」作「哭而不悲」，「何愛」作「何憂」。夫欲其母之死者，雖死亦不能悲哭矣。謂學不暇者，雖暇亦不能學矣。言有事務，不暇學，如此曹之人，雖閒暇無務，亦不能學也。

見窾木浮而知爲舟，見飛蓬轉而知爲車，見鳥迹而知著書，以類取之。窾，穴，讀曰科也。○陶方琦云：宋蘇頌校淮南題序引許注，舟作周。按：蘇氏校正淮南子序云：「許于篇内多用叚借，以周爲舟是也。」初學記二十五引此，作「見窾木浮而知爲周」，正作周，知初學記引乃許本也。攷工記曰「作舟以行水」，故書舟爲周。鄭司農云：「周當爲舟。」許注淮南多用古本也。○文典謹按：初學記器用部引，「見窾木」上有「古人」二字。北堂書鈔百三十七引注云：「音欵，空也。」高注無云「某音某」者，必後人注語也。

以非義爲義，以非禮爲禮，譬猶倮走而追狂人，盜財而予乞者，竊簡而寫法律，蹲踞而誦詩、書。

割而舍之，鏌邪不斷肉；執而不釋，馬氂截玉。氂，馬尾也。聖人無止，無以歲賢昔，日愈昨也。賢、愈，猶勝也。言今歲勝於昔歲，今日勝於昨日。喻聖人自修進也。

馬之似鹿者千金，天下無千金之鹿；玉待礛諸而成器，礛諸，攻玉之石。言物有待賤而貴者也。礛，廉，或直言藍也。○文典謹按：御覽八百五引，礛作濫。注同。有千金之璧而無錙錘之礛諸。六銖曰錙，八銖曰錘，言其賤也。

受光於隙照一隅，受光於牖照北壁，受光於户照室中無遺物，況受光於宇宙乎？天下莫不藉明於其前矣！四方上下曰宇，往古來今曰宙，謂四極之内，天地之間，故天下莫不借明于日月之前。由此觀之，所受者小則所見者淺，所受者大則所照者博。

江出岷山，河出昆侖，濟出王屋，潁出少室，漢出嶓冢，已説在地形也。分流舛馳，注於東海，所行則異，所歸則一。一，同也。

通於學者，若車軸轉轂之中，不運於己，與之致千里，終而復始，轉無窮之源。不通於學者若迷惑，告之以東西南北，所居聆聆，聆聆，猶了了，言迷解也。背而不得，不知凡要。背而不得，更復惑，故曰不知凡要也。

寒不能生寒，熱不能生熱，不寒不熱能生寒熱。故有形出於無形，未有天地能生天地者也，至深微廣大矣！未有天地生天地，故無形生有形也。

雨之集無能霑，待其止而能有濡；集，下也。此其至，未能有所霑。止者所止，故能有濡也。矢之發無能貫，待其止而能有穿；唯止能止衆止。止，諭矢止乃能穿物。一曰：止已情欲，乃能止歸衆物，令不得已乎！

因高而爲臺，就下而爲池，各就其勢，不敢更爲。

聖人用物，若用朱絲約芻狗，若爲土龍以求雨。芻狗待之而求福，求，猶得也。待芻狗之靈而得福也。**土龍待之而得食。**土龍致雨，雨而成穀，故得待土龍之神而得穀食。一說：土龍待請雨之祈得食酒肉者也。○文典謹按：高注「故得待土龍之神而得穀食」，上得字衍文。文選應休璉與廣川長岑文瑜書注引，無得字，是其證。

魯人身善制冠，妻善織履，往徙於越而大困窮。○文典謹按：北堂書鈔百三十六引，作「魯人身善制冠，妾善織履，往從於越而大困」。**以其所修而遊不用之鄉，**○文典謹按：北堂書鈔百二十七引，作「以有用遊於不用之鄉也」。**譬若樹荷山上，**荷，水菜，夫渠也。其莖曰茄，其本曰密，其根曰藕，其花曰夫容，其秀曰菡萏，其實曰蓮。蓮之茂者花，花之中心曰薏，幽州總謂之光。荷，讀如燕人强秦言胡同也。**而畜火井中。操釣上山，揭斧入淵，欲得所求，難也。方車而蹠越，乘桴而入胡，**方，出[一]。蹠，至。桴，筏，一曰瓠。言非其所宜也。○陶方琦云：御覽七百七十引許注：「桴，木筏。」按：桴筏之訓乃舊義，高注一曰乃別解也，文亦與許注異。說文作泭，編木以渡也，與木筏義同。筏應作栰。論語「乘桴浮于海」，馬注：「桴，編竹木，大曰栰，小曰桴。」爾雅「庶人乘泭」，孫注：「方木置水中爲泭，栰也。」泭字又作𣹟。廣雅：「𣹟，筏也。」**欲無窮，不可得也。**無求之處也。○文典謹按：北堂書鈔百三十八引，作「欲無窮而不

[一]「出」，疑「並」字之誤。

得」。

楚王有白蝯，王自射之，則搏矢而熙；熙，戲也。使養由基射之，始調弓矯矢，未發而蝯擁柱號矣，由基，楚王之臣，養姓。調，張。矯，直。擁，抱。號，呼。幽通賦曰：「養流睇而猨號」，是也。○王念孫云：「擁柱」當爲「擁樹」，聲之誤也。文選幽通賦注引此，作「抱樹」。太平御覽兵部八十一引，作「擁樹」。○文典謹按：御覽七百四十五引，作「擁柱」，與今本合。有先中中者也。有先未中必中之徵，精相動也。

咼氏之璧，夏后之璜，揖讓而進之，以合歡；夜以投人，則爲怨，時與不時。不時，謂夜也。咼，古和字。○文典謹按：藝文類聚三十引，「時與不時」下有也字。

畫西施之面，美而不可說；規孟賁之目，大而不可畏，君形者亡焉。生氣者，人形之君。規畫人形，無有生氣，故曰君形亡。○文典謹按：御覽七百五十引，作「畫西施之面者，美而可悅，覩孟賁之目者，大而可畏」。意林引，規作畫，句在「畫西施之面」句前。

人有昆弟相分者，無量，多不可計。而衆稱義焉。夫惟無量，故不可得而量也。

登高使人欲望，臨深使人欲闚，處使然也。射者使人端，釣者使人恭，事使然也。端然後中，恭然後得，故曰事使然也。

曰殺罷牛可以贖良馬之死，莫之爲也。殺牛，必亡之數，牛者，所以植穀者，民之命，是以王法禁殺牛，民犯禁殺之者誅，故曰必亡之數。以必亡贖不必死，未能行之者矣。

季孫氏劫公家，魯大夫季桓子斯，一曰康子肥，脅定公而專其政。傳曰：「禄之去公室。」孔子説之，先順其所爲，而後與之入政，曰：「舉枉與直，如何而不得？舉直與枉，勿與遂往。」直順其謀而從，勿遂大，與同小。此所謂同汚而異塗者。

衆曲不容直，衆枉不容正，故人衆則食狼，狼衆則食人。

欲爲邪者必相明正，欲爲曲者必相達直。公道不立，私欲得容者，自古及今，未嘗聞也。此以善託其醜。託，寄也。若麗姬欲殺太子申生，先稱之于獻公，然後得行其害，此其類也。

衆議成林，無翼而飛，衆人皆議，平地生林，無翼之禽能飛，凡人信之，以爲實然。三人成市虎，三人從市中來，皆言市中有虎，市非虎處，而人信以爲有虎，故曰三人成市虎。一里能撓椎。撓，弱。一里之人皆言能屈椎者，人則信之也。

夫游没者，不求沐浴，已自足其中矣。故食草之獸不疾易藪，疾，患也。水居之蟲不疾易水，○王念孫云：「食草」本作「草食」。「草食」與「水居」相對爲文，寫者誤倒耳。太平御覽蟲豸部一引此，正作「草食」。莊子田子方篇同。行小變而不失常。小變，易水易草也。草食故食草，水居故水中，故曰不疾失其常也。

信有非禮而失禮；○王念孫云：當作「信有非而禮有失」。下文「此信之非」，「此禮之失」，皆承此句言之。今本「而禮」二字誤倒，又脱一有字，衍一禮字，遂致文不成義。**尾生死其梁柱之下，此信之非也；**尾生，炇人，與婦人私期橋梁之下，故尊其誓，水至不去，没休而死，故曰信之非也。**孔氏不喪出母，此禮之失者。**禮，庶子喪出母期。孔氏，子上，名白，仲尼之曾孫，孔伋之子也。子上之母被出，卒于外。記曰：「子上之母死，不喪。門人問諸子思曰：『子先君其喪出母乎？』曰：『然。』『子不使白，何也？』曰：『昔我先君無所失道，道隆從而隆，道污從而污，伋則安能及乎！是不爲伋也妻，不爲白也母。』孔氏之不喪出母，自子思始。」故曰孔氏之失也。

曾子立孝，不過勝母之閭；○文典謹按：御覽四百十三引，曾子作孔子。文選吴季重答東阿王書注引，「立孝」作「至孝」。**墨子非樂，不入朝歌之邑；曾子立廉，不飲盗泉，**○文典謹按：「曾子立廉」，本作「孔子立廉」。今本作「曾子」者，涉上文「曾子立孝」而誤也。水經注二十五引尸子：「孔子至於暮矣，而不宿於盗泉，渴矣而不飲，惡其名也。」文選陸士衡猛虎行注引尸子：「孔子至於勝母，暮矣而不宿，過於盗泉，渴矣而不飲，惡其名也。」後漢書鍾離意傳：「臣聞孔子忍渴於盗泉之水。」列女傳：「樂羊子妻曰：『妾聞志士不飲盗泉之水。』」注：「水經注引論語撰考讖並云：『水名盗泉，仲尼不漱。』」論衡問孔篇、説苑説叢篇皆言孔子不飲盗泉，不聞爲曾子事也。御覽四百二十六引此文作「曾子」，已誤，然四百十三引「曾子立孝，不過勝母之閭」，「曾子」作

「孔子」，可攷「曾」、「孔」互譌之跡。所謂養志者也。

紂爲象箸而箕子唏，見象箸，知當復作玉杯。有玉杯，必有熊蹯豹胎，以極廣侈。故箕子爲之驚號唏也。魯以偶人葬而孔子嘆，惡其象人而用之。知後世必用殉，故孔子爲之長嘆也。故聖人見霜而知冰。見微霜降，大寒至，必堅冰。

有鳥将來，張羅而待之，得鳥者，羅之一目也；今爲一目之羅，則無時得鳥矣。今被甲者，以備矢之至；若使人必知所集，則懸一札而已矣。事或不可慮，〇王念孫云：「物或不可慮」，文義未明，且與上句不對。文子上德篇「事或不可前規，物或不可豫慮」，即用淮南之文。今本蓋脱豫字。卒然不戒而至，故聖人畜道以待時。道能均化，無不稟受，故聖人畜養以待時，時至而應，若武王伐紂也。

⿰镸几屯犂牛，既⿰牜斗以⿰牜隋，決鼻而羈，⿰镸几屯，醜牛貌。犂牛，不純色。⿰牜斗，無角。⿰牜隋，無尾。決鼻羈頭而牽。生子而犧，尸祝齊戒以沉諸河，犧者，牲也。尸，祭神之主。祝，祈福祥之辭。祀河曰沉。〇王念孫云：説文、玉篇、廣韻、集韻皆無⿰牜斗、⿰牜隋二字，⿰牜斗、⿰牜隋當爲科、橢。（橢，他果反。）後人從牛作犐、⿰牜隋，傳寫者又誤爲⿰牜斗、⿰牜隋耳。科與橢，皆秃貌也，故高注云「科無角，橢無尾」，其實無角亦可謂之橢。吕氏春秋至忠篇「荆莊哀王獵於雲夢，射隨兕」，隨與橢同。（齊俗篇「窺面於盤水則員，於杯則隨」，隨卽橢字。）説苑立節篇作「射科雉」。（雉與兕同。集韻：「兕，或作雉。」

史記齊世家「蒼兕蒼兕」，徐廣曰：「本或作蒼雉。」管蔡世家曹惠伯兕，十二諸侯年表兕作雉。）隨兕、科雉，皆謂兕之無角者也。太玄窮次四「土不和，木科楕」，范望曰：「科楕，枝葉不布。」集韻引宋惟榦説云：「科楕，木首杌也。」義與此科楕相近。楕字集韻又音徒禾切，故太玄與和爲韻，此與羈、犧、河爲韻。今誤作犞，則失其韻矣。**河伯豈羞其所從出，辭而不享哉！**詩曰：「采葑采菲，無以下體。」論語曰：「犂牛之子騂且角，雖欲勿用，山川其舍諸。」

得萬人之兵，不如聞一言之當。當，謂明天時地利，知人之言，可以不戰屈人之兵也。○文典謹按：藝文類聚十九引，如作若，與下文一律。**得隋侯之珠，不若得事之所由。得咼氏之璧，不若得事之所適。**由，用。適，宜適也。○文典謹按：御覽八百六引，「得事之所適」，作「以事之所適」。

撰良馬者，非以逐狐狸，將以射麋鹿。砥利劍者，非以斬縞衣，將以斷兕犀。故「高山仰止，景行行止」，鄉者其人。言有高山，我仰而止之；人有大行，我則而行之。故曰鄉者其人也。

見彈而求鴞炙，彈可以彈鴞鳥，而我因其求炙也。**見卵而求晨夜，**雞知將旦，鶴知夜半。見其卵，因望其夜鳴，故曰求晨夜。○俞樾云：晨當作辰。淺人誤謂與夜對文，故加日作晨，不知非其義也。辰者，時也。詩東方未明篇「不能辰夜」，毛傳曰：「辰，時也。」正義曰：「不能時節此夜之漏刻。」然則辰夜卽時夜也。莊子齊物論篇正作「見卵而求時夜」。蓋皆本於毛詩，淮南用其文，莊子用其義耳。見黂而求成布，雖其理哉，亦不病暮。黂，麻之有實者。可以爲布，因求其成，故曰「雖其理哉，亦不病暮」，言其早也。黂，讀傳曰「有蜚不爲災」之蜚。

象解其牙，不憎人之利之也；利，猶取也。死而棄其招簣，不怨人取之。招簣，稱死者浴牀上之栖也。怨亦憎，變文爾。簣，讀功績之績也。人能以所不利利人，則可。所不利，若子罕不利玉人之寶，利于玉人自得玉以爲寶，故曰可也。

狂者東走，逐者亦東走，東走則同，所以東走則異。溺者入水，拯之者亦入水，入水則同，所以入水者則異。異以不休。故聖人同死生，愚人亦同死生，聖人之同死生通於分理，○文典謹按：御覽四百九十九引，「分理」下有也字。愚人之同死生不知利害所在。○文典謹按：御覽引，作「不知利害之所在也」。徐偃王以仁義亡國，國亡者非必仁義；徐國，今下邳、徐、僮是。偃，謚。居衰亂之世，修行仁義，爲楚文王所滅。滅者多以不義，故曰亡國不必仁義。比干以忠靡其體，被誅者非必忠也。比干以忠諫紂而誅。世之見誅者多以不忠，故曰被誅者非必忠。故寒顫，懼者亦顫，此同名而異實。同名於顫。異者，寒與懼。顫，讀天寒凍顫之顫，字亦如此。○王念孫云：寒下亦當有者字。上文「狂者東走，逐者亦東走」，與此文同一例。

明月之珠出於蛖蜄，周之簡圭生於垢石，珠有夜光明月，生於蛖中。簡圭，大圭，美玉。出於石中，故曰生垢石。○文典謹按：文選西都賦注引許注：「夜光之珠有似明月，故曰明月也。」初學記鱗介部引，「周之簡圭生於垢石」作「周人簡珪産於古石」，文選應德璉侍五官中郎將建章臺集詩注引，作「周之簡珪産於垢土」。**大蔡神龜出於溝壑。**大蔡，元龜之所出地名，因名其龜爲大蔡。臧文仲所居蔡是也。**萬乘之主，冠錙錘之冠，履百金之車。**六銖曰錙，八銖曰錘，言賈值小。物有賤而在上，有貴而在下。車，或作履也。**牛皮爲賤，正三軍之衆。**鼓聲氣，故可以齊三軍之衆也。

欲學歌謳者，必先徵羽樂風；徵，南方火。羽，北方水。五音正，樂正。夫理情性，動天地，感鬼神，莫近于詩樂。風者，上以風化下，下以風刺上，故曰風也。**欲美和者，必先始於陽阿、采菱；**陽阿、采菱，樂曲之和聲。有陽阿，古之名倡，善和也。○王念孫云：下「必先」二字，因上「必先」而衍。「始於」與「必先」相對爲文，不當更有「必先」二字。北堂書鈔樂部一、藝文類聚樂部一、太平御覽樂部三引此，並作「始於陽阿、采菱」，無「必先」二字。○陶方琦云：御覽五百六十五引許注：「楚樂之名也。」按：二注文異。楚辭「涉江、采菱，發陽阿」，王注：「楚人謌曲也。」與許説同。○文典謹按：書鈔、類聚、御覽引此文，「欲美和者」竝作「奏雅樂者」。**此皆學其所不學，而欲至其所欲學者。**

燿蟬者務在明其火，釣魚者務在芳其餌。明其火者，所以燿而致之也；芳其餌者，所以誘而利之也。燿，明。芳，香也。明火香餌，則蟬魚至。以言治國，明其德，美其政，天下之人如蟬魚之歸明火香餌也。**欲致魚者先通水，欲致鳥者先樹木。水積而魚聚，木茂而鳥集。好弋者先具繳與矰，**繳，大綸。矰，短矢。繳所以繫者，繳射之注飛鳥。詩云：「弋鳧與鴈。」**好魚者先具罟與罛，**罟，細网。傳曰：「數罟不入汙池。」罛，大网。詩曰「施罛濊濊，鱣鮪潑潑」是也。**未有無其具而得其利。**言未見君無道而能得民心也。

遺人馬而解其羈，遺人車而稅其轙，轙，所以縛衡也。**所愛者少而所亡者多，故里人諺曰：「烹牛而不鹽，敗所爲也。」**烹羹不與鹽，不成羹，故曰敗所爲。禮記曰：「客絮羹，主人辭不能烹。」知烹爲羹也。

桀有得事，謂若作瓦以蓋屋，遺後世也。○洪亮吉云：有虞氏已有瓦棺，則瓦非自夏始。周書云神農作瓦器，倉頡篇陶作瓦，舜始爲陶，衆經音義陶又通作姚。余以爲神農作瓦近之。故孟子云「舜陶於河濱」，明舜時已有瓦矣。古史考云夏昆吾作瓦，世本夏臣昆吾更增加瓦器。昆吾係夏桀時人，故又以爲桀作瓦也。**堯有遺道，**遺，失。謂不能放四凶，用十六相是也。一說：不傳丹朱而傳舜天下，有不慈之名，故曰有遺道也。**嫫母有所美，**嫫母，古之醜女，而行貞正，故曰有所美。嫫，讀模範之模。**西施有所醜。**西施，古之好女。雖容儀光豔，未必貞正，故曰有所醜也。故亡國之法有可隨者，治國之俗有可非者。有可隨，猶嫫母有所美。有可非，猶西施有所醜。

琬琰之玉，在洿泥之中，雖廉者弗釋；琬琰，美玉。釋，舍也。○文典謹按：「在洿泥之中」，御覽七百五十七引，作「汙泥土之中」。弊箄甑瓾，在袇茵之上，雖貪者不搏。瓾，甑帶。搏，取也。瓾，讀鼃黽之黽也。○王念孫云：說文、玉篇、廣韻、集韻、類篇皆無瓾字，瓾當作𤭛，字之誤也。說文：「窐，甑空也。」（空與孔通。）玉篇甗或作𤭛，亦作窐，胡圭、古畦二切，甑下空也。楚辭哀時命「璋珪雜於甑窐兮」，璋珪與甑窐美惡相縣，故以爲喻。此云「弊箄甑𤭛在旃茵之上，雖貪者不搏」，亦爲其惡也。（見下文。）𤭛字不得音黽，注當作「𤭛，讀鼃黽之鼃」。𤭛、鼃皆從圭聲，故讀𤭛如鼃。太平御覽器物部二引此，已誤作瓾。洪興祖楚辭補注所引與御覽同，唯注內音鼃尚不誤。楊慎古音餘於梗韻收入瓾字，引高注「瓾，讀鼃黽之黽」，則爲俗本所惑也。美之所在，雖汙辱，世不能賤；惡之所在，雖高隆，世不能貴。「世不能賤」者，喻賢者在下位卑汙之處。「世不能貴」者，喻小人在上位高顯之處。

春貸秋賦民皆欣，春飢而予，秋豐而收，故民欣也。春賦秋貸眾皆怨。得失同，喜怒爲別，其時異也。

爲魚德者，非挈而入淵；爲蝯賜者，非負而緣木，縱之其所而已。喻爲政，官方定物，能文者居文官，能武者居武官，故曰縱之其所而已。○莊逵吉云：御覽作「縱其所之而已」。○王念孫云：「縱之其所而已」，所下當有利字。淵者魚之所利，木者蝯之所利，故曰「縱之其所利而已」。高注「故曰縱之其利而已也」，利上當有所字。各本正文脱利字，（困學紀聞引此已誤。）而注文利字尚存。莊本又改利字爲所字，則并注文亦無利字矣。文子上德篇作「縱之所利而已」，與高注利字合，則正文原有利字明矣。○文典謹按：王説是也。御覽四百七十七引，作「縱其所之，利之而已矣」，有利字。

貂裘而雜，不若狐裘而粹，雜，猶駁。粹，純也。**故人莫惡於無常行。**無常行，猶論語「人而無恒，不可作爲巫醫」，故曰惡也。

有相馬而失馬者，失，猶不知也。**然良馬猶在相之中。**良馬有夭壽，骨法非能相。不知，故曰在相之中。**今人放燒，**○文典謹按：「放燒」義不可通，放當爲於，字之誤也。御覽八百六十九引，正作「今人於燒」，是其證。**或操火往益之，或接水往救之，兩者皆未有功，而怨德相去亦遠矣。**

郢人有買屋棟者，求大三圍之木，郢，楚都，在今江陵北郢是也。棟，隱木材。**而人予車轂，**○王念孫云：意林及太平御覽居處部十五引此，予下並有之字，於義爲長。**跪而度之，巨雖可，而修不足。**巨，大也。修不足，言其短。○莊逵吉云：修，各本作長，依太平御覽改。

又巨字作大。○文典謹按：意林引，巨亦作大。

蘧伯玉以德化，伯玉，衛大夫蘧瑗。趙簡子將伐衛，使史默往視之。曰：「蘧伯玉爲政，未可以加兵。」故曰以德化。**公孫鞅以刑罪，所極一也。**公孫鞅，衛公子叔痤之子，自魏奔秦，相孝公，制相坐法，故曰以刑罪。秦封爲商君，因曰商鞅。商在京兆東南。瑗以德化，鞅以刑罪，故曰所極一也。**病者寢席，**寢，卧。席，蓐。**醫之用針石，巫之用糈藉，所救鈞也。**醫，師。在男曰覡，在女曰巫。石針所抵，殫〔一〕人雍痤，出其惡血。糈，米，所以享神。藉，菅茅。皆所以療病求福祚，故曰救鈞。

貍頭愈鼠，雞頭已瘻，鼠齧人瘡，貍愈之。瘻，頸腫疾。雞頭，水中芡，幽州謂之雁頭，亦愈之也。○陶方琦云：御覽九百十二引許注：「貍食鼠。」按：二注文異。鼠即癙字。爾雅釋詁：「癙，病也。」孫注：「畏之病也。」許、高並以貍制鼠之說相釋，以癙有从鼠之義也。山海經「脫扈之山，植楮可以已癙」，郭注：「癙，病也。淮南子曰：『貍頭已癙。』」又御覽九百十二「貍頭止癙」，注：「癙，寒熱病也。」或亦是許注。此引必係敓文。物類相感志引許君注曰：「貍能執鼠，故愈也。」是全文。然食作執，已作愈。）○文典謹按：御覽七百四十二引，作「貍頭已癙」，與水經注所引合。**䖟散積血，**○陶方琦云：御覽九百四十三引，作「蝱戢積血」，又引許注：「蝱食血。」

〔一〕「殫」，原本作「彈」，據莊逵吉校本改。

按：高無注。說文：「蝱，齧牛尾蟲也。」斲木愈齲，○文典謹按：御覽七百四十引注云：「啄木，食齲蟲也。」此類之推者也。推，行也。膏之殺鼈，鵲矢中蝟，中，亦殺也。爛灰生蠅，爛，腐。漆見蟹而不乾，乾，燥。此類之不推者也。推與不推，若非而是，若是而非，孰能通其微！

天下無粹白狐，而有粹白之裘，掇之衆白也。善學者，若齊王之食雞，必食其蹠數十而後足。蹠，雞足踵也。喻學取道衆多，然後優。

刀便剃毛，至伐大木，非斧不剋，剋，截。物固有以剋適成不逮者。視方寸於牛，不知其大於羊；總視其體，乃知其大相去之遠。遠，猶多也。○王念孫云：「乃知其大」，大字因上文而衍。「乃知其相去之遠」，文義甚明，句中不當有大字。孕婦見兔而子缺脣，見麋而子四目。○文典謹按：御覽三百六十引，「四目」上有必字。小馬大目，不可謂大馬；大馬之目眇，可謂之眇馬，物固有似然而似不然者。故決指而身死，決，傷也。或斷臂而顧活，顧，反。○陶方琦云：史記索隱十六引許注：「顧，反也。」按：此乃舊訓，故同。說林訓「偷肥其體而顧近于死」，高注：「顧，反也。」類不可必推。

厲利劍者必以柔砥，柔，濡。擊鐘磬者必以濡木，轂强必以弱輻，兩堅不能相和，兩強不能相服。○文典謹按：御覽八百五引，和作加，服作伏。故梧桐斷角，馬氂截玉。

言柔勝剛也。

媒但者，非學謾也，但成而生不信。但，猶詐也。立慬者，非學鬬争也，慬立而生不讓。○王念孫云：但與誕同，故高注曰：「但，猶詐也。」他與詑同。謾詑，詐欺也。説文：「謾，欺也。」又曰：「沇州謂欺曰詑。」（玉篇湯何、達可二切。）急就篇「謾訑首匿愁勿聊」，顔師古曰：「謾訑，巧黠不實也。或謂之訑謾。」楚辭九章：「或詑訑而不疑。」詑、訑、他，字異而義同。燕策：「燕王謂蘇代曰：『寡人甚不喜訑者言也。』蘇代對曰：『周地賤媒，爲其兩譽也，之男家曰女美，之女家曰男富。』」故曰「媒但者，非學謾他，但成而生不信」也。「謾他」與「鬬争」相對爲文。各本「謾他」並誤作「謾也」，或又於「鬬争」下加也字，以與「謾也」相對，其謬滋甚。惟道藏本不誤。莊刻仍依各本作「謾也」，又於「鬬争」下加也字，故特辯之。故君子不入獄，爲其傷恩也；不入市，爲其侳廉也，侳，辱也。積不可不慎者也。

走不以手，縛手走不能疾；飛不以尾，屈尾飛不能遠，物之用者必待不用者。故使之見者，乃不見者也；使鼓鳴者，乃不鳴者也。不鳴，乃無聲也。

嘗一臠肉，知一鑊之味；有足曰鼎，無足曰鑊。懸羽與炭，而知燥溼之氣，燥故炭輕，濕故炭重。以小明大。見一葉落，而知歲之將暮；睹瓶中之冰，而知天下之寒；○俞樾云：寒下當有暑字。兵略篇曰：「是故處堂上之陰而知日月之次序，見瓶中之冰而知天下之寒暑。」彼以暑與序爲韵，此以暑與莫爲韵。今删暑字，則失其韵矣。上文曰：「嘗一臠肉知一鑊之味，縣羽與炭而知燥濕之氣。」味、氣爲韵。則此文亦必有韵可知。當據兵略篇補。**以近論遠。**論，知也。○文典謹按：藝文類聚九、御覽六十八引，論竝作諭。

三人比肩，不能外出户；户不容故也。**一人相隨，可以通天下。**言不竝也。○王念孫云：一人不得言「相隨」，「一人」當作「二人」。二人不竝行，則可以通天下，故高注云「言不竝也」。

足蹷地而爲迹，暴行而爲影，此易而難。蹷，履也。履地迹自成，行日中影自生，是其易。使迹正影直，是其難也。

莊王誅里史，孫叔敖制冠浣衣；里史，佞臣。惡人死，叔敖自知當見用，故制冠浣衣。○俞樾云：制疑刷字之誤。爾雅釋詁：「刷，清也。」故與「浣衣」對文。○文典謹按：説文刀部：「制，裁也。」衣部：「製，裁也。」「制冠」即製冠，俞説非是。**文公棄荏席，後黴黑，咎犯辭歸，**晉文棄其卧席之下黴黑者，咎犯感其捐舊物，因曰：「臣從君周旋，臣之罪多矣。臣猶自知之，况君乎？請從此亡。」故曰辭歸。○王引之云：高讀「棄荏席後黴黑」爲一句，非也。「棄荏席」爲句，「後黴黑」爲句。謂於衽席則棄之，於人之黴黑者則後之也。韓子外儲説左篇云：「文公反國，至河，令籩豆捐之，席蓐捐之，手足胼胝、面目黧黑者後之。咎犯聞之，再拜而辭。」是其證。（説苑復恩篇同。）◯陶方琦云：意林引許注：「晉文公棄席之黑者，捐故舊也，故咎犯辭去。」按：二注文微異，當是高承用許注說。韓子外儲篇、說苑復恩篇皆以「棄荏席，後黴黑」作二事，論衡感類篇作「徹黶墨」。此作一義解，與諸家異。**故桑葉落而長年悲也。**桑葉時既茹落，長年懼命盡，故感而悲也。◯王念孫云：「桑葉」當爲「木葉」。長年見木落而悲，不當專指桑葉言之。庾信枯樹賦引此，正作「木葉」。文選蜀都賦注、文賦注、太平御覽人事部一百二十九所引，竝與枯樹賦同。

鼎錯日用而不足貴，錯，小鼎。雖日見用，不能和五味，故不足貴。**周鼎不爨而不可賤，**周家大鼎，不日炊火以供味，而能和味，故曰不可賤。◯王引之云：古無謂小鼎爲錯者，錯當爲鏏，鏏字本在鼎字上。鏏鼎，小鼎也。言小鼎雖日用而不足貴，周鼎雖不爨而不可賤也。說文曰：「鏏，鼎也。（廣雅同。）讀若彗。」說林篇「水火相憎，鏏在其間，五味以和」，彼注云：「鏏，小鼎。」正與此注相同，則錯爲鏏之誤明矣。鏏，小貌也。小鼎謂之鏏，小棺謂之槥，小星貌謂之嘒，其義一也。◯文典謹按：御覽七百六十五引，此文下有「掃箒日用而不足貴」八字。**物固有以不用而爲有用者。**不用，謂鼎不爨也。爲用，謂調五味也。**地平則水不流，重鈞則衡不傾，**流，行。傾，邪也。**物之尤必有所感，**尤，過也。輕重則衡低卬，故曰必有所感。感，動也。**物固有以不用爲大用者。**衡行物，物所不用，然用之乃知物之輕重，故曰以不用爲大用也。

先倮而浴則可，以浴而倮則不可，◯文典謹按：「以浴」疑當作「先浴」。**先祭而後饗**

則可，禮，食必祭，示有所先。饗，猶食也。先饗而後祭則不可；爲不敬，故曰不可也。物之先後各有所宜也。

祭之日而言狗生，○俞樾云：生當作胜。説文肉部：「胜，犬膏臭也。」狗胜猶言狗臭。取婦夕而言衰麻，置酒之日而言上家，皆所不宜。渡江、河而言陽侯之波。陽陵國侯溺死，其神能爲大波，爲人作害，因號陽侯之波，舟人所不欲言。

或曰知其且赦也而多殺人，不仁。或曰知其且赦也而多活人，乃仁人也。其望赦同，所利害異。○王念孫云：兩「知其且赦也」，其皆當爲天。天字或作兲，其字或作亓，二形相似而誤。「知天且赦而多殺人」，若漢桓帝時河内張成善説風角，推占當赦，遂教子殺人是也。意林引此，作「或知天將赦而多殺人，或知天將赦而多活人」，太平御覽刑法部十八引，作「或曰知天且赦也而殺人，或曰知天且赦也而活人」，是其證。「其望赦同，所利害異」，所上亦當有其字。御覽引此，正作「其所利害異」。故或吹火而然，或吹火而滅，所以吹者異也。

烹牛以饗其里，而罵其東家母，德不報而身見殆。殆，危害也。

文王汚膺，鮑申傴背，以成楚國之治。文王，楚武王之子。汚膺，陷胷也。鮑申，楚相。傴背，僂。成治，言賢也。○陶方琦云：御覽三百七十一引許注：「洿，虚也。」按：二注文異。説文：「膺，胷也。」義得通。洿，説文曰：「窊下也。」窊下即虚陷義。洿从夸得聲，夸有虚義，（呂氏春秋本生篇「非夸以爲名」，高注：「夸，虚也。」）故訓爲虚。**裨諶出郭而知，以成子産之事。**裨諶，鄭大夫，謀於野則獲，謀於國則否。鄭國有難，子産載如野，與議四國之事，故曰成子産之事。論語曰：「裨諶草創之，世叔討論之，東里子産潤色之。」

朱儒問徑天高於脩人，〇王念孫云：「天高」上不當有徑字，蓋衍文也。意林及太平御覽人事部十八引此，皆無徑字。**脩人曰：「不知。」**〇文典謹按：意林引，作「長人曰：『吾不知也。』」御覽三百七十七引，「脩人曰」下亦有吾字。**曰：「子雖不知，猶近之於我。」**〇文典謹按：意林引，作「爾去天近於我也」。**故凡問事，必於近者。**脩人，長人也。〇文典謹按：意林引，「必於」作「當問」。

寇難至，躄者告盲者，盲者負而走，兩人皆活，得其所能也。故使盲者語，使躄者走，失其所也。〇文典謹按：御覽七百四十引，作「故使瘖者語，使躄者走，大失其所也」。

郢人有鬻其母，爲請於買者曰：「此母老矣！幸善食之而勿苦。」郢，楚都。鬻，賣也。食，養也。〇文典謹按：「幸善食之而勿苦」，意林引，作「望善飴之」，御覽八百二十八引，作「幸善食之而無多苦也」。**此行大不義，而欲爲小義者。**

介蟲之動以固，介蟲，魚鼈屬。動，行也。〇文典謹按：御覽九百四十四引注，作「介甲，龜鼈之屬」，宋本、藏本同。**貞蟲之動以毒螫，**貞蟲，細要蜂，蜾蠃之屬。無牝牡之合，曰貞。而有毒，故能螫。螫，讀解釋之釋也。熊羆之動攫搏，攫，搏也。熊羆多力，故能撥攫，有所搏也。兕牛之動以觝觸，兕，獸名，有角。牛，犂牛也。物莫措其所修而用其短也。措，置也。治國者若鎒田，去害苗者而已。今沐者墮髮，而猶爲之不止，以所去者少，所利者多。

砥石不利而可以利金，金，刀劍之屬。擜不正而可以正弓，擜，弓之掩牀。讀曰檠。物固有不正而可以正，不利而可以利。不正者擜，正者弓也。不利者砥，利者金也。

力貴齊，知貴捷。得之同，遬爲上；齊，讀蒜韲之韲。齊、捷皆疾。勝之同，遲爲下。所以貴鏌邪者，以其應物而斷割也。劙靡勿釋，牛車絶轔。劙，切。楚人謂門切之轔，車行其上則斷之。孟子曰：「城門之軌，非兩馬之力。」轔，讀近藺，急舌言之乃得也。

爲孔子之窮於陳、蔡而廢六藝，則惑；六藝，禮、樂、射、御、書、數。爲醫之不能自治其病，病而不就藥，則勃矣。不擇于事，曰勃也。○俞樾云：藥當讀爲瘵。説文疒部：「瘵，治也。或作療。」古每以藥爲之。詩板篇「不可救藥」，韓詩外傳作「不可救療」，毛用叚字，韓用正字也。「病而不就藥」，謂不就其療治。中鑒俗嫌篇曰：「藥者，療也。」

淮南鴻烈集解卷十七

說林訓

木叢生曰林。說萬物承阜，若林之聚矣，故曰「說林」，因以題篇。

以一世之度制治天下，譬猶客之乘舟，中流遺其劍，遽契其舟桅，契，刻也。桅，船弦板也。墮劍於中流，刻于船弦，言識其於此下失劍也。桅，讀如左傳襄王出居鄭地氾之氾也。○王念孫云：桅與氾，聲不相近，徧考書傳亦無謂船舷板爲桅者。桅當爲⿰木氾，⿰木氾與氾同聲，故讀從之。⿰木氾字本作舥，廣雅曰：「舥謂之舷。」謂船兩邊也。集韻、類篇竝云舥或作⿰木氾。⿰木氾字草書作桅，因譌爲桅矣。楊慎古音餘於陷韻收入桅字，引淮南子「遽契其舟桅」，音氾，則爲俗本所惑也。暮薄而求之，其不知物類亦甚矣！日暮薄岸，而求劍於其所刻桅下，故曰不知物類也。夫隨一隅之迹，而不知因天地以游，惑莫大焉。隨一隅之迹，刻桅之類，惑〔一〕無有大于此也。雖時有所合，然而不足貴也。譬若旱歲之土龍，疾疫之芻狗，是時爲帝者也。土龍以求雨，芻狗以求福，時見貴也。曹氏之裂布，蛷者貴之，然非夏后氏之璜。楚人名布爲曹。

〔一〕「惑」，原本作「或」，據莊逵吉校本改。

今俗間以始織布繫著其旁，謂之曹布。燒以傅蝫蛷瘡則愈，故蛷者貴之。半璧曰璜，璜以發衆，國家之寶，故曰「然非夏后氏之璜」也。◯俞樾云：高氏所據本疑無氏字。若有氏字，則「曹」是人之氏族，何得以布言之乎？今有氏字者，蓋涉下文「夏后氏之璜」而衍，非高本之舊也。惟高注義亦未安。若從前一説，則曹卽布之異名，言曹不必更言布。若從後一説，則當以「曹布」連文，不當曰「曹之裂布」也。曹疑當讀爲褿。廣雅釋器曰：「褿，褯也。」玉篇巾部曰：「𢅅，藉也。」𢅅卽褿之異文。又衣部曰：「褯，小兒衣也。」然則褿者，疑是小兒承藉菌屎之布，故亦謂之褯。褯猶席也。漢書宣帝紀注引李奇曰：「緥，小兒大藉也。」卽其類也。「褿之裂布」者，説文衣部：「裂，繒餘也。」字通作列。爾雅釋詁：「列，餘也。」裂布卽餘布，言承藉小兒，其四邊所有之餘布也。是其爲物至賤，然而蛷者貴之，正上文「時有所合」之意。◯洪亮吉云：説文「胡曹作衣」，曹氏或卽指此。**無古無今，無始無終，未有天地而生天地，至深微廣大矣。**言其深微廣大，故能生天地也。

足以蹍者淺矣，然待所不蹍而後行；蹍，履也。待所履而行者則不得行，故曰待所不履而後行。◯王念孫云：「足以蹍」，以亦當爲所。文子上德篇作「足所踐」，是其證。**智所知者褊矣，然待所不知而後明。**褊，狹。知所知所不知，以成明矣。**游者以足蹷，以手抪，不得其數，愈蹷愈敗；**愈，益也。敗，猶没也。**及其能游者，非手足者矣。**不用手足而自游也。

鳥飛反鄉，兔走歸窟，狐死首丘，寒將翔水，各哀其所生。寒將，水鳥。哀，猶愛也。○俞樾云：文子上德篇作「各依其所生也」。哀與依古聲同，此作哀者，卽依之叚字耳。高注曰：「哀，猶愛也。」非是。○陶方琦云：文選謝惠連擣衣詩注引許注：「寒螿，蟬屬也。」按：二注文義並異。文子〔一〕上德作「寒螿得木」，許本當同，與高作水鳥解者正異。文選劉鑠擬古詩注亦引淮南作「寒螿」。爾雅釋蟲：「蜺，寒蜩。」郭注：「寒螿也。似蟬而小，青色。」莊子逍遥遊釋文司馬注：「惠姑，寒蟬也，一名蝭蟧。」陸云：「卽楚辭所云寒螿。」玉篇：「螿，寒蟬屬。」與許注同。

毋貽盲者鏡，毋予躄者履，毋賞越人章甫，非其用也。賞，遺也。章甫，冠。越人斷髮，無用冠爲。

椎固有柄，不能自椓；目見百步之外，不能自見其眦。喻人能有所爲，而不能自爲也。

狗彘不擇甂甌而食，偷肥其體而顧近其死；偷，取也。顧，反也。肥則烹之，故近其死也。

鳳皇高翔千仞之上，故莫之能致。七尺曰仞。非聖德君不致，故曰莫之能致也。

月照天下，蝕於詹諸；騰蛇游霧，而殆於蝍蛆；詹諸，月中蝦蟇，食月，故曰食于詹

〔一〕「子」，原本誤作「字」，今改。

諸。殆，猶畏也。蝍蛆，蟋蟀，爾雅謂之蜻蛚〔一〕之大腹也，上蛇，蛇不敢動，故曰殆于蝍蛆也。○莊逵吉云：殆，御覽作困。**烏力勝日，而服於鵻禮，能有修短也。**烏在日中而見，故曰勝日。服，猶畏也。鵻禮，爾雅謂裨笠，秦人謂之祀祝。間鼉時晨鳴人舍者，鴻鳥皆畏之。故曰能有修短也。○王引之云：禮當爲札。札譌爲礼，後人因改爲禮耳。（廣雅「札，甲也」，今本札譌作禮。莊子人間世篇「名也者，相札也」，崔譔曰：「札，或作禮。」）埤雅引此作「鵻禮」，則所見本已誤。廣雅曰：「車槅，焦札也。」鈔本太平御覽引廣雅作「䳕礼」，刻本作「鵻禮」，亦是鈔本譌札爲礼，刻本又改爲禮也。今本廣雅作「䳕杔」，杔亦札之譌。䳕、鵻二字往往相亂。説文曰：「鵻，祝鳩也。」昭十七年左傳注則云：「祝鳩，䳕鳩也。」然則淮南之鵻札，即廣雅之䳕札也。此六句以諸、蛆爲韻，日、札爲韻。（成十六年左傳七札之札，徐邈音側乙反，正與日字相協。）若作禮，則失其韻矣。

莫壽於殤子，而彭祖爲夭矣。生寄，死歸。殤子去所寄，歸所安，故曰以爲壽。彭祖蓋楚先，壽八百歲，不早歸，故以爲夭。論語曰：「竊比于我老彭。」蓋謂是也。一説：彭祖蓋黃帝時學仙者。言不如殤子早歸神明矣。

短綆不可以汲深，器小不可以盛大，非其任也。任，讀勘任之任。

怒出於不怒，爲出於不爲。不怒乃是怒，不爲乃是爲也。**視於無形，則得其所見**

〔一〕「蜻蛚」下疑有脱文。爾雅蝍蛆注：「似蝗而大腹，長角，能食蛇腦。」

矣；聽於無聲，則得其所聞矣。言皆易恤無聲，故得有聞。至味不慊，至言不文，至樂不笑，至音不叫，大匠不斲，大豆不具，大勇不鬬，慊，快。叫，譟呼也。不斲，不自斲削。豆，簠簋籩豆之器。大勇，人聞自畏之，不復鬬也。○俞樾云：大匠、大勇，皆以人言，而大豆獨以器言。且「大豆不具」，義亦難通，殆非也。淮南原文本作「大庖不豆」。呂氏春秋貴公篇曰：「大匠不斲，大庖不豆，大勇不鬬」，卽淮南所本。高氏彼注曰：「但調和五味，使神人享之而已，不復自列簠簋籩豆也。」疑高氏此注亦與彼同。今但存「豆，簠簋籩豆之器」七字，蓋後人删改之，以合於既誤之正文，非其舊也。又按：豆者，剅之叚字。廣雅釋詁：「剅，裂也。」「大庖不剅」謂不自割裂，與不斲、不鬬一律，説詳呂氏春秋。得道而德從之矣。譬若黄鐘之比宫，太簇之比商，無更調焉。更，改也。

以瓦鈺者全，以金鈺者跋，以玉鈺者發，鈺，讀象金之銅柱餘之柱。鈺者提馬，雒家謂之投翩。金者金步除。跋者刺跋走。發者疾迅。發，讀射百發之發。是故所重者在外，則内爲之掘。所重，謂金與玉。掘，律氣不安祥也。○陳觀樓云：掘卽拙字也。莊子達生篇作「凡外重者内拙」，是其證。史記貨殖傳「田農掘業」，徐廣曰：「古拙字亦作掘。」逐獸者目不見太山，嗜慾在外，則明所蔽矣。蔽者，見利之物，不見其害。見獸而已。

聽有音之音者聾，聽無音之音者聰；不聾不聰，與神明通。卜者操龜，筮者端策，以問於數，安所問之哉！策，四十九策。可以占遠，可以問于數。數，可卜筮者也。

舞者舉節，坐者不期而拚皆如一，所極同也。

日出暘谷，○陶方琦云：史記集解一百十七、漢書司馬相如傳注引許注：「熱如湯也。」按：高無注。高本當作「暘谷」，許本作「湯谷」也。説文「叒」字下云：「日初出東方湯谷所登榑桑。」「暘」字下引商書「曰暘谷」，按：乃洪範「曰暘若」之譌文，知許氏定作「湯谷」也。今淮南許、高注雜，正文用許本而遺敓其注。觀史記、漢書注引許注如是，益信正文作「湯谷」無疑。又史記索隱引淮南子曰「日出湯谷」，文選蜀都賦注及繆襲挽謌詩注皆引淮南作「日出湯谷」，即此處文也。漢書、楚辭、論衡諸本並作「湯谷」，與許本同。海内東經「下有湯谷」，注：「湯谷，谷中水熱也。」亦與許説同。説文：「湯，熱水也。」入于虞淵，莫知其動，須臾之間，俛人之頸。俛，猶戾也。

人莫欲學御龍，而皆欲學御馬，莫欲學治鬼，而皆欲學治人，急所用也。御龍、治鬼，不益世用，故以御馬、治人爲急務矣。

解門以爲薪，塞井以爲臼，人之從事，或時相似。或，有也。相似，似其愚。

水火相憎，鏏在其間，五味以和。鏏，小鼎。又曰：鼎無耳爲鏏。鏏，讀曰彗。鏏受水而火炊之，故曰在其間。骨肉相愛，讒賊間之，而父子相危。楚平王、晉獻公是也。夫所以養而害所養，譬猶削足而適履，殺頭而便冠。所以養，諭讒賊。害所養，諭骨肉。殺，亦削也。頭大冠小，不相宜，削殺其頭以便冠也。

昌羊去蚤蝨而來蛉窮，昌羊，昌蒲。蛉窮，蝨蜒，入耳之蟲也。除小害而致大賊，欲小快而害大利。

牆之壞也，不若無也，然逾屋之覆。不若其無爲牆。屋之覆爲敗屋，牆之壞更爲土，歸於本，故曰逾〔一〕屋之覆也。

璧瑗成器，礛諸之功；礛諸，治玉之石。詩云：「他山之石，可以爲錯。」礛，讀「一曰廉氏〔二〕」之廉。鏌邪斷割，砥礪之力。力亦功，互文也。

狡兔得而獵犬烹，高鳥盡而强弩藏。烹猶殺，藏猶殘，喻不復用也。

蝱與驥，致千里而不飛，無糗糧之資而不飢。失火而遇雨，失火則不幸，遇雨則幸也，故禍中有福也。

鬻棺者欲民之疾病也，◯文典謹按：御覽五百五十一及八百四十引，「疾病」竝作「疾

〔一〕「逾」，原本作「踰」，形近而誤，據莊逵吉校本改。

〔二〕「氏」，疑當爲「善」，見周禮。

疫」，於義爲長。畜粟者欲歲之荒饑也。荒，大饑，粟不熟。○文典謹按：御覽三十五引注云：「謂將取厚利。」疑是許注。

水静則平，平則清，清則見物之形，弗能匿也，故可以爲正。匿，猶逃也。川竭而谷虚，虚，無水也。丘夷而淵塞，夷，平。塞，滿也。脣竭而齒寒。河水之深，其壤在山。言非一朝一夕。鈞之縞也，一端以爲冠，一端以爲絉，冠則戴致之，絉則屨履之。○王念孫云：「戴致」二字義不相屬，致當爲跂，字之誤也。廣韻：「跂，跂戴物也。」跂亦戴也，屨亦履也。跂之言跂閣也。廣雅曰：「跂，閣載也。」又曰：「載，閣跂也。」載與戴古字通。文子上德篇作「冠則戴枝之」。爾雅曰：「支，載也。」支、枝與跂，亦聲近而義同。太平御覽布帛部六引此，無「致」、「屨」二字，此以意删，不可從。

知己者不可誘以物，物不能惑。明於死生者不可却〔一〕以危，危無能懼之。故善游者不可懼以涉。涉不能溺。親莫親於骨肉，節族之屬連也，骨肉，謂一人之身，故曰節族之連也。心失其制，乃反

〔一〕「却」，王念孫説當爲「刼」，詳見道應訓「子罕遂刼宋君而專其政」注。

自害，言心失制度，則自害身也。況疏遠乎！疏遠，喻他人也。

聖人之於道，猶葵之與日也，雖不能與終始哉，其鄉之誠也。鄉，仰。誠，實。○文典謹按：文選求通親親表注引，誠上有者字。

宮池涔則溢，旱則涸；涔，多水也。江水之原，淵泉不能竭。竭，盡也。

蓋非橑不能蔽日，輪非輻不能追疾，然而橑輻未足恃也。○文典謹按：御覽七百二引注云：「橑，蓋骨也。」

金勝木者，非以一刃殘林也；土勝水者，非以一墣塞江也。○陶方琦云：御覽三十六、又三百四十六引許注：「墣，塊也。」按：説文：「墣，塊也。」與注淮南訓同。（御覽又引賈逵國語注曰：「墣，塊也。」）玉篇引淮南子「非以一圤塞江」，「圤，塊也」，卽采許君舊説。○文典謹按：御覽九百五十二引注云：「音朴，土塊也。」淮南許、高注無言「某音某」者，此必後人所加也。

躄者見虎而不走，非勇，勢不便也。傾者易覆也，倚者易軵也，幾易助也，濕易雨也。軵，讀軵濟之軵。幾，近也。

設鼠者機動，釣魚者泛杭，任動者車鳴也。動，發也。發則得鼠。泛，釣浮。杭，動。動則得魚。任者，輦也。詩云：「我任我輦。」○王念孫云：御覽獸部二十三引此，杭作抗。案：杭、抗二字，義與動皆不相近，字當爲扤。扤誤爲抗，又誤爲杭耳。説文：「扤，動也。」小雅正月篇

「天之抏我」，毛傳曰：「抏，動也。」考工記輪人「則是以大抏」，鄭注曰：「抏，搖動貌。」司馬相如上林賦曰：「楊翠葉，抏紫莖。」抏字亦作抈。晉語「故不可抈也」，韋注曰：「抈，動也。」「設鼠者機動，釣魚者泛抏」，抏亦動也。機動則得鼠，泛動則得魚，故高注云「抏，動。動則得魚」也。◯俞樾云：高説失之。黍苗篇「我任我輦，我車我牛」，毛傳曰：「任者，輦者，車者，牛者。」鄭箋曰：「有負任者，有輓輦者，有將車者，有牽牛者。」是毛、鄭皆以任、輦爲二事。若曰「任者輦也」，亦將曰「車者牛也」，其可通乎？今按：此任卽所謂任木也。考工記輈人曰：「凡任木，任正者，十分其輈之長，以其一爲之圍；衡任者，五分其長，以其一爲之圍。」鄭康成説任正、衡任，未得其義。宋戴侗六書故曰：「任正者，輈也。衡任者，軸也。」近世學者程氏瑶田則謂：「必在輿下者始足當任木之名。隧深四尺四寸，輈在四尺四寸下者，任正也。車廣六尺六寸，軸在六尺六寸下者，衡任也。」金氏榜則謂：「凡任木，縱者皆名任正，横者皆名衡任。任正者，輈也，伏兔也。衡仕者，軸也，衡也。」其説皆本戴氏而推之，可以説此文任動車鳴之義。

芻狗能立而不能行，蛇牀似麋蕪而不能芳。蛇牀臭，麋蕪香。**謂許由無德，烏獲無力，莫不醜於色，**醜，猶怒也。一曰：愧也。**人莫不奮于其所不足。**奮，厲也。**以兔之走，使犬〔一〕如馬，則逮日歸風；**言其疾

〔一〕「犬」，疑「大」字之誤。

也。○孫詒讓云：歸當爲遺，聲之誤也。吕氏春秋本味篇云：「馬之美者，遺風之乘。」高注云：「行迅謂之遺風。」○文典謹按：御覽九百七引，作「以兔之走，使大如馬，則逐日追風。及其爲馬，則不走矣。」實較今本爲長。**及其爲馬，則又不能走矣。**

冬有雷電，夏有霜雪，然而寒暑之勢不易，小變不足以妨大節。

黄帝生陰陽，黄帝，古天神也。始造人之時，化生陰陽。**上駢生耳目，桑林生臂手，**上駢、桑林，皆神名。**此女媧所以七十化也。**女媧，王天下者也。七十變造化。此言造化治世，非一人之功也。

終日之言必有聖之事，百發之中必有羿、逢蒙之巧，然而世不與也，其守節非也。非者，非其真也。

牛蹏彘顱亦骨也，而世弗灼，必問吉凶於龜者，以其歷歲久矣。

近敖倉者不爲之多飯，臨江、河者不爲之多飲，期滿腹而已。敖倉，古常滿倉，在滎陽北。

蘭芝以芳，未嘗見霜；芳，香。○王念孫云：芝當爲芷，字本作茝，即今之白芷也。隸書止與之相亂，因誤而爲芝。古人言香草者必稱蘭芷，芝非香草，不當與蘭並稱。（古人所謂芝者，祇是木上所生。内則人君燕食有芝栭，盧植曰：「芝，木芝也。」庾蔚曰：「無華葉而生者曰芝栭，與神農經所稱五色神芝者不同。」然神農經亦但稱五色神芝爲聖王休祥，而不以爲香草也。）凡諸書中言蘭芝，言芝蘭者，皆是芷字之誤。（廣雅釋天「天子祭以鬯，諸侯以薰，大夫以茝蘭」，周官鬱人疏引王度記作芝蘭。荀子宥坐篇「芷蘭生於深林，非以無人而不芳」，説苑雜言篇作芝蘭。説苑雜言篇「如入蘭芷之室，久而不聞其香」，家語六本篇作芝蘭。皆字形相近而誤，其他可以類推。）太平御覽天部十四引此已誤作蘭芝。文子上德篇正作蘭芷。又下文「蘭芝欲脩而秋風敗之」，芝亦芷之誤。又脩務篇「佩玉環，揄步，（步上脱一字，説見脩務。）雜芝若」，高注曰：「雜佩芝若香草。」案：芝亦芷之誤。司馬相如子虚賦「衡蘭芷若」，張揖曰：「芷，白芷也。若，杜若也。」故注云「雜佩芷若香草」。若芝，則非其類矣。賈子勸學篇正作「雜芷若」，列子周穆王篇同。○文典謹按：御覽十四引注云：「先霜刈之。」疑是許注。**鼓造辟兵，壽盡五月之望。** 鼓造，盖謂梟。一曰：蝦蟇。今世人五月望作梟羹，亦作蝦蟇羹。言物不當爲用。○莊逵吉云：造卽戚字，故戚然改容亦作「造然」。毛詩「戚施」，説文解字作「䵶鼀」，云「詹諸也」，詹諸卽蝦蟇矣。○朱芹云：「鼓造」二字切音爲梟，則作梟者是。望，謂五月五日也。

舌之與齒，孰先礲也？ 礲，磨盡也。**錞之與刃，孰先弊也？** 錞，矜下銅鐏也。錞不休而刃先弊。錞，讀頓首之頓。**繩之與矢，孰先直也？** 矢，箭。

今鱓之與蛇，蠶之與蠋，狀相類而愛憎異。 人愛鱓與蠶，畏蛇與蠋，故曰異也。○文典謹按：蠋本作蜀。作蠋者，後人依韓非子内儲説上篇改之也。（説文虫部：「蜀，葵中蠶也。」詩東山「蜎蜎者蠋，烝在桑野」，説文引，蠋亦作蜀。）廣韻燭韻「蜀」字下引此文，正作「蠶與蜀相類而愛憎異也」，蜀正字，蠋俗字耳。

晉以垂棘之璧得虞、虢，説在齊俗篇也。驪戎以美女亡晉國。美女，驪姬也。亡，猶亂。

聾者不謌，無以自樂；盲者不觀，無以接物。接，猶見也。

觀射者遺其埶，埶，事。觀書者忘其愛，意有所在，則忘其所守。

古之所爲不可更，則推車至今無蟬匷。蟬匷，車類。匷，讀如「孔子射于矍相」之矍。○莊逵吉云：説文解字竹部有籆字，云「收餘者也」。方言：「籆，榬也。」郭璞注：「所以絡絲也。」然則蟬匷卽籆字矣。依義，「推車」之推字亦當爲綞。

使但吹竽，使氏厭竅，雖中節而不可聽，但，古不知吹人。但，讀燕言鉏同也。○王念孫云：高讀與燕言鉏同，則其字當從且，不當從旦。説文：「伹，拙也。從人，且聲。」玉篇七閭、祥閭二切，引廣雅云：「伹，鈍也。」（今本廣雅伹誤作但，辯見廣雅疏證。）廣韻：「伹，拙人也。」意與高注「不知吹人」相近。又高注讀燕言鉏同，與説文從人且聲及玉篇七閭、祥閭二音並相近，若然，則但爲伹之誤也。「使氏厭竅」，氏當爲工。隸書工字或作互，氏字或作互，二形相似，故工誤爲氏。大戴禮帝繫篇「青陽降居江水」，今本江誤作泜，是其例也。厭與擪同。説文：「擪，一指按也。」玉篇烏協切。（泰族篇曰：「所以貴扁鵲者，貴其擪息脈血，知病之所從生也。」韓子外儲説右篇曰：「田連、成竅，天下善鼓瑟者也。然而田連鼓上，成竅攦下，而不能成曲，共故也。」楚辭九辯「自壓按而學誦」，壓一作厭。壓、攦、壓、厭，竝字異而義同。）言使不善吹者吹竽，而使樂工爲之按竅，音雖中節而不可聽也。文子上德篇作「使工捻竅」，（捻與厭同義。文選笙賦「厭焉乃揚」，李善曰：「厭，猶捻也。」）則氏爲工之誤，明矣。○俞樾云：高注曰「但，古不知吹人」，此殆望文生訓。且既不知吹矣，又何能中節乎？文子上德篇作「使倡吹竽，使工捻竅」，然則「但」、「氏」二字乃「倡」、「工」之誤。倡也、工也，特爲異名以别之，明非一人，實則同義。蓋倡與工雖善吹竽，然必自吹之而自厭之。若一人吹竽，一人厭竅，則雖中節而不可聽矣。韓子外儲説右篇曰：「田連、成竅，天下善鼓瑟者也。然而田連鼓上，成竅攦下，而不能成曲。」此意卽淮南所本。倡也、工也，猶曰田連也，成竅也。彼舉其人以實之，此則不舉其人耳。倡字闕壞而成但字。隸書工或作五，氏或作互，二形相似，故工誤作氏。高據誤本作注，曲爲之説，失之矣。**無其君形者也。**君，官主也。

與死者同病，難爲良醫；與亡國同道，難與爲謀。謀，或作豫也。

爲客治飯而自藜藿，名尊於實也。尊，重。享仁義之名，重於治飯之實也。○王念孫云：「自藜藿」本作「自食藜藿」。今本脱食字，則文義不明。舊本北堂書鈔酒食部三，出「爲客治飯，自食藜藿」八字，注云：「淮南子云：爲客治飯而自食藜藿，名尊於實也。」（陳禹謨本食字誤在「藜藿」下。）太平御覽飲食部八引同。

乳狗之噬虎也，伏雞之搏狸也，恩之所加，不量其力。使景曲者，形也；形曲則景曲也。使響濁者，聲也。聲濁則響濁也。情泄者，中易測。不閉其情欲，發泄于外，故其中心易測度知也。華不時者，不可食也。華，實。若今八九月食晚瓜，令人病瘧，此之類，故不可食。喻人多言，不時適，不可聽用也。蹠越者，或以舟，或以車，雖異路，所極一也。蹠，至也，極亦至，互文耳。一，同也。佳人不同體，美人不同面，而皆説於目；佳，美。梨橘棗栗不同味，而皆調於口。調，適。

人有盜而富者，富者未必盜；有廉而貧者，貧者未必廉。蔐苗類絮而不可爲絮，蔐苗，荻秀，楚人謂之蔐。蔐，讀敵戰之敵。幽、冀謂之荻苕也。○王念孫云：蔐本作藡，（注同。）故注讀如敵戰之敵。注内「荻秀」本作「萑秀」，「楚人謂之苗」本作「楚人謂之藡苗」。藡與荻同。（玉篇：「藡，徒歷切，萑也。或作荻。」）藡苗者，荻之穗也。（苗音他六、徒歷二反，字從由，不從田。）荻華如絮而不温，故曰「類絮而不可以爲絮」。荻或謂之萑。廣雅曰：「藡，萑也。」齊民要術引陸機毛詩疏曰：「薍或謂之荻，至秋堅成卽謂之萑。」是萑、藡一物也，其穗則謂之藡苗，故注云「藡苗，萑秀，楚人謂之藡苗。」玉篇苗音他六、徒歷二切。苗與苕一聲之轉，故幽、冀謂之荻苕也。豳風鴟鴞傳曰：「荼，萑苕也。」正義曰：「謂薍之秀穗也。」萑苕卽荻苕，荻苕猶藡苗耳。太平御覽布帛部六、百卉部七引此，竝作「藡苗類絮而不可以爲絮」，又引高注「藡苗，萑秀也」。今本藡字皆誤作蔐，（說文：「蔐，艸也。從艸，啇聲。」玉篇舒羊切，引字書「蔐陸，蓫薚也」，音義與此迥異。）注内「楚人謂之藡」下又脱苗字，（注言楚人謂萑秀爲藡苗，脱去苗字，則義不可通。太平御覽引此已誤。）「萑秀」又改爲「荻秀」，而不知荻即藡字也。莊本改蔐爲蔐，而又不知說文、玉篇、廣韻、集韻之皆無蔐字也。**黂不類布而可以爲布。**黂，麻之有實者。黂，讀左傳「有蜚不爲災」之蜚也。

出林者不得直道，行險者不得履繩。繩，亦直也。

羿之所以射遠中微者，非弓矢也；造父之所以追速致遠者，非轡銜也。

海内其所出，故能大；雷雨出于海，復隨溝還入，故曰内其所出。**輪復其所過，故能遠。**其所過，轉不止也。

羊肉不慕螘，螘慕於羊肉，羊肉羶也；醯酸不慕蚋，蚋慕於醯酸。○王念孫云：下三句當作「醯不慕蚋，蚋慕於醯，（句。）醯酸也」，與上三句相對爲文。今本「醯不慕蚋」句内衍一酸字，「醯酸也」句内又脱醯字、也字，則文不成義。太平御覽蟲豸部二引此已誤，唯也字未脱。

嘗一臠肉而知一鑊之味，懸羽與炭而知燥濕之氣，以小見大，以近喻遠。

十頃之陂可以灌四十頃，畜水曰陂。**而一頃之陂可以灌四頃，大小之衰然。**衰，差也。○王念孫云：「可以灌四頃」，當作「不可以灌四頃」。此言以十頃之陂可以灌四十頃例之，則一頃之陂亦可以灌四頃。然而不可以灌四頃者，十頃大而一頃小，大則所灌者多，小則所灌者少，故曰「大小之衰然」也。下文云「百梅足以爲百人酸，一梅不足以爲一人和」，意與此同。今本脱去不字，則失其義矣。

明月之光可以遠望，而不可以細書；甚霧之朝可以細書，而不可以遠望尋常之外。○莊逵吉云：御覽作「不可以望尋常之外」，無遠字，爲是。○王念孫云：莊説是也。遠字即因上文「遠望」而衍。舊本北堂書鈔天部二引此，亦無遠字。

畫者謹毛而失貌，謹悉微毛，留意於小，則失其大貌。射者儀小而遺大。儀望小處而射之，故耐中。事各有宜。

治鼠穴而壞里閭，潰小皰而發痤疽，皰，面氣也。痤疽，癰也。○文典謹按：北堂書鈔百五十八引，皰作靤。若珠之有纇，玉之有瑕，置之而全，去之而虧。置其纇、瑕也。

榛巢者處林茂，安也；○孫詒讓云：茂，疑當爲莽，形近而誤。漢書揚雄傳長楊賦云：「羅千乘於林莽。」窟穴者託埵防，便也。埵防，高處隄防也。王子慶忌足躡麋鹿，手搏兕虎，○文典謹按：御覽九百三十二引，搏作縛。置之冥室之中，不能搏黿鼉，勢不便也。慶忌，吳王僚之子也。

湯放其主而有榮名，湯，偰後十三世主癸之子履。放其主，謂伐桀。爲民除害，故有榮名也。**崔杼弑其君而被大謗，**崔杼，齊大夫崔野之子，弑君齊莊公也。**所爲之則同，其所以爲之則異。**所以爲則異，湯殺君以利與民，杼以利與身，故曰異。

呂望使老者奮，呂望鼓刀釣魚，年七十始學讀書，九十爲文王作師，佐武王伐紂，成王封之於齊，故老者慕之而自奮勵。**項託使嬰兒矜，以類相慕。**項託年七歲，窮難孔子而爲之作師，故使小兒之疇自矜大也。

使葉落者風搖之，使水濁者魚撓之。虎豹之文來射，虎豹以有文章，來使人射取之。**蝯狖之捷來乍。**蝯狖屬仰鼻而長尾。乍，暫疾。以其操捷，來使疾擊而取之。○洪頤煊云：乍當作笮。繆稱訓：「猨狖之捷來措。」漢書梁平王傳，晉灼曰：「許慎云：『措，置。』字借以爲笮耳。」莊子應帝王篇：「猨狙之便、執斄之狗來藉。」釋文：「司馬云：藉，繩也。由捷見結縛也。崔云：藉，繫也。」措、藉亦聲相近。○王念孫云：繆稱篇作「猨狖之捷來措」，高注：「措，刺也。」措與乍古同聲而通用，當以彼注爲是。○俞樾云：高注訓乍爲暫疾，而以「疾擊取之」申明其義，此曲説也。乍與作通，當讀爲斮。爾雅釋器「魚曰斮之」，禮記内則篇作「魚曰作之」，即其例也。成二年公羊疏引樊光曰：「斮，砍也。」砍乃斫之俗字。斫者，擊也。「猨狖之捷來斮」，謂見斫擊也，方與上句「虎豹之文來射」文義一律。繆稱篇曰「猨狖之捷來措」，高注曰：「措，刺也。」刺、擊義亦相近。

行一棊不足以見智，彈一弦不足以見悲。

三寸之管而無當，當，猶底也。天下弗能滿；十石而有塞，百斗而足矣。

以篙測江，篙終而以水爲測，惑矣。篙擿船，以篙度江，篙没，因以江水爲盡，故曰惑也。○陶方琦云：一切經音義十三引許注：「刺船竹，長二丈，以鐵爲鏃者也。」按：二注文異。方言：「所以刺船謂之檣。」說文新坿亦有篙字，曰：「所以刺船也。」

漁者走淵，漁，讀論語之語也。木〔一〕者走山，所急者存也。朝之市則走，夕過市則步，所求者亡也。走，讀奏記之奏。

豹裘而雜，不若狐裘之粹；粹，純。○文典謹按：豹裘襍，不若狐裘粹，是豹裘貴而狐裘賤也。然豹裘安得貴於狐裘？豹當爲貂，字之誤也。本書說山篇「貂裘而襍，不若狐裘而粹」，是其證。白璧有考，考，釁汚也。不得爲寶，言至純之難也。

戰兵死之鬼憎神巫，兵死之鬼，善行病人，巫能祝劾殺之。憎，畏也。○王念孫云：戰字後人所加。古人所謂兵者，多指五兵而言，兵死謂死於兵也。曲禮曰：「死寇曰兵。」釋名曰：「戰

〔一〕「木」，俞樾說當爲「采」，詳見齊俗訓「山處者木」注。

死曰兵。言死爲兵所傷也。」周官冢人曰：「凡死於兵者不入兆域。」皆是也。後人謂戰士爲兵，故妄加戰字耳。「兵死之鬼憎神巫」，「盜賊之輩醜吠狗」，二句相對爲文。加一戰字，則文不成義，且與下句不對。據高注云：「兵死之鬼，善行病人」，則無戰字明矣。（說文：「兵死及牛馬之血爲粦。」論衡偶會篇：「軍功之侯，必斬兵死之頭。」）**盜賊之輩醜吠狗。**醜，猶惡也。

無鄉之社易爲黍肉，無國之稷易爲求福。無祀，不禋于神，而卒祀之，故易爲黍肉，易爲求福也。

聾無耳，而目不可以瞥，精于明也。不可以瞥，瞥之則見也。**瞽無目，**目無所見。**而耳不可以察，精于聰也。**不可以察，察之則聞。○王引之云：正文、注文，皆義不可通。正文當作：「聾無耳，而目不可以弊，精於明也。瞽無目，而耳不可以塞，精於聰也。」注當作：「不可以弊，視之則見也。不可以塞，聽之則聞也。」弊與蔽通。（主術篇：「聰明光而不弊，耳目達而不闇。」秦策「南陽之弊幽」，高注：「弊，隱也。」齊語「使海於有蔽」，管子小匡篇作弊。是蔽、弊古字通。）今作瞥者，涉上文目字而誤。（太平御覽鱗介部三引此已誤。）塞，猶蔽也。（鄭注郊特牲曰：「管氏樹塞門，塞猶蔽也。」）作察者，亦字之誤。後人不知其誤，故妄改注文以從之耳。文子上德篇正作：「聾無耳，而目不可以蔽，精於明也。瞽無目，而耳不可以蔽，精於聰也。」

遺腹子不思其父，無貌于心也；不知父貌。**不夢見像，無形于目也。**目初不見父像，故曰無形于目也。

蝮蛇不可爲足，虎豹不可使緣木。蝮蛇有毒，螫人，不爲足，爲足益甚。虎，猛獸，不可使能緣木。○文典謹按：御覽九百三十三引，作「虎豹不可使緣木，蝮蛇不可以安足」。藝文類聚九十六引，作「豹獸不可使緣木，蝮蛇不可使安足」。

馬不食脂，桑扈不啄粟，非廉也。桑扈，青雀。一名竊脂。秦通崤塞，而魏築城也。魏徙都于大梁，聞秦通治崤關，知欲來東兼之，故築城設守備也。飢馬在廐，寂然無聲；投芻其旁，爭心乃生。

引弓而射，非弦不能發矢，引，張弓也。發，遣也。弦之爲射，百分之一也。

道德可常，權不可常，故遁關不可復，亡犴不可再。遁，逃。犴，獄。常以權變出關塞獄犴亡逃，不可復由其入，故曰權不可常也。

環可以喻員，不必以輪；絛可以爲繶，不必以紃。紃亦繶，婉轉數也。

日月不竝出，狐不二雄，神龍不匹，猛獸不羣，鷙鳥不雙。

循繩而斲則不過，懸衡而量則不差，衡，稱也。植表而望則不惑。

損年則嫌于弟，益年則疑于兄，不如循其理，若其當。理，道。當，猶實也。

人不見龍之飛，舉而能高者，風雨奉之。奉，助也。○文典謹按：御覽九百二十九引，「風雨奉之」作「風雨之奉也」。白帖九十五作「雨奉足也」。蠹衆則木折，隙大則牆壞。懸垂

之類，有時而隧；隧，墮也。**枝格之屬，有時而弛。**弛，落也。○莊逵吉云：説文解字有「格」字，云：「枝格也。從丰，各聲。」釋名：「肢，枝也。似木之枝格也。」此言人之四肢如枝格。又：「戟，格也。旁有格。」解字言：「戟，有枝兵也。」此言戈戟如枝格。史記始皇本紀：「或走或格，格〔一〕者輒死。」魯連傳：「曹子以一劍之任，枝桓公之心。」枝、格，殆假義歟！漢書梁孝王傳「義格」，如淳注：「格者，枝閣不得下。」枝閣亦即枝格。二字高無注義，因爲推廣之。

當凍而不死者，不失其適；死乃爲失適。不死，故曰不失其適也。**當暑而不暍者，不亡其適；**亡，亦失之。**未嘗適，亡其適。**亡，無也。言不凍不暍，何適之有。○王引之云：「未嘗適，亡其〔二〕適」，當作「未嘗不適，亡適」。上言「不亡其適」，乃亡失之亡；此言「亡適」，乃遺忘之忘。（忘字古通作亡。要略曰：「齊景公獵射亡歸。」韓子難二曰：「晉文公慕於齊女而亡歸。」齊策曰：「老婦已亡矣。」趙策曰：「秦之欲伐韓、梁，東闚於周室，甚，惟寐亡之。」亡與忘同。荀子勸學篇「怠慢忘身，禍災乃作」，大戴禮忘作亡。呂氏春秋權勳篇「是忘荆國之社稷而不恤吾衆也」，淮南人間篇忘作亡。）言人心有所謂適，則有所謂不適。當凍而不死，當暑而不暍者，能不失其適矣，而猶未忘乎其爲適也。若隨所往而未嘗不適者，則忘乎其爲適矣。莊子達生篇曰：

〔一〕「格」，原本作「之」，據史記改。
〔二〕「其」字，原無，據正文補。王引之所據本蓋無「其」字。

「忘足，屨之適也。忘要，帶之適也。知忘是非，心之適也。不内變，不外從，事會之適也。始乎適而未嘗不適者，忘適之適也。」（郭象注：「識適者，猶未適也。」）此卽淮南所本。高解「未嘗不適，亡適」云：「亡，無。言不凍不暍，何適之有。」未達正文之意。然據此，則正文本作「未嘗不適」，而今本脱不字，明矣。

湯沐具而蟣虱相弔，大厦成而燕雀相賀，厦，屋也。憂樂别也。柳下惠見飴，曰可以養老；盜跖見飴，曰可以黏牡，見物同，而用之異。柳下惠，魯大夫展無駭之子，名獲，字禽。家有大柳樹，惠德，因號柳下惠。一曰：柳下，邑。牡，門户籥牡也。○莊逵吉云：柳下惠義，藝文類聚以爲許慎注。○陶方琦云：藝文類聚八十九、御覽九百五十七、事類賦柳部引許注：「展禽之家有柳樹，身行惠德，因號柳下惠。一曰：邑名。」按：二注文略異，然乃許注羼入高注中者。藝文類聚引許注，亦與今高注詳略不同。

蠶食而不飲，二十二日而化；○王念孫云：「二十二」當爲「三十二」。爾雅翼引此已誤。盧辯注大戴禮易本命篇及太平御覽資産部五、蟲豸部一，竝引作「三十二日」。蟬飲而不食，三十日而脱；○文典謹按：初學記虫部引，脱作死。蜉蝣不食不飲，三日而死；人食礜石而死，蠶食之而不飢；礜石出陰山。一曰：能殺鼠。魚食巴菽而死，鼠食之而肥，菽，豆總名。類不可必推。推，猶知也。

瓦以火成，不可以得火；竹以水生，不可以得水。瓦得火則破，竹得水浸則死。揚堁而欲弭塵，被裘而以翣翼，豈若適衣而已哉！堁，土塵也。楚人謂之堁。翣，扇也。楚人謂之翣也。

槁竹有火，弗鑽不爇；土中有水，弗掘無泉。掘，猶穿也。○王念孫云：「弗掘無泉」，本作「弗掘不出」，謂不掘則泉不出，非謂無泉也。後人改「不出」爲「無泉」者，取其與爇字爲韻耳。不知此四句以火與水隔句爲韻，（火古讀若毁，説見唐韻正。）而鑽與爇、掘與出，則於句中各自爲韻。若云「弗掘無泉」，則反失其韻矣。（太平御覽火部二引此已誤。）且泉即水也，既云「土中有水」，則不得又言「無泉」矣。文子上德篇正作「土中有水，不掘不出」。

蛖象之病，人之寶也；人之病，將有誰寶之者乎？蛖，大蛤，中有珠。象牙還以自疾，故人得以爲寶。○文典謹按：御覽九百四十一引注，疾作病。人之利欲爲病，無人寶之，故曰將有誰寶也。○文典謹按：宋本及御覽引注，「人之」竝作「人以」，義較長。

爲酒人之利而不酤，則竭；爲車人之利而不僦，則不達。握火提人，反先之熱。皆一介之人物，思自守者，不欲使酒人車人得利，不酤僦而先自竭，先不達，猶以火投人，先自熱爛也。

隣之母死，往哭之，妻死而不泣，有所劫以然也。嫌於情色，故曰有所劫迫之。然，如是也。

西方之倮國，鳥獸弗辟，與爲一也。一，同也。倮國，在西南方。一膊炭熯，一膊，一挺也。掇之則爛指；萬石俱熯，去之十步而不死，百廿觔爲石。同氣異積也。大勇小勇，有似於此。

今有六尺之席，卧而越之，下材弗難；植而踰之，上材弗易，勢施異也。百梅足以爲百人酸，一梅不足以爲一人和。喻衆能濟少，少不能有所成也。有以飯死者而禁天下之食，有以車爲敗者而禁天下之乘，則悖矣。申生雉經，晉不絕繩。子胥自沉，吴不斷水。○王念孫云：御覽疾病部四「噎」下引此，飯作噎，是也。噎通作饐，因誤而爲飯。呂氏春秋蕩兵篇：「夫有以饐死者，欲禁天下之食，悖。」卽淮南所本也。今俗語猶云「因噎廢食」。若云「以飯死」，則文不成義。

釣者静之，罛者扣舟；罩者抑之，罣者舉之，爲之異，得魚一也。罛者，以柴積水中，以取魚。扣，擊也。魚聞擊舟聲，藏柴下，壅而取之。罛，讀沙糝。今兗州人積柴水中捕魚爲罛，幽州名之爲涔也。○莊逵吉云：罛，據爾雅、説文解字，當作罧，今爾雅作槮，謂之涔槮，亦卽糝字。○王念孫云：説文、玉篇、廣韻、集韻皆無罛字，罛當爲罧，字之誤也。（注同。）説文：「罧，積柴水中以養魚。從网，林聲。」字林山沁反。（見毛詩、爾雅釋文。）故高注云「罧，讀沙糝」也。

（太平御覽飲食部八引通俗文曰：「沙入飯曰糁。」）周頌潛篇「潛有多魚」，毛傳曰：「潛，糁也。」爾雅「糁謂之涔」，孫炎曰：「積柴養魚曰糁。」糁與罧同。兖州謂之罧，幽州謂之涔，方俗語有輕重耳。罜非取魚之具，意林、埤雅及初學記武部、太平御覽資産部十四引此，竝作「罾者舉之」，是也。罜者下罜而得魚，故言「抑」；罾者舉罾〔一〕而得魚，故言「舉」。○文典謹按：意林引此文，「罛者扣舟」作「綱者動之」，「爲之異」作「爲道異」。

見象牙乃知其大於牛，見虎尾乃知其大於狸，一節見而百節知也。吴伐越，至會稽，獨獲骨節專車。見一節大，餘節不得小，故曰百節知。

小國不鬭於大國之間，畏見嫌也。**兩鹿不鬭於伏兕之旁。**畏見食也。○文典謹按：御覽八百九十引，鹿作虎。

佐祭者得嘗，救鬭者得傷。蔭不祥之木，爲雷電所撲。蔭，木景。撲，擊也。○文典謹按：御覽十三引，電作霆。九百五十二引，蔭作陰，又引注，作「陰，休也」。

或謂冢，或謂隴；或謂笠，或謂簦。頭蝨與空木之瑟，名同實異也。頭中蝨，空木瑟，其音同，其實則異也。○王念孫云：「或謂簦」下當有「名異實同也」五字，言冢與隴，笠與簦，名異而實同。若頭蝨與空木之瑟，則名同而實異也。

〔一〕「罾」，原本作「罜」，依文義改。

日月欲明而浮雲蓋之，蓋，猶蔽也。蘭芝欲修而秋風敗之。脩，長。虎有子，不能搏攫者，輒殺之，爲墮武也。墮，廢也。武，威之〔一〕也。龜紐之璽，賢者以爲佩；龜紐之璽，衣印也。紐，係。佩，服也。土壤布在田，能者以爲富。能勤者播植嘉穀，以爲饒富也。

予拯溺者金玉，不若尋常之纆索。金玉雖寶，非拯溺之具，故曰不如尋常之纆索。○文典謹按：拯字疑涉注「拯溺之具」而衍。御覽三百九十六引，無拯字。

視書，上有酒者下必有肉，上有年者下必有月，以類而取之。類，猶事也。蒙塵而眯，固其理也；爲其不出户而堁之也。爲不出户而塵堁眯之，非其道。○王引之云：如高注，則正文「爲其不出户而堁之」下，當有「非其道」三字，而寫者脱之也。道亦理也。「固其理也」，「非其道也」，相對爲文。爲猶謂也。蓋出户而後蒙塵，蒙塵而後眯。若謂不出户而堁之，則無是理也。今本無「非其道」三字，則文不成義，且與上文不對矣。又道與理爲韻，若無此三字，則失其韻矣。下文「雖欲養之，非其道」，亦與酒爲韻。

屠者羹藿，爲車者步行，陶者用缺盆，匠人處狹廬，○王念孫云：「羹藿」本作「藿

〔一〕「之」字疑衍。

羹」。「藿羹」與「步行」相對爲文。諸書多言「藿羹」，無言「羹藿」者，此寫者誤倒也。「爲車者步行」本作「車者步行」。古者百工各以其事爲名，故考工記曰：「攻木之工：輪、輿、弓、廬、匠、車、梓。」此言車者，猶考工記言車人也。後人誤以車爲車馬之車，故又加爲字耳。「陶者」本作「陶人」，與「匠人」相對爲文。今本人作者，因上二句而誤。盧與廬同。（荀子富國篇「若盧屋妾」，即廬屋。孟子屋廬子，廣韻作屋盧子。）道藏本、劉本竝作盧，莊改盧爲廬，未達假借之義。太平御覽器物部三引此，正作「屠者藿羹，車者步行，陶人用缺盆，匠人處狹廬」。意林引，作「屠者食藿羹，爲車者多步行，陶人用缺盆，匠人處狹盧」，食字、爲字、多字，皆馬總以意加之，餘與御覽同。**爲者不必用，用者弗肯爲。**爲者不得用，以利動也。用者不肯爲，以富寵也。

轂立，三十輻各盡其力，不得相害。使一輻獨入，衆輻皆棄，豈能致千里哉？○俞樾云：文子上德篇作「轂虛而中立」，是此文轂下脱「虛而中」三字。「一輻」，文子作「一軸」，亦當從之。蓋一軸在轂中，三十輻在轂外，若一軸獨入，而三十輻皆棄，即不成爲輪矣，故不可以致千里也。

夜行者掩目而前其手，涉水者解其馬載之舟，事有所宜，而有所不施。

橘柚有鄉，藿葦有叢。獸同足者相從游，鳥同翼者相從翔。以類聚也。

田中之潦，流入於海；附耳之言，聞於千里也。附，近也。近耳之言，謂竊語。聞於千里，千里知之。語曰：「欲人不知，莫如不爲。」○文典謹按：意林引，潦作水，言作語。

蘇秦步，曰何故；步，徐行也。人問何故。**趍，曰何趍馳，**○王引之云：馳字非原文所有。蓋後人見字書韻書「趍趙」之趍音馳，故旁記馳字，而寫者遂誤入正文也。不知此趍字（七俱反。）乃趨之變體，與音馳之趍相似而實非也。步爲徐行，趨爲疾行，故先言步，後言趨。高注「步，徐行也」，正以別於下句之趨也。「步，曰何故」，步與故爲韻；「趨，曰何趨」，趨與趨爲韻。或曰：當作「趍，曰何馳」，今知不然者，馳乃馬疾行之名，人行不得言馳也。○俞樾云：此當作「蘇秦步，曰何步；趨，曰何趨；馳，曰何馳」。因首句高注有「何故」二字，遂誤正文「何步」爲「何故」，而馳下又脱「曰何馳」三字，則文不成義矣。**有爲則議，多事固苛。**蘇秦爲多事之人，故見議見苛也。

皮將弗覩，毛將何顧！畏首畏尾，身凡有幾！畏始畏終，中身不畏，凡有幾何。言常畏也。

欲觀九州之土，足無千里之行；心無政教之原，而欲爲萬民之上，則難。無其術，故曰難。

的的者獲，提提者射，的的，明也。爲衆所見，故獲。提提，安也。若鳥不飛，獸不走，提提安時，故爲人所射。○王念孫云：注訓「提提」爲安，雖本爾雅，然非此所謂提提也。的的、提提，皆明也，語之轉耳。提與題同。說文：「題，（音提。）顯也。」顯亦明也。莊子養生主篇曰：「爲善無近名，爲惡無近刑。」管子白心篇曰：「爲善乎毋提提，爲不善乎將陷於刑。」是提提爲明也。「旳旳者獲，提提者射」，卽莊子（達生〔一〕篇）所謂「飾知以驚愚，脩身以明汙，昭昭乎如揭日月而行」，故不免者也。故下文卽云「大白若辱，大德若不足」。若訓提提爲安，則既與上句不類，又與下文不屬矣。○俞樾云：王氏念孫謂旳旳、提提皆明也，引管子白心篇「爲善乎無提提」爲證，其說得之矣。惟未說獲字之義。今按：旳旳猶提提也，獲猶射也，兩句實止一意。儀禮鄉射禮篇「獲者坐而獲」，鄭注曰：「射者中，則大言獲。」是古謂射中爲獲。上句言獲，下句言射，變文以成辭耳。**故大白若辱，大德若不足。**若辱，自同於衆人。若不足者，實若虛之貌。○莊逵吉云：鄭康成儀禮注曰：「以白造緇曰辱。」辱者，汙辱也，故與白對。注家皆未得其義。

未嘗稼穡粟滿倉，未嘗桑蠶絲滿囊，得之不以道，用之必橫。橫，放也。○文典謹按：御覽八百四十引，無必字。

海不受流胔，太山不上小人，骨有肉曰胔。有不義之骸流入海，海神蕩而出之，故曰不受。太山，東岳也，王者所封禪處，不令凶亂小人得上其上也。**旁光不升俎，**旁光，胞也。俎豆之實唯肩髀，而脇肋不得升也。**騶駁不入牲。**犧牲以純色也。

〔一〕「達生」，原本作「山木」，據莊子改。

中夏用箑，快之，至冬而不知去；褰衣涉水，至陵而不知下，未可以應變。○王念孫云：陵當爲陸，字之誤也。陸與水相對，作陵則非其指矣。意林引此，正作陸。

有山無林，有谷無風，有石無金。林生於山，山未必皆有林。風出於谷，谷未必皆有風。金生於石，石未必皆有金。喻聖人出衆人，衆人未必皆聖賢也。

滿堂之坐，視鉤各異，滿堂坐人，視其鉤，各異形。於環帶一也。鉤與環帶，一法也。類雖異，所用者同。

獻公之賢，欺於驪姬；殺申生也。叔孫之智，欺於豎牛。三日不食而餓死也。故鄭詹入魯，春秋曰「佞人來，佞人來」。鄭詹，鄭文公大夫。以齊桓公卒，不使鄭伯朝齊，而使朝於楚，齊人執之，自齊逃至魯，魯謂之佞人。以方驪姬、豎牛，故曰「佞人來，佞人來」。

君子有酒，鄙人鼓缶，雖不見好，亦不見醜。醜，惡也。

人性便絲衣帛，或射之則被鎧甲，爲其所不便以得所便。便，利也。○陳觀樓云：「便絲衣帛」，當作「便衣絲帛」，「衣絲帛」與「被鎧甲」相對。文子上德篇作「衣緜帛」。

輻之入轂，各值其鑿，不得相通，猶人臣各守其職，不得相干。干，亂也。

嘗被甲而免射者，被而入水；嘗抱壺而度水者，抱而蒙火，可謂不知類矣。

君子之居民上，若以腐索御奔馬，雍容恐失民之意。若履薄冰蛟在其下，蛟，魚屬，皮有珠，能害人，故曰蛟在其下。若入林而遇乳虎。言常驚懼恐也。化不洽於民，民不附。

善用人者，若蚈之足，衆而不相害；蚈，馬蚈，幽州謂之秦渠。蚈，讀蹊徑之蹊也。若脣之與齒，堅柔相摩而不相敗。摩，近。敗，毀也。

清醠之美，始於耒耜；醠，清酒。周禮醠齊是。醠，讀甕盎之盎也。○文典謹按：御覽八百二十三引，醠作英。又引注云：「清英，酒也。」黼黻之美，在於杼軸。白與黑爲黼，青與赤爲黻，皆文衣也。

布之新不如紵，紵之弊不如布，或善爲新，或惡爲故。善，猶宜也。○王念孫云：「或惡爲故」本作「或善爲故」，言紵善爲新，布善爲故也。今本作「或惡爲故」者，後人不曉文義而妄改之耳。太平御覽布帛部七引此，正作「或善爲故」。⿰酉獻酺在頰則好，在顙則醜。⿰酉獻酺，著頰上窐也。窐者在顙，似槃，故醜。繡，以爲裳則宜，以爲冠則譏。詩曰「袞衣繡裳」，故曰宜。譏，人譏非之也。○王念孫云：譏本作議，高注本作「議，人議非之也」。今本議皆作譏者，後人以議與宜韻不相協而改之，因并改高注耳。不知宜字古讀若俄，（說見唐韻正。）與譏字不相協，而議字古亦讀若俄，（小雅北山篇「或出入風議」，與爲爲韻，爲古讀若譌。淮南俶真篇「立而不議」，與和爲韻。詮言篇「行有迹則議」，與訶爲韻。史記太史公自序「王人是議」，與禾爲韻。）與宜字正相協也。太平御覽布帛部二引此，正作「以爲冠則議」。詮言篇云「行有迹則議」，又其一證也。○文典謹按：御覽八百十五引，裳作被。意林同。

馬齒非牛蹏，檀根非椅枝，故見其一本而萬物知。知，猶别也。石生而堅，蘭生而芳，少自其質，長而愈明。質，性也。明，猶盛也。○王念孫云：「少自其質」，自當依劉本作有，字之誤也。文子上德篇作「少而有之，長而逾明」。

扶之與提，謝之與讓，故之與先，諾之與已也，之與矣，相去千里。○俞樾云：「故之與先」本作「得之與失」。草書得字作𢔶，故字作㪅，兩形相似，隸書失字或作先，先字或作先，兩形亦相似，因誤得爲故，誤失爲先耳。「之與矣」三字，衍文也。蓋校者見淮南舊本有「得之與失」句，因補注於「諾之與已也」下，而傳寫又脱得字，且誤失爲矣耳。文子上德篇正作「扶之與提，謝之與讓，得之與失，諾之與已，相去千里」，可據以訂正。

汙準而粉其顙，腐鼠在壇，楚人謂中庭爲壇。燒薰於宫，入水而憎濡，懷臭而求芳，雖善者弗能爲工。善，或作巧。

再生者不穫，華太早者不胥時落。不胥時落，不待秋時而零落也。○陳觀樓云：大與太同。旱當爲早，字之誤也。再生者不穫，以其不及時也。華太早者先落，以其先時也。文子上德篇作「華太早者，不須霜而落」。

毋曰不幸，甑終不墮井。抽簪招燐，有何爲驚！燐，血精，似野火，招之應聲而至。

血灑汙人，以簪招則不至，故曰何驚也。

使人無度河，可；中河使無度，不可。不可，言不能也。見虎一文，不知其武；見驥一毛，不知善走。

水蠆爲蟌，孑孑爲蟁，水蠆化爲蟌，蟌，青蜓也。孑孑，結蠆，水中到跂蟲，讀廉絜。兔齧爲蟹，兔所齧草，靈在其心中，化爲蟹。蟹，讀能而心之惡。一說：兔齧，蟲名。○陶方琦云：物類相感志引許注：「兔所齧，沫著者爲䲰，如蝱而斑色，能齧人。」按：高注中一說，卽許義。玉篇亦作蟹，（廣韻同。）曰「似蝱而小，青斑色，能齧人」，卽引許君注也。物之所爲，出於不意，弗知者驚，知者不怪。怪，惑也。

銅英青，金英黃，玉英白，𤏐燭捔，膏燭澤也，燭光捔澤，諭光明有明昧也。以微知明，以外知內。

象肉之味不知於口，鬼神之貌不著於目，捕景之說不形於心。皆所不嘗見之。

冬冰可折，夏木可結，時難得而易失。

木方茂盛，終日采而不知；秋風下霜，一夕而殫。殫，盡也。

病熱而强之餐，救暍而飲之寒，救經而引其索，拯溺而授之石，欲救之，反爲惡。惡，猶害也。

雖欲謹，亡馬不發户轔；言馬亡不可發户限而求。轔，户限也。楚人謂之轔。轔，讀似隣，急氣言乃得之也。雖欲豫，就酒不懷蓐。

孟賁探鼠穴，鼠無時死，必噬其指，失其勢也。孟賁，勇士，爲探鼠於穴，故曰失其勢。

山雲蒸，柱礎潤；礎，柱下石礩也。○陶方琦云：一切經音義十八引許注：「楚人謂柱碣曰礎。」按：二注文異。墨子（備城門篇。）「柱下傅舄」，舄即碣字。玉篇（石部。）：「礎，柱碣也。」即本許義。○文典謹按：文選江賦注、江文通雜體詩注、廣絶交論注引，竝作「山雲蒸而柱礎潤」。

伏苓掘，兔絲死。所生者亡，故死。一家失熛，百家皆燒；讒夫陰謀，百姓暴骸。論語曰「惡利口之覆邦家」，故曰百姓暴骸。

粟得水濕而熱，○文典謹按：御覽七百五十七引，無水字。八百四十引，無濕字。疑許、高本異，而寫者誤合之。甑得火而液，水中有火，火中有水。疾雷破石，陰陽相薄。自然之勢。○王念孫云：「自然之勢」四字乃是正文，非注文。言疾雷破石，此陰陽相薄，自然之勢也。太平御覽火部二引此，四字在正文内，是其證。

湯沐之於河，有益不多。流潦注海，雖不能益，猶愈於已。已，止也。

一目之羅，不可以得鳥；無餌之釣，不可以得魚；遇士無禮，不可以得賢。

兔絲無根而生，蛇無足而行，魚無耳而聽，蟬無口而鳴，有然之者也。然，如是也。○文典謹按：御覽九百四十四引此文，「無足」作「不足」，「有然之者也」作「自然之音也」。

鶴壽千歲，以極其游；蜉蝣朝生而暮死，而盡其樂。修短各得其志。○文典謹按：意林引，作「鶴壽千歲極其樂，蜉蝣朝生暮死亦極其樂」。

紂醢梅伯，文王與諸侯構之；構，謀也。桀辜諫者，湯使人哭之。哭，猶弔也。狂馬不觸木，猘狗不自投於河，雖聾蟲而不自陷，又況人乎！聾，無知也。愛熊而食之鹽，愛獺而飲之酒，雖欲養之，非其道。熊食鹽而死，獺飲酒而敗，故曰非其道也。○文典謹按：御覽九百八引，道下有也字。

心所說，毀舟爲杕；心所欲，毀鐘爲鐸。鐸，大鈴也。金口木舌爲木鐸，金舌爲金鐸。杕，舟尾，讀詩「有杕之杜」也。

管子以小辱成大榮，管子相子糾，不能死，爲魯所囚，是其辱。卒相桓公，以至霸，是其大榮也。蘇秦以百誕成一誠。誠，信也。○文典謹按：白帖二十六引，作「蘇秦以百詐成一信」。御覽四百三十引，誠亦作信。

質的張而弓矢集，林木茂而斧斤入，非或召之，形勢所致者也。待利而後拯溺人，亦必以利溺人矣。利溺人者，利人之溺，得其利也。○俞樾云：以字衍文。高注曰「利溺人者，利人之溺，得其利也」，則其所據本無以字。

舟能沉能浮，愚者不加足。舟船能載浮物，愚者不敢加足，畏其沉。詩曰「汎汎揚舟，載沉載浮」是也。騏驥驅之不進，引之不止，人君不以取道里。

刺我行者，欲與我交；訾我貨者，欲與我市。刺，猶非。訾，毁也。

以水和水不可食，一絃之瑟不可聽。以其失和，故不可聽。刺專用也。

駿馬以抑死，直士以正窮；賢者擯於朝，美女擯於宫。擯，棄也。

行者思於道，而居者夢於牀；慈母吟於巷，適子懷於荆。精相往來也。○王念孫云：巷當爲燕，字之誤也。道與牀相對，燕與荆相對。今本燕作巷，則非其指矣。「精相往來也」五字，乃是正文，非注文。吕氏春秋精通篇「身在乎秦，所親愛在於齊，死而志氣不安，精或往來也」，高彼注曰：「淮南記曰：慈母在於燕，適子念於荆，言精相往來也。」太平御覽人事部十九：「淮南子曰：適子懷於燕，慈母吟於荆，情相往來也。」詞雖小異，而字皆作燕，且「精相往來」句皆與上二句連引。

赤肉懸則烏鵲集，鷹隼鷙則衆鳥散，物之散聚，交感以然。

食其食者不毁其器，食其實者不折其枝。塞其源者竭，背其本者枯。

交畫不暢，連環不解，其解之不以解。暢，達。不得達至也。交，止也。解連環，言不可解則得解也。

臨河而羨魚，不如歸家織網。羨，願。○文典謹按：白帖九十八引，「歸家織網」作「退而結網」。

明月之珠，蛖之病而我之利；○文典謹按：藝文類聚九十七引，「蛖之病」作「螺蚌之病」。虎爪象牙，禽獸之利而我之害。我，猶人也。

易道良馬，使人欲馳；飲酒而樂，使人欲謌。

是而行之，故謂之斷；非而行之，必謂之亂。斷，猶治也。

矢疾，不過二里也；步之遲，百舍不休，千里可致。

聖人處於陰，衆人處於陽；聖人行於水，衆人行於霜。水有形而不可毁，故聖人行之無迹。霜雪履有迹，故衆人行之也。○王念孫云：此本作「聖人行於水，無迹也；衆人行於霜，有迹也」。今本脱「無迹也」、「有迹也」六字，則文義不明。文選洛神賦注引此，作「聖足行於水，無跡也；衆生行於霜，有跡也」。太平御覽天部十四引此，作「聖人行於水，無跡；衆人行於霜，有跡」。是其證。據高注云「水有形而不可毁，故聖人行之無迹」，則正文本有「無迹也」三字明矣。下注當云「霜雪有形而可毁，故衆人行之有迹」。今本云「霜雪履有迹，故衆人行之也」，則後人依已誤之正文改之耳。○俞樾云：四語相對成文，且陽、霜爲韵，非有脱誤。文選洛神賦注引，作「聖足行於水，無迹也；衆生行於霜，有迹也」，太平御覽天部引作「聖人行於水，無迹；衆人行於霜，有迹」，疑「無迹也」、「有迹也」是許叔重注，引者幷注文舉之，使其意明顯耳。王氏念孫欲據以增入正文，然則「處於陰」、「處於陽」下又將增入何語乎？足知其非矣。

異音者不可聽以一律，異形者不可合於一體。合，同也。農夫勞而君子養焉，君子，國君。養焉，以化澤懊休之。愚者言而智者擇焉。擇可用者而用之也。

捨茂林而集於枯，不弋鵠而弋烏，難與有圖。圖，謀也。言其愚也。

寅丘無壑，泉源不溥；言汙小潦水名寅。寅之丘無大壑，故泉流不得溥。○俞樾云：寅丘謂大丘也。方言：「螾，大也。」廣雅釋詁同。寅即螾之叚字。言丘雖大，而無壑，則泉原不溥也。下文曰「尋常之壑，灌千頃之澤」，尋常言其小，則寅丘必言其大矣。高注以爲汙潦水名，非是。尋常之壑，灌千頃之澤。言有源也。

見之明白，處之如玉石；見之闇晦，必留其謀。玉之與石，言可別也。闇晦，不明。留，猶思謀也。

以天下之大，託於一人之才，譬若懸千鈞之重於木之一枝。言不能任。

負子而登牆，謂之不祥，爲其一人隕而兩人傷。負，抱也。隕，墜也。善舉事者，若乘舟而悲謌，一人唱而千人和。言能得衆人之心也。

不能耕而欲黍粱，不能織而喜采裳，○文典謹按：御覽八百四十二引，「喜采裳」作「意衣裳」。無事而求其功，難矣。

有榮華者必有憔悴，有羅紈者必有麻蒯。言有盛必有衰。〇陶方琦云：文選潘岳藉田賦注引許注：「紈，素也。」按：説文：「紈，素也。」與注淮南同説。

鳥有沸波者，河伯爲之不潮，畏其誠也；鳥，大鵬也。翺翔水上，扇魚令出沸波，攫而食之，故河伯深藏於淵，畏其精誠，爲不見。故一夫出死，千乘不輕。主術篇曰「兵莫憯于志，莫邪爲下」，言匹夫志意出死必戰，雖大國兵車千乘，不輕之也。

蝮蛇螫人，傅以和堇則愈，和堇，野葛，毒藥。物故有重而害反爲利者。

聖人之處亂世，若夏暴而待暮，夏，日中甚熱。暮，涼時。言聖人居亂世，忍以待涼。桑榆之間，逾易忍也。言亂世將盡，如日在西方桑榆間，將夕，故曰易忍。

水雖平，必有波；衡雖正，必有差；尺寸雖齊，必有詭。詭，不同也。

非規矩不能定方圓，非準繩不能正曲直；用規矩準繩者，亦有規矩準繩焉。準平繩直之人，能平直爾，故曰亦有規矩準繩。

舟覆乃見善游，馬奔乃見良御。善游，故覆舟不溺；良御，馬奔車不敗，故見之。

嚼而無味者弗能内於喉，視而無形者不能思於心。形，象。無形于目，不能思之于心。

兕虎在於後，隨侯之珠在於前，弗及掇者，先避患而後就利。隨國在漢東，姬姓之侯，出游于野，見大蛇斷在地，隨侯令醫以續傅，斷蛇得愈，去，後銜大珠報之，蓋明月之珠，因號隨侯之珠，世以爲寶也。

逐鹿者不顧兔，○文典謹按：御覽九百六引，兔上有雉字。決千金之貨者不爭銖兩之價。言在大不顧小。

弓先調而後求勁，馬先馴而後求良，勁，强。馴，擾也。人先信而後求能。人非信不立也。

陶人棄索，車人掇之；屠者棄銷，而鍛者拾之，所緩急異也。

百星之明不如一月之光，十牖之開不如一户之明。

矢之於十步貫兕甲，及其極，不能入魯縞。言勢有極。

太山之高，背而弗見；秋豪之末，視之可察。察，别。言用明矣。

山生金，反自刻；木生蠹，反自食；人生事，反自賊。賊，敗也，害也。物自然也。

巧冶不能鑄木，工巧不能斲金者，形性然也。○孫詒讓云：「工巧」當作「巧匠」。今本匠譌爲工，而文又到，遂不可通。泰族訓云：「故良匠不能斲金，巧冶不能鑠木。」是其證。

白玉不琢，美珠不文，質有餘也。性自然，不復飾。

故跬步不休，跛鼈千里；跬，猶咫尺也。累積不輟，可成丘阜。輟，止。

城成於土，木直於下，非有事焉，所緣使然。

凡用人之道，若以燧取火，疏之則弗得，疏，猶遲也。數之則弗中，數，猶疾也。正在疏數之間。得其節，火乃生。

從朝視夕者移，從枉準直者虧；枉，邪。聖人之偶物也，若以鏡視形，曲得其情。偶，猶周也。

楊子見逵路而哭之，爲其可以南可以北；道九達曰逵。閔其別也。○莊逵吉云：御覽作「楊朱見岐路而哭之」。墨子見練絲而泣之，爲其可以黄可以黑。練，白也。閔其化也。

趍舍之相合，猶金石之一調，相去千歲，合一音也。金曰鐘，石曰磬。雖久不變，故曰相去千歲，合一音也。

鳥不干防者，雖近弗射；鳥，燕之屬是也。其當道，雖遠弗釋。當道，爲作防害者，故曰不釋也。

酤酒而酸，買肉而臭，然酤酒買肉不離屠沽之家，故求物必於近之者。

以詐應詐，以譎應譎，若披蓑而救火，毁瀆而止水，○文典謹按：意林引，毁作鑿。

乃愈益多。

西施、毛嫱，狀貌不可同，世稱其好，美鈞也。堯、舜、禹、湯，法籍殊類，得民心一也。俱一于人。聖人者，隨時而舉事，因資而立功，滂則具擢對，旱則修土龍。擢對，貯水器也。土龍，致雨物也。

臨淄之女，織紈而思行者，爲之悖戾。臨淄，齊都。悖，麤惡也。室有美貌，繒爲之纂繹。不密緻，志有感故。纂，讀曰綾繹纂之纂。

徵羽之操，不入鄙人之耳；徵羽正音，小人不知，不入其耳。抮和切適，舉坐而善。抮，轉也。轉其和，更作急調，激楚之音，非正樂，故舉坐而善之。〇俞樾云：高注曰：「抮，轉也。轉其和，更作急調。」然則正文疑當作「抮和適切」。切者，急切也。適，猶之也，往也。言轉其和平之音，而適於急切之調也。

過府而負手者，希不有盜心；府，藏貨所主也。故侮人之鬼者，過社而摇其枝。侮，猶病也。

晉陽處父伐楚以救江，故解捽者不在於捌格，在於批伉。批，擊也。伉，推。擊其要也。〇王引之云：伉，抌字之誤也。（隸書冘字或作冗，亢字或作冘，二形相似，故抌字右邊或誤爲冗，或誤爲亢，其左邊手旁又誤爲人旁，故藏本作伉，劉本作伉也。列子「攩拯挨抌」，釋文：

「抌，一本作抗。」此冘誤爲亢之證也。俗書沈字作沉，此冘誤爲冗之證也。）注內推字當爲椎。方言曰：「掞、抌，椎也。（郭璞曰：「抌，都感反，亦音甚。」今本方言椎字亦誤作推。一切經音義卷四、卷八所引，竝作椎，今據改。）南楚凡相椎搏曰掞，或曰攩。」列子黄帝篇曰：「攩掞挨抌。」説文：「椎，擊也。」「𢱧，反手擊也。」「抌，深擊也。」𢱧與批同，故高注云「批，擊；抌，椎」矣。或謂史記孫子傳「夫解雜亂紛糾者不控捲，救鬬者不搏撠，批亢擣虛，形格勢禁，則自爲解耳」，語意略與此同，此言批伉，卽史記之批亢。今知不然者，史記「批亢擣虛」是謂批其亢、擣其虛，（日知録曰：亢與劉敬傳「搤其肮」之肮同，謂喉嚨也。）此文「捌格」、「批抌」皆兩字平列，則與史記異義。且高注訓抌爲椎，則非伉字明矣。

木大者根擢，山高者基扶，其下趾也。**蹠巨者志遠，體大者節疏。**○王念孫云：蹠者，足也。足大與「志遠」，義不相通。志當爲走。言足大者舉步必遠也。氾論篇曰：「體大者節疏，蹠距者舉遠。」是其證。隸書走、志相似，故走誤爲志。

狂者傷人，莫之怨也；嬰兒詈老，莫之疾也，賊心𡧍。賊，害也。○陳觀樓云：𡧍字當爲「亡也」二字之譌。亡，無也。言狂者與嬰兒皆無賊害之心，故人莫之怨也。意林引此作「無心也」，蓋脱賊字。

尾生之信，不如隨牛之誕，尾生效信於婦人，信之失。隨牛、弦高矯君命爲誕以存國，故不如隨牛誕也。○俞樾云：高注曰「隨牛、弦高矯君命爲誕以存國」，然隨牛未知何人。據人間篇注曰：「蹇他，弦高之黨。」未聞其有隨牛也。「隨牛」疑當作「隨生」，卽謂漢初之隨何也。生，猶先生也。史記儒林傳索隱曰：「自漢已來，儒者皆號生，亦先生省字呼之耳。」然則稱隨何爲隨生，乃漢時常語也。隨何爲漢初辯士，故曰「尾生之信，不如隨生之誕」。陸士衡漢高祖功臣頌曰：「隨何辯達，因資於敵。紓漢披楚，唯生之績。」此卽隨何稱生之證。**而又況一不信者乎！**一，猶常也。況常不爲信，不爲誕乎！一，或作一一，猶待也。

憂父之疾者子，治之者醫；論語曰：「父母唯其疾之憂。」故曰憂之者子。**進獻者祝，治祭者庖。**庖，宰也。

淮南鴻烈集解卷十八

人間訓

人間之事，吉凶之中，徵得失之端，反存亡之幾也，故曰「人間」。○文典謹按：此篇敍目無「因以題篇」字，乃許慎注本。

清浄恬愉，人之性也；儀表規矩，事之制也。知人之性，其自養不勃；知事之制，其舉錯不惑。發一端，散無竟，周八極，總一筦，謂之心。○俞樾云：「總一筦」三字當在「周八極」之上，蓋言發於一端而散於無竟，總於一筦而周於八極，猶下文所云「執一而應萬」也。兩句誤倒，失其義矣。見本而知末，觀指而睹歸，執一而應萬，握要而治詳，謂之術。居智所爲，行智所之，事智所秉，動智所由，○王念孫云：四智字竝讀爲知。（智字古有二音二義，一爲智慧之智，一爲知識之知。說見管子法法篇「不智」下。）劉本依文子微明篇改智爲知，而諸本多從之，蓋未達假借之義也。又下文：「曉自然以爲智，知存亡之樞機，禍福之門户，舉而用之，陷溺於難者，不可勝計也。」案：然字當在曉字下，智卽知字也，不當更有知字。「曉然自以爲智存亡之樞機、禍福之門户」十六字連讀。後人不識古字，而讀「曉然自以爲智」絕句，故又加知字以聯屬下文耳。今本然字又誤在自字下，則更不可讀矣。謂之道。道者，置之前而不

輦，錯之後而不軒，内之尋常而不塞，布之天下而不窕。是故使人高賢稱譽己者，心之力也；使人卑下誹謗己者，心之罪也。夫言出於口者不可止於人，行發於邇者不可禁於遠。事者，難成而易敗也；名者，難立而易廢也。千里之隄，以螻螘之穴漏；百尋之屋，以突隙之煙焚。突，竈突也。○莊逵吉云：「突隙」當作「突隙」，突音式鍼切，與犬出穴中之「突」字異。○王引之云：突隙之煙，不能焚屋，明是熛字之誤。說林篇曰：「一家失熛，百家皆燒。」是其證也。太平御覽蟲豸部四引此，正作「突隙之熛」。世人多見煙，少見熛，故諸書中熛字多誤作煙。說見呂氏春秋「煙火」下。○陶方琦云：羣書治要引許注：「突，竈突也。」按：二注正同。說文：「突，竈突也。」與注淮南說正合。**堯戒曰：「戰戰慄慄，日慎一日。」人莫蹪於山，而蹪於蛭。**蹪，躓也。蛭，蟻也。○莊逵吉云：各本皆作垤，唯藏本作蛭，依義作垤爲是。○陶方琦云：羣書治要引許注：「蹪，躓也。垤，螘封也。」按：二注正同。今注蛭乃垤字之誤。詩東山毛傳：「垤，螘塚也。」方言：「楚郢以南，螘土謂之垤。」**是故人皆輕小害，易微事，以多悔。**○文典謹按：羣書治要引，人下有者字，以上有是字。宋本皆作者。**患至而後憂之，是猶病者已惓而索良醫也，**惓，劇也。○陶方琦云：羣書治要引許注：「惓，劇也。」按：二注正同。惓，依說文作倦。倦，罷也。**雖有扁鵲、俞跗之巧，猶不能生也。**俞跗，黃帝時醫。○陶方琦云：羣書治要引許注：「俞夫，黃帝時醫。」（羣書治要引正文及注，跗並作夫。）

按：二注正同。史記扁鵲列傳「醫有俞跗」，應劭曰：「俞跗，黄帝時醫。」周禮疾醫注「岐伯、榆柎」，韓詩外傳作踰跗，揚雄解嘲作臾跗。夫禍之來也，人自生之；福之來也，人自成之。禍與福同門，利與害爲鄰，非神聖人，莫之能分。凡人之舉事，莫不先以其知規慮揣度，揣，商量高下也。而後敢以定謀。其或利或害，此愚智之所以異也。曉自然以爲智，知存亡之樞機，禍福之門户，舉而用之，陷溺於難者，不可勝計也。使知所爲是者，事必可行，則天下無不達之塗矣。是故知慮者，禍福之門户也；動静者，利害之樞機也。百事之變化，國家之治亂，待而後成。是故不溺於難者成，是故不可不慎也。

天下有三危：少德而多寵，一危也；才下而位高，二危也；身無大功而受厚禄，三危也。故物或損之而益，或益之而損。何以知其然也？昔者楚莊王既勝晉於河、雍之間，莊王敗晉荀林父之師於邲。邲，河、雍地也。歸而封孫叔敖，辭而不受，○文典謹按：北堂書鈔四十八引，孫叔敖三字重。病疽將死，○王念孫云：此事又見列子説符篇、吕氏春秋異寶篇，皆不言孫叔敖病疽死。「病疽將死」，當作「病且死」。史記滑稽傳「孫叔敖病且死，屬其子曰」，賈子胎教篇「史鰌病且死，謂其子曰」，文義竝與此同。列子、吕氏春秋作「孫叔敖疾將死」，將亦且也。今作「病疽將死」者，且字因與病字相連而誤爲疽，後人以下文「謂其子曰」云云乃未死以前之事，故於死上加將字，而不知疽爲且之誤也。○俞樾云：諸書無言孫叔敖以病疽死者，疽乃「疒且」二字之誤。「病將」二字皆衍文也。説文疒部：「疒，倚也。人有疾痛，象倚著之形。」是古疾病字止作疒。其從矢之疾，蓋疾速字，而非疾病字也。後人叚疾爲疒，疾行而疒廢矣。「疒且死」，卽疾且死也。其事亦見列子説符篇、吕氏春秋異寶篇，竝作「疾將死」，將猶且也。彼作疾，此作疒，古今字耳。因疒且二字誤合爲疽字，後人乃於上加病字，下加將字，失之矣。**謂其子曰：「吾則死矣，王必封女。**○王念孫云：「吾則死」下本無矣字，此後人不曉則字之義而妄加之也。則猶若也。言吾若死，王必封女也。列子、吕氏春秋竝作「爲我死」，爲亦若也。（爲字古與若同義。管子戒篇「管仲寢疾，桓公往問之，管仲曰：夫江、黄之國近於楚，爲臣死乎，君必歸之楚而寄之」是也。）若我死猶言吾若死，吾若死猶言吾則死也。古者則與若同義。三年問曰：「今是大鳥獸則失喪其羣匹，越月踰時焉則必反巡。」言若失喪其羣匹也。荀子議兵篇曰：「大寇則至，使之持危城則必畔，遇敵處戰則必北。」言大寇若至也。趙策曰：「彼則肆然而爲帝，過而遂正於天下，則連有赴東海而死矣。」言彼若爲帝而正於天下也。（史記魯仲連傳「彼則」作「彼卽」，卽亦若也。説見下。）燕策，太子丹謂荆軻曰：「誠得劫秦王，使悉反諸侯之侵地，則大善矣。則不可，因而刺殺之。」言若不可也。韓詩外傳曰：「臣之里，有夫死三日而嫁者，有終身不嫁者，則自爲娶，將何娶焉？」言若自爲娶也。史記項羽紀，項王謂曹咎等曰：「謹守成皋，則漢欲挑戰，慎勿與戰。」漢書項籍傳作「卽漢欲挑戰」，則與卽古字通，而同訓爲若。（漢書西南夷傳注：「卽，猶若也。」）故史記高祖紀作「若漢挑戰」也。襄二十七年公羊傳：「甯殖病將死，謂喜曰：『我卽死，女能固內公乎？』」賈子胎教篇：「史鰌病且死，謂其子曰：『我卽死，治喪於北堂。』」史記孔子世家：「季桓子病，顧謂其嗣康子曰：『我卽死，若必相魯。』」彼言我卽死，此言吾則死，皆謂吾若死也。「吾若死」之下加一矣字，則文不成義矣。**女必讓肥饒之地，而受沙石之間有寢丘者，其地确石而名醜。**寢丘，今汝南固始地，前有垢谷，後有莊丘，名醜。**荆人鬼，**好事鬼也。**越人禨，**禨，祥也。○陶方琦云：許本作「吴人鬼，越人䰟」。（說文鬼部「䰟」字下。）按說文：「䰟，鬼俗也。淮南傳曰：『吴人鬼，越人䰟。』」是許舊注本如是也。今本作荆，作禨，乃後人因呂氏春秋異寶篇而改。（列子說符亦作「楚人鬼，越人禨」。）禨祥之訓，亦呂覽高注文也。列子盧重玄注引淮南亦作「吴人鬼，越人䰟」。漢書趙王彭祖傳注引淮南亦作「越人䰟」。（玉篇：「䰟，鬼俗也。吴人鬼，越人䰟。」廣韻七尾亦引作「吴人鬼，越人䰟」。）唐以前人猶見許注完本，故皆與說文所引同。**人莫之利也。**」○王引之云：「受沙石」下有脱文，此當作「女必讓肥饒之地，而受沙石之地。楚、越之間有有寢之丘者，其地确而名醜」云云。今本「沙石」下脱「之地」二字，「之間」上又脱「楚、越」二字，「有有寢之丘者」又脱一有字及之字，「确」下又衍石字。下文云孫叔敖請沙石之地，則此當作「受沙石之地」明矣。列子云「楚、越之間有寢丘者」，呂氏春秋云「楚、越之間有有寢之丘者」，則此亦當作「楚、越之間」，故下文云「荆人鬼，越人禨」也。「有有寢之丘者」，今本作「有寢丘者」，涉注文而誤也。注但言「寢丘」者，詳言之則曰有寢之丘，略言之則曰寢丘。故列子作寢丘，而呂氏春秋作有寢之丘。（今本亦脱有字，唯之字未脱。）下文云其子請有寢之丘，又云孫叔敖請有寢之丘，則此亦當作有寢之丘明矣。地确，謂瘠薄之地。墨子親士篇曰「墝埆者其地不育」是也，（墝埆與磽确同。）不專指石而言。且地确、名醜，相對爲文，确下尤不當有石字。此因上文「沙石」而誤衍耳。**孫叔敖死，王果封其子以肥饒之地，其子辭而不受，請有寢之丘。楚國之俗，功臣二世而爵禄，惟孫叔敖獨存。**〇王引之云：俗當爲法。隸書去、谷二字相似。（隸書去字或作厺，形與谷相似，故從去之字或誤爲谷。廣雅「渡，去也」，去誤爲谷；「袪，開也」，袪誤爲裕，皆其類也。列子説符篇「白公遂死於浴室」，吕氏春秋精諭篇作法室，亦以相似而誤。）法誤爲浴，後人因改爲俗耳。此謂楚國之法如是，非謂其俗也。「功臣二世而爵禄」，文不成義，當有脱誤。韓子喻老篇作「楚邦之法，禄臣再世而收地，唯孫叔敖獨在」。〇俞樾云：「二世而爵禄」，文義未完，疑本作「二世而奪禄」。下文曰：「夫孫叔敖之請有寢之丘，沙石之地，所以累世不奪也。」奪字卽承此而言。因奪與爵草書相似，又以文在禄上，故奪誤爲爵耳。夫所謂「孫叔敖獨存」者，存其寢丘之地也，禄也，非爵也，不當兼言爵。韓子喻老篇作「楚邦之法，禄臣再世而收地」，亦言禄，不言爵。則爵字之誤無疑矣！**此所謂損之而益也。何謂益之而損？昔晉厲公南伐楚，東伐齊，西伐秦，北伐燕，兵横行天下而無所綣，**綣，屈也。**威服四方而無所詘，**〇王念孫云：兵行天下，威服四方，相對爲文。横字蓋後人所加。**遂合諸侯於嘉陵。氣充志驕，淫侈無度，暴虐萬民。内無輔拂之臣，外無諸侯之助。戮殺大臣，親近導諛。明**

年出游匠驪氏，欒書、中行偃劫而幽之，欒書、中行偃，皆大夫。諸侯莫之救，百姓莫之哀，三月而死。夫戰勝攻取，地廣而名尊，此天下之所願也，然而終於身死國亡。此所謂益之而損者也。夫孫叔敖之請有寢之丘，沙石之地，所以累世不奪也。晉厲公之合諸侯於嘉陵，所以身死於匠驪氏也。衆人皆知利利而病病也，唯聖人知病之爲利，知利之爲病也。夫再實之木根必傷，掘藏之家必有殃，掘藏，謂發冢得伏藏，無功受財。以言大利而反爲害也。張武教智伯奪韓、魏之地而擒於晉陽，張武，智伯臣也。擒于晉陽，爲趙襄子所殺。申叔時教莊王封陳氏之後而霸天下。申叔時，楚大夫。莊王滅陳，已乃復之。孔子讀易至損、益，未嘗不憤然而歎，○王念孫云：憤然非歎貌，憤當爲噴，噴與喟同。噴誤爲噴，（隸書賁字或作賁，形與貴相近，故從貴從賁之字或相亂。莊子天運篇「乃憤吾心」，憤本又作憒，潛夫論浮侈篇「懷憂憒憒」，後漢書王符傳作憤憤，是其例也。）後人又改爲憤耳。太平御覽學部三引此作「喟然而歎」，說苑敬慎篇、家語六本篇竝云「孔子讀易，至於損、益，喟然而歎」，是其明證矣。說文：「喟，太息也。或作噴。」徐鍇曰：「韓詩外傳『噴然太息』作此字。」文選舞賦「噴息激昂」，李善亦引外傳云：「魯哀公噴然太息。」今外傳噴作喟，後人改之也。又晏子襍篇「晏子噴然而歎」，亦作此噴字。曰：「益損者，其王者之事與！

事或欲以利之，適足以害之；或欲害之，乃反以利之。利害之反，禍福之門户，不可不察也。」○王念孫云：「或欲利之」，「或欲害之」，相對爲文，利之上不當有以字，此因下句以字而誤衍也。太平御覽學部三引此，無以字。「禍福之門户」，户字亦因上文「禍福之門户」而衍。利害之反，禍福之門，相對爲文，則户字可省。覽冥篇「利害之路，禍福之門」，卽其證。太平御覽引此，無户字。文子微明篇同。陽虎爲亂於魯，陽虎，季氏之臣也。陽虎、季氏專魯國也。魯君令人閉城門而捕之，得者有重賞，失者有重罪。○莊逵吉云：御覽引，作「得者有賞，失者夷族」。圍三帀，而陽虎將舉劍而伯頤。伯，迫也。○莊逵吉云：御覽引，作「圍三帀矣，陽虎將舉劍而自刎頸」。門者止之曰：「天下探之不窮，不窮，言深遠。○王念孫云：「門者止之曰」下，不當有「天下探之不窮」六字，蓋錯簡也。（高注同。）太平御覽兵部八十二引此，作「門者止之曰：『我將出子。』」無「天下探之不窮」六字。我將出子。」陽虎因赴圍而逐，揚劍提戈而走。○莊逵吉云：御覽引，作「左持劍，右提戈，赴圍而走」。門者出之，顧反取其出之者，以戈推之，攘袪薄腋。袪，袂也。出之者怨之曰：「我非故與子反也，○王念孫云：「我非故與子反也」，反當爲友。言素與陽虎無交，而爲之蒙死被罪也。今作反者，涉上下文反字而誤。爲之蒙死被罪，而乃反傷我。宜矣其有此難也！」魯君聞陽虎失，大怒，問所出之門，使有司拘之，以爲傷者受大賞，而不傷者被重罪。○王念孫云：「以爲」二字，與下文義不相屬。太平御覽引此，作「以爲傷者，戰鬬者也，不傷者，爲縱之者，傷者受厚賞，不傷者受重罪」，是也。今本無「傷者戰鬭」以下十三字，此因兩「傷者」相亂，故寫者誤脱之耳。此所謂害之而反利者也。○王念孫云：利下脱之字。太平御覽引此有之字。上文云：「或欲害之，乃反以利之。」是其證。又下文「此所謂與之而反取者也」，取下亦脱之字。上文云：「或與之而反取之。」是其證。何謂欲利之而反害之？楚恭王與晉人戰於鄢陵，戰酣，晉人，晉厲公也。恭王傷而休。晉人射恭王，中目。司馬子反渴而求飲，豎陽穀奉酒而進之。豎，小使也。陽穀其名。子反之爲人也，嗜酒而甘之，不能絶於口，遂醉而卧。恭王欲復戰，使人召司馬子反，辭以心痛。○王念孫云：心痛本作心疾，此後人以意改之也。後漢書文苑傳注引此，作「辭以心疾」，蓋脱心字。呂氏春秋權勳篇、韓子十過飾邪二篇、説苑敬慎篇竝作「辭以心疾」。王駕而往視之，入幄中而聞酒臭。恭王大怒曰：「今日之戰，不穀親傷，不穀，不禄也。人君謙以自稱也。所恃者，司馬也，而司馬又若此，是亡楚國之社稷，而不率吾衆也。○王念孫云：亡與忘同。率當爲恤，聲之誤也。呂氏春秋、韓子、説苑竝作「不恤吾衆」。不穀無與復戰矣！」於是罷師而去之，斬司馬子反爲僇。○王念孫云：後漢書注引此，「爲僇」上有以字，是也。今本脱以字，則詞意不完。呂氏春秋、韓子、説苑皆有以字。故豎陽穀之進酒也，非欲禍子反也，誠愛而欲快之也，而適足以殺之。此所謂欲利之而反害之者也。夫病溼而强之食，病暍而飲之寒，此衆人之所以爲養也，而良醫之

所以爲病也。○王念孫云：劉本温誤作濕，莊本又改爲溼，皆非也。病温者不可以食，若作病溼，則非其指矣。文子微明篇作「病温而强餐之熱，病暍而强飲之寒」。説林篇云：「病熱而强之餐，救暍而飲之寒。」熱亦温也。又案：「强之食」，食當依説林篇作餐，字之誤也。餐、寒爲韻，養、病爲韻。（病古音蒲浪反，説見唐韻正。）若作食，則失其韻矣。**悦於目，悦於心，愚者之所利也，然而有道者之所辟也。**○王念孫云：劉本依文子改「有論」爲「有道」，而莊本從之，非也。「有論」謂有知也，對上文「愚者」而言，言悦目悦心，愚者之所欲，而有知者不以此傷性。若作「有道」，則非其指矣。古或謂知爲論。説山篇：「以小明大，以近論遠。」吕氏春秋直諫篇：「凡國之存也，主之安也，必有以也。不知所以，雖存必亡，雖安必危。所以不可不論也。」高注竝云：「論，知也。」大戴禮保傅篇：「天子不論先聖王之德，不知君國畜民之道。」論亦知也。荀子解蔽篇：「坐於室而見四海，處於今而論久遠。」謂知久遠也。又脩務篇：「故夫孿子之相似者，唯其母能知之。玉石之相類者，唯良工能識之。書傳之微者，唯聖人能論之。」論與知、識同義。彼注訓論爲敍，失之。**故聖人先忤而後合，衆人先合而後忤。**

有功者，人臣之所務也；有罪者，人臣之所辟也。或有功而見疑，或有罪而益信，何也？則有功者離恩義，有罪者不敢失仁心也。魏將樂羊攻中山，樂羊，文侯之將。**其子執在城中，城中縣其子以示樂羊。樂羊曰：「君臣之義，不得以子爲私。」**

攻之愈急。中山因烹其子，而遺之鼎羹與其首，樂羊循而泣之，○陶方琦云：宋蘇頌校淮南題序引許本，揗作循。按：蘇氏云，許于卷内多有叚借用字。以揗爲循，亦叚借也。説文手部：「揗，摩也。」又彳部：「循，順也。」廣雅釋詁：「循，摩順也。」漢書李陵傳「數數自循其刀鐶」，注：「循，摩順也。」以揗爲循，古字叚借之例。齊俗訓「虛循撓」，循亦揗之叚借。曰：「是吾子。」已，爲使者跪而啜三杯。使者歸報，中山曰：「是伏約死節者也，不可忍也。」遂降之。爲魏文侯大開地，有功。自此之後，日以不信。此所謂有功而見疑者也。何謂有罪而益信？孟孫獵而得麑，孟孫，魯大夫。使秦西巴持歸烹之，麑母隨之而嗁。秦西巴弗忍，縱而予之。孟孫歸，求麑安在，秦西巴對曰：「其母隨而嗁，臣誠弗忍，竊縱而予之。」孟孫怒，逐秦西巴。居一年，取以爲子傅。左右曰：「秦西巴有罪於君，今以爲子傅，何也？」孟孫曰：「夫一麑而不忍，又何況於人乎！」此〔二〕謂有罪而益信者也。故趨舍不可不審也。此公孫鞅之所以抵罪於秦，而不得入魏也。公孫鞅，商君也。爲秦伐魏，欺魏公子卬而殺之。後有罪走魏，魏人不入也。功非不大也，然而累足無所踐者，不義之故也。

〔二〕據上下文例，「此」下當有「所」字。

事或奪之而反與之，或與之而反取之。智伯求地於魏宣子，宣子弗欲與之。○俞樾云：「弗欲與之」，本作「欲弗與之」，下文「求地而弗與」，卽承此而言。戰國趙策作「魏桓子欲勿與」。任登曰：「智伯之强，威行於天下，求地而弗與，是爲諸侯先受禍也。不若與之。」宣子曰：「求地不已，爲之奈何？」任登曰：「與之，使喜，必將復求地於諸侯，諸侯必植耳。植耳，竦耳而聽也。與天下同心而圖之，一心所得者，非直吾所亡也。」魏宣子裂地而授之。又求地於韓康子，韓康子不敢不予。諸侯皆恐。又求地於趙襄子，襄子弗與。於是智伯乃從韓、魏圍襄子於晉陽。三國通謀，禽智伯而三分其國。此所謂奪人而反爲人所奪者也。何謂與之而反取之？晉獻公欲假道於虞以伐虢，遺虞垂棘之璧與屈產之乘。虞公惑於璧與馬，而欲與之道。宮之奇諫宮之奇，虞臣也。曰：「不可！夫虞之與虢，若車之有輪，輪依於車，車亦依輪。○王念孫云：輪本作輔，此後人妄改之也。韓子十過篇云：「夫虞之有虢也，如車之有輔，輔依車，車亦依輔。」呂氏春秋權勳篇同此。皆淮南所本。僖五年左傳亦云「輔車相依」。虞之與虢，相恃而勢也。若假之道，虢朝亡而虞夕從之矣。」○俞樾云：勢字義不可通，疑本作「相恃而存也」。呂氏春秋權勳篇曰：「夫虢之不亡也恃虞，虞之不亡也亦恃虢也。若假之道，則虢朝亡而虞夕從之矣。」卽淮南所本。虢不亡恃虞，虞不亡恃虢，故曰「相恃而存也」。今本誤作勢者，蓋因呂氏春秋此文之上有「虞、虢之勢是也」句，韓子十過篇亦有「虞、虢之勢正是也」句，疑淮南不當無此句，因以意竄改，非其舊矣。虞公弗聽，遂假之道。荀息伐虢，遂克之。荀息，晉大夫。還反伐虞，又拔之。此所謂與之而反取者也。

聖王布德施惠，非求其報於百姓也；郊望禘嘗，郊，祭天。望，祭日月星辰山川也。禘、嘗，祭宗廟也。非求福於鬼神也。山致其高而雲起焉，水致其深而蛟龍生焉，○王念孫云：雲下脱雨字。「雲雨」、「蛟龍」相對爲文。太平御覽鱗介部二引此，正作「雲雨起焉」。説苑貴德篇、文子上德篇及論衡龍虛篇引傳竝同。荀子勸學篇「積土成山，風雨興焉；積水成淵，蛟龍生焉」，亦以「風雨」、「蛟龍」相對。君子致其道而福祿歸焉。夫有陰德者必有陽報，有陰行者必有昭名。○王念孫云：「陰行」本作「隱行」，此涉上文「陰德」而誤也。陰與陽相對，隱與昭相對。今本隱作陰，則非其指矣。説苑、文子竝作「隱行」。下文「有陰德也」、「有隱行也」，即承此文言之。古者，溝防不修，水爲民害，禹鑿龍門，辟伊闕，平治水土，使民得陸處。百姓不親，五品不慎，○莊逵吉云：御覽慎作順。契教以君臣之義，父子之親，夫妻之辨，○莊逵吉云：御覽辨作別。長幼之序。田野不脩，民食不足，后稷乃教之辟地墾草，糞土種穀，令百姓家給人足。故三后之後，謂夏、殷、周。無不王者，有陰德也。周室衰，禮義廢，孔子以三代之道教導於世，其後繼嗣至今不絶者，有隱行也。秦王趙政兼吞天下而亡，趙政，始皇。生於趙，故名趙政。智伯侵地而滅，商鞅支解，李斯車裂，李斯，上蔡人也。爲秦相趙高譖之，二世車裂之于雲陽。三代種德而王，齊桓繼絶而霸。故樹黍者不獲稷，樹怨者無報德。◯文典謹按：御覽八百四十二引，作「三代積德而王，齊桓繼絶而霸。故樹黍者無不穫稷，樹恩者無不報德」。宋本獲亦作穫。昔者，宋人好善者，◯王念孫云：「好善」上脱有字。列子説符篇作「宋人有好行仁義者」，論衡福虚篇作「宋人有好善行者」，皆有有字。三世不解。家無故而黑牛生白犢，以問先生，先生曰：「此吉祥，以饗鬼神。」先生，凡先人生者也。以享鬼神，白犢純色可以爲犧牲也。◯俞樾云：「吉祥」下脱也字。列子説符篇、論衡福虚篇竝作「此吉祥也」，當據補。居一年，其父無故而盲，牛又復生白犢，其父又復使其子以問先生。其子曰：「前聽先生言而失明，今又復問之，奈何？」其父曰：「聖人之言，先忤而後合。其事未究，固試往復問之。」其子又復問先生，先生曰：「此吉祥也，復以饗鬼神。」歸致命其父，其父曰：「行先生之言也。」居一年，其子又無故而盲。其後楚攻宋，圍其城。楚莊王時，圍宋八月。◯陶方琦云：列子釋文引許注：「楚莊王圍宋九月。」按：今本八月當作九月。左傳宣十四年：「秋九月，楚子圍宋。」十五年：「夏，楚子去宋。」杜注：「在宋積九月。」呂覽慎勢篇：「莊王圍宋九月。」宋本淮南正作九月。當此之時，易子而食，析骸而炊，丁壯者死，老病童兒皆上城，牢守而不下。楚王大

怒，城已破，諸城守者皆屠之。此獨以父子盲之故，得無乘城。軍罷圍解，則父子俱視。視，復明也。**夫禍福之轉而相生，其變難見也。近塞上之人有善術者，**○莊逵吉云：御覽作「北塞之人有善道者」。○王念孫云：「近塞」本作「北塞」，此後人以意改之也。北塞謂北方之塞。若改爲近塞，則不知爲何方之塞矣。漢書敍傳：「北叟頗識其倚伏。」顔師古注引此，正作「北塞上之人」。後漢書蔡邕傳「得北叟之後福」，李賢注云：「北叟，塞上叟也。」藝文類聚禮部下、獸部上、太平御覽禮儀部四十、獸部八引此，竝作「北塞上之人」。下文「近塞之人，死者十九」，亦本作「塞上之人」。漢書、後漢書注及藝文類聚、太平御覽、文選幽通賦注竝引作「塞上之人」。○俞樾云：近，謂近時也。此蓋淮南舉近事言之，故曰「近」，非連塞字爲義也。班孟堅幽通賦「北叟頗識其倚伏」，即用此事，而云「北叟」者，以下文言「胡人大入塞」，故知是北方之塞耳。乃顔師古注漢書敍傳引此文，作「北塞上之人」，蓋涉正文「北叟」而誤，非顔注之舊，是以李善注文選幽通賦止云「塞上之人」。若使本作「北塞」，則正宜引之以證「北叟」之義，安得删去之？惟其是近字，故可有可無也。後漢書蔡邕傳「得北叟之後福」，李賢注曰：「北叟，塞上叟也。」但言塞上，不言北塞上，然則淮南子原文不作北塞明甚。而藝文類聚、太平御覽引此文，竝作「北塞上之人」，則爲漢書注所誤。王氏念孫反據以訂正淮南，謬矣。下文「近塞之人死者十九」，則當作「塞上之人」。漢書、後漢書注、文選注及諸類書所引，無作「近塞」者，可知近字之非。然亦無作「北塞」者，又可見此文作「北塞上」之誤矣。**馬無故亡而入胡，**○莊逵吉云：御覽作「其馬無故亡入胡中」。

人皆弔之。其父曰：「此何遽不爲福乎！」○莊逵吉云：御覽作「此何知乃不爲福」，下「爲禍」、「爲福」二句同。○王念孫云：「何遽不爲福」，本作「何遽不能爲福」，能與乃同。（乃、能古字通，説見漢書谷永傳「能或滅之」下。）言何遽不乃爲福也。下文曰：「此何遽不能爲禍乎！」即其證。此及下文兩「何遽不爲福」，藝文類聚禮部、太平御覽禮儀部竝引作「何遽不乃爲福」。又「何遽不能爲禍」亦引作「何遽不乃爲福」。居數月，其馬將胡駿馬而歸，人皆賀之。其父曰：「此何遽不能爲禍乎！」家富良馬，○王念孫云：「良馬」本作「馬良」，與「家富」相對爲文。漢書、後漢書注、藝文類聚、太平御覽引此，竝作「家富馬良」。其子好騎，墮而折其髀，人皆弔之。其父曰：「此何遽不爲福乎！」居一年，胡人大入塞，○莊逵吉云：御覽作「胡夷大出塞」。丁壯者引弦而戰，○王念孫云：引本作控，此亦後人以意改之也。文選幽通賦注、太平御覽禮儀部引此，竝作「控弦而戰」。漢書注及藝文類聚禮部、獸部、太平御覽獸部竝引作「皆控弦而戰」。藝文類聚又引注云：「控，張也。」則本作控明矣。近塞之人，○莊逵吉云：御覽作「塞上之人」。死者十九，此獨以跛之故，父子相保。故福之爲禍，禍之爲福，化不可極，深不可測也。

或直於辭而不害於事者，或虧於耳以忤於心而合於實者。○王念孫云：「不害」當爲「不周」。隸書害作𡧪，與周相似而誤。（道應篇「周鼎著倕而使齕其指」，文子精誠篇周誤作害。

宣六年公羊傳「靈公有周狗，謂之獒」，爾雅釋畜注誤作害。）楚辭離騷「雖不周於今之人兮」，王注曰：「周，合也。」氾論篇曰「苟周於事，不必循舊」，謂合於事也。此言「不周於事」，亦謂不合於事也。此言「直於辭而不周於事」，下言「虧於耳、忤於心而合於實」，合亦周也。下文高陽魋命匠人爲室之言，所謂「直於辭」也，室成而終敗，所謂「不周於事」也。若云「不害於事」，則與此意相反矣。劉績不知害爲周之誤，故删去不字耳。又下文「此所謂直於辭而不可用者也」，「不可用」亦當作「不周於事」。凡言「此所謂」者，皆復舉上文之詞，不當有異。此因周誤作用，後人遂改爲「不可用」，而不知其與上文不合也。又下文：「仁者，百姓之所慕也；義者，衆庶之所高也。然世或用之而身死國亡者，不同於時也。」同亦當爲周。不周於時，不合於時也。齊俗篇曰「事周於世則功成，務合於時則名立」是也。文子微明篇正作「不周於時」。隸書害、用、同三字竝與周相似，故傳寫多誤。

高陽魋或曰：高陽魋，宋大夫。將爲室，問匠人。匠人對曰：「未可也。木尚生，加塗其上，必將撓。以生材任重塗，今雖成，後必敗。」○文典謹按：「今雖成」本作「今雖善」。下文「今雖惡，後必善」及「其始成，竘然善也，而後果敗」，皆承此而言。呂氏春秋別類篇及御覽九百五十二引此文，竝作「今雖善」，皆其證也。高陽魋曰：「不然。夫木枯則益勁，塗乾則益輕。以勁材任輕塗，今雖惡，後必善。」匠人窮於辭，無以對，受令而爲室。其始成，竘然善也，竘，高壯貌。而後果敗。此所謂直於辭而不可用者也。何謂虧於耳、忤於心而合於實？靖郭君將城薛，靖郭君，齊威王之子也。封於薛。賓客多止之，弗聽。靖郭君謂謁者曰：「無爲賓通言。」齊人有請見者曰：「臣請道三言而已。過三言，請烹。」靖郭君聞而見之，賓趨而進，再拜而興，因稱曰：「海大魚。」則反走。靖郭君止之曰：「願聞其説。」賓曰：「臣不敢以死爲熙。」熙，戲也。靖郭君曰：「先生不遠道而至此，爲寡人稱之！」賓曰：「海大魚，網弗能止也，釣弗能牽也。蕩而失水，則螻蟻皆得志焉。今夫齊，君之淵也。君失齊，則薛能自存乎？」靖郭君曰：「善。」乃止不城薛。此所謂虧於耳、忤於心而得事實者也。夫以「無城薛」止城薛，其於以行説，乃不若「海大魚」。故物或遠之而近，或近之而遠。

或説聽計當而身疏，或言不用、計不行而益親。何以明之？三國伐齊，圍平陸。三國，韓、魏、趙也。括子以報於牛子括子、牛子，齊臣。曰：「三國之地不接於我，踰鄰國而圍平陸，利不足貪也。然則求名於我也。請以齊侯往。」牛子以爲善。括子出，無害子入，無害子，亦齊臣。牛子以括子言告無害子。無害子曰：「異乎臣之所聞。」牛子曰：「國危而不安，患結而不解，何謂貴智！」○王念孫云：謂與爲同。（爲、謂古字通，説見秦策「蘇代僞爲齊王曰」下。）「國危而不安，患結而不解」，本作「國危不而安，患結不而解」。不而者，不能也。能、而古聲相近，故能或作而。（原道篇「而以少正多」，高注：「而，能也，能以寡統衆。」又注呂氏春秋去私、不屈、士容三篇，竝云：「而，能也。」逸周書皇門篇曰：「譬若衆畂，常扶予險，乃而予于濟。」墨子尚同篇曰：「故古者聖王，唯而審以尚同，以爲正長，是故上下情通。」又曰：「天下之所以治者，何也？唯而以尚同一義爲政故也。」非命篇曰：「不而矯其耳目之欲。」莊子逍遥游篇曰：「知效一官，行比一鄉，德合一君，而徵一國。」荀子哀公篇曰：「君以此思哀，則哀將焉而不至矣。」楚辭九章曰：「不逢湯、武與桓、繆兮，世孰云而知之。」齊策：「管燕謂其左右曰：子孰而與我赴諸侯乎？」又：「秦始皇使遺君王后玉連環曰：齊多知，而解此環不？」而字竝與能同。故鄭注屯卦讀而爲能。堯典「柔遠能邇」，漢督郵班碑作「渘遠而邇」。皋陶謨「能哲而惠」，衛尉衡方碑作「能悊能惠」，史記夏本紀作「能知能惠」。論語憲問篇「愛之能勿勞乎」，鹽鐵論授時篇能作而。呂氏春秋不侵篇「能治可爲管、商之師」，齊策能作而。又禮運正義曰，劉向説苑能字皆作而。今説苑中能字無作而者，皆後人改之也。唯論衡之感虚、福虚、亂龍、講瑞、指瑞、感類、定賢諸篇，能字多作而。其作能者，亦是後人所改。）後人不曉而字之義，故改「不而」爲「而不」耳。此言所貴乎智者，國危能安，患結能解也。若國危不能安，患結不能解，則何爲貴智乎？下文張孟談對趙襄子曰：「亡不能存，危弗能安，無爲貴智。」語意正與此同。吴語：「危事不可以爲安，死事不可以爲生，則無爲貴智矣。」不可猶不能也。後人改爲「國危而不安，患結而不解」，非也。若謂國不安，患不解，則與「何爲貴智」四字義不相屬。若謂國危而不安之，患結而不解之，則是不仁，而非不智矣。

無害子曰：「臣聞之，有裂壤土以安社稷者，聞殺身破家以存其國者，不聞出其君以爲封疆者。」○王念孫云：首句本作「臣聞裂壤土以安社稷者」，與下二句文同一例。因「臣聞」下衍之字，後人遂於之下加有字，而句法參差不協矣。牛子不聽無害子之言，而用括子之計，三國之兵罷，而平陸之地存。自此之後，括子日以疏，無害子日以進。故謀患而患解，圖國而國存，括子之智得矣。無害子之慮無中於策，謀無益於國，然而心調於君，有義行也。○俞樾云：調當爲周。楚辭離騷「雖不周於今之人兮」，王逸注曰：「周，合也。」「心周於君」，謂心合於君也。作調者，古字通用。文子微明篇正作「心周於君」。今人待冠而飾首，待履而行地。冠履之於人也，寒不能煖，煖，温。風不能障，暴不能蔽也，然而冠冠履履者，其所自託者然也。夫咎犯戰勝城濮，而雍季無尺寸之功，然而雍季先賞而咎犯後存者，其言有貴者也。故義者，天下之所賞也。○王念孫云：賞當爲貴。此承上句「其言有貴者也」言之。文子微明篇作「仁義者，天下之尊爵也」，是其證。今本貴作賞者，涉上文「雍季先賞」而誤。百言百當，不如擇趨而審行也。

或無功而先舉，或有功而後賞。何以明之？昔晉文公將與楚戰城濮，問於咎犯曰：「爲奈何？」○文典謹按：「奈何」上敚之字。韓非子難一及御覽三百十三引此文，竝作「爲之奈何」。咎犯曰：「仁義之事，君子不厭忠信；戰陳之事，不厭詐僞。」○文典謹按：「仁義之事」、「戰陳之事」，「不厭忠信」、「不厭詐僞」，相對爲文，不當有「君子」二字。御覽三百十三引此文，作「仁義之軍，不厭忠信；戰陳之戎，不厭詐僞」，無「君子」二字。今本有此二字者，後人依韓非子難一加之，而不知其不可通也。呂氏春秋義賞篇作「繁禮之君，不足於文；繁戰之君，不足於詐」，亦四字爲句。君其詐之而已矣。」辭咎犯，問雍季，雍季對曰：「焚林而獵，愈多得獸，後必無獸。以詐僞遇人，雖愈利，後無復。○莊逵吉云：御覽此下亦有利字。○俞樾云：愈當爲愉，古偷字也。周官大司徒職「以俗教安，則民不愉」，釋文云：「愉音偷。」是其證也。愉利卽偷利，謂雖偷取利，而後不可復也。呂氏春秋義賞篇曰：「雖今偷可，後將無復。」君其正之而已矣。」於是不聽雍季之計，而用咎犯之謀，與楚人戰，大破之。還歸賞有功者，先雍季而後咎犯。左右曰：「城濮之戰，咎犯之謀也。君行賞先雍季，何也？」文公曰：「咎犯之言，一時之權也。雍季之言，萬世之利也。吾豈可以先一時之權，而後萬世之利也哉！」○王念孫云：此本作：「吾豈可以一時之權，而先萬世之利也哉！」先，音悉薦反，後人誤讀爲悉前反，遂改爲「先一時之權，而後萬世之利」，失之矣。太平御覽兵部四十四引此，正作「吾豈可以一時之權，而先萬世之利哉」，呂氏春秋義賞篇作「焉有以一時之務，先百世之利者乎」，皆其證。智伯率韓、魏二國伐趙，圍晉陽，決晉水而灌之。城下緣木而處，縣釜而炊。○王念孫云：太平御覽兵部五十二引此，「城下」作「城中」，是也。趙策及韓子十過篇、史記趙世家竝作「城中」。襄子謂張孟談曰：「城中力已盡，糧食匱乏，大夫病，○王念孫云：「糧食匱乏」，太平御覽引此無乏字，是也。今本乏字，蓋高注之誤入正文者耳。

（高注主術、要略二篇，竝云：「匱，乏也。」此處脱去注文，乏字又誤入正文耳。）**力盡、糧匱、士大夫病，**盡、匱、病相對爲文，則匱下不當有乏字。韓子、趙策皆無乏字，是其證。「大夫病」，御覽引作「武夫病」。案：此本作「武大夫病」。淮南一書通謂士爲武。韓子作「士大夫羸」，趙策作「士大夫病」，此作「武大夫病」，一也。下文「中行穆伯攻鼓，餽聞倫曰：『請無罷武大夫，而鼓可得也。』」是其明證矣。御覽作「武夫病」者，不解「武大夫」之語而删去大字也。今本作「大夫病」者，亦不解「武大夫」之語而删去武字也。士大夫皆病，而但言大夫，則偏而不舉矣。**爲之奈何？」張孟談曰：「亡不能存，危不能安，無爲貴智士。**○王念孫云：劉本依趙策改智爲智士，非也。此謂亡不能存，危不能安，則無爲貴智，非謂無爲貴智士。上文牛子謂無害子曰：「國危不能安，患結不能解，何謂貴智。」智下亦無士字。吴語亦云：「危事不可以爲安，死事不可以爲生，則無爲貴智矣。」趙策誤衍士字，而劉據之以改本書，謬矣。太平御覽引此作「無爲貴智」，韓子作「則無爲貴智矣」，皆無士字。**臣請試潛行，**潛行，伏行也。**見韓、魏之君而約之。」乃見韓、魏之君，説之曰：「臣聞之，脣亡而齒寒。今智伯率二君而伐趙，趙將亡矣。趙亡，則君爲之次矣。**○王念孫云：「君爲之次」，君上脱二字。（太平御覽引此已誤。）上下文皆作「二君」，韓子、趙策亦云「趙亡，則二君爲之次」。又下文「言出君之口，入臣之耳」，君上亦脱二字。太平御覽引此，正作「言出二君之口」。韓子、趙策作「謀出二君之口」。**及今而不圖之，禍將及二君。」**

二君曰：「智伯之爲人也，粗中而少親。我謀而泄，事必敗。爲之奈何？」張孟談曰：「言出君之口，入臣之耳，人孰知之者乎？且同情相成，同利相死，君其圖之！」二君乃與張孟談陰謀，與之期。○王念孫云：太平御覽引此，作「二君乃與張孟談謀，（句。）陰與之期」，是也。「陰與之期」，謂陰約舉事之期也。趙策作「陰約三軍，與之期日夜」，是其證。今本陰字誤入上句謀字上，則非其指矣。張孟談乃報襄子。至其日之夜，○俞樾云：其當作期，謂所期之日之夜也。韓子十過篇正作「至於期日之夜」。趙氏殺其守隄之吏，決水灌智伯。○王念孫云：「智伯」下當有軍字。下句「智伯軍救水而亂」，卽承此句言之。太平御覽引此，已脱軍字。韓子、趙策皆作「灌智伯軍」。智伯軍救水而亂，韓、魏翼而擊之，襄子將卒犯其前，大敗智伯軍，殺其身而三分其國。襄子乃賞有功者，而高赫爲賞首。羣臣請曰：「晉陽之存，張孟談之功也。而赫爲賞首，何也？」襄子曰：「晉陽之圍也，寡人國家危，社稷殆，羣臣無不有驕侮之心者，唯赫不失君臣之禮，吾是以先之。」由此觀之，義者，人之大本也。雖有戰勝存亡之功，不如行義之隆。故君子曰：「美言可以市尊，美行可以加人。」○王念孫云：「君子」本作「老子」，此淺學人改之也。今老子作「美言可以市，尊行可以加人」，無下美字，而以市字絶句，尊字下屬爲句。道應篇引老子，亦有下美字，則所見本異也。

或有罪而可賞也，或有功而可罪也。西門豹治鄴，西門豹，文侯臣。廩無積粟，府無儲錢，庫無甲兵，官無計會，人數言其過於文侯。文侯身行其縣，果若人言。文侯曰：「翟璜任子治鄴，而大亂。子能道則可，不能，將加誅於子。」○王念孫云：「子能道」，太平御覽治道部八引，作「子能變道」，是也。變道，謂易其道也。晏子春秋雜篇：「崔杼謂晏子曰：『子變子言，則齊國吾與子共之。子不變子言，戟既在脰，劍既在心。唯子圖之！』」語意與此相似。今本脱去變字，則文不成義。西門豹曰：「臣聞：王主富民，霸主富武，亡國富庫。今王欲爲霸王者也，○王念孫云：「今王」當爲「今君」，此涉上下文王字而誤也。魏自惠王始稱王，此對文侯言之，不當稱王。下文云「君以爲不然」，則本作君，明矣。太平御覽引此正作君。臣故稸積於民。君以爲不然，臣請升城鼓之，甲兵粟米可立具也。」於是乃升城而鼓之。一鼓，民被甲括矢，甲，鎧也。括，箭也。操兵弩而出。再鼓，負輦粟而至。服，駕牛也。輦，擔也。○王念孫云：太平御覽引此作「服摙載粟而至」，是也。據高注云「服，駕牛也」，則負本作服，今作負者，聲之誤耳。一切經音義十一引此作「摙載粟米而至」，與御覽所引小異，而皆有載字，則今本脱載字明矣。摙與輦同，謂人挽車也。「服輦載粟而至」者，或服或輦，載粟而至也。管子海王篇曰：「行服連軺輂者，必有一斤一鋸一椎一鑿，若其事立。」連亦與輦同。（周禮鄉師注：「故書輦作連。鄭司農云，連讀爲輦。」巾車「連車組輓」，釋文：「連，本亦作輦。」）

服、輂皆車名，故管子、淮南皆竝稱服輂，許、高注皆訓輂爲擔，於義少疏矣。（許注見一切經音義。）○陶方琦云：一切經音義引作「摙載粟米而至」，又引許注：「摙，擔也。」按：故書輂作連，周禮鄉師鄭注連讀爲輂。摙字説文不收，當卽連字。説文：「連，負車也。」（各本作「員連」，誤，此依段説。）與輂義通。管子海王篇「行服連軺輂者」，服連卽服摙。玉篇：「摙，運也。」廣韻：「摙，擔運物也。」南史何遠傳「摙水還之」，義亦近擔。玄應曰：「摙，今皆作輂。」知淮南今本輂字乃後人所改，注訓爲擔則並同。（御覽六百二十七引作「再鼓，服揵載粟而至」，揵乃摙之形似而誤。）文侯曰：「罷之！」西門豹曰：「與民約信，非一日之積也。一舉而欺之，後不可復用也。燕常侵魏八城，臣請北擊之，以復侵地。」遂舉兵擊燕，復地而後反。此有罪而可賞者也。解扁爲東封，解扁，魏臣，治東封者。上計而入三倍，有司請賞之。文侯曰：「吾土地非益廣也，人民非益衆也，入何以三倍？」對曰：「以冬伐木而積之，於春浮之河而鬻之。」文侯曰：「民春以力耕，○莊逵吉云：御覽作「寒以力耕」。暑以强耘，秋以收斂。冬間無事，以伐林而積之，○王念孫云：「暑以强耘」，當從齊民要術所引，作「夏以强耘」。夏與春秋冬相對，變夏言暑，則與上下文不類矣。「以伐林而積之」，當從太平御覽所引，作「又伐林而積之」。又字承上春耕、夏耘、秋收而言。今本又作以，則義不可通矣。（此因上文三以字而誤。）負軛而浮之河，是用民不得休息也。民以敝矣，○文典謹按：御覽引，敝作弊。

宋本同。雖有三倍之入，將焉用之？」此有功而可罪者也。

賢主不苟得，忠臣不苟利。何以明之？中行穆伯攻鼓，弗能下。中行穆伯，晉大夫。鼓，北翟。○陶方琦云：羣書治要引許注：「中行繆伯，晉大夫。鼓，北翟。」按：二注正同，繆、穆古通。餽聞倫曰：「鼓之嗇夫，聞倫知之。餽聞倫，晉人也。○文典謹按：羣書治要引，餽聞倫作餽閒倫，（注同。）注「晉人也」作「晉大夫」。請無罷武大夫，而鼓可得也。」穆伯弗應。左右曰：「不折一戟，不傷一卒，而鼓可得也，君奚爲弗使？」○文典謹按：治要引，使作取。穆伯曰：「聞倫爲人，佞而不仁。若使聞倫下之，吾可以勿賞乎？若賞之，是賞佞人。佞人得志，是使晉國之武舍仁而後佞，○俞樾云：後字義不可通，乃從字之誤。佞人得志，故晉國之士皆舍仁而從佞也。「晉國之武」，卽晉國之士，淮南一書通謂士爲武。雖得鼓，將何所用之！」攻城者，欲以廣地也。得地不取者，見其本而知其末也。秦穆公使孟盟舉兵襲鄭，孟盟，伯里奚之子也。過周以東。鄭之賈人弦高、蹇他蹇他，弦高之黨。相與謀曰：「師行數千里，數絶諸侯之地，○莊逵吉云：御覽作「又數過諸侯之地」。其勢必襲鄭。凡襲國者，以爲無備也。今示以知其情，必不敢進。」乃矯鄭伯之命，以十二牛勞之。○文典謹按：御覽三百七引，「勞之」作「爲勞」。三率相與謀三率，白乙、孟明、西乞。曰：「凡襲人者，以爲弗知。今已知之矣，守備必固，進必無功。」乃還師而反。晉先軫舉兵擊之，先軫，晉大夫也。大破之殽。鄭伯乃以存國之功賞弦高，○莊逵吉云：御覽功作賞。弦高辭之曰：「誕而得賞，則鄭國之信廢矣。爲國而無信，是俗敗也。賞一人而敗國俗，仁者弗爲也。以不信得厚賞，義者弗爲也。」遂以其屬徙東夷，終身不反。故仁者不以欲傷生，知者不以利害義。聖人之思修，愚人之思叕。叕，短也。

忠臣者務崇君之德，諂臣者務廣君之地。何以明之？陳夏徵舒弒其君，楚莊王伐之，陳人聽令。莊王以討有罪，遣卒戍陳，戍，守也。守，欲有陳也。大夫畢賀。申叔時使於齊，反還而不賀。○王念孫云：諸書有言「還反」者，無言「反還」者。反當爲及。謂大夫畢賀之時，申叔時尚未還，及其還而獨不賀也。太平御覽兵部三十六引此，正作「及還而不賀」。莊王曰：「陳爲無道，寡人起九軍以討之，○莊逵吉云：御覽「九軍」作「六軍」。征暴亂，誅罪人，羣臣皆賀，而子獨不賀，○莊逵吉云：御覽無獨字。何也？」申叔時曰：「牽牛蹊人之田，田主殺其人而奪之牛。○王念孫云：牽牛蹊人之田」，太平御覽引作「人有牽牛而徑於人之田中」，是也。今作「牽牛蹊人之田」者，後人據左傳改之耳。案：宣十一年左傳，申叔時曰「夏徵舒弒其君，其罪大矣。討而戮之，君之義也。抑人亦有言曰：牽牛以蹊人之田，而奪之牛」云云。（史記陳杞世家作：「鄙語有之，牽牛徑人田，田主奪之牛。」）此文無「夏徵舒」以下四句，又無「人亦有言」之語，而卽云「牽牛以蹊人之田」，則語無倫次，故必詳言之曰「人有牽牛而徑於人之田中」。後人不察文義，遂據彼以改此，而不自知其謬也。罪則有之，罰亦重矣。今君王以陳爲無道，興兵而攻，因以誅罪人，遣人戍陳。○莊逵吉云：御覽作「舉兵而征之，因誅罪人，遣卒戍陳」。○王念孫云：「興兵而攻」，本作「興兵而政之」，政與征同。（古字多以政爲征，不煩引證。）今本政誤作攻，又脱之字。夏徵舒弒其君，故曰興兵而征之。若言攻，則非其指矣。太平御覽引此，正作「舉兵而征之」。「因以誅罪人」，本作「以誅罪人」，以與已同。言莊王已誅罪人，而遣人戍陳也。下文云：「諸侯聞之，以王爲非誅罪人也，貪陳國也。」則此本作「以誅罪人，遣人戍陳」明矣。上文云：「莊王以討有罪，遣卒戍陳。」尤其明證也。後人不知以與已同，故加因字耳。莊王之伐陳，本以誅罪人，不得言「因以誅罪人」也。太平御覽引此已誤。諸侯聞之，以王爲非誅罪人也，貪陳國也。蓋聞君子不棄義以取利。」王曰：「善！」乃罷陳之戍，立陳之後。諸侯聞之，皆朝於楚。此務崇君之德者也。張武爲智伯謀曰：張武，晉人。「晉六將軍，中行文子最弱，而上下離心，可伐以廣地。」於是伐范、中行。滅之矣，又教智伯求地於韓、魏、趙。韓、魏裂地而授之，趙氏不與，乃率韓、魏而伐趙，圍晉陽三年。三國陰謀同計，以擊智氏，遂滅之。此務爲君廣地者也。夫爲君崇德者霸，爲君廣地者滅。故千乘之國，行文德者王，○莊逵吉云：御覽作「修德行者王」。湯、武是也；萬乘之國，好廣地者亡，智伯是也。

非其事者勿仞也，非其名者勿就也，無故有顯名者勿處也，無功而富貴者勿居也。○王引之云：「無故有顯名者勿處也」，義與上句無别，當卽是上句之注，而今本誤入正文也。下文云：「夫就人之名者廢，仞人之事者敗，無功而大利者後將爲害。」皆承上文言之，而此句獨不在内，則非正文明矣。夫就人之名者廢，仞人之事者敗，無功而大利者後將爲害。譬猶緣高木而望四方也，雖愉樂哉，然而疾風至，未嘗不恐也。患及身，然後憂之，六驥追之，弗能及也。是故忠臣之事君也，○文典謹按：初學記政理部、白帖四十九、御覽六百三十三引，「忠臣」下竝有之字，今據增。計功而受賞，不爲苟得；積力而受官，不貪爵禄。○王念孫云：「積力」本作「量力」，此後人以意改之也。下文云「辭所不能而受所能」，正所謂「量力而受官」也。若改量力爲積力，則非其指矣。初學記政理部、白帖四十九、太平御覽治道部十四引此，皆作量力。其所能者，受之勿辭也；其所不能者，與之勿喜也。辭所能則匱，欲所不能則惑。辭所不能而受所能，則得無損墮之勢，而無不勝之任矣。昔者智伯驕，伐范、中行而克之，又劫韓、魏之君而割其地。尚以爲未足，遂興兵伐趙。韓、魏反之，軍敗晉陽之下，身死高梁之東，頭爲飲器，國分爲三，爲天下笑。此不知足之禍也。老子曰：「知足不辱，知止不殆，可以修久。」此之謂也。

或譽人而適足以敗之，或毀人而乃反以成之。何以知其然也？費無忌復於荆平王曰：費無忌，楚臣。復，白也。「晉之所以霸者，近諸夏也。近諸夏，國在諸夏也。而荆之所以不能與之争者，以其僻遠也。楚王若欲從諸侯，不若大城城父，而令太子建守焉，以來北方，○王念孫云：王上不當有楚字，此因下文「楚王悦之」而衍。王自收其南。是得天下也。」楚王悦之，因命太子建守城父，命伍子奢傅之。居一年，伍子奢游人於王側，伍子奢遣說於王之左側。言太子甚仁且勇，能得民心。王以告費無忌，無忌曰：「臣固聞之，太子内撫百姓，外約諸侯，齊、晉又輔之，將以害楚，其事已構矣。」王曰：「爲我太子，又尚何求？」曰：「以秦女之事怨王。」王因殺太子建而誅伍子奢。此所謂見譽而爲禍者也。何謂毀人而反利之？唐子短陳駢子於齊威王，唐子，齊大夫。威王欲殺之，陳駢子與其屬出亡，奔薛。孟嘗君聞之，孟嘗君封于薛。使人以車迎之。至，而養以芻豢黍粱五味之膳，日三至。冬日被裘罽，夏日服絺紵，出則乘牢車，駕良馬。孟嘗君問之曰：「夫子生於齊，長於齊，夫子亦何思於齊？」對曰：「臣思夫唐子者。」孟嘗君曰：「唐子者，非短子者耶？」曰：「是也。」孟嘗君曰：「子何爲思之？」對曰：「臣之處於齊也，糲粢之飯，藜藿之羹，冬日則寒凍，夏日則暑傷。自唐子之短臣也，以身歸君，食芻豢，飯黍粢，服輕煖，乘牢良，○王念孫云：粢當爲粱，此涉上文「糲粢」而誤。上文云「糲粢之飯，藜藿之羹」，是粢爲食之粗者。賈逵注晉語云：「粱，食之精者。」（見文選陸機君子有所思行注。）此與「芻豢」對文，則當言黍粱，不當言黍粢。上文云「養以芻豢黍粱五味之膳」，是其明證也。且粱與良爲韻，若作粢，則失其韻矣。臣故思之。」此謂毁人而反利之者也。是故毁譽之言，不可不審也。

或貪生而反死，或輕死而得生，或徐行而反疾。何以知其然也？魯人有爲父報讐於齊者，刳其腹而見其心，坐而正冠，○莊逵吉云：御覽正作拭。起而更衣，徐行而出門，上車而步馬，○文典謹按：御覽四百八十二引此文，作「徐出門，上車而步」。顔色不變。其御欲驅，撫而止之曰：「今日爲父報讐以出死，非爲生也。今事已成矣，又何去之！」追者曰：「此有節行之人，不可殺也。」解圍而去之。使被衣不暇帶，冠不及正，蒲伏而走，上車而馳，必不能自免於千步之中矣。今坐而正冠，起而更衣，徐行而出門，上車而步馬，顔色不變，此衆人所以爲死也，而乃反以得活。此所謂徐而馳，遲於步也〔一〕。夫走者，人之所以爲疾也；步者，人之所以爲遲也。今反乃以人之所爲遲者反爲疾，○王念孫云：此當作「今乃反以人之所以爲遲者爲疾」。上文曰：「此衆

〔一〕此句疑有誤，據上文「蒲伏而走，上車而馳」，似當爲「此所謂走而馳，遲於步也」。

人所以爲死也，而乃反以得活。」即其證。今本「乃反」二字誤倒，又脱一以字，衍一反字。明於分也。有知徐之爲疾，遲之爲速者，則幾於道矣。故黄帝亡其玄珠，使離朱、捷剟索之，離朱明目，捷剟疾利搏，善拾于物，二人皆黄帝臣也。○王念孫云：剟與掇通。剟上當有攫字。脩務篇曰：「離朱之明，攫掇之捷。」高彼注曰：「離朱，黄帝時人，明目，能見百步之外，秋毫之末。攫掇，亦黄帝時捷疾者。」是也。此注當作：「離朱明目，見物捷疾。攫剟善於搏拾物。（高注脩務篇曰：「攫，搏也。」注要略曰：「掇，拾也。」）二人皆黄帝臣也。」今本正文脱攫字，注文尤多脱誤。劉績不能釐正，乃於剟上增捷字（諸本及莊本同。）與脩務篇不合，非也。而弗能得之也，於是使忽怳，而後能得之。忽怳，黄帝臣也。忽怳善忘之人。

聖人敬小慎微，動不失時，百射重戒，射，象也。禍乃不滋。計福勿及，慮禍過之；同日被霜，蔽者不傷；愚者有備，與知者同功。夫爝火在縹煙之中也，一指所能息也；唐漏若鼷穴，一墣之所能塞也。及至火之燔孟諸而炎雲臺，孟諸，宋大澤。雲臺，高至雲也。水決九江而漸荆州，雖起三軍之衆，弗能救也。夫積愛成福，積怨成禍。若癰疽之必潰也，所浼者多矣。浼，污也。諸御鞅復於簡公諸御鞅，齊臣。簡公，齊君。曰：「陳成常、宰予二子者，甚相憎也。宰予，孔子弟子，仕於齊。臣恐其構難而危國也。君不如去一人。」簡公不聽。居無幾何，陳成常果攻宰予於庭中，而弑簡公於朝。○俞樾云：攻乃殺字之誤。殺宰予，弑簡公，君臣異辭，其實一也。下文曰「廷殺宰予」，是其明證。此不知敬小之所生也。魯季氏與郈氏鬭雞，季氏、郈氏，皆魯大夫。郈氏介其雞，介，以芥菜塗其雞翅也。○文典謹按：呂氏春秋察微篇高注：「介，甲也。作小鎧著雞頭也。」與此互異。昭二十五年左傳，賈逵云：「擣芥子爲末，播其雞翼。」（史記魯世家集解引服虔説同。）許君用師説耳。説文艸部：「芥，菜也。」亦與此注芥菜訓合。而季氏爲之金距。金距，施金芒於距也。季氏之雞不勝，季平子怒，因侵郈氏之宫而築之。郈昭伯怒，傷之魯昭公曰：傷，毀譖也。「禱於襄公之廟，舞者二人而已，時魯禱先君襄公，八佾之舞庭者凡二人也。○文典謹按：禱當爲禘，（注同。）字之誤也。呂氏春秋正作禘，左傳亦云「將禘於襄公」，皆其證。其餘盡舞於季氏。季氏之無道無上，久矣。弗誅，必危社稷。」公以告子家駒。子家駒，魯大夫。子家駒曰：「季氏之得衆，三家爲一。三家，孟氏、叔孫、季氏。其德厚，其威强，君胡得之！」昭公弗聽，使郈昭伯將卒以攻之。仲孫氏、叔孫氏相與謀曰：「無季氏，死亡無日矣。」遂興兵以救之。郈昭伯不勝而死，魯昭公出奔齊。故禍之所從生者，始於雞定；○莊逵吉云：本或作「雞足」，或作「雞距」，唯藏本作定。定，題也。疑藏本是。○王念孫云：「雞定」，當依劉本作「雞足」，字之誤也。上文云季氏與郈氏鬭雞，爲之金距，故曰禍「始於雞足」。且足與稷爲韻。（泰族篇「獄訟止而衣食足」，亦與息、德爲韻。老子「禍莫大於不知足」，與得爲韻。）若作定，則失其韻矣。莊伯鴻以定爲「麟之定」之定，大誤。及其大也，至於亡社稷。故蔡女蕩舟，齊師大侵楚。齊桓公與蔡姬乘舟，姬蕩舟，公懼，止之。公怒，歸之蔡。蔡人嫁之。公伐楚，至召陵而勝之也。○王念孫云：侵上不當有大字，此因上文「及其大也」而衍。兩人搆怨，廷殺宰予，簡公遇殺，身死無後，陳氏代之，齊乃無吕。兩家鬭雞，季氏金距，郈公作難，○俞樾云：郈昭伯，魯大夫，不得稱郈公，乃郈氏之誤。上文云「郈氏介其雞」，是其明證也。今作郈公者，涉下文「魯昭公出走」而誤。又按：「魯昭公出走」句，王氏念孫謂衍公字，以上下文皆四字句故也。然上文云「簡公遇殺，身死無後」，疑此文本作昭公。昭公不稱魯，猶簡公不稱齊，後人誤加魯字，遂致句法參差。而王氏乃議删公字，失之矣。魯昭公出走。故師之所處，生以棘楚。楚，大荆也。禍生而不蚤滅，若火之得燥，水之得濕，浸而益大。癰疽發於指，其痛遍於體。故蠹啄剖梁柱，蟁寅走牛羊，此之謂也。

人皆務於救患之備，而莫能知使患無生。夫使患無生，易於救患，而莫能加務焉，則未可與言術也。晉公子重耳過曹，曹君欲見其骿脇，使之袒而捕魚。釐負羈止之曰：「公子非常也。○王念孫云：「非常」下脱人字。韓子十過篇作「晉公子非常人也」。從者三人，皆霸王之佐也。三人，謂狐偃、趙衰、胥臣。遇之無禮，必爲國憂。」君弗聽。重耳反國，起師而伐曹，遂滅之。身死人手，社稷爲墟，禍生於祖而捕魚。齊、楚欲救曹，不能存也。聽釐負羈之言，則無亡患矣。今不務使患無生，患生而救之，雖有聖知，弗能爲謀耳。患禍之所由來者，萬端無方。是故聖人深居以避辱，靜安以待時。小人不知禍福之門户，妄動而絓羅網，雖曲爲之備，何足以全其身！譬猶失火而鑿池，被裘而用箑也。且唐有萬穴，唐，堤也。言堤之有萬穴也。○文典謹按：文選海賦注引，唐作溏。塞其一，魚何遽無由出？室有百户，閉其一，盜何遽無從入？夫牆之壞也於隙，劍之折必有齧，齧，缺也。聖人見之密，故萬物莫能傷也。○陳觀樓云：密當爲蚤，字之誤也。上文「禍生而不蚤滅」，即其證。太宰子朱侍飯於令尹子國，子朱、子國皆楚大夫。○文典謹按：「侍飯」，北堂書鈔百四十四、御覽八百六十一引，竝作「侍食」。令尹子國啜羹而熱，投卮漿而沃之。○王念孫云：下既言沃之，則上不當更言投。舊本北堂書鈔酒食部三引此，投作援，是也。援，引也。謂引卮漿而沃之也。作投者，字之誤耳。太平御覽飲食部十九所引與書鈔同，唐余知古渚宫舊事亦同。明日，太宰子朱辭官而歸。其僕曰：「楚太宰，未易得也。辭官去之，何也？」子朱曰：「令尹輕行而簡禮，其辱人不難。」明年，伏郎尹而笞之三百。郎尹，主郎官之尹也。○文典謹按：御覽八百六十一引，作「明日伏節，尹怒而笞之三百」。夫仕者先避之，見終始微矣。○王念孫云：「夫仕者先避」，當作「夫上仕者，先避患而後就利，先遠辱而後求名」。仕與士同。（曲禮「前有士師」，鄭注：「士或爲仕。」爾雅：「士，察也。」小雅節南山篇「弗問弗仕」，鄭箋：「仕，察也。」豳風東山篇「勿士行枚」，大雅文王有聲篇「武王豈不仕」，毛傳竝云「事也」。漢郎中馬江碑「士喪儀宗」、成陽靈臺碑「故有靈臺嗇夫魚師衞士」，士皆作仕。）避患、遠辱，謂上文太宰子朱辭官之事。今本仕上脱上字，「先避」下脱「患而後就利，先遠辱而後求名」凡十二字。文子微明篇作「故上士先避患而後就利，先遠辱而後求名」，是其證。「之見終始微矣」上當有「太宰子朱」四字，此亦承上文而言，子朱見令尹之輕行簡禮，而知其必將辱人，即辭官而去，可謂見其始而知其終，故曰「太宰子朱之見終始微矣」。夫鴻鵠之未乎於卵也，一指篾之，則靡而無形矣；○文典謹按：意林引，作「鴻鵠在卵也，一指蔑之則破」。及至其筋骨之已就，而羽翮之既成也，○文典謹按：意林引，翮作翅。則奮翼揮䎃，䎃，六翮之末也。淩乎浮雲，背負青天，膺摩赤霄，赤霄，飛雲也。○文典謹按：文選七命注引，青天作蒼天。翱翔乎忽荒之上，析惕乎虹蜺之間，○莊逵吉云：各本皆作徜徉，藏本作析惕。雖有勁弩利矰微繳，蒲且子之巧，亦弗能加也。○文典謹按：意林引，加作得。江水之始出於岷山也，可攓衣而越也；及至乎下洞庭，騖石城，洞庭在長沙，石城在丹陽。經丹徒，丹徒在會稽。起波濤，波者涌起，還者爲濤。舟杭一日不能濟也。是故聖人者，常從事於無形之外，而不留思盡慮於成事之内，是故患禍弗能傷也。

人或問孔子曰：「顏回何如人也？」曰：「仁人也。丘弗如也。」「子貢何如人也？」曰：「辯人也。丘弗如也。」「子路何如人也？」曰：「勇人也。丘弗如也。」賓曰：「三人皆賢夫子，而爲夫子役，何也？」孔子曰：「丘能仁且忍，辯且訥，勇且怯。以三子之能，易丘一道，丘弗爲也。」孔子知所施之也。秦牛缺徑於山中牛缺，隱士。而遇盜，奪之車馬，解其橐笥，拖其衣被。拖，奪也。○文典謹按：説文：「褫，奪衣也。讀若池。」錢大昕云：「説文無池字，當爲拕。」易「終朝三褫之」，陸德明音義云：「褫，鄭本作拕，徒可反。」拕、奪聲亦相近也。盜還反顧之，無懼色憂志，驩然有以自得也。盜遂問之曰：「吾奪子財貨，劫子以刀，而志不動，何也？」秦牛缺曰：「車馬所以載身也，衣服所以揜形也。聖人不以所養害其養。」盜相視而笑曰：「夫不以欲傷生，不以利累形者，世之聖人也。以此而見王者，必且以我爲事也。」還反殺之。此能以知知矣，而未能以知不知也；能勇於敢，而未能勇於不敢也。凡有道者，應卒而不乏，遭難而能免，故天下貴之。今知所以自行也，而未知所以爲人行也，其所論未之究者也。人能由昭昭於冥冥，則幾於道矣。詩曰：「人亦有言，無哲不愚。」此之謂也。

事或爲之，適足以敗之；或備之，適足以致之。何以知其然也？秦皇挾録圖，挾，銷也。秦博士盧生使入海，還奏圖録書于始皇帝。見其傳曰：「亡秦者，胡也。」因發卒五十萬，使蒙公、楊翁子蒙公，蒙恬也。楊翁子，秦將。將，築脩城，西屬流沙，起隴西臨洮縣。北擊遼水，遼水，遼東。○俞樾云：擊字無義，疑罄字之誤。爾雅釋詁：「罄，盡也。」言北盡遼水也。史記作「起臨洮，至遼東」，至即有盡義。東結朝鮮，朝鮮，樂浪。中國內郡輓車而餉之。又利越之犀角、象齒、翡翠、珠璣，翡，赤雀。翠，青雀。圓者爲珠，顚者爲璣。乃使尉屠睢尉屠睢，秦將。發卒五十萬，爲五軍，一軍塞鐔城之嶺，鐔城，在武陵西南，接鬱林。一軍守九疑之塞，九疑，在零陵。一軍處番禺之都，番禺，南海。一軍守南野之界，南野，在豫章。一軍結餘干之水，餘干在豫章。三年不解甲弛弩，使監祿無以轉餉，又以卒鑿渠而通糧道，監祿，秦將，鑿通湘水、離水之渠。○王念孫云：「無以」二字，後人所加。此言使監祿轉餉，又使用卒鑿渠而通糧道也。史記主父傳「使監祿鑿渠運糧，深入越」，是其證。「使監祿」下加「無以」二字，則文不成義矣。困學紀聞引此，無「無以」二字。以與越人戰，殺西嘔君譯吁宋。西嘔，越人。譯吁宋，西嘔君名也。而越人皆入叢薄中，與禽獸處，莫肯爲秦虜。相置桀駿以爲將，而夜攻秦人，大破之，殺尉屠睢，伏尸流血數十萬。乃發適戍以備之。當此之時，男子不得脩農畝，婦人不得剡麻考縷，考，成也。羸弱服格於道，大夫箕會於衢，箕會，以箕於衢會斂。病者不得養，死者不得葬。於是陳勝起於大澤，奮臂大呼，天下席卷，而至於戲。戲，地名，在新豐。劉、項興義兵，隨而定，若折槁振落，遂失天下。禍在備胡而利越也。欲知築脩城以備亡，不知築脩城之所以亡也；

發適戍以備越，而不知難之從中發也。夫鵲先識歲之多風也，去高木而巢扶枝，扶，旁也。○王念孫云：鵲上脱烏字。下文「烏鵲之智」卽其證。初學記天部上、太平御覽天部九、白帖二引此，皆有烏字。○陶方琦云：初學記天部一、御覽九、事類賦風部引許注：「扶，傍也。」按：旁當作傍。説文：「傍，近也。」謂近枝也。太平廣記四百六十一引淮南「去喬木，巢傍枝」，亦作傍。大人過之則探鷇，嬰兒過之則挑其卵，知備遠難而忘近患。故秦之設備也，烏鵲之智也。

或争利而反强之，或聽從而反止之。何以知其然也？魯哀公欲西益宅，史争之，以爲西益宅不祥。西益宅，築舊居之西，更以爲田宅。○俞正燮云：論衡云：「俗有大諱四，西益宅居其一。」藝文類聚引風俗通亦有「西益宅不祥」。新序五及家語正論解則云「東益宅不祥」。哀公作色而怒，左右數諫不聽，乃以問其傅宰折睢。宰折睢，傅名姓。○莊逵吉云：御覽作曼折曜。曰：「吾欲益宅，而史以爲不祥。子以爲何如？」宰折睢曰：「天下有三不祥，西益宅不與焉。」哀公大悦而喜。頃，復問曰：「何謂三不祥？」對曰：「不行禮義，一不祥也。嗜慾無止，二不祥也。不聽强諫，三不祥也。」哀公默然深念，憒然自反，○俞樾云：憒然非自反之貌，憒疑隤字之誤。周易繫辭傳「夫坤，隤然示人簡矣」，虞注曰：「隤，安也。」馬注曰：「柔貌。」皆與自反之義合。上文「孔子讀易，至損、益，未嘗不憤然而歎」，王氏念孫謂憤然當作噴然。此誤隤爲憤，猶彼誤噴爲憤，皆形似而誤○文典謹按：御覽百八十引，憤作喟，於義爲長。遂不西益宅。夫史以争爲可以止之，而不知不争而反取之也。智者離路而得道，愚者守道而失路。夫兒說之巧，於閉結無不解。兒說，宋大夫也。非能閉結而盡解之也，不解不可解也。至乎以弗解解之者，可與及言論矣。或明禮義、推道體而不行，或解搆妄言而反當。何以明之？孔子行游，馬失，食農夫之稼，○王念孫云：「孔子行遊」四字，文不成義。此本作「孔子行於東野」，下文「野人」二字，卽承此句言之。今本於誤作遊，又脱「東野」二字。太平御覽地部二十「野」下引此，正作「孔子行於東野」。呂氏春秋必己篇同。（今本作「孔子行道而息」，乃後人所改，辯見呂氏春秋。）野人怒，取馬而繫之。子貢往説之，卑辭而不能得也。○王念孫云：「子貢」上脱使字。太平御覽引此有使字。卑當爲畢，字之誤也。畢辭，謂竟其辭也。太平御覽引此，作「畢辭而弗能得」，呂氏春秋作「畢辭，野人不聽」，皆其證。孔子曰：「夫以人之所不能聽説人，譬以大牢享野獸，太牢，三牲。以九韶樂飛鳥也。予之罪也，非彼人之過也。」乃使馬圉往説之。圉，養馬者。至，見野人曰：「子耕於東海，至於西海。吾馬之失，安得不食子之苗？」野人大喜，解馬而與之。説若此其無方也，而反行。事有所至，而巧不若拙，故聖人量鑿而正枘。夫歌采菱，發陽阿，鄙人聽之，不若此延路、陽局，延路、陽局，鄙歌曲也。○莊逵吉云：御覽作延路、陵陽。○王念孫云：「不若此」，此字因上文「若此其無方」而衍。路本作露，脱去上半耳。「陽𢨋」本作「以和」，因上文「發陽阿」而誤爲「陽阿」，阿又誤爲𢨋也。（左畔阝字誤爲户，右畔可字誤爲可。劉本改𢨋爲局，而莊本從之，謬矣。）「不若延露以和」者，言采菱、陽阿，曲之至美者也；而鄙人聽之，曾不若歌延露以相唱和。（説山篇：「欲美和者，始於陽阿、采菱。」）所謂「曲高和寡」也。李善注吴都賦、月賦、舞賦、長笛賦、七啓引此，竝作「不若延露以和」，是其明證。注中「陽𢨋」二字，亦隨正文而衍。吴都賦注引高誘曰：「延露，鄙歌曲也。」無此二字。○文典謹按：王説是也。北堂書鈔一百六引，亦無此字。非歌者拙也，聽者異也。故交畫不暢，暢，申也。連環不解，物之不通者，聖人不争也。

仁者，百姓之所慕也；義者，衆庶之所高也。爲人之所慕，行人之所高，此嚴父之所以教子，而忠臣之所以事君也。然世或用之而身死國亡者，不同〔二〕於時也。昔徐偃王好行仁義，陸地之朝者三十二國。王孫厲謂楚莊王王孫厲，楚臣也。曰：「王不伐徐，必反朝徐。」王曰：「偃王，有道之君也，好行仁義，不可伐。」王孫厲曰：「臣聞之，大之與小，强之與弱也，猶石之投卵，虎之啗豚，又何疑焉！且夫爲文而不能

〔二〕「同」當作「周」，參上文七二頁引王念孫説。

達其德，爲武而不能任其力，亂莫大焉。」楚王曰：「善！」乃舉兵而伐徐，遂滅之。知仁義而不知世變者也。申菽、杜茝，申菽、杜茝，皆香草也。美人之所懷服也，及漸之於滫，滫，臭汁也。則不能保其芳矣。古者，五帝貴德，三王用義，五霸任力。今取帝王之道，而施之五霸之世，是由乘驥逐人於榛薄，而蓑笠盤旋也。今霜降而樹穀，冰泮而求穫，欲其食則難矣。故易曰「潛龍勿用」者，言時之不可以行也。故「君子終日乾乾，夕惕若厲，無咎」。終日乾乾，以陽動也；夕惕若厲，以陰息也。因日以動，因夜以息，唯有道者能行之。夫徐偃王爲義而滅，燕子噲行仁而亡，子噲，燕王也。蘇代說子噲讓國，遂專政。齊伐燕，大敗之，噲死也。哀公好儒而削，哀公，魯君。代君爲墨而殘。代君，趙之別國。滅亡削殘，暴亂之所致也，而四君獨以仁義儒墨而亡者，遭時之務異也。非仁義儒墨不行，非其世而用之，則爲之擒矣。夫戟者，所以攻城也；鏡者，所以照形也。宮人得戟則以刈葵，宮人，宦侍也。盲者得鏡則以蓋卮，○文典謹按：初學記器用部、白帖十三引，「蓋卮」下竝有「盲者不可貽以鏡，亂主不可舉其疵」十四字。不知所施之也。故善鄙不同，誹譽在俗；趨舍不同，逆順在君。○王念孫云：兩不字，後人所加。此言善鄙同，而或誹或譽者，俗使然也；趨舍同，而或逆或順者，君使然也。故下文云：「狂譎不受祿而誅，段干木辭相而顯，所行同也，而利害異者，時使然也。」後人於同上加不字，則義不可通矣。文子微明篇作「善否同，非譽在俗；趨行等，逆順在時」，是其證。齊俗篇云「趨舍同，誹譽在俗；意行鈞，窮達在時」，語意正與此同。狂譎不受祿而誅，狂譎，東海之上人也。耕田而食，讓不受祿，太公以爲飾虛亂民而誅。段干木辭相而顯，所行同也，而利害異者，時使然也。故聖人雖有其志，不遇其世，僅足以容身，何功名之可致也！知天之所爲，知人之所行，則有以任於世矣。○王念孫云：「任於世」三字義不相屬，任當爲徑。徑，行也。（見本經篇注及僖二十五年左傳注。）言知天知人，則有以行於世也。下文云：「知天而不知人，則無以與俗交；知人而不知天，則無以與道遊。」皆謂其不可行於世也。徑字或作徑，因誤而爲任。（詮言篇「下之徑衢不可勝理」，文子道德篇「徑衢」誤作「任懼」。）文子微明篇作「卽有以經於世矣」，經、徑古字通，經亦行也。（莊子外物篇曰：「不可與經於世。」）知天而不知人，則無以與俗交；知人而不知天，則無以與道遊。單豹倍世離俗，單豹，隱士。○文典謹按：文選嘯賦注、七啟注引，倍竝作背。巖居谷飲，不衣絲麻，不食五穀，行年七十，猶有童子之顏色，卒而遇飢虎，殺而食之。張毅好恭，張毅，好禮之人。過宮室廊廟必趨，見門閭聚衆必下，廝徒馬圉，皆與伉禮，然不終其壽，內熱而死。豹養其內而虎食其外，毅修其外而疾攻其內。故直意適情，則堅强賊之；以身役物，則陰陽食之。此皆載務而戲乎其調者也。得道之士，外化而內不化。外化，所以入人也；內不化，所以全其身也。故内有一定之操，而外能詘伸、嬴縮、卷舒，與物推移，故萬舉而不陷。所以貴聖人者，以其能龍變也。今捲捲然守一節，推一行，雖以毁碎滅沉，猶且弗易者，此察於小好，而塞於大道也。

趙宣孟活飢人於委桑之下，而天下稱仁焉；荆佽非犯河中之難，不失其守，而天下稱勇焉；○王念孫云：河當爲江，字之誤也。「犯江中之難」，事見道應篇及呂氏春秋知分篇。是故見小行則可以論大體矣。田子方見老馬於道，田子方，魏人。喟然有志焉，以問其御曰：「此何馬也？」其御曰：「此故公家畜也。老罷而不爲用，出而鬻之。」田子方曰：「少而貪其力，老而棄其身，仁者弗爲也。」束帛以贖之。罷武聞之，知所歸心矣。齊莊公出獵，有一蟲舉足將搏其輪，問其御曰：「此何蟲也？」對曰：「此所謂螳螂者也。其爲蟲也，知進而不知却，不量力而輕敵。」莊公曰：「此爲人，而必爲天下勇武矣！」廻車而避之。勇武聞之，知所盡死矣。故田子方隱一老馬而魏國載之，齊莊公避一螳螂而勇武歸之。湯教祝網者，而四十國朝；昔湯出田，見四面張網者，湯教去其三面，祝曰：「欲上者上，欲下者下，無入吾網。」文王葬死人之骸，而九夷歸之；文王治靈臺，得死人之骨，夜夢人呼而請葬。于旦，文王反葬以五大夫之禮。○洪亮吉云：五大夫，秦爵，殷、周間何得有之？又云因枯骸見夢乞葬，旦而行之，亦與他書所説異。賈誼新書又云：「乞葬以人君之禮。」武王蔭暍人於樾下，武王哀暍者之熱，故蔭之於樾下。樾下，衆樹之虚也。○俞樾云：注曰「樾下，衆樹之虚也」，此注未得。精神篇曰：「當此之時，得茠越下，則脱然而喜矣。」注曰：「楚人樹上大本小，如車蓋狀，爲越。言多蔭也。越，讀經無重越之越也。」此注得之。越、樾古同字，而前後異説，疑有許、高之異。繆稱、齊俗、道應、詮言、兵略、人間、泰族、要略八篇，標目下無「因以題篇」四字，與它篇不同，或許注也。因無塙證，故不别言之。左擁而右扇之，而天下懷其德；越王句踐一決獄不辜，援龍淵而切其股，血流至足，以自罰也，而戰武士必其死。○王念孫云：御覽疾病部四引此，「九夷歸之」作「九夷順」，無之字；「天下懷」下無「其德」二字。又疾病部四、刑法部五引此，「戰武士必其死」，竝作「戰士畢死」，下有「感於恩也」四字。初學記帝王部引此云：「武王蔭暍人於樾下，而天下懷之，感於恩也。」案：「九夷歸」、「天下懷」與「四十國朝」相對爲文，則歸下本無之字，懷下亦無「其德」二字，「戰武士必其死」下當有「感於恩也」四字。此四字乃總承上文言之，不專指越王，故初學記引武王事下亦有此四字也。陳氏觀樓曰：「戰武士必其死」，士字、其字皆後人所加。淮南一書皆謂士爲武，戰武卽戰士也，故御覽引作「戰士畢死」，畢、必古字通。○文典謹按：北堂書鈔四十四引，罰作刎；一百十八引，「一決」作「決一」，援作授。故聖人行之於小，則可以覆大矣；審之於近，則可以懷遠矣。孫叔敖決期思之水○莊逵吉云：御覽決作作，水作陂。而灌雩婁之野，雩婁，今廬江是。莊王知其可以爲令尹也。子發辯擊劇而勞佚齊，辯，次第也。擊劇，次第罷勞之賞，各有齊等也。或曰：子發辯擊之勞佚齊。子發築設勞逸之節，是以楚知可爲兵。齊，同也。楚國知其可以爲兵主也。此皆形於小微，而通於大理者也。聖人之舉事，不加憂焉，察其所以而已矣。

今萬人調鐘，不能比之律；誠得知者，一人而足矣。説者之論，亦猶此也。誠得其數，則無所用多矣。夫車之所以能轉千里者，以其要在三寸之轄。夫勸人而弗能使也，禁人而弗能止也，其所由者非理也。昔者，衞君朝於吴，吴王囚之，衞君，衞侯輒也。吴王，夫差。欲流之於海。説者冠蓋相望，而弗能止。魯君聞之，魯君，哀公。撤鐘鼓之縣，縞素而朝。仲尼入見曰：「君胡爲有憂色？」魯君曰：「諸侯無親，以諸侯爲親。大夫無黨，以大夫爲黨。今衞君朝於吴王，吴王囚之而欲流之於海。孰意衞君之仁義而遭此難也！○王念孫云：「朝於吴王」，王字涉下句吴王而衍。上下文四言「朝於吴」，吴下皆無王字，是其證。孰，何也。言何衞君之仁義而遭此難也。朱東光不曉孰字之義，而於孰下加意字，斯爲謬矣。吾欲免之而不能，爲奈何？」仲尼曰：「若欲免之，則請子貢行。」魯君召子貢，授之將軍之印，子貢辭曰：「貴無益於解患，在所由之道。」斂躬而行，至於吴，見太宰嚭。太宰嚭甚悦之，欲薦之於王。子貢曰：「子不能行説於王，奈何吾因子也！」太宰嚭曰：「子焉知嚭之不能也？」子貢曰：「衛君之來也，衛國之半曰，不若朝於晉；其半曰，不若朝於吴。然衛君以爲吴可以歸骸骨也，故束身以受命。今子受衛君而囚之，又欲流之於海，是賞言朝於晉者，而罰言朝於吴也。且衛君之來也，諸侯皆以爲蓍龜兆。以爲蓍龜，以卜朝吴之吉凶也。今朝於吴而不利，則皆移心於晉矣。子之欲成霸王之業，不亦難乎！」太宰嚭入，復之於王。王報出令於百官曰：「比十日，而衛君之禮不具者死！」子貢可謂知所以説矣。魯哀公爲室而大，公宣子諫公宣子，魯大夫。曰：「室大，衆與人處則譁，少與人處則悲。願公之適。」公曰：「寡人聞命矣。」築室不輟。公宣子復見曰：「國小而室大，百姓聞之必怨吾君，諸侯聞之必輕吾國。」魯君曰：「聞命矣。」築室不輟。公宣子復見曰：「左昭而右穆，昭穆，先君之宗廟。爲大室以臨二先君之廟，得無害於子乎？」〇文典謹按：御覽百七十四引新序，子作孝，於義爲長。公乃令罷役除版而去之。魯君之欲爲室誠矣，公宣子止之必矣，然三説而一聽者，其二者非其道也。夫臨河而釣，日入而不能得一儵魚者，非江河魚不食也，所以餌之者非其欲也。及至良工執竿，投而擐脣吻者，能以其所欲而釣者也。夫物無不可奈何，有人無奈何。言物皆可術而治也。事有人材所不及，無奈之何也。鉛之與丹，異類殊色，而可以爲丹者，得其數也。故繁稱文辭，無益於説，審其所由而已矣。

物類之相摩，近而異門户者，衆而難識也。故或類之而非，或不類之而是；或若然而不然者，或不若然而然者。○王引之云：「不若然而然」，當作「若不然而然」。「若不然而然」者，謂越王句踐之事吴，請身爲臣，妻爲妾，若不叛吴而實欲滅吴也。（見下文。）「若不然而然」與「若然而不然」，文正相對。道藏本作「不若然而然」，則義不可通矣。（劉本删若字，尤非。）下文「何謂不然而若然者」，亦當作「何謂若不然而然者」。 諺曰：「鳶墮腐鼠，而虞氏以亡。」何謂也？ 曰：虞氏，梁之大富人也。 梁，今之陳留浚儀也。 家充盈殷富，金錢無量，財貨無貲。升高樓，臨大路，設樂陳酒，積博其上。○莊逵吉云：列子釋文作「擊博其上」，是也。太平御覽又作「蒱博」，似非。 游俠相隨而行樓下。博上者○莊逵吉云：列子釋文作「樓上博者」。 射朋張，中反兩射朋張，上棋中之，以一反兩也。○莊逵吉云：御覽「反兩」下有⿰禾翕字，云音揭。諸本皆無之。 而笑，飛鳶適墮其腐鼠而中游俠。游俠相與言曰：「虞氏富樂之日久矣，而常有輕易人之志。吾不敢侵犯，而乃辱我以腐鼠。如此不報，無以立務於天下。務，勢也。○王引之云：務與勢義不相近，務當爲矜，字之誤也。（矜、務二字，隸書往往譌溷。管子小稱篇「務爲不久」，韓子難篇作「矜僞不長」。又管子法法篇「矜物之人無大士焉」，韓詩外傳「矜而自功」，今本矜字竝誤作務。）列子説符篇「立矜」作「立慬」，慬與矜古同聲而通用，猶穫之爲矜也。張湛注列子云：「慬，勇也。」此注云：「矜，勢也。」勢與勇亦同義。説山篇云：「立慬者非學鬭争，慬立而生不讓。」氾論篇云：「立氣矜，奮勇力。」韓詩外傳云：「外立節矜，而敵不侵擾。」是立矜即立慬也。趙策云：「勇哉氣矜之隆。」史記王翦傳云：「李將軍果勢壯勇。」是矜與勢、勇竝同義。請與公僇力一志，悉率徒屬，而必以滅其家。」○王念孫云：此處敍事未畢，當有脱文。太平御覽引此，「滅其家」下有「其夜乃攻虞氏，大滅其家」十字，是也。上文云：「鳶墮腐鼠，而虞氏以亡。」此處必有此十字，方與上文相應。因兩「滅其家」相亂，故寫者誤脱之耳。列子作「至期日之夜，聚衆積兵以攻虞氏，大滅其家」，是其證。此所謂類之而非者也。何謂非類而是？屈建告石乞屈建，楚大夫也。石乞，白公之黨。曰：「白公勝將爲亂。」石乞曰：「不然。白公勝卑身下士，不敢驕賢。其家無筦籥之信，關楗之固。大斗斛以出，輕斤兩以内。而乃論之，以不宜也。」屈建曰：「此乃所以反也。」居三年，白公勝果爲亂，殺令尹子椒、司馬子期。子椒，子期，皆白公之季父。此所謂弗類而是者也。何謂若然而不然？子發爲上蔡令，民有罪當刑，獄斷論定，決於令尹前，○王念孫云：尹字後人所加。「決於令前」，謂決於上蔡令之前，非謂令尹也。太平御覽刑法部二引此，無尹字。子發喟然有悽愴之心。罪人已刑而不忘其恩。此其後，子發盤罪威王而出奔。盤，辟也。發得罪辟於威王。○俞樾云：「盤罪」二字甚爲無義。盤疑本作服，服古字作舩，與般字相似，往往致誤。爾雅釋詁「服、宜、貫、公，事也」，釋文曰：「服，又作般。」荀子賦篇「讒人服矣」，楊注曰：「服，本或作般。」並其證也。服誤爲般，因又誤爲盤耳。服者，負之叚字。考工記車人注：鄭司農曰：「服，讀爲負。」是負、服一聲之轉，古得通用。「服罪威王而出奔」，言其負罪而出奔也。高注曰：「盤，辟也。」是其所據本已誤。刑者遂襲恩者，恩者逃之於城下之廬。追者至，踹足而怒踹足，躍足也。曰：「子發視決吾罪而被吾刑，○王念孫云：視當爲親，字之誤也。「親決吾罪」，卽上文所云「決於令前」也。韓子外儲説左篇載子皋出走之事，與此相似，云子皋問跀危曰：「吾不能虧主之法令，而親跀子之足。」彼言「親跀子足」，此言「親決吾罪」，其義一也。怨之憯於骨髓。憯，痛也。使我得其肉而食之，其知厭乎！」追者以爲然而不索其内，果活子發。此所謂若然而不然者。何謂不然而若然者？昔越王句踐卑下吴王夫差，請身爲臣，妻爲妾，奉四時之祭祀，而入春秋之貢職，委社稷，效民力，隱居爲蔽，而戰爲鋒行，○王念孫云：「隱居爲蔽」，當作「居爲隱蔽」，言越之事吴，居則爲隱蔽，而戰則爲前行也。今本隱字誤在「居爲」之上，則文不成義。韓策云：「韓之於秦也，居爲隱蔽，出爲鴈行。」語意正與此同。禮甚卑，辭甚服，其離叛之心遠矣，然而甲卒三千人以擒夫差於姑胥。姑胥，地名。此四策者，不可不審也。夫事之所以難知者，以其竄端匿迹，立私於公，倚邪於正，而以勝惑人之心者也。若使人之所懷於内者，與所見於外者，若合符節，則天下無亡國敗家矣。夫狐之捕雉也，必先卑體彌耳，以待其來也。○王念孫云：捕當爲搏，字之誤也。「彌耳」當爲「弭毛」。毛字因弭字而誤爲耳，後人又改弭爲彌耳。楚辭離騷注曰：「弭，按也。」言卑其體，按其毛，以待雉之來也。太平御覽人事部一百三十五、獸部二十一竝引此云：「夫狐之搏雉也，必卑體弭毛以待其來也。」高注呂氏春秋決勝篇云：「若狐之搏雉，俯體弭毛。」卽用淮南之文。吳越春秋句踐歸國外傳亦云：「猛獸將擊，必弭毛帖伏。」雉見而信之，故可得而擒也。使狐瞋目植睹，植睹，枉尾也。見必殺之勢，雉亦知驚憚遠飛，以避其怒矣。夫人僞之相欺也，○莊逵吉云：御覽作「夫人僞詐以相欺」。非直禽獸之詐計也，物類相似若然，而不可從外論者，衆而難識矣，是故不可不察也。

淮南鴻烈集解卷十九

脩務訓

脩，勉。務，趨。聖人趨時，冠攸弗顧，履遺不取，必用仁義之道以濟萬民，故曰「脩務」，因以題篇。

或曰：「無爲者，寂然無聲，漠然不動，引之不來，推之不往。如此者，乃得道之像。」或人以爲先爲術如此，乃可謂得道之法也。吾以爲不然。嘗試問之矣：以爲不如或人之言。嘗問之于聖人矣。「若夫神農、堯、舜、禹、湯，可謂聖人乎？」有論者必不能廢。言五人可謂聖人耶？有論者何能廢其道也。以五聖觀之，則莫得無爲，明矣。言不得無爲也。古者，民茹草飲水，采樹木之實，食蠃蛖之肉，時多疾病毒傷之害。害，患也。○王念孫云：「疾病」本作「疹病」，後人誤讀疹爲瘖疹之疹，以疹、病二字爲不類，故改爲「疾病」，而不知此疹字卽疢疾之疢，非瘖疹之疹也。小雅小弁篇及左傳成六年、哀五年釋文竝云：「疢，或作疹。」廣雅音云：「疢，今疹字也。」襄二十三年左傳「季孫之愛我，疾疢也」，呂氏春秋長見篇注引此，疢作疹。文選思玄賦「思百憂以自疹」，後漢書張衡傳作疢。小雅小宛釋文引韓詩云：「疹，苦也。」越語云：「疾疹貧病。」是疹與疢同也。史記貨殖傳正義、太平御覽皇王部三、資産部三、鱗介部十三引此，竝作疹病，是其證。又泰族篇「以調陰陽之氣，以合四時之節，以辟疾病之菑」，亦是本作「疾疹」，而後人改爲「疾病」也。（太平御覽治道部五引此已誤。）文子上禮篇作「疾疢之灾」，是其證。於是神農乃始教民播種五穀，菽、麥、黍、稷、稻也。相土地宜，燥濕肥墝高下，相，視也。燥，乾也。墝，埆。高，陵也。下，濕也。○王念孫云：宜上脱之字。太平御覽皇王部三引此，有之字。○文典謹按：御覽八百二十三引，宜作「原隰」，當是異本。嘗百草之滋味，水泉之甘苦，令民知所辟就。當此之時，一日而遇七十毒。此神農之爲也。○王念孫云：遇字後人所加。太平御覽皇王部三、資産部三、百卉部一及寇宗奭本草衍義序例引此，竝作「一日而七十毒」，無遇字。路史禪通紀同。堯立孝慈仁愛，使民如子弟。言雖役使其民，必加仁愛遇之，如己之子弟也。西教沃民，東至黑齒，北撫幽都，南道交趾。沃民，西方之國。黑齒，東方之國。陰氣所聚，故曰幽都，今雁門以北是。交趾，南方之國。四者遠裔，不覩聖人之化，故親往行教導，撫之以仁義也。放讙兜於崇山，竄三苗於三危，放，棄也。讙兜，堯佞臣也。崇山，南極之山。三苗，蓋謂帝鴻氏之裔子渾敦，少昊氏之裔子窮奇，縉雲氏之裔子饕餮。三族之苗裔，故謂之三苗。三危，西極之山名。一曰：放三苗國民於三危也。○洪亮吉云：今攷孟子，「舜流共工于幽州」，賈逵左傳注：「窮奇，共工也。其行窮而好奇。」「放驩兜于崇山」，賈逵云：「渾敦，驩兜也。」「殛鯀于羽山」，賈逵云：「檮杌，鯀也。」惟饕餮不言，則竄三危者，當卽指饕餮耳。又高注，崇山南極之山，羽山東極之山，幽則北極，獨不言西極〔一〕。孔安國曰：「三危，西裔之山。」水經注：「三危山在敦煌南。肅州圖經云：白龍堆東倚三危，北望蒲昌，是爲西極要路。」是矣。**流共工於幽州，殛鯀於羽山。**堯時有共工官。鯀，禹父，爲治水績用不成，堯殛之。羽山，東極之山。是則堯之爲。鴻範曰「鯀則殛死」，然則渾敦、窮奇、饕餮生至四裔可知也。**舜作室，築牆茨屋，辟地樹穀，**○文典謹按：御覽百八十七引，室作宫。**令民皆知去巖穴，各有家室。**○文典謹按：初學記居處部、白帖十一引，室下竝有「此其始也」四字。御覽引亦有「始也」二字。**南征三苗，道死蒼梧。**三苗之國在彭蠡，舜時不服，故往征之。書曰：「舜陟方乃死。」時舜死蒼梧，葬于九疑之山，在蒼梧馮乘縣東北，零陵之南千里也。**禹沐浴霪雨，櫛扶風，**禹勞力天下，不避風雨，以久雨爲沐浴。扶風，疾風。以疾風爲梳櫛也。○莊逵吉云：中立府四子本作「沐浴霪雨，梳櫛扶風。」○王念孫云：沐下本無浴字，此涉高注「沐浴」而誤衍也。「沐霪雨」，「櫛扶風」，相對爲文，多一浴字，則句法參差矣。（劉本又於櫛上加梳字，以對沐浴，尤非。）藝文類聚帝王部一、太平御覽皇王部七、文選謝脁和王著作八公山詩注引此，皆無浴字。莊子天下篇「禹沐甚雨，櫛疾風」，此卽淮南所本。○俞樾云：浴字衍文，王氏念孫已訂正矣。扶字疑卽疾字之誤。隸

〔一〕按高注云：「三危，西極之山名。」洪氏謂「獨不言西極」，誤。

書疾字或作**疾**，見圉令趙君碑，扶字作**扶**，見桐柏廟碑，兩形相似，故誤耳。○陶方琦云：御覽九引許注：「扶風，奔風。」按：扶乃疾字。藝文類聚引淮南作「櫛疾風」，是許本也。周禮攷工記「忿埶以奔」，注：「奔，猶疾也。」莊子正作「疾風」。許作「疾風」，與高作「扶風」正異。覽冥訓「降扶風」，高注：「扶風，疾風也。」（劉子知人篇「櫛奔風」，即用許注義。）**決江疏河，**決巫山，令江水得東過，故言決。疏道東注于海，故言疏。**鑿龍門，闢伊闕，**龍門本有水門，鮪魚遊其中，上行得上過者，便爲龍，故曰龍門。禹闢而大之，故言鑿。伊闕，山名，禹開截山體，令伊水得北過，入洛水，故曰闕也。○莊逵吉云：鮪，一本作鯆字。**脩彭蠡之防，乘四載，隨山栞木，平治水土，定千八百國。**脩，治也。彭蠡，澤名，在豫章彭澤縣西。防，隄也。四載：山行用蔂，水行用舟，陸行用車，澤行用蕝。隨，循也。栞，石栞識之。四海之内凡萬國，禹定千八百國。是禹之所爲也。○文典謹按：北堂書鈔四引，作「鑿昆龍，開吕梁，修彭離」。**湯夙興夜寐，以致聰明；輕賦薄斂，以寬民氓；**早起夜寐，以思萬事，能得其精，故曰「以致聰明」。寬，猶富也。野民曰氓。**布德施惠，以振困窮；弔死問疾，以養孤孀。**幼無父曰孤。孀，寡婦也。雒家謂寡婦曰孀婦。**百姓親附，政令流行，乃整兵鳴條，困夏南巢，譙以其過，放之歷山。**鳴條，地名。南巢，今廬江居巢是。譙，責也，讓夏桀之罪過也。歷山，蓋歷陽之山。是湯之爲也。**此五聖者，天下之盛主，勞形盡慮，爲民興利除害而不懈。**懈，惰也。**奉一爵酒不知於色，**言其輕也。○文典謹按：御覽四百六十九、七百六十一引，「於色」竝作「於邑」。挈一石之尊則白汗交流，言其重也。又況贏天下之憂，而海内之事者乎？○王念孫云：「海内」上脱任字。藝文類聚人部四、雜器物部、太平御覽人事部一百一十、器物部六引此，皆有任字。其重於尊亦遠也！遠，猶多也。○文典謹按：藝文類聚七十三、御覽七百六十一引，「遠也」竝作「遠矣」，當從之。且夫聖人者，不恥身之賤，而愧道之不行；不憂命之短，而憂百姓之窮。是故禹之爲水，以身解於陽盱之河；爲治水解禱，以身爲質。解，讀解除之解。陽盱河蓋在秦地。湯旱，以身禱於桑山之林。桑山之林，能興雲致雨，故禱之。○王念孫云：「禹之爲水」，蜀志郤正傳注、齊民要術序、文選應璩與岑文瑜書注、太平御覽皇王部七、禮儀部八引此，竝無之字。「湯旱」，蜀志注、齊民要術序、文選注竝引作「湯苦旱」，太平御覽引作「湯爲旱」。案：爲者，治也。水可言爲，旱不可言爲，作「苦旱」者是也。「禹爲水」，「湯苦旱」，相對爲文。今本禹下衍之字，湯下又脱苦字耳。（劉本作「湯之旱」，亦非。）「桑山之林」，蜀志注、齊民要術序、文選注引作「桑林之際」，太平御覽引作「桑林之下」。案：主術篇曰：「湯以身禱於桑林之際。」則作際者是也。今本作「桑山之林」者，涉注文而誤。（高注「桑山之林」，是解「桑林」二字，非正文本作「桑山之林」也。吕氏春秋順民篇「湯乃以身禱於桑林」，高注亦云：「桑林，桑山之林。」）聖人憂民，如此其明也，○文典謹按：御覽五百二十九引，明作切。而稱以「無爲」，豈不悖哉！悖，繆也。

且古之立帝王者，非以奉養其欲也；聖人踐位者，非以逸樂其身也。逸，安也。爲天下强掩弱，衆暴寡，詐欺愚，勇侵怯，懷知而不以相教，積財而不以相分，故立天子以齊一之。齊，等。一，同也。○莊逵吉云：藏本無一字，葉本有。太平御覽引亦有。爲一人聰明而不足以遍照海内，故立三公九卿以輔翼之。輔，正也。翼，佐也。絶國殊俗，僻遠幽閒之處，不能被德承澤，故立諸侯以教誨之。絶，遠。殊，異。能，猶及也。立，置以爲遠國君。是以地無不任，時無不應，官無隱事，國無遺利。言官無隱病失職之事，以利民，故無所遺亡也。所以衣寒食飢，養老弱而息勞倦也。若以布衣徒步之人觀之，則伊尹負鼎而干湯，伊尹處于有莘之野，執鼎俎，和五味以干湯，欲調陰陽，行其道。詩曰「實唯阿衡，實左右商王」是也。呂望鼓刀而入周，呂望，姜姓，四岳之後。四岳佐禹治水有功，賜姓曰姜氏。呂望其後，居殷，乃屠于朝歌，故曰鼓刀入周。自殷而往，爲文王太師，佐武王伐紂，成王封之于齊也。百里奚轉鬻，百里奚，虞臣。自知虞公不可諫而去，轉行自賣於秦，爲穆公相而秦興也。管仲束縛，管仲傅相齊公子糾，不死子糾之難而奔魯，束縛以歸齊，桓公用之而伯也。孔子無黔突，墨子無煖席。黔，言其突。竈不至於黑，坐席不至於温，歷行諸國，汲汲於行道也。○莊逵吉云：突音深，俗本作突字，誤。是以聖人不高山，不廣河，蒙恥辱以干世主，非以貪禄慕位，欲事起天下利而除萬民之害。聖人蓋謂禹、稷。不以山爲高，不以河爲廣，言必踰渡之。事，治也。○王念孫云：「事起天下利」，本作「事天下之利」，故高注云「事，治也」。今本利上脱之字，其事下起字則後人依文子加之也。「事天下之利」，「除萬民之害」，相對爲文，事下不當有起字。藝文類聚人部四、太平御覽人事部四十二、七十二引此，竝作「欲事天下之利，除萬民之害也」，是其證。**蓋聞傳書曰：神農憔悴，堯瘦臞，舜黴黑，禹胼胝。由此觀之，則聖人之憂勞百姓甚矣！**甚，重也。○文典謹按：藝文類聚二十、御覽四百一引，甚上竝有亦字。**故自天子以下，至於庶人，四胑不動，思慮不用，事治求澹者，未之聞也。**

夫地勢，水東流，人必事焉，然後水潦得谷行。水勢雖東流，人必事而通之，使得循谷而行也。○俞樾云：循谷而行謂之「谷行」，甚爲不辭。且水注谿曰谷，水之東流豈必循谷而行乎？於義亦不可通。谷疑沿字之誤。沿字缺壞，止存右畔之㕣，因誤爲谷矣。荀子禮論篇、榮辱篇楊倞注竝曰：「沿，循也。」然則沿行者，循行也。高注本作「循沿而行」，蓋以循訓沿耳。又下文説申包胥事曰：「於是乃贏糧跣足，跋涉谷行。」夫申包胥自楚至秦，非必行於谷中。且其下説所經歷之地，曰「峭山」，曰「深谿」，曰「川水」，曰「津關」，乃獨以「谷行」二字冠之，則於文轉爲不備矣。谷亦沿字之誤，沿亦循也。申包胥恐爲吴軍所得，不敢從正路，循沿邊際而行，故曰沿行。楚策載此事，曰「於是贏糧潛行」，是其義也。**禾稼春生，人必加功焉，故五穀得遂長。**加功，謂「是薫是蓘」，耘耔之也。遂，成也。**聽其自流，待其自生，則鯀、禹之功不立，而后稷之**

智不用。若吾所謂「無爲」者，私志不得入公道，嗜欲不得枉正術，循理而舉事，因資而立權，自然之勢，而曲故不得容者，曲故，巧詐也。○王念孫云：「因資而立」下脱一字，當依文子自然篇作「因資而立功」，「立功」與「舉事」相對爲文。氾論篇曰：「聖人隨時而動靜，因資而立功。」説林篇曰：「聖人者，隨時而舉事，因資而立功。」皆其證也。事、功二字承上文「必事」、「必加功」言之；下文「事成」、「功立」又承此文言之。今本脱功字，則既與上句不對，又與上下文不相應矣。「權自然之勢」，當依文子作「推自然之勢」，字之誤也。原道篇曰：「天下之事，不可爲也，因其自然而推之。」主術篇曰：「推不可爲之勢，而不循道理之數。」高注：「推，行也。」今本推作權，則非其指矣。**事成而身弗伐，**伐，自矜大其善。**功立而名弗有，**不名有其功也。○王念孫云：事下脱成字，劉依文子補入，是也。政當爲故，字之誤也。「故事成而身弗伐，功立而名弗有」，乃結上之詞。劉不審文義而删去政字，誤矣。**非謂其感而不應，攻而不動者。**○王引之云：攻當爲攺。攺，今迫字也，故文子作「迫而不動」。原道篇云：「感則能應，迫則能動。」精神篇云：「感而應，迫而動。」莊子刻意篇云：「感而後應，迫而後動。」皆其證也。説文：「攺，迮也。」徐鍇曰：「迮，猶切近也。」玉篇曰：「攺，附也。」是古迫迮字本作攺。今諸書皆作迫，未必非後人所改也。此攺字若不誤爲攻，則後人亦必改爲迫矣。**若夫以火熯井，以淮灌山，此用己而背自然，故謂之有爲。**火不可以熯井，淮不可以灌山，而以用之，非其道，故謂之有爲也。

若夫水之用舟，沙之用鳩，泥之用輴，山之用蔂，夏瀆而冬陂，因高爲田，〇王念孫云：田當爲山，字之誤也。「因高爲山」，所謂「爲高必因丘陵」也。若田則有高原下濕之分，不得但言因高矣。文子自然篇正作「因高爲山」。**因下爲池，此非吾所謂爲之。**此皆因其宜用之，故曰非吾所謂爲。言無爲。

聖人之從事也，殊體而合于理，殊，異也。體，行也。理，道也。**其所由異路而同歸，其存危定傾若一，志不忘於欲利人也。何以明之？昔者，楚欲攻宋，墨子聞而悼之，**墨子，名翟，宋大夫。悼，傷也。**自魯趍而十日十夜，足重繭而不休息，裂衣裳裹足，至於郢，見楚王，**自，從。趍，走。郢，楚都也，今南郡江陵北里郢是也。〇王念孫云：「趍而」下脱往字。北堂書鈔衣冠部三、太平御覽服章部十三、工藝部九引此，皆有往字，吕氏春秋愛類篇作「自魯往」，皆其證。「裂衣裳裹足」，衍衣字。太平御覽工藝部引此有衣字，亦後人依俗本加之。舊本北堂書鈔衣冠部「裳」下、（陳禹謨依俗本加衣字。）太平御覽服章部「裳」下引此，皆作「裂裳裹足」。吕氏春秋愛類篇同。文選廣絶交論「裂裳裹足」，李善注引墨子公輸篇亦同。後漢書郅惲傳注引史記，亦云「申包胥足腫蹠盭，裂裳裹足」。（今見吴越春秋。）若云「裂衣裳裹足」，則累於詞矣。**曰：「臣聞大王舉兵將攻宋，計必得宋而後攻之乎？亡其苦衆勞民，頓兵挫鋭，負天下以不義之名，而不得咫尺之地，猶且攻之乎？」**頓，罷。挫，辱折。鋭，精。攻無罪之宋，故負天下以不義之名，猶且必攻也？　○王念孫云：漢魏叢書本改㓻爲挫，而莊本從之，非也。道藏本、劉本竝作㓻，太平御覽工藝部引此亦作㓻，則舊本皆作㓻，明矣。說文：「㓻，折傷也。」莊子山木篇、吕氏春秋必己篇竝云「廉則㓻」。高注吕氏春秋云：「㓻，缺傷也。」經傳或作挫者，借字耳。後人多見挫，少見㓻，遂改㓻爲挫，謬矣。高注本訓㓻爲折，今本折上有辱字，亦後人所加。王曰：「必不得宋，又且爲不義，曷爲攻之！」墨子曰：「臣見大王之必傷義而不得宋。」王曰：「公輸，天下之巧士，作雲梯之械設以攻宋，曷爲弗取！」公輸，魯般號，時在楚。雲梯，攻城具，高長，上與雲齊，故曰雲梯。械，器。設，施也。墨子曰：「令公輸設攻，臣請守之。」於是公輸般設攻宋之械，墨子設守宋之備，九攻而墨子九却之，弗能入。入，猶下也。於是乃偃兵，輟不攻宋。輟，止也。段干木辭禄而處家，魏文侯過其閭而軾之。閭，里。周禮二十五家爲閭。軾，伏軾，敬有德。曲禮曰：「軾視馬尾。」又曰：「兵車不軾，尚威武也。」其僕曰：「君何爲軾？」文侯曰：「段干木在，是以軾。」其僕曰：「段干木布衣之士，君軾其閭，不已甚乎？」文侯曰：「段干木不趍勢利，懷君子之道，隱處窮巷，聲施千里，聲，名也。施，行也。寡人敢勿軾乎！勿，無也。段干木光於德，寡人光於勢；段干木富於義，寡人富於財。勢不若德尊，財不若義高。干木雖以己易寡人不爲，使干木之己賢，易寡人之尊，不肯爲之也。吾日悠悠慙于影，影，形影也。子何以輕之哉！」其後秦將起兵伐魏，司馬庾諫曰：「段干木賢者，庾，秦大夫也。或作唐。其君禮之，天下莫不知，諸侯莫不聞。舉兵伐之，無乃妨於義乎！」於是秦乃偃兵，輟不攻魏。夫墨子跌蹏而趍千里，以存楚、宋；跌，疾行也。蹏，趍走也。○王引之云：書傳無訓跌爲疾行者。跌當作趹。（音決。）注當作：「趹蹏，疾行也。趨，走也。（見說文。）」今本趹字皆誤作跌，注内蹏字又誤在「趨，走也」之上。廣雅：「駃，奔也。」「赽，疾也。」駃、赽竝與趹通。玉篇：「趹，疾也。」下文「欶蹻趹步」，高彼注云：「趹，趣也。（趣與趨通。）」是疾行爲趹也。說文：「赽，踶也。」漢書武帝紀「馬或奔踶而致千里」，踶亦奔也。（顏師古誤訓踶爲蹋，辯見廣雅疏證。）踶、蹏古字通。（集韻：「蹏或作踶。」）是疾行又爲蹏也。合言之則曰趹蹏。古馬之善走者謂之駃騠，駃騠之言趹蹏也。疾行謂之趹蹏，故曰「趹踶而趨千里」。段干木闔門不出，以安秦、魏。夫行與止也，其勢相反，而皆可以存國，此所謂異路而同歸者也。異路，謂行與止也。同歸，謂歸于存國也。今夫救火者，汲水而趍之，或以甕瓴，或以盆盂，其方員銳橢不同，盛水各異，其於滅火，鈞也。故秦、楚、燕、魏之謌也，異轉而皆樂，轉，音聲也。○文典謹按：文選和伏武昌登孫權故城詩注引，魏作趙。九夷八狄之哭也，殊聲而皆悲，一也。東方之夷九種，北方之狄八類。夫謌者，樂之徵也；哭者，悲之效也。徵，應也。效，驗也。憤於中則應於外，憤，發也。故在所以感。感，發也。○俞樾云：感下本有「之矣」二字，傳寫脱之，則文義未完。文子精誠篇正作「故在所以感之矣」。夫聖人之心，日夜不忘於欲利人，其澤之所及者，效亦大矣。效，功也。

世俗廢衰，而非學者多：非者，不善之辭，故曰非。「人性各有所脩短，若魚之躍，若鵲之駮，此自然者，不可損益。」推此揆之，故不欲學。○俞樾云：「非學者多」下有闕文，或是言字，或是曰字，未敢臆補。蓋人性各有所脩短云云，乃世俗非學者之説。意謂人性之自然者，非學所能損益也。下文「吾以爲不然」，則淮南自爲破之之説。吾以爲不然。夫魚者躍，鵲者駮也，猶人馬之爲人馬，筋骨形體，所受於天，不可變。以此論之，則不類矣。言人自爲人，馬自爲馬，不相類也。○文典謹按：「猶人馬之爲人馬」，義不可通，疑本作「猶人之爲人，馬之爲馬」。高注「言人自爲人，馬自爲馬」，是其證。夫馬之爲草駒之時，跳躍揚蹏，翹尾而走，人不能制，馬五尺以下爲駒，放在草中，故曰草駒。翹，舉也。制，禁也。齕咋足以噆肌碎骨，蹶蹏足以破盧陷匈。咋，齧也。噆，穿也。及至圉人擾之，良御教之，圉，養馬官。擾，順也。掩以衡扼，連以轡銜，則雖歷險超壍，弗敢辭。○文典謹按：御覽八百九十六引，辭下有也字。七百四十六引，超作趨，「弗敢辭」作「弗敢違戾」。故其形之爲馬，馬不可化；其可駕御，教之所爲也。馬，聾蟲也，蟲，喻無知也。○文典謹按：御覽八百九十六引注，「蟲，喻」作「聾，蟲」。而可以通氣志，猶待教而成，又況人乎！

且夫身正性善，發憤而成仁，帽憑而爲義，帽憑，盈滿積思之貌。○王念孫云：帽當爲愲，字之誤也。廣雅曰：「愲恲，忼慨也。」（愲，音謂。恲，普耕反。）愲恲與愲憑聲近而義同。「愲憑而爲義」，猶言忼慨而爲義耳。楚辭離騷注云：「楚人名滿曰憑。」故高注云「愲憑，盈滿積思之貌」。又離騷「喟憑心而歷茲」，王注云：「喟然舒憤懣之心。」喟憑與愲憑義亦相近。**性命可說，不待學問而合於道者，堯、舜、文王也；**言有善性命可教說者，聖人不學而知之者，堯、舜、文王。詩云「不識不知，順帝之則」是也。**沉湎耽荒，不可教以道，不可喻以德，嚴父弗能正，賢師不能化者，丹朱、商均也。**丹朱，堯子。商均，舜子。弗能化，詩云「誨爾諄諄，聽我藐藐」，是其類也。**曼頰皓齒，形夸骨佳，不待脂粉芳澤而性可說者，西施、陽文也；**曼頰，細理也。夸，弱也。佳，好也。性，猶姿也。西施、陽文，古之好女。○陶方琦云：文選七發注、辨命論注、御覽三百八十一引許注：「陽文，楚之好人也。」按：好人，美人也。許注多稱楚人，是其例。說文：「媄，色好也。」○文典謹按：藝文類聚十八引，作「曼容皓齒，形姱骨佳，不待傅粉芳澤而美者，西施、陽文也。」**啳睽哆噅，籧蒢戚施，雖粉白黛黑弗能爲美者，嫫母、仳倠也。**啳，讀權衡之權，急氣言之。睽，讀夔。哆，讀大口之哆。噅，讀楚蔿氏之蔿。籧蒢，偃也。戚施，僂也。皆醜貌。嫫母、仳倠，古之醜女。嫫，讀如模範之模。仳，讀人得風病之靡。倠，讀近虺。仳倠，一說：讀曰莊維也。○孫詒讓云：靡無風病之義，注靡當作痱。說文疒部云：「痱，風病也。」○文典謹按：詩新臺傳：「籧篨，不能俯者。戚施，不能仰者。」御覽蟲豸部引薛君章句云：「戚施、蟾蜍，喻醜惡。」高注云「醜皃」，本韓詩說。韓與毛訓異，而意同也。晉語「籧篨不可使俯，戚施不可使仰」，又「戚施直鎛，籧篨蒙璆」，韋昭注：「籧篨，直者；戚施，瘁者。」亦與高説相近。又凡物之粗惡者曰籧篨。説文：「籧篨，粗竹席也。」方言：「簟，自關而西，其粗者謂之籧篨。」夫上不及堯、舜，下不及商均，○王念孫云：「下不及」當爲「下不若」，言不似商均之不肖也。比上則言不及，比下則言不若。下文「美不及西施，惡不若嫫母」，卽其證。今作「下不及」者，因上句及字而誤。文選辯命論注引此，正作「下不若商均」。美不及西施，惡不若嫫母，此教訓之所諭也，諭，導也。而芳澤之所施。且子有弑父者，然而天下莫疏其子，何也？愛父者衆也。儒有邪辟者，而先王之道不廢，何也？其行之者多也。今以爲學者之有過而非學者，則是以一飽之故，絶穀不食，以一蹪之難，輟足不行，惑也。蹪，躓，楚人謂躓也。言以飽而不食，蹪而不行，諭丹朱、商均不可教化而非學，故謂之惑也。○王念孫云：「以一飽之故絶穀」，義不可通。飽當爲餶，字之誤也。（注同。）餶與噎同。説文：「噎，飯窒也。」字又作饐。漢書賈山傳「祝餶在前，祝鯁在後」，顔師古曰：「餶，古饐字。」一饐而不食，與一蹪而不行，（高注：「蹪，躓也。」）事正相類。説苑説叢篇「一噎之故，絶穀不食；一蹶之故，卻足不行」，語卽本於淮南。今俗語猶云「因噎廢食」。今有良馬，不待策錣而行；○陶方琦云：御覽七百四十六引許注：「錣，策端有鐵也。」駑馬，雖兩錣之不能進，爲此不用策錣而御，則愚矣。爲良馬能自走，不復用箠，得駑馬，無以行之，故曰愚也。夫怯夫操利劍，擊則不能斷，刺則不能入；及至勇武，攘捲一擣，則摺脅傷幹，武，士也，楚人謂士爲武。摺，折也。爲此棄干將、鏌邪而以手戰，則悖矣。所謂言者，齊於衆而同於俗。今不稱九天之頂，則言黃泉之底，九天：八方、中央，故曰九。頂，極高。底，極卑也。是兩末之端議，何可以公論乎！公，平也。

夫橘柚冬生，而人曰冬死，死者衆；薺麥夏死，人曰夏生，生者衆。衆，多。○王念孫云：「橘柚」本作「亭歷」。時則篇「孟夏之月，靡草死」，高注曰：「靡草，薺、亭歷之屬也。」（呂氏春秋孟夏篇注及鄭注月令引舊説竝同。）呂氏春秋任地篇：「孟夏之昔，殺三葉而穫大麥。」高注曰：「三葉，薺、亭歷、菥蓂也，是月之季枯死。」本書天文篇曰：「五月爲小刑，薺麥、亭歷枯，冬生草木必死。」案：亭歷、薺麥，皆冬生夏死。此言亭歷冬生、薺麥夏死者，互文耳。後人改亭歷爲橘柚，斯爲不倫矣。太平御覽藥部十「亭歷」下引此，正作「亭歷冬生」。○文典謹按：宋黃震日抄引，「生者衆」作「生者多也」。江、河之囘曲，亦時有南北者，而人謂江、河東流；攝提鎮星日月東行，而人謂星辰日月西移者，以大氐爲本。歲星在寅曰攝提。鎮星，中央土星，鎮四方，故曰鎮。氐，猶更。言其餘星辰皆西行，故曰「大氐爲本」也。胡人有知利者，而人謂之駤；駤，忿戾惡理不通達。胡人性皆然，亦舉多。駤，讀似質，緩氣言之者，在舌頭乃得。越人有重遲者，而人謂之訬，訬，輕利急〔一〕，亦以多者言。訬，讀燕人言趮操善趍者謂之訬同也。以多者名之。若夫堯眉八彩，九竅通洞，而公正無私，堯母慶都，蓋天帝之女，寄伊長孺家，年二十無夫。出觀于河，有赤龍負圖而至，曰赤龍受天下之圖。有人赤衣，光面，八彩，鬚冉長。赤帝起，成元寶，奄然陰雲。赤龍與慶都合而生堯，視如圖，故眉有八彩之色。洞，達聖道也。無私，無所愛憎也。○陶方琦云：意林引許注：「眉理八字也。」高注乃引春秋合誠圖語。一言而萬民齊；一言，仁言也。齊，無倦。舜二瞳子，是謂重明，言能知人，舉十六相。作事成法，出言成章；作事爲後世所法。論語：「舜有天下，煥乎其有文章，巍巍乎！」此之謂也。禹耳參漏，是謂大通，參，三也。漏，穴也。大通天下，摧下滯之物。興利除害，疏河決江；傳曰：「劉子觀于雒汭，曰：『微禹，吾其魚乎！』」故曰「興利除害」也。○文典謹按：藝文類聚十七引，作「決江疏河」。文王四乳，是謂大仁，乳所以養人，故曰「大仁」也。天下所歸，百姓所親；文王爲西伯，遭紂之虐，三分天下而有二，受命而王，故曰「百姓所親」也。皋陶馬喙，是謂至信，喙若馬口，出言皆不虚，故曰「至信」。決獄明白，察於人情；察，猶知也。禹生於

〔一〕文選吳都賦注引，「急」下有「疾」字。

石；禹母脩己，感石而生禹，折胸而出。**契生於卵；**契母，有娀氏之女簡翟也，吞燕卵而生契，愊背而出。詩云「天命玄鳥，降而生商」是也。**史皇產而能書；**史皇，蒼頡。生而見鳥跡，知著書，故曰史皇，或曰頡皇。**羿左臂脩而善射。**羿，有窮之君也。○莊逵吉云：吳處士江聲曰：羿，有窮君，不得云賢者，高注非是。此乃堯時之羿耳。○文典謹按：左臂雖長，何益於射。左當爲右，字之誤也。御覽三百六十九引，正作「羿右臂長而善射」。**若此九賢者，千歲而一出，猶繼踵而生。**以千歲爲近，明聖賢之難。**今無五聖之天奉，**堯、舜、禹、湯、周文王也。奉，助也。**四俊之才難，**才千人爲俊。謂皋陶、稷、契、史皇。**欲棄學而循性，是謂猶釋船而欲蹷水也。**蹷，履也。○王引之云：案：太平御覽皇親部一引河圖著命曰：「脩己見流星，意感生禹。」又引禮含文嘉曰：「夏姒氏祖以薏苡生。」又引孝經鉤命決曰：「命星貫昴，脩紀夢接生禹。」是禹之生，或以爲感流星，或以爲吞薏苡，無言生於石者。史記六國表「禹興於西羌」，集解引皇甫謐曰：「孟子稱禹生石紐，西夷人也。」蜀志秦宓傳曰：「禹生石紐，今之汶山郡是也。」注引譙周蜀本紀曰：「禹本汶山廣柔縣人也。生於石紐，其地名刳兒坪。」水經沫水注曰：「廣柔縣有石紐鄉，禹所生也。」是石紐乃地名。禹生石紐，猶言舜生於諸馮，文王生於岐周，非謂感石而生也。徧考諸書，無禹生於石之說。禹當爲啟。郭璞注中山經泰室之山云：「啟母化爲石而生啟，在此山，見淮南子。」是淮南古本有作「啟生於石」者。及考漢書武帝紀：「詔曰：朕至於中嶽，見夏后啟母石。」

應劭曰：「啟生而母化爲石。」師古曰：「禹治鴻水，通轘轅山，化爲熊，謂塗山氏曰：『欲餉，聞鼓聲乃來。』禹跳石，誤中鼓，塗山氏往見禹，方作熊，慙而去，至嵩高山下，化爲石。方生啟，禹曰：『歸我子！』石破北方而啟生。事見淮南子。」又御覽地部十六引淮南，與師古注略同。又北堂書鈔后妃部一亦引淮南石破生啟。蓋許慎本作「啟生於石」，書鈔、御覽及師古注所引卽許慎之注。郭璞所云「啟母化爲石而生啟，見淮南子」者，亦用許慎注也。且此段以堯、舜、禹、文王、皐陶、契、啟、史皇、羿九人言之，故謂之九賢，又謂之五聖四俊。若既言「禹耳參漏」，又言「禹生於石」，則僅八人，不得稱九矣。高據誤本「禹生於石」爲説，則九賢內少一賢，而五聖四俊亦不能如數，不得已，乃據上文所稱五聖神農、堯、舜、禹、湯，而取湯入五聖，又據上文言后稷之智而以稷入四俊，不知彼此各不相蒙也。且彼處五聖內有神農，何以舍之而取湯？此段九賢內有羿，又何以不得與列？若此者，皆不可解矣。以文義求之，五聖蓋卽堯、舜、禹、文王、皐陶，四俊蓋卽契、啟、史皇、羿也。

夫純鈎、魚腸之始下型，擊則不能斷，刺則不能入；純鈎，利劍名。魚腸，文理屈辟若魚腸者，良劍也。型或作盧。○王念孫云：鈎皆當爲鈞，字之誤也。覽冥篇曰：「區冶生而淳鈞之劍成。」齊俗篇曰：「淳均之劍不可愛也，而區冶之巧可貴也。」皆其證。道藏本、劉本皆誤作鈎。朱本改鈎爲鈞，是也。茅本又改爲鉤，而莊本從之，且并覽冥篇亦改爲鉤，斯爲謬矣。舊本北堂書鈔武功部「劍」下三引此文，皆作純鈞。（陳禹謨改其一爲純鉤，而删其二。）越絕外傳記寶劍篇曰：「一曰湛盧，二曰純鈞。」廣雅曰：「醇鈞，劍也。」其字亦皆作鈞。且齊俗篇作淳均，若是鉤字，不得與均通矣。左思吳都賦「吳鈎越棘，純鈞湛盧」，上句言吳鈎，下句言純鈞，若作純鉤，則鉤字重出矣。○文典謹按：北堂書鈔百二十二「磨其鋒鍔」條引，剌作劗。初學記武部引，純作淳。又引注作「魚腸，文繞屈若魚腸」。及加之砥礪，摩其鋒剽，則水斷龍舟，龍舟，大舟也。陸劗犀甲。言利也。明鏡之始下型，矇然未見形容；及其粉以玄錫，摩以白旃，鬢眉微豪可得而察。旃，摩。微，細。察，見。○王念孫云：「粉以玄錫」，本作「扢以玄錫」。扢者，摩也。高注云「於摩」，於即扢字之誤。隸書於字或作扵，形與扢相似，故扢誤爲於。廣雅曰：「扢，磨也。」（磨與摩通。玉篇：「扢，柯礙、何代二切，摩也。」）淮南要略「濡不給扢」，高注曰：「扢，拭也。」漢書禮樂志郊祀歌「扢嘉壇」，孟康曰：「扢，摩也。」此云「扢以玄錫，摩以白旃」，是扢與摩同義，故高注云「扢，摩」。道藏本正文扢字誤作粉，注内扢字又誤作於，後人不得其解，遂改高注「於摩」爲「摩，磨」，莊本又改爲「旃，摩」，斯爲謬矣。初學記器物部九引此，竝作「粉以玄錫」，亦後人依誤本淮南改之。太平御覽學部一、服用部十九、珍寶部十一竝引作「扢以玄錫」。又高注呂氏春秋達鬱篇云：「鏡明見人之醜，而人扢以玄錫，摩以白旃」，即用此篇之語。是其明證矣。夫學，亦人之砥錫也。而謂學無益者，所以論之過。以，用也。過，非也。

知者之所短，不若愚者之所脩；短，缺。脩，長也。明有所不足，謂〔一〕愚有所不味也。

〔一〕「謂」字似應在上句「明」字上。

賢者之所不足，不若衆人之有餘。衆，凡也。○王念孫云：「有餘」上亦當有所字。何以知其然？夫宋畫吴冶，刻刑鏤法，亂脩曲出，宋人之畫，吴人之冶，刻鏤刑法，亂理之文，脩飾之巧，曲出於不意也。其爲微妙，堯、舜之聖不能及。及，猶如也。○文典謹按：御覽七百五十引注「宋人之畫，吴人之冶」，之竝作工。及下有也字。八百三十三所引同。蔡之幼女，衞之稚質，蔡國，今南陽河曲。衞，故在河内，後徙頓丘，今東陽郡。稚質，亦少女也。梱纂組，雜奇彩，抑墨質，揚赤文，梱，叩椓。纂織組邪文，如今之短没黑耳，亦言其巧也。〔一〕○陶方琦云：孫奭孟子音義引許注：「捆，織也。」按：説文無捆字，惟梱下云：「豢束也。」孫氏引許君義，當屬淮南，故與高注正異。○文典謹按：御覽三百八十一引，無梱字、雜字，又引注作：「纂組，織組也，如今之綬也。没黑見赤，其工也。」禹、湯之智不能逮。言不能及二國之女巧也。○文典謹按：御覽引，作「湯、禹之智不能逮也」。夫天之所覆，地之所載，包於六合之内，託於宇宙之間，陰陽之所生，血氣之精，含牙戴角，前爪後距，奮翼攫肆，蚑行蟯動之蟲，喜而合，怒而鬬，攫，搏也。肆，極也。蚑，讀車蚑之蚑。蟯，讀饒多之饒。見利而就，避害而去，其情一也。雖所好惡，其與人無以異。一同人，亦避害就利。有不相如，故言「雖」也。然

〔一〕高注下，莊逵吉校本有：「逵吉按：太平御覽作『如今之綬也，没黑見赤，言其巧也。』」

其爪牙雖利，筋骨雖彊，不免制於人者，知不能相通，才力不能相一也。各有其自然之勢，勢，力也。無稟受於外，無有學問，受謀慮於外，以益其思也。故力竭功沮。竭，盡也。沮，敗也。夫鴈順風，以愛氣力，銜蘆而翔，以備矰弋，未秀曰蘆，已秀曰葦。矰，矢。弋，繳。銜蘆，所以令繳不得截其翼也。○王念孫云：「順風」下本有「而飛」二字，與「銜蘆而翔」相對爲文。今本脱此二字，則與下文不對。藝文類聚鳥部中、白帖九十四、太平御覽羽族部四引此，竝作「從風而飛，以愛氣力」，説苑説叢篇作「順風而飛，以助氣力」，皆其證。○文典謹按：「以備矰弋」，藝文類聚九十一、御覽九百十七引，竝作「以備弋繳」。文選蜀都賦注引，作「以備繒繳」，鷦鷯賦注引，作「以備矰繳」，白帖九十四引，作「以避繒繳」。螘知爲垤，貛貉爲曲穴，○文典謹按：御覽九百十三引，作「猯知曲穴」，與上句句法一律。虎豹有茂草，野彘有艽莦，槎櫛堀虚，連比以像宫室，○陶方琦云：文選蜀都賦注引許注：「坒，相連也。」按：本書無坒字，疑許本「連比」作「連坒」，故云「坒，相連也」。説文土部：「坒，地相次比也。从土、比。」（廣雅：「坒，次也。」）許本作坒，正與高異。陰以防雨，防，衛也。景以蔽日，蔽，擁也。○王引之云：景卽日之光，不得言「景以蔽日」。景當爲晏，字之誤也。繆稱篇「暉日知晏，陰諧知雨」，高注曰：「晏，無雲也。」（文選羽獵賦注引許注同。）説文：「晏，天清也。」又曰：「曣，星無雲也。」曣與晏通，字亦作曣，小雅角弓篇「見晛曰消」，韓詩作「曣晛聿消」，云：「曣晛，日出也。」荀子非相篇作「晏然聿消」。

史記封禪書「至中山，曣温」，漢書郊祀志曣作晏，如淳曰：「三輔謂日出清濟爲晏。」韓子外儲說左篇曰：「雨霽日出，視之晏陰之間。」晏與陰正相對，故曰「陰以防雨，晏以蔽日」。言穴居之獸，陰則有以防雨，晴則有以蔽日也。此亦鳥獸之所以知求合於其所利。今使人生於僻陋之國，辟，遠。陋，鄙小也。長於窮櫚漏室之下，長無兄弟，少無父母，目未嘗見禮節，耳未嘗聞先古，先古，謂聖賢之道也。獨守專室而不出門，專室，小室也。○王念孫云：門下當有户字。「不出門户」與「獨守專室」相對爲文。且户與下、母、古、寡爲韻。（下，讀若户。寡，讀若古。母，合韻音莫補反。竝見唐韻正。）若無户字，則失其韻矣。使其性雖不愚，然其知者必寡矣。昔者，蒼頡作書，容成造曆，容成，黄帝臣。造作曆，知日月星辰之行度。胡曹爲衣，易曰：「黄帝垂衣裳。」胡曹亦黄帝臣也。后稷耕稼，儀狄作酒，見世本。奚仲爲車。傳曰：「奚仲爲夏車正，封于薛。」此六人者，皆有神明之道，聖智之迹，故人作一事而遺後世，非能一人而獨兼有之。各悉其知，貴其所欲達，達，通也。遂爲天下備。備，猶用也。今使六子者易事，而明弗能見者何？見，猶知也。言人各有所不通。萬物至衆，而知不足以奄之。奄蓋之也。周室以後，無六子之賢，賢，才也。而皆脩其業；當世之人，無一人之才，而知其六賢之道者何？○王念孫云：「知其六賢之道」，其字涉上文「脩其業」而衍。教順施續，而知能流通。施，設。續，猶傳也。由此觀之，學不可已，明矣！

已，止也。

今夫盲者，目不能別晝夜，分白黑，然而搏琴撫弦，參彈復徽，攫援摽拂，手若蔑蒙，不失一弦。參彈，撫弦。復徽，上下手也。攫援，掇也。摽拂，敷也。蔑蒙，言其疾也。徽，讀縪車之縪。攫，讀「屈直木令句」、「欲句此木」之句。摽，讀刀摽之摽。使未嘗鼓瑟者，○俞樾云：瑟當作琴。上文云「然而搏琴撫弦」，此與相應，不容異文。雖有離朱之明，攫掇之捷，猶不能屈伸其指。離朱，黃帝時人，明目，能見百步之外，秋豪之末。攫掇，亦黃帝時捷疾者也。何則？服習積貫之所致。謂上「不失一弦」。故弓待檠而後能調，劍待砥而後能利。檠，矯弓之材，讀曰敬。砥，厲石也。玉堅無敵，鏤以爲獸，首尾成形，礛諸之功。礛諸，治玉之石。詩云「他山之石，可以爲厝」是。礛，讀廉氏之廉，一曰濫也。木直中繩，揉以爲輪，其曲中規，規，員之也。檃括之力。唐碧堅忍之類，猶可刻鏤，揉以成器用，唐碧，石似玉。皆堅鑽之物。又況心意乎！且夫精神滑淖纖微，倏忽變化，與物推移，推移，猶轉易也。雲蒸風行，在所設施。施，用。君子有能精搖摩監，砥礪其才，自試神明，覽物之博，通物之壅，觀始卒之端，見無外之境，所觀以遠。以逍遙仿佯於塵埃之外，塵埃，猶窈冥也。超然獨立，卓然離世，不羣于俗。此聖人之所以游心。若此而不能，閒居靜思，鼓琴讀書，追觀上古，及賢大夫，學問講辯，日以自娛，講論辯別然否，自娛樂。蘇援世事，

分白黑利害，蘇，猶索。援，別〔一〕。分別白黑，知利害之所在也。**籌策得失，以觀禍福，**籌策曰視，非常曰觀。○王念孫云：「分白黑利害」，本作「分別白黑」。（高注內「分別白黑」四字，即本於正文。）「白黑」下本無「利害」二字，今作「分白黑利害」者，分下脫去別字，遂不成句，後人以高注云「知利害之所在」，因加「利害」二字以足句耳。案：高注云「分別白黑，知利害之所在」，此是因正文而申言之，謂分別白黑則可以知利害之所在，非正文內本有「利害」二字也。有白黑，斯有得失；有得失，斯有禍福，故云「分別白黑，籌策得失，以觀禍福」。禍福即高注所謂利害也。若此句先言利害，則下文不必更言禍福矣。「蘇援世事」，「分別白黑」，「籌策得失」，皆相對爲句。若云「分白黑利害」，則句法參差矣。且此段以書、夫、娛爲韻，黑、福、則爲韻。若云「分白黑利害」，則失其韻矣。**設儀立度，可以爲法則，窮道本末，究事之情，**窮，盡也。究，極也。**立是廢非，明示後人，**是，善也。非，惡也。**死有遺業，生有榮名。**遺餘功業〔二〕。榮，寵也。**如此者，人才之所能逮，**逮，及也。**然而莫能至焉者，偷慢懈惰，多不暇日之故。**偷，薄。慢，易。薄易之人，懈惰于庶幾，多言己不暇日而不學，推此故也。○俞樾云：不字衍文。「多暇日」者，謂其人偷慢懈惰而不學，故多暇日也。今衍不字，失其指矣。荀子脩身篇曰：「其爲人也多暇

〔一〕「別」，疑爲「引」之誤。

〔二〕「遺餘功業」釋正文「遺業」。疑「功業」二字誤倒，似當作：「遺，餘。業，功。」

日者，其出人也不遠矣。」卽淮南所本。夫瘠地之民多有心者，勞也；心，向義之心也。沃地之民多不才者，饒也。饒，逸也。由此觀之，知人無務，不若愚而好學。自人君公卿至於庶人，不自彊而功成者，天下未之有也。詩云：「日就月將，學有緝熙于光明。」此之謂也。詩頌敬之篇，言爲善者，日有所成就，月有所奉行，當學之是明。此勉學之謂也。

名可務立，功可彊成，務，事也。彊，勉也。故君子積志委正，以趣明師；師，所以取法則。勵節亢高，以絶世俗。不羣於衆也。何以明之？昔者南榮疇恥聖道之獨亡於己，身淬霜露，敕蹻趹，跋涉山川，冒蒙荆棘，淬，浴。敕，猶著也。蹻，履。趹，趣也。不從蹊遂曰跋涉，故觸犯荆棘。南，姓；榮疇，字，蓋魯人也。百舍重趼，不敢休息，百里一舍。趼，足胝生〔一〕。○王念孫云：「敕蹻趹」，趹下本有步字。趹步，疾行也。（說文：「趹，馬行皃。」又云：「赽，踶也。」廣雅云：「駃，奔也。」史記張儀傳「探前趹後，蹄間三尋」，索隱曰：「言馬之走勢疾也。」莊子齊物論篇「麋鹿見之決驟」，崔譔曰：「疾走不顧爲決。」趹、赽、駃、決，竝字異而義同。）故注訓趹爲趨。莊子庚桑楚釋文引此，正作「敕蹻趹步」，今本脱去步字，則文不成義。且自「身淬霜露」以下，皆以四字爲句，又以露、步爲韻，棘、息爲韻。脱去步字，則句既不協，而韻又不諧矣。

〔一〕「足胝生」，疑當作「足生胝」。

「重跰」當爲「重趼」，字之誤也。（高注同。）趼，讀若繭。莊子天道篇「百舍重趼而不敢息」，釋文：「趼，古顯反。司馬云：胝也。許慎云：足指約中斷傷爲趼。」所引許注，即此篇「重趼」之注也。司馬訓趼爲胝，與高注「足生胝」同義。劉晝新論惜時篇云：「南榮之訪道，重趼而不休。」即用此篇之文。則跰爲趼之誤，明矣。趼字亦作繭。賈子勸學篇云「南榮跦百舍重繭而不敢久息」是也。宋策「墨子百舍重繭」，高彼注云：「重繭，累胝也。」亦與此注同義。○陶方琦云：莊子大宗師釋文引司馬注：「病不能行，故趼躃。」趼，古顯反，高作跰，誤文。高當作繭。上文「足重繭而不休息」，下文又云「曾繭重胝」，（宋策：「墨子聞之，重繭百舍。」後漢段熲傳注：「繭，足下傷起，形如繭也。」）故高以胝訓。當是高本作繭，許本作趼也。此乃後人因許本改。**南見老聃，受教一言，**老聃，老子，字伯陽，楚苦縣賴鄉曲里人。今陳國東瀨鄉有祠存。據在魯南，故曰南見老子聃。一言，道合也。**精神曉泠，鈍聞條達，**曉，明。泠，猶了也。鈍聞，猶鈍惛也。○王念孫云：文子精誠篇作「屯閔條達」。案：閔與惛聲相近，故高注云「鈍聞，猶鈍惛」。方言曰：「頓愍，惛也。江、湘之間謂之頓愍。」○陶方琦云：一切經音義十四引許注：「泠然解悟之意也。」按：泠同聆。齊俗訓「所居聆聆」，許注：「聆聆，意曉解也。」**欣然七日不食，**丈夫七日不食則斃，故以七日爲極。**如饗太牢，**三牲具曰太牢。○王引之云：「七日不食」上當有若字。如，讀爲而。言聞老聃之言，若七日不食而饗太牢也。賈子云：「南榮跦既遇老聃，見教一言，若飢十日而得太牢。」是其證。文子精誠篇襲用此文，而改之曰「勤苦七日不食，如享太牢」，失其指矣。**是以明照四海，名**

施後世，施，延也。**達畧天地，**達，猶通也。畧，猶數也。**察分秋豪，**察，明。**稱譽葉語，至今不休。**葉，世也。言榮疇見稱譽，世傳相語，至今不止。○王念孫云：葉當爲華。俗書華字作華，與葉相似而誤。華，榮也。「稱譽華語，至今不休」，言榮名常在人口也。高所見本已誤作葉，故訓葉爲世。文子正作「稱譽華語」。**此所謂名可彊立者。**○俞樾云：「彊立」本作「務立」。上文「名可務立，功可彊成」，高注曰：「務，事也。」然則此亦當言「務立」。今作「彊立」者，乃後人據文子精誠篇改之。不知彼上文云「名可强立，功可强成」，與此文本不相同，不得據彼以改此也。

吴與楚戰，吴王闔閭與楚昭王戰于柏舉。**莫囂大心撫其御之手曰：「今日距彊敵，犯白刃，蒙矢石，**莫，大也。囂，衆也。主大衆之官，楚卿大夫。大心，楚成得臣子玉之孫。彊敵，謂吴。蒙，冒。石，矢弩也。一曰：發石也。○莊逵吉云：錢别駕曰：「莫囂卽莫敖，能矢石者。漢時謂之厥張士。厥，發石。張，挾弓也。春秋傳曰『旝動而鼓發石』是也。」**戰而身死，卒勝民治，全我社稷，可以庶幾乎！」**庶幾得安。○俞樾云：治字衍文，本作「卒勝民全」。此時但求民之全，不當計其治不治也。後人誤以全字屬下句讀，故妄增治字耳。楚策作「社稷其庶幾乎」，無全字，然則此全字上屬無疑。**遂入不返，決腹斷頭，不旋踵運軌而死。**言入吴，不旋踵回軌而死。勇，然不如申包胥之功也。○王紹蘭云：吴、楚柏舉之戰，在定公四年。據左氏傳説此事云：「左司馬戌敗吴師于雍澨，傷，謂其臣曰：『誰能免吾首？』吴句卑布裳，剄而裹之，藏其身，而以其首免。」與此文「決腹斷頭」相似，無莫囂大心戰死之事。莫囂卽莫敖，楚官名。或昭王時自有名大心者，爲莫敖之官，死於柏舉之戰，其軼事見於它說。淮南博采舊聞，正可補傳文所未備。高注乃以大心爲楚成得臣子玉之孫。攷左氏僖二十八年傳云：「初，楚子玉自爲瓊弁玉纓，夢河神謂己：『畀余。』弗致也。大心與子西使榮黃諫。」杜注：「大心，子玉之子。」傳又謂之孫伯，卽大心，子玉子也。三十三年傳謂之大孫伯，文五年傳謂之成大心。計自僖二十八年（據傳稱「初，楚子玉」，是追述之辭，則大心使榮黃諫，其事且在僖二十八年前矣。）至定四年，中隔文、宣、成、襄、昭五世，共一百二十七年。當其使榮黃諫子玉時，最少亦得一二十歲。柏舉之役，成大心已一百三四十許人，安得有距彊敵，犯白刃，蒙矢石，遂入不返之事，且又未聞其官莫敖也？高氏之言，斯爲不敏矣。**申包胥竭筋力以赴嚴敵，伏尸流血，不過一卒之才，**在車曰士，步曰卒。如此者，一人之功也。**不如約身卑辭，求救於諸侯。**申包胥，楚大夫，與伍子胥友者。子胥之亡，謂申包胥曰：「我必覆楚國。」申包胥曰：「子能覆之，我必興之。」及昭王敗於柏舉，奔隨，申包胥如秦乞師，故曰「不如求救于諸侯」。○俞樾云：「竭筋力」以下，皆申包胥之言也。申包胥下當有「曰吾」二字，而今脱之。楚策曰：「棼冒勃蘇曰：吾被堅執鋭，赴强敵而死，此猶一卒也，不若奔諸侯。」是其明證。**於是乃贏糧跣走，跋涉谷行，**贏，裹也。一曰：囊。跣走，不及著履也。不蹊遂曰跋涉。**上峭山，赴深谿，游川水，**峭山，高山。深谿，大壑。游，渡。自楚至秦所經由也。**犯津關，躐蒙籠，蹷沙石，蹠達膝曾繭重胝，七日七夜，至於秦庭。**犯，觸。觸津關，則踐蹤蒙籠之山。一曰：葛虆所蒙籠，言非人所由。蹷，僵。蹠，足。達，穿也。幽通賦曰「申重繭以存荆」是也。○王念孫云：蹷訓爲僵，雖本説文，而此蹷字則非其義。蹷者，蹋也，謂足蹋沙石也。蹷或作蹶，説文作蹶，云「蹠也」。（主術篇注曰：「蹠，蹈也。」楚辭九章注曰：「蹠，踐也。」文選舞賦注引許慎淮南注曰：「蹠，蹋也。」）呂氏春秋知化篇「子胥兩袪高蹶而出於廷」，高注曰：「蹶，蹈也。」司馬相如上林賦「蹷石闕」，郭璞曰：「蹷，蹋也。」漢書申屠嘉傳「材官蹶張」，如淳曰：「材官之多力，能脚蹋彊弩張之，故曰蹶張。」是足蹋謂之蹷也。申包胥跋涉谷行，故足蹋沙石而蹠爲之穿。若訓蹷爲僵，則與上下文不相貫注矣。○文典謹按：文選百辟勸進今上牋注引：「曾繭」作「累繭」。**鶴跱而不食，晝吟宵哭，面若死灰，顔色黴黑，**鶴跱，跱立貌。言不動不食，黴黑其面色，欲速得秦救也。**涕液交集，以見秦王，**秦王，秦哀公也。**曰：「吴爲封豨脩蛇，蠶食上國，虐始於楚。**封，脩，皆大也。豨、蛇，喻貪也。蠶食，盡無餘。上國，中國。虐，害。始，先也。言將以次至秦也。**寡君失社稷，越在草茅。**寡君，昭王。越遠在于隨矣。**百姓離散，夫婦男女不遑啟處。**遑，暇。啟，跪。處，安也。**使下臣告急。」秦王乃發車千乘，步卒七萬，屬之子虎，**秦大夫子車鍼虎。傳曰「率車五百乘以救楚」，凡三萬七千五百人。此云千乘，步卒七萬，不合也。○王紹蘭云：左氏定五年傳：「申包胥以秦師至，秦子蒲、子虎帥車五百乘以救楚。」又案文六年傳：「秦伯任好卒，以子車氏之三子奄息、仲行、鍼虎爲殉。」是子車、鍼虎殉穆公而葬矣。偏考書傳，未聞其死而復生也。即使復生，且自文六年至定五年，計一百十七年。秦風黃鳥篇「維此鍼虎，百夫之禦。」當殉葬時，最少亦得二十歲，則秦師救楚之年，鍼虎已百三十七歲。即使復生，安得尚能帥師，明子虎非鍼虎也。高氏此注，校之以莫囂大心爲成大心，尤爲不敏矣。踰塞而東，塞，函谷。一曰：武關塞也。擊吴濁水之上，果大破之，以存楚國，濁水，蓋江水。傳曰：「敗吴于公壻之谿。」公壻之谿，楚地。烈藏廟堂，著於憲法。此功之可彊成者也。烈，功。憲，法也。夫七尺之形，心知憂愁勞苦，膚知疾痛寒暑，人情一也。一，同也。聖人知時之難得，務可趣也，苦身勞形，焦心怖肝，不避煩難，不違危殆。怖肝，猶戒懼。蓋聞子發之戰，子發，楚威王將。進如激矢，合如雷電，解如風雨，員之中規，方之中矩，破敵陷陳，莫能壅御，澤戰必克，克，勝也。攻城必下。彼非輕身而樂死，務在於前，遺利於後，故名立而不墮。名武中寧國之名。墮，廢也。此自強而成功者也。成，猶立也。是故田者不強，囷倉不盈；强，力也。官御不厲，心意不精；精，專也。將相不强，功烈不成；烈，業也。侯王懈惰，後世無名。世，猶身也。○莊逵吉云：京房易有世應，郭璞洞林以爲身，是「世，身也」之證。詩云：「我馬唯騏，六轡如絲。」詩云，小雅皇皇者華之篇。六轡四馬如絲，言調勻也。載馳載驅，周爰諮謨。」以言人之有所務也。諮，難也。詩言當馳驅，以忠信往謨難，事之不自專，已慎之至，乃聖人之務也。

通於物者不可驚以怪，通，達也。言怪物不能驚之也。喻於道者不可動以奇，喻，明也。非常曰奇。察於辭者不可燿以名，燿，眩也。名，虛實之名。審於形者不可遯以狀。遯，欺也。狀，貌也。世俗之人，多尊古而賤今，故爲道者必託之於神農、黄帝而後能入說。說，言也。言爲二聖所作，乃能入其說于人，人乃用之。亂世闇主，高遠其所從來，因而貴之。爲學者，蔽於論而尊其所聞，相與危坐而稱之，正領而誦之。此見是非之分不明。誦之，諭若影之隨形，響之應聲，效言之，不知其理，故曰「不明」也。夫無規矩，雖奚仲不能以定方圓；無準繩，雖魯般不能以定曲直。是故鍾子期死，而伯牙絶絃破琴，知世莫賞也；鍾，官氏。子，通稱。期，名也。達於音律。伯牙，楚人，覩世無有知音若子期者，故絶絃破其琴也。惠施死，而莊子寢說言，見世莫可爲語者也。惠施，宋人，仕于梁，爲惠王相。莊子名周，宋蒙縣人，作書廿三篇，爲道家之言。夫項託七歲爲孔子師，孔子有以聽其言也。以年之少，爲閭丈人說，救敲不給，何道之能明也！閭，里也。敲，横也。丈人，長老之稱。年少爲之說事，老人敲其頭，自救不暇，何能明道也！昔者，謝子見於秦惠王，惠王說之。以問唐姑梁，唐姑梁曰：「謝子，山東辯士，固權說以取少主。」謝，姓也。子，通稱也。唐，姓，名姑梁，秦大夫。言謝子，辯士也，常發其巧說以取少主之權。少主，謝子之君。一曰：謂惠王。惠王，秦孝公之子也。○王引之云：權本作奮，奮字上半與權字右半相似，又涉注内權字而誤也。高注曰：「常發其巧説以取少主之權。」發字正釋奮字。（史記樂書集解引孫炎樂記注曰：「奮，發也。」）「以取少主之權」，乃加「之權」二字以申明其義，非正文有權字也。吕氏春秋去宥篇正作「將奪於説以取少主」。惠王因藏怒而待之，後日復見，逆而弗聽也。聽，猶説是也。非其説異也，所以聽者易。易，革也。夫以徵爲羽，非絃之罪；罪在聽也。以甘爲苦，非味之過。過在嘗也。楚人有烹猴而召其隣人，以爲狗羹也而甘之。召，猶請也。後聞其猴也，據地而吐之，盡寫其食。此未始知味者也。喻以惠王初説謝子，唐姑梁間之，因藏怒也。○王念孫云：「隣人」下當更有「隣人」二字，今本脱去，則文義不明。北堂書鈔酒食部三、初學記器物部、太平御覽飲食部十九、獸部二十二引此，並疊「鄰人」二字。「盡寫其食」，亦當依初學記、太平御覽引，作「盡寫其所食」。○文典謹按：「楚人有烹猴而召其隣人」，御覽九百十引，作「楚有烹猴者，（八百六十一引亦有者字。）而給其隣人。」（給下有注云：「徒亥切。」必非誤字。）八百六十一引，仍作召。疑許、高之異。邯鄲師有出新曲者，託之李奇，師，樂師，瞽也。出，猶作也。新曲，非雅樂也。李奇，古之名倡也。○陶方琦云：御覽五百六十五引許注：「李奇，趙之善樂者也。」意林引，作「趙之善音者」。新論正賞篇：「趙人有曲者，託以伯牙之聲，世人競習之。」即用此事。指爲趙人，與許説合。諸人皆爭學之。諸，衆也。後知其非也，而皆棄其曲。此未始知音者也。知非李奇所作，而皆棄之，故未始知音也。鄙人有得玉璞者，喜其狀，以爲寶而藏之。鄙人，小人。以示人，人以爲石也，因而棄之。此未始知玉者也。故有符於中，則貴是而同今古；符，驗。驗者，有明也。是，實也。言中心能明實是者則貴之，古今一也，故曰同也。無以聽其說，則所從來者遠而貴之耳。言無中心明驗，無以聽人說之是否，但見其言遠古之事，便珍貴之耳。近世之事，有可貴者，亦有不貴之也。此和氏之所以泣血於荆山之下。荆人和氏得美玉之璞于荆山之下，獻楚武王，武王以爲石，刖其右足。及文王卽位，復獻之如是，乃泣血證之爲寶。文王曰：「先王輕于刖足而重剖石。」遂爲剖之，果如和言，因號爲和氏之璧也。今劍或絶側羸文，齧缺卷鉟，而稱以頃襄之劍，則貴人爭帶之。絶無側，羸無文，齧齒卷鉟，鈍弊無刃，託之爲楚頃襄王所服劍，故貴人慕而爭帶之。一說：頃襄王，善爲劍人名。鉟，讀豐年之稔。琴或撥刺枉橈，濶解漏越，而稱以楚莊之琴，側室爭鼓之。撥刺，不正。枉橈，曲弱。濶解，壞。漏越，音聲散。託之爲楚莊王琴，則側室之寵人爭鼓之也。側室，或作廟堂也。○孫詒讓云：後泰族訓「朱弦漏越」，許注云：「漏，穿。越，琴瑟兩頭也。」與此注異，許義爲允。禮記樂記云：「清廟之瑟，朱弦而疏越。」鄭注云：「越，瑟底孔畫，疏之使聲遲也。」此云漏越，亦猶疏越矣。○俞樾云：「側室」二字無義。高注曰：「側室，或作廟堂也。」「廟堂」亦無義。疑本作「則尚士爭鼓之」，尚與上通，尚士卽上士也。考工記桃氏爲劍，弓人爲弓，竝有「上士服之」之文，故此言琴，亦曰「上士鼓之」也。上文曰「今劍或絶側羸文，齧缺卷鉟，而稱以頃襄之劍，則貴人争帶之」，兩文相對，此曰「則上士争鼓之」，猶彼曰「則貴人争帶之」也。因叚尚爲上，而「尚士」二字誤合爲堂字，淺人因改則字爲廟字，高所據或本是也。又因古本實是則字，遂改堂字爲室字，而加人旁於則字之左，高所據本是也。**苗山之鋋，羊頭之銷，雖水斷龍舟，陸剸兕甲，莫之服帶。**苗山，楚山，利金所出。羊頭之銷，白羊子刀。雖有利用，無所稱託，故無人服帶也。○王念孫云：鋋當爲鋌，字之誤也。鋌音挺。説文：「鋌，銅鐵樸也。」文選七命注引此篇「苗山之鋌，（七發注同。）羊頭之銷」，又引許慎注曰：「鋌，銅鐵樸也。（高注：「苗山，楚山，利金所出。」義與許同。）銷，生鐵也。」是其證。○陶方琦云：文選七命注引許注：「鋌，銅鐵樸也。銷，生鐵也。」按：説文：「鋌，銅鐵樸也。」與注淮南訓正同。論衡率性篇：「世稱利劍有千金之價，其本鋌，山中之恒鐵也。」衆經音義十一玄應曰：「鋌，銅鐵之璞，未成器用者也。」皆與許義合。説文金部：「銷，鑠金也。」非此義。當是鐃字。説文：「鐃，鐵文也。」次于鋌字篆下，卽依淮南舊文，知許本當作鐃也。**山桐之琴，澗梓之腹，雖鳴廉隅脩營，唐牙莫之鼓也。**伐山桐以爲琴，溪澗之梓以爲腹，鳴聲有廉隅。脩營，音清涼，聲和調。唐猶堂。營，讀營正急之營也。○文典謹按：北堂書鈔一百九引，「澗梓」作「澤澗」。**通人則不然。**通人，通于事類。不然，不如衆人貴遠慕聲。**服劍者期於恬利，**○陶方琦云：據宋蘇頌校淮南題序，許本恬作銛。按：蘇氏曰：「許本多用叚借，以恬爲惔。」索隱十八引淮南作「期于錟利」，知許本作錟，後人因別本改也。恬字亦當作銛。（史記「錟戈在後」，亦借爲銛利字。）

而不期於墨陽、莫邪；墨陽、莫邪，美劍名。乘馬者期於千里，而不期於騹騮、緑耳；鼓琴者期於鳴廉脩營，而不期於濫脇、號鐘；濫脇，音不和。號鐘，高聲，非耳所及也。○劉績云：濫脇、號鐘，皆古琴名。梁元帝纂要以爲齊桓公琴是也。作「藍脅」。○王念孫云：劉説是也。濫與藍古字通。廣雅：「藍脅、號鍾，琴名也。」楚辭九歎「破伯牙之號鍾兮」，王注云：「號鍾，琴名。」馬融長笛賦亦云：「若絙瑟促柱，號鍾高調。」宋書樂志云：「齊桓曰號鍾，楚莊曰繞梁。」事出傅玄琴賦。誦詩、書者期於通道畧物，而不期於洪範、商頌。畧，達物事也。頌，或作容。○莊逵吉云：周禮「和容」，杜子春讀作「和頌」。攷古容貌字作頌，容納字作容，實兩分。今則通用之也。聖人見是非，若白黑之於目辨，辨，别也。清濁之於耳聽。清，商也。濁，宮也。衆人則不然，然，如是也。中無主以受之。譬若遺腹子之上隴，以禮哭泣之，而無所歸心。目不識父之顏，心不哀也。故夫孿子之相似者，唯其母能知之；知獨别也。玉石之相類者，唯良工能識之；卞和是也。書傳之微者，唯聖人能論之。微，妙。論，敍也。今取新聖人書，名之孔、墨，則弟子句指而受者必衆矣。眩于孔、墨之名而或，不知其實非孔、墨所作也。故美人者，非必西施之種；通士者，不必孔、墨之類。曉然意有所通於物，故作書以喻意，以爲知者也。喻，明也。作書者，以明古今傳代之事，以爲知者施也。○王念孫云：如高注，則「喻意」當作「喻事」，「知者」下當有施字。施，設也。言作書以明事，爲後之知己者設也。又下文：「故師曠之欲善調鍾也，以爲後之知音者也。」注曰：「喻上句作書爲知者施也。」（各本「知者」作「知音」，因正文「知音」而誤。今據上注改。）則正文有施字明矣。今本喻事作喻意，涉上句意字而誤，知者下脱施字，則文義不明。誠得清明之士，執玄鑑於心，照物明白，不爲古今易意，玄，水也。鑑，鏡也。皆以自見。能自易，故能見物，言反易也。攄書明指以示之，雖闔棺亦不恨矣。攄，抒也。指，書也。朝聞道，夕死可矣，何恨之有乎！昔晉平公令官爲鐘，鐘成而示師曠，師曠曰：「鐘音不調。」平公，晉悼公之子彪。師曠識音，故知其不調。平公曰：「寡人以示工，工皆以爲調。而以爲不調，何也？」而，汝也。師曠曰：「使後世無知音者則已，若有知音者，必知鐘之不調。」故師曠之欲善調鐘也，以爲後之有知音者也。諭上句作書爲知音施也。

三代與我同行，五伯與我齊智，我，謂作書者。彼獨有聖智之實，我曾無有閭里之聞、窮巷之知者何？曾，則也。我則無聲名宣聞于閭里，窮巷之人無有知我之賢，何故也？彼并身而立節，我誕謾而悠忽。彼謂三代、五伯。并身，同行也。立節，成功業也。誕謾，倨傲也。悠忽，遊蕩輕物也。今夫毛嬙、西施，天下之美人，若使之銜腐鼠，蒙蝟皮，衣豹裘，帶死蛇，則布衣韋帶之人，過者莫不左右睥睨而掩鼻。言雖有美姿，人惡聞其臭，故睥睨掩其鼻。孟子曰「西子蒙不潔，則人皆掩其鼻而過之」是也。嘗試使之施芳澤，正娥眉，

設笄珥，衣阿錫，曳齊紈，笄，婦人首飾。珥，瑱也。阿，細縠。錫，細布。紈，素，齊所出。**粉白黛黑，佩玉環，揄步，**體摇動，撓足行。**雜芝**〔二〕**若，籠蒙目視，**雜佩芝若香草。籠蒙，猶眇。目，視也。○孫詒讓云：注「籠蒙，猶眇。目，視也」，宋本眇作「妙瞖」。案：妙瞖卽法言先知篇之眇緜也，李注云：「眇緜，遠視。」莊本妙作眇，亦通，挩瞖字則非。**冶由笑，目流眺，**冶由笑，巧笑。詩曰「巧笑倩兮」是也。流眺，睛眄也。詩曰「美目眄兮」是也。**口曾撓，奇牙出，醜酺摇，**曾，則也。撓，弱也。口則弱撓，冒若將笑，故好齒出。詩云「齒如瓠犀」是也。醜酺，頰邊文，婦人之媚也。○王念孫云：説文：「揄，引也。」揄、步之間脱去一字。自「佩玉環」以下皆三字爲句，此獨兩字，則與上下不協。新書勸學篇作「揄鋏陂」，（今本揄誤作楡，辯見賈子。）亦三字爲句也。「籠蒙目視」四字，文不成義，且與上下句不協。劉績曰：衍目字。念孫案：此當衍視字。高注：「目，視也。」則正文作「籠蒙目」明矣。（今本目下有視字，卽涉注文而誤。）廣雅亦云：「目，視也。」史記項羽紀曰「范增數目項王」是也。「籠蒙目」卽籠蒙視，與「冶由笑」相對爲文。賈子作「風蚉視」。（今本風蚉誤作蚉蝨）風蚉、籠蒙，語之轉耳。**則雖王公大人，有嚴志頡頏之行者，無不憚悇癢心而悦其色矣。**憚悇，貪欲也。癢心，煩悶也。憚悇，讀慘探之探也。○莊逵吉

〔二〕「芝」，王念孫説當爲「芷」，詳見説林訓「蘭芝以芳」注。

云：錢別駕云：憚讀探，必非憚字。據楚辭及馮衍賦，應作「憛悇」爲是。形之譌耳。○王念孫云：錢謂憚當作憛，是也。然楚辭七諫「心悇憛而煩冤兮」，王注云：「悇憛，憂愁貌。」後漢書馮衍傳「終悇憛而洞疑」，李賢注引廣蒼云：「悇憛，禍福未定也。」皆與高注貪欲之義不同。唯賈子勸學篇「孰能無悇憛養心」，義與此同。廣韻：「悇，抽據切。憛悇，愛也。」義蓋本於淮南。**今以中人之才，蒙愚惑之智，被汙辱之行，無本業所脩，方術所務，焉得無有睥面掩鼻之容哉！**

今鼓舞者，「鼓舞」或作「鄭舞」，鄭者鄭袖，楚懷王之幸姬，善謌攻舞，因名鄭舞。一說：鄭重攻舞也。**繞身若環，**車輪倒也。**曾撓摩地，扶旋猗那，動容轉曲，便媚擬神，**曾撓摩地，鼓車平解。扶轉周旋，更曲意更爲之。擬，象也。**身若秋葯被風，**葯，白芷，香草也。被風，言其弱也。**髮若結旌，**屈而復舒也。**騁馳若騖；**騁馳，言其疾也。○王念孫云：高注傳寫脱誤，當作：「扶於，周旋也。轉，更也。曲竟更爲之。」今本脱去於字、兩也字，轉字誤在「周旋」上，竟字又誤作意，遂致文不成義。正文内「扶於」二字，各本多誤作「扶旋」，（旋字卽涉注文而誤。）唯道藏本、茅本不誤。扶於、猗那，皆疊韻也。若作扶旋，則失其讀矣。史記司馬相如傳「扶輿猗靡」，集解引郭璞曰：「淮南所謂『曾折摩地，扶輿猗委』也。」扶輿卽扶於。（相如傳又云「垂條扶於」。）太平御覽樂部十二引此，正作「扶於」，又引高注曰：「轉，更也。曲竟更爲之也。」是其證。楚辭九懷

「登羊角兮扶輿」，洪興祖補注引此，亦作「扶於」。而莊刻乃從諸本作「扶旋」，謬矣。「便嫿擬神」，嫿當爲娟。嫿字俗書作媚，與娟相似而誤。楚辭大招「豐肉微骨，體便娟只」，王注云：「便娟，好貌也。」便娟亦疊韻。若作便嫿，則失其讀矣。後漢書文苑傳注及太平御覽引此，竝作「便娟」。「騁馳若騖」，騖當爲鶩。高注「言其疾也」，正釋「若鶩」二字。（今本「言其疾」上有「騁馳」二字，此涉正文而衍。）張衡西京賦說舞曰「紛縱體而迅赴，若驚鶴之羣罷」是也。鶩、騖字相近，因誤爲騖。（莊子知北遊篇注「理未動而志已鶩」，釋文：「鶩，本亦作騖。」）騖與騁馳同義，若云「騁馳若騖」，則是「騁馳若騁馳」矣。且地、那爲韻，（地古讀若沱，說見唐韻正。）神、旌、鶩爲韻，（此以真、耕通爲一韻，周易、楚辭及老、莊諸子多如此。）若作騖，則失其韻矣。太平御覽引此，正作「騁馳若鶩」。**木熙者，舉梧檟，據句枉，**熙，戲也。舉，援也。梧，桐。檟，梓。皆大木也。句枉，曲枝也。枉或作掘也。**蝯自縱，好茂葉，**言舞者若蝯，不復踐地，好上茂木之枝葉。**龍夭矯，燕枝拘，**言纘蘊若蟠龍。燕枝拘，言其著樹，如燕附枝也。**援豐條，舞扶疏，**援，持也。持大條，以木舞。扶疏，槃跚貌。**龍從鳥集，搏援攫肆，蔑蒙踊躍；**言其舞體如龍附雲，如鳥集山，持捷大極其巧。蔑蒙踊躍，言其疾也。**且夫觀者莫不爲之損心酸足，**觀者見其微妙危險，皆爲之損動中心，酸酢其足也。〇王念孫云：且當爲則，字之誤也。「則夫」二字承上「今鼓舞者」以下二十一句而言。上文云「則布衣韋帶之人，莫不左右睥睨而掩鼻」，又云「則雖王公大人，有嚴志頡頏之行者，無不憛悇癢心而悅其色矣」，語意竝與此同。**彼乃始徐行微笑，被衣修擢。**彼舞者更復徐行小笑，被倡衣，脩擢舞，爲後曲也。**夫鼓舞者非柔縱，**言非其人生自柔弱屈句委縱也。**而木熙者非眇勁，**眇，絶也。言其非能自有絶眇之强力也。**淹浸漬漸靡使然也。**淹，久也。浸，漬。漸于教久，使之柔縱眇勁，靡教化使之然也。○王念孫云：高訓眇爲絶，而以「眇勁」爲絶妙之强力，於義未安。今案：「眇勁」與「柔縱」相對爲文，眇讀爲訬，「訬勁」猶輕勁也。上文曰：「越人有重遲者，而人謂之訬。」高彼注曰：「訬，輕利急疾。」（舊本脱疾字，據文選注補。）訬，讀燕人言躁操善趍者謂之訬同也。」後漢書馬融傳「或輕訬趬悍」，李賢曰：「訬，輕捷也。」文選吴都賦「輕訬之客」，李善曰：「高誘淮南子注曰：訬，輕利急疾也。訬音眇。」是訬、眇同聲而通用也。「淹浸漬漸靡」，漬字涉注文而衍。「淹浸、漸靡」，皆兩字連讀，不當有漬字。且注訓淹爲久，浸爲漬，則正文無漬字明矣。**是故生木之長，莫見其益，有時而修；**長者，令長之長。**砥礪䃺堅，莫見其損，有時而薄。**有時，積時，言非一日。教化亦然也。**藜藿之生，蝡蝡然日加數寸，不可以爲櫨棟；**加，猶益也。櫨，屋也。○王念孫云：「藜藿」當爲「藜藋」，（徒弔反。）字之誤也。藋，即今所謂灰藋也。爾雅「拜，蔏藋」，郭注曰：「蔏藋似藜。」昭十六年左傳曰「斬其蓬蒿藜藋」，莊子徐無鬼篇曰「藜藋柱乎鼪鼬之逕」是也。藜藋皆生於不治之地，其高過人，故曰「蝡蝡然日加數寸」。若藿爲豆葉，豆之高不及三尺，斯不得言「日加數寸」矣。藜藋皆一莖直上，形似樹而質不堅，故曰「不可以爲櫨棟」。若藿，則非其類矣。太平御覽木部六引作「藜藿」，亦傳寫之誤。百卉部「藋」下引此，正作「藜藋」。後人多聞藜藿，寡聞藜藋，故諸書中藜藋字多誤爲藜藿。説見史記仲尼弟子傳。○俞樾云：高注曰：「櫨，屋也。」然則正文及注文竝當作廬。漢書食貨志注曰：「廬，田中屋也。」故高注訓廬爲屋。「以爲廬棟」，猶曰「以爲屋棟」。説山篇曰：「郢人有買屋棟者。」彼云「屋棟」，此云「廬棟」，其義一也。因棟字從木，遂并廬字而亦誤從木作櫨。櫨者，柱上柎也。若果是櫨字，何得以屋訓之？本經篇「標株欂櫨」，高注曰：「櫨，柱上柎。」卽梁上短柱也。然則高氏非不知柱上柎之義，何以於此篇必變其説乎？且以文義言之，日加數寸，言其長也。屋棟之木，必取其長。若櫨，則短柱耳，以方木爲之，其形如斗，故亦謂之斗拱，非必長木乃可爲之，何取於日加數寸者乎？**楩柟豫章之生也，七年而後知，故可以爲棺舟。**知猶覺，覺其大。○陶方琦云：文選養生論注引許注：「豫章，與枕木相似，須七年乃可別。」（文選注引延叔堅注云云，叔堅卽叔重之譌。後人因東漢有延篤字叔堅，遂增入延字。）○文典謹按：「七年而後知」，文選注、藝文類聚八十八引，竝作「七年可知」。（史記司馬相如傳集解亦云：「生七年乃可知也。」）**夫事有易成者名小，難成者功大。君子脩美，雖未有利，福將在後至。**美，善也。**故詩云：「日就月將，學有緝熙於光明。」此之謂也。**已説在上章也。

淮南鴻烈集解卷二十

泰族訓

泰族訓　泰言古今之道，萬物之指，族於一理，明其所謂也，故曰「泰族」。○曾國藩云：族，聚也，羣道衆妙之所聚萃也。泰族者，聚而又聚者也。始之又始曰泰始，一之又一曰泰一，伯之前有伯曰泰伯，極之上有極曰泰極，以及泰山、泰廟、泰壇、泰折，皆尊之之辭。○文典謹按：此篇敍目，無「因以題篇」字，乃許慎注本。

天設日月，列星辰，調陰陽，張四時，日以暴之，夜以息之，風以乾之，雨露以濡之。其生物也，莫見其所養而物長；其殺物也，莫見其所喪而物亡，此之謂神明。聖人象之，故其起福也，不見其所由而福起；其除禍也，不見其所以而禍除。遠之則邇，延之則疎；稽之弗得，察之不虛；日計無算，歲計有餘。夫濕之至也，莫見其形，而炭已重矣。風之至也，莫見其象，而木已動矣。日之行也，不見其移，騏驥倍日而馳，草木爲之靡，縣熢未轉，縣熢，邊候，見虜舉熢，轉相受，行道里最疾者也。○文典謹按：「縣熢未轉」，御覽八百九十六引，作「懸峰未薄」，又引注云：「懸峰，馬蹄下雞舌也。」與今注迥殊，疑許、高之異也。而日在其前。故天之且風，草木未動而鳥已翔矣，鳥巢居，知風也。其且雨也，陰曀未集而魚已噞矣，魚潛居，知雨也。以陰陽之氣相動也。故寒暑燥濕，以類相從；聲響疾徐，以音相應也。故易曰：「鳴鶴在陰，其子和之。」高宗諒闇，三年不言，四海之内寂然無聲；一言聲然，大動天下。○俞樾云：「聲然」二字，文不成義。聲當作磬，涉上文「四海之内，寂然無聲」而誤也。周書太子晉篇「師曠磬然又稱曰」，孔注曰：「磬然，自嚴整也。」是其義也。下文「故聖人者，懷天心，聲然能動化天下者也」，「聲然」亦「磬然」之誤。能，讀爲而。是以天心呿唫者也，故一動其本而百枝皆應，若春雨之灌萬物也，渾然而流，沛然而施，無地而不澍，無物而不生。故聖人者懷天心，聲然能動化天下者也。故精誠感於内，形氣動於天，則景星見，黄龍下，祥鳳至，醴泉出，嘉穀生，河不滿溢，海不溶波。故詩云：「懷柔百神，及河嶠嶽。」逆天暴物，則日月薄蝕，五星失行，四時干乖，晝冥宵光，山崩川涸，冬雷夏霜。詩曰：「正月繁霜，我心憂傷。」天之與人有以相通也。故國危亡而天文變，世惑亂而虹蜺見，萬物有以相連，精祲有以相蕩也。精祲，氣之侵入者也。

故神明之事，不可以智巧爲也，不可以筋力致也。天地所包，陰陽所嘔，雨露所濡，化生萬物，瑶碧玉珠，翡翠玳瑁，文彩明朗，潤澤若濡，摩而不玩，久而不渝，○王念孫云：「雨露所以濡，生萬物」，本作「雨露所濡，以生萬殊」，「瑶碧玉珠」本在「翡翠瑇瑁」之下。

道藏本「濡以」二字誤倒，「萬殊」誤作「萬物」，「翡翠瑇瑁」又誤在「瑶碧玉珠」之下。案：「雨露所濡」爲句，「以生萬殊」爲句，如藏本，則失其句矣。且此段以嘔、濡、殊、珠、濡、渝爲韻，如藏本，則失其韻矣。劉本作「雨露所濡，生萬物」又脱去以字。漢魏叢書本乃於「生萬物」上妄加化字，而莊本從之，斯爲謬矣。太平御覽工藝部九引此，正作「雨露所濡，以生萬殊，翡翠瑇瑁，瑶碧玉珠」。

奚仲不能旅，旅，部旅也。**魯般不能造，**○俞樾云：旅字無義，疑放字之誤。廣雅釋詁：「放，效也。」言天地所生者，雖奚仲不能放效之，雖魯般不能造作之也。高注曰：「旅，部旅也。」其所據本已誤。**此之謂大巧。宋人有以象爲其君爲楮葉者，**象，象牙也。**三年而成，莖柯豪芒，鋒殺顏澤，亂之楮葉之中而不可知也。**列子曰：「使天地三年而成一葉，則萬物之有葉者寡矣。」**夫天地之施化也，嘔之而生，吹之而落，豈此契契哉！」故凡可度者，小也；可數者，少也。至大，非度之所能及也；至衆，非數之所能領也。故九州不可頃畝也，八極不可道里也，太山不可丈尺也，江海不可斗斛也。故大人者，與天地合德，日月合明，鬼神合靈，與四時合信。**○王念孫云：此用乾文言語也，「日月」、「鬼神」上竝脱與字。文子精誠篇正作「與日月合明，與鬼神合靈」。**故聖人懷天氣，抱天心，**○俞樾云：文子精誠篇作「懷天心，抱地氣」，是也。上文云「故聖人者懷天心」，則此文亦當作「懷天心」矣。「懷天心」之文既與文子同，則下句亦當作「抱地氣」矣，傳寫誤耳。上文「故聖人者懷天心」下，疑亦當有「抱地氣」三字。今闕此句，文義不備。執中含和，不下廟堂而衍四海，〇王念孫云：文選東都賦注引此，作「不下廟堂而行於四海」，於義爲長。文子精誠篇亦作「不下堂而行四海」。變習易俗，民化而遷善，若性諸己，能以神化也。詩云：「神之聽之，終和且平。」夫鬼神，視之無形，聽之無聲，然而郊天、望山川，禱祠而求福，雩兑而請雨，兑，說也。卜筮而決事。詩云：「神之格思，不可度思，矧可射思！」此之謂也。

天致其高，地致其厚，月照其夜，日照其晝，陰陽化，列星朗，非其道而物自然。〇王念孫云：下三句本作「列星朗，陰陽化，非有爲焉，正其道而物自然」。自「天致其高」至「列星朗」，是說天地日月星，而「陰陽化」一句則總承上文言之。今本「列星朗」句在後，則失其次矣。且厚、晝爲韻，化、焉、然爲韻。（化字古音在歌部，焉、然二字在元部，歌、元二部古或相通。陳風東門之枌篇以差、原、麻、娑爲韻，小雅桑扈篇以翰、憲、難、那爲韻，隰桑篇以阿、難、何爲韻。逸周書時訓篇「鳴鳥猶鳴，國有訛言，虎不始交，將帥不和，茘挺不生，卿士專權」，莊子天運篇「孰隆施是，孰居無事淫樂而勸是」，淮南詮言篇「爲善則觀，爲不善則議，觀則生責，議則生患」，說林篇「百梅足以爲百人酸，一梅不足以爲一人和」，泰族篇「其美在和，其失在權，水火金木土穀異物而皆任，規矩權衡準繩異形而皆施，丹青膠漆不同而皆用，各有所適，物各有宜」，皆其證也。差、施、議、宜四字，古在歌部，說見唐韻正。）若「列星朗」句在後，則失其韻矣。「非有爲焉，正其道而物自然」者，然，成也。（廣雅：「然，成也。」）大戴禮武王踐阼篇「毋曰胡殘，其禍將然」，謂其禍將成也。莊子繕性篇「莫之爲而常自然」，謂常自成也。楚辭遠遊「無滑而魂兮，彼將自然」，謂彼將自成也。又見下。）言天地陰陽非有所爲，但正其道而萬物自成也。原道篇云：「萬物固以自然，（以與已同。）聖人又何事焉！」語意正與此同。下文云：「故陰陽四時，非生萬物也；雨露時降，非養草木也；神明接，陰陽和，而萬物生矣。」即此所謂「非有爲焉，正其道而物自然」也。道藏本非有下脱「爲焉正其」四字，則文不成義。劉本作「正其道而物自然」，無「非有爲焉」四字，亦非。（若本無「非有爲焉」四字，則藏本不得有「非有」二字矣。主術篇曰：「是故繩正於上，木直於下，非有事焉，所緣以脩者然也。」語意正與此同。）莊本作「非其道而物自然」，則其謬益甚。文子精誠篇作「列星朗，陰陽和，非有爲焉，正其道而物自然」，是其明證矣。（和字亦與焉、然爲韻。）**故陰陽四時，非生萬物也；雨露時降，非養草木也；神明接，陰陽和，而萬物生矣。故高山深林，非爲虎豹也；大木茂枝，非爲飛鳥也；流源千里，淵深百仞，非爲蛟龍也；**○王念孫云：太平御覽鱗介部二引此，「流源」作「源流」，「淵深」作「深淵」，是也。源流者，有源之流，原道篇云「源流泉浡，沖而徐盈」是也。今作「流源」，則文不成義。「深淵」與「源流」相對爲文，猶上文言「高山深林」、「大木茂枝」也。今作「淵深」，則與上文不類矣。**致其高崇，成其廣大，山居木棲，巢枝穴藏，**○俞樾云：枝乃跂字之誤。「巢跂」、「穴藏」，相對成義。史記梁孝王世家索隱引通俗文曰：「高置立跂棚曰跂閣。」即此跂字之義。巢高故言跂，穴深故言藏。**水潛陸行，**

各得其所寧焉。夫大生小，多生少，天之道也。故丘阜不能生雲雨，滎水不能生魚鼈者，小也。○王念孫：滎水，小水也。説文：「滎，絶小水也。」韓詩外傳曰：「滎澤之水，無呑舟之魚。」漢書楊雄傳「梁弱水之濎濴兮」，服虔曰：「昆侖之東有弱水，度之若濎濴耳。」師古曰：「濎濴，小水之皃。」濴與滎同。道藏本、劉本皆作滎，太平御覽鱗介部四引此同。**牛馬之氣蒸生蟣蝨，蟣蝨之氣蒸不能生牛馬。故化生於外，非生於内也。**○文典謹按：御覽九百五十一引，「蟣蝨之氣」下無蒸字。**夫蛟龍伏寢於淵，而卵割於陵；**蛟龍，鼈屬也。乳於陵而伏於淵，其卵自孕。○王念孫云：割當爲剖，字之誤也。剖謂破卵而出也。原道篇「羽者嫗伏」，高注曰：「嫗伏，以氣剖卵也。」文選海賦「剖卵成禽」，李善曰：「剖，猶破也。」初學記鱗介部、白帖九十五、太平御覽鱗介部二引此，並作「卵剖」。開元占經龍魚蟲蛇占引作「卵孚」，又引許慎注曰：「孚，謂卵自孚也。」孚、剖聲相近，故高注曰「蛟龍乳於陵而伏於淵，其卵自孚」也。○陶方琦云：史記集解百二十八、開元占經百二十引許注：「蛟龍，龍屬也。」按：史記龜筴傳「明月之珠，蚗龍伏之」，徐廣引許注作蚗龍，索隱謂蚗應作蛟。説文：「蛟，龍屬也。」漢書明帝紀注引許君説：「蛟，龍屬也。」今注「蛟龍」不誤，鼈乃龍之誤文。又占經引許注：「孚，謂卵自孚也。」乃約文；其全文，今本是也。説文：「孚，卵孚也。」人間訓：「夫鴻鵠之未孚于卵也。」通俗文：「卵化曰孚。」○文典謹按：「伏寢於淵」，白帖九十五引，作「潛伏於川」。**螣蛇雄鳴於上風，雌鳴於下風而**

化成形，精之至也。○文典謹按：「螣蛇，藝文類聚九十六引，作「騰蛇」。故聖人養心，莫善於誠，至誠而能動化矣。今夫道者，藏精於內，棲神於心，靜漠恬淡，訟繆胸中，訟，容也。繆，靜也。○王引之云：高所見本作訟，故訓爲容，訟、容古同聲也。其實訟乃說字之誤，說，古悅字。繆與穆同，穆亦和悅也。大雅烝民箋曰：「穆，和也。」管子君臣篇「穆君之色」，尹知章曰：「穆，猶悅也。」「說繆胸中」者，所謂「不改其樂」也。文子精誠篇正作「悅穆胷中」。邪氣無所留滯，四枝節族，毛蒸理泄，則機樞調利，百脉九竅莫不順比，其所居神者得其位也，豈節拊而毛修之哉！聖主在上，○文典謹按：羣書治要引，主作王。廓然無形，寂然無聲，官府若無事，朝廷若無人，無隱士，無軼民，無勞役，無冤刑，四海之內莫不仰上之德，象主之指，夷狄之國重譯而至，非户辯而家說之也，○文典謹按：羣書治要引，辯作辨。辨、辯古通用。推其誠心，施之天下而已矣。詩曰：「惠此中國，以綏四方。」內順而外寧矣。太王亶父處邠，狄人攻之，杖策而去，百姓攜幼扶老，負釜甑，踰梁山，而國乎岐周，非令之所能召也。秦穆公爲野人食駿馬肉之傷也，飲之美酒，韓之戰，以其死力報，非券之所責也。券，契也。○王念孫云：責上脫能字。上文云「非令之所能召也」，下文云「非刑之所能禁也」，「非法之所能致也」，是其證。○陶方琦云：羣書治要引許注：「券，契也。」按：說文：「券，契也。」與注淮南說合。密子治亶父，○文典謹按：羣書治要引，密作季，亶作單。巫馬期往觀化焉，見夜漁者得小即釋之，非刑之所能禁也。孔子爲魯司寇，道不拾遺，市買不豫賈，〇王念孫云：買字卽賈字之誤而衍者也。「市不豫賈」，謂市之鬻物者不高其價以相誑豫，非謂買者也。荀子儒效篇作「魯之鬻牛馬者不豫賈」，淮南覽冥篇及史記循吏傳竝云「市不豫賈」。多一買字，則文不成義，且與上句不對矣。田漁皆讓長，讓長，分別長者得多。〇陶方琦云：羣書治要引許注「長者得多」，佚上四字。而辮白不戴負，辮白，頭有白髮。〇陶方琦云：羣書治要引許注：「斑白，頭有白髮。」按：說文：「辮，駁文也。」「皤，老人頭白也。」「䰃，須髮半白也。」非法之所能致也。夫矢之所以射遠貫牢者，弩力也；〇文典謹按：羣書治要引牢作堅。其所以中的剖微者，正心也。〇王念孫云：「正心」本作「人心」，與「弩力」相對爲文。今作「正心」者，後人妄改之耳。羣書治要及太平御覽工藝部二引此，竝作「人心」。〇文典謹按：王說是也。人字，唐武后作𤯔，形與正相近，遂譌爲正耳。賞善罰暴者，政令也；其所以能行者，精誠也。故弩雖強不能獨中，令雖明不能獨行，必自精氣所以與之施道。〇文典謹按：羣書治要引，自作有。故攄道以被民，而民弗從者，誠心弗施也。〇文典謹按：羣書治要引，攄作總。

天地四時，非生萬物也，神明接，陰陽和，而萬物生之。聖人之治天下，非易民性也，拊循其所有而滌蕩之，故因則大，化則細矣。能循，則必大也；化而欲作，則小矣。

○王念孫云：化字義不可通。化當爲作，字之誤也。聖人順民性而條暢之，所謂因也。反是，則爲作矣。原道篇曰：「任一人之能，不足以治三畝之宅也。循道理之數，因天地之自然，則六合不足均也。」故曰：「因則大，作則細矣。」高注本作「能循，則必大也；欲作，則小矣」，今本「欲作」上有「化而」二字，則後人依已誤之正文加之耳。文子道原篇作「因卽大，作卽細」，自然篇作「因卽大，作卽小」，皆其證。呂氏春秋君守篇曰：「作者擾，因者平。」任數篇曰：「爲則擾矣，因則靜矣。」語意略與此同。○陶方琦云：羣書治要引許注：「能循，則必大也；欲作，則小矣。」按：今本化字當爲作。文子亦云「作則細」。説文：「細，微也。」「小，物之微也。」

禹鑿龍門，闢伊闕，決江濬河，東注之海，因水之流也。后稷墾草發菑，糞土樹穀，使五種各得其宜，因地之勢也。○文典謹按：御覽八百三十七引，五下有「穀之五」三字。湯、武革車三百乘，甲卒三千人，討暴亂，制夏、商，因民之欲也。故能因，則無敵於天下矣。夫物有以自然，而後人事有治也。故良匠不能斲金，巧冶不能鑠木，金之勢不可斲，而木之性不可鑠也。埏埴而爲器，窬木而爲舟，○文典謹按：御覽七百五十二引，窬作刳。鑠鐵而爲刃，鑄金而爲鐘，因其可也。駕馬服牛，令雞司夜，令狗守門，因其然也。民有好色之性，故有大婚之禮；有飲食之性，故有大饗之誼；有喜樂之性，故有鐘鼓筦絃之音；有悲哀之性，故有衰絰哭踊之節。故先王之制法也，因民之所好，而爲之節文者也。因其好色而制婚姻之禮，故男女有別；○文典謹按：羣書治要引，別作班。因其喜音而正雅、頌之聲，○文典謹按：羣書治要引，喜作好。故風俗不流；因其寧家室、樂妻子，教之以順，○文典謹按：羣書治要引，順作孝。故父子有親；因其喜朋友而教之以悌，故長幼有序。然後修朝聘以明貴賤，饗飲習射以明長幼，○王念孫云：饗當爲鄉，字之誤也。經解、射義竝云：「鄉飲酒之禮，所以明長幼之序。」是其證。羣書治要引此，正作鄉飲。時搜振旅以習用兵也〔一〕，搜，簡車馬。出曰治兵，入曰振旅。○陶方琦云：羣書治要引許注：「蒐，簡車馬也。」按：經傳多作蒐，亦作獀。齊語：「春以獀振旅。」入學庠序以修人倫。此皆人之所有於性，而聖人之所匠成也。故無其性，不可教訓；有其性，無其養，不能遵道。繭之性爲絲，然非得工女煮以熱湯而抽其統紀，則不能成絲。卵之化爲雛，非慈雌嘔煖覆伏，累日積久，則不能爲雛。人之性有仁義之資，非聖人爲之法度而教導之，則不可使鄉方。故先王之教也，因其所喜以勸善，因其所惡以禁姦，故刑罰不用而威行如流，政令約省而化燿如神。故因其性，則天下聽從；拂其性，則法縣而不用。

〔一〕「也」字疑衍。

昔者，五帝三王之莅政施教，必用參五。何謂參五？仰取象於天，俯取度於地，中取法於人，乃立明堂之朝，行明堂之令，明堂，布令之宫，有十二月之政令也。以調陰陽之氣，以和四時之節，以辟疾病〔一〕之菑。俯視地理，以制度量，察陵陸水澤肥墽高下之宜，○文典謹按：御覽六百二十四引，作「察山陵水澤肥墝高下之宜」。立事生財，以除飢寒之患。中考乎人德，○文典謹按：御覽引，作「中之考乎德」。以制禮樂，行仁義之道，以治人倫而除暴亂之禍。乃澄列金木水火土之性，澄，清也。故立父子之親而成家；别清濁五音六律相生之數，以立君臣之義而成國；○王念孫云：「故立父子之親」亦當爲「以立父子之親」，與下文相對。文子上禮篇正作「以立」。「清濁五音」亦當依文子作「五音清濁」。○俞樾云：「故立」當從文子上禮篇作「以立」，王氏念孫已訂正矣。惟「木水」二字傳寫誤倒，當作「水木」，蓋金、水、木、火、土，相生之序，故本之以立父子之親也。察四時季孟之序，以立長幼之禮而成官，此之謂參。制君臣之義，父子之親，夫婦之辨，長幼之序，朋友之際，此之謂五。乃裂地而州之，分職而治之，築城而居之，割宅而異之，分財而衣食之，立大學而教誨之，夙興夜寐而勞力之。此治之綱紀也。然得其人則舉，失其

〔一〕王念孫説，「病」當爲「疹」。詳見脩務訓「時多疾病毒傷之害」注。

人則廢。堯治天下，政教平，德潤洽。在位七十載，乃求所屬天下之統，令四岳揚側陋。四岳舉舜而薦之堯，堯乃妻以二女，以觀其內；二女，娥皇、女英。任以百官，以觀其外；既入大麓，烈風雷雨而不迷，林屬於山曰麓。堯使舜入林麓之中，遭大風雨不迷也。乃屬以九子，堯有九男。贈以昭華之玉，而傳天下焉。昭華，玉名。以爲雖有法度，而朱弗能統也。朱，堯子也。

夫物未嘗有張而不弛、成而不毀者也，惟聖人能盛而不衰，盈而不虧。神農之初作琴也，以歸神；及其淫也，反其天心。◯王念孫云：此文本作「神農之初作琴也，以歸神杜淫，反其天心；（白虎通義曰：「琴者，禁也。所以禁止淫邪，正人心也。」琴操曰：「昔伏羲氏作琴，所以禦邪僻，防心淫，以脩身理性，反其天真也。」）及其衰也，流而不反，淫而好色，至於亡國。」「流而不反」正對「反其天心」言之，「淫而好色」正對「杜淫」言之。下文曰：「夔之初作樂也，皆合六律而調五音，以通八風；及其衰也，以沈湎淫康，不顧政治，至於滅亡。」句法皆與此相對。此以淫、心爲韻，色、國爲韻；下文以音、風爲韻，（風字古音在侵部，説見唐韻正。）康、亡爲韻。文子上禮篇作「聖人之初作樂也，以歸神杜淫，反其天心；至其衰也，流而不反，淫而好色，（今本此下有「不顧正法，流及後世」八字，蓋後人所加，羣書治要引文子無此八字。）至於亡國」，是其明證矣。文選長笛賦注引上三句云：「神農之初作瑟，（瑟字與今本不合，所引蓋許慎本。）以歸神反望，及其天心。」「杜淫」作「反望」，「反其」作「及其」，皆傳寫之誤，（「反望」之反，蓋涉下「反其天心」而誤。淫、望、反、及，皆以形近而誤。）而句法正與文子同。若今本，則錯脱不成文理，且失其韻矣。夔之初作樂也，夔，堯典樂官也。皆合六律而調五音，以通八風；及其衰也，以沉湎淫康，不顧政治，至於滅亡。蒼頡之初作書，以辯治百官，領理萬事，愚者得以不忘，智者得以志遠；○王念孫云：「志遠」本作「志事」。以書記事，無分於遠近，不當獨言「志遠」。後人以兩事字重出，故改「志事」爲「志遠」耳，不知古人之文不嫌於複，且兩事字自爲韻，（上下文皆用韻。）若作「志遠」，則失其韻矣。文子正作「智者以記事」。至其衰也，爲姦刻僞書，以解有罪，以殺不辜。湯之初作囿也，以奉宗廟鮮犞之具，生肉爲鮮，乾肉爲犞。簡士卒，習射御，以戒不虞；及至其衰也，馳騁獵射，以奪民時，罷民之力。○王念孫云：「罷民之力」，當作「以罷民力」，與上句相對爲文。上文「以解有罪，以殺不辜」，與此文同一例。文子正作「以罷民力」。○文典謹按：初學記居處部引，作「馳騁游獵，以奪人之時，勞人之力。」堯之舉禹、契、后稷、皋陶，政教平，姦宄息，獄訟止而衣食足，賢者勸善而不肖者懷其德；及至其末，朋黨比周，各推其與，廢公趨私，內外相推舉，姦人在朝而賢者隱處。○王念孫云：「內外相推舉」，句法與上下文不協。且推字與上文「各推其與」相複，蓋衍文也。文子無推字。

故易之失也卦，書之失也敷，樂之失也淫，詩之失也辟，禮之失也責，春秋之失也刺。○王念孫云：此六句非淮南原文，乃後人取詮言篇文附入，而加以增改者也。下文云「故易之失鬼，樂之失淫，詩之失愚，書之失拘，禮之失忮，春秋之失訾」，與此六句相距不過數行，而或前後重出，或彼此參差，其不可信一也。下文「易之失鬼」六句，高氏皆有注，而此獨無注，若原文有此六句，不應注於後而不注於前，其不可信二也。太平御覽學部二所引，有下「易之失鬼」六句，而無此六句，其不可信三也。天地之道，極則反，盈則損。五色雖朗，有時而渝；茂木豐草，有時而落；物有隆殺，不得自若。故聖人事窮而更爲，法弊而改制，非樂變古易常也，將以救敗扶衰，黜淫濟非，以調天地之氣，順萬物之宜也。

聖人天覆地載，日月照，陰陽調，四時化，萬物不同，無故無新，無疏無親，故能法天。天不一時，地不一利，人不一事，是以緒業不得不多端，趨行不得不殊方。五行異氣而皆適調〔一〕，○莊逵吉云：御覽作「而皆和」，無「適調」字。六藝異科而皆同道。○莊逵吉云：御覽無同字。○文典謹按：北堂書鈔九十五引，作「五行異氣而皆和，六藝異科而皆通」。溫惠柔良者，詩之風也；○文典謹按：初學記文部引，作「溫惠淳良，詩教也。」御覽六百八引，柔亦作淳。淳龐敦厚者，書之教也；○文典謹按：「淳龐」，書鈔引作「純尨」，御覽引

〔一〕「五行異氣而皆適調」，王念孫説當爲「五行異氣而皆和」。詳見詮言訓「物莫不足滑其調」注。

作「純元」。清明條達者，易之義也；○文典謹按：御覽引，明作淨。書鈔引，義作教。恭儉尊讓者，禮之爲也；○文典謹按：尊，書鈔、御覽引，竝作揖。寬裕簡易者，樂之化也；○莊逵吉云：御覽裕作和。刺幾辯義者，春秋之靡也。○文典謹按：御覽引，幾作譏，義作議。故易之失鬼，易以氣定吉凶，故鬼。樂之失淫，樂變至於鄭聲，淫也。詩之失愚，詩人怒，怒近愚。○莊逵吉云：怒，疑當作怨。書之失拘，書有典謨之制，拘以法也。○文典謹按：御覽引，拘作劫。禮之失忮，禮尊尊卑卑，尊不下卑，故忮也。○莊逵吉云：御覽忮作亂。春秋之失訾。春秋貶絶不避王人，書人之過，相訾也。○文典謹按：御覽引此六句，失下皆有也字。六者，聖人兼用而財制之。失本則亂，得本則治。其美在調〔一〕，其失在權。水火金木土穀異物而皆任，規矩權衡準繩異形而皆施，丹青膠漆不同而皆用，各有所適，物各有宜。輪圓輿方，轅從衡橫，勢施便也。驂欲馳，服欲步，驂，騑。服，車中央馬也。帶不厭新，鉤不厭故，處地宜也。關雎興於鳥，而君子美之，爲其雌雄之不乖居也；○王念孫云：乖當爲乘，字之誤也。（羅願爾雅翼引此已誤。）乘者，匹也，言雌雄有別，不匹居也。廣雅曰：「雙、耦、匹、乘，二也。」月令「乃合累牛騰馬」，鄭注曰：「累、騰，皆乘匹之名。」家語好生

〔一〕「調」，王念孫説當爲「和」。詳見詮言訓「物莫不足滑其調」注。

篇曰：「關雎興于鳥，而君子美之，取其雌雄之有别。」毛詩傳亦云：「雎鳩摯而有别。」（鄭箋曰：「摯之言至也，謂王雎之鳥雌雄情意至，然而有别。」戴先生毛鄭詩考正曰：「案：古字鷙通用摯。夏小正『鷹始摯』，曲禮『前有摯獸』，是其證。春秋傳郯子言少皞以鳥名官，雎鳩氏，司馬也。説曰：『鷙而有别，故爲司馬，主法制。』義本毛詩，不得如箋所云明矣。」念孫謹案：淮南説林篇「神龍不匹，猛獸不羣，鷙鳥不雙」，義與毛詩同。）「有别」，即此所云「不乘居」也。漢張超誚青衣賦亦曰：「感彼關雎，性不雙侶。」列女傳仁智傳曰：「夫雎鳩之鳥，猶未嘗見其乘居而匹處也。」（張華鷦鷯賦云：「繁滋族類，乘居匹游。」）此尤其明證矣。鹿鳴興於獸，君子大之，取其見食而相呼也。泓之戰，軍敗君獲，宋襄公與楚戰於泓，楚人敗之，獲襄公。而春秋大之，取其不鼓不成列也；宋伯姬坐燒而死，伯姬，宋共公夫人。夜失火，待傅母不至，不下堂，而及火死之也。春秋大之，取其不踰禮而行也。成功立事，豈足多哉，方指所言，而取一槩焉爾。王喬、赤松去塵埃之間，離羣慝之紛，慝，惡也。○文典謹按：文選左太冲招隱詩注引，慝作物。吸陰陽之和，食天地之精，呼而出故，吸而入新，踈虚輕舉，乘雲游霧，可謂養性矣，而未可謂孝子也。周公誅管叔、蔡叔，以平國弭亂，可謂忠臣也，而未可謂弟也。○王念孫云：此當作「可謂忠臣矣，而未可謂弟弟也」。上文云「可謂養性矣，而未可謂孝子也」，是其證。○孫詒讓云：當作「而未可謂悌弟也」與上下文「未可謂孝子」、「未可謂忠臣」、

「未可謂慈父」文例同。湯放桀，武王伐紂，以爲天下去殘除賊，可謂惠君，而未可謂忠臣矣。樂羊攻中山，未能下，中山烹其子，而食之以示威，可謂良將，而未可謂慈父也。故可乎可，而不可乎不可；不可乎不可，而可乎可。舜、許由異行而皆聖，伊尹、伯夷異道而皆仁，箕子、比干異趨而皆賢。故用兵者，或輕或重，或貪或廉，此四者相反，而不可一無也。輕者欲發，重者欲止，貪者欲取，廉者不利非其有。故勇者可令進鬭，而不可令持牢；重者可令填固，而不可令凌敵；貪者可令進取，而不可令守職；廉者可令守分，而不可令進取；信者可令持約，而不可令應變。五者相反，聖人兼用而財使之。○俞樾云：「勇者」當作「輕者」。上文云：「故用兵者，或輕或重，或貪或廉，此四者相反，而不可一無也。輕者欲發，重者欲止，貪者欲取，廉者不利非其有。」然則此承上文而言，亦當以輕、重、貪、廉對舉，其本作「輕者」明矣。淺人不尋上下文理，見有「進鬭」之文，妄改爲「勇者」，非其舊也。又按：上言四者，而下言五者，義亦可疑。且輕與重反，貪與廉反，所謂「四者相反」也。信，則與何者相反乎？乃云「五者相反」，義不可通。疑「信者可令持約，而不可令應變」十二字，淺人竄入，淮南本無此句，「五者」亦作「四者」，與上文相應。因竄入「信者」句，遂改四爲五以合之，而不悟其不可通耳。夫天地不包一物，陰陽不生一類。海不讓水潦以成其大，○文典謹按：藝文類聚八、白帖六引，竝作「海不讓水，積以成其大」。山不讓土石以成其高。夫守一隅而遺萬方，取一物而棄其餘，則所得者鮮，而所治者淺矣。

治大者道不可以小，地廣者制不可以狹，位高者事不可以煩，民衆者教不可以苛。夫事碎，難治也；法煩，難行也；求多，難澹也。寸而度之，至丈必差；銖而稱之，至石必過。石秤丈量，徑而寡失；簡絲數米，煩而不察。言事當因大法，如簡閱絲數米，則煩而無功也。故大較易爲智，曲辯難爲慧。故無益於治而有益於煩者，聖人不爲；無益於用而有益於費者，智者弗行也。故功不厭約，事不厭省，求不厭寡。功約，易成也；事省，易治也；求寡，易澹也。衆易之，於以任人，易矣！孔子曰：「小辯破言，小利破義，小藝破道，小見不達，必簡。」○王念孫云：「必簡」上當更有達字。此言見大者達，達則必簡，猶樂記言「大樂必易，大禮必簡」也。文子上仁篇作「道小必不通，通則必簡」，是其證。○俞樾云：小上當有道字，因涉上句「小藝破道」，兩道字適相連，寫者止於上句道字下作二小畫以識之，而遂脱去也。見，乃則字之誤。則字闕壞，止存左旁之貝，因誤爲見矣。達下當更有達字，亦因止作二小畫而脱去也。其文本曰：「道小則不達，達必簡。」文子上仁篇作「道小必不通，通則必簡」，與此文小異而義同。若如今本，則不成文理矣。河以逶蛇，故能遠；山以陵遲，故能高；陰陽無爲，故能和；道以優游，故能化。○王念孫云：「陰陽無爲，故能和」，後人所加也。此以河之逶蛇、山之陵遲喻道之優游，若加入「陰陽無爲」二句，則與

「逶蛇」、「陵遲」、「優游」之義咸不相比附矣。且「陰陽無爲」與「河以逶蛇」三句句法亦屬參差。太平御覽地部二十六引淮南，無此二句。説苑説叢篇、文子上仁篇竝同。夫徹於一事，察於一辭，審於一技，可以曲説，而未可廣應也。蓼菜成行，甂甌有萛，秤薪而爨，數米而炊，可以治小，而未可以治大也。員中規，方中矩，動成獸，止成文，可以愉舞，而不可以陳軍。○文典謹按：御覽三百七引，「愉舞」作「諭衆」。滌盃而食，洗爵而飲，盥而後饋，可以養少，而不可以饗衆。今夫祭者，屠割烹殺，剥狗燒豕，調平五味者，庖也；陳簠簋，器方中者爲簠，圓中者爲簋也。列樽俎，設籩豆者，祝也；齊明盛服，淵默而不言，神之所依者，尸也。宰、祝雖不能，尸不越樽俎而代之。故張瑟者，小絃急而大絃緩；○文典謹按：急當爲絙，字之誤也。藝文類聚五十二引，正作絙。又引注云：「絙者，急也。」立事者，賤者勞而貴者逸。舜爲天子，彈五絃之琴，謌南風之詩，而天下治。周公肴臑不收於前，鐘鼓不解於懸，而四夷服。趙政晝決獄而夜理書，趙政，秦始皇帝。○文典謹按：藝文類聚引，趙政作嬴秦政。御史冠蓋接於郡縣，○文典謹按：「接於郡縣」，藝文類聚引作「相接於道」。覆稽趨留，○文典謹按：「覆稽趨留」，御覽六百三十六引，作「覆督稽留」。戍五嶺以備越，○文典謹按：藝文類聚引注云：「五嶺：鐔城之嶺、九疑之塞、番禺之都、南野之界、射干之水。」築脩城以守胡，然姦邪萌生，盜賊羣居，事愈煩而亂愈生。○文典謹按：「亂愈生」，藝文類聚引，作「亂愈滋」，御覽引，作「亂愈多」。故法者，治之具也，而非所以爲治也。而猶弓矢，中之具，而非所以中也。○王念孫云：「而猶」當爲「亦猶」。隸書「而」、「亦」下半相似，故亦誤爲而。（趙策「趙雖不能守，亦不至失六城」，舊本亦誤作而。）黄帝曰：「芒芒昧昧，因天之威，與元同氣。」故同氣者帝，同義者王，同力者霸，無一焉者亡。○文典謹按：御覽七十七引注云：「於三者無一，雖□於世，俱滅亡。」

故人主有伐國之志，邑犬羣嘷，伐國，逆天之行，則時必有大禍。雄雞夜鳴，庫兵動而戎馬驚；戎馬，兵馬也。雞夜鳴而兵馬起，氣之感動也。今日解怨偃兵，家老甘卧，巷無聚人，妖菑不生。非法之應也，精氣之動也。故不言而信，不施而仁，不怒而威，是以天心動化者也；○俞樾云：「天心動化」本作「無心動化」。因無字作无，故誤爲天耳。文子上仁篇亦作「天心」，誤與此同。而精誠篇曰：「一言而大動天下，是以无心動化者也。」无字不誤，可據以訂正上仁篇，卽可以正淮南子矣。施而仁，言而信，怒而威，是以精誠感之者也；施而不仁，言而不信，怒而不威，是以外貌爲之者也。故有道以統之，法雖少，足以化矣；無道以行之，法雖衆，足以亂矣。治身，太上養神，其次養形；治國，太上養化，其次正法。神清志平，百節皆寧，養性之本也；肥肌膚，充腸腹，供嗜慾，養生之末也。民交讓争處卑，委利争受寡，力事争就勞，日化上遷善而不知其所以然，此治之上也。○王念孫云：「治之上」當爲「治之本」，對下文「治之末」而言。上文「養性之本」、「養性之末」，卽其證。今作「治之上」者，涉上文「治國，太上養化」而誤。文子下德篇正作「治之本」。利賞而勸善，畏刑而不爲非，法令正於上而百姓服於下，此治之末也。上世養本而下世事末，此太平之所以不起也。夫欲治之主不世出，而可與興治之臣不萬一，○俞樾云：興字衍文，蓋卽與字之誤而衍者。高誘注吕氏春秋觀世篇引此文曰：「欲治之君不世出，可與治之臣不萬一。」是其明證。文子下德篇亦無興字。以萬一求不世出，此所以千歲不一會也。○王念孫云：「以萬一求不世出」，當作「以不萬一求不世出」。「不萬一」三字卽承上句言之。文子下德篇作「以不世出求不萬一」，吕氏春秋觀世篇注引淮南作「以不萬一待不世出」，皆其證。

水之性，淖以清，窮谷之汙，生以青苔，青苔，水垢也。○文典謹按：文選張景陽雜詩注引，作「窮谷之洿，生以蒼苔」，又引高注：「蒼苔，水衣也。」不治其性也。掘其所流而深之，○莊逵吉云：御覽掘上有若字。茨其所決而高之，茨，積土填滿之也。使得循勢而行，乘衰而流，衰，下也。○王引之云：衰與下義不相近，衰當爲衺，字之誤也。説文：「窊，污衺下也。」字通作邪。史記滑稽傳「污邪滿車」，集解引司馬彪曰：「污邪，下地田也。」故高注訓衺爲下。○俞樾云：衰乃等衰之衰。水之從高流下，必有次弟，故曰「乘衰而流」。高注訓衰爲下，未得。王氏引之因以衰爲衺之誤字，更非矣。雖有腐髊流漸，弗能汙也。腐髊，骨也。漸，水也。○

莊逵吉云：御覽漸作澌，澌字爲是。其性非異也，通之與不通也。風俗猶此也。誠決其善志，防其邪心，啟其善道，塞其姦路，與同出一道，則民性可善，風俗可美也。○莊逵吉云：御覽作「風俗可遷矣」。所以貴扁鵲者，非貴其隨病而調藥，貴其擪息脈血，知病之所從生也。言人之喘息，脈之病可知。所以貴聖人者，非貴隨罪而鑒刑也，貴其知亂之所由起也。若不修其風俗，而縱之淫辟，乃隨之以刑，繩之法法，雖殘賊天下，弗能禁也。○王念孫云：當依劉本作「繩之以法」。茅本作「繩之以法，法雖殘賊天下」，以次法字屬下讀，亦非。（莊本同。）文子下德篇作「棄之以法，隨之以刑，雖殘賊天下，不能禁其姦矣」，則劉本是也。禹以夏王，桀以夏亡；湯以殷王，紂以殷亡；非法度不存也，紀綱不張，風俗壞也。○文典謹按：御覽六百二十四引，張下有而字。三代之法不亡，而世不治者，無三代之智也。六律具存，而莫能聽者，無師曠之耳也。故法雖在，必待聖而後治；律雖具，必待耳而後聽。故國之所以存者，非以有法也，以有賢人也；其所以亡者，非以無法也，以無賢人也。○文典謹按：御覽六百二十四引，作「以無聖人也」。晉獻公欲伐虞，宮之奇存焉，爲之寢不安席，食不甘味，而不敢加兵焉。賂以寶玉駿馬，宮之奇諫而不聽，言而不用，越疆而去，荀息伐之，兵不血刃，抱寶牽馬而去。○王念孫云：去當爲至，此涉上文「越疆而去」而誤。僖二年公羊傳正作「虞公抱寶牽馬而至」。故守不待渠壍而固，攻不待衝降〔一〕而拔，得賢之與失賢也。故臧武仲以其智存魯，而天下莫能亡也；璩伯玉以其仁寧衛，而天下莫能危也。易曰：「豐其屋，蔀其家，窺其户，闃其無人。」無人者，非無衆庶也，言無聖人以統理之也。民無廉耻，不可治也；非修禮義，廉耻不立。民不知禮義，法弗能正也；非崇善廢醜，不向禮義。無法不可以爲治也，不知禮義不可以行法。法能殺不孝者，而不能使人爲孔、曾之行；法能刑竊盜者，而不能使人爲伯夷之廉。孔子弟子七十，養徒三千人，皆入孝出悌，言爲文章，行爲儀表，教之所成也。墨子服役者百八十人，皆可使赴火蹈刃，死不還踵，化之所致也。夫刻肌膚，鑱皮革，被創流血，至難也，然越爲之，以求榮也。越人以箴刺皮，爲龍文，所以爲尊榮之也。○王念孫云：越下脱人字，高注「越人以箴刺皮」即其證。羣書治要引此，正作「越人」。○陶方琦云：羣書治要引許注：「越人以箴刺其皮，爲龍文。」按：卽越人鬋髮文身之説。原道訓「鬋髮文身」，高注：「文身，刻畫其體，納墨其中，爲蛟龍之狀。」義亦相同。聖王在上，明好惡以示之，○文典謹按：羣書治要引，作「聖王在位，明好憎以示人」。經誹譽以導之，親賢而進之，賤不肖而退之，無被創流血之苦，○文典謹按：羣書

〔一〕「降」，疑當讀爲「隆」，二字古通。「衝隆」乃攻城之具。兵略訓：「故攻不待衝隆雲梯而城拔。」

治要引，苦作患。而有高世尊顯之名，民孰不從？

古者法設而不犯，刑錯而不用，非可刑而不刑也，百工維時，庶績咸熙，禮義修而任賢德也。故舉天下之高以爲三公，一國之高以爲九卿，一縣之高以爲二十七大夫，一鄉之高以爲八十一元士。故智過萬人者謂之英，千人者謂之俊，百人者謂之豪，十人者謂之傑。明於天道，察於地理，通於人情，大足以容衆，德足以懷遠，信足以一異，知足以知變者，人之英也。○文典謹按：御覽四百三十二引，作「智之足以知權者，人英也」。德足以教化，行足以隱義，仁足以得衆，明足以照下者，人之俊也。行足以爲儀表，知足以決嫌疑，廉足以分財，信可使守約，作事可法，出言可道者，人之豪也。守職而不廢，處義而不比，見難不苟免，見利不苟得者，人之傑也。英俊豪傑，各以小大之材處其位，得其宜，由本流末，以重制輕，上唱而民和，上動而下隨，四海之內，一心同歸，背貪鄙而向義理，○王念孫云：「義理」本作「仁義」，此後人妄改之也。貪則不義，鄙則不仁，貪鄙與仁義正相反，故曰「背貪鄙而向仁義」。若作「義理」，則失其指矣。且義與和、隨、靡爲韻，若作「義理」，則失其韻矣。文子上禮篇正作「背貪鄙，嚮仁義」。其於化民也，○文典謹按：羣書治要引，作「於其以化民也」。若風之搖草木，無之而不靡。今使愚教知，使不肖臨賢，雖嚴刑罰，民弗從也。○文典謹按：羣書治要引，也作者。小不能制大，弱不能使強也。故聖主者舉賢以立功，不肖主舉其所與同。文王舉太公望、召公奭而王，桓公任管仲、隰朋而霸，此舉賢以立功也。夫差用太宰嚭而滅，秦任李斯、趙高而亡，此舉所與同。○文典謹按：羣書治要引，同下有也字。故觀其所舉，而治亂可見也；察其黨與，而賢不肖可論也。

夫聖人之屈者，以求伸也；枉者，以求直也；故雖出邪辟之道，行幽昧之塗，將欲以直大道，成大功。○王念孫云：羣書治要引此，直作興，是也。「興大道，成大功」，文義正相比附。今作「直大道」者，涉下文「不得直道」而誤。猶出林之中不得直道，拯溺之人不得不濡足也。伊尹憂天下之不治，調和五味，負鼎俎而行，伊尹七十説湯而不用，于是負鼎俎，調五味，僅然後得用。五就桀，五就湯，將欲以濁爲清，以危爲寧也。周公股肱周室，輔翼成王，管叔、蔡叔奉公子祿父而欲爲亂，周公誅之以定天下，緣不得已也。管子憂周室之卑，諸侯之力征，夷狄伐中國，民不得寧處，故蒙恥辱而不死，將欲以憂夷狄之患，平夷狄之亂也。孔子欲行王道，東西南北七十説而無所偶，故因衛夫人、彌子瑕而欲通其道。衛夫人，衛靈公夫人南子也。彌子瑕，衛之嬖臣。此皆欲平險除穢，由冥冥至炤炤，動於權而統於善者也。夫觀逐者於其反也，而觀行者於其終也。故舜放弟，周公殺兄，猶之爲仁也；文公樹米，文公，晉文公也。樹米而欲生之也。○文典謹按：御覽八百二十三引，樹作種。曾子架羊，架，連架，所以備知也。猶之爲知也。當今之世，醜必託善以自爲解，邪必蒙正以自爲辟。○王念孫云：辟字義不可通，當是辭字之誤。（辭或作辤，與辟相似。）「自爲辭」猶「自爲解」耳。○文典謹按：辟叚爲譬。禮記中庸「辟如行遠，必自邇；辟如登高，必自卑」，荀子彊國篇「今君人者，辟稱比方，則欲自竝乎湯、武，（楊倞注：「辟，讀爲譬。」）辟之是猶伏而咶天，救經而引其足也」，「辟之是猶欲壽而歾頸也」，周禮宰夫「凡失財用物，辟名者」，詩小雅「譬彼舟流」，鄭箋「譬本亦作辟」，皆其比也。古籍類然，不煩覼縷。「託善以自爲解」，「蒙正以自爲譬」，正相對成義。王氏以爲義不可通，至欲改字釋之，其失也迂矣。遊不論國，仕不擇官，行不辟汙，曰「伊尹之道也」。分別争財，親戚兄弟搆怨，骨肉相賊，曰「周公之義也」。行無廉耻，辱而不死，曰「管子之趨也」。行貨賂，趣勢門，立私廢公，比周而取容，曰「孔子之術也」。此使君子小人紛然淆亂，莫知其是非者也。

故百川竝流，不注海者不爲川谷；○俞樾云：既云「百川」，則不得又云「不爲川」，川字衍文也。後人因下句云「不爲君子」，故妄增川字，使字數相當耳。文子上義篇正作「不注海者不爲谷」。趨行蹐馳，○王念孫云：蹐與舛同，說文云楊雄作舛字如此。莊子天下篇「其道舛駁」，文選魏都賦注引作「蹐駁」，又引司馬彪注曰：「蹐與舛同。」蹐馳，謂相背而馳也。俶真篇曰：「二者代謝舛馳。」説山篇曰：「分流舛馳。」玉篇引作「僢馳」。氾論篇曰「見聞舛馳於外」，法言叙曰「諸子各以其知舛馳」。舛、踳、僢，字異而義同。道藏本作踳，各本皆誤爲「跼蹐」之蹐，而莊本從之，斯爲謬矣。又下文「知能踳馳」，各本亦誤作蹐。不歸善者不爲君子。故善言歸乎可行，善行歸乎仁義。田子方、段干木輕爵禄而重其身，不以欲傷生，不以利累形，李克竭股肱之力，領理百官，輯穆萬民，使其君生無廢事，死無遺憂，此異行而歸於善者。田子方、段干木、李克，皆魏文侯臣，故皆歸于善。張儀、蘇秦家無常居，身無定君，約從衡之事，爲傾覆之謀，濁亂天下，撓滑諸侯，使百姓不遑啟居，或從或横，或合衆弱，或輔富強，此異行而歸於醜者也。故君子之過也，猶日月之蝕，何害於明！小人之可也，猶狗之晝吠，鴟之夜見，何益於善！夫知者不妄發，○王念孫云：「夫知者不妄發」，羣書治要引作「夫知者不妄爲，勇者不妄發」，是也。下文「擇善而爲之」及「事成而功足賴」，皆承「知者不妄爲」而言，「計義而行之」及「身死而名足稱」，皆承「勇者不妄發」而言。今本脱爲字及「勇者不妄」四字，則與下文不合。説苑説叢篇亦云：「夫智者不妄爲，勇者不妄發。」（今本發誤作殺。）擇善而爲之，計義而行之，故事成而功足賴也，身死而名足稱也。雖有知能，必以仁義爲之本，然後可立也。知能蹐馳，百事竝行，○文典謹按：羣書治要引，行作作。聖人一以仁義爲之準繩，中之者謂之君子，弗中者謂之小人。君子雖死亡，其名不滅；小人雖得勢，其罪不除。使人左據天下之圖而右刎喉，愚者不爲也，○俞樾云：刎下當有其字。文子上義篇作「左手據天下之圖而右手刎其喉」。○文典謹按：俞説是也。本書精神篇及呂氏春秋知分篇高注引，刎下竝有其字。身貴於天下也。死君親之難，視死若歸，義重於身也。天下，大利也，比之身則小；身之重也，比之義則輕；○俞樾云：「身之重也」本作「身，（句。）所重也」，與「天下，（句。）大利也」一律，涉上下句兩言「比之」而誤。文子上義篇作「身之所重也，比之仁義則輕」，所字不誤，之字亦涉上下句而衍。義，所全也。詩曰：「愷悌君子，求福不回。」言以信義爲準繩也。

欲成霸王之業者，必得勝者也。能得勝者，必強者也。能強者，必用人力者也。能用人力者，必得人心者也。能得人心者，必自得者也。○王念孫云：「欲成霸王之業」，欲亦當爲能，言必得勝，而後能成霸王之業也。下文四能字，皆與此文同一例。若云「欲成霸王之業」，則與下句不合，且與下文不類矣。詮言篇「能成霸王者，必得勝者也」以下八句，竝與此同，是其證。故心者，身之本也；身者，國之本也。未有得己而失人者也，未有失己而得人者也。故爲治之本，務在寧民；寧民之本，在於足用；足用之本，在於勿奪時；勿奪時之本，在於省事；省事之本，在於節用；節用之本，在於反性。未有能摇其本而靜其末，濁其源而清其流者也。○王念孫云：「節用」皆當爲「節欲」，此因上文「足用」而誤也。文子下德篇作「節用」，亦後人以誤本淮南改之。齊俗篇云「治欲者不以欲，以性」，又云「欲節事寡」，故曰「省事之本，在於節欲；節欲之本，在於反性」。今本「節欲」作「節用」，則非其指矣。詮言篇云「省事之本，在於節欲；節欲之本，在於反性」，以上八句，皆與此同。齊民要術引此，亦作「節欲」，又引注云：「節，止。欲，貪。」此皆其明證矣。故知性之情者，不務性之所無以爲；知命之情者，不憂命之所無柰何。故不高宮室者，非愛木也；不大鐘鼎者，非愛金也。直行性命之情，而制度可以爲萬民儀。今目悦五色，口嚼滋味，耳淫五聲，七竅交争以害其性，日引邪欲而澆其身夫調〔一〕，身弗能治，柰天下何！故自養得其節，則養民得其心矣。

所謂有天下者，非謂其履勢位，受傳籍，稱尊號也；言運天下之力，而得大下之心。紂之地，左東海，右流沙，前交趾，後幽都。師起容關，○莊逵吉云：御覽關作閭。至浦水，士億有餘萬，○莊逵吉云：御覽無士字。然皆倒矢而射，傍戟而戰。武王左操黄鉞，右執白旄以麾之，○莊逵吉云：御覽以作而。則瓦解而走，遂土崩而下。○莊逵吉云：御覽下作亡。紂有南面之名，而無一人之德，○王念孫云：德本作譽。「無一人之譽」，

〔一〕「日引邪欲而澆其身夫調」，王念孫説當爲「日引邪欲而澆其天和」。詳見詮言訓「物莫不足滑其調」注。

謂無一人稱譽之也。此言紂失人心，故雖有南面之名，而實無一人之譽。譽與名相對爲文。後人改爲「無一人之德」，則文不成義矣。太平御覽皇王部八引此，正作「無一人之譽」，文子下德篇同。御覽皇王部七又引譙周法訓云：「桀、紂雖有天子之位，而無一人之譽。」**此失天下也。故桀、紂不爲王，湯、武不爲放。周處酆、鎬之地，方不過百里，**○王念孫云：酆、鎬下衍之字。此以「周處酆、鎬」爲句，「地方不過百里」爲句，兩句中不當有之字。呂氏春秋疑似篇亦以「周宅酆、鎬」爲句。**而誓紂牧之野，入據殷國，朝成湯之廟，表商容之閭，封比干之墓，解箕子之囚，乃折枹毁鼓，偃五兵，縱牛馬，搢笏而朝天下，**○王念孫云：道藏本、劉本「搢笏」作「挺肳」。案：肳當爲曶。曶，古笏字也。皋陶謨「在治忽」，鄭本作曶，注云：「曶者，笏也。臣見君所秉，書思對命者也。君亦有焉。」穆天子傳曰：「天子搢曶。」今作肳者，曶變爲昒，又誤爲肳耳，無煩改爲笏也。挺當爲捷。隸書捷字或作㨗，形與挺相似，因誤爲挺。捷與插同，言插笏而朝天下也。小雅鴛鴦篇「戢其左翼」，韓詩曰：「戢，捷也，捷其噣於左也。」士冠禮注：「扱柶於醴中。」鄉射禮注：「搢，插也。」大射儀注：「搢，扱也。」內則注：「搢，猶扱也。」釋文插、扱二字竝作捷。管子小匡篇「管仲詘纓捷衽」，字竝與插同。「捷曶」猶搢笏也。後人不知挺爲捷之誤，而改挺爲搢，義則是而文則非矣。**百姓謌謳而樂之，諸侯執禽而朝之，得民心也。闔閭伐楚，五戰入郢，燒高府之粟，破九龍之鐘，**楚爲九龍之簴，以縣鐘也。○陶方琦云：御覽五百七十五引許注：「刻虡爲九龍，以縣鐘也。」又引賈子云：「毁十龍之鐘。」張華博物志：「子胥伐楚，燔其府庫，破其九龍之鐘。」藝文類聚鼎類引淮南「破九龍之鼎」，又引高注曰：「刻九龍于鼎，以爲名，言大鼎。」與此又異，乃許、高之別也。禮明堂位「夏后氏之龍簨虡」，鄭注：「飾簨以鱗屬，又于龍上刻畫之爲重牙。」與許説正合。**鞭荆平王之墓，**荆平王殺子胥之父，故鞭其墓以復讎。**舍昭王之宫。**吴之入楚，君舍乎君室，大夫舍大夫室也。**昭王奔隨，百姓父兄攜幼扶老而隨之，乃相率而爲致勇之寇，皆方命奮臂而爲之鬭。**○王念孫云：此當作「乃相率致勇而爲之寇」，與下句相對爲文。各本「而爲」二字誤在「致勇」之上，則文不成義。「方面」與「奮臂」亦相對爲文。道藏本、劉本皆作「方面」，漢魏叢書本面誤爲命，而莊本從之，斯爲謬矣。○俞樾云：「乃相率而爲致勇之寇」，文不成義，當作「乃相率爲勇而致之寇」，與下句相對。致如致師之致，寇卽謂吴人也，言致死於吴也。下文曰「各致其死，却吴兵，復楚地」，是其義也。王氏念孫改爲「相率致勇而爲之寇」，然百姓却敵，初非爲寇，於義不可通矣。**當此之時，無將卒以行列之，各致其死，**○王念孫云：卒當爲率，率與帥同。將帥所以統三軍，故無將帥則無行列。若卒，則卽在行列之中，不得言無將卒以行列之也。隸書率或作卒，（見漢韓勑造孔廟禮器碑。）形與卒相似，故書傳中率字多誤爲卒。**却吴兵，復楚地。靈王作章華之臺，**靈王，楚君。**發乾谿之役，**靈王伐齊，以恐吴，次於乾谿也。**外内搔動，百姓罷敝，弃疾乘民之怨而立公子比，**弃疾、公子比，靈王之兄弟。百姓放臂而去之，餓於乾谿，食莽飲水，莽，草也。◯文典謹按：莽疑當作菱。御覽九百七十五「菱」條下引，作「百姓避而去之，乃食菱飲水，枕塊而死」。枕塊而死。楚國山川不變，土地不易，民性不殊，昭王則相率而殉之，靈王則倍畔而去之，得民之與失民也。故天子得道，守在四夷；天子失道，守在諸侯。諸侯得道，守在四鄰；諸侯失道，守在四境。故湯處亳七十里，文王處酆百里，皆令行禁止於天下。周之衰也，戎伐凡伯于楚丘以歸。凡伯，周大夫，使于魯，而戎伐之楚丘。故得道則以百里之地令於諸侯，失道則以天下之大畏於冀州。故曰：無恃其不吾奪也，恃吾不可奪。行可奪之道，而非簒弒之行，無益於持天下矣。

凡人之所以生者，衣與食也。今囚之冥室之中，雖養之以芻豢，衣之以綺繡，不能樂也，以目之無見，耳之無聞。穿隙穴，見雨零，則快然而嘆之，◯王念孫云：嘆與「快然」，義不相屬，「快然而嘆之」，當作「快然而笑」，衍之字。下文「肆然而喜」、「曠然而樂」，與此文同一例。俗書笑字作咲，嘆字作嘆，二形相似而誤。況開戶發牖，從冥冥見炤炤乎！從冥冥見炤炤，猶尚肆然而喜，又況出室坐堂，見日月光乎！見日月光，曠然而樂，又況登泰山，履石封，以望八荒，視天都若蓋，江、河若帶，又況萬物在其間者乎！◯王念孫云：下「又況」因上「又況」而衍。「萬物在其間」，卽承上文言之，非有二義。其爲樂豈不大哉！且聾者，耳形具而無能聞也；盲者，目形存而無能見也。夫言者，所以通己於人也；聞者，所以通人於己也。瘖者不言，聾者不聞，既瘖且聾，人道不通，故有瘖聾之病者，雖破家求醫，不顧其費。豈獨形骸有瘖聾哉？心志亦有之。夫指之拘也，莫不事申也，心之塞也，莫知務通也，不明於類也。夫觀六藝之廣崇，窮道德之淵深，達乎無上，至乎無下，運乎無極，翔乎無形，廣於四海，崇於太山，富於江、河，曠然而通，昭然而明，天地之間無所繫戾，○俞樾云：「繫戾」當爲「擊戾」，主術篇「曲得其宜，無所擊戾」是也。「擊戾」猶拂戾也。擊者，毄之叚字，說見荀子脩身篇。其所以監觀，豈不大哉！人之所知者淺，而物變無窮，曩不知而今知之，非知益多也，問學之所加也。夫物常見則識之，嘗爲則能之，故因其患則造其備，○俞樾云：因乃困字之誤，言困於患難則造作其備也。與下句「犯其難則得其便」一律。犯其難則得其便。夫以一世之壽，而觀千歲之知，今古之論，雖未嘗更也，其道理素具，可不謂有術乎！人欲知高下而不能，教之用管準則說；欲知輕重而無以，予之以權衡則喜；欲知遠近而不能，教之以金目則快射；金目，深目，所以望遠近射準也。○陳觀樓云：「則快」二字與「則說」、「則喜」相對爲文，快上不當有射字，蓋因高注「射準」而衍。下文「豈直一說之快哉」，正與此句相應。莊本依劉本作「快射」，亦非。又況知應無方而不窮哉！犯大難而不懾，見煩繆而不惑，晏然自得，其爲樂也，豈直一説之快哉！○俞樾云：「知應無方而不窮哉」句，衍知字、哉字，「應無方而不窮，犯大難而不懾，見煩繆而不惑」，三句一律，皆蒙「又況」二字爲文。因涉上文「欲知高下」、「欲知輕重」、「欲知遠近」而誤衍知字，則與下二句不一律，遂於句末加哉字，使自爲句，而文義隔絶矣。夫道，有形者皆生焉，其爲親亦戚矣；享穀食氣者皆受焉，其爲君亦惠矣；諸有智者皆學焉，其爲師亦博矣。射者數發不中，人教之以儀則喜矣，又況生儀者乎！人莫不知學之有益於己也，然而不能者，嬉戲害人也。○王念孫云：「害人」本作「害之」，此涉上下文人字而誤。羣書治要及太平御覽學部一引此，竝作「嬉戲害之也」。人皆多以無用害有用，故智不博而日不足。以鑿觀池之力耕，則田野必辟矣。以積土山之高修隄防，則水用必足矣。以食狗馬鴻鴈之費養士，則名譽必榮矣。以弋獵博弈之日誦詩讀書，聞識必博矣。○文典謹按：「聞識必博矣」，聞上脱則字，與上文「則田野必辟矣」、「則水用必足矣」、「則名譽必榮矣」不一律。羣書治要引，正作「則聞識必博矣」。御覽六百七引，作「則識必博矣」，亦有則字。故不學之與學也，猶瘖聾之比於人也。

凡學者能明於天人之分，通于治亂之本，澄心清意以存之，見其終始，可謂知略矣。天之所爲，禽獸草木；人之所爲，禮節制度，搆而爲宫室，制而爲舟輿是也。治之所以爲本者，仁義也；所以爲末者，法度也。凡人之所以事生者，本也；其所以事死者，末也。本末，一體也；其兩愛之，一性也。○王念孫云：下一字因上一字而衍。此言本末兼愛，人性皆然。性也二字，與孟子「食色，性也」同義，性上不當有一字。劉依文子上義篇删去一字，是也。先本後末謂之君子，以末害本謂之小人。君子與小人之性非異也，所在先後而已矣。○王念孫云：「所在」當爲「在所」。草木〔一〕，洪者爲本，而殺者爲末。禽獸之性，大者爲首，而小者爲尾。末大於本則折，尾大於要則不掉矣。故食其口而百節肥，灌其本而枝葉美，天地之性也。天地之生物也有本末，○王念孫云：此本作「天地之性物也有本末」，性卽生字也。後人不識古字，乃於「天地之性」下加也字，又加「天地之生」四字，斯爲謬矣。上文「食其口而百節肥」二句，皆指人事言之，與天地之生物無涉，不得於「天地之性」下加也字以承上文也。其養物也有先後，人之於治也，豈得無終始哉！○文典謹按：御覽六百二十四引，作「人之於治國也，豈得無終始」。故仁義者，治之本也，今不知事修其本，而務治其末，是釋其根而灌其枝也。且法之生也，以輔仁義，今重法而棄義，是貴其冠履而忘其頭足也。○王念孫云：義上脱仁字。太平御覽治道部五引此已誤。上下文皆言仁義，無但言義者。故仁義者，爲厚基者也，不益其厚而張其廣者毁，不

〔一〕據下文「禽獸之性」，此「草木」下疑脱「之性」二字。

廣其基而增其高者覆。趙政不增其德而累其高，故滅；智伯不行仁義而務廣地，故亡其國。語曰：「不大其棟，不能任重。重莫若國，棟莫若德。」○王念孫云：亡下本無其字，「故亡」爲句，「國語曰」爲句。後人誤以「故亡國」爲句，「語曰」爲句，因妄加其字耳。「不大其棟」四句，魯語文也。國主之有民也，猶城之有基，木之有根。根深則本固，基美則上寧。○王念孫云：本當爲木。上文「木之有根」即其證。○俞樾云：根即本也，不得云「根深則本固」，本乃末字之誤。上文云「草木洪者爲本，而殺者爲末」是也。後人習於「根本」之説，遂妄改爲本字，失其義矣。「根深則末固」與下句「基美則上寧」一律。説文木部曰：「木上曰末。」然則末即木之上也。「末固」、「上寧」，文異而義同。王氏念孫據上文「猶城之有基，木之有根」，謂本當作木，然則下句上字亦當作城字矣。下句不言城，知此句亦不言木，王説非也。

五帝三王之道，天下之綱紀，治之儀表也。今商鞅之啟塞，啟之以利，塞之以禁，商鞅之術也。申子之三符，申不害治韓，有三符驗之術。韓非之孤憤，韓非説孤生之憤志。張儀、蘇秦之從衡，蘇秦合六國爲從，張儀説爲衡。皆掇取之權，一切之術也，非治之大本，事之恒常，可博聞而世傳者也。子囊北而全楚，北不可以爲庸；子囊，楚大夫。北，逐走。庸，常也。弦高誕而存鄭，誕不可以爲常。今夫雅、頌之聲，皆發於詞，本於情，故君臣以睦，父子以親。故韶、夏之樂也，聲浸乎金石，潤乎草木。今取怨思之聲，施之於絃管，聞其音者，不淫則悲，淫則亂男女之辯，悲則感怨思之氣，豈所謂樂哉！趙王遷流於房陵，秦滅趙王，遷之漢中房陵。○文典謹按：文選恨賦注引高注：「秦滅趙，虜王遷，徙房陵。房陵在漢中。山木之嘔，歌曲也。」尤本「高誘曰」下有「趙王張敖」四字，乃淺人所加。思故鄉，作爲山水之嘔，山水之嘔，謳曲。○王念孫云：「山水」當爲「山木」，字之誤也。（高注同。）史記趙世家集解、正義及文選恨賦注引此，竝作「山木」。聞者莫不殞涕。荆軻西刺秦王，高漸離、宋意爲擊筑，而謌於易水之上，荆軻，燕人，太子丹之客。丹怨秦王，故遣軻刺之。高漸離、宋意，皆太子丹之客。筑曲二十一弦。易水，燕之南水也。聞者莫不瞋目裂眦，髮植穿冠。○文典謹按：文選養生論注引，作：「荆軻爲燕太子丹刺秦王，高漸離、宋如意爲擊筑，而歌於易水之上。荆軻瞋目裂眥，髮植衝冠。」因以此聲爲樂而入宗廟，豈古之所謂樂哉！故弁冕輅輿，可服而不可好也；弁冕，冠也。大羹之和，可食而不可嗜也；大羹不和五味。朱弦漏越，朱弦，練絲。漏，穿。越，琴瑟兩頭也。一唱而三嘆，可聽而不可快也。故無聲者，正其可聽者也；其無味者，正其足味者也。吠聲清於耳，兼味快於口，非其貴也。○王念孫云：「吠聲清於耳」，義不可通，吠當爲吷，字之誤也。吷與咬同。張衡東京賦「咸池不齊度於䵷咬」，薛綜曰：「䵷咬，淫聲也。」玉篇：「吷，於交切，婬聲。」廣韻：「咬，於交切，淫聲。」是吷與咬同，故曰「吷聲清於耳，非其貴也」。故事不本於道德者，不可以爲儀；言不合乎先王者，不可以爲道；音不調乎雅、頌者，不可以爲樂。故五子之言，五子，謂商鞅、申子、韓非、蘇秦、張儀也。所以便説掇取也，非天下之通義也。

聖王之設政施教也，必察其終始，其縣法立儀，必原其本末，不苟以一事備一物而已矣。見其造而思其功，觀其源而知其流，故博施而不竭，彌久而不垢。夫水出於山而入于海，稼生于田而藏於倉，聖人見其所生，則知其所歸矣。故舜深藏黄金於嶄巖之山，所以塞貪鄙之心也。○文典謹按：御覽八百十引，金下有「千斤」二字。儀狄爲酒，禹飲而甘之，遂疏儀狄而絶旨酒，○文典謹按：疏，疑本作流。北堂書鈔四十五流刑條下引，作：「儀狄造酒，禹嘗而美之，曰：『後世必有以酒亡國者。』乃疏儀狄。」字雖作疏，然入之刑法部流刑條下，實古本作流之證。今本及書鈔引文字仍作疏者，乃後人習聞禹疏儀狄之説而改之也。所以遏流湎之行也。師延爲平公鼓朝謌北鄙之音，衛靈公宿於濮水之上，聞琴音，召師涓而寫之，蓋師延所爲紂作朝謌北鄙之音也。師曠曰：「此亡國之樂也。」靈公進新聲平公，平公以問師曠，師曠曰：「紂子師延作靡靡之樂。紂亡，師延東走，自投濮水而死。得此音必於濮上也。」大息而撫之，○俞樾云：撫下脱止字，本作「大息而撫止之」。史記樂書作「師曠撫而止之」，韓非子十過篇作「師曠撫止之」，論衡紀妖篇作「曠撫而止之」，竝有止字，是其證。所以防淫辟之風也。故民知書而德衰，知數而厚衰，知券契而信衰，知械機而實衰也。

實，質也。巧詐藏于胸中，則純白不備，而神德不全矣。琴不鳴，而二十五絃各以其聲應；○王念孫云：劉本琴作瑟，與下文「二十五弦」合。文子微明篇亦作瑟。軸不運，而三十軸各以其力旋。絃有緩急小大然後成曲，○王念孫云：「成曲」上亦當有能字。文子微明篇正作「然後能成曲」。車有勞逸動靜而後能致遠。使有聲者，乃無聲者也；能致千里者，乃不動者也。故上下異道則治，同道則亂。位高而道大者從，事大而道小者凶。故小快害義，小慧害道，○文典謹按：羣書治要引，慧作惠。慧、惠古通用。小辯害治，苛削傷德。○文典謹按：羣書治要引，削作峭。文子微明篇同。大政不險，故民易道；○文典謹按：羣書治要引，道作遵。至治寬裕，故下不相賊；至忠復素，故民無匿情。○王念孫云：「下不相賊」，相字後人所加。賊，害也。政寬則不爲民害，故曰「至治寬裕，則下不賊」。若云「下不相賊」，則非其指矣。文子微明篇作「至治優游，故下不賊」，是其證。「民無匿情」，情字亦後人所加。匿與慝同。（齊俗篇曰「禮儀飾則生僞匿之士」，逸周書大戒篇曰「克禁淫謀，衆匿乃雍」，管子七法篇曰「百匿傷上威」，韓子主道篇曰「處其主之側，爲姦匿」，荀子樂論篇曰「亂世之文章匿而采」，字竝與慝同。又管子明法篇「比周以相爲匿」，明法解匿作慝；韓詩外傳「仁義之匿，車馬之飾」，新序節士篇匿作慝；史記酷吏傳「上下相爲匿」，漢書匿作慝；後漢書班固傳典引「慝亡迴而不泯」，文選慝作匿。）言至忠復素，則民無姦慝也。後人誤以匿爲藏匿之匿，而於匿下加情字，則非其指矣。且匿與賊爲韻，若作「匿情」，則失其韻矣。羣書治要引此，作「至德樸素，則民無慝」，是其證。商鞅爲秦立相坐之法，而百姓怨矣；相坐之法，一家有罪，三家坐之。吴起爲楚減爵禄之令，而功臣畔矣。減爵者，收減羣臣之爵禄。○王引之云：「減爵禄之令」，本作「張減爵之令」。張，施也。施減爵之令也。秦策云「吴起爲楚悼損不急之官」，即此所謂減爵也。高注云：「減爵者，收減羣臣之爵禄。」則正文本作「減爵」明矣。道應篇載吴起之言曰：「將衰楚國之爵而平其制禄。」蓋減爵則禄亦因之而減，故注言「收減羣臣之爵禄」，非正文内本有禄字也。「張減爵之令」與「立相坐之法」相對爲文。今本作「減爵禄之令」，則文不成義。此因高注而誤衍禄字，又脱去張字也。文子微明篇曰：「相坐之法立，則百姓怨；減爵之令張，則功臣叛。」語皆本於淮南，則此文本作「立相坐之法，張減爵之令」明矣。商鞅之立法也，吴起之用兵也，天下之善者也。然商鞅之法亡秦，察於刀筆之跡，而不知治亂之本也。吴起以兵弱楚，習於行陳之事，而不知廟戰之權也。晉獻公之伐驪，得其女，非不善也，然而史蘇嘆之，晉獻公得驪姬，使史蘇占之，史蘇曰：「俠以銜骨，齒牙爲禍也。」見其四世之被禍也。吴王夫差破齊艾陵，勝晉黄池，非不捷也，軍之所獲爲捷。而子胥憂之，見其必擒於越也。小白奔莒，小白，齊桓公。重耳奔曹，非不困也，而鮑叔、咎犯隨而輔之，知其可與至於霸也。句踐棲於會稽，修政不殆，謨慮不休，知禍之爲福也。襄子再勝而有憂色，趙襄子再勝，謂伐狄，勝二邑。畏福之爲禍也。故齊桓公亡汶陽之田而霸，魯莊公使曹子劫桓公，取汶陽之田，桓公不背信，諸侯朝之也。智伯兼三晉之地而亡。聖人見禍福於重閉之内，而慮患於九拂之外者也。九拂，九曲，是折投拂不見處也。○王念孫云：禍字因上文兩禍字而衍。「見福於重閉之内，慮患於九拂之外」，（此承上文史蘇歎晉獻、子胥憂吳王及襄子「再勝而有憂色」言之。）相對爲文，則福上不當有禍字。文子微明篇無禍字。

原蠶一歲再收，原，再也。○王念孫云：收本作登，此後人以意改之也。爾雅曰：「登，成也。」天文篇曰「蠶登」、「蠶不登」是也。爾雅翼引此作收，則所見本已誤。齊民要術、本草圖經及太平御覽資産部五、木部四引此，竝作登。太平御覽木部又引注云：「登，成也。」是其證。○文典謹按：意林引，收作熟，收之爲誤字益明矣。非不利也，然而王法禁之者，爲其殘桑也。離先稻熟，而農夫耨之，稻米隨而生者爲離，與稻相似。耨之，爲其少實。○陶方琦云：意林引許注：「稻米落地而生爲離稻。」按：説文「秜」字下云：「稻今年落，來年自生，謂之秜。」秜即離也。意林引作「落地」，與説文「今年落」正同。（御覽八百二十三引，作「茢先稻孰」，注：「列，稈。」此高注，故與許注異。）不以小利傷大穫也。家老異飯而食，○文典謹按：羣書治要引，飯作糧。殊器而享，○文典謹按：羣書治要引，享作烹。子婦跣而上堂，跪而斟羹，○文典謹按：羣書治要引，斟作酌。非不費也，然而不可省者，爲其害義也。待媒而結言，聘納而取婦，初絻而親迎，〇王引之云：初字義不可通，初當作冠。字書冠字左畔作冖，與衣相似，寸與刀相似，故冠誤爲初。冠，謂弁也。齊風甫田傳曰：「弁，冠也。」士昏禮「主人爵弁」，鄭注曰：「爵弁，玄冕之次，大夫以上親迎冕服。」是也。「冠絻而親迎」，兼貴賤言之。劉本改作紱絻，（諸本及莊本同。）則但有大夫以上，於義爲不備矣。且紱與初字不相似，若是紱字，無緣誤爲初也。〇孫詒讓云：初當爲袀，形近而誤。袀絻者，謂玄衣而冕。禮記郊特牲説昏禮云：「玄冕齊戒。」又哀公問云：「冕而親迎。」「袀冕」即玄冕也。前齊俗訓云：「尸祝袀袨，大夫端冕。」注云：「袀，純服。」是其義也。（文選閒居賦李注引左傳服虔注云：「袀服，黑服也。」又引説文云：「袀服，玄服也。」今本説文衣部作「袗，玄服也。」）王校未塙。非不煩也，然而不可易者，所以防淫也。〇文典謹按：羣書治要引，「所以」作「可以」。使民居處相司，有罪相覺，於以舉姦，非不掇也，〇文典謹按：羣書治要引，覺作告，舉作禁，掇作輟。然而傷和睦之心，而構仇讎之怨。〇王念孫云：末二句當從羣書治要所引，作「然而不可行者，爲其傷和睦之心，而構仇讎之怨也」。今本「然而」下脱去「不可行者爲其」六字及也字，則語意不完，且與上五條不對矣。故事有鑿一孔而生百隟，樹一物而生萬葉者。〇俞樾云：「生百隙」，本作「開百隙」，涉下句而誤也。下文曰：「所鑿不足以爲便，而所開足以爲敗。」是其證。所鑿不足以爲便，而所開足以爲敗；所樹不足以爲利，而所生足以爲濊。愚者惑於小利，而忘其大害。〇文典謹按：羣書治要引，此下有「不可以爲法也」六字。昌羊去蚤虱，而人弗庠者，爲其來蛉窮也。○王念孫云：庠當爲席，字之誤也。昌羊，昌蒲也。蛉窮，蚰蜒也。（竝見説林注。）言昌蒲能致蚰蜒，故人不以爲席也。太平御覽蟲豸部八引此，正作席。狸執鼠，而不可脱於庭者，爲搏雞也。故事有利於小而害於大，得於此而亡於彼者。故行棊者，或食兩而路窮，行棊，謂大博也。或予踦而取勝。予踦，予對家奇一棊也。偷利不可以爲行，而智術不可以爲法，故仁知，人材之美者也。所謂仁者，愛人也；所謂知者，知人也。愛人則無虐刑矣，知人則無亂政矣。治由文理，則無悖謬之事矣；刑不侵濫，則無暴虐之行矣。上無煩亂之治〔一〕，下無怨望之心，則百殘除而中和作矣，此三代之所昌。○王念孫云：「此三代之所昌」，當從羣書治要所引，作「此三代之所以昌也」。今本脱去以字、也字，則文義不明。故書曰：「能哲且惠，黎民懷之。何憂讙兜，何遷有苗。」讙兜、有苗，舜所放佞也。智伯有五過人之材，智伯美髯長大，一材也；射御足力，二材也；材藝畢給，三材也；攻文辯慧，四材也；强毅果敢，五材也。○陶方琦云：羣書治要引許注，與今注正同，「攻文」作「巧文」。而不免於身死人手者，不愛人也。齊王建有三過人之巧，力能引强，走先馳馬，超能越

〔一〕「煩亂之治」，原本作「煩之亂治」，據莊逵吉校本改。

高。○陶方琦云：羣書治要引許注，與今注正同。而身虜於秦者，不知賢也。任用后勝之計，不用淳于越之言也。○陶方琦云：羣書治要引許注，「任用」上有齊王建三字，應補。故仁莫大於愛人，知莫大於知人。二者不立，雖察慧捷巧，劬禄疾力，不免於亂也。○盧文弨云：禄當作録。或古人以音同得借用也。

淮南鴻烈集解卷二十一

要略

凡鴻烈之書二十篇，略數其要，明其所指，序其微妙，論其大體，故曰「要略」。○文典謹按：此篇宋本、道藏本竝題作淮南鴻烈要略閒詁叙目，復無「因以題篇」字，其爲許慎注本無疑。

夫作爲書論者，所以紀綱道德，經緯人事，上考之天，下揆之地，中通諸理。雖未能抽引玄妙之中才，繁然足以觀終始矣。總要舉凡，而語不剖判純樸，靡散大宗，純樸，太素也。大宗，事本也。懼爲人之惽惽然弗能知也；○俞樾云：爲字涉下句「多爲之辭，博爲之説」而衍，本作「懼人之惽惽然弗能知也」，與下文「又恐人之離本就末也」一律。衍一爲字，則文不成義。故多爲之辭，博爲之説，又恐人之離本就末也。故言道而不言事，則無以與世浮沉；言事而不言道，則無以與化游息。故著二十篇，有原道，有俶真，有天文，有墬形，有時則，有覽冥，有精神，有本經，有主術，有繆稱，有齊俗，有道應，有氾論，有詮言，有兵略，有説山，有説林，有人間，有脩務，有泰族也。

原道者，盧牟六合，盧牟，猶規模也。混沌萬物，象太一之容，太一之容，北極之氣合爲一體也。測窈冥之深，○文典謹按：文選辯命論注引，窈作窅。以翔虛無之軫。軫，道畛也。託小以苞大，守約以治廣，使人知先後之禍福，動靜之利害。誠通其志，浩然可以大觀矣。欲一言而寤，寤，覺。則尊天而保真；欲再言而通，則賤物而貴身；○文典謹按：文選幽憤詩注引，兩言字下皆有之字，身下有也字。欲參言而究，則外物而反情。執其大指，以内洽五藏，洽，潤。瀸濇肌膚，○王念孫云：說文：「濇，不滑也。」「瀸濇」二字義不相屬，濇當爲漬。隸書嗇字或作啬，形與責相近，故漬誤爲濇。瀸漬與漸漬同。言内則浹洽於五藏，外則漸漬於肌膚也。說文曰：「瀸，漬也。」（廣雅同。）莊十七年公羊傳：「瀸者何？瀸，積也。」釋文：「積，本又作漬。」被服法則，而與之終身，所以應待萬方，覽耦百變也，耦，通也。若轉丸掌中，足以自樂也。俶真者，窮逐終始之化，嬴垀有無之精，嬴，繞匝也。垀，靡煩也。○莊逵吉云：垀，一本作埒。離別萬物之變，合同死生之形，使人遺物反己，審仁義之間，通同異之理，觀至德之統，知變化之紀，說符玄妙之中，通迴造化之母也。造化之母，元氣太一之神。○王念孫云：「通迴」二字義不相屬，迴當爲迵，（音洞。）字之誤也。迵亦通也。「通迵造化之母」，謂通乎造化之原也。呂氏春秋貴同篇「禹通三江五湖，決伊闕，迵溝陸」，上德篇「德迵乎天地」，高注竝云：「迵，通也。」（今本迵字皆誤作迴，辯見呂氏春秋。）史記倉公傳「臣意診其脈，曰迥風」，集解曰：「迥，音洞，言洞徹入四肢也。」迥、洞同音，故迥或作洞，俶真篇「通洞條達」，卽通迥也。世人多見迴，少見迥，故迥誤爲迴。下文「使人通迴周備」，其字正作迥。（道藏本、劉本如是，他本皆誤作迴，而莊本從之，謬矣。）天文者，所以和陰陽之氣，理日月之光，節開塞之時，列星辰之行，知逆順之變，避忌諱之殃，順時運之應，法五神之常，使人有以仰天承順，而不亂其常者也。墬形者，所以窮南北之脩，極東西之廣，經山陵之形，區川谷之居，明萬物之主，知生類之衆，列山淵之數，規遠近之路，使人通迴周備，不可動以物，不可驚以怪者也。時則者，所以上因天時，下盡地力，據度行當，合諸人則，形十二節，一月爲人一節。以爲法式，終而復始，歲終十二月，從正月始也。轉於無極，因循倣依，以知禍福，操舍開塞，各有龍忌，中國以鬼神之事曰忌，北胡、南越皆謂之請龍。發號施令，以時教期，○俞樾云：期當讀爲惎。宣二年左傳「楚人惎之」，杜注曰：「惎，教也。」文選西京賦「人惎之謀」，薛綜注曰：「惎，教也。」是惎與教同義，故曰「以時教惎」。使君人者知所以從事。覽冥者，所以言至精之通九天也，至微之淪無形也，純粹之入至清也，昭昭之通冥冥也。乃始攬物引類，覽取擠掇，擠，取也。掇，拾也。浸想宵類，浸，微視也。宵，物似也。類，衆也。物之可以喻意象形者，乃以穿通窘滯，決瀆壅塞，引人之意，繫之無極，乃以明物類之感，同氣之應，陰陽之合，形埒之朕，所以令人遠觀博見者也。精神者，所以原本人之所由生，而曉寤其形骸九竅，取象與天，合同其血氣，與雷霆風雨，比類其喜怒，與晝宵寒暑竝明，宵，夜。○王念孫云：「竝明」二字，後人所加也。與者，如也。（廣雅：「與，如也。」司馬相如子虚賦：「楚王之獵，孰與寡人乎？」郭璞曰：「與，猶如也。」漢書高帝紀：「今某之業所就，孰與仲多？」顔師古曰：「與，如也。」案：古書多謂如曰與，詳見釋詞。）言血氣之相從，如雷霆風雨；喜怒之相反，如晝宵寒暑也。後人不知與之訓爲如，而讀「與雷霆風雨比類」爲一句，故又於「晝宵寒暑」下加「竝明」二字，以成對文耳。不知「合同其血氣」、「比類其喜怒」，相對爲文。今以「比類」二字上屬爲句，而「其喜怒」三字自爲一句，則句法參差矣。「與雷霆風雨」、「與晝宵寒暑」，亦相對爲文。今加「竝明」二字，則句法又參差矣。且此文以生、天爲韻，雨、怒、暑爲韻，今加「竝明」二字，則失其韻矣。又案：「取象於天」爲句，「合同其血氣」爲句。漢魏叢書本改「於天」爲「與天」，（莊本同。）以與下兩字相對，則又誤以「於天合同」爲句矣。皆由不知兩與字之訓爲如，故紛紛妄改耳。審死生之分，别同異之跡，節動静之機，以反其性命之宗。所以使人愛養其精神，撫静其魂魄，不以物易己，而堅守虚無之宅者也。本經者，所以明大聖之德，通維初之道，埒略衰世古今之變，以褒先世之隆盛，而貶末世之曲政也。所以使人黜耳目之聰明，精神之感動，樽流遁之觀，樽，止也。流遁，披散也。節養性之和，分帝王之操，列小大之差者也。主術者，君人之事也，所以因作任督責，使羣臣各盡其能也。〇王念孫云：「因作任督責」，當作「因任督責」，謂因任其臣而督責其功也。今本作字卽任字之誤而衍者耳。主術篇曰：「因循而任下，責成而不勞。」韓子揚搉篇曰：「因而任之，使自事之。」呂氏春秋知度篇曰：「因而不爲，責而不詔。」竝與此「因任督責」同義。（莊子天道篇：「形名已明而因任次之。」）明攝權操柄，以制羣下，提名責實，提，挈也。考之參伍，所以使人主秉數持要，不妄喜怒也。其數直施而正邪，外私而立公，使百官條通而輻輳，各務其業，人致其功，此主術之明也。繆稱者，破碎道德之論，差次仁義之分，略雜人間之事，總同乎神明之德。假象取耦，以相譬喻，斷短爲節，以應小具，所以曲說攻論，應感而不匱者也。匱，乏。齊俗者，所以一羣生之短脩，同九夷之風氣，通古今之論，貫萬物之理，財制禮義之宜，擘畫人事之終始者也。擘，分也。〇王念孫云：「風氣」本作「風采」。文選魏都賦「壹八方而混同，極風采之異觀」，李善曰：「淮南子曰：『同九夷之風采。』高誘曰：『風，俗也。采，事也。』」是其證。後人既改「風采」爲「風氣」，復删去高注以滅其迹，甚矣其妄也。且采與理、始爲韻，若作氣，則失其韻矣。〇文典謹按：文選嘯賦注引，作「通古之風氣，以貫譚萬物之理」，理下又有「譚猶着也」四字，疑是注語。要略乃許注本，文選注所引殆高本也。道應者，攬掇遂事之蹤，追觀往古之跡，察禍福利害之反，考驗乎老、莊之術，而以合得失之勢者也。氾論者，所以箴縷縩繺之間，縩，綃煞也。攕揳唲齵之郄也。攕，薛也。揳，塞也。唲齵，錯梧也。接徑直施，施，衺。以推本樸，而兆見得失之變，利病之反，所以使人不妄没於勢利，不誘惑於事態，有符曬晲，兼稽時勢之變，而與化推移者也。詮言者，所以譬類人事之指，解喻治亂之體也。○文典謹按：一切經音義二十三、攝大乘論音義引，作：「詮言者，謂譬類人事，相解喻也。」差擇微言之眇，詮以至理之文，而補縫過失之闕者也。兵略者，所以明戰勝攻取之數，形機之勢，詐譎之變，體因循之道，操持後之論也。持後者，不敢爲主而爲客也。所以知戰陣分争之非道不行也，知攻取堅守之非德不強也。誠明其意，進退左右無所失擊危，乘勢以爲資，清静以爲常，○王念孫云：「無所擊危」者，危與詭同。（説林篇「尺寸雖齊，必有詭」，文子上德篇詭作危。漢書天文志「司詭星」，史記天官書作「司危星」。）擊詭，猶今人言違礙也。謂進退左右，無所違礙也。睽釋文曰：「詭，戾也。」（文選長笛賦「窊隆詭戾」，李善注：「詭戾，乖違貌。」）主術篇曰：「舉動廢置，曲得其宜，無所擊戾。」（又曰：「木擊折轊，水戾破舟。」）彼言「無所擊戾」，此言「無所擊詭」，其義一也。作危者，借字耳。劉績不解「無所擊危」之義，乃於「無所」下加失字，（諸本及莊本同。）讀「無所失」絶句，而以「擊危」二字下屬爲句，其失甚矣。避實就虚，若驅羣羊，此所以言兵者也。○文典謹按：各段皆作「者也」，此不得獨無者字。文選晉紀總論注引，正作「此所以言兵者也」，今據補。**說山、說林者，所以竅窕穿鑿百事之壅遏，而通行貫扃萬物之窒塞者也。假譬取象，異類殊形，以領理人之意，解墮結細，說捍摶困，**摶，圓也。困，芼也。**而以明事埒事者也。**埒，兆朕也。○王念孫云：墮亦解也。廣雅：「墮，脫也。」論衡道虛篇曰：「龜之解甲，蛇之脫皮，鹿之墮角。」是墮與解、脫同義，易林噬嗑之小畜曰「關柝開啟，衿帶解墮」是也。細當爲紐，字之誤也。紐亦結也。楚辭九歎王注曰：「紐，結束也。」管子樞言篇曰「先生不約束，不結紐」是也。說與脫同。捍當爲擇，字之誤也。（隸書擇字或作擇，與捍相似，見漢成陽靈臺碑。）擇與釋同。墨子節葬篇曰：「爲而不已，操而不擇。」易林恒之蒙曰：「郊耕擇耜，有所疑止。」韓子五蠹篇「布帛尋常，庸人不釋」，論衡非韓篇引韓子釋作擇，皆是也。脫、釋皆解也。摶困者，卷束之名。（考工記鮑人「卷而摶之」，注：「鄭司農云：『摶讀爲縳，一如瑱之縳，謂卷縳韋革也。』」說文：「稛，絭束也。」稛與困聲近而義同。）「解墮結紐」，「說擇摶困」，其義一也。「明事埒事」，下事字因上事字而衍。「明事埒」者，明百事之形埒以示人也。高注繆稱篇曰：「形埒，兆朕也。」故此注亦曰「埒，兆朕也」。**人間者，所以觀禍福之變，察利害之反，鑽脈得失之跡，標舉終始之壇也。**標，末也。壇，場也。○俞樾云：高注曰「壇，場也」，然終始不當以壇場言，此注未得其義。壇，當讀爲嬗。說文女部：「嬗，一曰傳也。」精神篇「以不同形相嬗也」，高注曰：「嬗，傳也。」「終始之嬗」即終始之傳，作壇者，叚字也。**分別百事之微，敷陳存亡之機，使人**

知禍之爲福，亡之爲得，成之爲敗，利之爲害也。誠喻至意，則有以傾側偃仰世俗之間，而無傷乎讒賊螫毒者也。脩務者，所以爲人之於道未淹，味論未深，見其文辭，反之以清静爲常，恬淡爲本，則懈墮分學，縱欲適情，欲以偷自佚，而塞於大道也。今夫狂者無憂，聖人亦無憂。聖人無憂，和以德也；狂者無憂，不知禍福也。故通而無爲也，與塞而無爲也同，其無爲則同，其所以無爲則異。○王念孫云：「與塞而無爲也」下，不當有同字，此因下文同字而衍。故爲之浮稱流説其所以能聽，所以使學者孳孳以自幾也。幾，庶幾也。泰族者，横八極，致高崇，上明三光，下和水土，經古今之道，治倫理之序，總萬方之指，而歸之一本，以經緯治道，紀綱王事。乃原心術，理性情，以館清平之靈，館，舍。澄徹神明之精，澄，清也。徹澄，别清濁也。以與天和相嬰薄。嬰，繞抱也。所以覽五帝三王，懷天氣，抱天心，執中含和，德形於内，以莙凝天地，發起陰陽，序四時，正流方，綏之斯寧，推之斯行，乃以陶冶萬物，遊化羣生，唱而和，動而隨，四海之内，一心同歸。故景星見，景星，在月之旁，則助月之明也。祥風至，風不鳴條也。黄龍下，鳳巢列樹，麟止郊野。德不内形，而行其法藉，專用制度，神祇弗應，福祥不歸，四海不賓，兆民弗化。故德形於内，治之大本。此鴻烈之泰族也。鴻，大也。烈，功也。凡二十篇，總謂之鴻烈。

凡屬書者，所以窺道開塞，庶後世使知舉錯取舍之宜適，外與物接而不眩，内有以處神養氣，宴煬至和，而己自樂所受乎天地者也。故言道而不明終始，則不知所做依；言終始而不明天地四時，則不知所避諱；言天地四時而不引譬援類，則不知精微；言至精而不原人之神氣，則不知養生之機；原人情而不言大聖之德，則不知五行之差；言帝道而不言君事，則不知小大之衰；言君事而不爲稱喻，則不知動静之宜；言稱喻而不言俗變，則不知合同大指；已言俗變而不言往事，則不知道德之應；知道德而不知世曲，則無以耦萬方；知氾論而不知詮言，則無以從容；通書文而不知兵指，則無以應卒；已知大略而不知譬喻，則無以推明事；知公道而不知人間，則無以應禍福；知人間而不知脩務，則無以使學者勸力。欲强省其辭，覽總其要，弗曲行區入，則不足以窮道德之意。故著書二十篇，則天地之理究矣，人間之事接矣，帝王之道備矣。其言有小有巨，有微有粗，指奏卷異，各有爲語。今專言道，則無不在焉，然而能得本知末者，其唯聖人也。今學者無聖人之才，而不爲詳説，則終身顛頓乎混溟之中，而不知覺寤乎昭明之術矣。

今易之乾、坤足以窮道通意也，八卦可以識吉凶、知禍福矣，然而伏羲爲之六十四變，八八變爲六十四卦，伏羲示其象。周室增以六爻，周室，謂文王也。所以原測淑清之道，而攠逐萬物之祖也。夫五音之數，不過宫、商、角、徵、羽，然而五弦之琴不可鼓也，必有細大駕和，而後可以成曲。今畫龍首，觀者不知其何獸也，具其形，則不疑矣。今謂之道則多，謂之物則少，謂之術則博，謂之事則淺，推之以論，則無可言者，所以爲學者，固欲致之不言而已也。夫道論至深，故多爲之辭以抒其情；萬物至衆，故博爲之説以通其意。辭雖壇卷連漫，絞紛遠緩，所以洮汰滌蕩至意，洮汰，潤也。使之無凝竭底滯，捲握而不散也。夫江、河之腐胔不可勝數，然祭者汲焉，大也。一盃酒白，蠅漬其中，匹夫弗嘗者，小也。○王念孫云：「一盃酒白」，白字義不可通。藝文類聚雜器物部引此，白作甘，是也。言酒雖甘，而蠅漬其中，則人弗飲也。隸書甘字或作曰，與白相似而誤。○俞樾云：「酒白」二字文不成義，疑本作「白酒」，而傳寫誤倒之。周官酒正職鄭注曰：「昔酒，今之酋久白酒。」然則白酒正漢時常語。藝文類聚襍器部引此，白作甘，蓋因已倒爲「酒白」，故臆改爲甘字。「一盃酒甘」，亦於義不安，未足據也。誠通乎二十篇之論，睹凡得要，以通九野，九野，八方、中央也。徑十門，八方，上下也。外天地，捭山川，捭，屏去也。其於逍遥一世之間，宰匠萬物之形，亦優游矣。若然者，挾日月而不烑，挾，至也。烑，光也。○孫詒讓云：挾，當爲周挾之義。荀子禮論篇「方皇周挾」，楊注云：「挾，讀爲浹，帀也。」烑者，窕之借字。（二字聲類同。）本經訓高注云：「窕，不滿密也。」後文云「布之天下而不窕」，注云：「窕，緩也。」前俶真訓云「橫扃天地之間而不窕」，氾論訓云「舒之天下而不窕」，荀子賦篇云「充盈大宇而不窕」，竝與此文意相近。潤萬物而不秏。曼兮洮兮，足以覽矣！藐兮浩兮，曠曠兮，可以游矣！

文王之時，紂爲天子，賦斂無度，殺戮無止，康梁沉湎，宮中成市，康梁，耽樂也。沉湎，淫酒也。成市，言集者多也。○文典謹按：御覽八十四引，「沉湎」作「流湎」。作爲炮烙之刑，刳諫者，剔孕婦，天下同心而苦之。文王四世纍善，太王、王季、文王、武王，凡四世也。修德行義，處岐周之間，地方不過百里，天下二垂歸之。○莊逵吉云：御覽垂作分。文王欲以卑弱制强暴，以爲天下去殘除賊而成王道，故太公之謀生焉。太公爲周陳陰符兵謀也。○文典謹按：御覽八十四引，「故太公之謀生焉」作「故太公爲之謀主也」。文王業之而不卒，武王繼文王之業，用太公之謀，悉索薄賦，薄，少也。賦，兵也。躬擐甲冑，擐，貫著也。以伐無道而討不義，誓師牧野，以踐天子之位。天下未定，海內未輯，武王欲昭文王之令德，使夷狄各以其賄來貢，遼遠未能至，故治三年之喪，殯文王於兩楹之間，殯，大斂也。兩楹，堂柱之間，賓主夾之。以俟遠方。武王立三年而崩，成王在襁褓之中，○文典謹按：文選幽憤詩注引，「成王」下有幼字。未能用事，蔡叔、管叔輔公子禄父禄父，紂之兄子，周封之以爲殷後，使管、蔡監之。而欲爲亂。周公繼文王之業，持天子之政，以股肱周室，輔翼成王。懼争道之不塞，臣下之危上也，故縱馬華山，放牛桃林，敗鼓折枹，搢笏而朝，以寧静王室，鎮撫諸侯。成王既壯，能從政事，周公受封於魯，以此移風易俗。孔子脩成、康之道，述周公之訓，以教七十子，使服其衣冠，脩其篇籍，故儒者之學生焉。墨子學儒者之業，受孔子之術，以爲其禮煩擾而不悦，悦，易也。○王念孫云：如注義，則悦當爲侻。（他活反。）本經篇「其行侻而順情」，彼注云：「侻，簡易也。」義與此注同。莊本改悦爲説，未達高氏之旨。厚葬靡財而貧民，服傷生而害事，○王念孫云：「服傷生而害事」，文義未明，服上當有久字。「厚葬」、「久服」相對爲文。墨子節葬篇多言厚葬久喪，晏子春秋外篇「厚葬破民貧國，久喪遁哀費日」，皆淮南所本也。故背周道而用夏政。禹之時，天下大水，禹身執虆垂，以爲民先，○莊逵吉云：御覽「虆垂」作「畚插」爲是，此誤也。○王念孫云：垂字誤，而虆字不誤。虆，謂盛土籠也。垂，當爲臿。臿，今之鍬也。大雅緜傳云：「捄，虆也。」箋云：「築牆者捊聚壤土，盛之以虆，而投諸版中。」虆字或作蔂。説山篇「蔂成城」，高注云：「蔂，土籠也。」韓子五蠹篇「禹之王天下也，身執耒臿以爲民先」，此即淮南所本。耒與虆聲相近，耒臿即虆臿也。孟子滕文公篇「蓋歸反虆梩而掩之」，趙注云：「虆梩，籠臿之屬，可以取土者也。」彼言虆梩，亦即此所謂虆臿也。（廣雅：「梩，臿也。」）管子山國軌篇「梩籠纍箕」，纍亦與虆同。太平御覽引此，虆作畚，所見本異耳，不得據彼以改此也。垂者，臿之誤，非插之誤。

俗書臿字或作函，（見廣韻。）垂字或作臿（見漢富春丞張君碑。）二形相似，故臿誤爲垂矣。○文典謹按：北堂書鈔九十二引，虆作纍。剔河而道九岐，剔，洩去也。九岐，河水播岐爲九，以入海也。○莊逵吉云：御覽作「疏河而道九支」。○文典謹按：御覽八十二引，「禹之時」作「堯之時」，「九支」下引注云：「支，分。」鑿江而通九路，江水通別爲九。辟五湖使水辟人而相從也。而定東海。當此之時，燒不暇撌，撌，排去也。濡不給扢，扢，拭也。死陵者葬陵，死澤者葬澤，故節財、薄葬、閑服生焉。○王念孫云：閒與簡同。（莊子天運篇「食於苟簡之田」，釋文：「簡，司馬本作閒。」）簡服，謂三月之服也。宋書禮志引尸子曰：「禹治爲喪法，使死於陵者葬於陵，死於澤者葬於澤，桐棺三寸，制喪三月。」是也。道藏本、劉本作「閒服」，他本閒字皆誤作閑，而莊本從之，謬矣。文選夏侯常侍誄注及路史後紀引此，竝作「簡服」。齊桓公之時，天子卑弱，諸侯力征，南夷北狄，交伐中國，中國之不絶如綫。綫，細絲也。齊國之地，東負海而北障河，地狹田少，而民多智巧。桓公憂中國之患，苦夷狄之亂，欲以存亡繼絶，崇天子之位，廣文、武之業，故管子之書生焉。齊景公内好聲色，外好狗馬，獵射亡歸，好色無辯，辯，别也。作爲路寢之臺，族鑄大鐘，族，聚也。○莊逵吉云：太平御覽作許慎注。撞之庭下，郊雉皆呴，大鐘聲似雷震，雉應而呴鳴也。○莊逵吉云：御覽呴作雊，有許慎注云：「鐘聲如雷震，雉皆應之。」與此略同。○陶方琦云：當从今注全文。莊子在宥「雲氣不待族而下」，司馬注云：「族，聚也。」廣雅釋詁：「族，聚也。」皆與許注合。說文：「雊，雄雉鳴也。雷始動，雉乃鳴而句其頸。」與淮南注亦合。○文典謹按：白帖六十二引注，作「鐘聲似雷，雷震則雉雊」。一朝用三千鐘贛，鐘，十斛也。贛，賜也。一朝賜羣臣之費三萬斛也。梁丘據、子家噲導於左右，二人，景公臣也。導，諫也。故晏子之諫生焉。晚世之時，六國諸侯，谿異谷別，水絕山隔，各自治其境内，守其分地，握其權柄，擅其政令，下無方伯，上無天子，力征争權，勝者爲右，恃連與國，怙恃連與之國。○王念孫云：「連與」二字連讀，漢書武五子傳「羣臣連與成朋」是也。「恃連與，約重致，剖信符，結遠援」，皆三字爲句，則「連與」下不當有國字。蓋涉注文而衍。約重致，剖信符，結遠援，以守其國家，持其社稷，故縱横修短生焉。申子者，韓昭釐之佐；韓，晉別國也，地墽民險，而介於大國之間，晉國之故禮未滅，韓國之新法重出，先君之令未收，後君之令又下，新故相反，前後相繆，百官背亂，不知所用，故刑名之書生焉。秦國之俗，貪狼狼，荒也。强力，寡義而趨利，可威以刑，而不可化以善，可勸以賞，而不可厲以名，被險而帶河，四塞以爲固，地利形便，畜積殷富，孝公欲以虎狼之勢而吞諸侯，故商鞅之法生焉。若劉氏之書，淮南王自謂也。觀天地之象，通古今之事，權事而立制，度形而施宜，原道之心，合三王之風，以儲與扈冶，儲與，猶攝業也。扈冶，廣大也。玄眇之中，精摇靡覽，楚人謂精進爲精搖。靡小皆覽之。棄其畛挈，楚人謂澤濁爲畛挈。斟其淑静，以統天下，理萬物，應變化，通殊類，非循一迹之路，守一隅之指，拘繫牽連之物，而不與世推移也，故置之尋常而不塞，布之天下而不窕。窕，緩也。布之天下，雖大不窕也。

附録一

淮南子校補

王念孫淮南子雜志校。俞樾淮南子平議校。孫詒讓札迻校。

淮南子原道篇：「四支不動，聰明不損，而知八紘九野之形埒者，何也？」典案：卷子本玉篇紘字下引「形埒」作「形垺」，於義爲長。惟俶真篇「未有形埒垠堮」，精神篇「休息于無委曲之隅，而游敖于無形埒之野」，繆稱篇「道之有篇章形埒者」，高注：「形埒，兆朕也。」是此文「形埒」二字不誤。淮南子有許慎、高誘二家注本，玉篇引文，疑是許本。

「加之以詹何、娟嬛之數。」高注：「詹何、娟嬛，古善釣人名。」典案：文選七發注引「娟嬛」作「蜎蠉」，又引高注「蜎蠉，白公時人」。困學紀聞引亦作「蜎蠉」。漢書藝文志有蜎子十三篇。七略：「蜎子名淵，楚人。」史記孟子荀卿列傳：「環淵，楚人，學黄、老道德之術，著上下篇。」廣韻二十七刪環字下云：「古有楚賢者環淵。」宋玉鈞賦：「宋玉與登徒子偕受鈞於玄淵。」名雖殊，實一人也。蜎蠉、環淵、玄淵〔一〕、娟嬛並聲近通段。

「雁門之北，狄不穀食，賤長貴壯，俗尚氣力。」王念孫云：「俗本作各，各誤爲谷，後人因加人旁耳。漢郃陽令曹全碑各作㕁，形與谷相似。太平御覽兵部八十九引此，正作『各尚氣力』。」典案：「俗尚氣力」，義自可通，不必改字釋之。類書所引孤證，未足爲據。且如王説，誤自漢代，則宋代類書引文安得不誤乎？王氏但欲證明俗爲各字之譌，不知所舉二證實難並立也。

「故橘樹之江北則化而爲枳，鴝鵒不過濟，貈渡汶而死。」王念孫云：「枳本作橙，此後人依攷工記改之也。埤雅引此作『化而爲枳』，則所見本已誤。文選潘岳爲賈謐贈陸機詩注、藝文類聚、太平御覽果部引並作橙。」典案：攷工記、埤雅字並作枳，即枳字不誤之證。此文以枳、濟、死爲韻，作橙則失其韻矣。列子湯問篇：「渡淮而北，而化爲枳焉。鸜鵒不踰濟，貉踰汶則死矣。」與此文正同。説苑奉使篇：「江南有橘，齊王使人取之，而樹之於江北，生不爲橘，乃爲枳。」韓詩外傳十：「王不

〔一〕「淵」字原本脱，今補。

見夫江南之樹乎，名橘，樹之江北則化爲枳。」亦皆可證枳字不誤。王説失之。

「昔舜耕於歷山，期年，而田者争處墝埆，以封壤肥饒相讓；釣於河濱，期年，而漁者争處湍瀨，以曲隈深潭相予。」顧炎武云：「淮南子『舜釣於河濱，期年，而漁者争處湍瀨，以曲隈深潭相予』，爾雅注引之曰：『漁者不争隈。』此略其文而用其意也。」日知録二十引書用意條。典案：爾雅釋丘隩隈注所引「漁者不争隈」五字，乃覽冥篇之文，非略原道篇此文而用其意也。引書用意，古籍類然，顧先生所説誠是，惟舉例偶失檢耳。

「藏於不敢，行於不能。」俞樾云：「文子道原篇作『藏於不取』，當從之，卽所謂『百姓足，君孰與不足』也。」典案：藏與行、不敢與不能相對成義。藏於不敢，卽道家卑弱以自持之意。俞氏以論語「百姓足，君孰與不足」之義釋之，非其指矣。文子道原篇敢誤爲取，可依此文訂正，不當據彼改此也。

「動溶無形之域，而翺翔忽區之上。」典案：溶爲搈叚。説文手部：「搈，動搈也。」溶、搈同音，古通用。俶真篇「動溶於至虚」同。宋蘇頌校淮南子題序云：「許於卷内多假借用字，原道篇雖高本亦爾。」

「故老聃之言曰：『天下至柔，馳騁天下之至堅。出於無有，入於無間。』」典案：今本老子河上公章句徧用第四十三，作「天下之至柔，馳騁天下之至堅。無有入無間」。「無有」上敚「出」字，可據淮南引文增。道應篇引作「無有入於無間」，疑後人改之也。老子注：「無有，謂道也，道無形質，故能出入無間。」是所見本尚未敚出字。

「循之不得其身。」典案：「循」爲「揗」叚。說文手部：「揗，摩也。」「循之不得其身」，猶摩之不得其身也。

「憂悲者，德之失也。」俞樾云：「上云『喜怒者，道之邪也』，下云『好憎者，心之過也』，喜之與怒，好之與憎，皆二字相反。此云『憂悲』，則非其義矣。『憂悲』當作『憂樂』。」典案：下文「嗜欲者，性之累也」，嗜之與欲，誼固相類，而不相反也。俞說未審。

「故士有一定之論，女有不易之行。」高注：「士有同志，同志德也。」典案：注下「志」字疑衍。文選詣建平王上書注引此注無下「志」字，是其證。

「氣者，生之充也。」王念孫云：「充本作元，此涉下文『氣不當其所充』而誤也。文選養生論注引此正作元，文子九守篇亦作元。王冰注素問刺禁論云：『氣者，生之原。』語卽本於淮南。」典案：下文「氣不當其所充而用之則泄」，卽承此而言，正此文充字不誤之證。下文又云：「氣爲之充，而神爲之使也。」「無所不充，則無所不在。」並可證此文「充」非誤字。本書精神篇「使神滔蕩而不失其充」，素問解精微論「髓者，骨之充也」，誼皆與此文「充」字相類。王説未諦，不可從也。

「蚑蟯貞蟲。」高注：「貞蟲，細腰之屬也。」典案：本書説山訓「貞蟲之動以毒螫」，高彼注：「貞蟲，細腰蜂，蜾蠃之屬，無牝牡之合曰貞。」案：貞當爲征之叚字。墨子非樂上篇「今人固與禽獸麋鹿蜚鳥貞蟲異者也」，三朝記謂之「蜚征」。高以「無牝牡之合」釋之，未晐。

「終身運枯形於連嶁、列埒之門。」高注：「連嶁，猶離嶁也，委曲之類。列埒，不平均也。」典案：連、列對文，皆所謂動詞；嶁、埒對文，皆所謂名詞。嶁卽㟝嶁。埒，説文土部云：「卑垣也。」「連嶁、列埒之門」，謂㟝嶁連緜，卑垣横列，行者將蹪蹈其中，不能自脱也。高注未晰。

俶真篇：「是故日計之不足，而歲計之有餘。」高注：「以限計之，故有餘也。辟若梅矣，百梅足以爲百人酸，一梅不足爲百人酸也。」典案：注「一梅不足爲百人酸也」，百字當爲一字之誤。本書説林篇「百梅足以爲百人酸，一梅不足以爲一人和」，是其證也。事類賦果部二十六引此已誤。

「炊以鑪炭。」王念孫云：「炊當爲灼，字之誤也。吕氏春秋士容篇注作『燔以鑪炭』，燔亦灼也。」典案：吕氏春秋重己篇高注引此文亦作「燔以鑪炭」，與士容篇注同，是高氏所見本字作燔。炊固非，灼亦未必是。

「是故身處江海之上，而神游魏闕之下。」高注：「魏闕，王者門外闕，所以縣教象之書於象魏也。巍巍高大，故曰魏闕。言真人雖在遠方，心存王也。一曰：心下巨闕，神内守也。」陶方琦云：「莊子釋文引許注：『天子兩觀也。』文選弔魏武帝文注引許注作『魏闕，王之闕也。』高注前一說，文選注所引許注相同，當是許説羼入高注。文選、莊子所引，乃約文也。且高注内作兩説，多係許、高之異。」典案：吕氏春秋審爲篇高彼注云：「魏闕，心下巨闕也。心下巨闕，言神内守也。一説：魏闕，象闕也。」與此注正同。本書道應篇注：「江海之上，言志在於己身；心之魏闕也，言内守。」與此文注「一曰：心下巨闕，神内守也」相合。道應篇爲許注本，陶氏謂「高注内之一説，多是許説之羼入者」，是也。

「譬若周雲之蘢蓯，遼巢彭濞而爲雨。」高注：「周雲，密雨雲也。」俞樾云：「周，當讀爲朝。詩汝墳篇『惄如調飢』，毛傳曰：『調，朝也。』周之爲朝，猶調之爲朝也。」典案：説文口部：「周，密也。」與高注「密雨雲」之義正合。注「雨」字疑涉「雲」字上半誤羨之文。俞説迂曲，殆失之矣。

「夫秋豪之末，淪於無間而復歸於大矣；蘆苻之厚，通於無墊而復返於敦龐。若夫無秋豪之微，蘆苻之厚，四達無境，通于無圻，而莫之要御夭遏者。」典案：墊，古垠字，又或從斤作圻。上既言「通於無墊」，此不得復言「通于無圻」。上文「通於無墊」與「淪於無間」相對，句法一律，下文有「通于無圻」四字，不惟重複，句法亦不一律。此疑一本作「通於無墊」，一本作「通于無圻」，校者旁注，寫者誤入於此。墊字下無注，而圻字下有注云：「圻，垠字也。」疑亦後人所加，非高氏舊注也。

「然其斷在溝中，壹比犧尊、溝中之斷，則美醜有間矣。」典案：「然其斷在溝中」句不詞，「壹」字疑當在「其」字下。御覽七百六十一引莊子正作「其一斷在溝中」，是其證。今本莊子天地篇作「其斷在溝中」，誤與此文同。

「若然者，視天下之間，猶飛羽浮芥也。」高注：「芥，中也。」莊逵吉云：「中字疑當作屮。」典案：芥無中義，中必爲誤字。屮，古屮字，淺人加畫爲中。方言：「自淮以西，或曰草，或曰芥。」是芥本有草義。

「莫窺形於生鐵，而窺於明鏡者，以覩其易也。」王念孫云：「『以』下本無『覩』字。太平御覽服用部十九、方術部一引此，並無『覩』字。」典案：王說是也。北堂書鈔一百三十六引，亦無「覩」字，足證王說。

「智終天地。」典案：「智終天地」，義不可通，「終」當爲「絡」字之誤也。莊子天道篇「故古之王天下者，知雖落天地，不自慮也」，卽此文所本。「落」與「絡」同。莊子秋水篇「落馬首，穿牛鼻，是謂人」，本書原道篇作「絡馬之口，穿牛之鼻者，人也」，是莊子作「落」，本書作「絡」之證。知、智古今字。北堂書鈔帝王部七引莊子作「智洛天地。」落、絡、洛並同音通用。

「一人養之，十人拔之，則必無餘栓。」王念孫云：「一當爲十，十當爲一。此言養之者雖有十人，而一人拔之則木必死也。二字互誤，則非其指矣。御覽方術部一引此，正作『十人養之，一人拔之。』」典案：王説是也。御覽九百五十二引此文，作「千人養之，一人拔之」，文雖有異，「十人」作「一人」則同。韓非子説林上篇「然使十人樹之，而一人拔之，則毋生楊矣」，卽淮南所本。

「燔生人，辜諫者。」典案：「辜諫者」不詞，「辜」當爲「皐」字之誤也。御覽六百四十七引，正作「皐諫者」。皐，古罪字，形與辜相近。

「故詩云：『采采卷耳，不盈傾筐。嗟我懷人，寘彼周行。』以言慕遠世也。」高注：「言采采易得之菜，不滿易盈之器，以言君子爲國，執心不精，不能以成其道，采易得之菜，不能盈易滿之器也。『嗟我懷人，寘彼周行』，言我思古君子官賢人，置之列位也。誠古之賢人各得其行列，故曰慕遠也。」典案：毛傳：「寘，置。行，列也。思君子官賢人，置周之列位。」胡承珙云：「此釋懷人二句，全同傳義。其釋上二句，意當亦本之毛公。」毛詩後箋。是也。惟荀子解蔽篇：「詩云：『采采卷耳，不盈頃筐，嗟我懷人，寘之周行。』頃筐易滿也，卷耳易得也，然而不可以貳周行。」申公之學出於荀卿，魯詩卷耳之義即本於此。高注所謂「易得之菜」，「易盈之器」，又用魯義爲解。俶真篇〔一〕爲高本，引詩「寘之」作「寘彼」，復與毛同，然則高誘固不分今古文者也。

天文篇：「虎嘯而谷風至，龍舉而景雲屬。」陶方琦云：「文選劉孝標廣絶交論注、御覽九百二十九、事類賦風部引許注『虎，陰中陽獸，與風同類。』」典案：初學記一引高注：「虎，陽獸，與風同類。」此文下既有高注云「虎，土物也。風，木風也。木生于土，故虎嘯而谷風至」，則初學記所引必許注也。

「南方曰炎天。」典案：文選顔延年夏夜呈從兄散騎車長沙詩注引高注：「南方五月建午，火之中也。火性炎上，故曰炎天。」今本敚，當據補。

〔一〕「真」，原本作「寘」，今改。

「執衡而治夏。」陶方琦云：「占經三十引許注：『衡，平也。』」典案：御覽八百六十九引許注同。

「景風至則爵有位，賞有功。」高注：「夏至陰氣在下，陽盛於上，象陽布施，故賞有功，封建侯也。」典案：注「封建侯也」不詞，「侯」上當有「諸」字。御覽二十三引注正作「封建諸侯」，是其證。

「太微者，太一之庭也。」俞樾云：「下文曰：『紫宫者，太一之居也。』然則太一自在紫宫，不在太微。此太一乃天子二字之誤。」典案：俞説是也。此蓋涉上「太微」而誤。文選江文通雜體詩注引「太一」作「天一」，天字尚不誤，足玫「天子」二字誤爲「太一」之跡。

「軒轅者，帝妃之舍也。」典案：文選月賦注引高注：「軒轅，星名。」當據補。齊敬皇后哀策文注引作：「軒轅，星也。」下文「天阿者，羣神之闕也」，北堂書鈔百五十亦引注云：「天河，星名也。」正與此注一例。疑此注本作：「軒轅，星名也。」

「咸池者，水魚之囿也。」典案：北堂書鈔百五十引「魚」作「衡」。疑此文「魚」本作「奐」，即古「衡」字，形與「魚」近，傳寫遂譌爲「魚」矣。若本爲「魚」字，無緣誤爲「衡」也。

「音比夾鐘。」高注：「夾，夾也。」典案：注下「夾」字當作「莢」。下文「夾鐘者，種始莢也」，是其證也。

「下生者倍，以三除之；上生者四，以三除之。」高注：「鐘律上下相生，誘不敏也。」典案：高氏於其所不知，皆直謝不敏。呂氏春秋上農篇「皆知其末，莫知其本真」，下亦有注云：「不敏也。」正與此一例。惟呂氏春秋古樂篇高注：「法鳳之雌雄，故律有陰陽，上下相生，故曰黄鐘之宫皆可以生之。」音律篇注：「律呂相生，上者上生，下者下生。」疑高氏注淮南在前，當時猶未明鍾律上下相生之理，及注呂氏春秋，已通其義，故此注直言不敏，而彼注則爲之解也。

「太陰治春，則欲行柔惠温涼。」俞樾云：「温涼異義，不得連文。涼當作良。」典案：「温涼」與「柔惠」誼不相類，俞謂「涼當爲良」，是也。北堂書鈔百五十三引，作「太陽治春，則欲行仁惠温良」，文雖小異，「温涼」正作「温良」，足證俞説。

地形篇：「食水者善游能寒。」典案：能，讀曰耐。呂氏春秋審時篇高注：「能，耐也。」漢書趙充國傳：「漢馬不能冬。」師古曰：「能，讀曰耐。」正與此文一例。家語執轡篇「食水者善遊而耐寒」，是其證矣。游、遊古通用。

「食土者無心而慧。」高注：「蚯蚓之屬是也。」俞樾云：「大戴記易本命篇作『無心而不息』，盧辯注曰：『蚚蚼之屬不氣息也。』此文慧字疑亦不息二字之誤。」典案：家語執轡篇作「食土者無心而不息」，王肅注：「螾屬不氣息也。」與大戴禮正同。御覽九百四十四引此文作「食土者無心不惠」，惠上亦有不字，「而慧」二字當爲「不息」之譌。高注「蚚蚼之屬是也」，不釋慧字之義，即所見本不作慧之證。

「無角者膏而無前，有角者指而無後。」高注：「膏，豕也，熊猨之屬。無前，肥從前起也。指，牛羊麋之屬。無後，肥從後起也。」莊逵吉云：「指應作脂，見周禮注，所謂『戴角者脂，無角者膏』是也。又王肅家語注引本書，正作脂。」典案：莊謂「指」應作「脂」，是也。說文肉部脂字下云：「戴角者脂，無角者膏。」家語執轡篇：「四足者無羽翼，戴角者無上齒，無角無前齒者膏，有角無齒者脂。」御覽八百六十四脂膏條、八百九十九牛條，兩引此文，「指」並作「脂」。又案：「無前」、「無後」義不可通，「無」當爲「兑」，即古「鋭」字。「兑」始譌爲「无」，傳寫又改爲「無」，義遂不可通矣。御覽八百九十九引此文正作「兑前」、「兑後」。又引注：「豕馬之屬前小，牛羊後小。」前小即鋭前，後小即鋭後矣。

「維出覆舟。」典案：「維」當爲「濰」字之壞也。御覽六十三引淮南云：「濰水覆舟山，蓋廣異名也。」文雖有異，「維」字正作「濰」。

時則篇：「律中太蔟。」高注：「律，管音也。陰衰陽發，萬物太蔟地而生，故曰太蔟。」典案：注「萬物太蔟地而生」義不可通，「太」當爲衍文。天文篇「音比太蔟」，高彼注言「陰衰陽發，萬物蔟地而生，故曰太蔟」也。呂氏春秋孟春紀「律中太蔟」注：「太陰氣衰，少陽氣發，萬物動生，蔟地而出，故曰律中太蔟。」二注與此注並同。禮月令注：「太蔟，言陽氣大蔟，達於上也。」蔟上雖有大字，然非指萬物生出，言不與高氏淮南、呂氏春秋注一例。

「四鄰入保。」高注：「四方之民來入城郭自保守也。」典案：呂氏春秋孟夏紀：「四鄙入保。」高彼注云：「四境之民畏寇賊來，入城郭以自保守也。」禮月令鄭注：「小城曰保。」即此保字之義。莊子盜跖篇：「所過之邑，大國守城，小國入保。」城、保對文，可證。高氏此注與呂氏春秋注並以「自保守」釋之，非是。下文兩「四鄙入保」，注：「四界之民皆入城郭自保守也。」誤與此同。

「其兵戈。」王念孫云：「戈當爲戉，字之誤也。藝文類聚、太平御覽引此，並作『其兵鉞』，是其證也。」典案：顏師古匡謬正俗云：「黄帝素問及淮南子等諸書説五方之兵，東方其兵矛，南方其兵弩，中央其兵劍，西方其兵戈，北方其兵鎩。」是小顏所見本正作「其兵戈」。御覽引作「鉞」，蓋襲藝文類聚耳。

「固封壐。」典案：禮記月令「壐」作「疆」，鄭注：「今月令疆或作壐。」說文土部：「壐，王者之印也，以主土。據玉篇引。從土，爾聲。」壐字從土，以主土者，故「封疆」或作「封壐」。應劭漢官儀、蔡邕獨斷引月令並作「固封壐」，皆據今月令。北堂書鈔百五十六引淮南此文作「固封疆」，與古月令合，疑是許、高二家之異。

覽冥篇：「庶女叫天，雷電下擊，景公臺隕，支體傷折，海水大出。」高注：「庶賤之女，齊之寡婦，無子，不嫁，事姑謹敬。姑無男有女，女利母財，令母嫁婦。婦益不肯，女殺母以誣寡婦。婦不能自明，寃結叫天，天爲作雷電下擊景公之臺。」典案：「叫天」下敚「而」字，與上文「師曠奏白雪之音，而神物爲之下降」句不一律。北堂書鈔百五十二、初學記一、藝文類聚二引並有「而」字，當據增。又案：「叫天」，御覽六十引作「告天」，事類賦天部引說苑云：「庶女者，齊之寡婦，養姑。姑女利母財，而殺母以告寡婦。婦不能自解，以寃告天，而大風襲於齊殿。」「叫」亦作「告」，與御覽六十引文合。御覽引文，「景公臺隕」句下，又引注云：「景公，齊景公也。雷擊景公臺，隕壞之也。」「枝體傷折」句下，引注云：「景公爲雷霆所傷折。」「庶女告天」句下所引注，既與文選詣建平王上書注引許注合，則此二注必許君注矣。

「夫物類之相應，玄妙深微，知不能論，辯不能解。」俞樾云：「論者，知也。說山篇高注：『論，知也。』『不能論』，謂智者不能知也。」典案：下文「得失之度，深微窈冥，難以知論，不可以辯説也」，與此文義正同，而論字與説字對文，則此文之論亦不當訓知。俞説未安，不可從也。

「故山雲草莽，水雲魚鱗，旱雲煙火，涔雲波水，各象其形類，所以感之。」王引之云：「煙當爲熛，字之誤也。説文：『熛，火飛也。』『旱雲熛火，涔雲波水』，猶言旱雲如火，涔雲如水耳。」典案：此言雲之形狀象草莽、魚鱗、煙火、波水也。熛者迸火，卽俗語所謂火星也。雲之狀可以象煙，不得象火星。王説既無依據，又違物情，其失也迂矣。

「夫道者，無私就也，無私去也。」高注：「天道無私就去。」典案：「夫」當爲「天」，字之誤也。文子精誠篇、御覽二十七引此文並作「天道」，是其證也。高注「天道無私就去」，是所見本正作「天道」。主術篇：「天道玄默，無容無則。」是「天道」二字見於本書者。

「浮游不知所求，魍魎不知所往。」典案：「求」當爲「來」，字之誤也。北堂書鈔十五引，正作「浮游不知所來」，是其證也。「不知所來」、「不知所往」，相對爲文，且承上句「莫知所由生」而言。若作「求」，則文既不相對，又與上句之義不相應矣。

精神篇：「日中有踆烏。」高注：「踆，猶蹲也，謂三足烏。」典案：藝文類聚天部一、事類賦天部一並引注云：「踆，趾也。」北堂書鈔百四十九引，「趾」作「止」。廣韻十八諄：「竣，止也。」踆與竣同，止、趾古亦通用。

「甘瞑太宵之宅，而覺視於昭昭之宇。」高注：「太宵，長夜之中也。言其直瞑於大道之處，冥視昭昭矣。」典案：文選陸士衡答張士然詩、嵇叔夜養生論李注：「瞑，古眠字。」「甘瞑」猶酣眠也。高注「言其直瞑於大道之處，冥視昭昭矣」，未得其誼。本書俶真篇「甘瞑於溷澖之域」同。又案：「甘瞑」下當有「於」字。文選辛丑歲七月赴假還江陵夜行塗口詩注引作「甘瞑於大霄之宅」可證。俶真篇「甘瞑於溷澖之域」，「甘瞑」下亦有「於」字。

「使之左據天下圖而右手刎其喉，愚夫不爲。」高注：「天下至大，非手所據，故不言手也。」典案：泰族篇：「使人左據天下之圖而右刎喉，愚者不爲也。」「左」下亦無「手」字。惟呂氏春秋不侵篇高注引此文，知分篇高注引泰族篇文，「左」下並有「手」字。文子上義篇、後漢書仲長統傳昌言法誡篇、馬融傳、三國志彭羕傳、世説新語文學篇注亦並作「左手據天下之圖」。所謂據者，指天下之圖言之，非謂據天下也。高所見本敓手字，遂曲爲之説耳。

本經篇：「當此之時，玄元至碭而運照。」高注：「玄，天也。元，氣也。」莊逵吉校本避清聖祖諱，改「玄」爲「元」。俞樾云：「高注曰：『元，天也。元，氣也。』分兩字爲兩義，殊不可通。」典案：各本並作「玄元」，注並作：「玄，天也。元，氣也。」俞氏蓋據清代刊本立説，而不知上「元」字爲避諱所改也。

「伯益作井，而龍登玄雲，神棲昆侖。」高注：「伯益佐舜，初作井，鑿地而求水。龍知將決川谷，漉陂池，恐見害，故登雲而去，棲其神於昆侖之山。」典案：高注「故登雲而去，棲其神於昆侖之山」，是誤以神爲龍之神也。論衡感虚篇：「傳書又言：『伯益作井，龍登玄雲，神棲崑崙。』言龍井有害，故龍神爲變也。夫言龍登玄雲，實也；言神棲崑崙，又言爲作井之故，龍登神去，虚也。」又曰：「所謂神者，何神也？百神皆是。百神何故惡人爲井？」可證高注之非。

「故德之所總，道弗能害也。」高注：「總，一也。」俞樾云：「總字無義，乃利字之誤。利古文作㓉，總俗作惣，其上半相似，因而致誤。」典案：下文「晚世學者，不知道之所一體，德之所總要」，高注：「總，凡也。」與此文及注誼皆相類，則「總」非誤字，明矣。高注：「總，一也。」是所見本字已作「總」。若如俞説，則是「利」之譌「總」，漢代已然。俗書之「惣」，造於唐代，宋丁度集韻始收其字，安得言古文「㓉」與俗書之「惚」以上半相似而致誤乎？俞說甚鑿，不可從也。

「舜之時，共工振滔洪水，以薄空桑。」高注：「共工，水官名也，柏有之後。振，動也。滔，蕩也。欲壅防百川，滔高堙庳，以害天下者。」典案：御覽八十一引注云：「滔，漫之。共工，炎帝之後。隨高堙下，壅百川以爲民害。」今本注「柏有」二字當爲「炎帝」。

「燎焚天下之財。」俞樾云：「天下之財不當言燎焚，燎焚當作撩聚。」典案：「燎焚天下之財」，與下句「罷苦萬民之力」，即韓非子亡徵篇「罷露百姓，煎靡貨財」之義，承上文「琁室、瑶臺、象廊、玉牀」、「肉圃、酒池」而言，謂桀、紂之奢侈無度，非謂其聚斂也。俞欲改字釋之，其失也迂而鑿矣。韓非子外儲說左上亦云：「罷苦百姓，煎靡財貨。」「燎焚」猶「煎靡」矣。

主術篇：「兵莫憯於志而莫邪爲下，寇莫大於陰陽而枹鼓爲小。」高注：「以智意精誠伐人爲利。」典案：二句相對爲文，「志」上當有「意」字。意志、陰陽，文正相對。繆稱篇正作「兵莫憯於意志，莫邪爲下」，是其證矣。高注「智意」疑即「意志」二字之誤，其所見本當尚未敚意字。莊子庚桑楚篇「兵莫憯於志，鏌鋣爲下」，其敚意字與此同，或後人據彼删此也。

「而不能與越人乘幹舟而浮於江湖。」高注：「幹舟，小船也。」王念孫云：「古無謂小船爲幹者，幹當爲軨，字之誤也。軨與舲同。」典案：羣書治要引「幹」作「舼」。玉篇：「舼，小船也。」與高注小船亦合。

「而欲以偏照海内，存萬方。」典案：「照海内」、「存萬方」相對爲文，「照」上不當有「偏」字。羣書治要引此文無「偏」字，下文「如此而欲照海内，存萬方」亦無「偏」字，皆其證也。

「是故十圍之木，持千鈞之屋；五寸之鍵，制開闔之門。」王念孫云：「制開闔三字文義未足，説苑説叢篇作『而制開闔』，文子作『能制開闔』，能亦而也。二書皆本於淮南，則淮南原文本作『五寸之鍵而制開闔』明矣。」典案：王説是也。意林引此文，「持」上「制」上並有「能」字，是其證矣。

「豈其材之巨小足哉？所居要也。」典案：「足」字無義，疑衍文也。意林引作「非材有巨細，所居要耳」，「小」雖作「細」，下無「足」字。

繆稱篇：「昔東户季子之世，道路不拾遺，耒耜餘糧宿諸晦首。」典案：初學記引子思子曰：「東户季子之時，道上雁行而不拾遺，餘糧宿諸畝首。」即此文所本。

「老子學商容，見舌而知守柔矣。」注：「商容，神人也。商容吐舌示老子，老子知舌柔齒剛。」典案：「學」下當有「於」字。文子上德篇「學」下有「於」字，是其證。又案：商容，文子上德篇作「常樅」，說苑敬慎篇作「常摐」，漢書藝文志有常從日月星氣二十一卷，師古注：「常從，人姓名，老子師之。」王應麟困學紀聞以爲淮南子誤，當依文子、說苑作「常樅」。案：此當各依本書，商、常，容、樅、從，並聲近通用字。呂氏春秋離謂篇「箕子、商容以此窮」，高注：「商容，紂時賢人，老子所從學者。」愼大覽注：「商容，殷之賢人，老子師也。」並與此文注「神人」之說異。繆稱篇爲許注本，故與呂氏春秋注不合耳。

「雍門子以哭見孟嘗君，涕流沾纓。」俞樾云：「孟嘗君」下當更有「孟嘗君」三字。不然，則涕流沾纓仍屬雍門子，而不屬孟嘗君，不見其感人之至矣。」典案：俞說是也。論衡感虛篇「雍門子哭對孟嘗君，孟嘗君爲之於邑」，亦重「孟嘗君」三字。列子湯問篇「故雍門之人至今善歌哭，放娥之遺聲」，張注：「六國時有雍門子，名周，善琴，又善哭，以哭干孟嘗君。」文選陸士衡於承明作與士龍詩注引此文，「哭」作「琴」。說苑善說篇：「雍門子周以琴見乎孟嘗君。雍門子周引琴而鼓之，徐動宮徵，微揮羽角，切終而成曲。孟嘗君涕浪汗增，欷而就之曰：『先生之鼓琴，令文若破國亡邑之人也。』」三國志郤正傳「雍門援琴而挾說」，注引桓譚新論文略同。漢書景十三王傳：「雍門子壹微吟，孟嘗君爲之於邑。」蘇林曰：「六國時人，名周，善鼓琴。」如淳曰：「雍門子以善鼓琴見孟嘗君，先説『萬歲之後，高臺既已顛，曲池又已平，墳墓生荆棘，牧豎游其上，孟嘗君亦如是乎』？孟嘗君喟然歎息也。」是文選注引文作「琴」，非誤字也。此疑一本作「哭」，一本作「琴」。

「魯以偶人葬而孔子歎。」注：「偶人，桐人也。歎其象人而用之也。」典案：「桐人」一本作「相人」，當以「相人」爲是。周禮冢人鄭司農注：「象人，謂以芻爲人。」列子黄帝篇釋文：「木偶人形曰象人。」是其證。

「故商鞅立法而支解。」注：「商鞅爲秦孝公立治法，百姓怨之，以罪支解。」典案：「立」，疑當爲「峻」之壞字。此承上文「城峭岸崝」而言，又與下文「吴起刻削而車裂」相對爲文。若作「立法」，則與上下文皆不相應矣。韓詩外傳正作「商鞅峻法而支解」，是其證。高注「商鞅爲秦孝公立治法」，是所見本已作「立」，故增「治」字解之耳。

齊俗篇：「其後，齊日以大，至於霸，二十四世而田氏代之；魯日以削，至三十二世而亡。」典案：「魯日以削至」下當有「於覲存」三字。此以「齊日以大至於霸」，「魯日以削至於覲存」相對爲文，今敓此三字，以「至」字屬下「三十二世而亡」爲句，句法遂不一律矣。呂氏春秋長見篇正作「至於覲存」。高注：「覲，裁也。」又案：「三十二世而亡」，「二」當爲「四」。呂氏春秋正作「三十四世而亡」，高注：「自魯公伯禽至頃公讎爲楚考烈王所滅，適三十四世也。」韓詩外傳同。

「聖人之見終始微言。」孫詒讓云：「言當作矣。」典案：孫説是也。韓詩外傳十作「聖人能知微矣」，本書人間篇「夫仕者先避之，見終始微矣」，皆其證也。

「含珠鱗施，綸組節束。」注：「鱗施，玉紐也。」典案：呂氏春秋節喪篇注：「含珠，口實也。鱗施，施玉於死者之體如魚鱗也。」與此注「玉紐」不同，蓋許、高之異。

「屠牛吐一朝解九牛，而刀以剃毛。」莊逵吉云：「御覽吐作坦，疑垣字之訛。」典案：莊説非也。初學記武部、白帖十三、御覽三百四十六、八百二十八引此文並作「屠牛坦」。管子制分篇「屠牛坦朝解九牛，而刀可以莫鐵」，莊子養生主篇釋文引管子作「有屠牛坦，一朝解九牛，刀可剃毛」，與淮南此文正合，皆「吐」當爲「坦」之證。又案：「刀以剃毛」不詞，「以」上當有「可」字。初學記、白帖、御覽引並作「可以剃毛」，皆其證也。管子同。

「故趣舍合，即言忠而益親；身疏，即謀當而見疑。」王念孫云：「趣謂志趣也。『趣合』與『身疏』相對爲文，則趣下不當有舍字，蓋即合字之誤而衍者也。文子道德篇正作『趣合』。」典案：「趣」、「取」通用，趣舍即取舍也。韓非子姦劫弒臣篇：「今人臣之所譽者，人主之所是也，此之謂同取；人臣之所毁者，人主之所非也，此之謂同舍。夫取舍合而相與逆者，未嘗聞也。」即此文所本。五蠹篇：「故法之所非，君之所取；吏之所誅，上之所養也，法趣上下四相反也。」可證趣者取也。王氏誤以「志趣」釋之，遂以「舍」爲衍文，其失也迂矣。文子敓「舍」字，當依此文及韓非子增，未可據彼刪此。

「從城上視牛如羊，視羊如豕，所居高也。」典案：吕氏春秋壅塞篇：「夫登山而視牛若羊，視羊若豚，牛之性不若羊，羊之性不若豚，所自視之勢過也。」即淮南此文所本。余前據御覽八百九十九引文無「視羊」二字，謂此文當作「從城上視牛，如羊如豕」，實爲大誤。

「若夫不爲虚而自虚者，此所慕而不能致也。」王念孫云：「『此所慕而不能致也』，義不可通。『不能致』當作『無不致』。所慕無不致，猶言所欲無不得。文子道德篇正作『此所欲而无不致也』。」俞樾云：「此言欲爲虚則不能爲虚，若夫不爲虚而自虚，則又慕之而不能致也。文子道德篇作『此所欲而無不致也』，於義不可通。王氏念孫反據以訂正淮南，殊爲失之。」典案：韓非子解老篇：「夫故以無爲無思爲虚者，其意常不忘虛，是制於爲虛也。虛者，謂其意所無制也，今制於爲虛，是不虛也。虛者之無爲也，不以無爲爲有常。不以無爲爲有常則虛。」卽淮南此文「不爲虛而自虛」之誼。此道家至高至深之境，出於性之自然，非有爲者所可幾及，故雖心焉慕之而實不能致也。文子道德篇作「此所欲而無不致也」，義既不可通，又與上文「常欲在於虛，則有不能爲虛矣」之誼不叶。王氏顧欲據以改淮南，斯爲謬矣。俞氏糾其失，是也。

「由是發其原而壅其流也。」王念孫云：「『由是』當爲『是由』，由與猶同。羣書治要引此，正作『是猶』。」典案：王說是也。文選東都賦、東京賦注引此文並作『是猶』，可證王說。猶、由古亦通用。爾雅釋言：「猶，若也。」猷與由通。惟唐人所見本字並作「猶」，則今本作「由」，聲之誤也。始誤「猶」爲「由」，後人又改爲「由是」耳。當依治要、文選注乙正。

「秦王之時，或人葅子，利不足也。」俞樾云：「或人卽國人也。或、國古通用。」典案：「或人葅子」，言人或有殺葅其子者耳。若作「國人」，則是舉國之人皆葅其子矣，事固不爾，文亦失經，俞說未安，不可從也。

道應篇：敍目：「道之所行，物動而應，考之禍福，以知驗符也，故曰道應。」典案：莊子知北遊篇无始曰「有問道而應之者，不知道也。雖問道者，亦未聞道。道无問，問无應。无問問之，是問窮也；无應應之，是无內也」，卽「道應」二字之誼。此篇以太清問道於無窮爲始，故以「道應」題篇，敍目望文生義，以「道之所行，物動而應」釋之，非是。

「子之知道，亦有數乎？」典案：「子之知道」上當有「曰」字，而今本敓之。莊子知北遊篇正作「曰：『子之知道，亦有數乎？』」當據增。

「可以窈，可以明。」俞樾云：「窈讀爲幽，故與明相對。」典案：俞讀是也。文子微明篇正作「可以幽，可以明」，是其證矣。原道篇「幽而能明，弱而能强，柔而能剛」，與此文詞意略同，亦以幽明對文。

「弗知之深而知之淺，弗知內而知之外，弗知精而知之粗。」王念孫云：「『弗知之深』，『之』字當在上文『無爲』下，今本『無爲』下脱『之』字，則文不成義。『弗知』下衍『之』字，則與下二句不對。莊子知北遊篇作『「若是，則無窮之弗知與無爲之知，孰是而孰非乎？」無始曰：「弗知深矣，知之淺矣。弗知內矣，知之外矣。」』是其證。」典案：王謂上文「無爲」下脱「之」字，是也。惟文子微明篇襲用淮南此文，作「知之淺不知之深，知之外不知之內，知之粗不知之精」，文雖倒，「不知」下固自有

「之」字，且三句一律。文子襲用淮南子文，大抵删削多而增益少，或此文本作「弗知之深而知之淺，弗知之内而知之外，弗知之精而知之粗」，今本下二句敚兩「之」字耳。莊子文句與淮南相遠，文子則直襲用淮南，故以莊子校，不若以文子校之近確也。

「白公問於孔子曰：『人可以微言？』」典案：「微言」下當有「乎」字，語意始完。吕氏春秋精諭篇、列子説符篇、文子微明篇「微言」下並有「乎」字，是其證矣。

「白公不得也，故死於浴室。」注：「楚殺白公於浴室之地也。」典案：吕氏春秋精諭篇「浴室」作「法室」，高注：「法室，司寇也。一曰：浴室，澡浴之室也。」與此注異。道應篇爲許注本，故注與高彼注不合。

「治國有禮，不在文辯。」王念孫云：「『有禮』當爲『在禮』，字之誤也。在與不在相對爲文。羣書治要引此，正作『在禮』。」典案：文子微明篇作「治國有禮」，與淮南合，未可依後世類書引文改。

「大敗知伯，破其首以爲飲器。」注：「飲，溺器，椑榼也。」莊逵吉云：「左傳：『行人執榼承飲造於子重。』褚少孫補大宛傳曰『飲器』，韋昭説：『飲器，椑榼也。』皆爲酒器，非溺器也。疑此『酒』字譌『溺』。」典案：韓非子喻老篇作「漆其首以爲溲器」，説文水部：「湪，浸沃也。」蓋卽釀酒之器。説苑建本篇作「漆其首以爲酒器」。吕氏春秋義賞篇作「斷其頭以爲觴」，觴亦酒器也。注既言「椑榼」，不得復以爲溺器。莊謂「溺」爲「酒」字之譌，其説近確。惟以本書注之文例觀之，疑當作「飲器，椑榼也」。褚少孫補大宛傳「飲器」，韋注「椑榼也」，卽本淮南此注。「溺」字或後人妄加之也。

「此其賢於勇有力也，四累之上也，大王獨無意邪？」注：「此上凡四事，皆累於世，而男女莫不歡然爲上也。」典案：吕氏春秋順説篇高注：「四累，謂卿大夫士及民四等也。君處四分之上，故曰四累之上。」與此注迥殊。蓋許、高之異也。知分篇「四上之志」，高注：「四上，謂君也。卿大夫士與君爲四，四者之中，君處其上，故曰四上之志。」與順説篇注意相類。知高氏自以卿大夫士民爲解，與許氏以爲四事者不同。

「爲吾臣，與翟人奚以異？」典案：「爲吾臣，與翟人奚以異」，語意未晰。莊子讓王篇作「爲吾臣，與爲翟人臣奚以異」，當從之。吕氏春秋審爲篇作「爲吾臣，與狄人臣奚以異」。

「大王亶父可謂能保生矣。雖富貴，不以養傷身；雖貧賤，不以利累形。」典案：「保」當爲「尊」。「雖富貴」上當有「能尊生者」四字。莊子讓王篇、呂氏春秋審爲篇並作「大王亶父可謂能尊生矣」，卽此文所本。莊子之「能尊生」者，卽承此而言。若作「保生」，則與下句不叶矣。呂氏春秋、文子上仁篇「雖富貴」上亦並有「能尊生」三字。淮南敚此數字，「雖富貴，不以養傷身；雖貧賤，不以利累形」，二句遂無所指矣。

「故老子曰：『貴以身爲天下，焉可以託天下。愛以身爲天下，焉可以寄天下矣。』」典案：「焉」當訓「乃」，猶言貴以身爲天下，乃可以託天下；愛以身爲天下，乃可以寄天下也。禮月令「天子焉始乘舟」，墨子親士篇「焉可以長生保國」，魯問篇「焉始爲舟戰之器」，國語晉語「焉始爲令」，皆其比也。今本老子作「故貴以身爲天下者，則可寄於天下。愛以身爲天下者，乃可以託於天下。」莊子在宥篇作「故貴以身於爲天下，則可以託天下。愛以身於爲天下，則可以寄天下。」則、乃誼亦相近。

「故老子曰：『知和曰常，知常曰明，益生曰祥，心使氣曰強。』」典案：「益生曰祥，心使氣曰強」，「曰」皆當爲「日」，形近而誤也。今本老子玄符第五十五作「知和曰常，知常曰明，益生日祥，心使氣日強」，注：「人能知道之常行，則日以明達於玄妙也。」是所見本上二「曰」字亦作「日」。

「楚王曰：『寡人得立宗廟社稷。』」俞樾云：「『立』字無義，疑『主』字之誤。」典案：列子説符篇作「寡人得奉宗廟社稷」，藝文類聚五十二引此文同。「立」當爲「奉」字之壞。俞説失之。

「桓公讀書於堂，輪人斲輪於堂下。」典案：「桓公讀書於堂」，當作「桓公讀書於堂上」，與下句「輪人斲輪於堂下」相對。今敓「上」字，句法遂不一律。莊子天道篇作「桓公讀書於堂上，輪扁斲輪於堂下」，是其證矣。韓詩外傳五作「楚成王讀書於殿上」，「堂」雖作「殿」，亦有「上」字。

「夫國家之安危，百姓之治亂，在君行賞罰。」俞樾云：「『君』字衍文，涉下文『君自行之』而衍。此但言行賞罰，下乃分别言之。若此文有『君』字，則下文不可通矣。」典案：説苑君道篇作「國家之危定，百姓之治亂，在君行之賞罰也。」韓詩外傳七作「夫國家之安危，百姓之治亂，在君之行」。「在」下並有「君」字。俞謂「君」字爲衍文，失之。

「強臺者，南望料山，以臨方皇。」注：「料山，山名。方皇，水名，一曰山名。」典案：文選應休璉與滿公琰書注引作「吾聞京臺者，南望獵山，北臨方皇」，又引高注云：「京臺，高臺也。方皇，大澤也。」與此注不合。蓋許、高二家之異。「強臺」，高本作「京臺」，京、強古音同字通。説苑正諫篇、家語辯政篇字又作「荆」，亦以同音通用。料山，高本及説苑作獵山。方皇，説苑作方淮。料、獵，皇、淮雙聲，古亦通用。

「相天下之馬者，若滅若失，若亡其一。」王引之云：「此當以『若亡其一』爲句。高讀至『若亡』爲句，則『其一』二字上下無所屬矣。且一與失、轍爲韻，如高讀，則失其韻矣。」典案：王説是也。列子説符篇作「若滅若没，若亡若失」，亦以没、失、蹾三字爲韻，四字爲句，可爲王説之一證。又案：「天下之馬」與上句「良馬」相對爲文，所謂「若滅若失，若亡其一」，乃指馬言，非指相馬言也。「天下之馬」上不當有「相」字。莊子徐無鬼篇、列子説符篇「天下馬」上並無「相」字，是其證矣。

「晉文公伐原。」注：「原，周邑。襄王以原賜文公，原叛，伐之。」典案：吕氏春秋爲欲篇「晉文公伐原」，高注：「原，晉邑。文公復國，原不從，故伐之。今河内軹縣北原城是也。」與淮南注不合。蓋亦許、高二家之異。

「軍吏曰：『原不過一二日將降矣。』」典案：「一二」當爲「三」字。國語晉語作「諜出曰：『原不過三日矣。』」韓非子外儲説左上篇作「士有從原中出者，曰：『原三日即下矣。』」新序雜事四篇作「吏曰：『原不過三日將降矣。』」字並作「三」，是其證也。

「臣，偷也。」王念孫云：「『臣，偷也』，本作『臣，楚市偷也』。太平御覽人事部一百十六、一百四十引此，並作『臣，楚市偷也』。」典案：三國志郤正傳裴松之注引，作「臣，偷也」，與今本合。御覽所引，當是別本。

「深目而去鬐，淚注而鳶肩。」注：「淚，水。」王念孫云：「『淚注』當爲『渠頸』，高注『淚，水』，當爲『渠，大』，皆字之誤也。藝文類聚靈異部上引作『渠頸而鳶肩』，又引注云：『渠，大也。』斯爲確據矣。」典案：御覽三百六十九引莊子「盧敖見若士深目鳶肩」，是淮南此文本出莊子也。「淚注」，論衡道虛篇作「雁頸深目玄鬢」，雁頸、鳶肩誼正相類，文亦相對。王充東漢人，其書當較唐人所輯類書爲可信。此當依論衡，不當依藝文類聚引文。

「凡子所爲魚者，欲得也。」典案：「魚」當爲「漁」，字之壞也。呂氏春秋具備篇作「漁爲得也」。家語屈節篇作「凡斂者爲得」，斂與漁同。

「誠於此者刑於彼。」王念孫云：「各本及莊本『誠』字皆誤作『誠』，惟道藏本不誤。羣書治要引此正作『誠』。呂氏春秋、家語並同。」典案：王謂「誠」當爲「誠」，是也。「刑」爲「形」叚，言誠於此者則形於彼也。水經泗水注：「子聞之曰：『誠彼形此，子賤得之，善矣！』」是其證。

「築長城。」典案：淮南王父名長，故書中皆以「長」爲「修」。此文與主術篇「魚不長尺不得取」字仍作「長」，疑後人改之也。人間篇「使蒙公、楊翁子將築修城」；泰族篇「戍五嶺以備越，築修城以守胡」，字並作「修」，此不得獨作「長」。

「明日，往朝。師望之，謂之曰。」典案：「師」字當重。淮南此文出莊子，文選魏都賦、王元長三月三日曲水詩序注引莊子逸文並作「明日，往朝師。師曰」是其證。

「今日教子以秋駕。」典案：「教」上當有「將」字。呂氏春秋博志篇正作「今日將教子以秋駕」，文選魏都賦、王元長三月三日曲水詩序注引莊子作「今將教子以秋駕」，皆其證矣。

「墨者有田鳩者。」注：「田鳩學墨子之術也。」典案：呂氏春秋首時篇高注：「田鳩，齊人，學墨子術。」田鳩即田俅子，漢書藝文志墨家有田俅子三篇。鳩、俅音近字通。

氾論篇：「陽侯殺蓼侯而竊其夫人，故大饗廢夫人之禮。」注：「陽侯，陽陵國侯也。蓼侯，皋陶之後，偃姓之國侯也，今在廬江。」典案：禮坊記「陽侯猶殺繆侯而竊其夫人」，注：「同姓也。其國未聞。」釋文繆音穆。案：記注、元朗音並誤，當以淮南此文及注爲是。左文五年傳「楚子燮滅蓼」，杜注：「蓼國，今安豐蓼縣。」與此注

「今在廬江」之説正合。潛夫論志氏姓篇「及梁、葛、江、黄、徐、莒、蓼、六、英皆皐陶之後也」，亦與此注「蓼侯，皐陶之後」説同。

「夫聖人作法而萬物制焉，賢者立禮而不肖者拘焉。」典案：「物」當爲「民」字之誤也。此以人民言，非以物言也。下文「制法之民不可與遠舉，拘禮之人不可使應變」，即承此而言。若作「萬物」，則與下文不合矣。羣書治要引此文正作「萬民制焉」。

「必有獨聞之耳，獨見之明。」王念孫云：「劉本『耳』作『聰』是也。文子上義篇正作『獨聞之聰』。」典案：劉本是也。「聰」與「明」相對爲文，作「耳」則非其指矣。羣書治要引作「獨聞之聽」，「聽」與「聰」形近而誤，若字本作「耳」，無緣誤爲「聽」也。韓非子外儲説右上篇「獨視者謂明，獨聽者謂聰」，與此文義略同，亦以聰、明對文。

「今夫圖工好畫鬼魅，而憎圖狗馬者，何也？鬼魅不世出，而狗馬可日見也。」典案：羣書治要引此文「鬼魅不世出，而狗馬可日見也」，作「鬼魅無信驗，而狗馬切於前也」，疑别依一本。韓非子外儲説左上篇「客有爲齊王畫者，齊王問曰：『畫孰最難者？』曰：『犬馬最難。』『孰易者？』曰：『鬼魅最易。』夫犬馬，人所知也，旦暮罄於前，不可類之，故難。鬼魅，無形者，不罄於前，故易之也。」即淮南此文所本。

羣書治要引文之「切於前」卽韓非子「磬於前」也。今本淮南「不世出」、「可日見」相對爲文，則「可日見」亦非誤字，知羣書治要引文爲別據一本矣。

「故不用之法，聖王弗行；不驗之言，聖王弗聽。」典案：兩「聖王」於詞爲複，下「聖王」當爲「明主」。羣書治要引正作「明主弗聽」，是其證。此疑「主」始譌爲「王」，後人又依上句改「明」爲「聖」耳。

「故使陳成田常、鴟夷子皮得成其難。」錢大昕云：「淮南以鴟夷子皮爲田常之黨，他書所未見。按：田常弒君之年，越未滅吳，范蠡何由入齊？此淮南之誤也。」典案：說苑臣術篇：「陳成子謂鴟夷子皮曰：『何與常也？』對曰：『君死吾不死，君亡吾不亡。』陳成子曰：『然子何以與常？』對曰：『未死去死，未亡去亡。』」韓非子說林篇亦云「鴟夷子皮事田成子」，墨子非儒篇「乃樹鴟夷子皮於田常之門」，錢氏云「未見他書」，實爲失考。

「遇君子則易道，遇小人則陷溝壑。」典案：「易道」上當有「得」字。「得易道」與「陷溝壑」相對爲文，今敓「得」字，文既不相對，義亦不可通矣。意林引此文，作「遇君子則得其平易」，文雖小異，尚未敓「得」字。御覽七百四十引已敓。

「兼愛尚賢，右鬼非命，墨子之所立也，而楊子非之。」注：「兼三老五更，是以兼愛。」典案：三老五更不可言兼，注「兼」字當爲「養」字之誤。漢書藝文志正作「養三老五更，是以兼愛」，斯其確證矣。

「爲號曰。」典案：「爲號曰」，白帖引作「爲銘於簨簴曰」，與鬻子文同，疑是別本。

「故賞一人，而天下爲忠之臣者莫不終忠於其君。」王念孫云：「『天下爲忠之臣者』，當作『天下之爲臣者』。呂氏春秋義賞篇引孔子曰：『賞一人，而天下之爲人臣者莫敢失禮。』卽淮南所本也。今本『之爲』二字誤倒，又衍一『忠』字。」典案：「天下爲忠之臣者」，當作「天下之爲人臣者」。韓非子難一篇：「賞一人，而天下爲人臣者莫敢失禮矣。」説苑復恩篇：「賞一人，而天下之人臣莫敢失君臣之禮矣。」呂氏春秋義賞篇亦作「天下之爲人臣者」。王氏謂「之爲」二字倒，又衍「忠」字，是也。惟未知「臣」上敓「人」字耳。

「裘不可以藏者，非能具綈綿曼帛温煖於身也。」典案：「藏」卽「葬」字之或體。説文「葬」篆説解「臧也」。「臧」當爲「藏」。禮記檀弓：「葬也者，藏也。」列子楊朱篇：「及其死也，無瘞埋之資，一國之人受其施者，相與賦而藏之。」

「宋人有嫁子者。」典案：韓非子説林篇「宋」作「衛」。

詮言篇：「非以智，不爭也〔一〕。」莊逵吉云：「吴處士江聲云：『應作「非以智，以不爭也」。中立四子本本作「非以智也，以不爭也」。』」典案：御覽四百九十六引亦作「非以智也，以不爭也」，與中立四子本合。道藏本作「非以智不爭也」，文不成義，當依中立四子本。

「此四者，耳目鼻口不知所取去，心爲之制，各得其所。」俞樾云：「鼻字，衍文也。上文云『目好色，耳好聲，口好味』，此承上文而言，亦當止言耳目口，不當兼言鼻。今衍鼻字者，蓋後人據文子符言篇增入。」典案：此疑上文「口好味」上脱「鼻好香」三字。文子符言篇及此文耳目鼻口並舉，皆其證也。俞氏不據文子以補上文之脱句，反以鼻爲衍文，其失也迂矣。

「行成獸。」注：「有謂古禮執羔麛鹿，取其跪乳，羣而不黨。」俞樾云：「『成獸』之文，殊不成義。高注曲爲之説，非也。獸疑獻字之誤。」典案：俶真篇「文章成獸」，此「成獸」二字之見於本書者。俞氏以爲文不成義，失之。

兵略篇：「兵之所以強者，民也。」王念孫云：「文子上義篇作『兵之所以強者，

〔一〕此條似應排在「此四者」條後。

必死也』，於義爲長。下句『民之所以必死者，義也』，卽承此句言之。民字疑涉下句而誤。」典案：「兵之所以強者，民也」，實兵家之精義。上文「因民之欲，乘民之力，政勝其民，下附其上，則兵強矣」，卽此文「兵之所以強者，民也」之説。文子上義篇「國之所以強者，必死也；所以死者，必義也」，文義本不可通，未可據彼改此。且此文「兵之所以強者，民也；民之所以必死者，義也；義之所以能行者，威也」，三句正相連貫，第一句以民字終，第二句以民字起，第二句以義字終，第三句以義字始，文義句法皆相銜接。若依文子改之，則文義句法俱不合矣。王説未諦，不可從也。

「上親下如弟，則不難爲之死。」王念孫云：「『上親下如弟』，親亦當爲視字之誤也。上文正作『上視下如弟』。」典案：王謂「親」當爲「視」，是也。御覽二百八十一引此文，正作「上視下如弟」；文子上義篇作「上視下如弟，卽必難爲之死」，「不」雖誤爲「必」，「視」字尚不誤，皆其證矣。

「故將必與卒同甘苦俟飢寒。」俞樾云：「『俟』字義不可通，乃『併』字之誤。併與并通。」典案：此疑當作「將必與卒同甘苦勞佚飢寒」。御覽二百八十一引作「故將必與卒同甘苦佚飢寒」，雖敓「勞」字，「俟」作「佚」尚不誤。此承上文「察其勞佚，以知其飽飢」而言。今本既敓「勞」字，「佚」又譌爲「俟」，義遂不可通矣。下文「險隘不乘，上陵必下，所以齊勞佚也」，「佚」上亦有「勞」字。

「合戰必立矢射之所及，以共安危也。」王念孫云：「上文云『所以程寒暑』，『所以齊勞佚』，『所以同飢渴』，則此『以共安危』上亦當有『所』字。」典案：王說是也。意林引作「所以同安危也」，「共」雖作「同」，「以」上尚未敓「所」字，可證王說。

說山篇：「故玉在山而草木潤，淵生珠而岸不枯。」注：「珠，陰中之陽也，有光明，故岸不枯。」典案：荀子勸學篇、大戴記勸學篇並作「淵生珠」，與今本淮南文合，惟「玉在山」與「淵生珠」文不相對。文子上德篇作「珠生淵」，疑當從之。

「上食晞堁，下飲黄泉，用心一也。」高注：「堁，土塵也，楚人謂之堁。」典案：主術篇許注「堁，塵塺也，楚人謂之堁」，與此注合。蓋高承用許注。說文土部：「塺，塵也。」注「土」字疑「塺」之壞字也。

「獸不可以虛氣召也。」俞樾云「『氣』當作『器』」。文子上德篇正作「獸不可以空器召」。」典案：俞說是也。傳寫宋本，字正作「器」。

「人不愛倕之手，而愛己之指；不愛江、漢之珠，而愛己之鉤。」高注：「鉤，釣也，道藏本如此。可以得魚，故愛之。」王念孫云：「正文『鉤』字本作『釣』，注本作『釣，鉤也』。釣爲釣魚之釣，又爲鉤之别名，故必須訓釋。若鉤字，則不須訓釋矣。古多謂鉤爲釣，故廣雅亦云：『釣，鉤也。』」典案「鉤」古音拘，故與「珠」爲韻。禮記樂記「倨中矩，句中鉤，累累乎端如貫珠」，太玄經迎次四「裳有衣襦，男子目珠，婦人啑鉤」，皆鉤字與珠爲韻。呂氏春秋重己篇「人不愛倕之指，而愛己之指，有之利故也。人不愛崑山之玉，江、漢之珠，而愛己之一蒼璧小璣，有之利故也」。即此所本。呂氏春秋以「倕之指」與「己之指」相對；「崑山之玉」、「江、漢之珠」與「己之一蒼璧小璣」相對。淮南以「倕之手」與「己之指」相對，「江、漢之珠」與「己之鉤」相對。蓋皆取其價雖相懸，而質則相類耳。帶鉤以玉爲之，故以之與江、漢之珠爲比，釣魚之鉤非其類也。高氏以釣鉤釋之，已非其指，王氏至欲改正文之鉤爲釣，既乖淮南子之意，又失其韻矣。

「曾子立廉，不飲盜泉。」典案：「曾」當爲「孔」，涉上「曾子立孝」而誤也。尸子：「孔子至於勝母，暮矣而不宿；過於盜泉，渴矣而不飲，惡其名也。」文選陸士衡猛虎行注引水經沂水注引略同。水經沂水注。列女傳：「樂羊子妻曰：『妾聞志士不飲盜泉之水。』」注引論語撰考讖：「水名盜泉，仲尼不漱。」後漢書鍾離意傳：「臣聞孔子忍渴於盜泉之水。」説苑説叢篇：「邑名勝母，曾子不入；水名盜泉，孔子不飲，醜其聲也。」論衡問孔篇：「孔子不飲盜泉之水，曾子不入勝母之閭，避惡去汙，不以義恥辱名也。」諸書皆以不飲盜泉爲孔子事，非曾子也。且上文已言「曾子立孝，不過勝母之間」，下更言「曾子立廉」，於詞亦復矣。御覽四百二十六引此已誤。惟四百十三引「曾子立孝」「曾」誤爲「孔」，可考「曾」、「孔」二字互誤之跡。

「莊王誅里史，孫叔敖制冠浣衣。」俞樾云：「『制』疑『刷』字之誤。爾雅釋詁：『刷，清也。』故與『浣衣』對文。」典案：「制」、「製」古通用，「制冠」卽「製冠」也。蔡邕獨斷云：「長冠，楚製也。」是其證矣。俞氏欲改字釋之，非是。且「清冠」亦不詞。

「鼎錯日用而不足貴。」高注：「錯，小鼎。」王引之云：「古無謂小鼎爲錯者，『錯』當爲『鏏』。『鏏』字本在『鼎』字上。鏏鼎，小鼎也。說林篇『水火相憎，鏏在其間，五味以和』，彼注云：『鏏，小鼎。』正與此注相同。」典案：御覽七百六十五箕箒條下引此文作「掃箒日用而不足貴」，疑「鏏」始譌爲「篲」，後人又改爲「掃箒」也。御覽箕箒條下引此，是其譌已在宋前矣。

說林篇：「以瓦鉒者全，以金鉒者跋，以玉鉒者發。」典案：呂氏春秋去尤篇引莊子作「以瓦投者翔，以鉤投者戰，以黃金投者殆」。今本莊子達生篇作「以瓦注者巧，以鉤注者憚，以黃金注者殙」。列子黃帝篇「注」作「摳」，餘同莊子。

「是故所重者在外，則內爲之掘。」陳昌齊云：「掘卽拙字也。莊子達生篇作『凡外重者內拙』，是其證。」典案：陳說是也。列子黃帝篇作「凡重外者拙內」，張注：

「『拱』本作『拙』。又唯忘内外，遺輕重，則無巧拙矣。」是張湛所見本字亦作「拙」。吕氏春秋去尤篇作「外有所重者泄蓋内掘」。

「以兔之走，使犬如馬，則逮日歸風。」典案：「使犬如馬」，「犬」當爲「大」字之誤也。御覽九百七、事類賦獸部二十三引，「犬」並作「大」，是其證。又案：「逮」，御覽引作「逐」；「歸」，御覽、事類賦引並作「追」，於義爲長。

「今鱓之與蛇，蠶之與蠋，狀相類而愛憎異。」典案：廣韻燭韻蜀字下引此文「蠋」作「蜀」。説文虫部：「蜀，葵中蠶也。今本作蠋〔一〕者，疑後人依韓非子説林下篇、内儲説上篇改之也。

「豹裘而雜，不若狐裘之粹。」典案：「豹」疑「貂」誤。説山篇正作「貂裘而雜，不若狐裘而粹」。

「巧冶不能鑄木，工巧不能斲金者，形性然也。」孫詒讓云：「『工巧』當作『巧匠』。」典案：文子上德篇作「巧冶不能銷木，良匠不能斲冰」。良匠猶巧匠也，孫説近確。

〔一〕「蠋」，原本作「蜀」，據説林訓「文典按」改。

人間篇：「魯君聞陽虎失。」俞樾云：「失當讀爲逸。陽虎逸即陽虎逃。古字『逸』與『佚』通。」典案：上文「魯君令人閉城門而捕之，得者有重賞，失者有重罪。」此「失」字即承上文而言，俞説未審。

「豎陽穀奉酒而進之。」典案：左成十六年傳，韓非子十過篇、飾邪篇，説苑敬慎篇，「陽穀」並作「穀陽」，唯吕氏春秋勸勳篇、史記楚世家作「陽穀」，與淮南合。

「宣子弗欲與之。」俞樾云：「『弗欲與之』，本作『欲弗與之』。趙策作『魏桓子欲勿與』。」典案：俞説是也。韓非子十過篇作「韓康子欲勿與」，可證俞説。

「非求其報於百姓也。」典案：此句與下文「非求福於鬼神也」相對爲文，「其」字疑衍。説苑貴德篇無「其」字。

「固試往復問之。」典案：列子説符篇「固試往復問之」作「姑復問之」。「固」疑當爲「姑」，聲近而誤也。

「今雖成，後必敗。」典案：「成」當爲「善」，作「成」者，後人依韓非子外儲説左上篇改之也。下文「今雖惡，後必善」；「其始成，竘然善也，而後果敗」，皆承此而言。作「成」，則與下文不合矣。吕氏春秋別類篇、御覽九百五十二引此文，並作「今雖善」，尤其確證矣。

「咎犯曰：『仁義之事，君子不厭忠信；戰陳之事，不厭詐僞。』」典案：「君子」二字疑衍。「仁義之事」、「戰陳之事」，「不厭忠信」、「不厭詐僞」相對爲文，不當有「君子」二字。韓非子難一篇作「繁禮君子，不厭忠信；戰陳之間，不厭詐僞」。呂氏春秋義賞篇作「繁禮之君，不足於文；繁戰之君，不足於詐」。説苑權謀篇作「服義之君，不足於信；服戰之君，不足於詐」。御覽三百十三引淮南此文作「仁義之軍，不厭忠信；戰陳之戎，不厭詐僞」。皆以四字爲句。有「君子」二字，則句法既不一律，義亦不可通矣。疑一本作「之事」，一本作「君子」，校者旁注「君子」二字，寫者誤入正文。

「以詐僞遇人，雖愈利，後無復。」俞樾云：「愈當爲愉，古偷字也。謂雖偷取利，而後不可復也。呂氏春秋義賞篇曰：『雖今偷可，後將無復。』」典案：俞説是也。韓非子難一篇作「以詐遇民，偷取一時，後必無復」。説苑權謀篇作「詐猶可以偷利，而後無報」。字並作「偷」，可證俞説。

「至其日之夜，趙氏殺其守隄之吏，決水灌智伯。」俞樾云：「『其』當作『期』，謂所期之日之夜也。韓子十過篇正作『至於期日之夜』。」典案：俞説是也。戰國策趙策作「使張孟談見韓、魏之君曰：『夜期殺守隄之吏，而決水灌智伯軍。』」文雖小異，

「其」亦作「期」，可證俞說。

「是故忠臣事君也。」典案：「忠臣」下當有「之」字。初學記政理部、白帖四十九、御覽六百三十三引，並作「是故忠臣之事君也」，是其證。

「郈氏介其雞。」注：「介，以芥菜塗其雞翅也。」典案：吕氏春秋察微篇高注：「介，甲也。作小鎧著雞頭也。」與淮南此注不同。蓋許、高之異也。左昭二十五年傳：「季、郈之雞鬭，季氏介其雞。」賈逵云：「擣芥子爲末，播其雞翼，可以坌郈氏雞目。」史記魯世家集解引服虔説同。許君爲賈逵弟子，此注卽用師説。人間篇之爲許注本，益信而有徵矣。説文艸部：「芥，菜也。」亦與此注「芥菜」訓合。

「禱於襄公之廟，舞者二人而已。」注：「時魯禱先君襄公，八佾之舞庭者凡二人也。」典案：「禱」疑當爲「禘」。説文示部：「禘，祭也。」「禱，告事求福也。」有事於先君之廟，用八佾之舞，則當言禘。吕氏春秋察微篇作「禘於襄公之廟也」。高注：「禘，大祭也。」左昭二十五年傳亦作「將禘於襄公」，皆其證矣。注「時魯禱先君襄公」，則所見本已作「禱」矣。

「史争之，以爲西益宅不祥。」典案：藝文類聚六十四、御覽一百八十引風俗通義云：「宅不西益。俗説西者爲上，上益宅者，妨家長也。」卽「西益宅不祥」之説。

「吾欲益宅，而史以爲不祥。」典案：「益宅」上當有「西」字。史以西益宅爲不祥，非以益宅爲不祥也，今敓「西」字，文義不明。論衡四諱篇正作「吾欲西益宅，史以爲不祥」，是其證也。

「不若此延路、陽局。」王念孫云：「『不若此』，『此』字因上文『若此其無方』而衍。」典案：王説是也。北堂書鈔一百六引此文亦無「此」字，可證王説。

「爲大室以臨二先君之廟，得無害於子乎？」典案：「得無害於子乎」義不可通，「子」當爲「孝」之壞字。御覽一百七十四引新序逸篇作：「爲室而大，以臨二先君，無乃害於孝乎？」文雖小異，「子」正作「孝」，是其證矣。

修務篇：「其重於尊亦遠也。」典案：「也」當爲「矣」字之誤也。藝文類聚七十三、御覽七百六十一引，「也」並作「矣」，是其證。

「由此觀之，則聖人之憂勞百姓甚矣！」典案：「百姓」下當有「亦」字，而今本敓之。藝文類聚二十、御覽四百一引，並作「則聖人之憂勞百姓亦甚矣」。

「公輸，天下之巧士。」典案：古書無言「巧士」者，「士」當爲「工」字之誤也。呂氏春秋愛類篇正作「公輸般，天下之巧工也」。愼大覽注同。

「九攻而墨子九卻之。」典案：「九攻」上疑敓「公輸般」三字。今本呂氏春秋愛類篇亦攷。御覽三百二十引，有墨子公輸篇「公輸盤九設攻城之機變，子墨子九距之」。御覽三百三十六引尸子「公輸九設攻城之具機變，墨子九拒之」。呂氏春秋愼大覽注：「公輸般九攻之，墨子九卻之。」皆其證矣。

「羿左臂修而善射。」典案：御覽三百六十九引，「左」作「右」，較長。

「楚人有烹猴而召其隣人。」典案：「烹猴」下當有「者」字。御覽八百六十一、九百十引，並作「烹猴者」，是其證。又案：「召」，御覽九百十引作「紿」，又有注云：「徒亥切。」則「紿」當非誤字。惟八百六十一引，字仍作「召」，與今本合。疑一本作「紿」，一本作「召」也。

泰族篇：「宋人有以象爲其君爲楮葉者，三年而成，莖柯豪芒，鋒殺顔澤，亂之楮葉之中而不可知也。」典案：「莖柯豪芒，鋒殺顔澤」，疑當爲「豐殺莖柯，豪芒繁澤」。韓非子喻老篇正作「豐殺莖柯，毫芒繁澤」。列子説符篇作「鋒殺莖柯，毫芒繁澤」，是其證也。「鋒」，當依韓非子作「豐」，淮南、列子作「鋒」，皆聲之誤。豐殺猶言肥瘦也。

「其所以中的剖微者，正心也。」王念孫云：「『正心』本作『人心』，與『努力』相對爲文。今作『正心』者，後人妄改之耳。羣書治要及太平御覽工藝部二引此，並作

『人心』。」典案：王氏謂「正心」當爲「人心」，是也。唐武后所造「人」字作「𤯔」，形與「正」字相似，傳寫遂誤爲「正」矣。古書「人」字多有譌爲「正」者，皆由當時寫本致誤也。

「故守不待渠壍而固，攻不待衝降而拔。」典案：「降」爲「隆」叚，隆謂隆車也。氾論篇「晚世之兵，隆衝以攻，渠幨以守」。

「當今之世，醜必託善以自爲解，邪必蒙正以自爲辟。」王念孫云：「『辟』字義不可通，當是『辭』字之誤。」典案：「辟」叚爲「譬」。「託善以自爲解」，「蒙正以自爲譬」，相對爲文，義亦正相對。説文言部：「譬，諭也。」徐鍇曰：「猶匹也，匹而諭之也。」王氏欲改字釋之，非。

「使人左據天下之圖而右刎喉，愚者不爲也。」俞樾云：「『刎』下當有『其』字。文子上義篇作『左手據天下之圖而右手刎其喉』。」典案：俞説是也。「右」下當有「手」字。本書精神篇正作「右手刎其喉」。吕氏春秋不侵篇、知分篇高注、後漢書仲長統傳、世説新語文學篇注同。

「身貴於天下也。」典案：「身」當爲「生」字之誤也。本書精神篇、吕氏春秋知分篇高注、世説新語文學篇注，字並作「生」，是其證。

「百姓放臂而去之，餓於乾谿，食莽飲水，枕塊而死。」注：「莽，草也。」典案：御覽果部十二菱條下引此文作「百姓避而去之，乃食菱飲水，枕塊而死」。泰族篇乃許注本，此文注「莽，草也」，是許君所見本字正作「莽」。說文茻部：「茻，衆艸也。」亦與此注正合。惟御覽引文在果部菱條下，則「菱」亦非誤字。此當是許本作「莽」，高本作「菱」耳。

「以弋獵博弈之日誦詩讀書，聞識必博矣。」典案：「聞識」上敓「則」字。上文「則田野必辟矣」，「則水用必足矣」，「則名譽必榮矣」，句上並有「則」字。羣書治要引此文正作「則聞識必博矣」，尤其明證。御覽六百七引，作「則識必博矣」，雖敓「聞」字，「則」字尚存。

「儀狄爲酒，禹飲而甘之，遂疏儀狄而絕旨酒。」典案：北堂書鈔刑法部流刑條下，卽淮南此文，作「儀狄造酒，禹嘗而美之，曰：『後世必有以酒亡國者。』乃疏儀狄。」「疏」非刑也，書鈔何以入刑法部流刑類中？此疑「疏」本作「流」，左半相同而誤。

要略篇：「操舍開塞，各有龍忌。」注：「中國以鬼神之事日忌，北胡、南越皆謂之請龍。」典案：墨子貴義篇「子墨子北之齊，遇日者。日者曰：『帝以今日殺黑龍於北方，而先生之色黑，不可以北。』」云云，疑即此文所謂龍忌也。鬼谷子本經、陰符七術篇「盛神法五龍」，陶弘景注：「五龍，五行之龍也。」疑亦龍忌之類。注未晐。

「此所以言兵也。」典案：文選晉紀總論注引，「兵」下有「者」字，與上下文一律，當據增。

附録二

淮南子逸文

「鄒衍事燕惠王盡忠，左右譖之。王繫之，仰天而哭，五月天爲之下霜。」

孫志祖云：「後漢書劉瑜傳注引淮南子曰：『鄒衍事燕惠王盡忠，左右譖之。王繫之，仰天而哭，五月天爲之下霜。』袁紹傳注同。又見初學記二、文選求通親〔一〕表李善注所引略同。今淮南無此文。」文典謹案：北堂書鈔百五十二、書鈔引「忠」作「誠」，避隋文帝父諱也。藝文類聚三、太平御覽十四、二十三所引亦略同。白帖二引作「鄒衍事燕惠王盡其忠貞，左右譖之。王弃衍，衍仰天而哭，感降霜」。文選詣建平王上書注引，作「鄒衍盡忠於燕惠王，惠王信譖而繫之。鄒子仰天而哭，正夏而天爲之降霜」。論衡感虚篇「鄒衍無罪，見拘於燕，當夏五

〔一〕「親」字原本誤重，據文選删。

月，仰天而歎，天爲隕霜」。論衡所舉儒者傳書之言，多與淮南子同，則此文亦必本之淮南也。

「安養士數千，高才者八人：蘇非、李尚、左吴、田由、伍被、毛周、雷被、晉昌，號爲八公。」

洪頤煊云：「史記淮南列傳索隱引淮南要略云：『安養士數千，高才者八人：蘇非、李尚、左吴、陳由、伍被、毛周、雷被、晉昌，號爲八公。』按：要略無此文，唯高誘序見此八人，陳由作田由，毛周作毛技。唐本序在要略後，故索隱以爲要略文。」文典謹案：文選謝玄暉和王著作八公山詩注引淮南子「淮南王安養士數千人，中有高才八人：蘇非、李上、左吴、陳由、伍被、雷被、毛被、晉昌，爲八公」。太平御覽四百七十五引淮南子「淮南王安養士數千人，其中高才八人：蘇非、李難、左吴、陳田、伍被、雷被、毛被、晉昌，號爲八公，共此看書」。八公姓名與高誘序正同。「共此看書」四字，疑卽高誘序「共講論道德，總統仁義，而著此書」十三字之敓誤。洪謂此爲高誘序，而非淮南正文，其説近確。

「直木先伐，甘井先竭。」藝文類聚八十八引。

文典謹案：莊子山木篇亦有此文。墨子親士篇「甘井近竭，招木近伐」，文子符言篇「甘井必竭，直木必伐」，文義皆與此略同。

「烏鵲填河成橋而渡織女。」白帖九引。

俞正燮云：「今淮南無之，或萬畢術文。歲華紀麗『鵲橋已成』注引風俗通云：『織女七夕當渡河，使鵲爲橋。』今風俗通已殘缺。馬縞中華古今注云：『鵲，一名神女。俗云七月填河成橋，乃附益崔豹所無者。』鵲於是日顛秃，又復不見容，是禽鳥有所避忌。淮南子言鵲開户知向太一，太一下行，忌七殺，重七避，蟄不足爲異，鵲又純雌，故名神女。值七日有牛、女之説，人遂妄意爲織女橋致首秃爾。」文典謹案：王觀國學林四引淮南子云：「烏鵲填河成橋而渡織女。」與白帖引文正同。王氏南渡後人，所引疑亦採之類書，非所見本尚有此文也。

「石破生啓。」

孫志祖云：「漢書武帝紀元封元年，登禮中嶽，『見夏后啓母石』，顏師古曰：『禹治洪水，通轘轅山，化爲熊，謂塗山氏曰：「欲餉，聞鼓聲乃來。」禹跳石，誤中鼓。塗山氏往，見禹方作熊，慙而去，至嵩高山下化爲石，方生啓。禹曰：「歸我子。」石破北方而啓生。事見淮南子。』洪興祖楚辭天問補注亦云：『今惟脩務訓有「禹生於石」之文，豈此事出許慎注耶？語涉怪誕，不似鴻烈本書。』

山海經五傳云：『「啓母化爲石而生啓」，見淮南子。』」文典謹案：北堂書鈔二十三引「石破生啓」，云出淮南子。太平御覽五十一引，作「禹娶塗山，化爲石，在嵩山下，方生啓，曰：『歸我子。』石破北方而生啓」。又藝文類聚六、太平御覽五十一引隨巢子「禹産於硯石，啓生於石」。北堂書鈔一引「啓生硯石」。史記六國表集解引皇甫謐云：「禹生石紐。」馬驌繹史十二「禹娶塗山，治鴻水，通轘轅山，化爲熊。塗山氏見之，慙而去，至嵩高山下，化爲石。禹曰：『歸我子。』石破北方而生啓」。王氏念孫淮南子雜志云：「書鈔、御覽及師古注所引，即許慎之注。」孫氏詒讓云：「脩務訓『禹生於石，史皇産而能書』，疑並用隨巢子文。」文典疑淮南王書舊有此文，而今本敚之也。

「奔車之上無仲尼，覆舟之下無伯夷。」御覽四百五十九引。

文典謹案：韓非子安危篇：「奔車之上無仲尼，覆舟之下無伯夷，故號令者，國之舟車也，安則智廉生，危則争鄙起。」御覽引殷康明慎云：「犇車之上無仲尼，覆舟之下無伯夷，言慎也。」山谷漫尉詩云：「覆轍索孤竹，奔車求仲尼。」王應麟云：「此韓非語也，余襄公余靖本名思古，字道安，建州人。謹箴用之。」御覽引此條，上下皆韓非子文，王氏亦以爲韓非語，而不及淮南，疑御覽誤。

「湯時大旱七年，卜用人祀天。湯曰：『我本卜祭爲民，豈乎自當之！』乃使人積薪，翦髮及爪，自潔居柴上，將自焚以祭天。火將然，卽降大雨。」文選思玄賦注引。

文典謹案：吕氏春秋順民篇「昔者，湯克夏而正天下，天大旱，五年不收，湯乃以身禱於桑林曰：『余一人有罪，無及萬夫；萬夫有罪，在余一人。無以一人之不敏，使上帝鬼神傷民之命。』於是翦其髮，酈其手，以身爲犧牲，用祈福於上帝。民乃甚説，雨乃大至」。御覽八十三引帝王世紀「湯自伐桀後，大旱七年，洛川竭。使人持三足鼎，祝於山川曰：『慾不節耶？使民疾耶？苞苴行耶？讒夫昌耶？宮室營耶？女謁行耶？何不雨之極也？』殷史卜曰：『當以人禱。』湯曰：『吾所爲請雨者，民也。若必以人禱，吾請自當。』遂齋戒，翦髮斷爪，以己爲牲，禱於桑林之社，曰：『唯予小子履，敢用玄牡，告于上天后土曰：「萬方有罪，罪在朕躬；朕躬有罪，無及萬方。無以一人之不敏，使上帝鬼神傷民之命。」』言未已，而大雨至，方數千里」。文選注引文「湯曰：『我本卜祭爲民，豈乎自當之！』」當有敚誤。墨子兼愛下篇文略同。

「楚恭王遊于林中，有白猨緣木而矯。王使左右射之，騰躍避矢，不能中。於是使由基撫弓而眄，猨乃抱木而長號。何者？誠在於心，而精通於物。」文選張茂先勵志詩注引。

文典謹案：今本淮南子説山篇「楚王有白蝯，王自射之，則搏矢而熙。使養由基射之，始調弓矯矢，未發，而蝯擁柱號矣」。文選幽通賦注、御覽三百五十、事類賦十三引，皆與説山篇文略同。勵志詩注所引，必他篇之逸文，非説山篇之異文也。藝文類聚九十五引郭璞山海經圖讚：「白猿肆巧，由基撫弓，應眄而號，神有先中。」則所見本必有「撫弓而眄」之文。呂氏春秋博志篇文與此多異。

「黄帝化天下，漁者不爭坻。」文選傅長虞贈何劭王濟詩注、七命注引。

文典謹案：覽冥篇「昔者黄帝治天下，而力牧、泰山稽輔之，田者不侵畔，漁者不爭隈。」顧炎武日知録卷二十引書用意。云：「淮南子原道篇。『舜釣於河濱，期年，而漁者爭處湍瀨，以曲隈深潭相予。』爾雅注引之，則曰『漁者不爭隈』，此略其文而用其意也。」不知爾雅釋丘注所引，乃覽冥篇文，非略原道篇文而用其意也。引書用意，古籍類然，顧説誠是，惟舉例未安。

「富貴而不道，適足以爲患。出車入輦，務以自供，命之曰顛蹷之機。肥肉厚酒，務以相強，命之曰爛腹之食。靡曼皓齒，鄭、衛之音，命之曰伐性之斧。三患者，富貴之所致。」御覽四百七十二引。

文典謹案：吕氏春秋本生篇「貴富而不知道，適足以爲患，不如貧賤。貧賤之致物也難，雖欲過之，奚由？出則以車，入則以輦，務以自佚，命之曰招蹷之機。肥肉厚酒，務以自彊，命之曰爛腸之食。靡曼皓齒，鄭、衛之音，務以自樂，命之曰伐性之斧。三患者，貴富之所致也」。卽此文所本。「務以自供」，「供」當爲「佚」字之誤也。草書「失」或作「𠂒」，形與「共」相似，故「佚」誤爲「供」耳。枚叔七發「且夫出輿入輦，命曰蹷痿之機；洞房清宮，命曰寒熱之媒；皓齒娥眉，命曰伐性之斧；甘脆肥膿，命曰腐腸之藥」。卽約用此文。

「湯放桀於歷山，與妹喜同舟浮江，奔南巢之山而死。」史記夏本紀正義引。

文典謹案：脩務篇「湯夙興夜寐以致聰明，輕賦薄斂以寬民氓，布德施惠以振困窮，弔死問疾以養孤孀，百姓親附，政令流行，乃整兵鳴條，困夏南巢，譙以其過，放之歷山」。無「與妹喜同舟浮江」之文。

「若天下無道，守在四夷；天下有道，守在海外。」文選東京賦注引。

文典謹案：泰族篇「故天子得道，守在四夷；天子失道，守在諸侯；諸侯得道，守在四隣；諸侯失道，守在四境」。文選注所引，或卽約舉泰族篇文，而又略加改易與？

「成相篇曰：『莊子貴支離，悲木槿。』」藝文類聚八十九引。

文典謹案：藝文類聚注云：「成相出淮南子。」是淮南王書本有成相篇，而今逸之也。漢書藝文志雜賦十二家，有成相雜辭十一篇。王應麟云：「淮南王亦有成相篇，見藝文類聚。

「『牛膽塗目，莫知其誰。』注曰：『取八歲黄牛膽，桂三寸，著膽中，百日以成。因使巧工刻象人，丈夫著目下，爲女子著頭上，爲小兒著頤下，盛以五綵囊。先宿齋，無令人知也。』」太平御覽八百九十九引。

文典謹案：此條就其文義審之，當是淮南萬畢術文，御覽誤引耳。諸類書中，往往以萬畢術爲淮南子，此特其一例也。

「『天雄雄雞志氣益。』注：『取天雄二枚，納雄雞腹中。搗，生食之，令人勇。』」御覽九百九十引。

文典謹案：此疑是萬畢術文。廣雅釋艸：「蕪奚，附子也。一歲爲萴子，二歲爲烏喙，三歲爲附子，四歲爲烏頭，五歲爲天雄。」本書主術篇高注作「一歲爲側子，二歲爲附子，三歲爲烏頭，四歲爲天雄」。

「取牛膽塗熱釜卽鳴矣。」御覽八百九十九引。

「濰水、覆舟山，蓋廣異名也。」御覽六十三引。

文典謹案：此疑是墬形篇「維出覆舟」注語。

「曲張，弓名也。一名彷徨弓。」御覽三百四十七引。

「宛轉弓，今之弭弓是也。」同上。

「朱鼈浮於水上，必大雨。」御覽十引。

「董仲舒請雨，秋用桐木魚。」初學記天部下、御覽十一引。

「七月七日午時，取生瓜葉七枚，直入北堂中，向南立，以拭面靨，卽當滅矣。」御覽三十一引。

文典謹案：此亦當是萬畢術文。

「『槐之生也，入季春，五日而兔目，十日而鼠耳，更旬而始規，二旬成葉。』注：『規葉始開。』」御覽九百五十四、事類賦二十五。

「月中有桂樹。」御覽九百五十七引。

「東方之人長一丈。」御覽三百七十七引。

「扶桑在暘州，日所拂。東北方，十日所出。扶桑生暘谷中，九日居下枝，一日居上枝也。」御覽九百五十五引。

文典謹案：海外東經「湯谷上有扶桑，十日所浴，在黑齒北。居水中，有大木，九日居下枝，一日居上枝」。郭璞傳云：「天有十日，日之數十。此云九日居下枝，一日居上枝。大荒經又云：『一日方至，一日方出。』明天地雖有十日，自使以次第迭出運照。」

「太陰在上，蚯蚓結，爲陽侯。」御覽九百四十七引。

「越雞不能伏鶴卵。」御覽九百二十八引。

「堯、舜之德，輕於鴻毛。」御覽八十引。

附録三

淮南天文訓補注 錢塘

自序

淮南鴻烈解有許慎、高誘兩家注，隋書經籍志竝列于篇。至劉昫作唐書經籍志，唯載高注，則許注已佚于五季之亂矣。而新唐書及宋史藝文志仍竝列兩家，謂唐時許注猶存，歐陽氏得其故籍，以爲志，可也，宋時安得復有許注，而修史志者猶采入之歟？觀陳氏書録解題有曰：「既題許慎記上，而序文則用高誘，然則許注既佚，宋人以其零落僅存者羼入高注，遂題許慎之名，而其未羼入者，仍名高注可知也。要其冠以高誘之序，則高注爲多矣。」今世所傳高氏訓解，已非全書，而明正統十年道藏刊本首有高誘之序，内則題太尉祭酒臣許慎記上，一如陳氏所云，是卽宋時羼入之本，以挍高注，增多十三四，其間當有許注也。夫以淮南王之博辯善文辭，爲武帝所尊重，復得四方賓客如「九師」、「八公」者，廣采羣籍，作爲是書，固已極魁瑋奇麗之觀，而東漢兩大儒，各以博識多聞之學，事爲之證，言爲之詁，亦既疏解略盡矣。道藏本雖不全，而雜有二家之注在焉，猶愈于訓解之止出一家，而又爲庸妄子之所芟削者。獨天文訓一篇，道藏本未嘗增多訓解一字，而中有「誘不敏也」之文，其注亦遂簡略，蓋此篇決出于誘之所注，而誘于術數未諳，遂不能詳言其義耳。然吾謂三代古術，往往見于周禮、左氏春秋傳、史記律、曆、天官書中，其可以相質證者，賴有此篇。儒者而弗明乎是，卽經史之奧旨，何由洞悉而無疑也哉？竊不自揆，推以算數，稽諸載籍，于高氏所未及者，皆詳言之。亦時正其舛謬，如「天一元始，正月建寅，日月入營室五度，天一以始建」，卽是顓頊曆上元，則「天一」當爲「太一」，而高氏無注；「二十四時之變」，反覆比十二律，故一氣比一音，而注以十二月律釋之；「淮南元年，太一在丙子，冬至甲午，立春丙子」，曆術所無，蓋時己酉冬至脱其日名，甲子自爲立春之日，重言「丙子」，本與下文「二陰一陽成氣二，二陽一陰成氣三」相連，卽釋「太一丙子」之義，而截「立春丙子」爲句，閡以注語，似立春僅去冬至四十二日，此皆舛錯尤大者。予之補注，不爲高氏作疏，正不妨直糾其失耳。書成于己亥之夏，戊申秋復改正數條，遂繕爲定本焉。

乾隆五十三年九月九日，嘉定錢塘序。

天文訓

元注：文者，象也。天先垂文象，日月五星及彗孛皆謂以譴告一人，故曰天文，因以名篇。

天墜未形，

補曰：「墜」，籀文「地」。

馮馮翼翼，洞洞灟灟，故曰太昭。

元注：馮翼洞灟，無形之貌。洞讀挺挏之挏，灟讀以鐵頭斫地之钃也。

補曰：楚辭天問：「馮翼何象？何以識之？」王逸注云：「言天地既分，陰陽運轉，馮馮翼翼，何以識知其形象乎？」

道始于虚霩，

補曰：「霩」，古「廓」字。説文：「霩，雨止雲罷貌。臣鉉等曰：『今别作廓，非是。』」

虚霩生宇宙，宇宙生氣。氣有漢垠，

元注：宇，四方上下也。宙，往古來今也。將成天地之貌也。漢垠，重安〔一〕之貌也。

補曰：御覽卷一引作「涯垠」。案：「漢」，莊刻本作「涯」，云俗本作「漢」，誤。詳文義，當以「涯」爲是。

清陽者薄靡而爲天，

元注：薄靡者，若塵埃飛揚之貌。

重濁者凝滯而爲地。

補曰：黄帝素問陰陽應象大論曰：「積陽爲天，積陰爲地，故清陽爲天，濁陰爲地。」

清妙之合專易，

元注：「專」，一作「摶」。案：「摶」，莊刻本誤作「專」。

補曰：「專」，古通「摶」。易「夫乾其静也專」，陸績作「摶」，是也。史記王翦傳「專委于我」，徐廣曰：「專，亦作摶。」今淮南注别本云「一作『專』者」，傳寫誤。

〔一〕「重安」，原本作「安重」，據前天文訓注文改。

天言「合專」者，楚辭「乘精氣之摶摶兮」，王逸云：「楚人名員曰摶也。」此其義也。

重濁之凝結難，

補曰：「結」，一作「竭」。案：莊刻本正作「竭」。

故天先成而地後定。天地之襲精爲陰陽，

元注：襲，合也。精，氣也。

陰陽之專精爲四時，四時之散精爲萬物。積陽之熱氣生火，火氣之精者爲日；積陰之寒氣爲水，水氣之精者爲月。日月之淫爲精者爲星辰。天受日月星辰，地受水潦塵埃。

元注：共工，官名，霸于伏羲、神農之間。其後子孫任智刑以強，故與顓頊、黄帝之孫争位。不周山在西北也。

昔者共工與顓頊争爲帝，怒而觸不周之山，天柱折，地維絶。天傾西北，故日月星辰移焉；

元注：傾，高也。原道言「地東南傾」，傾，下也。此先言傾西北，明其高也。

地不滿東南，故水潦塵埃歸焉。

補曰：事見列子湯問篇，古蓋天之説也。祖暅天文録云：「古人言天地之形者有三，一曰渾天，二曰蓋天，三曰宣夜。蓋天之説又有三體：一云天如車蓋，遊乎八極之中；一云天形如笠，中夾高而四邊下；一云天如欹車蓋，南高北下。」南高北下，卽東南高，西北下也。禹所受地説書曰：「崑崙東南方五千里，名曰神州，帝王居之。」河圖括地象曰：「地部之位，起形高大者有崑崙山，其山中應于天，居最中，八十一域布繞之。中國，東南隅，居其一分。」此亦蓋天之説。然則，中國地，西北高，東南下。蓋天既以天爲東南高，西北下，地又西北高，東南下，于是以天之西北爲傾，地之東南爲不足。楊炯渾天賦曰：「有爲蓋天之説者曰，天則西北既傾而三光北轉，地則東南不足而萬穴東流。」其明證也。古言天雖有三家，太初以後始用渾天，其前皆蓋天也。淮南亦主蓋天，故持載其説。王充作論衡，不信蓋天，其説日篇〔一〕云：「鄒衍曰：『方今天下，在地東南，名赤縣神州。』天極爲天中，如今天下在地東南，視極當在西北。今正在北，方今天下在極南也。」不知天以辰極爲中，地以崑崙爲中，二中相值，俱當在人西北。人居崑崙東南，視辰極則在正北者，辰極在天，隨人所視，方位皆同，無遠近之

〔一〕「説日篇」，當爲「談天篇」之誤。

殊，處高故也。崑崙在地，去人有遠近，則方位各異，處卑故也。不妨今天下在極南，自在地東南隅矣。案：崑崙所在，其説不一，酈道元以爲是阿耨達大山，劉元鼎以爲即悶摩黎山，蒲蔡都實又謂是亦耳麻莫不剌山，但此諸山本不名崑崙，特中國人名之耳。中國自有崑崙山，山無別名者。是禹貢崑崙屬雍州。漢書地理志金城郡臨羌西北塞外有西王母石室，西有弱水、崑崙山祠。續漢書郡國志金城郡臨羌有崑崙山。十六國春秋前涼録馬岌傳云：「岌上言酒泉南山即崑崙之體也，周穆王見王母，樂而忘歸，即謂此山。此山上有石室，王母堂珠璣鏤飾，煥若神宮。」禹貢崑崙山在臨羌之西，即此明矣。然則崑崙近在雍州之西北隅，故爾雅言「西北之美者，有崑崙之球琳琅玕焉」，即山海經、穆天子傳所言崑崙，皆謂此山也。太史公曰：「自張騫使大夏之後也，窮河源，惡睹所謂崑崙者乎？」蓋譏武帝舍近求遠，非謂無崑崙也。故曰：「言九州山川，尚書近之矣。」晉鴻臚卿張匡鄴使于闐作行程記云：「玉河在于闐城外，其源出崑崙，西流一千三百里，至于闐界牛頭山。」然則崑崙在于闐東，明即臨羌之崑崙。蓋天家見中國之山唯此最高，用爲地中，以應辰極，故曰天如敧車蓋。周禮説冬至祀天皇大帝，夏至祀崑崙，亦即此意。若神州之神祭于建申之月，猶祭感生之帝于建寅之月，以神州在地東南隅，非大地故也。楚辭天問曰：「斡維焉繫？天極焉加？八柱何當？東南何虧？康回馮怒，地何故以東南傾？南北順橢，其衍幾里？崑崙縣圃，其尻安在？四方之門，其誰從焉？西北辟闢，何氣通焉？」此皆據楚先王廟之所圖而問之，知淮南所説，其備古矣。注以天傾爲高，則天北高南下，傾可言下，亦可言高，唯所命之而已。

天道曰圓，地道曰方。方者主幽，圓者主明。明者，吐氣者也，是故火曰外景；幽者，含氣者也，是故水曰内景。吐氣者施，含氣者化，是故陽施陰化。

補曰：以上皆見大戴禮曾子天圓篇，蓋孔氏微言也。天圓地方之義，曾子荅單居離言之，曰：「天之所生者上首，地之所生者下首。上首之謂圓，下首之謂方。如誠天圓而地方，則是四角之不掩也。」此卽渾天之理，而蓋天亦然。周髀算經曰：「圓出于方，方出于矩。環矩以爲圓，合矩以爲方。方屬地，圓屬天，天圓地方。」趙君卿注云：「物有方圓，數有奇耦。天動爲圓，其數奇；地靜爲方，其數耦。此配陰陽之義，非實天地之體也。」足與曾子相備。「火曰外景」，「水曰内景」者，周易離爲火，崔憬曰「取卦陽在外，象火之照也」；坎爲水，宋衷曰「卦陽在中，内光明有似于水」是也。

天之偏氣，怒者爲風；地之含氣，和者爲雨。陰陽相薄，感而爲雷，

元注：薄，迫也。感，動也。

激而爲霆，亂而爲霧。陽氣勝則散而爲雨露，

元注：散，霧散也。

陰氣勝則凝而爲霜雪。毛羽〔一〕者，飛行之類也，故屬于陽。介鱗者，蟄伏之類也，故屬于陰。日者，陽之主也，是故春夏而羣獸除，案：「春夏而羣獸除」之「而」，莊刻本作「則」。

元注：除，冬毛微墮也。

日至而麋角解。

元注：日冬至麋角解，日夏至鹿角解。

月者，陰之宗也，是以月虛而魚腦減，月死而蠃蛖膲。

元注：宗，本也。減，少也。膲，肉不滿，言應陰氣也。膲，讀若物醮少之醮。

補曰：一本云：「讀若物少之醮也。」語較明。案：「醮」，莊刻本作「膲」，讀若物醮炒

〔一〕「毛羽」，原本作「羽毛」，據前天文訓乙。

之醮也，與此異。

火上蕁，

元注：蕁，讀若葛覃之覃。案：莊刻本無「若」字。

補曰：「蕁」當爲「燅」。有司徹云：「乃燅尸俎。」注：「燅，温也。古文『燅』皆作『蕁』，記或作『燖』。春秋傳曰：『若可燖也，亦可寒也。』」案：今春秋傳作「尋」。是「尋」、「燅」古今字，「蕁」又「尋」之借也。注讀爲「覃」，又卽「燂」字。説文云：「燂，火熱也。从火，覃聲。」「覃」、「燂」聲同，故讀從之。

水下流，故鳥飛而高，魚動而下。物類相動〔二〕，本標相應，

元注：標，讀刀末之標。

故陽燧見日則燃而爲火，

元注：陽燧，金也。取金杯無緣者，熟摩令熱，日中時，以當日下，以艾承之，則燃得火也。

補曰：論衡率性篇：「陽燧取火于天，五月丙午日中之時，銷鍊五石鑄以爲器，

〔二〕「物類相動」，原本脱，據前天文訓補。

磨礪生光，仰以向日，則火來至。」

方諸見月則津而爲水，

元注：方諸，陰燧，大蛤也。熟摩令熱，月盛時，以向月下，則水生，以銅盤受之，下水數滴。先師説然也。

補曰：舊唐書禮儀志引作「下水數石」，出于李敬貞所竄易。方諸下水，不得有數石也。御覽引有許慎注云：「諸，珠也。方，石也。以銅盤受之，下水數升。」高所云「先師説」，殆謂此。案：誘自序云：「自誘之少，從故侍中同縣盧君受其句讀，誦舉大義。」又云：「深思先師之訓，爲之注解。盧君者，植也。」誘所云「先師」，當是盧植。周禮秋官：「司烜氏掌以夫遂取明火于日，以鑒取明水于月。」注：「夫遂，陽遂也。鑒，鏡屬。取水者，世謂之方諸。」攷工記：「金錫半，謂之鑒燧之齊。」是二器俱用金也。方諸亦有用石者。萬畢術「方諸取水」，注云「形若杯，合以五石」是也。依本注，陽燧爲鏡，方諸爲蚌。符子曰「鏡以曜明故鑒人，蚌以含珠故内照，曜明故能取火，含珠故能下水」，義可知也。方諸一名蚌鏡，故古謂之鑒。

案：御覽引許慎注如此，又引高誘注與此本同，知高、許兩家注本無別。先生所列「元注」，係高注無疑，後引許注者復有數條，義亦如是。

虎嘯而谷風至〔一〕，龍舉而景雲屬，

元注：虎，土物也。風，木氣也。木生于土，故虎嘯而谷風至。龍，水物也。雲生水，故龍舉而景雲屬。屬，會也。案：「虎，土物也」，御覽引作「虎，陽獸也」，與此異。

補曰：初學記引高誘注云：「虎，陽獸，與風同類。」與此注異。疑此出許慎也。管輅別傳云：「龍者陽精，以潛爲陰，幽靈上通，和氣感神，二物相扶，故能興雲。夫虎者陰精，而居于陽，依木長嘯，動于巽林，二氣相感，故能運風。」

麒麟鬭而日月食，

補曰：御覽引許慎注云：「麒麟，獨角之獸，故與日月相符。」案：莊刻本引許慎注云：「麒麟，大角獸。」與此異。

鯨魚死而彗星出，

補曰：初學記引許慎注云：「彗，除舊布新也。」

蠶珥絲而商絃絕，

〔一〕「至」，原本作「生」，據前天文訓改。

元注：蠶老絲成，自中徹外，視之如金精珥，表裹見，故曰珥絲。一曰，弄絲于口。商音清，絃細而急，故先絶也。

賁星墜而渤海決。

元注：賁星，客星，又作孛星。墜，隕也。渤，大也。決，溢也。案：莊刻本「渤」作「勃」。「勃」、「渤」古今字耳。

人主之情，上通于天，故誅暴則多飄風，

元注：暴，虐也。飄風，迅也。

枉法令則多蟲螟，

元注：食心曰螟，穀之災也。

殺不辜則國赤地，

元注：赤地，旱也。

令不收則多淫雨。

元注：干時之令不收納，則久雨爲災。

四時者，天之吏也；日月者，天之使也；星辰者，天之期也；

元注：期，會也。

虹蜺彗星者，天之忌也。

元注：雄爲虹，雌爲蜺也。虹者，雜色也。忌，禁也。

天有九野，九千九百九十九隅，去地五億萬里，

元注：九野，九天之野也。一野千一百一十一隅也。

五星，八風，二十八宿，

元注：五星，歲星、熒惑、鎮星、太白、辰星也。八風，八卦之風也。二十八宿，東方角、亢、氐、房、心、尾、箕，北方斗、牛、女、虛、危、室、壁，西方奎、婁、胃、昴、畢、觜、參，南方井、鬼、柳、星、張、翼、軫也。

五官，六府，

元注：五官，五行之官。六府，加以穀。

補曰：六府具下，卽時則訓之六合也，非左傳所説夏書六府。

紫微，太微，軒轅，咸池，四宮，天阿。案：原寫本作「四宮」，莊刻本作「四守」。其應作「四守」之義見下「四宮者，所以爲司賞罰」句。補注文此處作「四宮」爲是。

元注：皆星名，下自解。

何謂九野？

補曰：此所説皆引呂氏春秋有始覽之文，因采高誘彼注補之。

中央曰鈞天，其星角、亢、氐。

元注：韓、鄭之分野也。

補曰：高誘云：「鈞，平也。爲四方主，故曰鈞天。角、亢、氐，東方宿，韓、鄭分野。」

東方曰蒼天，其星房、心、尾。

補曰：高誘云：「東方，二月，建卯，木之中也，木青色，故曰蒼天。房、心、尾，東方宿。房、心，宋分野。尾、箕，燕分野。

東北曰變天，其星箕、斗、牽牛。

元注：陽氣始作，萬物萌芽，故曰變天。尾、箕一名析木，燕之分野。斗，吳之分野。牽牛，一名星紀，越之分野。案：莊刻本「陽氣始作」十二字在「越之分野」句下，與此異。

補曰：彼注云：「東北，水之季，陰氣所盡，陽氣所始，萬物向生，故曰變天。斗、牛，北方宿。尾、箕，一名析木之津，燕之分野。斗、牛，吳、越分野。」

北方曰玄天，其星須女、虛、危、營室。

元注：虛、危，一名玄枵，齊之分野。

補曰：彼注云：「北方，十一月，建子，水之中也，水色黑，故曰玄天。婺女，亦越之分野。虚、危，齊分野。營室，衛分野。

西北方曰幽天，其星東壁、奎、婁。

元注：幽，陰也。西北季秋將卽于陰，故曰幽天也。營室、東壁，一名豕韋，衛之分野。奎、婁，一名降婁，魯之分野。案：「豕韋」，莊刻本作「承韋」，疑彼誤也。

補曰：彼注云：「西北，金之季也，將卽大陰，故曰幽天。東壁，北方宿，一名豕韋，衛之分野。奎、婁，西方宿，一名降婁，魯之分野。」

西方曰顥天，其星胃、昴、畢。

元注：顥，白也。西方金，色白，故曰顥天。或作昊。昴、畢，一名大梁，趙之分野。

補曰：彼注云：「西方，八月，建酉，金之中也，金色白，故曰顥天。昴、畢，西方宿，一名大梁，趙之分野。」

西南方曰朱天，其星觜巂、參、東井。

元注：朱，陽也。西南爲少陽，故曰朱天。觜巂、參，一名實沈，晉之分野。

補曰：彼注云：「西南，火之季也，爲少陽，故曰朱天。觜巂、參，一名實沈，晉之分野。東井，南方宿，一名鶉首，秦之分野。」

南方曰炎天，其星輿鬼、柳、七星。

元注：柳、七星，周之分野，一名鶉火。案：「七星」下原寫本有「張」字，莊刻本無。張宿分野在下「東南方」，此當是衍字，今删。

補曰：彼注云：「南方，五月，建午，火之中也，火曰炎上，故曰炎天。輿鬼，南方宿，秦之分野。柳、七星，南方宿，一名鶉火，周之分野。」

東南方曰陽天，其星張、翼、軫。

元注：東南，純乾用事，故曰陽天。翼、軫，一名鶉尾，楚之分野。

補曰：彼注云：「東南，木之季也，將即太陽，純乾用事，故曰陽天。張、翼、軫，南方宿。張、翼，周之分野。翼、軫，一名鶉尾，楚之分野。」

何謂五星？

補曰：春秋運斗樞云：「太微宫中有五帝座。」星河圖云：「蒼帝神名靈威仰，赤帝神名赤熛怒，黄帝神名含樞紐，白帝神名白招拒，黑帝神名汁光紀。」春秋文曜鉤云：「赤熛怒之神爲熒惑，位南方，禮失則罰出填。黄帝含樞紐之精，其體璇璣中宿之分也。」尚書攷靈曜云：「歲星木精，熒惑火精，鎮星土精，太白金精，辰星水精也。」然則五緯卽是五帝，常居太微則曰帝，運行周天則曰緯耳。文曜鉤又言：「東宮蒼帝，其精爲龍；南宮赤帝，其精爲朱鳥；西宮白帝，其精白虎；北宮黑帝，其精玄武。」則五帝布精四方，又爲二十八宿矣。淮南言五星有五方、五帝、五佐、五神、五獸，其五帝、五佐乃人神之配天神者，則五方當謂五行，五獸卽二十八宿及軒轅。知獸有軒轅者，以史記言「軒轅，黄龍體」故也。

東方，木也，其帝太皞，

元注：太皞，伏犧氏有天下號也，死託祀于東方之帝也。

補曰：周禮小宗伯「兆五帝于四郊」，康成云：「五帝，蒼曰靈威仰，太昊食焉。」月令注云：「此蒼精之君。」

其佐勾芒，

補曰：高誘吕氏春秋正月紀注云：「勾芒，少昊氏之裔子，曰重，佐木德之帝，死爲木官之神。」然重亦託祀也。墨子明鬼篇曰：「昔者，鄭穆公當晝日中處于廟，有神人入門而左，鳥身，素服三絶，面狀正方。鄭穆公再拜稽首曰：『敢問何神？』曰：『予爲勾芒。』」山海經：「東方勾芒，鳥身人面，乘兩龍。」郭璞注：「木神也，方面素服。」知天神自有勾芒，重爲木正，故亦曰勾芒。月令注云：

「木官之臣。」

執規而治春。其神爲歲星，其獸蒼龍，其音角，其日甲乙。

元注：木〔一〕色蒼，龍〔二〕順其色也。角，木也。甲、乙皆木也。

補曰：史記律書：「九九八十一以爲宫。三分去一，五十四以爲徵。三分益一，七十二以爲商。三分去一，四十八以爲羽。三分益一，六十四以爲角。」卽黄鐘爲宫，林鐘爲徵，太簇爲商，南吕爲羽，姑洗爲角也。以之分屬五時，則春，姑洗應；夏，林鐘應；長夏，黄鐘應；秋，太簇應；冬，南吕應。此止就黄鐘一宫言之也。十二月各用其律，則太簇爲無射之角，夾鐘爲應鐘之角，姑洗爲黄鐘之角。以春三月應，中吕爲無射之徵，蕤賓爲應鐘之徵，林鐘爲黄鐘之徵。以夏三月應，夷則爲蕤賓之商，南吕爲林鐘之商，無射爲夷則之商。以秋三月應，應鐘爲太簇之羽，黄鐘爲夾鐘之羽，大吕爲姑洗之羽。以冬三月應，而黄鐘之宫，獨應于長夏。其義可知。至以十日配四時，亦有二義：一由日行所在。

〔一〕「木」，原本作「本」，形近而誤，據前天文訓注文改。

〔二〕「龍」上原本衍一「蒼」字，據前天文訓注文删。

尚書攷靈曜云：「萬世不失九道謀。」康成注引河圖帝覽嬉曰：「黄道一，青道二，出黄道東；赤道二，出黄道南；白道二，出黄道西；黑道二，出黄道北。日春東從青道，夏南從赤道，秋西從白道，冬北從黑道也。」隋志云：「晉侍中劉智云，昔者聖王正曆明時，作圓蓋以圖列宿。極在其中，迴之以觀天象。分三百六十五度四分度之一，以定日數。日行于星紀，轉迴右行，故規圓之，以爲日行道。欲明其四時所在，故于春也，則以爲青道；于夏也，則以爲赤道；于秋也，則以爲白道；于冬也，則以爲黑道。四季之末，各十八日，則以爲黄道。」此一義也。一由月體所象。虞翻周易注云：「甲乾乙坤相得合木，謂天地定位也；丙艮丁兑相得合火，山澤通氣也；戊坎己離相得合土，水火相逮也；庚震辛巽相得合金，雷風相薄也；天壬地癸相得合水，陰陽相薄而戰乎乾，故曰五位相得而各有合。」參同契云：「三日出爲爽，震庚受西方。八日兑受丁，上弦平如繩。十五乾體就，盛滿甲東方。十六轉就緒，巽辛見平明，艮直于丙南，下弦二十三坤乙。三十日東方喪其朋，壬癸配甲乙，乾坤括始終。」又一義也。乾坤即青道，艮兑即赤道，坎離即黄道，震巽即白道，天地即黑道。既日從青道，而甲乙在東方，則其日甲乙矣。此二義固相因也。其餘倣此。日名甲乙者，月令注云：「乙之言軋也。日之行，春東從青道，發生萬物，月爲之佐，時萬物皆解孚甲，自抽軋而出，因以爲日名焉。」

南方，火也，其帝炎帝，

元注：帝，少典之子也，以火德王天下，號曰神農，死託祀于南方之帝。

補曰：小宗伯注云：「赤曰赤熛怒，炎帝食焉。」月令注云：「此赤精之君神也。」

其佐朱明，

元注：舊説云祝融。

補曰：爾雅釋天云：「夏爲朱明。」故淮南以爲南方之帝佐。山海經曰：「南方祝融，獸身人面，乘兩龍。」郭璞注：「火神也。」楚辭九歎云：「絶廣都以直指兮，歷祝融于朱冥。」冥、明聲相近，是朱明卽祝融也。月令注云：「火官之臣。」

執衡而治夏。其神爲熒惑，其獸朱鳥，

元注：熒惑，五星之一也。朱鳥，朱雀也。

其音徵，其日丙、丁。

元注：徵，火也。丙、丁皆火也。

補曰：月令注云：「丙之言炳也。日之行，夏南從赤道，長育萬物，月爲之佐，時萬物皆炳然著見而强大，又因以爲日名焉。」

中央，土也，其帝黄帝，

元注：黄帝，少典之子也，以土德王天下，號曰軒轅氏，死託祀于中央之帝。

補曰：小宗伯注云：「黄曰含樞紐，黄帝食焉。」月令注云：「此黄精之君。」

其佐后土，

補曰：月令注云：「土官之臣。」

執繩而制四方。其神爲鎮星，其獸黄龍，

元注：土色黄也。

其音宫，其日戊己。

元注：宫，土。戊、己，土也。

補曰：史記天官書黄鐘宫案六十律始于戊子，則己丑爲林鐘徵，丑衝未，故林鐘爲六月律。林鐘徵也，其宫黄鐘。算律宫生徵，亦徵生宫，六倍黄鐘，即九倍林鐘是也。宫徵相生，律吕之要盡矣。律中黄鐘之徵者唯六月，故兼中黄鐘之宫。由此推之，十二月律各自爲徵，即各有其宫。不言者，非宫徵之始也。五行土寄王于未申，故坤爲土而位西南。宫，土音也，六月中之，必矣。日名戊己者，月令注云：「戊之言茂也。己之言起也。日之行，四時之間從黄道，月爲之佐，至此萬物皆枝葉茂盛，其含秀者屈抑而起，故因以爲日名焉。」

西方，金也，其帝少昊，

元注：少昊，黄帝之子青陽也，以金德王，號曰金天氏，死託祀于西方之帝。

補曰：小宗伯注云：「白曰白招拒，少昊食焉。」月令注云：「此白精之君。」

其佐蓐收，

補曰：高誘吕氏春秋七月紀注云：「少昊氏裔子，曰該，皆有金德，死託祀爲金神。」然晉語云：「虢公夢在廟，有神人面白毛虎爪，執鉞立于西阿。公懼而走。覺，召史嚚而占之，曰：『如君之言，則蓐收也。』」山海經云：「西方蓐收，左耳有蛇，乘兩龍。」郭璞注：「金神也。」明蓐收本天神，該爲金正，故亦名蓐收。月令注云：「金官之臣。」

執矩而治秋。其神爲太白，其獸白虎，其音商，其日庚辛。

元注：商，金也。庚、辛皆金也。

補曰：月令注云：「庚之言更也。辛之言新也。日之行，秋西從白道，成孰萬物，月爲之佐，萬物皆肅然改更，秀實新成，人因以爲日名焉。」

北方，水也，其帝顓頊，

元注：顓頊，黄帝之孫，以水德王天下，號曰高陽氏，死託祀于北方之帝也。

補曰：小宗伯注云：「黑曰汁光紀，顓頊〔一〕食焉。」月令注云：「此黑精之君。」

其佐玄冥，

補曰：高誘注十月紀云：「玄冥，水官也。少昊氏之子曰循，爲玄冥師，死祀爲水神。」然山海經云：「北方禺强，人面鳥身，珥兩青蛇，踐兩青蛇。」郭璞注云：「玄冥，水神也。」莊周曰：「禺疆立于北極。」則玄冥本天神，循爲水正，因得是名。月令注云：「水官之臣。」

執權而治冬。其神爲辰星，其獸玄武，其音羽，其日壬癸。

元注：羽，水也。壬、癸皆水也。

補曰：月令注云：「壬之言任也。癸之言揆也。日之行，冬北從黑道，閉藏萬物，月爲之佐，時萬物懷任于下，揆然萌芽，又因以爲日名焉。」

〔一〕「頊」，原本作「紀」，據周禮小宗伯注改。

太陰在四仲，則歲星行三宿；

元注：仲，中也。四仲，謂太陰在卯、酉、子、午四面之中也。

補曰：楊泉物理論曰：「歲行一次，謂之歲星。」

太陰在四鉤，則歲星行二宿。

元注：丑鉤辰，申鉤巳，寅鉤亥，未鉤戌，謂太陰在四角。

補曰：此以四辰成一鉤也。本或作「亥鉤戌」者非。此太陰謂歲陰。周禮保章氏注：「歲星爲陽，右行于天；太歲爲陰，左行于地，十二而小周。」鄭所謂陰，據太歲對歲星言之，尚非謂歲陰。此歲陰則歲雌也。既太歲、歲星行有左右，則與斗建日躔無異，故樂説云：「歲星與日常應太歲月建以見。」謂歲星與日同次之月，其斗所建之辰常有太歲也。古人視歲星以知太歲，因以太歲名年。爾雅「太歲在甲曰閼逢，太歲在寅曰攝提格」是也。至西漢時，復因太歲而知歲陰，命其時所用顓頊曆上元爲太歲甲寅推前三百三十八算而得太陰甲寅，于六十干支後三十八算，于十二辰則後二算。必三百三十八算者，略以五星通率推得之。其氣朔則正月朔旦啟蟄也，故天官書曰：「攝提格歲，歲陰左行在寅，歲星右轉居丑。」丑爲星紀，日月五星于是始，故治曆者必用此爲十二次之首，即以爲歲陰在攝提格之歲，其太歲則在子，是以孝武太初元年太歲在丙子，而詔以爲復得焉逢攝提格之歲，蓋用歲陰名也。小司馬不知其義，遂謂史、漢曆法不同，誤矣。歲星在丑，歲陰在寅，則歲星在子，歲陰在卯；歲星在酉，歲陰在午。可知由是一左一右，周行十二辰，歲星居四仲，歲陰亦必居四仲；歲星居四鉤，歲陰亦必居四鉤，但視歲星，可知歲陰。淮南由太陰以推歲星，義正同也。必仲有三宿，鉤止二宿者，左傳言：「婺女，玄枵之維首。」又言：「玄枵，虚中也。」則危爲玄枵之次末。玄枵有次三宿，則大梁、鶉火、大火亦必三宿，其餘八次僅得二宿。可知此宿次傳自周、秦之代，故淮南以爲言也。後漢鄭康成説周易爻辰亦用之。

二八十六，

補曰：歲星在四鉤，積八歲行十六宿。

三四十二，

補曰：歲星在四仲，凡四歲行十二宿。

故十二歲而行二十八宿。

補曰：即一周也。康成依三統法謂之小周。小周者，漢志云木〔一〕金相乘爲十二，是謂小周。小周乘巛策，爲一千七百二十八，是爲大周。木三金四乘爲十二，即仲三鈎二之義也。十二周天而超一辰，其積百四十四，即巛策。十二超辰而爲一終，其積千七百二十八，故以小周乘巛策而爲大周也。三統之法，分一次爲百四十五分，歲星歲行一次又剩行一分，積百四十四歲而剩行分竟，故有超辰。大衍曆議謂，昔僖公六年，歲陰在卯，星在析木；昭公三十二年，亦歲陰在卯，而星在星紀，故三統曆因以爲超辰之率是也。星有超辰，則太歲、歲陰隨之俱超，故太歲、歲陰皆當以歲星爲宗，不當遽以六十年周定其歲名。東京順帝時，妄謂歲無超辰，遂以滿六十甲子爲青龍一周，且置太陰不講矣。康成云：「然則今厤太歲非此也。」謂太歲不應歲星。

日行十二分度之一，歲行三十度十六分度之七，十二歲而周。

補曰：古歲星無超辰，故以十二歲爲通率。星有見伏留逆則略之矣。歲星見月爲太歲所在，則一見伏必十三中氣有奇，而十二歲有十一見伏。法以十二歲

〔一〕「木」，原本作「水」，據漢書律曆志改。

之積日剖爲十一分，卽得一見伏之日數，一見盡一歲，于是〔二〕伏日内減去一歲日，餘卽伏日也。依此推之，十二歲積四千三百八十三日，每見伏有三百九十八日十一分日之五，其伏日則三十三日二十刻又十一分之五也。其見伏行度，亦以周天分爲十一分，得每分三十三度二千分又十一分之五，以一次三十度四千三百七十五分減之，餘二度七千六百七十五分，卽伏行度也。欲知歲行分者，古曆度分母四，是乘爲十六，以通周天三百六十五度四分一，得五千八百四十四爲實，以十二次爲法除之，得四百八十七。又用爲實，以十六爲法除之，得三十度不盡七，卽一歲歲星所行度分也。然則一次有四百八十七分，故歲有餘分七，積十二次而五千八百四十四分盡，故十二歲而周天也。欲知度行日者，以五千八百四十四爲一度之積分，四百八十七爲一日之行分，以日分除度分，得十二無餘分，是十二日行一度也。如是計之，歲星一見行盡一次，見後伏三十日十六分日之七而復見，積十二歲而有十一見，則周天也。

熒惑

〔二〕據上下文意，「是」當爲「見」之譌。

補曰：天官志云：「其精爲風伯，惑童兒歌謡嬉戲也。」常以十月入太微，受制而出行列宿，司無道之國，爲亂爲賊，爲疾爲喪，爲饑爲兵，出入無常，辯變其色，時見時匿。

元注：此皆所以譴告人君。

補曰，熒惑亦以五千八百四十四爲實，計十四終，有十六周天，即以實爲積度，如十四而一，得一終行四百十七度十四分度之六。欲知星行與歲日俱終者，則三十二歲有十五終也，因倍實以爲積日，如十五而一，得七百七十九日十五分日之三也。其一見六百三十二日行三百度，餘卽伏行日度。通率二十八日行十五度。十月入太微受制者，熒惑在陬訾，太微在鶉尾，一歲可行百九十二度，則近太微矣。

鎮星以甲寅元始建斗，歲

補曰：此太歲在甲寅，非太陰也。時用顓頊曆人正月，五星會陬訾之次，太歲正在甲寅。若太陰在甲寅，歲星必在星紀矣。

鎮行〔一〕一宿，當居而弗居，其國亡土；未當居而居之，其國益地，歲熟〔二〕。日行二十八分度之一，歲行十三度百十二分度之五，二十八歲而周〔三〕。

元注：鎮星一徧。

補曰：鎮星亦以五千八百四十四爲實，十六乘二十八爲法，得歲行十三度四百四十八分度之二十分，各四除之，卽百十二分之五也。鎮星歲一見伏，見三百三十日，行八度；伏三十五日四分日之一，行五度百十二分之五也。

太白元始以正月甲寅〔四〕，

補曰：正月甲寅者，甲寅歲人正月之名也。古歲、月俱首甲寅，爲建首人正之定法，紀年用太陰、太歲皆同。太初元年月名畢聚，用太陰紀年之甲寅月也。顓頊曆元首月名畢陬，用太歲紀年之甲寅月也。自用天正爲首月，而歲、月俱始甲子矣。又甲寅爲正月朔旦立春之日，卽顓頊曆去千一百四十算，其冬至則

〔一〕「行」原本作「星」，據前天文訓改。
〔二〕「熟」原本作「宿」，據前天文訓改。
〔三〕「周」下原本有「天」字，據前天文訓刪。
〔四〕「甲寅」，莊校本作「建寅」。

己巳也。

與熒惑晨出東方，二百四十日而入，入百二十日而夕出西方，

補曰：「入百二十日」非是。晉灼漢書注改作「四十日」，亦非。

二百四十日而入，入三十五日而復出東方。出以辰戌，入以丑未。當出而不出，未當入而入，天下偃兵；當入而不入，當出而不出，

補曰：天官書作「未當出而出」，宜從之。

天下興兵。

補曰：太白八歲而出入東西各五，則一歲十六分歲之六，而晨夕各一見伏。此以五百八十四日四十刻爲兩見日數也。兩見四百八十日，餘爲兩伏日，晨伏不足九十日，夕伏十六日。云「入百二十日，入三十五日」者，皆誤。

辰星正四時，

補曰：宋均元命包注云：「辰星正四時之法，得與北辰同名也。」

常以二月春分效奎、婁，以五月夏至效東井、輿鬼，以八月秋分效角、亢，以十一月冬至效斗、牽牛。

元注：效，見。案：「效」，莊刻本文、注皆作「効」。説文無「効」字。玉篇云：「効，俗效

字。」此本作「效」是。

天下大饑。

出以辰戌，入以丑未。晨候之東方，夕候之西方。一時不出，其時不和；四時不出，

元注：穀不熟爲饑也。案：「饑」，莊刻本作「飢」。飢，餓也。饑，穀不熟也。兩字訓異。依此注之義，自應作「饑」。

補曰：辰星百六十年有五百十二終，以五千八百四十四日十倍之爲實，三十二乘十六爲法，法除實得百十四日五百十二分日之七十二，爲晨夕兩見伏之日數。兩見八十日，餘卽兩伏日，伏皆十七日有奇，而見〔一〕歲有六見伏有奇，則四仲月俱得有辰星，故可以正四時。

何謂八風？

補曰：河圖括地象云：「天有八氣，地有八風。」易緯云：「八節之風謂之八風。」春秋攷異郵云：「八風殺生，以節翺翔。」

距冬至四十五日條風至，案：莊刻本「距」字下有「日」字。

〔一〕「見」字疑衍。

元注：艮卦之風，一名融。爲笙也。

補曰：史記律書云：「條風居東北，主出萬物。條之言條治萬物而出之，故曰條風。」呂氏春秋有始覽云：「東北曰炎風。」高誘曰：「炎風，艮氣所生，一曰融風。」是條風卽炎風。融與炎聲相轉。條者調也，調卽融矣。周語云：「先立春五日，瞽告有協風至。」亦卽此風也。易通卦驗云：「立春，條風至。」宋均注云：「條風者，條建萬物之風是也。」樂説云：「艮主立春，樂用塤。此云笙者，服虔左氏傳注『艮音匏，其風融』，匏卽笙。八風于遁甲爲八門，條風當生門。」

條風至四十五日明庶風至，

元注：震卦之風也。爲管也。

補曰：律書云：「明庶風居東方。明庶者，明衆物之盡出也。」易通卦驗云：「春分，明庶風至。」有始覽云：「東方曰滔風。」高誘曰：「震氣所生，一曰明庶風。」是古名明庶風曰滔也。樂説云：「震主春分，樂用鼓。此云管者，服虔云『震音竹，其風明庶』，竹卽管。明庶風當傷門。」

明庶風至四十五日清明風至，

元注：巽卦之風也。爲柷也。

補曰：律書云：「清明風居東南維，主風吹萬物而西之軫。」通卦驗云：「立夏，清明風至。」有始覽云：「東方曰薰風。」高誘云「薰風或作景風，巽氣所生，一曰清明風」是也。樂説：「巽主立夏，樂用笙。此云柷者，服虔云『巽音木，其風清明』，木卽柷。清明風當杜門。」

清明風至四十五日景風至，

元注：離卦之風也。爲絃也。

補曰：律書云：「景風居南方。景者，言陽氣道竟，故曰景風。」通卦驗云：「夏至景風至。」有始覽曰：「南方曰巨風。」高誘注：「離氣所生，一曰凱風。詩曰：『凱風自南。』」然巨，大也；景，亦大也，故巨風爲景風也。樂説云：「離主夏至，樂用絃。服虔云『離音絲，其風景』，絃卽絲也。八音唯離、兑無異説。景風當景門。」

景風至四十五日涼風至，

元注：坤卦之風。爲塤也。

補曰：律書云：涼風居西南維，主地。地者，沈奪萬物氣也。」通卦驗云：「立秋，涼風至。」有始覽云：「西南曰淒風。」高誘注「坤氣所生，一曰涼風」是也。

樂説：「坤主立秋，樂用磬。此爲塤者，服虔云『坤音土，其風涼』，土卽塤。涼風當死門。」

涼風至四十五日閶闔風至，

元注：兑卦之風也。爲鐘也。

補曰：律書云：「閶闔風居西方。閶者，倡也；闔者，藏也。言陽氣導萬物，闔黄泉也。」通卦驗云「秋分，閶闔風至。」有始覽云：「西方曰飂風。」高誘云「兑氣所生，一曰閶闔風」是也。樂説：「兑主秋分，樂用鐘。服虔云『兑音金，其風閶闔』，金卽鐘。閶闔風當驚門。」

閶闔風至四十五日不周風至，

元注：乾卦之風也。爲磬也。

補曰：律書云：「不周風居西北，主殺生。」攷異郵云：「不周者，不交也，陽陰未合化也。」通卦驗云：「立冬，不周風至。」有始覽曰：「西方曰厲風。」高誘云「乾氣所生，一曰不周風」是也。樂説：「乾主立冬，樂用柷敔。此云磬者，服虔云『乾音石，其風不周』，石卽磬。不周風當開門。」

不周風至四十五日廣莫風至。

元注：坎卦之風也。爲鼓也。

補曰：易緯云：「八節之風謂之八風。立春條風至，春分明庶風至，立夏清明風至，夏至景風至，立秋涼風至，秋分閶闔風至，立冬不周風至，冬至廣莫風至。」律書云：「廣莫風居北方。廣莫者，言陽氣在下，陰莫陽廣大也，故曰廣莫。」通卦驗云：「冬至，廣莫風至。」有始覽曰：「北方曰寒風。」高誘云「坎氣所生，一曰廣莫風」是也。樂説：「坎主冬至，樂用管。此云鼓者，服虔云『坎音革，其風廣莫』，革卽鼓也。所以有此四十五日之距者，攷異郵云：『陽立于五，極于九。』五九四十五，且變以陰合陽，故八卦八風距同，各四十五日也。廣莫風當休門。」

條風至則出輕繫，去稽留。

元注：立春，故出輕繫。

明庶風至則正封疆，修田疇。

元注：春風播穀，故正封疆，治田疇也。案：「正封疆」，莊刻本作「正疆界」。

清明風至則出幣帛，使諸侯。

元注：立夏長養布恩惠，故幣帛聘問諸侯也。

景風至則爵有位，賞有功。

元注：夏至陰氣在下，陽盛于上，象陽布施，故賞有功，封建侯也。

涼風至則報地德，祀四郊。

元注：立秋節，農乃登穀嘗祭，故報地德，祀四方神也。

閶闔風至則收縣垂，琴瑟不張。

元注：秋分殺氣，國君憯愴，故去鐘磬縣垂之樂也。

不周風至則修宫室，繕邊城。

元注：立冬節，土工其始，故治宫室，繕修邊城，備寇難也。

廣莫風至則閉關梁，決刑罰。

元注：象冬閉藏，不通關梁也。刑罰疑者，于是順時而決之。

補曰：文亦見通卦驗，惟以「爵有位」爲「辯大將」，以「閉關梁，決刑罰」爲「誅有罪，斷大刑」。

何謂五官？東方爲田，南方爲司馬，西方爲理，北方爲司空，中央爲都。

元注：田主農，司馬主兵，理主獄，司空主土，都爲四方最也。

補曰：春秋繁露云：「木者司農也，火者司馬也，金者司徒也，水者司寇也。」又云：「東方者木，農之本。司農尚仁。南方者火也，本朝。司馬尚智。中央者土，君官也。司營尚信。西方者金，大理司徒也。司徒尚義。北方者水，執法司寇也。司寇尚禮。」彼所説，卽此五官。此司空卽彼之司寇，故彼又云「百工惟時，以成器械」，然則水土同官。

何謂六府？子午、丑未、寅申、卯酉、辰戌、巳亥是也。

補曰：時則訓云「孟春與孟秋爲合，仲春與仲秋爲合，季春與季秋爲合，孟夏與孟冬爲合，仲夏與仲冬爲合，季夏與季冬爲合」，卽六府也。

太微者，太一之庭也。

元注：太微，星名也。太一，天神也。

補曰：春秋元命包云：「太微爲天庭，五帝合明。」天官書云：「南宮朱鳥，權、衡。衡，太微，三光之庭。」集解孟康曰：「軒轅爲權，太微爲衡。」索隱宋均曰：「太微，天帝南宮也。」然太微主式法，故爲衡。辰在巳，王者象之，立明堂于其地也。

紫宮者，太一之居也。

補曰：天官書云：中宮，天極星，其一明者，太一常居也。環之匡〔一〕衞十二星，藩臣。皆曰紫宮。」索隱曰：「案：春秋合誠圖云：『紫宮，大帝室，太一之精也。』元命包云：『紫之言此也，宮之言中也，言天神運動，陰陽開閉，皆在此中也。』」又晉書天文志云：鈎陳〔二〕口中一星曰天皇大帝，其神曰耀魄寶，主御羣靈〔三〕，執萬神圖。天一星在紫宮門右星南〔四〕，天帝之神也，主戰鬭，知人吉凶者也。太一星在天一南，相近，亦天地之神也，主使十六神，知風雨水旱、兵革饑饉、疾疫災害之國也。」然紫宮太一卽耀魄寶，故隋志云「北極大星，太一之座也」，義與史記合。

軒轅者，帝妃之舍也。

補曰：天官書云：「權，軒轅。軒轅，黄龍體。前大星，女主象；旁小星，御者後宮屬。」索隱曰：「援神契云：『軒轅十二星，後宮所居。』石氏星讚以軒轅龍

〔一〕「環之匡」，原本作「匡之環」，據史記乙。
〔二〕「陳」，原本作「神」，據晉書改。
〔三〕「靈」，原本作「神」，據晉書改。
〔四〕「南」，原本作「内」，據晉書改。

體，主后妃也。」文選謝玄暉齊敬皇后哀册文注引高誘淮南子注「軒轅，星也」，當在此。

咸池者，水魚之囿也。

元注：咸池，星名。水魚，神名。案：「水魚，神名」似誤，當以莊刻本「水魚，天神」爲是。

補曰：隋書天文志云：「五車五星，在畢北。中有五星曰天潢。天潢〔一〕南三星曰咸池，魚囿也。」

天阿者，羣神之闕也。

元注：闕，猶門也。

補曰：御覽卷六引有注「天河，星名也」句，正文「阿」亦作「河」。案：韓非子「天河」，何犿注「吉星」，卽謂此天阿，蓋古阿、河通也。隋志云：「坐旗西四星曰天高。天高西一星曰天河，主察山林妖變。一曰：天高，天之闕門。」

四宫者，所以爲司賞罰。

〔一〕「潢」，原本作「漢」，形近而誤，據晉書改。

元注：四宫，紫宫、軒轅、咸池、天阿。

補曰：四宫，御覽卷六引作「四守」，「守」爲是也。四方之宿，古謂四宫，非此四星矣。彼引許慎注與此同，而「宫」亦爲「守」，知前云「四宫天阿」，當爲「四守天河」也。

太微者主朱鳥，案：「朱鳥」，莊刻本作「朱雀」。攷前文「其神爲熒惑，其獸朱鳥」注云「朱鳥，朱雀也」，似淮南文正作「朱雀」。

元注：主，猶典也。

紫宫執斗而左旋，

補曰：天官書云：「斗爲帝車，運于中央，臨制四鄉。分陰陽，建四時，均五行，移節度，定諸紀，皆繫于斗。」春秋運斗樞云：「北斗七星，第一天樞，第二旋，第三機，第四權，第五衡，第六開陽，第七摇光。第一至第四爲魁，第五至第七爲杓，合而爲斗。展陰布施，故稱北斗。」

日行一度，以周于天。

補曰：謂北斗也。北斗左旋，卽天之行，日行一度，故一歲而周。或以爲説日之行，則下不應重有日文矣。

日冬至峻狼之山，

元注：南極之山。

日移一度，月行百八十二度八分度之五，而夏至牛首之山。案：莊刻本「月」作「凡」，蓋用劉績說，補注已列其文。此當作「月」爲是。

元注：牛首，北極之山。

補曰：此六月所行度分也。日移一度，故半歲而有此行數。「月」上疑脱「六」字。劉績以爲「月」當作「凡」也。

反覆三百六十五度四分度之一而成一歲，

補曰：四乘周天爲千四百六十一，欲半之者倍其法，故以八除之，而得百八十二度八分之五也，反覆之卽成一歲。凡此分母俱生于四分也。周髀算經曰：「何以知天三百六十五度四分度之一？古者庖犧、神農制作爲曆，度元之始，見三光未如其則，日月列星未有分度。日主晝，月主夜，晝夜爲一日。日月俱起建星，月度疾，日度遲，日月相逐于二十九日、三十日間，而日行天二十九度餘，未有定分，于是三百六十五日南極景長，明日反短。以歲終日景反長，故知之，三百六十五日者三，三百六十六日者一，故知三百六十五日四分日之一，歲終也。」

天一元始，

補曰：「天一」當爲「太一」，字之譌也。太一，卽前所云以太微爲庭、紫宫爲居之耀魄寶，曆家謂之太歲者也。天一，則直斗口之陰德，曆家謂之太陰矣。天一、太一紀歲，人正俱建寅。知非天一者，顓頊曆上元太歲甲寅正月，七曜俱在營室，如下所言也。若太陰甲寅，太歲實在丙子，歲星尚在星紀，何由得至營室？

正月建寅，日月俱入營室五度。

補曰：漢書張蒼傳贊謂「專遵用秦之顓頊曆」，蔡邕命論云「顓頊曆術曰天元正月己巳朔旦立春」，俱以日月起于天廟營室五度。今月令孟春之月，日在營室，其言宿度與淮南合，明淮南所用卽顓頊曆也。而大衍曆議云：「顓頊曆上元甲寅歲正月甲寅晨初合朔立春，七曜俱在艮維之首，其後吕不韋得之以爲秦法，更攷中星，斷取近距，以乙卯歲正月己巳合朔立春。」洪範傳曰「曆記于顓頊上元太始閼蒙攝提格之歲畢陬之月朔日己巳立春，七曜俱在營室五度」是也。案：一行謂秦用顓頊曆，是已。謂古顓頊曆本太歲甲寅，秦時斷取近距用乙卯，則非是。蔡邕所謂「正月朔旦己巳立春」，春者，乙卯元也；而洪範所言氣朔與邕同，其太歲則是甲寅，蓋本是一曆，止緣歲星有超辰，則太歲與之俱超。高帝元年，歲星在鶉首，則太歲在甲午，因謂之甲寅元。孝武太始二年，歲星超一辰，至世祖建武元年，歲星在壽星，太歲在乙酉，因名乙卯元。自此以後，紀歲不攷歲星，于是乙卯元之名遂定。古人必攷歲星，則上元太歲隨時改易，所恃入部積年氣朔不誤耳。不然者，秦時已用此曆，而呂氏春秋謂「維秦八年，歲在涒灘」，高誘注謂：「始皇卽位八年。涒灘，申也。」則上元不在癸丑乎？蓋始皇元年，積千二百六十算，加四十算爲高帝元年，再加二百三十算爲世祖元年。如元有定名，卽不得有是三者之異矣。若求甲寅歲甲寅晨初合朔立春之顓頊曆，不過去千一百四十年耳，如是而任加數十百元，俱可名上元也。何者？顓頊曆己巳立春，則甲申冬至。試從甲申始列二十部名，至第十六部而己巳爲冬至部名。己巳冬至，則立春甲寅也。一紀千五百二十年，十五部千一百四十年，去十五部，則始皇元年止百二十算，高祖元年止百六十算，各以其時所定太歲命之可矣。然則上元甲寅仍從西漢人說，依東漢，則又名乙卯耳。超辰之法，剏自劉歆，歆之前後皆無此術。然觀其命曆上元及攷歲星行度，則其理固具于中矣。

天一以始建

補曰：「天一」亦宜作「太一」。

七十六歲，日月復以正月入營室五度無餘分，名曰一紀。

補曰：古曆至朔同日謂之章，同在日首謂之部。章十九歲，積餘日九十九日有餘分四之三。七十六歲爲部，積餘日三百九十九無餘分。紀卽部。

凡二十紀，一千五百二十歲大終，日月星辰復始甲寅元。

補曰：古曆部周六旬謂之紀，歲朔又復謂之元年。七十六歲，積餘日三百九十九，無小餘，有大餘。至千五百二十歲，積餘日七千九百八十日，大小餘俱盡，故爲大終。元卽紀。此云元者，以大終爲一元也。古人命歲，必視歲星所在，不限六十年一周之例，故不以四千五百六十歲爲一元。甲寅元，卽前所云己巳立春，去千一百四十算所得之甲寅朔旦立春也，在周顯王三年。此爲近距，益知一行之説非矣。

日行一度，而歲有奇四分度之一〔一〕，故四歲而積千四百六十一日而復合，故舍〔二〕八十歲而復故日。

補曰：一歲三百六十五日四分一，四歲冬至歷子、卯、午、酉四正時已周，第五歲復得子正冬至爲復合，故處一歲有大餘五、小餘一，四歲成二十一日，八十歲積四百二十日，六十去之恰盡，爲復故日。「日」一作「曰」，誤。千五百二十歲，以十九歲一章計之，得八十章，以八十歲一復計之，有十九復，理正相通。

子午、卯酉爲二繩，

元注：繩，直也。

補曰：南北爲經，東西爲緯，故曰二繩。

丑寅、辰巳、未申、戌亥爲四鉤。

補曰：丑寅鉤，辰巳鉤，未申鉤，戌亥鉤。案：四仲之外，餘皆爲鉤。此以太陰在四角而釋其鉤義如此，與前高注通四辰爲一鉤同也。若推歲行所在，則太陰在寅，歲在丑；太

〔一〕「之一」原本脱，據前天文訓補。

〔二〕「舍」，原本作「處」，據前天文訓改。

陰在辰，歲在亥；太陰在巳，歲在戌；太陰在未，歲在申，則辰與亥鈎，巳與戌鈎，與此少異。

東北爲報德之維也，

元注：報，復也。陰氣極于北方，陽氣發于東方，自陰復陽，故曰報德之維。四角爲維也。

西南爲背陽之維，

元注：西南已過，陽將復陰，故曰背陽之維。

東南爲常羊之維，

元注：常羊，不進不退之貌。東南純陽用事，不盛不衰，常如此，故曰常羊之維。案：莊氏逵吉云：「常羊卽相羊，亦卽倘佯，漢書吳王濞傳又作方洋，司馬相如上林賦又作襄羊，皆是也，古字俱通用。」又案：「東南純陽用事」，莊刻本無「東南」二字。

西北爲號通之維。

元注：西北純陰，陰氣閉結，陽氣將萌，號始通之，故曰號通之維。案：「陰氣閉結」之「陰」，莊刻本作「陽」，似誤。案：「號通」，莊刻本作「蹏通」，云：「各本皆作『蹏』，疑藏本誤。」其云「各本皆作蹏者」，乃是「號」字誤文，觀注呼號之義，應作「號通」爲是。

補曰：東北，艮也，始萬物，終萬物，德莫大焉，故曰報德。西南，坤也，純陰無陽，故曰背陽。東南，巽也，爲進退，故曰常羊。漢書禮樂志云：「周流常羊。」師古曰：「常羊，猶逍遥也。」西北，乾也，天門在焉，呼號則通，故曰號通。四維之卦，周髀有之。漢書禮樂志云：「祠太一于甘泉，就乾位也。」則以四卦置于四維，其來古矣。

日冬至則斗北中繩，陰氣極，陽氣萌，

補曰：太玄經云：「陰不極則陽不萌。」注：「陽萌于十一月。」

故曰冬至爲德。

元注：德，始生也。

補曰：京氏易積算傳云「龍德十一月，子在坎，左行」是也。

日夏至則斗南中繩，陽氣極，陰氣萌，

補曰：太玄經云：「陽不極則陰不芽。」注：「陰芽于六月。」

故曰夏至爲刑。

元注：刑，始殺也。

補曰：京氏易積算傳曰「虎刑五月，午在離，右行」是也。

陰氣極，則北至北極，下至黄泉，

補曰：蓋天之法，天旁遊四表，地升降于天之中。冬至，天南遊之極，地亦升降極上，故北至北極，下至黄泉。夏至，天北遊之極，地亦升降極下，故南至南極，上至朱天。春分，天西遊之極；秋分，天東遊之極，地皆升降正中。義具鄭注考靈曜及周髀算經。以渾天論之，冬至，日行赤道南二十四度，而晝漏極短；夏至，日行赤道北二十四度，而晝漏極長；二分，日正行赤道上，而晝漏適均，即其理也。

故不可以鑿地穿井。萬物閉藏，蟄蟲首穴，故曰德在室。陽氣極，則南至南極，上至朱天，故不可以夷丘上屋。萬物蕃息，五穀兆長，故曰德在野。日冬至則水從之，日夏至則火從之，故五月火正而水漏，

元注：火正，火王也，故水滲漏。一說火星正中也。漏，溼也。案：莊刻本作「火星正中地」，恐誤。

十一月水正而陰勝。

元注：水正，水王也，故陰勝也。一說營室正中于南方。

補曰：古曆夏至昏中星去日百十八度，秦曆立春日在營室五度，則夏至日在鬼三度、心二度正中也。冬至昏中星去日八十二度，秦曆日在牽牛五度，則奎十

六度正中，其前月營室已中也。月令云：「中冬之月，昏東壁中。中夏之月，昏亢中。」謂月本也。

陽氣爲火，陰氣爲水。水勝故夏至溼，火勝故冬至燥。燥故炭輕，溼故炭重。

補曰：前漢書天文志云：「冬至極短，縣土炭。」孟康曰：「先冬至三日，縣土炭于衡兩端，輕重適均，冬至而陽氣至則炭重，夏至陰氣至則土重。」晉灼曰：「蔡邕曆記『候鐘律權土炭，冬至陽氣應黄鐘通，土炭輕而衡仰，夏至陰氣應蕤賓通，土炭重而衡低。進退先後，五日之中。』」案：續志「炭」作「灰」，恐傳寫之誤。

日冬至，井水盛，盆水溢，羊脱毛，麋角解，鵲始巢；八尺之修，日中而景丈三尺。日夏至而流黄澤，石精出，

元注：流黄，土之精也，陰氣作于下，故流澤而出也。石精，五色之精也。

蟬始鳴，半夏生，

元注：半夏，藥草。

蟁蝱不食駒犢，鷙鳥不搏黄口；

元注：五月微陰在下，駒犢、黄口飢血脆弱未成，故蟁蝱、鷙鳥應候不食不搏

也。案：元寫本「微陰在下」句下誤衍「未成」二字，莊刻本無，今删。又「蟲」下脱「蝱」字，「鷙」下脱「鳥」字，今從莊刻本增。

八尺之景，脩徑尺五寸。

補曰：周禮馮相氏「冬夏致日，春秋致月」，鄭注云：「冬至日在牽牛，景丈三尺。夏至日在東井，景尺五寸。此長短之極，極則氣至，冬無愆陽，夏無伏陰。春分日在婁，秋分日在角，而月弦于牽牛、東井，亦以其景知氣之至否。春秋冬夏氣皆至，則是四時之序正矣。」此所説二至景長，卽其事也。表用八尺者，周禮土圭之長尺五寸，夏至日景爲測驗之始，長必與土圭等，唯八尺始合也。此在地中爲然。風土記云：「鄭仲師曰，夏至之日，立八尺之表，景尺有五寸，謂之地中，一云陽城，一云洛陽，古亦卽此知日去人遠近。」攷靈曜云：「四遊升降于三萬里中，則半之爲萬五千里，而當夏至之景。」此千里差一寸之率，大司徒所用以測土深、求地中者。而冬至日去人一十三萬里，夏至日去人萬五千里，則發斂之極也，皆憑八尺之脩測而得之。周髀測天之高離地八萬里，亦以千里爲寸也。淮南後術用一丈之表，故以爲天高十萬里，其理正同。

景脩則陰氣勝，景短則陽氣勝。陰氣勝則爲水，陽氣勝則爲旱。

補曰：漢書天文志云：「景者，所以知日之南北也。日，陽也。陽用事則日進而北，晝進而長，陽勝，故爲〔一〕温暑；陰用事則日退而南，晝退而短，陰勝，故爲寒涼也。若日之南北失節，晷過而長爲常寒，退而短爲常燠。一曰，晷長爲潦，短爲旱。」易通卦驗云：「冬至之日，置八神，樹八尺之表，日中視其晷，晷進則水，晷退則旱。」鄭玄注云：「晷進，謂長于度。日之行黄道外則晷長，晷長者則陰勝，故水。晷短于度者，日之行入進黄道内，故晷短，晷短者陽勝，是以旱。」

陰陽刑德有七舍。

補曰：卽周髀之「七衡」。管子四時篇曰：「日掌陽，月掌陰，陽爲德，陰爲刑。」此陰陽刑德之義也。淮南以爲北斗雌雄之神，日卽日躔，月爲厭對，舍謂刑德所居，自子至午有七辰，故七舍。

何謂七舍？室、堂、庭、門、巷、術、野。

補曰：室爲子，堂爲丑亥，庭爲寅戌，門爲卯酉，巷爲辰申，術爲己未，野爲午。此七舍以門爲中，在門内者庭、堂、室也，在門外者巷、術、野也。

〔一〕「爲」，原本脱，據漢書天文志補。

十一月德居室三十日，先日至十五日，後日至十五日，而徙所居各三十日。德在室則刑在野，德在堂則刑在術，德在庭則刑在巷，陰陽相得則刑德合門。

補曰：「十一月」或作「二」，誤。日至，冬至也。冬至日躔星紀之中，先十五日爲十一月之始，後十五日爲十一月之終，合三十日也。十一月斗建子，日在丑，居子爲德；厭亦在子，子對午爲刑，故德在室，刑在野。十二月斗建丑，日在子，子居丑爲德；厭在亥，亥對巳爲刑，故德在堂，刑在術。正月斗建寅，日在亥，亥居寅爲德；厭在戌，戌對辰爲刑，故德在庭，刑在巷。二月斗建卯，日在戌，戌居卯爲德；厭在酉，酉對卯爲刑，故刑德合門。由此推之，三月德在巷則刑在庭，四月德在術則刑在堂，五月德在野則刑在室，而六月如四月，七月如三月，八月如二月，九月如正月，十月如十二月，刑德周矣。

八月、二月，陰陽氣均，日夜平分，故曰刑德合門。德南則生，刑南則殺，故曰二月會而萬物生，八月會而草木死。案：「分平」，莊刻本作「平分」。「刑德合門」至「故曰」十四字，原寫本誤脱，今從莊刻本增。

補曰：二月後，德出而刑入，故生。八月後，德入而刑出，故死。漢書五行志「劉向以爲，于易，雷以二月出，其卦曰豫，言萬物隨雷出地，皆逸豫也；以八月入，其卦曰歸妹，言雷復歸。入地，則孕毓根核，保藏蟄蟲，避盛陰之害。」此六日七分法理亦同也。

兩維之間，九十一度十六分度之五而升，

元注：自東北至東南爲兩維，帀四維〔一〕三百六十五度四分度〔二〕之一，一度者，二千九百三十二里千四百六十一分里之三百四十八。

補曰：四乘度分母爲十六，四分周天爲九十一度不盡一度四分度之一，故以十六通之爲二十，復四分之，而成整數五也。

日行一度，十五日爲一節，

補曰：四乘周天爲一千四百六十一，以二十四氣分之，得六十不盡二十一，置所得如四而一爲十五日，卽一節之日也。其餘分二十一，滿氣法從小餘，小餘滿四，方從大餘也。周易乾鑿度云：「天氣三微而成一著。」鄭注：「五日爲一餘，十五日爲一著，故五日爲一候，十五日成一氣也。」

〔一〕「四維」，原本作「羅」，二字誤合爲一，據前天文訓注文改。
〔二〕「四分度」，原本脱，據前天文訓注文補。

以生二十四時之變。斗指子則冬至，音比黄鐘；

元注：黄鐘，十一月也。鐘者，聚也，陽氣聚于黄泉之下也。

加十五日指癸則小寒，音比應鐘；

元注：應鐘，十月也。言陰應于陽，轉成其功，萬物應時聚藏，故曰應鐘。

加十五日指丑則大寒，音比無射；

元注：無射，九月也。陰氣上升，陽氣下降，萬物隨陽而藏，無有射出見也，故曰無射也。

加十五日指報德之維，則越在陰地，故曰距日冬至四十六日而立春，陽氣凍解，音比南吕；案：莊刻本作「越陰在地」。

元注：南吕，八月也。南，任也，言陽氣内藏，陰侣于陽，任成其功，故曰南吕也。

加十五日指寅則雨水，音比夷則；

元注：夷則，七月也。夷，傷。則，法也。言陽衰陰發，萬物彫傷，應法成性，故曰夷則也。案：「陽衰」上，莊刻本無「言」字。

加十五日指甲則雷驚蟄，音比林鐘；

元注：林鐘，六月也。林，衆。鐘，聚也。陽極陰生，萬物衆聚而盛，故曰林鐘。

加十五日指卯中繩，故曰春分則雷行，音比蕤賓。

元注：蕤賓，五月也。陰氣萎蕤在下，似主人；陽在上，似賓客，故曰蕤賓也。

案：元寫本「陰氣萎蕤」下誤衍「賓」字，今從莊刻本刪。

加十五日指乙則清明風至，音比仲呂；

元注：仲呂，四月也。陽在外，陰在中，所以呂中于陽，助成其功也，故曰仲呂也。案：「助成」下莊刻本無「其」字。

加十五日指辰則穀雨，音比姑洗；

元注：姑洗，三月也。姑，故也。洗，新也。陽氣養生，去故而致新，故曰姑洗也。案：莊刻本作「去故就新」。

加十五日指常羊之維則春分盡，故曰有四十六日而立夏，大風濟，音比夾鐘；

元注：濟，止也。夾鐘，二月也。夾，夾也，萬物去陰，夾陽地而生，故曰夾鐘也。

加十五日指巳則小滿，音比太簇；

元注：太簇，正月也。簇，簇也，言陰衰陽發，萬物簇地而生，故曰太簇。案：

「陰衰」上莊刻本無「言」字。

加十五日指丙則芒種，音比大吕；

元注：大吕，十二月也。吕，侣也。萬物萌種于下，未能達見，故曰大吕。所以配黄鐘，助陽宣功也。

加十五日指午則陽氣極，故曰有四十六日而夏至，音比黄鐘；加十五日指丁則小暑，音比大吕；加十五日指未則大暑，音比太簇；加十五日指背陽之維則夏分盡，故曰有四十六日而立秋，涼風至，音比夾鐘；加十五日指申則處暑，音比姑洗；加十五日指庚則白露降，音比仲吕；加十五日指酉中繩，故曰秋分雷戒，蟄蟲北鄉，音比蕤賓；加十五日指辛則寒露，音比林鐘；加十五日指戌則霜降，音比夷則；加十五日指號通之維則秋分盡，故曰有四十六日而立冬，草木畢死，音比南吕；加十五日指亥則小雪，音比無射；加十五日指壬則大雪，音比應鐘；加十五日指子。

補曰：此分十二辰爲二十四，古堪輿法也，亦見史記律書，此爲詳明矣。八節中有四十六日者五，舉整日三百六十五日言之，故不及四分日之一。以數推之，冬至至立春凡三節，有小分六十三，不滿一日。至立夏九節，有小分一百八十九，得一日九十六分日之九十三。至夏至十二節，有小分二百五十二，得二日九十六分日之六十。至立秋十五節，有小分三百一十五，得三日九十六分日之二十七。至立冬二十一節，有小分四百四十一，得四日九十六分日之五十三，亦舉整日，故卽得五日。至來歲冬至，則有小分五百四，始得五日九十六分日之二十四，而此不言明，以不離五日故也。注所言十二月之律，自是隨月律之正法，非卽淮南所云。何以明之？應鐘，十月律也，而小寒之音比焉。小寒，十二月節，以後月之節屬前月之中，亦在十一月，不得比十月律也。此自以二十四氣比十二律，故冬至比黄鐘，小寒比應鐘。自冬至以後，逆比十二律；夏至以後，順比十二律，所謂二十四時之變，明其用變法也。

故曰：陽生于子，陰生于午。

補曰：子，乾初九復也；午，坤初六姤也。周易集解荀爽曰：「乾起坎而終於離，坤起離而終於坎，坎離者，乾坤之家，而陰陽之府，大明終始也。」

陽生于子，故十一月日冬至，鵲始加巢，人氣鐘首。陰生于午，故五月爲小刑，薺麥亭歷枯，冬生草木必死。斗杓爲小歲，

元注：斗第一星至第四爲魁，第五至第七爲杓也。

補曰：説文云：「杓，斗柄也。」司馬貞云：「卽招摇也。」

正月建寅，月從左行十二辰。咸池爲太歲，

補曰：淮南有兩太歲，此太歲非太一也。或說「太」當爲「大」，然義則同。

二月建卯，月從右行四仲，終而復始。

補曰：咸池直參，參主斬伐，咸池在其上，故不可向。太史公曰「西官咸池」，猶言西官白虎也。東方朔七諫云「哀人事之不幸兮，屬天命而委之咸池」，亦以咸池爲凶神。咸池所建，當以日所在定之。正月日在亥加時酉則咸池在午，二月日在戌加時巳則咸池在卯，三月日在酉加時丑則咸池在子，四月日在申加時酉則咸池在酉。以此差次，夏三月加時如春三月，秋冬亦然。而寅午戌之月咸池常在午，亥卯未之月咸池常在卯，巳酉丑之月咸池常在酉，申子辰之月咸池常在子。所以然者，咸神屬金，巳酉丑三時亦金也，故必以其時居于四正，而其月自以木火金水爲類，不相淩越也。

太歲迎者辱，背者强，左者衰，右者昌，小歲東南則生，西北則殺，不可迎也，而可背也，不可左也，而可右也，其此之謂也。大時者，咸池也；小時者，月建也。天維建元，常以寅始起，右徙一歲而移，十二歲而大周天，終而復始。

補曰：「而移」之「而」，舊作「不」，誤。通占大象曆經云：「天維三星在尾北斗杓後。」然則入析木之次，太陰在攝提格之歲，正月日在陬訾加時亥，即天維在寅，星辰復位時也。自後加時，歲退一辰，故右徙一歲而移。云十二歲而大周天者，十二月加時，每退二辰即一月，而移十二月而周天也。月爲小周天，則歲爲大周天，言大，明有小矣。

淮南元年冬，太一在丙子，冬至甲午，立春丙子。

元注：淮南王作書之元年也。一曰淮南王長，孝文皇帝異母弟也。僭號自稱東帝，以徙嚴道，道死于雍。其四子皆爲列侯，時人歌之曰：「一尺繒，好童童。一升粟，飽蓬蓬。兄弟二人，不能相容。」文帝聞之曰：「以我爲利其土邪？」皆召四侯而王之。是則淮南王安即位之元年，以紀時也。

補曰：注後説是也。「丙子」二字亦宜在注下。武帝太初元年，太歲在丙子。淮南王安以文帝十六年自阜陵侯進封，是年下距太初元年六十算，則太歲亦在丙子矣。以術推之，顓頊曆入紀一千三百四十二算，不用超辰，以六十除去之，不盈二十二，數從甲寅起，亦太歲在丙子。淮南以太歲爲太一者，春秋文耀鉤云：「中宮大帝，其北極星下，明者爲太一之光，含元氣，以斗布常。」春秋合誠圖云：「天皇大帝，北辰星也，含元秉陽，舒精吐光，居紫宮中，制御四方，冠有五采文。」初學記引五經通義曰：「天神之大者曰昊天上帝。」注：「卽耀魄寶也。亦曰皇天大帝，亦曰太一。」然則太一入玄枵之次，歲星在星紀而加丑，則太一在子，歲星在玄枵而加丑，則太一亦在丑。自後十二歲而周。丑爲星紀，故歲星必加之，而見太一之所在，以此紀歲，因亦名太一爲太歲也。淮南從其本名，故曰太一。太一在丙子，卽閼逢攝提格之歲。推其冬至，顓頊曆少周曆百十八算，入癸卯部四十二算，周曆此年積千四百六十算，入乙酉部十六算，天正氣大餘二十四，無小餘。冬至己酉加四十五日三十二分之二十一得甲午立春，然則此云甲午，本立春之日，冬至上脱其日名耳。重文丙子，自言太一，下釋其義。案：「歲星在玄枵而加丑，則太一亦在丑」，當作「太一亦在子」。歲星在玄枵而加丑，是歲行一周，仍在星紀。歲星在星紀，則太歲仍在子矣。歲星與太歲左右行不同，故推合如此。作丑者，當是傳寫之誤。

二陰一陽成氣二，二陽一陰成氣三，

元注：陰麤犓，故得氣少。陽精微，故得氣多。一説上得二，下得三，合爲五，故曰「合氣而爲音」，音數五也。

補曰：此釋太一始于丙子之義也。二陰一陽謂坎子之位也，二陽一陰謂離丙之位也。坎陰不中，故二陰成一氣；離陰得中，故一陰成一氣。離三坎二，合之爲五，即五行之氣也。坎爲水，離爲火。坎之所生者一，木也；離之所生者二，土也、金也。太一居子，其衝爲丙，故太一始于丙子。不然，太歲在甲曰閼逢，太歲在寅曰攝提格，何不竟首甲寅，而必别屬之太陰乎？

合氣而爲音，合陰而爲陽，合陽而爲律，故曰五音六律。音自倍而爲日，律自倍而爲辰，故日十而辰十二。

補曰：合氣爲音者，以土火金水木爲宫徵商羽角也。素問天元紀大論云：「甲己之歲土運統之，乙庚之歲金運統之，丙辛之歲水運統之，丁壬之歲木運統之，戊癸之歲火運統之。」此以相生爲次也。而六十律戊癸爲宫，甲己爲徵，則戊癸土，而甲己火。所以者，宫能生徵，徵不能生宫，故以火爲土，以土爲火。然則五運火生土，五音土生火，禮家説火土同宫，黎爲祝融，亦爲后土，非無義矣。土生火，故火生金，而自金以下，無不與五運合，故五音始于宫而終于角也。合陰爲陽者，坎二離三，約六爲五也。論卦畫，則坎離各有三，以陰之數當陽之數，即合陰爲陽。合陽爲律者，坎有重坎，離有重離，則陰陽各六，先取六陽以爲六律，故曰合陽爲律。一律而有五者，因而重之，則音有十，在陽律者爲宫、商、角、徵、羽，在陰律者爲變宫、變商、變角、變徵、變羽，故地形訓云「宫生變徵，徵生變商，商生變羽，羽生變角，角生變宫」也。以當十日，則始于戊而終于丁，是爲音自倍而爲日。陽律生陰律，陰律亦生陽律，一律而生十二律，以當十二辰，則始于黄鐘子，終于中吕亥，是爲律自倍而爲辰。劉歆亦曰：「六律六吕而十二辰立矣。五聲清濁而十日行矣。」蓋皆謂音生日，律生辰也。揚雄則云：「聲生于日，律生于辰。」

月日行十三度七十六分度之二十六，

元注：六或作八。

補曰：一紀日周七十六，月周千一十六，以日周除月周，得十三度七十六分度之二十八，是以月周比每日之月行得此數，故定爲一日之月行也。三統、四分月十九分度之七，此七十六分度之二十八，卽子母各四乘之數。「六」當作「八」，傳寫之誤。

二十九日九百四十分日之四百九十九而爲月〔一〕，而以十二月爲歲。

〔一〕「月」上原本有「一」字，據前天文訓删。

補曰：一紀月數九百四十，日數二萬七千七百五十九，以月數除日數，得二十九日九百四十分日之四百九十九，是以紀月比一月之日分得此數，故定爲一月之日分也。續漢志四分之法如此。祖沖之曰：「古之六術，咸同四分。」于淮南此文信之。紀月九百四十，以七十六歲除之，得十二，卽每歲之月數也。不盡二十八，爲四章之閏月。

歲有餘十日九百四十分日之八百二十七，故十九歲而七閏。

補曰：四乘周天爲千四百六十一，四分九百四十爲三百三十五，相乘得三十四萬三千三百三十五，爲周天分，一月積分二萬七千七百五十九，以十二乘之，得三十三萬三千一百八，爲朔積分，兩數相減，餘一萬二百二十七，以九百四十除之，得十日又九百四十分日之八百二十七也。又以十九乘餘日，得百九十日；乘餘分，得一萬五千七百三十二。如九百四十而一，得十六日，併之得二百六日，卽大月三，小月四，爲一章之閏月也。按：「三十二」應作「一十三」。又「如九百四十而一得十六日」下脱「餘分六百七十三」七字。

日冬至子午，夏至卯酉〔一〕，冬至加三日，則夏至之日也。

元注：冬至後三日，則明年夏至之日。

補曰：冬至距夏至有百八十二日十六分日之十，去百八十日，餘二日過半，舉整數言三日。大抵算上算外相間命之。注以爲明年者，用人正也。從天正，則在一歲。

歲遷六日，終而復始。

元注：遷六日，今年以子冬至，後年以午冬至也。

補曰：亦舉整數言之，實五日四分日之一，積四年方成二十一日無餘分。

壬午冬至，

補曰：此淮南改定顓頊曆上元冬至也。劉向謂己巳立春，則甲申冬至也。入殷曆甲子部六十一算，天正朔大餘六，庚午朔氣大餘二十，十五日甲申冬至，加殷曆五十七算爲周曆。顓頊曆入癸卯部四十二算，天正朔大餘二十六，己巳朔氣大餘四十，十五日癸未冬至，再加五十七算爲四分曆。顓頊曆入壬午部二十

〔一〕「日冬至子午，夏至卯酉」，原本作「冬至日子午，夏至日卯酉」，據前天文訓乙、删。

三算，天正朔大餘四十六，戊辰朔氣大餘盡十五日，壬午冬至。顓頊曆元如故，而日至不同者，由入部各别耳。遞加五十七算則遞先一日，此合天之善術也。推己酉冬至，甲午立春，必用周曆，餘二曆俱不合。此又改入四分部内，殆以歲實漸消，豫爲後世法歟？四分，東漢始用之，其元早見于此。

甲子受制，木用事，火煙青。

元注：木色青也，東方。

七十二日丙子受制，火用事，火煙赤。

元注：火色赤也，南方。

七十二日戊子受制，土用事，火煙黄。

元注：土，中央，其色黄。案：元寫本作「中央土」，今從莊刻本改正。

七十二日庚子受制，金用事，火煙白。

元注：西方金，其色白。

七十二日壬子受制，水用事，火煙黑。

元注：北方水，其色黑。

七十二日而歲終，庚子受制。

補曰：置一歲日，以五氣分之，則七十二日爲一節，而得其用事之日。藝文志有古五子十八篇，師古云：「自甲子至壬子，説易陰陽。」始卽淮南所云也。易稽覽圖曰：「甲子卦氣起中孚，復生坎七日。」是冬至常爲甲子受制，而淮南云「壬午冬至，甲子受制」，至歲終而「庚子受制」，則冬至受制，歲易一子，計五運周環，亦當然也。由是推之，秦曆首年甲子，二年庚子，三年丙子，四年壬子，五年戊子，至六年而復得甲子，故七十歲而與日周也。五子以五行受制用事，而五色獨用火煙，古記二十四氣，于五音用徵不用宮故也。五子受制，與二十四氣同法。

歲遷六日，以數推之，七十歲而復至甲子。

補曰：以五子分一歲日，尚餘六日，亦據壬午冬至歲言也。其他歲，餘日尚不盈六日。淮南子「甲子受制」之明年，云「庚子受制」，庚子在甲子後三十六日，是五子受制，歲遷三十六也。七十歲積二千五百二十日，適盈四十二旬周，故復至甲子，至是五子已五十四周矣。

甲子受制則行柔惠，挺羣禁，開闔扇，通障塞，毋伐木。

元注：甲，木也，木王東方，故施柔惠。蟄伏之類出由户，故開闔扇，通障塞。

春木王，故毋伐木也。

丙子受制則舉賢良，賞有功，立封侯，出貨財。

元注：火用事，象陽明識功勞，故封建侯，出貨財。

戊子受制則養老鰥寡，行粰鬻，施恩澤。

元注：土用事，象土長養，故施恩澤也。

庚子受制則繕牆垣，修城郭，審羣禁，飾兵甲，儆百官，誅不法。

元注：金用事，象金斷割，故誅不如法度也。

壬子受制則閉門閭，大搜客，

元注：禁舊客，出新客。

斷刑罰，殺當罪，息關梁，禁外徙。案：元寫本「外徙」誤作「外徒」，注同，今從莊刻本改正。

元注：水用事，象冬閉固，故禁外徙也。

甲子氣燥濁，丙子氣燥陽，戊子氣溼濁，庚子氣燥寒，壬子氣清寒。

補曰：春秋繁露治水五行篇云：「日冬至，七十二日木用事，其氣燥濁而青。七十二日火用事，其氣慘陽而赤。七十二日土用事，其氣溼濁而黄。七十二日金用事，其氣慘淡而白。七十二日水用事，其氣清寒而黑。七十二日復得木。」

其説「木用事」有「至于立春」，「火用事」有「至于立夏」之文，以冬至木卽用事，立春在其後四十五日；驚蟄前三日火卽用事，立夏在後六十三日故也。其小滿前六日火用事，立秋前九日金用事，霜降前九日水用事，各當王時，故不言至于夏至及立秋、立冬也。是甲子明起冬至。而素問陰陽論類篇云：「孟春始至，黄帝燕坐，臨觀八極，正八風之氣，而問雷公。雷公對曰：『春甲乙青，中主肝，治七十二日。』」王冰謂：「孟月春始至，謂立春之日也。」則甲子又起立春。故管子五行篇云：「日至，睹甲子木行御，天子出令，七十二日而畢。睹丙子火行御，天子出令，七十二日而畢。睹戊子土行御，天子出令，七十二日而畢。睹庚子金行御，天子出令，七十二日而畢。睹壬子水行御，天子出令，七十二日而畢。」尹知章以日至爲春日氣至也。文耀鉤云：「蒼帝受制，其名靈威仰；赤帝受制，其名赤熛怒；黄帝受制，王四季，其名含紐樞；白帝受制，其名白招拒〔一〕；黑帝受制，其名汁光紀。」依此，則甲子起立春爲是。而淮南則五子更迭受制，蓋既有冬至、立春二法，卽不妨更爲變通耳。又有從七十二日受制之術，

〔一〕「拒」，原本作「招」，形近而誤，今改。

推爲求五德日名者。乾鑿度云：「孔子曰：『至德之數，先立木金水火土德，合三百四歲，五德備，凡一千百日，二十歲大終復初。』」其求金木水火土德日名之法，道一紀七十六歲，因而四之，爲三百四歲。以一歲三百六十五日四分一乘之，凡爲十一萬一千三十六。以甲爲法除之，餘三十六。以三十六甲子始數元立算皆爲甲，旁算亦爲甲。以日次次之毋算者，乃木金火水土德之日也。德益三十六，五德而止六日名。甲子木德，主春，春生三百四歲；庚子金德，主秋，成收三百四歲；丙子火德，主夏，長三百四歲；壬子水德，主冬，藏三百四歲；戊子土德，主季夏，致養三百四歲。六子德四正，四正，子午卯酉也，而期四時，凡一千五百二十歲終一紀。是淮南亦德益三十六，故冬至不常甲子受制也。

五歲受制，與一紀無異理耳。

丙子干甲子，蟄蟲早出，

元注：木氣温，故早出。

補曰：「木」當爲「火」。

故雷早行。戊子干甲子，胎夭卵毈，

補曰：說文云：「毈，卵不孚也。」

鳥蟲多傷。庚子干甲子，有兵。壬子干甲子，春有霜。

補曰：此謂甲子七十二日。

戊子干丙子，霆。庚子干丙子，夷。

元注：夷，傷也。夷，或爲雹。

壬子干丙子，雹。甲子干丙子，地動。

補曰：此謂丙子七十二日。

庚子干戊子，五穀有殃。壬子干戊子，夏寒雨霜。甲子干戊子，介蟲不爲。

元注：不成爲介蟲也。

補曰：前書天文志云：「戎菽爲。」孟康曰：「爲，成也。」

丙子干戊子，大旱，苽封熯。

元注：苽，蔣草也，生水上，相連持大如薄者也，名曰封。旱燥故熯也。案：「持」，莊刻本作「特」，似誤。

補曰：此論戊子七十二日。

壬子干庚子，大剛，魚不爲。

元注：不成爲魚。

甲子干庚子，草木再死再生。丙子干庚子，草木復榮。

元注：今八月、九月時，李桃復榮生實是也。案：「李桃」，莊刻本作「李柰」。

戊子干庚子，歲或存或亡。

補曰：此論庚子七十二日。

甲子干壬子，冬乃不藏。

元注：不藏，地氣發也。

補曰：木氣温。

丙子干壬子，星墜。

元注：墜，隕。

戊子干壬子，蟄蟲冬出其鄉。庚子干壬子，冬雷其鄉。

補曰：此論壬子七十二日。

季春三月，豐隆乃出，以將其雨。

元注：豐隆，雷也。

至秋三月，

元注：季秋之月。

地氣下藏，乃收其殺，百蟲蟄伏，静居閉户，

元注：殺氣。

青女乃出，以降霜雪。

元注：青女，天神青皇女，主霜雪也。案：「青皇女」，莊刻本作「青霄玉女」。

行十二時之氣，以至于仲春二月之夕，乃收其藏而閉其寒，

元注：收斂其所藏而閉之。

女夷鼓歌，以司天和，以長百穀禽獸草木。案：「禽獸」，莊刻本作「禽鳥」。

元注：女夷，主春夏長養之神也。

孟夏之月，以熟穀禾〔一〕，雄鳩長鳴，爲帝候歲。

元注：雄鳩，蓋布穀也。

是故天不發其陰，則萬物不生；地不發其陽，則萬物不成。

補曰：周禮大宗伯云：「以天產作陰德，以地產作陽德。」莊周亦言：「至陰肅肅出乎天，至陽赫赫出乎地。」

〔一〕「禾」，原本作「木」，據前天文訓改。

天圓地方，道在中央。日爲德，月爲刑。

補曰：天文志引星備云：「日者德也，月者刑也，故曰日食修德，月食修刑。」

月歸而萬物死，日至而萬物生。

補曰：太玄云：「日一南而萬物死，日一北而萬物生。」

遠山則山氣藏，遠水則水蟲蟄，遠木則木葉槁。日五日不見，失其位也，聖人不與也。

元注：與，猶説也。

日出于暘谷，

補曰：王逸引作「湯」，御覽作「陽」。

浴于咸池，拂于扶桑，是謂晨明。

元注：拂，猶過。一曰至。

補曰：「扶」，説文作「榑」。

登于扶桑，

補曰：藝文類聚引有「之上」二字。初學記引有注云：「扶桑，東方之野。」

爰始將行，是謂朏明。

元注：朏明，將明也。朏，讀若朏諸臯之朏也。

至于曲阿，是謂旦明。

元注：平旦。

補曰：初學記引有注云：「曲阿，山名。」

至于曾泉，是謂蚤食。

補曰：諸家引「至」俱作「臨」。初學記引有注云：「曾，重也。早食時在東方多水之地，故曰曾泉。」

至于桑野，是謂晏食。

補曰：諸書「至」作「次」。

至于衡陽，是謂隅中。

補曰：「至」，或作「臻」。「隅」，舊作「禺」。

至于昆吾，是謂正中。

元注：昆吾丘在南方。

補曰：文選思玄賦注以爲高誘注也。「至」舊作「對」。

至于鳥次，是謂小還。

元注：鳥次，西南之山名也，鳥所宿止〔一〕。

補曰：「至」，舊作「靡」。「還」，諸家俱作「選」。案：御覽「還」作「遷」，此作「選」，當是「遷」字誤文。

至于悲谷，是謂餔時。

元注：悲谷，西南方之大壑。言其深峻，臨其上令人悲思，故曰悲谷。

補曰：「餔」，舊作「晡」。

至于女紀，是謂大還。

元注：女紀，西北陰地。

補曰：「至」，舊作「迴」。初學記「還」作「遷」，注「西北」作「西方」。案：元寫本「初學記『還』作『遷』」亦誤作「選」。

至于淵虞，是謂高舂。

元注：淵虞，地名。高舂，時加戌，民碓舂時也。案：「碓」，莊刻誤作「確」。

補曰：「至」，舊作「經」。「虞」，舊作「隅」。初學記引有注云：「言尚未冥，上蒙

〔一〕「止」，原本作「至」，據前天文訓注文改。

先春，曰高春。」案：下注「象息春」，初學記誤作「蒙悉春」，此「蒙」字當亦是「象」字誤文。

至于連石，是謂下舂。

元注：連石，西北山名也。言將欲冥，下象息舂，故曰下舂。連，讀腐爛之爛。

案：上「鳥次」注云：「西南之山名也。」下「蒙谷」注云：「北方之山名也。」此處「名也」上亦當有「之」字。莊刻本作「連石，西北山」，疑有脱字。又「象息舂」元寫本作「蒙悉舂」，誤，今從莊刻本改正。

補曰：「至」，舊作「頓」。

至于悲泉，爰止其女，爰息其馬，是謂縣車。

補曰：洪興祖云：「虞世南引云：『爰止羲和，爰息六螭，是謂縣車。』」案：徐堅引注云：「日乘車駕以六龍，羲和御之，日至此而薄于虞淵，羲和至此而迴。六螭即六龍也。」虞引無末六字。山海經云：「東南海外有羲和之國，有女子名曰羲和，是生十日，常浴于甘泉。」故日至悲谷，云「爰止其女」也。

至于虞淵，是謂黄昏。

補曰：文選琴賦注「至」作「入」，又引高誘注云：「視物黄也。」案：御覽「至」亦作「薄」。

至于蒙谷，是謂定昏。

元注：蒙谷，北方之山名也。盧敖所見若士之所也。

補曰：至，舊作淪。

日入于虞淵之汜，曙于蒙谷之浦，案：御覽引作「日入崦嵫，經細柳，入虞泉之池〔一〕，曙于蒙谷之浦。」又有「日西垂景在樹端，謂之桑虞」十一字，與此異。

元注：曙，明。浦，涯。

補曰：初學記引注云：「蒙谷，濛汜之水。」

行九州七舍，有五億萬七千三百九里，

元注：自暘谷至虞淵，凡十六所，爲九州七舍也。

禹以爲朝、晝、昏、夜。

補曰：論衡説日篇云：「五月之時，晝十一分，夜五分。六月，晝十分，夜六分。從六月往至十一月，月減一分。歲日行天十六道也。」王充所説「十六道」，與此「十六所」合，然則此卽漏刻矣。日有百刻，以十六約之，積六刻百分刻之二十

〔一〕「池」，原本作「地」，據初學記改。

五而爲一所。二分晝夜平，各行八所。二至晝夜短長極，則或十一與五。而分、至之間，以此爲率而損益焉。尚書正義馬融云：「古制刻漏，晝夜百刻，晝長六十刻，夜短四十刻；晝短四十刻，夜長六十刻；晝中五十刻，夜亦五十刻。」今置二分之漏五十刻十之，如六刻百分刻之二十五而一，適得八所，夏至則多八刻百分刻之七十五，冬至則少八〔一〕刻百分刻之七十五。所以然者，夏至晝六十刻，謂日出寅末，入戌初，而此出寅中，入戌中；冬至晝四十刻，謂日出辰初，入申末，而此出辰中，入申中，各較三十度故也。蓋蒙谷子也，暘谷癸丑間也，咸池艮也，扶桑寅甲間也，曲阿卯也，曾泉乙〔二〕辰間也，桑野巽也，衡陽巳丙間也，昆吾午也，鳥次丁未間也。悲谷坤也，女紀申庚間也，淵虞酉也，連石辛戌間也，悲泉乾也，虞淵亥壬間也。其命名之義，因此可想。虞淵、蒙汜諸名，見于楚詞，而尚書言暘谷，洵乎，其傳古矣！

夏日至則陰乘陽，是以萬物就而死；冬日至則陽乘陰，是以萬物仰而生。晝者陽之

〔一〕「八」，原本作「百」，據上文「八刻」改。
〔二〕「乙」，原本作「之」，形近而誤，今改。

分，夜者陰之分，是以陽氣勝則日修而夜短，陰氣勝則日短而夜修。

補曰：此下道藏本接「帝張四維」爲是，别本脱誤在後。

帝張四維，運之以斗，

元注：運，旋也。案：莊氏逵吉云：「太平御覽有注云：『帝，天帝也。』」

月徙一神，復反其所。

補曰：神，當爲辰。

正月指寅，十二月指丑，一歲而帀，終而復始。指寅，則萬物螾，

元注：螾，動生貌。

補曰：律書云：「寅，言萬物始生螾然也。」漢志云：「引達于寅。」説文：「螾，側行者。」「螾，或從引。」則螾有引義。案：「萬物螾」，各本與莊本皆同，惟御覽作「螾螾也」，莊刻本從之。此蓋從藏本。

律受太簇。太簇者，簇而未出也。

補曰：漢志云：「族，奏也。」周語云：「所以金奏贊陽出滯也。」注賈、唐云：「太簇正聲爲商，故爲金奏。」白虎通云：「族，湊也，聚也。」是簇、蔟、族同義，謂奏聚而欲上出也。奏又卽湊矣。案：御覽引作「湊而未出也」，下有注云：「太蔟，正月

律。」此注正與相合。

指卯，卯則茂茂然，

補曰：律書云：「卯之言茂也。」漢志云：「冒茆于卯。」説文：「卯，冒也。二月萬物冒地而出，象開門之形。」白虎通云：「卯，茂也。」案：説文又云：「茂，草豐盛。」「萺，草也。」則茂、萺同義。冒猶萺也。

律受夾鐘。夾鐘者，鐘始夾也。

補曰：白虎通云：「夾，孚甲也。言萬物孚甲，種類分也。」釋名云：「甲孚也，萬物解孚甲而生也。」是夾卽甲。案：御覽有注云：「夾鐘，二月律。」

指辰，辰則振之也，

補曰：漢志云：「振羙于辰。」説文：「辰，震也。三月陽氣動，雷電振，民農時也，物皆生。」

律受姑洗。姑洗者，陳去而新來也。

補曰：白虎通云：「姑，故也。」是姑爲陳，洗卽灑。古先西通。趙世家「先俞于趙」，徐廣曰：「爾雅西俞，雁門是也。」西，滌也，故新來。灑又通禋，潔祀也，故周語云：「故洗所以修潔百物，考神納賓也。」卽陳去新來之義。案：御覽引有注云：「姑洗，三月律。」

指巳，巳則生巳定也，

補曰：漢志云：「已盛于巳。」釋名云：「巳，已也，陽氣畢布已也。」律書云：「巳者，言陽氣之已盡也。」詩斯干「似續妣祖」箋云：「似，讀如巳午之巳。巳續妣祖者，言已成其宮廟也。」則古讀巳午字若㠯，佀亦㠯聲，故鄭讀佀爲巳午之巳。已又語詞，故古俱訓爲語詞之已也。

律受仲呂。仲呂者，中充大也。案：「律受仲呂」四字，元寫本脱，今從莊刻本補。

補曰：白虎通云：「言陽氣將極，中充大也。」周語云：「宣中氣也。」説文云：「仲，中也。」案：御覽引有注云：「仲呂，四月律。」

指午，午者，忤也，

補曰：律書云：「午者，陰陽交。」大射儀云：「若丹若墨，度尺而午。」注謂「一從一横曰午」，卽陰陽交也。説文云：「五，五行也，从二，陰陽在天地間交午也。此古文五省。」是午卽五，故五月謂午。説文又云：「午，啎也。」屈原傳「重華不可啎兮」，集解王逸云：「啎，逢也。」索隱曰：「楚辭作遻。」漢志云：「遻布于午。」遻卽啎矣。此忤〔一〕字亦當爲啎，作忤者，流俗傳寫使然。遻之言遇，易曰「遘，遇也。天地相遇，品物咸章」是也。

律受蕤賓。蕤賓者，安而服〔二〕也。

補曰：周語云：「所以安靖神人，獻酬交錯也。」律書云：「言陰氣幼少，故曰蕤。痿陽不用事，故曰賓。」案：釋名云：「委，萎也，萎蕤就之也。」萎蕤猶甤痿矣。說文云：「甤，草木實甤甤也，讀若綏。蕤，草木華垂貌，从艸甤聲。」是蕤卽綏。樛木傳：「綏，安也。」故蕤爲安。案：御覽引有注云：「蕤賓，五月律。」

指未，未，昧也，

補曰：漢志云：「昧薆于未。」釋名云：「昧也，日中則昃向幽昧也。」案：御覽「昧」作「味」，與此義異。

律受林鐘。林鐘者，引而止之也。

補曰：說文云：「綝，止也，从糸，林聲。」是林卽綝。案：御覽引有注云：「林鐘，六

〔一〕「忤」，原本作「啎」，形近而誤，今改。
〔二〕「服」，原本作「賓」，據前天文訓改。

月律。」

指申，申者，呻之也，

補曰：律書云：「言陰用事，申賊萬物。」説文云：「呻，吟也。」釋名云：「吟，嚴也，其聲本出于憂愁，使人聽之淒歎也。」然則呻之者，謂陰氣賊物，物呻吟也。申，申束之，安世房中歌「敕身齋戒，施教申申」是也。

律受夷則。夷則者，易其則也，德以去矣。

補曰：律書云：「夷則者，言陰氣之賊萬物也。」徐廣曰：「一作則。」漢志云：「則，法也，言陽氣正法度，而使陰氣夷當傷之物也。」然左傳言「毀則爲賊」，故陰氣賊物爲夷則。陰氣賊物，易其則之謂也。德已去矣者，管子四時篇云：「德始于春，長于夏；刑始于秋，流于冬。」然則七月刑之始，故德去也。案：御覽引有注云：「夷則，七月律。」

指酉，酉者，飽也，

補曰：律書云：「酉者，萬物之老也。」漢志云：「留孰于酉。」説文云：「酉，就也。八月黍成，可爲酎酒。」是卽飽之義也。

律受南吕。南吕者，任包〔一〕大也。

補曰：漢志云：「南，任也，言陰氣旅助夷則，任成萬物也。」尚書大傳云：「南方者，任方也。」説文云：「南，草木至南方有枝任也。」方言：「戴鵀一名戴南。」是南卽任。案：御覽引有注云：「南吕，八月律。」

指戌，戌者，滅也，

補曰：律書云：「戌者，言萬物盡滅。」漢志云：「畢入于戌。」説文云：「戌，滅也，九月陽氣微，萬物畢成，陽下入地也。五行〔二〕土生于戊，盛于戌。从戊含一。」「烕，滅也，从火，戌聲。火死于戌，陽氣至戌而盡滅也。」故戌言滅。

律受無射。無射者〔三〕，入無厭也。

補曰：漢志云：「射，厭也，言陽氣究物，而使陰氣畢剥落之，終而復始，亡厭已也。」爾雅釋詁：「豫、射，厭也。」故無射言無厭。案：御覽引有注云：「無射，九月

〔一〕「包」，原本作「保」，據前天文訓改。
〔二〕「行」下原本有「志」字，據説文删。
〔三〕「者」字，前天文訓無。

律。」

指亥，亥者，閡也，

補曰：律書云：「亥者，該也，言陽氣藏于下，故該也。」漢志云：「該閡于亥。」説文云：「亥，荄也。」「荄，草根也。」「閡，外閉也。」然則萬物歸根兼晐而外閉之，故曰閡也。該與晐通矣。

律受應鐘。應鐘者，應其鐘也。

補曰：周語云：「均利器用，俾應復也。」律書云：「陽氣之應，不用事也。」漢志云：「言陰氣應亡射，該藏萬物，而雜陽閡種也。」案：御覽引有注云：「應鐘，十月律。」

指子，子者，兹也，

補曰：律書云：「子者，滋也。滋者，萬物滋于下也。」漢志云：「孳萌于子。」説文云：「子，十一月陽氣動，萬物滋入以爲偁。」「𡿺，籀文子。」「孳〔一〕，汲汲生也。」𡿺，籀文孳。」「滋，益也。」「茲，草木益多。」是滋、兹同義，皆謂孳也。孳从子，故

〔一〕「孳」，原本作「兹」，據説文改。

子言孳。

律受黃鐘。黃鐘者，鐘已黃也。

補曰：律書云：「言陽氣踵黃泉而出也。」周語云：「夫六，中之色也，故命之曰黃鐘。」韋昭云：「六者，天地之中，天有六氣，降生五味，天有六甲，地有五子，十一而天地畢矣，而六爲中。黃，中之色也。鐘之言陽氣鐘聚于下也。」說文云：「黃，地之色也，从田，从炗。炗，古文光。」然則六亦地也，陽氣鍾于地中，故黃。坤六五「黃裳」。案：御覽引有注云：「黃鐘，十一月律。」

指丑，丑者，紐也，

補曰：律書云：「言陽[一]氣在上未降，萬物厄紐未敢出。」漢志云：「紐牙于丑。」說文云：「十二月萬物動用事，象手之形。時加丑，亦舉手時也。」「紐，系也。一曰結而可解。」則厄紐、紐牙同義。

律受大呂。大呂者，旅旅而去也。

補曰：周語云：「助宣物也。」漢志云：「呂，旅也，言陰大，旅助黃鐘宣氣而牙

〔一〕「陽」，原本作「陰」，據史記律書改。

物也。」説文云：「吕，脊骨也。昔太岳爲禹心吕之臣，故封吕侯。膂，篆文吕。」是吕即膂，膂省爲旅也。旅旅而去，猶言進旅退旅矣。旅，徒旅也。案：御覽引有注云：「大吕，十二月律。」

其加卯酉，則陰陽分〔一〕，日夜平矣。故曰規生矩殺，衡長權藏，繩居中央，爲四時根。

補曰：漢志云：「權與物鈞而生衡，衡運生規，規圜生矩，矩方生繩，繩直生準，準正則平衡而鈞權矣。是爲五則。以陰陽言之，太陰者，北方。北，伏〔二〕也，陽氣伏于下，于時爲冬。冬，終也，物終藏，乃可稱。水潤下。知者謀，謀者重，故爲權也。太陽者，南方。南，任也，陽氣任養〔三〕物，于時爲夏。夏，假也，物假大，乃宣平。火炎〔四〕上。禮者齊，齊者平，故爲衡也。少陰者，西方。西，遷也，陰氣遷落物，于時爲秋。秋，䪥也，物䪥斂，乃成孰〔五〕。金從革，改更也。義者

〔一〕「分」原本作「生」，據前天文訓改。
〔二〕「北伏」，原本作「伏方」，據漢志改。
〔三〕「養」，原本作「萬」，據漢志改。
〔四〕「炎」原本作「災」，據漢志改。
〔五〕「孰」，原本作「就」，據漢志改。

成，成者方，故爲矩也。少陽者，東方。東，動也，陽氣動物，于時爲春。春，蠢也，物蠢生，乃動運。木曲直。仁者生，生者圜，故爲規也。中央者，陰陽之内，四方之中，經緯通達，乃能端直，于時爲四季。土稼穡蓄息。信者誠，誠者直，故爲繩也。」

道曰規，始于一，一而不生，故分而爲陰陽，陰陽和合而萬物生，故曰「一生二，二生三，三生萬物」。

補曰：老子文。

天地三月而爲一時，故祭祀三飯以爲禮，喪紀三踊以爲節，兵重三罕以爲制。以三參物，三三如九，故黄鐘之律九寸而宫音調。

元注：調，和也。

因而九之，九九八十一，故黄鐘之數立焉。

補曰：管子地員篇云：「凡將起五音，凡首，先主一而三之，四開以合九九，以是生黄鐘小素之首以成宫。」主一而三之者，置一而三之也。四開以合九九者，置一而四三之也。三爲一開，九爲二開，二十七爲三開，八十一爲四開，故曰以合九九，則黄鐘之積也。其長爲百分尺之九十分，故漢志云九十分黄鐘之長。

一爲一分，十分爲寸，十寸爲尺。而唐都、落下閎造太初曆，亦曰律容一籥，積八十一寸，則一日之分也。史記言黄鐘八寸十分一，則約九十分爲八十一分，使外體中積相應，以便布算，而後人言史記用十分寸，漢志用九分寸，誤矣。淮南寸法與史記、漢志同。

黄者，土德之色；鐘者，氣之所種也。日冬至德氣爲土，土色黄，故曰黄鐘。

補曰：漢志云：「黄者，中之色，君之服也。鐘者，種也。天之中數五，五爲聲，聲上宫，五聲莫大焉。地之中數六，六爲律，律有形有色，色上黄，五色莫盛焉。故陽氣施種于黄泉，孳萌萬物，爲六氣元也。以黄色名元氣律者，著宫聲也。」是冬至爲元氣之始，黄鐘宫應焉，故以爲名。而季夏亦中黄鐘之宫者，此則七十二日五子受制之術，當是吹律聽聲而得之，故曰律中。蓋立春甲子受制，則穀雨前三日丙子受制，小暑前六日戊子受制，白露後六日庚子受制，小雪後三日壬子受制，合之月令所云，其日甲乙，其日丙子者，無不相應，則季夏自中黄鐘之宫也。若以冬至爲黄鐘之宫，則出于候氣，謂之隨月律，律管最長，十二宫聲中亦最尊，故與元氣相應。然二法雖異，理實相通。何者？冬至時候氣既效，卽吹律亦無不中，可知。而季夏候氣，則用林鐘耳。樂聲儀云：「作樂制禮時，五音使于上元戊辰夜半冬至北方子。」鄭玄注云：「戊辰，土位，土爲宮，宮爲君，故作樂尚之，以爲君也。夜半子，以天時之始，稽命徵起于太素十一月閼逢之月，歲在攝提格之紀。」是云作樂制禮，蓋作樂則有禮通其反耳。東漢時所云攝提格之歲，未必太歲卽在丙子，要是黄鐘起于冬至，則正有其本耳。

律之數六，分爲雌雄，故曰十有二鐘，以副十二月。

補曰：呂氏春秋五月紀曰：「黄帝又命伶倫與榮將鑄十二鐘，以和五音。」隋志以爲卽鎛鐘，每鐘垂一簨虡，各應律呂之音，徐景安謂之律鐘。大司樂注：「國語曰：『律所以立均出度也。古之神瞽，攷中聲而量之，以制度律均鐘。』言以中聲定律，以律立鐘之均。」是謂律鐘。唐志：「鎛鐘十二，在十二辰之位。」而尚書大傳云：「天子左五鐘，右五鐘。」鄭注謂天子宮縣黄鐘蕤賓在南北，其餘則在東西。賈公彦以爲十二零鐘，非鎛鐘也。淮南十二鐘，知卽律鐘。賈誼新書六術篇曰「一歲十二月，分而陰陽各六月，是以聲音之器十二鐘，鐘當一月，其六鐘陰聲，六鐘陽聲」是也。

十二各以三成，故置一而十一，三之，爲積分十七萬七千一百四十七，黄鐘大數立焉。

補曰：前漢志云：「太極元氣，函三爲一。極，中也。元氣行于十二辰，始動于子。參之于丑，得三。又參之于寅，得九。又參之于卯，得二十七。又參之于辰，得八十一。又參之于巳，得二百四十三。又參之于午，得七百二十九。又參之于未，得二千一百八十七。又參之于申，得六千五百六十一。又參之于酉，得萬九千六百八十三。又參之于戌，得五萬九千四十九。又參之于亥，得十七萬七千一百四十七。

凡十二律，黄鐘爲宫，太簇爲商，姑洗爲角，林鐘爲徵，南呂爲羽。

補曰：五音配五行，正五方，而律之長短，聲之清濁，實爲五音之序。宫最長而濁，商次長亦次濁，角長短清濁半，徵次短亦次清，羽最短而清，十二均皆然。

物以三成，音以五立，三與五如八，故卵生者八竅。律之初生也，寫鳳之音，故音以八生。

補曰：呂氏春秋五月紀曰：「昔黄帝令伶倫作爲律，伶倫自大夏之西，乃之阮隃之陰，取竹于嶰谿之谷，以生空竅厚鈞者，斷兩節間，其長三寸九分，而吹之，以爲黄鐘之宫。次〔一〕曰舍少次，案：「次曰」或作「次日」，今從畢氏校刊呂覽據説苑定

〔一〕「次」，原本作「吹」，形近而誤，據呂覽改。下小注同。

作「曰」。制十二筒，以之阮隃之下，聽鳳皇之鳴，以別十二律。其雄鳴爲六，雌鳴亦六，以比黃鐘之宫，適合。黃鐘之宫，皆可以生之，故曰黃鐘之宫，律呂之本。」前漢志云：「陰陽相生，自黃鐘始而左旋，八八爲五。」孟康曰：「從子數辰至未得八，下生林鐘。數未至寅，上生太簇。律上下相生，皆以此爲率。」按十二律之次，黃鐘子，林鐘丑，太簇寅，南呂卯，姑洗辰，應鐘巳，蕤賓午，大呂未，夷則申，夾鐘酉，無射戌，中呂亥，是隔一相生也。故六十律，黃鐘宫後，卽以應鐘、無射爲宫。無射之商，黃鐘也，則用半律。何則？十二律長短相間，至中宫而窮，黃鐘半律在無射、中呂之次，故以爲商。若以十二律直十二月，則林鐘、南呂、應鐘、大呂、夾鐘、中呂各居其衝，而得隔八相生之次，其律則自長而短，至應鐘而窮矣。前法是陽下生，陰上生。後法則蕤賓、夷則、無射陽，上生；大呂、夾鐘、中呂陰，下生，故林鐘、南呂、應鐘退居西北，而大呂、夾鐘、中呂進居東南也。

黃鐘爲宫，宫者，音之君也，故黃鐘位子，其數八十一，

補曰：黃鐘體中之積也。漢志橫黍九十分爲長，用以除積，則九分爲圓冪，依密術求方冪得十一分四十五釐九十豪，開方得三分三釐八豪五絲一忽爲徑，更

以密術求圓周得十分零六釐三豪四絲六忽。十二律皆用此圍徑而遞減其長，故算術必先定黄鐘之圍徑也。以此律圍乘九寸之長，實得九十五寸七分一釐一豪四絲爲體周，而能容千二百黍。孟康以九分爲圍，以圍乘長，得積八十一寸，則體周過小。晉、宋、隋、唐間，依以制律，皆不能容千二百黍，其明驗也。

主十一月，下生林鐘。林鐘之數五十四，

補曰：林鐘體中之積也。置黄鐘之數二，因而三除之，得此數。以術推之，一寸之積實有九寸，則林鐘六寸積五十四寸也。以九約六寸，則長亦五十四分。律書云：「五寸十分四。」

主六月，上生太簇。太簇之數七十二，

補曰：太簇體中之積也。置林鐘之數四，因而三除之，得此數。以上三律，十分爲寸，則數爲積寸，九分爲寸，則數爲積分，皆得相應，故古人以當天地人三才。其餘則不能密合矣。要之，數兼分寸則俱同也。淮南獨言數者，以此。律書云：「七寸十分二。」

主正月，下生南吕。南吕之數四十八，

補曰：置太簇之數二，因而三除之，得此數。續志：「南吕律五寸三分小分三强。」今以九乘之，得四十八微弱，以强補弱，即得整數。九除四十八，亦得彼數。律書云：「四寸十分八。」

主八月，上生姑洗。姑洗之數六十四，

補曰：置南〔一〕呂之數四，因而三除之，得此數。續志：「姑洗律七寸一分小分一微强。」今以九乘之，得六十四寸微弱，以强補弱，亦得整數。九除六十四，亦得彼數。此二律强弱相補，數猶適合，于黄鐘宫則羽角也。餘唯無射一律適合陽律之終，其他則否矣。律書云：「六寸十分四。」

主三月，下生應鐘。應鐘之數四十二，

補曰：置姑洗之數二，因而三除之，得此數。續志：「應鐘律四寸七分小分四微强。」今以九乘之，得四十二寸六分六釐。九除四十二，得四寸六分六釐，尚有三之二。是彼之積寸較多，此之積分較少也。彼是實數，此則不能無所棄，法使之然也。律書云：「四寸二分三分二。」

主十月，上生蕤賓。蕤賓之數五十七，

〔一〕「南」字原本誤置於「吕之」二字後，今乙。

補曰：置應鐘之數四，因而三除之，當爲五十六，以前有所棄，故此益其一也。續志：「蕤賓律六寸三分小分二微强。」今以九乘之，得積五十六寸九分弱，此收九分弱爲一寸，所謂半法以上亦得一也。積寸如此，積分可知。九除五十七，得六寸三分小分三，尚有三分一，則益一，整數之故。律書云：「五寸六分三分一。」

主五月，上生大吕。大吕之數七十六，

補曰：漢志作「下生大吕」，生半律也。此云「上生」，生正律也。大吕、夾鐘、中吕，以陰律而主夏至以前之月，故必上生。大吕之數七十六者，置蕤賓之數四，因而三除之，得此數。續志：「大吕律八寸四分小分三弱。」今以九乘之，得積七十五寸八分半强。九除七十六，得長八寸四分小分四半弱，皆以蕤賓所收稍多之故。古人只取整數，不得不然。律書云：「七寸五分三分一。」

主十二月，下生夷則。夷則之數五十一，

補曰：漢志作「上生夷則」，亦生正律也。夷則、無射雖陽律，而主夏至後之月，故此從下生。夷則之數五十一者，置大吕之數二，因而三除之，當爲五十又三分之二，在半法以上，故收爲一也。續志：「夷則律五寸六分小分二弱。」今以九乘之，得積五十寸六分弱。九除五十一，得長五寸六分小分六又三分二也。律書云：「五寸四分三分二。」案：「亦生正律也」，「正」當作「倍」，作「正」者，傳寫誤也。漢志「上生六而倍之，下生六而損之，皆以九爲法。依術推之，正得一尺一寸二分有奇，倍律。若作正律，是用下生法，非漢志所云上生矣。又「二因而三除」之「二」，誤書作「四」，律書云「五寸四分三分二」，誤脱「四分」二字，今并校正。

主七月，上生夾鐘。夾鐘之數六十八，

補曰：漢志云「下生夾鐘」，亦生半律。夾鐘之數六十八者，置夷則之數四，因而三除之，得此數。續志：「夾鐘律七寸四分小分九微強。」今以九乘之，得積六十七寸四分小分一強。九除六十八，得長七寸五分小分五，尚有九之五也。律書云：「六寸七分三分二。」

主二月，下生無射。無射之數四十五，

補曰：漢志作「上生」。無射之數四十五者，置夾鐘之數二，因而三除之，得此數，尚有三之一，則棄之。續志：「無射律四寸九分小分九強。」今以九乘之，當爲四十五弱，以强補弱，故得積四十五，其一分不容不棄矣。九除四十五，得長五寸，亦與續志近。律書云：「四寸四分三分二。」

主九月，上生仲呂。仲呂之數六十，

補曰：漢志云：「下生仲呂。」仲呂之數六十者，置無射之數四，因而三除之，得此數。以九乘之，得積五十九寸七分半强。此收其餘分，故六十也。前有所棄，後必收之，與蕤賓同。九除六十，得長六寸六分小分六又三之二，則所收過多也。以上十二律，用九分十分二寸法互算，有合有否。十分寸爲實，九分寸爲變法，故九分爲寸，有棄有收。而淮南用九不用十者，有故焉。十二律自長至短，以次而殺。九分爲寸，黄鐘長于蕤賓二十四，是每月減四也。應鐘短于中呂十八，是每月減三也。以此爲通率，則不妨有棄有收。十分爲寸，則所減無通率矣。此淮南之所以用九不用十也。律書云：「五寸九分三分二。」

主四月，

補曰：十二律主十二月，由于候氣。律者，述陽氣之管也，故所候皆爲陽氣。十一月，陽氣動于黄泉，入地中八寸十分一，故以黄鐘候之。十月，陽氣窮于地，上迫地面四寸十分二，故以應鐘候之。應鐘短于黄鐘三寸十分九，盈月得冬至，則當以三寸十分九減本律三分，爲黄鐘氣應之限，中間四寸十分一，卽陽氣從下而上之處也。而五月陰生之始，蕤賓短于黄鐘二寸十分四，長于應鐘減過之數一寸十分八。是陽氣之長其數二十四，陽氣之消其數一十八，中間四十二，又卽消長之總數也。陰氣消長之數如陽。其初陰上陽下，與黄鐘應。經六月而陽長二十四，則陰至黄鐘之分，是時陽上陰下，與蕤賓應。經六月而陽消一十八，則陰至蕤賓之分矣。蓋陽氣初長時，陰氣適滿二十四，至消爲一十八，則陽滿二十四矣。陰氣初長時，陽氣適滿二十四，至消爲一十八，則陰滿二十四矣。應鐘氣應逾月而後黄鐘氣應，此應鐘之所以爲應鐘也。以十二律論之，黄鐘減五爲大吕，此陽氣之驟長也。自後每月減四，至中吕則減三，爲蕤賓，所長微矣。自蕤賓以後，月減三分，五月至應鐘盈月又減三，而陽氣復萌矣。蓋陰陽二氣，初長時皆驟長五分，未消時已暗消一分，故二至之月，俱至黄鐘、蕤賓之分也。應鐘倍律長于黄鐘三分，減之卽得黄鐘，猶減中吕三分而爲蕤賓，皆氣應盈月之驗也。吕覽黄鐘長三寸九分，卽減應鐘正律所得，其義亦然。而自古無悟及者，何歟？或説黄鐘以後，六律候陽氣；蕤賓以後，六律候陰氣，此殊不然。周易卦氣自下而上，律氣亦然。蕤賓之月，陽氣自黄鐘而進，正滿二十四分，而可謂之陰氣乎？律之用減不用增，皆由陽氣之自下而上爲之也，故曰述陽氣之管。且陽動陰静，灰之飛也，非其證乎？然則何以律有陰陽？

曰：「律之陰陽，從十二辰名之，在陽曰陽律，在陰曰陰律而已。」

極不生。

補曰：「不」，舊作「下」，今依晉志所引改。宋書注云：「極不生，鐘律不復能相生。」疑采元注。然極不生者，不生黄鐘全律也，黄鐘之半律則生之矣。何者？旋宫之法，黄鐘爲商、角、徵、羽，爲變宫、變徵，必用半律，非中吕生之而誰生乎？置中吕之數二，因而四除之，止積四十，未盈八十一之半，然應鐘益一而生蕤賓，則中吕不可益之而生黄鐘乎？益四分分之三則能生矣。由是黄鐘自相生而半律備，則旋宫之用不窮。依續漢志十分寸，則倍中吕之實，爲一十六萬二千一百四十四分一，以三除之，止八萬七千三百八十一又三分一，半黄鐘之實，有八萬八千五百七十三又十之五，少一千一百九十二有奇，則誠不足以生黄鐘，因而上生執始。此二法之所以始通而終判也。淮南用六十律，唯以正半相參，與京房異，則中吕必生黄鐘。

宫生徵，徵生商，商生羽，羽生角，角生應鐘，

補曰：晉志所引如此。舊作「徵生宫，宫生商，商生羽，羽生角，角生姑洗，姑洗生應鐘」，誤也。

比于正音，故爲和。

元注：應鐘，十月也。與正音比，故爲和。和，從聲也。一曰和也。

補曰：注中「故」字，宋書引作「效」；「從」字，引作「徙」。

應鐘生蕤賓，不比正音，故爲繆。

補曰：宋書采元注云：「繆，音相干也。周律故有繆、和，爲武王伐紂七音也。」案：應鐘，黄鐘之變宫；蕤賓，黄鐘之變徵。謂之變宫、變徵者，六十律旋宫，則黄鐘宫，姑洗角，下生應鐘宫。應鐘爲宫，復下生蕤賓徵。今八十四聲旋宫，以應鐘宫二律歸入黄鐘宫，應鐘比黄鐘半律稍下，蕤賓比林鐘正律稍下，故云變也。云和、繆者，五音宫最長，商角徵羽以次而殺，律長則聲濁，律短則聲清，故月令注云：「宫最濁，商次濁，角清濁半，徵次清，羽最清。」此變宫從角下生，是清于羽也。順次而降，故爲和。變徵從變宫上生，是濁于徵也。逆抗而升，故爲繆。是以祖孝孫八十四調之法，一宫，二商，三角，四變徵，五徵，六羽，七變宫，而以變宫爲清宫，變徵爲正徵。云「清宫」是也。「正徵」當云濁徵。十二律皆有二變，此特舉其一耳。

日冬至，音比林鐘，浸以濁。日夏至，音比黄鐘，浸以清。

補曰：周語韋昭注云：「十一月，黄鐘，乾初九也。十二月，大吕，坤六四也。

正月，太簇，乾九二也。二月，夾鐘，坤六五也。三月，姑洗，乾九三也。四月，中吕，坤上六也。五月，蕤賓，乾九四也。六月，林鐘，坤初六也。七月，夷則，乾九五也。八月，南吕，坤六二也。九月，無射，乾上九也。十月，應鐘，坤六三也。」乾鑿度云：「乾貞于十一月子，左行陽時六。坤貞于六月未，右行陰時六。」注謂陰則退一辰者，謂左右交錯相避，此所云卽其義也。而又反用之，何則？冬至本在子，今從坤初之例，退居于未。自後一氣歷一辰，則六中氣當坤六爻矣。夏至本在午，今從乾初之例，進居于子。自後一氣歷一辰，則六中氣當乾六爻矣。冬至後欲察陰，故轉比坤六律；夏至後欲察陽，故轉比乾六律。自林鐘至應鐘用正律，黄鐘至蕤賓用半律，則音漸清。因清知濁，故曰音漸濁，陽長故也。若十二辰俱用正律，亦音漸清。就清知清，故直曰音漸清，陰長故也。此必合前二十四時所比之音論之，其理方明。蓋前冬至比黄鐘，小寒比應鐘，黄鐘用半律，則音漸濁，卽此比林鐘後所知也。前夏至亦比黄鐘，小暑比大吕，黄鐘用正律，亦音漸清，卽此比黄鐘後所知也。冬至何以用半律？夏至何以用正律？以夏至戊子受制，律中黄鐘之宫也。

以十二律應二十四氣之變，案：「二十四氣」，莊刻本作「二十四時」。

補曰：一律當一氣，前二法俱非月律之正，故曰變。

甲子，仲吕之徵也；丙子，夾鐘之羽也；戊子，黄鐘之宫也；庚子，無射之商也；壬子，夷則之角也。

補曰：五子，皆謂黄鐘各居其宫，則各應其聲。以律配日，則黄鐘適配五子，始于戊子，卒于丁亥，而六十律成矣。甲子爲中吕之徵者，中吕爲亥，十月也，大雪之末日也，下生黄鐘半律。甲子冬至，黄鐘應，中吕爲宫，則黄鐘爲徵矣。丙子爲夾鐘之羽者，丙子在甲子後第十三日，其前三日，律直夾鐘，夾鐘爲宫，則黄鐘爲羽。戊子爲黄鐘之宫者，戊子在甲子後第二十五日，黄鐘自爲宫。庚子爲無射之商者，庚子在甲子後第三十七日，其前二日，律直無射，無射爲宫，則黄鐘爲商。壬子爲夷則之角者，壬子在甲子後第四十九日，其前五日，律直夷則，夷則爲宫，則黄鐘爲角。甲有六而子惟五，故止有五子。五子中，惟戊子用全律，餘俱半律。全律尊，不爲商、角、徵、羽也。六十律一周，則雨水矣。又十二日而得丙子，故丙子起驚蟄前三日。又一周，則將穀雨矣。又十二日而得戊子，故戊子起小滿前六日。又一周，則將小暑矣。又十二日而得庚子，故庚子起大暑後六日。又一周，則過白露矣。又十二日而得壬子，故壬子起寒露後三日。此七十二日，五子受制之律也，而冬至爲徵，則其餘皆爲徵。是故丙子後三日爲驚蟄，太簇之南吕也。戊子後六日爲小滿，則應鐘之蕤賓也。庚子後六日爲大暑，亦應鐘之蕤賓也。壬子前三日爲寒露，則夷則之夾鐘也。至復于甲子，則歲周矣。甲子起于冬至，易稽覽圖云「甲子，卦氣起中孚」是也。戊子亦在大暑前六日，是爲季夏，故月令云：「中央土，其日戊己，其音宫，律中黄鐘之宫。」蓋六十日旬周，與七十二日受制，均得通也。乾鑿度云：「日十干者，五音也。」注謂：「甲乙角也，丙丁徵也，戊己土也，庚辛商也，壬癸羽也。」此論其正法。旋宫則以甲己爲徵，乙庚爲商，丙辛爲羽，丁壬爲角，戊癸爲土。柔日從剛，則惟宫商不變，此其所以爲宫商也。太玄云：「甲己之數九，乙庚八，丙辛七，丁壬六，戊癸五。」律書云：「上九，商八，羽七，角六，宫五，徵九。」皆謂是也。注者不知，故别釋之。

古之爲度量輕重，生乎天道。黄鐘之律脩九寸，物以三生，三九二十七，故幅廣二尺七寸。

元注：古者幅比皆然也。

補曰：説文云：「幅，布帛廣也。」食貨志：「布帛廣二尺二寸爲幅。」鄭志：「二尺四寸爲幅。」與此異。

音以八相生，故人脩八尺，尋自倍，故八尺而爲尋。

補曰：説文云：「周制以八寸爲尺，十尺爲丈。人長八尺，故曰丈夫。」又曰：「周制寸、尺、咫、尋、常、仞諸度，皆以人之體爲法。」然則尋即周之丈也。人布指知寸，布手知尺，舒肘知尋。人脩一尋，故曰丈夫。周禮典瑞「璧羨以起度」，玉人「璧羨度尺，好三尺以爲度」，康成云：「徑廣八寸，袤一尺。」是八寸爲尺，起于璧廣；十寸之尺，則其羨也。獨斷曰：「夏以十三月爲正，十寸爲尺；殷以十二月爲正，九寸爲尺；周以十一月爲正，八寸爲尺。」

有形則有聲，音之數五，以五乘八，五八四十，故四丈而爲匹。

補曰：説文云：「匹，四丈也。八揲一匹。」然「八，别也」，匹，往相辟耦也。是判八爲四，合四成八。匹从匸，匸讀若俠，藏也。匹藏八義，故又从八。揲，取也。取物以五數，故四丈爲匹耳。案：説文：「匸，衺徯有所俠藏也，讀與傒同。」非「讀若俠藏也」，疑此傳寫有誤。

匹者，中人之度也。一匹而爲制。

補曰：杜子春云：「制謂匹長，然制匹爲衣，故匹言制。左傳云：「晳幘而衣貍製。」又云：「陳子衣製。」皆謂衣。製與制通，故説文同訓裁也。

秋分蔈定，蔈定而禾熟。案：「禾熟」，莊刻本作「禾穗」。

元注：蔈，禾熟粟孚甲之芒也。定者，成也，故曰禾熟。蔈，讀如詩「有貓有虎」之貓，古文作秒也。

補曰：宋志作「禾標」，注云：「標，禾穗芒也。」説文云：「蔈，苕之黄華也。一曰末也。」「秒，禾芒也。」是蔈、秒通。説文稱下注云：「春分而禾生，日夏至晷景可度禾有秒。秋分而秒定，律數十二秒而當一分，十分而寸。其以爲重，十二粟爲一分，十二分爲一銖，故諸程品皆從禾。」

律之數十二，故十二蔈而當一粟，十二粟而當一寸。律以當辰，音以當日，日之數十〔一〕，

元注：十，從甲至癸日。

故十寸而爲尺，十尺而爲丈。其以爲量，十二粟而當一分，

元注：分，言其輕重分銖也。

〔一〕「日之數十」，原本作「月之數」，據前天文訓改、補。

補曰：說文云：「量，稱輕重也，从重省。」故淮南以輕重爲量。十二分而當一銖，十二銖而當半兩。衡有左右，因倍之，故二十四銖爲一兩。天有四時，以成一歲，因而四之，四四十六，故十六兩而爲一斤。三月而爲一時，三十日爲一月，故三十斤爲一〔一〕鈞。四時而爲一歲，故四鈞爲一石。

補曰：漢志云：「度者，分、寸、丈、尺、引也。本起黄鐘之長。以子穀秬黍中者，一黍之廣，度之九十分，黄鐘之長。一爲一分。」「權者，銖、兩、斤、鈞、石也。本起于黄鐘之重。一龠容千二百黍，重十二銖，兩之爲兩。」「量者，龠、升、合、斗、斛也。本起于黄鐘之龠。合龠爲合。」則一黍爲分，十黍爲寸，百黍爲尺，千黍爲丈，萬黍爲引，此五度之積也。百黍爲銖，二千四百黍爲兩，三萬八千四百黍爲斤，百一十五萬二千黍爲鈞，四百六十萬八千黍爲石，此五權之積也。千二百黍爲龠，二千四百黍爲合，二萬四千黍爲升，二十四萬黍爲斗，二百四十萬黍爲斛，此五量之積也。淮南以權爲量，卽是以權準量。半兩爲龠，一兩爲合，十兩爲升，六斤四兩爲斗，六十二斤八兩爲斛，而數起于十二蘽，則百四十四而

〔一〕「一」字原本無，據前天文訓補。

當漢志之十也。此寸有十二粟，彼寸有十黍，蓋是粟小于黍耳。

其爲音也，

補曰：舊本「爲」上有「以」字，此從晉志所引。案：莊刻本有「以」字。

一律而生五音，十二律而生六十音，

補曰：續漢志載京房六十律相生之法曰：「陽下生陰，陰上生陽，終于中吕，而十二律畢矣。中吕上生執始，執始下生去滅，上下相生，終于南事，六十律畢矣。」其法近淮南所言而實異。何者？淮南云中吕「極不生」，又云「甲子，中吕之徵也」，謂不生正律，生半律。黄鐘短于中吕也。房則中吕生執始，中吕爲宫，執始爲徵，執始律長，反過中吕。一也。姑洗之依行，當下生應鐘宫律，黄鐘之色〔一〕育，當自中吕上生，而房則依行上生色育，非隔八相生之法。二也。六十律當終于中吕宫中，而房則終于蕤賓之南事。三也。又六十律各主一日，而房則參差不齊。四也。在房自有義例，不得云誤，然實非古旋宫之法。

因而六之，六六三十六，故三百六十音以當一歲之日。

〔一〕「色」，原本作「包」，據後漢書律曆志改。下同。

補曰：隋志云：宋錢樂之，因京房南事之餘，更生三百律。至梁博士沈重，依淮南本數，用京房之術求之，得三百六十律。各因月之本律，以爲一〔一〕部。以一部律數爲母，以一中氣所有日爲子，以母命子，隨所多少，各一律所建日辰分數也。以之分配七音。」案：重雖據淮南，其法亦異。淮南三百六十律，卽用六十律，而六十律又卽十二律，兼正半亦止二十四，無三百六十也。何者？有二十四律，卽可旋宮爲六十律，無待他律也。且律以當日，六十日之外，寧有他日乎？其所以不爲他律者，亦以應鐘生蕤賓，中呂一半生黃鐘，至于中呂之半，則其數窮矣。房術中呂不能生黃鐘，因生執始，至于南事，而其數不窮，則雖爲三百六十律，猶不窮也，特以當一歲之日，則不復相生耳矣！

故律曆之數，天地之道也。下生者倍，以三除之；上生者四，以三除之。

元注：鐘律上下相生，誘不敏也。

補曰：誘，河東高氏名也，注出其手，故云耳。上下相生之法，卽律書所云「以下生者，倍其實，三其法。以上生者，四其實，三其法」也。是先乘後除法。大

〔一〕「一」字原本無，據隋志補。

師職鄭注云：「下生者三分去一，上生者三分益一。」乃是先除後除法。漢志又言：「上生六而倍之，下生六而損之，皆以九爲法。」又是加二倍法矣。管子地員篇是其所本也。

太陰元始建于甲寅，

補曰：此太陰在閼蒙攝提格之歲，非太歲也。天官書曰：「前列直斗口三星，隋北端兑，若見若否，曰陰德，或曰天一。」淮南本篇以天一爲太陰，是太陰卽陰德矣。于辰直卯，歲星居丑，太歲在子。以丑加子，則太陰在寅，歲星居子，太歲在丑。以子加子，則太陰在卯。由是歲徙一辰，歲星常加子矣。此太陰紀年之義也。案：「于辰直卯，歲星居丑，太歲在子。以丑加子，則太陰在寅，歲星居子，太歲在丑。以子加子，則太陰在卯。由是歲徙一辰，歲星常加子矣」，當作「于辰直卯，歲星居子，太歲在丑。以丑加子，則太陰在寅，歲星居丑，太歲在子。以子加丑，則太陰在卯」云云。所由知其然者，太陰在卯，則歲行三宿，正在玄枵，太歲正在星紀。以丑加子，則太陰在寅，太陰在寅則歲行二宿，正在星紀，太歲正在玄枵。以子加丑，則太陰復在卯矣。歲徙一辰，卒十二歲而一周。其明年，則歲星乃在玄枵。故曰「常加子矣」。太陰與太歲左行，歲星右行，故推合如是。此當是傳寫誤也。

一終而建甲戌，二終而建甲午，三終而復得〔二〕甲寅之元。

補曰：千五百二十歲爲大終，其餘數二十。凡言終者，皆舉餘數也。三終則餘數六十，故復得甲寅之元。韓非子言「四千五百六十歲爲一元」是也。

歲徙一辰，立春之後，得其辰而遷其所順，

補曰：此推太陰以合日辰也，由是建除之法生焉。

前三後五，百事可舉。

元注：前後，太陰之前後也。

太陰所建，蟄蟲首穴而處，鵲巢向而爲户。太陰在寅，朱鳥在卯，勾陳在子，玄武在戌，白虎在酉，蒼龍在辰。

補曰：晉志云：「勾陳，後宫屬也，大帝之常居也。勾陳口中一星曰天皇大帝，其神曰耀魄寶。」説苑辨物篇：「書曰：『在璿璣玉衡，以齊七政。』璿璣謂北辰勾陳星樞也。」

寅爲建，卯爲除，辰爲滿，巳爲平，主生；午爲定，未爲執，主陷；申爲破，主衡；酉

〔二〕「得」，原本作「于」，據前天文訓改。

爲危，主杓；戌爲成，主少德；亥爲收，主大德；子爲開，主太歲；丑爲閉，主太陰。

補曰：此建除法也。史記日者傳有建除家。太公六韜云：「開牙門當背建向破。」越絶書云：「黄帝之元，執辰破巳，霸王之氣見于地户。」漢書王莽傳云：「十一月，壬子直建，戊辰直定。」論衡偶會篇云：「正月建寅，斗魁破申。」是也。

案：建除有二法，越絶書從歲數，淮南書及漢書從月數，後人惟用月也。

太陰在寅，名曰攝提格，

補曰：攝提格，星名也。天官書云：「大角者，天皇帝庭。其兩旁各有三星，鼎足勾之，曰攝提。攝提者，直斗柄所指，以建時節，故曰攝提格。」晉志云：「攝提六星，直斗杓之南，主建時節。」然則斗杓所建攝提同也。十二歲斗杓所建星見其方，首年用本名，其下十一名卽其別稱也。天官書言「歲星一名攝提格」爲此。知太陰卽知太歲矣。如太陰在攝提格，太歲必在子也。

其雄爲歲星，

補曰：太玄云：「倉靈之雌不同宿而離失則歲功之乖。」注以歲星爲倉靈，失度爲不同宿，然則雌謂太陰也。太陰爲雌，明歲星爲雄。太歲所在之辰，星以其月出，此歲星之所以爲雄也。太陰所在之辰，斗以其月建，此太陰之所以爲雌也。歲星必與太陰相應而行，有盈縮則有失次，失次非卽超辰，故太陰不移是謂不同宿，失次有應見于衡辰。占具天官書。

舍斗、牽牛，

補曰：天官書云：「以攝提格歲，歲陰左行在寅，歲星右轉居丑。」天文志云：「太歲在子曰困敦。」太初曆歲星在建星、牽牛本是同歲，而太陰、太歲異其名也。劉歆云：「漢曆太初元年，歲星在星紀婺女六度，故漢志曰歲名困敦。正月歲星出婺女是也。曆書載武帝詔曰『年名焉逢攝提格』，歲名、年名，卽是太歲、太陰之辨。歲星自在星紀耳。」星云正月出，殆是天正。案：「歲陰」元寫本誤作「歲行」，今從史記校正。

以十一月與之晨出東方，東井、輿鬼爲對。

補曰：天官書云「正月」，天文志作「十一月」，史記用周正，淮南、漢志用夏正。

太陰在卯，歲名曰單閼，

元注：單，讀明揚之明。

歲星舍須女、虛、危，以十二月與之晨出東方，柳、七星、張爲對。

補曰：天官書云：「單閼歲，歲陰在卯，星居子。以二月與婺女、虛、危晨出。」

天文志云：「太歲在丑曰赤奮若。歲星十二月出。太初在婺女、虛、危。」

太陰在辰，歲名曰執徐〔一〕，歲星舍營室、東壁，以正月與之晨出東方，翼、軫爲對。

補曰：天官書云：「執徐歲，歲陰在辰，星居亥。以三月與營室、東壁晨出。」天文志云：「太歲在寅曰攝提格。歲星正月晨出東方。太初曆在營室、東壁。」

太陰在巳，歲名曰大荒落，歲星舍奎、婁，以二月與之晨出東方，角、亢爲對。

補曰：天官書云：「大荒落歲，歲陰在巳，星居戌。以四月與奎、婁、胃、昴晨出。」天文志云：「太歲在卯曰單閼。歲星二月出。太初在奎、婁。」

太陰在午，歲名曰敦牂，歲星舍胃、昴、畢，以三月與之晨出東方，氐、房、心爲對。

補曰：天官書云：「敦牂歲，歲陰在午，星居酉。以五月與胃、昴、畢晨出。」天文志云：「太歲在辰曰執徐。歲星三月出。太初在〔二〕胃、昴。」

太陰在未，歲名曰協洽，歲星舍觜巂、參，以四月與之晨出東方，尾、箕爲對。

〔一〕「徐」，前天文訓作「除」。

〔二〕「在」，原本作「出」，據漢志改。

補曰：天官書云：「協洽歲，歲陰在未〔一〕，星居申。以六月與觜巂、參晨〔二〕出。」天文志云：「太歲在巳曰大荒落。歲星四月出。太初在參、罰。」

太陰在申，歲名曰涒灘，歲星舍東井、輿鬼，以五月與之晨出東方，斗、牽牛爲對。

補曰：天官書云：「涒灘歲，歲陰在申，星居未。以七月與東井、輿鬼晨出。」天文志云：「太歲在午曰敦牂。歲星五月出。太初在東井、輿鬼。」

太陰在酉，歲名曰作鄂，

元注：作，讀昨。

歲星舍柳、七星、張，以六月與之晨出東方，須女、虛、危爲對。

補曰：天官書云：「作鄂歲，歲陰在酉，星居午。以八月與柳、七星、張晨出。」天文志云：「太歲在未曰協洽。歲星六月出。太初在注、張、七星。」

太陰在戌，歲名曰閹茂，歲星舍翼、軫，以七月與之晨出東方，營室、東壁爲對。

補曰：天官書云：「閹茂歲，歲陰在戌，星居巳。以九月與翼、軫晨出。」天文志

〔一〕「未」原本作「末」，據天官書改。
〔二〕「晨」，原本作「星」，據天官書改。

云：「太歲在申曰涒灘。歲星七月出。太初在翼、軫。」

太陰在亥，歲名曰大淵獻，歲星舍角、亢，以八月與之晨出東方，奎、婁爲對。

補曰：天官書云：「大淵獻歲，歲陰在亥，星居辰。以十月與角、亢晨出。」天文志云：「太歲在酉曰作詻。歲星八月出。太初在角、亢。」

太陰在子，歲名曰困敦，

元注：困，讀羣。

歲星在氐、房、心，以九月與之晨出東方，胃、昴、畢爲對。

補曰：天官書云：「困敦歲，歲陰在子，星居卯。以十一月與氐、房、心晨出。」天文志云：「太歲在戌曰掩茂。歲星九月出。太初在氐、房、心。」

太陰在丑，歲名曰赤奮若，歲星舍尾、箕，以十月與之晨出東方，觜巂、參爲對。

補曰：天官書云：「赤奮若歲，歲陰在丑，星居寅。以十一月與尾、箕晨出。」天文志云：「太歲在亥曰大淵獻。歲星十月出。太初在尾、箕。」史、漢所説，似異實同，亦合于淮南。案：歲星首年以中氣日見，滿一歲，行盡一次而伏，則來年見日，已在後月中氣後。及第十一見伏竟，而十二歲已周。其第十二年有歲星者，以第十一見近次末，不數日，而已入第十二年之次也。何以明之？歲星無超辰，當以十二歲之積日分爲十一分，以爲見伏一終之日數，卽前所云三百九十八日四十五刻十一分之五也。內減去一歲爲見日，其伏日有三十三日二十刻十一分之五十，伏三百三十二日四十五刻十一分之五，以一中氣三十日四十三刻四分一去之，得十氣餘二十七日六十七刻有奇算外，卽第十一次星見日。以所餘轉減一中氣日，餘二日七十六刻四分三强，以并一中氣日，仍得三十三日二十刻十一分之五。則是見在氣，未卽見在度末，以其見時尚在第十一年之次，故第十一年有歲星，不數日而入第十二年之次，遂爲第十二年之歲星也。

太陰在甲子，

補曰：太一在丙戌之歲也。

刑德合東方宮，常徙所不勝，合四歲而離，離十六歲而復合。所以離者，刑不得〔一〕入中宮，而徙于木。

補曰：淮南説刑德有二，一是一歲之刑德，前言陰陽七舍是也；一是二十歲之刑德，此所説也。此刑德從太陰支幹生。甲子之歲，德在甲，刑在卯，子刑卯，故刑德合東方宮。徙所不勝，則自東而西，謂〔二〕乙丑之歲，德在庚，刑在戌，丑

〔一〕「得」，原本作「德」，據前天文訓改。補注同。

〔二〕「謂」，原本作「請」，形近而誤，今改。

刑戌，故合西方宫。又徙所不勝，則自西而南，謂丙寅之歲，德在丙，刑在巳，寅刑巳，故合南方宫。又徙所不勝，則自南而北，謂丁卯之歲，德在壬，刑在子，卯刑子，故合北方宫。此四歲是刑德合也。自此而離，則戊辰之歲，德在戊，刑在辰，戊爲中，辰爲木，故曰刑不得入中宫，而徙于木也。二十年之中，德以東西南北中爲序，刑以東西南北爲序，周而復始，故唯有四年之合。一合一離爲一小終，一終而得甲申，二終而得甲辰，三終而復于甲子。積七十六小終而爲一大終，三大終而復于甲子之元。古曆上元本起甲寅，刑德獨始甲子者，據始合言之也。

太陰所居，日德，

補曰：「日德」二字當作「日爲德」。

辰爲刑。

補曰：太陰所居，謂十幹也。辰卽十二枝。幹從日，故曰德；枝從月，故曰刑。開元占經云：「干德甲、丙、戊、庚、壬爲陽，陽德自處。甲德在甲，丙德在丙，戊德在戊，庚德在庚，壬德在壬，此謂自處。乙、丁、辛、己、癸爲陰，陰德在陽。乙德在庚，丁德在壬，己德在甲，辛德在丙，癸德在戊，此謂在陽。取合爲德也。

三刑：子刑卯，卯爲刑下，子爲刑上；丑刑戌，戌爲刑下，未爲刑上；寅刑巳，巳爲刑下，申爲刑上；卯刑子，子爲刑下，卯爲刑上；辰刑辰；巳刑申，申爲刑下，寅爲刑上；午刑午；未刑丑，丑爲刑下，戌爲刑上；申刑寅，寅爲刑下，己爲刑上；酉刑酉；戌刑未，未爲刑下，丑爲刑上；亥刑亥。謂之三刑，刑上、刑下、自刑也。此卽淮南之刑德。攷其原，則干德本之律曆，三刑生于風角。何者？曆此年中節在甲者，後年則在己；此年在丙者，後年則在辛。六十律則戊、癸爲宮，甲、己爲徵，五日一周，終而復始，故甲己合，乙庚合，丙辛合，丁壬合，戊癸合也。日有剛柔，聲有陰陽，以剛統柔，以陽唱陰，則陽德自處，而陰德從陽矣。翼氏風角占曰：「木落歸本，水流歸末，故木刑在亥，水刑在辰。金剛火強，各立其鄉，故火刑于午，金刑于酉。」此皆謂自刑也。十二辰分爲孟仲季，四孟亥自刑，則寅巳申相刑；四仲午酉自刑，則子卯相刑；四季辰自刑，則丑未戌相刑。相刑者，互爲上下，故有刑上刑下也。王莽傳云：「今年刑在東方。」張晏曰：「是歲在壬申，刑在東方。」莽傳又曰：「倉龍癸酉，德在中宮。」張晏曰：「太歲起于甲寅爲龍，東方倉，癸德在中宮也。」

德，綱曰〔一〕日倍因，柔曰〔二〕徙所不勝。

補曰：申在東，丙在南，戊在中，庚在西，壬在北，爲自倍因。乙從庚，丁從壬，己從甲，辛從丙，癸從戊，爲徙所不勝。綱卽剛，古通。「日」當爲「自」。

刑，水辰之木，木辰之水，金、火立其處。

補曰：子辰申，水也，刑在卯辰，寅爲水辰之木。卯未亥，木也，刑在子丑，亥爲木辰之水。丑巳酉，金也，刑在戌申。酉爲金，立其處。寅午戌，火也，刑在己未。午爲火，立其處。水、木、金、火，一從三合，一從四時。後漢書朱穆傳云：「丁亥之歲，刑德合于乾位。」注謂「太歲在丁壬歲，德在北宮；太歲在亥卯未歲，刑亦在北宮，故曰合于乾位」是也。然淮南則用太陰。

凡從諸神，朱鳥在太陰前一，鉤陳在後三，玄武在前五，白虎在後六，虛星乘鉤陳而天地襲矣。

元注：襲，和也。

〔一〕「曰」字，前天文訓均作「日」。

〔二〕「曰」字，前天文訓均作「日」。

補曰：太陰在寅，諸神分居四正方，則鉤陳在子，子爲玄枵，玄枵虛中，是謂虛星乘鉤陳。歷十二歲，而鉤陳仍在子，于是天地襲矣。此言六神歲徙之法，特附刑德而見。何以明之？太陰元始，乃德木刑火之歲，非始合東方之歲也。

凡日，甲剛乙柔，丙剛丁柔，以至于癸。木生于亥，壯于卯，死于未，三辰皆木也。火生于寅，壯于午，死于戌，三辰皆火也。土生于午，壯于戌，死于寅，三辰皆土也。金生于巳，壯于酉，死于丑，三辰皆金也。水生于申，壯于子，死于辰，三辰皆水也。

補曰：二十歲而一終，六十歲而三終，則甲有寅戌午，乙有卯亥未，丙有辰子申，丁有巳酉丑。自戌以下，周而復始，故以三辰爲合，從其壯者命之，而五行定矣。漢書翼奉傳注孟康曰：「北方水，生于申，盛于子。東方木，生于亥，盛于卯。南方火，生于寅，盛于午。西方金，生于巳，盛于酉。辰，窮水也。未，窮木也。戌，窮火也。丑，窮金也。」京房易積算傳云「寅中有生火，亥中有生木，巳中有生金，申中有生水，丑中有死金，戌中有死火，未中有死木，辰中有死水，土兼乎中」是也。然其原起于曆。素問六微旨大論云：「寅午戌歲氣同會，卯未亥歲氣同會，辰申子歲氣同會，巳酉丑歲氣同會，終而復始。」王砯注：「陰陽法以爲三合，緣其氣會同也。」案：其法分一歲爲六氣。甲子之歲，初之氣始于水下一刻寅初也，六之氣終于二十五刻辰末也，謂之初六。乙丑之歲，初之氣始于二十六刻巳初也，六之氣終于五十刻未末也，謂之六二。丙寅之歲，初之氣始于五十一刻申初也，六之氣終于七十五刻戌末也，謂之六三。丁卯之歲，初之氣始于七十六刻亥初也，六之氣終于水下百刻丑末也，謂之六四。四歲爲一節。戊辰之歲，初之氣復始于水下一刻。常如是無已，周而復始，故謂之三合。古曆俱同四分，則四歲之後，中節刻漏俱同，術家以推五行，醫經以分六氣，莫不由此。

故五勝生一，壯五，終九；

補曰：五勝，五行相勝也。生于一，壯于五，終于九，各以其辰命之。

五九四十五，故神四十五日而一徙；以三應五，八徙而歲終。

補曰：靈樞九宮八風篇云：「太一常以冬至之日居叶蟄之宮四十六日，明日居天留四十六日，明日居倉門四十六日，明日居陰洛四十五日，明日居天宮四十六日，明日居元委四十六日，明日居倉果四十六日，明日居新洛四十五口，明日復居叶蟄之宮，冬至矣。」

凡用太陰，左前刑，右背德，擊鉤陳之衝辰，以戰必勝，以攻必克。

補曰：漢書藝文志兵書「陰陽十六家。陰陽者，順時而發，推刑德，隨斗擊，因五勝，假鬼神而爲助者也。」其術卽淮南所云。又志陰陽家有天一兵法三十五篇，五行家有天一六卷、刑德七卷，殆亦説其事。

欲知天道，以日爲主，六月當心，左周而行，分而爲十二月，與日相當，天地重襲，後必無殃。星，正月建營室，二月建奎、婁，三月建胃，

元注：「星」宜言「日」。明堂月令：「孟春之月，日在營室；仲春之月，日在奎、婁；季春之月，日在胃。」此言「星正月建營室」，字之誤也。案：「仲春之月，日在奎、婁；季春之月，日在胃」，莊刻本皆無「日」字。

補曰：皆謂日所在星也。大衍曆議云：「秦曆十二次，立春在營室五度。」

四月建畢，五月建東井，六月建張，七月建翼，八月建亢，九月建房，十月建尾，十一月建牽牛，十二月建虛。

補曰：宋書志云：祖沖之曰：「漢代之初，卽用秦曆，冬至日在牽牛六度。」

星分度：

補曰：此赤道度也，東京始有黄道度。

角十二，亢九，氐十五，房五，心五，尾十八，箕十一四分一，

補曰：東方七十五度四分一。四分一，兩京附于斗末，謂之斗分，算從冬至始

也。此附箕末者，秦以十月爲歲首，箕立冬後宿從小雪始也。大衍曆議云「夏曆章、部、紀首皆在立春，故其課中星揆斗建與閏餘之所盈縮，皆以十有二節爲損益之中」，卽其理也。

斗二十六，牽牛八，須女十二，虛十，危十七，營室十六，東壁九，

補曰：北方九十八度。

奎十六，婁十二，胃十四，昴十一，畢十六，觜巂二，參九，

補曰：西方八十度。

東井三十三，輿鬼四，柳十五，星七，張、翼各十八，軫十七，凡二十八宿也。案：井度莊刻本以漢書攷正作「三十三」，元寫本作「三十二」誤，今改正。

補曰：南方百一十二度。凡三百六十五度四分度之一也。

星部地名：角、亢鄭，氐、房、心宋，尾、箕燕，斗、牽牛越，須女吴，虛、危齊，營室、東壁衞，奎、婁魯，胃、昴、畢魏，觜巂、參趙，東井、輿鬼秦，柳、七星、張周，翼、軫楚。

補曰：保章氏注引堪輿云：「星紀吴、越也，玄枵齊也，娵訾衞也，降婁魯也，大梁趙也，實沈晉也，鶉首秦也，鶉火周也，鶉尾楚也，壽星鄭也，大火宋也，析木燕也。」與淮南異者三：吴、魏、趙也。初學記曰：「周官天星皆有州國分野，

角、亢、氐兖州，房、心豫州，尾、箕幽州，斗、牽牛、婺女揚州，虚、危青州，營室、東壁并州，奎、婁、胃徐州，昴、畢冀州，觜巂、參益州，東井、鬼雍州，柳、七星、張三河，翼、軫荆州。堪輿家云，玄枵爲齊之分，星紀吴、越之分，析木之津燕之分，大火宋之分，壽星鄭之分，鶉尾楚之分，鶉火周之分，鶉首秦之分，實沈魏之分，大梁趙之分，降婁魯之分，娵訾衛之分。」左氏昭三十二〔一〕年傳云：「越得歲，而吴伐之，必受其凶。」杜預注：「此年歲在星紀，星紀吴、越之分野也。」然吴、越同屬星紀，何以獨得歲星？　案：漢志以後，皆以斗爲吴分野，牛、女爲越分野。時歲星初入星紀，反是吴得歲矣。惟越絶書云：「越，南斗也；吴，牛、須女也。」然後越獨得歲。此以須女爲吴，正與越絶合。但須女爲玄枵之次，而得爲吴者，秦曆冬至在牛六度，則小寒當在虚一度，須女盡入星紀之次矣。韓、趙、魏，三晉也，堪輿有晉無魏，以魏得晉故都，而昴爲大梁。淮南以魏易趙，殆從其名。越絶亦曰：「梁，畢也；晉，觜也；趙，參也。」知淮南所本古矣。越絶又言：「韓，角、亢也；鄭，角、亢也。」淮南言鄭卽言韓，三晉備矣。

歲星之所居，五穀豐昌；其對爲衝，歲乃有殃。當居而不居，越而之他處，主死國

〔一〕「三十二」，原本作「二十三」，據左傳改。

亡。

補曰：當居者，歲星常率也。有盈縮，則越而之他處。

太陰治春則欲行柔惠温涼，

元注：木德仁，故柔涼也。

太陰治夏則欲布施宣明，

元注：火德陽，故布施宣明也。

太陰治秋則欲修備繕〔一〕兵，

元注：金德斷割，故修兵也。

太陰治冬則欲猛毅剛強。

元注：純陰閉固，水澤冰凍，故剛强也。

補曰：太陰各以其歲治其月，故月與太陰相應。治春者寅卯辰之歲也，治夏者巳午未之歲也，治秋者申酉戌之歲也，治冬者亥子丑之歲也。政必如其治，所以法天道。

〔一〕「備繕」，原本作「繕備」，據前天文訓乙。

三歲而改節，六歲而易常，

補曰：改節，如春爲夏；易常，如申破寅。

故三歲而一饑，六〔一〕歲而一衰，十二歲而一康。案：莊刻本「十二歲」下無「而」字。

元注：康，成也。案：「康，成也」，莊刻本作「盛也」。又云：「按御覽『康』作『荒』，下有注云：『蔬不熟爲荒也。』疑是許慎注，故義異。」

補曰：史記貨殖傳云：「計然曰：『歲在金，穰；水，毀；木，饑；火，旱。六歲穰，六歲旱，十二歲一大饑。』」又曰：「太陰在卯，穰，明歲衰惡。至午，旱，明歲美。至酉，穰，明歲衰惡。至子，大旱，明歲美，有水。至卯，積著率歲倍。」越絶書則云：「計倪曰：『太陰三歲處金則穰，三歲處水則毀，三歲處木則康，三歲處火則旱。』」又曰：「天下六歲一穰，六歲一康，凡十二歲一饑。」説本不殊，而特以歲爲太陰。天官書直謂之太歲矣。意古人候歲特詳，故有太歲、太陰二法也。淮南自用太陰。越絶書又言：「范子曰：『夫八穀貴賤之法，必察天之三表卽決矣。火之勢勝金，陰氣畜積大盛，火據金而死，故金中有水，如此者歲大

〔一〕「六」，原本作「一」，據前天文訓改。

敗，八穀皆貴。金之勢勝木，陽氣畜積大盛，金據木而死，故木中有火，如此者歲大美，八穀皆賤。』」金、木、水、火更相勝，此天之三表者也。然則金不必皆穰，木不必皆饑。太陰在卯，穰，卽淮南後說也。

甲齊，乙東夷，丙楚，丁南夷，戊魏，己韓，庚秦，辛西夷，壬衛，癸越。

補曰：漢書天文志「衛」作「趙」，「越」作「北夷」。

子周，丑翟，寅楚，卯鄭，辰晉，

補曰：漢志作「邯鄲」。

巳衛，午秦，未宋，

補曰：漢志作「中山」。

申〔一〕齊，酉魯，戌趙〔二〕，

補曰：漢志作「吴越」。

亥燕。

〔一〕「申」，原本作「甲」，據前天文訓改。
〔二〕「趙」，原本作「越」，據前天文訓改。

補曰：漢志作「代」。此以日干支爲占也。崔浩之占姚興，謂庚午之夕，辛未之朝，天有陰雲，熒惑之亡，當在二日，必入秦矣。後八十餘日，熒惑果出東井，留守勾巳，時人服其精妙。事具魏書。

甲乙寅卯，木也。丙丁巳午，火也。戊己四季，土也。庚辛申酉，金也。壬癸亥子，水也。水生木，木生火，火生土，土生金，金生水。子生母曰義，母生子曰保，子母相得曰專，母勝子曰制，子勝母曰困。

補曰：抱朴子登涉篇云：「靈寶經曰：『所謂寶日者，謂支干上生下之日也，若甲午、乙巳之類是也。甲者木也，午者火也，乙亦木也，巳亦火也，火生于木故也。又謂義日者，支干下生上之日也，若壬申、癸酉之日是也。壬者水也，申者金也，癸者水也，酉者金也，水生于金故也。所謂制日者，支干上克下之日也，若戊子、己亥之日是也。戊者土也，子者水也，己亦土也，亥亦水也，五行之義，土克水也。所謂伐日者，支干下克上之日也，若甲申、乙酉之日是也。甲者木也，申者金也，乙亦木也，酉亦金也，金克木故也。』」不言專日，其義可知。論衡詰術〔一〕篇曰：「甲乙有支干，支干有加時。支干加時，專比者吉，相賊者凶。」是不獨日有五者。京房易積算傳云：「八卦鬼爲繫爻，財爲制爻，天德爲義爻，福德爲寶爻，同氣爲專爻。」寶卽保。繫當爲擊，卽淮南之困，抱朴子之伐也。以勝擊殺，勝而無報。以專從事，專而有功。以義行理，名立而不墮。以保畜養，萬物蕃昌。以困舉事，破滅死亡。案：「以專從事」下，莊刻本無「專」字。

補曰：越絶書云：「舉兵無擊太歲上物，卯也始出，各利以其四時制日，是之謂也。」

北斗之神有雌雄，十一月始建于子，月從一辰，雄左行，雌右行，五月合午謀刑，十一月合子謀〔二〕德。

補曰：周禮：「占夢掌其歲時，觀天地之會。」注謂：「厭建所處之日辰。」厭建卽此雌雄之神也。雌爲陰建，雄爲陽建，陽建斗柄，陰建太陰，然太陰非歲陰，乃是厭日。堪輿天老曰「假令正月陽建于寅，陰建在戌」是也。十一月陽建在

〔一〕「術」，原本作「宅」，據論衡改。

〔二〕「謀」，原本作「爲」，據前天文訓改。

子，日躔星紀，日前爲陰建，故合子冬至陽生，故謀德。五月陽建在午，日躔鶉首，日前爲陰建，故合午夏至陰生，故謀刑。由是陰陽刑德，遂有七舍也。

太陰所居辰爲厭日，

補曰：十二月之日躔，與十二月之斗建，交錯貿處如表裏，然故爲合辰。周禮太師疏云「斗柄所建十二辰而左旋，日體十二月與月合宿而右轉」是也。日左旋，太陰在日前迫笮之，故謂所居爲厭日。說文：「厭，笮也。」陽建可見，陰建不可見。

厭日不可以舉百事。堪輿徐行，雄以音知雌，故爲奇辰。

補曰：揚雄傳注，張晏曰：「堪輿，天地總名也。」孟康曰：「堪輿，神名，造圖宅書者。」藝文志五行家有堪輿金匱十四卷。文選甘泉賦注引淮南云：「堪輿行雄以知雌。」與此小異。許慎云：「堪，天道也；輿，地道也。」

數從甲子始，子母相求，

補曰：子爲辰，母爲日。律書言「十母十二子」是也。

所合之處爲合。十日十二辰，周六十日，凡八合。

補曰：八合者，陰建所對之日，合于陽建所對之辰也。堪輿之方二十四，日八而辰十二，故有四辰無合也。十一月陽建子，陰建亦在子，子對午，午近丙，故丙午爲一合。二月陽建卯，陰建酉，酉對卯，卯對酉，卯近乙，故乙酉爲二合。三月陽建辰，陰建申，辰對戌，申對寅，寅近甲，故甲戌爲三合。四月陽建巳，陰建未，巳對亥，未對丑，丑近癸，故癸亥爲四合。五月陽建午，陰建亦在午，午對子，子近壬，故壬子爲五合。八月陽建酉，陰建卯，卯對酉，酉對卯，酉近辛，故辛卯爲六合。九月陽建戌，陰建寅，戌對辰，寅對申，申近庚，故庚辰爲七合。十月陽建亥，陰建丑，亥對巳，丑對未，未近丁，故丁巳爲八合。鄭志答趙商問云：「按堪輿，黄帝問天老事云：『四月陽建于巳破于亥，陰建于未破于癸。』是謂陽破陰，陰破陽，故四月有癸亥爲陰陽交會，十月有丁巳爲陰陽交會，言未破癸者，卽是未與丑對而近癸也。」周禮占夢「以日月星辰占六夢之吉凶」，注謂「今八會其遺象也」。緣其掌觀天地之會，是此建厭所處之日辰，故以爲占此八會。史墨爲趙簡子占夢云：「吴其入〔一〕郢乎？必以庚辰。」用此術也。越絶書云：太「歲八會壬子數九。」隋志有八會堪輿一卷。唐六典：「太卜令，凡曆注

〔一〕「入」，原本作「八」，據左傳改。

之用六：大會，小會，雜會，歲會，除建，人神。」

合于歲前則死亡，合于歲後則無殃。

補曰：吴越春秋子胥曰：「今年七月辛亥平旦，大王以首事。辛，歲位也；亥，陰前之辰也，合壬子歲，前合也，利以行武，武決勝矣。」此策吴王伐齊戰艾陵事，在哀公十一年。又范蠡曰：「今年十二月戊寅之日，時加日出。戊，囚日也；寅，陰後之辰也，合庚辰歲，後會也。夫以戊寅日聞喜，不以其罪罰日也。」此策吴王欲釋句踐不果事。又子胥曰：「今年三月甲戌，時加雞鳴。甲戌，歲位之會將也，青龍在酉，德在土，刑在金，是日賊其德也。」此諫吴王釋句踐事。俱在哀公六年。以統曆推之，哀公十一年，太歲在甲寅，太陰在壬辰，八月辛亥朔，在其前年，則首事之日也。左氏十年傳：「秋，吴子使來復請師。」注：「伐齊未得志故。」然則首事者，得請而爲之備也。曆八月，吴之七月矣，置閏不同故也。是年太陰在辛卯，故辛爲歲位，亥爲陰前，壬子爲歲前合。句踐以哀公三年入臣于吴，至六年，夫差欲釋之，以伍胥諫而止。其年正月戊寅朔，越以爲年前十二月，亦置閏不同之故。十二月水王，故戊囚。此時太陰在丙戌，故寅爲陰後辰。庚辰，其月三日也，爲歲後會。後三月，夫差終釋句踐，伍胥諫不納。三月甲戌者，哀公六年四月二十九日也，太陰在丁亥，故爲歲後會將。云「位」，或誤。青龍，謂太歲在己酉，故德土、刑金。甲乘己爲日賊其德。甲戌，卽三月合日，占之爲宜。壬子，五月合日，而七月占之。庚辰，九月合日，而十二月占之。此則鄭志所言。若有變異之時，十二月皆有建厭對配之義也。吴越春秋所謂歲前者，太陰未至之辰；所謂歲後者，太陰已歷之辰，其限則半旬周也。所以者過半周則前轉爲後，後轉爲前矣。此所云以歲前合爲吉歲，後合爲凶，淮南則反之，前後可以互稱，義得通也。

甲戌，燕也；乙酉，齊也；丙午，越也；丁巳，楚也；庚申，秦也；

補曰：「申」當爲「辰」，字之誤也。

辛卯，戎也；壬子，代也；癸亥，胡也；

補曰：此八合方面所有，下八合中宫所直。案：「代」諸本皆作「趙」，此從藏本作「代」。

戊戌、己亥，韓也；己酉、己卯，魏也；戊午、戊子，八合天下也。

補曰：脱「戊辰、己未」二合。所以又有此八合者，土居中宫，分王四時，故甲丙庚壬卽戊乙丁辛，癸卽己，其合之月與前同也。取陽建衝辰命之卽得。

太陰、小歲、星、日、辰五神皆合，其日有雲氣風雨，國君當之。

補曰：越絶書計倪内經曰：「陰陽萬物各有紀綱，日月星辰刑德變爲吉凶，金木水火土更勝，月朔更建，莫主其常，順之有德，逆之有殃。是故聖人能明其刑而處其鄉，從其德而避其衡，必順天地四時，參以陰陽。用之不審，舉事有殃。」

天神之貴者，莫貴于青龍，或曰天一，或曰太陰。

補曰：皆謂陰德也，入卯宫，故曰青龍。古亦以青龍爲太歲。

太陰所居，不可背而可鄉。北斗所擊，不可與敵。

補曰：艾陵之役，以太陰辛卯歲七月辛亥平旦首事，故子胥曰「德在合，斗擊丑」。辛爲德，辛卯爲合，是德在合。六壬法七月將太乙時加寅，則天罡在丑，是斗擊丑。越，南斗也，吴雖勝齊，其患在越，此其兆矣。易林亦云：「魁罡所當，初爲敗殃。」

天地以設，分而爲陰陽。陽生于陰，陰生于陽。陰陽相錯，四維乃通。或死或生，萬物乃成。跂行喙息，莫貴于人。孔竅肢體，皆通于天。

補曰：素問生氣通天論云：「生之本，本于陰陽。天地之間，六合之内，其氣九州，九竅五藏十二節皆通于天氣。」

天有九重，人亦有九竅。

補曰：楚辭天問云：「圜則九重，孰營度之？」太玄云：「九天：一爲中天，二爲羨天，三爲從天，四爲更天，五爲睟天，六爲廓天，七爲咸天，八爲沈天，九爲成天。九竅：一六爲前爲耳，二七爲目，三八爲鼻，四九爲口，五五爲後。九天卽其首名。一六水，二七火，三八木，四九金，五五土也。」案：太玄九天，卽淮南九野，非九重也。此文雖言九重，而其説不詳。今西人言曆則有九層，第一層宗動天，第二層恒星天，第三層塡星天，第四層歲星天，第五層熒惑天，第六層日輪天，第七層太白天，第八層辰星天，第九層月輪天。此殆中國失傳，而流入異域者歟？

天有四時，以制十二月，人亦有四肢，以制十二節。

補曰：元命包云：「陽數成于三，故時別三月。」素問寶命全形論云：「天有陰陽，人有十二節。」注：「節，謂節氣，外所以應十二月，内所以主十二經脈也。」靈樞五亂篇云：「經脈十二者，以應十二月。十二月者，分爲四時。四時者，春、夏、秋、冬。其氣營衛相隨，陰陽已和，清濁不相干，如是則順之而治。」

天有十二月，以制三百六十日，人亦有十二肢，以使三百六十節。

補曰：春秋繁露人副天數篇云：「天以歲終之數，成人之身，故小節三百六十，副日數也；大節十二，副月數也；内有五藏，副五行也；外有四肢，副四時也。靈樞九針解云：「節之交三百六十五會者，絡脈之灌滲諸節者也。」

故舉事而不順天者，逆其生者也。

補曰：韓非解老云：「人之身三百六十節，四肢九竅，其大具也。四肢與九竅十有三者，十有三者之動静，盡屬于生焉，屬之謂徒也，故曰生之徒十有三者。至其死也，十有三具者，皆還而屬之于死，死之徒亦十三。故曰生之徒十有三，死之徒十有三。」

以日冬至數來歲正月朔日，五十日者，民食足；不滿五十日，日減一斗；有餘日，日益一升。有其歲司也。

補曰：曆法至、朔同日爲章首，自此氣差而後朔差，而前三歲一閏，五歲再閏，積十九歲後而至、朔復同，則滿一章。計章首之歲，至在朔日，去正月朔有五十九日爲極多；至第九歲，以十一月二十九日冬至，去正月朔僅三十一日爲極少。顓頊曆用人正，則加得天用部首，即可得相去多少之數。淮南五十日爲中數，視其增減，以占歲豐凶，兼首尾數。（點校者按：原書此下有圖，爲排版方便，現將圖移置下頁。）

案：此明太陰在四仲四鈎、歲星行三宿二宿并太歲所在圖也。漢初雖以太陰紀歲，然亦間紀太歲所在，如「淮南元年冬，太一在丙子」，卽太歲也。淮南從其本名，故曰太一。四仲、四鈎，案圖易推。太歲所在，則非説不明。莊刻本作「甲寅、丙巳、丁未、庚酉、辛戌」，日辰剛柔相值，無作「丙巳、庚酉、辛戌」者，其爲「丙午、庚申、辛酉」之誤無疑。此本所列無誤。惟作「壬子、癸丑、乙卯」與莊刻本異。攷歲星與太歲爲合辰，古人視歲星見月以知太歲。西漢時，復因太歲而知太陰。淮南復由太陰以推歲星、太歲，其術正同。星有超辰，太歲、太陰隨之俱超，則太陰在四仲、四鈎，歲星仍行三宿、二宿，而太陰所在之辰，太歲仍後兩辰。如圖，太陰在甲寅，則太歲在丙子；太陰在甲申，則太歲在丙午；太陰在庚申，則太歲在壬午；太陰在庚寅，則太歲在壬子；太陰在乙酉，則太歲在丁未；太陰在乙卯，則太歲在丁丑；太陰在辛卯，則太歲在癸丑；太陰在辛酉，則太歲在癸未。循環互推，無不合者。其他未列者，亦可由此而推。故于所列日辰，互文以見義。先生于子上加壬，丑上加癸，卯上加乙，更爲周密易曉。元寫本亦間有舛置，既爲改正，并略疏其義云。

丁未木老
丙午火壯土生
巳金生
井東鬼輿柳星七張翼軫
庚申水生
辛酉金壯
戌火老土壯
奎婁胃昴畢觜巂參
甲寅火生土老
乙卯水壯
辰水老
角亢氐房心尾箕
亥木生
壬子水壯
癸丑金老
斗牛牽女須虛危室壁

攝提格之歲，

元注：格，起。言萬物承陽而起也。

補曰：史記正義孔文祥云：「以歲在寅，正月出東方，爲衆星之紀，以攝提宿，故曰攝提。以其爲歲月之首，起于孟陬，故云格正也。」案：所言雅合曆理。元注俱同李巡。

歲早水晚旱，稻疾，蠶不登，

元注：登，成也。

菽麥昌，民食四升。寅。在甲曰閼逢。案：「逢」，莊刻本文、注俱作「蓬」。

元注：言萬物鋒芒欲出，擁遏未通，故曰閼逢也。

單閼之歲，

元注：單，盡。閼，止也。言陽氣推萬物而起，陰氣盡止也。案：「陽氣」上，莊刻本無「言」字。

歲和，稻菽麥蠶昌，民食五升。卯。在乙曰旃蒙。

元注：在乙，言萬物遏蒙甲而出，故曰旃蒙也。

執徐之歲，

元注：執，蟄。徐，舒也。言蟄伏之物皆舒散而出也。案：「蟄伏」上，莊刻本無「言」字。

歲早旱晚水，小饑，蠶閉，麥熟，民食三升。辰。在丙曰柔兆。案：元本作「蠶麥熟」，莊刻本作「蠶閉麥熟」。「蠶閉」正與下「蠶開」爲對文，此處似脱「閉」字，今從莊刻本補。

元注：在丙，言萬物皆在枝布葉，故曰柔兆也。

大荒落之歲，

元注：荒，大也。方萬物熾盛而大出，霍然落落大布散。

歲有小兵，蠶小登，麥昌，菽疾，民食二升。巳。在丁曰强圉。

元注：在丁，言萬物剛盛，故曰强圉也。

敦牂之歲，

元注：敦牂，敦盛牂壯也。言萬物皆盛壯也。案：元寫本「言萬物」句誤在上，今從莊刻本改正。

歲大旱，蠶登，稻疾，菽麥昌，禾不爲，民食二升。午。在戊曰著雝。

元注：在戊，言位在中央，萬物繁養四方，故曰著雝也。

協洽之歲，

元注：協，和。洽，合也。言陰欲化萬物和合。

歲有小兵，蠶登，稻昌，菽麥不爲，民食三升。未。在巳曰屠維。

元注：在巳，言萬物各成其性，故曰屠維。屠，別。維，離也。案：元寫本「屠」下脱「別」字，今從莊刻本補。

涒灘之歲，

元注：涒，大。灘，脩也。言萬物皆脩其精氣也。

歲和，小雨行，蠶登，菽麥昌，民食三升。申。在庚曰上章。

元注：在庚，言陰氣上升，萬物畢生，故曰上章也。

作鄂之歲，

元注：作鄂，零落也。萬物皆陊落。

歲有大兵，民疾，蠶不登，菽麥不爲，禾蟲，民食五升。酉。在辛曰重光。

元注：在辛，言萬物就成熟〔一〕，其煌煌，故曰重光也。

掩茂之歲，

〔一〕「成熟」，原本作「熟成」，據前天文訓注文乙。

元注：掩，閉。茂，冒也。言萬物皆閉冒。

歲小饑，有兵，蠶不登，麥不爲，菽昌，民食七升。戌。在壬曰玄黓。

元注：在壬，言歲終包任萬物，故曰玄黓也。

大淵獻之歲，

元注：淵，藏。獻，迎也。言萬物終于亥，大小深藏窟伏以迎陽。

歲有大兵，大饑，蠶開，菽麥不爲，禾蟲，民食三升。

補曰：此當云「亥。在癸曰昭陽」。錯簡在下，以圖「癸」居「子丑」間之故。

困敦之歲，

元注：困，混。敦，沌也。言陽氣皆混沌，萬物牙蘖也。

歲大霧起，大水出，蠶稻菽麥昌，民食三升。子。在癸曰昭陽。

元注：在癸，言陽氣始萌，萬物合生，故曰昭陽。

補曰：當云「亥。在癸」。

赤奮若之歲，

元注：奮，起也。若，順也。言陽奮物而起之，無不順其性也。赤，陽色。

歲有小兵，早水，蠶不出，稻疾，菽不爲，麥昌，民食一斗。案：「斗」，莊刻本作「升」。

補曰：十二歲太陰之名，皆以攝提格所見之月爲義，其所在十名則歲德也。六十年而周。

正朝夕：先樹一表東方，操一表卻去前表十步，

補曰：此表在東方表西，所以正夕。

以參望日始出北廉。日直入，

補曰：日東表北廉，則景入西表南廉。

又樹一表于東方，

補曰：此表在東方表東南，所以正朝。

因西方之表以參望日，方入北廉則定東方。

補曰：日入西表北廉，則景入東南表南廉，定東方在東二表間也。所以日出入用表北廉者，日行十六所，登于扶桑爲朏明，寅甲間也，頓于連石爲下春，辛戌間也，此夏至之日出入皆近北方。卽以二分論之，至于曲阿爲旦明，旦明，卯也；經于淵虞爲高春，高春，酉也，而出則自北而南，入則自南而北，半出以前，半入以後，仍在北方。張胄元用後魏渾天鐵儀測知，春、秋二分，日出入卯酉之北，不正當中，與何承天所測頗同，皆日出卯三刻五十五分，入酉四刻二十五

分，盡具載隋志。此黄道斜行使然。古雖用蓋天，其實測固無異也。望日用北廉，則表常居中，而不能無偏于北，于是乎有南表，使景在表南，則表始近中耳。兩表之中，與西方之表，則東西之正也。

補曰：東表、西表近北，東南表近南，兩表之中，直西表之南，爲正東西。周髀云：「以日始出立表而識其晷，日入復識其晷，晷之兩端相直者，正東西也。中折之指表者，正南北也。」攷工記：「匠人建國，水地以縣，置槷以縣，視以景，爲規識日出之景與日入之景。晝參諸日中之景，夜攷之極星，以正朝夕。」康成注：「日出、日入之景，其端則正東、西也。又爲規以識之者，爲其難審也。自日出而晝〔一〕其景端，以至日入既，則爲規，測景兩〔二〕端之内規，規之交乃審也。度兩交之間，中屈之以指臬，則南北正。」與淮南法異而理同。

日冬至，日出東南維，入西南維。至春、秋分，日出東中，入西中。夏至，出東北維，入西北維，至則正南。

〔一〕「晝」，原本作「畫」，據周禮鄭注改。
〔二〕「兩」，原本作「西」，據周禮鄭注改。

補曰：周髀云：「冬至晝極短，日出辰而入申，陽照三不覆九，東西相當正南方。夏至晝極長，日出寅而入戌，陽照九不覆三，東西相當正北方。日出左而入右，南北行，故冬至在坎，陽在子，日出巽而入坤，見日光少，故曰寒；夏至在離，陰在午，日出艮而入乾，見日光多，故曰暑。」所說卽淮南法也。辰爲巽初，申爲坤末，戌爲乾初，寅爲艮末。艮、巽、坤、乾，卽四維也。在六十所，則冬至日出入當桑野之初，悲谷之末；夏至日出入當咸池之末，悲泉之初，卽四維之分也。此古人特以大判爲言，故合之。馬融所說刻漏盈縮至較八刻百分刻之七十五也。

欲知東西、南北廣袤之數者，

補曰：東西爲廣，南北爲袤。

立四表以爲方一里距，案：元寫本「立四表」下脱「以」字，今從莊刻本補。

補曰：測平遠者，先求其率，用四表，所以求率也。測日初出，故爲平遠。入表數爲首率，東西一里爲次率，南北一里爲三率，去日里數爲四率。四表者，一爲艮，二爲乾，三爲巽，四爲坤也。地形訓云：「禹乃使大章步，自東極至于西極二億三萬三千五百里七十五步；使豎亥步，自北極至于南極二億三萬三千五百里七十五步。」明是正方，故四表亦方一里。

先春分若秋分十餘日，

補曰：二分日半出半入，時正當卯酉之中。先春分則近南，先秋分則近北。日周行十六所，爲度三百六十，是一所天行二十二度有半也。冬至五所，天行百一十二度五分，半之爲歫午中之度，則日出于辰一十八度七十六分，入于申一十一度二十六分。夏至十一所，天行二百四十七度五分，半之爲歫午中之度，則日出于寅二十六度二十六分，入于戌三度七十六分也。分至所較，皆三十三度七十五分。氣有六，以氣除度，得一氣差五度六百二十五分，卽可知先春分秋分十餘日之日出入度矣。

從歫北表參望日始出及旦，以候相應，相應則此與日直也。

補曰：用歫北表，卽用北廉同意。及旦者，所謂至于曲阿，是謂旦明，二分日出之所也。一氣有三候，氣差五度六百二十五分，則候差一度八百七十五分，故必以候相應。一候所差，尚宜以日出入分之，則不盈一度。日始出多近北，故二分之前，同用歫北表也。

輒以南表參望之，以入前表數爲法，

補曰：北表參望日直，則南表參望日常不直，從日至南北後二表卽勾股也。其弦斜至日處而截南前表于弦外，卽是入前表之數，成一倒勾股也。而二勾股比例正等，故用以爲率。何以明之？試以大勾股倒轉，卽小勾股必在其端，而比例正等矣。

除舉廣，除立表袤，以知從此東西之數也。

補曰：日入前表數爲小句，前後二表相去爲小股，南北後二表相去爲大句，北後表至日下爲大股。小句者，大句股之率也。除舉廣，謂以小句除小股，知有幾倍也。除立表袤，亦謂以小句除大句，知有幾倍也。知此，而以二句股爲比例，卽知大股之長。蓋小句得小股幾分之一，則大句亦必得大股幾分之一，故以此知從此東西之數也。

假使視日出，入前表中一寸，是寸得一里也。案：「寸」，元寫本誤作「此」，今從莊刻本改正。

補曰：周髀算經云：「周髀長八寸，句之損益寸千里。」注：「句謂景也，言懸天之景，薄地之儀，皆千里而差一寸。」案：周髀以髀爲股，以景爲句，日中立八尺之股，南北二千里，景差二寸，故寸有千里，故人以爲通率，以測東西。于小句股，則一里高遠與平遠之別，亦一表與四表之辨也。

一里積萬八千寸，得從此東萬八千里。

補曰：三百步爲里，六十寸爲步，寸乘步得萬八千寸，此小股之長也。小句一寸，小股長萬八千寸，則大句一里，大股卽長萬八千里。大股之于大句，若小股之于小句，而得從前表至日處之里數，以此知近世四率之法，古人已先有之。小句首率，小股次率，大句三率，求得大股爲四率。

視日方入，入前表半寸，則半寸得一里，

補曰：論算術，東入一寸，西亦當入一寸。淮南云半寸，則設術也。半寸爲里，則所得必倍，如倍半寸爲一寸，所得卽同。

半寸而除一里積寸，得三萬六千里，

補曰：置一里積寸萬八千，以五爲法除之，卽得此，則日遠于前一倍，乃爲虛數，故必除而後得實數也。

除則從此西里數也。

補曰：除，謂除前萬八千里，猶倍半寸爲一寸也。

并之東西里數也，案：「里」，元寫本誤作「之」，今從莊刻本改正。

補曰：凡三萬六千里。

則極徑也。未春分而直，已秋分而不直，此處南也。未秋分而直，已春分而不直，此處北也。分、至而直，此處南北中也。

補曰：此求地中也。直，謂表與口直。十六所以曲阿、淵虞爲二分，日所出入之處，此南北中也。未春分，日行其南，故處南則直。直在春分前，則直亦必在秋分後，雖已秋分，尚未直也。未秋分，日行其北，故處北則直，直在秋分前，則直亦必在春分後，雖已春分，尚未直也。惟二分氣至而直，方處南北之中，皆視日道之南北爲定也。

從中處欲知中南也，

補曰：知中則知南矣。周髀算經云：「冬至日加酉之時，立八尺之表，以繩繫表顛，希望北極中大星，引繩致地而識之。又到旦〔一〕明日加卯之時，復引繩希望之，首及繩致地而識其端，相去二尺三寸，故東西〔二〕極二萬三千里。其兩端

〔一〕「旦」，原本作「日」，據周髀算經改。
〔二〕「西」，原本脱，據周髀算經補。

相去，正東西；中折之，以指表，正南北。」法雖不同，理無異也。未秋分而不直，此處南北中也。

補曰：秋分直，故未秋分不直。言秋分，則春分可知。隋志曰：「周禮大司徒職：『以土圭之法，測土深，正日景，以求地中。』此則渾天之正說，立儀象之大本。故云：『日南則景短多暑，日北則景長多寒，日東則景夕多風，日西則景朝多陰。日至之景，尺有五寸，謂之地中。天地之所合也，四時之所交也，風雨之所會也，陰陽之所和也。然則百物阜安，乃建王國焉。』又攷工記匠人：『建國，水地以縣。置槷以縣，眂以景。爲規，識日出之景與日入之景。晝參諸日中之景，夜攷之極星，以正朝夕。』案土圭正景，經文闕略，先儒解説，又非明審。祖暅錯綜經注，以推地中。其法曰：『先驗昏旦，定刻漏，分辰次。乃立儀表于平準之地，名曰南表。漏刻上水，居日之中，更立表于南表景末，名曰中表。夜依中表，以望北極樞，而立北表，令參相直。三表皆以縣準定，乃觀。三表直者，其立表之地，卽當子午之正。三表出者，地偏僻。每觀中表，以知所偏。中表在西，則立表處[一]在地中之西，當更向東求地中。若中表在東，則立表處在地中之東也，當更向西求地中。取三表直者，爲地中之正。又以春秋二分之日，旦始出東方半體，乃立表于中表之東，名曰東表。令東表與日及中表參相直。是日之夕，日入西方半體，又立表于中表之西，名曰西表。亦從中表西望西表及日，參相直。乃觀三表直者，卽地南北之中也。若中表差近南，則所測之地在卯酉之南。中表差在北，則所測之地在卯酉之北。進退南北，求三表直正東西者，則其地處中，居卯酉之正也。」所説求東西地中，淮南無之。其求南北地中，卽與淮南同理。

從中處欲知南北極遠近，從西南表參望日，日夏至始出與北表參，則是東與東北表等也，

補曰：夏至日出東北維，故從西南表參望。東北、西南兩表與日參，如北前、北後兩表與日參無異，卽可借春秋分表位爲夏至表位，借春秋分日入前表之數爲夏至日入前表之數，故云東與東北表等也。

〔一〕「處」，原本作「偏」，據隋志改。

正東萬八千里，則從中北亦萬八千里也。倍之，南北之里數也。

補曰：倍之，爲三萬六千里，與東西正等。

其不從中之數也，

補曰：此爲處南北者言之。

以出入前表之數益損之，表入一寸，寸減日近一里，表出一寸，寸益遠一里。

補曰：處南則表出，處北則表入。何者？處南者，未春分而直也，至分時而日北，故表出。處北者，未秋分而直也，至分時而日南，故表入。寸益損一里，則通率也。

欲知天之高，樹表高一丈，

補曰：天高不可知，測之以景。樹表所以求景也。此亦以句股比例而知，蓋同有大小兩句股也。

正南北相去千里，同日度其陰，

補曰：度日中景。

北表一尺，

補曰：「一」當爲「二」。

南北〔一〕尺九寸，

補曰：「北」當爲「表」。

是南千里陰短寸，

補曰：表近日則陰短，表遠日則陰長，二表相去千里，故北表陰二尺，南表陰尺九寸，卽爲寸差千里之通率。

南二萬里則無陰〔二〕，是直日下也。

補曰：千里短寸，則萬里短尺。據北表陰二尺，故南二萬里則無陰。既得千里短寸之率，卽棄南表不用，但用北表陰以推日下之數也。

陰二尺而得高一丈者，是〔三〕南一而高五也，

補曰：置表高一丈，以陰二尺除之得五，是南萬里而日高五萬里也，此爲高率。然日無高下，有高下者，地圓使然，故曰蓋天卽渾天也。

〔一〕「北」，莊校本作「表」。

〔二〕「陰」，莊校本作「景」。

〔三〕「是」，莊校本無。

則置從此南〔一〕至日下里數，因而五之，爲十萬里，則天高也。

補曰：二萬里爲實，高五爲法，乘之得十萬里，此天高之數。必知天高十萬里者，以表高一丈，中有百寸，寸得千里，百之而成十萬故也。然則表卽天高之率，故以直日下無景爲天高。周髀云：「周髀長八尺，夏至之日晷一尺六寸。髀者，股也；正晷者，句也。正南千里，句一尺五寸；正北千里，句一尺七寸。日益表，南晷日益長，候句六尺。從髀至日下六萬里，而髀無影。從此以上至日，則八萬里。」卽其理也。六萬里者，設法詞，實測則不然，故曰日夏至南萬六千里，日中無影。

若使景與表等，則〔二〕高與遠等也。

補曰：以千里差寸率之，則去日下十萬里景與表等，卽可從日遠以知天高，至此則句股適均矣。

〔一〕「南」，原本脱，據前天文訓補。
〔二〕「則」，原本作「卽」，據前天文訓改。

八十歲日復之圖第一

顓頊立春寅未子己亥辰酉寅申丑午亥己戌卯申

殷曆冬至子己戌卯酉寅未子午亥辰酉卯申丑午

甲己甲己乙庚乙庚丙辛丙辛丁壬丁壬

戊癸戊癸己甲己甲庚乙庚乙辛丙辛丙

壬丁壬丁癸戊癸戊甲己甲己乙庚乙庚

丙辛丙辛丁壬丁壬戊癸戊癸己甲己甲

庚乙庚乙辛丙辛丙壬丁壬丁癸戊癸戊

右皆天正人正中節氣之日也。曆法七十六歲爲一部，第一部命爲甲寅、甲子，第二部縮上四算命爲癸巳、癸卯，至二十部終于乙亥、乙酉，是爲一紀，則歲日有一十九復矣。

八十歲日復之圖第二

秦曆立春辰酉寅未丑午亥辰戌卯申丑未子巳戌

戊癸戊癸己甲己甲庚乙庚乙辛丙辛丙

壬丁壬丁癸戊癸戊甲己甲己乙庚乙庚

丙辛丙辛丁壬丁壬戊癸戊癸己甲己甲

庚乙庚乙辛丙辛丙壬丁壬丁癸戊癸戊

甲己甲己乙庚乙庚丙辛丙辛丁壬丁壬

舊説秦曆上元己巳立春，淮南以爲壬午冬至，冬至後四十六日立春，則戊辰也，故復爲此圖。

咸池右行四仲日所在圖

正月	日在亥	加時酉	咸池在午
二月	日在戌	加時巳	咸池在卯
三月	日在酉	加時丑	咸池在子
四月	日在申	加時酉	咸池在酉
五月	日在未	加時巳	咸池在午
六月	日在午	加時丑	咸池在卯
七月	日在巳	加時酉	咸池在子
八月	日在辰	加時巳	咸池在酉
九月	日在卯	加時丑	咸池在午
十月	日在寅	加時酉	咸池在卯
十一月	日在丑	加時巳	咸池在子
十二月	日在子	加時丑	咸池在酉

日行十六所合堪輿之圖

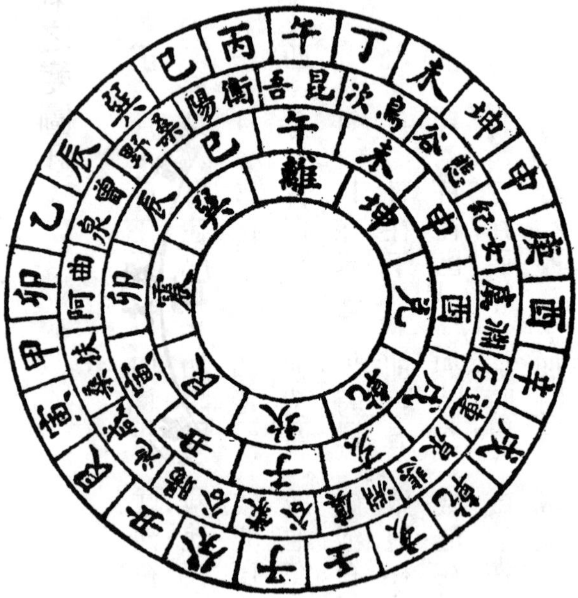
丙 午 丁 未 坤 申 庚 酉 辛 戌 乾 亥 壬 子 癸 丑 艮 寅 甲 卯 乙 辰 巽 巳
昆吾 鳥次 悲谷 女紀 虞淵 連石 扶桑 曲阿 曾泉 桑野 衡陽
午 未 申 酉 戌 亥 子 丑 寅 卯 辰 巳
離 坤 兌 乾 坎 艮 震 巽

律應二十四氣之變圖

冬至後，六中氣比坤六爻律；夏至後，六中氣比乾六爻律，卽二十四氣反覆比十二律也。而自黄鐘至蕤賓七律，冬至後用半，夏至後用全耳。其冬至後音漸濁，夏至後音漸清之理，卽前所云十五日爲一節，以生二十四時之變也。何者？此冬至音比林鐘，前音比黄鐘，比林鐘卽比黄鐘也。此小寒音比夷則，前音比應鐘，比夷則卽比應鐘也。夷則清于林鐘，而黄鐘七律俱用半律，應鐘不較濁乎？由是推之，此芒種比蕤賓半爲最清，而前比大吕正爲最濁。淮南因清以知濁，故曰音漸濁。夏至則此比黄鐘，前亦比黄鐘，小暑此比大吕，前亦比大吕，至大雪則同比應鐘，故黄鐘七律俱用全律，故直曰音漸清也。二者皆非隨月律之正法，是以同謂之變。前二至俱比黄鐘，則此二至俱得比林鐘，是故小暑前比大吕，今比蕤賓，猶小寒之比夷則、應鐘也；大暑前比太簇，今比中吕，猶大寒之比南吕、無射也；至于大雪，則前比應鐘，今比夷則，而終夷則，至應鐘俱用倍律，則亦可云音漸濁矣。此又因清以知濁也。

六十律旋宮圖

宮	黃鐘戊子	應鐘癸巳	無射戊戌	南呂癸卯	夷則戊申	林鐘癸丑	蕤賓戊午	中呂癸亥	姑洗戊辰	夾鐘癸酉	太簇戊寅	大呂癸未
徵	林鐘己丑	蕤賓甲午	中呂己亥	姑洗甲辰	夾鐘己酉	太簇甲寅	大呂己未	黃鐘甲子	應鐘己巳	無射甲戌	南呂己卯	夷則甲申
商	太簇庚寅	大呂乙未	黃鐘庚子	應鐘乙巳	無射庚戌	南呂乙卯	夷則庚申	林鐘乙丑	蕤賓庚午	中呂乙亥	姑洗庚辰	夾鐘乙酉
羽	南呂辛卯	夷則丙申	林鐘辛丑	蕤賓丙午	中呂辛亥	姑洗丙辰	夾鐘辛酉	太簇丙寅	大呂辛未	黃鐘丙子	應鐘辛巳	無射丙戌
角	姑洗壬辰	夾鐘丁酉	太簇壬寅	大呂丁未	黃鐘壬子	應鐘丁巳	無射壬戌	南呂丁卯	夷則壬申	林鐘丁丑	蕤賓壬午	中呂丁亥

旋宫六十律之圖，舊時有之，然黄鐘宫後次以林鐘，由是終于中吕之宫，雖合相生之序，而六十律不復周環。此圖從黄鐘一律生爲六十律，可得以律直日之法。因而六之，即周一歲之日。而黄鐘之分屬五子及七十二日，五行受制之理俱見。逆而次之，則冬至後十二氣所比之音也；順而次之，則夏至後十二氣所比之音也，而十二月之律，亦可從逆數而得，皆推淮南之意知之也。

七均清濁和繆之圖

宮最濁	黃鐘一	大呂一	太簇一	夾鐘一	姑洗一	中呂一	蕤賓一	林鐘一	夷則一	南呂一	無射一	應鐘一
徵次清	林鐘五	夷則五	南呂五	無射五	應鐘五	黃鐘五	大呂五	太簇五	夾鐘五	姑洗五	中呂五	蕤賓五
商次濁	太簇二	夾鐘二	姑洗二	中呂二	蕤賓二	林鐘二	夷則二	南呂二	無射二	應鐘二	黃鐘二	大呂二
羽最濁	南呂六	無射六	應鐘六	黃鐘六	大呂六	太簇六	夾鐘六	姑洗六	中呂六	蕤賓六	林鐘六	夷則六
角清濁半	姑洗三	中呂三	蕤賓三	林鐘三	夷則三	南呂三	無射三	應鐘三	黃鐘三	大呂三	太簇三	夾鐘三
變宮和	應鐘七	黃鐘七	大呂七	太簇七	夾鐘七	姑洗七	中呂七	蕤賓七	林鐘七	夷則七	南呂七	無射七
變徵繆	蕤賓四	林鐘四	夷則四	南呂四	無射四	應鐘四	黃鐘四	大呂四	太簇四	夾鐘四	姑洗四	中呂四

八十四聲，舊亦有圖，次與六十律同。今亦更定，則一律而爲八十四，相生不絕。以祖孝孫所次自一至七之等，志于其下，郎律之短長、聲之清濁以明，而和繆之義盡顯。

蕤賓以後，上下相生之序，諸家不同。以是圖觀之，則重上生者，變徵生正宫也；其下生者，非變徵正宫，而爲它聲者也。以十二律主十二月，則皆爲正律，而生之者爲變徵，故必從上生。大吕、夾鐘、中吕以陰律主夏至以前之月，故不從上下相生之正。然則晉志謂取其諧韻者，殆未盡得其實也。

候氣三律圖

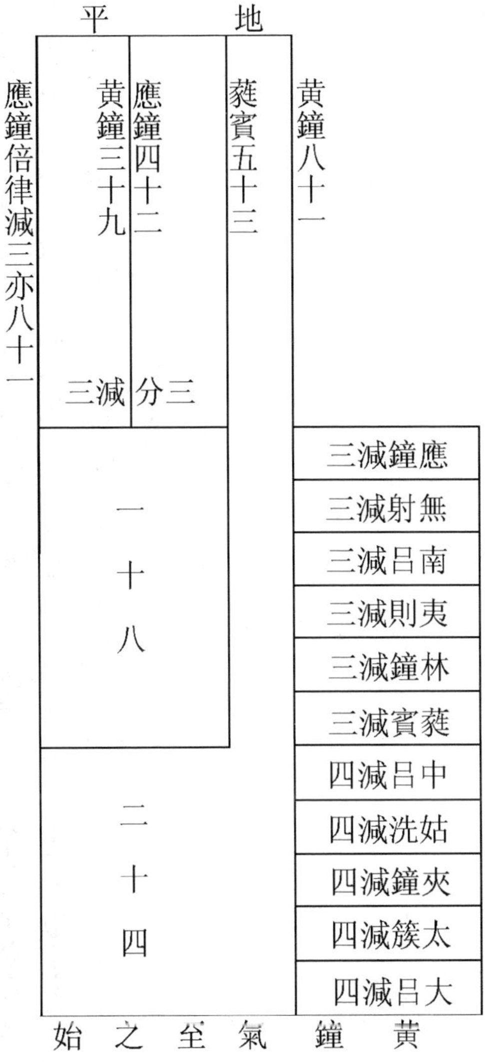

候氣之律，以黃鐘、蕤賓、應鐘爲三限。應鐘氣至盈月得黃鐘，故減應鐘正律，或減應鐘倍律，俱可爲黃鐘。此淮南云黃鐘八十一，而呂覽謂黃鐘三寸九分也。論

十二月氣至，則冬至陽消之極，在上，爲數一十八；陰長之極，在下，爲數二十四，陰下陽動。夏至陰消之極，在上，爲數一十八；陽長之極，在下，爲數二十四，陽下陰動。二十四者，子午相距之數也，爲南北之極，故長數居之。其上爲消數所居。長數五分時，消數二十二。長數九分時，消數二十一。長數十三分時，消數二十。長數十七分時，消數十九。長數二十一分時，消數十八。長數二十四分時，消數亦十九。

二十歲刑德離合圖

甲子申辰德甲刑卯寅辰
乙丑己酉德庚刑戌酉申
丙寅戌午德丙刑己未午
丁卯亥未德壬刑子亥丑
戊辰子申德戊刑辰卯寅
己巳丑酉德甲刑申戌酉
庚午寅戌德庚刑午己未
辛未卯亥德丙刑丑子亥
壬申辰子德壬刑寅辰卯
癸酉己丑德戊刑酉申戌

甲戌午寅德甲刑未午巳
乙亥未卯德庚刑亥丑子
丙子申辰德丙刑卯寅辰
丁丑酉巳德壬刑戌酉申
戊寅戌午德戊刑巳午未
己卯亥未德甲刑子亥丑
庚辰子申德庚刑辰卯寅
辛巳丑酉德丙刑申戌酉
壬午寅戌德壬刑午己未
癸未卯亥德戊刑丑子亥

八合之圖

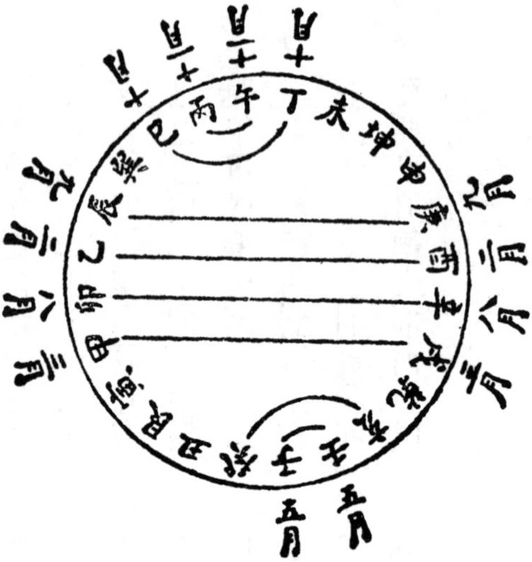

此方面八合也，其占皆主四方。以戊易陽幹，己易陰幹，即復成八合，而占在中原及天下所。謂大會八，小會亦八。

正朝夕圖

正朝日：在甲樹一表東方，景到庚，又樹一表西方，從北廉望日，是西表在景北也。正夕日：在辛復樹一表東方，亦從北廉望日，卽西表則在景南，而景至乙，此則二景交于西表之東，而爲正中也。故取東二表之中，以直西方之表，而得正東方。此卽後世三角法之祖。

測日遠句股比例圖

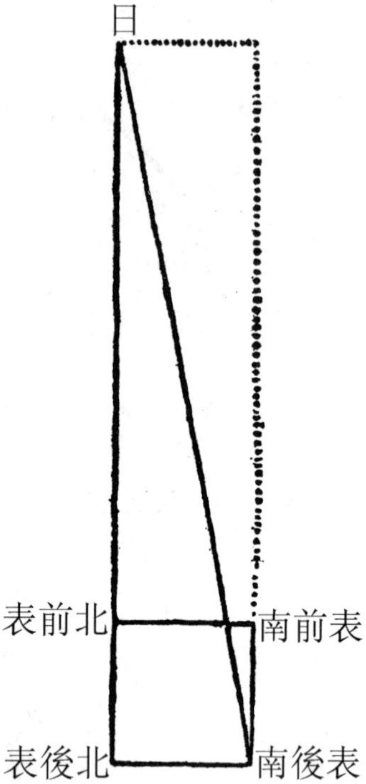

從日至北後表爲股，至南後表爲弦，兩後表相距爲句。弦截南前表于外，得日入表之數。從南前表引虛線而東，從日引虛線而南，成長方形，依弦破之，爲倒順兩大句股也。南二表及弦間有小句股之倒者，以比大句股，其倒正等，蓋倒順兩大句股積數無異，故小句股雖倒，可以比大句股之順者也。

測日高句股比例圖

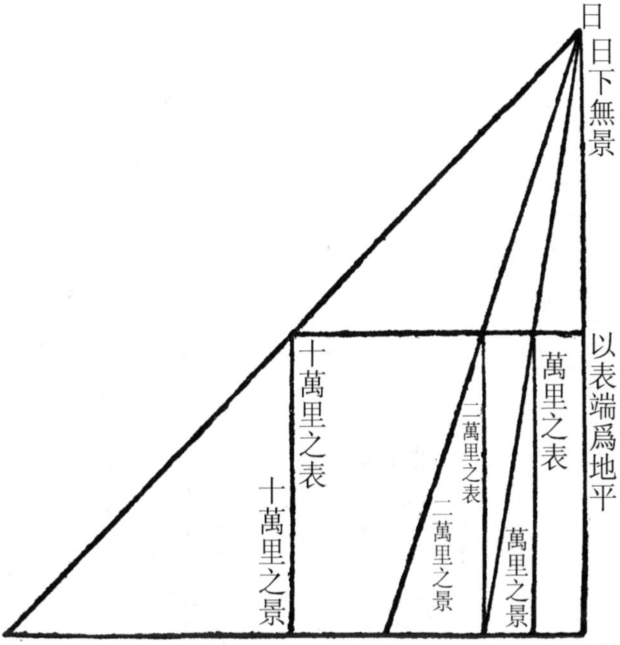

以景二尺，除表高　丈，得南一高五爲率。比南至日下二萬里，知爲日高十萬里。二萬里之表，在日北成小句股，日下二萬里成大句股，比例正等，是故去日萬里則景一尺，去日二萬里則景二尺，直日下則無景。若去日十萬里，則景一丈，而與表等，日高常十萬里也。試以表端爲地平，即地下之景，必與去日里數正等，其理顯矣。

日景出入前表益損之圖

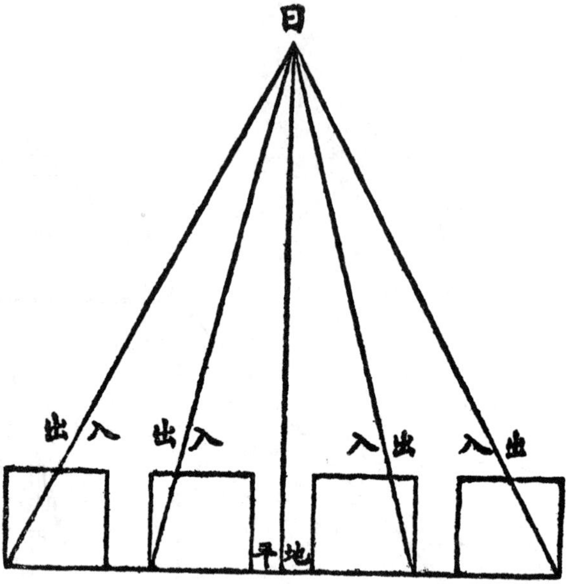

二分日當卯酉之中，故地中景與表直中垂一線是也。不處地中，景必有出入之數。處南，則弦入表北，而表出；處北，則弦出表南，而表入。出多則遠日，出少則近日，處南然也。入多則近日，入少則遠日，處北然也。蓋南用南後表，北用北後表，其前表則常用南耳。如改用北表，則處南者以入少爲遠日，入多爲近日；處北者以出少爲近日，出多爲遠日，法正相反。

天維十二月小周天之圖

正月	日在亥	加時亥	天維在寅
二月	日在戌	加時酉	天維在丑
三月	日在酉	加時未	天維在子
四月	日在申	加時己	天維在亥
五月	日在未	加時卯	天維在戌
六月	日在午	加時丑	天維在酉
七月	日在巳	加時亥	天維在申
八月	日在辰	加時酉	天維在未
九月	日在卯	加時未	天維在午
十月	日在寅	加時己	天維在巳
十一月	日在丑	加時卯	天維在辰
十二月	日在子	加時丑	天維在卯